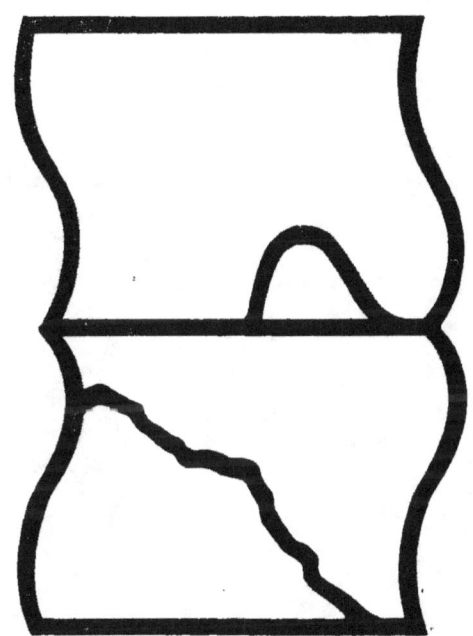

Texte détérioré — reliure défectueuse

NF Z 43-120-11

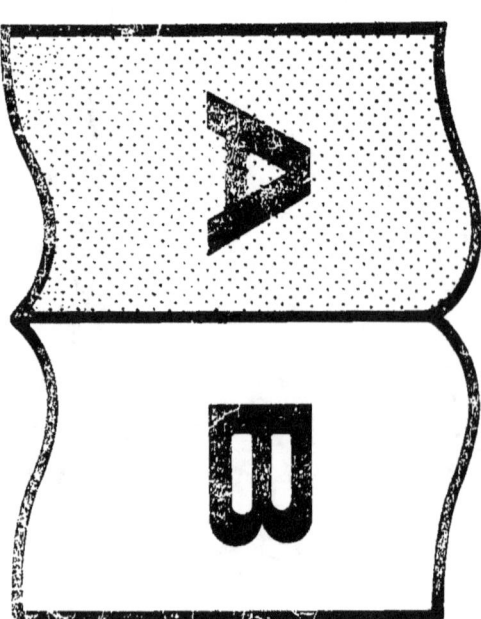

Contraste insuffisant
NF Z 43-120-14

LA CHEVALERIE,

ou

LES HISTOIRES DU MOYEN AGE,

COMPOSÉES

DE

La Table Ronde, Amadis, Roland,

POÈMES

SUR LES TROIS GRANDES FAMILLES DE LA CHEVALERIE ROMANESQUE,

PAR A. CREUZÉ DE LESSER.

PARIS,
CHEZ F. PONCE-LEBAS ET COMPAGNIE, ÉDITEURS,
RUE GRANGE-BATELIÈRE, 18.

1839.

LA CHEVALERIE,

poème composé de

La Table Ronde, Amadis, Roland.

AUTRES OUVRAGES DE L'AUTEUR
DE
LA CHEVALERIE.

LES ROMANCES DU CID, ODÉIDE imitée de l'espagnol; troisième édition, augmentée d'**HÉLOÏSE** et des **PRISONS DE** 1794, poèmes du même genre. Un volume in-8°. Delaunay.

Il appartenait à l'auteur qui le premier a recueilli et présenté dans son ensemble la *chevalerie romanesque*, de donner au moins un morceau de *chevalerie historique* ; et il croit en avoir publié le chef-d'œuvre en empruntant à l'Espagne *les Romances du Cid*, qu'il a plus que personne fait apprécier en France. Ces naïves et admirables romances, classées et modifiées par lui, lui ont donné l'idée d'un nouveau genre pour lequel il a cru devoir créer un nouveau nom ; et il en a joint dans le même volume deux essais : *Héloïse*, poème qui contient toute l'histoire de cette femme célèbre, est particulièrement l'imitation la plus fidèle que la poésie ait jamais tenté de ses deux admirables lettres ; et *les Prisons de 1794*, où il a tâché de retracer et de resserrer les traits les plus touchans ou les plus sublimes de cette terrible époque.

ANNALES SECRÈTES D'UNE FAMILLE PENDANT 1800 ANS, édition augmentée d'un Appendice ; 2 forts vol. in-8°. Pougin, quai des Augustins.

Cet ouvrage sort tout à fait de la classe des romans ordinaires ; il rappelle *les Lettres persanes*, et répare l'inévitable infériorité du style par une donnée évidemment plus heureuse et tout à fait neuve, qui paraît être appréciée tous les jours davantage. Un des juges de ce livre, qui parcourt dix-huit siècles, a dit que jamais le roman n'a été si instructif, ni l'histoire si amusante.

DE LA LIBERTÉ, ou RÉSUMÉ DE L'HISTOIRE DES RÉPUBLIQUES, un vol. in-8°, 2e édition. Michaud.

Cet ouvrage éminemment clair, et que quelques personnes regardent comme le meilleur de l'auteur, traite à fond la question la plus importante aujourd'hui pour le bonheur des nations, et combat des préjugés anciens qui n'en sont que plus funestes : il est fondé sur la distinction entre la liberté civile et la liberté politique, et présente l'histoire sous un point de vue tout nouveau.

LE ROMAN DES ROMANS, 2 vol. in-8°.

Ce livre, dont le vrai titre devait être et sera : *le moins Roman des Romans*, a été remarqué comme peinture parfaitement fidèle et parfaitement morale de la société ; et l'auteur a tâché qu'elle fût aussi piquante qu'elle est vraie.

LE DERNIER HOMME, imité de Grainville, 2e édition, grand in-18, fig.

Ce poème, qui n'est pas autre chose que la fin du monde, est si sévère et si lugubre que personne n'est obligé de l'aimer ni de le lire, et bien des gens ont profité de la permission. Mais ceux qui ont surmonté cette impression se sont d'autant plus attachés à cet ouvrage mélancolique, qui, lorsqu'il a été goûté, ne l'a jamais été médiocrement. Le plus flatteur des suffrages qui aient encouragé l'auteur, c'est l'honneur qu'on lui a fait de le traduire presque littéralement en très beaux vers allemands. (Leipsick, 1833, in-8°.) L'habile traducteur, M. Schirlitz, en dédiant son travail à un personnage ecclésiastique éminent, le remercie de lui avoir indiqué LE DERNIER HOMME comme l'*œuvre grandiose de la poésie épique* (grandiose werk der epischen dichkunst).

LE SEAU ENLEVÉ, imité de Tassoni ; 3 éditions. — **VOYAGE EN ITALIE ET EN SICILE**. 1806. — **TRADUCTION DE JUVÉNAL**. — **APOLOGUES**. — **CONTES DE FÉES DE PERRAULT ET AUTRES**, mis en vers. — **OUVRAGES DRAMATIQUES**, dont LE SECRET DU MÉNAGE, et, en société, LA REVANCHE et LE NOUVEAU SEIGNEUR.

FRENZÉ LE JEUNE.

Sur pour essayer quelque trait
Qui pourrait tracer ta ...
L'amour met son peut portrait
...

LA CHEVALERIE,

OU

LES HISTOIRES DU MOYEN AGE,

COMPOSÉES

DE

La Table Ronde, Amadis, Roland,

POÈMES

SUR LES TROIS GRANDES FAMILLES DE LA CHEVALERIE ROMANESQUE,

PAR A. CREUZÉ DE LESSER.

PARIS,
CHEZ F. PONCE-LEBAS ET COMPAGNIE, ÉDITEURS,
RUE GRANGE-BATELIÈRE, 18.
1839.

IMPRIMERIE DE BOULÉ ET COMPAGNIE,
RUE COQ-HÉRON, 5.

INTRODUCTION,

PAR LES ÉDITEURS.

Paris, 1839.

Bien avant qu'en France on s'occupât tant du moyen-âge, quand tant d'esprits distingués s'enfermaient encore dans la littérature très ancienne ou très moderne, un écrivain, au moins actif et patient, s'occupait à remplir le vaste désert qui existe entre ces deux littératures, à prouver que ce n'est pas entièrement une steppe stérile, à choisir, à rédiger ce qu'offre de plus intéressant et de plus curieux la littérature du moyen-âge, enfin à recueillir les perles et les diamans qu'il croyait avoir reconnus dans le torrent desséché de nos siècles oubliés ou dédaignés. Cet écrivain n'a jamais pensé que pour être utile il fût de rigueur d'être ennuyeux. Il s'en est défendu de son mieux dans ses ouvrages les plus graves. Mais, même dans celui-ci, sous une apparence souvent frivole, il a souvent cherché à être utile. Du moins a-t-il fait dans cette intention un consciencieux et immense travail sur une partie essentielle de notre littérature, et même de notre histoire. Car, là où les faits sont fictifs, les mœurs et les sentiments sont bien loin de l'être. Quelque agréables que puissent être les vers de cet ouvrage, il y a ici bien autre chose que des vers : il y a les récits, les opinions, les mœurs, les traditions chevaleresques ; traditions assez souvent rappelées et citées dans le monde et dans une foule de livres pour être bonnes et même nécessaires à connaître. En voici, avec une très grande précision relative, la rédaction la plus claire, la plus complète, ou plutôt *la seule complète* qui existe dans aucune langue ; et à ce titre elle a droit à une place dans les bibliothèques, même sévères.

Et sans doute personne ne confondra cette élite des récits de la vieille chevalerie avec les innombrables et ridicules romans dont Cervantes a fait justice. Il a dissipé une armée de chevaliers, dignes du feu où il les a jetés, pour avoir tant ennuyé le genre humain ; mais il n'a proscrit ni *Roland*, ni *Tristan* et *Lancelot*. Il a encore moins proscrit *Amadis* qu'il a formellement excepté de l'incendie de la bibliothèque de Don Quichotte, et dont la mémoire se conserverait, ne fût-ce que dans l'histoire du héros de la Manche, qui l'imite et le rappelle sans cesse. L'auteur de l'ouvrage que nous publions, rit, non pas si bien, mais autant que Cervantes, de toutes les extravagances chevaleresques ; mais il a vu et voulu peindre aussi ce qu'offrent d'héroïque et de généreux ces livres, qui, en des âges de désordre et de barbarie, ont osé rappeler et ont su ramener enfin en Europe l'humanité et la justice. Ainsi, comme le dit quelque part l'auteur, la vérité est née de la fiction ; et c'est peut-être à Tristan et à Amadis, ainsi qu'à Roland dont l'histoire est presque aussi romanesque, que l'on a dû en partie Duguesclin, Bayard, Garcia de Paredès, etc. Dira-t-on que, si l'on a bien fait d'abandonner ou de ridiculiser la foule des imitateurs, les premiers, les bons romans de chevalerie sont si futiles ? Et quel poème a rendu un plus grand service au monde que ces ouvrages, qui, avec toutes leurs folies, ont été si sages qu'ils ont proclamé la bonne foi, réhabilité la pitié, et en quelque sorte civilisé la guerre ?

Mais tous ces anciens récits chevaleresques, qui, nés de quelques entreprises, en ont enfanté beaucoup d'autres, formaient jusqu'ici un chaos que l'auteur a pris la peine de démêler, et qu'il a éclairci en l'épurant. Occupé plus que personne de la chevalerie, dont il a fait en quelque sorte sa spécialité, il a composé sur les trois grandes familles chevaleresques une trilogie dont les trois parties peuvent sans doute, et doivent peut-être, se lire à quelques intervalles, mais qui gagnent singulièrement à leur réunion. Elles forment ainsi un vrai monument littéraire, et en quelque sorte, un *cours de chevalerie* qui désormais sera le premier livre à consulter par les personnes qui voudront avoir une idée exacte des pensées et des histoires du moyen-âge. Il nous paraît heureux qu'un ouvrage si instructif se trouve être en même temps très amusant. Et il est plus instructif encore par des préfaces soignées et étendues, qui d'ailleurs, très sagement intercalées parmi tant de vers, sont elles-mêmes d'assez importans morceaux de littérature. Il n'y a pas jusqu'aux tables analytiques de cet ouvrage qui ne puissent aisément former le fond d'un très bon dictionnaire de chevalerie.

Ces trois poëmes n'avaient encore paru que séparément; et encore, le dernier, *Roland*, au moment où il paraissait fut-il arrêté par l'auteur lui-même pour des considérations politiques. Depuis cette époque il a subi tant et de tels changemens que cette seconde édition ressemble singulièrement à une première, et renouvellera d'autant la vaste composition dont il forme à peu près la moitié. Si, de plus, on considère que la *Table Ronde*, même après cinq éditions, est encore ici perfectionnée, et qu'*Amadis*, qui, comme elle, eut deux éditions dans l'année, et fut arrêté à peu près comme *Roland*, se présente lui-même avec des améliorations considérables, on voit que l'ouvrage que nous publions est nouveau en partie par les détails, comme il l'est entièrement par l'ensemble, et quels soins ont été prodigués pour l'amener à sa forme actuelle.

Cependant, malgré l'avis de beaucoup d'amis des lettres, l'auteur hésitait à donner l'ensemble de cet ouvrage, et il était effrayé lui-même de sa prodigalité poétique. On lui a représenté que sa poésie n'était pas de cette haute et sublime poésie qui ne se sert et ne se boit qu'à petites coupes; que le mérite le plus reconnu dans la sienne est d'être éminemment naturelle; que tant de vers pourraient effrayer d'abord; mais que, parmi tant de lecteurs mis en fuite, il se trouverait quelques braves qui rappelleraient les autres; que peut-être un assez grand nombre de ces vieilles et charmantes histoires, racontées sans emphase et non toujours sans agrément, trouveraient grace devant les plus difficiles; qu'après tout son poème n'est pas, tout calculé, plus long que celui de l'Arioste, et contient *quatre fois plus de matière*, y compris l'Arioste lui-même, dont, comme il le dit, les quatre volumes du *Roland furieux* sont resserrés ici dans la valeur d'un seul, et ne forment que le quart de *la Chevalerie*. L'auteur s'est rendu enfin à ces considérations, mais à condition que la première fois que cet ouvrage paraîtrait dans son ensemble, il serait publié en un seul volume in-8° à deux colonnes. Nous avons dû céder à cette exigence, qui aura du moins l'avantage de rendre ce grand ouvrage accessible à un plus grand nombre de lecteurs.

Pour nous, en offrant *la Chevalerie* au public, nous ne craignons pas les lecteurs qui aiment les vers; mais nous avons peur de ceux qui les craignent. C'est ce qui nous oblige à insister sur la facilité de ceux-ci. Ce n'est point cette facilité molle sous laquelle on déguise trop souvent la faiblesse du style ou l'impropriété de l'expression; c'est la facilité vraie et native d'un homme qui, renforcé encore par un long exercice, a fini, comme certains pianistes, par se jouer des difficultés d'exécution et par parler la langue des vers, à peu près comme une langue usuelle, sans que la clarté, l'élégance, et au besoin l'énergie, perdent rien dans cette langue de la poésie où ce qui est bien devient excellent. L'agrément de cette versification où les mots, les rimes même, se classent presqu'en même temps que les idées, se fait sentir d'abord à beaucoup de lecteurs, et avait singulièrement frappé le roi Louis XVIII.

Cependant nous ne serions pas de notre avis, et encore moins de celui de l'auteur, si nous ne disions pas que, dans un si long voyage, il a dû plus d'une fois se lasser ou s'égarer. Il sait très bien aussi qu'il n'a pas toujours cet éclat, cette abondance, ce coloris, qui distinguent l'*Orlando Furioso*. Heureusement, comme il n'a pas ce talent, peut-être aussi sa nation n'aurait pas ce goût. A tort ou à raison, le public français actuel veut quelque chose de plus vif dans la marche et de plus incisif dans le trait. Accoutumé à comprendre en deux mots ce qu'on veut lui dire, il n'aime pas beaucoup qu'on le lui dise, si bien que ce soit, en huit, surtout si l'on a de nombreux récits à lui faire ; et peut-être ne serait-il pas tout à fait juste pour la poésie admirable mais un peu luxuriante de l'Arioste, que ses traducteurs les plus zélés n'ont pu se dispenser d'abréger. Nous venons de dire qu'ici le récit est quatre fois plus rapide. En outre, *la Chevalerie* est écrite en décasyllabes (ces vers lestes qui font le mieux oublier qu'ils sont des vers) ; tandis que les folies du *Roland Furieux* sont écrites en vers plus longs, et précisément dans le même mètre que la majestueuse *Jérusalem Délivrée*.

Ainsi le style de *la Chevalerie* diffère des anciens poëmes italiens. Il ne diffère guère moins de presque tout ce qu'on écrit aujourd'hui en vers ; et, sans blâmer aucune autre manière, il nous semble que celle-ci doit plaire, ne fût-ce que par le contraste. Au surplus l'auteur cède à d'autres l'admiration des lecteurs ; mais il ne cède à personne leur amusement et leur plaisir. On pourrait même dire qu'il a pris son génie en esprit, ou plutôt qu'il a eu si peur de n'avoir pas de génie qu'il a tâché d'avoir le plus d'esprit qu'il lui était possible. Du moins il n'a pas tenu à lui que ces fictions, presque toutes françaises, fussent racontées avec la clarté spirituelle et la gaîté gracieuse de son pays. En effet, la France, cette terre première des croisades, est évidemment le chef-lieu de la chevalerie ; et il semble que c'est par un Français et dans la manière française qu'elle devait être écrite, ou du moins résumée. Aussi l'œuvre que nous publions nous paraît avoir, par la forme encore plus que par le fond, le goût, la saveur du terroir ; et l'on pourrait la comparer à ces vins que toute l'Europe recherche, mais qui ne naissent que dans notre France.

Et nous espérons aussi que les étrangers, qui souvent ne recherchent pas moins nos ouvrages que nos vins, sentiront combien ce livre, qui souvent les regarde autant que nous, peut leur être utile et agréable, et servir en même temps leur littérature et la nôtre.

On jugera aisément tout ce qu'il a fallu de souplesse et de désinvolture dans le style pour présenter avec des chances de succès cette revue si rapide, et si étendue, encore, des principales fictions du moyen-âge. Il fallait sans cesse allier le coloris du douzième siècle à une exécution du dix-neuvième ; fondre, sans heurter, ces teintes si diverses ; en un mot, être à la fois ancien et moderne. C'était la plus grande difficulté de l'ouvrage, comme c'en devait être le principal mérite. Aucune personne juste ne s'étonnera si l'auteur a fléchi dans quelques détails d'une si longue lutte, et s'il a échoué quelquefois dans une telle conciliation. Plus qu'aucun autre, un tel ouvrage a droit de n'être jugé que sur son ensemble.

L'auteur a été si souvent accusé d'être incorrect, au moins en vers, qu'il faut bien qu'on ait eu raison. Cependant depuis trente ans au moins que ce grand ouvrage est terminé, il l'a tellement revu et en a eu tellement le temps, qu'on peut croire qu'aujourd'hui ce reproche serait moins juste. Au reste, il y a l'incorrection du style, et aussi, si nous osons le dire, *l'incorrection de la pensée*. Un style pur, mais vide, où les idées ne brillent ni par le fond ni par l'expression, est un défaut dont ne se doutent pas des auteurs qui se croient parfaitement corrects et, du haut de leur confiance, jugent sévèrement leurs confrères. C'est cependant aussi de la correction que de respecter assez le public et de soigner assez son style pour vouloir y mettre, sinon toujours, au moins souvent, et autant qu'on le peut, et à tout prix, quelque chose de saillant selon le genre où l'on écrit. C'est ce qu'on appelle vulgairement *du trait*, et c'est même ce qui constitue l'intérêt ou le charme du style, surtout dans notre siècle blasé. La première correction, *qui est bonne*, a peut-être quelquefois été sacrifiée ici à la seconde, *qui est meilleure*.

Des trois poëmes qui composent celui-ci, il nous semble que, sans qu'aucune qualité en exclue d'autres, *la Table Ronde* est le plus naïf et le plus touchant ; qu'*Amadis* est incontestablement le mieux conduit et le plus gai. Quant à *Roland*, l'action un peu lente y marche au milieu de tant d'aventures diverses que l'auteur, tout en les simplifiant beaucoup, a cru devoir solliciter quelque indulgence pour le défaut qu'il adopte et qu'il adoucit. Quand on lit l'Arioste, il faut penser beaucoup moins où l'on va qu'où l'on est, et presque toujours on est très bien. Il y a tant de verve, d'esprit et de bonheur dans les inventions de ce poète merveilleux, comme ses histoires, que souvent l'épisode devient le sujet ; le défaut, la beauté ; et que, *grace surtout à l'Arioste*, ROLAND, cette œuvre de plusieurs auteurs, cette fantastique création de l'Italie et de la France nous paraît un des chefs-d'œuvre de l'imagination poétique.

Quand *la Chevalerie* n'aurait que l'avantage de contenir et de raconter agréablement un grand nombre d'anciens fabliaux très divertissans et souvent très ingénieux, elle nous paraîtrait digne de l'attention du public.

Quand elle n'aurait que le mérite de finir par une brillante et rapide mais complète imitation de l'Arioste, elle nous paraîtrait digne du haut intérêt de tous les amis des lettres.

Mais, comme on peut le voir, ce n'est pas encore là son plus grand avantage ; et nous ne pouvons trop le faire remarquer : *C'est la fusion* PREMIÈRE, *et très soignée, des récits et des opinions chevaleresques qui pendant quatre à cinq cents ans ont amusé, occupé, et souvent dirigé l'Europe, où il en reste encore tant de traces*. Aussi est-ce un livre de tous les pays, qui ne doit être étranger nulle part. Nous ne connaissons pas d'ouvrage gai qui soit plus sérieux, comme d'ouvrage sérieux qui soit plus gai.

Nous n'avons nullement la prétention de décerner les palmes poétiques. Tout ce qu'en notre qualité d'éditeurs nous croyons pouvoir affirmer sans craindre de nous compromettre, c'est que *la Chevalerie* est un livre très amusant et très curieux. Quant à la portée de son mérite littéraire, quelque mesure que nous ayons tâché de garder à cet égard, nos opinions pourraient paraître partiales, et ne peuvent être écoutées que comme des doutes. Mais nous sommes heureux de les trouver confirmées et au delà par un juge très compétent, et de pouvoir compléter cette introduction en insérant ici, en partie, un article déjà ancien, d'une haute et excellente littérature. Nous savons très positivement que, comme l'article de M. de Boufflers sur la *Table ronde*, celui-ci fut entièrement de premier mouvement, et que M. C. de Lesser ne le connut que par la publication. Il n'avait même jamais rencontré M. Julien, qui le publia en mars 1830, dans la *Revue encyclopédique*. Ce fut aussi à l'occasion d'une des publications de la *Table ronde*. Mais, à cette occasion, il examina tout l'ouvrage, encore divisé, de *la Chevalerie*, et exprima le vœu que nous réalisons aujourd'hui. Cet article, qui fait regretter que son auteur ait cessé d'en écrire, traite à fond la double question du sujet et de l'ouvrage. On y reconnaît d'abord la science du critique et l'habileté de l'écrivain. L'extrait qui suit dit plus et mieux que nous ; il donnera à notre introduction précisément ce qui lui manque, et nous paraît la meilleure garantie à offrir au public.

« Éparse dans des milliers de volumes si
» précieux à nos ancêtres, et aujourd'hui
» presque illisibles, notre ancienne *romancerie*, et comme l'appelle M. de Lesser,
» cette mythologie du moyen-âge ne peut
» nous être indifférente ; elle a exercé une
» trop forte influence sur nos mœurs et sur
» notre civilisation. Car, si les écrits reçoivent

» leurs premières impressions de la société,
» ils réagissent à leur tour sur elle ; et nos ro-
» manciers, à force de présenter aux *châte-*
» *lains,* aux *varlets,* aux *damoisels,* le
» tableau de cet honneur si chatouilleux, de
» cet amour coupable mais constant, de cette
» générosité si souvent imaginaire, en firent
» naître le goût dans la haute classe ; et de là
» ces vertus dites chevaleresques, qui, vraies
» ou supposées, produisirent un progrès réel
» dans les mœurs et le caractère de la nation.

» Ainsi ces ouvrages marquent une époque
» dans l'histoire de l'esprit humain, et abs-
» traction faite du mérite littéraire qu'ils
» peuvent avoir. Les curieux se félicitaient de
» retrouver dans la collection de M. de Tres-
» san, les plus intéressans, les plus caractéris-
» tiques d'entr'eux ; mais ces ouvrages, indé-
» pendans les uns des autres, pleins de
» redites, présentant d'ailleurs des récits
» incohérens ou contradictoires, exigeaient
» de la part du lecteur, non seulement une
» grande curiosité, mais beaucoup de pa-
» tience ; et encore n'arrivait-on presque ja-
» mais à posséder l'ensemble de ces fictions
» de nos pères.

» M. de Lesser a pris un meilleur parti :
» au lieu de recueillir individuellement tous
» ces ouvrages, il les a lus, médités, étudiés
» dans leur ensemble, comme une histoire
» spéciale ; il a comparé les dates, réuni les
» synchronismes, réparé les anachronismes ;
» en un mot, il a débrouillé ce chaos, coor-
» donné cet immense travail, et, soumettant,
» autant qu'il l'a pu, ses poèmes à l'unité
» d'action, il y a jeté incomparablement plus
» d'intérêt qu'ils n'en avaient comporté jus-
» qu'alors. Sauf ce qu'il y a ajouté de lui-
» même, le fond des choses est à ses devan-
» ciers, comme un sujet historique appartient
» à l'histoire ; mais la forme lui demeure tout
» entière, la forme qui seule fait les poètes,
» et seule assure une longue vie aux ouvrages
» des hommes. C'est sous ce rapport que nous
» avons à examiner le poème de *la Cheva-*
» *lerie.*

» Avant tout, nous devons rappeler à nos
» lecteurs que la plupart des romans de che-
» valerie se rapportent à trois époques prin-
» cipales ; le temps d'Artus, celui d'Amadis,
» et celui de Charlemagne.

(Suit l'analyse de la *Table ronde.*)

» Telle est la marche de ce poème immense
» dans ses détails, varié dans ses épisodes,
» imposant dans son ensemble. Tel est aussi
» le résumé des inventions poétiques relatives
» au temps où les Bretons, chassés de leur
» pays par les Angles, abordèrent dans l'Ar-
» morique, à laquelle ils donnèrent leur nom.

» A une époque qui suivit celle-là de très
» près, disent les romanciers, lorsque Périon
» régnait dans les Gaules et Lisvard dans l'An-
» gleterre, on vit paraître une foule de héros
» dont l'histoire a malheureusement perdu
» le souvenir. Ce sont les *Amadis,* les *che-*
» *valiers du Soleil,* etc. Amadis de Gaule
» passe depuis long-temps pour *le vrai pa-*
» *rangon* de la chevalerie.

(Suit l'analyse d'*Amadis,* et ensuite
celle de *Roland.*)

» Cette mort héroïque dont le souvenir et
» le récit avaient si long-temps guidé les
» Français au combat, dans des chansons
» dont le temps nous a entièrement privés, a
» noblement inspiré tous les chantres de Ro-
» land. M. de Lesser n'est resté inférieur à
» aucun d'eux.

» Je me résume : M. C. de Lesser a, dans
» un poème de plus de quarante mille vers,
» mais divisé en trois parties indépendantes
» l'une de l'autre, et qu'on lit, je ne dis pas
» seulement sans ennui, mais encore avec le
» plus vif plaisir, réuni tout ce que nos an-
» ciens poètes ont inventé sur les trois épo-
» ques chevaleresques déterminées ci-dessus.
» Il a trouvé le moyen de faire entrer dans
» son plan toutes les fictions intéressantes
» qui ne semblaient pas appartenir immédia-
» tement à son sujet, et qu'il eût été cepen-
» dant fâcheux de perdre. Il a enfin joint aux
» idées empruntées ailleurs, un quart peut-
» être de son ouvrage qui lui appartient en

» propre. Et ainsi il a sauvé de l'oubli géné-
» ral, non par un cours de belles-lettres,
» ou une collection d'extraits, mais par un
» ouvrage complet, terminé, indépendant,
» toute cette littérature du moyen-âge dont
» tout le monde a entendu parler, et que les
» seuls érudits connaissent. Voilà pour le su-
» jet, ou, comme on dit dans les classes,
» voilà pour *l'invention;* car le poëme de *la*
» *chevalerie* peut, sur tous les points, soute-
» nir un examen sévère.

» Quant à la disposition, je n'ai pu l'indi-
» quer qu'en masse. Les héros sont si nom-
» breux, les faits si variés, qu'on est, sinon
» accablé, du moins surpris de la multitude
» des épisodes et de leur importance pour le
» reste de l'action. Une table des matières
» pourrait seule apprendre au lecteur tout ce
» qu'il trouvera dans l'ouvrage. Je ne veux
» pas dire que la grande épopée, soumise à
» ses règles sévères, à l'unité d'action, à l'u-
» nité de héros, comme l'*Iliade*, l'*Enéide*,
» la *Jérusalem délivrée*, ne soit pas une
» œuvre plus belle, plus grande, plus ma-
» gnifique que ces poëmes où l'auteur semble
» se jouer de notre imagination, et comme
» un magicien, nous transporte d'un instant
» à l'autre en mille endroits divers. Mais
» quoi! notre admiration pour Virgile ex-
» clura-t-elle notre goût pour Ovide? Le
» Tasse nous fera-t-il mépriser l'Arioste? et
» faut-il, pour qu'un poëme épique ait notre
» approbation, qu'on puisse en tracer rigou-
» reusement la marche en suivant les seules
» aventures du héros principal? Non, sans
» doute. Ce serait être bien ennemi de nos
» plaisirs que de nous condamner à n'aimer
» qu'un seul genre, et de faire au poëme de *la*
» *Chevalerie* un reproche qui tient à l'es-
» sence même du sujet et à l'intérêt qu'il ins-
» pire.

» Quant à l'*élocution*, cette dernière, mais
» en même temps cette suprême partie de
» tout ouvrage littéraire, il m'eût été facile,
» sans doute, de réunir pour le poëme de *la*
» *Chevalerie* tous les éloges les plus exagé-
» rés, les expressions de l'admiration la plus

» hyperbolique. Personne n'en eût été sur-
» pris; personne aussi n'en eût été dupe, au-
» jourd'hui que la louange pour les ouvrages
» de goût est devenue une monnaie de si peu
» de valeur qu'on en fait l'aumône à qui veut,
» et sans compter; en sorte que, si l'on vante un
» poëte comme doué d'une riche imagination,
» d'un génie original, cela ne veut pas dire
» qu'il sache disposer ses idées ni donner de
» la couleur à son style, ni inventer des cho-
» ses neuves; cela n'indique pas même qu'il
» n'y a pas chez lui de fautes de prosodie, ni
» de syntaxe, ni d'orthographe, mais seule-
» ment qu'il a rimé et aligné des périodes, et
» qu'il s'est trouvé parmi les rédacteurs de jour-
» naux quelqu'un qui a bien voulu en avertir
» le public. Je n'ai eu garde de suivre cette mé-
» thode; il m'a semblé plus convenable de lais-
» ser le lecteur établir son opinion lui-même.
» Dans les trois exemples que j'ai choisis, j'ai
» montré M. de Lesser, poëte épique, didac-
» tique et lyrique, racontant dans le premier
» cas, discutant dans le second, s'abandon-
» nant dans le troisième à son imagination. »
(A côté du texte tout entier de *la Chevalerie*, nous ne citons aucun de ces passages.)

« Toutefois, si des exemples peuvent faire
» apprécier les qualités du style, ils ne peu-
» vent nous en indiquer les défauts. La criti-
» que doit en relever un que l'auteur semble
» affectionner : c'est la recherche d'esprit, et
» d'un esprit que ne comporte pas le siècle
» où il nous place. M. de Lesser demande
» quelque part qu'on ne juge pas un grand
» poëme sur un petit nombre de mots inhar-
» monieux ou de rimes insuffisantes, et il a
» raison; mais si, par système ou par une
» propension naturelle, il affecte de multi-
» plier les observations que son sujet re-
» pousse, n'en résulte-t-il pas un défaut bien
» réel? Je ne doute pas que l'auteur ne trou-
» vât mille raisons spécieuses pour combattre
» l'avis que j'émets ici; car, il faut le dire
» une fois pour toutes, ses préfaces, soit
» qu'elle aille au devant des critiques, soit qu'il
» y réponde, sont écrites avec tant d'esprit,
» et tournées d'une manière si neuve et si

» piquante, qu'on se laisse convaincre d'a-
» bord. Mais la lecture du poëme efface bien-
» tôt ces dispositions bienveillantes ; le senti-
» ment l'emporte sur le raisonnement, et
» l'ouvrage offre plusieurs détails que nous
» ne saurions approuver. »

A ce passage, dont la citation prouve notre impartialité et notre franchise, sont joints trois ou quatre exemples, sur lesquels l'auteur, (comme tous les auteurs) aurait peut-être quelque chose à répondre, mais sur lesquels il n'a sûrement garde de contester, après tant d'éloges si flatteurs. D'ailleurs nous sommes pressés d'arriver à la conclusion d'un morceau de critique si distingué et d'une appréciation consciencieuse si rare aujourd'hui.)

« Ce défaut, du reste, n'est que partiel, et si
» le style de l'auteur de *la Chevalerie* n'est
» pas aussi parfait que celui du *Lutrin*, aussi
» élégant que celui de *Vert-Vert*, aussi mor-
» dant, aussi animé que celui des poëmes de
» Voltaire et de Parny, il lui reste cependant
» assez de qualités pour occuper une place
» honorable après ces maîtres du poëme
» héroï-comique, même en faisant abstrac-
» tion de la valeur que donnent à son travail
» l'immensité du plan qu'il embrasse, et la
» vérité historique de ses détails.

» Il me reste à dire pourquoi des trois poë-
» mes qui composent *la Chevalerie*, *la Ta-
» ble ronde* a eu plus de succès que les au-
» tres. Ce n'est pas qu'elle soit plus amu-
» sante que le *Roland*, ni plus neuve pour
» la plupart des lecteurs que l'*Amadis*; mais
» c'est qu'elle réunit au suprême degré ces
» deux qualités que les deux autres poëmes
» se partagent pour ainsi dire. Je m'explique :
» Tout le monde a lu l'Arioste, au moins
» dans des traductions; et quoique le *Roland*
» français en diffère essentiellement dans sa
» plus grande partie, on ne peut s'empêcher
» d'y reconnaître de nombreuses imitations
» de ce qu'on a vu dans un autre poëme, et
» dans quel poëme! Or, à qui pourrait être
» avantageuse une comparaison avec l'Arioste?
» Le souvenir de ses chants immortels a donc
» dû nuire au *Roland* de M. de Lesser. A l'é-
» gard d'*Amadis*, il n'a pas de comparaison
» à craindre. En vain M. de Tressan a-t-il ré-
» duit à une juste étendue la longueur déme-
» surée des romans qui le chantent; il n'a pas
» rencontré beaucoup de lecteurs. Mais c'est
» qu'il faut le dire, les Amadis sont généra-
» lement ennuyeux; la perfection de leur
» amour nous fatigue ; la ressemblance de
» leurs coups d'épée nous rebute ; il n'a pas
» fallu moins que le talent du nouveau poète
» pour soutenir jusqu'à la fin de son livre l'at-
» tention et l'intérêt du lecteur. Dans *la Ta-
» ble ronde* au contraire, les aventures des
» héros sont aussi variées qu'agréables; la
» conservation ou la destruction de leur or-
» dre semble être un événement de la plus
» haute importance pour l'univers entier.
» d'ailleurs nos idées d'enfance, ce que nous
» avons entendu raconter de Merlin l'Enchan-
» teur, du roi Artus, et des merveilles qui se
» rattachaient à cette table fameuse, peut-être
» aussi l'avantage d'y rencontrer çà et là quel-
» ques noms historiques qui aident à fixer
» l'esprit sur une époque précise; enfin, la
» belle et difficile unité que l'auteur a su y
» conserver, ont pu déterminer la préférence
» que le public lui a justement accordée, ce
» me semble. Toutefois, n'allons pas de la
» supériorité de ce poëme tirer un motif de
» condamnation pour ses frères. Non : les
» trois ouvrages doivent marcher de front ;
» ils se prêtent en quelque sorte un mutuel
» appui; on ne les apprécie bien que par leur
» rapprochement, car si dans chacun d'eux
» l'action est complète et terminée, comme je
» l'ai dit ci-dessus, leur ensemble peut seul
» dérouler à nos yeux le tableau entier de la
» poésie épique du moyen-âge et de la féerie
» chevaleresque. Espérons donc que l'auteur
» devra céder encore aux sollicitations de l'é-
» diteur pour laisser réimprimer *l'Amadis*,
» et *le Roland*. Se borner à *la Table ronde*,
» ce serait nous montrer la façade d'un im-
» mense palais, et nous en cacher les côtés
» ou l'intérieur. B. J. »

Nous n'examinons pas ce que plus tard, quand l'auteur n'y sera plus, on changera en bien ou en mal aux comparaisons faites ici entre lui et les poètes qui l'ont précédé, appréciation qui, d'un côté ou de l'autre, n'est jamais parfaitement exacte dans la justice contemporaine. Nous nous bornerons à dire qu'il n'a imité aucun d'eux, et surtout qu'aucun d'eux n'avait donné à ce point et avec tant de hardiesse l'exemple de ce mélange de tous les tons, de cette fusion de choses tendres avec d'autres gaies ou malignes, et avec d'autres très élevées et très pathétiques; fusion qui fait le principal caractère de son talent et de son style, spécialement dans cet ouvrage. Quant à son imitation de l'Arioste, et à son infériorité avec un tel poète, il est impossible de douter qu'elle existe; et plus impossible encore que, si, par hasard, et en quelques parties, elle se trouvait ne pas exister, personne en convienne de long-temps, et l'auteur moins que personne.

Il est très vrai, comme le dit l'excellent critique dont nous avons tant profité, que le poème de la *Table ronde* est celui des trois qui jusqu'à présent a eu le plus de succès et d'éditions. Mais il parut le premier, dans des circonstances plus favorables; et l'on sait d'ailleurs que des circonstances politiques arrêtèrent un peu *Amadis* et tout à fait *Roland*. Il nous semble que ces poèmes ont tous trois des qualités particulières qui les distinguent : chacun y choisira ce qui lui plaira le mieux, et peut-être y en aura-t-il pour tout le monde.

LA TABLE RONDE,

POÈME,

PUBLIÉ POUR LA PREMIÈRE FOIS EN 1812.

SIXIÈME ÉDITION, CORRIGÉE.

> Plus on avance dans cette amusante lecture, plus on s'étonne de ce qu'on y voit ; et si on la recommence, on s'étonne encore de ce qu'on n'y avait pas vu.
>
> Le chevalier DE BOUFFLERS.

PRÉFACE.

Paris, décembre 1811 (1).

La mythologie des Grecs a, comme presque tous leurs dieux, une jeunesse éternelle, et tant qu'on saura la peindre et qu'on n'en abusera pas, elle offrira à la poésie les plus riches couleurs; mais il me semble que la chevalerie, avec la féerie qui y tient, et surtout la religion qui l'embellit, est un peu la *mythologie des modernes*, et qu'aussi variée que celle des anciens, elle n'est pas toujours moins séduisante. Les Romains éclairés, qui ne reconnaissaient que le DIEU TRÈS BON ET TRÈS GRAND (*Deus optimus maximus*), ne s'en amusaient pas moins des riantes fictions dont on l'avait entouré ; et, tout en adorant le seul Jupiter, ils se plaisaient souvent à se rappeler les amours des déesses et surtout les exploits et les bienfaits des héros. C'est ainsi que les fictions de la chevalerie, qui reçoivent un charme merveilleux de leur mélange avec nos idées religieuses, leur ôtent, à leur tour, une partie de cette austérité qui souvent ailleurs leur fait perdre en poésie presque tout ce qu'elles gagnent en morale. Ces chevaliers redresseurs de torts, ces géans persécuteurs et punis, ces dames protégées, ces fées bienfaisantes, ces enchanteurs redoutables, ces châteaux hospitaliers, ces retraites, asiles du malheur, et quelquefois du plaisir, ces ermites au pied d'un autel sauvage, ces preux aux genoux d'un ermite, ce mélange de religion et de tendresse, de raison et de folie, des miracles de l'héroïsme avec les faiblesses de l'humanité : tout enfin dans ces idées plaît à l'esprit, sourit à l'imagination ; et comme les temps chevaleresques, malgré leurs désordres, valaient en effet un peu mieux que les temps dits héroïques, leur peinture offre quelquefois des sentimens plus nobles et plus délicats. Aussi, puisque partout on apprend la mythologie à la jeunesse, pourquoi ne pas y joindre la *chevalerie*, qu'il serait plus facile de lui présenter d'une manière convenable, et qui, moins éloignée de nos mœurs, est, si j'ose le dire, plus conforme à nos goûts? L'Arioste et le Tasse, qui ne sont que d'hier, nous charment aussi souvent que l'antique Homère et l'immortel Virgile.

Nul doute que la chevalerie aura toujours sur un point quelque infériorité envers cette mythologie grecque, allégorie enchantée qui, sous son voile diaphane, est, malgré une défaveur momentanée, une source presque in-

---

(1) Je me suis toujours étonné qu'on ne datât point les préfaces. Beaucoup de préfaces, et même beaucoup d'ouvrages, offrent des obscurités qu'une date éclaircirait, et quelquefois des inconvénances qu'elle ferait disparaître.

épuisable d'images charmantes et de vérités ingénieuses, exploitées d'ailleurs par tous les grands poètes de l'antiquité et par tant de modernes. Mais peut-être ce désavantage est-il compensé par les agrémens que je viens d'indiquer, par le mérite d'être plus neuve, et surtout par un avantage que la mythologie n'aura jamais : celle-ci, qui a tout animé, excepté l'amour (car Cupidon n'est presque que le plaisir), n'a point deviné les plus douces inspirations de l'amour vrai, tendre, délicat ; et au fond, dans une violence matérialiste souvent mal déguisée par la délicatesse moderne, et souvent pas du tout par la poésie antique, elle ne connaît ni nuance des sentimens ni surtout respect pour les femmes, esclaves dans la guerre et presque dans l'hyménée. Au contraire, la chevalerie est la première, la plus vive expression du culte de l'amour et de ce respect pour les femmes auquel les deux sexes ont tant gagné. Sous ce rapport, elle est l'image d'un monde nouveau, le développement d'autres mœurs beaucoup plus poétiques. La femme, idéalisée, *mais jamais tout à fait*, s'est enrichie, dans sa liberté, dans son indulgence, dans ses refus même, d'une foule de grâces qui ont complété son charme et comblé notre enchantement. Sous ce rapport, la chevalerie, ce chef-d'œuvre du moyen-âge, est le point de départ d'une époque meilleure pour le genre humain et surtout pour sa moitié la plus faible et la plus intéressante. En réalité, les temps mythologiques n'étaient que le règne de la force, et les Hercule et les Thésée n'étaient guère moins ravisseurs et moins violens que les tyrans qu'ils punissaient. La morale même du meurtre était fort indulgente. Sans doute, la chevalerie offre des chevaliers félons et de méchans Enchanteurs ; mais tous les chevaliers appelés à l'intérêt des lecteurs sont animés par les sentimens les plus nobles. Défenseurs nés de l'innocence, ils respectent, ils protègent la Beauté, et, s'ils ne sont pas entièrement désintéressés, ils n'exigent jamais la récompense qu'ils sollicitent. Il faut convenir que tout cela est bien supérieur aux grossièretés de la Grèce héroïque, et que, même dans ses exagérations, la chevalerie porte l'empreinte d'une civilisation perfectionnée.

Mais quels sont les ingénieux inventeurs de cette seconde mythologie ? Chez quelle nation est née la chevalerie ? Il y a sur ce point presque autant d'opinions que de peuples, et toutes sont exprimées avec cette *certitude* qui déjà épouvantait Fontenelle : car il y a long-temps qu'on ne sait plus ignorer. La plus singulière, mais non la plus insoutenable de ces opinions, est celle qui établit que la chevalerie est une invention absolument poétique, et n'a, dans son origine, d'autre source que l'imagination des poètes et des romanciers. Dans ce système, ce serait d'après ces fictions chevaleresques qu'en des siècles postérieurs les princes et les guerriers auraient modifié leurs mœurs, leurs habitudes ; et, au lieu que souvent c'est d'après l'histoire que l'on fait des romans, ici ce serait d'après des romans qu'on aurait fait l'histoire. On motive ce sentiment par l'état véritablement affligeant qu'offre la société en Europe à toutes les époques du moyen-âge où la chevalerie aurait pu s'établir ; mais les partisans ingénieux de ce système n'ont peut-être pas pris garde que la chevalerie n'a pu naître et briller que dans des temps très malheureux ; qu'il n'a pu s'élever de grands *redresseurs de torts* qu'à l'époque où il y avait des torts innombrables ; et qu'enfin la chevalerie était moins un ordre de choses qu'un remède, et même, si l'on veut, un palliatif à un affreux désordre. Sans doute, les hommes qui ne voient et ne doivent guère voir partout que le beau idéal des objets, c'est-à-dire les romanciers et les poètes, ont dû, dans leurs ouvrages, présenter sur le premier plan les héros et les belles actions, et jeter dans l'ombre les oppresseurs et les crimes ; mais il ne faut pas long-temps regarder le fond du tableau pour voir que ce fond est presque tout entier composé de ces tristes images, et qu'en cela les romans sont la représentation fidèle de l'histoire. Ainsi, la chevalerie a pu naître à ces affligeantes époques. Je crois même qu'elle a dû nécessairement naître alors. Il ne s'agit pas, sans doute, de cette institution vaste, régulière, complète, dont M. de Sainte-Palaye a composé un tableau tout à fait romanesque. Je puis en vers être de l'avis de ce savant, mais en prose je n'en suis pas du tout; et j'avoue que la chevalerie, telle qu'il l'a peinte dans ses premiers mémoires, me semble une véritable chimère. Lui-même, dans un dernier mémoire, a paru en convenir. Mais, en laissant de côté toutes ces exagérations, il est évident qu'au milieu de ce long et horrible abus de la force qui désola toute l'Europe dans notre moyen-âge, il dut s'élever quelques voix, et, si j'ose dire, quelques épées généreuses. Il est impossible que, parmi d'innombrables tyrans, la nature humaine ne se soit pas consolée en produisant et en faisant apparaître quelques guerriers protecteurs des faibles. Il est même vraisemblable que, parmi ces guerriers, quelques hommes à imagination plus vive ne se seront pas bornés à réparer, à punir, quelques injustices locales, mais auront été plus loin à la recherche et au secours des opprimés, et auront tenté en petit ce qu'un peu plus tard essaya l'Europe presque entière, quand elle se précipita à plusieurs reprises sur la Terre-Sainte pour y *redresser les torts* des infidèles. Ainsi, voilà, sans poésie et sans poètes, une origine toute naturelle et tout historique de la chevalerie, et même de la chevalerie errante.

Mais où est-elle née? On voit que, dans mon hypothèse, elle peut s'être établie dans le même temps en différens pays, et que, des mêmes oppresseurs, peuvent être nés partout les mêmes réparateurs; mais ces usages, que je viens d'esquisser et que je vais peindre, ces opinions, ce merveilleux qui les distinguent des temps dits *héroïques* de la Grèce et de beaucoup d'autres temps barbares, quel peuple, quel pays peuvent s'honorer plus particulièrement de les avoir inventés? Voilà une de ces questions qui ne seront jamais entièrement résolues, parce qu'il s'y présentera toujours des raisons pour tous les pays et pour tous les systèmes. Excepté la France, qui pousse son impartialité généreuse au point d'être souvent injuste envers elle-même, je ne crois pas qu'il y ait un pays en Europe où il ne soit à peu près reconnu que les institutions chevaleresques y ont pris naissance. J'ai vu même des personnes, peu nombreuses à la vérité, en attribuer l'origine aux Arabes et à l'Asie. Comme tous les temps et tous les pays ont offert toujours quelques-uns de ces traits d'un grand courage et d'une admirable magnanimité dont la chevalerie abonde, on peut, d'après ce trait de ressemblance, lui supposer une origine persane, tartare, tout aussi bien qu'une origine arabe. D'après cette manière de raisonner, il serait plus simple, et en vérité plus naturel, d'attribuer l'origine de la chevalerie aux Hercule, aux Achille, aux Hector, qui sont en effet les chevaliers de l'antiquité, et se trouvent assez souvent mentionnés comme modèles dans nos livres de chevalerie. La chevalerie ne plairait pas si généralement à toutes les nations, s'il n'y avait pas dans ses idées quelque chose qui répond à tous les cœurs, et peut se retrouver chez tous les hommes; mais elle n'en a pas moins ses usages, son costume, son ton particulier, et tout cela est visiblement européen. Je crois donc que les personnes atteintes de la manie de croire toujours que ce qui a brillé dans un pays n'a pu y naître, et nécessairement est venu d'un autre, je crois, dis-je, que ces personnes feront bien d'abandonner l'Asie et les Arabes, et de se rejeter sur les Maures et les chrétiens d'Espagne. En effet, plusieurs savans, éblouis de l'éclat que ces peuples ont donné à la chevalerie, croient que c'est parmi eux qu'elle est née. Pour moi, en considérant que, plus on approche du Midi, plus on approche de l'esclavage des femmes, et qu'il n'y a rien de moins chevaleresque que les anciennes mœurs des Africains, et même des Romains et des Grecs, je serais plutôt encore de l'avis des personnes qui placent parmi les peuples du Nord l'origine de la chevalerie. Là, un climat plus que tempéré permet d'ajouter à l'amour les sentimens délicats qui l'ennoblissent. C'est là qu'on voit à toutes les époques le signe caractéristique de la chevalerie, le respect pour les femmes, respect qui, dans le Midi, est beaucoup plus moderne, et loin encore d'être universel. Je n'hésiterais donc pas à attribuer l'origine de la che-

PRÉFACE.

...lerie aux anciens peuples du Nord, si, d'un ...tre côté, parmi beaucoup d'usages qui lui ...ppartiennent, je n'en voyais beaucoup d'au...es qui y répugnent, par exemple cette cou...ume presque générale d'égorger les prisoniers qu'on avait faits, et quelquefois même ...e les livrer aux supplices les plus cruels ; témoin le roi danois Regner Logbrod, qui, pris ...ans le Northumberland, fut jeté dans un ca...ot et dévoré par des serpens. Il est également connu que, dans ces pays, on ne faisait ...ière consister l'honneur que dans le courage. ...a piraterie y était un état, surtout celui des ...unes princes, et plusieurs rois scandinaves ...'avaient aucun titre dont ils s'honorassent ...tant que de celui de premier pirate du Nord. ...e ne sont là ni des chevaliers ni de la che...alerie; mais leur courage plus qu'humain, ...urs entreprises hasardeuses et lointaines, ...entrent tout à fait dans l'ordre de ces ...ées.

Je crois qu'en cela, comme en mille autres ...bjets, les nations ont réagi les unes sur les ...utres. Je crois que la chevalerie, avec les ro...ans qui en traitent, est l'enfant de beaucoup ...e pères. Sans vouloir porter une décision là ...ù l'on ne peut que présenter une hypothèse, ...ans exclure ni les Maures ni les Scandinaves ...e l'honneur d'avoir créé cette institution, ou ...u moins d'en avoir augmenté l'éclat, ne ...ourrait-on pas chercher si, là comme ail...eurs, la vérité n'est pas entre les deux opi...ions opposées, et s'il n'y aurait pas quelques ...aisons pour voir sous une zone plus tempé...ée l'origine des idées chevaleresques ? Je ...'avoue, je suis très tenté de la placer sous la ...igne qui comprend le midi de l'Angleterre, le ...ord de la Gaule et une partie de la Germanie. ...'y trouve, dans ces deux dernières contrées ...urtout, ce respect pour les femmes qui, dès ...e second siècle de notre ère, faisait dire à Ta...ite que ces peuples attribuaient aux femmes ...uelque chose de divin. Quant à la valeur, ...elle des Germains est célèbre, puisque l'em...ire romain s'arrêta devant eux. Les Gaulois, ...on moins braves, devinrent pour des siècles ...a barrière de cet empire et l'honneur de ses ...rmées, du moment qu'ils cessèrent d'en être

la terreur, et leurs entreprises aventureuses en Grèce, et jusqu'en Asie, remplissent les premières pages de l'histoire. En attribuant à ces peuples l'origine de la chevalerie, on expliquera bien plus naturellement comment ces idées, nées dans le centre de l'Europe, s'y sont étendues presque également au nord et au midi, et ont fini par la conquérir à peu près tout entière à des mœurs plus nobles et à des sentimens plus généreux. Pour dernière preuve, je demanderais que par les fruits on jugeât de l'arbre. Les romans si chevaleresques des Maures d'Espagne sont trop modernes pour prouver autre chose que l'adoption de ces idées, et non pas leur origine ; mais les poésies scandinaves, récits bien plus anciens, peignent de tout autres mœurs : la férocité la plus odieuse y ferait presque détester le courage. Ce paradis scandinave, où les héros s'amusent à s'écharper, est un étrange paradis, et cette salle où ils s'enivrent d'hydromel dans les crânes de leurs ennemis offre de vraies réjouissances de cannibales. On ne voit rien de pareil dans les romans de chevalerie : du moins l'humanité y repose du carnage ; on y répand autant de sang peut-être, mais on s'en vante beaucoup moins. Là, il y a de la générosité pour les vaincus ; il y a même souvent de la gaîté, chose encore plus rare dans les poésies scandinaves, et même dans les poésies erses, trop manifestement falsifiées pour être d'aucun poids dans cette discussion. Il y a donc lieu de croire que tous ces peuples du Nord n'ont pas inventé la chevalerie, puisqu'ils n'ont pas su la peindre, du moins jusqu'à nos siècles modernes, où l'Europe, plus civilisée, est devenue comme une grande république qui, sous divers gouvernemens, a adopté sur une foule d'objets les mêmes mœurs et les mêmes opinions.

En confirmation de mon système, il se trouve que les peuples qui, selon moi, ont imaginé la chevalerie, sont aussi les auteurs des premières histoires qui nous en restent. Les romans de Charlemagne, que je crois les plus anciens de tous, ont été écrits en France, et quelques-uns en Germanie (je ne parle que des romans); ceux de la Table ronde, dont l'origine, quoique un peu moins reculée, est un peu plus confuse, et dont il doit être particulièrement question ici, sont également nés sous la zone que je regarde comme le pays de la chevalerie : cela est incontestable et incontesté ; mais il est beaucoup moins facile de dire positivement quels sont les premiers auteurs de ces récits.

Il y a des ouvrages qui semblent appartenir moins à quelques auteurs particuliers qu'à toute une nation, ou même à certains peuples d'une même époque : ce sont ceux qui sont plus particulièrement teints des opinions de ces peuples ou de cette époque. Quelques traditions, quelques récits vagues, ont commencé par se répandre et s'établir. Chacun ensuite a apporté son tribut à la masse d'idées déjà existante, et l'ensemble de ces idées, plus ou moins heureuses, finit par former un corps de faits, qui, tel qu'il est, peint à merveille les opinions de l'époque où il est né, et devient tout à fait l'*expression de la société* qui l'a arrangé ou imaginé. C'est ainsi que, dans les fables grecques, le mélange d'idées gracieuses et riantes avec d'autres quelquefois dégoûtantes et féroces peint parfaitement un peuple très spirituel et très ingénieux, mais qui touchait encore à la barbarie. Les légendes, si oubliées aujourd'hui, mais si recherchées autrefois, sont la meilleure peinture des temps où elles furent écrites, et les fausses aventures des héros de ces livres sont l'histoire très naïve de leurs historiens et de leurs lecteurs. Dans un tout autre genre, les romans de chevalerie ont le même avantage ; ils peignent très fidèlement, non pas ce qu'on faisait dans le temps où ils furent imaginés, mais ce qu'on désirait faire, et l'espèce de beau idéal qu'on se proposait d'atteindre. Ces romans, et spécialement ceux de la Table ronde, semblent être nés des récits et des opinions populaires, encore plus que du travail d'aucun auteur. Au moment où j'écris, il existe, dans quelque chaumière, telle opinion ou tel conte qui, en se modifiant, deviendra peut-être dans beaucoup de siècles le sujet des plus beaux ouvrages et le charme des nations. C'est dans un des hameaux d'Angleterre ou de Bretagne qu'est née la fable de Merlin sorcier, farfadet, et protégeant de ses prodiges le roi Artus ou Arthur, petit prince anglais qui vivait au commencement du sixième siècle. M. de Caylus a prouvé assez bien que les conquêtes très réelles de Charlemagne sont la véritable source des exploits imaginaires d'Artus. Tandis que, selon notre usage de tous les siècles, nos romanciers s'amusaient à diminuer la gloire d'un de nos plus grands princes, les romanciers anglais exagéraient beaucoup celle du roi Artus, et au point de lui faire conquérir une partie de la France, où il n'entra jamais.

Quoi qu'il en soit, sous le règne de Henri II, dit *Beau-Clerc*, roi d'Angleterre en 1154, Geoffroy de Montmouth traduisit du *bas-breton en latin* (du moins à ce qu'il annonce) l'histoire du *Brut*, ou *de l'origine des rois anglais*, qu'on faisait descendre d'un Brutus, fils d'Énée, qui aborda en Angleterre et donna des souverains à ce pays. On y trouve l'histoire fabuleuse de ces rois jusques à Cawalcader, qui vivait dans le septième siècle. Ce livre eût peut-être été peu connu dans un temps où beaucoup de clercs mêmes n'entendaient pas le latin ; mais, presqu'au moment de sa publication, Robert Wace, natif de Jersey, ayant traduit tout le *Brut* en langue romane et en vers, le roi Henri II, charmé de ce livre, et surtout des hauts faits du roi Artus, désira connaître tout ce qui traitait de ce prince et de sa Table ronde, et fit traduire en langue romane tous les ouvrages qui avaient été écrits en latin sur ce sujet.

C'était par l'ouvrage le plus remarquable qu'on devait commencer ce grand travail ; et en effet on s'occupa d'abord de *Tristan*, roman digne des plus beaux siècles, ouvrage que quelques personnes regardent comme le plus ancien des romans de la Table ronde, et qui en est incontestablement le meilleur. La personne qui se chargea de le *translater* en français fut le chevalier Luces, seigneur du château du Gast, près Salisbury. Il commença même à traduire le roman du *saint Gréal* ou *Graal*; pour celui de *Tristan*, il paraît qu'il fut aidé par messire Gasses le blond, qui était parent du roi Henri. Dans le même temps, Gauthier Map, ou Mapp, qui était chapelain de ce prince, mit en français par son ordre le roman de *Lancelot du Lac*. Robert de Borron et Hélys de Borron, son parent, finirent la traduction du *saint Gréal*, et y joignirent celle de *Joseph d'Arimathie* et de *Merlin*. Hélys fit seul le *Palamède*, et s'associa ensuite avec Robert et Rusticien de Puise pour traduire le *Brut* de vers en prose, et mettre la dernière main à tous les romans précédens; c'est par cette raison que Rusticien de Puise est quelquefois cité comme l'auteur de *Tristan*. Il paraît qu'il traduisit seul les romans de *Méliadus* et de *Gyron le courtois*.

On peut s'étonner que ce soit un roi d'Angleterre qui ait fait traduire tous ces romans en français. Mais il faut rappeler ici un fait aussi honorable à notre littérature qu'à notre histoire. Depuis la conquête de l'Angleterre par Guillaume, en 1066, la langue française, dite romane, qu'il y avait portée, avait fait dans ce pays les plus grands progrès, et pendant plusieurs siècles elle resta la langue littéraire de l'Angleterre. Très long-temps les Anglais riches et instruits envoyèrent leur enfans en France pour qu'ils y fissent leurs études, et y apprissent, outre l'exercice des armes, la langue romane, qui était réputée la plus douce, la plus polie et *la plus délitable*, comme l'a écrit, dans le treizième siècle, le Florentin Brunetto Latini, qui, par cette raison, aima mieux écrire un ouvrage en langue romane que dans la langue de son propre pays.

Au reste, si ce fut un prince anglo-normand qui le premier fit traduire en français les romans de la Table ronde, ces ouvrages, dont le succès fut prompt et mérité, furent dans le même siècle reproduits en France par des écrivains qui les imitèrent en vers. A la tête de ceux-ci il faut mettre Chrestien, dit de Troyes, parce qu'il était né en cette ville. Cet écrivain, qui mourut en 1191, nous a laissé en vers: 1° *Perceval le Gallois*, 2° *le Chevalier au lion*, 3° *Érec et Énide*, 4° *Cliget*, 5° *Lancelot, ou de la Charrette*, 6° *Guillaume d'Angleterre*. Il avait fait aussi *le roi Marc et la reine Yseult* (ou le Tristan), et la perte de ce roman est très fâcheuse pour la littérature de cet âge. Ses autres ouvrages, qui restent en manuscrits, sont fort supérieurs à tout ce qui fut écrit dans ce temps, et seront toujours intéressans à consulter. Il serait à désirer qu'on nous en donnât une édition, et que l'on se rendît, à cet égard, aux vœux des savans de France, d'Angleterre et même d'Allemagne, où Chrestien de Troyes est encore estimé et recherché (1).

Les auteurs sur lesquels Chrestien de Troyes a travaillé conviennent tous avoir *traduit* du bas-breton ou du latin. Quelques savans pensent que c'est une feinte, et que ces soi-disant traducteurs sont les vrais auteurs; mais d'autres savans ont une opinion différente. Ils représentent que, puisqu'il est incontestable que Henri II, roi d'Angleterre, charmé de la traduction du *Brut*, fit traduire sur-le-champ les autres romans de la Table ronde, et avant tout le *Tristan*, il en résulte plus qu'évidemment que ces romans existaient; et ils ne voient pas pourquoi ils n'en croiraient pas sur leur parole tous les auteurs que je viens de nommer, et qui *tous* déclarent n'avoir été que traducteurs. Ils expliquent les momens de distraction où ces mêmes traducteurs se disent inventeurs, par les grands changemens qu'ils ont faits aux récits qu'ils translataient. Ils croient, au reste, que la plus grande partie de ces inventions appartient à l'Angleterre. Mais quelques uns pensent que la Bretagne, et par conséquent la France, peut réclamer primitivement les romans de *Lancelot*, de *Méliadus*, et surtout de *Tristan*; non parce que ces héros sont français, mais parce qu'on leur donne un avantage trop constant sur les héros anglais; parce que le roi Artus, si vanté dans les autres romans, est souvent dans ceux-ci humilié outre mesure, et que les Anglais, qui ont toujours eu le bonheur d'avoir de l'esprit national, n'ont jamais pu inventer de tels ouvrages. C'est beaucoup qu'ils les aient traduits; encore fût-ce sous des princes normands. Ces savans conviennent que ces romans nous sont en effet arrivés d'Angleterre; mais ils croient

---

(1) J'ai, sur tous ces faits, reçu les éclaircissemens les plus utiles de M. de Roquefort, auteur du nouveau et excellent *Glossaire de la Langue romane*, et qui joint au mérite d'être un de nos savans les plus distingués celui d'être un des plus obligeans.

PRÉFACE.

qu'ils y étaient venus de Bretagne, province qui, dans ces siècles barbares, avait souvent plus de rapports avec l'Angleterre qu'avec le reste de la France, et qui d'ailleurs, dans ces récits, adoptait les idées anglaises sur la Table ronde, le saint Gréal, et Merlin. Ils pensent même que quelques unes de ces idées peuvent y être nées. Ils répètent à cette occasion que le roman du *Brut*, le père de tous les romans de la Table ronde, est donné, par Geoffroy de Montmouth, comme traduit du *bas-breton*. Ils remarquent que c'est en Bretagne, dans la foret de Brocéliande, près Quintin, que Merlin était censé être enseveli. Ils ajoutent que le roman de *Tristan*, de ce chevalier né, marié, mort en Bretagne, a tous les caractères d'un roman breton, et qu'on y retrouve jusqu'au *combat du bâton*, encore en usage dans cette province; ils allèguent qu'au reste rien ne prouve que plusieurs des translateurs précédemment nommés ne fussent Normands ou fils de Normands, comme le prince pour qui ils écrivaient; que plusieurs choses le font croire. Enfin à ces conjectures, auxquelles on ne peut opposer que d'autres conjectures, ils joignent des considérations positives; ils rappellent que Chrestien de Troyes, dès le douzième siècle, a ajouté aux premiers récits le charme de beaucoup de ses inventions, et qu'au quinzième tous les romans de la Table ronde, refaits et imprimés *en France*, offrent, au milieu d'une prolixité fatigante, beaucoup de nouveaux traits fort heureux et de détails très naïfs. Ils prouvent que plusieurs de nos fabliaux en offrent également; et, d'après toutes ces observations, ils pensent que le mérite des romans de la Table ronde peut à peu près se partager entre la France et l'Angleterre.

Voilà ce que j'ai cru démêler de plus raisonnable dans le chaos des opinions sur l'origine des romans de la Table ronde. Au surplus je ne tiens à ce système que jusqu'à ce qu'on m'en ait démontré un meilleur. Car, s'il faut dire toute ma pensée, le fond de ces romans m'intéresse beaucoup plus que leur origine; et ce qui m'intéresse encore plus que ce fond, c'est la manière plus ou moins heureuse dont j'en ai tiré parti. Car je suis ici un poète qui fait le savant; et je serais très fâché d'être un savant qui fait le poète.

La république des lettres est toujours en paix : ce n'est pas sans quelque charme que je me suis occupé à refondre, à *rédiger*, un ouvrage, création commune, propriété indivise de deux nations qui, depuis tant de siècles, se combattent et s'estiment. Voilà, je crois, la seule entreprise qu'elles feront jamais en société. Il m'a semblé que ce poème pourrait tirer quelque agrément de la réunion de ces idées anglaises et françaises. On verra même que les deux peuples s'en partagent les aventures, comme ils en ont partagé la composition. A la vérité, Lancelot et Tristan sont les deux héros les plus brillans de la Table ronde : mais Gauvain, Perceval, Yvain, ne sont guère moins redoutables, s'ils sont un peu moins intéressans; et ce petit désavantage est bien compensé par l'éclat de deux Anglaises, Genièvre et Yseult, véritables Hélènes de la Table ronde, et à l'amour desquelles Lancelot et Tristan doivent une grande partie de l'intérêt qu'ils inspirent.

Je ne me suis jamais flatté que les aventures de tant de héros, quelque simplifiées qu'elles fussent par moi, pussent se prêter à une intrigue bien forte, à un ensemble bien parfait; j'ai cru que ce serait beaucoup qu'il y en eût un : il fallait faire ici, non pas les chevaliers pour l'ouvrage, mais l'ouvrage pour les chevaliers. Heureusement la recherche du saint Gréal, ce *palladium* de la Table ronde, m'a paru pouvoir former comme un nœud général propre à lier toutes les parties du poème, et me donner un prétexte suffisant pour en remplir le véritable but, le récit des aventures les plus remarquables de mes chevaliers. Il m'a semblé de plus que je pouvais faire arriver au même point tous ces héros partis nécessairement de côtés opposés, et fondre tellement leurs intérêts et leurs aventures, que l'unité d'abord un peu confuse de mon poème finît par être tout-à-fait régulière. Mais que de contradictions à expliquer! que de lacunes à remplir! que de difficultés pour produire, éloigner, réunir, séparer à propos tant de personnages! que de reproches à craindre, et avant tout celui de la diffusion ! Quoique ce poème, qui ne contient pas moins de faits que le *Roland furieux*, n'ait guère que le quart de son étendue, je connais trop ma nation, et surtout je me connais trop bien, pour n'être pas honteux et inquiet de donner un si long ouvrage en vers. Je représente seulement que le *Perceval* de Chrestien de Troyes en a 22,178, et que le *Lancelot* en prose, imprimé in-folio trois siècles plus tard, ferait à lui seul plus de douze volumes in-8°. Je n'en ai fait qu'un seul de la vaste collection des romans de la Table ronde ; et je pense qu'il n'en est pas de ceux-ci comme de tant d'autres qui ne sont bons qu'à être oubliés. Ceux de la Table ronde ont assez long-temps occupé les nations, et ils ont encore assez de place dans leur souvenir, pour que tout homme instruit soit bien aise d'en avoir une idée sommaire : or, mon livre, qui est à la fois un poème et une histoire, offrira du moins cet avantage, qui *en vile prose* serait déjà un mérite. Si mes vers ne le détruisent pas, ils y ajouteront quelque chose. J'avoue que ce mérite ne m'eût pas suffi, et que j'aurais plus d'une fois renoncé à un travail si pénible, si je n'avais été soutenu par le désir d'offrir à mes concitoyens un poème dont le sujet est fait pour leur plaire. Les noms de Lancelot et de Tristan appartiennent, sinon à notre histoire, du moins à notre littérature ; et il est à remarquer qu'ils n'occupent jusqu'à présent presque aucune place dans celle-ci. L'Arioste a un épisode tout entier sur Tristan. Le passage le plus touchant du vieux Dante a rapport aux amours de Lancelot et de Genièvre. En un mot Lancelot et Tristan sont dans tous les poèmes, excepté dans les nôtres. Du moins j'aurai essayé de réparer cet oubli.

Expliquez, si vous pouvez, les réputations, et croyez-y aveuglément, si vous voulez : quelque succès de châteaux et même de chaumières qu'aient eu nécessairement autrefois les charmantes histoires de la chevalerie, et particulièrement de la Table ronde, toutes ces gloires ont été long-temps comme effacées en littérature par des contes triviaux, et surtout par ce pitoyable *Roman de la Rose*, allégorie sans imagination et sans esprit, où *Faux-Semblant*, *Dangier* et *Malebouche* luttent si long-temps contre *Pitié*, *Franchise* et *Bel-Accueil*. C'est ce roman, ou plutôt ce poème, qui, à côté de tant de conceptions naïves, touchantes ou élevées, a été si long-temps proclamé, cité, imité, comme l'ouvrage-modèle de la poésie et de la littérature française. Que dis-je ? il y a des gens de lettres et d'esprit qu'on surprend encore à vanter cette rapsodie, et d'autres pauvretés analogues. Pour leur punition, Dieu les condamne à ne pas sentir combien les vieux livres de chevalerie, presque tous si longs et si extravagans, renferment de beautés originales et dignes des meilleurs siècles. Il est inconcevable que dans un âge si barbare on ait pu faire *Tristan*, et plus inconcevable encore que, *Tristan* étant fait, on soit resté si barbare. C'est précisément pour séparer tant d'or de tant d'alliage que j'ai écrit *la Table ronde*.

Par sa nature, un sujet si varié devait être traité dans le genre de l'Arioste plutôt que dans celui du Tasse ; je me suis soumis sans aucun regret à cette nécessité. Le genre de l'Arioste est la véritable comédie de l'épopée. Le poème héroï-comique vient après l'épopée sérieuse, mais comme frère, et non comme serviteur : s'il est moins régulier et moins noble, il offre incontestablement plus de naturel et plus de variété. Sans doute j'ai mes raisons pour le défendre ; mais, s'il est moins considéré que l'autre, je ne le crois guère moins difficile. Partout le génie connaît seul sa route ; mais, dans le poème sérieux, celle du goût est indiquée à la raison la plus vulgaire : dans le poème héroï-comique, les limites où l'on doit s'arrêter sont presque imperceptibles, et le tact le plus fin peut à peine apprendre à ne pas se briser contre tant d'écueils, ou à se retrouver dans tant de routes. Quelque mérite qu'il y ait à bien conserver un seul ton, il y en a peut-être autant à les employer et à les fondre tous.

Je sais que jusqu'à présent, dans nos poèmes héroï-comiques les plus distingués, on a prodigué tant d'esprit, de grace et de talent, qu'on a cru inutile d'y joindre le pathétique et les beautés élevées de la poésie : mais en cela on s'est écarté de la marche de l'Arioste, le maître et presque le créateur du genre. L'Arioste, souvent le plus gai des poètes, en est quelquefois le plus sublime; et, hors la naïveté, à laquelle il n'a jamais prétendu, il n'est peut-être aucune espèce de beauté à laquelle son génie n'ait atteint. Pour moi, trop éloigné du talent des poètes français qui ont travaillé dans son genre, j'ai cherché à compenser ce désavantage, en me rapprochant plus de sa manière; ou plutôt je n'ai rien cherché : j'ai suivi mon inspiration, seul moyen qu'un talent médiocre ait de faire croire quelquefois qu'il ne l'est pas. Tendresse, gaîté, mélancolie, ces teintes et d'autres se sont trouvées sous ma plume, à mesure qu'elles se présentaient dans mon esprit, ou dans mon sujet.

Les aventures et même les héros de chevalerie se ressemblant souvent beaucoup, j'ai extrêmement diminué le nombre des unes et des autres : je me suis même permis deux fois une licence très forte; et la seule manière que je connaisse pour la réparer, c'est d'en avertir. Supposant que Clodion prenait quelquefois le nom de Gyron, je lui ai attribué la principale aventure de *Gyron le courtois*, héros d'un vieux roman français dont Alamanni a fait un grand poème italien assez bon pour être estimé, mais pas assez pour être lu. C'est en France et de François Ier qu'il avait reçu ce sujet, qu'il n'a pas assez consacré pour qu'un Français n'eût pas le droit de le traiter à sa manière, et de faire, comme je l'ai fait, de Gyron, Clodion, nom bien plus agréable pour nous et bien plus convenable d'ailleurs dans une aventure toute française. J'ai également attribué à Gauvain, véritable Astolphe de la Table ronde, l'aventure du cheval volant, aventure originaire de l'Orient et des *Mille et une Nuits*, et dont Cléomadès, héros d'ailleurs inconnu, ne faisait rien. J'ai, du reste, autant que la marche de mon poème me le permettait, respecté les traditions romanesques de quelque importance. Je n'ai pu ni voulu tout dire, et j'ai pensé que mon sujet serait rempli, si l'on trouvait ici les héros, les faits et les usages les plus remarquables de la Table ronde.

Je me trompe peut-être; mais, en examinant l'ensemble de tous ces antiques récits, ainsi choisis et resserrés, il me paraît que cette *œuvre des anciens temps* présente une masse d'idées bien ingénieuses. Quelques poèmes sans doute offrent une imagination plus vaste, plus pompeuse, une intrigue plus forte, un nœud plus puissant; mais aucun peut-être n'offre rien de plus touchant, rien d'aussi naïf. Que de choses ici qui sont neuves de leur antiquité même! Dans notre siècle magnifique, ne trouvera-t-on pas un charme particulier à cette simplicité des vieilles mœurs, à cette vérité des premiers sentimens? Il y a ici beaucoup moins de rois, ou des rois plus simples qu'ailleurs. On y verra des détails plus familiers, mais aussi plus naturels, une foule de choses enfin qu'on ne pourrait plus imaginer. Puissent les fictions que j'ai été obligé de risquer en ce genre ne pas paraître trop indignes des anciens récits! Tels sont, entre autres, la première prière et le premier danger de Lancelot enfant, la fraternité d'armes de Tristan et de Lancelot, l'ordre de bien aimer, la confidence des deux maris aux deux amans, le caractère et les méprises de Rustard, tous les rapports du roi pêcheur avec Perceval, la plus grande partie du rôle de *la belle sérieuse*, la fuite héroïque de Lancelot et de Tristan pour sauver Genièvre, la mort de Galléhault et de Palamède, et les adieux de Genièvre et d'Yseult à Lancelot et à Tristan.

Le lierre croissant sur les tombeaux de Tristan et d'Yseult est du vieux roman de *Tristan*; et peut-être en est-ce l'idée la plus touchante et la plus heureuse; mais j'ai cru devoir y ajouter la visite de Lancelot et de Genièvre aux tombeaux de Tristan et d'Yseult. Il m'a semblé que ce prodige gagnerait à avoir de tels témoins, et qu'une telle scène pouvait mettre le comble à l'intérêt doux et mélancolique que doivent laisser les derniers chants de ce poème.

Je crois que quelques personnes préféreront ces derniers chants aux premiers, et mon goût est d'avance conforme à leur opinion. Si, au contraire, d'autres juges trouvent ces derniers chants, et surtout le dénoûment, trop lugubres, qu'il me soit permis de leur représenter que les traditions populaires sont le trésor des poètes, mais qu'aussi les poètes ne peuvent pas par trop s'en écarter. La révolte de Mordrec, la bataille qu'il livre, et les suites de cette bataille, sont aussi consacrées que la Table ronde elle-même. On pourra aussi remarquer que ce résultat définitif de tant d'exploits et de tant de prodiges offre une leçon morale qui n'est que trop juste, et qu'ici le peuple a mieux rencontré que le poète n'eût imaginé.

J'ai beaucoup abrégé les détails de combats, qui fatiguent quelquefois, même dans l'Arioste. J'ai trouvé dans les récits de la Table ronde plusieurs faits que ce poète n'a pas dédaigné d'embellir. Chargé des intérêts de la Table ronde, j'ai dû au moins indiquer ces faits. Tel est le *cor d'ivoire*, véritable origine de la coupe enchantée. Je me suis étendu davantage sur l'histoire du *court mantel*, qui est la contre-partie de la coupe enchantée, et sur lequel un trouvère français nous a laissé un fabliau très joli. C'est ainsi que j'ai à peine indiqué la folie furieuse de Lancelot, qui a évidemment donné l'idée de la fureur sublime de Roland, et j'ai insisté sur la folie douce de Tristan, qui offrait des teintes plus neuves.

Un poème de chevalerie sans romances, surtout de nos jours, paraîtrait incomplet. J'en ai donc fait quelques unes; j'en ai rajeuni, et quelquefois transcrit d'autres, quand elles étaient trop heureuses ou trop consacrées. Que dirait-on d'une histoire d'Yseult, où l'on ne trouverait pas à peu près cette romance, tant chantée : *Avec Yseult et les amours*, de M. de Tressan ! Ce ne sont pas les seules obligations que j'aie à cet écrivain ingénieux et à ses collaborateurs de la Bibliothèque des romans, qui a tant contribué à révéler aux Français leurs vieilles richesses ignorées. Des savans plus anciens, et même plus savans, avaient dit où il y avait des trésors; mais M. de Tressan a été les chercher, et il est le premier moderne qui nous en ait montré. Ses brillans travaux sur la chevalerie m'ont été fort utiles.

J'ai mis en italique, la première fois que je les emploie, les mots les plus vieux et les tournures les plus singulières que je conserve des anciens romans. J'y mets également les passages les plus heureux que j'en emprunte.

L'importante conquête du saint Gréal est attribuée, dans le roman de Perceval, à Perceval lui-même, et, dans d'autres, à un certain Galaad, dit *le Vierge*, parce qu'en effet il avait ce mérite indispensable dans cette entreprise. J'ai conservé cette loi établie et citée dans quarante romans; mais, laissant de côté l'insignifiant Galaad, j'ai attribué la conquête du saint Gréal à Perceval, et j'ai tâché de trouver un moyen pour concilier ses amours avec la condition attachée à la possession du saint Gréal.

Je n'ai, au surplus, fait que glisser sur tout cela, et les personnes qui voudront bien lire ce roman du saint Gréal et tous les romans où il en est question, approuveront peut-être l'extrême réserve avec laquelle j'ai traité ce sujet assez scabreux. Je n'ai conservé, et encore en les soulignant, que quelques traits nécessaires pour peindre les mœurs, les opinions et la dévotion singulière des vieux siècles. Conserver de pareils traits, c'est écrire l'histoire.

Les romans de chevalerie, et particulièrement ceux qui m'ont occupé, joignent souvent aux traits les moins religieux les détails les plus libres. Ce qui serait indécent ailleurs peut n'être ici regardé que comme curieux. D'ailleurs, quelques détails voluptueux sont permis peut-être, pour reposer le lecteur de tant de combats. Je le dis ici avec d'autant plus de franchise que, dans cet ouvrage, je n'ai presque point usé de cette ressource. Je ne sais si j'aurai pu faire passer dans l'esprit de mes lecteurs le charme que m'ont fait éprouver les naïves histoires dont ce poème est plein, et surtout les touchantes amours de Genièvre et d'Yseult; mais ces amours m'ont tellement intéressé, que, quelque irréguliers qu'ils soient, j'aurais cru les profaner en les peignant avec des couleurs trop vives. Ce n'est pas là, comme on sait, l'exemple que j'ai reçu des antiques peintres plus que naïfs de ces antiques aventures. Pour moi, je les ai couvertes de cette décence, je dirais presque de cette pudeur, qui, lorsque le sujet le comporte, est un attrait et une beauté de plus.

Cet ouvrage est terminé depuis plusieurs années. Je voulais et j'aurais dû peut-être le conserver quelques années encore, d'abord pour le perfectionner, et aussi pour attendre une époque où les esprits fussent moins préoccupés de grands intérêts et de grands événemens. Mais en relisant le poëme de la Table ronde, j'ai cru m'apercevoir qu'un ouvrage que l'on a fait, étant jeune, et qui porte des empreintes de cet âge, doit, par plus d'une convenance, être publié quand on touche encore à cette époque de la vie. D'ailleurs, en attendant plus tard, on court risque de ne plus se soucier de publier même celle de ses productions qu'on aime le mieux. Le jeune homme brave les orages; l'homme fait les soutient; mais le vieillard les évite. J'ai donc cru devoir exposer ma nef aux tempêtes, et aux calmes, plus dangereux encore.

Une préface est souvent un testament : si je n'obtenais pas même le succès modeste auquel j'aspire, il me restera du moins le mérite d'avoir, *le premier*, tiré du chaos des romans de la Table ronde un récit complet, suivi et à peu près raisonnable. Mon faible ouvrage pourra aider à en composer un meilleur, et je ferai tout mon possible pour me contenter de cet avantage. Mais peut-être aussi croira-t-on devoir m'accorder quelque indulgence en faveur de mon sujet. L'auteur d'un poëme de chevalerie doit, naturellement, devenir aventureux comme ses héros. J'ai suivi le mauvais exemple; j'ai souvent trop hasardé. Il est impossible que je ne me sois pas trompé quelquefois, et qu'un tel ouvrage, tout à fait neuf dans notre poésie, ne présente pas des endroits faibles, des hardiesses malheureuses; les mauvais vers se fourrent partout; mais j'espère que les bons esprits trouveront juste de juger l'ensemble; et, s'il n'est pas trop défectueux, d'aider l'auteur à corriger les détails. Les critiques qui auront ce but lui paraîtront plus précieuses que des éloges.

PRÉFACE
DE LA SECONDE ÉDITION.

Paris, juillet 1812.

L'évènement a trompé mes craintes et passé toutes mes espérances. Quand, en avril dernier, je publiai ce poème, beaucoup de raisons m'empêchaient de croire que je dusse penser sitôt à le réimprimer ; et c'est très franchement que j'attribue au bonheur du sujet une grande partie du succès de l'ouvrage.

Dans l'impossibilité de témoigner au public toute ma reconnaissance, je veux du moins lui montrer combien, depuis long-temps, je me suis occupé d'obtenir quelques droits à ses suffrages. Persuadé, depuis très long-temps aussi, qu'il faut augmenter, s'il se peut, et renouveler le prix de la mythologie, par le contraste de la chevalerie, j'ai fait d'assez longues études sur cette autre série d'aventures. J'ai vu que, sauf quelques exceptions, la chevalerie errante, la chevalerie romanesque, se réduisait à trois grandes familles : les chevaliers de la Table ronde, les Amadis et les héros de Charlemagne. Ces trois familles ont été pour moi le sujet d'un grand ouvrage en trois poèmes, qui cependant, à eux trois, ne sont pas plus longs que celui du divin Arioste, dont le sujet fait partie du mien. Puisque le premier de ces poèmes, terminés tous depuis plusieurs années, n'a pas déplu, je me propose de publier bientôt *Amadis de Gaule*, pour lequel je sollicite d'avance la bienveillance, et surtout les conseils dont on m'a honoré pour la Table ronde.

J'ai suivi une foule de ces conseils, et je leur dois en grande partie l'amélioration considérable qu'on remarquera dans cette édition. Si je n'ai pu les suivre tous, c'est que quelquefois ils se contredisaient ; et quelquefois aussi j'ai été assez malheureux pour ne pas les sentir, même après y avoir réfléchi long-temps ; et il m'importe beaucoup de faire observer qu'ici, comme dans mes autres ouvrages, les négligences qu'on remarque sont vraisemblablement des *fautes*, mais sont, bien plus rarement qu'on ne croit, des *négligences*. Ce dernier reproche, qui peut paraître moins grave, me le paraît beaucoup plus. En effet, j'aime bien mieux être accusé de ne pas voir ce qu'il faut corriger, que de ne pas corriger ce que je vois ; et il est moins fâcheux pour moi que les hommes éclairés, dont je n'ai pu suivre tous les conseils, me plaignent d'une organisation fausse, que s'ils m'accusaient d'une obstination ridicule.

Je dois dire aussi que, parmi les avis dont je n'ai pas profité, il en est que j'ai trouvés excellens sans pouvoir les suivre. Tantôt le passage que l'on blâmait tenait impérieusement à ce qui précède ou à ce qui suit ; tantôt c'était une ombre nécessaire dans un vaste tableau ; tantôt c'était une préparation plus nécessaire encore à un fait ou à un caractère éloigné ; tantôt enfin, car il faut être franc, ce passage était tout simplement défectueux, sans qu'il me fût possible de le rendre meilleur. Les corrections qui m'ont donné le plus de peine dans cet ouvrage sont certainement celles que je n'ai pas pu faire : en voulant faire mieux, j'ai fait plus mal encore, et j'ai dû quelquefois revenir à ce que j'avais écrit d'abord. Pour tout écrivain il est un terme au delà duquel, en voulant donner à son ouvrage le mérite qui y manque, il risque d'affaiblir celui qu'on y trouvait.

Quelques personnes, par un arrêt d'autant plus rigoureux qu'elles le croient sans appel,

PRÉFACE.

ont prononcé que je manquais de plan et surtout d'unité. Quant au plan de ce poème, dont le sujet, comme le titre, est *la Table ronde*, au premier chant je montre l'institution de cette table célèbre; dans les suivans, je décris les aventures de ses principaux chevaliers, et le dernier renferme la destruction de l'ordre. Je voudrais bien que quelqu'un de ces hommes de génie qui ne font jamais rien, eût la bonté de m'indiquer quel plan plus régulier, quelle marche plus naturelle j'aurais pu suivre. Quant à l'unité, puisque la nature même de mon sujet est de présenter *une foule d'entreprises et de héros*, il m'était difficile d'établir absolument l'*unité de héros et d'entreprise*. J'ai du moins approché de ce double but autant que cela m'a paru possible; et, au reste, ce poème offre une unité plus vaste, mais réelle encore, celle de la Table ronde. C'est autour de cette table respectée que j'ai groupé tous mes chevaliers. Le but continuel de tous mes héros est de mériter d'y être admis, ou de prouver qu'ils y ont été admis justement; et le saint Gréal lui-même n'est un des nœuds de mon intrigue, que parce qu'il tient essentiellement à la Table ronde.

« Mais, me dit-on, pourquoi ne vous êtes-vous pas borné à raconter les charmantes aventures de Tristan et de Lancelot? C'était incontestablement ce que la Table ronde vous offrait de mieux. » Je le pense ainsi, et tellement, que ces aventures forment à elles seules les deux tiers de mon ouvrage. Mais veut-on savoir ce qui en occupe le reste? L'histoire d'Artus, presque toujours intimement, et trop intimement, liée à celle de Lancelot; les aventures de Gauvain, aventures dont le fond, qui ne m'appartient pas, est des plus ingénieux; et celles de Perceval, c'est-à-dire ce qu'il y a peut-être de plus gai et de plus original dans cet ouvrage, et ce qui, auprès d'un grand nombre de personnes, n'a pas peu contribué à son succès. Ajoutez à cela quelques détails indispensables sur la Table ronde et le saint Gréal, et vous retrouverez tout le poème, à l'exception de quelques récits qui rentrent tout à fait dans l'ordre des épisodes, ressource permise aux poëmes les plus réguliers. Parmi ces épisodes, le plus important, le seul même qui le soit, est celui de Clodion, qu'aucun lecteur, et surtout, je l'espère, aucun Français ne se plaindra de trouver ici. Je sais que quelques autres récits sont d'une précision un peu froide, ou peut-être même, et bien malgré moi, un peu obscure; mais d'un côté je ne pouvais, sans faire mon poème beaucoup trop long, leur donner le développement qui y eût ajouté plus d'intérêt; de l'autre, chantant la Table ronde, il fallait bien donner une physionomie, et, par conséquent, au moins une aventure à trois ou quatre de ses autres principaux chevaliers, qui, chacun, en ont des milliers dans l'in-folio de leur histoire. Tous les sujets ont leurs landes, comme tous les pays. Je me suis résigné à cet inconvénient nécessaire. En un mot, en me bornant à faire un poème du roman *déjà fait* de Tristan, j'aurais eu devant moi une marche toute tracée et un succès assez facile. Pour offrir dans un travail *neuf* toute une famille de chevaliers, j'ai tout risqué, et même le malheur d'ennuyer. Si malgré tant d'obstacles, de dangers et même de défauts, je n'ai pas entièrement succombé dans une entreprise si pénible, j'ose supplier qu'on ne demande pas le moins à celui qui a donné le plus, et surtout qu'on ne croie pas que l'arrangement de tant de faits soit le résultat du hasard. Il n'y en a pas un dans tout le poème dont je n'aie, bien ou mal, calculé l'effet et la place. C'est ainsi, par exemple, qu'après avoir tâché d'animer mon exposition et mes premiers chants par la présence du brave et aimable Lancelot, j'ai réservé Tristan, peut-être plus aimable encore, jusqu'au sixième; montré Perceval au dixième seulement; saisi, pour mettre Gauvain en évidence, le moment où Tristan est marié et où Lancelot a disparu; et cette grande aventure de Gauvain, qui semble tout à fait sortir de mon sujet, est précisément ce qui m'y ramène, en faisant revoir Lancelot, et surtout en faisant trouver Merlin, et par conséquent le saint Gréal. Dès lors les faits se pressent, les intérêts se réunissent, et l'action, devenue plus forte, se précipite vers des scènes pathétiques qui amènent le dénouement. Voilà quelques unes des combinaisons sur lesquelles j'ai fondé la marche de ce poème. A la vérité, je désirais les cacher toutes, et je dois être flatté d'y avoir réussi ; mais auprès de quelques personnes j'y ai réussi, ce me semble, un peu trop bien.

Heureusement, tandis que de bons esprits m'étonnaient par ce reproche, d'autres juges, que je ne puis trouver moins éclairés, et précisément ceux qui connaissent le mieux le chaos des anciens romans, me félicitaient d'être parvenu à réunir et à fondre tant d'aventures dans un seul récit ; et ce qu'ils trouvaient le plus à louer dans mon poème, était précisément ce que d'autres y blâmaient davantage. Du moins ces juges indulgens sentaient tout ce qu'il y a de composition dans cet ouvrage si difficile à ordonner, et ils ne m'accusaient pas à cet égard d'une négligence qui, supposé qu'elle soit dans mes vers, jamais du moins ne sera dans mes plans.

On m'a beaucoup plus justement, j'imagine, reproché souvent des fautes de détails. Je dis, j'imagine ; car, on ne peut trop se le persuader, si j'avais vu, ou si je voyais ces fautes qui, dit-on, crèvent les yeux, certainement elles n'existeraient plus. Mais j'ai vu prendre pour des incorrections, tantôt des expressions ou des tournures qui appartiennent à la langue vieillie que j'ai dû parler quelquefois ; tantôt des enjambemens, licence utile, ainsi que quelques autres, pour jeter un peu de variété dans de si longues séries de vers d'une même mesure ; tantôt encore de ces hardiesses qui tiennent à l'abandon, à ce *je ne sais quoi* qui est une puissance très réelle dans les arts. On m'a reproché également des vers assez durs : j'en ai corrigé beaucoup, mais je n'ai pu les corriger tous, d'abord, parce que les noms du *Morhoult*, de *Mordrec*, de *Marc*, et même d'*Yseult*, ne sont pas très harmonieux ; et cependant ces noms, que je n'ai pas dû changer, reviennent à tout moment. Indépendamment de cette difficulté particulière à mon sujet, la langue française, que je crois à peu près aussi douce qu'aucune autre, a, *comme toute autre aussi*, des sons durs, des mots malheureux : or, même en vers, tout écrivain doit s'occuper, avant tout, de dire ce qu'il a à dire. J'ajouterai que les hommes qui me liront dans le même esprit, s'apercevront rarement de ces duretés si choquantes pour ceux dont la susceptibilité se hérisse devant deux ou trois syllabes malencontreuses. Au reste, il y a fort peu d'auteurs chez qui l'on ne trouve, plus souvent qu'on ne pense, de ces sons qui se heurtent, si l'on veut absolument en chercher, et surtout si l'on a soin de les isoler du reste de la phrase. Tout écrivain doit éviter ces taches autant qu'il le peut ; mais il n'est aucune langue humaine où on le puisse toujours, et c'est en ce sens qu'est tout à fait vrai ce mot de l'ingénieux La Motte, qui en a exagéré l'application pour lui-même : *Un poète n'est pas une flûte.*

Puisqu'en général on m'accorde une place parmi les poètes incorrects, quoique je ne l'accepte pas entièrement, on trouvera sans doute tout simple que je les défende un moment. Au milieu de leurs défauts, ces poètes ont souvent un avantage auquel on ne prend peut-être pas assez garde : comme ils ne peuvent compter sur l'élégance de leur style et sur l'harmonie de leurs périodes, ils se réfugient dans la pensée, et souvent même c'est l'abondance de leurs idées qui ne leur laisse pas le temps de les exprimer assez purement. Privés du talent de faire valoir des choses communes, ils veillent à ce que celles qu'ils disent ne le soient jamais trop ; et il résulte de là que, lorsque par hasard ou par mégarde on leur fait l'honneur de traduire leurs ouvrages, ils gagnent à la traduction ce que des auteurs beaucoup plus élégans y perdent quelquefois. Pour moi, qui ne peux y gagner, j'ai cherché à ne pouvoir y perdre, et pour cela j'ai tâché que ma pensée valût souvent mieux que mon expression ; ce qui, après tout, est moins fâcheux que si mon expression valait mieux que ma pensée.

Rien de si mal avisé à un auteur que de vouloir démontrer que son ouvrage est bon ; mais il lui est permis de chercher à prouver qu'il n'est pas mauvais. Au fond même, cela n'est-il pas plus modeste que le superbe dédain avec lequel d'autres auteurs s'abstiennent de prévenir ou de réfuter la plus grave critique

PRÉFACE.

et de présenter la moindre défense. C'est ce que je ferai, si jamais je suis sûr de mon mérite. Pour le moment, je continue la revue des objections qui m'ont été faites : car, si ma première préface a été l'annonce et l'explication de l'ouvrage, celle-ci doit en être, si elle peut, la justification. Quelques excellens esprits m'ont reproché des couleurs quelquefois trop modernes. Quand mes héros parlent, je leur ai, ce me semble, conservé la couleur antique, et au point que l'antiquité naïve de mes héros et de leurs aventures est le principal caractère, sinon le principal agrément, de mon ouvrage. Gauvain seul, par son ton, est assez moderne; mais, sans vanité, je le suis encore plus que lui, et rien n'empêche que lorsque c'est moi qui parle, c'est-à-dire dans une bonne partie de ce poème, je n'aie le ton de mon pays et de mon siècle. Ce contraste avec le ton de la plupart de mes héros n'est peut-être pas sans avantage.

On a remarqué que j'avais mis dans ce poème peu de comparaisons. Je conviens que les comparaisons sont un peu l'enseigne de la poésie. Je ne suis pas charlatan : je n'ai pas mis d'enseigne. D'ailleurs, on a tant fait et tant répété de comparaisons, qu'il y en a, ce me semble quelquefois, assez de faites pour plusieurs siècles. Les comparaisons au lion, à la rose, etc., etc., etc., ont commencé au moins à Homère, et devraient être finies depuis long-temps, à moins qu'on n'en trouve quelque application oubliée ou piquante. Il est vrai qu'il y a heureusement beaucoup d'autres sujets de comparaison, et je conviens que, sous une plume ingénieuse, il en naît quelquefois de ravissantes : car, au fond, je suis loin de méconnaître, surtout dans un sujet simple, cet agrément littéraire; mais, obligé de marcher vite dans un sujet si plein et toujours prêt à déborder l'auteur, j'ai dû en être avare ou les réduire à leur plus simple expression. Par exemple, voulant peindre Yseult, qui trouve son ami Tristan évanoui, et qui l'embrasse, j'ai ajouté :

Ce doux baiser, *comme une voix connue*,
A retenti dans son cœur enflammé.

Il m'était très facile de dire : « Ainsi qu'une voix chérie qui a souvent frappé nos oreilles rappelle en nous de doux souvenirs, ainsi le baiser d'Yseult, etc., etc. » Une tournure plus rapide m'a paru, je l'avoue, plus heureuse.

Si l'on m'a trouvé économe de comparaisons, en revanche on m'a trouvé prodigue d'antithèses. Je représente que mes inombrables récits étant presque tous, et devant être extrêmement serrés, l'antithèse m'a été souvent nécessaire pour les empêcher de paraître secs. En effet, aucune figure n'est à la fois aussi précise et aussi brillante : elle fatigue promptement et avec raison dans un ouvrage sérieux ; mais elle s'allie et se prête à merveille au ton de la plaisanterie. J'ajouterai que l'antithèse, qui est un choc de pensées, amène souvent tout naturellement un choc de mots, qu'il faut bien prendre garde de confondre avec le jeu de mots, enfantillage misérable dont j'espère n'avoir pas donné un seul exemple.

Mais voici un reproche plus grave : tandis que les gens du monde, et particulièrement les femmes, tout étonnées d'avoir pu lire un volume de vers, traitaient avec faveur cet ouvrage, accueilli d'ailleurs avec indulgence par tant et de tels hommes de lettres, quelques censeurs auraient désiré que j'y eusse plus constamment *la couleur poétique*. Si je ne l'avais jamais, mon tort, ou plutôt mon malheur, serait évident ; mais comme ces mêmes censeurs m'ont trouvé d'autant plus coupable, que j'ai, disent-ils, quelquefois cette couleur, je dois expliquer ici pourquoi je ne l'ai pas toujours cherchée, du moins telle qu'ils l'entendent.

La poésie est, si je ne me trompe, la peinture de l'esprit. Dans les parties où elle ne se confond pas avec l'éloquence dont elle n'est, selon moi, qu'une modification embellie, c'est l'art de tout mettre en images. Cet art est séduisant, enchanteur même, tant qu'on n'en abuse pas ; mais, dès qu'on en abuse, on déplaît ; et voilà, je crois, pourquoi tant de gens, même d'esprit et de mérite, n'aiment pas les vers. J'ose dire qu'on s'est trop éloigné, dans notre poésie moderne, du système de composition poétique des anciens, qui, dans les situations animées ou pittoresques, s'élevaient aux images les plus hardies, mais savaient redevenir simples avec leur sujet. L'élégant Euripide fait dire par Agamemnon, à Iphigénie, qu'elle sera au sacrifice *près du laveir ;* le grand Homère commence son Odyssée par dire que tous les chefs grecs étaient rentrés *à la maison* (οἴκοι ἔασι). J'ai employé cette expression naïve dans la Table ronde, et il me serait facile de prouver que les anciens se permettaient, dans les plus nobles poèmes, ce que l'on ne se permet aujourd'hui qu'en tremblant dans des productions moins sévères. Les anciens, trop loués peut-être sur quelques points, ne le seront jamais assez sur ce naturel précieux. Ces hommes, plus vrais que nous, peignaient le soleil ; mais ils sentaient qu'il fallait des ombres : nous, nous voulons toujours du soleil. Pour moi, appuyé sur les anciens, et encore plus sur la nature, notre maître à tous, j'ai mis, j'ai voulu mettre des ombres dans mon ouvrage. Quand mon sujet m'a porté à m'élever, je l'ai fait autant que mon faible talent me le permettait ; mais, dans les situations moins heureuses, je n'ai cherché qu'à être précis et naturel. Publiant un grand ouvrage en vers, et voulant en publier d'autres, il fallait avant tout, et sous peine de mort, *être lu.* Or, si j'avais eu une couleur plus habituellement poétique, dans le sens moderne qu'on donne à ce mot, j'aurais pu être fatigant et pénible, au lieu que l'avantage qui m'est le moins contesté, malgré mes défauts, c'est que mon ouvrage se lit presque aussi facilement que de la prose. On peut aisément tirer de là une épigramme ; mais il serait possible d'y voir un sujet meilleur encore d'éloge.

Qu'on y prenne garde : dans toutes les littératures les chefs-d'œuvre poétiques qui y ont paru les premiers sont écrits avec une liberté, une franchise, une simplicité d'expressions, très remarquables, et doivent même en partie à cette liberté l'avantage d'être des chefs-d'œuvre. Corneille, La Fontaine, et même Racine, offrent beaucoup de mots et de tournures qui déjà ne passeraient plus aujourd'hui. Tels furent chez les Latins Horace, et jusqu'au divin Virgile. Après eux vinrent des rhéteurs, et des poètes plus rhéteurs encore, qui, en voulant épurer la langue, l'appauvrirent. Selon l'acception ridicule que l'on donnait alors, et que quelques personnes voudraient aujourd'hui donner à ce mot *poésie*, Lucain et Stace ont certainement plus de poésie que Virgile et Ovide ; Claudien, venu plus tard, en offre encore davantage. Claudien, qui fut digne d'un meilleur siècle, et dont l'harmonie et l'élévation constantes charmeraient, si elles n'endormaient pas. La poésie alors n'était plus qu'un fantôme ampoulé qui errait dans le vide et se perdait dans l'ennui. Je n'hésite pas à attribuer l'anéantissement de la littérature latine à cette emphase qui avait gagné et envahi même la prose. L'ignorance toute pure a quelque chose de moins fâcheux qu'un ton si faux et si guindé. De telles productions éloignèrent même des bons ouvrages plus anciens, et quelque déclamateur dégoûta de lire Tacite, et causa ainsi l'irréparable perte d'une partie de ses histoires. Pour ne parler que de poésie, j'imagine que, du temps même de Claudien, quelque poète s'éleva pour rappeler les esprits à un ton plus simple et plus naturel, mais vraisemblablement il fut très mal reçu ; on lui dit qu'il n'était pas poète. Les rhéteurs continuèrent à s'enivrer de leur harmonie et de leurs phrases, et furent long-temps à s'apercevoir qu'ils étaient seuls, et que le public excédé n'écoutait plus rien, de peur de les entendre. C'est ainsi que l'ennui, amené par l'emphase, amena la barbarie ; et ce ne sera vraisemblablement pas la dernière fois.

Il s'en faut de beaucoup que le danger soit encore si grand et le mal si avancé dans notre littérature. Sans parler du bon esprit et des lumières du public de nos jours, nous possédons une foule de gens de lettres qui reconnaissent les droits de la simplicité et du naturel, et plusieurs les font valoir avec un talent remarquable. Je suis le plus faible d'entre eux ; mais je suis un des plus francs ; je signale le mal quand il est temps de s'y opposer, et je ne puis assez dire combien la poésie me paraît menacée par l'abus de la poésie.

Après cette profession de foi, on ne s'étonnera pas du système de style que j'ai adopté, surtout en m'occupant d'un genre, qui sans doute admet le ton le plus noble, mais qui plus qu'aucun autre se conforme au précepte d'Horace :

Projicit ampullas et sesquipedalia verba.

« Il rejette l'emphase et les mots gigantesques. »

Je les ai rejetés aussi sans regret et sans respect. Je respecte beaucoup plus l'*os magna sonaturum* du même Horace; c'est ce que j'appellerais *le style grandiose*. Malheureusement ce style est très ennuyeux toutes les fois qu'il n'est pas très beau; et, pour bien des personnes, il est un peu ennuyeux encore quand il est beau trop long-temps. Aussi Horace, qui en a donné le précepte, n'a eu garde d'en donner toujours l'exemple, et ce grand poète était loin de croire, comme des habiles de nos jours, que la poésie ne doive habiter que les nuages. Au génie près, j'ai fait comme Horace : je n'ai point toujours élevé mon style. Il est vrai que, pour cette réimpression, j'ai cherché à l'élever davantage et plus souvent. Désirant me rapprocher de l'opinion de quelques censeurs dont j'estime le goût, même lorsque je ne partage pas leur sentiment, j'ai cherché en beaucoup d'endroits à mettre plus de poésie : c'est au point que j'ai eu un moment la crainte d'en avoir fait abus; mais de sincères amis m'ont rassuré en souriant, et je les ai vus si tranquilles là-dessus, que je le suis devenu moi-même.

Au fond, que me reproche-t-on? d'avoir, dans un ouvrage plein de contes, pris souvent le ton du conte. Assurément je ne l'ai pas toujours pris, comme le prouvent beaucoup de morceaux de ce poème; mais, si je ne l'avais pas accepté souvent dans un tel sujet, j'aurais méconnu mon sujet, mon talent peut-être, et j'aurais manqué à mes lecteurs, ou plutôt mes lecteurs m'auraient manqué en me laissant là. J'avoue que je n'ai pu réussir à comprendre cette critique; ou du moins je supplie mes censeurs de l'ajourner à la première *Iliade* que je ferai.

Il y a dans ce poème les choses les plus naïves qui aient été écrites sur la Table ronde, mais toutes n'y sont pas, car on en aurait été bientôt fatigué; et je ne puis finir cette préface apologétique sans me défendre franchement contre les préventions de quelques hommes estimables, mais passionnés pour le moyen-âge, qui n'en voudraient pas perdre une syllabe, et qui, parce qu'on a tiré des diamans d'une source, regrettent profondément le sable et même la vase où ils étaient ensevelis. Ces personnes-là ne seraient pas éloignées de dire que si *la Table ronde* a été si bien accueillie, les romans originaux sont de beaucoup préférables. Il est clair du moins que *la Table ronde* n'est pas ces romans-là, comme il est vrai qu'elle n'a jamais voulu l'être. Elle a voulu prendre la fleur de tous, et, presque en moins de pages qu'ils n'ont de volumes, les fondre ensemble, et, s'il faut l'avouer, être bien meilleure qu'eux. Certes, j'ai rendu au moyen-âge un hommage vif et senti. J'ai plus que personne défendu sa littérature romanesque sacrifiée à l'insipide *Roman de la Rose* et à d'autres rapsodies. Je n'hésite pas même à dire qu'il y a, selon moi, beaucoup plus d'esprit, de sentiment et d'intérêt dans ces vieux romans du moyen-âge que dans ces romans grecs si célèbres, et (excepté *Daphnis et Chloé*) si médiocres. Ces romans de chevalerie ont même, à la vérité en petit nombre, des traits d'une naïveté délicieuse qui leur est propre et que personne ne peut ni remplacer ni égaler. Mais qu'au lieu de chercher ces traits et d'en jouir, on essaie de publier, ou même de traduire complètement, littéralement, un de ces romans en vers soit de Chrestien de Troyes, soit des autres romanciers du moyen-âge, ou quelques uns de ces immenses romans qu'on a publiés beaucoup plus tard sur la Table ronde, et alors, excepté les hommes qui en aimeront la peine prise par eux à les éclaircir, je garantis que personne ne pourra, sans un profond ennui, en supporter la lecture. C'est alors qu'on verra les énormes longueurs, les naïvetés grossières, les pitoyables trivialités, les incroyables indécences, les miracles plus indécens encore dont ces livres sont remplis. On verra de près ce qu'on a tant demandé, tant regretté, et alors on rendra plus de justice aux modernes qui, comme le dit M. de Boufflers, ont *retiré tant de richesses de tant de pauvretés*, et qui, en les adaptant, sans les dénaturer, au goût moderne, ont, comme M. de Tressan, et, je puis le dire, comme moi, rendu un hommage si éclatant aux premiers auteurs, tout couverts qu'ils les ont trouvés de la rouille des âges.

En résumé, il n'existait en aucune langue un ouvrage sur l'ensemble de *la Table ronde*, en voilà un. J'ai fait un plan où il n'y en avait jamais eu. J'ai tiré de ce chaos tous les principaux faits, tous les caractères les plus marquans, tous les traits les plus heureux; j'y ai joint plusieurs aventures et une foule de détails qui m'appartiennent. J'ai cherché à faire de tout cela un ensemble intéressant, varié, où les plus grands contrastes ne fussent jamais heurtés et où il y eût quelque chose pour tous les esprits et pour tous les cœurs, mais qui avant tout n'eût pas le malheur, souvent si poétique, d'être ennuyeux. Jusqu'à présent il semble que j'y ai réussi.

Il est sûr, du moins, que j'ai mis au perfectionnement de cet ouvrage tous les soins dont je suis capable. Si, malgré mes efforts pour en faire disparaître ou en faire excuser les fautes, quelques critiques se trouvaient encore trop choqués d'un enjambement, ou trop désespérés d'un hémistiche, ma dernière ressource serait de leur représenter que, si la correction exigée dans un madrigal, même dans une épître, est bonne et utile partout, elle n'est peut-être pas d'une nécessité aussi absolue dans un long poème. Si d'ailleurs on y trouve quelque agrément, c'est là, je crois, qu'on peut pardonner à l'auteur (qui a eu bien d'autres choses à calculer) le tort de quelques rimes faibles ou de quelques césures irrégulières. On pourrait même, *avec un peu de complaisance*, les regarder comme ces dissonances qu'admet et recherche quelquefois le plus mélodieux des beaux-arts; mais, du moins avant que cela me regardât, j'avais toujours cru que dans les grands ouvrages il n'y a que les grandes fautes de vraiment répréhensibles.

Ainsi ont pensé ces hommes qui ont une littérature plus libérale ou un esprit plus indulgent, ces écrivains, presque tous mes maîtres, que le sentiment de mes défauts n'a point rendus insensibles à ce que j'ai pu écrire de bien, et qui, à cette époque délicate de la publicité de mon ouvrage, l'ont appuyé du poids de leur approbation; ceux-là ont senti la difficulté que présentait ce singulier ouvrage où il fallait réunir (autant qu'il était en moi) le talent, un peu profane, d'un poète, à la patience et aux recherches d'un bénédictin. Qu'ils reçoivent ici l'expression de ma gratitude, ces journalistes qui, en m'éclairant de leurs critiques polies, m'ont encouragé de leurs éloges; qu'ils la reçoivent aussi, ces hommes du monde qui se sont plu à étendre le cercle du succès de ce poème, en proclamant en quelque sorte le plaisir qu'il avait eu le bonheur de leur causer. On m'a nommé plusieurs de ces personnes, et je ne laisserai échapper aucune occasion de leur en témoigner ma reconnaissance. Il en est d'autres, sans doute, à qui je ne pourrai jamais la dire qu'ici, et ceux-là sont pour moi comme ces *dieux inconnus* qui obligeaient autrefois les hommes, sans jamais se montrer à eux. C'est en pensant aux suffrages de ces juges si bienveillans que je regrette de ne pas les avoir mérités davantage, que je sens tous mes défauts, et que je m'efforce de les diminuer dans cet ouvrage et dans ceux que je publierai à l'avenir.

P. S. Au moment où je terminais cette préface, je lis dans *le Mercure* un article dont l'indulgence extrême ne pourrait que me pénétrer de gratitude, mais qui me devient plus précieux encore quand je le vois signé du nom de Boufflers. Dans ces siècles de tournois, que j'ai essayé de peindre, il y avait des magistrats qui, sans entrer dans la lice, jugeaient parfaitement des coups, et méritaient toute l'estime des combattans. Mais quand un homme illustré dans ces joutes voulait bien aussi en être le juge, le guerrier inconnu, qui était honoré d'un tel suffrage, ne pouvait qu'en être glorieux, et d'autant plus qu'il appréciait davantage les faits d'armes de celui qui se plaisait à encourager ses essais.

OBSERVATIONS

POUR LA SIXIÈME ÉDITION.

Paris, 1838.

Voilà, je pense, mon dernier mot sur cet ouvrage, dont je n'ai jamais donné une édition sans le perfectionner beaucoup ; et, après tant de travaux et d'études consciencieuses sur un poëme jugé depuis long-temps, peut-être trouvera-t-on tout simple qu'en laissant les personnes à qui cela fera plaisir dire que je ne corrige pas mes écrits, je ne le dise jamais avec elles. Celui-ci est encore très amélioré ; mais il y a pourtant un point où il faut savoir s'arrêter. Voilà cet ouvrage aussi bien qu'il m'a été donné de le faire. C'est (c'était du moins lors de sa première publication) le plus étendu des poëmes français que le public ait eu la bonté de goûter. Aussi n'ai-je eu garde d'en retrancher la table analytique, dont le rédacteur, M. Eugène Thomas, a pris la peine d'indiquer la série des aventures de chacun des nombreux personnages de ce poëme, en marquant chacun des chants qui les contiennent. Par là il a presque détruit le seul inconvénient sérieux de ce long récit et le danger qu'il y avait quelquefois de s'y perdre. *La Table ronde* peut n'être pas le meilleur de mes ouvrages, mais elle en a été incontestablement le plus heureux ; elle m'a valu tant de témoignages d'approbation et presque d'amitié de beaucoup de lecteurs, que la reconnaissance que j'en garde pour eux s'étend presque jusque sur l'ouvrage. Ces vieilles aventures bretonnes, anglaises, de *la Table ronde* offrent, à travers leur gaîté, des couleurs si douces, si naïves, si touchantes, qu'il s'est trouvé des personnes pour les préférer même aux palais et aux merveilles de l'Arioste. Je suis loin d'en convenir, et si je le pensais je n'aurais pas fait un *Roland* ; mais il est certain que ces histoires de *la Table ronde* ont une physionomie particulière, une couleur antique qui en fait une espèce d'Odyssée moderne, bien plus variée et plus vive que l'autre. Ma voix en cela est plus impartiale qu'on ne croit, car ma part est assez modeste. Ici le peintre était faible, mais heureusement le sujet était charmant. J'aime donc beaucoup *la Table ronde*, et même, l'avoûrai-je ? la mienne. Dans ma longue carrière littéraire, j'ai fait plus et peut-être mieux ; mais je n'en accepte pas moins volontiers cette représentation de mon esprit et de mon caractère, et le nom qu'on m'a donné souvent de l'*auteur de* LA TABLE RONDE.

PRINCIPAUX PERSONNAGES DE LA TABLE RONDE.

ARTUS, chef de la Table ronde, roi de la Grande-Bretagne, fils du roi Uter et d'Yguerne, veuve du duc de Tintaïel.
MERLIN, Enchanteur, protecteur d'Artus.
LA DAME DU LAC, magicienne.
GENIÈVRE, femme du roi Artus et fille de Léodagan, roi de Carmélide.
MORGAIN, sœur d'Artus, élève de Merlin.
GAUVAIN,
AGRAVAIN,
GAURIC, } tous fils de Loth, roi d'Orcanie, et d'une fille d'Yguerne, par conséquent neveux d'Artus.
GALHERET, } Mordrec même passait pour en être le fils.
MORDREC,
LANCELOT DU LAC, fils du roi Ban de Benoist, roi d'un petit royaume sur les confins de la Petite-Bretagne.
LYONNEL, } cousins de Lancelot et fils du roi Boort, frère du roi Ban, et, comme lui, roi d'un petit
BOORT, } royaume voisin du sien.
HECTOR DESMARES, fils naturel du roi Ban, père de Lancelot.
MÉLIADUS, roi du Léonais en Petite-Bretagne.
TRISTAN DE LÉONAIS, fils de Méliadus.
MARC, roi de Cornouailles et oncle de Tristan.
YSEULT LA BLONDE, femme du roi Marc et fille du roi d'Irlande.
LE MORHOULT, fils du roi d'Irlande et frère d'Yseult.
ANDRET, autre neveu du roi Marc.
DINAS, sénéchal de Cornouailles.
GOUVERNAIL, ami et instituteur de Tristan.
BRANGIEN, confidente et amie d'Yseult la blonde.
HOUEL, roi en Petite-Bretagne.
YSEULT AUX BLANCHES-MAINS, fille d'Houel.
KÉHÉDIN, frère d'Yseult aux Blanches-Mains.
PHARAMOND, roi de France,
CLODION, son fils,
PERCEVAL LE GALLOIS,
GALLÉHAUT, roi d'outre les Marches,
YVAIN,
PALAMÈDE, } chevaliers de la Table ronde, ainsi que Gauvain, ses quatre frères,
ARBAN, } Lancelot, le Morhoult, Méliadus, Tristan, etc.
MESSIRE LAC,
SACRÉMOR,
CARADOS,
DINADAM,
BRÉHUS SANS PITIÉ,
LE ROI PÊCHEUR, roi de quelques petites îles de la Grande-Bretagne.
ROSEFLEUR, amie de Perceval le Gallois, dite la *belle sérieuse*.
RUSTARD, écuyer de Perceval le Gallois.
AMÉNAIS, femme d'Arban.
ISAURE, amie de Clodion.
ZAMIRE, fille de Pharamond.
ISMÈNE, maîtresse d'Artus.
CLAREMONDE, amie de Gauvain et fille du roi de Montpellier.
CROPPART, roi de Hongrie.
MÉLÉAGANT, chevalier fourbe.
BRADÉMAGUS, père de Méléagant.
MESSIRE QUEUX, sénéchal du roi Artus.

LA TABLE RONDE.

CHANT PREMIER.

Punition d'un insensé. — Modestie de Lancelot. — Long récit. — Histoire d'Artus, de Merlin, de l'épée Escalibor, du saint Gréal, et de l'institution de la Table ronde. — Lancelot, chevalier de Geniévre.

Je veux, amis, chanter LA TABLE RONDE,
Non cette table où de rians buveurs
Vont, en tous lieux, signaler leur faconde,
Mais celle-là que des héros vengeurs
Firent briller sur la scène du monde,
Et qui, pour eux le premier des honneurs,
De leurs vertus fut la cause féconde.
On vit jadis, ici l'on va revoir,
Ces chevaliers fiers, généreux, terribles,
Qui, s'imposant le plus noble devoir,
Par des exploits quelquefois impossibles,
A cette table eurent droit de s'asseoir.
Par les hauts faits si souvent endormies,
De mes héros, Belles, suivez les pas :
N'ayez point peur de leurs nombreux combats ;
Je parlerai souvent de leurs amies.
Oui, vous allez vous reconnaître ici :
Sur vos attraits tout mon espoir se fonde.
Si l'on se plaît à voir la Table ronde,
C'est par l'amour qu'elle aura réussi.
L'amour, dit-on, nous damne en l'autre monde ;
Ce diable-là nous sauve en celui-ci.

Mais n'allez pas, ô censeurs que je prise,
Chercher, vouloir, parmi tant de portraits,
Un seul modèle, une seule entreprise :
Ce n'est point là ce que je vous promets.
L'ordre fameux, dit de la Table ronde,
De mon poème est l'*unité* féconde,
Et de cet ordre on va, dans mon dessin,
Voir le début, le progrès, et la fin.
Si je n'ai pu, par une étroite chaîne
Unir entre eux ses héros différens,
Un fil léger suit leur course incertaine :
Puisque je peins des chevaliers *errans*,
On ne peut pas vouloir que je les *mène*.
Je les suis donc. Leurs exploits retracés,
Épars ailleurs, ici se réunissent.

Assez d'auteurs, sans doute plus sensés,
Offrent aux yeux un héros qu'ils choisissent :
J'en offre vingt, et je dis : choisissez.
Plus d'une fois, sans une peine extrême,
On le verra, j'ai fait un choix moi-même.

Dans ce pays aujourd'hui si brillant
Qu'ont enrichi l'Occident, l'Orient ;
Qui, de son nom, sur les ailes de l'onde,
Étend au loin le vol aventureux ;
Qu'on prit jadis pour les bornes du monde,
Et qui souvent en est le centre heureux ;
Agreste alors, mais riante campagne
Que nous nommons toujours Grande-Bretagne ;
Son roi célèbre, et depuis plus d'un jour,
Par cent combats et d'illustres batailles,
Mais par malheur un peu sur le retour,
Le grand Artus, tenait sa noble cour
A Cramalot, son modeste Versailles.
A ses côtés, devisant tour à tour,
Et racontant faits de chevalerie,
Des chevaliers occupaient le contour
Que présentait une table arrondie.
On voyait là chaque place remplie,
Hors une seule, où, dans tout ce pays,
Pas un guerrier ne se serait assis.
En ce moment, entrent dans cette salle
Deux inconnus, au port majestueux ;
Et leur beauté diverse et martiale
Des chevaliers attire tous les yeux.
« O roi fameux chez qui la gloire abonde,
Dit le moins jeune et le plus orgueilleux,
Fort à propos nous venons tous les deux
Vous demander place à la Table ronde.
Un bras vaillant, les plus heureux exploits,
A cet honneur nous assurent des droits. »
Artus répond avec douceur et grace :
« Fier chevalier dont j'ignore le nom,

Je voudrais bien vous octroyer ce don ;
Mais vous voyez que je n'ai pas de place.
— Non pour nous deux, dit l'étranger au roi ;
Mais j'en vois une, et c'est assez pour moi.
— Que dites-vous ! vous ignorez sans doute
A qui Merlin réserve celle-ci ?
— A ces erreurs, quoi ! vous croyez aussi !
Dit l'étranger : qu'un autre les redoute ; »
Et, n'écoutant Artus ni la raison,
Malgré les cris, malgré son compagnon,
D'un pied superbe et d'une ame emportée,
Il envahit la place respectée.
Ciel ! à l'instant, élancé des enfers,
Un bruit terrible avec fureur résonne ;
Et la fumée, obscurcissant les airs,
A ses côtés s'élève et l'environne.
L'infortuné, puni de son orgueil,
S'écrie et tombe en un soudain abîme.
L'instant d'après, le carreau, le fauteuil,
Tout reparaît, tout, hormis la victime.

Les spectateurs, confondus, palpitans,
Sont de stupeur frappés quelques instans.
Artus enfin, à l'inconnu qui reste,
Dit : « Chevalier, quel est cet imprudent ?
— Seigneur, repart l'étranger, c'est Brumant,
Dont le délire est pour lui si funeste.
— Qui ! ce Brumant, ce guerrier favori
Du roi qui règne au désert du Berri ?
— Lui-même. — Et vous, vous dont le port atteste
De grands exploits, et le rang le plus haut ?...
— Sire, je suis Lancelot. — Lancelot !
Ce chevalier que tout brigand déteste,
Et qui, si jeune, a su rendre si tôt
En vingt pays sa valeur manifeste !
Quoi ! c'est Brumant qui ne doute de rien ;
Et Lancelot !... Ah ! l'usage est ancien :
C'est au plus grand d'être le plus modeste. »

« J'ai rencontré tout près de Cramalot
Ce chevalier, répondit Lancelot :
A son délire on ne pouvait s'attendre.
De vos bontés, moi, j'espérais l'appui ;
Et, d'une place amoureux comme lui,
Je la venais demander, non la prendre.
Nulle ne vaque, et, devant tant de preux
A peine j'ose espérer l'avantage
D'en obtenir un jour une auprès d'eux. »
Les chevaliers accueillent cet hommage.
Artus charmé, mais pourtant sérieux,
Dit : « Avant tout, sortons de cette salle
Qui, dans ce jour, ne fut que trop fatale.
Avec plaisir je recevrai chez moi

Un chevalier qui s'illustre avant l'âge,
Et, non content d'être le fils d'un roi,
S'est fait héros pour être davantage.
Venez. » Il dit ; on se lève, et bientôt
Vingt chevaliers entourent Lancelot.
Lac, Sacrémor, Palamède d'Afrique,
Et Dinadam, et le galant Yvain,
Joignent leurs mains à sa main héroïque.
Vous eussiez vu, par un élan soudain,
De Lancelot honorant le courage,
Les cinq neveux d'Artus, surtout Gauvain,
Héros fort gai, qu'on surnommait le *Sage*.
Même Mordrec, le plus chéri de tous
Du grand Artus, bien que le moins aimable,
Pour Lancelot prenant un air plus doux,
Laissa fléchir son humeur indomptable.
Presque aussi fier, mais plus franc et meilleur,
Le fils aîné du monarque d'Irlande,
Dit le *Morhoult*, guerrier toujours vainqueur,
A Lancelot témoigne de grand cœur
Tous les égards que la valeur commande.
On vit aussi le vieux Méliadus,
Du Léonais ce roi vaillant et sage,
Qui, l'observant avec des yeux émus,
Lui dit : « De vous que d'exploits je présage,
Preux chevalier ! Soyez dans ce pays
Le bienvenu. Moi, j'ai fini mon rôle :
Vous, sur ces bords de la gloire chéris,
En attendant Tristan, mon noble fils,
Représentez les enfans de la Gaule. »
Certe, ils devaient, à la guerre, aux cités,
Être après lui plus mal représentés.

Enfin Artus dans son palais amène
Cet étranger, modèle de valeur.
Ah ! Lancelot, quelle atteinte soudaine
De votre teint efface la couleur ?
Dans le palais Lancelot voit la reine,
Et reconnaît la dame de son cœur.
Je conviendrai qu'il ne l'a jamais vue,
De près, de loin ; mais, quoi ! sans tout cela,
Celle qu'on aime est d'abord reconnue,
Et par avance Amour nous la montra.
Belle Genièvre, au regard noble et tendre,
Que vous avez de graces à lui rendre !
De vous former que ce Dieu fut jaloux !
En conscience, il a tant fait pour vous,
Que vous devez, au moins je le suppose,
Faire pour lui, tôt ou tard, quelque chose.
Le beau Français, doucement interdit,
A son aspect fut long-temps en silence :
Parlant enfin, il ne sut ce qu'il dit ;
Mais ses regards avaient leur éloquence.

CHANT PREMIER.

De son côté, Genièvre, aux doux appas,
Voit devant elle avec quelque embarras
Un chevalier fameux dès sa jeunesse,
En qui la grace embellit la noblesse.
Seul avec eux le roi ne disant rien,
Un autre aurait abrégé sa visite;
Mais Lancelot se trouvait là trop bien
Pour consentir à s'éloigner si vite.
« O roi, dit-il, que révèrent les rois,
J'ai vu le jour près des bords de la Loire;
Mais la Tamise obéit à vos lois :
J'accours vers elle au bruit de votre gloire.
La Table ronde, objet de mon ardeur,
Garde à jamais votre illustre mémoire :
D'un si bel ordre immortel fondateur,
Daignerez-vous m'en raconter l'histoire?
Hors son renom et vos exploits, seigneur,
Je ne sais rien de toute sa grandeur. »
A ce désir le grand Artus sensible
Dit : « Sur cela je vais vous dire un mot.
— Un mot, seigneur! repartit Lancelot;
Ah! parlez-m'en le plus long-temps possible.
Veuillez, de grace, accueillir mon souhait :
Il n'est, vraiment, sur un si beau sujet,
Aucuns détails que Lancelot redoute. »
A Lancelot trouvant beaucoup d'esprit,
Le bon Artus commence son récit :
Écoutons-le, pour que quelqu'un l'écoute.

« Lorsque, cédant au plus noble motif,
Vrai chevalier, pour nous sauver la vie,
Jésus périt, *un gentilhomme juif* (1)
Qu'on appelait Joseph d'Arimathie
En éprouva le regret le plus vif.
Cherchant du moins à consoler sa peine,
Il acheta chez Simon son féal
La coupe heureuse où Jésus fit la Cène
(C'est ce qu'on nomme ici le saint Gréal).
Il fit bien plus : par une foule ingrate
Souffrant de voir un dieu crucifié,
Joseph, toujours des grands assez choyé,
Sollicita d'Hérode et de Pilate
Le corps divin, qui lui fut octroyé.
Ainsi Joseph, aux mains des Juifs parjures
Sut enlever ce précieux trésor.
Loin des mortels le dieu prenait l'essor :
Le saint Gréal devint plus saint encor
En recevant le sang de ses blessures;
Et Jésus-Christ, sans doute avec plaisir,
Du haut des cieux se vit ensevelir.

(1) On ne peut trop rappeler que tout ce qui est en italique
est tiré des anciennes traditions, et souvent adouci.

Joseph, des Juifs éprouvant l'injustice,
Fut mal payé d'un si rare service.
Le sanhédrin, que son zèle irritait,
Bientôt après punissant son audace,
Le fit un soir enlever en secret,
Et de son sort sut effacer la trace.
Presque à moitié le siècle s'écoulait
Depuis le jour d'un acte si coupable,
Lorsque Titus, le fils de l'empereur,
Se vit atteint de ce mal redoutable
Que l'on ne peut regarder sans horreur.
Titus apprit, dans ce cruel malheur,
Que de ce mal trop souvent incurable,
Plus d'une fois Jésus-Christ fut vainqueur.
Il fit chercher partout quelque relique,
Et rencontra ce voile auguste et saint
Où de Jésus le visage est empreint :
Qui ne connaît la sainte Véronique!
Dès que Titus l'eut touchée, à l'instant
Il fut guéri : jugez s'il fut content!
De ce moment, il se mit dans la tête
D'exterminer les bourreaux de Jésus :
C'est pour cela que la guerre fut faite,
Et que les Juifs par lui furent vaincus.
Comme ce prince achevait leur défaite,
L'unique fils de Joseph disparu
Vint demander que son sort fût connu.
Alors des Juifs le souverain pontife,
Bien vieux alors, le célèbre Caïphe,
Que de Titus la colère effrayait,
Vint, et lui dit : « En vos mains je me livre;
Promettez-moi qu'on me laissera vivre,
Et vous saurez cet important secret. »
Titus daigna contenter son envie,
Et fut mené par ce vieillard tremblant
Dans le cachot où, quarante ans avant,
Le bon Joseph dut terminer sa vie,
Et de la faim subit l'affreux tourment.
Titus disait : « N'ayant pu le défendre,
Je veux du moins rendre honneur à sa cendre.
En arrivant dans le profond cachot,
Il le plaignait, quand il le crut entendre.
Le vieux Caïphe en tomba de son haut.
Ce fut bien pis quand Joseph, plein de vie,
Leur fit ouïr cet étrange discours :
« De vous revoir j'avais un peu d'envie,
Car on m'oublie ici depuis trois jours. »
On eut assez de peine à ne pas rire :
Le saint Gréal, qu'il tenait à la main,
Avait pour lui trompé le double empire
Du Temps cruel et de la pâle Faim.
Joseph de biens fut comblé; Titus même
De lui reçut en secret le baptême :

Ce sacrement ne pouvait être vain :
Moins bon jadis, par cette onde efficace
Titus reçut tous les dons de la grâce;
Et sans cela jamais ce fier Romain
Des meilleurs rois n'aurait passé la trace,
Et mérité l'amour du genre humain.

« Bien que Joseph fût presque centenaire,
Les quarante ans ne comptaient pas pour lui;
Vert et dispos, Joseph servait d'appui
A son enfant le septuagénaire.
Or, celui-ci, prêtre, et même prélat,
A Jésus-Christ obtenait maint suffrage.
Comme on n'a point d'enfant dans cet état,
Joseph, voulant que sa race restât,
Conclut bien vite un second mariage.
Un fils en vint, dont les fils valeureux,
De siècle en siècle honorant leur courage,
Furent du Christ les appuis généreux.
Merlin m'a dit que du bras de l'un d'eux
Nous tirerions, un jour, grand avantage.
Sans un revers soudain autant qu'affreux,
Le grand Merlin m'en eût dit davantage.
Peindrai-je assez tout ce que je lui doi,
A ce Merlin qu'à bon droit on renomme?
Fils d'un démon, d'un démon honnête homme,
Il a tout fait pour mon père et pour moi.
Oui, je l'avoue avec reconnaissance,
Je lui dois tout, et presque ma naissance.
Pour abréger, je me tais sur ce point. »
« Que dites-vous, grand roi! n'abrégez point,
Dit Lancelot, tremblant de l'intérêt.
Ah! rendez-moi, seigneur, plus de justice :
Je n'éprouvai jamais tant d'intérêt. »
Artus poursuit d'un air très satisfait.

« A Tintaïel, dans ma Grande-Bretagne,
Vivait un duc qui choisit pour compagne
La noble Yguerne, au regard ravissant.
Uter, son roi, pour elle assez pressant,
De la gagner perdait toute espérance :
Grâce à Merlin, du duc alors absent
Uter un soir reçut la ressemblance,
Et je naquis. Yguerne, veuve enfin,
Avec Uter s'unit d'un chaste hymen.
Mais, n'osant pas, et surtout à ma mère,
De ma naissance avouer le mystère,
Quand il fallut céder au sort commun,
On crut partout que ce roi d'Angleterre
Mourait sans fils, encor qu'il en eût un.
Long interrègne et terrible anarchie.
Les concurrens luttaient avec furie,
Quand, au milieu des partis frémissans,

Après la nuit où Dieu naît tous les ans,
Il arriva que la foule amassée,
Devant le temple aperçut le matin,
Sur un perron une enclume fixée
Qui présentait dans sa masse d'airain,
Jusqu'à la garde une épée enfoncée.
Notre *apostole*, archevêque pieux,
Dans ce prodige, au peuple qui s'étonne,
Fait reconnaître un jugement des cieux
Pour terminer les querelles du trône.
Il réunit les barons et les preux :
De ses discours l'assemblée est frappée,
Et sur-le-champ l'on est tombé d'accord
Que celui-là, qui, d'un heureux effort,
De cette enclume aura tiré l'épée,
Sera pour roi reconnu tout d'abord.
Malgré ce prix et sa magnificence,
Et les plus forts et les plus vertueux
Épuisaient là des soins infructueux :
On commençait à perdre l'espérance,
Quand, sans avoir, en faits de chevalier,
Pu, jusque-là, signaler ma vaillance,
Je témoignai le désir d'essayer
Si je saurais gagner la récompense.
Chacun riait de mon vœu, mais soudain
Le fer soumis suivit ma jeune main.
Vous le voyez : c'est cette illustre épée
Qui, recevant le nom d'*Escalibor*,
Fut par mon bras noblement occupée
Dans cent combats, et pourra l'être encor.
Dès qu'en ma main elle parut brillante,
On fut muet d'étonnement; en moi
L'on hésitait à reconnaître un roi,
Lorsque Merlin, sous la forme pesante
D'un bon vieillard, prit la parole, et dit
Qu'un ange avait dirigé cette épreuve;
Que j'étais fils d'Uter et de sa veuve;
Et de mon père il fit trouver l'écrit
Qui de ce fait était la sûre preuve.

« Lors je fus roi, mais non pas tout à fait.
Plus d'un baron, que ce choix irritait,
Osa nier d'un ton de véhémence
Et mon épreuve, et même ma naissance.
Il en survint un long soulèvement,
Et je vis naître une foule hardie
De révoltés qu'appuyait hautement
Un roi voisin, le roi de l'Orcanie,
Loth-le-Hardi. Cependant à ce roi
Ma mère avait donné ma sœur aînée.
Malgré ces nœuds, le roi Loth, contre moi,
N'ouvrit pas moins une lutte acharnée;
Et bientôt même en ses rangs belliqueux

Il me fallut reconnaître et combattre
Quatre guerriers, ses fils et mes neveux,
Que vous venez d'embrasser tous les quatre :
Le fier Ganric, Galleret, Agravain,
Et leur aîné, l'invincible Gauvain.
De ces héros terribles avant l'âge,
Tant de guerriers secondaient le courage,
Que mon effort eût peut-être été vain
Sans mon épée, et surtout sans Merlin.
Pour me servir, son active tendresse
Usa de force, et plus souvent d'adresse.
Non, mon récit jamais ne finirait.
Prenant les traits d'un valet de village,
D'un nain hideux, d'un hôte d'ermitage,
Ou bien d'un cerf, ou bien d'un farfadet,
Par mainte ruse il aidait mon courage.
Enfin il sut gagner Loth et ses fils,
Qui dès long-temps sont mes meilleurs appuis
(Mon cher Mordrec, le dernier des cinq frères,
Trop jeune alors, n'eut point part à ces guerres).
Lorsque Merlin à mes lois eut soumis
Tous mes sujets, se mettant en campagne,
Il réduisit sous mon pouvoir vainqueur
Divers pays de la Grande-Bretagne.
En Gaule même il guida ma valeur.
O Lancelot, sur cette noble terre
J'ai vu, chéri, le roi Ban votre père :
Seul, des Romains il contenait l'effort
Avec son frère et son égal Boort.
De tous les deux je retardai la perte
Par mon secours; leur ennemi Claudas
A mes guerriers vit sa province ouverte;
Et son Berri, grace à d'heureux combats,
A pris le nom de *la Terre déserte*.
Dans mon pays rappelé par Merlin,
Je suis content, dit-il, sur vous je fonde
Un noble espoir qui fermente en mon sein.
Enfin je vais accomplir mon dessein,
Et recréer pour vous la Table ronde.

« Vous savez bien, dit cet ami féal,
Que par Joseph, maître du saint Gréal,
Vers le Jourdain cette table lointaine
Fut établie en l'honneur de la cène
Qu'avec ceux-là qui savaient l'adorer
Le Seigneur Dieu jadis vint célébrer.
Là, les chrétiens, pour marcher sur ses traces,
Se rassemblaient, et, dans cinquante places,
Gardaient toujours la sienne avec respect.
Le vieux Joseph, ou quelqu'un de sa race,
Du saint Gréal offrant l'auguste aspect,
Les enflammait et de zèle et d'audace.
De là sont nés les miracles divers

Qui pour leur culte ont conquis l'univers.
La décadence enfin est arrivée :
La Table ronde a cessé de servir;
On l'oubliait : moi, je l'ai retrouvée,
Et je prétends par vous la rétablir.
Connaissant bien des jours tels que les nôtres,
Nous ne pouvons nous flatter désormais
De rencontrer des chrétiens très parfaits ;
Mais des héros valent bien des apôtres :
Ceux-là feront des miracles aussi.
Choisissez-les, ô vous que j'ai choisi.
A Cramalot mon art, qui vous seconde,
A fait déjà porter la Table ronde.
Réunissant les héros dispersés,
De son renom sachez remplir le monde :
Que la première, honneur des temps passés,
Soit oubliée au bruit de la seconde.

« Charmé, j'allais remercier Merlin,
Mais, me dit-il, m'interrompant soudain,
Là, qu'une place en tout temps soit gardée,
Non à Jésus, comme on fit en Judée,
Mais au guerrier qui, guerrier sans égal,
Y paraîtra portant le saint Gréal.
Malheur et mort à celui dont l'audace
Voudrait sans droit usurper cette place !
Il vaudrait mieux qu'à la table on eût joint
Le saint Gréal ; car à *la Table ronde*
Un tel Trésor asservirait le monde.
Mon cher Artus, mais sur ce dernier point,
Je conviendrai que mon pouvoir chancelle.
Je sais de plus, si mon art m'est fidèle,
Que l'on ne peut ravir le saint Gréal
Que dans un temps qui vous sera fatal.
Formez d'abord, si vous voulez m'en croire,
L'ordre qui doit assurer votre gloire :
Après, s'il faut de tout vous éclaircir,
Du saint Gréal vous apportant nouvelle,
Je vous dirai quel pays le recèle,
Et puis comment on peut le conquérir.

« Mon protecteur me trouva fort docile :
Tous ses désirs se virent exaucés.
En chevaliers je fus si difficile,
Que les plus grands furent les plus pressés
De prendre place à la table illustrée,
Qui se trouva bientôt trop resserrée.
De toutes parts les héros et les rois
Se disputaient le bonheur de mon choix.
Là je reçus, équitable confrère,
Boort votre oncle, et le roi votre père,
Qui tous les deux devaient bientôt après
Subir du sort les inflexibles traits.

Quand des héros j'eus rassemblé l'élite,
Au bon Merlin, que je vis se troubler,
Je dis : « La gloire aux dangers nous invite ;
Du saint Gréal il est temps de parler. »
Merlin répond : « Il faut vous satisfaire ;
Rassemblez donc vos frères dans vingt jours,
Et je dirai ce que je voulais taire. »
Ce jour fatal, plus appelé toujours,
Parut enfin. A notre oreille avide
Merlin allait s'expliquer, quand soudain
S'interrompant il s'écrie : Ah perfide !
Et disparaît. Depuis ce jour, en vain
Nous avons tous, sur vingt plages diverses,
Pour le trouver affronté les traverses.
Merlin, l'objet de nos regrets amers,
Reste perdu pour nous, pour l'univers.
Soit qu'emporté dans l'infernal empire,
On l'ait puni de ce qu'il allait dire,
Soit qu'un perfide ait su le mettre aux fers
(Hélas ! faut-il que mon cœur le désire !),
Pour le trouver, depuis seize ans et plus,
Mes vœux, mes soins, sont restés superflus.
Depuis seize ans je regrette sans cesse
De mon ami la perte et le malheur ;
Et rien n'a pu dissiper ma tristesse,
Même l'éclat de maint succès flatteur.
En vain j'ai su par mon bras intrépide
Débarrasser d'un farouche oppresseur
Léodagan, le roi de Carmelide ;
En vain, sa fille, à présent devant vous,
A bien voulu m'accepter pour époux ;
En vain pour moi, partageant ma tendresse,
Genièvre unit la grace à la noblesse :
Merlin absent flétrit tout mon bonheur,
Oui : que ma femme excuse ma rigueur ;
Mais la Beauté la plus enchanteresse
Ne peut valoir un pareil Enchanteur. »

Ce compliment, trop marital sans doute,
Du grand Artus termine le récit.
Je doute fort que Genièvre le goûte.
Pour Lancelot, ailleurs il a l'esprit ;
Ce n'est pas là du tout ce qu'il écoute.
Quand il renonce à se dissimuler
Qu'Artus enfin a cessé de parler,
« Sire, dit-il, il n'est rien dans le monde
Qui soit si beau que votre Table ronde.
De... Tintaïel j'estime les vertus
Plus, mille fois, que je ne puis le dire ;
Ce que Merlin fit... pour le grand Titus
Assurément mérite qu'on l'admire ;
J'aime Joseph, mais j'aime plus encor
Ce chevalier... ce jeune Escalibor... »

A ces propos, l'aimable reine tremble :
Elle sourit et pâlit tout ensemble,
Et par un signe avertit Lancelot
Qui s'interrompt et qui ne dit plus mot.
Heureusement, dans ce moment-là même,
D'Artus ailleurs appelant l'intérêt,
Un chevalier dans son palais entrait
Pour réclamer sa puissance suprême :
Par ce guerrier, la dame de Noyant
Priait Artus, dont elle était vassale,
Que contre Ayé, roi de Northumberland,
Il voulût bien garder sa capitale.
Sous un long siége ayant enfin plié,
Après un mois elle devait se rendre,
Si par Artus un guerrier envoyé,
Avec succès ne venait la défendre
En renversant un combattant d'Ayé.
Pour cette fois, Lancelot sut entendre
Ce qu'on disait, et d'abord le comprendre ;
Car dans ces jours, aux nôtres étrangers,
Les chevaliers, toujours sur le qui vive,
Cherchaient, sentaient, et couraient les dangers,
Comme le chien court la perdrix craintive.
« Sire, dit-il, pour vous, s'il m'est permis,
J'irai combattre, et je vaincrai peut-être :
Je ne suis pas à votre table admis,
Et vais tâcher de mériter de l'être.
— Ah ! dit Artus, généreux Lancelot,
La guerre veut que ma Table brillante
Offre souvent quelque place vacante,
Et vos exploits seront payés bientôt.
Avec orgueil remplissant votre attente,
Pour mon guerrier ici je vous admets :
Vous combattrez ; je suis sûr du succès. »

Il dit, et sort ; mais Genièvre est restée.
De Lancelot que l'âme est agitée !
Tremblant, il craint d'exciter son courroux.
Le cœur ému d'une naissante flamme,
Baissant les yeux et ployant les genoux,
Il fait enfin ouïr ces mots : « Madame,
Tout chevalier est celui d'une dame :
Puis-je m'offrir ? » Elle ne répond rien
Quelques instans... et dit : « Je le veux bien.
Merci, dit-il ; » et le silence achève.
Il sent alors qu'une main le relève.
Toute autre belle eût eu le même soin :
On prit sa main, on ne la serra point ;
Et toutefois ce moment, que j'envie,
Jusqu'à ce jour (remarquez bien ce point)
Fut le moment le plus doux de sa vie.

CHANT DEUXIÈME.

Hauts faits de Lancelot. — Accident du sénéchal Queux. — Pharamond reconnu. — Le Morhoult trahi. — Bréhus le venge trop. — Combat de Bréhus et d'Yvain. — Conquête du château de la douloureuse Garde. — Imprudence d'Artus. — Enlèvement de Genièvre.

Qu'il est joli le printemps de l'amour!
Il vaut cent fois le printemps de l'année.
Vous devriez revenir chaque jour,
Premiers momens où l'ame est enchaînée.
Malgré nos vœux, ils passent sans retour!
Belles, du moins, quand on vous rend les armes,
Faites durer ce printemps plein de charmes.
Belles, amans, dans sa vivacité,
Goûtez, après, l'ardeur d'un long été;
Et, si l'amour enfin vous abandonne,
Arrêtez-vous, s'il se peut, à l'automne.

Par monts, par vaux, Lancelot plein d'ardeur,
Tout occupé de sa dame nouvelle,
Courait, brûlant d'en mériter le cœur;
Et de Noyant un chevalier fidèle
De son pays guidait le défenseur,
Quand tout à coup une superbe tente
Près de la route à leurs yeux se présente.
« Que voit-on là? dit Lancelot. — Seigneur,
Un chevalier, fameux par sa valeur,
Erre, escorté d'une dame charmante.
Mais, de son bras éprouvant le pouvoir,
Il faut le vaincre avant que de la voir :
C'est difficile; et ce guerrier terrible
Sait... Oh! répond Lancelot, c'est possible; »
Et tout d'abord ce brillant chevalier,
Résistant mal au péril qui le tente,
Défie, abat le maître de la tente.
Mais, pour ce choc, comme à son écuyer
Il n'avait pas repris son bouclier,
Devers l'épaule, au défaut de l'armure,
Lancelot garde une forte blessure;
Il est vainqueur : n'importe! Dans l'instant
Notre héros à Genièvre expédie
Son prisonnier qui n'était pas content.
Quant à la dame, elle était fort jolie.
Mais Lancelot a fait choix d'une amie;
Dans l'univers il n'est autre Beauté
Dont le pouvoir désormais le retienne.
A cette dame il rend la liberté,
Mais sans penser à lui livrer la sienne.

Le chevalier qui menait Lancelot,
Le rejoignant, lui dit : « Votre vaillance
Doit nous donner la plus juste espérance;
Nos ennemis seront vaincus bientôt.
Mais, à vos coups puisque rien ne résiste,
Une pucelle, assez près de ces lieux,
De deux guerriers méchans et furieux
Souffre, dit-on, un servage bien triste.
Pour l'affranchir de son cachot profond,
Si vous voulez, je suis votre second.
— Soit, répond-il, et cherchons cette gloire. »
Nouveau combat, et nouvelle victoire.
Les deux félons, domptés, humiliés,
Furent encore à Genièvre envoyés;
Et celle-ci, bien que prudente et sage,
Non sans plaisir accueillit cet hommage
De Lancelot. Ce guerrier, en voyant
Le lendemain la dame de Noyant,
Lui dit : « Vers vous le grand Artus m'envoie.
Procurez-moi, s'il se peut, aujourd'hui,
L'honneur brillant de combattre celui
Qui de vos biens pense faire sa proie. »
Elle répond : « Mais vous êtes blessé?
— Point ne le suis, dit-il, pour vous défendre. »
Il l'était tant, que, bien qu'il fût pressé,
Absolument la dame veut attendre.

Or, un dimanche était déjà passé;
Déjà le temps fuyait à tire d'ailes,
Et, fort surpris, les gens de Gramalot,
Du grand exploit commis à Lancelot
N'avaient encor reçu nulles nouvelles.
Les souverains, en ces jours belliqueux,
Bravant les coups, mais non pas la famine,
Avaient toujours, pour régler leur cuisine,
Un sénéchal qu'ils nommaient *le grand-queux*.
Le queux d'alors, d'assez noble origine,
A cet emploi ne bornait pas ses vœux :
Guerrier hardi, mais fort peu redoutable,
On le voyait, *gabeur* infatigable,
Battu toujours, et toujours se battant.
« Sire, dit-il plein d'espoir et d'audace,
Si Lancelot, ce fameux combattant,
S'est endormi, souffrez qu'on le remplace.
Devers Noyant, on peut, à mon avis,
Faire en un jour ce qu'il n'a fait en dix.
Accordez-moi, par bonté spéciale,
Qu'en ce combat ma valeur se signale. »
Artus, malgré maint exemple fatal,
Estimait fort le bras du sénéchal.
Ce roi vieilli, par une erreur croyable,
Le trouvait grand, car il était aimable.
Ainsi depuis, ailleurs, un autre roi
Pour un Villars prit long-temps Villeroi.
Artus, pensant que Lancelot s'arrête

En quelque lieu, par l'amour retenu,
Du sénéchal accueille la requête;
Et celui-ci, dans Noyant advenu,
Dit que, d'Artus ambassadeur honnête,
Pour vaincre vite, il est vite venu.
Lancelot vient pour son droit se débattre,
Souffrant encor. Pour ce noble intérêt,
Ces deux guerriers disputaient comme quatre,
Et, pour savoir qui des deux combattrait,
Incontinent ils allaient se combattre,
Lorsque la dame, interposant sa loi,
Leur dit : « Tous deux vous combattrez pour moi,
Et dans le choc mes rivaux téméraires
Vont, au lieu d'un, m'offrir deux adversaires. »
Cela fut fait. Mais qu'en arriva-t-il?
Messire Queux, à la démarche altière,
Fut tout d'abord jeté sur la poussière,
Et de ses jours la mort tranchait le fil,
Si Lancelot, qui, contre un adversaire,
Avait déjà l'honneur d'un plein succès,
N'eût abattu le Northumberlandais,
Qui menaçait le sénéchal à terre,
Et le voulait transpercer sans façon
Avec un glaive aussi long que son nom.
Le sénéchal, qu'on n'embarrassait guères,
Était honteux de ses façons légères,
Quand Lancelot dit en riant ceci :
« Messire Queux, quand vous vintes ici,
Vous y veniez pour faire mes affaires,
Et j'aurai fait les vôtres, Dieu merci! »

Messire Queux, d'une action si belle,
A Cramalot fut porter la nouvelle.
Pour Lancelot, la dame de Noyant
Depuis huit jours était le festoyant,
Quand celui-ci, qu'anime un noble zèle,
S'en va chercher quelque autre exploit brillant.
Toujours Genièvre est présente à son ame.
Il fut, hélas! forcé de la quitter
Si promptement! Ne pouvant voir sa dame,
Le héros veut du moins la mériter.

Bientôt le sort seconda ses démarches :
Deux jours après, en combat singulier,
Il renversa le *roi d'outre les Marches*,
Dit Galléhault, petit roi, grand guerrier,
Et qui, trop fier de sa haute vaillance,
Osait d'Artus dédaigner la puissance.
Mais Lancelot s'était si bien battu,
Et Galléhault si long-temps défendu,
Que, réunis, ces ardens adversaires
En un moment sont devenus des frères.
Galléhault dit : « Je pars pour Cramalot,
Et sans retard j'y veux faire connaître

Que désormais je suis et prétends être
L'ami d'Artus, surtout de Lancelot. »

De Lancelot il court dire la gloire.
On connaissait déjà l'autre victoire.
Genièvre, au bruit de ces brillans exploits,
Secrètement s'applaudit de son choix.
Pour Lancelot Artus rempli d'estime,
Le vantait fort, quand par un autre objet
Ce prince un jour fut surpris et distrait.
Un chevalier qui gardait l'anonyme,
Sur une nef s'avançant dans le port,
Des preux d'Artus vint défier l'effort.
Douze, malgré leur force et leur courage,
Dans un long choc se virent abattus.
Gauvain lui seul, brillant neveu d'Artus,
A su lutter sans nul désavantage.
Or, l'inconnu, que chacun applaudit,
A Cramalot guérissait ses blessures,
Lorsque quelqu'un vint chez Artus, et dit :
« Voici le jour de venger vos injures.
Cet inconnu, seigneur, c'est Pharamond,
Ce roi des Francs qui, terrible adversaire,
Aux fiers Romains a fait craindre son nom,
Et repoussa même Uter, votre père.
Ce chef funeste est sous vos bras vengeurs....
— Paix! dit Artus, si tu parles, tu meurs! »
Et, redoublant dès lors de courtoisie,
Il accueillit si bien le roi des Francs,
Que lorsque enfin, après assez long-temps,
De le quitter ce prince ayant l'envie,
Lui dit : « Je veux vous apprendre mon nom. »
Artus sourit, et répond : « Je parie
Que je le sais, et que c'est Pharamond.
— Quoi! vous savez!... et comme un tendre frère
Vous accueillez ici votre adversaire! »
Pharamond dit, l'embrasse, et s'est lié
Avec un roi qu'il voit si magnanime.
La plus solide et plus noble amitié
Est celle-là qui naquit de l'estime.

Pharamond part, mais le vent irrité
Aux bords anglais l'a bientôt rejeté,
Il traversait cette forêt d'Arnantes
Où chaque jour des chevaliers errans
Couraient chercher aventures brillantes,
Quand un guerrier des plus forts, des plus grands,
Vient droit à lui ; c'est le prince d'Irlande,
Et *le Morhoult* est son nom singulier.
Prêt à jouter toujours, il le demande
A Pharamond, qu'il ne fait pas plier;
Et l'Irlandais, nonobstant sa furie,
Contre le Franc a perdu la partie.

CHANT DEUXIÈME.

Il n'était point en bonheur ce jour-là :
Une heure après, chez une grande dame,
Un rendez-vous où le Morhoult alla,
Pour ce guerrier devint un piége infame.
Pour obtenir le pardon du passé,
La dame avait suivi le plan tracé
Par le mari, trop digne qu'on le blâme.
Au doux plaisir le Morhoult invité,
A résister vainement s'évertue.
Il était mis comme la Vérité,
Et vous savez qu'elle est souvent battue.
On le saisit. L'époux, guerrier félon,
Brave pourtant parfois jusqu'au miracle,
Le fit d'abord lier sur son perron,
Aux voyageurs l'exposant en spectacle.
Et cependant, comme il faisait presser
Pour le Morhoult l'appareil du supplice,
Un chevalier, vainqueur dans mainte lice,
Le dur Bréhus, par-là vint à passer;
Et l'Irlandais lui conte de sa Belle
L'indigne tour, la trahison cruelle.
Bréhus sentit un très juste courroux,
Et sa valeur, secondant sa colère,
Il défia le chevalier-époux,
Qui par malheur lui fit toucher la terre.
Bréhus vaincu fut réduit à partir.
Il maudissait les femmes déloyales,
Lorsque de loin ce guerrier vit venir
Un autre preux, le doux Yvain de Galles.
Ce chevalier cheminait, conduisant
Non loin de là certaine demoiselle,
Aux blonds cheveux, au regard séduisant,
Fraîche à l'égal de la saison nouvelle.
Elle chantait, avec lui devisant,
Une chanson agréable comme elle.
De ces accens tout autre aurait joui :
Bréhus, de qui le dépit trouble l'ame,
Frémit, et veut venger sur une femme
Le fier Morhoult, qu'une femme a trahi.
Dans cette idée il a saisi sa lance,
Pique des deux tout à coup, et s'élance.
De l'attaquer lui croyant le projet,
Yvain aussi met sa lance en arrêt.
Mais, l'évitant, dans sa rage effrénée
L'affreux Bréhus sur la dame a couru ;
Et le cruel, par un coup imprévu,
Perce le cœur de cette infortunée.

A cet aspect Yvain pétrifié,
Saisi d'horreur, mais saisi de pitié,
Sent qu'à la fois un double vœu l'anime.
Il punira sans doute l'assassin,
Mais avant tout veut sauver la victime.

Las! il voudrait la secourir en vain.
Elle n'est plus; et dans son noble zèle
Il veut venger au moins la demoiselle ;
De son coursier précipitant les pas,
L'ardent Yvain court au guerrier barbare
Qui s'éloignait, mais qui ne fuyait pas.
Alors entre eux quel débat se déclare !
« Ah ! dit Yvain, que quelque oubli fatal
Loin de mon rang sans retour me rejette,
Que l'on me voie abjurer le cheval,
Et que quelqu'un m'aperçoive en charrette,
Si de ce trait affreux et déloyal
Je ne prends point vengeance bien complète ! »
Le sort voulut qu'il y réussît mal.
Il est bien vrai qu'en sa fureur extrême
Ce héros sut immoler à moitié
Bréhus, nommé justement *sans pitié*;
Mais il resta presque mourant lui-même.
Tous deux teignaient de leur sang le gazon,
Lorsque vers eux arriva Pharamond.
Voyant leur rage, et voyant leur faiblesse,
Ce roi leur dit, avec quelque sagesse :
« Guérissez-vous, après vous vous battrez. »
Quand, non sans peine, il les eut séparés,
Et qu'il apprit par leur récit fidèle
Pour quel motif ils avaient pris querelle :
« Ah ! leur dit-il, ne voudrais pour beaucoup
Laisser périr sans honneur le Morhoult,
Un des guerriers dont le brillant courage
Le plus souvent sut illustrer notre âge. »
Sur son cheval vous l'eussiez vu voler
Vers le héros que l'on allait brûler.
Il était temps. Pharamond qui disperse
Tous les bourreaux, joint l'époux, le renverse,
Et dit alors au Morhoult secouru :
« Guerrier vaillant et si digne de vivre,
C'est par hasard que je vous ai vaincu ;
Mais c'est par choix que mon bras vous délivre. »

Pharamond veut, après cette action,
Revoir la France à son cœur toujours chère,
Et sa famille, et son fils Clodion.
En finissant sa course aventurière,
Il se disait : « Oui, loin de mon pays
J'ai fait un peu le métier de mon fils ;
Mais désormais je le lui laisse faire. »

A Cramalot, de ce roi valeureux
Comme on vantait encor la courtoisie,
Le bruit d'un fait presque miraculeux
Vint à la cour, d'étonnement saisie.
Les narrateurs avaient l'air de mentir
En assurant à la foule bavarde

Que Lancelot venait de conquérir
Certain château triste alors à mourir,
Et qu'on nommait *de douloureuse garde.*
On pouvait, certe, avec plus de raison
A ce fort-là donner un autre nom,
Et l'appeler *de douloureuse prise;*
Car ce château qui dominait les vents
Avait trois murs et quarante géans.
Vingt chevaliers, de gloire l'ame éprise,
Avaient péri d'une telle entreprise
Qui requérait des exploits inouïs;
Et Lancelot, seul, à fin l'avait mise,
Combattant seul tous ces géants unis.
Il est bien vrai qu'une fée obligeante
A son insu l'a servi cette fois
D'un bouclier rendant fort comme trois :
Il eût fallu l'être comme quarante;
Et ce guerrier, à cet exploit nouveau,
Avait encore un mérite assez beau.
On assurait que depuis cette affaire
Ce château-fort, jadis si redouté,
Se ressentait de son propriétaire;
Que Lancelot de ce triste repaire
Faisait un temple à l'hospitalité.
Chacun doutait d'abord de tant de gloire ;
Genièvre seule eut la raison d'y croire.
Mais, la rumeur augmentant tous les jours,
Au grand Artus il prit un soir envie
D'envoyer là, pour finir les discours,
Toute la fleur de sa chevalerie.
Bliombéris, Carados, Sacrémor,
Gauvain lui-même, et vingt autres encor,
Mordrec, d'Artus ce neveu difficile,
Chacun enfin, sur son coursier agile
Court s'assurer, et par ses propres yeux,
De cet exploit vraiment prodigieux.
Fêtant beaucoup leur troupe aventureuse,
De Lancelot l'accueil se signala.
Pendant huit jours on courut, on *balla ;*
Et le château de garde douloureuse,
Changeant de nom depuis ce moment-là,
Est le château *de la garde joyeuse.*

Mais cependant qu'ainsi chez Lancelot
On s'amusait, plus loin, à Gramalot,
Il survenait une étrange aventure :
Cette cité, vide de chevaliers,
Vit arriver avec deux écuyers
Un chevalier d'une noble figure.
Cet inconnu, d'un air assez discret,
Requiert un don d'Artus et de la reine.
Ce don, selon l'usage qu'on suivait,
Par tous les deux fut octroyé sans peine,

Sauf à savoir après ce que c'était.
Lors l'inconnu, d'une voix plus hautaine,
Dit : « Prince Artus, apprends qu'en mes prisons
J'ai dès long-temps nombre de tes barons ;
Mais je consens à les tirer de chaîne
Si, dans ce jour, vidant les étriers,
Je suis vaincu par un de tes guerriers.
Choisis entre eux celui que tu peux croire
Plus valeureux, plus sûr de la victoire.
Nous trouverons à mille pas d'ici
Pour le combat un lieu très bien choisi ;
Mais je prescris une loi nécessaire :
La reine doit suivre mon adversaire,
Le suivre seul ; et, si je suis vainqueur,
Je la prétends emmener prisonnière.
Voilà quel don j'ai demandé, seigneur. »

Vous devinez, sans que je vous le dise,
Du pauvre Artus le trouble et la surprise.
Ses chevaliers les meilleurs sont absens.
Il les valut au moins, dans son jeune âge ;
Mais ce grand roi ressent le poids des ans ;
Et cependant sa parole l'engage.
Il hésitait, quand le sénéchal Queux,
Toujours rempli d'un espoir belliqueux,
Se présenta pour entrer dans la lice.
Faute de mieux, il faut qu'on le choisisse.
D'ailleurs on sait que le roi l'estimait.
Pour expliquer sa faveur singulière,
J'aurais dû dire, et ne dois pas vous taire,
Qu'Artus, ayant sucé le même lait,
Le chérissait presque à l'égal d'un frère.
Queux est nommé pour répondre au défi,
Et s'est armé sans le moindre souci.
Queux et Genièvre un peu plus inquiète,
Suivent celui qui la veut pour conquête.
Le pauvre Artus voudrait la suivre aussi ;
Mais, invitant le monarque vieilli
A vouloir bien rester en sa demeure,
L'inconnu dit : « Vous savez mes projets :
Pour assurer ma perte ou mon succès,
Il ne me faut que la moitié d'une heure ;
Attrapez-moi, si vous pouvez, après. »

La demi-heure était passée à peine
Qu'Artus, troublé de son choix hasardeux,
Pour s'éclaircir courait déjà la plaine.
Las ! du succès l'espérance était vaine.
Le sénéchal, toujours malencontreux,
Etait bien loin, captif avec la reine.
Grand désespoir ! à tous ses chevaliers
Artus en hâte apprend par des courriers
Cet accident. A la Garde-Joyeuse

Dès que l'on sait cette aventure affreuse,
Ces fiers Bretons ont pris leurs destriers.
Le seul Mordrec ne courut pas très vite.
Tout plein déjà des complots qu'il médite,
Il reste froid. Que de chefs valeureux
Couraient pour lui, pour Artus, et pour eux!
Mais Lancelot, qu'un noble zèle enflamme,
Vole, et voudrait les devancer partout.
Après leur reine ils couraient : c'est beaucoup ;
Mais Lancelot courait après sa dame.

CHANT TROISIÈME.

L'épée. — Les chiens. — La charrette. — Le peigne. — Le pont. — Le défi.

Oh! que le Temps est un malin vieillard!
Dans notre enfance il nous flatte avec art,
Il embellit à nos yeux la jeunesse :
Le traître alors, las d'être notre appui,
Pèse sur nous, vers l'âge mûr nous presse,
Et puis nous rend presque aussi vieux que lui.
Que de guerriers dont le jeune courage
Se signala dans les champs du carnage,
Changeant trop tôt, s'endorment encor plus
Que ne dormit jamais le grand Artus!
Le Temps détruit les héros, les bergères.
Objets divins que l'on trouva charmans,
Vous, dont l'aspect fit palpiter nos pères,
Comme le sort vous montre à leurs enfans!
Ah! profitons de ces leçons sévères.
Nos jours sont brefs; mais tâchons qu'ils soient doux.
Chez nous jamais que le plaisir ne chôme ;
Et, nous armant contre un destin jaloux,
Usons du Temps, pendant qu'il est bon homme :
Il saura trop, hélas! user de nous.

Artus, jadis plein d'une noble flamme,
Et si long-temps à ses rivaux fatal,
N'eût pas alors chargé son sénéchal
Du noble soin de défendre sa femme.
Sentant trop tard le tort qu'il avait eu,
Et retrouvant l'activité première
Qui signala sa brillante carrière,
Artus courait, craignant pour la vertu
De son épouse à regret prisonnière.
Gauvain aussi, l'aîné de ses neveux,
A travers champs courait à toute outrance.
Gauvain un soir, sur un roc sourcilleux,
Vit un château d'assez noble apparence.
Il s'y rendit, y fut reçu des mieux.
Le châtelain, ayant nièce fort belle,
Le fit souper, et le fit seoir près d'elle.

Les regardant, le châtelain disait
Mainte gaîté qu'on pouvait trouver forte.
Ce n'était rien : comme la nuit venait,
Il conduisit Gauvain tout stupéfait
Jusqu'à la chambre où sa nièce couchait,
Et sur tous deux il referma la porte.

D'étonnement Gauvain était saisi.
La demoiselle était couchée, et faite
Pour engager à se coucher aussi.
Malgré le trouble où cet aspect le jette,
Gauvain résiste, et, dans sa probité,
Croirait manquer à l'hospitalité.
Mais il entend un soupir de la belle.
« C'est différent, se dit-il aussitôt,
Se rapprochant de cette demoiselle :
Je suis un preux ; mais je serais un sot
Si je voulais être plus sage qu'elle. »
La jeune fille, interdite à son tour,
Montre un effroi qu'il prend pour de l'amour.
Bien que rempli d'espérances riantes
Que l'on pouvait concevoir justement,
Gauvain courtois agit modérément,
Et se permit des libertés décentes.
Il fit très bien ; car tout à coup voici
Certaine épée, au chevet appendue,
Qui vole, et va, plus vite que la vue,
Blesser Gauvain, modérément aussi.
La nuit, le jour, au chevet de la Belle
L'épée était une duègne cruelle.
On ne voit plus ces glaives merveilleux
Dans nos pays, dans nos jours vertueux ;
Et cependant j'ai la tête frappée
De ce fait-là, qui me donne à rêver :
Belles, de vous écartez toute épée ;
On ne sait pas ce qui peut arriver.

Gauvain, calmé par la leçon sévère,
N'osa plus rien, interrogeant toujours
La demoiselle obstinée à se taire.
Dans son effroi soupçonnant du mystère,
Gauvain debout attendit que des jours
L'astre éclatant vint réveiller la terre.
Le soleil brille, et l'oncle tout d'abord
Vient chez la belle, en disant : « Est-il mort? »
Non, dit Gauvain ; » et, prompt à la vengeance,
Ce franc guerrier prouve son existence
Au déloyal qui lutte avec effort.
« Ah! dit la nièce, admirant le courage
De l'étranger, seigneur, au nom du ciel,
Délivrez-moi de ce monstre cruel
Qui tant de fois immola sous sa rage
Maint chevalier, maint noble damoisel

Bien moins vaillant que vous, et bien moins sage. »
Gauvain redouble. Adversaire effrayant,
L'oncle à l'épée était presque un géant.
Mais vainement il résiste, il s'élance :
Gauvain, plus grand encor par la vaillance,
Sachant enfin atteindre le félon,
Perce son cœur souillé de trahison.
La nièce dit : « Seigneur, je vous rends grace ;
Cet homme affreux, destructeur de ma race,
Me retenait, et même à ses projets
Faisait servir le peu que j'ai d'attraits.
De ce jour seul je commence à revivre.
Je vous dois tout, et veux partout vous suivre. »
Elle suivit en effet ce héros,
Et, se voyant de prison échappée,
Paya celui qui terminait ses maux,
Et qui n'eut plus à redouter d'épée.

Trois jours après (mes amis, pardonnez
Ce détail simple et de peu de mérite),
Gauvain trouva deux chiens abandonnés ;
Il en eut soin et les prit à sa suite.
Trois jours après, Gauvain, toujours courant,
Cherchant la reine en chevalier errant,
Vit un guerrier qui venait assez vite.
Ce chevalier, dont la beauté brillait,
S'arrête, épris, devant la demoiselle ;
Il dit enfin : « Cette beauté me plaît,
Et l'on peut bien se disputer pour elle.
— Soit, dit Gauvain, — Mais, reprit l'arrivant,
Pour l'obtenir quand nous allons tout faire,
Nous pourrions bien, me semble, auparavant
Lui demander celui qu'elle préfère.
— Oui, demandez, j'y consens, répondit
Le fier Gauvain ; mais votre espoir m'étonne.
Si par hasard c'est vous qu'elle choisit,
Sans nul combat moi je vous l'abandonne. »
.... A ce récit pourquoi suis-je venu ?
Femmes, de vous que faut-il que l'on pense ?
Un vain caprice a souvent obtenu
Plus que l'estime et la reconnaissance.
La demoiselle en cette circonstance....
Laissa Gauvain et choisit l'inconnu.

Assez long-temps de surprise immobile,
Enfin Gauvain partait silencieux,
Quand l'inconnu, venant d'un pas agile,
Lui dit : « Seigneur, je suis vraiment honteux,
Car ma demande à faire est peu facile.
Cette beauté qui se rend à mes vœux,
Je vous l'avoue, a la plus grande envie
Des lévriers que voilà sous vos yeux ;
Je les requiers de votre courtoisie.

— Ah ! dit Gauvain, justement ulcéré,
Par eux aussi vous serez préféré.
Voyez pourtant qui des chiens ou des Belles
Sont les plus sûrs et sont les plus fidèles. »
Et par caresse, et par mille moyens,
A les gagner cet inconnu s'empresse.
Efforts perdus ! trahi par sa maîtresse,
Gauvain du moins fut suivi par ses chiens.

Lors, revenant vers son jeune adversaire,
Gauvain lui dit : « Chevalier, à vos vœux
Si j'ai cédé ma dame sans colère,
Mes chiens ont droit qu'on se batte pour eux. »
Sans nul délai tous deux prennent carrière.
Le choc fut court et non moins meurtrier.
L'instant d'après, l'aimable chevalier,
Privé du jour, dormait sur la poussière.
A cet aspect, la demoiselle en pleurs,
Craignant la nuit, les loups et les voleurs,
Court à Gauvain, veut le toucher pour elle.
Mais celui-ci, méprisant ses douleurs,
Part sans l'attendre, en lui criant : « La Belle,
On ne peut pas manquer de protecteurs
Alors qu'on est si tendre et si fidèle. »

Perdant l'espoir et le perdant trop tôt,
Gauvain pourtant cherchait toujours la reine.
Il fit rencontre un jour de Lancelot,
Dont le cheval ne marchait plus qu'à peine.
L'astre des nuits, l'astre brillant des jours
Avaient neuf fois recommencé leur cours,
Que Lancelot, plein d'une ardente flamme,
Courait encor pour retrouver sa dame.
Ayant déjà sur ce même chemin
Passé dix fois, il reconnaît Gauvain,
Qui vainement à s'arrêter l'invite ;
Il le salue, il le passe et l'évite.
Gauvain disait : « Mais il est bien pressé ! »
S'étant encor quelque temps avancé,
De Lancelot il revit la monture,
Qui, haletant sur le bord d'un fossé,
Allait payer tribut à la nature.
« Je plains, dit-il, le pauvre destrier ;
Mais je voudrais trouver le chevalier.
Où donc est-il ? » Gauvain, qui s'inquiète,
Hâte ses pas, suit sa route, et bientôt
Sur le chemin aperçoit Lancelot,
Mais l'aperçoit, le dirai-je ? en charrette.
« Eh ! Lancelot, que fais-tu donc ici ?
Abandonné par ta triste monture,
As-tu bien pu prendre cette voiture ?
C'est reculer que d'avancer ainsi.
Je te préviens que ce nain qui la guide,

S'il te l'offrit, te joue un tour perfide.
— Quel tour? A pied je suivais mon chemin,
Quand mon bonheur m'a présenté ce nain,
Qui s'est offert à me tirer de peine;
Sur sa charrette il me mène à la reine.
— Ciel! descends vite et connais son dessein:
Quoi! mon ami, ne sais-tu pas encore
Que dans ce *char* utile aux paysans,
Eux exceptés, l'on ne voit que les gens
Déshonorés, ou ceux qu'on déshonore?
O Lancelot, si pour ton désespoir
Quelque méchant allait ainsi te voir!
Heureusement déjà l'ombre s'avance;
La nuit survient: hâtons-nous de courir
Vers ce châtel, où plus heureux, je pense,
D'un destrier tu pourras te munir. »
Lancelot cède à ce conseil honnête,
Et sur-le-champ quittant charrette et nain,
Se rend à pied vers ce château prochain;
Mais on l'a vu descendre de charrette.

Dans ce châtel, où l'on était poli,
Avec honneur Gauvain fut accueilli.
Pour Lancelot, on y prit garde à peine:
Il n'y pensa, ne pensant qu'à sa reine.
Gauvain déjà dans les appartemens
Etait admis devant la châtelaine,
Et recevait, rendait les complimens,
Que, demeuré dans la première pièce,
Lancelot, seul, rêvait à sa maîtresse.
Toujours Genièvre occupait son esprit,
Lorsque quelqu'un d'assez mauvaise mine
De lui s'approche et brusquement lui dit:
« Venez souper. — Où donc? — A la cuisine. »
Par ce propos Lancelot étourdi
Au discourtois aurait cherché querelle,
Lorsque Gauvain, qu'il n'avait point suivi,
Vient bien à temps le chercher, et l'appelle.
Il le présente à la dame du lieu,
Aménaïs, femme jeune et charmante.
Le brave Arban, son mari depuis peu,
Reçoit fort bien Lancelot, et le vante.
Ami d'Arban, le prince Clodion,
Très digne fils du noble Pharamond,
De Lancelot dit la valeur brillante.
Pour Lancelot ces guerriers et Gauvain
En dirent tant, qu'Aménaïs enfin
Lui pardonna sa voiture imprudente.
Elle le fit asseoir à son côté;
Et Lancelot, la trouvant plus polie,
Par ce récit, que l'on m'a répété,
Lui dit son rang, son sort et sa patrie.

« Je suis le fils du roi Ban de Benoist,
Qui gouvernait une riche campagne
Entre la Gaule et ce pays étroit
Qu'on a nommé la Petite-Bretagne.
Ce prince avait pour frère et pour appui
Le roi Boort, qui régnait près de lui;
Et tous les deux, dans la paix, dans la guerre,
Amis du roi qui d'Artus fut le père,
Surent long-temps déjouer les desseins
Du roi Claudas, grand ami des Romains.
Enfin pourtant Claudas, ce méchant prince
Qui du Berri gouvernait la province,
Du roi mon père un jour trompa l'effort,
Ravagea tout d'une rapide course,
Prit ses cités, et pour toute ressource
Ne lui laissa qu'un imprenable fort.
Là dans des pleurs je reçus la naissance.
Unique enfant d'un prince infortuné,
Depuis huit mois à peine j'étais né
Qu'un dernier coup redoubla sa souffrance:
Il veut hâter lui-même les secours;
Pour toute suite en sa course fatale
Ce prince a pris sa compagne royale,
Avec le fruit de leurs tristes amours.
Portant le fils, et soutenant la mère,
Il traversait une longue bruyère
Qu'un lac profond embellissait en vain
De son cristal, quand, regardant soudain,
Il vit, ô scène impossible à décrire!
Il vit en feu ce château protecteur,
Son seul asile et son dernier empire;
Son sénéchal, se vendant au vainqueur,
Pour ce forfait s'était laissé séduire.
Mon père, usé par l'âge et le malheur,
Résista mal à l'excès de sa peine.
A cet aspect il mourut de douleur,
Et vous sentez quelle est encor la mienne!

» Frappée ainsi par le sort en courroux,
Ma mère eut peine à garder du courage,
Et, sans son fils, eût suivi son époux.
Loin des secours, en ce désert sauvage,
Elle gémit, mais elle se dépeint
Tous ses devoirs, et d'abord le plus saint.
Elle était reine; elle n'est plus qu'épouse.
Elle a bravé la fortune jalouse,
Et, dans le sable, a creusé de ses mains
Le dernier lit où dorment les humains.
Efforts pieux, et travaux mémorables
Où son cœur seul peut soutenir son bras!
Elle n'avait de ses soins respectables
Qu'un seul témoin... qui ne l'entendait pas.
Hélas! souvent par mes cris poursuivie,
Elle accourait, et, redoublant d'effort

3

Pour me calmer, par les soins de la vie
Interrompait les devoirs de la mort.
Quand, triomphant de sa douleur amère,
Elle eut rempli son emploi funéraire,
Pour son époux, au maître des destins
Elle éleva sa voix plaintive et douce,
Et me faisait, sur le tombeau de mousse,
Joindre et tenir mes innocentes mains.

» Mais, l'enlevant à ces pensers funèbres,
Et l'écartant des regrets du cercueil,
L'orage accourt, et d'un horrible deuil
De toutes parts apporte les ténèbres.
C'est en ce temps que les plus fiers oiseaux
Quittent l'orgueil des voûtes éternelles;
C'est en ce temps qu'on voit les hirondelles
Qui viennent paître à côté des agneaux.
Ma mère veut, à cet aspect funeste,
Sauver au moins le trésor qui lui reste.
Mais où donc fuir en ce moment cruel?
Nul arbrisseau dans la plaine sauvage
N'offre aux regards l'espoir de son ombrage;
On ne voit rien que la terre et le ciel.
Dieu! l'ouragan éclate, le vent crie,
La foudre gronde, et la grêle en furie
Vient l'assaillir, nuage meurtrier,
Et pour son fils vient surtout l'effrayer.
J'allais périr. Ah! que fera ma mère!
Or, apprenez ce qu'elle daigna faire.
Faute d'abri qui pût me recueillir,
Ma mère alors prit soin de m'en servir.
En ce péril, de l'horrible nuée
Se réservant tous les coups inhumains,
Meurtrie, hélas! mais constante, appuyée
Sur ses genoux, sur une de ses mains,
De l'autre encore elle agrandit l'asile
Où, sentant peu son effort protecteur,
Devant l'éclair je souriais tranquille,
Et reposais sous l'abri de son cœur.
Touchant tableau! mais plus touchant courage!
Autour de nous l'orage en vain grondait :
Elle oubliait la fureur de l'orage,
En se disant qu'elle m'en préservait.

» Le ciel enfin s'est adouci : ma mère
Veut fuir d'abord ce désert abhorré,
Et m'emportait sur l'immense bruyère.
A ses regards le lac s'est remontré;
Un vert gazon en couronnait la rive.
Elle s'assied : elle cède au sommeil,
Tranquille au moins sur moi; mais au réveil
Quel fut l'effroi de ma mère craintive,
Quand, tout au bord du lac silencieux,

Elle me vit tenu par une dame
Qui me baisait et la bouche et les yeux!
Elle s'élance, en lui disant : Madame,
Laissez, rendez à mes pleurs, à mes vœux,
Mon faible enfant, le seul bien de mon ame.
La dame alors, voyant, pour la toucher,
De plus en plus ma mère s'approcher,
Joint les deux pieds, et, pour toute réponse,
En me tenant, sous l'onde elle s'enfonce.
Frappée encor par ce coup aggravant,
A mon trépas ma mère devait croire.
N'écoutant rien qu'un effroi décevant,
Elle pleura dans l'ombre d'un couvent :
Elle y mourut. Respect à sa mémoire!

» *La dame au lac*, dont souvent les récits
M'ont rappelé ce que je vous redis,
M'a bien juré que de mon existence
Avant sa mort ma mère eut l'assurance.
Quoi qu'il en soit, sous ce lac enchanté,
En un palais de guerriers habité,
Je fus nourri dans le métier des armes,
Qui, tout d'abord, pour moi fut plein de charmes.
Ma protectrice, en ce même châtel,
A recueilli de la même manière
Mes deux cousins, Boort et Lyonnel,
A qui Claudas, pour eux non moins cruel,
Retient l'état du roi Boort leur père.
J'aurais voulu déjà, d'un bras vengeur,
Reconquérir mon royaume et le leur;
Mais cependant, par l'avis de la fée,
Cherchant au loin de moindres oppresseurs,
De faits hardis et d'exploits protecteurs
Nous nous formons, avant tout, un trophée.
J'aspire à voir, en ce pays fameux,
La Table ronde honorer mon courage.
Bientôt aussi mes cousins valeureux
Viendront briller sur ce même rivage.
De mon royaume étant privé comme eux,
Comme eux je cherche un plus cher avantage.
Un beau renom pour les cœurs généreux
Est le premier, le plus noble héritage. »

Ce récit fait (on le pressent déjà),
Aménaïs de son mieux s'excusa.
Après cela, les chevaliers causèrent;
Et savez-vous ce dont ils s'occupèrent?
Non d'un couplet, d'un ruban parfumé,
D'un calembourg ou de quelque folie;
Mais du secours qu'on doit à l'opprimé,
Et du secret qu'on doit à son amie.
Leur cercle fut quelque temps occupé
A décider, par arrêt authentique,

CHANT TROISIÈME.

Qui d'eux avait le fer le mieux trempé.
Or, Clodion tirant l'épée antique
Qu'il conservait toujours à son côté,
Chacun y lut : *Honneur et loyauté.*
C'est, leur dit-il, le glaive de mon père ;
C'est un présent qu'il a daigné me faire
Quand aux exploits mon désir m'a porté.
« La loyauté m'a toujours été chère,
M'a dit ce prince : à l'exemple d'un père,
Sur son autel tu vas sacrifier.
Oui, que ton cœur jamais ne se déguise ;
C'est des Français que naquit la franchise.
Prince loyal, généreux chevalier,
Que de ces mots ton ame soit frappée ;
Et, si ton cœur pouvait les oublier,
Tu les verras écrits sur ton épée. »

On applaudit cette noble leçon,
Digne d'un Franc, digne de Pharamond.
Aménaïs, de ce ton qui sait plaire,
Dit que le fils serait digne du père.
Arban sourit à son cher Clodion.
Pour Lancelot, à ses pensers fidèle,
Et ne songeant qu'aux soins de son amour,
Sur un coursier qu'il reçut de la Belle
Il s'éloigna, même avant qu'il fît jour.
Mais, quand enfin la clarté fut venue,
La dame au lac soudain frappa sa vue.
« Guerrier, je veux te guider, te servir
Dans les périls où ton ardeur t'engage.
— Pardonnez-moi, dit-il, si mon courage
A ce secours ne peut pas consentir.
Illustre fée, ô vous dont la puissance
M'a protégé depuis ma faible enfance,
Plus confiant, j'aspire sans effroi
A des hauts faits qui ne soient dus qu'à moi !
On m'a parlé d'un héros qui m'excède :
Certain Achille... et certain Diomède
Avaient toujours quelque dieu sur leurs pas,
Guidant leur flèche et soutenant leur bras.
Pour bien des gens, à leurs exploits qu'on cite,
Un tel secours ôte trop de mérite.
Si quelque jour on doit citer les miens,
Ah ! permettez qu'ils soient purs, je vous prie,
Et qu'à l'envie ôtant tous ses moyens,
Je ne sois point accusé de féerie. »
La dame au lac sourit, et l'approuvant
Lui répondit : « O mon plus cher élève,
Contre l'appui qu'on t'offre en ce moment
J'aime qu'ainsi ton orgueil se soulève ;
Ton adversaire est terrible et puissant.
Va sauver seul la reine qu'il t'enlève :
Prends tout l'honneur. Si tu peux réussir,

Je ne prétends qu'une part au plaisir.
En attendant, moi, qui lis dans ton ame,
Par un présent je veux charmer ta flamme :
*Ce peigne, où l'or sur l'ébène est fixé,
Fut par Geniévre hier ici laissé.*
Je l'ai trouvé ; mais je te l'abandonne,
Il va pour elle augmenter ton ardeur,
Et peut prouver que, même en son malheur,
Elle est fidèle au soin de sa personne.
*Vois, Lancelot : il a gardé pour toi
De ses cheveux une touffe brillante.* »
La fée a dit, et lui croit être roi,
Ayant ce bien de sa reine charmante.
Plein d'allégresse, il serre avec ferveur
Pour sa tendresse un si précieux gage ;
Et les cheveux sont posés sur son cœur,
Où dès long-temps il imprima l'image.

La fée alors disparaît, lui disant :
« C'est par ici qu'il faut chercher ta dame. »
Lancelot part ; il va toujours courant,
Et tout entier à l'espoir qui l'enflamme.
Mais il rencontre un obstacle imprévu :
Les chevaliers qu'il trouve en son passage
Lui disent tous qu'en charrette on l'a vu.
Plus qu'il n'en faut, certe, il a du courage,
Mais non du temps : se voyant outrager,
Il prend pourtant celui de se venger.
On avait trop retardé son voyage,
Quand, deux guerriers passant auprès d'un bac,
Le premier dit, vers lui tournant la tête :
« C'est Lancelot qu'on appelait *du lac*,
Mais aujourd'hui nommé *de la charrette* »
Il s'éloignait ; mais Lancelot outré
Le suit, criant : « Arrête, lâche, arrête ! »
Le choc entre eux quelque temps a duré ;
Mais le gabeur est enfin sur l'arène.
« J'aurais le droit de te priver du jour,
Dit Lancelot ; mais j'adoucis ta peine :
Tu monteras en charrette à ton tour. »
Vous auriez cru que c'était chose faite ;
Mais une dame, accourant aussitôt,
Crie au vainqueur : « Valeureux Lancelot,
De ce brigand je demande la tête. »
Elle raconte alors avec fureur
Des attentats qui pénètrent d'horreur.
« Diable ! répond Lancelot, votre haine
Est assez juste envers ce scélérat ;
Mais je ne puis fixer une autre peine
Qu'en triomphant dans un autre combat. »
Combat nouveau, plus long. Enfin la dame
Obtint le don qu'elle vint requérir.
De la vengeance on conçoit le plaisir ;

Mais la pitié sied mieux dans une femme.

Quand Lancelot eut puni les plaisans,
Suivant sa route au travers de la plaine,
Il aperçut un château des plus grands,
Où, lui dit-on, pouvait être la reine.
Il y courut ; mais je ferai l'aveu
Que de surprise il a l'ame frappée,
Quand ce héros voit *un fleuve de feu*
Qui, pour tout pont, n'a qu'une longue épée.
N'importe ; en vain au héros plein d'ardeur
Le fil tranchant offre un péril extrême ;
Grace à l'*Amour, ce grand entrepreneur*,
Il eût passé dans la flamme elle-même.
Il laisse donc son cheval d'un côté,
Et, dût-il être accusé d'imprudence,
En douze pas, le héros qui s'élance
A l'autre bord arrive ensanglanté,
Mais il arrive. Embrasé de colère,
Accourt soudain, roulant des yeux hagards,
Un tigre, ayant un lion pour confrère.
Tigres, lions, vivaient en Angleterre,
Et l'on y voit encor des léopards.
Quoique blessé, Lancelot invincible
Contre tous deux livre un combat terrible.
Enfin tous deux dans leur sang sont noyés.
Mais il faut bien que Lancelot étanche
Le noble sang qui coule de ses pieds :
Pour ce motif, cependant qu'il se penche,
Du château fort, avec des yeux émus,
Vers lui s'avance un prince vénérable :
Ce bon vieillard, nommé Bradémagus,
Vient à regret parler d'un fils coupable.
« Grand Lancelot, mon fils Méléagant
Répond bien mal, dit-il, à mon envie,
Et, né héros, se fait presque brigand.
C'est par ses mains que Genièvre est ravie.
Jusqu'à présent il sut la respecter.
D'autres et vous viendrez la disputer
A son amour, et cela vous regarde ;
En attendant, pour elle utile appui,
Dans une tour j'ordonne qu'on la garde,
Moins contre vous, hélas ! que contre lui.
— Ciel ! elle est là ? — Dans cette tour prochaine.
— Noble vieillard, laissez-moi voir la reine.
— Non, pas encor ; mais venez vous guérir
Dans mon palais. — Un autre soin m'entraîne,
Et je le veux avant tout conquérir.
— Que dites-vous ? — Oui, dès demain, j'espère !
De ma victoire elle sera le prix ;
En honorant, en estimant le père,
Je suis forcé de défier le fils. »

CHANT QUATRIÈME.

Clémence de Lancelot. — Étourderie du sénéchal Queux. — Explication nocturne. — Queux accusé et justifié. — Piége perfide. — Fontaine orageuse. — Tournoi intéressant.

On ne voit point l'étalon valeureux
Qui dans les camps fut un coursier insigne
Faire sortir de son sang généreux
Un coursier faible, un rejeton indigne ;
On ne voit point le fils du chien guerrier
Qui dans les bois signala son audace,
Redoutant l'ours, fuyant le sanglier,
De ses parens abandonner la trace,
Et, se bornant aux plaisirs du foyer,
Dégénérer des héros de sa race ;
Chez les humains, hélas ! pourquoi voit-on
D'un père illustre un triste rejeton ?
De la vertu le vice prend la place ;
Un imbécile est né de Cicéron ;
Et, n'en déplaise à l'éloquent Horace,
Le fils d'un brave est souvent un poltron.
De tel guerrier, de tel prince, qu'on vante,
Quels descendans quelquefois sont issus !
Rome jadis vit avec épouvante
Caligula fils de Germanicus.
Délivrez-nous de cette erreur cruelle,
Dieu tout-puissant ! et veuillez amener
Pour la nature une règle nouvelle :
Prenez toujours le soin de nous donner
Un Marc-Aurèle après un Marc-Aurèle ;
Mais qu'ai-je dit ? ah ! c'est trop me presser :
Donnez-en un toujours, pour commencer.

Méléagant, fils méchant d'un bon père,
De Lancelot accepta le défi.
Méléagant, redoutable adversaire,
A dix rivaux lui seul aurait suffi.
Lorsque chacun eut bien fait sa prière,
On combattit sous les murs du châtel.
Bradémagus voyait ce choc cruel ;
Genièvre aussi voyait sans être vue.
Assez long-temps cette princesse émue
Considéra ces ardens ennemis
Tenant entre eux le combat indécis.
Troublée enfin d'une frayeur mortelle,
Elle aperçut son chevalier fidèle
Qui chancelait sur ses pieds affaiblis :
« Ah ! Lancelot ! ah ! Lancelot ! dit-elle,
Je refusais de croire à des récits... »
A cette voix si douce... et si cruelle,
Le chevalier étonné, mais ravi,

CHANT QUATRIÈME.

Est secouru d'une force nouvelle.
Un coup affreux, de dix autres suivi,
De son rival vient arrêter l'audace.
Il a poussé jusqu'au pied de la tour
Méléagant, qu'il presse et qu'il terrasse.
Il était prêt à lui ravir le jour ;
Bradémagus crie à Lancelot : « Grace ! »
Méléagant eut des torts inouïs ;
Mais qui pourrait refuser sur la terre
Les jours d'un fils aux larmes de son père !
Le ravisseur au vieillard est remis ;
Et Lancelot, cherchant un autre prix,
Avec transport court à la tour prochaine,
Bien rassuré sur l'accueil de la reine.
Il voit d'abord, et, d'un air rigoureux,
A salué Queux le malencontreux ;
Mais par Genièvre, à sa surprise extrême,
Il est reçu précisément de même.
« Ah ! lui dit-elle, ah ! Lancelot ! pourquoi
Revenez-vous si peu digne de moi,
Après avoir été traîné... » La foudre
Moins promptement réduit un chêne en poudre.
Le chevalier, sans faire expliquer mieux
Cette Beauté qui lui fait telle injure,
Jette son glaive, arrache ses cheveux,
Et bien loin d'elle, égaré, furieux,
A travers champs il court à l'aventure.

Devinez-vous qui causait l'embarras ?
Le sénéchal, comme dans ses combats,
Fort rarement heureux dans ses nouvelles,
A la princesse en avait dit de belles
Sur la charrette où l'on vit Lancelot.
« Il fallait bien, pour qu'il eût cette honte,
Que sa conduite offrît quelque mécompte. »
A ces discours se fiant beaucoup trop,
Quand elle vit son chevalier, la reine
Le reçut mal, s'en repentit bientôt ;
Mais Lancelot courait déjà la plaine.

Un jour, deux jours, trois jours on l'attendit.
Méléagant, charmé de cette absence,
En profita près de son père. Il dit
Que le combat, par cette circonstance,
Se trouvait nul ; et le père imprudent
Garda toujours Genièvre en attendant.
De cet arrêt elle était désolée.
Vœux superflus ! Au moins, pour empêcher
Tout attentat dont elle fût troublée,
Le sage Queux fut prié de coucher
Devant la chambre exactement grillée,
Où nul amant ne pouvait la chercher.

Tous les héros ont des jours de folie,
Soit qu'on la cache ou soit qu'on la publie.
Quand Lancelot enfin, après huit jours,
De son délire eut épuisé le cours,
Ce chevalier, dans sa course lointaine,
Se dit un soir qu'il aurait bien mieux fait
De s'expliquer d'abord avec sa reine,
Que de partir aussi vite qu'un trait,
Et, par tendresse, en son trouble indiscret,
De faire pis que n'aurait fait la haine.
Vite il revient vers Genièvre en prison ;
Et cette fois son délire a raison.
Parfois aux rocs, et parfois aux vallées,
La lune alors montrait son front changeant.
Il reconnaît, à ses rayons d'argent,
Le château fort et les tours crénelées.
La voici donc la tour, l'heureuse tour,
Où l'on retient l'objet de son amour.
Il peut douter que Genièvre sommeille ;
Près d'elle au moins une lumière veille.
Il se rapproche en mesurant ses pas,
Entend la voix qui répond à son ame.
La reine pleure : il palpite, et tout bas
Il a crié : « C'est Lancelot, madame.
— Lancelot ! Dieu ! » le plaisir la distrait :
A cette voix elle accourt, et paraît
A la croisée. Elle oublie, elle ignore
Qu'en ce moment son austère pudeur
N'a plus qu'un voile, et qu'il est fin encore.
De Lancelot vous sentez le bonheur.
De la charrette il explique l'erreur
En quatre mots, et voilà son amante
Embarrassée à la fois et contente.
Mais ce héros, qu'on avait décrié,
Ne se croit pas assez justifié.
Ciel ! il gravit la tour très inégale.
Genièvre craint une chute fatale.
Non. De ses mains usant fort à propos,
Sans nul encombre il arrive aux barreaux.
Genièvre alors, qu'une autre crainte agite,
S'est vers son lit retirée au plus vite.
Mais son amant, qui, d'un bras de héros,
Sait détacher un de ces lourds barreaux
Sans trop de bruit, suit l'ardeur qui l'entraîne,
Et le voilà tout seul avec la reine.

Ô vous, amis, dont je sais les vertus,
D'amour pour eux vous redoutez la fièvre ;
En ce moment vous tremblez pour Artus,
Et les malins espèrent pour Genièvre.
Chassez bien loin ce mauvais mouvement.
Détrompez-vous. Vos alarmes sont vaines.
Avez-vous pu le penser seulement !
Il est connu qu'on n'a jamais les reines.

Les deux amans ne firent rien de mal,
Et Lancelot fut toujours très moral.
Je ne dis pas que sa belle maîtresse
De quelque aveu n'ait payé sa tendresse;
Je ne dis pas qu'un doux baiser surpris
De ses chagrins n'ait pas été le prix;
Je ne dis pas que sa main fortunée
D'un sein charmant dont il était épris
N'ait effleuré l'empreinte satinée ;
Mais remarquez surtout ce que je dis.
En prolongeant un entretien si tendre,
J'ignore, moi, comme il se fût conduit,
Ni si la dame eût bien pu se défendre :
On ne sait pas ce que l'on fait la nuit.
Mais, par bonheur, interrompant la scène,
De l'horizon la couleur incertaine
Vint leur montrer le jour prêt à venir;
Puis, à côté, le mentor de la reine,
Le sénéchal, pouvait ne plus dormir;
Et Lancelot eût mieux aimé mourir
Que voir par lui Genièvre dans la peine.
Il partit donc, puisqu'il fallait partir,
Non sans avoir très bien remis en place
L'heureux barreau qui servit son audace.
Qui que ce soit ne se serait douté
De ce secours qu'il leur avait prêté.

Mais, par rencontre imprévue et fatale,
Encor blessé, Lancelot en partant,
Outre son gant, dans la chambre royale
Sur le parquet avait laissé du sang.
Méléagant, en venant chez la reine,
De grand matin, dire qu'on avait fait
De Lancelot une recherche vaine,
S'en aperçut, et, surpris tout à fait,
Fit à Genièvre une étrange querelle,
L'accusant d'être une épouse infidèle.
C'était fort bien, si c'eût été pour lui;
Il se montra sévère envers autrui,
Et pour les mœurs il témoigna du zèle.
Traité par elle en mortel odieux,
Il réfléchit, dans sa colère extrême,
Que pour aller chez Genièvre aux beaux yeux
Il fallait bien que l'on passât chez Queux,
Et du méfait soupçonna Queux lui-même.
Devant son père il l'appelle soudain.
Le sénéchal, qui sommeillait encore,
Est accusé d'un crime qu'il abhorre,
Et hautement traité de libertin.
« Moi, moi, dit-il, connu pour ma sagesse,
Moi, j'aurais pu...! ma reine, ma princesse !
Jamais d'ailleurs je n'ai dormi si bien. »
Il se défend : on ne le croit en rien.

En vain il montre au prince, qui murmure,
Qu'il a ses gants et n'a pas de blessure;
Il est taxé de propos séducteurs :
On ne veut point se fier à ses mœurs.
« Seigneur, dit-il, que le diable m'emporte
Si du devoir m'écartant une fois... »
C'est vainement qu'il élève la voix,
Son ennemi l'avait beaucoup plus forte.
Méléagant, assez grossier esprit,
Veut par le fer prouver ce qu'il a dit;
Et vous savez qu'en ces jours de vaillance
On raisonnait toujours à coups de lance.
Méléagant, rival très belliqueux,
Raisonnait mieux que le sénéchal Queux.
Bradémagus sentant cet avantage,
Non sans regret dut céder à l'usage;
Il prescrivit le combat réclamé
Entre son fils et Queux, ou bien tout autre
Qui surviendrait, et, pour Genièvre armé,
De sa vertu s'établirait l'apôtre.

Queux, obligé de ramasser le gant,
Quoique du sien il n'eût pas fait la perte,
Connaissait trop déjà Méléagant
Pour s'amuser de cette lice ouverte.
Bien que sujet à ne douter de rien,
Battu déjà par le même adversaire,
Il était sûr qu'il le serait trop bien.
Mais, en bravant le sort le plus contraire,
Il s'avançait au combat inégal,
Lorsque soudain paraît dans la carrière
Un chevalier qui baissait sa visière.
« Éloignez-vous, dit-il au sénéchal,
Je viens lutter pour l'honneur de la reine. »
Méléagant sur lui fond aussitôt.
Il espérait en triompher sans peine :
Il se trompait, car c'était Lancelot.
Méléagant, qui mesure la terre,
Brisé, moulu, succombait, si son père
Pour lui n'avait encore intercédé.
A cette voix Lancelot a cédé.
Il a repris les barons, et la reine,
La reine, objet de ses vœux les plus doux,
Et dont il court embrasser les genoux.
Mais, du vaincu pour consoler la haine,
A Cramalot, il sera, dans six mois,
Prêt à le vaincre une troisième fois.
Il part alors en escortant la dame
Que trop long-temps le grand Artus réclame.
Dans le chemin il rencontra bientôt
Des chevaliers dont la troupe légère
Cherchait Genièvre, et de plus Lancelot;
Gauvain le sage, Yvain le téméraire,

CHANT QUATRIÈME.

Le fier Morhoult, Clodion le sincère,
Et Palamède aux exploits infinis,
Et son rival, son fils Bliombéris ;
Que sais-je encore ! En cette circonstance
Chacun gaîment fait la reconnaissance.
Tous approchaient, joyeux et confondus,
De Cardigan, où se tenait Artus,
Quand Lancelot dans la forêt d'Arnante
Rencontre un nain qui, contre des brigands,
Venait, au nom d'une dame tremblante,
Chercher l'appui des chevaliers errans.
Or ce héros, qui plein d'ardeur l'écoute,
Pour telle cause aimait à tout braver.
« Amis, dit-il, poursuivez votre route,
A Cardigan j'irai vous retrouver,
Demain peut-être, après-demain sans doute. »
De l'arrêter comme on prenait le soin,
Avec le nain il était déjà loin.
Mais de son sort on n'eut point connaissance.
Méléagant, dans un piège trompeur,
Grace à son nain, attirait son vainqueur,
Qui prit long-temps des leçons de prudence.

Artus, parmi ses nombreuses cités,
En aimait quatre, où ses Bretons fêtés
Pouvaient souvent lui parler, lui répondre.
Leurs quatre noms doivent être cités.
De *Cramalot* d'abord vous vous doutez :
Puis *Cardigan*, *Carduel*, enfin Londre
Qu'on nommait *Logre*, et de qui les grandeurs
Ont crû depuis aux dépens de ses sœurs.
A Cardigan, Artus, l'ame ravie,
Reçut Genièvre et sa chevalerie ;
Mais il revit avec quelque douleur
Les *délivrés* sans le libérateur.
Genièvre aussi ressent tristesse amère...
De ces pensers un guerrier vint distraire.
« J'errais, dit-il, à travers maint hallier,
Cherchant fortune, et paraissant en peine,
Quand *un vilain* me cria : Chevalier,
Dans un combat si vous voulez briller,
Allez tout près agiter la fontaine.
J'y cours : je vois un perron somptueux ;
Là, je descends, et touche à peine l'onde,
Que tout à coup un vent impétueux
Emporte au ciel la vague furibonde.
L'orage accourt : l'éclair luit, le ciel gronde,
Et le tonnerre à coups tumultueux
Semble annoncer le dernier jour du monde.
Je bravai tout : mais, l'orage calmé,
Je vis paraître un chevalier armé,
De telle force et de telle vaillance,
Que mes efforts trompèrent mes souhaits,

Et mon écu, gage de son succès,
Entre ses mains reste ainsi que ma lance.
Je m'affligeais de subir cette loi,
Quand mon vainqueur, d'un ton de courtoisie,
M'a dit : « Veuillez vous calmer, je vous prie.
Si dans ce jour vos armes sont à moi,
Elles seront en grande compagnie. »

Par ce récit maint preux intéressé
Sent un espoir qu'il dissimule à peine.
Le jeune Yvain fut le plus empressé,
Et sut se faire indiquer la fontaine.
Il y courut d'un pas audacieux,
Il provoqua l'ouragan furieux,
Et combattit à sa clarté terrible
Un ennemi jusqu'alors invincible.
Après long-temps, l'impatient Yvain
D'un coup profond vient de surprendre enfin
Le chevalier qui du choc désespère,
Et fuit sanglant vers son château prochain.
Yvain de près poursuit cet adversaire,
Presque aussitôt franchit le pont-levis,
Dans le moment où des valets unis
Laissaient tomber la herse meurtrière.
Peu s'en fallut qu'elle ne l'atteignît.
De son cheval la croupe fut coupée.
Lui, démonté, suit la trace échappée
De son vaincu. Bientôt il la perdit.
Passant auprès d'une salle fort belle,
Il y trouva certaine demoiselle
A l'esprit fin, au regard assez doux,
Qu'il vit jadis chez Artus. « Quoi ! c'est vous,
Seigneur Yvain ! Ici, pour vous, dit-elle,
Que de périls ! pour nous que de malheurs !
Mon maître est mort ; Madame est désolée :
Par leurs guerriers et tous leurs serviteurs
Je vois bientôt votre force accablée. »
A sa prière, Yvain, bon gré, mal gré,
Reste tapi dans un coin retiré.
Voici déjà qu'on le cherche avec rage.
On cherche en vain, et l'on part bien fâché.
Souvent vainqueur dans les champs du carnage
Il fit fort bien de se tenir caché,
Et c'eût été gaspiller le courage.

Les forcenés étant partis enfin,
Vint à son tour la veuve tout en larmes.
Dans la douleur elle avait tant de charmes,
Que rien dès-lors ne fit partir Yvain.
La demoiselle, ayant le nom d'Hortense,
Auprès de lui perdit son éloquence.
« Non, non, dit-il, je ne m'éloigne pas
De la Beauté dont je suis idolâtre.

C'est son époux qui voulut me combattre ;
Elle m'en doit pardonner le trépas. »
Comme il s'obstine à demeurer, Hortense
Court à la dame, et, calmant sa douleur,
Tout doucement lui dit que le vainqueur
Peut, au besoin, embrasser sa défense.
Bref elle y mit tant de dextérité,
Que dès le soir Yvain fut présenté,
Et fut reçu même avec indulgence.
Son ton lui fit pardonner ses exploits.
La jeune veuve en l'écoutant s'apaise,
Le trouve aimable, et bientôt en fait choix.
De l'épouser elle parut fort aise.
Dans tout pays et dans tout temps, je crois,
On trouverait des matrones d'Éphèse.

 Trois jours après, des chevaliers nombreux
Vinrent en hâte essayer l'entreprise.
Le sort trompa leur espoir valeureux.
Il était tard, et la place était prise.
Point de combat. Ils furent bien reçus.
Huit jours durant, il fallut boire et rire.
Après cela, chez le puissant Artus
L'heureux Yvain voulut les reconduire.
« Je dois, dit-il, reparaître à la cour. »
De ce projet sa femme est consternée.
Il lui promet le plus prochain retour.
« Si vous tardez plus du tiers de l'année,
L'aversion remplacera l'amour,
Dit-elle. Yvain lui répond : O ma chère,
Avant un mois je reviendrai, j'espère. »
Il le voulait. Mais, à peine éloigné,
De ce projet chacun l'a détourné.
« Quoi ! lui dit-on, oubliant la victoire,
Faut-il sitôt vous enterrer sans gloire ?
En avez-vous trop fait jusqu'aujourd'hui ?
Ah ! loin de vous un repos si funeste !
De l'opprimé soyez encor l'appui ;
Et pour l'hymen, sacrement de l'ennui,
On a toujours assez de temps de reste. »

 Ce n'est pas moi du moins, mes chers amis,
Mais des guerriers dépourvus de scrupules,
Qui, sur l'hymen, jeunes gens étourdis,
Osaient tenir ces propos ridicules.
Tandis qu'ainsi l'on retenait Yvain
Bien qu'il chérît son épouse charmante,
De Lancelot, qu'on attendait en vain,
L'absence était assez inquiétante.
Dans la prison où, contre toute loi,
Le retenait un oppresseur sans foi,
Il sut, un jour, qu'à Londres les pucelles,
De par Artus, publiaient un tournoi.

Tous les trois ans sollicité par elles.
Dans ce tournoi, les chevaliers vainqueurs
Pouvaient choisir pour femmes les plus belles ;
Et les vaincus, devenus bienfaiteurs,
Par des présens formaient la dot de celles
Qui sans cela ne gagnaient pas les cœurs.
De toutes parts une foule nombreuse
Venait orner cette fête fameuse.
De Lancelot quel était le chagrin
De n'y pouvoir figurer ! A la fin
Ce héros prit une bonne manière ;
Et, son geôlier étant alors absent,
Il essaya de toucher la geôlière.
Elle, sensible au chagrin qu'il ressent,
Et le trouvant aimable, intéressant,
Le laisse aller, et lui prête une armure,
En lui faisant jurer qu'il reviendra,
Après trois jours, dans sa prison obscure ;
Qu'à se nommer il se refusera ;
Et qu'avec soin, à tous, il cachera,
Non sa valeur, mais du moins sa figure.

 Lancelot part, admirant la bonté
De sa geôlière, et disant : « Elle est femme ! »
Vers Londre il court d'un pas précipité,
Sûr d'y trouver des combats et sa dame.
Et cependant, par un cas singulier,
Méléagant, que l'on n'attendait guère,
Vient, et ne voit ni captif, ni geôlier.
Quel fut l'effroi de la pauvre geôlière !
Elle avoua, tremblante, son méfait
A son seigneur, qui n'était pas facile.
« Oh ! puisqu'il a juré qu'il reviendrait,
Il reviendra, dit-il, je suis tranquille. »

 Et cependant maint héros, plus d'un roi,
Sont réunis pour ce fameux tournoi.
Pour eux d'avance on a dressé des tentes
Que dans la plaine on admire éclatantes.
Ces pavillons de diverses couleurs,
Ces écuyers, ces dames, ces princesses,
Ces chevaliers dont les fers destructeurs
Sont d'un ruban ornés par leurs maîtresses,
Les chants du peuple, et les ménétriers
Faisant partout résonner leurs guitares,
Et le moment où les fiers destriers
Entrent, émus, aux accens des fanfares ;
Tout cet aspect plein de variété,
De doux éclat, de noble majesté,
Peut s'égaler à nos pompes nouvelles,
Et défier nos fêtes les plus belles.
Puis, remarquez qu'en ce siècle discret,
De s'amuser il était peu d'usage.

Quand une fois aussi l'on s'amusait,
On s'amusait mille fois davantage.
Souvent ainsi, le jour, l'instant, qui plaît,
En la plus folle a changé la plus sage.

Mais on se tait soudain de toutes parts.
Je le crois bien : une fille charmante,
La harpe en main, se présente aux regards,
Et vient chanter la ballade suivante :

« *Servans d'Amour, regardez doucement,*
Aux échafauds, anges de paradis :
Lors jouterez fort et joyeusement,
Et vous serez honorés et chéris.

» Fut-il jamais plus beau sujet de gloire!
Et quel combat peut offrir plus d'attraits!
Aux cœurs bien nés, c'est tout que la victoire;
Le succès même a payé le succès.
Mais que de biens embelliront la vie
Du combattant qui vaincra dans l'assaut!
Les chevaliers le vanteront tout haut;
Et puis, tout bas, que lui dira sa mie?

» *Servans d'Amour, regardez doucement,*
Aux échafauds, anges de paradis :
Lors jouterez fort et joyeusement,
Et vous serez honorés et chéris.

« Rien en ce jour ne doit être impossible :
Il faut doubler de valeur et d'efforts.
Il est bien vrai que la lutte est terrible ;
Il est bien vrai qu'on brave mille morts ;
A tous momens mille périls renaissent
Au champ d'honneur que vous voyez tout prêt ;
Mais je vous vais enseigner un secret,
Pour qu'à vos yeux les périls disparaissent :

» *Servans d'Amour, regardez doucement,*
Aux échafauds, anges de paradis :
Lors jouterez fort et joyeusement,
Et vous serez honorés et chéris. »

De ces accens la douceur enivrante
Élève, anime, embrase les jouteurs :
La charge sonne, et leur foule brillante
Lutte d'efforts, et bientôt de fureurs.
Mais, dans ces jeux, le corps des demoiselles
Nommait de droit un *chevalier d'honneur*
Qui, du combat modérant la chaleur,
Dans le tournoi régnait au nom des Belles,
Et, des guerriers réprimant les excès,
Venait souvent interposer la paix.
Mais, quoi! parmi l'ardeur qui les enflamme.

Sans doute il est méconnu maintes fois?
N'en croyez rien. Pour bien marquer ses droits,
Sa lance avait un ornement de femme,
Tresse, mouchoir, que sais-je! et cet aspect,
Des combattans obtenait le respect.
Le plus altier et le plus intrépide
Était soumis à ce signe vainqueur :
On s'arrêtait, et la force en fureur
Pliait devant cet étendard timide.

A chaque instant, des rivaux valeureux
Dans la carrière entraient pleins d'espérance,
Et l'on criait : *Honneur aux fils des preux* ;
Signal du choc, et puis sa récompense.
Maints chevaliers, dans ce brillant tournoi,
Croisant leurs fers d'où jaillissaient des flammes,
A tous les coups s'exposaient sans effroi,
Pour mériter un souris de leurs dames.
Aménaïs, au regard noble et doux,
Conduite là par Arban, son époux,
Le contemplait parfois avec alarmes,
Et cependant, non sans attention,
Voyait aussi les faits de Clodion,
Du noble Arban, Clodion frère d'armes.
Genièvre était ne considérant rien.
Des chevaliers la vaillance était vaine;
Dans le tournoi n'espérant pas le sien,
Sans intérêt elle voyait la scène.
Mais quel guerrier, attirant ses regards,
Rompt les écus, les lances, les brassards,
Par cent hauts faits sait se couvrir de gloire,
Et sur ses pas enchaîne la victoire?
Elle contemple un peu plus qu'il ne faut
Son noble port, sa taille, son courage;
Elle se dit : « Serait-ce Lancelot?
Je n'en sais rien; mais... c'est lui, je le gage; »
Et, par son ordre, une dame, à l'instant,
Tout bas va dire au héros qu'elle étonne :
« Laissez-vous battre... oui, la reine l'ordonne. »
L'auriez-vous cru jamais? De ce moment,
Ce chevalier, qui triomphait sans cesse,
Joute avec peine, et lutte avec mollesse,
Voit contre lui les héros s'indigner,
Laisse sur lui les poltrons s'acharner ;
Et, faible aux coups et docile à l'injure,
S'est seulement préservé de blessure.
Tout de son mieux il montre en ces combats
De la frayeur; mais, quel que soit son zèle,
Il s'y prend mal, il ne s'y connaît pas.
Il reculait, lorsque la demoiselle
Revient, et dit : « Montrez votre valeur ;
On le permet. » A cet aveu flatteur,
Quel changement! quelle scène nouvelle!

Comme Aquilon vers l'humide élément
Devant son souffle a chassé la poussière,
Tel Lancelot disperse en un moment
Tous ses rivaux épars dans la carrière ;
Et, par son ordre, aussitôt ces guerriers,
Fort étonnés, vont en cérémonie
Devant la reine enchantée, attendrie,
Poser présens, glaives et destriers,
Qui doteront les filles qu'on oublie.
Le vainqueur suit les tristes chevaliers.
« Seigneur, lui vient dire la demoiselle,
Vous avez droit de choisir une Belle. »
Lors Lancelot, haussant fort peu la voix,
Modestement répond : « J'ai fait mon choix. »
Il dit, salue avec respect la reine ;
Puis, s'éloignant sans que rien le retienne,
Il s'en retourne. Où donc? dans la prison
Qu'on lui donna par lâche trahison.
Ne rions point de son scrupule auguste :
De son devoir rien ne peut l'éloigner.
Il sait combien sa prison est injuste ;
Mais il a fait serment d'y retourner.

CHANT CINQUIÈME

Honneur et loyauté. — Yvain, son lion et son épouse. —
Dernier combat de Méléagant. — Lancelot de la Table ronde.
— Statuts de cet ordre. — On va à la recherche de Merlin.

O ma patrie, ô ma noble patrie,
Sol illustré, doux climat, beau séjour,
Terre des Francs, terre, du ciel chérie,
Reçois mes vœux et reçois mon amour !
Je ne sais pas par qui seront bornées
Dans l'avenir tes hautes destinées ;
Mais tes grandeurs, que je voudrais servir,
N'iront jamais si loin que mon désir.
En remontant dans le cours de l'histoire,
Déjà souvent j'y trouve ta splendeur.
Presque toujours j'y rencontre ta gloire,
Quand je ne puis admirer ton bonheur.
Je vois partout l'honneur et la vaillance
Y signaler, ou la Gaule, ou la France,
La France brille, et, sous ses noms divers,
Remplit le temps et remplit l'univers.
Sous ton Brennus, ton courage suprême
Fit grace à Rome au sein de Rome même.
O mon pays, ta conquête, plus tard,
Fit tout l'éclat, tout le nom de César.
Sur cet exploit sa puissance se fonde :
Qui te conquit dut conquérir le monde.
Depuis, partout où l'on se signala,

De tes enfans je reconnais la trace !
On peut, partout où brille de l'audace,
Dire à coup sûr : Quelque Français est là.
Ce n'est pas tout cependant de combattre ;
Tu servis mieux encor le genre humain,
Et l'univers vit sortir Antonin
D'où, quelque jour, devait naître Henri Quatre.
Duc des Français, le fier Charles Martel,
Devant Poitiers sauvant l'Europe entière,
Aux Sarrasins impose une barrière,
Ainsi qu'aux flots l'imposa l'Éternel.
Son petit-fils, digne aussi qu'on l'admire,
Du monde entier vient changer le destin ;
Et les Français renouvellent l'empire
Qu'avait jadis fondé l'orgueil romain.
Plus tard, je vois leur nation guerrière,
S'armant de croix, conquérir le Jourdain,
Assez long-temps garder la Sainte-Terre,
Et s'asseoir même où siégea Constantin.
Je vois aussi de simples gentilshommes,
Qui, presque seuls, vont en divers royaumes
Tenter le sort par des faits inouïs,
Soldats en France et rois dans vingt pays.
Lorsque du ciel la fureur assouvie
Veut nous punir, et surtout à Pavie,
D'un plein succès le vainqueur se flattant,
De l'univers se croit en vain le maître ;
Et le Français lui crie, en l'arrêtant :
Nul ne sera ce que je ne puis être.
Enfin Louis, attirant les regards,
Dans un beau siècle, honneur de la pensée,
Fait triompher les exploits et les arts.
Contre les flots de l'Europe amassée
La France lutte, et n'est point terrassée.
Nous disions tous, je pensais à mon tour,
Que ce temps-là, que tout Français honore,
De nos hauts faits était le plus beau jour :
Il en était la plus brillante aurore (1).
Mais cependant ne pouvions-nous enfin
Pour du repos changer un peu de gloire ?
N'avons-nous pas épuisé le destin ?
N'avons-nous pas fatigué la victoire ?
O mon pays, au gré de mes souhaits,
Calme partout la haine et la vengeance,

---

(1) Nos vingt ans de victoires sont à nous ; l'abus de ces victoires et les inconcevables fautes qui en ont fait perdre le fruit sont à un autre. Mais jamais aucun vrai Français ne pensera froidement à tant de Français héroïques dont le sang, plus que jamais regrettable, a du moins acquis à leur pays un inaliénable patrimoine de gloire. Aucun Français surtout ne reniera et ne cherchera à affaiblir, au profit de l'orgueil étranger, ces prodiges dont le souvenir servira quelque jour pour nous à en enfanter d'autres, qui seront plus nécessaires et qui seront mieux employés.

Septembre 1814.

CHANT CINQUIÈME.

Et fais long-temps, à l'univers en paix,
Aimer ton nom, et bénir ta puissance.

De mon sujet je ne m'écarte en rien :
Si l'Angleterre est le lieu de ma scène,
Plus d'un Français y figure assez bien ;
Sur Lancelot j'ai laissé l'entretien :
A Clodion il faut que je revienne.
Je vous ai dit qu'en cette occasion
Où chaque preux combattait pour sa dame,
Le noble Arban, si cher à Clodion,
Avait conduit Aménaïs sa femme.
Selon son rang, la jeune Aménaïs
En grand cortége à ces jeux amenée,
De la beauté sembla gagner le prix,
Et fut toujours de vœux environnée.
Messire Lac, de ses attraits épris,
A Clodion, dont elle était vantée,
Dit : « Cette dame est bien mal escortée.
— Y pensez-vous? elle a vingt chevaliers,
Dit Clodion. — Vingt chevaliers! n'importe,
Répondit Lac, fameux chez les guerriers :
Seul j'irais bien attaquer cette escorte,
S'il ne fallait que cela pour avoir
Au fond d'un bois la dame en mon pouvoir. »
Clodion rit d'une telle espérance,
Et d'un ami défendit bien l'honneur :
Il estima cependant le causeur,
Dont le courage excusait l'insolence.

Je n'aurai point de secrets pour vos cœurs,
Mes chers amis, qui parcourez ces rimes :
On le sait bien ; chez nous autres auteurs,
Nos chers lecteurs sont nos amis intimes,
En exceptant pourtant nos chers censeurs.
Je vous dirai, sans un plus long mystère,
Que le vaillant, l'aimable Clodion,
Qui se faisait aussi nommer Giron,
D'Aménaïs était vu sans colère.
Elle l'aimait. Il s'en fallait de peu
Qu'à ce guerrier, bien sûre de lui plaire,
Elle n'eût fait un trop sincère aveu.
La dame était habile et clairvoyante,
Et voyait bien qu'il la trouvait charmante.
Mais ce héros, d'horreur avait frémi
Au seul penser de trahir son ami.
Par tant d'attraits sentant son ame émue,
D'Aménaïs il évitait la vue.
Même, par lui, des mains d'un ravisseur
La jeune Isaure ayant été tirée,
Il y rêvait, et l'aurait adorée
Très volontiers, pour distraire son cœur
D'Aménaïs, qui lui semblait sacrée.

Tels, et plus purs et plus respectueux,
Sont les amis dans nos jours vertueux.

Or, ce jour-là, pour certaine querelle,
Arban, forcé de prêter son appui,
Dit à sa femme, en partant avant elle,
De retourner à son château sans lui.
Ayant rejoint son escorte fidèle,
Elle partit sans pensers inquiets.
Mais Clodion, dans la forêt d'Arnantes,
Pour la garder la suivit d'assez près,
Trop tard pourtant. De prouesses brillantes
Lac amoureux, comme de doux attraits,
Avait déjà su mettre seul en fuite
Les vingt guerriers qui marchaient à sa suite.
Après ce coup vraiment prodigieux,
Il emmenait la plus belle conquête,
Quand Clodion, accourant dans ces lieux,
Le voit, l'admire, et s'indigne, et l'arrête.
Le choc fut long entre ces deux héros ;
Mais Clodion eut enfin la victoire.
Si Lac perdit le fruit de ses travaux,
Même en cédant il conserva sa gloire.

Or voilà seuls, dans un bois ténébreux,
Sans nuls gardiens, sans nuls témoins fâcheux,
Un beau guerrier, une dame attrayante,
Qui doit et sait être reconnaissante.
Chez Clodion, non moins qu'elle amoureux,
Se disputaient Amour et Courtoisie.
Amour disait : « Bienheureux Clodion,
Si tu manquais pareille occasion,
Point n'en auras si belle de ta vie.
Pour toi la dame a bonne intention,
Et, tu le vois, on n'est pas plus jolie.
Y penses-tu? *criait la Courtoisie.*
Aurais-tu donc si lâche félonie?
Et pourrais-tu, toi, si noble et si fier,
A la vertu faisant un vil outrage,
Déshonorer ton ami le plus cher,
Et te flétrir toi-même davantage? »
La dame aussi résistait de son mieux ;
Et cependant ils cheminaient tous deux ;
Et cependant Philomèle ravie,
Et mille oiseaux mus d'un même transport,
Formaient près d'eux une tendre harmonie :
Sans le vouloir leurs cœurs prenaient l'accord.

La dame enfin dit de sa voix chérie :
« A sire Lac, qui pouvait en ce jour
Avoir donné cette force infinie?
Clodion dit : Qui le peut que l'amour !
— Vous pensez donc que ce héros m'adore?
D'après cela, celui qui l'a vaincu,

A votre avis, doit aimer plus encore.
— Oui : sans aimer jamais je n'aurais su
Vaincre un guerrier que partout on admire.
— Et quel objet a pu vous enchaîner
Par tant d'amour? — Vous pouvez deviner ;
Et qui m'en parle est celle qui l'inspire. »

 Aménaïs, que charme cet aveu,
Feint d'en douter, afin qu'il le répète.
Il le répète ; et, sensible à son feu,
Elle lui dit aussi ce qu'il souhaite.
Ils ont tous deux cette fièvre d'amour
Où tout nous charme, et rien ne nous arrête ;
Et Clodion ne sent plus en ce jour
Que le désir d'assurer sa conquête.
Près de la route un ombrageux séjour
Paraît propice au bonheur qu'il projette.
Aménaïs, que sa main y conduit,
Hésite, tremble, et cependant le suit.
Quel doux abri ! Le terrain qui s'incline
Vers le cristal d'une source voisine
Offre à l'amant un gazon enchanté.
C'est là qu'il faut que son bonheur s'achève.
Casque, haubert, il a tout rejeté.
Ciel ! dans ses vœux tout à coup arrêté,
Vers la fontaine il voit rouler son glaive,
Court le saisir ; et, pâle, épouvanté,
Il lit dessus : Honneur et loyauté.

 « Qu'avez-vous donc, seigneur ? lui dit la dame :
Vous m'effrayez, et... — Ce que j'ai, madame !
J'ai méprisé mes devoirs les plus saints ;
J'ai presque été l'opprobre des humains ;
Par moi, félon, l'amitié fut trompée.
O mon épée, ô ma vaillante épée,
Tu fus jadis en de meilleures mains !
Puisque par moi la vertu fut trahie,
Je ne peux plus exister : c'en est fait;
Tu m'as déjà préservé du forfait,
Et tu me vas délivrer de la vie. »
Clodion dit, et, tout à son transport,
D'Aménaïs sachant tromper l'effort,
Il s'est porté du large cimeterre
Un coup affreux qu'à peine elle modère.
Il redoublait : mais elle tout en pleurs,
Et s'opposant à son délire extrême,
Crie, arrêtant son bras et ses fureurs :
« Ah ! chevalier ! ah ! grace pour vous-même ! »
De Clodion, en son sang tout noyé,
La résistance est encore assez vive ;
Et ce débat de rage et de pitié,
Durait encor lorsque l'époux arrive.

 Arban, frappé de ce spectacle affreux,
Ne sait comment s'expliquer cette scène.
Clodion parle, et, toujours généreux,
Prend seul le crime aussi bien que la peine.
« C'est moi, dit-il, qui pensai te trahir
En admirant ton épouse innocente ;
Ami, c'est moi qui prétends m'en punir. »
Arban, troublé d'horreur et d'épouvante,
Le presse aussi de calmer ses transports,
Et l'embrassant, lui pardonne des torts
Auxquels parfois un mauvais jour nous livre.
Calmé par lui, c'est seulement alors
Que Clodion peut consentir à vivre.
On le transporte en un château voisin.
Là, justement, Clodion trouve Isaure,
Que des brigands sut préserver sa main.
Savante en l'art chéri dans Épidaure,
Isaure, sut par un soin protecteur,
Sauver les jours de son libérateur.
A son ami, qui près de lui s'empresse,
Il la présente, il la vante sans cesse.
Mais tous les deux, frappés d'un coup du sort,
Sont accablés de la plus vive peine :
D'Aménaïs, livrée à son remord,
On leur apprend la mort presque soudaine.
Pour Clodion, Dieu ! quels amers regrets,
D'autant qu'il doit en modérer l'excès !...
Enfin les soins de la reconnaissance
Ont adouci les peines de l'amour ;
Et Clodion, ranimé chaque jour,
Près de l'objet qui lui rend l'existence,
Sent dans son cœur qu'après tant de bienfaits
Il la lui veut consacrer à jamais.
A son ami, qui ne le quittait guère,
Il crut devoir révéler ce mystère :
Il ajouta qu'on partageait son feu.
O ciel ! Arban, étonné de l'entendre,
En frémissant reçoit ce double aveu.
« Ah ! Clodion, j'aimerais mieux répandre
Autant de sang qu'il t'en coûta pour moi,
Que de savoir ce que je viens d'apprendre. »
Le beau Français demande en vain pourquoi :
Bientôt, hélas ! il le devait comprendre.

 Le lendemain un *varlet* inquiet
Lui dit qu'en vain on cherche Isaure absente.
On a trouvé chez Arban ce billet,
Que Clodion lit d'une voix tremblante :

 « Je te trahis, ami; plains mon malheur :
De moi l'Amour fait un vil ravisseur.
Isaure, hélas ! Isaure, trop aimable,
Est innocente, et j'en suis plus coupable.
Digne d'horreur, mais digne de pitié,

CHANT CINQUIÈME.

Je fuis ces lieux, ce pays que j'abhorre,
Où j'ai trahi l'honneur et l'amitié,
Cette amitié que je chéris encore.
Que j'ai de droits à ton aversion!
J'ai su trop tard l'amour qui te dévoré;
Mais juge, hélas! à quel point j'aime Isaure :
J'ai pu trahir pour elle Clodion. »

Sans faire un cri, sans répandre de larmes,
Le chevalier dit seulement : Mes armes!
Il part, il court; et, pénétré d'horreur,
Que le jour naisse ou que le jour s'efface,
Son œil ardent cherche le ravisseur.
Deux mois entiers il en poursuit la trace,
Et perd l'espoir sans perdre la fureur.

Un jour pourtant, dans sa marche incertaine,
Sous un platane, au bord d'une fontaine,
Il aperçoit un chevalier rêveur.
A ses côtés un objet séducteur
Rêvait aussi, plongé dans la tristesse.
Isaure lève un regard enchanteur,
Voit Clodion, pousse un cri d'allégresse,
Court en ses bras; mais lui, dans sa fureur,
Eut plus de joie à voir le ravisseur
Qu'il n'en sentit à revoir sa maîtresse.

Cent fois, au sein des plus affreux combats,
Arban tranquille affronta le trépas;
Mais quand il voit ce nouvel adversaire,
Son sang s'émeut et son cœur se resserre.
Il sent trop bien que le voilà venu
De tous ses jours le jour le plus terrible.
« Enfin, Arban, c'est donc toi que j'ai vu!
Le ciel pour moi cesse d'être inflexible.
Suivant tes pas, sur ta trace attaché,
En vingt pays, Arban, je t'ai cherché;
Mais ton aspect comble enfin mon envie.
— O Clodion! je le sens, je le vois,
De moi tu veux le combat. De ma vie
Je ne le veux refuser, même à toi; »
Et le combat commence avec furie.
Les deux rivaux, terribles chevaliers,
Sont à la fois tombés sous leurs coursiers.
Se relevant, en leur impatience,
Par leur épée ils remplacent la lance.
En changeant d'arme, ils redoublent d'ardeur.
Ils sont égaux en courage, en vigueur.
Mais Clodion, dans ce choc plein de rage,
A du bon droit le terrible avantage.
Ce chevalier, soudain s'affermissant,
A son rival porte un coup si puissant,
Qu'Arban déjà n'a plus la connaissance

De son destin. Clodion, qui s'élance,
Saisit le heaume, et de son bras nerveux,
En l'agitant, il en rompt tous les nœuds.
Du ravisseur pour hâter le supplice,
Malgré la Belle et ses cris douloureux,
Il abaissait la coiffe protectrice,
Et, sans pitié, levait déjà le fer
Pour immoler Arban, jadis si cher.
Arban, alors ouvrant les yeux, s'écrie :
« Quoi! Clodion, tu veux m'ôter la vie!
J'ai constamment respecté la vertu
De cet objet dont j'attirais la haine;
Et toutefois, il faut que j'en convienne,
Mes torts sont grands; mais... n'en as-tu pas eu,
Toi qui m'as fait connaître cette Belle,
Qui m'amenas, me fis rester chez elle,
Qui bien souvent me l'envoyas quérir,
Et plus souvent pour moi la fis venir?
Comme les yeux, son attrait charme l'ame.
Tu le voulus : je la vis; je l'aimai;
Et toi, qui m'as approché de la flamme,
Sois moins surpris qu'elle m'ait consumé.
— Arban, Arban, ton excuse est trop vaine.
Une beauté, quand ce serait Hélène,
N'a jamais dû faire manquer de foi
Un chevalier tel que toi, tel que moi.
Manquer de foi! S'agît-il d'un royaume,
Tout l'univers m'en presserait en vain :
La vilainie est le fait d'un vilain,
Et gentillesse échut au gentilhomme.
Et tu pouvais, Arban, te souvenir
Qu'en pareil cas, ayant pareille envie,
Pour éviter l'horreur de te trahir,
Je préférai d'attenter à ma vie.
Va, je ne puis à la tienne attenter :
Va déplorer ton crime envers Isaure.
— Qu'entends-je? ô ciel! l'ai-je pu mériter?
Quoi! Clodion, tu m'aimerais encore?
— T'aimer! jamais. Il est vrai que mon bras
S'est arrêté par un égard frivole,
Mais, pour sauver ta tête du trépas,
S'il ne fallait qu'une seule parole,
Je suis celui qui ne parlerait pas. »

Il dit, emporte Isaure évanouie.
Arban le suit; il s'attache à ses pas,
Et fait si bien qu'au milieu des combats
Il perd le jour en lui sauvant la vie.
Pour dernier mot, ce jeune infortuné,
En l'embrassant, dit : « M'as-tu pardonné? »
Et Clodion, dans sa douleur extrême,
Se reprochant un excès de rigueur,
Ne put jamais se pardonner lui-même.

C'était en Gaule, où sa brillante ardeur
Guidait les Francs en leurs faits téméraires ;
Et, sans courir aux terres étrangères,
Il y borna désormais sa valeur;
Toujours le même, et toujours de l'honneur
Sachant garder les lois héréditaires,
Français, suivez ce chemin glorieux
Tracé pour vous par vos premiers aïeux,
Et respectez l'honneur, comme vos pères.

 Et cependant Artus, à Cramalot
Ne voyait point revenir Lancelot.
Genièvre était encor plus inquiète;
Mais prudemment sa crainte était muette.
Maints chevaliers, courant de toutes parts,
De Lancelot cherchaient en vain la trace.
Yvain aussi, défiant les hasards,
Voulait pour lui signaler son audace.
Il sut du moins délivrer un lion
Qu'enveloppait un horrible dragon ;
Et le lion, protégé par son zèle,
Ne voulut plus quitter ce bienfaiteur,
Et le suivait comme un barbet fidèle.
Accompagné par un tel serviteur,
Dans maint combat Yvain resta vainqueur.
Mais, ces exploits occupant trop son ame,
Époux distrait, il oublia sa femme,
Qu'il chérissait pourtant avec ardeur :
Aussi fut-il le plus surpris du monde,
Quand, chez Artus se trouvant de retour,
Et devisant devant la Table ronde,
De par sa femme on vint lui dire un jour :
« Depuis cinq mois on t'attend, infidèle.
Après un mois tu devais revenir :
Celle de qui tu t'étais fait chérir
Ici te jure une haine éternelle,
Et te défend, si tu ne veux périr,
D'oser jamais paraître devant elle. »
Ainsi lui vint parler une pucelle,
Après cela très prompte à repartir.
Yvain, frappé d'une douleur mortelle,
Court, mais trop tard, après la demoiselle,
Et sur ses pas voit son lion courir.
Yvain du moins retourne à la fontaine
Où l'ouragan l'assaillit une fois.
Il regrettait la perte de ses droits,
Quand tout à coup, dans une tour prochaine,
Il entendit une plaintive voix.
Il la connaît : Dieu ! c'est la voix d'Hortense,
Qui, détestée, et s'excusant en vain
D'avoir osé servir l'amour d'Yvain,
Subit demain une affreuse sentence.
Elle pleurait d'avance son trépas.

« Non, dit Yvain, non, vous ne mourrez pas.
— Yvain, c'est vous ! votre voix me console.
Hélas ! il faut, pour me sauver céans,
Combattre seul deux horribles géans.
N'importe ! dit Yvain, qui tint parole. »
Ce preux avait, dans cette occasion,
Loyalement attaché son lion.
Mais celui-ci, quand il vit que son maître
Au lieu de deux avait trois ennemis,
Rompit sa chaîne et combattit le traître.
Bref, par Yvain et son lion unis
Les trois géans furent enfin occis.
Les trois défunts tyrannisaient la dame
Qui pour Yvain, dans le fond de son ame,
Ne gardait pas un vouloir inhumain.
Eux expirés, elle rappelle Hortense,
Qui, la voyant dans son jour d'indulgence,
Fit recevoir le repentant Yvain.
Il reparut, ayant pour compagnie
Le bon lion qui lui sauva la vie.
Vous eussiez vu la dame, à cet aspect,
Se défiant d'un ami si suspect,
En vouloir fuir la visite indiscrète ;
Vous eussiez vu, d'un effort circonspect,
Yvain, gaîment, empêcher sa retraite,
Et le lion lécher avec respect
Les jolis pieds de la dame inquiète.

 Déjà pourtant six mois sont écoulés.
Au jour fixé Méléagant s'avance
Devant Artus et ses preux rassemblés.
« De Lancelot je viens tirer vengeance,
Et remmener, dit-il, l'objet charmant
Qu'il m'avait su ravir injustement. »
De Lancelot qu'on regrettait l'absence !
D'un ton hautain déjà Méléagant
A l'insulter se complaît et s'attache.
« J'ai cru, dit-il, que c'était un vaillant :
Il se pourrait que ne fût qu'un lâche. »
On s'indignait, et... Mais, de ce côté,
Quel guerrier court d'un pas précipité?
C'est Lancelot, c'est ce preux qui s'élance.
Dès qu'il approche, il s'écrie : « Ah ! pervers,
Je viens tromper ta perfide espérance.
Tu me tenais dans tes indignes fers,
Et me venais braver en mon absence !
De ton cachot enfin j'ai fui l'horreur,
Et de la mort tu vas être la proie. »
A son aspect on pousse un cri de joie;
Méléagant pousse un cri de fureur.
Bien que félon, il avait du courage.
Le désespoir ajoute à sa valeur.
Long-temps il sut disputer l'avantage.

Retard frivole! inutiles exploits !
Absente alors, la paternelle voix
Pour lui ne put élever la prière.
Il fut vaincu pour la troisième fois,
Et fut frappé de mort pour la première.

 Le grand Artus, Morgain sa noble sœur,
Nouvellement à la cour arrivée,
De Lancelot vantèrent la valeur.
Genièvre aussi, par un regard flatteur,
Paya celui qui l'avait préservée
Des attentats d'un cruel ravisseur.
La Table ronde étant lors rassemblée,
A Lancelot on fit un grand accueil ;
Et, certain mort y laissant un fauteuil,
Ce preux vainqueur y fut nommé d'emblée.
Aux chevaliers nouvellement reçus
Toujours les règles de l'ordre on lisait les statuts :
Ils étaient longs, très longs ; et, je suppose,
Mes chers amis qui n'êtes point élus,
Il vous suffit d'en ouïr quelque chose :

 « Les chevaliers admis à la table d'Artus
Sont des libérateurs que l'univers implore.
Ils avaient fait beaucoup, puisqu'on les a reçus ;
Mais ce n'est pas assez, s'ils ne font plus encore.

 » Protéger l'innocent, combattre l'oppresseur,
Que toujours cette loi soit présente à leurs âmes.
A servir les humains ils mettront leur bonheur,
  Et surtout à servir les dames.

 » Toute dame a des droits à leur appui vengeur.
Quand elle est bien, c'est mieux; mais leur devoir les lie.
 La beauté n'est pas de rigueur ;
 Ils doivent secourir même la moins jolie.

 » Fallût-il mille fois affronter le trépas,
Dès qu'une femme en pleurs prie un d'eux, elle ordonne;
Un chevalier d'abord doit lui donner son bras.
Quant à son cœur, souvent, de lui-même il le donne.

 » Les chevaliers, entre eux modérant leurs assauts,
Se respecteront même en des partis contraires ;
  Et s'ils sont un moment rivaux,
  Ils n'oublieront point qu'ils sont frères.

 » N'exigez pas le don d'amoureuse merci
  D'une pucelle vertueuse.
C'est un tort sérieux (si toutefois aussi
  La résistance est sérieuse.)

 » Surtout les chevaliers, quel que soit leur bonheur,
Des bienfaits de l'amour feront toujours mystère ;
Et la discrétion est, après la valeur,
  Leur vertu la plus nécessaire.

 » Qu'ils feignent, s'il le faut, plutôt que la Beauté
Sente par leur franchise un chagrin qui la ronge.
L'honneur, qui leur prescrit toujours la vérité,
Sur ce point seulement leur permet le mensonge.

 Alors Artus dit aux preux : « Mes amis,
Quand Lancelot est enfin notre frère,
Du saint Gréal occupant nos esprits,
Cherchons Merlin : c'est le but nécessaire.
Ce vieil ami, si nous le retrouvons,
Du saint Gréal nous donnera nouvelle.
En vingt pays, généreux compagnons,
A le chercher le devoir vous appelle. »
Des chevaliers nul ne s'est excusé.
Lancelot reste, étant un peu blessé,
Un peu du fer, et d'amour davantage.
Mordrec lui seul, toujours âpre et sauvage,
Au faible Artus dit qu'il n'est point pressé ;
Dans ce pays un autre objet l'engage.
Le Morhoult dit : « Moi, tel est mon dessein,
Très promptement j'irai chercher Merlin ;
Mais, ici près, avant, il faut que j'aille,
Dans le pays nommé de Cornouaille :
Là, le roi Marc, par nos soins rétabli,
Doit, comme on sait, un tribut à l'Irlande.
Or, ce tribut, il le met en oubli ;
Et je vais là, par un petit défi,
Du roi mon père appuyer la demande :
Bien promptement cela sera fini. »
Méliadus alors, par un sourire,
En ce discours montra fort peu de foi.
Eh ! pourquoi donc? entends-je chacun dire :
Demain, amis, vous apprendrez pourquoi.

CHANT SIXIÈME.

La reine Goïne. — Combat de Tristan et du Morhoult. — Tristan sauvé par Yseult. — Il reconquiert le royaume de Lancelot. — Il va chez Pharamond. — Lettre de mort de Zamire. — Fantaisie du roi Marc. — Voyage de Tristan. — Le boire amoureux.

 Le bon vieux temps est une belle chose !
Dans ce temps-là, qu'on va nous opposant,
Tout allait bien, et bien mieux, je suppose,
Qu'au temps pervers nommé le temps présent.
Point de félons, jamais une querelle.
Chaque serment alors était sacré ;
Et le phénix, en cet age honoré,
Etait, dit-on, une femme infidèle.
L'autre phénix, à lui se suffisant,
Etait unique, à ce qu'on nous déclare ;
Mais celui-ci, beaucoup plus complaisant,
S'est reproduit, et n'est plus aussi rare.
On aperçoit même, par-ci par-là,

Un indiscret, un menteur, un avare,
Et pis encor; mais, malgré tout cela,
En vieillissant le renom se répare.
Il n'est rien tel, dans ce monde éventé,
Que n'être plus pour être fort vanté.
Sur nos excès la raison se récrie ;
Nombre de nous, mortels très mécontens,
Sont en effet bien fous, bien disputans,
Bien déloyaux ; et pourtant je parie
Que nous serons un jour le bon vieux temps.

Au temps jadis, Luc, roi de Cornouailles,
Pasteur prudent, soignait bien ses ouailles :
De son côté, Jean, roi du Léonais,
Était béni de ses heureux sujets.
Bien que la mer séparât leurs rivages,
En hyménée ils prirent les deux sœurs.
Par des attraits brillans et séducteurs
Toutes les deux méritaient les suffrages :
Mais toutes deux différèrent d'ailleurs.
La moins âgée, à la charmante mine,
Femme de Luc, et s'appelant Goïne,
N'eut pas plus tôt un fils appelé Marc,
Qu'elle eut des torts, et qu'elle en fit de belles :
Moins promptement le trait a fui de l'arc,
Qu'elle ne vole à des amours nouvelles.
Le pauvre Luc, encor qu'il fût très bon,
Fut obligé de la mettre en prison.
Sur le sommet d'une tour redoutable
On la gardait. Efforts perdus ! un jour
Il la surprit qui, par l'aide d'un câble,
Dans un panier descendait de la tour.
Comme autrefois le Vulcain de la fable,
Luc, follement, fit convoquer sa cour,
Pour lui montrer ce spectacle admirable.
La reine ainsi, surprise dans son tort,
D'après les lois, était digne de mort.
Mais son époux la trouvait si jolie,
Qu'il fut forcé de lui laisser la vie ;
Et, pour l'amant réservant sa fureur,
Il ordonna qu'on gardât mieux la reine.
Tous ses efforts cherchaient le séducteur :
Il en pouvait trouver une douzaine.
Le sort voulut qu'à l'insu du geôlier
Montant un soir dans la tour, plein de rage,
Il y surprit Goïne en un panier,
Allant en bas faire un nouveau voyage.
« Tu vas périr, dit-il en l'arrêtant,
Ou donne-moi le moyen de surprendre,
Sans nul délai, ton complice insolent
Qui, je le gage, est là-bas à t'attendre.
Eh bien ! allez, dit-elle, le punir :
Dans ce panier, moi, je vais vous tenir. »

Trop confiant, en cette étrange barque,
Le fer en main, le pauvre époux s'embarque.
Mais l'infidèle, en son affreux plaisir,
Laisse tomber le crédule monarque ;
Et, sur le roc le prince se brisant,
La reine au loin fuit avec son amant.
Quoiqu'en amour à la bonté j'incline,
Je n'en ai pas pour la reine Goïne ;
Et jusqu'à nous son nom, un peu changé,
Vint justement en proverbe érigé.

De tels excès, sur sa sœur Émirance
Pouvaient donner de justes craintes ; mais
Cette princesse au roi du Léonais
Par ses vertus fit aimer l'existence.
Elle eut pour fils le grand Méliadus
Que j'ai montré calme et vieux chez Artus,
Et qui jadis, en amour comme en guerre,
Fut un actif, un vaillant adversaire.
Devenu roi, même époux à son tour,
Des rois époux il était le modèle
Près de Clara, son épouse fidèle ;
Mais le malheur voulut qu'un certain jour
Certaine fée, aigre encor plus que belle,
Pour ce héros s'éprît d'un tendre amour :
N'en pouvant pas obtenir du retour,
Et l'enlevant à sa femme adorée,
Elle voulut qu'une grotte ignorée
Fût de ce roi le lugubre séjour.
Clara bientôt devait donner le jour
Au premier fruit de leur flamme sacrée.
Rien ne l'arrête : elle part promptement,
Ayant pour suite une seule pucelle
Et Gouvernail, un écuyer fidèle
Que son époux estimait justement.
Comme avec eux elle cherchait la trace
De ce héros, voilà que dans un bois,
La surprenant, la douleur la terrasse.
Toute la nuit, sans que le sort se lasse,
Tous les tourmens l'accablent à la fois ;
Et, quand le jour de la nuit prend la place,
L'infortunée, et sans force et sans voix,
Presse son fils qu'en pleurant elle embrasse.
Mais c'était trop d'un si cruel effort,
Et cette vie aura causé sa mort.
Elle le sent, voit son enfant, l'admire ;
Et, soupirant, elle se prend à dire :
« Te voilà, toi que j'ai tant désiré !
Quels traits heureux ! quelle aimable figure !
Femme jamais de son sein déchiré
Ne produira plus belle créature.
Mais je péris du mal que tu m'as fait :
Vis, et je meurs avec moins de regret.

CHANT SIXIÈME.

Bien triste, hélas ! je fus ici conduite.
Fruit douloureux d'un malheureux amour,
Triste j'étais quand je te mis au jour;
Et, tu le vois, plus triste je te quitte :
Prends nom Tristan. » *La reine, ce disant,*
L'embrasse encore, et meurt en l'embrassant.

Méliadus, sorti de l'esclavage
Où le plongea la fée en sa fureur,
A Gouvernail confia ce doux gage
D'un tendre hymen. Tristan, brillant d'ardeur,
Avait montré, depuis son premier âge,
Tant de vaillance, et d'adresse, et d'honneur,
Qu'on en tirait le plus brillant présage.
A dix-huit ans, plein de jeunes transports,
Chez Marc, son oncle, il s'essayait alors.
Voilà pourquoi, puisqu'il faut vous le dire,
Quand le Morhoult avait dit sans façon
Qu'il mettrait Marc bien vite à la raison,
Méliadus s'était pris à sourire.

Chez le roi Marc quand l'Irlandais parut,
Avec hauteur réclamant le tribut,
Grand embarras : alors, en Cornouailles,
Les chevaliers aimaient peu les batailles ;
Et le Morhoult était si redouté
Qu'à le combattre aucun n'était porté.
Tristan accourt : Tristan, malgré son âge,
Demande au roi d'être armé chevalier,
Obtient ce don, et s'en va défier
Cet Irlandais qui prodiguait l'outrage ;
Et qui gâtait la valeur par l'orgueil :
Plus d'un héros se brise à cet écueil.
On combattit : le Morhoult pouvait croire
Qu'il obtiendrait aisément la victoire ;
Marc animait Gouvernail pâlissant
Pour son élève encore adolescent.
Dans ce combat d'immortelle mémoire,
Les deux rivaux se couvrirent de gloire.
Mais l'un était ce soleil glorieux
Que le midi nous montre au haut des cieux;
Fils du Matin, le second, pâle encore,
Offrait aux yeux le soleil de l'Aurore.
Le fier Morhoult semble un chêne noueux
Vainqueur puissant des vents impétueux ;
Le beau Tristan, un peuplier fragile
Qui, dans les airs monté rapidement,
Plaît aux regards, offre un port élégant,
Et sous l'auster courbe son front docile :
Tel, mais plus fier, Tristan, en cet assaut,
Courbé parfois, se relève plus tôt.
Moins vigoureux, il montre plus d'adresse ;
De son audace il masque sa faiblesse.

Enfin pourtant son terrible ennemi,
En de tels chocs dès long-temps affermi,
D'un bras puissant, au défaut de l'armure,
Fait à Tristan une large blessure.
A cet aspect, et le peuple et le roi
Jettent un cri de douleur et d'effroi.
Tristan s'indigne ; à l'instant il s'élance
Sur son rival, et cherche la vengeance ;
Nobles efforts ! hélas ! trop malheureux !
Des Irlandais le prince valeureux
Deux fois vers lui s'ouvre un nouveau passage.
Mais des héros rien ne borne l'essor :
Teint de son sang, Tristan combat encor.
Déjà mourant, il vit de son courage.

C'en était fait, et l'Irlandais hautain
Était vainqueur, s'il eût été moins vain.
« Ah, jouvencel ! dans cette noble lice
Tu voulus donc affronter le trépas,
Dit-il, riant. Non, tu ne devais pas
Quitter sitôt le sein de ta nourrice.
A tes lauriers à tort on a pensé,
Quand il fallait te bercer sur des roses.
De tes efforts tu dois être lassé :
Enfant, je veux que long-temps tu reposes. »
Et le Morhoult, sans crainte et sans effort,
Sur son rival levait le coup de mort.
Mais ne rien craindre alors que l'on offense,
C'est trop d'orgueil, et c'est trop d'imprudence.
En ce moment, aux portes du trépas,
Tristan qu'anime une juste colère,
Réunissant tout l'effort de son bras,
D'un coup mortel surprend son adversaire,
Dont la blessure en ce débat sanglant
Garde une part de son lourd cimeterre.
Il est tombé le Morhoult, ce vaillant
Que célébraient l'Irlande et l'Angleterre !
A son désastre aurait-on pu songer !
Tous ses amis l'entourent ; il leur crie
« Emportez-moi sur un vaisseau léger,
Et que je meure aux champs de ma patrie. »

On obéit, et le peuple enchanté,
Et Gouvernail, et le prince en personne,
Chacun enfin soutient, presse, environne
L'heureux vainqueur, presque aussi maltraité.
A le guérir sans retard on s'applique :
On épuisa plus d'un puissant topique ;
Mais en secret on n'en attendait rien.
... Ciel ! il est mieux qu'on ne pouvait le croire.
Qui l'aurait dit ? peut-être que la gloire
Le ranima : cela fait tant de bien !
A quelques maux qu'avant on fût en proie,

4

On en revit, si l'on n'en meurt de joie.
Or une plaie est encore à fermer,
Et pour Tristan elle a droit d'alarmer.
Sur ce point-là tout l'art est inutile.
A Londres seul on est assez habile
Pour la guérir. A Marc disant adieu,
Le beau Tristan, pour se rendre en ce lieu,
S'est éloigné sur une mer tranquille.
Mais trop souvent nous formons des projets
Sans consulter la fortune chanceuse :
Après six jours, sur les bords irlandais
Il est jeté par la mer orageuse.

Un tel voyage, après un tel combat,
A de Tristan empiré la blessure.
En débarquant, il connaît son état :
Ne craignez pas que son cœur en murmure.
Au sort cruel, à d'injustes décrets,
En son printemps ce guerrier se résigne.
Il prend sa harpe, et, rappelant le cygne,
Il chante ainsi, mieux qu'il ne fit jamais :

« Il faut mourir. Illustrant ma mémoire,
J'aurais voulu plus tard perdre le jour.
Je n'aurai pas assez connu la gloire,
Et n'aurai pas même connu l'amour.
    Il faut mourir.

» Votre présence à *toujours* m'est ravie,
Jeunes Beautés, objets charmans et doux.
Ah! si le sort eût prolongé ma vie,
Combien j'aurais aimé l'une de vous!
    Il faut mourir.

» Mais mon pays, du moins j'ose le croire,
Conservera long-temps mon souvenir.
Quand on succombe après une victoire,
Fier de l'honneur où l'on sut parvenir,
    On peut mourir. »

De son palais, *sis* près de cette rive,
Le roi d'Irlande écoutait par hasard.
Sa fille Yseult, au gracieux regard,
A ses côtés était très attentive.
Quand de Tristan se tait la voix plaintive,
La douce Yseult, émue au dernier point,
Dit à son père : « Ah! qu'il ne meure point!
Vous savez bien qu'en l'art de chirurgie,
Depuis un temps, mon bonheur est cité :
Peut-être encore, avec dextérité,
A ce jeune homme on peut sauver la vie.
—Oui, dans cet art, dit le roi Frégival,

Je sais très bien que tu n'as point d'égal ;
Et plût au ciel que ton malheureux frère
Fût arrivé vivant sur cette terre !
Si tu le peux, eh bien! sauve de mort
L'infortuné que le ciel nous présente. »
Dans le palais, Tristan est tout d'abord
Conduit devant Yseult compatissante.
Cette princesse, en attraits ravissante,
Voit sans pâlir le mal envenimé.
Un suc puissant, par sa main bienfaisante,
Est maintes fois sur la plaie exprimé.
Ces soins pieux pour le guerrier calmé
Rendaient Yseult plus belle et plus touchante.
Déjà par eux Tristan est ranimé,
Et fait ouïr sa voix reconnaissante.
Ce fut alors, mais alors seulement,
Qu'Yseult, un jour, vit qu'il était charmant.
De son côté, Tristan surpris admire
Comme elle est bien, plus qu'on ne peut le dire :
Un teint de lis, orné de blonds cheveux
Qui vont pressant en replis onduleux
D'un cou charmant la grace et la souplesse ;
Des yeux touchans que l'on ne peut braver,
Et qui, remplis d'une douce tristesse,
Donnent l'amour, même sans l'éprouver.
Tristan les voit, et son ame attendrie
Sent une molle et tendre rêverie.
Il est encor l'amant sans le savoir ;
Mais, assistant à des joutes, un soir,
Alors qu'il voit le fameux Palamède,
Fier Africain à qui tout guerrier cède,
De ce tournoi venir poser le prix
Aux pieds d'Yseult, dont son cœur est épris,
Tristan voit en clair lui-même. A son ame
Sa jalousie a révélé sa flamme.
Le lendemain, non guéri tout à fait,
Tristan a fait une étrange équipée :
Ce chevalier, armé bien en secret,
Court vers la joute, alors très occupée,
Où, jusqu'à lui, Palamède régnait,
Et le renverse à la lance, à l'épée ;
Mais ces efforts d'un bras convalescent
Vers sa blessure ont rappelé son sang.
Tristan, qui tombe au milieu de sa gloire,
Ne sent plus rien, pas même sa victoire.
On a bien vite au palais ramené
Ce chevalier mourant et couronné.

La belle Yseult, à pareille escapade,
Ne se pouvait attendre nullement.
Le médecin gronda fort le malade ;
Son air sévère était encor charmant.

CHANT SIXIÈME.

Il mit d'ailleurs tant d'art et tant de zèle
A réparer le mal qu'on avait fait,
Que Gouvernail de jour en jour voyait
Tristan reprendre une force nouvelle.
Tristan aussi sentait de jour en jour
Auprès d'Yseult plus de trouble et d'amour,
Quand de la reine une gente pucelle,
Un certain soir qu'il s'était absenté,
Ayant saisi son glaive redouté,
Y vit, tremblante, une brèche cruelle,
Et reconnut qu'il manquait justement
A cette épée, odieux instrument,
Le fer resté dans la blessure affreuse
Dont a péri le Morhoult malheureux,
Et que gardait, par un soin douloureux,
La reine, hélas! mère plus malheureuse.
La demoiselle, à la reine, à l'instant,
Dit les pensers dont son âme est frappée.
La reine accourt, veut douter vainement :
Le fer trop bien se rapporte à l'épée.
Ainsi, Tristan, de la mort préservé,
Tua le fils du roi qui l'a sauvé.

Incontinent par Brangien, son amie,
De ce malheur Yseult est avertie,
Et vers son père accourt avec effroi.
On s'ameutait, et de Tristan au roi
Un peuple vil demandait le supplice.
De toutes parts, on criait : « Qu'il périsse! »
Les chevaliers, lui prêtant leur appui,
Se taisaient tous : c'était parler pour lui.
Dans ce péril, Tristan, avec courage,
Répond qu'il a combattu noblement,
Qu'il a donné la mort en la bravant;
Que, sur ces bords jeté par un orage,
On ne l'avait averti nullement
Que de l'Irlande il touchait le rivage.
Pensant toujours à son fils regretté,
La reine offrait les regrets d'une mère.
Yseult disait : « Si je pleure mon frère,
Je sais les droits de l'hospitalité. »
Le vieux monarque, en sa douleur amère,
Ayant long-temps recueilli son esprit,
S'approche enfin de Tristan, et lui dit :

« Franc chevalier, dont j'ai vu le courage,
M'avez honni, m'avez désolé moult,
Quand en champ clos occîtes le Morhoult;
Mais vous occire, ah! ce serait dommage.
Vivez. J'en ai pour première raison
Qu'on voit en vous fleur de chevalerie;
Puis vous avez dormi dans ma maison,
Et votre mort ferait mon infamie.

Mais vous allez vous-même convenir
Que vous devez d'abord quitter ma terre
Où si jamais vous osiez revenir
Votre trépas deviendrait nécessaire. »
Au chevalier, qui dit : « Sire, merci, »
On rend alors le fer qui l'a trahi,
Et ce héros, ayant l'âme remplie
Non de remords, mais d'un regret navrant,
Regarde Yseult, et part en soupirant,
Guéri très bien, mais blessé pour la vie.

Jusques au port contre un peuple irrité
Des chevaliers Tristan est escorté.
Appréciant leur noble courtoisie,
Il est parti, ne croyant pas pouvoir
Fuir assez loin la maîtresse chérie
Qu'il est forcé de chérir sans espoir.
Il veut du moins mériter qu'on admire
Ses faits vaillans. Partout il entend dire
Que Lancelot, fameux de plus en plus,
Des fiers Saxons (nommés alors les *Sesnes*)
A délivré le royaume d'Artus,
Et de leur sang qu'il a rougi les plaines.
De Lancelot cet exploit sans pareil
Remplit Tristan de regrets magnanimes ;
Tel Miltiade et ses lauriers sublimes
De Thémistocle écartaient le sommeil.
Eh bien! d'Yseult l'âme encore occupée,
Tristan si bien fait agir son épée,
Qu'il sait en Gaule égaler les succès
Dont Lancelot s'honore aux bords anglais.
Il fit bien mieux, et sa valeur extrême
Se signala pour Lancelot lui-même ;
Pour ce héros reprenant les états
Qu'à Ban son père avait ravis Claudas.
Le beau Tristan, se montrant invincible,
Fit rendre aussi tout l'état paternel
Aux deux cousins de ce héros terrible,
Princes nommés Boort et Lyonnel.
A Lancelot tandis qu'en Angleterre
Il fait apprendre un succès si prospère,
Il court ailleurs, ennemi des brigands,
Vaincre et punir les petits et les grands.
Il fit surtout un exploit mémorable :
Vers la Garonne, un tyran, à la fois
Guerrier terrible et plaisant détestable,
Était célèbre au loin chez les Gaulois
Par son manteau fait des barbes des rois
Qu'il immola de sa main redoutable.
Pour terminer un ouvrage si beau,
Il n'attendait que quelque roi nouveau
Qui s'exposât à sa puissante épée ;
Mais ce fut lui qui finit son manteau,

Et par Tristan sa barbe fut coupée.

Dans ce pays vivait de Clodion
Un jeune frère, ayant le même nom.
Dix chevaliers et maîtresse jolie
Suivaient ce prince en un vaste château,
Et lui tenaient fidèle compagnie.
Tristan y vint; mais Tristan était beau;
Ce Clodion, atteint de jalousie,
Ne le voulut nullement recevoir,
Malgré l'orage et l'approche du soir.
Tristan piqué l'appelle et le défie,
Lui, tous les siens; le prévenant dès lors
Que s'il triomphe il le laisse dehors.
Le jeune prince accepte la partie;
Mais, et lui-même et tous ses chevaliers
Ayant bientôt vidé les étriers;
Tristan vainqueur, à son serment fidèle,
Dans le château demeure avec la Belle.
Tristan, d'Yseult déjà fort occupé,
D'autres attraits ne peut être frappé;
Mais, pour apprendre un peu de politesse
A Clodion, il ne voulut jamais
Lui renvoyer sa charmante maîtresse.
Vous le sentez, plus elle avait d'attraits,
Et plus l'amant éprouvait de tristesse.
Toute la nuit, sentinelle au dehors,
Il fut en proie à de sombres transports,
Assez plaisans pour qui savait les causes.
Il s'agitait; de moment en moment
Il éprouvait un vif tressaillement.
Il lui semblait qu'il arrivait des choses
Dont en ce monde, assez heureusement,
Les absens n'ont aucun pressentiment.
Mais quand du jour la vapeur argentée
Vint colorer le céleste pourpris,
Le beau Tristan au jaloux bien surpris
Remit la dame heureuse et respectée,
Et dit tout bas à ce prince ravi
Que l'on peut être amoureux et poli.
Par Clodion la leçon fut goûtée;
Et toutefois, n'aimant plus ce château,
Il en quitta la demeure brillante,
En y fondant un réglement nouveau :
Le plus vaillant, comme la plus charmante,
Avaient eux seuls droit d'y passer la nuit.
Ce réglement qu'il avait introduit
Durait encore aux temps de Bradamante;
Et l'Arioste en son divin roman
A raconté ce haut fait de Tristan.

Le Clodion dont j'ai parlé naguère,
Dont j'ai vanté l'honneur et la vertu,

Le Clodion nommé le Chevelu,
Ne trouva pas que pour son jeune frère
Cette leçon eût été trop sévère;
Et puis Tristan, des Romains ennemi,
De tous les Francs est de plein droit l'ami.
De Pharamond ayant gagné l'empire,
Ce chevalier en est fort bien venu,
Et mieux encor par sa fille Zamire,
Qui bientôt l'aime, et daigne le lui dire.
Tristan, déjà pour Yseult prévenu,
Ne peut l'aimer, mais du moins le désire.
Peut-être il eût suivi ce mouvement;
Mais Gouvernail sait ainsi le réduire :
« Vous n'aimez pas, et l'amour seulement
Fait excuser les transports qu'il inspire.
Manquerez-vous, en ces lieux bien traité,
Aux saints devoirs de l'hospitalité ! »
Tristan, pour suivre un parti qui l'honore,
Croit Gouvernail, croit Yseult plus encore.
Zamire, alors, que malgré mille appas
Le beau Tristan feint de n'entendre pas,
Frémit des maux que le sort lui prépare.
Ah! croyez-moi, Belles, fuyez l'amour :
Ce guide-là trop souvent vous égare.
Dans un bosquet trouvant Tristan un jour,
Zamire cède au feu qui l'a vaincue,
Et dans ses bras va tomber éperdue :
Le chevalier la repousse à regret.
On vient au bruit. Zamire repoussée,
Ne sachant plus ce qu'elle dit et fait,
L'accuse alors, de peur d'être accusée.
A Pharamond l'on prend soin de mener
Tristan confus, qui se laisse enchaîner.
Quelques instans le roi croit à l'offense;
Mais de sa fille et de Tristan aussi
Regardant l'air, observant le silence,
D'autres soupçons ce héros est saisi.
Pour s'éclaircir il tire son épée :
« Tu vas, dit-il, ma fille, te venger.
Punis celui qui voulait t'outrager;
Que de ses jours la trame soit coupée.
Frappe. » Zamire, en lui rendant le fer,
Dit, exprimant un sentiment amer :
« Frappez Zamire. Oui, je vous le déclare,
C'est moi qu'il faut punir d'un prompt trépas,
Et non Tristan, innocent, mais barbare,
Tristan que j'aime et qui ne m'aime pas ! »

Zamire a dit, et tombe aux pieds d'un père
Qui la relève et sur elle a pleuré.
Tristan, déjà de ses fers délivré,
A la Beauté qui lui serait si chère
Dit que près d'elle avant d'être venu

CHANT SIXIÈME.

Pour d'autres yeux son cœur fut prévenu.
Triste et pensif, il quitta cette terre.
Il n'avait pas encor gagné le port
Qu'on lui remit un billet de Zamire ;
De celle-ci c'est *la lettre de mort* ;
Et pour Tristan c'est mourir que la lire.

« *Ami Tristan, bien-aimé de mon cœur,*
Soyez toujours préservé de blessures !
Croissez toujours en hauts faits, en honneur,
Et ne trouvez que bonnes aventures !
Qu'on nomme en vous dans les festins guerriers
Le plus hardi de tous les chevaliers !
Où vous irez, durant toute la vie,
Gloire et succès vous fassent compagnie !
Que Dieu surtout, quand l'heure aura sonné,
Vous donne fin meilleure que je n'ai !
Lorsque lirez ce que je viens d'écrire,
Consolez-vous : plus ne sera Zamire.
D'un fil bien long on n'ourdit pas mes jours,
Et je péris des premières amours.
J'ai préféré, pour finir ma souffrance,
Le fer qui dut finir votre existence.
Adieu donc, vous dont mon œil fut charmé !
Pardonnez-moi de vous avoir aimé :
Je vous pardonne, hélas ! l'indifférence.
Que puissiez-vous, c'est mon dernier souci,
Mourir avant de savoir par vous-même
Quelle douleur on souffre quand on aime
Sans que d'amour on ait trouvé merci :
Avec l'écrit empreint de ma tristesse
On vous rendra le chien que j'ai chéri :
Bien plus heureux que ne fut sa maîtresse,
Il vous a plu ; je vous l'envoie, ami.... »

Ici les pleurs et le sang de Zamire
Laissaient pleurer, mais ne laissaient plus lire.
Le beau Tristan en déplora le sort,
Et sur son sein mit la lettre de mort.
De ce moment, le chien, que l'on admire,
A tous ses pas devient associé ;
Par lui Tristan est aimé d'amitié,
Comme d'amour il le fut par Zamire.

Chez le roi Marc cependant Gouvernail
A ramené Tristan pour le distraire.
Il eût perdu sur ce point son travail ;
Le souvenir d'Yseult sait bien mieux faire.
Il la vantait, même avec tant de feu,
Que Marc épris, suivant des temps antiques
L'usage adroit, un jour de son neveu
Requiert un don, l'obtient, sur les reliques
Lui fait jurer qu'il remplira son vœu :
Ce vœu fatal est qu'aux rives d'Irlande

D'Yseult pour Marc il fasse la demande.
La demander pour un autre que lui,
Quelle douleur ! et , là, notez aussi
Qu'à son trépas il faut bien qu'il s'attende.
Mais pour Tristan un serment est sacré :
« Oui, se dit-il, je crois que je mourrai ;
Mais je suis sûr que je la reverrai. »

Parmi les flots de quoi peut-on répondre ?
Allant chercher à Londre la santé,
Il fut naguère en Irlande jeté :
Cherchant l'Irlande, il est poussé vers Londre.
Mais un hasard assez original
Y conduisait aussi le roi d'Irlande,
Lequel d'Artus étant un peu vassal,
Sentait alors une angoisse bien grande.
D'un crime affreux à tort on l'a noirci,
D'où vient qu'Artus l'a mandé sur sa terre,
Et veut bientôt voir le fait éclairci
Par un combat public et nécessaire.
Si le Morhoult n'eût subi le trépas,
Ce chevalier justifierait son père ;
Mais il n'est plus, et, je le dis tout bas,
Nul Irlandais brillant dans les combats
N'avait suivi son prince en Angleterre.
Jadis ce roi signala sa valeur ;
Mais il maudit la vieillesse contraire.
Notez encor que son accusateur
Etant des preux sis à la table ronde,
Parmi ceux là promus à cet honneur,
Le roi d'Irlande, éconduit à la ronde,
N'espérait plus trouver un défenseur.
Hormis le cas d'injure personnelle,
Et moins encor pour servir la querelle
D'un étranger, ces chevaliers, constans
Dans leur valeur vraiment opiniâtre,
Et que sans cesse on voyait se battans,
Devaient entre eux éviter de se battre.
Vous le sentez, ne parle des tournois,
Car ces combats étaient plaisanterie,
Comme l'on sait, encor que maintes fois
Les bras cassés fussent de la partie.
Témoin chagrin de ce jeu singulier,
Le roi vieilli, sur ce maudit rivage,
Un certain jour, vit un jeune guerrier
Cachant ses traits et montrant le courage
Le plus brillant. « Oh ! celui-là, je gage,
Peut me défendre, » a-t-il dit ; et soudain
Il court à lui, prouve son innocence,
Et, lui peignant son âge et son chagrin,
L'a conjuré de prendre sa défense.
« Ah ! répondit Tristan avec transport
(Car c'était lui sous armure noircie),

M'avez jadis préservé de la mort :
Bien est raison que vous sauve la vie. »
Le pauvre roi, bien surpris de l'ouïr,
Pardonne tout, promet tout, et d'avance
Consent au don qu'il voudra requérir.

En d'autres lieux signalant ta vaillance,
Méliadus, oh! combien tu perdis
De ne pas voir les exploits de ton fils!
Le choc étant à ce qu'on nomme outrance,
Le fier Tristan, son rival Sacrémor,
A leur valeur donnaient un plein essor.
Après long-temps, Sacrémor qui succombe,
Blessé dix fois, chancelle enfin et tombe;
Mais, fier encore, il brave le trépas.
« Frappe, dit-il, mais je ne me rends pas !
Ne plaise à Dieu, dit Tristan, que j'immole
Si bon guerrier! Non, non, sur ma parole,
Ne le ferais, après un tel assaut,
Pour la cité même de Cramalot.
De mon client j'ai prouvé l'innocence,
Il me suffit », et, sans perdre de temps,
De Sacrémor célébrant la vaillance,
Il le remet aux mains de ses parens.
Si Lancelot, autre fils de la France,
N'eût pas ailleurs défendu l'innocence,
Le nœud d'ami se fût serré plus tôt
Entre Tristan et l'heureux Lancelot.
En attendant, le roi, tiré de peine
Par ce haut fait du chevalier vainqueur,
Presse en ses bras Tristan son bienfaiteur,
Et sans retard en Irlande l'emmène.

Ce fut alors que, chéri, caressé
Par tous les grands, et même par la reine,
Le beau Tristan, plus que jamais blessé,
Auprès d'Yseult sentit sa force vaine.
Par son serment et par l'honneur poussé,
Il suit pourtant le devoir qui l'enchaîne.
Rien n'est plus clair : dès le premier instant,
Tristan, pour lui, du monarque d'Irlande
Peut obtenir Yseult qu'il aime tant;
Et pour son oncle, hélas! il la demande.
On veut déjà ce qu'il paraît vouloir.
La belle Yseult, grace à son entremise,
Est accordée au roi Marc sans remise :
Yseult avait peut-être un autre espoir.

La reine au moins crut s'en apercevoir.
Rien n'est adroit comme l'œil d'une mère.
Il lui sembla que sa fille si chère
Aimait Tristan : elle en conclut fort bien
Que le roi Marc pourrait n'être aimé guère,

Malgré les droits du plus sacré lien.
Toute autre aurait été fort inquiète;
Mais elle avait une bonne recette :
Pour le départ on n'attendait plus rien,
Lorsque la reine, à part prenant Brangien,
Dame d'honneur, ou plutôt demoiselle
Que l'on donnait à la reine nouvelle,
Entre ses mains remit un philtre heureux,
Don d'une fée apprêté pour un gendre.
La reine dit : « C'est *un boire amoureux*.
Quand les époux auront serré leurs nœuds,
Ayez bien soin de le leur faire prendre. »

Brangien promit. Tous les adieux sont faits :
Bientôt d'Irlande on ne voit plus les côtes.
Tristan, Yseult, s'amusaient aux échecs;
Mais ils faisaient, ne sais pourquoi, des fautes.
Midi survient, et le soleil vainqueur
Répand au loin son haleine brûlante.
Sur le vaisseau, matelot, voyageur,
Chacun bientôt sent une soif ardente.
Par un hasard que vous m'expliquerez,
Tristan, Yseult, sont les plus altérés;
Et justement Brangien, jeune et jolie,
A Gouvernail plus loin tient compagnie.
Ne les voulant déranger, par malheur,
Tristan, qui cherche, a rencontré *le boire*
Que pour l'hymen on avait ménagé.
A tout péril bien éloignés de croire,
Yseult, Tristan, l'ont déjà partagé.
Dieu! quel effet! que la fée est habile !
Dès qu'ils ont bu cette liqueur subtile,
On les eût vus, cédant à ses appas,
Se regarder et soupirer ensemble;
Le pis encore est qu'on ne les voit pas.
Age, beauté, contre eux tout se rassemble.
Le dieu d'amour est un malin sorcier
Qui de la fée a doublé la magie.
Les deux amans laissent là l'échiquier ;
Mais le roi Marc a perdu la partie (1).

CHANT SEPTIÈME.

Mariage de Marc et d'Yseult. — Dévouement de Brangien. — Ce qui en résulte. — Faiblesse d'Artus. — Danger de Genièvre. — Défi de Lancelot.

C'est mal, très mal, je le dis sans détour,
De se permettre une tendre folie,

---

(1) Le roi Louis XVIII, qui ne me reçut jamais sans me parler de la *Table ronde*, avait même la bonté de m'en citer quelques vers qu'il avait retenus; entre autres ces deux derniers, qui l'amusaient beaucoup.

Et d'écouter le sentiment d'amour,
Bien que ce soit le plus doux de la vie;
Il faut du moins un amour régulier.
En d'autres vœux dès qu'on peut s'oublier,
Ce tort est grave et des plus condamnables.
Heureusement le nombre des coupables
Doit les sauver: et puis, le plus souvent,
Ils n'ont pas pu, d'honneur, faire autrement.
Enfin, messieurs, s'il faut jeter la pierre
Pour ce délit, ce n'est pas moi, vraiment,
Qui prends l'emploi de jeter la première.

Cruellement furent embarrassés
Et Gouvernail, et Brangien, je suppose,
En observant des vêtemens froissés
Et je ne sais quelle teinte de rose.
Il n'est plus temps : le mal est fait. On dit,
Et vous sentez que le mal se refit.
Un vent contraire, on ne peut plus propice,
De Cornouaille écarta leur vaisseau.
Sur un rivage à nos amans nouveau,
Pour tous les deux il s'ouvrit une lice :
Car de ces bords le barbare seigneur,
Aimé pourtant d'un objet enchanteur,
Frappait de mort tout homme ou toute femme
Qui ne passait ou lui-même ou sa dame,
Elle en beauté, lui, non moins en valeur.
Par mille attraits Yseult bien secondée
Vainquit d'abord, dès qu'on l'eut regardée.
Mais le seigneur, qu'on appelait Nabon,
De ce succès gagné contre sa mie,
Croit se venger sur Tristan qu'il défie....
A ce combat dit le jeu du bâton;
Lutte bizarre et pourtant périlleuse,
Où des rivaux, pour fixer les destins,
N'ont que cette arme, ailleurs moins glorieuse.
Un bois pesant qui tourne entre leurs mains
Et devant eux forme un cercle invisible,
Changeant de but au gré de leurs desseins,
Pour attaquer, est une arme terrible.
Un ennemi dans ce choc meurtrier
Sent tout à coup la mort inaperçue;
Et ce bâton, long-temps un bouclier,
En un moment se transforme en massue.
Heureusement Tristan, comme Breton,
Était habile à ce jeu du bâton
Où maint enfant des champs de l'Armorique
Déploie encore une adresse rustique.
Il accepta le défi de Nabon.
Serré de près, d'une atteinte cruelle
Il abattit ce rival dangereux,
Et, reconnu pour le plus valeureux,
En paix alla caresser la plus belle.

Se trouvant bien sur ce bord montagneux,
Le couple ému par le boire amoureux,
Depuis dix jours goûtait avec ivresse
Des voluptés la coupe enchanteresse,
Quand Gouvernail prit Tristan à l'écart,
Et lui parla sur un si long retard.
Le héros cède : on a quitté la rive :
Le vent est bon, et chez Marc on arrive.
Auprès d'Yseult qui passe son espoir,
Le bon roi Marc sent l'ardeur la plus vive,
L'hymen se fait, et déjà vient le soir.

Quelle douleur dans le secret ménage !
Quel embarras ! Le roi va, furieux,
Voir qu'à ses droits on a porté dommage :
Dans ces temps-là l'on s'y connaissait mieux.
Le moment presse. En ce danger insigne,
Pour en sortir cherchant quelque moyen,
Yseult, Tristan, Gouvernail et Brangien
Tiennent conseil, et... Brangien se résigne.
Ses dix-huit ans à peine ayant sonné,
Brangien, d'amour habile à se défendre,
Avait encor ce trésor fortuné
Qu'au beau Tristan Yseult avait donné,
Et que Tristan ne pouvait pas lui rendre.
Sauver Yseult en ce moment fatal,
De son amie est la vertu première.
Brangien a pris le négligé royal ;
Et parfumée, *et faisant sa prière*,
Elle attend Marc dans le lit nuptial
Qu'éclaire à peine une pâle lumière.
L'Amour, ce dieu des cœurs et des romans,
Daigna veiller au sort des deux amans.
Le roi jouit des attraits qu'il ignore.
Il y perdait ; mais il gagnait encore.
Il dort enfin. Brangien, d'un pas léger,
Va retrouver Yseult que l'effroi glace,
Mais qui, songeant à sortir du danger,
Prend ses habits, et va prendre sa place.
Tout alla bien. Du sommeil revenu,
Marc de la reine admira la vertu.
Plus justement ses graces admirées
Charmaient le roi. Tristan, cher et féal,
Fut en faveur, et, fait grand sénéchal,
Eut chez la reine, à ce droit, ses entrées.

Mais une dame ayant fort peu d'esprit,
Et d'une humeur qu'on peut nommer sévère,
D'Yseult sa nièce, un certain jour, apprit
Ce dangereux et terrible mystère.
Sans dire rien, cette tante mégère
Craignit Brangien, son indiscrétion,
Et de la reine elle emprunta le nom

Pour un forfait qu'elle crut nécessaire.
Par deux soldats, au milieu de la nuit,
De son logis Brangien est enlevée.
Dans la forêt d'abord on la conduit,
Et, là, Brangien croit sa mort arrivée,
D'un juste effroi ses sens étaient saisis.
Elle pleurait; c'était tout son murmure.
Les soldats même étaient vraiment surpris
Qu'on immolât si douce créature.
Enfin l'un d'eux lui dit: « Gente Brangi.n,
Q'avez-vous donc pu méfaire à la reine ?
—Ah! répond-elle; ah! la reine sait bien
Si j'ai rien fait pour mériter sa haine;
Hors que pourtant, quand d'Irlande partis,
En la suivant, elle qui m'était chère,
A conserver, certaine fleur de lis
Lui paraissait chose très nécessaire.
Madame, un jour, par un malheur fatal,
Perdit la sienne : on en eût pensé mal !
Lors, par mes soins, pour elle fut trouvée
Une autre fleur qu'on avait conservée :
Fait-on mourir pour cela ? dira-t-on ;
Je ne saurais donner d'autre raison. »

  Les deux soldats, qu'un même trouble agite
Voudraient sauver cet objet malheureux,
Quand Palamède accourt soudain vers eux.
Tous deux ont fui, bien contens d'être en fuite.
Et cependant, quand la tante croit bien
Que c'en est fait de la pauvre Brangien,
Devers Yseult elle vient, presque agile :
« Sur vos secrets me voilà plus tranquille,
Dit la cruelle; » et, d'un air satisfait,
Elle lui conte alors ce qu'elle a fait.
« Dieu ! dit Yseult, qui d'horreur se récrie,
Ainsi traiter ma compagne chérie,
Qui, près de moi, modèle d'amitié,
Pour me sauver a tout sacrifié !
Ah ! je mourrai, s'il est vrai qu'elle est morte; »
Et, tout entière à l'effroi qui l'emporte,
Yseult accourt, sans haleine et sans voix,
Vers la forêt qu'on nommait du Morois.
Là, des cruels ont conduit son amie ;
C'est là qu'Yseult, qui n'écoute plus rien
Que le désir de lui sauver la vie,
Fait aux échos dire cent fois : « Brangien ! »
Brangien encor n'étant pas retrouvée,
Ses cris au loin proclamaient ses douleurs,
Quand Palamède, accourant à ses pleurs,
Rend à ses vœux Brangien qu'il a sauvée.
Charmée, Yseult demande le pardon
D'un attentat dont elle est innocente;
Et cependant vive et reconnaissante,

A Palamède elle promet un don.
Marc, qui survient, le confirme avec joie
En apprenant, dans un court entretien,
Que Palamède a délivré Brangien
Des ravisseurs dont elle était la proie.
Le don offert, certe, il le méritait !
Mais, ô demande! ô surprise soudaine !
A Palamède Yseult s'en rapportait :
Ce qu'il demande est d'emmener la reine.

  Du bon vieux temps j'aime le souvenir.
Et toutefois je ne saurais admettre
Cette fureur qu'on avait de promettre
Sans que l'on sût ce qu'il faudrait tenir.
Ce mal n'est plus : de nos jours, par avance,
On sait toujours fort bien ce qu'on promet,
Et même encor plus d'un esprit bien fait
Ne le tient pas, par excès de prudence.

  Mais en cet âge on pensait autrement.
Il faut que Marc, lié par son serment,
Laisse emmener l'épouse qu'il adore,
Et son honneur veut qu'on le déshonore.
Heureusement Tristan n'a rien promis.
Marc court à lui, raconte tout, réclame
Son bras vengeur. Troublé d'un tel avis,
Tristan s'élance, et vole après sa dame.
Trois chevaliers, par l'Africain occis,
Avaient un peu retardé sa retraite.
Tristan enfin le joint, la lance prête,
Et le défie. Yseult, qui voit Tristan,
De son plaisir ne contient pas l'élan,
Et palpitante entre ses bras se jette.
« C'est toi, Tristan ! dit Palamède : ainsi
Ce n'était pas une injure assez grande
De me ravir Yseult aux champs d'Irlande :
Tu veux encor me la ravir ici ! »
Et, sur-le-champ, leur choc affreux commence.
Ils ont lutté de force et de vaillance.
Non : l'univers, en ces siècles guerriers,
Ne comptait pas deux meilleurs chevaliers.
La lutte était indécise et cruelle,
Lorsque la reine, arrêtant la querelle,
Suspend enfin leurs efforts meurtriers :
« Vous qui vouliez emmener comme esclave
Celle qui rend votre cœur amoureux,
Je vous crains moins en vous voyant si brave;
Car vous devez être plus généreux.
Non, un guerrier si grand que Palamède
Ne peut vouloir abuser contre moi,
De ce serment qu'il surprit à ma foi,
Qu'à mon époux votre équité me cède :
Retirez-vous, je l'ordonne en ce jour,

De par l'honneur, même de par l'Amour. »

A ce discours qu'une bouche charmante
A prononcé d'une voix imposante,
D'un coup soudain Palamède abattu
Sent dans son cœur revenir la vertu.
« Oui, répond-il, vous éclairez mon ame :
Vous le voulez ; soyez libre, madame.
Pour mon devoir je vaincrai ma douleur.
Que puissiez-vous, vous qui bravez ma flamme,
En pire lieu ne placer votre cœur !
—Ah ! lui répond sa belle prisonnière,
Devant celui qu'elle aime pour toujours,
Quand changera ses premières amours,
Qu'Yseult arrive à son heure dernière ! »

Lors Palamède est parti sans retour,
Aux deux amans se montrant magnanime ;
Et ce héros, que repousse l'Amour,
En son malheur obtient du moins l'estime.
Au fond d'un bois, avec son bel amant,
La voilà seule, Yseult aimable et tendre !
Au bon roi Marc, dont il sait le tourment,
Tristan a fort le projet de la rendre ;
Mais il peut bien l'emprunter un moment.
On cède encore à l'amoureux breuvage.
Que de plaisirs cachés sous le feuillage !
Enfin la reine à l'époux satisfait
Est ramenée. O transports ! ô délices !
C'était encor Tristan qui l'amenait.
Depuis ce jour, Marc souvent lui disait :
« Comment payer jamais tant de services ? »
Secrètement Yseult les acquittait.

Que Lancelot, ce héros redoutable,
Dans ses amours était bien moins heureux !
Non qu'il fût mal, non qu'il ne fût aimable,
Non qu'il déplût à l'objet de ses vœux ;
Mais sa Genièvre, au cœur plein de réserve,
Était Vénus à la fois et Minerve,
Et n'avait pas pris de boire amoureux.
En vain, cherchant mille raisons nouvelles,
Son noble amant lui disait sans détour
Ce qu'on a dit assez long-temps aux Belles :
Que c'est pécher de fuir un tendre amour ;
Que le Seigneur la punirait un jour,
Et que là bas il damne les cruelles.
Il ajoutait : « *C'est un dieu de bonté :*
Il a prescrit surtout l'humanité »
Eh bien ! malgré ces beaux sermons, la reine
Demeurait sage, et l'attaque était vaine.
Quelques regards, quelques baisers reçus,
Même donnés, mais jamais rien de plus ;

Et Lancelot perdait encor sa peine,
Lorsque, troublant le sort de cette reine,
Par sa faiblesse, Artus, un certain jour,
Servit trop bien les complots de la haine,
Et même un peu les projets de l'amour.

Léodagan, le roi de Carmélide,
Pour fille unique avait Genièvre ; mais
Du sort malin un caprice perfide
Avait ailleurs répété ses attraits,
Et, de Genièvre image séduisante,
Quoique moins belle, Ismène était charmante.
Léodagan étant dans le tombeau,
Certain parti plein d'astuce et d'audace,
Pour s'appuyer, trouva qu'il serait beau
Que de Genièvre Ismène prît la place.
La sœur d'Artus, la puissante Morgain,
Bien moins célèbre en beauté qu'en magie,
De Lancelot voulant être l'amie,
Depuis long-temps nourrissait dans son sein
Contre Genièvre une secrète envie.
Ce parti donc, de Morgain s'appuyant,
Et de Mordrec, mais plus secrètement,
Fit tant qu'Ismène, à tromper disposée,
Vint chez Artus, et d'un enlèvement,
Non sans esprit, faisant l'histoire aisée,
Dit qu'elle était, et bien assurément,
La reine vraie, et que par conséquent
Genièvre était la reine supposée.
D'abord Artus ne le crut nullement.
Huit jours après, Artus, dans une chasse,
Par vingt guerriers environné soudain,
Est entraîné, quelques efforts qu'il fasse,
Et, loin de là, si bien caché, qu'en vain
Ses chevaliers veulent trouver sa trace.
Il s'ennuyait ainsi que de raison,
Et s'irritait de ce lâche supplice,
Quand tout à coup Ismène en sa prison
Parut un soir comme consolatrice.
« Sachant, dit-elle, où l'on vous entraîna,
En bravant tout, ici je suis venue
Pour voir l'époux dont je suis méconnue ;
Mais à mes soins il me reconnaîtra. »
Elle était bien. Artus, qu'elle caresse,
Ne la croit point sa femme ; mais voilà
Qu'en attendant il en fait sa maîtresse.

Ce doux nectar qu'on nomme le plaisir
Auprès d'Artus si bien sut réussir
Qu'en peu de jours, sentant croître sa flamme,
Dans sa maîtresse il vit presque sa femme.
Malgré qu'Artus encor de temps en temps
Se signalât par des faits éclatans,

Ce roi, fameux en Angleterre, en France,
De caractère était privé, dit-on.
La fermeté ne suit pas la vaillance :
Le cœur est brave, et l'esprit est poltron.
La jeune Ismène épuisa tant d'adresse
Pour amuser Artus et sa vieillesse,
Que ce héros, toujours plus satisfait,
En vint à croire Ismène tout à fait ;
Et, subjugué comme embrassé par elle,
Vit dans un conte une histoire fidèle.
Lors le parti, du succès étonné,
Délivre Artus, qu'on a mieux enchaîné.
Artus déjà devant lui, sans murmure,
Laisse accuser Genièvre d'imposture ;
Il fait bien pis, et Genièvre en effet
Comme accusée à ses yeux comparaît.
Ne pensez pas que ma voix se résigne
Aux vils détails de ce procès indigne.
Yvain alors, Lancelot et Gauvain,
Cherchaient au loin à retrouver Merlin.
Les autres preux, voyant Artus se rendre,
Et sur Genièvre être au moins incertain,
Ne pensaient pas qu'ils pussent la défendre.
La Table ronde honorant leurs exploits,
Son chef sur eux avait de fort grands droits.
Par un arrêt enfin, un jour, Ismène
Fut déclarée être vraiment la reine.
Le même arrêt, dicté par Bertelac,
Vieux chevalier et de corde et de sac,
Disait bien plus : Genièvre déloyale,
Ayant pris place à la couche royale
Et mérité mille tourmens affreux,
Devait avoir, ainsi que les cheveux,
Les poings coupés par grace spéciale.

Genièvre en pleurs levait en gémissant
Ses yeux au ciel, recours de l'innocent,
Et n'appelait qu'à lui de la sentence,
Quand, averti par le bon Galléhault,
Son compagnon de gloire et de vaillance,
Dans l'assemblée apparaît Lancelot,
Et vers le roi le chevalier s'avance.
Que son désordre et sa noble fierté
De ce héros augmentaient la beauté !
« Sire, dit-il, à votre Table ronde
J'ai su naguère une place obtenir ;
Je la résigne, et, pour rien dans le monde,
De vous ne veux quelque chose tenir.
—Et pourquoi donc ?—Afin que nulle chaîne,
Que nul égard envers vous ne me gêne.
Le jugement que vous avez porté
Est plein de faux et de déloyauté.

J'accours ici, je défendrai la reine,
Et je suis prêt à soutenir ses droits
Contre un guerrier, contre deux, contre trois. »
Lancelot dit, et présente son gage.
De Carmélide alors les chevaliers
Restent surpris on ne peut davantage.
Mais cependant leurs trois meilleurs guerriers
Se tiennent sûrs de punir cet outrage ;
Et, nonobstant les prières d'Artus,
D'un contre trois les gages sont reçus.
Du moins Artus dit : « La volonté nôtre
Est que les trois choisis pour cet assaut
Sur Lancelot courent l'un après l'autre.
—Comme ils voudront, répondit Lancelot. »
Et sa pâleur peignait toute sa rage,
Et ce héros frémissait de courage.
Il sait pourtant suspendre son courroux,
Et, l'œil encor plein d'une noble flamme,
Dit à Genièvre, en tombant à genoux :
« M'acceptez-vous pour défenseur, madame,
Envers eux trois ? — Ah ! dit elle, envers tous ! »

CHANT HUITIÈME.

Combat de Lancelot. — Sa récompense — Réconciliation de Genièvre et d'Artus. — Amours et dangers de Tristan et d'Yseult. — Trait empoisonné. — Départ pour la Petite-Bretagne.

O mes amis que je ne connais pas,
Qui sans jamais vous trouver sur mes pas,
Voyant mes vers, rencontrant mes ouvrages,
Avez causé du moins avec mes pages,
Vous qui mettez à mes chants quelque prix,
Vous qui m'aimez, combien je vous chéris !
Que d'indulgence ! Et comme votre estime
Charme mon cœur en sa grace anonyme !
Et vous, combien je vous aime encor plus,
Vous gens d'esprit, de goût par excellence,
Qui (s'il en est) quand, de la vie exclus,
J'aurai fléchi sous l'éternel silence,
Ferez du moins de mes vers des élus,
Et voudrez bien m'aimer en mon absence !
Alors, alors, bravant les envieux,
On devient jeune à force d'être vieux.
Le Temps en vain signala son ravage ;
Nargue le Temps ! Qui n'est plus, n'a plus d'âge ;
Ou le poète, insensible aux hivers,
Tout justement a l'âge de ses vers.
Et c'est ainsi qu'en sa gaîté nouvelle
L'antique Ovide au récent univers
Fait admirer sa jeunesse éternelle.

CHANT SEPTIÈME.

Ah ! rapprochant le passé, l'avenir,
Si l'on pouvait quelquefois réunir
Ces amitiés par les ans séparées !...
Du moins ici, prouvant mes sentimens,
Je prends l'avance en mes remercîmens.
O vous surtout, femmes idolâtrées
Que par malheur je n'ai pas rencontrées,
Si vous m'aimez, si quelqu'une de vous,
Bien après moi, m'accordant un sourire,
Trouve en mes vers un parfum frais et doux,
(Moins que celui qui naît dans votre empire),
Merci d'oser le penser et le dire.
En ce moment que j'aime à présager,
Si, près de vous, résonne un bruit léger
Dont à bon droit votre ame est étonnée,
N'ayez pas peur, non ; mais ne doutez pas
Que votre ami vous rend grace tout bas
Et que sur vous son ombre est inclinée.

D'un peuple immense au loin brillait garni,
Autour d'un cirque, un vaste amphithéâtre.
On y voyait maint preux au teint bruni,
Et mainte dame au visage d'albâtre.
Pourquoi paraître en ce lieu redouté,
A ce combat trop sérieux pour elles ?
Ce n'était pas par inhumanité :
Où sont des yeux, il vient toujours des Belles,
Et nos regards font fleurir la beauté.
Puis pour Genièvre un intérêt sincère
Les attirait. Qui n'en eût éprouvé ?
Lui-même, Artus, de son trône élevé,
Sentait au cœur un trouble involontaire.
A ses côtés attirant le regard,
La fausse reine au trouble avait sa part.
Joignant le cirque, une tour crénelée
Offrait aux yeux Genièvre désolée,
Et qui, tremblante, attendait son arrêt,
Le pauvre Queux la gardait à regret
Jusqu'au moment où parlerait sur elle
La destinée, ou propice ou cruelle.
Mais d'où vient donc que soudain on se tait ?
Le cirque s'ouvre et Lancelot paraît.
Noir est son casque, et noire est son armure.
Son attitude, au défaut de ses yeux,
Peint le désir de punir une injure
Faite à l'objet qu'il respecte le mieux,
Et qu'il chérit le plus dans la nature.
A l'autre bout, le premier assaillant
Attend aussi que le signal se donne.
Laissez aller! crie un juge du camp ;
Et dans l'instant le cor au loin résonne.
A ces accens les deux ardens guerriers
L'un contre l'autre ont lancé leurs coursiers ;

Mais dans ce choc, objet de son envie,
Lancelot court avec tant de furie
Que son rival, percé de part en part,
Sur la bruyère est renversé sans vie.
Un autre choc commence sans retard.
Le second preux, aussi fier qu'intrépide,
De Lancelot soutient l'effort rapide ;
Mais son coursier ne peut le soutenir.
Voyant sur lui Lancelot revenir,
Du bouclier il garantit sa tête,
Et, glaive en main, il attend la tempête.
« Qu'oses-tu croire ? a crié son rival :
Ton cheval mort, je n'ai plus de cheval,
Et je refuse un si grand avantage. »
Il dit, descend, livre un combat égal,
Et le succès quelque temps se partage.
Mais à la fin, blessé, couvert de sang,
De Lancelot le rival fléchissant,
Perd sa vigueur, si ce n'est son courage.
Il reculait. Suivi, vaincu, saisi,
A Lancelot il demande merci.
« Non, lui répond son vainqueur redoutable ;
De l'équité le moment est venu.
Mourra qui dit que la reine est coupable,
Et tu mourras pour l'avoir soutenu. »
Lui, que souvent la pitié noble arrête,
En ce moment ne sent que la fureur.
Il voit Genièvre, et de son fer vengeur
Du chevalier il fait voler la tête.

Paraît alors un nouvel assaillant,
C'est le dernier, mais c'est le plus vaillant ;
C'est Carados, célèbre par le monde,
Preux chevalier, qui de la Table ronde
Par mille exploits a mérité l'honneur.
Son cœur est pur, si sa cause n'est bonne.
On l'a jeté dans une injuste erreur :
Il est trompé, mais ne trompe personne.
Les deux rivaux, courant avec fureur,
Ont sous le choc vu leurs coursiers s'abattre.
Alors à pied ils préfèrent combattre.
Retentissant dans le vague des airs,
Leurs fers cruels fracassent les haubercs.
Déjà l'on voit le sang de leurs blessures
Se faire jour à travers leurs armures.
Mais Carados, dont les coups sont moins forts,
Perd plus de sang ; il brave ce présage ;
Et, le voyant qui redouble d'efforts,
Le peuple admire encor plus son courage.
Un tel péril est loin de l'accabler :
Dans son ardeur, il se le dissimule.
Ce chevalier que rien ne peut troubler,
Combat toujours, mais malgré lui recule.

On peut dès-lors voir le sort du combat.
« Dieu ! dit Artus, que ce spectacle abat,
De Carados pour conserver la vie,
Je donnerais ma meilleure cité.
Mais contre moi Lancelot irrité
Va repousser mes vœux, si je le prie.
Pour Carados je n'espère plus rien. »
Galléhault dit : « Pour le tirer de peine,
Peut-être encor j'entrevois un moyen :
Il faut ici que Genièvre intervienne ;
Mais il lui faut parler de votre part.
Voulez-vous, sire ? — Ah ! courez sans retard. »
Galléhault court. Sous la tour de la reine
Tout justement Carados, Lancelot,
En cet instant redoublaient leur assaut ;
Et Carados, presque sans espérance,
Sur Lancelot risquant de s'élancer,
L'avait saisi, voulait le renverser.
Mais Lancelot, déployant sa puissance,
Sous lui jetait ce chevalier hardi :
D'un coup pesant il l'avait étourdi,
Et s'apprêtait à terminer sa vie,
Quand de la tour sort une douce voix :
« Ah ! bel ami, Lancelot, je vous prie ! »
A ces accens, qu'il ouït tant de fois,
Le preux suspend la fureur de ses armes,
Regarde en haut, et voit Genièvre en larmes,
Qui lui disait : « Ah ! vous épargnerez
Ce chevalier ; » pour ses jours je réclame. »
Lancelot dit : « Ne pleurez pas, madame ;
Il m'a vaincu, si vous le désirez. »
Et, la pitié renaissant dans son ame,
Lui-même il a relevé Carados,
Héros vaincu par un plus grand héros.

Des spectateurs, après cette victoire,
Je peindrais mal les acclamations.
« Non, disaient-ils, rien n'égale sa gloire,
Et *Lancelot est le meilleur des bons.* »
Genièvre au moins était justifiée ;
Mais elle était toujours répudiée.
Artus, séduit par d'horribles discours,
En l'épargnant, la méconnaît toujours.
Sans elle il part, insensible à ses larmes,
Et méprisant sa prière et ses charmes.
Où donc aller en ce malheur cruel ?
De Lancelot refusant le châtel,
De Galléhault elle emprunta la terre.
Elle s'y rend, sans toutefois pouvoir
A Lancelot refuser de la voir.
Il y vint peu d'abord, puis davantage.
Bien qu'elle l'aime, elle demeure sage.
La respectant, Lancelot dans son cœur

Timidement renfermait son hommage.
Qui le croirait ! Lancelot avait peur ;
Il avait peur dans sa délicatesse :
Par la croisée il entrait autrefois.
Mais en ce temps il avait moins de droits :
Il n'avait pas délivré sa maîtresse.

Or, par malheur, le maître du logis.
Depuis long-temps aimait la jeune Adèle ;
Et par malheur encor, mes chers amis,
Il était bien et trop bien avec elle.
Sans cesse assise auprès de Lancelot,
D'un air rêveur Genièvre les contemple.
A ces amans Adèle et Galléhault
Donnaient un doux et dangereux exemple.
Puis Galléhault, protégeant son ami,
Et contre Artus outré plus qu'à demi,
Disait toujours à Genièvre la belle
Qu'il s'étonnait que, digne de courroux,
Un prince injuste, un infidèle époux
Vainquît encore l'amant le plus fidèle.
Ce procédé ne pouvait s'excuser.
Il vint un jour, et, d'un ton assez rude
La reprenant de son ingratitude,
« Pardieu, dit-il, on peut vous accuser.
Quand Lancelot, qui vous sauva, vous aime,
J'en suis garant, beaucoup plus que lui-même,
Quoi ! pouvez-vous encor tant refuser !
Si vous voulez, ô Beauté sans seconde,
Vous le rendrez le plus riche du monde,
Et vous allez lui donner un baiser.
Vous le voulez : je le veux bien, dit-elle. »
Alors, devant Galléhault qui l'appelle,
L'amant, qui vient tout des plus interdits,
Sent que son cœur de plaisir l'abandonne.
Baiser charmant ! il en prit un jadis ;
Mais rien ne vaut celui-là qu'on nous donne.
L'instant fut court de ce bonheur si cher,
Et ce baiser passa comme l'éclair.
Et cependant Genièvre, en sa prudence,
Voulut borner là sa reconnaissance.
Mais Galléhault, ses discours, son bonheur,
Frappaient Genièvre et restaient dans son cœur ;
Et c'est ainsi qu'en tombant goutte à goutte
Dans le rocher l'eau se fraie une route.
Se refusant à s'en apercevoir,
La reine encore est fidèle au devoir,
Un demi-siècle, excellente personne
Qu'on appelait madame Quintagnone,
A cette cour digne *dame d'honneur,*
Était aussi propice à leur ardeur.
Autre Brangien, bien que moins agréable,
Du temps passé toujours se souvenant,

CHANT HUITIÈME.

A Lancelot elle était favorable
En étant là, parfois en s'éloignant.
Mais tout est vain; et Geniévre cruelle,
A Lancelot, à Geniévre est rebelle.
Elle s'obstine à respecter d'Artus
Les nœuds sacrés qu'il ne respecte plus.

   Un soir pourtant que, dans ces jours antiques,
Du temps jadis ils lisaient les chroniques,
Ils y trouvaient mainte histoire d'amours.
On a beau faire, on en trouve toujours;
Et je crains bien que leur race féconde
Ne dure autant que durera le monde.
Geniévre avait à penser en lisant :
Elle voyait des Beautés intraitables
Sacrifier leur scrupule impuissant
A des amis moins braves, moins aimables
Que celui-là qui l'écoute à présent.
Le bel amant, incliné sur la reine,
Suivait ses yeux, respirait son haleine;
Et justement le trouvère fatal,
Homme de bien, mais pas assez moral,
Dans ses tableaux aimant trop à s'étendre,
Contait, peignait le moment le plus tendre.
Un jeune amant, plein d'amour et d'honneur,
En tête à tête implorait le bonheur;
Et, d'une amie évoquant le délire,
Il surprenait d'un baiser son sourire.
A ce récit du conteur ancien,
Geniévre lit, mais ne lit plus si bien.
Ils étaient seuls. Leurs bouches altérées
Étaient bien près, et se sont rencontrées.
En ce moment qu'ils n'ont prévu jamais,
Il se répand sur leurs yeux un nuage;
Le livre tombe; et ces amans distraits
Ne lurent pas, ce jour-là, davantage.

   De siècle en siècle, et d'amans en amans,
Vivent ainsi les tendres sentimens.
De Lancelot si la charmante amie
Sentit enfin sa rigueur endormie;
Après des jours de si triste couleur,
Si tous les deux, en un penser meilleur,
Surent tirer parti de leurs lectures,
Peut-être encor, dans les races futures,
O Lancelot, ô Geniévre, à leur tour
D'autres amans céderont à l'amour
En relisant vos vieilles aventures.

   Trois jours plus tard, Lancelot, moins heureux,
Ne voyait pas l'amour combler ses vœux.
Frappée un soir d'une atteinte soudaine,
Même frappée à mort, la fausse reine,
En regrettant ses jours bornés trop tôt,
Avait au prince avoué son complot.
Le Bertelac, à tout pouvant s'attendre,
Avait jugé plus décent de se pendre;
Et pour Geniévre Artus repris d'amour,
Lui demandait de hâter son retour.
Elle revint, Lancelot avec elle.
Elle eût voulu toujours être fidèle
Au grand Artus pour elle radouci;
Mais Lancelot a ses sermens aussi.
De les tenir on ne peut se défendre :
Serment d'amour doit être respecté.
Dans le secret d'un entretien bien tendre
Un doux sujet fut quelquefois traité;
Et, Lancelot une fois écouté,
Geniévre encor prit plaisir à l'entendre.

   Ami Tristan, comme Yseult t'écoutait !
Elle était douce et tendre par merveille.
Si tendrement, si souvent on causait,
Que du roi Marc le bruit frappa l'oreille.
Autre neveu de Marc, messire Andret,
Les épiant, remarqua l'ouverture
Qu'à son regard offrait une serrure;
Et le perfide, approchant pas à pas,
Les vit tous deux à côté de la table
D'un échiquier; *mais ils n'y jouaient pas.*
Tout aussitôt d'un délit si coupable
Au bon roi Marc il court donner avis.
« Venez, dit-il, roi trompé que vous êtes;
On vous honnit jusqu'en votre logis.
Tristan, Yseult, sont de tendres amis :
Venez donc voir leurs procédés honnêtes. »
A ce discours, qu'il n'entend que trop bien,
Le prince époux a saisi son épée.
Il accourait. Par l'avis de Brangien,
Déjà du moins Yseult s'est échappée.
Mais Tristan reste, et Marc vient furieux.
Vassal, dit-il d'un ton injurieux,
Tu m'as honni : tu mourras sans attendre. »
Il le frappait; mais Tristan, plein de tact,
De son manteau (qu'il avait pu reprendre,
A ce que dit le chroniqueur exact)
Pare le coup qui devait le pourfendre.
C'était trop peu. Saisissant lestement
Certaine épée au lambris appendue,
Il s'en escrime, et si légèrement
Que Marc recule en disant qu'on le tue.
On n'en croit rien : on accourt lentement.
Marc de vingt coups est froissé cependant;
Et, consterné d'une telle aventure,
Tristan à Marc disait, tout en frappant :
« C'est à regret, mon oncle, je vous jure. »

Enfin il part, et, joint par ses amis,
Dans la forêt du Morois se retire.
Il fait de là trembler tout le pays.
Marc, à la fin, d'Andret suivant l'avis,
Après huit jours par Brangien lui fait dire
Qu'on lui rendra confiance, amitié,
S'il reparaît ; que tout est oublié.
Mais Brangien dit, de la part de la reine,
Que des méchans il redoute la haine.
Tristan revient, étant bien averti,
Et sur ce point ayant pris son parti ;
Trop satisfait, au péril de sa vie,
S'il peut encore être auprès de sa mie.
Boire amoureux, quel n'est pas ton pouvoir !
Les deux amans brûlent de se revoir.
Ce fut alors que, par malice noire,
Andret chercha, fit paraître à la cour
Une pucelle ayant un cor d'ivoire,
Cor enchanté. Là ne pouvait pas boire
Sans voir verser la liqueur à t'entour,
Toute beauté qui, sujette à t'amour,
Avait manqué, pour l'hymen, de mémoire.
Ce cor fameux, dont l'Arioste, un jour,
L'embellissant, devait faire une coupe,
Chez le roi Marc, des dames de sa cour,
Comme on peut croire, alarma fort le groupe.
Yseult surtout sent un trop juste effroi.
Tous les maris, pour éprouver leurs femmes,
Sont convoqués. Marc s'écriait : « Mesdames,
En tous les temps vous avez, je le croi,
Eu du respect pour les règles étroites
Du saint hymen ; buvez donc sans frayeur. »
Dans ce temps-là, les dames, par malheur,
En Cornouaille étaient très maladroites :
Toutes, sans plus, versèrent la liqueur.

Dieu de bonté, toi qui veux bien attendre
Le repentir qui finit par nous prendre,
Daigne toujours, modérant tes rigueurs,
D'un sexe faible excuser les faiblesses :
Si tu fais grace à nous autres pécheurs,
Quelle indulgence est due aux pécheresses !

Tous les maris, dans cette extrémité,
Soit par amour, clémence ou vanité,
Furent bien loin d'accepter le présage
Que leur offrait ce perfide breuvage.
« Ces faits, grand roi, sont loin d'être prouvés,
Lui dirent-ils ; monseigneur, vous pouvez,
A votre gré, perdre ici votre femme ;
Nous, dans ce cor, nous ne voyons qu'un tour
Qu'en son loisir quelque Enchanteur infame
A machiné pour honnir votre cour.

Chacun de nous croit sa femme fidèle,
Et vous devez croire la vôtre telle. »
Marc, qui d'Yseult et de ses blonds cheveux
Au fond était toujours très amoureux,
A ces époux, sans s'échauffer la bile,
Marc répondit : « Messieurs, je ne veux pas
Trop disputer en un semblable cas,
Et plus que vous me montrer difficile.
Nos femmes donc ont autant de vertu
Qu'en aucun temps une femme en ait eu.
Je tiens pour fausse et pour calomnieuse
Du cor maudit l'épreuve injurieuse. »
Il dit, et cache avec un art trompeur
Les noirs soupçons qui veillent dans son cœur.
Mais je crois bien que cette expérience
Aux deux amans rendra de la prudence.

Rien ne saurait retenir un torrent
Qui, furieux, et grossi par l'orage,
Par les malheurs signale son passage,
Renverse tout, et détruit en courant ;
Rien ne saurait retenir l'avalanche
Qui trop souvent, dans un vallon étroit,
Roule soudain, quand la neige qui penche
Forme en tombant un rocher qui s'accroît,
Et va briser le chêne et la pervenche ;
Eh bien ! armé de plus douces fureurs,
Et sans ce bruit qu'on craint et qu'on abhorre,
Le feu d'amour brûlant deux jeunes cœurs
Est un torrent qu'on retient moins encore.
A Cintagueil, on le vit mieux qu'ailleurs.
Bien vainement, d'épouvante frappée,
Palpite Yseult, au péril échappée ;
Pour ces amans, qu'embrase un tendre feu,
Même péril renaît du même vœu.
Par l'amour seul ils se laissent conduire.
Certaine nuit que Marc était absent,
Dans le jardin avec art se glissant,
Tristan voulut chez Yseult s'introduire ;
Mais, par malheur, la lune, en ce moment,
Faisait briller sa clarté peu propice
Et peu discrète, au moins pour tout amant
Qui, cette nuit, se trouvait de service.
Le beau Tristan, de plaisir altéré,
Sous les berceaux ayant long-temps erré,
N'attendit pas que l'astre du silence
Le voulût bien servir de son absence.
Tandis qu'Andret l'observait à l'écart,
Impatient, il monte sur un frêne :
Et, d'un rameau qu'il incline avec art,
Par la croisée il saute chez la reine.
Mais, ô surprise ! ô trouble ! à peine il a
Cueilli le bien que lui devait sa mie,

CHANT HUITIÈME.

Brangien accourt en lui disant : Voilà
Dans le jardin une troupe ennemie.
Hélas ! il faut que vous sortiez par-là.
C'est qu'ils sont vingt au moins. Yseult, en larmes,
Dit : « Mon ami, Dieu ! vous êtes sans armes !
— Y pensez-vous, Yseult, et quelle erreur !
Vingt ennemis n'ont rien qui m'épouvante.
J'ai mon épée, et puis votre faveur :
Avec cela j'en irais braver trente. »
Il dit : de l'arbre aussitôt il descend.
Sur ces messieurs tout à coup s'élançant,
Il abat l'un, il perce le deuxième,
Il fait voler la tête du troisième,
Du haut en bas pourfend le quatrième,
Et fait si bien qu'Andret, en frémissant,
Peut tout au plus s'échapper, lui douzième.

Tristan, d'ailleurs le mortel le plus doux,
Dans sa maison va cacher son courroux.
De tout instruit, Marc ne dit nulle chose ;
Son enragé de neveu lui fait peur.
Mais, près du lit où la reine repose,
Le lâche Andret tend un piége vengeur.
Ce sont des faux qu'il pose avec adresse.
Tristan, le soir, par-là se promenant,
En est atteint ; mais, lorsque sa maîtresse
Lui tend les bras, plein d'une douce ivresse,
Auprès d'Yseult c'est là tout ce qu'il sent.
Son sang coulait dans la toile rougie.
« Dieu ! mon ami, mais vous êtes blessé ! »
Lui dit Yseult. — Il est vrai, mon amie ;
Mais à cela je n'avais pas pensé. »
La douce Yseult, pour soigner la blessure,
Sur le parquet met ses jolis pieds nus,
Et de la faux éprouve aussi l'injure :
Vulcain au moins ne blessait pas Vénus.

Les deux amans, sans bruit, se séparèrent,
Devant le roi marchèrent de leur mieux ;
Mais, averti par Andret envieux,
Il vit très bien le mal qu'ils lui cachèrent.
« Boitez-vous pas ? » leur disait-il. Enfin,
Voulant qu'Yseult aille droit son chemin,
Dans une tour Marc enferme la belle.
Que de Tristan la surprise est cruelle !
Il veut mourir de douleur et de faim.
Pour adoucir sa peine trop profonde,
Gouvernail perd, pendant plus de deux jours,
Tous ses efforts, tous ses tendres discours.
« Non, Gouvernail, non : puisque Yseult la blonde,
Disait Tristan, par moi doit tant souffrir,
D'elle privé, je n'ai plus rien au monde ;
Et je n'aurais nul regret à mourir,

Si j'eusse été sis à la Table ronde.
Je fus toujours exilé par le sort
De cette Table, objet de mon envie :
Ami, fais-moi porter, après ma mort,
Où je n'ai pu m'asseoir pendant ma vie ! »

Par la douleur le voyant oppressé,
Gouvernail tremble, et court au plus pressé.
Il sort, revient, et dit : « Bonne nouvelle !
Parmi les gens qui gardent cette tour,
J'en sais plusieurs qui plaignent votre amour ;
Vous entrerez ce soir chez votre Belle. »
Tristan l'embrasse, et se lève, et sourit.
Avec l'espoir il reprend l'appétit,
Déjeune bien, consent à dîner même,
Et dès le soir court revoir ce qu'il aime.
Les voilà seuls, dans leurs transports secrets,
Payant l'amour avec les intérêts !
Ces murs affreux, et ces créneaux antiques,
Et des verroux les cris mélancoliques,
Et ce mystère augmentent leurs désirs,
Tout dans ce lieu conspire à leurs plaisirs.
De leur prison, leur volupté s'enchante.
Si par hasard sous un sombre taillis
Vous voyez poindre une rose riante,
Vous goûtez mieux son touchant coloris,
Et vous courez, plus vif et plus épris,
Vous enivrer de sa grace odorante.
Mais vous savez enfin vous éloigner ;
Loin de la rose on peut vous entraîner :
Que les amans, hélas ! sont téméraires !
L'heureux Tristan, quand on vient l'avertir,
A ses amis refuse de partir :
« Il a, dit-il, encore des affaires. »
Il le fallut laisser à ses amours.
Rare destin : il fut heureux trois jours.
Mais il devait payer tant d'imprudence.
De son audace Andret eut connaissance,
Et fit si bien, ou plutôt fit si mal,
Que dans la nuit une troupe ennemie
Surprit enfin le chevalier loyal
Qui reposait dans les bras de sa mie.
Contre les gens qui le venaient saisir
Le chevalier fit peu de résistance.
Tristan était en habit de plaisir ;
Et ce n'est pas un habit de défense.
Yseult pleurait. Par des juges gagnés
Les deux amans à mort sont condamnés ;
Il est écrit, dans cet arrêt barbare,
Qu'ils périront dans un lieu différent.
Quoi ! s'écriait Yseult en soupirant,
Quoi ! pour la mort même l'on nous sépare !

L'instant fatal arrive. Mais, sitôt
Qu'on a tiré Tristan de son cachot,
Prompt à braver cent figures hagardes,
Il a, du poing, assommé deux des gardes.
Il en hérite, et, leurs glaives en main,
Vers une église il se fraie un chemin.
On l'y poursuit. Par un affreux carnage
Du temple saint il a vengé l'outrage ;
Mais, se voyant tout entouré de fer,
Il se fait jour encore avec l'épée,
Monte au sommet d'une tour escarpée
Qui dominait et la ville et la mer.
La vague, au bas, se brisait, furibonde.
Tristan, qu'on suit, invoque avec ferveur
L'amie Yseult, et son doux rédempteur,
Et, comme un trait, il s'est lancé dans l'onde.
Il disparaît, et les gardes émus,
Vont au roi Marc annoncer qu'il n'est plus.

O vous, amis si chers à la tendresse
De ce guerrier que votre bras délaisse,
Que faisiez-vous en ces momens affreux ?
Vous remplissiez le premier de ses vœux,
Et vous sauviez avant lui sa maîtresse.
Et Gouvernail et vingt amis rivaux
Ont arraché la reine à ses bourreaux ;
Puis, sans retard, ils courent avec elle
Où le danger de Tristan les appelle.
Il n'est plus temps ; tout le peuple effrayé
Peint ses regrets pour le héros noyé ;
Et, de la tour, sur cette mer profonde,
On ne voit rien que le désert de l'onde.
Rien ! dites-vous ? ô regards de l'amour,
Vous portez loin ! Dans l'excès de sa peine,
Yseult en pleurs voit, du haut de la tour,
Je ne sais quoi parmi la mer lointaine.
Elle regarde ; elle abjure son deuil :
C'est son amant sauvé sur un écueil.
Ainsi Tristan, ne perdant point courage,
Trouvait un port où l'on trouve un naufrage.
Heureusement les flots, alors amis,
Jouaient en paix avec un doux souris.
Montant bien vite une frêle chaloupe,
Incontinent, avec la noble troupe,
Qui la protège, Yseult, sans balancer,
Va de l'écueil sauver celui qu'elle aime.
C'est lui ! c'est elle ! ah ! quel bonheur suprême !
Entre ses bras Tristan peut la presser.
Yseult disait, dans son plaisir extrême :
« Je croyais bien ne plus vous embrasser. »

Les deux amans, après cette aventure,
Ont deviné qu'aux murs de Cintagueil
Ils recevront un fort mauvais accueil ;

Et du Morois la forêt vaste, obscure,
Prêta long-temps son ombre à leurs amours,
Qui leur semblaient réunis pour toujours.
Tout leur était plaisir, même la peine.
Yseult disait, de son ton noble et doux :
« Je suis bien mieux, pauvre, errante, avec vous,
Que si, sans vous, j'étais brillante et reine. »
Marc, vainement de la vengeance épris,
Du beau Tristan a mis la vie à prix.
Proscrit, souffrant les maux de l'indigence,
Tristan, le fils et l'héritier d'un roi,
Bravait ces maux à l'égal de l'effroi,
Et près d'Yseult chantait cette romance :

« Que me fait, si tu m'aimes bien,
Qu'un tyran jaloux nous menace !
Près de toi, Tristan ne craint rien :
L'amour double encor son audace.
Oui, que l'on cherche à m'opposer
Les efforts de toute une armée :
Je crois pouvoir la renverser
Devant Yseult la bien-aimée.

» Que me fait, si tu m'aimes bien,
D'être sans palais et sans gardes !
Je te vois : quel sort est le mien,
Surtout lorsque tu me regardes !
Sans courtisans, mais sans jaloux,
Dans ces bois notre ame est charmée,
Un lit de feuillage est si doux
Auprès d'Yseult la bien-aimée !

» Que me fait, si tu m'aimes bien,
Le laurier sanglant de la guerre !
Que me fait tout autre lien,
Que me fait la nature entière,
Si je respire ton amour
Dans ton haleine parfumée,
Si je suis jusqu'au dernier jour
Aimé d'Yseult la bien-aimée ! »

Un mois ainsi s'écoula tout entier :
Doux âge d'or, meilleur que le premier !
Plus d'une fois, punissant la poursuite
Des escadrons qui l'osaient provoquer,
Tristan les sut, presque seul, mettre en fuite.
On renonçait à l'aller attaquer.
Mais, certain jour qu'une ardeur téméraire,
Comme il chassait, l'a trop loin entraîné,
Certain guerrier, dont il tua le père
Dans un combat, le voit sur la bruyère,
Lassé, dormant ; et ce lâche adversaire
L'atteint au bras d'un trait empoisonné.
Tristan s'éveille, et sa vengeance est prête.

Du scélérat joint, saisi, terrassé,
Contre un sapin il a brisé la tête.
Mais retirant le trait qui l'a blessé,
Du noir poison la redoutable trace
Frappe ses yeux, étonne son audace.
« Oh ! se dit-il, Yseult va me guérir. »
Il est vers elle empressé d'accourir.
Dieu! Gouvernail, qu'un trouble affreux oppresse,
Lui dit qu'on vient d'arrêter sa maîtresse.
Vous vous doutez de son saisissement.
Il perd Yseult, ciel, et dans quel moment !
Pour ce héros quelle douleur cruelle !
Il craint pour lui, mais plus encor pour elle.
De le calmer cherchant quelque moyen,
Gouvernail part, et, dans la nuit, amène
De Cintagueil, la fidèle Brangien.
Tristan la voit; il lui crie : « Et la reine ?
— Ne craignez rien, dit Brangien, pour ses jours.
Quoiqu'irrité, Marc, qui l'aime toujours,
La fait garder, mais doucement la prie
De lui daigner octroyer ses amours,
Et je vous peux répondre de sa vie.
— Bien ! dit Tristan : je mourrai satisfait. »
Brangien l'observe, et lui dit : « En effet,
De Gouvernail le récit est fidèle,
Et votre plaie est,... peut-être, mortelle.
Mais puisque Yseult, qui saurait la guérir,
En ce moment ne peut vous secourir,
Que Gouvernail, ce soir, vous accompagne
Vers le pays de Petite-Bretagne.
Houel, un roi de ces bords peu lointains,
Dans son palais a pour fille accomplie
Une autre Yseult, qu'on nomme *aux blanches mains*,
Et qui dans l'art de dompter les venins
Égale presque Yseult de vous chérie;
Courez chercher son secours protecteur.
Oui, cette Yseult encor, je le parie,
Par son savoir peut vous sauver la vie.
Le nom d'Yseult doit vous porter bonheur. »

Le beau Tristan, que flatte ce langage,
A de Brangien accepté le présage.
Gouvernail, prompt autant que le danger,
Court retenir un navire léger
Qui sans délai s'approche du rivage.
Tristan s'embarque, et, par un temps serein,
S'en va chercher la santé vers la France.
La mort cruelle habite dans son sein;
Mais sur son front vit encor l'espérance.
Quitter sitôt l'objet qui l'a charmé,
Il ne le peut, il ne le veut pas même.
Il faut mourir quand on n'est plus aimé;
Mais le ciel doit la vie à ceux qu'on aime.

CHANT NEUVIÈME.

Mariage de Tristan.—Le val sans retour.—Rencontre imprévue.— Disparition plus imprévue encore.

J'aime beaucoup qu'une jeune Beauté
Sache créer une toile vivante;
J'aime beaucoup qu'avec légèreté
Sa main anime une harpe élégante;
J'aime beaucoup un rondeau bien chanté;
J'aime beaucoup une danse brillante :
Mais, des beaux-arts en respectant les droits,
J'aime encor mieux des Belles d'autrefois
L'instruction vraiment compatissante.
On instruisait, aux jours des chevaliers,
Tous ces messieurs à protéger les femmes;
Mais, en retour, demoiselles et dames
Possédaient l'art de sauver les guerriers :
Elles soignaient leurs illustres blessures,
Et des combats réparaient les injures.
Les Machaons, vantés depuis, avant,
Ne valaient pas, malgré leurs soins fidèles,
Ne valent pas, malgré leur art savant,
L'art et les soins et la pitié des Belles ;
Et je suis sûr qu'on guérissait souvent
Du seul plaisir d'être soigné par elles.

Tristan allait céder au noir poison,
Quand il parut chez Houel, roi bonhomme.
A ce monarque il ne dit pas son nom :
Il s'est montré; c'est mieux que s'il se nomme.
Son air, son ton, son péril décidé,
Tout garantit le secours qu'il demande.
Quand à sa fille Houel le recommande,
Déjà près d'elle il est recommandé.
Cette autre Yseult, belle, douce, innocente,
Pour protéger celui qu'on lui présente,
Avec plaisir, de ses charmantes mains,
De la blessure exprime les venins,
Et sur Tristan reposant sa pensée,
En le voulant guérir, en est blessée.
Le chevalier, bien mieux de jour en jour,
L'aimerait trop sans un premier amour;
Mais, se plaisant à la voir, à l'entendre,
Pour elle il sent l'intérêt le plus tendre.
Après deux mois il guérissait enfin,
Lorsque d'Houel un très mauvais voisin,
Plein d'une audace à ce prince fatale,
L'attaque un jour et le bat, et soudain
Vient l'assaillir jusqu'en sa capitale.

5

Le fils d'Houel, le jeune Kéhédin,
Étant blessé, les soldats, sans courage,
Le pauvre Houel le perdait tout à fait,
Lorsque Tristan, acquittant son bienfait,
Sort presque seul, fait un affreux carnage
Des ennemis que l'espoir protégeait.
Il les poursuit ; et leur chef, noble et brave,
Franchit bientôt les murs qu'il assiégeait,
Captif du roi qu'il croyait son esclave.
Houel, ému d'un service si grand,
Pour s'acquitter ne savait comment faire ;
Lors Kéhédin, non moins reconnaissant,
D'un bon moyen crut instruire son père.
« Ce chevalier, ce généreux vainqueur,
Est, lui dit-il, amoureux de ma sœur.
J'en suis bien sûr : le jour, et la nuit même,
Il parle seul, plein d'une ardeur extrême.
Yseult ! dit-il, Yseult ! ô doux trésor !
Yseult, Yseult, répète-t-il encor. »
D'après cela, connaissant la vaillance,
Et même instruit de la haute naissance
De ce héros, le croyant plein d'amour
Pour cette Yseult, honneur de sa famille,
Par qui Tristan est vanté chaque jour,
Un beau matin, devant toute sa cour,
Le bon Houel offre à Tristan sa fille.

Depuis long-temps, de l'éclat indiscret
Qu'il avait fait auprès d'Yseult la Blonde,
Tristan sentait un repentir secret.
D'un tel éclat, peut-être murmurait
Maint chevalier sis à la Table ronde.
Tristan avait, par maint ardent transport,
Troublé l'honneur et les jours de sa dame.
Souvent aussi d'un assez vif remord
Son oncle Marc venait frapper son ame :
A le bien prendre, un mari n'a pas tort
Quand pour lui seul il veut garder sa femme.
A ces motifs pensant tout à la fois,
De tant de maux pour détruire la cause,
Le chevalier, quelques momens sans voix,
Accepte enfin le bien qu'on lui propose.
Des jours passés étouffant le regret,
Il admirait d'Yseult aux mains charmantes
Le port, les traits, les graces avenantes,
Et crut l'aimer, tant il le désirait.

Brillant et pur, sous un heureux présage,
De l'hyménée enfin le jour a lui.
Ce jour, Houel, qui vivait en veuvage,
Sans nul témoin prend sa fille avec lui.
Sur d'autres points sa fille assez savante,
En fait d'hymen était fort ignorante.

Le sage Houel, qui de rien ne l'instruit,
Dit seulement : « Dans ce nœud qui m'enchante,
Douce le jour, sois douce aussi la nuit.
Aime Tristan : peut-être ses manières
Te paraîtront quelque peu singulières.
Songe qu'un saint a dit ces mots sensés :
« A vos maris, femmes, obéissez. »
La simple Yseult répondit : « Mon cher père,
A mon époux en tout je veux complaire. »
Tous deux vont joindre et Tristan et la cour.
Banquet pompeux, fête bien disposée.
Mais on s'évade avec la fin du jour ;
Le héros trouve au lit son épousée.

Le luminaire était clair et brillant.
Tristan observe air doux, œil attrayant ;
Mille beautés qui ne font que d'éclore,
Et dans la nuit il croit voir une aurore.
Yseult lui plaît. Tristan l'embrasse ; mais
Comme son cœur formait d'autres projets,
De l'autre Yseult le souvenir funeste
Vient lui ravir la volonté du reste.
Glacé soudain, dans son trouble il croit voir
La blonde Yseult, de son cœur non bannie,
Qui lui défend qu'à l'Yseult de ce soir
Il fasse rien qui tourne à félonie.
Il obéit. O censeurs rigoureux,
Souvenez-vous de son *boire amoureux*.
En sa naïve et touchante innocence,
La jeune épouse ignore cette offense ;
Et, lui donnant un baiser chaste et doux,
S'endort contente aux bras de son époux.
Le lendemain, dames et demoiselles,
De cette nuit dont chacune augurait,
Viennent tout bas demander des nouvelles.
Tristan, modeste, et, pour raison, discret,
De son bonheur garda bien le secret.
Yseult aussi, décente autant que sage,
Ne savait rien, n'en dit pas davantage ;
Et seulement, quand Houel, sur son sort,
Interrogea cette fille si chère ;
« Monsieur Tristan, dit-elle, m'aime fort ;
Pour lui je sens une amitié sincère.
Mais vous m'aviez sur lui fait peur à tort :
Mon époux est très poli, mon cher père. »

Tristan six mois fut tout aussi poli ;
Et cependant on vante sa tendresse,
Et Gouvernail, qu'il n'a pas averti,
Croit que la femme a vaincu la maîtresse.
Aussi quels soins, quels égards redoublés,
Pour son épouse étaient accumulés !
Son zèle, en tout, s'empressait de lui plaire ;

Et ne pouvant, par un destin jaloux,
Lui témoigner des tendresses d'époux,
Il lui vouait une amitié de frère.

Mais vous sentez que de Tristan, enfin,
La blonde Yseult dut apprendre l'hymen ;
D'un air moqueur et d'une voix cruelle,
Marc à sa femme en donna la nouvelle.
Yseult a peine à cacher ses douleurs ;
Mais, seule enfin avec Brangien fidèle,
La pauvre Yseult laisse éclater ses pleurs.
« Il se peut bien ! Tristan, Tristan, dit-elle,
Avez-vous eu le cœur de me trahir !
Si c'est ainsi, je n'ai plus qu'à mourir ;
Et j'ai l'espoir qu'avant qu'un mois se passe
Monseigneur Dieu me fera cette grace. »

En attendant, en son premier transport,
Yseult écrit à Genièvre, la reine,
Que dès long-temps elle connaissait fort,
Pour lui conter son malheur et sa peine.
Du beau Tristan Genièvre prit très mal
Un procédé de si mauvais exemple.
A Lancelot, sur ce trait déloyal,
Genièvre fit un sermon assez ample.
Lancelot dit : « Je ne saurais nier
Que ce trait-là me paraît singulier ;
Mais de Tristan, dans toute circonstance,
J'ai tellement vu vanter la vaillance,
La loyauté, j'ai moi-même aujourd'hui
Tant de raisons de me louer de lui,
Qu'à prononcer, franchement, je balance.
Sans l'avoir vu, je suis à le blâmer
Moins disposé mille fois qu'à l'aimer.
Quelque raison que l'on n'a pu connaître
Au premier jour l'excusera peut-être.
Son noble père, absent depuis six mois,
Et dont ici l'amitié s'inquiète,
Méliadus, pourrait fort bien, je crois,
Nous expliquer cette cause secrète.
Quoi qu'il en soit, d'Yseult l'amant chéri
Ne sera point en amour mon modèle.
Je ne sais pas si je suis plus hardi ;
Mais je suis sûr d'être bien plus fidèle. »

Méliadus, quoique déjà vieilli,
Bravant le temps qui l'avait affaibli,
Était toujours un preux plein de mérite.
O mes amis, que je vous félicite !
Et quel bonheur pour vous que le hasard
N'ait pas de moi fait un maudit bavard !
Méliadus, sur la terre française,
Errait sans cesse et par monts et par vaux.

Ainsi que lui couraient trente héros.
J'allége un peu leur mérite qui pèse.
Tous ces guerriers, bien reliés en veau,
L'un portant l'autre, ont un in-folio,
Et je leur donne entre eux tous un in-seize.
Ce plan me doit dispenser des longueurs.
Que de géans, de combats, de blessures,
De grands exploits, de belles aventures
Dont je fais grace à mes amis lecteurs !
Méliadus cependant en eut une
Que je dois dire, et qui n'est pas commune :
De tous côtés ce prince ayant en vain,
Selon le vœu d'Artus, cherché Merlin,
Vit en Bretagne, et non pas dans la grande,
Dans la forêt dite Brocéliande,
Certain poteau qui, retenant les pas,
Au voyageur disait : Ne passez pas.
« Ne passez pas ! » Son écuyer fidèle,
Né sur ces bords, lui répond sur ce point :
« Sire, voyez ce vallon ; on l'appelle
Val sans retour : car on n'en revient point.
Détournons-nous ; cette route est mortelle.
— Me détourner ! répond Méliadus ;
Plutôt mourir ! Toi, je l'ordonne, reste,
Reste en ce lieu. Si je ne reviens plus,
Cours à mon fils dire mon sort funeste.
Du Léonais qu'il devienne le roi.
Déjà sa gloire a flatté ma tendresse ;
Déjà fameux, qu'il le soit plus que moi,
Et que mon nom sous le sien disparaisse ! »

Il dit, le quitte, entre au sombre vallon,
Tout vieux qu'il est, cherchant la renommée.
Serré de près par un mur de fumée
Qui lui venait donner sur le talon,
Il va toujours. Une hyène, une louve,
L'ont assailli. Les terrassant, il trouve
Devant ses pas un chemin dangereux,
Sans en pouvoir changer à gauche, à droite :
C'était un lac profond, sinistre, affreux,
Qui, pour passage, aux pieds aventureux
Ne présentait rien qu'une planche étroite ;
Elle était longue, et, de l'autre côté,
Deux fiers géans gardaient l'extrémité.
Quelle que soit cette difficulté,
Sans hésiter Méliadus l'aborde.
Ce roi vaillant s'avance, encor dispos.
Sur cette planche avouons qu'un héros
Avait un peu l'air d'un danseur de corde.
Les deux géans l'attendaient cependant.
Méliadus, d'une ardeur sans seconde,
A l'un d'entre eux détache un lourd fendant
Digne d'un preux sis à la Table ronde ;

Mais, hâtant trop son effort imprudent,
Il l'a manqué, glisse, et tombe sous l'onde.
Faut-il le dire? hélas! avec des crocs
On retira ce prince, ce héros;
Et l'existence à peine est revenue
Au pauvre roi gisant sur le gazon,
Que sur sa tête une double massue
Par les géans est encor suspendue.
« Il faut te rendre, ou tu meurs, lui dit-on. »
Méliadus, qu'aucun péril n'alarme,
Voudrait toujours lutter. Du premier coup
On l'étourdit, et puis on le désarme.
Incontinent, sans consulter son goût,
On le conduit en un jardin immense
Où ce héros, qui s'étonne beaucoup,
A rencontré des gens de connaissance.

Son écuyer, quand il l'eut attendu
Deux jours durant, le croyant bien perdu,
Jusques à Londre alla crier vengeance.
Mais cent guerriers tour à tour accourus
Et dans ce val tour à tour disparus,
Aux plus hardis donnaient de la prudence.
Lancelot seul, cherchant Méliadus,
Ose braver le val sans espérance.
Tristan naguère, en de brillans combats,
De Lancelot reconquit les états :
Lancelot veut, ou du moins il espère
Rendre à Tristan Méliadus son père.
Il est parti. Le voyez-vous venir,
Et s'avancer vers l'enceinte fatale?
Genièvre en vain l'a voulu retenir;
Alcide fut retenu par Omphale.
L'inscription célèbre en ces forêts
Disait toujours aux héros indiscrets :
Ne passez pas. Lancelot, pour la lire,
S'est approché, puis il se prend à dire :
« Ne passez pas! cela n'est point français. »
Il a franchi l'enceinte redoutable,
Voit les dragons, les abat sur le sable;
Lors, sur la planche offerte à son regard
Ayant couru d'un pas agile et libre,
Sur un géant percé de part en part,
En arrivant, il prend son équilibre.
L'autre géant, aussitôt survenu,
Veut le frapper; mais il est prévenu.
Ayant occis ces monstres redoutables,
Lancelot marche, et voit sur son chemin
Une forêt, aux arbres innombrables.
Il y pénètre... ô prodige soudain!
A son approche agitant son feuillage,
Sans loyauté, chaque chêne voisin
S'est rapproché pour le prendre au passage.

D'un tel péril il peut être alarmé;
Car la valeur ici n'a nul mérite.
Derrière lui le chemin est fermé.
Que faire? aller devant lui, mais bien vite.
Tantôt tout droit, tantôt par un détour,
A droite, à gauche, il saute tour à tour,
Pour échapper aux arbres qu'il redoute.
Malgré ces soins, ce valeureux guerrier
Etait perdu, sans un gros marronnier
Qui s'était mis trop lentement en route.
Voilà pourtant qu'il aperçoit la fin
De la forêt singulière et funeste :
Courant plus vite, il la franchit enfin,
Presque saisi par un frêne assez leste
Qui le voulait presser contre un sapin.

De ce péril délivré, non sans joie,
Lancelot voit un très beau pavillon
Dont, tout en feu, le superbe perron
Ne laisse aux pas rien qu'une étroite voie.
Mais c'est trop peu qu'égal aux plus vaillans
Sans se brûler sur cette ligne on passe :
Sur le sommet du perron, trois géans
De leur massue élèvent la menace.
Croit-on pouvoir effrayer Lancelot?
Il a tenté ce périlleux assaut.
Son bouclier, dont il couvre sa tête,
Semble des coups attendre la tempête :
Mais, au moment où tous trois sont portés,
Lancelot sait, par un pas en arrière,
Tromper l'espoir des géans irrités.
Chaque massue a pesé sur la pierre.
Sans leur laisser le temps de la lever,
Le chevalier, de sa terrible lame,
Pourfend l'un d'eux, jette l'autre en la flamme,
Et le troisième est prompt à s'esquiver.
Mais Lancelot, plein d'une ardeur extrême,
L'a poursuivi dans le pavillon même.
Là que voit-il? Ciel! de ses yeux émus
Il reconnaît Morgain, la sœur d'Artus,
Sœur très cadette, et l'élève chérie,
Du vieux Merlin par qui, de la magie
Quelques secrets d'elle ont été connus.
Autre secret : Morgain était jolie.
Lors elle dit de sa plus douce voix :
« Beau chevalier, c'est moi qui vous en prie,
Arrêtez-vous; c'est bien assez d'exploits.
Brillant vainqueur, calmez votre furie. »
Guerrier souvent rempli de courtoisie,
Notre héros en eut peu cette fois.
La fée, en vain, pour rester triomphante,
De mille attraits se faisant un appui,
Offre à ses yeux une taille élégante,

D'un joli pied la promesse riante,
Un sein charmant qui bat... et bat pour lui ;
Partout des lis embellis par des roses.
Plus d'un vainqueur, sensible à de tels soins,
Eût accepté toutes ces belles choses,
Et j'en connais que l'on arrête à moins ;
Mais, à ses vœux voulant bien se soumettre,
Genièvre enfin l'a payé de retour,
Et, de plaisirs l'enivrant chaque jour,
Lui donne plus qu'on ne peut lui promettre.
Puis la magie épouvantant l'amour ;
Et même encor, de nos jours, *les sorcières*
Fort rarement trouvent des téméraires.
Quoique Morgain fût bien assurément,
Le chevalier a bravé tous ses charmes :
Sans s'arrêter il poursuit le géant,
Auquel bientôt viennent joindre leurs armes
Cinq des plus fiers. A ce choc effrayant
La fée ajoute, apparemment pour plaire,
Une tempête, un tremblement de terre,
Et le tonnerre en accompagnement.
On croirait presque ouïr les symphonies
Qu'en nos concerts, avec tant d'agrément,
De la musique évoquent les génies ;
Compositeurs qui braveront le temps,
Tous immortels, au moins pour quarante ans.
Dans ce chaos de bruit et de prodiges,
Tout autre aurait éprouvé des vertiges ;
Mais Lancelot jamais ne craignit rien.
Sûr de son glaive, il s'en sert, et si bien
Que cinq géans par sa valeur succombent,
Et sur le sol, qui chancelait, ils tombent.
Or le dernier espérait l'immoler,
Et sait d'abord le faire chanceler ;
Mais Lancelot, punissant son audace,
D'un coup terrible a pénétré son sein ;
Et le géant s'est écroulé soudain,
Comme un ministre au jour de sa disgrace.

Incontinent son œil, qui cherche en vain
Le pavillon et le mur de fumée,
Voit, à la place, affranchis par sa main,
Cent chevaliers, de qui l'ame est charmée ;
Et Palamède, et Mordrec si hautain,
Méliadus, messire Lac, Yvain :
Mais ce n'est pas ce qui sait mieux lui plaire.
Il reconnaît avec un doux transport
Ses deux cousins, Lyonnel et Boort,
Qui, comme lui, dépouillés de leur terre,
L'avaient cherché d'abord en Angleterre,
Puis en Bretagne avaient porté leurs pas
Vers ce cousin qu'ils aimaient comme un frère.
Il les embrasse, et leur disait : « Claudas,

Grace à Tristan, a rendu nos états, »
Quand tout à coup, au milieu d'une nue
Qui s'épaissit parmi les assistans,
Ce fier vainqueur disparaît à la vue
Des chevaliers et de ses deux parens.
Tel, bien plus tard, de la Sudermanie,
Astre brillant, couronnant ses exploits,
Gustave-Adolphe, aux champs de Germanie,
Trouva la gloire et la mort à la fois.
Et cependant en pareille occurrence,
N'abjurons point si vite l'espérance.
Après un choc dont s'honorait son bras,
On vit ainsi Gustave disparaître,
Et le malheur est qu'il n'en revint pas ;
Mais Lancelot en reviendra peut-être.

CHANT DIXIÈME.

Perceval le Gallois. — La belle sérieuse. — Le voisin. — Gauvain reparaît.

Vous qui suivez le fil de mes discours,
Ne croyez pas qu'impunément toujours
On poursuivit les belles aventures.
Ah ! des combats en ces terribles jours,
Peu de héros ignoraient les injures.
Ces chevaliers que la terre admira,
Offraient vraiment un peu de différence
Avec ces preux de drame et d'opéra
Qui sans danger signalent leur vaillance,
Et que l'on voit tomber, mourir exprès,
Pour se porter bien mieux l'instant d'après.
Souvent les miens, nonobstant leur rondache,
Avaient, gardaient coup d'épée ou de hache.
En s'illustrant, beaucoup, dans les combats
Laissaient la vie, et beaucoup plus, les bras.
La Table ronde, en ces jours homicides,
Devait très bien, au moment du repas,
Représenter l'hôtel des invalides.
On payait cher le rang de chevalier,
Et je pourrais sur ce noble métier...
Mais, chut ! je fais de la chevalerie :
Ne faisons pas de la philosophie.

En ce temps-là, des guerriers triomphans,
Long-temps au moins, dans le pays de Galles,
Néowiston et deux de ses enfans,
Avaient péri dans des luttes fatales.
Un seul restait ; et la veuve, du moins,
A le garder employait tous ses soins.
Toujours livrée à de tendres alarmes,
Elle éloignait le jeune Perceval

De la pensée et du péril des armes.
Dans un château bâti tant bien que mal,
Le jouvencel, sans projet et sans terme,
Coulait ses jours, visitait maint vassal,
Ne combattant que le faible animal
Que cache un gîte ou qu'un terrier renferme,
Et n'avait onc su monter de cheval
Qu'un de ceux-là qui servaient à la ferme.
En le voyant ignorer les combats,
Quoique déjà sa taille et son visage,
De beaux exploits parussent le présage,
Sa mère était s'applaudissant tout bas;
Mais rarement les destins tutélaires
Ont secondé l'espérance des mères.
Dans la forêt, un jour que Perceval
Avait été dresser une pipée,
Voilà soudain que sa vue est frappée
Par un spectacle à ses yeux sans égal :
Trois chevaliers, aux armures brillantes,
Venaient, montés sur de beaux destriers
Dignes en tout de leurs maîtres guerriers.
En admirant les graces imposantes
Des inconnus, Perceval enchanté,
Au devant d'eux sans façon s'est porté ;
Puis il leur fait cent questions diverses.
Eux, souriant à sa simplicité,
Ont au jeune homme à l'envi raconté
De leur état les droits, la majesté,
Et les succès, et même les traverses.
En le voyant ferme dans son maintien,
Content de tout, ne s'effrayer de rien,
L'un d'eux lui dit cette ballade antique,
Qui double encor son ardeur héroïque :

rajeunie.

*

« Vous qui voulez l'ordre de chevalier,
Il vous convient mener nouvelle vie,
Dévotement en oraison veiller,
Fuir tous péchés, et surtout félonie.
Garder l'Église, être grand justicier,
Au pauvre peuple être courtois et tendre,
Sauver la veuve et l'orphelin défendre,
Ainsi se doit gouverner chevalier.

» Il doit partout poursuivre avec ardeur
Dangers brillans, faits de chevalerie;
Guerrier loyal, être grand voyageur,
Suivre tournois et jouter pour sa mie;
Bien et souvent des présens octroyer,
Et donner tout, si le cas le réclame,
Hors le secret et l'amour de sa dame :
Ainsi se doit gouverner chevalier.

» Incessamment amassant des soldats,
Un conquérant dévore ses armées :
Un chevalier, armé de son seul bras,
Va rassurer les nations charmées.
Pour l'opprimé constamment s'oublier,
Punir les torts ou calmer les querelles,
Partout se faire aimer, même des Belles :
Ainsi se doit gouverner chevalier. »

Le jouvenceau, ravi de leur langage,
Sent dans son cœur s'éveiller le courage.
Il leur rend grace, il les quitte, et, courant,
En arrivant chez sa mère, il s'écrie :
« Adieu le soc ! adieu la bergerie !
Je veux l'état de chevalier errant. »

La pauvre mère, interdite et tremblante,
A Perceval vainement représente
Tous les périls auxquels il va s'offrir.
N'écoutant rien qu'une ardeur téméraire,
Comme son père il prétend donc mourir !
Il prétend donc abandonner sa mère !
« Je reviendrai souvent entre vos bras,
Dit Perceval. Quelle crainte frivole !
Je vous réponds qu'on ne ne me tûra pas,
Et vous en donne en ce jour ma parole. »
Une autre eût ri : la mère ne rit pas.
Voyant son fils, amoureux des combats,
Chanter toujours la ballade héroïque,
Elle se flatte encor de l'arrêter,
De le guérir, par ce récit antique,
Qu'elle eut grand'peine à lui faire écouter :

« Érec, beau chevalier, encor plus intrépide,
Long-temps dans les combats avait semé l'effroi.
Un jour il fut vaincu, mais par la jeune Énide ;
Il lui soumit son cœur, il lui donna sa foi.

» Dès lors, dans son château menant heureuse vie,
Et du nœud de l'hymen chérissant les douceurs,
Le héros, enchanté des attraits de sa mie,
En trouvait beaucoup moins aux combats destructeurs.

» De nouveaux chevaliers goûtaient peu son système,
Plus d'un ami d'Érec l'abandonnait, confus.
Érec en souriait, quand Énide elle-même
Se plaignit, en pleurant, qu'on ne le vantait plus.

»—Oui, la guerre à vos yeux a perdu tous ses charmes,
On va m'en accuser; je le crains, je le vois. »
Érec enfin répond : « Qu'on prépare mes armes ;
» Demain je pars, madame, et vous mène avec moi. »

» On part au point du jour. Énide dans son ame
Renferme sa surprise et son naissant effroi,
Les époux auprès d'eux n'ont écuyer ni dame.
Énide suit Érec sur un grand palefroi.

» Vaguant dans les détours d'une forêt sauvage,
On court, on dîne mal, et l'on ne soupe pas.
Pour la première fois, sur un lit de feuillage,
Énide a reposé ses membres délicats.

» Bien qu'un peu singulier, cela semblait lui plaire ;
Mais, quand deux jours, trois jours, il faut recommencer,
Énide sent déjà, dans cette vie austère,
De ses goûts belliqueux le charme s'effacer.

» Érec n'y prend pas garde. Il court aux aventures,
Attaque des géans qui songeaient à dormir.
Pour prix de dix exploits, il reçoit dix blessures
Qu'Énide peut soigner, mais ne peut pas guérir.

» Elle voudrait d'Érec modérer le courage ;
Mais ce vrai chevalier, affrontant le trépas,
Erre, malgré la neige et les vents et l'orage,
Et la tremblante Énide est toujours sur ses pas.

» Aux noirs regrets qu'Énide en son ame recèle,
Vient se joindre bientôt une juste douleur :
Un jour, dans une source, elle se voit moins belle.
Dites : pour quelle femme est-ce un petit malheur ?

» Mais de plus grands, hélas ! tous les jours la menacent.
Ce terrible lion qu'elle sut déchaîner,
Ce héros triomphant, dont les forces se lassent,
Loin des combats sanglans rien ne peut l'entraîner.

» Un soir que l'ouragan redoublait ses injures,
Ce guerrier sans pareil, dont la gloire éblouit,
Cède au froid, à la faim, et surtout aux blessures.
Près d'Énide éperdue Érec s'évanouit.

» Que faire en un désert ! quelle cruelle attente...!
Il ouvre enfin les yeux. « J'ai montré ma valeur,
Dit-il ; j'ose penser que vous êtes contente ? »
Énide à cet accent jette un cri de douleur.

» Adieu ma chère Énide. Érec, qui vous pardonne,
Regrette en vous l'objet qui l'avait su charmer... »
Elle reçoit Érec que la force abandonne,
Et ne sent plus ce cœur qui battait pour l'aimer.

» A cet aspect de mort, la malheureuse Énide
Arrache ses cheveux, et déjà sur son sein,
Fidèle à son ami, lève un fer homicide,
Quand un nouveau géant vient arrêter sa main.

» Il veut la consoler de sa peine cruelle :
Puis, la trouvant jolie, il le veut encor plus.
Dans son château voisin il la mène, et la Belle
Suit, en pleurant, l'objet de ses pleurs superflus.

» Le géant était vif : le voilà qui s'enflamme.
Bravant les pleurs d'Énide, et même son courroux,
Il mande un aumônier, veut la prendre pour femme
Devant le corps glacé de son vaillant époux.

» Comme elle rejetait cette chaîne nouvelle,
Il s'emporte, il s'égare, il ose l'outrager ;
O prodige ! à la voix d'Énide qui l'appelle,
Érec, ouvrant les yeux, renaît pour la venger.

» Il se lève soudain comme un pâle fantôme ;
Il court sur le géant étonné de frémir,
Et l'envoie à l'instant dans le sombre royaume
D'où l'on ne pensait pas qu'Érec dût revenir.

» Le géant méritait une fin si terrible.
Aussi nul ne le venge après qu'il a vécu.
Le vainqueur, épuisé par cet effort pénible,
Avait besoin de calme au séjour du vaincu.

» Pour son époux Énide a signalé son zèle.
Érec est mieux déjà ; mais d'abord qu'il est bien,
Ah ! seigneur, retournons à *la maison*, dit-elle.
Érec fut généreux, il ne répondit rien.

» Il remplit ce désir, coula des jours prospères
Avec sa femme, enfin rendue à la raison.
On peut trouver la gloire aux *terres étrangères* ;
Mais la félicité réside à *la maison*. »

« Ah ! quelque jour j'y reviendrai, ma mère,
Dit Perceval, mais servez mes projets ;
Oui, quelque jour je chérirai la paix,
Quand je serai célèbre par la guerre. »
Las ! elle voit tous les discours perdus,
Et, se rendant à ses vœux téméraires,
Lui dit : « Va donc trouver le grand Artus ;
Sois chevalier aussi bien que tes pères.
Peut-être, enfant, Dieu te protégera :
Fais ce que dois, advienne que pourra ! »
Et cependant pour lui la pauvre mère
Invoque Dieu de toute sa prière.
Elle lui donne alors mainte leçon
Sur ses devoirs, surtout envers les femmes.
Elle lui dit : « Tout guerrier est félon
S'il ne respecte et ne défend les dames.
Si, par hasard doucement advenu,
D'une pucelle on se voit bien venu,
Il est permis, mon fils, de lui surprendre
Quelques baisers. Un noble jouvenceau
Accepte même un ruban, un anneau ;
Mais, en honneur, c'est tout ce qu'il peut prendre. »

De ces conseils bien muni, Perceval
L'embrasse, et part sur un petit cheval
Qui n'avait fait la guerre de sa vie,
Et qui, je crois, n'en avait nulle envie.
L'adolescent, égaré dans les bois,
Dort sans souper pour la première fois.
Le lendemain l'appétit le réveille.
Il aperçoit un joli pavillon ;
Il s'en approche, il entre sans façon,
Et voit, couchée, une jeune merveille.
Il croit vraiment voir un ange des cieux.
Elle était seule ; elle en était bien mieux,
Le doux sommeil avait clos sa paupière.
Avec grand bruit osant la réveiller,

« Belle, dit-il, je viens vous saluer,
Pour obéir à ce qu'a dit ma mère. »
Un chevalier plus sage ou plus galant
L'aurait du moins réveillée autrement.
Très justement surprise, la pucelle
Ouvre ses yeux, qu'une vive frayeur
Ne rendait pas moins charmans : « Ah! dit-elle,
Sauve-toi vite, ou *monsieur monseigneur*,
S'il revenait, te chercherait querelle. »
Perceval dit : « Pourquoi tant me presser?
Je partirai, si cela peut vous plaire;
Oui, mais avant je veux vous embrasser,
Pour obéir à ce qu'a dit ma mère. »
La Belle en vain lui dit de n'en rien faire :
Il veut user de ses prétendus droits.
Il était beau, bien qu'il ne fût courtois;
Et, nonobstant et menace et prière,
L'adolescent remplit plus de vingt fois
L'intention de madame sa mère.

Dans le débat, je ne sais pas comment
Notre pucelle, en voulant se défendre,
Perd son anneau. Perceval le prenant
Lui dit : « Voilà qui peut encor se prendre. »
Se fâchant peu, sur lui d'après cela
Notre pucelle avait quelque espérance.
Lorsque je dis pucelle, ce nom-là
Ne tirait pas alors à conséquence.
Mais au moment où, malgré sa vertu,
Cette beauté, très facile à soumettre,
Goûtait beaucoup son amant impromptu,
Et paraissait vouloir tout lui permettre,
Perceval dit : « Je suis vraiment confus,
Et crains d'avoir été trop téméraire.
Rassurez-vous : ne ferai rien de plus,
Pour obéir à ce qu'a dit ma mère. »

Ce fut alors que la belle gémit.
Sans l'écouter, voyant la table prête,
Notre Gallois, surchargé d'appétit,
D'un déjeuner prend une part honnête;
Puis il s'éloigne, et, sans s'arrêter plus,
Suit le chemin qui conduit vers Artus.
De Carduel, où se trouvait ce prince,
Il approchait, quand un grand chevalier,
A l'écu noir, au superbe coursier,
Considérant son costume très mince,
D'un air altier haussa soudain la voix :
« Quel est ton but? Où vas-tu, villageois?
— Je vais, répond Perceval sans alarmes,
Devers Artus, le plus noble des rois,
Lui demander de m'accorder tes armes;
Elles sont fort de mon goût. — En ce cas,

Demande-lui, par le même message,
Mais de ma part, son sceptre et ses états,
Qu'il doit de moi tenir en vasselage.
— Soit, répondit Perceval; mais aussi
Tu voudras bien un peu m'attendre ici.
— Oui, je t'attends; pars, et bientôt m'annonce
Qu'Artus de moi se reconnaît vassal.
— Je te promets, répondit Perceval,
De t'apporter bientôt notre réponse. »

Lors il s'en va sur son petit coursier
A Carduel. Artus était à table.
Lui, sans vouloir quitter son destrier,
Se fait montrer ce prince respectable.
Il s'en approche, et du noir chevalier
Lui dit l'audace et le défi coupable.
« Mais, reprend-il, je m'en vais le punir;
Et pour cela, grand Artus, je vous prie,
Accordez-moi, sans trop me retenir,
L'ordre sacré de la chevalerie;
Car j'ai promis de bientôt revenir. »
D'un tel discours le monarque s'étonne
Et ne dit mot; mais Queux, toujours bavard,
Dit en riant : « Tu nous la gardes bonne.
C'est bien à toi que d'abord un départ
Un tel honneur! Voyons, sais-tu combattre?
Sais-tu lutter? — Peu, répond Perceval;
Mais je crois bien que je saurai te battre.
— Me battre, toi! — Mais à pied, à cheval,
A ton vouloir. » Le joufflu sénéchal
Pour s'expliquer ne trouve pas de terme.
« Me défier! ce pâtre, ce vassal,
Tout récemment arrivé de sa ferme! »
L'autre répond : « Vous me le faites voir;
Un peu trop haut j'ai porté mon espoir.
Oui, j'ai trop tôt témoigné mon envie
De prendre rang dans la chevalerie.
Il faut, avant, mériter cet honneur.
Mais j'ose en vous entrevoir un seigneur
Qui va m'aider à cela, je parie.
Dans ce combat, vous dérogerez peu.
D'un roi, dit-on, je suis propre neveu;
Mais de ce point guère ne me soucie. »
Le sénéchal, qu'on voyait hésiter,
Ne savait pas s'il devait accepter;
Mais Artus même est forcé de conclure
Qu'on doit le choc quand on a fait l'injure.
« Dépêchons-nous, dit le pâtre : on m'attend. »
Tout aussitôt Queux se met en défense.
Il espérait un succès éclatant
Contre un rival privé d'expérience;
Mais il se vit détromper à l'instant :

Car Perceval, du premier coup de lance,
A douze pas l'envoya palpitant.
Au sénéchal, le vainqueur, qui s'élance,
Dit : « Vous voilà, messire, en ma puissance.
Je vous pourrais tuer ; mais je n'y pense,
Et seulement vous serez l'écuyer
De Perceval, qui n'est pas chevalier. »

A cet arrêt d'une justice heureuse,
Voilà qu'on rit d'une commune voix.
Une pucelle, au très joli minois,
Qu'on appelait *la Belle sérieuse*,
Sourit alors pour la première fois.
Queux, s'irritant, à la frapper s'apprête ;
Mais Perceval le rappelle et l'arrête.
« Marchons, dit-il, écuyer. » Perceval
De Queux soumis prend le brillant cheval,
Et, lui cédant sa chétive monture,
Du guerrier noir va chercher l'aventure.
Tout Carduel en riant regardait
Le sénéchal de fort triste figure,
Qui cheminait sur un petit bidet.
Le guerrier noir voit à la fin paraître
Et s'avancer l'écuyer et le maître.
Or Perceval, d'abord qu'on l'entendit,
D'un ton altier lui fit cette requête :
« Çà, donnez-moi vos armes ; je l'ai dit ;
Craignez, mon cher, que je ne le répète. »

Le guerrier noir d'un grand coup l'étourdit ;
Mais Perceval, qu'on n'étourdissait guère,
Reprend d'abord ses sens et sa colère,
Et fait si bien que sans autre retard
Son ennemi, percé de part en part,
Est tombé mort. Stupéfait, en silence,
Queux admirait un si beau coup de lance,
Quand Perceval dit : « Monsieur l'écuyer,
Je ne veux pas que votre main se rouille ;
Apportez-moi ces armes, ce cimier,
Et du défunt ceignez-moi la dépouille. »
Il faut céder ; et Queux, de Perceval
Tout de son mieux dirige la toilette.
Quel métier ! ciel ! et pour un sénéchal !
Elle n'était encor qu'à demi faite,
Quand des guerriers envoyés par Artus
Sont en ce lieu par malheur survenus.
On voit de Queux la mission fâcheuse,
Et ce seigneur traité presque aussi mal
Que récemment lui-même, un peu brutal,
Voulait traiter *la belle sérieuse*.
Quand tout fut mis, hors les éperons d'or,
Droit réservé pour la chevalerie,

Perceval dit : « Je pourrais bien encor
Vous retenir, mais c'est chose finie.
Allez, plus sage en vos propos charmans,
Au grand Artus faire mes complimens,
Et de ma part surtout allez, messire,
Complimenter celle qu'ai fait sourire ;
Dites-lui bien que je la reverrai,
Et que bientôt, si Dieu me prête vie,
De si bon cœur je la consolerai
Que tout à fait il faudra qu'elle rie. »

Tandis que loin de son vainqueur bourru
Queux s'en allait, ayant encor la fièvre,
Par ce récit qu'on n'eût jamais prévu
Charmer Artus, non consoler Genièvre,
Que désolait Lancelot disparu,
De son côté, Perceval, plein d'audace,
Par la valeur suppléant à la grace,
Au vrai renom, par de nouveaux exploits,
De jour en jour gagnait de nouveaux droits.
Un soir, atteint de plus d'une blessure,
Il vint loger chez un vieux chevalier
Qui, désormais ne pouvant guerroyer
Ni se flatter de brillante aventure,
Donnait leçons de guerrières vertus,
Et professait l'art qu'il n'exerçait plus.
Sous un ton dur, sous un air un peu brute,
Le vieux guerrier connut en Perceval
Un chevalier qui, dans vertu ni lutte,
Ne connaîtrait qu'avec peine un rival.
Le vieux prud'homme avec plaisir achève
L'instruction de ce brillant élève,
Cultive en lui les talens du guerrier,
Et croit n'avoir en l'armant chevalier
Usé jamais aussi bien de son glaive.

Or Perceval, plein d'une noble ardeur,
Veut se montrer digne d'un tel honneur.
Incontinent il se met en campagne.
Je dirais mal tous les lauriers qu'il gagne.
Mais certain jour que, refusant merci,
Il avait fait partir pour l'autre monde
Certain brigand qui troublait celui-ci
Par sa valeur célèbre et furibonde,
Il vint coucher, bien las de cet exploit,
Dans un châtel d'élégante structure,
Où, bien reçu, de la faim et du froid
Tout à son aise il put braver l'injure.
Fort satisfait, et demandant à voir
De ce séjour la dame gracieuse,
Il fut surpris, comme on peut le prévoir,
En revoyant *la belle sérieuse*.
Sans doute, hélas ! des malheurs ou des torts

De ses chagrins avaient grossi la liste,
Et, d'après l'air qu'elle montrait alors,
On l'aurait pu nommer la belle triste.
Elle en avait des attraits plus touchans.
Sans remarquer que la noble pucelle
Plus sombre était, sans en être moins belle,
Perceval fit de vagues complimens,
Puis s'en alla, pour finir la soirée,
Trouver sa chambre avec soin préparée.
Au doux repos à peine il se livrait
Qu'un bruit l'éveille : un flambeau qui brûlait
Offre à ses yeux une femme éplorée
A deux genoux au pied de son chevet.
Vous devinez la belle sérieuse.
« C'est vous ! dit-il ; quelle cause fâcheuse
Peut à ce point exciter vos douleurs?
Expliquez-moi le sujet de vos pleurs.
— Sur moi, dit-elle, hélas! quelle pensée
Va se former en votre ame abusée!
Beau chevalier que l'on peut adorer,
Ah ! je ne viens que pour vous implorer ! »
Et puis voilà ses sanglots qui redoublent.
« Révélez-moi vos chagrins qui me troublent ;
Mais je ne puis, moi, vous laisser ainsi,
Dit Perceval, à deux genoux aussi.
Pour me parler daignez prendre, de grace,
A mes côtés une plus digne place. »
A son désir la belle se soumet.
Non qu'aucun d'eux eût le moindre projet
De doux lien et de tendre caresse ;
Mais à ses pieds il la voit à regret,
Et dans son lit la met par politesse.

En pleurant moins, elle lui dit : « Seigneur,
On m'a donné le nom de Rosefleur,
Et, bien plus tard, celui de Sérieuse :
Hélas ! comment pourrais-je être joyeuse,
Puisque j'ai vu, par des chocs dévorans,
Périr mon père avec tous mes parens !
A mon malheur ces maux devaient suffire :
Clamadieu, roi des îles de la mer,
Augmente encor mon chagrin trop amer.
Lisez, seigneur, ce qu'il vient de m'écrire.
Lors au héros, qui lit avec courroux,
Elle remet ce petit billet doux :

« O Rosefleur, adorable pucelle,
O de vertus et d'attraits vrai modèle,
Quoi que l'on fasse, on ne peut plus que moi
Vous respecter, vous aimer ! C'est pourquoi,
Si votre cœur soudain ne m'abandonne
Votre château, de plus votre personne,
Vous devez bien tenir pour assuré

Que dès demain je vous attaquerai,
Votre château, vos tours renverserai ;
Et, cher objet, plaignez-moi, s'il arrive
Que votre amant vous brûle toute vive.
Lorsque je vais chez vous me présenter,
Malheur à qui m'oserait résister !
Car je ferai tout tuer et tout pendre.
Vous connaissez pour vous mon sentiment,
N'irritez pas les fureurs d'un amant
Connu pour être excessivement tendre. »

« Vous le voyez, poursuivit Rosefleur,
Ce roi voisin, guerrier très redoutable,
Veut m'attaquer, et, comblant mon malheur,
En m'adorant se rend plus haïssable.
Fort aisément mon château sera pris,
Et je serai livrée à sa vengeance,
Plutôt mourir que d'être en sa puissance.
Il n'aura rien de moi que mes débris.
— Allons, madame, un peu plus d'espérance,
Dit Perceval. Demain, demain matin
Nous songerons à calmer le voisin.
En attendant, dormez en assurance. »
Livrée alors à de meilleurs débats,
Il paraîtrait qu'elle ne dormit pas ;
Car Perceval, nonobstant sa rudesse,
Avait appris avec docilité
Ce que l'on doit d'égards, de politesse,
Lorsque l'on tient une jeune Beauté
Seule, la nuit, couchée à son côté.
Non que long-temps la belle sérieuse
Ne résistât à ses intentions ;
Mais, à la fin, de ses attentions
Elle excusa l'ardeur officieuse.
Oui, Perceval, de plaisir enivré,
Sans l'égayer, amusa cette belle,
Et le Bonheur, ce dieu si désiré,
Est enchanteur et sérieux comme elle.

Mais le matin, qu'à peine Rosefleur
Avait goûté d'un repos légitime,
En s'éveillant quelle fut sa douleur
De ne plus voir celui pour qui son cœur
De plus en plus était rempli d'estime !
« Il est parti ! quel affreux procédé !
Dit Rosefleur, sans que sa voix me donne
Un mot d'adieu ! quel motif l'a guidé ?
A peine il a ma foi, qu'il m'abandonne !
Ai-je bien pu, grand Dieu ! choisir si mal
Qu'un chevalier si dur, si déloyal ! »
Dans ce moment un bruit affreux l'appelle :
En regardant hors de la citadelle,
Elle aperçoit de nombreux cavaliers

Courant au son des instrumens guerriers,
Et Clamadieu, dont l'étrange tendresse
Se signalait pour elle, et qui venait,
En homme exact, assiéger sa maîtresse,
D'un ton altier, ce roi, qu'elle craignait,
Dit qu'à l'instant le pont-levis s'abaisse ;
Mais Rosefleur défendait d'obéir.
Sur ce refus, cent échelles pressées
Contre les murs aussitôt sont dressées.
Un tel assaut ne peut se soutenir ;
De Rosefleur le péril est extrême ;
« Ah ! Perceval, dit-elle, Perceval,
Toi que j'aimais déjà plus que moi-même,
Toi qui devais dans ce moment fatal
Me protéger, quand ta froideur me livre
A cet amant que j'ai cru ton rival,
C'en est assez, et je ne veux plus vivre. »
Elle entr'ouvrait la croisée, à ces mots,
Et s'élançait, lorsque très à propos
Elle distingue un guerrier qui s'élance
Sur Clamadieu. Ce roi sur l'assaillant
S'élance aussi ; mais ce prince vaillant
Est renversé du premier coup de lance.
Les deux rivaux, ennemis furieux,
Livrent bientôt un choc plus sérieux.
Il fut plus long ; mais, malgré sa furie,
Dans le combat Clamadieu maltraité
Se vit réduit à parler pour sa vie.
Perceval dit : « D'abord, je vous en prie,
Venez, sans arme et sans difficulté,
De Rosefleur implorant la bonté,
Lui demander ce que vous pouvez faire
Pour réparer un dégât téméraire. »
A s'y prêter le roi n'hésite pas,
Et le vainqueur le conduit à la Belle.
« Arrangez-vous. Air humble, casque bas. »
Pendant le temps qu'il traitait avec elle,
Perceval froid, le glaive sous le bras,
Disait : « Au diable avocats et notaires !
Je m'entends mieux en combats qu'en affaires.
Sans me mêler d'un débat incertain,
Je sais la loi que je me suis prescrite :
Que Rosefleur soit contente, et bien vite ;
Faute de quoi, je pourfends le voisin. »
Le cher voisin, sans plus longues enquêtes,
Jura la paix, céda bien du terrain,
Et se rendit à ces façons honnêtes.

Mais, me dit-on, vous laissez là long-temps
Les chevaliers de votre Table ronde,
Et cet objet de leurs travaux constans,
Le saint Gréal, qu'ils cherchent par le monde,
Et ce Merlin qui doit guider leurs pas...

Las ! entre nous, il faut que je le dise,
Ces grands objets, on ne les cherche pas.
Suivant très mal cette noble entreprise,
Tous ces messieurs, dont je suis peu content,
A d'autres soins vaquent au moins autant.
Et la plupart, dans leurs vaines prouesses,
Vont caressant ou cherchant des maîtresses.
C'est mal. Tandis qu'on voit Bliombéris,
De Palamède aimable et digne fils,
Aux bords français épouser Félicie,
De Clodion sœur charmante et chérie,
Toujours d'Yseult Palamède est épris ;
Et ce héros, si mal reçu jadis,
Reprend l'espoir, depuis qu'hymen engage
Le beau Tristan, sur un autre rivage :
Mais, dans son cœur renouvelant la rage,
Cette Beauté que poursuivent ses vœux,
Avec rigueur rejette son hommage.
« Pardieu ! dit-il, je suis bien malheureux.
Yseult, trop tendre à la fois et trop sage,
Volage envers son époux amoureux,
Reste fidèle à son amant volage ! »
Par ses amours au loin très décrié,
Et redoutable à toute fille sage,
Le noir Bréhus est toujours sans pitié,
Et rarement sans ruse et sans courage.
D'un vieil affront se souvenant, Yvain
De temps en temps le cherche, mais en vain,
Et plus souvent suit son humeur errante.
L'aigre Mordrec incessamment tourmente
Son oncle Artus. Gauvain, plus généreux
Prodigue au loin les faits aventureux.
Fort à propos ce héros me réclame
Pour maint exploit aussi brillant que fou
Lorsque Tristan est auprès de sa femme,
Et Lancelot, hélas ! je ne sais où.
Oui, quelque temps je veux, bravant le blâme,
Suivre Gauvain qui bravait le trépas ;
Et Lancelot, perdu pour les combats,
Ressemblera peut-être à la Fortune,
Qui fuit souvent celui qui l'importune,
Pour se montrer à qui n'y songe pas.
Disons comment, dans sa fougue héroïque,
Le fier Gauvain, précipitant ses pas,
Sut *d'une mule* avoir *le frein* magique ;
Comme, bravant le plus terrible accueil,
Il s'empara du grand *château d'Orgueil*,
De cent héros épouvantable écueil.
Ce sera beau... mais ennuyeux peut-être....
Non : j'aime mieux vous faire ici connaître
Une aventure où Gauvain, tour à tour,
Put déployer courage, esprit, amour.
Amour ! Eh quoi ! ce feu maudit qu'on aime,

Je le blâmais et l'appelle moi-même !
Dans mes héros, ce tendre sentiment,
D'après cela, me paraît moins coupable.
Faire l'amour est peut-être excusable,
S'il est si doux à chanter seulement.
Que tout s'écroule et que la foudre gronde,
O dieu d'amour ! non, l'univers entier,
En périssant, ne pourra t'oublier ;
Et tu seras le dernier dieu du monde,
Comme tu fus sans doute le premier.

CHANT ONZIÈME.

Vœu bien tenu. — Croppart. — Claremonde. — Lancelot reparaît. — Merlin trouvé. — Claremonde perdue.

J'avais saisi mes pinceaux poétiques ;
Je prétendais, renforçant mes couleurs
Et dessinant des contours magnifiques,
De l'art que j'aime atteindre les hauteurs
Et m'élancer vers les sommets épiques,
Quand une Muse au front doux et serein,
En souriant, a retenu ma main.
Elle m'a dit : « Ces hauteurs inconnues,
Mon cher ami, pour toi ne valent rien.
Trompant tes vœux, songe qu'on pourrait bien
Te laisser seul planer au haut des nues.
Vas-y parfois ; peut-être on t'y suivra ;
Mais sois bien sûr que ton orgueil avide,
En t'y voulant fixer, t'égarera.
C'est en montant que l'on trouve le vide ;
De grands auteurs, mon cher, l'ont trouvé là.
Et puis, il faut que je t'en avertisse :
A ton projet ton siècle est peu propice.
Phébus, qui veut que tout vienne à propos,
Fit les grands vers pour des peuples nouveaux ;
Un peuple vieux goûte un accent plus juste,
Et craint l'ennui d'un vers toujours auguste.
Ainsi, crois-moi, garde un ton qui te sied,
Qui de ton front écarte la tempête.
On aime assez un talent de plain pied,
Et l'on se lasse à trop lever la tête.
Muse, ai-je dit, vos avis me sont chers :
Je dois céder à de si justes causes,
Et renoncer à l'orgueil de mes vers ;
Mais vous jouez un tour à l'univers :
Qu'il est par vous privé de belles choses ! »

Après l'exploit que je vous ai cité,
Exploit bien cher à la postérité,
Le bon Gauvain se remit en voyage.
Toujours il veut trouver le grand Merlin ;
Mais bien souvent il s'arrête en chemin.
Je vous ai dit qu'on l'appelait *le sage* :
C'était d'abord pour force bons avis
Par lui donnés, par Artus mal suivis :
Mais il avait par un autre avantage,
De ce surnom mérité les honneurs :
Car ce héros, *rempli de bonnes mœurs*,
Était, selon les chroniqueurs fidèles,
Très amoureux, envers Dieu tout d'abord
Et puis envers toutes dames et Belles.
Ayant, un jour, contre un seigneur félon
Des opprimés pris l'heureuse défense,
Dans un logis, ornement du vallon,
Il vint coucher. On ignorait son nom ;
On le reçut d'abord à sa vaillance.
Il se vit là comblé d'attention.
Il y trouva demoiselle avenante
Qui lui parut polie et prévenante.
Très éveillé par ses perfections,
Pour elle il eut de ces intentions
Que l'on ne dit jamais aux demoiselles,
Mais que l'on prouve en ces occasions
Où l'on se croit seul et bien avec elles.
Ne trouvant là nuls parens curieux,
Gauvain embrasse, et pense à faire mieux.
Mais celle-ci, qui, par sa résistance,
Du poursuivant a trompé l'espérance,
Dit sans détour : « Inconnu chevalier,
D'amour jamais il ne faut me prier.
Vous êtes beau, vous paraissez aimable ;
Mais respectez mon motif respectable :
Car, *en l'honneur d'un chevalier vanté,*
J'ai fait hier vœu de virginité. »
En apprenant cette étrange nouvelle,
Gauvain répond : « C'est fort bien fait, la Belle.
Ce chevalier a donc un grand renom ?
Nommez-le-moi ? C'est Gauvain, reprit-elle.
..... Ciel ! vous riez à cet auguste nom !
— Excusez-moi : ma surprise est extrême,
Ma joie aussi. Je suis Gauvain lui-même
Que dans ce jour vous pouvez rendre heureux,
Et qui vous vient relever de vos vœux.
Vous m'honorez beaucoup certes : mais, ma chère,
A vos bontés je ne puis consentir.
D'un tel honneur permettez-moi de faire
Entre vos bras un échange en plaisir.
En fait de vœux j'ai beaucoup de science,
Et vous pouvez céder en conscience. »
Il dit, et veut doucement la saisir.
A ces discours du héros casuiste
Elle sourit, et cependant résiste.
Enfin, enfin, le payant de retour,

CHANT ONZIÈME.

En son honneur elle fit vœu d'amour ;
Le premier vœu cessait d'être de mise.

Hélas ! parmi la faible humanité,
Toute parole est un peu compromise.
Cet amour eut un mois d'éternité.
Gauvain s'éloigne alors, et s'est jeté
Dans maint pays et dans mainte entreprise.
Comme il passait à Séville, le roi,
De qui la fille était unique et belle,
Vit avec peine et même avec effroi
Un gendre affreux se présenter pour elle.
Ce prétendant était le roi Croppart,
Qui dominait sur toute la Hongrie,
Bossu, bancal, mais qui d'ailleurs, plus tard,
De Vaucanson eût excité l'envie.
Pour constater son amour et ses droits,
Il vint offrir un grand cheval de bois,
D'une grossière et bizarre structure.
Il l'avait fait galamment habiller ;
Mais vers le cou, trois chevilles d'acier
Gâtaient un peu sa brillante parure.
Tels à peu près, mais beaucoup moins brillans,
Sont ces chevaux d'assez commune race,
Coursiers benins, sur lesquels les enfans
Se plaisent fort, et voyagent long-temps,
Sans toutefois jamais changer de place.
« Roi, dit l'auteur, par la route des airs,
Sur mon cheval on peut franchir l'espace,
Changer d'asile et même d'univers.
Il est à vous : mais en retour, je gage
Que vous allez m'offrir en mariage
Cette Beauté qui, m'enflammant d'amour,
A le bonheur de vous devoir le jour. »
A ces propos, tenus d'une voix grêle,
Où la menace avec l'amour se mêle,
Le roi, sa fille, étaient ne disant rien,
Et redoutaient un tel magicien,
Lorsque Gauvain, qu'en cette heure cruelle
Ont invoqué les regards de la Belle,
Dit à Croppart : « Vous êtes bien déçu
Si vous croyez qu'à cet hymen l'on pense.
Quittez, quittez un espoir mal conçu,
Vous que l'on voit jusques à l'indécence
Pousser le droit qu'on a d'être bossu.
Je vous plains fort : mais, mon cher, que je meure,
Si je consens que cette Belle pleure
De votre amour. Il faut vite en finir ;
Elle ne peut jamais vous convenir,
Et veuillez bien déguerpir tout à l'heure. »

Le roi Croppart, né très vindicatif,
Dissimula son dépit assez vif.

« Fier chevalier, dit-il, il est possible
Qu'à tant d'attraits à tort je sois sensible ;
Mais mon cheval, sans parler de mon rang,
M'encourageait dans ma tendre folie.
Mon art est beau, si mon orgueil est grand.
Pour en juger, montez, je vous supplie,
Mon grand cheval. » Gauvain, confus, se rend
A sa façon et modeste et polie.
Sur le cheval il est monté soudain.
Croppart lui dit, par une ruse adroite :
« Vous voyez bien cette cheville à droite ;
C'est celle-là qu'il faut tourner. » Gauvain
La tourne. O trouble ! ô frayeur imprévue !
Un cri commun part de toutes les voix ;
Et le cheval s'élève dans la nue,
Ainsi que l'aigle en tombe quelquefois.

Croppart croyait, par ce détour habile,
S'être défait d'un témoin difficile,
Et triomphait de ce brusque départ ;
Mais il advint que le roi de Séville
Fut indigné beaucoup plus que Croppart
N'avait pensé. Son art vainement brille
Pour l'excuser ; « il a, dit-il, trop tard
Vu que Gauvain se trompait de cheville. »
Le vieux monarque, après un tel méfait,
Le craint bien moins encor qu'il ne le hait,
Et pour jamais lui refuse sa fille.
Sur l'hyménée ayant perdu ses soins,
Ne pensez pas que Croppart se désole :
Ce roi perfide a sa vengeance, au moins ;
Je plains beaucoup les gens qu'elle console.

Tous ces bossus sont méchans et félons.
Leurs vilains corps peignent très bien leurs ames.
Il est heureux que les jolis garçons
Soient vertueux toujours, disent les dames.

Toutes pouvaient, et vont, j'en suis certain,
S'inquiéter du vertueux Gauvain ;
Car ce héros, égaré dans l'espace,
De Phaéton encourait la disgrace.
Comment, parmi ce vol prodigieux,
Ne pas tomber du séjour du tonnerre ?
Comment garder sa tête au haut des cieux,
Quand tant de gens la perdent sur la terre ?
L'Anglais vaillant sut pourtant la garder.
Même, essayant les chevilles diverses,
Il sut calmer son cheval, le guider,
Et du destin défier les traverses.
Mais il fallut du temps et des essais.
En attendant que, tous, ils fussent faits,
L'Anglais volant, de la brûlante Espagne,

Put traverser la stérile campagne.
Il vit les lieux où de Montesinos
S'étaient passés les célèbres travaux,
Et ne put pas descendre dans sa grotte.
Là de Gauvain vous eussiez été vus,
Freston et Pa-rafaragaramus,
Grands Enchanteurs que le grand don Quichotte
Devait un jour mettre au rang des vaincus.
Bientôt la nuit vient déployer ses ailes.
Tant qu'elle vole avec lui, le guerrier
Vers l'orient suit des routes nouvelles,
Et quand le jour renaît, ce chevalier
Voit, sur le mont fameux par ses pucelles,
Cette cité qu'on nomme Montpellier.

Sans trop savoir où le hasard l'adresse,
De s'arrêter Gauvain est fort pressé ;
Aussi déjà son vol s'est abaissé
Sur le palais le plus beau qui paraisse.
Il s'est posé sur une large tour,
De ce palais immense sentinelle,
Tour qui paraît devoir être éternelle,
Puisqu'elle existe au moins jusqu'à ce jour
Avec les pins qui dominent sur elle ;
Arbres rians, bocage aérien,
Fils du hasard qui parfois fait très bien,
Ou né des jeux de quelque oiseau volage,
Et qui, si haut s'offrant inattendu,
Touche le ciel, en paraît descendu
Pour enchanter au loin le paysage.
De père en fils ces arbres gracieux,
Du voyageur éjouissent les yeux,
Et plus encor du citadin tranquille
Qui, bien certain de son opinion,
Dans ces pins-là voit un palladion
Où sont liés les destins de la ville.
Or, à Gauvain, ainsi qu'à nous, de là,
Montpellier offre un beau panorama.
Il voit la mer ; il voit l'île mignonne
Qu'en ses amours illustra Maguelonne ;
Il voit... mais las ! un aspect lui manquait :
Gauvain à jeûn voudrait voir un banquet.
Sur cette tour, sur cette plate-forme,
Sans crainte il laisse en dépôt son cheval.
A Montpellier, en ce temps matinal,
Vous concevez que tout le monde dorme.
Un escalier qu'on ferma pour la forme
Descend Gauvain en un petit salon
Où, les débris d'un souper assez bon
Frappant ses yeux, sans témoins, sans façon,
Il satisfait son appétit énorme.
On aurait faim à moins, et puis d'ailleurs

Les héros sont de grands consommateurs.
Après cela, d'une porte entr'ouverte
Tout doucement Gauvain franchit le seuil.
Dieu ! quelle vue à ses yeux est offerte !
Et pour son cœur quel dangereux écueil !

Sous des rideaux qu'on a tissus de rose,
Négligemment un jeune objet repose,
Dans l'abandon du plus simple appareil ;
Vous le savez : on dit tout au sommeil.
Quel teint ! quels traits ! et quelle chevelure !
Quel art ici peut valoir la nature !
Sur tant d'attraits le regard attaché,
Gauvain, de trouble, a peine à se défendre :
En la voyant belle comme Psyché,
Comme l'Amour ce héros devient tendre.
Ce doux spectacle égarait sa raison,
Quand tout à coup une indiscrète abeille
Vient se fixer sur un charmant bouton
Qu'elle croit fils d'une rose vermeille.
A cet aspect, vous sentez que Gauvain
Veut éloigner cet insecte farouche :
Il n'oserait se servir de sa main,
Et, par respect, il approche sa bouche.
Un tel égard a réveillé soudain
La demoiselle. Elle le voit, s'écrie :
« Dieu ! se peut-il ! quelle audace inouïe !
Qui vous amène en ces lieux ? Êtes-vous
Léopatrix, que j'attends pour époux ?
Ah ! sans cela, craignez du roi mon père
Et la puissance et la juste colère. »
Elle appelait, quand, arrêtant ses cris,
Gauvain lui dit : « Je suis Léopatrix. »
Bien vite alors il arrange une histoire.
Trop longue à dire, et peu facile à croire,
Mais qui, près d'elle, a beaucoup de succès ;
Tous ses sermens du moins étaient bien vrais.
Cette Beauté, qu'on nommait Claremonde,
Unique enfant du roi de Montpellier,
De plus en plus goûte du chevalier
Les doux propos et la tendre faconde.
Le bon Gauvain, qui n'était point félon,
Ne voulait pas tromper son innocence ;
Mais il voulait, pour dire son vrai nom,
Qu'un doux aveu lui promît l'indulgence.
Il parlait bien ; j'en conçois la raison :
C'est de l'amour que naquit l'éloquence.
Aussi déjà Claremonde répond
Par l'embarras d'un aimable silence.
Puis, à Gauvain, sa voix qui sait charmer
Permet l'amour. Dieu ! quel plaisir suprême !
L'Anglais sait bien que permettre d'aimer,
Presque toujours, c'est avouer qu'on aime.

CHANT ONZIÈME.

Déjà Gauvain pensait à se nommer,
Lorsque le roi, qui tout à coup s'élance,
Par cent soldats amenés là sans bruit,
Le fait saisir, même avant qu'il y pense.
« Lâche étranger, quel espoir t'a conduit? »
Un tel propos surprend beaucoup la Belle :
« Quel air ému ! quel regard furieux !
Mais c'est le roi Léopatrix, dit-elle.
— O trahison ! ô fille criminelle !
Ce n'est pas lui. Non, dit Gauvain, c'est mieux. »
Gauvain allait s'expliquer davantage ;
Mais le vieux roi, de colère saisi,
Crie : « Immolez ce traître qui m'outrage ! »
Ah ! dit l'Anglais, si vous parlez ainsi,
C'est différent. » Soudain il se dégage ;
Le glaive en main il se fait un passage.
Le roi disait, s'avançant sur ses pas,
« La porte est close, il n'échappera pas : »
Il voit Gauvain gagner la plate-forme,
Il n'entend rien à son coursier informe,
Et du héros veut hâter le trépas.
Quelle surprise, ô ciel ! il croit qu'il rêve,
Quand le héros dans l'espace s'élève.
Les chevaliers pour le prendre accourus
Restent aussi les plus surpris du monde.
L'Anglais, du ciel, dit : « Belle Claremonde,
Je suis Gauvain, neveu du grand Artus. »

Il monte encore ; il se perd dans la nue.
Mais, descendant quand la nuit est venue,
Il a laissé sur un rocher désert
Son bon cheval qui sera bien tranquille ;
Puis cet amant dans l'ombre qui le sert,
Va demander des nouvelles en ville.
Il est instruit que dans *la tour des pins*
La belle attend les plus cruels destins,
Et que le roi, bon père de famille,
Le lendemain fera brûler sa fille.
Apparemment les usages reçus
Traitaient ainsi l'indulgence des femmes.
A Montpellier on aime encor les dames ;
Mais je conviens qu'on ne les brûle plus.
Aussi Gauvain, plein d'une horreur profonde,
Ne prétend pas qu'on brûle Claremonde.
Vers son coursier il hâte son retour,
Il s'en saisit ; et, quand la pâle aurore
L'éclaire à peine, il vole vers la tour
Où l'on retient la Beauté qu'il adore.
Par grand bonheur (car il en faut toujours,
Et plus encor dans les tendres amours),
On oublia de fermer la tourelle
Et l'escalier qui menait chez la Belle ;
Ne jugeant pas qu'aucun hardi dessein

Restât à craindre, et que même Gauvain
Osât penser à revenir chez elle.
Là tout payait le tribut au sommeil.
Lasse de pleurs, Claremonde elle-même
Dormait enfin, sans penser qu'au réveil
Elle touchait à son heure suprême.
Gauvain arrive ; il regarde, enchanté :
Car le hasard encor l'a mieux traité.
A Claremonde une lampe infidèle,
Prolongeant trop des rayons indiscrets,
Sert tout au mieux Gauvain, et de la Belle
En ce moment dit les plus doux secrets.
Gauvain admire ; il approche, il palpite,
Approche encor, puis recule plus vite
Devant l'objet dont il est tant épris,
Craint d'exciter ses clameurs, s'il l'éveille,
Cherche un moyen pour arrêter ses cris,
Et fait si bien qu'il le trouve à merveille.

Ah ! que les temps souvent changent les lieux !
La tour des pins, aux jours de nos aïeux,
De doux sermens voluptueux asile,
Est aujourd'hui, par des sermens pieux,
De saints devoirs le grave domicile,
Et le manoir le plus religieux.
O chastes sœurs, ô vierges pudibondes !
Par vos vertus vous épurez ces murs.
Ah ! poursuivant vos soins touchans et purs,
Élevez bien toutes les Claremondes,
Et déjouez tous les Gauvains futurs.

La nuit s'éloigne emportant ses mystères.
Le jour a lui. Dieu ! quels apprêts sévères !
Voilà qu'armés de flambeaux destructeurs,
Cent estafiers marchent vers Claremonde,
Bien décidés à la brûler, d'ailleurs
Tous bonnes gens, s'il en est dans le monde.
Bon homme aussi, mais aveuglé, le roi
Pleurait tout bas des rigueurs de la loi.
Mais quel aspect vient étonner la troupe !
Sur le cheval qui paraissait si lourd
On voit soudain s'élever de la tour
L'heureux Gauvain, et Claremonde en croupe.
« Roi, dit Gauvain, père trop égaré,
J'espère bien que tu me sauras gré
D'avoir trompé ta cruelle folie.
Pour la brûler, ta fille est trop jolie.
S'il faut brûler quelqu'un, brûle en ce jour
Tous les pédans qui réprouvent l'amour.
Avec ta fille un doux lien m'engage ;
L'hymen bientôt va sceller mon bonheur. »
Il dit, s'envole, et guide en ce voyage
Une Beauté qui le serrait, de peur,

Et qui, d'amour, le serrait davantage.

Quand, tout un jour, notre héros amant
Eut bien plané sur les terres de France,
Il descendit; et voilà justement
Que, Lancelot devant lui se trouvant,
Par l'embrasser Gauvain ravi commence;
Puis il lui dit ses amours, ses exploits.
« Mais, poursuit-il, si j'en ai souvenance,
On te cherchait dans les monts, dans les bois :
On t'a trouvé, c'est bien ce que je vois;
Mais où? comment? apprends-moi ce mystère.
Quelque géant redoutable aux combats
T'avait-il pris? » Lancelot répond : « Frère,
Sur tout cela je ne te veux rien taire.
Sache un secret que bien tu garderas;
Tu vas sentir combien c'est nécessaire.
D'Artus, ton oncle, impérieuse sœur,
Morgain, à tort de moi s'étant éprise,
Tout juste après un succès très flatteur,
A su de moi s'emparer par surprise.
Elle m'a fait en secret enfermer
Dans une tour, pour m'apprendre à l'aimer.
Cette façon, tu le conçois sans peine,
Ne lui pouvait assurer que ma haine.
J'ai quatre mois habité sa maison.
Tant que l'hiver, entouré de nuages,
A prodigué la neige et les orages,
J'ai supporté mes fers et ma prison;
Mais quand, de fleurs couronnant la nature,
Le doux printemps a frappé mes regards,
Quand, de ma tour, j'ai vu de toutes parts,
Poindre et briller la riante verdure,
A ce signal et d'amours et d'exploits,
Trouvant en moi des forces incroyables,
J'ai de Morgain bravé toutes les lois,
Et j'ai brisé des fers intolérables.
Mais de Morgain, en cette occasion,
Je redoutais le chagrin, la colère...
— Oui, dit Gauvain, et l'indiscrétion. »
Le chevalier à qui Genièvre est chère
Sourit alors, et poursuit : « Par bonheur,
Fort à propos, en défendant le frère,
J'ai modéré le dépit de la sœur.
A l'improviste attaqué par les Sesnes,
A les combattre Artus perdait ses peines:
Moi, plus heureux, aidé par les exploits
De Galléhault, l'ami le plus fidèle,
J'ai repoussé cette horde cruelle,
Et su la vaincre une seconde fois;
Puis, redoutant Morgain et sa magie,
Je suis venu dans la Gaule chérie.
Très bien reçu pour mes faits de guerrier,

Là, j'en conviens, j'eus un succès extrême.
Il fut enfin tel que *te duègnes même
Daignaient soigner et panser mon coursier*.
De plus, ému d'un plaisir véritable,
J'allai revoir le peuple et le pays
Que sur Claudas Tristan m'a reconquis.
Il a su rendre un service semblable
A mes cousins qu'ici près tu verras,
Jeunes guerriers d'un courage admirable.
C'est peu de chose, au fond, que nos états;
Mais des guerriers l'empire est dans leur bras. »
Le bon Gauvain, que la malice entraîne,
Dit : « Tout ceci m'éjouit comme toi ;
Cher Lancelot, enfin te voilà roi ;
Je ne suis point inquiet de ta reine. »

Gauvain alors a quitté Lancelot,
Que rejoignait son ami Galléhault,
Et dans les airs il guide Claremonde :
Mais des autans la rage vagabonde
Soudain s'élève, et si fort, que Gauvain,
Très détourné déjà de son chemin,
Pour ne verser, descend sur une plage
Inhabitée et tout à fait sauvage.
C'est en Bretagne, à côté de Quintin,
Dans la forêt dite *Brocéliande*
(On se faisaient tant d'exploits), que Gauvain,
Très inquiet de son joli butin,
Est descendu, voit qu'il faut qu'il attende
Le temps plus calme, et le ciel plus serein.
Mais son asile est encor bien austère.
En ce temps-là, sur cette horrible terre,
On ne voyait que rocher et ravin.
Là, quelque diable, ouvrant maint précipice,
Mit de l'enfer une légère esquisse.
Gauvain y trouve un chétif hôtelier,
Qui, tristement, dit à ce chevalier
Qu'assez souvent dans un de ces abîmes
On entendait de plaintives victimes.
« Quoi! dit Gauvain, nul preux, pour les chercher,
N'est descendu? — Juste ciel ! là descendre!
Nous nous gardons même d'en approcher. »
A cet exploit Gauvain ose prétendre.
S'étant bien fait indiquer le chemin,
Il a gagné les bords de cet abîme,
Abîme affreux, tout à pic; mais Gauvain
S'était muni d'un long tissu de lin.
Il s'y confie, en l'ardeur qui l'anime,
Et de ce gouffre il a touché la fin.
Le gouffre alors s'alonge en souterrain :
On voit au fond une pâle lumière
Dont vacillait le rayon incertain.
Quelque poltron aurait fait sa prière;

Le chevalier marche, le fer en main.
Enfin il voit, dans cette grotte obscure,
Un noir tombeau de massive structure.
Il s'en approche; ô ciel! un cri soudain
D'un bruit sinistre ébranle au loin la voûte.
Gauvain frémit, et cependant écoute.
Sortant encor de sa tombe d'airain,
La sombre voix dit : « C'est donc toi, Gauvain! »
Du son affreux ces cavernes frémissent,
Et du héros les cheveux se hérissent.
Il ne fuit pas, et peut parler enfin :
« Voix des tombeaux, habitant des ténèbres,
Qu'es-tu? Réponds; pourquoi ces cris funèbres? »
La voix alors répond : « Je suis Merlin. »

— Merlin! ô ciel! ce prophète divin,
Ce grand esprit que cherche par le monde,
Depuis quinze ans, toute la Table ronde!
C'est vous, seigneur, vous, dans ce monument,
D'Artus mon oncle ami si magnanime! »
Merlin répond avec gémissement :
« C'est de mon art que je suis la victime.
De ce tombeau formant l'enchantement,
J'en avais fait mon chef-d'œuvre sublime;
Et j'y pouvais enchanter, retenir
A tout jamais, l'auteur du premier crime
Qu'à mon courroux il plairait de punir.
Mais, par malheur, hélas! à mon amie,
A mon élève en amour, en magie,
A Viviane, Enchanteur indiscret,
Je n'ai pas su dérober ce secret.
Elle a pensé, follement soupçonneuse,
Que, prisant trop et mon art et le sien,
J'exagérais ce terrible moyen;
Elle en a fait sur moi l'épreuve affreuse,
Et par malheur a réussi trop bien. »

« Ah! dit Gauvain, mon bras et mon courage
Auront bientôt brisé votre esclavage.
Quand je devrais cent fois braver la mort,
Je veux, je veux... — Ne tente aucun effort,
Répond Merlin; tous seraient inutiles.
Crois que, pour rompre un tel enchantement,
Même d'un Dieu les bras seraient débiles.
Par tous les sorts, j'avais fait le serment
De m'affranchir de cette tyrannie.
Mais contre moi je lutte vainement;
Je suis vaincu par mon propre génie.
Sans nul espoir, sans nul soulagement,
A tout jamais j'habite ces demeures,
Jusqu'à ce jour attendu vivement
Ou la trompette appelera les heures
Du dernier jour, du dernier jugement. »

« Ciel! » dit Gauvain. Et son ame oppressée,
Par son hommage, à Merlin malheureux
Rend ces respects que tout cœur généreux
Rend volontiers à la grandeur passée.
Merlin, qu'émeut un plaisir tout nouveau,
Poursuit ainsi du fond de son tombeau.
« Ah! que ne suis-je un de ces hommes-plantes,
Se dispensant de penser et d'agir,
Masses de plomb, machines indolentes,
Dont le bonheur est de ne pas souffrir!
Mais moi, Merlin, dont, active et féconde,
L'ame souvent a remué le monde,
De ce moment au jugement dernier,
Juge si j'ai le temps de m'ennuyer!
— Pour vous, ne puis-je au moins tirer vengeance
De l'attentat, de la cruelle offense
De Viviane? — Ah! par son repentir
Depuis long-temps elle a su se punir.
Ne pouvant pas, dans l'effroi qui l'accable,
Faire cesser un mal irréparable,
Elle a du moins tenté, dans son malheur,
D'un peu de bien l'effort réparateur.
Sous un grand lac se tenant renfermée
Presque toujours, c'est elle qui, nommée
Dame du lac, forma ce Lancelot
Dont le renom a pris un vol si haut.
— C'est elle, ô ciel! — Du jour qui le vit naître,
Elle connut que, devant s'illustrer
Par ses exploits, il saurait honorer
La Table ronde, et la venger peut-être. »
Le vieux Merlin à Gauvain stupéfait
Apprend alors un bien autre secret :
Du saint Gréal il lui donne nouvelle,
Dit en quels lieux il faut l'aller quérir,
Et quel guerrier pourra le conquérir.
Gauvain, charmé de ce qu'on lui révèle,
Fait à Merlin de rapides adieux,
Gravit le roc, et vers l'hôtellerie
Court retrouver son cheval, son amie.
Mais, du Destin arrêt capricieux!
O coup terrible! ô surprise profonde!
Le chevalier ne retrouve en ces lieux
Ni son cheval, trésor si précieux,
Ni son trésor bien plus cher, Claremonde.

CHANT DOUZIÈME.

Suite de l'aventure de Claremonde. — Cris de Mélusine. — Le cheval gris. — Gauvain dit où est le saint Gréal, et ce qu'il faut être pour le conquérir.

Quand, par hasard, je repose mes yeux
Sur ces puissans ennuyés, ennuyeux,
Ému pour eux d'une pitié sincère,
Je dis tout bas : Quelque petit malheur
Leur ferait bien, leur serait nécessaire,
Pour délasser de l'ennui du bonheur.
Et puis, poussé vers un désir contraire,
Je vois souvent que ces heureux, bientôt,
Ont du malheur plus qu'il ne leur en faut :
Car c'est, hélas ! le sort de cette vie,
De biens, de maux, incessamment remplie.
Le mal l'emporte. Ainsi que nos beaux jours,
Nos doux plaisirs précipitent leurs cours;
Et le chagrin, démon qui nous épie,
Est toujours là, prompt à nous assaillir.
O gens heureux, quelle est votre folie !
Jouissez donc : le malheur va venir.

A peine ainsi, le plus heureux du monde,
Gauvain jouit d'avoir trouvé Merlin,
Que ce héros, frappé d'un coup soudain,
Est désolé de perdre Claremonde.
Ce fut bien pis, quand de l'hôte inquiet
Gauvain apprit comment il la perdait :
Depuis sa triste et honteuse aventure,
Croppart, n'osant rentrer dans ses états,
Vers ces rochers avait porté ses pas.
Là, très surpris, revoyant sa monture,
Le prince affreux des généreux Hongrois
Avait voulu conquérir à la fois
Et Chevillard, œuvre de son adresse,
Et de Gauvain la charmante maîtresse.
« Belle étrangère, ô miracle des cieux !
Avait-il dit, paraissant à ses yeux,
Le preux Gauvain, qui devers vous m'envoie,
D'un mal soudain en ces monts est la proie.
— Ciel ! — Vous saurez qu'il compte sur votre art
Pour le soigner dans ce mal qui m'afflige.
Pour vous mener avec moi sans retard
Il m'a prié de prendre Chevillard,
Et m'a conté comment on le dirige. »
Trop confiante et toute à son amour,
La belle émue à ce piége succombe.
Ils sont partis : sous l'aile d'un vautour,
Telle on verrait voler une colombe.

Gauvain, souvent assez joyeux et doux,
Est tout alors à la peine, au courroux.
Pieux devoirs, saint Gréal, Table ronde,
Une autre fois il veut penser à vous.
Précipitant sa course vagabonde,
Il va chercher, sans délai ni repos,
Un autre objet et par monts et par vaux :
Son saint Gréal, son Dieu, c'est Claremonde.

Or Claremonde, après qu'elle eut en vain
Assez long-temps cru voler vers Gauvain,
Voyant trop tard les projets du perfide,
Lui reprocha son mensonge pervers.
L'affreux bossu, tout en fendant les airs,
Tenait les mains de la vierge timide.
Il prétendait au bout de l'univers
Aller cacher sa proie et sa vengeance.
Mais, par bonheur, il s'aperçoit bientôt
Que Claremonde a perdu connaissance,
Et vers la terre il descend aussitôt.
Il se trouvait déjà près de Florence.
Il la dépose en des bosquets touffus ;
Par ses secours il la rend à la vie,
Parle d'hymen, se dit roi de Hongrie,
Et la requiert d'amour, sans tarder plus.
En fait d'amour, dit-on, les plus bossus
Ne sont toujours les gens les plus modestes.
Elle courait des périls manifestes.
En vain, cherchant une excuse, un détour,
Elle se dit du rang le plus vulgaire ;
C'est inspirer au prince téméraire
Moins de respect, et non pas moins d'amour.
La belle alors demande qu'il la mène,
Pour l'hyménée, en la cité prochaine,
Lui promettant un sincère retour.
Croppart la croit, suspend sa fantaisie ;
Mais une source auprès de là coulait.
Très altéré par douce frénésie,
Croppart l'entend, y vole ainsi qu'un trait,
En goûte trop, et boit la pleurésie.
De ce poison frappé soudainement,
Il est puni de sa belle ambassade,
Et la Beauté qui craignait un amant,
Se voit réduite à soigner un malade.
A tout moment Croppart allait plus mal :
Passant par-là, des bourgeois de Florence
Sont effrayés de son état fatal.
Croppart devint par cette circonstance
Le premier roi qu'on mit à l'hôpital,
Et ne sera le dernier, que je pense.
Dans ce séjour brusquement envoyé,
Il y mourut ; ce sont là ses affaires.
Les bonnes gens ruinent en pitié ;

Pour les méchans il ne m'en reste guères.

Pour Claremonde, en vain elle criait :
« Mais c'est un roi ; » point on ne la croyait.
Un roi bossu, cela n'est pas possible,
Dans un pays aux beaux-arts si sensible.
On aimait là d'un amour sans égal
Ce genre outré, ce beau plus qu'idéal,
Et ce grand goût nommé monumental.
A tout grandir, tandis que l'on s'attache,
Souvent du vrai les droits sont oubliés :
A tout portrait on donne au moins six pieds,
Et même dix, pour peu que l'on se fâche :
Se pouvait-il que l'on reconnût là
Un roi réel qui n'en avait pas quatre ?
Quoi qu'il en soit, cependant que voilà
Le roi Croppart que la mort vient abattre,
Au duc Toscan, qu'on nommait Grimoard,
On a mené la Belle et Chevillard.
De Chevillard guère il ne s'embarrasse ;
Mais de la Belle il admire la grace.
Vous l'eussiez vu remercier les cieux
Qu'en ses états elle soit arrivée.
Pour elle épris, ce prince déjà vieux
Parlait sans fin de *la belle trouvée*.
Que fera-t-elle en ce péril certain
Pour se garder à son ami Gauvain ?
Le prince ardent et que l'amour engage
La presse fort, et prétend l'épouser.
Pour folle enfin elle se fit passer ;
Et c'était là le parti le plus sage. —

Pendant ce temps, la demandant par tout,
Gauvain, errant en Italie, en France,
Perdait ses pas, quoiqu'il en fît beaucoup.
Enfin quelqu'un l'assura qu'à Florence
Certain sorcier, admirable, parfait,
Pourrait lui dire où Claremonde était.
Il y courut d'une ardeur sans pareille ;
Mais le sorcier était mort de la veille.
« Mal à propos ce sorcier enterré,
Dit l'hôte, allait, par son art révéré,
Guérir bientôt une jeune merveille
Dont notre prince est tout énamouré. »
Cet hôte alors dit ce que l'on publie
Sur cette Belle et sa rare folie ;
Après cela, comme il était bavard,
Il dit un mot du grossier Chevillard.
Un doux rayon luit dans la nuit profonde :
Hôte charmant, tu nommais Claremonde !
« Si le sorcier est mort, je suis vivant,
Lui dit Gauvain, et, savant très savant,
Ici je viens, au duc tu peux le dire,

Guérir, sauver, la Beauté qu'il admire. »
L'hôte s'éloigne, et vient chercher soudain
Gauvain, qui prend l'air le plus médecin
Qu'il est possible : aussitôt on le mène,
En admirant son air et son habit,
Dans le palais, où, sachant se contraindre,
La Belle feint d'avoir perdu l'esprit.
Combien de gens qui n'auraient point à feindre !

A Claremonde on annonce un docteur :
A l'abuser elle met son étude ;
Et, détournant son regard séducteur,
Prend l'air hagard, mais ne peut l'avoir rude.
Gauvain alors, qui d'elle avait gardé
Un gant chéri, le remplit d'ellébore,
Et le présente à l'objet qu'il adore.
Tout est connu : Gauvain est regardé.
La Belle émue, et toute à l'espérance
Saisit la main qui veut la délivrer,
Pour s'appuyer, au moins en apparence,
Mais en effet afin de la serrer.
O des deux cœurs secrète jouissance !
Lors elle dit : « Docteur physicien,
Ton gant est bon, car il me fait du bien.
Mais toi qui fais l'important et l'habile,
Je gagerais ici que mon cheval
Te passerait en raison, même en style ;
Il parle bien, et ne pense pas mal.
Vit-il encor, à propos ? Ciel ! je tremble
Qu'on n'ait pas eu le soin de le nourrir.
Je voudrais fort qu'on me le fît venir :
Je vous verrais tous deux causer ensemble.
Oh ! qu'il sera plus éloquent encor
S'il peut manger de l'orge de Bretagne ! »
Parlant ainsi, que d'attraits elle gagne !
Ses traits charmans ont repris leur accord.
Au duc toscan, que sa folie afflige,
Gauvain tout bas dit : « La raison exige
Qu'en apparence on l'approuve d'abord.
« Oui, je consens, dit-il à Claremonde,
A disputer avec votre cheval.
On ne peut guère, hélas ! courir le monde,
Sans disputer avec quelque animal.
Voyons ; qu'il vienne : allons, je vous en prie,
Dit-il tout bas au duc très étonné,
Faites, seigneur, que de votre écurie
Quelque cheval vers nous soit amené. »
De cette erreur ayant l'ame ravie,
Le duc répond, en riant aux éclats :
« Vous jugez mal, vous ne comprenez pas.
Dans le jardin, qu'à l'instant on apporte
Ce grand cheval qui dormait au grenier ;
Il est construit d'excellent châtaignier :

A le prêcher, docteur, je vous exhorte.
En vérité? lui répondait Gauvain,
Sous un air lourd cachant un vœu malin.
— Duc, mon ami, tu l'entends à merveille :
Voyons, ton bras ; et toi, mon cher docteur,
Dit-elle avec un coup d'œil enchanteur,
Pense en ce jour à me prêter l'oreille. »
Elle la tire en achevant ces mots,
Mais doucement, comme à celui qu'on aime ;
Puis, au cheval arrivant à propos,
Elle dit : « Ciel, sa maigreur est extrême :
Pauvre animal, tu dois être affamé ! »
Courant cueillir un peu d'herbe nouvelle,
Elle la porte à l'être inanimé
Qui ne peut rien sentir, même pour elle.
Malgré l'erreur de ses propos divers,
Chacun l'excuse, en la voyant si belle.
Tel un auteur, dont la prose ou les vers
De la raison ont rejeté l'empire,
A quelquefois, colorant ses travers,
Fait, par son charme, excuser son délire.

Gauvain alors lui fait voir et sentir
Une liqueur, soi-disant élixir ;
Et fort gaîment la Belle qui s'avance
Au médecin prend plus de confiance.
« Docteur, dit-elle, ô docteur sans égal,
Auprès de moi montez sur mon cheval.
Venez, m'aidant à quitter cette terre,
Me délivrer de tous ces gens à pié. »
Gauvain sourit, et son air de pitié
Dit clairement : D'elle je désespère.
« Non, dit le duc, qui le guinde soudain
Sur le cheval. » Aux regards de la troupe,
Il fait bien mieux, et, derrière Gauvain,
Ce duc parfait met la princesse en croupe.
O doux moment! quand le héros enfin
Sent près de lui sa maîtresse gentille,
Il prend son temps, et son adroite main,
Cherche, rencontre, et tourne la cheville.
Ciel! les amans sont déjà dans les airs.
Le pauvre duc tombe presque à l'envers.
Bientôt après, en planant dans l'espace,
De ses bontés le héros lui rend grace ;
Puis, emportant avec lui ses amours,
Vers Cramalot il dirige son cours.

Il espérait, en passant, aller vite
A Lancelot faire une autre visite :
Mais sur la France un ouragan soudain
Vers le Poitou fit dériver Gauvain.
Comme il passait sur les tours respectables
Du grand châtel de quelque grand seigneur,

Il entendit des cris épouvantables
Qu'on ne pouvait écouter sans terreur.
Lui, sans ardeur, il ne peut les entendre.
Laissant sa dame en un château voisin,
Sans nul délai, dans celui-là, Gauvain
S'en va chercher quelque service à rendre.
Il entre, il voit un jeune chevalier
Sombre et rêveur, mais de qui la tristesse
N'altérait pas la noble politesse.
De ces clameurs, de ce bruit singulier,
L'Anglais alors lui demande la cause ;
Et par ces mots, sans se faire prier,
En soupirant le Poitevin l'expose :

« De Lusignan ce châtel a le nom
Ainsi que moi, dernier de ma maison.
De celle-ci la première origine
Fut une fée, ayant nom Mélusine.
Elle était bien : mais un sort accablant
L'avait frappée : une fois par semaine
Cette Beauté finissait en serpent,
Et se cachait au sein d'une fontaine.
Osant tromper ses soins mystérieux,
Épris d'amour, son époux curieux
Un jour ainsi la surprit en sirène.
Elle poussa pour la première fois
Ces cris affreux dont frémissent les bois :
Et, de ce jour à jamais disparue,
De ses fils même elle évita la vue.
On a conté seulement que parfois,
Pendant la nuit, Mélusine qui pleure,
En long serpent, vient, sans bruit et sans voix,
Revoir encor son antique demeure.
Mais quand des maux s'élèvent menaçans
Sur sa famille ou bien sur sa patrie,
Quand un grand homme, ou l'un de ses enfans,
Perd le bonheur, ou va perdre la vie,
Peignant son trouble en d'horribles accens,
Du haut des murs Mélusine s'écrie.
En ce moment, frappé de ses éclats,
Vous l'entendez, et... ne m'entendez pas.
Hélas! seigneur, sachant trop bien ma peine,
A ma douleur elle mêle la sienne :
J'aime Lina, je lui gardais ma foi ;
Un oncle, hélas! mon tuteur et mon guide,
M'a dit : Je veux la demander pour toi ;
Mais le cruel, par un détour perfide,
Tout en jurant de me servir d'appui,
A mieux aimé la demander pour lui.
Il a bientôt, me passant en richesse,
D'un père avare obtenu ma maîtresse.
Prêt en ce jour à lui donner la main,
Il la conduit à son château voisin.

CHANT DOUZIÈME.

Quelle est, hélas! la douleur de ma mie!
Autre que lui me paîrait de sa vie
Ce trait affreux et des plus insultans :
Mais, par malheur, mon oncle a soixante ans.
Il le sait bien, fier d'un tel avantage,
Et m'ose encor faire un dernier outrage :

« J'ai su dresser, seigneur, un cheval gris,
Le plus brillant, le plus beau du pays.
Peut-être au monde aucun coursier ne passe
Et sa vitesse, et sa force, et sa grace.
Mon oncle hier me l'a fait emprunter,
Quand j'ignorais encor sa folle envie.
Dans son château mon cheval va porter
Pompeusement celle qu'il m'a ravie.
Fier de sa ruse, il marche triomphant.
Quel tour plus dur et plus *catastrophant* !
A tout hymen, après ce qui se passe,
J'ai renoncé, je vous en fais l'aveu ;
Et, par ces cris annonçant ma disgrace,
En ce moment mon aïeule retrace
Le désespoir de son dernier neveu,
Qui va causer la perte de sa race. »

De Lusignan ce discours finissait,
Quand à la porte un grand bruit le distrait.
En ce moment Mélusine se tait.
Lusignan court ; il regarde, il s'écrie :
« Ciel ! se peut-il? ô comble de bonheur!
Oui, je la vois : qui l'eût dit? Ah ! seigneur,
C'est mon cheval qui m'amène ma mie. »

Le jeune amant précipite ses pas,
Et son amante est déjà dans ses bras;
Et, dans sa joie, il contemple, il caresse
Le destrier qui portait sa maîtresse.
« Bien, dit Lina : nous devons à toujours
Aimer en lui l'ami de nos amours.
De mon malheur saisie, épouvantée,
Chez ton vieil oncle allant par un sentier,
Je cheminais, de vieillards escortée :
Beaucoup dormaient, quand ce bon destrier
Vers ton château m'a soudain emportée.
Il a d'abord dissipé mon effroi ;
Il allait bien, puisqu'il allait vers toi.
— Comment ! c'est lui qui fait, par son adresse,
Cesser le mal dont j'avais tant gémi !
Heureux bienfait ! bon cheval, mon ami,
Quel doux repos t'attend dans ta vieillesse !
O ma Lina, si chère à ma tendresse,
Va, l'on voudrait nous séparer en vain !
— Oui, j'en réponds, dit fièrement Gauvain. »
En ce moment, l'oncle avec son escorte

Vient s'écrier et frapper à la porte.
Le preux Anglais veut qu'on ouvre soudain.
Lina tremblait ; mais, lui prenant la main,
A se calmer le preux Gauvain l'exhorte.
Il dit, plaidant la cause de l'amour,
Que le cheval, du ciel est l'interprète ;
Et du vieil oncle il conte le détour
Aux vieux guerriers invités à la fête.
Ces bons seigneurs du pays poitevin
Sont très surpris, oyant cette aventure.
L'un avait nom la Roche-Jacquelein ;
On dit qu'un autre était nommé Lescure.
Tous, pleins d'honneur, en écoutant Gauvain,
Condamnent l'oncle, improuvent son dessein,
Et sont choqués qu'il les rendît complices
De cette ruse et de ces injustices.
L'oncle lui-même, en qui l'honneur a lui,
Abjure un vœu trop peu digne de lui.
De Lusignan il rassure la mie,
Et de son bien il leur cède partie.
Pour les amans voyant tout réussir,
Le bon cheval hennissait de plaisir ;
Et l'on prétend qu'en cette circonstance,
Applaudissant au succès des amours,
Un beau serpent sur les antiques tours
Vint quelque temps regarder en silence.

Chacun dès-lors étant content de soi,
Gauvain retourne à la maison voisine,
Où Claremonde, écoutant son effroi,
Jetait aussi *des cris de Mélusine.*
Il la rassure, et, sans différer plus,
Vole avec elle aux champs du grand Artus.
Il était temps qu'il finît ce voyage,
Qui, prolongé, n'aurait pas été sage.
En arrivant, Gauvain a remarqué
Qu'il ne pourra désormais faire usage
De son cheval, tout-à-fait disloqué ;
Mais désormais qu'importe? en sa patrie
Il est enfin avec sa douce amie.
Il l'épousa ; puis, après peu de jours,
En Table ronde il tint ce beau discours :

« Nobles amis, compagnons de courage,
Long-temps absent, j'ai su, grace au Destin,
En plus d'un point content de mon voyage,
Remplir vos vœux et découvrir Merlin. »
Après ce mot, dont toute l'assemblée
Fut à la fois et ravie et troublée,
Gauvain conta ce que je vous ai dit,
Puis ce héros en ces mots poursuivit :

« Puisqu'on ne peut délivrer ce grand homm
Cet Enchanteur que partout on renomme,

Vous avez tous un désir sans égal
De conquérir au moins le saint Gréal :
Bien au dessus de la Grande-Bretagne,
Dans les déserts de l'humide campagne,
Sous ces affreux et lugubres climats
Où les brouillards ont déployé leurs ailes,
Qui sont voués à d'éternels frimas,
Et quelquefois à des nuits éternelles,
Aux bords d'une île, au sein de tant de flots
Cachée aux yeux et terrible aux vaisseaux,
Dans une grotte à l'aspect romantique,
Qui de Fingal porte le nom antique,
Le saint Gréal, objet de votre ardeur,
Est le trésor, est le dépôt insigne
Commis *au roi qu'on appelle Pécheur*,
Parce qu'en main il a toujours la ligne,
Et sur les eaux suit le peuple nageur.
A la conquête apprêtant mille obstacles,
Le saint Gréal est là gardé très bien
Par des soldats, et mieux par des miracles...
— Nous bravons tout, nous ne redoutons rien,
Disent alors, l'interrompant ensemble,
Trente héros qu'un même orgueil rassemble.
Du saint Gréal l'honneur m'est réservé ;
Il est conquis dès lors qu'il est trouvé ! »

« Amis, répond Gauvain d'un air plus calme,
Chacun de vous mérite cette palme ;
Mais écoutez avec attention,
Et connaissez une condition
Que met le ciel à la grande conquête
Qu'à terminer votre valeur s'apprête :
Merlin prétend qu'eût-on quarante bras,
Eût-on brillé dans cent et cent combats,
Là, vainement on déploiera son zèle,
Si par malheur toujours on ne fut pas
De la décence un vertueux modèle.
Enfin celui qu'à ces brillans travaux,
A cette gloire, un sort propice appelle,
Tout en étant brave comme un héros,
Doit être pur comme une demoiselle.
Sachons, amis, avec sincérité,
Qui d'entre nous a sa virginité ? »

La question était embarrassante :
Ces chevaliers aux visages noircis,
Qui sur leurs fronts portaient leurs faits écrits,
Firent alors une mine plaisante.
Messire Lac criait tout haut : « Parbleu !
Il eût fallu nous mettre sous des grilles.
De chasteté fait-on ici le vœu ?
Et nous prend-on pour un couvent de filles ? »
Bien franchement il faut faire l'aveu

Que la demande était des plus nouvelles.
A la victoire en nulle occasion
On n'avait mis cette condition,
Et les héros sont rarement pucelles.
Aucun n'avait le mérite requis.
Du premier trouble alors qu'on est remis,
Chacun prétend, à force de vaillance,
Du grand Merlin éluder la sentence.
Chacun s'éloigne, avec l'espoir rival
De conquérir bientôt le saint Gréal.
Puisse le ciel seconder l'espérance
De ces guerriers, toujours entreprenans !
Leur embarras mérite qu'on y pense,
Et doit prouver à nos sous-lieutenans
Qu'il faut toujours garder son innocence.

CHANT TREIZIÈME.

Ambassade. — Voyage. — Deux amans se revoient. — Imprudence d'Yseult. — Folie de Tristan. — Son lai de mort.

Parfois l'Hymen, propice à deux époux,
Daigne embellir jusques à leur automne.
Rendons justice à ce dieu noble et doux :
Quand il fait bien, il fait mieux que personne.
Mais, par un tort qui nuit à ses vertus,
L'Hymen s'endort, comme le bon Homère.
Même je crois qu'il s'endort encor plus :
Et, comme on sait, il ne s'éveille guère.
Pourquoi faut-il que ce dieu bienfaiteur,
Qui fait parfois le charme de la vie,
Le plus souvent soit un pauvre Enchanteur
Qu'on voit d'abord au bout de sa magie !

Tristan, hélas ! n'eut pas un seul moment
De doux plaisir, de tendre enchantement.
Depuis long-temps, en proie à la tristesse,
A tous ses vœux infidèle à la fois,
De son épouse il négligeait les droits,
Tout en causant les pleurs de sa maîtresse.
Voilà qu'un soir, tout juste au bout de l'an,
D'une voix douce, une femme voilée
Lui dit tout bas : « Dieu vous garde, Tristan. »
Ciel ! du héros combien l'ame est troublée !
Il reconnaît à cette douce voix
Cette Brangien qu'il ouït tant de fois.
Tristan l'embrasse : « Ah ! Brangien, je te prie,
Que fait ma dame, et quel est ton projet ? »
Brangien lui rend cet écrit de sa mie :
Avec transport il baisa le cachet.

« J'ai bien souffert de ce nœud qui vous lie ;
Mais je n'ai pu toutefois vous haïr.

CHANT TREIZIÈME.

Venez, Tristan, pour me rendre à la vie,
Ou soyez sûr qu'Yseult s'en va mourir. »

« Ciel! dit Tristan. Brangien, ma bienfaitrice,
Cours vers Yseult; que sa douleur finisse !
Dis qu'en mon cœur notre amour est sacré,
Qu'avant un mois vers elle je viendrai.
Surtout, Brangien, dis-le bien à ma Belle ;
Je ne suis pas si coupable envers elle
Qu'elle le croit. » Remplissant son désir,
Brangien s'éloigne, et lui, songe à partir.
Plein d'une ardeur brillante et vagabonde,
Que son beau-frère éprouvait dès long-temps,
Il veut, dit-il, se rappelant au monde,
Se signaler par des faits éclatans,
Et mériter enfin la Table ronde.
Sa chaste épouse, approuvant ses projets,
Montre pourtant de pudiques regrets.
Tristan, ému d'une peine secrète,
Voit sa douleur qu'il ne mérite point,
Et part enfin, confus au dernier point
En la voyant de lui si satisfaite.
Ne voulant pas que l'on connût son tort,
En Cornouaille il n'alla point d'abord ;
Mais il courut dans la forêt d'Arnantes
Donner l'exemple au jeune Kéhédin :
C'est là, surtout au perron de Merlin,
Que se faisaient les choses étonnantes.
C'est là qu'il vit, montrant sous des lambeaux
Et le regard et le port d'un héros,
Un chevalier qu'un complot sanguinaire
Avait privé de son malheureux père,
Et qui jura d'en vêtir les habits
Jusqu'au moment où du crime commis
Il tirerait une peine exemplaire.
Mais trois géans, fiers de cet attentat,
D'un seul guerrier craignaient peu la vaillance.
Tristan à lui s'unit pour ce combat ;
Des oppresseurs ils tirèrent vengeance,
Et satisfait, enfin le fils vainqueur
Prit des habits dignes de sa valeur.

De son côté, Kéhédin plein d'audace
Non loin de là méritait une place
Parmi les preux. Tristan, le lendemain
L'accompagnant dans un château prochain,
Y fit d'échecs une étrange partie :
Dans un salon pavé de blanc, de noir,
D'échecs vivans une troupe assortie,
Foux, cavaliers, pions, vivans acteurs,
Suivaient leur marche au signal *des joueurs :*
La *reine* avait des graces sans secondes :
Le *roi* brillait d'ornemens un peu lourds.

Faute de mieux, pour figurer les *tours*
On avait pris deux femmes toutes rondes
Comme parfois on en voit de nos jours.
De l'échiquier la dame souveraine
Fixait pour loi que le sort du combat
L'établissait de droit esclave ou reine :
L'adroit Tristan la fit échec et mat.
Elle était gaie, amusante, jolie,
Son teint brillait du plus frais incarnat,
Et sans Yseult il en eût fait sa mie.
Vainqueur discret, Tristan borna ses vœux
A réclamer les prisonniers nombreux
Qu'elle gardait. Son plaisir fut extrême
Quand, les ayant fait amener, entre eux
On lui montra le grand Artus lui-même.
La veille, hélas! par un échec au roi,
Artus était tombé dans cette chaîne.
Puissant Artus, pendant ce temps, chez toi
Lancelot fait des échecs à la reine.

Tristan, qu'Artus veut mener à sa cour,
En s'excusant s'éloigne avec vitesse :
La cour de Marc est ce qui l'intéresse.
En attendant qu'il y fût de retour,
Sur Lancelot et son heureux amour
A cinq guerriers il imposa silence.
Il n'aimait point ces discours effrénés
Sur les malheurs des époux couronnés,
De tels propos tirant à conséquence.
Avec ce noble et fameux Lancelot
Tout récemment arrivé de la France,
Tristan voulait faire enfin connaissance ;
Mais il voulait, et ne pouvait trop tôt
Revoir Yseult son bien, son espérance.
Pour la revoir forcé de se cacher,
Il maudissait la constance et le zèle
De Kéhédin, son compagnon fidèle.
De lui pourtant il sait se détacher ;
Sur d'autres bords il dit qu'il va chercher
Une aventure, et ne dit point laquelle.

La reine Yseult, bien triste, maintes fois
Venait revoir la forêt du Morois.
Là, retrouvant des pensers pleins de charmes
Elle pleurait, mais de plus douces larmes.
Avec Brangien, modèle d'amitié,
Elle était là, quand Bréhus *sans pitié*
La voit, l'admire ; et, la trouvant jolie,
A ses désirs il donne un libre cours,
Et, s'apprêtant au bonheur des vautours,
Il s'est lancé vers Yseult qui s'écrie.
Yseult, Brangien, fuyaient, pâles d'effroi
Bréhus, poussant son ardent palefroi,

Saisit, emporte Yseult évanouie; —
Mais aux clameurs un guerrier accouru,
Poursuit Bréhus, trouble sa lâche joie.
Bréhus, forcé d'abandonner sa proie,
Croit renverser son rival inconnu,
Qui, protégé par la plus simple armure,
N'a sûrement qu'une vaillance obscure.
L'événement a trompé son désir.
Au premier choc renversé sans blessure,
Il feint la mort pour ne pas la subir;
Et, l'inconnu volant à la victime,
Dans la forêt Bréhus prompt à courir,
Y va cacher sa défaite et son crime.

Qu'importe, au reste, au généreux vainqueur!
De la Beauté dont il sauve l'honneur
Se rapprochant, plein du plus noble zèle,
Il prend sa main, dégage ses cheveux,
Et, sur ses traits ayant jeté les yeux,
S'écrie, et tombe évanoui comme elle.

Yseult qu'éveille une telle clameur,
Reprend ses sens et voit avec douleur
A ses côtés un chevalier fidèle
Qui sûrement s'est immolé pour elle.
Elle, et Brangien qui la rejoint alors,
Les yeux en pleurs, voudraient à la lumière
Le rappeler par de touchans efforts,
Et de son casque ont levé la visière.
O tendre Yseult! ô surprise, ô transports!
Et quel objet se présente à sa vue!
Dieu! c'est celui dont son cœur est charmé,
Celui qui l'aime et qui l'a défendue!
Par un baiser Yseult l'a ranimé :
Ce doux baiser, comme une voix connue,
A retenti dans son cœur enflammé.
Tristan regarde, il cède à son ivresse :
Il presse Yseult, qui dans ses bras le presse.
Yseult lui doit les plus cruels instans
Et la douleur qui souvent l'a frappée :
De le gronder elle n'eut pas le temps;
A le revoir elle était occupée.

Tristan alors s'en vient incognito
Près Cintagueil, dans un joli château.
Le bon Dinas en est propriétaire.
Ce sénéchal lui prêta son secours
Au temps jadis, et les mêmes amours
Se ranimaient à l'ombre du mystère;
Tristan avait encore de beaux jours.
Mais Kéhédin, dans sa rage indiscrète,
Ayant enfin découvert sa retraite,
Vint l'y trouver, plus importun toujours.

Vous devinez dans quel trouble il le jette.
N'étant admis au secret de ces feux,
Kéhédin va quelquefois à la ville,
Y voit Yseult, en devient amoureux.
Ne l'être pas était fort difficile.
Dès-lors ce prince, en qui l'amour a lui,
A de Tristan deviné la tendresse;
Mais il l'excuse en voyant sa maîtresse.
Depuis ce jour, plein de trouble et d'ennui,
Il a caché sa flamme à son beau-frère,
Sûr que ses feux le mettraient en colère,
Encor qu'il fût du même avis que lui.
Mais Kéhédin a peu l'espoir de plaire.
Ce faible espoir périt de jour en jour.
Lui-même, hélas! va périr à son tour,
Et, pour adieux, à sa cruelle amante
Il fait remettre une lettre touchante.
La douce Yseult, en cette occasion,
S'épouvantant de la mort qu'il annonce,
Dans son billet, à bonne intention,
Dit quelque mot de consolation.
Hélas! Tristan surprend cette réponse.

Tristan, que blesse un ton plein d'amitié,
Pour de l'amour a pris de la pitié.
Tristan, en proie au plus cruel supplice,
Ne doute pas qu'Yseult ne le trahisse.
Il part; il court; dans son cruel transport,
A Kéhédin il veut donner la mort.
Rempli d'ailleurs d'un courage héroïque,
Kéhédin fuit un héros frénétique.
Dans le courroux dont il est embrasé,
Tristan en vain à le suivre s'applique,
Et sur un roc va tomber, épuisé.

Après long-temps, et lorsqu'à la lumière
Le chevalier rouvre enfin la paupière,
Quel changement! ce n'est plus ce guerrier
Ne respirant que vengeance et carnage,
Qui, furieux, a dans ses yeux la rage,
Et le trépas dans son bras meurtrier;
C'est un amant qui de sa souveraine
N'eût soupçonné jamais la trahison,
Dont la surprise accroît encor la peine,
Et dont la peine a troublé la raison.
Ce beau Tristan, qui, guerrier redoutable,
Ne fut jamais terrible qu'au méchant,
Reprend bientôt son caractère affable,
Offrant aux yeux son désespoir touchant,
Dans sa folie il est encore aimable.
Le voyageur s'arrêtant près de lui
Ne pense pas, un moment, à le craindre;
Mais, volontiers lui prêtant son appui,

CHANT TREIZIÈME.

Il est long-temps occupé de le plaindre.
« Quoi ! dit Tristan, elle a pu me trahir,
Elle qui fut aussi tendre que belle !
De ses sermens perdant le souvenir,
Elle se rit de ma douleur mortelle ;
Et moi, bercé d'un heureux avenir,
Dans mon erreur me reposant sur elle,
Je croyais voir le jour s'évanouir,
S'enfuir la mer, et l'univers périr,
Avant de voir mon amie infidèle !
Qu'ai-je donc fait ? dites-moi d'où survient
Ce changement, après tant de promesses ?
Elle m'aimait, autant qu'il m'en souvient,
Et le prouvait, Dieu ! par quelles caresses !
Croyez encore aux sincères amours,
O vous, témoins du mal qui me dévore !
Pour elle, hélas ! j'aurais donné mes jours,
Et j'aurais cru trop peu donner encore ! »
Tristan, alors, vaincu par ses douleurs,
Laisse tomber le torrent de ses pleurs.
Ah ! quels que soient ses revers, ses alarmes,
De la pudeur qui lui défend les larmes,
L'homme, si fier, rarement s'affranchit.
Mais quand il cède au mal qui vient l'atteindre,
Quel cœur d'airain pourrait ne pas le plaindre ?
L'homme qui pleure est un roi qui fléchit.

La nuit, le jour, dans la froide Angleterre,
Seul, sans asile, ayant pour lit la terre,
Tristan, malgré l'aquilon en fureur,
Ne paraît rien sentir que sa douleur.
Sans faim, sans soif, déchiré par la ronce,
L'infortuné, dans son égarement,
Parlant aux pins très sérieusement,
Est tout surpris de rester sans réponse.
Quelques marmots, charmés en le voyant,
Autour de lui s'attroupent en criant :
« Le fou ! le fou ! » Loin que Tristan réclame,
« Oui, je suis fou, dit-il en souriant ;
Car j'ai pu croire aux sermens d'une femme.
Mes chers amis, peut-être à votre tour
Vous serez fous comme moi, quelque jour. »
Survient alors la noce du village
Qui répétait des refrains assez doux,
Et la fillette admise au mariage
Était menée aux mains de son époux.
Tristan se lève, et marchant vers la Belle :
« Aimez-vous bien, lui dit-il, votre amant ?
— En pouvez-vous douter un seul moment ?
A tout jamais je l'aimerai, dit-elle. »
A ces propos naïvement tenus,
Tristan, avec un lugubre sourire :
« Vous l'aimerez ; je le crois, le désire :

Mais, par hasard, si vous ne l'aimiez plus,
Souvenez-vous de ce que je vais dire :
Au nom du ciel, attrapez-le, mais bien,
Mais de façon qu'il n'en soupçonne rien.
Gardez surtout qu'il puisse voir et lire
Un seul billet.... Eh mais, qu'ai-je donc dit !
Qui vous déplaît, et qui vous interdit ?
Je le vois trop, mon discours vous étonne.
Excusez-moi ; n'entrez pas en courroux ;
Jamais exprès je n'offensai personne,
Et je suis loin de commencer par vous. »
Tristan a dit : il avait l'air si doux
Qu'en le plaignant voilà qu'on lui pardonne !

Et cependant Yseult au désespoir
Reçoit le coup qu'elle n'a pu prévoir.
Dinas apprend à cette tendre amante
Que le mal naît de sa lettre imprudente.
Elle en écrit une autre à Kéhédin,
Qui, sans retour chassé de sa présence,
A tout jamais dans un moutier voisin
D'un fol amour va faire pénitence.
Dieu, dont il faut adorer la clémence,
Prend bien souvent le rebut du Malin.

Yseult ne peut, liée au rang suprême,
Près de Tristan accourir elle-même.
« Brangien, dit-elle, il faut me secourir ;
Cours le chercher, le soigner, le guérir.
Pars, et l'Amour doit te prêter ses ailes.
Si tu ne veux bientôt me voir périr,
Viens promptement m'apporter des nouvelles. »
Voulant d'Yseult consoler la douleur,
Brangien s'en va, non sans avoir grand' peur.
Lorsque, autrefois, sous une humide tombe,
Le genre humain descendit tout entier,
Ainsi Noé, sur la terre, en courrier,
Expédiait une tendre colombe
Qui rapporta le rameau d'olivier.

Parmi les bois, comme Brangien timide
Épouvantait le timide chevreuil,
Elle aperçoit le léger *Passebreuil*,
Du fier Tristan ce coursier intrépide,
Qui, seul et morne, en partage le deuil.
Jusqu'à Tristan cet indice la guide.
Las ! ce héros, accablé de regret,
Était déjà presque méconnaissable.
Qui l'aurait dit ? Tristan la méconnaît.
Mais, étonné de son tendre intérêt,
Il est ému de son soin secourable.
« Restez, dit-il ; Tristan auprès de vous
Se trouve mieux, respire un air plus doux.
Onc près de vous je n'ai passé ma vie,

Et cependant je crois voir une amie.
Ah! demeurez près d'un infortuné.
Qu'il ne soit point par vous abandonné,
Comme il le fut par sa dame cruelle.
Une bonne œuvre est à faire en ce jour;
Vous la ferez, vous si douce et si belle :
Rien n'est changeant à l'égal de l'Amour;
Mais la Pitié, dit-on, est plus fidèle. »

De le guérir cherchant quelque moyen,
Brangien alors d'une voix attendrie
Lui nomme Yseult, et dit : « Je suis Brangien. »
A ces deux noms, la sombre rêverie
Vient, de Tristan redoublant les regrets,
L'envelopper dans un nuage épais.
De sa douleur effet triste et terrible !
Le sentiment rend Tristan insensible.
Quel parti prendre?... En un château voisin,
Brangien alors va chercher une lyre.
Elle prélude : ô changement soudain !
Tristan s'éveille aux accens qu'elle en tire.
Quelque plaisir à son ame étranger
Sur tous ses maux semble alors surnager.
Il lève enfin les yeux « Ah ! demoiselle,
Continuez ; ces sons consolateurs
Me feraient presque oublier mes malheurs.
Que dis-je, hélas ! leur pouvoir m'y rappelle. »
Puis il reprend, mû d'un soudain transport :
« N'ouîtes-vous jamais *un lai de mort?*
Un lai de mort? jamais, seigneur, dit-elle. »
Prenant la lyre, alors Tristan : « Eh bien,
Écoutez-moi, vous entendrez le mien. »
Très vainement elle veut s'en défendre;
Et cependant qu'au comble des douleurs
Brangien pleurait et lui cachait ses pleurs,
Tristan chantait d'une voix faible et tendre :

« Je fis jadis chansons et lais (1) :
Avec joie alors je chantais.
Aujourd'hui, mourant de regrets,
C'est mon chant de mort que je fais.

» Amour, bien charmant, douce envie
Que j'ai si constamment suivie,
Toi qui donnes à tous la vie,
C'est par toi qu'elle m'est ravie !

» O bon Jésus, sois mon soutien !
J'espère un peu, je ne crains rien.
Perdre l'objet qu'on aimait bien,
Cet enfer efface le tien.

(1) Lai rajeuni par M. de Tressan, et refait aujourd'hui en grande partie.

» Auteur de ma peine mortelle,
Yseult si douce et si cruelle,
Vivant, je te vis infidèle :
Qu'à ton cœur ma mort me rappelle !

» Tu me dédaignes aujourd'hui ;
Quand mon dernier jour aura lui,
Tu diras, dans un sombre ennui :
Aucun ne m'aima tant que lui.

» O gloire, quand la mort m'appelle,
Adieu te dis comme à ma Belle !
Souvent te négligeai pour elle,
Et tu me seras plus fidèle.

» A tout jamais adieu te dis,
O mon père que je chéris,
Ils ne furent point accomplis,
Tes vœux pour ton malheureux fils !

» Noble fleur de chevalerie,
Lancelot, dont la courtoisie
A tant de valeur est unie,
Satisfais ma dernière envie :

» Je te lègue lance et harnois ;
Mais, en combats comme en tournois,
Lancelot, dans tous tes exploits,
D'Yseult fais respecter les droits.

» Sans trop d'efforts, même avec zèle,
Chacun avoûra qu'elle est belle ;
Fais plus pour moi, fais plus pour elle :
Soutiens aussi qu'elle est fidèle ! »

Ainsi, les yeux chargés de nobles pleurs,
Chantait Tristan, d'accord avec sa lyre.
N'osant troubler le chant de ses malheurs,
Brangien plaignait son erreur, son délire.
Tout se taisait : la forêt, les oiseaux,
Compatissaient à sa perte cruelle,
Et comprenaient, écoutant ce héros,
De la douleur la langue universelle.

CHANT QUATORZIÈME.

Tristan guéri. — Il s'exile. — Bréhus le met aux prises avec Lancelot. — Dinadam. — Sacrémor. — Les chevaux : le secours. — Les frères d'armes.

A la gaîté sans peine on me décide.
Souvent le rire est l'accent du bonheur.
Mais savez-vous rien de plus insipide

CHANT QUATORZIÈME.

Qu'un implacable, un éternel rieur,
Par qui d'abord toute noble pensée
Est brusquement, follement repoussée,
Et qui ne peut souffrir un seul moment
La raison grave, ou le doux sentiment?
A mon avis, ce fatigant délire
Est, plus qu'aucun, fâcheux à rencontrer.
Je l'avoûrai, s'il fallait toujours rire,
J'aimerais mieux, je crois, toujours pleurer.
Oui, je préfère, en sa voix solennelle,
Du noir Young la complainte éternelle,
A ces bouffons, intolérables fous,
De la gaîté cruels panégyristes;
O mes amis! ce sont des gens bien tristes
Qui disent tant : Çà réjouissons-nous.
Moi, je vous dis : Rions le plus possible;
Mais quelquefois, si notre ame est sensible,
Songeons aux maux dont l'homme est accablé.
Celui qu'on plaint est presque consolé.
Sur cette terre où naissent tant d'alarmes,
Où le malheur va se multipliant,
Le Créateur, par un soin prévoyant,
A mis aussi du plaisir dans les larmes.

Lorsque Tristan eut dit son lai de mort,
Il s'occupa de l'écrire d'abord.
« O vous, dit-il, bienfaitrice chérie!
Prenez ce lai; portez-le, je vous prie,
A celle-là qui m'a bien pu trahir,
Et que jamais je ne pourrai haïr.
Quelle que soit la peine déchirante
Dont m'a navré ma trop cruelle amante,
Malgré ma mort, je sens qu'en notre amour
Je dois encore au bonheur du retour.
Vous qui daignez compatir à ma peine,
Allez porter mes adieux à la reine.
Dites aussi mes regrets à Brangien
Qu'Yseult chérit et justement honore;
Daignez la voir, et répétez-lui bien
Que je l'aimais quand je vivais encore. »

Ne voulant rien tenter en ce moment,
Brangien alors s'éloigne tristement,
Et chez Yseult, par un récit fidèle,
De ces malheurs va porter la nouvelle.
Mieux eût valu les cacher à jamais.
A ce récit, la douleur est trop forte :
Yseult éclate en pleurs..... très indiscrets;
Car, prévenu par des avis secrets,
Marc justement écoutait à la porte.
Il a grand tort; mais enfin il entend
Yseult pleurer son doux ami Tristan.
Sûr de son fait, il paraît, il s'emporte.

Hé bien, bravant l'éclat de sa fureur,
La douce Yseult l'écoute sans terreur.
« Frappez, dit-elle : un pouvoir invincible
A pour Tristan su me rendre sensible.
Oui, je l'aimais; je l'aime encor. Je veux
Que de ma mort la sienne soit suivie.
Privé de sens, il va perdre la vie :
Immolez-moi pour combler tous mes vœux. »
A Marc alors elle dit la folie,
L'état cruel de son neveu Tristan.
L'aimant au fond, malgré la jalousie,
Le roi s'émeut, et change en un instant.
Tristan pour lui fit plus d'un sacrifice;
A sa vaillance il doit plus d'un service :
Il s'en souvient, et, se laissant toucher,
Voilà qu'il court lui-même le chercher.
Dans son palais aussitôt il l'amène;
Par des docteurs il le fait secourir.
Il fait bien mieux; il permet que la reine,
Plus grand docteur, concoure à le guérir.
Yseult, qui vient avec Marc qui l'en prie,
De son amant hâte la guérison;
Et ses beaux yeux, qui troublent la raison,
Ont de Tristan dissipé la folie.
Mais ce succès, dès qu'il est constaté,
Vient réveiller une autre frénésie :
Dès que Tristan a repris la santé,
Marc, à son tour, reprend sa jalousie.

Il avait tort : Yseult et son amant
De ce bienfait gardaient la souvenance,
Et faisaient taire un autre sentiment
Devant celui de la reconnaissance.
Mais cet Andret dont je vous ai parlé,
Par ses transports et par la calomnie,
Agit si bien que Marc, déjà troublé,
Fait tout à coup une étrange avanie
A son neveu, qui, surpris, indigné,
Un beau matin se réveille enchaîné.
Plein d'un courroux que vous sentez peut-être,
L'amant d'Yseult résistait vainement,
Quand Perceval, ce guerrier véhément,
Fort à propos s'avisa de paraître.
« Oh! oh! dit-il, que trouvé-je en ces lieux?
Tristan chargé de fers injurieux!
Je vois ici l'effort de quelque traître.
Certe! un complot perfide, astucieux,
N'est pas ici difficile à connaître. »
Pour l'éclaircir, le Gallois Perceval,
Qui, comme on sait, était parfois brutal,
Jette d'abord Andret par la fenêtre.
Tristan, alors, dont il brise les fers,
De ce méchant peint le complot pervers.

« Héros de qui l'on vante les merveilles,
Dit Perceval, vous qu'on ose outrager,
J'ai grand désir d'aller, pour vous venger,
A ce roi Marc donner sur les oreilles. »
Tristan répond : « Il vient de m'obliger ;
Puis, c'est mon oncle : oublions ses injures.
— Soit : adieu donc ; vous voilà délivré. »
Perceval dit, et, de gloire altéré,
Ailleurs il va chercher des aventures.

A son cher oncle écrivant sans retard,
En se plaignant Tristan se justifie.
« Sire, dit-il, je vais, par mon départ,
Calmer l'excès de votre jalousie ;
Mais, en partant pour combler vos souhaits,
J'ose exiger qu'Yseult soit respectée.
Je me souviens de vos derniers bienfaits :
J'oublierais tout, la sachant insultée. »
Il part alors, étouffant ses regrets,
Et, malheureux, mais voulant être utile,
Il court montrer ses guerrières vertus.
Mal cultivé, le royaume d'Artus
En beaux exploits était du moins fertile.
Or c'était là que l'attendait Bréhus.

Ce chevalier fameux par ses querelles,
Très violent, surtout envers les Belles,
Se rappelait toujours avec humeur
La reine Yseult ravie à son ardeur.
Ce procédé de Tristan son vainqueur
Lui paraissait tout à fait malhonnête ;
Et, de ce jour, il tenait dans son cœur
Contre Tristan une vengeance prête.
Enfin, croyant accomplir son dessein,
L'adroit Bréhus, que le dépit obsède,
Lui fait, un jour, dire que Palamède
Veut le combattre au perron de Merlin.
Tristan y court, ignorant qu'on l'abuse ;
Car, Palamède est sur un bord lointain.
Le noir Bréhus sait, par une autre ruse,
A ce perron attirer Lancelot.
Tristan et lui sont les seuls dont l'assaut
Lui fasse peur : il espère, le traître,
Voir périr l'un, et tous les deux peut-être.
Tristan outré, tout d'abord en effet
S'élance, et croit courir sur Palamède ;
Et Lancelot, au combat toujours prêt,
Voyant très bien quel désir le possède,
Part, et sur lui court, la lance en arrêt.
Onc il ne fut un choc si redoutable.
Chevaux, guerriers, ont roulé sur le sable ;
Et, l'un de l'autre admirant la vigueur,
Les deux héros, les plus héros du monde,

Le glaive en main, signalent leur valeur
Qui retentit dans la forêt profonde.
Leurs boucliers, cédant à leur fureur,
Ne peuvent plus les garder de blessures.
Bientôt leurs coups détachent leurs armures,
Et quelquefois leurs fers aventureux
Vont s'abreuver de leur sang généreux.
De ce combat l'égalité cruelle
Pour un moment au calme les rappelle.
Vous eussiez vu ces héros, s'appuyant
Sur le pommeau de leur terrible épée,
Reprendre haleine ; et tous deux, s'observant,
D'étonnement avaient l'âme frappée.
« Sire guerrier, tel rival jusqu'ici,
Dit Lancelot, ne me voulut abattre.
Puisqu'il paraît que vous voulez combattre
Jusqu'à la mort, je le veux bien aussi ;
Très volontiers à vos désirs je cède.
Mais dites-moi votre nom, s'il vous plaît ?
Dieu ! dit Tristan que la voix étonnait,
Vous n'êtes pas l'Africain Palamède !
...Ah ciel ! j'y suis. Comment n'ai-je plus tôt
Su distinguer cette gloire immortelle !
J'aurais bien dû, seigneur, en cet assaut,
Vous deviner ; ici tout vous rappelle.
Oui, c'est bien vous : le bras de Lancelot
Se reconnaît comme le trait d'Apelle...
— Et vous aussi, merveilleux combattant,
Tristan, c'est vous ; je sais vous reconnaître,
Qu'avec raison l'on vous vante ! » A l'instant
Dix villageois apostés par le traître,
Qui voulait voir ces héros s'attaquer,
Mais nullement s'entendre et s'expliquer,
Dix villageois, d'une voix altérée,
De deux côtés appellent au secours.
Pour les héros la prière est sacrée ;
Et tous les deux sans nul autre discours,
Se séparant, courent, de l'innocence
Et du malheur embrasser la défense.
Chacun alors s'est tu dans la forêt ;
Et cependant les héros s'égarèrent.
De se quitter ils avaient du regret ;
De se revoir ils avaient le projet ;
Mais de long-temps ils ne se retrouvèrent.

Tout en cherchant son rival aux combats,
Tristan montrait une valeur extrême.
Il vit, un jour qu'il ne combattait pas,
Quatre guerriers : Queux est le quatrième.
Tous à Tristan demandent son pays,
D'un air gabeur et d'un ton dérisoire.
Gabant aussi, Tristan répond : « Je suis
De Cornouaille, et vous pouvez m'en croire. »

CHANT QUATORZIÉME.

Or, en ce temps, pour les Cornoualais,
En fait de guerre, on avait peu d'estime :
En ris bruyans les guerriers Cramalais
Ont éclaté d'un concert unanime.
Tristan, par eux à jouter invité,
D'un peu d'effroi ne parait pas le maître.
Pour ses hauts faits Tristan partout vanté
Fait le poltron : comment le reconnaître ?
Tous nos railleurs ne le pressent que plus.
Enfin Tristan, après de longs refus,
Leur dit : « Messieurs, puisqu'il faut vous combattre,
Veuillez bien loin vous reculer tous quatre :
Et puis, prenant à la fois votre élan,
Laissant chacun trente pieds de distance,
Vous partirez. » L'on approuve Tristan,
Et Queux charmé dit : « C'est moi qui commence.
Commencez donc, dit Tristan : je crains bien
Que le second n'ait plus à faire rien.
De votre force et de votre vaillance
Vous abusez, messieurs. » Tous, sans retard,
Ils prennent champ, criant : *Pauvre couard !*
Comme il l'a dit, Queux, avant tous s'élance :
Mais, ô revers ! Tristan un peu brutal,
Sans s'ébranler, du premier coup de lance
A renversé l'homme avec le cheval.
Messire Queux, bien qu'homme d'importance,
Gît, abattu. Pour qu'il ne soit jaloux,
Du même élan, les trois autres, de même,
Sont renversés à leur surprise extrême ;
Et c'est alors que Tristan, calme et doux,
Leur dit : « Messieurs, je ne fais rien qui vaille ;
Je vous l'ai dit. *Pourtant souvenez-vous
De ce couard qui vient de Cornouaille.* »

L'un de ces preux ayant nom Dinadam,
Seul se relève, et court après Tristan.
« Seigneur, dit-il, votre plaisanterie
Est excellente et bien juste envers nous ;
Mais dites-moi votre nom, je vous prie ? »
Tristan se nomme. « Il se peut bien ! c'est vous,
Brave Tristan, fleur de chevalerie !
Héros fameux, veuillez, dans vos hauts faits,
Pour compagnon m'agréer désormais.
Je sais gaber, mais sais aussi combattre. »
Tristan l'accepte, et tous deux ont lié
Le nœud chéri d'une douce amitié ;
Car Dinadam, aussi brave que quatre,
Devisant bien et gai dans ses récits,
Était au moins aimable comme six.
Mais le malheur s'attachait à ses armes.
Tristan trouvait au péril mille charmes ;
Tristan, de vaincre était toujours pressé,
Et Dinadam était toujours blessé.

Lui, qui jugeait l'aventure importune,
Goûtait très peu ce jeu de la Fortune.
Quand, à son tour, Tristan, un peu distrait,
Par un guerrier, défié sur la brune,
Perdit son heaume ; et déjà, comme un trait,
Ce chevalier s'éloigne et disparaît.
Le fier Tristan, qui veut en vain le suivre,
Fort justement à son dépit se livre,
« Quel est, dit-il, ce guerrier inconnu ? »
Dinadam rit : « Fort souvent on lui cède :
Au bouclier, je l'ai bien reconnu.
— Tu le connais ! son nom ? — C'est Palamède.
— Ciel ! mon rival ! Quoi ! ce fameux guerrier
Était caché sous cette armure blanche,
Comme la porte un nouveau chevalier !
Certes, dit-il, de ce tour singulier,
Au premier jour, je prendrai ma revanche. »

Le lendemain, voilà que Dinadam,
Qui sur Tristan avait pris quelque avance,
Dans la forêt rencontre pour son dam,
Sur un cheval épuisé de souffrance,
Un chevalier appelé Sacrémor,
Dont j'aurais dû parler bien plus encor
Pour ses hauts faits et sa rare vaillance.
Mais, dans ce temps, on voyait tant d'exploits
Qu'à tout chanter mes peines sont perdues,
Et les héros couraient alors les bois
Comme l'esprit court aujourd'hui les rues.
Non qu'il ne fût, dans cet âge ancien,
Quelques poltrons d'une étrange faiblesse,
Comme chez nous on trouve, en cherchant bien,
Des sots encor, pour conserver l'espèce.
Quoi qu'il en soit, Sacrémor très pressé
Voit Dinadam, vers lui s'est élancé,
L'a défié, l'abat sur la verdure,
Et, lui laissant un cheval épuisé,
Part sur sa bonne et rapide monture.
En ce moment, Tristan, qui les rejoint,
Prétend lutter ; mais Sacrémor l'évite.
Sacrémor suit son chemin au plus vite :
On voit très bien pourtant qu'il ne fuit point.
Vers son ami, Tristan, non sans murmures,
Revient enfin. Dinadam, sombre encor,
Disait tout haut : « Sacrémor ! Sacrémor !
— Eh ! mon ami ! mon Dieu, comme tu jures !
Lui dit Tristan ; sais-tu que c'est fort mal ?
— Moi ! je redis le nom de mon rival :
Ah ! Sacrémor... ! » Il faut être sincère ;
Ce nom toujours a l'air d'être en colère.

Tristan riait ; car jadis ce héros
A combattu Sacrémor qu'il estime :

Jadis aussi, de ces brillans rivaux
J'ai raconté le combat magnanime.
Or, Dinadam, sur le coursier lassé
Que Sacrémor au moins avait laissé,
Presque aussi las, allait depuis une heure ;
Un chevalier sur un autre cheval
Passe, regarde, et d'un ton très brutal
Dit : « Mais c'est là mon cheval, ou je meure !
Allons, allons, discourtois chevalier,
Sans nul délai rendez-moi mon coursier. »
Dinadam voit qu'on prétend le lui prendre.
Tristan est loin ; lui, trop souvent blessé,
D'un brusque choc ne peut bien se défendre,
Et sur la terre il est tombé froissé.
Ne voyant pas que son ami le suive,
Tristan revient sur ses pas, empressé,
Voit Dinadam que sa chute a laissé
Près d'un cheval encor plus épuisé
Que celui-là dont ce malheur le prive.
Sur ce cheval Tristan l'ayant placé
Non sans efforts : « Ces faits me déterminent,
Ami, dit-il, à ne te quitter plus ; »
Et les voilà tous les deux qui cheminent
Bien lentement parmi des bois touffus.
Mais une lieue encor n'était pas faite
Que, de rechef, un nouveau chevalier,
De Dinadam voyant le destrier,
Dit : « Mais, c'est lui, c'est bien lui, sur ma tête !
Ah ! comme on a traité la pauvre bête !
Elle est à moi : rendez-moi mon cheval. »
Oh ! cette fois, Tristan prend fait et cause
Pour Dinadam. Le survenant expose
Qu'il a des droits ; qu'un guerrier déloyal
L'a brusquement privé de son cheval ;
Il doit, il veut ravoir cet animal.
Mais cependant qu'avec force il réclame,
Et du combat va jeter le défi,
Les destriers prennent un grand parti,
Et se sont mis tous deux à rendre l'âme.
Ce dénoûment, venu fort à propos,
Calma beaucoup les chevaliers rivaux,
Qui tous avaient la parole assez haute ;
Et le combat resta là, non pas faute
De combattans, mais faute de chevaux.

 Le lendemain (j'abrége, pour vous plaire,
Tous ces détails), les deux guerriers unis
Firent tous deux des exploits inouïs.
Mais, poursuivi par un destin contraire,
Blessé toujours, et toujours moins dispos,
Après cela, Dinadam en ces mots
Très franchement harangua son confrère :

 « Cher compagnon d'exploits et d'amitié,

Un jour heureux avec toi m'a lié ;
Mais, si le ciel égala nos courages,
Dans les périls si j'ai suivi tes pas,
La force, ami, de nous ne dépend pas,
Et t'a, sur moi, donné trop d'avantages.
Oui, nous formons un seul tout, dont je suis
Le côté faible, et je le sens de reste.
Toujours blessé, cher Tristan, je ne puis
Ne pas trouver ma gloire un peu funeste.
De mes hauts faits ce résultat certain
M'amuse encor, mais m'ennuirait demain.
Auparavant, il vaut mieux que j'abjure
D'exploits sans fin ce goût entreprenant :
Je ne fuirai jamais nulle aventure ;
Mais j'en veux moins chercher pour le moment.
Non sans regret, ami, je te déclare
Que pour un temps de toi je me sépare.
— Oui, dit Tristan, tu jouas de malheur.
Va te guérir ; c'est un soin nécessaire.
Ami, le Sort te sait un peu gabeur,
Et t'a gabé plus qu'il n'aurait dû faire. »

 Après avoir embrassé son ami,
Dinadam part ; mais, malgré ses blessures,
Vite il revient, d'un courage affermi,
Au bruit confus de glaives et d'armures
Dont la forêt a tout à coup gémi.
Le fier Tristan, voyant soudain paraître
Un prisonnier que, lâchement unis,
Environnaient plus de cent ennemis,
L'avait voulu sauver, sans le connaître.
Il se trouva que c'était Lancelot :
Rencontre heureuse ! en ce terrible assaut,
Tristan tout seul aurait péri peut être ;
Mais Lancelot, voyant un défenseur,
Brise les fers dont on l'osa surprendre,
Et, déployant sa puissante valeur,
Sait, à son tour l'aider et le défendre.
Ces deux héros, que Dinadam encor
Vient appuyer, ces deux héros terribles,
A leur fureur donnant tout son essor,
Portent au loin des coups irrésistibles.
Des cent guerriers affaiblis de moitié,
Fort prudemment tout le reste a plié ;
Et Lancelot dit, en laissant la vie
A l'un de ceux qu'il vient de désarmer :
« Va vers Morgain ; qu'elle soit avertie
Que ses guerriers, pour me la faire aimer,
Sont moins puissans encor que sa magie. »

 Puis, rendant grâce à Dinadam vainqueur,
D'un ton pressant Lancelot le convie
A lui nommer ce héros protecteur

A qui, dit-il, il doit plus que la vie.
« C'est Tristan.—Ciel ? c'est Tristan que je vois,
Lui qui souvent a combattu pour moi ;
Lui qui, l'honneur de la chevalerie,
Honore tant notre même patrie ;
Lui qui, m'ayant combattu par erreur,
Pour l'admirer suspendit ma fureur,
Et que depuis, dans une autre pensée,
Cherchait partout mon ardeur empressée !
Preux chevalier, dès long-temps mon désir
Fut de vous voir, et fut de nous unir.
Quelques périls qui jamais nous menacent,
Noble Tristan, voulez-vous convenir
Qu'un doux lien... » Il ne peut pas finir :
Pour s'expliquer, les deux héros s'embrassent.

Ils font bien plus : réunis sans retour,
Ces chevaliers nourris dans les alarmes
Vont à l'autel, et veulent, de ce jour,
Lier entre eux *la fraternité d'armes*.
Devant Dieu même ils engagent leur foi :
Vieilli long-temps en des vertus paisibles,
Le prêtre, avec je ne sais quel effroi,
A ses genoux voit ces preux invincibles ;
Ils ont juré d'être toujours unis,
D'avoir toujours, et, quoi qu'il leur en coûte,
Mêmes amis et mêmes ennemis.
Leurs nobles voix font retentir la voûte.
Quand leurs sermens sont reçus et bénis,
Ce n'est pas tout ; ils veulent davantage :
De ce grand siècle un imposant usage
Vient signaler leur tranquilles fureurs :
Ils ont tous deux percé leurs bras vainqueurs.
Leur sang, qui coule en ce temple sauvage,
Se réunit : terrible et juste image
Du nœud sacré qui réunit leurs cœurs !

CHANT QUINZIÈME.

La cour plénière.—Le siége prêté et rendu.—Le tournoi.—
La chemise.—Tristan de la Table ronde.—Confidence de
deux maris à deux amans.—Le Faucon.—La tour sans huis.
—Punition de Bréhus.—Nouvelles du saint Gréal.

Hercule, Achille, étaient fort obligeans :
Mais leur colère était souvent cruelle ;
Thésée, Ajax, ne sont pas de ces gens
A qui l'on veuille aller chercher querelle.
Assurément pour tous les héros grecs
J'ai bien prouvé mon zèle et mes respects ;
Mais il s'en faut que je leur sacrifie
Les preux brillans de la chevalerie.
Les chevaliers, tout aussi valeureux,
Sont plus polis, souvent plus généreux,
Aiment moins l'or, et bien mieux leur amie.
L'Honneur n'était qu'un enfant au berceau,
Pendant les jours de la mythologie :
Ce n'est qu'aux jours de la chevalerie
Qu'il a grandi, qu'il s'est montré si beau,
Que sa bannière est beaucoup plus suivie.
O toi, par qui le mortel abattu
S'anime encor d'un courage suprême,
Brillant Honneur, tu n'es pas la vertu,
Et fais souvent plus que la vertu même !
On voit changer plus d'une opinion :
Mais sur tes droits nous garderons la nôtre.
Ta sainte loi, chez mainte nation,
Sera du moins une religion,
Si, par malheur, on n'en voulait plus d'autre.

Par Dinadam guidés et prévenus,
Les deux héros, qui sont devenus frères,
Vont sans retard à Cramalot. Artus,
Qui fort souvent tenait des cours plénières,
En donnait une où les rangs se pressaient.
Par des hérauts, appelés à la ronde,
Rois, ducs, barons, vavasseurs, accouraient.
Artus avait invité tout le monde,
Hors toutefois *les vilains* qui payaient.
Mais ils étaient tolérés : souvent même
Artus, doué d'une largesse extrême,
Distribuait des habits, de l'argent,
Qu'à ramasser on était diligent.
Dans ces jours-là, jours d'une joie antique,
Tous les plaisirs connus alors : musique,
Danses, repas, ménestrels et jongleurs,
Des ours dansans, et des escamoteurs !
Pendant la fête, Artus se prit à dire :
Je veux donner un superbe manteau
A celui-là qui fera le plus rire.
De toutes parts, plein d'un zèle nouveau,
Chacun s'escrime, et, doublant de courage,
Fait de son mieux pour paraître amusant.
Mais ce n'est pas, comme l'a dit un sage,
Lorsque l'on veut le plus être plaisant,
Qu'on est certain de l'être davantage.
Or, cependant qu'un ménestrel joyeux
De mainte épouse exposait la malice,
Un peu plus loin, un bouvier tout poudreux
S'est avancé vers le sénéchal Queux,
Qui s'ennuyait de faire la police.
« Je viens manger, puisqu'on nous le permet ;
Seigneur, dit-il, un siége, s'il vous plaît. »
Queux, plein d'humeur, répond à la prière,
D'un coup de pied qu'il lui lance au derrière,
Et, d'un air digne et hautain : « Va, maraud,
Voilà, dit-il, le siége qu'il te faut. »

Notre bouvier, en modérant son ire,
Ne souffle mot, dans un coin se retire,
Dîne très bien, puis, sans autre repos,
Va près d'Artus, où, par un noble zèle,
On disputait de tours, de fabliaux,
Queux écoutait, en serviteur fidèle,
Quand, bien visé par le bouvier dispos,
Il en reçoit, juste à la même adresse,
Un coup de pied de la première espèce.
Ainsi traiter un noble sénéchal,
Vous le sentez, c'est infiniment mal.
Artus aussi se met fort en colère,
Voyant qu'on manque à son grand officier.
« Sire, j'ai su, dit alors le bouvier,
Que je pouvais faire ici bonne chère ;
Je suis venu. Voyant que l'on s'assied,
J'interrogeais monsieur que je révère :
Il m'a prêté pour siège un coup de pied ;
Or, à présent, n'en ayant plus que faire,
Je le lui rends ; et vous conviendrez bien
Qu'au sénéchal, sire, je n'ai plus rien ;
Quoique indigent, j'ai de la conscience. »
A ce discours, un rire universel
Part à la fois dans l'assemblée immense.
Le roi s'y joint, et son rire fut tel
Que des seigneurs la foule satisfaite,
A ce bouvier qui payait bien sa dette
Tout d'une voix adjugea le manteau.
Il le reçoit, et son éclat nouveau
Donne du prix à sa mine vulgaire.
Le sénéchal, pendant tout ce bruit-là,
Se promenant sans sa grâce ordinaire
Ne trouvait rien de plaisant à cela.

Tristan d'abord ne se fit pas connaître.
Le lendemain, un tournoi des plus beaux
Fixa les yeux du peuple et des héros.
Mais qui croira ce qu'on y vit paraître ?
Un chevalier, plein d'une noble ardeur,
Jusqu'à l'excès portait la vaillantise,
Et, seulement, pour défendre son cœur,
De sa maîtresse avait pris la chemise.
Dinadam dit : Eh ! mais, c'est Sacrémor ;
Oui, c'est bien lui ; je le retrouve encor.
Lors Sacrémor, prévenant son murmure,
Lui dit : « Ami, pardonnez-moi ; je vais
De l'autre jour expliquer l'aventure :
J'étais mandé par ma dame, et n'avais
Nul temps à perdre. Épuisant ma monture
Pour arriver, brusquement j'en changeais
Avec tous ceux qu'en chemin je trouvais.
Par-là, répond Dinadam, tout s'explique ;
Mais consentez à m'expliquer aussi

L'occasion de ce costume unique ;
Dans un tournoi peut-on paraître ainsi ?
Oui, répondit Sacrémor ; à ma dame,
Bien plus puissans et plus riches que moi,
Deux chevaliers ont présenté leur foi.
Pour éprouver leur courage et leur flamme,
Elle a promis son amour à l'un deux,
Si, sa chemise étant la seule armure,
Il affrontait ce tournoi hasardeux.
Tous deux ont craint de tenter l'aventure.
Ma dame alors, prompte à les refuser,
M'a fait l'honneur de me la proposer.
Pour obtenir que ma dame se donne,
Vous comprenez.... Mais la trompette sonne. »
Il dit, il part à l'égal de l'éclair,
Et, seulement couvert de sa vaillance,
Sur des guerriers tout habillés de fer
Il a couru. Dieu ! quelle violence !
Bientôt les coups de ses rivaux unis
De son écu dispersent les débris.
Mais, désormais, en vain leur foule tente
De l'épargner : lui, sur eux se lançant,
Fait tout pour plaire à sa dame présente.
Ce preux repaît son glaive de leur sang.
Son sang aussi coule par vingt blessures ;
Tout, hors la gloire, est par lui méconnu.
Il fait si bien que, malgré leurs armures,
Tous les guerriers cèdent au guerrier nu.

A cet aspect, on l'entoure, on l'embrasse,
On l'applaudit. Des luttes de ce jour
Il a le prix, et le prix de l'amour.
Onc on ne vit une plus noble audace.
A le soigner tandis qu'on s'empressait,
A ses voisins Queux enchanté disait :
« S'il fit cela par l'ordre de sa dame,
Certe, elle doit récompenser sa flamme,
Et ce sera bien fait, sur mon honneur ! »
En ce moment, le sénéchal qui cause
A vu.... sa femme ; et surpris, non sans cause,
Il reconnaît que du casque vainqueur
Elle a paré son visage de rose.
Par un tel trait, la dame, en dévoûment
Voulait alors égaler son amant.
Le sénéchal, plein d'une humeur brutale,
Eût volontiers battu la sénéchale ;
Mais de son ire il modère l'essor ;
Car ses échecs ont lassé son courage ;
Et seulement, Queux, en époux très sage,
Dit : « Ce trait-là prouve pour Sacrémor
Beaucoup d'estime, et mon cœur la partage. »

Le lendemain, le choc trop général

CHANT QUINZIÈME.

Que l'on nommait le combat *à la foule*,
Fait place au choc où l'on n'a qu'un rival.
De maint guerrier, là, le renom s'écroule ;
Mais quelle gloire au dernier assaillant !
On commençait, quand une demoiselle,
De Cintagueil arrivée à l'instant,
De par Yseult, demande à son amant
S'il l'aime encore, et s'il s'occupe d'elle.
Un autre eût dit : En peut-elle douter !
Tristan répond seulement : « Prenez place. »
Tristan alors, empressé de jouter,
Montre et déploie une incroyable audace,
Aucun héros ne peut lui résister.
Il a deux fois renversé Palamède,
Comme en amour son rival en exploits ;
Il en a tant renversé, qu'on lui cède
Le premier prix du plus beau des tournois.
Alors Tristan court à la demoiselle
Qui s'étonnait de ses succès divers :
« Allez, dit-il, vers celle que je sers,
Et dites-lui si je m'occupe d'elle. »

On ne pouvait rien répondre à cela.
Heureux témoin de ces merveilles-là,
De son plaisir Lancelot n'est pas maître.
Il court chercher, il a fait reconnaître
Son cher Tristan, qu'Artus vraiment joyeux
Reçoit très bien, et Genièvre encor mieux.
Dans ce Tristan qui gagne les batailles,
Genièvre aussi contemple avec plaisir
Le Lancelot d'Yseult de Cornouailles.
Tous les héros, charmés de l'accueillir,
Veulent qu'Artus, sans retard, les seconde ;
Et ce grand roi, qui cède à leur désir,
L'a proclamé preux de la Table ronde.
Par un bonheur dont ils furent ravis,
Méliadus rentrait sur cette terre.
Il fut témoin des succès de son fils ;
C'est, comme on sait, le paradis d'un père.
Ah ! trop souvent un mortel ignoré,
Un nom obscur, un fils dégénéré
Succède au nom que la gloire révère :
Heureux qui peut, comme Méliadus,
Avec orgueil présentant son image,
Dire tout haut : « Mes exploits sont connus ;
Ceux de mon fils le seront davantage ! »

Du beau Tristan Lancelot fut *patron*.
En les voyant tous deux, chacun s'écrie
Qu'en ce moment Artus dans sa maison
Reçoit la fleur de la chevalerie.
Quand du serment, près des autels divins,
Tristan redit les paroles fameuses,

Artus est fier de tenir dans ses mains
D'un tel guerrier les mains victorieuses.
Tout chevalier, entre autre engagement,
Était forcé par ce noble serment
De raconter les exploits de sa vie.
Disant les siens devant les sires clercs
Qui transcrivaient ses faits pour l'univers,
Tristan sentit souffrir sa modestie.

Or, en ce temps si digne de renom,
Du Seigneur Dieu la sagesse profonde,
Sur chaque siége inscrivait l'heureux nom
D'un des guerriers sis à la Table ronde ;
Et ce nom-là n'était pas effacé
Que le défunt ne fût bien remplacé.
Mais pour cela le récipiendaire
Devait, au moins, en faits brillans de guerre,
Valoir le preux par la mort renversé ;
Quelquefois même il était repoussé
Par un pouvoir invisible et sévère.
Si, survivant à travers mille écueils,
L'Académie avait façon pareille,
Nos yeux ainsi sur l'un de ses fauteuils
Liraient encor le grand nom de Corneille.
Bien des fauteuils seraient moins exigeans.
C'est fort heureux, il faut que j'en convienne ;
Et, sans nommer, je vois d'ici des gens
Qu'à remplacer on aura moins de peine.
Quoique long-temps on en eût pris beaucoup,
Nul n'avait pu remplacer le Morhoult,
Depuis ce jour où dans un choc terrible
Tristan, lui-même atteint d'un coup affreux,
L'avait privé du titre d'invincible.
On présenta son siége valeureux
A son vainqueur. Loin que rien le repousse,
Tristan, flatté, d'invisibles concerts
Entend soudain la voix brillante et douce,
Et des parfums ont embaumé les airs.
Du fier Morhoult de mémoire guerrière
Soudain le nom s'efface tout à fait ;
Et de Tristan le nom fameux paraît,
Comme de gloire, éclatant de lumière.

Mais devinez quel roi survient alors
A Cramalot : c'est le roi Marc lui-même.
Marc, qu'Hélyas, un voisin des plus forts,
A mis soudain dans un péril extrême,
Vient, de Tristan oubliant tous les torts,
Quérir le bras de ce neveu qu'il aime.
Ses torts sont nuls, ses erreurs sont bien loin :
Ils sont parfaits, ceux dont on a besoin.
De voir Yseult reprenant l'espérance,
Tristan charmé promit son assistance.

7

Marc, petit roi, qu'on redoutait fort peu,
Obtint d'Artus réception polie.
En observant et l'oncle et le neveu,
Chacun d'Yseult excusait la folie.
Surtout Genièvre en avait grand'pitié.
Et cependant, au sortir de la table,
Artus, prenant Tristan en amitié,
Tirait à part ce héros *estimable*.
Depuis un temps, plein d'un secret courroux,
De Lancelot il devenait jaloux.
Voilà qu'il cède au dépit qui l'entraîne,
Et qu'à Tristan il raconte sa peine.
Tristan confus, se remettant bientôt,
Tout de son mieux excuse Lancelot ;
Dit que toujours l'affreuse calomnie,
La haine injuste et la perfide envie,
Chez les puissans, et surtout dans les cours,
Ont répandu leurs horribles discours ;
Que Lancelot est un héros très sage
Qui trouve affreux de troubler un ménage,
Et qui sans doute a respecté celui
D'un chevalier et d'un roi tel que lui.
Artus, gagnant un peu de confiance,
En ce discours trouva quelque allégeance :
Mais le plaisant (et les nouveaux amis
En rirent fort, se trouvant réunis),
Le plaisant fut, que, pour la même cause,
Le bon roi Marc, dans le même moment,
A Lancelot disait la même chose,
Et recevait le même compliment.

   Pour réprimer des assaillans barbares,
Tristan et Marc n'étaient encor partis,
Quand Lancelot avec des yeux ravis
Vit arriver son frère Hector Desmares.
Ce brave Hector, son frère naturel,
Légitimé par les faits les plus rares,
S'était acquis un renom très réel ;
Et cependant j'ai bien peur, pour ma gloire,
D'avoir omis son nom dans cette histoire.
En disant tout, je ne finirais pas ;
Que de héros, ô ciel ! j'ai sur les bras !
Hector, au reste, était plein de tristesse.
Des champs d'Écosse il hâtait son retour,
Cherchant partout l'objet de son amour
Qu'on avait su ravir à sa tendresse,
Sans qu'il connût, pour comble de douleur,
Ni la prison, ni l'affreux ravisseur.
Comme souvent c'était alors l'usage,
Il voyageait, un faucon sur le poing.
Non qu'à chasser, *dans le mal qui te point*,
On puisse avoir du goût et du courage ;
Mais ce faucon, tel que l'on n'en voit point,

S'était souvent chargé d'un doux message.
Les deux amans sur leur prochain lien
Avaient beaucoup à dire, comme on pense ;
Et le faucon, courrier aérien,
S'était chargé de leur correspondance.
Ainsi, propice aux écrits de l'amour,
Ce noble oiseau les porte et les recueille :
Doux ministère, et dont jusqu'à ce jour
Une colombe avait le portefeuille.

   Pendant qu'Hector racontait son malheur,
Des mêmes lieux vient une autre nouvelle.
Carados dit au grand Artus : « Seigneur,
Un insolent aux combats nous appelle.
Aux monts d'Écosse, en cet âpre pays,
De nom du moins, vous avez pu connaître
Certaine tour sans porte et sans fenêtre,
Que l'on appelle au loin *la tour sans huis*,
Et qui partout est justement citée :
Car cette tour, édifice imposant,
A trois cents pieds, et ses fossés autant.
Elle sembla toujours inhabitée,
Où des esprits l'occupaient seulement ;
Mais, l'autre jour, un nain affreux, difforme,
S'offrant aux yeux, a, sur la plate-forme,
Fait retentir un effroyable son ;
Et l'insolent a surpris tout le monde
En défiant, et par leur propre nom,
Vous et nous tous, sis à la Table ronde.
Il a crié : « C'est de par Merlinor,
Du grand Merlin et successeur et gendre :
Tous ces guerriers et tous autres encor
Sont sous la tour défiés de se rendre. »
A ce propos, Artus et tous ses preux
Veulent punir celui qui les outrage.
Marc et Tristan, nonobstant d'autres vœux,
Sont obligés d'être de ce voyage ;
Car ils étaient défiés tous les deux.
De la partie aussi furent les dames,
Qui déguisaient les secrets de leurs ames
Dans leur parole ; et Genièvre, tout haut,
Veut suivre Artus, et, tout bas, Lancelot.
Après six jours de course aventurière,
On voit enfin cette tour singulière ;
Et des gueriers le groupe fort pressé
S'est approché jusqu'au bord du fossé.
Heureusement, les dames, en arrière
Étaient encor : voilà que, de la tour,
De lourds cailloux roule une telle grêle
Que ces preux, chers à l'hymen, à l'amour,
Plus qu'à moitié sont tombés pêle-mêle.
D'un coup soudain Lancelot est froissé.
Artus lui-même est atteint, renversé.

Queux s'en retire avec un doigt cassé.
Long-temps roulé dans des flots de poussière,
Marc, qui jamais n'eut des yeux bien perçans,
Y voit moins clair encor qu'à l'ordinaire.
Or, de la tour les maudits habitans
Sont loin des traits, et l'on ne peut rien faire
Que s'éloigner, et sans perdre de temps.
C'est ce qu'on fait. Les blessés, qu'on emporte,
Bien que héros, geignent de bonne sorte.
Ils soignent peu leur geste et leur discours.
Les plus héros ne le sont pas toujours.
D'après cela jugez des cris des dames,
Qui, comme nous, n'ont pas de grandes ames.
On avait peine à s'entendre. De plus,
On ne savait où trouver un asile.
Quelqu'un alors se souvint que Bréhus
Près de ces lieux avait un domicile.
Dames, guerriers, déjà s'y sont rendus.
Recevant bien ses hôtesses nouvelles,
Le dur Bréhus fut très poli pour elles,
Et s'amusa tout bas des sentimens,
De l'intérêt, que témoignaient les Belles
A leurs maris, en soignant leurs amans.
Puis il ne peut se dispenser de dire
A ces héros sous la tour abattus,
Qu'ils ont eu tort, et que lui seul, Bréhus,
A les venger se flatte de suffire.

« Excusez-moi dans mon espoir rival ;
Mais, je le jure, et par le saint Gréal ;
Demain, dit-il, signalant mon audace,
Et sous la tour manœuvrant, m'arrêtant,
Je reste une heure à cette même place
Où vous n'avez pu rester un instant. »

On le crut fou ; mais, sitôt que l'aurore,
Passant trop vite, ainsi que fait l'amour,
S'est éloignée, et quand le soleil dore
Les murs noircis de l'imprenable tour,
Bréhus paraît en superbe équipage
Sur son cheval, terrible destrier,
Qui, laissant trop exalter son courage,
Dans un combat se lançait avec rage
Sur le cheval et sur le cavalier.
Bréhus, rempli de malice profonde,
Et pour cela mal à la Table ronde,
Blâmait trop peu de son vaillant cheval
Ce procédé tout à fait déloyal.
Quoi qu'il en soit, vers la tour il s'avance.
Chacun, voyant le péril qu'il courait,
Le croyait mort, et l'enterrait d'avance.
Près des fossés aussitôt qu'il paraît,
Avec fureur, des balistes puissantes
Lancent sur lui des roches menaçantes.

Mais, ô bonheur ! aucun de ses éclats
N'atteint Bréhus, qui, montrant son courage,
Toujours le brave, et ralentit ses pas
Sans recevoir un seul grain de l'orage ;
A haute voix défiant Merlinor
De le forcer de partir avant l'heure.
L'heure s'écoule, et beaucoup plus encor,
Et ce guerrier sous le danger demeure.
Alors, comblé d'honneur par les héros,
Et les laissant les plus surpris du monde,
« Il va, dit-il, corriger des vassaux
Après avoir vengé la Table ronde. »

Un peu honteux d'avoir un tel vengeur,
Tous ces messieurs admiraient son audace,
Et plus encor l'excès de son bonheur.
Hector lui seul, que leur joie embarrasse,
Va loin de tous promener sa douleur.
Son cher faucon lui tenait compagnie.
« Ah ! lui dit-il, toujours à ses regrets,
Tout est perdu, ma Clary m'est ravie,
Et tu n'as plus à porter nos billets.
Va, va du moins, abandonnant la terre,
Dans ton pays ; oui, va jouir du ciel,
Et respirer à côté du tonnerre. »
De son ami plaignant le sort cruel,
L'oiseau s'éloigne : il se perd dans la nue.
Demeuré seul sur une lande nue,
Hector était plongé dans ses ennuis....
Qui vient troubler son cœur ? qui le fait battre ?
Hector voyait de loin la tour sans huis ;
Il aperçoit, là, son faucon s'abattre.
Ah ! quel malheur ! son oiseau va périr !
Que va-t-il faire en pareille demeure ?..
Hector, après un siècle d'un quart d'heure,
Voit tout à coup son oiseau revenir.
O doux moment ! tendrement il le serre.
Dieu ! quel aspect ! quel espoir l'a saisi !
L'oiseau tenait ce billet dans sa serre,
Et le remet aux mains de son ami :

« Hector, objet de toute ma pensée,
Sur ma terrasse au ciel seule exposée,
Je te pleurais, quand ton oiseau charmant
Est arrivé, se posant sur ma lyre.
Le temps nous presse, et j'écris promptement :
Hélas ! que j'ai de choses à te dire !
L'affreux Bréhus est mon vil ravisseur.
Des inconnus ont servi sa fureur ;
Puis le méchant s'est offert à ma vue.
Dans son châtel, au milieu de sa cour,
D'Agricola l'on voit une statue ;
Bréhus, usant de l'absence du jour,

Par un ressort, a, sans beaucoup de peine,
Su déplacer cette image romaine,
Lors, à sa place, un lugubre escalier,
Connu trop bien de ce faux chevalier,
M'a présenté sa forme inattendue.
Bréhus marchait, une torche à la main ;
Et sous la terre, en un âpre chemin,
Je suis, tremblante, avec lui descendue.
Jadis, pour fuir quelque tyran romain,
Nos bons aïeux ouvrirent cette issue.
Elle nous a conduits dans cette tour
Dont le cruel fait mon triste séjour.
Mais il en fait encore un autre usage :
Sous un faux nom, et sous un faux courage,
Bréhus a su, dans ses vœux meurtriers,
Tromper Artus et tous ses chevaliers.
Faux Merlinor, il joue un double rôle,
Dans son châtel feint des soins empressés
Pour les héros atteints sous ses fossés ;
Et, souriant tout bas, Bréhus console
Les chevaliers que Bréhus a blessés.
Viens, cher Hector ; ta Clary regrettée
En vain t'appelle et les nuits et les jours.
Jusqu'à présent Bréhus m'a respectée ;
Que puisse-t-il me respecter toujours !
Viens, signalant ta valeur redoutée,
Venger Artus, et sauver nos amours. »

    Vous devinez la surprise et la rage
Du jeune Hector. Il vole vers Artus.
A ce monarque, à tous ses preux émus,
Du vil Bréhus il dit le double outrage.
Chacun frémit de ces horribles tours,
Et tous les yeux semblent jeter des flammes.
Mais, des guerriers quels que soient les discours,
Ils sont bien loin de la fureur des dames.
Ces doux objets sont vraiment furieux,
Et, de leurs mains, sur Bréhus odieux
Veulent punir sa lâche perfidie.
Le pauvre Hector, à force de prier,
De rappeler qu'il doit venger sa mie,
Obtient enfin d'être leur chevalier.
Mais le destin, qui fait tout dans la vie,
Trompa leurs vœux en servant leur envie.
Le dur Bréhus, en ce moment, était
Puni bien moins, et plus qu'on ne voulait :

    Bréhus avait fait rencontre en sa route
De Perceval, qu'il ne connaissait point.
Tout récemment, ce preux s'était adjoint
Un serviteur fort singulier sans doute,
Nommé Rustard, compagnon assez lourd,
Gauche, grotesque, et, de plus, un peu sourd,

Actif d'ailleurs, zélé dans chaque affaire,
Et redoutant toujours de trop peu faire.
Sire Bréhus, à narguer très sujet,
Du maître avait jugé par le valet,
Et de tous deux avait fait sa risée,
En les toisant. C'était tomber fort mal.
Il souffrait peu, le brusque Perceval,
Que sa personne, en riant, fût toisée.
Combat soudain ; par un coup déloyal
Bréhus voulut frapper son adversaire.
En même temps, son féroce cheval
Hennit, s'attache avec tant de colère
A dévorer celui de son rival,
Que, les laissant hennir et se débattre,
En fantassin Perceval veut combattre.
Le vil Bréhus, qu'enfin il sait abattre,
Est de sa main enchaîné sans égard.
En le mettant dans celles de Rustard,
« Tu vas, dit-il, faire opérer sur l'heure
De ce félon le barbare cheval. »
Par grand malheur, Rustard entendit mal.
Se rendant vite au village où demeure
Certain expert, habile maréchal,
Il le requiert, et fait si bien en somme
Que l'on opère et le coursier et l'homme.

    De Perceval vous jugez la douleur,
Quand il apprend cette funeste erreur.
Rustard confus, cherchant à se défendre,
Jure, sur Dieu, qu'il a cru bien entendre.
Le chevalier se désole, et du moins
Il reconduit avec les plus grands soins
Le malheureux, dont la vie était dure,
Puisqu'il vécut après cette aventure.
Quoi qu'il en soit, voyant que ce méchant
Est équipé si désastreusement,
Tous les héros, malgré qu'il ait pu faire,
Ne savent plus lui garder de colère,
Et froidement accueillent Perceval,
Que chacun trouve aussi par trop brutal.
Après avoir prouvé son innocence,
Perceval sut des détails à son tour,
Et partagea la vive impatience
Que l'on avait d'arriver dans la tour.
Dans son malheur laissant Bréhus tranquille,
Sans rechercher son secret inutile,
Pour abréger, avec fureur, voilà
Qu'on démolit le pauvre Agricola ;
Puis on franchit le souterrain immense ;
Puis à la tour on arrive, on s'élance.
Le bel Hector, très justement chéri,
Court, le premier, délivrer sa Clary.
Le dur Mordrec, dédaignant la clémence,

Perce tous ceux qui tombent sous sa main ;
Et Perceval, ayant plus d'indulgence,
Au grand Artus a présenté le nain.
Ce nain, qui fut long-temps hardi, pour cause,
Et sur la tour paraissait quelque chose,
Était fort sot, captif de Perceval ;
Comme le sont force nains ses confrères,
Sitôt qu'ils sont tombés du piédestal.
A dire vrai, quelques guerriers sévères,
Se rappelant ses défis et ses pierres,
Parlaient de pendre : heureusement pour lui,
Le pauvre nain, des dames eut l'appui.
« Puisqu'à sa grâce il faut que l'on consente,
Dit Perceval, Rustard, entendez-vous,
A ce maraud donnez cinquante coups
De nerf de bœuf, afin qu'il se repente.
Cinquante coups ; vous entendez ?—Fort bien,
Répond Rustard ; il n'y manquera rien. »
Il en donna, juste, deux cent cinquante.

L'instant d'après, le valeureux Yvain,
Qui, fort long-temps, chercha Bréhus en vain
Pour le punir de sa cruelle offense,
Arrive, et perd tout espoir de vengeance
En le voyant. D'ailleurs un autre objet,
L'occupe alors d'un bien autre sujet :
« Sire, dit-il au grand Artus, j'arrive
Du roc brumeux de la lugubre rive
Où, dès long-temps, la grotte de Fingal
Au roi pêcheur garde le saint Gréal.
Je ne dis point les pénibles obstacles,
Les grands périls, les terribles miracles,
Qui constamment en défendent l'accès.
Enfin, pourtant, ma valeur illustrée
Avait conquis cette coupe sacrée,
Et dans ces lieux, vainqueur, je l'apportais.
De ma douleur appréciez l'excès :
Le saint Gréal, à ma surprise extrême,
A disparu. Deux jours après, seigneur,
On m'a conté que, chez le roi pêcheur,
On l'avait vu revenir de lui-même.
Je ne sais point qui le conservera ;
Mais, désormais, l'attaque qui voudra !
— Oui, lui répond Dinadam, je m'étonne,
Mon cher Yvain, guerrier peu virginal,
Que ton courage ait raisonné si mal ;
Et, franchement, je ne connais personne
Qui, moins que toi, soit propre au saint Gréal.
— Il est trop vrai, dit à la compagnie
Certain ermite, y prétendre est folie.
Dès qu'à l'amour un jour on put céder.
Pour le ravir, un héros peut s'aider
Avec succès de sa valeur suprême ;

Mais vous voyez que, pour les héros même,
Le difficile est, parfois, de garder. »

Si, dans ma course, un peu trop vagabonde,
Je n'embrassais toute la Table ronde,
Tous ses héros, et si le saint Gréal,
Trésor pour eux très important sans doute,
Était aussi mon objet capital,
C'est devers lui que je prendrais ma route.
En longs discours ma voix raconterait
Comment on vit, sans rien vouloir entendre,
Dix chevaliers succomber, trois le prendre,
Et comment, pris, toujours il échappait.
C'était d'abord ma première pensée
Que cette histoire au moins fût esquissée.
De ces détails le choix intéressant
Paraîtrait neuf, et quelquefois plaisant.
Nos bons aïeux n'y trouvaient nul scandale ;
On en verrait dans nos jours de morale.
Mes chants seraient doublement exposés,
En retraçant ces histoires vieillies :
Car je pourrais ennuyer les impies,
Et les dévots seraient scandalisés.
A ces deux torts je prétends me soustraire,
Si je le puis : j'aime beaucoup la paix,
Et, prudemment, je m'arrête, et me tais :
O mes amis, il faut souvent se taire !

CHANT SEIZIÈME.

Révolte de Mordrec.— Blessures de Tristan et d'Yseult.— Échec de Marc.— Générosité d'Yseult.— Yseult et Tristan au château de la Joyeuse-Garde.— Combat de Palamède.— Partie carrée.— L'ordre de bien aimer.— Le court mantel.

Goût des beaux-arts, de la belle nature,
O de plaisirs source sublime et pure,
Sixième sens aux humains accordé,
Combien d'entre eux sans regret t'ont cédé !
Combien aussi mourront sans te connaître !
Mais ceux de nous qui savent te sentir,
Privés de toi, se verraient trop punir,
Et par ton charme ennoblissent leur être.
Sur ce théâtre, appelé l'univers,
Toujours foulé par tant d'acteurs divers,
Où, circulant au gré de leurs caprices,
Montrent sans fin leurs erreurs ou leurs vices,
Le peuple vil, le peuple ambitieux,
Le peuple avare, et le peuple orgueilleux,
Ami des arts, un peuple aimable et rare
Vit clair-semé dans la foule barbare.
Sans faire un tort, sans causer un regret,
Comme on jouit de ces douces conquêtes

Que par soi-même avec ardeur on fait¹,
Ou que pour nous d'autres ont déjà faites!
Empire vaste, et toujours s'accroissant,
Et plus solide encor que bienfaisant!
Que dirons-nous de l'empire éphémère
Des vieux Romains, des Tartares, des Grecs,
Près de celui de Virgile et d'Homère,
Qui chaque jour obtient plus de respects!
Ces princes-là, messieurs, en valent d'autres.
Peu de grandeurs au fond passent les nôtres.
Un bon auteur est, tout bien convenu,
Un grand seigneur qui n'est pas reconnu.
Après sa mort on le met à sa place;
C'est un peu tard, mais c'est durable aussi.
Puisque j'y suis, parbleu! je veux ici
De nos honneurs marquer un peu la trace :
Les amateurs dans vingt pays épars,
Sont, de plein droit, *chevaliers des beaux-arts*.
Jérusalem, *grand-duché du Parnasse*,
Manque aux chrétiens, mais appartient au Tasse.
Sublime auteur du Paradis Perdu,
Je te reçois *lord du fruit défendu*.
Corneille, illustre autant qu'on puisse l'être,
Comme de l'art, *du Cid est le grand maître*.
A tout seigneur, comme on dit, tout honneur :
Racine est *prince*, et Despréaux *recteur*.
Musiciens, peintres que l'on admire,
Et vous aussi, vous avez votre empire,
Et plus d'un titre honorable et flatteur;
Mais, pardonnez, tout cède à l'art d'écrire.
Qu'il est puissant le *seigneur de Zaïre*,
Et.... *autres lieux!* Même *l'abbé Ververt*,
Par son talent qu'il faut qu'on applaudisse,
A su se faire *un joli bénéfice*.
Toujours ainsi le concours est ouvert.
Un autre auteur de meilleure faconde
Serait ici *duc de la Table ronde;*
Moi, j'en serai tout au plus le *baron*.
Mais en fait d'arts on peut dire : A quoi bon
Ces titres-là qu'en faveur singulière
Eut, de son temps, le comte de Buffon?
Ah! Pline est Pline; et Molière, Molière;
On a tout dit quand on a dit : Newton.
De ces mortels dont la nature est fière,
Le plus beau titre est à jamais leur nom.
Un mot encore : on cite dans l'histoire
Constantin dix, le douzième Léon,
Et maint Philippe illustré par sa gloire;
Quand vivrons-nous sous Homère second?

Je reviens vite à cette Table ronde
Où pour Artus plus d'une peine abonde.
Ému déjà d'un conjugal soupçon,
Ce prince éprouve un chagrin plus profond,
Grace à Mordrec. Aussi dur que son nom,
Du grand Artus ce neveu peu sensible,
Dans les combats d'ailleurs brave et terrible,
Était morose, ambitieux, félon.
Le grand Artus, pour lui plein de faiblesse,
Malgré ses torts renouvelés sans cesse,
Lui passait tout, l'aimait avec chaleur,
Et négligeait pour lui ses quatre frères,
Autres neveux nés de la même sœur,
Qui, l'aidant mieux dans ses nombreuses guerres,
Étaient cent fois plus dignes de son cœur.
Ainsi Milton, ce chantre inestimable,
Pour les accens de son luth détendu
Calomniait son chef-d'œuvre admirable,
Et préférait au *Paradis perdu*
Son *Paradis reconquis*.... à la diable.
Mais un motif, qu'il faut bien révéler,
Rendait Artus pour Mordrec peu sévère :
Artus, dans l'age où l'on s'occupe à plaire,
Croyant, la nuit, chez sa maîtresse aller,
Avait trouvé la fille de sa mère
A ses côtés; et de Mordrec par-là
Il était l'oncle à la fois et le père.
Le duc Mordrec, informé de cela,
Troublait Artus, et nourrissait l'envie
D'en hériter, même pendant sa vie.
Ce fils ingrat, dès que le saint Gréal
Occupe au loin toute la Table ronde,
Veut accomplir un projet déloyal
Que méditait sa malice profonde :
Aidé d'amis nombreux et résolus,
Il se révolte, il veut chasser Artus,
Qui, si vaillant jadis, de la vieillesse
Sentait un peu l'atteinte et la faiblesse.
Mais, par bonheur, Lancelot, s'estimant
Du saint Gréal indigne évidemment,
Puis n'ayant pas besoin de cette gloire,
Était resté près de Genièvre. Artus
Vient invoquer ce fils de la Victoire,
Que pour l'instant il ne soupçonne plus.
Se reprochant en secret sa tendresse,
Et toutefois n'y voulant renoncer,
Pour protéger l'époux de sa maîtresse,
Le noble amant parut se surpasser.
Mordrec vaincu, voyant que ses affaires
Tournaient fort mal, après très peu de jours,
De l'indulgence invoqua le secours.
Il eut d'Artus des leçons peu sévères;
Car c'est ainsi que cela va toujours,
Et le pardon est le métier des pères.
Puisse Mordrec devenir moins félon,
Et ne jamais abuser du pardon!

CHANT SEIZIÈME.

De son côté, Tristan, en Cournouailles,
Se surpassait aussi dans deux batailles;
Et ce héros, ministre du trépas,
Délivrait Marc du terrible Hélyas.
Avec Yseult, qu'il revoyait sans cesse,
Tristan formait de beaux plans de sagesse.
« Soyons amis, disaient-ils. » Vain détour!
Loin que l'effet à leurs désirs réponde,
L'amour, plus fort, les rapproche : l'amour
Est un aimant qui remûrait le monde.
Sachons pourtant admirer leur vertu :
« Je ne veux pas, disait Yseult la blonde. »
Tristan disait : « Je ne veux pas non plus. »
Efforts trop vains! impuissante faconde!
Souvent, malgré leurs projets hasardeux,
On aurait dit qu'ils le voulaient tous deux.

Ils espéraient remplacer la sagesse
Par la prudence; ils cachaient leur bonheur.
Mais un cœur vil, un lache délateur,
Messire Andret, les épiait sans cesse.
Naguère un art et des soins délicats
Ont, du château du sénéchal Dinas,
Fait un château de petite-maîtresse;
Là quelquefois Tristan portait ses pas.
Andret un jour s'y cache avec adresse;
Muni d'un arc, il monte sur un pin
Qui dominait le château, le jardin.
Il est long-temps là sans que rien paraisse.
Enfin, des flancs d'un pilastre entr'ouvert,
Il voit, sans bruit, sortir la belle reine,
Qui, rougissant, va près d'un gazon vert;
Et Tristan sort du creux d'une fontaine,
Divinité de ce bosquet désert.
De ce bosquet la feuillée indolente
En couvrait mal la voûte transparente.
Voyant fort bien, Andret n'hésite pas.
Un trait parti de la corde qui tremble,
Blesse Tristan, et blesse Yseult. Hélas!
Comment ne point les attraper ensemble?

Veillant sur eux, quelque envoyé du ciel
Sut modérer l'essor du trait cruel.
Pour ses amours Tristan moins intrépide,
Emporte Yseult hors du bosquet perfide.
Comme ils rentraient, un nouveau trait vengeur
Du beau Tristan vient effleurer le cœur.
Quand pour la reine enfin il est tranquille,
Accourant seul, Tristan, au même asile
Revient chercher l'invisible ennemi.
Andret, déjà, prudent plus qu'à demi,
A fui ces lieux où causaient de tendresse
L'heureux Tristan et sa belle maîtresse.

Mais au roi Marc, qu'il se plaît à troubler,
Il dit combien Tristan aime à parler.
A cet avis le roi de Cornouaille,
Que derechef un feu jaloux travaille,
Ne pense plus aux bienfaits d'un neveu
Qui, je l'avoue, en abusait un peu,
Et fait un soir, avec un art extrême,
Saisir Dinas, Yseult, et Tristan même.

C'en était fait de tous trois, sans l'ardeur
De Gouvernail, qui dans l'instant arrive
Du Léonais, d'où son bras protecteur
Guidait de preux une cohorte active.
Ces Léonais, qui devaient, dans son plan,
Défendre Marc, défendirent Tristan.
Ils furent joints par ceux de Cornouailles,
Qui, de Tristan admirant les batailles,
Ne pouvaient pas souffrir qu'on l'immolât,
Et trouvaient Marc envers lui trop ingrat.
Dans les esprits la révolte menace,
Et tout à coup éclate avec audace.
Le peuple immole Andret, lâche et félon;
Et le roi Marc, renversé de sa place,
De son neveu prend la place en prison.

Tristan, Yseult, dans cette circonstance,
Cherchaient comment prouver à Gouvernail
Le juste excès de leur reconnaissance;
Mais celui-ci leur sauva ce travail.
Depuis long-temps Gouvernail, dans son ame,
Aimait Brangien, la désirait pour femme.
Se rappelant l'esprit qu'elle avait eu
Quand du roi Marc elle avait été reine,
Ce vieux guerrier lui pardonnait sans peine
D'avoir été facile par vertu.
Puis, en tout temps, comme sous toute zone,
Aux bords du Gange, aux bords du fleuve Jaune,
Un roi, dit-on, n'a jamais rien gâté.
Cette alliance illustre la Beauté;
Qui suit un roi, se rapproche du trône.
De Gouvernail appréciant l'appui,
La reine Yseult, après sa délivrance,
Lui demandait ce qu'on pouvait pour lui :
Il demanda Brangien pour récompense.
Yseult charmée arrangea tout fort bien,
Et, par le don d'une fertile terre,
Plus que jamais chassa loin de Brangien
Le souvenir d'un tort involontaire.
Le beau Tristan, plus généreux encor,
Sur Gouvernail renversa des flots d'or.
L'or, c'est bien vil; je le sais, je l'avoue;
Mais rien n'est pur dans ce monde de boue.
Je le dirai, quel que soit mon chagrin :

Déjà, malgré mille exploits gigantesques,
On commençait à sentir du déclin
Dans la splendeur des jours chevaleresques;
Les chevaliers, constamment en chemin,
Ne dînaient pas toujours de leurs flamberges,
Et, rarement, mais quelquefois enfin,
Avaient besoin d'argent dans les auberges.

   Alors Yseult dit à Tristan : « Ami,
Après les maux où le ciel m'a livrée,
Quand notre sort est encor raffermi,
Plus de Tristan ne serai séparée.
Je ne le puis. Mais je ne puis aussi
Souffrir jamais qu'aucun reproche souille
Mon noble amour, et, triomphante ici,
De mon époux accepter la dépouille.
Si j'ai failli, si Marc m'a trop déplu,
D'autres devoirs me trouveront fidèle.
Je suis bien faible, et l'amour l'a voulu;
Mais, faisant plus, je serais criminelle.
Mon doux ami, je suivrai tous vos pas:
Mais j'ose aussi vous prier qu'à mon zèle
Marc rétabli doive tous ses états;
Alors, Tristan, la plus grave matrone,
Prenant pour moi des sentimens plus doux,
M'excusera de fuir loin d'un époux
A qui j'ai fait rendre, en partant, son trône.
Que, du bonheur me devant le retour,
Lui-même excuse une femme infidèle!
Ami plus cher à mon cœur que le jour,
Fais qu'à tes yeux Yseult toujours nouvelle
Soit moins coupable afin d'être plus belle,
Et qu'elle n'ait de tort que son amour!

   «— O chère Yseult! ô noble créature,
Dont l'ame est belle autant que la figure,
Ai-je le droit de te refuser rien?
De tous mes vœux à jamais tu disposes;
Mais ton projet était déjà le mien.
Oh! qu'il m'est doux que tu me le proposes! »
Ainsi Tristan parlait à ses amours;
Les nobles cœurs se devinent toujours.

   Alors Tristan, qui fait en diligence
De Cornouaille assembler les barons,
Dit à Dinas : « Je remets ma puissance
Entre vos mains. Ce soir nous partirons,
Et dès demain vous ferez reconnaître
Mon oncle Marc pour seigneur et pour maître. »
C'est ce qu'on fit. Marc de ce qu'il perdait
Fut désolé, mais ne put méconnaître
Le prix flatteur de ce qu'on lui rendait.

   Le beau Tristan, qu'Yseult souvent regarde,
Sur le chemin se décidant bientôt,
Dit : « Allons voir mon ami Lancelot
Dans son châtel de la Joyeuse-Garde. »
Vers cet asile ils marchent aussitôt.
C'était le temps où l'aimable verdure
Naît et répand sur toute la nature
De sa couleur le frais enchantement,
Où chaque oiseau, bavard comme un amant,
Reprend les airs qu'il chantait en automne.
L'ami d'Yseult, par un pays charmant,
Auprès d'Yseult cheminait lentement:
Il était là bien mieux que sur le trône.
Le cœur ému d'un si doux sentiment,
Ce fut alors que Tristan fit entendre
Ce triolet ingénieux et tendre.
Il chanta bien: s'il chanta seulement,
Jusqu'à ce jour on n'a pu me l'apprendre.

   « Avec Yseult et les Amours (1),
Ah! que je fais un doux voyage!
Que je vais passer d'heureux jours
Avec Yseult et les Amours!
Elle seule en règle le cours,
Et, près d'elle, ils sont sans nuage :
Avec Yseult et les Amours,
Ah! que je fais un doux voyage!

   « A chaque instant que je te vois,
Je te vois encor plus aimable:
Mon cœur me dit, et je l'en crois,
A chaque instant que je te vois,
Que c'est pour la première fois
Que ton regard m'est favorable.
A chaque instant que je te vois,
Je te vois encor plus aimable.

   « Qu'il est doux, le chant des oiseaux!
Il peint la tendresse, et l'inspire.
O mon Yseult, sous ces ormeaux,
Qu'il est doux, le chant des oiseaux!
Peut-être il serait à propos
D'écouter ce qu'il veut nous dire.
Qu'il est doux, le chant des oiseaux!
Il peint la tendresse, et l'inspire. »

   Les deux amans arrivent, à la fin,
Près du château de la Joyeuse-Garde.
Mais, tout à coup, sur le préau voisin,
Leurs yeux ont vu des guerriers, une garde.
Artus alors, mieux avec Lancelot,
A son châtel lui faisait, seul, visite,

(1) Romance, en partie, de M. de Tressan.

CHANT SEIZIÈME.

Et, par plaisir, on livrait maint assaut
Et mainte joute. Yseult voudrait, bien vite,
A cet aspect, rentrer dans la forêt.
Il est trop tard : déjà Queux accourait,
De par Artus, au gré de son envie,
Savoir leurs noms, leur rang, et leur patrie.
Or ces amans, pour courir le pays,
S'étaient vêtus des plus simples habits ;
Puis ils avaient, pour ne paraître guère,
Yseult, un voile, et l'autre une visière.
Queux, que suivait Dinadam d'assez près,
En les voyant s'éloigner, et tout prêts
A s'enfoncer dans la forêt profonde,
Devient gabeur le plus gabeur du monde.
« Ah! chevalier, si joute vous déplaît,
Si les tournois ne sont pour vous des fêtes,
Il faut, dit-il, laisser ce jeune objet
A chevalier meilleur que vous ne l'êtes. »
Le fier Tristan, qui rit sous son harnois,
Se plaît à feindre une seconde fois.
« Suis chevalier, dit-il d'un air d'alarmes,
Mais n'ai pour bien qu'un cheval et des armes ;
Et vous saurez, mais en très grand secret,
Que de nonnains je gagne une abbaye
Où va ma sœur, non sans quelque regret,
Faute de bien, s'enclore pour la vie. »

A l'air modeste on est pris bien souvent :
Sans hésiter le sénéchal s'y prend.
« Sachez, dit-il, qu'on encourt vilainie,
Si, sans jouter, cette terre est franchie.
Or sus, guerrier, subissez cette loi :
Préparez-vous à jouter avec moi. »
Tristan répond d'une voix inquiète :
« Ciel! s'il fallait laisser ma sœur seulette!
Si par hasard je triomphe de vous,
Qu'au moins, seigneur, votre bras se soumette
A la garder envers et contre tous. »
Queux le promet, en triomphant d'avance.
Mais, gauchement, courant sur ce rival,
Sans le frapper, Tristan le traite mal :
Il sait, d'un bras, l'enlever de la selle,
Puis, l'appendant au col de son cheval,
Fait une volte, et tout près de sa Belle
Vient déposer le pauvre sénéchal.
« Cette façon de jouter vous plaît-elle?
Dit-il, elle est de mon pays, seigneur.
Quoi qu'il en soit, venez garder ma sœur. »
Queux se soumet, garde la demoiselle
Qui ne l'est pas. Le héros cependant
Voit arriver son ami Dinadam,
Qui lui demande, avec un air d'aisance,
Par quel motif il dédaigna la lance.

Changeant sa voix, Tristan dit au guerrier :
« La ménageant pour plus forte partie,
Je la gardais pour meilleur chevalier,
Vous, par exemple : or sus, je vous défie. »
De prendre champ Dinadam empressé,
Se sent atteint et se voit renversé.
Il en éprouve un regret.... qui s'allège
Alors qu'il voit faire un même manége
A vingt guerriers tour à tour survenus,
Et par Tristan tour à tour abattus ;
Si que déjà le solitaire Artus,
D'Yseult, était presque tout le cortége.

Artus disait : « Quel est cet inconnu,
Pour tous mes preux guerrier si redoutable? »
Lancelot dit : « D'une telle vertu
Mon cher Tristan me paraît seul capable.
Mais, si c'est lui, je le saurai bientôt.
Oui : qu'entre nous un joute s'élève,
Regardez bien ; car Tristan m'aime trop
Pour que sa main lève sur moi le glaive. »
Il part, il joint Tristan, et dit : « Seigneur,
De vous connaître il me prend grande envie.
Connaissez-moi ; Lancelot vous défie.
Tant mieux, répond Tristan ; car à ma sœur
Je ne pourrais donner gardien meilleur. »
Ils ont pris champ, et chacun d'eux s'élance :
Mais chacun d'eux a détourné sa lance.
Le hasard fit que, des tronçons nombreux
Dans ces ébats semés à l'aventure,
Certain débris assez malencontreux
De Lancelot renversa la monture.
Tristan léger, presque aussitôt que lui
Touche la terre ; et dit tout bas : « cher sire,
Pour mon Yseult vous conquiers aujourd'hui. »
Lors il d'escorte lui s'empresse de dire :
« Allez revoir le roi votre seigneur,
Sires guerriers ; liberté je vous donne :
Quand celui-ci veut bien garder ma sœur,
Je n'ai besoin désormais de personne. »
Dinadam seul soutient, même avec feu,
Que Lancelot n'est pas pris de franc jeu.
Ne voyant pas que ce héros l'appuie,
« Oh! oh! dit-il, d'après cela, parbleu,
Cet inconnu, c'est Tristan, je parie!
Car Lancelot, dont je suis caution,
Sans ce motif, après telle équipée,
N'était pas homme en cette occasion
A se priver du combat à l'épée. »

Les deux amans vont tout droit vers Artus,
Que ces aspects étonnaient toujours plus.
Or cependant que cheminent ensemble

Ces deux héros qu'un nœud étroit assemble,
Lancelot dit, encor préoccupé :
« Ami, pourquoi ne m'avoir pas frappé ? »
Tristan répond : « *Férir ce que l'on aime,
C'est pis encor que se férir soi-même.*
Mais vous aussi n'avez pas frappé. — Non,
Dit Lancelot, par la même raison. »

Artus reçut, avec grande allégresse,
Tristan, Yseult. Le courtois Lancelot
Vers Carduel ramène Artus bientôt.
Avec Tristan, qu'obligeamment il laisse,
De son châtel Yseult reste maîtresse.
Au port enfin le sort les a conduits.
Que de beaux jours ! que de plus belles nuits !
Mais Palamède, à la fureur en proie,
Vient de Tristan encor troubler la joie.
Ce chevalier, d'Yseult toujours amant,
Chercha Tristan, et l'espérant abattre,
Vint avec lui, dans son ressentiment,
Lutter cinq fois, et fut renversé quatre ;
Mais la cinquième, il est moins malheureux :
Les deux rivaux, combattant pour leur dame,
S'étaient long-temps porté des coups affreux,
Et paraissaient tout prêts à rendre l'ame.
Yseult accourt par un rapide élan,
Et veut d'abord faire enlever Tristan.
« Que faites-vous ? quel attentat ! quel crime !
A dit Tristan, dont le feu se ranime,
Y pensez-vous ! O ciel, Yseult, c'est toi !
Ne me fais pas ces mortelles injures.
Si Palamède, aussi blessé que moi,
N'est emporté, n'est soigné comme moi,
Je vais d'abord déchirer mes blessures. »
Dans ce château, Palamède reçu,
Éprouve, là, soins de sœur et de frère.
Quand il est mieux : « Tristan, tu m'as vaincu ;
Chéris en paix celle qui te préfère,
Dit ce héros : je me sens le pouvoir
D'y consentir, mais non pas de le voir. »
Il part ; Tristan par un regret l'honore,
Et Palamède, au milieu des combats,
Faute de mieux, va chercher le trépas
Qu'il ne doit point y rencontrer encore.

Dinadam, cher au valeureux Tristan,
Vint quelquefois lui tenir compagnie.
L'aimable Yseult allait le plaisantant
Sur ses revers dans la chevalerie.
Elle lui dit un jour : « Tenez, seigneur,
Votre air est noble, et votre aspect impose ;
Malgré cela, malgré votre valeur,
Si l'on vous bat souvent, j'en sais la cause :

Froid chevalier, déterminé gabeur,
Du tendre amour vous dédaignez les flammes.
Aux chevaliers rien ne porte bonheur
Comme les vœux que font pour eux les dames. »
Assez souvent par Yseult plaisanté,
Dinadam veut à la fin le lui rendre.
Entrant un jour d'un air épouvanté :
« Tristan, dit-il, s'étant laissé surprendre
Par deux guerriers, je fuis le même sort ;
Mais puissent-ils ici ne pas se rendre ! »
La belle Yseult voit arriver d'abord
Deux chevaliers sous leur casque invisibles ;
Mais si brillans, si fiers et si terribles,
Que Dinadam, n'osant les approcher,
Va derrière elle, en tremblant, se cacher.
Yseult aussi sent des transes mortelles ;
Car la valeur n'est pas le fort des Belles.
Mais ces guerriers, se démasquant bientôt,
Viennent s'asseoir près d'Yseult rassurée,
Qui voit en eux Artus et Lancelot.
Voilà qu'avec Tristan, presque aussitôt,
Genièvre fait au salon son entrée.
Pour les fêter grand concert, grand festin ;
Puis on se couche ; et puis le lendemain
Lancelot, plein d'une douce allégresse,
Partout les mène, et d'abord à la messe.
Vous désirez savoir, peut-être, un peu
Avec quel ton jadis on priait Dieu :
Précisément dans cette église antique
Pendant la messe on chanta ce cantique,
Qu'avec respect on disait en ces temps
Chez les maris comme chez les amans.
Du bon vieux temps lisez cette relique :

« *Pour être un digne et bon chrétien* (1)
*Il faut au Christ être semblable ;
Il faut renoncer à tout bien,
A tout honneur vraiment damnable,
A la dame jeune et jolie,
Au plaisir dont le cœur s'émeut :
Laisser biens, honneurs, et sa mie,
Ne fait pas ce tour-là qui veut !*

» *Ses biens aux pauvres faut donner
D'un cœur joyeux et volontaire,
Faut les injures pardonner,
Faut à ses ennemis bien faire,
S'éjouir en mélancolie
Et s'affliger tant que l'on peut :
Aimer la mort comme la vie,
Ne fait pas ce tour-là qui veut !* »

(1) Cantique de la reine de Navarre, sœur de François Ier.

CHANT SEIZIÈME.

Partout, et même aux plus nobles demeures,
En ce temps-là chacun chantait ses heures
A haute voix. Du cantique divin
En reprenant le très sage refrain,
Se regardant, Tristan, je dois le dire,
Et Lancelot se mettent à sourire.
Genièvre, Yseult, pleines d'un doux souci,
Les regardaient et sourirent aussi ;
La messe dite, un beau tournoi commence.
Artus préside aux jeux de la vaillance.
Puis on revient en petit comité,
Quels bons propos en riant on hasarde !
Onc on n'avait montré tant de gaîté.
Dans le château de la Joyeuse-Garde.

Mais par la suite on en montre encor plus.
Là quels soupers eurent lieu sans Artus !
De l'amour vrai sentant la douce fièvre,
Là, dans la nuit propice à leur roman,
En grand mystère, Yseult avec Tristan
Virent venir Lancelot et Genièvre.
Je ne dis pas tout ce dont il s'agit :
Vous devinez ; vous avez de l'esprit.
Veillant toujours, Quintagnone fidèle,
Prudente était pour eux, heureux pour elle.
O doux transports ! ô momens pleins d'appas !
Que de malheurs ne rachètent-ils pas !
Ce fut alors que les deux belles reines,
Aimant leurs nœuds et fières de leurs chaînes,
Un certain soir se plurent à former
Un ordre heureux, l'*ordre de bien aimer.*
Là vous auriez été, plus tard, admises,
Tendres Inès, fidèles Héloïses.
Pour Abeilard, en plaignant son malheur,
On n'aurait pu l'accueillir, et j'ai peur
Que l'on n'eût mis néant à ses demandes.
Je comptais fort exposer les statuts
De ce bel ordre, hélas ! qu'on ne voit plus,
Citer les lois, les délits, les amendes :
Je n'ai le temps ; mais je dois affirmer
Que vous seriez dans une erreur profonde,
Si vous pensiez qu'on daignât y nommer
De ces Beautés qu'on épouse à la ronde.
Ce n'était pas en aimant tout le monde
Qu'on méritait l'*ordre de bien aimer.*

Ce n'était pas non plus, il faut le dire,
En aimant trop celui qui n'aimait pas,
En l'obsédant, en observant ses pas,
En lui voulant imposer son empire.
Telle Morgain était pour Lancelot.
J'en ai déjà dit ailleurs plus d'un mot.
Du grand Artus cette sœur si hautaine
A ses desseins tenait, et chaque jour
Pour Lancelot elle doublait d'amour,
Et redoublait, pour Genièvre, de haine.
Voyant enfin qu'elle perdait sa peine,
La sœur d'Artus, près d'Artus, à tous deux
Veut, par son art, jouer un tour affreux.

Par certain cor, sur la vertu des dames,
Andret, jadis, éprouva leurs époux :
Morgain encore, aux regards des jaloux,
Par un manteau veut éprouver les femmes.
Son frère Artus, qu'elle voyait toujours
Fermant l'oreille à ses méchans discours,
Reçoit un soir, d'une part anonyme,
Un beau mantel, qui se raccourcissait
Selon que celle à qui l'on essayait
Ce vêtement, à plus ou moins d'estime
Avait des droits ; il n'allait vraiment bien
Qu'à celle-là ne se reprochant rien.
Notez encor qu'avant de le remettre,
Au grand Artus on avait fait promettre
Qu'il remplirait un souhait dès ce jour.
Or le souhait fut, par grande infortune,
Que, sans retard, aux femmes de la cour,
Les appelant sans en excepter une,
Il essaîrait ce superbe manteau.
Instruit trop tard de ce droit si nouveau,
A sa parole il se montre fidèle.
Artus fait dire aux dames, qu'on appelle,
Qu'elles vont voir quelque chose de beau.
Incontinent tous ces jolis visages,
Qui des héros attiraient les hommages,
D'un air joyeux arrivent chez le roi.
Mais la gaîté bientôt cède à l'effroi.
Vous devinez l'épouvante des Belles,
Quand, le manteau, soit trop court, soit trop long,
Allant déjà très mal à quatre d'elles,
Queux leur apprend quelle en est la raison.
De Dinadam, de Queux, je ne puis dire
Tous les propos, tous les éclats de rire.
Les chevaliers, tour-à-tour convaincus,
Ne doutaient pas d'avoir été déçus,
Les uns riaient ; d'autres un peu plus rudes,
Voyaient l'épreuve avec un air brutal.
Plaignons surtout les chevaliers des prudes,
Que le manteau, vraiment, habillait mal.
Vous eussiez vu ces dames réunies,
Se complaisant dans les *cérémonies*,
Disant : « Passez, madame, s'il vous plaît. »
De s'avancer nulle ne se pressait.
Or Dinadam, cessant la raillerie,
Dit hautement à sa femme : « Ma mie,
C'est maintenant que ces preux rassemblés

Vont bien savoir tout ce que vous valez.
De ce manteau faites l'essai bien vite,
Et montrez-leur votre rare mérite.
— Mais, dit la dame, il me conviendrait mieux
D'aller après ces dames, et je pense
Qu'on me pourrait accuser de jactance.
— Non, non, ma chère; avancez, je le veux. »
Elle obéit. Fâcheuse expérience!
Car le manteau, qui va tout de travers,
Jusqu'à la jambe avec peine s'avance,
Et par-devant traîne une queue immense,
Si qu'on croirait qu'il est mis à l'envers.
Lors Dinadam de perdre contenance,
Et chacun rit du rieur sérieux
Qui demeurait muet, faute de mieux.
Messire Queux, d'un air de bon apôtre,
Dit: « Ce manteau, dont on est si jaloux,
Sied à madame; et pourtant voulez-vous
Qu'il soit encore essayé par une autre?
— Oui, répond-il, et d'abord par la vôtre. »

Messire Queux, veuf depuis quelques mois,
Depuis vingt jours avait pris pour épouse
Certaine Agnès, au séduisant minois,
Mais n'inspirant nulle crainte jalouse.
Onc il ne fut plus de simplicité,
Plus de pudeur, plus de naïveté.
Le sénéchal, bien tranquille sur elle,
En souriant, lui dit: « Venez, ma Belle. »
Elle répond: « Il vaudrait mieux, je croi,
Attendre l'ordre et le plaisir du roi.
— Non, non, je veux que de votre innocence
Vous receviez ici la récompense,
Et confondiez tous ces esprits malins
Qui me voudraient unir à leurs destins. »
Alors l'Agnès de vertu sans pareille,
Tout doucement essaya le manteau.
On crut d'abord trouver du fruit nouveau,
Et par-devant il allait à merveille;
Mais aussitôt qu'on la fait retourner,
Le rire éclate, et la fortune penche:
Le résultat avait droit d'étonner ;
Car le manteau n'allait pas à la hanche.
Lors Dinadam, ayant bien sa revanche,
Reprend sa joie, et, tenant par la main
L'Agnès qu'il mène à côté de sa femme,
La fait asseoir, avec un air malin,
En lui disant: « Vous valez bien madame. »

Riant très peu, plein de secrets soucis,
Artus, fidèle à ce qu'il a promis,
Dit à Genièvre: « A vous; il faut, madame,
De ce manteau faire l'épreuve ici;
C'est un devoir que mon serment réclame. »
Elle, cachant le trouble de son ame,
Va du manteau se revêtir aussi.
Soit qu'en ces jours de vertu peu sévère
Un seul amant parût faute légère,
Ou qu'il soit dû, comme on l'a dit un jour,
Grande indulgence à qui sent grand amour,
Ou que fréquens et déguisés à peine
Les torts du prince excusaient la reine,
Le manteau d'or, fatal aux doux secrets,
Allait tout juste à deux ou trois doigts près.
Queux, on le sait, enclin au badinage,
Voulant d'ailleurs venger son propre outrage,
Sur ces deux doigts jasait imprudemment:
Le bon Gauvain le fit taire à l'instant.
Dites encor de ce héros brillant
Que, par faveur, on l'appelait le sage!
Aidant l'effort de ce neveu discret,
On voit alors des dames obligeantes
Qui, de la reine adroites complaisantes,
Viennent tirer le manteau qui cédait,
Et soutenir qu'il va bien tout à fait.
Pour le roi Marc la chose eût pu suffire;
Non pour Artus, qui dès-lors, sans rien dire,
A des projets, et médite son plan.
Ainsi, parfois offrant un noir présage,
Le ciel muet, dans un sombre nuage,
Prépare en paix un affreux ouragan.

Artus voulant, fidèle à sa parole,
Continuer une épreuve si folle,
Devinez-vous qui mérita le prix?
Certaine prude, étant très mécontente
Que le manteau révélât ses amours,
Courut chercher certaine dame absente,
Aimable, douce, et qui riait toujours:
La prude alors crut bien voir cette Belle
Plus confondue et plus coupable qu'elle;
Mais, cette fois, le manteau merveilleux
Alla très bien, et même on ne peut mieux.
Les chevaliers se pressaient sur les traces
De *la Beauté sans reproche et sans peur*,
Et s'étonnaient, dans le fond de leur cœur,
Qu'elle échappât aux communes disgrâces,
Se rappelant son humeur, sa gaîté
Qui retenait les hommes sur ses traces:
Mais la raison n'est pas l'austérité,
Et la Vertu se plaît avec les Graces.

Or ce manteau fut mis en lieu secret,
Qu'excepté moi, personne ne connaît.
Si le voulez tirer de son asile,
Belles, parlez: avant peu vous l'aurez.

Si vous croyez qu'il doit rester tranquille,
Soit! j'y consens; et vous y songerez.
Je suis bien sûr que sans nulles alarmes
On le verrait paraître, au temps qui court;
Puis, le manteau vous fût-il un peu court,
Vous garderiez toujours assez de charmes.

Mais instamment on demande le nom
De la Beauté si digne de renom,
Qui s'illustra, qui sortit glorieuse
De cette épreuve alors si périlleuse.
Allons, s'il faut de tout vous mettre au fait,
Et vous nommer cette dame, c'était....
Non, quelque honneur qu'elle puisse prétendre,
Je tais son nom, et ne voudrais, pour rien,
Priver ici de l'espoir d'en descendre
Tant de Beautés qui l'imitent si bien.

CHANT DIX-SEPTIÈME.

La grotte de Fingal.—Le roi pêcheur.—Perceval conquiert le saint Gréal.—A quel prix.—Danger de Geniévre.—Miracles de Lancelot et de Tristan.

Sur une côte où la nature expire,
Où l'aquilon est l'unique zéphyre,
Aux bords d'une île où d'éternels hivers
Pèsent sans fin sur d'éternelles mers,
Est une grotte illustre et merveilleuse
Qu'on appelait *la grotte harmonieuse*,
Et qu'un usage encor plus général
Fait appeler *la grotte de Fingal*.
Sublime ouvrage aux humains impossible,
Et qui les charme autant qu'il les surprend!
Rien de plus beau dans un lieu plus terrible
N'offrit jamais un spectacle si grand.
Ainsi, parmi les flots et les murmures
Des nations à ses pieds s'écoulant,
Le Colisée, aux siècles résistant,
Survit en paix à de larges blessures,
Et des Romains cet antique géant
Règne au milieu d'un peuple de masures.
Ce roc affreux, ce pays des vautours
Passe Palmyre en sa magnificence;
Et le basalte, en colonnade immense,
Suit long-temps l'île en ses âpres contours.
Quand, sur les flots, dont on brave la rage,
On veut soi-même en suivre le rivage,
Bientôt l'aspect le plus prodigieux
Vient enchanter la pensée et les yeux.
Le regard plane, et pénètre avec l'onde
Dans une grotte élevée et profonde....

Que dis-je! un temple, où l'auteur, le Hasard,
D'aucun pays ne craint l'architecture,
Et, se montrant régulier comme l'art,
Est magnifique autant que la nature.
Jusques au fond de ce temple vanté
Règnent deux rangs de colonnes pressées.
D'autres encor, devant, sur le côté,
Filles du Temps, par le Temps sont brisées;
Et sur ces fûts variés, inégaux,
Quand, à l'envi, des voyageurs rivaux
Vont admirer ces pittoresques vues,
Vous croiriez voir autant de piédestaux
Qui sont ornés par autant de statues.
Dans ce séjour, tout frappe, tout saisit;
Et cette grotte, où les regards s'étendent,
A pour plafond des colonnes qui pendent,
Et pour carreaux une mer qui mugit.
Plus loin encor, sur la pierre glissante,
Celui qui veut, à tout prix, parvenir,
Ne se pouvant qu'à peine soutenir,
Est suspendu sur l'onde frémissante;
Mais cette peine est encore un plaisir;
Au fond du temple il voit une ouverture,
D'où, par degrés, l'onde fuit à ses yeux,
En exhalant une plainte, un murmure
Tout à la fois triste et mélodieux.
Ce bruit confus, mille couleurs charmantes
Qui sur les murs brillent étincelantes,
De longs cristaux, liquides diamans
Que sous la voûte a suspendus le temps,
Le feu brillant d'une vive lumière
Qui devient sombre auprès du sanctuaire,
Tout en ce lieu vient pénétrer le cœur
D'un plaisir grave et d'une douce horreur.
C'est là, dit-on, que fidèle à sa haine,
Contre la force et la fureur romaine,
Se retirait le célèbre Fingal:
Mais j'y respecte encore davantage
Un antre auguste, un panthéon sauvage
Où l'on garda long-temps le saint Gréal.

C'est là qu'étaient assemblés les obstacles,
Là que régnaient d'innombrables miracles.
Là, tour à tour, cent rivaux périssans
Venaient chercher d'invincibles entraves.
Les valeureux n'étaient pas innocens;
Les innocens n'étaient pas assez braves.
Gauvain pourtant, Yvain et Sacrémor
En main un jour avaient eu ce trésor.
D'Yseult l'amant malheureux, Palamède,
Cherchant partout à ses feux du remède,
L'avait conquis, sans en être d'ailleurs
Plus fortuné que ses prédécesseurs.

Ce saint Gréal dont il se croyait maître,
Il l'avait vu tout à coup disparaître
D'entre ses mains. Près d'Yseult cependant
Il était vierge.... à son corps défendant.
Perceval vint sur cette côte affreuse.
Non sans regret, ce chevalier d'Artus
Avait quitté la belle Sérieuse,
Qu'il chérissait toujours de plus en plus.
Il s'était dit : « Que ma valeur me serve
A m'emparer du fameux saint Gréal :
Le conquérir, ce ne sera pas mal;
Mais ce n'est rien, si je ne le conserve. »
Il vint en voir le sombre possesseur,
Roi qu'on nommait au loin *le roi pêcheur;*
Car à pêcher, sur sa côte infinie,
Ce vieux monarque épuisait son génie.
Il le trouva sur les flots vagabonds,
Ayant un bras en écharpe ; et la ligne
Servait de sceptre à ce roi des poissons.
Il lui contait son entreprise insigne,
Lorsque le roi, sur ne sais quel aveu,
En lui soudain reconnut un neveu.
Il l'embrassa, même avec allégresse ;
Puis, reprenant bien vite sa tristesse :
» Du grand Joseph descendant comme moi,
Mon cher neveu, dit-il, baissant la tête,
Il se pourrait que le Destin, pour toi
Du saint Gréal eût gardé la conquête ;
Tant pis pour toi. Va, mon cher Perceval,
Si tu le peux, ravis le saint Gréal.
Ma foi pour lui sans doute est peu suspecte ;
Mais, je l'avoue, à sa possession
Je ne tiens guère ; et, si je le respecte,
Je l'aime peu ; juge si j'ai raison :
Du grand Joseph nommé d'Arimathie
Je suis issu : cet honneur imposant
M'a mérité qu'à mes soins on confie
Le saint Gréal, avec la lance impie
Qui du Seigneur versa jadis le sang.
Mais ce dépôt trop durement me lie.
La continence et la virginité,
D'après cela, sont la loi de ma vie.
Par moi cet ordre était exécuté,
Bien qu'après tout, si cette loi suivie
Dans ma famille eût régné constamment,
Depuis long-temps Joseph d'Arimathie
Aurait perdu son dernier descendant.
Me tenant près de la coupe divine,
Je la gardais les soirs et les matins,
Et j'écoutais les vœux des pélerins ;
Quand, par malheur, certaine pélerine
Étant aussi venue offrir ses vœux,
De l'aquilon l'effort malencontreux

M'offrit un sein d'une forme divine.
Je t'avoûrai que, sans penser à mal,
Un seul moment, d'un œil de complaisance,
Je regardai. Ce moment trop fatal
Fit sur mon bras tomber la sainte lance.
Depuis trente ans, par des soins superflus,
On a tenté de guérir ma blessure.
Aussi, depuis cette triste aventure,
Du saint Gréal je ne me mêle plus.
J'ai, bien payé pour user de prudence,
Plus que jamais soigné ma conscience.
Du moindre tort je fuis jusqu'au soupçon.
Pour m'occuper, je poursuis le poisson
En naviguant sur cette mer immense ;
Ou, sur la mer quand il ne fait pas bon,
Du moins je trouve une rivière, une anse :
Là je m'occupe à pêcher du goujon ;
Et rien n'est plus innocent, je le pense. »

En ce moment, une champêtre Eglé
Vint à passer sur ce bord reculé.
« Regardez donc : ah! comme elle est jolie!
Dit Perceval d'une voix étourdie.
Tais-toi, lui dit le roi ; mais tais-toi donc. »
Baissant le front de l'air le plus honnête,
La ligne en main, et la couronne en tête,
Il lance et suit des yeux son hameçon.
Mais Perceval, en cette conjoncture,
Ne montrait pas une vertu si pure,
Et complétait, sans crainte et sans façon,
Un beau tableau qu'ici je me figure :
Il regardait, doucement entraîné,
La jeune fille, au beau teint, aux mains blanches,
Qui regardait d'un air très étonné
Le pauvre roi,... qui regardait les tanches.

Mais Perceval, rempli d'un autre feu,
Ayant toujours le saint Gréal en tête,
Sous les rochers d'où l'on revient fort peu
En va bien vite essayer la conquête.
Aux assaillans tous les dangers promis
Croissaient toujours dans cet antre des bardes,
Et les guerriers, ainsi que les esprits,
Plus que jamais s'y tenaient sur leurs gardes.
Mais Perceval, très attentif aussi,
Brava les feux, le fer, l'onde cruelle,
Mille périls que je ne dis ici ;
Et fit si bien, dans l'ardeur de son zèle,
Que ce héros, du saint Gréal saisi
Obtint enfin la conquête immortelle.
Ce n'est pas tout, et son effort est vain,
Il a, sans fruit, épuisé son audace,
Si, s'échappant, le saint Gréal demain

CHANT DIX-SEPTIÈME.

Doit, de lui seul, revenir à sa place.
Pour éviter ce malheur, sans retard
Dans une église il entre avec Rustard.
« Rustard, dit-il, je viens dans ce saint temple
Pour demander de rester possesseur
Du saint Gréal; toi, prie, à mon exemple,
Pour m'obtenir cette auguste faveur.
— Oui, dit Rustard, tout rempli de ferveur. »
Quand tous les deux ont bien fait leur prière,
Quittant ce bord avec le saint Gréal,
Tous deux d'Artus veulent gagner la terre,
Pour y montrer ce gage triomphal.
Mais la nuit vient : dans sa transe cruelle,
Le chevalier fait mettre à son côté
Le saint Gréal, et dort très agité.
Le lendemain, à la clarté nouvelle,
Se réveillant, Perceval enchanté
Voit, près de lui, le saint Gréal fidèle.
« Dieu! quel bonheur! » Plus calme en son maintien,
Rustard content dit : « Je le savais bien. »
Le chevalier part, rempli d'allégresse,
Pour voir Artus, et d'abord sa maîtresse;
Car sa maîtresse était sur son chemin.
Que Dieu nous donne à tous même destin !
Toujours jolie, et toujours sérieuse,
Sa Rosefleur le vit avec transport.
Après l'avoir félicité d'abord
Sur sa conquête à jamais glorieuse,
Elle voulut célébrer ce beau jour
Par une nuit de bonheur et d'amour.
Hélas! dirai-je à la race future,
De Perceval, si vaillant autrefois,
Et la disgrace, et la mésaventure?
Trop fatigué par ses autres exploits,
Il n'en fit point. Pour prendre sa revanche,
Long-temps il cherche à retrouver sa voix :
Son zèle est vain, et sa nuit reste blanche.

Le lendemain, il était furieux
Contre lui-même, et plus qu'on ne peut dire.
Pour Rosefleur, malgré son sérieux,
Cette Beauté faisait semblant de rire.
Rustard survint, et, le prenant à part,
Lui dit : « Seigneur, je sais votre aventure.
— Mon aventure? Oui, poursuivit Rustard;
Même j'en suis charmé, je vous le jure. »
A Perceval, cet écuyer loyal
Raconte alors l'affront de Perceval.
Le chevalier en tombait de surprise.
« Même, seigneur, il faut que je vous dise
Que c'est à moi que vous devez cela.
— Comment, Rustard! Ciel! que me dis-tu là?
— Quand, l'autre jour, vous priiez à l'église,

J'ai réfléchi, monseigneur Perceval,
Que, pour garder toujours le saint Gréal,
Vous n'aviez pas la qualité requise.
Lors qu'ai-je fait? Je me suis retourné.
Sachez par moi le biais imaginé :
Sans hésiter, dans l'ardeur de mon zèle,
J'ai dit à Dieu, du ton le plus pressant :
« Pour conserver ce gage intéressant,
Puisqu'il ne peut redevenir pucelle,
Faites, Seigneur, qu'il devienne impuissant. »
« Dieu soit béni ! Ma joie est singulière
De voir qu'il ait exaucé ma prière. »

Comme il parlait, Perceval frémissant
Court à son glaive, et, de vengeance avide,
Il en perçait l'officieux perfide,
Si celui-ci, quoique très étonné,
N'eût fui son maître ingrat et forcené.
« Dieu ! disait-il, courant en diligence,
Qu'on parle encor de la reconnaissance ! »

Mais Perceval, au comble du malheur,
Tombe bientôt, vaincu par sa douleur.
Bien vainement son amante sensible
Veut le calmer, et même le guérir :
Il le voit trop, le charme est invincible :
Il est malade, il espère mourir.
De son malheur, déjà le bruit circule ;
Et quel malheur qu'un malheur ridicule !
Le hasard fit que Bréhus survenu
Passant par-là, quelqu'un lui fit connaître
A Perceval l'accident advenu.
Bréhus en rit, en éclate, et le traître
Est enchanté de le voir devenu
Ce qu'il lui doit le désagrément d'être.
Heureusement cet insolent discours,
De Perceval fut ignoré toujours.
Incessamment son regret le domine.
Honteux du bien dont il est possesseur,
Ce chevalier regarde avec fureur
Le saint Gréal, trésor qui le ruine.
Dans les rochers qui le virent vainqueur,
Quand de ce preux la disgrace est connue,
L'excellent roi nommé le roi pêcheur,
Part aussitôt; il court, par sa venue,
De son neveu consoler la douleur,
Et compatir à sa déconvenue.
« Mon cher neveu, je te l'avais prédit,
Et ton succès fort mal te réussit.
Sur ce seul point, ta vaillance qui brille
Aurait bien dû modérer sa chaleur.
Le saint Gréal est un bien de famille
Qui, constamment, nous a porté malheur.

Au reste, ami, loin que je te maudisse
De l'avoir pris, tu m'as rendu service.
Quel changement j'ai dès-lors éprouvé!
Libre soudain d'écharpe et de blessure,
Puisqu'il te faut dire mon aventure,
Ce que tu perds, mon cher, je l'ai trouvé.
Oui ; sur le tard, moi, jusque-là trop sage,
A la Beauté je rends un juste hommage :
Son air me plaît ; son attrait me ravit,
Et l'autre jour... eh mais... enfin suffit.
Moi, je n'étais réservé que par crainte :
Tu l'es par force, et, dit-on, sans retour.
Des passions te voilà hors d'atteinte :
Tu peux braver les périls de l'amour.
Tiens, à son sort il faut qu'on se résigne.
Dans les états que le destin m'assigne,
Viens, à la pêche, exercer tes vertus :
C'est un plaisir dont un cœur sage est digne.
Prends mes conseils, et, dans huit mois au plus,
Tu peux tenir fort joliment la ligne. »
A ce discours, Perceval, plein d'humeur,
Et désolé par son consolateur,
Eût volontiers battu le roi pêcheur.
Mais c'est son oncle : il se tait et s'indigne.
Quelqu'un alors vint lui donner avis
Que Lancelot, par Artus en personne,
Avec Genièvre avait été surpris,
Que c'en est fait des deux amans épris,
Et que bientôt leur dernière heure sonne.
Loin de les plaindre, il cria : « Mes amis,
Je ne serai surpris avec personne ! »

L'amant d'Yseult, chez Lancelot absent,
Entre les bras d'une reine si belle,
D'un doux repos goûtait l'enchantement,
Quand Lancelot accourt, entre, et l'appelle.
Tristan s'éveille, et voit devant ses yeux
Son ami pâle, ensemble, et furieux.
« Je vous réveille, et je vous épouvante,
Yseult, pardon, dit Lancelot : ami,
Le temps est cher ; j'arrive en hâte ici
Pour réclamer ta main sûre et puissante.
(L'ami d'Yseult était déjà debout.)
Morgain, de qui je dédaignais la flamme,
Par mes mépris enfin poussée à bout,
Vient d'en tirer une vengeance infâme.
D'Artus son frère elle a guidé les pas,
Pour l'assurer de l'affront de son trône,
Pour qu'il trompât madame Quintagnone,
Pour qu'il surprît Genièvre entre mes bras.
Ami, j'ai vu la plus noble des reines
Trahie, hélas ! portant d'indignes chaînes.
Moi-même, en vain au nombre résistant,

Je me suis vu prisonnier... un instant.
Remis bientôt d'un moment de surprise,
J'ai su briser des fers injurieux ;
Mais celle-là dont mon ame est éprise
Était déjà dérobée à mes yeux.
Dans un cachot Artus l'avait plongée ;
Et moi, je viens réclamer ton secours...
— Oui, dit Tristan, oui, sur tes pas je cours.
Viens, qu'elle soit délivrée ou vengée. »

La belle Yseult, qui partage leurs vœux,
En frémissant les approuve tous deux.
Au jour naissant, tous les deux, pleins de rage,
Dans Cramalot tombent comme l'orage.
Il était temps : un bûcher solennel
Était dressé pour réprimer le crime ;
Et, sur la place, en invoquant le ciel,
Déjà Genièvre, amenée en victime,
Allait périr sur cet affreux autel.
A cet aspect, qui lui paraît impie,
Lancelot frappe, et pourfend trois guerriers.
Tristan aussi perce quatre estafiers.
A ces exploits, chacun tremble et s'écrie.
Les deux amis criaient encor plus haut :
« Tristan, Tristan ! Lancelot, Lancelot ! »
A ces deux noms qui gagnent les batailles,
Le peuple ému se cache en ses murailles.
Les guerriers même, abaissant leur regard,
N'osent braver ces maîtres de leur art.
Par ces héros, saisie et soulevée,
A ses bourreaux Genièvre est enlevée.
Sur le cheval d'un guerrier démonté
Ils l'ont soudain placée à leur côté,
Et tous les deux s'envolent avec elle
Hors de la ville aux amans trop cruelle.

Mais, de ce trouble aussitôt revenus,
Les chevaliers et les guerriers d'Artus
Ont, à sa voix, rougi d'un tel outrage.
Tous, hors Gauvain, qui courait mal exprès,
Sur deux guerriers qu'ils poursuivent de près
Pensent saisir un facile avantage.
Ce fut alors que le regard des cieux
Vit un spectacle à jamais glorieux :
Vers le château de la Joyeuse-Garde
Courant guider Genièvre qui tremblait,
Tandis que l'un des héros l'escortait,
L'autre toujours faisait l'arrière-garde.
Il signalait son bras entreprenant,
Bravait cent fois la mort en la donnant,
Puis revenait, quand sa main était lasse,
Vers son ami, qui reprenait sa place.
Cette manœuvre illustra leurs exploits

Aussi souvent que l'année a de mois.
Et cependant ils gagnaient de l'espace.
Mais ils voyaient, toujours plus poursuivis,
A chaque instant croître leurs ennemis;
Et leurs coursiers, contre une telle ligue,
Sentaient l'ardeur céder à la fatigue.
Se retournant alors, les deux héros
Ont à la fois montré leurs fronts terribles;
Et, mesurant les trois meilleurs chevaux,
En ont choisi les maîtres pour rivaux.
Les uns, frappés de coups irrésistibles,
Tombent; le reste, en sa course arrêté,
De quelques pas recule épouvanté.
Eux, saisissant l'instant que leur ménage
Un tel succès, avec vélocité
De trois vaincus recueillent l'héritage;
Tous deux, laissant à regret leurs coursiers,
En montent deux, excellens destriers;
Bravant l'effort des ennemis sans nombre,
Sur le troisième, encor plus souple et fier,
Genièvre aussi s'élance sous leur ombre,
Et tous les trois partent comme l'éclair.
Comment conter, comment pourra-t-on croire
Un tel combat, cette fuite-victoire?
Des deux héros les rivaux en fureur
Croissaient toujours et de nombre et d'ardeur.
Mais sans frémir l'un et l'autre contemple
Un tel danger et de tels assaillans.
Plus d'une fois, montrant leurs fronts vaillans,
Il leur fallut faire encore un exemple
Sur les plus fiers et les plus insolens.
Leurs morions ont péri dans l'orage.
Les voyez-vous, d'une odieuse rage
Gardant Genièvre et ses tendres appas,
Cheveux épars, défier le trépas?
Et tous les deux, beaux comme le courage,
Ils s'écriaient: « Non, vous ne l'aurez pas. »
Puis ils couraient, la carrière agrandie,
Joindre et garder Genièvre plus hardie.
Vous le sentez: sur la route tous deux
Marquaient leurs pas de leur sang généreux;
Mais pour le cœur, ils en avaient de reste.
Ils souriaient au péril manifeste;
Ils prodiguaient les faits miraculeux;
Et si parfois l'un d'eux, dans la détresse,
Sentait son bras un peu moins affermi,
Un seul instant dissipait sa faiblesse:
Tristan, alors, regardait son ami,
Qui regardait, au besoin, sa maîtresse.
Mais les voilà, ces secourables tours
Qui vont garder leurs cœurs et leurs amours.
Leurs ennemis, dont la foule s'écrie,
A cet aspect redoublent de furie.

Mais les héros ont redoublé d'effort.
On ne peut pas périr si près du port.
Malgré le nombre et malgré les blessures
Que trahissaient leurs sanglantes armures,
Vous eussiez vu ces amis valeureux
Multiplier leurs coups aventureux.
Leurs serviteurs guettaient leur arrivée.
Le pont-levis se lève derrière eux.
Ils sont vainqueurs, et Genièvre est sauvée.

CHANT DIX-HUITIÈME.

Les devises.—Le siége.—Les combats.—Le deuil.—Le traité.—Les adieux.

Je vis hier quatre dessins charmans (1)
Sur qui toujours ma mémoire est fixée.
J'ai, sur l'hymen, déjà dit ma pensée:
Ils peignent mieux encor mes sentimens.
Dans le premier, sur une route unie,
Léger, rapide, est le char de l'hymen,
Que deux époux roulent de compagnie,
Sans nul effort, et se donnant la main.
Dans le second, l'époux tout seul le traîne,
A cet ouvrage ayant un peu de peine;
Sans y songer, la femme, en ce moment,
Marche à son aise, et suit nonchalamment.
La femme est mieux encor dans le troisième,
Et, noblement assise sur le char,
Contemple, avec un orgueilleux regard,
L'époux courbé, dont l'effort est extrême.
Dans le dernier, sous un ciel embrasé,
Parmi des rocs que la foudre sillonne,
On voit le char que l'orage a brisé
Et, près du char, on ne voit plus personne.
Juste leçon du besoin d'un bon choix!
Allégorie et fidèle et touchante!
A ces dessins je voudrais, toutefois,
Si je peignais, joindre une variante.
De bonne foi faisons notre examen:
L'homme inconstant, fatigué du chemin,
Souvent commence à prendre la volée.
La pauvre épouse à ce char de l'hymen
Reste souvent la dernière attelée.

Ainsi Genièvre avait long-temps été;
Et, trente fois, son époux infidèle,
L'avait quittée avec indignité

(1) Depuis que ces vers sont faits, ces dessins ont été publiés. Imaginés par un homme de beaucoup d'esprit, mon ami le chevalier Artaud, exécutés par Wicar, très bien gravés par Ulmer, ils offrent un roman à la fois ingénieux et touchant. C'est ce que la simplicité antique a de plus noble, fondu avec ce que l'esprit moderne a de plus délicat.

Avant d'avoir été quitté par elle.
Son noble cœur était formé, dit-on,
Pour la vertu. Quoique, par circonstance,
Elle fût loin de sa vocation,
Elle a, je crois, des droits à l'indulgence.
Nous en devons convenir, en effet :
De cet éclat Genièvre désolée
Ne pouvait fuir celui qui la sauvait,
Pour rechercher celui qui l'eût brûlée.
Artus en hâte assemble ses vassaux,
Ses chevaliers, tous ses sujets, sa garde,
Et veut aussi brûler les deux héros,
Qu'il investit dans la Joyeuse-Garde.
Mais, accourant, à ces vaillans amis,
D'autres guerriers sont déjà réunis.
Tu vins d'abord, toi jeune Hector Desmares,
Brillant héros qui déjà te déclares
Par maint exploit terrible et bienfaisant
Où Lancelot a reconnu son sang.
Ses deux cousins, fameux par leur vaillance,
Et Lyonnel et Boort, sont venus.
Absent alors, le roi Méliadus
Eût de son fils embrassé la défense ;
Mais Gouvernail, dès le premier discours
Qui de ces faits vint lui tracer l'image,
Quittant Brangien, bonheur de ses vieux jours,
Court vers Tristan se frayer un passage.
J'aime dans lui ce généreux secours ;
Si quelquefois il servit ses amours,
Il partagea plus souvent son courage.

Et toi, je suis bien loin de t'oublier,
Toi que j'aurais dû nommer le premier,
Fier Galléhault, des amis le modèle,
Qui, dès long-temps à Lancelot fidèle,
Près de Tristan as ta place en son cœur ;
Tu vins bientôt, plein d'une noble ardeur,
De Lancelot défendre la querelle.
On t'accueillit avec joie ; et bientôt
Tristan t'aima d'aimer tant Lancelot.

Pour résister à l'orage qui gronde,
Les deux héros appellent tous les preux,
Dans les combats gardés, sauvés par eux.
C'est dire assez qu'ils eurent bien du monde.
Mais cependant leurs nobles chevaliers
Disparaissaient, comme un point dans l'espace,
Près de l'immense et redoutable masse
Des gens d'Artus, dont les vœux meurtriers
Voulaient avoir, à tout prix, cette place,
Et soulevaient un peuple de guerriers.

Non, dans ces jours de nobles entreprises,
Onc tant de preux ne furent réunis :
Ne pouvant pas les compter, mes amis,
De quelques uns je dirai les devises.
Sur les écus on n'oubliait jamais
Des chevaliers ce signe nécessaire ;
Et ces héros, qui déguisaient leurs traits,
Peignaient souvent par-là leur caractère.

De ses exploits, en sa jeunesse, Artus
Ayant rempli les deux terres bretonnes,
Au bouclier avait treize couronnes,
Et, pour devise : *Encor plus de vertus.*

Ses fiers neveux (Gauvain et tous ses frères)
Avaient un aigle aux redoutables serres ;
Mais, aux combats ayant peu son pareil,
Sire Gauvain, qui ne craignait personne,
Portait le sien regardant le soleil
Et faisait lire au bas : *Rien ne m'étonne.*
Dernier neveu d'Artus, on sait comment,
D'un aigle aussi Mordrec a l'ornement ;
Mais trahissant sa rage ambitieuse,
Son aigle était d'une couronne orné,
Et présentait pour devise orgueilleuse :
L'aigle n'est rien, s'il n'est pas couronné.

Messire Lac, sur une armure unie,
A de croissans une suite infinie.
Gloire en croissant était tout le discours.
Dans ce temps-là l'on avait du génie,
Et l'on faisait déjà des calembours.

Célèbre au loin par sa rare vaillance,
Un autre preux, au dessous d'un champ d'or,
Disait ces mots : *Silence à Sacrémor.*
Il avait fait souvent faire silence.

Le brave Yvain porte un dragon brillant,
Avec ces mots : *Et vaillant et veillant.*

Un chevalier de très mince apparence,
Mais justement nommé le Laid hardi,
Sur son écu faisait lire ceci :
C'est dans le cœur qu'est amour et vaillance.

Bon chevalier, le chroniqueur Hadek,
Sachant se battre ainsi qu'il sait écrire,
Porte un faucon sous lequel on admire
Ces mots : *Il a plumes, ongles, et bec.*

Maints rois vassaux vinrent dans cette guerre
Aider Artus. A ce roi redouté
Ne devant pas hommage de sa terre,
Marc agissait en pleine liberté ;
Mais il était d'Artus, en tout, l'apôtre :

Comme ces gens qui font leur volonté,
Bien entendu qu'elle sera la nôtre.
Puis, en l'aidant, il espérait un peu
En même temps se venger d'un neveu.
Il joignit donc cette armée orgueilleuse
Qu'avec raison sa devise étonna :
Imaginez qu'à la foule rieuse
Elle disait : *Fin qui m'attrapera*.

Cela me fait penser, pour cette histoire,
Au pauvre Queux qui, trop souvent vaincu,
Laissait pourtant lire sur son écu
Ces mots plaisans : *J'ai toujours la victoire*.

Dans l'autre camp, Hector aventureux,
Sur son écu s'engageant au courage,
De l'Hector grec montrait la noble image
Avec ces mots : *On en nommera deux*.

Lyonnel, roi que l'honnête homme prise,
Qui dans la Gaule a des sujets heureux,
Prétend partout se montrer digne d'eux :
Regardez, peuple, est sa noble devise.

Boort, ayant brillé chez Pharamond,
De ce monarque a *les armes* en don.
De lis semés une touffe féconde
S'offrait aux yeux, montrant sous l'écusson
Ces mots : *Leur sort est de remplir le monde*.

A Lancelot Galléhaut dévoué,
Et célébré pour ses faits téméraires,
Disait aux yeux : *La gloire et l'amitié;*
Toutes les deux lui furent toujours chères.

A double face, un écu redouté
Du beau Tristan peint toute la conduite.
Sur l'une, on voit un lion irrité.
On lit au bas : *Malheur à qui t'irrite!*
Sur l'autre, on voit le calme de retour.
Sa noble tête est doucement penchée;
Sa griffe dort, et sa dent est cachée.
On lit au bas : *Désarmé par l'amour*.

Sur ton écu luit un foudre rapide,
Fils du roi Ban. Ta devise est un mot :
Sur son écu, Lancelot intrépide,
Pour effrayer, n'a mis que *Lancelot*.

O quels combats tant de héros livrèrent!
Combien de chocs! que de chefs expirèrent!
J'avais décrit tous ces faits glorieux.
Ils étaient beaux, mais étaient ennuyeux.
Vous me direz qu'Homère notre maître,
En cas pareil, se permet bien de l'être.

Je sais ses droits, qui ne sont pas les miens,
Et celui-là n'est donné qu'aux anciens.
Il vaut bien mieux, je crois, que l'on suppose
Ces faits brillans que je passe, pour cause.
Et Lancelot, et Tristan, sur leurs pas
Aux assiégeans apportaient la défaite.
Tout récemment j'ai chanté leur retraite :
D'après cela, jugez de leurs combats.
Tels vous voyez, dans ce sublime Homère,
Les deux Ajax rivaliser d'exploits,
Et, sur leurs murs, de la Phrygie entière
Braver la rage, et soutenir le poids.
Mais, plus heureux encor dans leurs batailles,
Bravant Artus, les deux amis héros
De ses guerriers repoussaient les assauts,
Et l'on n'entra jamais dans leurs murailles.
Si, par hasard, pour quelque homme de bien,
Je suis trop bref au gré de son caprice,
Qu'il prenne garde (et qu'il y songe bien)
Que j'ai dix chants tout prêts à son service.
Dix chants! Voilà que l'on ne dit plus rien.

Je dois pourtant d'une de ces journées
Vous peindre ici les luttes acharnées.
Ce jour, Tristan et Lancelot unis
Avaient, au loin, poussé leurs ennemis;
Et, sans Gauvain et ses valeureux frères,
Du camp d'Artus franchissaient les barrières,
Quand ces héros virent ce prince, encor
Faisant briller son glaive Escalibor.
A cet aspect, la première pensée
De Lancelot fut d'aller, tout d'abord,
Venger lui-même, et Genièvre offensée;
Mais il songea que lui-même avait tort,
Et, d'un héros respectant le vieil âge,
Vers d'autres points il portait son courage,
Quand, animé d'une folle valeur,
Artus sur lui s'élance avec chaleur.
Sans s'ébranler recevant son atteinte,
D'un coup plus sûr Lancelot l'a frappé.
Troublant les siens de la plus juste crainte,
Artus n'eût point au trépas échappé,
Si quatre fers, croisés devant sa tête,
N'eussent du coup amorti la vigueur.
Artus fléchit pourtant, et le vainqueur,
Qui, dans sa rage, à redoubler s'apprête,
Incontinent de cent bras en fureur
Voit contre lui s'élever la tempête.
Il la soutient; mais, tout à son ardeur,
De plus en plus, ce héros, qu'elle égare,
De ses amis s'éloigne et se sépare,
Et se voit seul, dans ces chocs turbulens,
Seul, entouré d'un peuple d'assaillans.

Il leur résiste, et son glaive invincible
Autour de lui trace un cercle terrible.
Mordrec se montre ardent à le franchir;
Mais, renversé, Mordrec allait périr.
Gauvain, Yvain, à le sauver s'attachent.
Lac, Sacrémor, n'en sont pas moins jaloux,
Et leurs efforts à Lancelot l'arrachent.
Ah! malheureux! pourquoi le sauvez-vous!

   Mais Galléhault, qui luttait dans la plaine,
A ses côtés ne voit plus Lancelot.
Incontinent, le noble Galléhault
Se précipite où son effroi l'entraîne.
Il ne sait pas ou trouver son ami;
Mais ce n'est pas l'effroi qui le travaille:
Il est bien sûr, dans le jour de bataille,
De le trouver auprès de l'ennemi.
Il court, il vole entre les deux armées
Également au carnage animées,
Et croit enfin, parmi les preux d'Artus,
Apercevoir l'ami qu'il ne voit plus.
A cet aspect, plein du plus noble zèle,
«Courez, dit-il, vers Tristan: qu'on l'appelle;»
Et dans l'instant, et suivi par Hector,
Boort le brave, et Lyonnel encor,
Il a lancé cette troupe fidèle,
Vers la mêlée où le fier Lancelot
Luttait toujours, et succombait bientôt.
Environné d'une foule innombrable,
Long-temps à tous, seul, il a résisté.
Blessé, couvert de son sang redoutable,
Il va périr, et Gauvain attristé
S'est éloigné d'un héros qu'on accable.
Soudain, suivi de ses vaillans amis,
Et s'élançant à l'égal de l'orage,
Parmi les rangs des nombreux ennemis
Galléhault s'ouvre un glorieux passage.
Multipliant tous leurs efforts jaloux,
D'Artus, en vain, les combattans blasphèment,
Et Lancelot, que pressait leur courroux,
Noble victime enlevée à leurs coups,
Tombe pressé contre des cœurs qui l'aiment.
D'obscurs guerriers l'emportent aussitôt
Hors du péril, en dévorant leurs larmes.
Nul chevalier, et même Galléhault,
Ne l'a suivi. Pleins de nobles alarmes,
Tous ils voudraient soutenir Lancelot;
Mais nul ne veut quitter le champ des armes.

   La veille, était arrivé, près d'Artus,
Un chevalier toujours des bien reçus;
Ce preux venait de loin sur cette terre,
Chercher Tristan en ces chocs acharnés.
C'est de Tristan l'éternel adversaire;
C'est Palamède, et vous le devinez.
Voyant partir Lancelot, qu'on arrache
A la fureur de ses coups effrénés,
Sur Galléhault Palamède s'attache.
Entre l'effort de ces fiers combattans
Le choc demeure indécis quelque temps;
Mais Palamède, enfin, d'un coup de hache
Surprend, hélas! son ennemi vaillant
Qui croyait vaincre, et qui tombe sanglant.
Tandis qu'au jour Lyonnel le rappelle,
Rouvrant les yeux, le noble Galléhault,
Pour mot premier, dit: « Amis, Lancelot
Est-il sauvé? J'en ai bonne nouvelle,
Répond Boort, qui lui sert de soutien:
Il est sauvé. » L'ami tendre et fidèle
Dit, en mourant: « Il est sauvé! c'est bien. »

   A cet aspect, qui l'accable et l'irrite,
Sur Palamède Hector se précipite.
Ils combattaient, quand Tristan accouru,
Parmi les preux a soudain apparu.
Galléhault mort, et mort sous Palamède,
Que de motifs à sa vive douleur!
Perçant la foule, il court vers le vainqueur.
« Hector, dit-il, il faut qu'on me le cède.
Ici, pour moi, Palamède revient;
C'est moi qu'il cherche, à moi qu'il appartient. »
A ces accens, s'élance, avec colère,
Du fier Tristan l'éternel adversaire;
Et, tous les deux, ils luttent. A l'aspect
De ces héros redoutés de la terre,
Chacun s'écarte, attend avec respect
L'arrêt que va porter leur cimeterre.
Du beau Tristan Palamède rival,
Dans leurs combats fut, parfois, son égal;
Mais jusque-là, d'Yseult l'amant fidèle
Ne débattait que sa propre querelle,
Ne voulait pas, dans sa rage affermi,
Venger de plus l'ami de son ami.
Un tel désir, après un tel outrage,
A de Tristan augmenté la vigueur:
Le bras agit; mais la force est au cœur.
Tristan ne peut augmenter de courage;
Mais, cette fois, il augmente d'ardeur.
Non moins vaillant, Palamède en furie,
Et redoublant d'efforts prodigieux,
Ne peut parer un coup victorieux
Qui le surprend et l'arrache à la vie.
Il tombe, hélas! et, dans ce champ d'honneur,
De Galléhault, dont il fut le vainqueur,
Par son débris la dépouille est pressée.
Ces ennemis ont fini leurs combats,

CHANT DIX-HUITIÈME.

Et, rapprochés dans le sein du trépas,
Se sont unis d'une étreinte glacée.

Tristan, après cet immortel effort,
Devait enfin revenir vers le fort.
Trop d'ennemis s'irritaient de sa gloire,
Et le voulaient punir de sa victoire.
Tristan s'éloigne en protégeant Boort,
Qui, secondé de Lyonnel, d'Hector,
De Galléhault portait le noble reste.
Quelle douleur, et quel moment funeste,
Quand, dans le fort, Galléhault, qui n'est plus,
S'offre, livide, aux regards éperdus!
Du moins encore, en ce moment si triste,
L'ami pour qui Galléhault s'est perdu,
Entre la vie et la mort suspendu,
Ne sent plus rien, pas même qu'il existe.
Mais du château les divers habitans,
Les vieux guerriers, les jeunes combattans,
La pâle Yseult, Genièvre, plus encore,
Pour Galléhault, en ces cruels instans,
Font éclater un regret qui l'honore.
Genièvre, en vain pleurant ce chevalier,
Se ressouvient, et ne peut oublier
Que Galléhault et sa jeune maîtresse
L'ont protégée, ont défendu ses jours;
Que leurs amours, frères de ses amours,
De Lancelot ont servi la tendresse.
Que de douleurs pour ton cœur déchiré,
Noble Genièvre! y pourras-tu suffire?
Ton ami s'offre à tes yeux, expiré;
Et ton amant, peut-être, hélas! expire.

Ah! sans Yseult et ses soins empressés,
On n'aurait pas même l'incertitude.
Pour Lancelot et ses membres glacés
Épuisant l'art, objet de son étude,
La douce Yseult protége ce héros,
Et de la Mort retient au moins la faux.
Genièvre observe, et, toute à ses alarmes,
Seconde Yseult, en dévorant ses larmes.
Je ne peins point Lyonnel et Boort;
Mais, désolé, Tristan alors s'écrie :
« O mon Yseult! qu'il te doive la vie;
Tristan, je crois, va t'aimer plus encor. »
Aux yeux charmans de sa belle maîtresse,
Où tant de fois il a lu la tendresse,
Dans ce péril Tristan mal affermi,
Cherche en tremblant le sort de son ami.
Le soir, la nuit, le jour même s'avance
Parmi ces soins, et sans que Lancelot,
Comblant les vœux, revienne à l'existence.
Et, cependant, du vaillant Galléhault
Au temple on doit exposer les reliques.

Devant l'autel elles frappent les yeux.
Le deuil commence, et l'airain dans les cieux
Fait retentir ses cris mélancoliques.
Chacun accourt, et nul ne croit pouvoir
Se dérober à ce pieux devoir.
Genièvre, Yseult, en ces momens funestes,
Au temple saint, malgré leur désespoir,
De Galléhault vont honorer les restes.
Là, ce héros, modèle d'amitié,
Offre ses traits au regard effrayé.
De cent flambeaux la splendeur l'environne.
Sur le cercueil on posa sa couronne.
Il était roi : je l'avais oublié;
Et ses vertus brillaient plus que son trône.
L'hymne commence. Appelant les douleurs,
Le chant du deuil répond à tous les cœurs.

Mais tout à coup quel fantôme s'avance!
Quel spectre pâle, échappé des tombeaux,
Vient apparaître entre mille flambeaux!
C'est Lancelot! Retrouvant l'existence
Quand il est seul avec un écuyer
Que le sommeil a surpris, ce guerrier
Méprise encor sa souffrance mortelle,
Et s'est traîné, par un pénible effort,
Jusqu'au lieu saint où gît l'ami fidèle
Qui l'a sauvé, mais en trouvant la mort.
Une clameur s'élève, universelle.
Hélas! les cris, les efforts sont perdus.
L'ami mourant, qui frémit et chancelle,
S'est élancé vers l'ami qui n'est plus.
Tristan, du moins, ce frère qui lui reste,
Comme il tombait, l'a reçu, recueilli,
Et, l'écartant d'un spectacle funeste,
Entre ses bras l'emporte évanoui.

Qui le croirait? malgré ce coup terrible
Par qui devait sa perte s'achever,
Yseult, habile aussi bien que sensible,
Eut le bonheur et l'art de le sauver.
Comme à Tristan elle devient plus chère!
Comme Genièvre et l'aime et la révère!
Je la révère aussi, moi, de ce jour,
Malgré l'erreur d'une flamme imprudente.
O mes amis, passons un peu d'amour
A celle-là qui fut si bienfaisante!

Le temps fut long, avant que Lancelot
Pût se montrer sur le champ de la guerre.
Mais jusque-là, pour repousser l'assaut,
Tristan, partout, sut remplacer son frère :
Tristan était Tristan et Lancelot.
Boort ardent, Lyonnel téméraire,
Le jeune Hector, surent tous si bien faire,

Qu'on est tenté, pour eux, d'être bavard.
Jeunes héros, je connais et j'admire
Vos faits brillans, mais ne puis les décrire.
Vous avez tort; vous arrivez trop tard.
De leur côté, Gauvain, Lac, Artus même,
Se signalaient par une audace extrême;
Mais Artus voit ses efforts impuissans :
Artus n'est plus dans ces jours de sa gloire
Où tout combat était une victoire;
Et le bonheur est pour les jeunes gens.
Par son retour rendant la lutte égale,
Ou peu s'en faut, et répandant l'effroi,
Dans les combats Lancelot se signale,
Et des Anglais repousse aussi le roi.
Rien n'avançait, quand un saint apostole
Interposa sa divine parole.
Ce bon pasteur qui, jusque-là, jamais
N'avait, malgré ses soins et ses regrets,
Des combattans désarmé la colère,
Aux deux partis, fatigués désormais,
Prêcha la paix toujours plus nécessaire.
Sans le vouloir, c'est la cruelle guerre
Qui fait le mieux l'éloge de la paix.
L'homme du ciel décria le carnage ;
Par Dinadam, guerrier au doux langage,
Il fut aidé, mais surtout par Gauvain,
Sans qui, vraiment, son effort était vain.
Appui d'Artus, cet Anglais héroïque
Dans les combats règne par la valeur,
Et des combats veut terminer l'horreur.
Noble spectacle, et qui touche le cœur :
Le plus vaillant est le plus pacifique.
Grace à ses soins, plus d'un conseil se tint,
Et de l'accord, non sans peine, on convint.
Pour Lancelot Genièvre enfin perdue,
A son époux devait être rendue,
Sans que de rien il pût jamais parler,
Et sans songer surtout à la brûler ;
Mais l'apostole, emporté par son zèle,
Après avoir bien prié, bien prêché,
Voulut aussi clore une autre querelle,
Et pour Yseult fit le même marché.

Or, dans l'accord, les maris de ces dames,
Bien qu'estimant les amans de leurs femmes,
Ont déclaré qu'ils prétendaient tous deux
Ne les revoir près d'elles, ni près d'eux.
Cette demande, au fond très raisonnable,
Que du présent exigeait le passé,
Par les amans n'était pas refusable;
Mais quel chagrin pour plus d'un cœur blessé !
Genièvre, Yseult, reprenant la couronne,
Vont retrouver tout l'éclat qu'elle donne :

Non sans honneur, elles sortaient enfin
De ce châtel où l'on mourait de faim,
Où, chaque jour, elles avaient à craindre
Que, des époux, que leurs torts irritaient,
Le fer vengeur ne vînt à les atteindre :
Hé bien! encore elles le regrettaient.
Malgré l'éclat du trône, ces deux reines
Lui préféraient le plaisir de leurs peines.
L'une des deux à l'autre qui sourit
Comme sourit l'automne ténébreuse,
Dit lors ce mot, après elle redit :
« O le bon temps où j'étais malheureuse ! »

Hé quoi ! déjà voici l'instant venir
Où les amans aux adieux se préparent.
En se voyant, ils se sentent mourir;
Car, pour la vie, hélas! ils se séparent.
C'était pitié de voir ces deux vainqueurs
Qui d'une armée avaient bravé les armes,
Vaincus enfin par leurs propres douleurs,
Avec effort cacher leurs nobles larmes.
Genièvre, Yseult, ne cachaient pas les leurs.
L'évêque est là, consolant leurs malheurs.
Il les exhorte, il prie, il fait entendre
Le doux accent de sa piété tendre.
Genièvre enfin, étouffant ses sanglots,
Parvint à dire à son amant ces mots :

« O Lancelot, je le sens avec peine,
Dans ses conseils l'apostole dit bien.
Le bruit fâcheux de notre doux lien
De l'univers a trop rempli la scène.
O vous à qui je donnai mon amour,
Vous qui, deux fois, m'avez sauvé le jour,
Ne croyez pas que, de toute sa vie,
Loin de vos yeux, Genièvre vous oublie.
On nous défend de nous revoir, ô Dieu!...
Mais, dans les maux où le sort nous engage,
Un noble cœur doit montrer du courage;
Il doit, du moins, savoir en feindre: adieu. »

La tendre Yseult, beaucoup moins courageuse,
Laisse parler son cœur mal affermi :
« Quoi ! c'en est fait! Tristan, mon doux ami,
Je te perds donc! que je suis malheureuse!
Moi te quitter, te quitter pour jamais!...
Je vais régner, viennent-ils tous me dire,
Et retrouver des droits que je perdais:
Eh! que m'importe un trône que je hais!
Tristan m'aimait! c'était là mon empire.
Ciel! qu'ai-je dit! respectable pasteur,
Ah! pardonnez au cri de ma douleur.
Je voudrais bien avoir plus de courage.

A mon malheur n'est-il aucun délai?
Ah! plaignez-moi; mon amour est si vrai!
S'il est coupable, hélas! c'est grand dommage!
Il l'est: Yseult ne peut pas l'ignorer,
Et de Tristan je dois me séparer.
Oui, je le dois; je le sens je le pense,
Et je saurai me faire violence.
Sire Tristan, chevalier glorieux,
Recevez donc mes éternels adieux.
J'ai triomphé de mon cœur trop sensible,
Et je reviens au chemin des vertus.
Oubliez-moi, seigneur, s'il est possible;
Je vous réponds que je ne... t'aime plus. »

Yseult a dit; elle cède, et ses larmes
Viennent encore ajouter à ses charmes.
Tristan l'imite, et Lancelot saisi,
Avec Genièvre éclate et pleure aussi.
L'apôtre même, en voyant leur détresse,
Ne trouve plus le fil de ses discours.
Ce bon pasteur, témoin, dans ses vieux jours,
Des sentimens de leur folle jeunesse,
Pleure avec eux en parlant de sagesse,
Et, malgré lui, compatit aux amours.

CHANT DIX-NEUVIÈME.

Le retour. — La blessure. — Les soins. — Le baiser. — La voile blanche. — La mort.

Jour des adieux, que vous êtes barbare!
Quel jour affreux que le jour qui sépare!
Des amitiés ainsi que des amours
Il vient marquer si souvent la disgrace!
Passe l'adieu de demain; d'un mois, passe:
Mais quel malheur que l'adieu de toujours!
Quand on se dit dans sa douleur amère,
Les yeux noyés en des pleurs superflus:
Je vois encor ma maîtresse, mon père;
Je vais partir, et ne les verrai plus!
Comme, employant le moment qui s'efface,
On considère avec joie et douleur
Ces traits chéris qu'on fixe dans son cœur!
Au Temps cruel comme on demande grace!
Comme, voyant qu'il redouble le pas,
L'amant, le fils, accablé de tristesse,
Sur le Vieillard qui ne s'arrête pas
Pèse du poids de toute sa tendresse!
Mais tout est prêt enfin pour le départ;
Plus de délai: voici l'instant funeste.
Le cœur brisé, l'infortuné qui part
Embrasse encor l'infortuné qui reste;

Le char s'éloigne, et ne peut revenir.
Toute espérance est désormais ravie.
Ceux qui s'aimaient ne pourront plus s'unir.
On s'est quitté. C'est fini pour la vie;
Et l'existence aussi semble finir!

Dans les grands maux il faut, sans qu'on s'effraie,
Aller au vif, et trancher dans la plaie.
Et Lancelot et Tristan, pleins d'honneur,
Voulant garder la foi de leurs promesses,
Sans nul retard, mais non pas sans douleur,
Mettent la mer entre eux et leurs maîtresses.
Et Lancelot et ses braves cousins
Vont s'établir en leurs états de Gaule.
Tristan aussi, distrayant ses chagrins,
Pouvait d'un roi jouer le noble rôle;
Car, récemment rejoignant ses aïeux,
Méliadus avait fermé les yeux.
Mais un vaisseau battu par tant d'orages
Cherche le port, et s'attache aux rivages.
Le cœur rempli de vertueux desseins,
Tristan alors veut, époux plus fidèle,
Aller revoir l'Yseult aux blanches mains
Qu'il délaissa, même en étant près d'elle.
« Peut-être enfin, dit-il, son doux attrait
Me guérira de ma tendre folie
Pour l'autre Yseult qu'il faut bien que j'oublie,
Mais sans vouloir l'oublier tout à fait. »
Il part, il vole en Petite-Bretagne.
Après deux jours, il en voit la campagne.
Là, son épouse, augmentant ses remords,
Presse, en pleurant, ce cœur long-temps barbare.
Reçu très bien, il en sent mieux ses torts.
Vous allez tous penser qu'il la répare:
Il le voudrait; mais le *boire amoureux*
Exerce encore un pouvoir invincible;
Tout comme avant, malgré ses propres vœux,
A tant d'attraits il demeure insensible.
Sa femme, au reste, heureuse en son lien,
Le voit, l'embrasse, et ne désire rien.
Là se bornaient toujours ses connaissances.
Qu'on nie encor le progrès des sciences!

Mais tout à coup le roi son père, Houel,
Faible vieillard, frappé d'un mal cruel,
En peu d'instans touche à sa dernière heure.
Il fait venir sa famille qui pleure,
Lui donne encor d'attendrissans avis.
L'ombre du cloître et la mélancolie,
De Kéhédin ont abrégé la vie.
Houel bénit Runalen, dernier fils
Que lui laissa la fortune orageuse.

« Tristan, adieu, dit-il; je meurs content

Si mon Yseult est constamment heureuse
Comme par vous elle l'est à présent. »

Houel à peine avait rejoint ses pères,
Qu'en son pays naissent d'affreuses guerres;
Tous les vassaux qu'Houel avait soumis
Ne veulent plus reconnaître son fils,
Enfant encore, et qu'ils ne craignaient guères.
Mais aussitôt Yseult aux blanches mains
Vient implorer son époux pour son frère.
Tristan, ému, suspend tous ses chagrins.
« O chère Yseult, pour vous je veux tout faire, »
Dit-il, charmé de la servir. On peut
Combattre et non aimer, quand on le veut.
Tout a fléchi sous ses armes vaillantes :
Tout est soumis, hors le comte de Nantes,
Sire Lestoc, à qui servaient d'appui
Des légions nombreuses et puissantes.
Le fier Tristan bat ses guerriers et lui.
Nantes restait. Le comte s'y renferme,
Et sa défense est obstinée et ferme.
Les assiégeans sont aussi belliqueux,
Et les assauts vivement se succèdent.
Tristan un jour voit ses guerriers qui cèdent,
Prend une échelle, et gravit avec eux.
Sire Lestoc, dont Tristan s'est fait craindre,
Long-temps l'observe, et, mesurant son coup,
L'atteint au front d'un énorme caillou,
Comme au rempart il était près d'atteindre.
Malgré le sang dont il est ébloui,
Tristan, d'abord pensant à sa vengeance,
Monte au rempart, sur le comte s'élance,
Le jette mort, et tombe évanoui.

Nantes qu'on prend, ce succès qu'il décide,
Ne peuvent pas consoler ses guerriers,
Qui, consternés, sur ses plus beaux lauriers
Ont vu tomber ce mortel intrépide,
Les gens de l'art, sur lui tenant conseil,
Ont, avant tout, coupé sa chevelure;
Et, sans retard, un premier appareil
Est mis par eux sur sa large blessure.
Dès que Tristan rouvre son œil vainqueur,
Où se mêlaient la gloire et la douleur,
Sa femme Yseult est par lui désirée.
Sur les drapeaux conquis par sa valeur
On le rapporte à sa femme éplorée.

Elle, qu'on sait très habile à guérir,
Ne permit plus qu'autre personne qu'elle
Pût le toucher, le soigner, le servir.
Quel art heureux ! quel dévoûment fidèle !
Ses belles mains, que le cœur dirigeait,

De son époux écartaient la souffrance.
Par ses efforts enfin l'espoir renaît.
Tristan, touché de tant de bienfaisance,
Baisait ses mains, aimait à les saisir,
Sans se douter que sa reconnaissance
De plus en plus devenait un plaisir.
Parfois, cachant sa vague inquiétude,
Il contemplait, d'un regard attristé,
Cette autre Yseult, qui, par tant de bonté,
Le punissait de tant d'ingratitude.
Du sort pour lui ne craignant plus les coups,
Voilà qu'un jour cette épouse charmée
Voit que la plaie est à moitié fermée,
Et, de sa bouche, en un transport si doux,
Elle a pressé le front de son époux.
Dieu ! pour Tristan quel trouble inexprimable !
En un moment une vive chaleur
De son visage a passé dans son cœur.
Boire amoureux, ton charme redoutable
Est suspendu. Tristan, épris d'amour,
Seule avec lui, voit une femme aimable
Qui le chérit, qui le rappelle au jour,
Et vers laquelle il fut long-temps coupable.
Il ne l'est plus. Au baiser il répond;
Il y répond d'une étrange manière.
Yseult surprise, et non pas en colère,
Reçoit d'amour la première leçon :
Ah ! pour tous deux que la leçon est chère !

Yseult avait un savoir peu commun
Sur tous les points de l'art, hormis sur un.
Sur celui-là, ne sais quelle prudence
Réunissait toute son ignorance.
Trop tard, du cœur ayant suivi l'élan,
Yseult apprit ce qu'oubliait Tristan;
Qu'une blessure est l'ennemie austère
De ce plaisir dont l'amant est charmé.
Le mal s'accroît; il s'est envenimé;
Et de Tristan son savoir désespère.

Lors Gouvernail, au péril accourant,
Dit et rappelle au chevalier débile
Que l'autre Yseult est encor plus habile,
Et l'a tiré d'un péril aussi grand.
De ce héros il invoque la femme :
« Oui, cette Yseult, dit-il, le guérira.
Ah ! consentez qu'elle vienne, madame.
En ce danger peut-être elle viendra. »

Un tel désir, des prières si franches
Gagnent l'aveu de l'Yseult aux mains blanches.
Quoique des bruits qu'on avait fait courir
Et qui l'avaient jadis frappée à peine,

CHANT DIX-NEUVIÈME.

Vinssent alors troubler son souvenir,
En ce moment un seul penser l'entraîne.
Pour préserver les jours de son mari,
Voyant trop bien que sa science est vaine,
Elle consent que cet époux chéri,
De Cornouaille ose implorer la reine.
A Gouvernail resté seul avec lui,
« Va, dit Tristan; cours réclamer l'appui
De l'autre Yseult. Je doute qu'elle vienne :
Il l'a fallu, Dieu ! loin d'elle j'ai fui.
Si cependant la pitié me l'amène,
Pour me charmer, pour m'apprendre mon sort,
Mets voile blanche en arrivant au port.
Si son refus..., auquel j'ai peine à croire,
Te laisse seul, arbore voile noire.
Ah ! sans regret, descendant au cercueil,
Ma mort bientôt justifira ton deuil. »

Or vous saurez que la sainte parole,
Que les conseils du pieux apostole
Avaient germé dans le cœur attendri
D'Yseult la blonde. En son ame plus sage
Tristan était l'ami le plus chéri,
Mais désormais n'était rien davantage.
Son sentiment pour Tristan s'épurait
Sans s'affaiblir. Son cœur encor battait,
Mais doucement, comme sur le rivage
Le flot calmé vient battre après l'orage.
Tout à coup, pâle, et les cheveux épars,
Gouvernail vient s'offrir à ses regards,
Dit de Tristan le malheur, la souffrance,
Et son péril presque sans espérance.
« O noble Yseult, s'il peut se ranimer,
Vous seule encor, votre art et votre zèle,
Si vous voulez... — Si je le veux, dit-elle !
Sauver Tristan, ah ! c'est encor l'aimer.
Cependant Marc est absent : s'il me blâme...
Mais le temps presse. Ah ! partons sans délais.
Mon intérêt est si pur désormais !
Dieu qui nous voit lit au fond de mon ame. »

Hélas ! pourquoi dans ce cœur généreux
Une autre Yseult ne peut-elle pas lire !
Instruite enfin des secrets amoureux,
D'un feu jaloux elle a subi l'empire.
Ce mal cruel, de son époux souffrant
Lui cache un peu le mal toujours plus grand.
A ses côtés oubliant la fatigue,
De soins, d'efforts, de tendresse prodigue,
Seule, elle croit, elle veut le sauver.
Yseult, surtout, voit dans Yseult la blonde
Le médecin le plus mauvais du monde.
Ne pouvant pas l'empêcher d'arriver,
Elle ne veut, ni qu'elle le revoie,
Ni que Tristan si près de lui la croie.
Ce chevalier que, tous les jours d'abord,
Selon ses vœux, on portait sur le port,
Trop faible enfin, a, de sa voix mourante,
Prié d'Yseult la plus jeune suivante :
« De Gouvernail dès que l'esquif connu
Reparaîtra, dans le port revenu,
Sans nul retard venez me dire, Isoire,
Si de son mât la voile est blanche ou noire »
L'Yseult jalouse, apprenant ce discours,
A dit tout bas : « Dis-la noire toujours. »

Et cependant l'Yseult de Cornouaille
Vogue vers lui, troublée au dernier point.
Le vaisseau fend la mer, et, bien qu'il aille,
Yseult toujours trouve qu'il ne va point.
Quelle chaleur ! quelle noble colère !
Le vent propice est encore contraire.
Enfin voilà le port tant souhaité !
La voile blanche, en signe de victoire,
Flotte, et va rendre à Tristan la santé.
Espoir trop vain ! A cet aspect, Isoire
A sa maîtresse obéit, et d'abord
Court chez Tristan. « Le vaisseau? — Touche au port.
— Eh bien ! parlez : et la voile? — Elle est noire. »

A son arrêt Tristan d'abord répond
Par un soupir douloureux et profond.
Levant la tête, il dit : « *Ah ! douce amie,*
Dont le bonheur fut mon vœu le plus doux,
Adieu vous dis : plus jamais de la vie
Ne me verrez, ni moi reverrai vous.
Pardonnez-moi l'indiscrète demande
D'un vieil ami que votre amour aima. »
Lors bat sa coulpe, à Dieu se recommande:
Son cœur défaille, et son ame s'en va.

Cette coutume onc n'était oubliée :
Dès qu'un guerrier avait fini son sort,
Cette nouvelle était soudain criée
A tous les coins de la ville et du port.
Yseult aborde; elle entend que l'on crie :
« *Le parangon de la chevaterie,*
Le doux, le bon, le grand Tristan est mort. »
A ces accens, elle-même mourante,
En chancelant marche vers le palais.
Conduite, hélas ! si loin de son attente,
Déjà l'Yseult jalouse et repentante,
Dans un couvent s'est cachée à jamais.
Yseult, usant la force qui lui reste,
Entre au palais : ô spectacle funeste !

Tristan gisait. On lui chaussait déjà
Les éperons que cent fois il porta,
Dans ces beaux jours où, tout brillant de gloire,
Ce chevalier volait à la victoire.
Courant à lui, qui le sut tant aimer,
Et pâle aussi d'une pâleur mortelle,
La tendre Yseult veut encor ranimer
Ce cœur glacé qui ne bat plus pour elle.
Il est trop tard : ses vœux sont superflus.
Tristan est mort. Lors, Yseult, sans mot dire,
Cède au destin, et puisqu'il ne vit plus,
La pauvre Yseult, en l'embrassant, expire.

 Tendres amans, ah ! du moins, vos malheurs
A tout jamais arracheront des pleurs.
Nul vil penser, nulle action méchante
Ne souillera votre histoire innocente.
Vos plus grands torts ne sont que des erreurs ;
Votre mémoire est douce et douloureuse.
Les nobles cœurs, vous invoquant toujours,
Désireront d'aussi tendres amours,
Mais couronnés d'une fin plus heureuse.

 Tout preux alors, selon l'us établi,
Dans son armure était enseveli.
Comme on armait Tristan, quelqu'un regarde
Et reconnaît trois lettres, à la garde
De son épée : une pour Lancelot,
Frère chéri qu'il a quitté trop tôt,
L'autre pour Marc, l'autre pour l'apostole
Des bords nantais. Fuyant ces tristes lieux,
Gouvernail part sans dire une parole
Et de Tristan va porter les adieux
A Lancelot. L'héritier des apôtres,
A qui d'abord on remit les deux autres,
Vit dans la sienne excuse, legs pieux,
Vrai repentir, avec vive prière
De faire rendre au roi Marc la dernière,
Avec son glaive et son corps. Le prélat,
Mû de pitié, veut accomplir lui-même
Du chevalier la volonté suprême ;
Et sur deux lits ornés avec éclat
Faisant placer le héros et la reine,
D'un vent propice il invoque l'haleine,
Et voit bientôt apparaître à ses yeux
De Cintagueil les rochers sourcilleux.

 Marc, de retour, trouvant Yseult absente,
N'écoutant rien que l'orgueil de ses droits,
A des soupçons injustes cette fois
Avait livré son ame frémissante.
Pour se venger, il arrangeait son plan,
Quand l'apostole à ses yeux se présente.

Mais, aux seuls noms d'Yseult et de Tristan,
« N'en parlez pas, dit ce prince en colère ;
Je ne veux point qu'ils rentrent sur ma terre.
Les criminels... ! Arrêtant ses transports,
Le saint prélat dit : « Seigneur, ils sont morts.
— Ciel ! — Et je viens, avec eux, vous remettr
Du grand Tristan les adieux et la lettre. »

 Marc la saisit, plein d'une sombre horreur,
Lit de Tristan les adieux, la douleur,
Le repentir d'une faute trop grande,
L'humble pardon qu'à son oncle il demande,
Et le récit de ce *boire amoureux*
Qu'Yseult, Tristan, avaient bu tous les deux.

 Bien qu'aimant peu qu'on aimât trop sa femme,
Marc, on a pu souvent l'apercevoir,
Avait pourtant de la bonté dans l'ame.
Et cette erreur, et ce fatal pouvoir,
Et cette fin, ont trouvé Marc sensible.
Ils ont sans doute oublié leur devoir ;
Mais comment vaincre un pouvoir invincible !
Il s'attendrit ; des pleurs couvrent ses yeux.
« Hélas ! dit-il, de ce *boire amoureux*
Que ne m'ont-ils raconté l'aventure !
Auprès de moi, touché de cet aveu,
Je les aurais conservés, je le jure.
Mes soins peut-être auraient éteint leur feu ;
J'eusse caché tout au moins leur faiblesse !
Mais j'ai perdu ma femme et mon neveu :
Quel avenir pour ma triste vieillesse ! »
Remémorant, malgré d'autres amours,
Tout ce qu'Yseult lui donna de beaux jours,
Et tristement considérant l'épée
Dont du Morhoult la trame fut coupée,
Il pense, ému du plus amer regret,
Que, maintes fois le gardant d'infamie,
Tristan sauva son empire et sa vie,
Sa vie, hélas ! qu'Yseult embellissait.
Il veut qu'au moins.de leur douce mémoire
Deux monumens éternisent la gloire.
Il fait couvrir de deux marbres pompeux
De ces amans la dépouille mortelle.
Mais, dans ces soins touchans et généreux,
De jalousie un reste se décèle :
Marc, recueillant ces amans regrettés,
Veut qu'on les place en la même chapelle ;
Mais qu'on les place aux deux extrémités.

CHANT VINGTIÈME.

Conseil de Mordrec. — Artus attaque Lancelot. — Mordrec attaque Artus. — Générosité de Lancelot. — Désastre horrible. — Punition de Mordrec. — Derniers momens de la Table ronde. — Deux amans au tombeau de deux autres.

Sinistre auteur de tant de maux cruels,
L'affreuse mort du moins réconcilie.
Ressentimens terribles, éternels,
Quand l'offenseur n'est plus, on vous oublie.
Du malheureux qu'on a persécuté
On plaint la vie, on honore la cendre :
Enfin sur lui l'on dit la vérité,
Quand on est sûr qu'il ne peut plus l'entendre.
C'est trop souvent aux torches du tombeau
Que l'équité rallume son flambeau,
Que l'amitié, que l'amitié tardive,
Rallume aussi sa clarté pure et vive.
Qu'il vaudrait mieux, réprimant son courroux,
Calmant sa haine, ou ses dépits jaloux,
N'attendre pas ce moment redoutable
Pour les humains, qui le subiront tous !
Se regretter est sans doute honorable :
S'aimer serait et plus sage et plus doux.

Marc, dont la haine était pourtant fondée,
Le vieux roi Marc, de regrets accablé,
Sentait trop bien, mais trop tard, cette idée.
Et cependant Gouvernail désolé
Vers Lancelot poursuivait son voyage,
Et, de Tristan remettant le message,
Il en peignait, avec gémissemens,
Et l'infortuné et les derniers momens.
Ne craignez pas que ma voix entreprenne
De peindre ici Lancelot et sa peine.
Ah ! dans les maux que la mort nous départ,
Quand tant d'amours ou tant d'amitiés pleurent,
Bien justement on plaint celui qui part;
Et pas toujours assez ceux qui demeurent !

A cette Table, objet de tous mes chants,
Tristan perdu laissait un vide immense ;
Mais toutefois bien des héros brillans
Pouvaient encor rétablir la balance,
Gauvain, Yvain, Lancelot, Perceval;
Puis ce dernier veut à la Table ronde
Porter enfin le fameux Saint-Gréal,
Trésor scabreux, et pour lui trop fatal,
Bien par lequel et l'Europe et le monde
Devaient céder aux faits miraculeux
Des chevaliers de cet ordre fameux.
C'en était fait : avec cet avantage
Qui ne semblait pouvoir leur échapper,
Tout eût bientôt fléchi sous leur courage;
Mais le destin se plaît à nous tromper.

Malgré qu'Artus eût terminé la guerre
Qu'à Lancelot il fit avec fureur,
Contre ce preux, dans le fond de son cœur,
Il conservait une vive colère.
Mordrec le vit, et lui dit un matin :
« Dans le château de la Garde-Joyeuse
Par vous seigneur, si Lancelot en vain
Fut attaqué, de ce château divin
Il eut pour lui la force merveilleuse ;
Et puis, Tristan, modèle d'amitié,
De ses succès fit plus que la moitié.
Tristan est mort, et Lancelot lui-même,
De vos états ce dangereux fléau,
Se retirant dans la Gaule qu'il aime,
N'a plus pour lui l'appui de son château.
L'instant est bon, et, si mon zèle extrême
Ne m'a trompé, je pense qu'il faudrait
Dans son État suivre ce roitelet,
Qui, sur ces bords, a, par son insolence,
De quelque affront blessé votre puissance.
Souvenez-vous que vous avez encor
Ce fer vengeur, ce glaive Escalibor,
Qui, dans vos mains jouant un si grand rôle,
Vous a soumis une part de la Gaule.
Réunissez vos meilleurs chevaliers ;
Qu'à votre voix tous reprennent le heaume ;
Moi, seul ici, leur laissant les lauriers,
Je vous réponds de la paix du royaume. »

Sans peine Artus par Mordrec entraîné,
Déjà pensait à venger sa couronne.
« Fort bien, dit-il ; sagement raisonné. »
Comme il est bon l'avis que l'on nous donne,
Lorsque déjà nous nous l'étions donné !
Mais cependant Artus encor balance.
Sa sœur arrive, et, d'un ton véhément,
Sans rappeler la véritable offense
De Lancelot (qu'elle aima vainement),
Sur lui, d'Artus appelle la vengeance.
Lâche Morgain, lorsque de tes avis
Tu connaîtras les exécrables fruits,
En t'immolant, tu te feras justice.
Préviens ces maux et préviens ton supplice!
Il est trop tard. Le monarque irrité,
Par elle ému, par Mordrec excité,
Veut se venger. En grand secret il arme;

Malgré Gauvain et ses conseils prudens,
Il part suivi d'un flot de combattans,
Et dans la Gaule il vient jeter l'alarme.
Là, Lancelot, comptant sur le traité,
Par ses regrets doublement attristé,
D'Artus au moins ne craignait nulle chose,
Et, fatigué d'héroïques succès,
Rendait heureux ses paisibles sujets :
Ce plaisir-là bien doucement repose.
O conquérans, suspendant vos exploits,
De ce régime essayez quelquefois !
Bientôt, troublant Gannes, sa capitale,
Un bruit fâcheux porte de toutes parts
De l'armement la nouvelle fatale.
Après trois jours, Gannes, sous ses remparts,
A vu d'Artus flotter les étendarts.
Artus, sommant Lancelot de se rendre,
Par ce héros justement indigné,
A haute voix est sommé... de le prendre.
L'assaut commence, et la charge a sonné.
Enfin, après une lutte cruelle,
Les gens d'Artus s'éloignent, repoussés.
Mais, croyant ceux de Lancelot lassés,
Le lendemain il comptait de plus belle
Les attaquer, quand, le troublant d'effroi,
Un envoyé vint à ce vaillant roi
Porter, de Londre, une affreuse nouvelle.

Le vil Mordrec ayant su, non sans art,
Conduire Artus à sortir de sa terre
Avec ses preux les meilleurs dans la guerre,
Avait à peine attendu son départ :
Aux bords anglais, rallumant l'incendie
De sa révolte adroitement ourdie,
Mordrec, parmi les nombreux mécontens,
S'était acquis de nombreux partisans.
Des esprits faux trouvaient, il faut le dire,
Un peu fréquens ces combats que j'admire ;
Ils étaient loin d'apprécier assez
Ces faits si beaux alors qu'ils sont passés.
Proclamé roi, Mordrec, suivi sans peine,
Avait voulu faire arrêter la reine.
Mais celle-ci, faute d'autres secours,
De Londre, avec une assez faible escorte,
Avait gagné la tour antique et forte ;
C'est celle-là que l'on y voit toujours.
Genièvre, là, par Mordrec assiégée,
Priait Artus que, lui servant d'appui,
Toute autre affaire aussitôt négligée,
Il vînt d'abord secourir elle et lui.

Ce fut alors qu'Artus, voyant le piége,
Se repentit d'avoir manqué de foi.

Artus des siens prend l'élite avec soi,
Et part bien vite, abandonnant le siége.
Le lendemain, surpris du changement,
Lancelot sait le grand événement
Qui le délivre, et quel éclat infame
Du vil Mordrec dévoile enfin la trame.
Quelque plaisir, dans le premier moment,
De Lancelot a surpris la pensée ;
Mais aussitôt la générosité
Parle, et la joie est d'abord effacée.
Il ne voit plus d'Artus que sa bonté,
Ce qu'il lui doit, la trop cruelle offense
Dont il paya sa noble bienveillance,
Et qui l'excuse assez, en vérité,
De s'être un peu trompé dans sa vengeance.
« Hé bien ! dit-il, mieux que lui vengeons-nous.
D'un lâche fils trop digne de courroux,
Allons, courons venger ce noble père.
Puissé-je, ô Dieu ! par un juste succès,
Envers ce prince acquitter ses bienfaits,
Et réparer mon tort involontaire ! »
Il dit, et part, suivi du brave Hector,
De Lyonnel, et du jeune Boort.

Courez, volez, ô héros secourables !
Du grand Artus devenez le rempart !
Ah ! redoutez des fureurs exécrables,
Et frémissez d'être arrivés trop tard.

Hélas ! Artus, en l'excès de sa rage,
S'est trop fié dans son bouillant courage
Et dans celui des illustres guerriers
Qui de sa Table étaient les chevaliers.
Il avait cru que ses sujets rebelles
Ne pourraient pas soutenir son courroux,
Et, qu'abjurant des trames criminelles,
Mordrec viendrait embrasser ses genoux.
Artus avait toute la Table ronde.
C'étaient les preux les plus vaillans du monde :
Mais, comptant trop sur leurs faits belliqueux,
Le grand Artus avec lui n'avait qu'eux
Contre l'effort d'une armée innombrable.
Artus, bien loin que ses premiers regards
Aient dispersé cette foule coupable,
L'attaque en vain, s'en voit de toutes parts
Environner, et le nombre l'accable.
Quels beaux exploits ! Des chevaliers d'Artus
Onc la valeur ne fut plus admirable.
Aussi sont-ils étouffés, non vaincus.
Là, dans le sang d'un peuple de victimes,
Vous succombez, ô héros magnanimes !
Yvain mourant, du moins frappe de mort
Le vil Bréhus qui l'insultait encor,

CHANT VINGTIÈME.

Et du brigand punit un vieil outrage.
Lac, Dinadam, Sacrémor, ont été.
Oh! que ne puis-je à la postérité
Cacher ces faits sous un épais nuage!
Carados meurt au milieu du carnage.
Et toi, Gauvain, héros chez les héros,
Toi que l'on nomme avec les Lancelots,
Il faut périr, et, sous des mains vulgaires,
Dans ce combat tomber avec tes frères.
De ces revers témoin désespéré,
Artus, encor qu'aux jours de sa vieillesse,
Artus terrible, et de sang entouré,
Offre aux regards l'Artus de sa jeunesse.
Ce prince enfin atteint d'un coup mortel,
Et sous les yeux de son fils criminel,
Dit à Gyrflet : « Va, ma trame est coupée :
Noble écuyer qui me suivis toujours,
Et qui m'as vu dans de plus heureux jours,
Des ennemis sauve au moins mon épée! »
Déjà blessé, Gyrflet gagne, en courant,
Un lac voisin, y cache, au sein de l'onde,
Escalibor, chère à la Table ronde,
Et vient mourir près d'Artus expirant.

C'est le moment où Lancelot arrive.
De quelle horreur, ô ciel, il est saisi!
Des partisans d'Artus, sur cette rive,
A son secours venaient, trop tard aussi.
Mais il est temps encor pour la vengeance.
« Amis, à moi! pour ces traîtres la mort! »
Dit Lancelot, ému de ce transport
Qui des combats fait retourner la chance.
Les révoltés, dans le choc destructeur,
Avaient déjà dépensé leur valeur :
Le cri qu'il jette, et l'ardeur qu'il déploie,
Les ont saisis de trouble et de stupeur.
Combien d'éclairs lance son fer vengeur!
C'est un vautour qui déchire sa proie,
Et sa vertu ressemble à la fureur.
Mordrec, rempli d'une féroce joie,
Déjà parlait et régnait en vainqueur :
Son règne indigne, en commençant, s'achève ;
L'apercevant, Lancelot, plein d'horreur,
Vers lui pénètre, et dans ce lâche cœur
Avec transport il plonge tout son glaive.
Des révoltés, dans la campagne épars,
Quand il a fait des morts ou des fuyards,
Il vient, en hâte, apprendre leur ruine
Au noble Artus, qui, sur une colline,
Couvert du sang d'ennemis égorgés,
Respire encore, et, surpris, l'examine.
« O Lancelot! c'est vous qui me vengez,
Et c'est Mordrec, hélas! qui m'assassine! »

Du grand Artus ces mots sont les derniers.
Artus est mort près de ses chevaliers.
Là, sont présens, comme à la Table ronde,
Ces chevaliers, épouvante du monde,
Qu'on respecta, même en les immolant.
Tous sont tombés, montrant leur front terrible,
Superbe encor dans leur sort accablant,
Et, conviés à ce banquet horrible,
Font à leur chef un cortége sanglant.

Et justement quand de la noble Table
Était comblé l'échec irréparable,
Voilà qu'enfin le sombre Perceval
Arrive là, portant le Saint-Gréal.
Il est trop tard. Lancelot, qui l'embrasse,
De leurs amis dit l'affreuse disgrace.
Tous deux, Hector, Boort et Lyonnel,
Tristes témoins d'un revers si cruel,
En même temps sont touchés de la grace.
Genièvre aussi, qu'affranchit Lancelot,
Dans ses malheurs croit voir le doigt d'en haut.
Et veuve et libre, elle pouvait sans doute
A Lancelot unir enfin ses jours :
Mais ce n'est plus son amour qu'elle écoute,
Et, d'un couvent cherchant l'humble secours,
Du paradis elle y suivra la route.
Pour Lancelot, il veut, de deuil couvert,
Se faire ermite en quelque âpre désert.
Il veut pourtant, avant de fuir le monde,
Où ses hauts faits l'ont illustré jadis,
Aller encore, ainsi que ses amis,
Prendre une fois place à la Table ronde.

Tous cinq y vont, noble et dernier débris
D'un ordre illustre et fameux sur la terre!
Devant la Table immense et solitaire,
Silencieux, comme ils étaient assis,
Au sein du calme, on voit l'éclair reluire ;
Et le tonnerre, arbitre des étés,
Du sombre hiver vient envahir l'empire.
Quelques instans, les preux épouvantés,
Sont entourés par une nuit profonde ;
Et, quand pour eux recommence le jour,
Le Saint-Gréal, même la Table ronde,
Ont aux regards disparu sans retour.

Troublés, touchés, ces héros, au plus vite,
Voulaient aller se cloîtrer tous. « C'est trop,
Mes chers amis, répondit Lancelot ;
Il ne faut pas un univers ermite.
Vous Lyonnel et Boort, mes cousins,
De vos sujets surveillez les destins.
Mon frère Hector, pour toi, je t'abandonne

Avec plaisir mes biens et ma couronne. »
Seul, Perceval fut prêché vainement :
Il se voulut cloîtrer absolument.
Je ne sais pas par quel motif sévère
Ce preux pensait qu'il ne pouvait mieux faire.
Dans ce parti, Genièvre et Lancelot
Pieusement l'imitèrent bientôt.
Mais, avant tout, un souvenir fidèle
Pour quelques jours au monde les rappelle :
Au grand Artus, à ces nombreux héros,
Après qu'ils ont élevé des tombeaux,
Leur présentant une touchante image,
Une autre tombe appelle leur hommage.
Remémorant leurs amis les plus chers,
Avant qu'entre eux et le vaste univers
Un voile épais pour jamais roule et tombe,
D'accord d'avance, et mus du même élan,
Les deux amis d'Yseult et de Tristan
Désirent voir et saluer leur tombe.

Pour Cornouaille ils sont partis tous deux.
Gardez-vous bien de croire, je vous prie,
Que de l'amour le pouvoir dangereux
Leur inspirât quelque tendre folie.
Non : de ces maux, de tant d'affreux revers
L'impression douloureuse et profonde
A sur leurs cœurs, pleins de regrets amers,
Versé l'oubli de l'amour et du monde.
Le dieu puissant qui préside aux vertus
Est le seul dieu que leur douleur implore.
Je ne dis pas qu'ils ne s'aiment encore ;
Mais ces amans ne se le disent plus.
L'amour sur eux n'a plus rien à prétendre ;
Mais l'amitié, l'amitié la plus tendre
Les réunit. Tel, quand l'astre des jours,
Cet œil du monde, est en proie aux orages,
Et, trop long-temps éclipsé dans son cours,
L'a vu finir au milieu des nuages,
L'astre des nuits, à côté des antans,
Montre à son tour son visage pudique,
Et, bravant mieux leur fureur frénétique,
Bien qu'obscurci de momens en momens,
Il fait briller parmi les ouragans
Une clarté douce et mélancolique.

Chez le roi Marc, Genièvre et Lancelot
Touchent enfin au but de leur voyage.
Pour honorer gens de si haut parage,
Marc ordonnait des banquets ; mais bientôt
De tous les deux, que même envie excite,
Il sait le but de leur noble visite.
Et cette reine et ce preux réunis
Sont deux amis qui vont voir deux amis.
Ces voyageurs, sans plus longue remise,

Ont demandé que quelqu'un les conduise
Vers les tombeaux où dorment pour toujours
Tristan, Yseult, et leurs tendres amours.
A ces amans Dinas jadis propice,
A leurs amis rend ce triste service.
Dans les détours d'un bois religieux,
Il les conduit vers l'antique chapelle
Où, malgré lui, s'attendrissant pour eux,
Marc a fixé leur retraite éternelle,
Où Gouvernail, Brangien, souvent tous deux,
Viennent pleurer ceux que tout leur rappelle.

En approchant de ce lieu respecté,
Et Lancelot et Genièvre tremblante
Réunissaient toute leur fermeté,
Qu'ils sentaient bien toujours plus chancelante.
Déjà les cris des oiseaux de malheur
Marquaient des lieux voués à la douleur.
Par leurs accens, les timides colombes
Semblaient connaître et saluer ces tombes.
Faisant crier les gonds mal assurés,
Dinas enfin repousse les ténèbres,
Et montre aux yeux éclairés par degrés,
Des deux amans les demeures funèbres :
Ciel ! de Tristan le chien fidèle et cher,
(Celui qu'il tint autrefois de Zamire)
Qui, quand son corps a traversé la mer,
A dans les flots poursuivi son navire,
Qui l'a suivi partout, d'un deuil amer
Autour des murs exhalant le martyre,
Ce vieil ami, dans la chapelle, hier,
Ne sais comment, avait su s'introduire,
Et, satisfait à la fois et navré,
Expirait là, près d'un maître expiré.
Cet aspect, plein de tristesse et de charmes,
En d'autres temps eût excité les larmes ;
Mais, plus touchant et plus prodigieux,
Un autre aspect, dans ce temple pieux,
Était déjà venu frapper la vue
De Lancelot et de Genièvre émue :
Prenant racine au tombeau de Tristan,
Un lierre ami gravissait la muraille,
Et s'inclinait, par un secret élan,
Sur le tombeau d'Yseult de Cornouaille.
Montant moins vite, et plus timidement,
Déjà couvert d'une feuille naissante,
Sur ce tombeau, le lierre de l'amante
Voulait s'unir à celui de l'amant.
De leurs amours image trop fidèle !
Aux survivans quel souvenir rappelle
De ce tableau l'aspect inattendu !
En l'observant, Lancelot éperdu
Dit : « Ah ! Genièvre ! Ah ! Lancelot, dit-elle ! »

CHANT VINGTIÈME.

C'était ainsi qu'aux jours de mes loisirs,
Des temps lointains j'illustrais la mémoire,
Et, des héros racontant les plaisirs,
Vantais surtout leurs vertus et leur gloire.
Bien que des vers l'attrait m'ait toujours plu,
En m'honorant de cet art difficile,
Mon premier vœu fut toujours d'être utile :
J'aurais mieux fait, si l'on avait voulu (1).
Mais, après tout, celui par qui les hommes
Sont amusés et parfois attendris,
Dans tous les temps, même au temps où nous sommes,
Peut se flatter de les avoir servis.
Non que je sois sûr d'un tel avantage :
On vise au but sans se croire vainqueur ;

(1) Je désirais alors une préfecture, qui, plus tard, me fut confiée, et où, en effet, pendant quinze ans, j'ai tâché de faire mieux que des vers (1838).

Et je voudrais qu'en lisant cet ouvrage
On fût content, et.... quelquefois meilleur.
J'en conviendrai : sans doute, ici, les Belles
S'instruiraient mal dans l'art d'être fidèles;
Mais on verra que toutes leurs vertus
Sont dans mes vers, hors celle-là sans plus.
Souvent aussi j'ai peint les nobles flammes
Qui des guerriers vont embraser les ames;
Dans mes portraits, j'ai souvent allié
L'honneur sublime et la sainte amitié.
Puisse, par là, ce tableau poétique,
De nos héros intéresser les yeux !
Ils passeront l'essor ambitieux
De mon espoir peut-être fantastique,
Si leur laurier, à jamais glorieux,
Vient ombrager mon rameau pacifique.

FIN DU CHANT VINGTIÈME ET DERNIER.

J'atteste que les deux pièces qui suivent furent écrites de premier mouvement, et entièrement à mon insu. C'est ce qui me les a rendues très précieuses, venant surtout de deux écrivains dont l'opinion sera toujours si digne d'être comptée. Si je les insère ici, quoiqu'on y dise beaucoup trop de bien de moi, c'est qu'elles sont toutes deux remarquables dans leur genre, et au moins aussi agréables à lire que l'ouvrage dont elles font l'éloge. Les vers de M. Arnault sont une des plus jolies poésies fugitives que l'on ait faites dans le pays où on les fait le mieux. Quoique j'eusse connu au collége M. Arnault plus âgé que moi, je le voyais très peu en société, et je m'étais borné à lui envoyer *la Table ronde* comme un hommage à l'un des hommes de lettres dont j'appréciais le plus le suffrage. Je fus bien agréablement surpris de recevoir de si jolis et de si aimables vers de l'auteur de *Marius*, des *Vénitiens*, et d'autres ouvrages parmi lesquels on a remarqué ses *fables* étincelantes d'esprit et d'idées fortes, et qui ont donné à l'apologue un genre et un bon genre de plus.

Quant à M. de Boufflers, je ne lui avais pas même envoyé mon poème, et ce ne fut que par son article du Mercure que j'appris qu'il avait eu la bonté de s'en occuper. J'en fus et j'en suis à jamais pénétré de reconnaissance; et je n'oublierai jamais ni de lui, ni de M. Arnault, ni de M. le comte de Ségur, ni de quelques autres personnes, cette manifestation bienveillante de leur opinion et de leur estime pour mon poème enfant, à cette époque de sa première publication, époque où l'opinion de tels hommes peut faire tant de bien ou tant de mal à un ouvrage. Cette générosité littéraire est assez rare, et aussi s'allie-t-elle presque toujours au vrai talent comme au noble caractère. On peut juger combien ce procédé de M. de Boufflers me toucha profondément, et l'on ne s'étonnera pas si j'ai dédié à sa mémoire un autre de mes ouvrages. Cet article, que l'on pourra juger, est, je crois, une des plus ingénieuses choses qu'il ait écrites. Il contient des vues très fines et très justes, et heureusement très indépendantes de mon ouvrage, qu'il traite d'ailleurs bien mieux que je n'ai mérité. Il n'attachait assurément aucune prétention à ce morceau, puisqu'il y a laissé une espèce de jeu de mots qu'il ne m'appartenait pas de retrancher, et qu'ailleurs il n'aurait pas trouvé d'un goût assez sévère. C'est, avec les éloges trop indulgens pour moi, le seul défaut de cet article, qu'il écrivit à soixante-dix-sept ans, et qui respire toute la grace et toute la verve de sa jeunesse. J'insérerais cette pièce ici, ne fût-ce que pour prouver combien ont eu tort ceux qui ont dit que M. de Boufflers avait baissé dans ses dernières années. C'est précisément le temps où je l'ai connu; et, si je ne me suis pas bien trompé, il était souvent encore ce brillant chevalier de Boufflers, qui charmait Voltaire et intimidait Rousseau. Fatigué par le temps, mais toujours plein d'amabilité et de grace, il ne se reposait de l'esprit que par la bonté.

VERS

DE M. ARNAULT,

DE L'ACADÉMIE FRANÇAISE,

A L'AUTEUR DE LA TABLE RONDE.

Salut à vous, honneur du genre épique,
Salut à vous qui si bien retracez
Ces grands exploits de la bravoure antique
Que don Quichotte a presque surpassés !

Vous égalez, dans votre heureux poème,
Vos devanciers sans en excepter un ;
Vous égalez Arioste lui-même :
Pas plus que lui n'avez le sens commun.

Soyez-en fier, vous avez droit de l'être ;
Maître passé dans l'art qu'il vous apprit,
Asseyez-vous auprès de votre maître :
Pas plus que vous il n'avait de l'esprit.

Plus d'un rimeur, triste en ses rêveries,
Et dans le goût se croyant affermi,
Pourra vous dire : *Où, diable, mon ami,
Avez-vous ris tant de plaisanteries ?*

Moquez-vous d'eux, et, malgré les malins,
Ne changez pas la gaîté de vos rimes
Contre l'ennui que tant d'esprits sublimes
Vont distillant en vers alexandrins.

Il est bien vrai que parfois votre muse
A trop d'écarts semble s'abandonner :
Mais est-ce un tort, qu'un tort qui nous amuse ?
Et rire, ami, n'est-ce pas pardonner ?

EXTRAIT DU MERCURE DE FRANCE.

1ᵉʳ AOUT 1812.

LA TABLE RONDE,

POÈME EN VINGT CHANTS,

TIRÉ DES VIEUX ROMANCIERS, PAR A. CREUZÉ DE LESSER.

C'est une vérité malheureusement trop reconnue dans la littérature française, que beaucoup de vers alexandrins sur le même sujet, lus de suite, ne causent pas d'un bout à l'autre le même plaisir; que, fût-ce de beaux vers, beaux comme ceux de la Henriade, ils finissent presque toujours par faire un effet tout différent de celui que le poète osait espérer, et que souvent, avant d'avoir achevé le premier mille...., on ne m'entend que trop ! A qui faut-il s'en prendre? est-ce au poète? est-ce au lecteur? est-ce à l'auditoire? A personne, mais à la chose même; à l'uniformité, cette bête d'aversion dans notre nation toujours jeune et toujours légère; à la gravité, à la majesté, à la pompe éternelle de ces vers soi-disant héroïques, et qui ne conviennent guère mieux à tous les récits de guerres ou d'amours, que de longs et lourds habits de cérémonie ne conviendraient aux héros en pareille circonstance. On s'ennuie de ces longues bandes de lignes égales que, pour surcroît de monotonie, l'inévitable hémistiche doit fendre par la moitié. On est fatigué de ce retour à point nommé des rimes féminines après les masculines, et puis des masculines après les féminines, marchant processionnellement, et se promenant avec solennité, comme des cavaliers avec leurs dames, à l'ouverture d'un bal polonais. Ajoutez à cela le langage poétique, espèce d'idiome à part, que tout le monde entend, si vous voulez, mais que bien peu d'entre nous parlent bien couramment, et qui nous fait l'effet d'une langue étrangère; et vous aurez une première idée des pièges dont la carrière épique est semée pour nos malheureux poètes français. On vous dit à cela que le soin et le travail triomphent de tout, et qu'au milieu de ces entraves un vrai talent sait conserver les grâces de la liberté. C'est comme on vous dit que le sage est libre dans les fers. Mais pourquoi donner des entraves au talent? pourquoi donner des fers au sage?

Les auteurs dramatiques ne courent pas tout à fait les mêmes dangers, ou du moins ce n'est pas la poésie française qu'ils peuvent en accuser; parce qu'à la Comédie on est occupé d'autre chose que de la versification, et que, dans la suite même des vers, il y a plus de coupures, plus de repos, plus de relais pour l'attention; ce sont des personnages différens, des intérêts différens, des sons de voix différens; et l'on serait tenté de croire que cela y fait quelque chose. C'est tantôt celui-ci qui parle, tantôt celui-là, et l'un repose de l'autre; au lieu que dans le poème épique c'est toujours le même homme qui parle, et toujours sur le même ton, et toujours avec la même emphase; comme il a commencé, il finira sans quitter un moment cette éternelle trompette qui finit par vous étourdir.

Voltaire paraît l'avoir senti lui-même, quoiqu'il se soit bien gardé d'en faire la confidence; aussi a-t-il eu recours aux vers de dix syllabes, et aux rimes croisées, qui, en faisant disparaître l'imposante monotonie des grands vers alexandrins et des rimes accouplées, ont donné plus de liberté à son talent, plus de souplesse à son style, plus de vitesse à son récit. Qu'en est-il arrivé? C'est que, tout en continuant à rendre à la Henriade les mêmes honneurs qui lui ont été si justement décernés, on se contente aujourd'hui de l'avoir lue, et qu'on se délasse en quelque façon du cérémonial de la haute poésie en lisant et relisant cette autre production qui prouve si bien tout l'avantage du vers de dix syllabes sur le vers alexandrin, et du familier sur le grandiose. Il serait plus qu'inutile de le nommer ici, ce poème où, trop affranchi peut-être de tous les genres de contrainte en y comprenant même la décence, le poète se livre sans inquiétude à tout l'essor, à tous les écarts, disons le mot, à toute la débauche de son imagination, et où, s'il n'est pas sans reproche, il est du moins sans peur.

M. C. D. L. s'y est pris de même, au moins quant à la versification. Il fallait aussi à sa muse agile un costume qui favorisât la prestesse et la *disinvoltura* de ses mouvemens; elle s'est mise à son aise autant que, de mémoire de muse, on ait jamais pu s'y mettre; elle a ri et fait rire; c'en doit être assez pour n'avoir rien à

9

craindre de la critique. *Mon oncle a ri*, dit M. de l'Empyrée, *mon oncle est désarmé*. Et dans quel pays oserait-on disputer à la gaîté ses franchises ?

Quoi qu'il en soit, nous voici tous invités à la Table ronde ; ce sera, si l'on veut, un réchauffé d'un bout à l'autre ; mais en pareil cas l'assaisonnement fait tout, puisqu'au bout de vingt services, l'appétit, toujours plus aiguisé, reprocherait, s'il osait, au maître de desservir trop tôt.

Moins le poème laisse dormir, plus il fait rêver. Cette multitude d'aventures, cette armée d'aventuriers, cette diversité de caractères, et les nobles inconséquences de tant de preux, et leur divertissante ignorance, et leurs courages indomptés, et leurs amitiés exemplaires, et leurs amours cavaliers, et ces entreprises impossibles, et ces situations bizarres ; tant de génies et tant de magiciens, tant de fées tantôt si méchantes et tantôt si bonnes, et tant de Belles plus fées que les fées mêmes..... quelle réunion de moyens et d'obstacles ! Aussi ne tarde-t-on pas à s'apercevoir que tout cet accord de discordances, comme dit Ovide, *rerum discordia concors*, laisse dans l'imagination je ne sais quel gai tumulte qui dure longtemps après qu'on a fermé le livre : on fait le projet de le reprendre au premier instant de loisir ; l'esprit demeure en suspens entre l'envie de continuer et la crainte de finir ; et à cette hésitation succède, après la lecture achevée, le besoin de la recommencer.

Je n'ajouterai rien à tout ce que l'auteur dit à la tête de son livre, dans une prose aussi agréable que ses vers, sur le parti que la poésie peut tirer des longues et parfois ennuyeuses histoires de l'antique chevalerie ; c'est pour nos braves Français une espèce de religion secondaire, où pour leur plus grande commodité l'honneur tient lieu de dévotion. Elle a ses rites, ses cérémonies, ses mystères, sa superstition..... dont notre esprit, notre humeur, nos qualités, nos défauts même s'accommodent mieux que du paganisme, et avec qui on peut en user plus librement qu'avec tout ce qui tient à la vraie religion. L'Europe entière est à peu près là dessus comme la France : sans compter l'Espagne et l'Italie, nous voyons l'Angleterre, l'Allemagne, la Pologne, la Suède, et jusqu'à la Moscovie, pleines de ces vieilles chroniques, tant en vers qu'en prose ; qui célèbrent à l'envi les hauts faits de leurs preux, car, de mémoire d'homme, on a menti, surtout pour se grandir, et sur ce point les peuples sont encore plus hardis menteurs que les hommes.

Au reste, ces sortes de fictions ne présentent rien de précis ni de clair, et c'est auprès du poète un mérite de plus. Il peut les regarder comme autant de nuages flottant dans le vague, où il est permis à l'imagination de s'attacher pour les façonner, les modeler en quelque sorte à son plaisir : tableaux changeans, qui lui offrent tantôt des combats, tantôt des fêtes ; ou bien des palais, des villes, des tours, des obélisques, des rochers, des cavernes ; ou bien des chars, des éléphans, des monstres, des nymphes, des guerriers, des dames, qui vivent le temps de les voir ; prompts à se revêtir de nouvelles formes qui continuent à se changer elles-mêmes, comme tout ce qui est ici bas, au pouvoir des vents, et surtout de la fantaisie. On est donc maître de disposer à son gré de tout ce que l'on peut découvrir dans ce temps d'ignorance, de délire et de noble barbarie, dont nos vieux romanciers nous ont laissé des souvenirs si bizarres, si obscurs ; mais qui, par leur bizarrerie même, indiquent l'esprit dominant des hommes d'alors, et l'espèce de beau idéal qui naissait, dans leurs esprits incultes, de la grandeur même de leurs ames. L'on pourra du moins, dans cette confusion de tant de traits fantasques, démêler une vérité constante, c'est que la morale a partout devancé la réflexion. Puisse-t-elle toujours la suivre, et se graver de plus en plus dans les ames par le travail de l'esprit ! On n'avait pas, à beaucoup près, des idées bien nettes sur la justice et la vertu : mais on s'y essayait. On ne savait pas lire ; mais on savait tenir sa parole : la loyauté, la générosité, l'honneur, étaient aussi nécessaires aux chevaliers que leurs épées et leurs cottes de mailles, et les ames devaient être entretenues sans tache aussi bien que les armures. La défense du faible, le redressement des torts, la pacification de la société, ont été le premier but des institutions chevaleresques ; les plus puissans, les plus forts, les plus hardis, se sont liés entre eux pour la répression des méchans, comme ils l'avaient fait dans les temps héroïques pour la destruction des monstres. On sait trop que ce brillant prospectus de la police du monde a eu quelquefois ses inconvéniens ; mais quand est-ce que l'exécution a pleinement répondu au projet ? où sont les choses qui, aux yeux d'un politique ou d'un philosophe, n'ont pas un mauvais côté ? et n'est-ce pas assez pour un poète qu'il y en ait un bon ? Laissons donc les esprits, amis de la nouveauté, la chercher dans les choses oubliées ; car peut-être n'y en a-t-il plus que là ; et remercions M. C. D. L. qui nous en a tant découvert et si près de nous : félicitons-le du moins de les avoir si ingénieusement assorties, et d'avoir en quelque sorte construit un riant palais avec les débris de tant de vieilles masures.

Le saint Gréal, renouvelé non des Grecs, mais des Hébreux (on appelait ainsi la coupe dans laquelle le Sauveur avait, disait-on, bu à la cène au milieu des apôtres) ; le saint Gréal, dis-je, est le point central vers lequel tous les fils de ce tissu si compliqué sont censés se diriger ; et s'il n'est pas, à proprement parler, le sujet du poème, il en devient le prétexte. Les choses saintes, dans ces temps de bonhomie, se mêlaient volontiers aux choses profanes, mais le tout sans malice, et sans qu'il en résultât ni sanctification pour les unes, ni purification pour les autres.

On ne voit pas trop distinctement la raison de cette espèce de croisade (c'est un malheur constamment attaché à ce genre d'expéditions) ; mais on voit clairement que dans les diètes chevaleresques la raison était bannie, sinon de toutes les têtes, au moins de toutes les tables, sans en excepter la Table ronde, la soif et l'ivresse de la gloire leur montraient le merveilleux sous de bien plus belles couleurs que l'utile ; et dans leurs délibérations, surtout dans leurs banquets, les grands cœurs de nos paladins ne battaient vraiment pour une entreprise que lorsqu'ils la jugeaient à peu près impossible.

Notre poète aurait mérité une place à cette table-là, tant il allait à défier les difficultés, et sa muse vive et leste a bonne grâce à les franchir ! Dès le début du poème elle a montré ce qu'elle est, et une vingtaine de vers a suffi pour nous mettre au courant : voilà que nous savons l'institution de la Table ronde, les premières conditions qu'elle exige, les devoirs qu'elle impose, la surveillance que l'enchanteur Merlin, son fondateur, quoique disparu depuis long-temps, ne cesse d'y exercer, et surtout la punition trop assurée au téméraire qui oserait y prendre place comme à une table d'hôte. On en a un exemple récent. Brumant, chevalier bas-breton, arrivé avec Lancelot, mais un peu moins courtois que lui, a remarqué un fauteuil vide ; il s'en est emparé d'emblée. A peine y était-il assis, qu'on a vu le fauteuil s'abîmer avec lui dans un gouffre de flammes, et revenir aussitôt vide comme auparavant.

Or il fallait que dans ce temps on ne laissât point que d'être accoutumé à ces sortes d'accidens ; car on reprend tout de suite la conversation comme si de rien n'était. Elle roule sur une foule de sujets, moitié sacrés, moitié profanes, qu'on entremêlait alors avec moins de scrupule que de nos jours. Bientôt le roi Artus prend Lancelot à part, et lui conte mille et mille choses qui, pour des gens un peu blasés comme nous, pourraient paraître tout aussi bonnes à ignorer qu'à savoir, mais qu'un chevalier aussi modeste, aussi poli, aussi religieux que Lancelot devait écouter avec une respectueuse attention. Pourquoi donc cet air distrait que le poète même lui reproche ? Observez encore que c'est un roi qui veut bien parler à un jeune aspirant, et qui, de peur d'être interrompu, le fait passer dans un cabinet où il n'y a personne que la reine. Pourquoi donc encore une fois Lancelot n'écoutait-il pas ? Le poète va tâcher de nous l'expliquer.

Ah ! Lancelot, quelle atteinte soudaine
De votre teint efface la couleur ?
Dans le palais Lancelot voit la reine,
Et reconnaît la dame de son cœur.
Je conviendrai qu'il ne l'a jamais vue,
De près, de loin... mais, quoi ! sans tout cela
Celle qu'on aime est d'abord reconnue,
Et par avance Amour nous la montra.

Le beau Français, qui pâlit, qui rougit,
En la voyant fut long-temps en silence ;
Parlant enfin, il ne sut ce qu'il dit ;
Mais ses regards avaient leur éloquence.
De son côté Genièvre, aux doux appas,
Ne voyait point sans un peu d'embarras
Ce preux célèbre en amour comme en joute.
Et cependant, plein d'un tout autre esprit,
Le bon Artus commençait son récit...
Écoutons-le, pour que quelqu'un l'écoute.

Plus on avance dans cette amusante lecture, plus on s'étonne de ce qu'on y voit ; et, si on la recommence, on s'étonne encore de ce qu'on n'y avait pas vu. Qu'on ne s'attende donc pas ici à une analyse en règle ; elle serait plus longue que le poème, et assurément elle ne le vaudrait pas ; cependant, puisque nous avons en ce moment le premier chant sous les yeux, nous ne saurions nous refuser au plaisir d'en transcrire ici la fin. Le bon Artus, appelé par quelque autre affaire, a laissé Lancelot seul avec Genièvre, après l'avoir accepté au nombre de ses preux dans une expédition qu'il méditait ; mais, dans ce temps-là même, le très modeste chevalier en méditait une autre. Il est, comme nous l'avons dit, resté seul avec Genièvre :

Tremblant, il craint d'exciter son courroux ;
Baissant les yeux et ployant les genoux,
Il fait enfin ouïr ces mots : Madame,
Tout chevalier est celui d'une dame ;
Puis-je m'offrir ? Genièvre ne dit rien
Quelques instans... et dit : Je le veux bien.

Merci, dit-il, et le silence achève :
Il sent alors qu'une main le relève.
(Toute autre Belle eût pris le même soin.)
On prit sa main, on ne la serra point ;
Et toutefois ce moment, que j'envie,
Jusqu'à ce jour, remarquez bien ce point,
Fut le moment le plus doux de sa vie.

Ne demandez pas si *soin* et *point*, si *dame* et *madame*, sont des rimes bien catégoriques ; regardez le tableau, et vous oublierez le reste. Que ceci soit dit une fois pour toutes ; car on aurait cent occasions pour une de faire la même objection, et nous serions toujours aussi bien fondés à faire la même réponse.

Comme il y a beaucoup d'honnêtes gens qui ne se contentent pas de s'amuser, et qui veulent encore savoir de quoi ils s'amusent, afin de ne point s'y tromper, et de ne pas s'exposer à faire là l'auteur plus d'honneur qu'il n'en mérite, ceux-là demanderont, peut-être, si cet ouvrage est une composition, ou, comme tant d'autres, une compilation. A cela je réponds que, s'il n'y avait jamais de compilations plus ennuyeuses que celle-ci, on ne voudrait point d'autres lectures. Sans doute l'aimable compilateur des volumineuses folies de nos vieux romanciers a pu, jusqu'à un certain point, y trouver une partie de ce qui nous plaît dans son poème ; oui, mais comme Praxitèle a trouvé sa Vénus dans le marbre, comme Wanspaendong et une certaine rivale dont il serait jaloux s'il n'en était pas glorieux, savent trouver les plus belles fleurs du printemps, les plus beaux fruits de l'automne sur leur palette. Mais ici combien il a fallu de peine et de bonheur pour tirer tant de richesses de tant de pauvreté ! combien d'eau trouble à filtrer pour la rendre potable ! car ce n'est ni une imitation ni un abrégé, mais plutôt une distillation qui a rassemblé les esprits de substances qui lui étaient soumises, et qui, aidée de la science du chimiste, a converti une liqueur insipide en un breuvage dont on pourrait fort bien s'enivrer. Comme dit une vieille chanson :

Tout consiste dans la manière
Et le goût,
Et c'est la façon de le faire
Qui fait tout.

Comptera-t-on pour rien cet art si désirable (et qui, dans tant d'occasions, serait si bien payé), de changer le vieux en neuf ; ce coup d'œil fin qui démêle dans ce qui ne paraît et même qui n'est qu'ennuyeux, ce qui, avec une légère façon, pourrait devenir amusant ; ce talent, ce goût qui sait amalgamer et fondre ensemble les choses les plus incohérentes ; et cette magie poétique qui prête un charme inattendu à ce qui, jusque-là, n'avait été que bizarre ? Enfin n'est-ce pas même pour M. C. D. L. un vrai mérite auprès de ses lecteurs, d'avoir pris pour lui toute la peine, afin qu'il ne restât pour eux que du plaisir ? Certes, ce ne sont ni les chroniqueurs, ni les romanciers de ces temps si peu, si mal connus, ce n'est ni un Robert-Borron, ni un Hélis-Borron, ni un Gautier-Mapp, ni un Chrestien de Troyes, etc., etc., dont il pourrait apprendre à dire tant de choses en si peu de mots, eux qui, d'ordinaire, ont besoin de tant de pages pour dire si peu de choses. Est-ce chez eux qu'il a puisé ce talent de faire naître à volonté incidens sur incidens, qui cachent la pauvreté du fond des vieux récits qu'il a conservés, comme de nouveaux rameaux, de nouvelles branches et de nouvelles feuilles cachent la nudité et le dépérissement de l'arbre? Est-ce à ces pauvres moines qu'il doit cette vivacité toujours productive, toujours diverse, ces plaisanteries toujours renaissantes, et jamais les mêmes, dont l'ouvrage fourmille, du premier vers jusqu'au dernier; et ces traits malins qui semblent toujours siffler à vos oreilles; et particulièrement ces réflexions toujours agréables, quoique souvent profondes, qui coulent sans cesse avec la même abondance, sans laisser la moindre inquiétude que la veine qui les fournit puisse jamais s'appauvrir? Nous ne prétendons point y puiser de quoi désaltérer nos lecteurs, mais seulement de quoi allumer de plus en plus leur soif, et leur donner le désir ou plutôt le besoin de s'approcher de la source; et nous choisissons dans ce dessein, ou plutôt le hasard choisit pour nous le début du sixième chant qui se présente justement à l'ouverture du livre.

Quand par hasard je repose mes yeux
Sur ces puissans ennuyés, ennuyeux,
Ému pour eux d'une pitié sincère,
Je dis tout bas: Quelque petit malheur
Leur ferait bien, leur serait nécessaire
Pour délasser de l'ennui du bonheur.
Et puis, poussé vers un désir contraire,
Je vois souvent que ces heureux, bientôt,
Ont du malheur plus qu'il ne leur en faut.
Car c'est, hélas! le sort de cette vie,
De biens, de maux, incessamment remplie;
Le mal l'emporte; ainsi que nos beaux jours,
Nos doux plaisirs précipitent leur cours;
Et le chagrin, démon qui nous épie,
Est toujours là, prompt à nous assaillir.
O gens heureux! quelle est votre folie!
Jouissez donc, le malheur à venir.

Sans doute les détails sont charmans, diront les aristarques les plus sévères; c'est quelque chose, mais il faut un ensemble, une marche, une ordonnance; en un mot, un plan. Et que nous direz-vous du plan? qu'il y en a juste ce qu'il en faut. Un plan est une première pensée qui disparaît dès qu'elle est remplie, comme le canevas dès qu'il est brodé. Il suffit que tous les détails tiennent de près ou de loin au sujet; et quand d'ailleurs ils se conviennent, ils s'arrangent entre eux, de manière qu'il en résulte un tout qui plaît, le lecteur n'a rien de plus à demander; peut-être même qu'après cela, si vous lui montriez le plan à nu, il y trouverait assez peu d'intérêt. Un guerrier a sauvé ses pénates d'une ville embrasée; il sait, par une révélation céleste, qu'il doit les transporter dans une autre contrée, et y fonder une colonie qui deviendra un grand empire; il obéit à sa destinée; une divinité le protège, une autre le persécute; elle lui suscitera une tempête, un amour, une guerre.... Le héros sortira glorieux de toutes les épreuves, et les destins s'accompliront. Tout cela était assez facile à imaginer, et cependant l'Énéide n'était pas facile à faire.

Un plan heureusement conçu, sagement raisonné, fidèlement suivi, est de la première importance dans un poème dramatique, où la durée de la représentation vous sert de mesure en tout, sans vous permettre de détourner un moment votre attention de l'objet principal, et où la première des règles, c'est de serrer le nœud et de presser le dénoûment; mais dans une épopée, où le poète est maître de prendre à peu près tout le champ qui lui convient, il s'écarte sans scrupule, bien sûr qu'il pourra toujours se retrouver. Dans le poème héroï-comique, surtout, le sujet pourrait fort bien n'être qu'un prétexte; la conduite, une promenade; le plan, un labyrinthe; et la règle alors, au lieu de marcher vers le dénoûment, serait plutôt de le retarder; ce n'est point, à proprement parler, une épopée, mais une parodie élégante et amusante des choses qui, dans l'épopée, ne pourraient ou du moins ne devraient être que sublimes et sérieuses. La poésie héroï-comique est, à côté de la vraie poésie héroïque, une jeune et jolie petite espiègle qui s'amuse à contrefaire sa mère; elle a pris quelquefois son noble costume, sa parure, sa coiffure, toutes ses marques distinctives; elle imite sa contenance, sa démarche, son langage, ses manières.... Elle lui ressemble un moment; mais bientôt la gentillesse, la vivacité, la malice, l'enjouement, l'extravagance, reparaissent de plus belle; sa légèreté, ses courses, ses danses, j'ai presque dit ses gambades, nous la montrent comme ici nous la voyons, doublement heureuse de plaire, sous le masque et démasquée.

A propos des détails d'un poème héroï-comique, on en reviendra peut-être encore à la versification de celui-ci; car, pour peu que la critique trouve à mordre, surtout dans un aussi bon morceau, elle ne lâche pas sitôt prise. Eh bien, oui! nous sommes déjà convenus en ce point de quelques négligences, que M. C. D. L. avait sûrement vues avant nous. Pourquoi donc les y a-t-il laissées? Il avait sans doute quelque raison pour le moment, ne fût-ce que celle de ne pas perdre son temps à ratisser son chemin, et l'envie de nous conduire plus vite à de nouvelles scènes qui nous font tant de plaisir, tandis qu'un petit cahot, à peine sensible, nous fait si peu de mal. Malheur aux tristes juges devant qui la grace ne trouve point grace!

Nous voudrions bien ne pas quitter sitôt la Table ronde, et nous espérons qu'on nous permettra de ne pas nous en tenir à ce premier article.

BOUFFLERS.

C'est déjà beaucoup d'avoir transcrit ici ce premier article. Je n'ai garde de transcrire encore le second, qui n'est pas moins obligeant pour moi.

Mais est-ce que je me trompe? est-ce qu'à une des dernières phrases près, dont l'expression est hasardée, sans doute parce que la pensée est exagérée, le morceau qu'on vient de lire n'est pas d'un bout à l'autre plein de goût, comme de charme et d'esprit? et un écrivain, faible comme je le suis, n'a-t-il pas joué de bonheur d'avoir été l'occasion de si aimables et si brillantes pages? Et l'on peut remarquer que cet article, tout flatteur qu'il est pour moi, signale très bien les défauts de l'ouvrage, du moins tel qu'il était à la première édition, ce qui ne l'empêcha pas, heureusement, de réussir. Il résulte évidemment de cet article que l'intrigue du poème est faible, et que le style est, ou du moins était extrêmement négligé. Je citerai comme un modèle de critique le passage où, après avoir dit que le récit de Lancelot est interrompu par un chevalier qui vient s'asseoir à la Table ronde, et est immédiatement englouti, M. de Boufflers ajoute: « Or il fallait que dans ce temps on ne laissât point que d'être accoutumé à ces sortes d'accidens; car on reprend tout de suite la conversation comme si de rien n'était. » Il est impossible de présenter une critique plus juste avec une finesse plus polie, une bonté plus spirituelle. Tous les juges littéraires ne sont pas obligés d'être aussi modérés dans leurs censures, et on le voit bien; mais si le but n'est que d'améliorer l'ouvrage qu'on examine, ce but n'est-il pas au moins aussi bien atteint, puisque je n'eus rien de plus pressé que de corriger cette inadvertance; et cette grâce de l'esprit français qui avertit sans déchirer, exclut-elle cette sévérité juste, et n'est-elle pas plus agréable, même au lecteur, que ce qu'on appelle la verge de la critique, qui ressemble trop souvent au fouet de la satire?

Pour moi, rien autant que l'article de M. de Boufflers et le désir d'être moins indigne de ses éloges, ne m'inspira l'envie et le courage de perfectionner ce poème. Quant au plan, je crois avoir prouvé ailleurs qu'il ne pouvait guère être plus fort, et que c'était déjà beaucoup qu'il y en eût un. Je l'ai pourtant encore un peu renforcé; mais j'ai à plusieurs reprises corrigé le style, et j'ai tâché de lui donner la perfection qui dépend de moi, et usé du ton souvent familier et même naïf qu'exigent les aventures que j'avais à raconter. C'est ce qu'a parfaitement senti M. de Boufflers, et ce qui l'a été moins par un écrivain qui s'est plaint de ce qu'en lisant mes vers chevaleresques, on ne s'apercevait pas si c'étaient des vers ou de la prose. Il a raison: c'est précisément là ma prétention; et, en l'indiquant comme je l'ai fait dans ma préface, je la trouvais si hardie que je craignais d'être accusé d'un fol amour-propre. Mais je suis plus confiant depuis que je me suis vu reprocher comme un défaut ce que je regarde comme un mérite; et, puisqu'on m'en accuse, on me donne presque le droit de m'en vanter. Un ouvrage en vers qui ne seraient que de la prose, ne supporterait pas quatre minutes d'attention et quatre pages de lecture; mais qu'un très long poème puisse se lire, et se soit lu en effet aussi aisément que la prose, c'est peut-être l'éloge le plus flatteur que l'on puisse en faire. C'est aussi celui qu'en faisait à Hartwell un prince très spirituel qui, depuis sur le trône, a plusieurs fois encore témoigné son étonnement de trouver un long poème en vers si naturels, et si agréables à lire. Ce mérite; ou, si l'on veut, ce bonheur du naturel dans les vers est peut-être le trait caractéristique de mon faible talent, et le dernier éloge qui me restera pour me dédommager de bien d'autres. En effet, un avantage si réel et si rare, une poésie qui, comme me le disait encore M. de Boufflers, *semble s'être faite toute seule et se lit de même*, dédommage le public de beaucoup de défauts et l'auteur de beaucoup de critiques; et j'ai bien envie de demander combien de grands ouvrages de poésie ont résisté à cette épreuve

TABLE DES CHANTS.

	Pages.
Préface.	1
Préface de la seconde édition.	12
Observations sur la sixième édition.	19
Principaux personnages de la Table ronde.	20
LA TABLE RONDE. Chant premier. Punition d'un insensé. Modestie de Lancelot. Long récit. Histoire d'Artus, de Merlin, de l'épée Escalibor, du saint Gréal, et de l'institution de la Table ronde. Lancelot chevalier de Genièvre.	21
Chant II. Hauts faits de Lancelot. Accident du sénéchal Queux. Pharamond reconnu. Le Morhoult trahi. Bréhus le venge trop. Combat de Bréhus et d'Yvain. Conquête du château de la douloureuse Garde. Imprudence d'Artus. Enlèvement de Genièvre.	27
Chant III. L'épée. Les chiens. La charrette. Le peigne. Le pont. Le défi.	31
Chant IV. Clémence de Lancelot. Étourderie du sénéchal Queux. Explication nocturne. Queux accusé et justifié. Piége perfide. Fontaine orageuse. Tournoi intéressant.	36
Chant V. Honneur et loyauté. Yvain, son lion et son épouse. Dernier combat de Méléagant. Lancelot de la Table ronde. Statuts de cet ordre. On va à la recherche de Merlin.	42
Chant VI. La reine Goïne. Combat de Tristan et du Morhoult. Tristan sauvé par Yseult. Il reconquiert le royaume de Lancelot. Il va chez Pharamond. Lettre de mort de Zamire. Fantaisie du roi Marc. Voyage de Tristan. Le boire amoureux.	47
Chant VII. Mariage de Marc et d'Yseult. Dévoûment de Brangien. Ce qui en résulte. Faiblesse d'Artus. Danger de Genièvre. Défi de Lancelot.	54
Chant VIII. Combat de Lancelot. Sa récompense. Réconciliation de Genièvre et d'Artus. Amours et dangers de Tristan et d'Yseult. Trait empoisonné. Départ pour la Petite-Bretagne.	58
Chant IX. Mariage de Tristan. Le val sans retour. Rencontre imprévue. Disparition plus imprévue encore.	65
Chant X. Perceval le Gallois. La belle sérieuse. Le voisin. Gauvain reparaît.	69
Chant XI. Vœu bien tenu. Croppart. Claremonde. Lancelot reparaît. Merlin trouvé. Claremonde perdue.	76
Chant XII. Suite de l'aventure de Claremonde. Cris de Mélusine. Le cheval gris. Gauvain dit où est le saint Gréal, et ce qu'il faut être pour le conquérir.	82
Chant XIII. Ambassade. Voyage. Deux amans se revoient. Imprudence d'Yseult. Folie de Tristan. Son lai de mort.	86
Chant XIV. Tristan guéri. Il s'exile. Bréhus le met aux prises avec Lancelot. Dinadam. Sacrémor. Les chevaux. Le secours. Les frères d'armes.	90
Chant XV. La cour plénière. Le siége prêté et rendu. Le tournoi. La chemise. Tristan de la Table ronde. Confidence de deux maris à deux amans. Le Faucon. La tour sans huis. Punition de Bréhus. Nouvelles du saint Gréal.	95
Chant XVI. Révolte de Mordrec. Blessure de Tristan et d'Yseult. Échec de Marc. Générosité d'Yseult. Yseult et Tristan au château de Joyeuse-Garde. Combat de Palamède. Partie carrée. L'ordre de bien aimer. Le court mantel.	101
Chant XVII. La grotte de Fingal. Le roi Pêcheur. Perceval conquiert le saint Gréal. A quel prix. Danger de Genièvre. Miracles de Lancelot et de Tristan.	109
Chant XVIII. Les devises. Le siége. Les combats. Le deuil. Le traité. Les adieux.	113
Chant XIX. Le retour. La blessure. Les soins. Le baiser. La voile blanche. La mort.	119
Chant XX. Conseil de Mordrec. Artus attaque Lancelot. Mordrec attaque Artus. Générosité de Lancelot. Désastre horrible. Punition de Mordrec. Derniers momens de la Table ronde. Deux amans au tombeau de deux autres.	123
Vers de M. Arnault.	128
Article de M. de Boufflers.	129
Table des chants.	134
Table analytique des personnages.	135

FIN DE LA TABLE DES CHANTS.

TABLE ANALYTIQUE

DES PERSONNAGES.

A.

ABELE, maîtresse de Galléhault, 9.

AGNÈS, femme du sénéchal Queux, essaie le *court mantel*, qui ne lui va pas bien, 16.

AGRAVAIN, fils de Loth-le Hardi et neveu d'Artus, chevalier de la Table ronde, accueille Lancelot. — A fait la guerre à son oncle et s'est réconcilié avec lui, 1. — Suit Artus au siége du château de *Joyeuse-Garde*. — Ses armoiries. — Arrêté, avec ses frères, Tristan et Lancelot prêts à dépasser les barrières du camp d'Artus, 18. — Meurt en combattant contre Mordrec révolté, 20.

AMENAIS, femme d'Arban, reçoit Gauvain dans son château. — Demande et entend les aventures de Lancelot. — Lui donne un coursier pour continuer sa route, 3. — Assiste à un grand tournoi donné à Londres, 4. — Est enlevée par messire Lac. — Est délivrée par Clodion. — Est au moment d'être trop reconnaissante. — Empêche Clodion de se tuer. — Meurt ellemême presque subitement, 5.

ANDRET, neveu du roi Marc, l'avertit d'une conversation d'Yseult et de Tristan, 8. — Lui conseille de rappeler Tristan. — Fait apporter chez le roi le *cor enchanté*. — Trouble encore une nuit d'Yseult, et échappe avec peine à Tristan. — Tend un autre piége aux deux amans. — Les surprend dans la tour où Yseult a été enfermée, 8. — Calomnie et fait encore arrêter Tristan. — Est jeté par la fenêtre par Perceval, 11. — Blesse Yseult et Tristan. — Avertit Marc de tout. — Est immolé par le peuple, 16.

APOSTOLE (évêque). Un apostole révèle le mystère de l'épée *Escalibor*, 1. — Un autre apostole vient au siège du château de Joyeuse-Garde, et décide à se séparer Lancelot et Genièvre, et même Yseult et Tristan. — Préside à leurs adieux, 18. — Un troisième apostole vient de Bretagne rapporter en Angleterre ou au pays de Cornouailles les corps d'Yseult et de Tristan, 19.

ARBAN, ami de Clodion, reçoit dans son château Lancelot et Gauvain, 3. — Combat dans le grand tournoi donné par les pucelles de Londres, 4. — Calme Clodion, qui veut se tuer pour avoir pensé lui enlever sa femme. — Lui enlève sa maîtresse. — Est poursuivi, combattu, renversé et épargné par Clodion. — Meurt en lui sauvant la vie, 5.

ARTUS, chef de la Table ronde, roi de la Grande-Bretagne, fils du roi Uter et d'Yguerne. — Tient sa cour à Cramalot. — Est témoin de la punition de Brumant. — Reçoit et accueille Lancelot. — Lui raconte l'histoire du saint Gréal et de l'ordre de la Table ronde. — Comment il devint roi d'Angleterre en méritant l'épée *Escalibor*. — Fut obligé de combattre Lothic-Hardi et ses enfans. — Est se réconcilia avec eux. — Comme Merlin garda sa valeur en Gaule, où il secourut le roi Ban et le roi Boort contre Claudas. — Comment il fut chargé par Merlin de rétablir l'ordre de la Table ronde. — Et comment il perdit cet Enchanteur. — Comment il délivra d'un oppresseur le roi Léodagan, et épousa Genièvre sa fille. — Il envoie Lancelot combattre pour la *dame de Noyant*, 1. — Il accepte la valeur du sénéchal Queux pour défendre la dame de Noyant. — Accueille et reconnaît Pharamond, roi des Francs, son ancien ennemi, et se lie avec lui. — Envoie ses chevaliers s'assurer de la prise du château de *Douloureuse-Garde*. — Laisse imprudemment combattre le sénéchal Queux pour défendre Genièvre. — Est cause de l'enlèvement de la reine. — Fait avertir sa chevalerie. — Reconnaît sa faute et court après le ravisseur, 3. — Reçoit à Cardigan ses chevaliers, qui lui ramènent Genièvre délivrée par Lancelot. — Fait donner un grand tournoi, 4. — Reçoit Lancelot chevalier de la Table ronde et lui en fait connaître les statuts. — Invite ses chevaliers à chercher Merlin pour avoir des nouvelles du saint Gréal, 5. — Est délivré des Saxons par Lancelot. — Mande devant lui le roi d'Irlande pour se justifier d'un crime dont ce roi est accusé, 6. — Refuse d'abord de croire Ismène, qui veut se faire passer pour Genièvre, 7. — Est enlevé, visité par Ismène, dont il fait sa maîtresse et sa femme. — Accuse et laisse condamner la reine. — Met toutefois pour condition du combat provoqué par Lancelot, défenseur de la reine, que ses ennemis ne combattront Lancelot que l'un après l'autre, 7. — Est témoin de ce combat. — Fait demander par Genièvre à Lancelot la vie de Carados. — Apprend le complot d'Ismène, mourante, et rappelle trop tard Genièvre, 9. — Est visité par Perceval, qui vient lui demander de l'armer chevalier. — Oblige Queux de se battre avec ce jeune homme, que ce sénéchal a insulté. — Est tourmenté par son neveu Mordrec, 9. — Est délivré pour la seconde fois des Sesnes par Lancelot, 11. — Est captif d'une reine, et délivré par Tristan, à la suite d'une partie d'échecs, 13. — Tient une cour plénière à Cramalot et y donne un tournoi, 15. — Promet un superbe manteau à celui qui sera le plus rire. — Le donne à un bouvier. — Accueille Trisian et le reçoit chevalier de la Table ronde. — Avoue à Tristan qu'il est jaloux de Lancelot. — Apprend de Carados qu'il est défié de la *tour sans huis*. — S'y rend avec sa cour et sa chevalerie. — Est atteint et renversé. — Connaît l'auteur de cette trahison. — Reçoit d'Yvain des nouvelles du saint Gréal, 15. — Ménage Mordrec, et pourquoi. — Invoque contre ce neveu le secours de Lancelot. — Pardonne à Mordrec. — Visite Lancelot dans son château de *Joyeuse-Garde*. — Y complimente Tristan et Yseult. — Retourne à Carduel. — Puis revient, avec Genièvre et Lancelot, visiter Yseult et son amant. — Reçoit de Morgain, sa sœur, un *court mantel* qui lui fait connaître la vertu des dames de sa cour. — Médite une vengeance contre sa femme, 16. — Surprend Genièvre avec Lancelot. — Et la fait condamner à être brûlée toute vive, 17. — Assemble sa noblesse et ses guerriers. — Veut faire brûler Tristan et Lancelot, qui ont sauvé Genièvre, et les assiége dans le château de *Joyeuse-Garde*. — Sa devise. — Attaque Lancelot dans le combat. — Est repoussé par ce héros et sauvé par Gauvain et autres preux. — Est repoussé par Lancelot. — Fait la paix avec lui, et reprend sa femme, 18. — Songe encore à se venger de Lancelot. — Est excité par Morgain et les conseils de Mordrec. — Part, malgré Gauvain, avec sa chevalerie, pour attaquer Lancelot en Gaule. — Assiége Gannes, sa capitale. — Est repoussé, apprend la révolte de Mordrec et le danger de Genièvre. — Revole à Londres et se repent d'avoir écouté Mordrec. — Marche contre les révoltés. — Est accablé par le nombre. — Se fait remarquer par des exploits dignes de sa jeunesse. — Charge Gyrflet, son écuyer, de jeter dans un lac son épée *Escalibor*. — Et meurt sur le champ de bataille, en reconnaissant Lancelot pour son vengeur, 20.

AXE, roi de Northumberland, assiége la dame de Noyant, et la doit faire prisonnière, si un guerrier d'Artus ne vient pas la défendre, 1. — Est vaincu par Lancelot, 2.

B.

BAN DE BENOIST, roi d'un royaume près de la Petite-Bretagne, est frère de Boort et père de Lancelot. — A été secouru par Artus contre Claudas. — Était chevalier de la Table ronde. — A été trahi par son sénéchal, et est mort de douleur en voyant son dernier asile incendié par Claudas, 3. — Est vengé par Tristan, 6.

TABLE ANALYTIQUE

BELLE SÉRIEUSE (la), voyez ROSÉFLEUR.
BARTELAC, méchant et vieux chevalier, dicte l'arrêt qui condamne Genièvre, accusée par Artus, 7. — Se pend lorsque sa trahison est découverte, 8.
BLIOBERIS, fils de Palamède, est chevalier de la Table ronde. — Se rend, par ordre d'Artus, au château de Douloureuse-Garde, 2. — Rencontre Genièvre et Lancelot, 4. — Épouse Félicie, sœur de Clodion, 10.
BOORT, roi d'un royaume près de la Petite-Bretagne, frère du roi Ban. — A été secouru par Artus contre Claudas. — A été reçu chevalier de la Table ronde, 1. — A perdu ses états, que Claudas a ravis à ses enfans Lyonnel et Boort, 3. — Est vengé par Tristan, 6.
BOORT, fils du roi Boort et cousin de Lancelot, a été recueilli par la dame du Lac, pendant que Claudas occupait les états de son père, 3. — Recouvre son royaume, grace à Tristan, 6. — Est captif au val sans retour, et délivré par Lancelot, 9. — Vient secourir Lancelot, assiégé par Artus. — Sa devise, 5. — Vole avec Galléhault au secours de son cousin accablé par le nombre. — Soutient Galléhault tué par Palamède. — Protégé par Tristan et secondé par Hector et Lyonnel, il emporte le corps de Galléhault. — Revient et se signale dans le combat, 18. — Retourne dans ses états, 19. — Va avec Lancelot secourir Artus contre Mordrec révolté. — Est touché de la grace et veut se cloîtrer. — Est témoin des derniers momens de la Table ronde. — Est invité par Lancelot à revenir dans son royaume pour y gouverner ses sujets, 20.
BRADEMAGUS, père de Méléagant, apprend à Lancelot que son fils est le ravisseur de Genièvre, lui dit où est cette reine, et l'invite à guérir ses blessures dans son palais, 3. — Prie Lancelot pour son fils, que ce héros épargne et lui remet. — Cède aux raisons de Méléagant, qui, après le départ de Lancelot, refuse de rendre la reine. — La fait garder par le sénéchal Queux. — Prescrit à regret le combat entre Méléagant et le sénéchal, auquel accuse d'avoir séduit Genièvre. — Intercède une seconde fois pour son fils vaincu et renversé par Lancelot, 4.
BRANGIEN, confidente d'Yseult, lui annonce que Tristan est le meurtrier du Morhoult, son frère. — Est chargée de la suivre en Cornouailles comme demoiselle d'honneur. — Reçoit de la reine d'Irlande un philtre nommé le boire amoureux, pour le faire prendre à Yseult et au roi Marc, son mari. — Le garde mal, 6. — Son embarras. — Sauve l'honneur de sa maîtresse en se dévouant pour elle. — Est enlevée et emmenée dans un bois pour y perdre la vie. — Est délivrée par Palamède et rendue à Yseult, 7. — Prévient Yseult qu'elle a été vue avec Tristan par Andret. — Avertit Tristan, rappelé à la cour, pour qu'il ait à se garantir de la haine de ses ennemis. Annonce à Yseult, qui est seule avec Tristan, l'arrivée d'Andret et d'une troupe armée. — Va trouver Tristan, éloigné de sa maîtresse, lui en donne de bonnes nouvelles, et l'engage à partir pour la Petite-Bretagne, afin de guérir une blessure que lui a faite un trait empoisonné, 8. — Est témoin de la douleur de sa maîtresse, qui a appris le mariage de Tristan, 9. — Va de la part d'Yseult porter un message à ce chevalier. — Accompagne sa maîtresse lorsqu'elle est enlevée par Bréhus. — Seconde les soins d'Yseult pour ranimer Tristan qui s'est évanoui en reconnaissant sa maîtresse qu'il a délivrée. — Est de nouveau envoyée par Yseult vers Tristan, à qui la jalousie a fait perdre la raison. — Est guidée par Passe-Breuil, coursier de Tristan. — Tâche de guérir ce héros par les sons d'une lyre, 13. — Revient auprès d'Yseult, et lui apporte le lai de mort de Tristan, 14. — Épouse Gouvernail, et est dotée et enrichie par Yseult, 16 — Va visiter les tombes d'Yseult et de Tristan, 20.
BRAGNUS sans pitié, chevalier de la Table ronde, a le regret de n'avoir pu venger le Morhoult trahi — Le venge trop sur une demoiselle qu'accompagne Yvain. — Combat avec celui-ci, et, presque mourant de ses blessures, est rencontré par Pharamond qui sépare les deux combattans, 2. — Mérite toujours son surnom, 10. — Enlève Yseult. — Est renversé par Tristan, et feint d'être tué pour éviter la mort, 13. — Met, par trahison, Tristan aux prises avec Lancelot, 14. — Prend le nom de Merlinor, gendre de Merlin, défie, à la tour sans huis, Artus et ses preux, 15. — Leur fait une perfide réception devant cette tour. — Puis accueille les blessés et les dames dans son château. — A un cheval traître comme lui. — S'offre pour venger Artus et sa chevalerie. — Va sous la tour et en revient sans blessure. — Sa trahison est dévoilée. — Est rencontré par Perceval. — Est enchaîné et étrangement puni par Rustard, écuyer de Perceval, 15. — Apprend avec joie la disgrace de celui-ci, 17. — Est tué par Yvain, en combattant contre Artus, 20.
BRUMANT, chevalier, favori du roi du Berri, vient prendre insolemment la place vacante à la Table ronde; il est englouti, 1.

C.

CAIPHE découvre à Titus la retraite de Joseph d'Arimathie, 1.
CARADOS, chevalier de la Table ronde, se rend, par ordre d'Artus, au château de Douloureuse-Garde, 2. — Se bat contre Lancelot qui défend Genièvre. — Est épargné, grace à cette reine, 3. — Vient annoncer à Artus que lui et ses preux sont défiés à la tour sans huis, 15. — Meurt en combattant pour Artus contre Mordrec, 20.
CHAMADIEU, roi des îles de la mer, envoie un étrange billet-doux à la Belle Sérieuse, sa voisine. — Assiége son château. — Est attaqué et vaincu par Perceval, qui l'oblige de traiter avec elle, et réparer tout le tort qu'il lui a fait, 10.
CLARA, femme de Méliadus. — Est morte après avoir donné le jour à Tristan, 6.
CLAREMONDE, fille du roi de Montpellier, est surprise par Gauvain, qu'elle prend pour Léopatris, son prétendu. — Lui fait un doux accueil. — Reconnaît son erreur. — Est condamnée à être brûlée. — Est sauvée par Gauvain, qui l'enlève sur son cheval de bois. — Arrive à la grotte de Merlin, où elle perd son amant, 11. — Est trompée, et suit Croppart, son ravisseur. — Arrive à Florence, où Croppart meurt. — Est aimée de Grimoard, duc de Florence, qui veut l'épouser. — Feint d'être folle et de ne pas connaître Gauvain, qui se présente pour la guérir. — Trompe le duc, qui la place, derrière Gauvain, sur le cheval Chevillard, et elle s'élève avec Gauvain dans les airs, pour se rendre à Cardigan. — Est dirigée par un ouragan vers le Poitou, où elle entend les cris de Mélusine. — Arrive en Angleterre, où elle épouse Gauvain, 12.
CLARY, maîtresse d'Hector Desmares, a été enlevée par Bréhus. — Est enfermée dans la tour sans huis. — Envoie une lettre à son amant, au moyen d'un faucon. — Lui apprend le nom et le crime de son ravisseur. — Est délivrée par Hector, 15.
CLAUDAS, roi du Berri, ennemi des rois Ban et Boort, a été vaincu par Artus, 1. — A secondé les efforts des Romains, et a dépouillé de leurs royaumes Ban et Boort, 3. — Est vaincu par Tristan, qui lui reprend les territoires qu'il a ravis, 6.
CLODION le Chevelu, fils de Pharamond, roi de France, 2. — Fait l'éloge de Lancelot chez son ami Arban. — Montre à ses amis l'épée qu'il a reçue de son père, 3. — Rencontre Genièvre et Lancelot. — Combat au grand tournoi donné à Londres, 4. — A délivré Isaure des mains de ses ravisseurs. — Délivre aussi et sauve, des mains de Lac, qui l'enlevait, Aménais, femme de Lac, fils de Pharamond, son ami. — Est sur le point de trahir son ami, et s'arrête en voyant la devise de son épée. Se frappe et veut se tuer. — Est calmé par son ami, et reçoit la blessure par Isaure, qu'il présente à Arban, en lui faisant connaître son amour pour elle. — Apprend qu'Arban a enlevé Isaure. — Poursuit le ravisseur, le combat, le renverse, et veut le tuer. L'épargne, toutefois, et emmène Isaure. — Doit la vie à Arban, qui meurt en le sauvant. — Se reproche son extrême rigueur, et retourne en Gaule, où ses hauts faits le couvrent de gloire, 5. — Approuve la leçon de politesse donnée à son frère par Tristan, 6.
CLODION, fils de Pharamond et frère de Clodion le Chevelu, refuse de recevoir Tristan dans son château, est défié et vaincu par ce héros, et reçoit de lui une leçon piquante, 6.
CROPPART, roi et bossu, demande en mariage la fille du roi de Séville. — Offre à ce prince un merveilleux cheval de bois dont il est l'aventurier. — Est repoussé par la fille, par le père, et par Gauvain. — Trompe celui-ci, et le fait voyager dans les airs, sur le cheval de bois, 11. — Rencontre Claremonde, l'enlève, et la conduit à Florence, où il meurt dans un hôpital, à la suite d'une pleurésie, 12.

D.

DAME-DE-NOYANT (la) est assiégée dans sa capitale par Aje, roi de Northumberland, 1. — Envoie demander au roi Artus un guerrier pour la défendre. — Oblige Lancelot, qui vient à son secours, d'attendre que la blessure qu'il a déjà reçue soit guérie. — Et, grace à ce chevalier, elle reste victorieuse, 2.
DAME-DU-LAC (la), protectrice de Lancelot, de Boort et de Lyonnel. — A enlevé Lancelot pour l'élever dans le métier des armes. — Offre son secours dans les périls, 1. — Lui donne un peigne et une touffe de cheveux de Genièvre, 3. — A été, dit-on, le nom de Viviane, l'élève de Merlin, en amour et en mag e. — Est cause, par son imprudence, de la captivité de cet Enchanteur. — Son repentir, 11.
DESMARES, voyez Hector.
DINADAM, chevalier de la Table ronde, 1. — Se moque de Tristan qu'il ne reconnaît point. — Accepte son défi, est renversé, se relève et lui demande son nom. — Se lie avec ce héros et l'accompagne dans ses aventures. — Est malheureux dans ses combats avec Sacrémor et d'autres chevaliers. — Se propose d'abjurer les grands exploits et de quitter Tristan. — Revient pour défendre Lancelot qui a été surpris et enchaîné. — Fait reconnaître Tristan à Lancelot, 14. — Se rend à Cramalot où Artus tient une cour plénière et fait donner un tournoi. — Demande à Sacrémor, qui paraît en chemise, des explications sur l'aventure des chevaux, et sur son costume. — Reproche à Yvain d'avoir voulu prétendre au saint Gréal, 15. — Gabe Tris-

tan sans le connaître, est renversé. — Reconnaît Tristan dans son combat avec Lancelot. — Visite Tristan dans le château de *Joyeuse-Garde*. — Est plaisanté par Yseult sur ses revers. — Fait subir à sa femme l'épreuve du *court mantel*. — Est plaisanté par le sénéchal Queux et le lui rend. 16.—Appuie les propositions de paix faites par un apostole, entre Artus, Tristan et Lancelot, 18. — Meurt en combattant contre Mordrec, 20.
DINAS, sénéchal, a servi les premiers amours d'Yseult et de Tristan, 13. — Leur prête son château, 13. —Sert encore les amours des deux amans.—Est arrêté par ordre du roi Marc, qui veut le faire périr. — Est sauvé par Gouvernail. — Est chargé des pouvoirs de Tristan, 16. — Conduit Geniévre et Lancelot aux tombeaux d'Yseult et de Tristan, 20.

E.

EMIRANCE, sœur de Goïne, et mère de Méliadus, 6.
ENIDE, femme d'Erec, à qui elle fait quitter le métier des armes.—Le lui fait reprendre, et le suit dans ses aventures.— Le voit céder à l'extrême fatigue. — Veut se tuer elle-même, est exposée à l'insolence d'un géant qui prétend en faire sa femme.—Est défendue et vengée par Erec, et ne pense plus à le presser de chercher des aventures, 10.
EREC, chevalier, a abandonné les combats pour Enide, sa femme. — Revole aux combats pour lui plaire. — Tombe en défaillance, et revient pour défendre et venger sa maîtresse, 10.

F.

FÉLICIE, sœur de Clodion, épouse Bliombéris, 10.
FINGAL, prince qui a donné son nom à l'île où se trouve la grotte du saint Gréal, 12. — Description de cette île et de la grotte où le prince a habitée, 17.
FRÉGIVAL, roi d'Irlande, père du Morhoult et d'Yseult, accueille Tristan sans le connaître. — Apprend qu'il est le meurtrier de son fils.—Refuse de le faire périr, et se contente de le renvoyer. — Est mandé par Artus, pour se justifier d'un crime dont on l'accuse.—Est reconnu innocent grace à Tristan, qu'il prend pour défenseur. — Retourne en Irlande avec lui. — Accorde en mariage sa fille Yseult au roi Marc, 6.

G.

GALLERET, chevalier de la Table ronde, neveu d'Artus, accueille Lancelot.—A fait la guerre contre son oncle et s'est réconcilié avec lui, 1.—Suit Artus au château de *Joyeuse-Garde*, défendu par Lancelot et Tristan.—Ses armoiries.— Aide Gauvain et ses frères à arrêter Tristan et Lancelot qui vont pénétrer dans le camp d'Artus, 18.—Meurt avec ses frères, en défendant Artus contre Mordrec, 20.
GALLEHAULT, roi *d'outre les marches*, est renversé par Lancelot, avec qui il joute, et se lie avec lui. — Avertit son ami du danger que court Geniévre, accusée par Artus, 7. — Court, d'après le désir d'Artus, auprès de Geniévre, afin que Lancelot épargne Carados. — Reçoit cette reine dans son château et protège les amours de Lancelot, surtout par l'exemple de sa maîtresse Adèle. 8. — A aidé son ami Lancelot à vaincre les Sesnes. — Il le rejoint, 11.— S'unit à Tristan et à Lancelot, assiégés par Artus, dans le château de *Joyeuse-Garde*. — Sa devise. — Vole avec Tristan et autres preux au secours de Lancelot blessé et accablé par le nombre, le délivre et le fait emporter loin du combat.—Est tué par Palamède; demande, avant de mourir, des nouvelles de Lancelot. — Son corps est enlevé par Boort et autres chevaliers. — Ses obsèques, 18.
GAURIC, fils de Loth-le-Hardi, neveu d'Artus et chevalier de la Table ronde, accueille Lancelot. — A fait la guerre contre son oncle et s'est réconcilié avec lui. — Se range sous la bannière au siège du château de *Joyeuse-Garde*, défendu par Tristan et Lancelot. — Ses armoiries. — Aide Gauvain et ses frères à arrêter ces deux héros, prêts à pénétrer dans le camp d'Artus, 18.— Meurt en combattant contre Mordrec révolté contre Artus, 20.
GAUVAIN, fils de Loth-le-Hardi, neveu d'Artus et chevalier de la Table ronde, surnommé le Sage. — Accueille Lancelot.— A fait la guerre contre Artus et s'est réconcilié avec lui, 1. — Est le seul qui ait lutté sans désavantage avec Pharamond. — Se met, par ordre d'Artus, au château de *Douloureuse-Garde*, 2.—Court après le ravisseur de Geniévre.—Prouve sa sagesse, et délivre, non sans danger, une demoiselle dont il fait sa maîtresse. — Est trahi par elle, et quitté pour un autre chevalier.—Se bat pour ses chiens qui lui restent fidèles, et se venge de sa maîtresse. — Voit Lancelot en charrette. — L'engage à descendre d'abord et le conduit au château d'Arban, 3.— Rencontre Geniévre et Lancelot, 4.— Cherche Merlin, 7.— Fait la conquête *du frein magique d'une mule et du château d'Orgueil*, i.—Relève une demoiselle du vœu qu'elle a fait.— Ar-

rive à Séville. — S'oppose au mariage du roi Croppart et de la fille du prince de Séville. — Est trompé par Croppart, qui le fait voyager dans les airs sur un cheval de bois. — Descend à Montpellier, sur la *tour des Pins*. — Parvient jusqu'à Claremonde, fille du roi de Montpellier. — Se fait passer pour Léopatris, son prétendu. — En reçoit un doux accueil.—Est surpris avec elle par le père, qui veut le faire périr.—Se dégage, s'envole sur *Chevillard*, son cheval de bois, et se fait connaître.— Revient pendant la nuit. — Apprend le sort réservé à Claremonde.—Est l'enlève sur *Chevillard*, aux yeux de son père, à qui il fait part de ses bonnes intentions. — Rencontre Lancelot, qui lui raconte quelques unes de ses dernières aventures.—Reprend son vol.—Est surpris par un orage.—S'abat sur la forêt de Brocéliande. — Descend dans un abîme. — Y découvre, sans s'y attendre, la grotte de Merlin, et cet Enchanteur, enchanté dans son tombeau jusqu'au jugement dernier. — Il apprend de lui la cause de sa captivité. — Comment on pourra conquérir le saint Gréal, et à quel chevalier en appartient la conquête. — Ne trouve plus, à son retour, ni *Chevillard* ni Claremonde, 11.—Se met à leur recherche. — Se dirige vers Florence.—A des nouvelles de Claremonde qui contrefait la folle.— Se fait passer pour médecin, et s'offre pour la guérir. — Feint de ne le point connaître, et, aidé par le duc de Florence, qu'il trompe, enlève Claremonde sur *Chevillard*, et prend la route de Cramalot. — Est dirigé, par un ouragan, vers le Poitou. — Entend la fée Mélusine, et s'informe du motif de ses cris. — Protège les amours de Lusignan et de Lina. — Arrive enfin en Angleterre, où il épouse Claremonde. — Donne des nouvelles du saint Gréal, et dit ce qu'il faut être pour le conquérir, 12.— Fait tuer Queux, qui veut plaisanter sur l'épreuve du *court mantel* qu'a subie, assez mal, Geniévre, 16.—A conquis le saint Gréal qu'il n'a pu garder, 17. — Se joint, non sans regret, à Artus pour assiéger Tristan et Lancelot, dans le château de *Joyeuse-Garde*, 18.—Sa devise.—Arrête avec ses frères, Lancelot et Tristan qui vont franchir la barrière du camp d'Artus.—Aidé d'autres preux, il sauve le roi attaqué par Lancelot.— S'éloigne de ce héros qu'il plaint de le voyant accablé par le nombre.—Signale sa vaillance.—Approuve et seconde les propositions de paix, 18.—Est un des derniers soutiens de la Table ronde. — Voudrait détourner Artus d'attaquer Lancelot dans les Gaules.—Meurt, avec ses frères, en combattant le parti de Mordrec, révolté contre Artus, 20.
GENIÉVRE, fille de Leodagan, roi de Carmelide, et femme d'Artus.— Est aimée de Lancelot dès leur première rencontre; accepte ce héros pour son chevalier, 1. — Reçoit avec plaisir l'hommage des prisonniers que lui envoie Lancelot.—Est flattée du choix qu'elle a fait.— Est la seule, à la cour, qui croie à la prise du château de *Douloureuse-Garde* par Lancelot. — Est mal défendue par le sénéchal Queux, et est enlevée avec lui , 2. — Ranime le courage de Lancelot qui combat Méléagant, son ravisseur, 4. — Reproche à son amant d'avoir été en charrette. — Est toujours retenue par Méléagant et Brademagus, et mise sous la garde du sénéchal Queux. — A une explication nocturne avec Lancelot. — Est accusée d'infidélité par Méléagant. — Est justifiée par la victoire de son amant qui la délivre. — Est ramenée à ce roi par des chevaliers de la Table ronde.—Devine Lancelot qui combat *incognito* dans le grand tournoi donné à Londres, et met à l'épreuve son obéissance et son amour, 4. — Elle s'inquiète de ne point voir revenir Lancelot.— Applaudit à sa dernière victoire sur Méléagant, 5. — Garde une grande réserve avec Lancelot.— Est accusée par Artus de n'être point sa femme. — Accepte Lancelot pour son défenseur, 7. — Prie son amant d'épargner Carados. — Se retire chez Gallehault. — Récompense Lancelot, 8.—Se réconcilie avec Artus. — Est informée par Yseult la blonde, du mariage de Tristan. — En fait part à Lancelot. — Veut retenir ce héros qui va chercher Méliadus au *val sans retour*, 9. — Est affligée de son départ, 10. — Accueille Tristan, que Lancelot fait reconnaître. — Voit le roi Marc, et a pitié d'Yseult.—Suit Artus au siège de la *tour sans huis*, 15. — Va voir Yseult et Tristan dans le château de *Joyeuse-Garde*.—Y a des conversations avec Lancelot.— Instruit avec Yseult, l'ordre du bien aimer , 16. — Est surprise avec Lancelot par Artus , 17. — Est condamnée à périr. — Est délivrée par Lancelot et Tristan, qui la ramènent, par des faits prodigieux, au château de *Joyeuse-Garde*, 17. — Elle pleure Gallehault tué en combattant. — Soigne, avec Yseult, les blessures de Lancelot. — Assiste aux obsèques de Gallehault. — Sa tendresse pour Yseult, qui a sauvé Lancelot. — Est, par accommodement, rendue à son époux. — Fait ses adieux à Lancelot et à ses siens , 18. — Est assiégée dans la tour de Londres par Mordrec. — Appelle à son secours Artus qui est en Gaule.—Perd son époux. — Est délivrée par Lancelot. — Est touchée de repentir, se propose d'entrer dans un couvent. — Visite, avec Lancelot, les tombeaux d'Yseult et de Tristan, 20.
GIRON, surnom de *Clodion*.
GOÏNE, sœur d'Emirance et femme de Luc, roi de Cornouailles. — A donné le jour à Marc.—A été plus que galante, et a indignement trompé et fait périr son mari pour suivre son amant, 6.
GOUVERNAIL, écuyer de Méliadus, a été chargé de l'enfance

de Tristan. — Craint pour son élève qui combat le Morhoult. — L'accompagne dans ses voyages. — Le détourne de son amour pour Zamire, fille de Pharamond. — Le con.luit chez le roi Marc. — Le suit en Irlande, quand il va chercher Yseult, fiancée de Marc, et revient avec lui, 6. — Son embarras. — Fait consentir Tristan à conduire promptement Yseult à son mari. — Cherche à consoler Tristan de la captivité d'Yseult. — Fournit à ce héros le moyen de voir sa maîtresse. — Aide les amis de Tristan à sauver Yseult, condamnée à mort. — Conduit Tristan chez Houel, roi de la Petite-Bretagne, 8. — Délivre Yseult, Tristan et Dinas, condamnés à périr par le roi Marc. — Reçoit en récompense Branjien pour sa femme, 16. — Vient au secours de Tristan, assiégé par Artus, dans le château de *Joyeuse-Garde*, 18. — Propose à Tristan et à Yseult aux blanches mains, d'envoyer chercher Yseult la blonde, pour guérir la blessure de Tristan. — Se charge de ce message — Va annoncer à Lancelot la mort de Tristan, 19. — S'acquitte de ce pénible devoir. — Va visiter les tombes de Tristan et d'Yseult, 20.

GRIMOARD, duc de Florence, reçoit chez lui Claremonde et Chevillard (cheval de bois). — Devient amoureux de Claremonde, qui se fait passer pour folle, afin de ne pas l'épouser. — Aide, sans qu'il s'en doute, Gauvain à enlever cette Belle. — Demeure stupéfait en les voyant s'élever dans les airs, 12.

GYRFLET, écuyer d'Artus, reçoit l'épée *Escalibor* des mains de ce roi mourant sur le champ de bataille, la jette dans un lac voisin, et vient mourir près de son maître, 20.

H.

HADER, guerrier d'Artus, au siège du château de *Joyeuse-Garde*; sa devise, 18.

HECTOR DESMARES, frère naturel de Lancelot, 15. — Cherche sa maîtresse, qui lui a été ravie. — Rejoint son frère à Cramalot. — Pourquoi il voyage avec un faucon sur le poing. — Se rend avec la cour d'Artus, à la *tour sans huis*. — Reçoit, au moyen de son faucon, une lettre de Clary, sa maîtresse. — Découvre à Artus la trahison de Bréhus. — Obtient des dames de la cour d'être leur chevalier, pour se venger de ce dernier. — Délivre sa maîtresse, 13. — Vient au secours de Lancelot, assiégé par Artus, dans le château de *Joyeuse-Garde*. — Sa devise. — Vole, avec Galléhault, au secours de son frère blessé et accablé par le nombre. — Se bat contre Palamède, et cède sa place à Tristan. — Seconde Boort, pour emporter le corps de Galléhault. — Se signale encore dans le combat, 18. — Va, avec Lancelot, secourir Artus, contre Mordrec révolté. — Est touché de la grâce. — Est témoin des derniers moments de la Table ronde, et veut se cloîtrer. — Cède aux raisons de Lancelot dont il reçoit la couronne et les biens, 20.

HELYAS, prince voisin du roi Marc, qu'il attaque, et met dans un grand danger, 15. — Est défait par Tristan, 16

HÉRODE a accordé à Joseph d'Arimathie le corps de Jésus, 1.

HORTENSE, demoiselle qui protège Yvain, après son aventure de la F..taine orageuse, et qui contribue beaucoup au mariage de ce chevalier, 4. — Est délivrée, par Yvain, de trois géants qui voulaient la faire périr, 5.

HOUEL, roi en Petite-Bretagne, père d'Yseult aux blanches mains, 8 — Accueille chez lui Tristan, qui fait captif un prince voisin, son ennemi. — Donne, d'après le conseil de son fils Kéhedin, sa fille Yseult en mariage à Tristan. — Instruit la nouvelle mariée de ses devoirs, 9. — Meurt en bénissant Ruinalen, son dernier fils, et en suppliant Tristan de faire toujours le bonheur de sa fille, 19.

I.

ISAURE, enlevée par des brigands et délivrée par Clodion — Est aimée de ce héros. — Le guérit d'une blessure qu'il s'est faite en voulant se tuer. — Est enlevée par Arban qui respecte sa vertu. — Est reprise par Clodion, 5.

ISMÈNE, se fait passer pour Genièvre, à qui elle ressemble. — Va trouver Artus. — Devient sa maîtresse et presque sa femme. — Laisse accuser et condamner Genièvre, 7. — Assise au combat de Lancelot pour Genièvre. — Avoue, avant de mourir, son crime à Artus, 8.

ISORE, suivante d'Yseult aux blanches mains. — Est chargée par Tristan de l'avertir de l'arrivée d'Yseult la blonde. — En est détournée par la maîtresse qui lui dit d'annoncer toujours à Tristan la voile noire du vaisseau d'Yseult. — Est cause de la mort de ce héros, 19.

J.

JEAN, roi de Léonais, a épousé Emirance, sœur de Goïne, et en a eu Méliadus, 6.

JOSEPH D'ARIMATHIE, *gentilhomme juif* à qui l'on doit la conservation du saint Gréal, objet des recherches des chevaliers de la Table ronde, 1.

K.

KÉHEDIN, fils d'Houel et frère d'Yseult aux blanches mains, est blessé en combattant contre un prince ennemi de son père. — Propose à son père de donner en mariage Yseult à Tristan, 9. — Accompagne ce héros, et est témoin de plusieurs de ses prouesses. — Le quitte. — Puis vient le retrouver. — Devient amoureux d'Yseult la blonde. — Est près de mourir d'amour; écrit une lettre touchante à Yseult, dont la réponse excite la jalousie de Tristan — Est poursuivi par celui-ci, qui, dans sa fureur, veut lui donner la mort. — Reçoit d'Yseult l'ordre de s'éloigner d'elle. — Se jette dans un cloître, 13. — Y est mort, 19.

L.

LAC (messire), chevalier de la Table ronde, accueille Lancelot, 1. — Devient amoureux d'Aménaïs, femme d'Arban, attaque seul son escorte, la ravit; mais Clodion la lui enlève, 5. — Est retenu captif au *val sans retour*, est délivré par Lancelot, 9. — Se récrie en apprenant la condition exigée pour la conquête du saint Gréal, 12. — Se joint aux preux d'Artus pour assiéger Tristan et Lancelot dans le château de *Joyeuse-Garde*. — Sa devise. — S'unit à d'autres guerriers pour sauver Artus près de périr sous les coups de Lancelot. — Se fait distinguer dans le combat, 18 Meurt dans la bataille contre Mordrec, 20.

LE LAID-HARDI, chevalier qui se joint aux preux d'Artus pour assiéger Tristan et Lancelot dans le château de *Joyeuse-Garde*. — Sa devise, 18.

LANCELOT, fils du roi Ban de Benoist, arrive avec Brumant à la cour d'Artus. — Y est accueilli par les chevaliers de la Table ronde, et reçu dans le palais du roi. — Devient amoureux de Genièvre. — Demande au roi de lui faire connaître l'histoire de la Table ronde. — Pense trahir son amour devant Artus. — S'offre pour combattre un guerrier d'Aye, roi de Northumberland. — Est choisi par Genièvre pour son chevalier, 1. — Défait en route un chevalier qui retenait une dame captive; est blessé. — Est vainqueur de deux géants qui tiennent une pucelle dans l'esclavage. — Envoie ses prisonniers à Genièvre. — Se présente à la dame de Noyant, qu'il vient défendre, et qui l'oblige d'attendre la guérison de ses blessures. — Combat pour elle. — Sauve le sénéchal Queux. — Reste vainqueur. — Renverse Galléhault et se lie avec lui. — Fait la conquête du château de *Douloureuse-Garde*. — Y reçoit les chevaliers d'Artus et donne un tournoi dans ce château. — Court après Genièvre qui a été enlevée, 2. — Perd son cheval et monte en charrette. — Est rencontré par Gauvain qui l'engage à descendre. — Le conduit au château d'Arban, où il est d'abord méconnu. — Fait le récit de sa naissance; des malheurs de sa famille et de la protection de la dame du Lac. — Reçoit d'Aménaïs, femme d'Arban, un coursier pour continuer sa route. — Est arrêté par la dame du Lac, qui lui offre sa protection dans les périls. — Il la refuse. — Reçoit de cette dame un peigne et une touffe de cheveux de Genièvre. — Punit un plaisant qui l'insulte et venge une dame. — Traverse un fleuve de feu sur une épée qui lui sert de pont. — Tue un tigre et un lion. — Apprend que Méléagant est le ravisseur de Genièvre, et le fait défier, 3. — Se bat avec Méléagant, chancelle d'abord, et, ranimé par Genièvre, épargne son rival et le remet à Bradémagus. — Est taxé par Genièvre d'avoir forfait à l'honneur, et la quitte désespéré. — A une expiation nocturne avec elle. — La justifie contre Méléagant, qu'il renverse une seconde fois et qu'il épargne encore à la prière de Bradémagus. — Donne un défi à Méléagant pour combattre, dans six mois, à Cramalot. — Accompagne la reine et rencontre des chevaliers de la Table ronde. — Tombé dans un piège que lui a tendu Méléagant. — Obtient de sa geôlière sa liberté, à condition qu'il reviendra dans trois jours. — Se rend au tournoi donné par les pucelles de Londres. — Est reconnu par Genièvre, à qui il donne les plus grandes preuves de son obéissance. — Se retire vainqueur et retourne à sa prison, 4. — Vient à Cramalot au rendez-vous qu'il a donné à Méléagant, le combat et le tue. — Est reçu chevalier de la Table ronde, et on lui en fait connaître les statuts, 5. — Délivre Artus des Saxons. — Recouvre ses états, épargne à Tristan, 6. — Obtient peu de Genièvre. — Cherche Merlin. — Apprend de Galléhault que Genièvre est accusée. — Se présente pour la défendre envers tous. — Est accepté par la reine, 7. — Combat pour elle trois chevaliers. — Épargne à sa prière Carados. — Est récompensé par elle, 8. — Apprend le mariage de Tristan et refuse de croire à sa déloyauté. — Va, malgré Genièvre, chercher Méliadus au *val sans retour*. — Sort vainqueur de toute la magie de Morgain, qu'il refuse d'écouter. — Délivre Méliadus, ses deux cousins Boort et Lyonnel, d'autres chevaliers, et disparaît aussitôt, 9. — Son destin est ignoré. — Est rencontré par Gauvain et lui apprend la cause de sa disparition. — A.nour tyrannique de Morgain pour lui. — Sa captivité, sa délivrance — Une seconde victoire sur les Saxons (Sesnes). — Son voyage en Gaule, 10. — Est trompé par Bréhus, qui le met aux prises avec Tristan. — Est surpris et enchaîné par ordre de Morgain. — Est secouru par Tristan et Dinadam. — Apprend le nom son libérateur Tristan, et se lie avec lui par une fraternité d'armes, 14. — Se rend avec lui à Cramalot, où Artus tient une cour plénière et fait donner un tournoi. — Y fait reconnaître Tristan. — Reçoit du roi Marc l'aveu de sa jalousie. — Est rejoint par son frère naturel Hector Desmares. — Est blessé au siège de la *tour sans huis*, 15. — Combat et soumet Mordrec révolté contre Artus. — Reçoit dans son château de *Joyeuse-Garde* Artus, Yseult et Tristan, avec lequel il joute auparavant. — Revient avec Artus et Geniévre visiter Tristan, à qui il a prêté son château. — Y a des entretiens avec Geniévre, 16. — Est surpris avec Geniévre par Artus. — Se dégage de ses ennemis. — Va demander du secours à Tristan. — Vole avec lui à la défense de Geniévre. — L'enlève, et par une retraite héroïque, la conduit au château de *Joyeuse-Garde*, 17. — Appelle ses amis à la défense du château de *Joyeuse-Garde*, assiégé par Artus. — Sa devise. — Est attaqué par Artus, qu'il met en danger. — Est accablé par le nombre, blessé et près de périr. — Est sauvé par Galléhault, Tristan et d'autres guerriers, et emporté loin des combats. — Est soigné par Geniévre et par Yseult. — Arrive, inattendu, aux obsèques de Galléhault; s'évanouit dans les bras de Tristan. — Est guéri par Yseult. — Revole aux combats. — Fait la paix avec Artus; lui rend Geniévre. — Adieux, 18. — Revient dans ses états, 19. — Apprend la mort de Tristan. — Est un des derniers soutiens de la Table ronde. — Est attaqué par Artus dans Gannes, capitale de son royaume. — Repousse les assiégeans. — Apprend qu'Artus est parti; le suit en Angleterre, avec Hector et ses deux cousins, pour le secourir contre Mordrec révolté. — Défait les rebelles; tue Mordrec. — Se fait reconnaître à Artus mourant. — Embrasse Perceval, qui apporte le saint Gréal, lui dit les malheurs des chevaliers de la Table ronde. — Est touché de la grâce. — Va avec ses cousins et Hector et Perceval s'associer à la Table ronde. — Est témoin des derniers momens de cet ordre et de la disparition du saint Gréal. — Se propose de se cloîtrer. Engage ses cousins Boort et Lyonnel, qui veulent suivre son exemple, à rentrer dans leurs états. — Remet son bien et sa couronne à son frère Hector. — Va avec Geniévre visiter les tombeaux d'Yseult et de Tristan, 20.

LA ROCHE JACQUELEIN, seigneur qui accompagne l'oncle de Lusignan, venant réclamer Lina de son neveu. — Improuve le dessein de cet oncle, dès que Gauvain lui en a fait connaître les torts, 12.

LÉODAGAN, roi de Carmelide, a été délivré d'un oppresseur par Artus, et lui a donné en mariage sa fille Geniévre, 1.

LÉOPATRIX (le roi), prétendu de Claremonde, dont Gauvain emprunte le nom, 11.

LESCURE, seigneur qui accompagne l'oncle de Lusignan qui vient réclamer Lina de son neveu. — Désapprouve le dessein de cet oncle dès que Gauvain lui en fait connaître les torts, 12.

LESTON (sire), comte de Nantes, vassal du roi Houel, se révolte après la mort de celui-ci contre son successeur, et poursuivi et assiégé par Tristan, qu'il blesse au front d'un coup de pierre. — Tue ce héros, 19.

LINA, maîtresse de Lusignan, va être la femme de l'oncle de ce chevalier. — Est ramenée au château de son amant par le cheval qu'il a dressé. — Est protégée par Gauvain contre l'oncle de Lusignan et son escorte, 12.

LOTH-LE-HARDI, roi de l'Orcanie, a épousé la sœur aînée d'Artus, a déclaré la guerre à ce roi conjointement avec ses fils, puis s'est réconcilié avec lui, 1.

LUC, roi de Cornouailles, a épousé Goïne, qui lui a donné Marc. — A été trompé et a péri par un indigne piège de sa femme, 6.

LUSIGNAN, chevalier, dernier neveu de la fée Melusine et amant de Lina. — Accueille Gauvain et lui fait connaître les peines et la trahison de son oncle. — Revoit sa maîtresse, qui est ramenée par son cheval qu'il a dressé. — Est protégé par Gauvain, qui prêche et convertit cet oncle, lequel venait avec son escorte pour reprendre Lina, 12.

LYONNEL, fils du roi Boort et cousin de Lancelot, a été recueilli par la dame de l'ac pendant que Claudas s'est emparé des états de son père, 3. — Recouvre son royaume, grâce à Tristan, 8. — Est retenu captif au *val sans retour*, et délivré par Lancelot, 9. — Va au secours de Lancelot, assiégé par Artus. — Sa devise. — Va avec Galléhault auprès de Lancelot qui va périr. — Donne des nouvelles de Lancelot à Galléhault. — Seconde les efforts de Boort pour emporter le corps de Galléhault. — Se signale de nouveau dans le combat, 18. — Retourne dans ses états, 19. — Va avec Lancelot secourir Artus contre Mordrec révolté. — Est touché de la grâce. — Est témoin des derniers momens de la Table ronde et veut se cloîtrer. — Est invité par Lancelot à retourner dans ses états, 20.

M.

MARC, roi de Cornouailles, doit au roi d'Irlande, un tribut qu'il ne paie point, 5. — Est fils du roi Luc et de Goïne. — Arme chevalier avant l'âge Tristan, son neveu, qui tue le Morhoult. — Lui fait jurer d'aller demander en mariage Yseult pour son oncle. — Il obtient Yseult. — Perd une partie sans jouer, 6. — Épouse Yseult. — Est heureusement trompé par Brangien. — Fait Tristan son grand-sénéchal et lui donne ses entrées chez la reine. — Est obligé, par un serment indiscret, de laisser Palamède emmener Yseult. — Réclame le secours de Tristan, qui lui ramène sa femme, 7. — Reçoit un imprudent avis d'Andret. — Est battu par son neveu Tristan. — Le rappelle à sa cour. — Fait tenter à toutes ses dames l'épreuve du *cor enchanté*. — Dissimule devant ses courtisans. — A connaissance des pièges tendus à Tristan et à Yseult par Andret. — Fait mettre sa femme dans une tour. — Fait condamner à mort Tristan et Yseult, surpris par Andret. — Fait enlever sa femme, qui a été sauvée, ainsi que Tristan. — Lui demande de sa tendresse 8. — Annonce à Yseult le mariage de Tristan, 9. — Est averti et va écouter à la porte d'Yseult, qui pleure son amant. — Va lui-même chercher Tristan malade, le fait soigner, et prie Yseult de hâter sa guérison. — Est de nouveau jaloux de Tristan, grace aux calomnies d'Andret. — Fait surprendre et enchaîner Tristan qui est délivré par Perceval, 14. — Vient à Cramalot implorer le secours de Tristan contre Héljas. — Confie sa jalousie à Lancelot. — Va au siège de la *tour sans huis*. — Y est renversé, 15. — Averti encore par Andret, il fait arrêter Tristan, Yseult et Dinas. — Veut les faire périr. — Est mis en prison à la place de Tristan qui lui rend son trône et emmène Yseult, 16. — Accompagne Artus au siège du château de *Joyeuse-Garde*. — Sa devise. — Recouvre sa femme, 18. — Apprend, au retour d'un voyage, le départ d'Yseult, sa mort et celle de Tristan. — Reçoit les adieux que celui-ci lui a envoyés avant de mourir. — S'attendrit sur le sort de ces infortunés et leur pardonne. — Reçoit l'hippe que ce héros lui a léguée, et fait élever deux tombeaux où il fait placer les corps des deux amans, 19. — Accueille Geniévre et Lancelot qui viennent visiter les tombeaux d'Yseult et de Tristan, 20.

MÉLÉAGANT, fils de Brademagus, a enlevé Geniévre et le sénéchal Queux, 2. — Est défié par Lancelot, 3. — Se bat avec ce héros, qui l'épargne, et le remet à Brademagus. — Refuse à son père, après le départ de Lancelot, de délivrer Geniévre. — Accuse cette reine d'infidélité avec le sénéchal Queux. — Oblige Queux à se mesurer avec lui. — Est renversé une seconde fois par Lancelot qui l'épargne encore à la prière de Brademagus. — En reçoit un défi pour combattre dans six mois à Cramalot. — Lui tend un piége perfide. — Le retient en prison. — Apprend son évasion et se rassure d'après la parole que ce héros a donnée de revenir, 4. — Se rend à Cramalot et insulte Lancelot absent. — Est combattu et immolé par celui-ci, 5.

MÉLIADUS, chevalier de la Table ronde et roi de Léonais, accueille Lancelot et lui présage sa haute destinée, 1. — Sourit d'une bravade du Morhoult, 5. — Est fils d'Emirance et du roi Jean. — A épousé Clara qui lui a donné Tristan. — A été aimé d'une fée qui l'a enlevé. — A confié son fils à Gouvernail, 6. — Entreprend l'aventure du *val sans retour*, et est pris après d'héroïques exploits. — Est délivré par Lancelot, 9. — Est témoin de la gloire de son fils, reçu chevalier de la Table ronde, 5. — Est absent lorsque son fils est assiégé par Artus, 18. — Sa fin, 19.

MÉLUSINE, fée qui habite le Poitou. — Pourquoi elle disparut de son château, et pourquoi elle pousse des cris, 12.

MERLIN, magicien, protecteur de la famille d'Artus, qui lui aida à sa naissance. — A aidé Artus pour le faire nommer roi d'Angleterre. — L'a réconcilié avec Loth-le-Hardi et ses enfans. — A guidé la valeur d'Artus jusque dans la Gaule. — A fait apporter la Table ronde à Cramalot. — A chargé Artus de rétablir cet ordre et à reservé une place pour le guerrier porteur du saint Gréal. — A disparu sans qu'on sache ce qu'il est devenu, 1. — Est l'objet des recherches des chevaliers de la Table ronde, 5 et 1. — Est retrouvé par Gauvain, qui descend dans sa caverne. — Lui donne des nouvelles du saint Gréal. — Dit à quel guerrier la conquête en est réservée, 11.

MERLINOR, gendre de Merlin, 13. — *Voyez Bréhus.*

MORDREC, fils de Loth-le-Hardi et neveu d'Artus, chevalier de la Table ronde, accueille Lancelot, 1. — Se rend au château de *Douloureuse-Garde*. — Ne se presse point de délivrer Geniévre, qui a été enlevée par un chevalier inconnu, 2. — Est le chevalier qui néglige le plus la recherche de Merlin, 5. — Appuie secrètement la partie d'Isméne contre Geniévre, 7. — Est retenu captif au *val sans retour*, et délivré par Lancelot, 9. — Tourmente sans cesse Artus, 10. — Perdre dans la *tour sans huis*, et perce tout ce qu'il rencontre, 15. — Pourquoi il est tant ménagé par Artus. — Se révolte, est mis à la raison par Lancelot. — Demande son pardon qui lui est accordé, 17.

— Se joint aux autres guerriers d'Artus, pour assiéger le château de *Joyeuse-Garde*. — Sa devise, — Arrête, avec ses frères, Tristan et Lancelot qui vont pénétrer dans le camp d'Artus.— Est renversé en voulant sauver ce roi, 18. — Donne à Artus le conseil perfide d'attaquer Lancelot en Gaule. — Se révolte pendant son absence, se fait proclamer roi, et assiége Genièvre dans la tour de Londres. — Est attaqué par Artus et sa chevalerie ; a d'abord l'avantage. — Est tué par Lancelot, 20.
Morgain, sœur d'Artus, vante la valeur de Lancelot, 5. — Aime ce héros, et protège le parti d'Ismène contre Genièvre dont elle est jalouse, 7. — Est l'auteur de toute la magie du *val sans retour*, dont Lancelot reste vainqueur. — Supplie en vain ce héros, qui refuse de l'écouter, 9. — Se venge de Lancelot en le faisant enfermer dans une tour, 11. — Plus tard, elle le fait surprendre et enchaîner sans pouvoir réussir, 14. — Devient plus passionnée pour Lancelot, et hait davantage Genièvre, 16. — Donne à Artus un *court mantel* très perfide, 16. — Se venge encore mieux de Lancelot, en le faisant surprendre avec Genièvre, par Artus, 17. — Décide Artus à attaquer Lancelot en Gaule, 20.
Morhoult (le), chevalier de la Table ronde et fils aîné du roi d'Irlande, accueille Lancelot, 1. — Joute avec Pharamond; est vaincu, 11. — Est trahi dans un rendez-vous amoureux. — Est mal vengé par Brehus. — Est délivré par Pharamond, 2. — Rencontre Genièvre et Lancelot, 4. — Veut aller réclamer le tribut que le roi Marc doit à son père, 5. — Arrive en Cornouailles, 9. — Se bat avec Tristan qu'il blesse, 6. — Est tué par ce héros. — Son nom est effacé de la Table ronde par celui de Tristan, 15.

N.

Nabon, seigneur de qui la dame est surpassée en beauté par Yseult. — Défie Tristan au jeu de bâton, est vaincu par lui, 7.
Nantes (le comte de). Voyez *Lestoc*.
Neowiston, de Galles, père de Perceval, 10.

P.

Palamède, d'Afrique, chevalier de la Table ronde, accueille Lancelot, 1. — Est père de Bhombéris. — Rencontre Genièvre et Lancelot, 4. — Excite la jalousie de Tristan, qui le combat et le renverse dans une joute, 6. — Sauve Brangien. — Emmène Yseult. — Est attaqué par Tristan, et lui remet généreusement Yseult, 7. — Est délivré du *val sans retour* par Lancelot, 9. — Est toujours amoureux d'Yseult, qui rejette son hommage, 10. — Parcourt les pays lointains. — Rencontre Tristan, le défie, et lui fait perdre son heaume, 14. — Est renversé deux fois par celui-ci dans un tournoi donné à Cramalot, 15. — Vient attaquer Tristan au château de *Joyeuse-Garde*, est battu quatre fois. — Dangereusement blessé à la cinquième fois, est soigné par Tristan et par Yseult. — Quitte ce héros en s'avouant vaincu, et va chercher de nouveaux combats, 16. — A fait la conquête du saint Gréal, qu'il n'a pu garder, 17. — Vient se joindre à Artus, qui assiége Tristan et Lancelot. — Cherche Tristan pour le combattre. — Attaque Gallehault et le tue. — Se bat contre Hector, est attaqué et tué par Tristan, 18.
Pêcheur (le roi), descendant de Joseph d'Arimathie, est, dans l'île de Fingal, commis à la garde du saint Gréal, 12. — Permet à Perceval, qu'il reconnaît pour son neveu, de conquérir cette coupe célèbre. — Lui donne des détails sur la possession du saint Gréal, et sur les occupations de sa vie. — Son respect pour les femmes. — Vient consoler assez mal son neveu sur le prix que lui a coûté sa conquête, et le remercier du service qu'il lui a rendu. — Propose à Perceval de venir le remplacer à la pêche, 17.
Perceval, *le Gallois*, fils de Néowiston, et neveu du roi Pêcheur, descendant comme lui de Joseph d'Arimathie; son éducation. — S'enflamme pour l'état de chevalier errant. — Résiste aux représentations et aux récits de sa mère, qui finit par lui donner des conseils avant de le laisser partir. — Sa première sortie. — Obéit à sa mère et prend un anneau à une pucelle. — Va chez le roi Artus. — Est arrêté par un chevalier à qui il donne un rendez-vous pour combattre. — Demande à Artus de l'armer chevalier. — Est plaisanté par le sénéchal Queux. — Le défie, le renverse et le prend pour son écuyer.— Arrête ce sénéchal prêt à frapper *la belle sérieuse*.—Va au rendez-vous qu'il a donné. — Tue son adversaire. — S'en fait ceindre la dépouille par le sénéchal qu'il envoie à Artus et à la *belle sérieuse*. — Se signale par de nouveaux combats. — Arrive dans le château de la *belle sérieuse*, qui l'implore à ses pieds. — Lui offre une plus ligne place. — Lui promet son appui contre Clamadieu. — Attaque Clamadieu, qui assiége le château de la *belle sérieuse*. — Le renverse et l'oblige à réparer tous les torts qu'il a faits, 10. — Arrive chez le roi Marc. — Trouve Tristan enchaîné. — Jette Audret par la fenêtre. — Délivre Tristan, et, à la prière de celui-ci, épargne le roi, 14. — Rencontre Brehus. — Se bat avec lui, l'abat, l'enchaîne.

— Est mal compris de Rustard, son écuyer. — Pénètre dans la *tour sans huis*, et en présente le nain à Artus, 15. — Quitte sa maîtresse, pour aller conquérir le saint Gréal. — Est reconnu par le roi Pêcheur pour son neveu. — Fait une étourderie. — Conquiert le saint Gréal. — Le conserve, grâce aux ferventes prières de Rustard. — Arrive chez Rosefleur. — Apprend ce que le saint Gréal lui coûte. — Veut tuer Rustard. — Est mal consolé par le roi Pêcheur. —Apprend la mésaventure de Genièvre et de Lancelot, et ne peut point les plaindre, 17. Est un des derniers soutiens de la Table ronde. — Apporte le saint Gréal. — Est touché de la grâce — Est témoin des derniers moments de l'ordre de la Table ronde, et de la disparition du saint Gréal — Se jette dans un cloître, 20.
Pharamond, roi des Francs, arrive *incognito* en Angleterre, renverse les preux d'Artus, excepté Gauvain. — A repoussé de la France Uter, père d'Artus. — Est reconnu et accueilli par celui-ci. — Joûte avec le Morhoult, est vainqueur. — Sépare Yvain et Brehus qui se battaient. — Vole au secours du Morhoult et le délivre. — Retourne en France, 3. — Accueille Tristan. — Sa prudence, avant de punir ce héros, accusé par sa fille Zamire, 6.
Pilate a accordé à Joseph d'Arimathie le corps de Jésus, 1.

Q.

Queux (le sénéchal) est chargé en chef de la cuisine d'Artus. — Offre son bras à ce roi pour secourir la dame de Noyant. — Combat pour elle; est renversé. — Est sauvé par Lancelot. — Retourne à Cramalot. — Est frère de lait du roi Artus. — Se présente pour défendre Genièvre. — Est enlevé avec elle, 2. — Rapporte à Genièvre qu'on a vu Lancelot en charrette. — Est commis par Brademagus pour garder la reine. — Est accusé par Méléagant d'avoir séduit Genièvre. — Est obligé de se justifier et est heureusement protégé par Lancelot, 4. — Est chargé de garder la reine pendant que Lancelot combat pour elle. — Plaisante Perceval qui vient demander à Artus de l'armer chevalier.—Est défié et renversé par ce jeune homme. — Est obligé de le suivre en qualité d'écuyer. — Veut frapper la *Belle sérieuse*, qui rit de sa déconvenue. — Est arrêté par Perceval et le suit sur une misérable monture. — Fait la toilette de Perceval. — Puis est renvoyé vers Artus et vers la *Belle sérieuse*, 10 — Se moque de Tristan qu'il ne reconnaît pas. — Joute avec lui, est renversé, lui quatrième, 14. — Malgré un bouvier qui lui demande un siège. — Reçoit ce qu'il a donné. — Fait semblant de rire du dévouement de sa femme pour Sacrémor. — Va à la cour d'Artus au siège de la *tour sans huis*, y a un doigt cassé, 15. — Est envoyé par Artus pour s'informer du nom et du rang de deux inconnus (Tristan et Yseult). — Gabe Tristan qui feint d'avoir peur — Se mesure avec lui, est enlevé de cheval. — Plaisante Dinadam à l'occasion du *court mantel*. — Est plaisante à la même occasion par sa seconde femme. — Veut jaser sur l'épreuve de la reine. — Est repris par Gauvain, 16. — Suit Artus qui va assiéger Tristan et Lancelot, dans le château de *Joyeuse-Garde*. — Sa devise, 18.
Quintagnone, dame d'honneur de Genièvre. — Accompagne cette reine au château de Gallehault, et protège ses amours avec Lancelot, 2. — Sa vigilance remarquable, 16. — Est trompée par Artus, qui surprend Genièvre avec son amant, 17.

R.

Roi de Montpellier (le), 11. Voyez *Claremonde* et *Gauvain*.
Rosefleur, autrement la *Belle sérieuse*, sourit de la mésaventure du sénéchal Queux, renversé par Perceval. — Est protégée par ce dernier contre les menaces de Queux qui, plus tard, lui est adressé par Perceval. — Reçoit celui-ci dans son château, où l'implore à genoux contre Clamadieu. — Accepte une autre place que lui offre Perceval. — Donne sa foi à ce héros. — Est craintes pendant l'absence de son amant. — Est délivrée de Clamadieu, grâce à Perceval, qui oblige ce roi à réparer tous les torts qu'il a eus envers elle, 10. — A vu s'éloigner Perceval, qui va conquérir le saint Gréal. — Reçoit avec transport son amant vainqueur. — Fait semblant de rire de la disgrâce que lui coûte cette conquête, 17.
Runalen, dernier fils d'Houel, reçoit la bénédiction de son père mourant, et lui succède, 19.
Rustard, écuyer de Perceval, un peu sourd, 15. — Entend mal l'ordre donné contre Brehus. — Se trompe aussi sur le nain de la *tour sans huis*, 15. — Est invité par Perceval à lui obtenir par ses prières la conquête du saint Gréal. — Prie et réussit trop bien. — Apprend à son maître l'obligation qu'il lui a. — Fuit son maître qui veut le tuer, 17.

S.

Sacrémor, chevalier de la Table ronde, accueille Lancelot

DES PERSONNAGES.

1 — Se rend au château de *Douloureuse-Garde*, 2. — Est blessé et renversé par Tristan, qui refuse de l'immoler, 6. — Renverse Dinadam, s'empare de son cheval et lui laisse le sien, 14. — Paraît en chemise dans un tournoi donné par Artus, et explique à Dinadam l'aventure de son cheval et de son costume. — A le prix du tournoi, est généreusement loué par le sénéchal Queux, 15. — A conquis le saint Gréal et n'a pu le garder, 17. — Accompagne Artus au siège du château de *Joyeuse-Garde*, défendu par Tristan et Lancelot. — Sa devise. — Seconde d'autres guerriers pour dérober Artus aux coups de Lancelot, 18. — Meurt en combattant contre le parti de Mordrec révolté, 20.

Simon vendit le saint Gréal à Joseph d'Arimathie, 1.

T.

Tintaïel (le duc de), premier mari d'Yguerne, femme du roi Uter et mère d'Artus, 1.

Titus, fils de l'empereur romain, fit chercher Joseph d'Arimathie, conservateur du saint Gréal, et reçut de lui le baptême, 1.

Tristan, de *Léonais*, fils de Clara et de *Méliadus*. — A perdu sa mère en venant au monde. — A été confié aux soins de Gouvernail. — Veut défendre le roi Marc, son oncle; est armé chevalier avant l'âge. — Défie le Morhoult, est blessé dangereusement, tue son adversaire. — S'embarque pour se faire guérir à Londres. — Est jeté sur les côtes d'Irlande. — Est recueilli, mourant, par le roi Frégival et sauvé par Yseult, sa fille. — Devient amoureux d'elle. — Combat et renverse Palamède. — Est reconnu pour être le meurtrier du Morhoult. — Quitte la cour du roi d'Irlande. — Arrive en Gaule. — Reconquiert les royaumes de Lancelot, de Boort et de Lyonnel. — Délivre d'un tyran les bords de la Garonne. — Donne une leçon de politesse à un jeune fils de Pharamond, et lui donne une leçon de politesse. — Va chez Pharamond, roi de France. — Est aimé de sa fille Zamire. — Est accusé et justifié par cette princesse. — En reçoit une *lettre* de venant qu'elle a chéri. — Retourne chez son oncle le roi Marc. — Lui fait l'éloge d'Yseult. — S'oblige par serment d'aller demander Yseult pour ce roi. — Est poussé vers Londres. — Rencontre Frégival, accusée auprès d'Artus. — Se charge de sa défense. — Est vainqueur de Sacrémor, qu'il refuse d'immoler. — Va en Irlande avec Frégival. — Demande Yseult pour son oncle Marc. — L'obtient et part avec elle. — Partage avec Yseult *le boire amoureux*, 6. — Arrive chez le seigneur Nabon, se bat au jeu du bâton avec lui et l'abat. — Cède aux raisons de Gouvernail; se rend promptement avec Yseult chez le roi Marc. — Est nommé grand sénéchal et a ses entrées chez la reine. — Apprend l'enlèvement d'Yseult. — Poursuit le ravisseur Palamède. — Se bat avec lui. — En reçoit généreusement Yseult. — Se trouve seul avec elle. — La ramène au roi Marc, 7. — Est surpris par celui-ci avec Yseult. — Est obligé de se défendre. — Quitte la cour, et est rejoint par ses amis. — Est averti par Brangien. — Revient à Cintagueil, chez son oncle. — Est attaqué de nuit chez la reine. — Se dégage de ses ennemis. — Est blessé dans un piège nocturne. — Veut mourir en apprenant la captivité d'Yseult. — Regrette de n'être pas chevalier de la Table ronde. — Part pour la Petite-Bretagne, afin de guérir sa blessure, 8. — Est guéri par Yseult *aux blanches mains*, fille de Houel, et en est aimé. — Délivre ce roi d'un prince ennemi qu'il fait prisonnier. — Accepte la fille d'Houel en mariage, 9. — Son respect pour elle. — Il reste en un auprès de sa femme. — Reçoit d'Yseult, la blonde, un message que lui apporte Brangien. — Quitte sa femme pour aller revoir sa maîtresse. — Est suivi par le jeune Kéhédin, fils d'Houel. — Aide un chevalier à venger la mort de son père. — Fait une partie d'échecs extraordinaire, qui se termine par la délivrance d'Artus et d'autres prisonniers. — Refuse de suivre ce roi. — Délivre Yseult, qu'il ne reconnaît point, et qui était enlevée par Bréhus. — La reconnaît alors, s'évanouit, en est reconnu. — Se retire dans le château de Dinas. — Surprend une *lettre* d'Yseult adressée à Kéhédin. — Poursuit celui-ci pour le tuer, et perd la raison. — Accueille Brangien, envoyée par Yseult, et qui a été guidée par *Passebreuil*, son cheval. — Est ému par les accens de la lyre de Brangien. — Et lui chante *un lai de mort*, 13. — Envoie son *lai de mort* à Yseult. — Est amené auprès d'Yseult par Marc lui-même. — Guérit de sa folie. — Est de nouveau poursuivi par la jalousie de son oncle qui le fait surprendre et enchaîner. — Est délivré par Perceval. — S'exile. — Est trompé par Bréhus, qui le met aux prises avec Lancelot. — Est plaisanté par quatre chevaliers au nombre desquels se trouvent Queux et Dinadam. — Les abat tous quatre. — Se lie d'amitié avec Dinadam. — Perd son heaume en combattant Palamède. — Prend le parti de Dinadam dont on veut enlever le cheval. — Lui conseille de se reposer pour guérir ses blessures. — Vole au secours de Lancelot que Morgain a fait surprendre et enchaîner, et contribue à sa délivrance. — Se lie avec ce héros par une fraternité d'armes, 14. — Se rend avec lui à Cramalot, où Artus tient une cour plénière et fait donner un grand tournoi. — Reçoit un message d'Yseult. — Renverse deux fois Palamède. — Est accueilli par Artus et Genièvre. — Est reçu chevalier de la Table ronde, et son nom remplace celui de Morhoult. — Promet son assistance à Marc, qui vient lui demander son secours contre Hélyas. — Dissuade Artus qui lui fait l'aveu de sa jalousie. — Va au siège de la *tour sans huis*, 15. — Délivre Marc de son ennemi Hélyas. — Est surpris avec Yseult; blessé par Andret. — Est arrêté par ordre de Marc. — Est sauvé par Gouvernail. — Est mis sur le trône de Cornouailles. — Récompense Gouvernail et Brangien. — Est partage la générosité d'Yseult en rendant la couronne à Marc. — Part avec sa maîtresse pour aller visiter Lancelot dans son château de *Joyeuse-Garde*, 17. — Arrive incognito pendant qu'Artus vient aussi visiter Lancelot. — Est gabé par le sénéchal Queux, qui veut jouter avec lui. — L'enlève de la selle, puis abat Dinadam et vingt autres preux auxquels il se commet la garde d'Yseult. — Joute avec Lancelot et se fait enfin reconnaître. — Est bien accueilli par Artus. — Reste seul dans le château avec sa maîtresse. — Se bat cinq fois avec Palamède. — Est dangereusement blessé, et veut que Palamède reçoive les mêmes soins que lui-même. — Est visité par Dinadam. — Reçoit Artus, Genièvre et Lancelot. — Heureux momens passés à *Joyeuse-Garde*, 16. — Est prié, par Lancelot, de l'aider à secourir Genièvre. — Enlève cette reine; et, après des exploits inouïs, Lancelot et lui parviennent à l'amener au château de *Joyeuse-Garde*, 17. — Y est assiégé par Artus et sa chevalerie. — Conseille à Lancelot de se défendre. — Sa devise. — Sa valeur. — Est appelé par Galléhault au secours de Lancelot accablé par le nombre. — Court sur Palamède qui peut emporter le corps de Galléhault. — Couvre la retraite de celui-ci, et tue Palamède. — Ses inquiétudes pour Lancelot mourant. — Invoque les soins d'Yseult pour son ami. — Assiste aux obsèques de Galléhault. — Reçoit dans ses bras Lancelot qui arrive inattendu. — Se signale de nouveau dans le combat et remplace son ami blessé. — Fait la paix avec Artus et Marc, rend Yseult. — Adieux, 18. — Retourne chez Yseult *aux blanches mains*. — Reçoit les adieux de Houel mourant. — Combat et réduit les vassaux du successeur de prince. — Assiège Lestoc, comte de Nantes. — Escalade les murs de la ville; est atteint au front d'un caillou lancé par son ennemi, le tue. — Est emporté lui-même évanoui, appelle sa femme qui s'empresse de le guérir, sans y parvenir tout-à-fait, et pourquoi. — Envoie Gouvernail à Yseult de Cornouailles pour l'engager à venir achever sa guérison, et lui recommande de mettre une *voile blanche* à son navire, s'il amène cette princesse avec lui. — Charge la confidente de sa femme de l'en avertir. — Reçoit la nouvelle de la *voile noire*. — Pense à sa maîtresse, se recommande à Dieu, et meurt. — A adressé trois *lettres*, une à Lancelot, l'autre à Marc, la troisième à un apostolie. — Son corps est apporté à Cintagueil et placé dans un tombeau vis-à-vis celui de sa maîtresse, 19. — Son tombeau est visité par Genièvre et Lancelot. — Les deux lierres, 20.

U.

Uter, roi de la Grande-Bretagne, et père d'Artus, qu'il a eu d'Yguerne, 1. — A été repoussé de la France par Pharamond, 2.

V.

Viviane. Voyez *la Dame du Lac*.

Y.

Yguerne, veuve du duc de Tintaïel, femme d'Uter et mère d'Artus, 1.

Yseult, *la blonde*, fille de Frégival, roi d'Irlande, et sœur du Morhoult. — Sauve Tristan, jeté par la tempête sur les côtes d'Irlande, et mourant de ses blessures. — Est aimée de ce héros. — Apprend qu'il a tué le Morhoult. — Est accordée en mariage au roi Marc. — Part avec Tristan. — Partage avec lui *le boire amoureux*, 6. — Arrive chez Nabon, et remporte sur la dame de ce seigneur la victoire de la beauté. — Épouse le roi Marc. — Court un grand danger la première nuit de ses noces. — Est sauvée par Brangien. — Est cause de l'enlèvement de celle-ci. — Court la chercher et la retrouve. — Est obligée de suivre Palamède. — Est rendue à Tristan. — S'arrête un peu avec son amant qui la ramène chez elle, 7. — Est vue seule avec Tristan par Andret, et en est avertie par Brangien. — Est effrayée du cor enchanté. — Danger qu'elle court en recevant Tristan pendant la nuit. — Est blessée dans un piége. — Est enfermée dans une tour. — Trouve le moyen d'y recevoir Tristan, qu'on y surprend. — Est condamnée à mort. — Est délivrée par Gouvernail et les amis de Tristan. — Revoit la première, et rejoint son amant sauvé sur un écueil.—Se retire avec lui dans la forêt du Morois. — Est enlevée et ramenée chez le roi Marc qui l'aime toujours, 8. — Apprend le mariage de Tristan — Fait éclater sa douleur devant Brangien. — Annonce son malheur à Geniévre, 9.—Refuse d'écouter les vœux de Palamède, 10. — Envoie par Brangien un message à Tristan.— Est enlevée par Bréhus. — Délivrée par Tristan, qui s'évanouit en la reconnaissant.— Le reconnaît, et tâche de le ranimer, aidée de Brangien. — Est aimée de Kéhédin, à qui elle répond par une lettre de consolation.—Est cause de la folie de Tristan. — Ordonne à Kéhédin de s'éloigner.— Envoie Brangien pour chercher et secourir Tristan, 13.—Apprend de Brangien l'état de son amant, se désespère. — Ne dissimule pas son amour au roi, qui la prie, lui-même, de secourir Tristan rappelé à la cour, 14. — Envoie une demoiselle à Cramalot demander à Tristan s'il l'aime encore, 15. — Est surprise avec Tristan et blessée par Andret. — Est arrêtée et condamnée à périr.—Est de nouveau sauvée par Gouvernail, qu'elle récompense ainsi que Brangien. — Propose à Tristan, qui occupe le trône de Cornouailles, de le rendre à Marc.—Et part avec son amant pour le château de *Joyeuse-Garde*. — Craint d'être reconnue, et voudrait s'éloigner.— Est accueillie par Artus, qui se trouve dans ce château.—Y reste seule avec Tristan.— Veut faire enlever Tristan blessé par Palamède. — Prend soin des blessures de celui-ci.—Plaisante Dinadam sur ses revers. — Est visitée par Artus, Geniévre et Lancelot. — Heureux momens passés à *Joyeuse-Garde*.—Institue, avec Geniévre, l'ordre de *bien aimer*, 16.—Approuve l'ardeur de Tristan et de Lancelot, qui vont délivrer Geniévre, 17. — Pleure Gallehault tué par Palamède.—Soigne les blessures de Lancelot.—Assiste aux obsèques de Gallehault. — Guérit Lancelot. — Est menée à son époux.—Adieux à son amant, 18. — Apprend par Gouvernail le danger que court Tristan blessé, et part avec lui pour aller sauver son amant. — Arrive, et apprend la mort de Tristan. — Court au palais, l'embrasse, et expire. — Son corps est apporté à Cintagueil, et déposé dans un tombeau vis à vis celui de son amant, 19.— Son tombeau est visité par Geniévre et Lancelot. — Les deux lierres, 20.

YSEULT, *aux blanches mains*, fille d'Houel, roi en Petite-Bretagne, connaît l'art de guérir les blessures, 8. — Guérit Tristan d'une blessure empoisonnée. — L'aime, et devient sa femme.—Son innocence, 9. — Fait ses adieux à son époux qui part, et dont elle ne soupçonne point les torts, 13. — Revoit Tristan qui retourne chez elle.—Perd son père.—Implore son époux contre les ennemis de son frère, successeur d'Houel.—S'empresse de guérir la blessure que Tristan a reçue en combattant. — Reçoit une première leçon qui est funeste à son époux. — Permet qu'Yseult *la blonde* vienne au secours de Tristan.—En devient jalouse.—Prescrit à sa confidente, chargée d'apporter à Tristan la nouvelle de l'arrivée d'Yseult de Cornouailles, d'annoncer toujours que la voile du navire est noire. —Cause ainsi la mort de Tristan.— Se retire, désespérée, dans un couvent, 19.

YVAIN, *de Galles*, chevalier de la Table ronde, accueille Lancelot, 1. — Est rencontré, avec son amie, par Bréhus, qui perce celle-ci d'un coup de lance. — Se bat avec lui, est blessé, et en est séparé par Pharamond, 2.—Rencontre Geniévre et Lancelot, 4.—Tente l'aventure de *la fontaine orageuse*. —Y court les plus grands dangers. — Est protégé par la suivante Hortense. — Se marie avec la veuve du chevalier qu'il a tué, 4. — Délivre un lion et s'en fait suivre. — Oublie un peu sa femme. — Retourne à *la fontaine orageuse*. — Sauve Hortense en combattant trois géans. — Retrouve sa femme qui lui pardonne sa trop longue absence, 5. — Cherche Merlin, 7. — Est délivré par Lancelot au *val sans retour*, 9. — Court après Bréhus pour se venger de l'affront qu'il en a reçu, 10. — Donne à Artus des nouvelles du saint Gréal, 15. — A conquis cette coupe célèbre qu'il n'a pu garder, 17. — Se joint aux preux d'Artus qui vont assiéger Tristan et Lancelot dans le château de *Joyeuse-Garde*. — Sa devise. — Sauve, avec d'autres guerriers, Artus près de succomber sous les coups de Lancelot, 18. — Est un des derniers soutiens de la Table ronde. — Tue Bréhus, et meurt en combattant contre Mordrec révolté, 20.

Z.

ZAMIRE, fille de Pharamond, roi de France, aime Tristan qui ne répond pas à son amour. — Accuse et justifie ce héros. — Se tue et lui envoie une *lettre de mort* avec le chien qu'elle a aimé, 6.

FIN DE LA TABLE ANALYTIQUE DES PERSONNAGES.

AMADIS DE GAULE,

POÈME,

PUBLIÉ POUR LA PREMIÈRE FOIS EN 1813.

TROISIÈME ÉDITION, TRÈS AMÉLIORÉE.

Fugite, austeri.

PRÉFACE.

Paris, mars 1813.

C'est en tremblant que je publie un poème, si près d'un autre poème; mais c'est précisément parce que j'ai donné, il y a un an, la *Table ronde*, que j'ai dû me décider à donner *Amadis*, terminé aussi depuis long-temps, et qui, ainsi que je l'ai expliqué ailleurs, en est une suite, sinon nécessaire, du moins très naturelle. De plus, l'indulgence du public m'est si précieuse, qu'il m'a paru important de lui offrir ce second ouvrage avant qu'il ait oublié celle qu'il a accordée au précédent, et de mettre l'un, en quelque sorte, sous la protection de l'autre. Ce motif a dû l'emporter, dans mon esprit, sur d'autres considérations.

Amadis de Gaule est, selon Cervantes, *le premier livre de chevalerie qui ait été imprimé en Espagne, et il est l'origine et le modèle de tous les autres.* C'est, dit ou fait dire plus loin ce grand ennemi des ouvrages de chevalerie, *le meilleur livre qu'il y ait en ce genre, et, comme unique dans son art, il mérite qu'on lui pardonne.* Aussi, à ce titre, le curé *lui fait grace de la vie*, et l'excepte, avant tous, de l'incendie de la bibliothèque de don Quichotte.

Il ne faut pas s'étonner que l'invention d'un ouvrage si prisé, soit disputée entre plusieurs nations; d'autant qu'il n'existe rien de bien positif à cet égard. Quelques savans l'attribuent à Vasco de Lobeïra, qui vivait, disent les uns, à la fin du treizième siècle, selon les autres, à la fin du quatorzième. Voilà une indication bien précise et une opinion bien garantie. D'autres l'attribuent à une dame portugaise; d'autres encore à don Pédro, infant de Portugal, et fils de Jean 1er qui régna de 1385 à 1433.

D'autre part, les Espagnols réclament vivement l'invention d'*Amadis de Gaule*, et il semble qu'il y a bien des raisons pour eux. Il est vrai qu'ils ne peuvent en nommer le premier auteur; mais ils ne peuvent pas non plus nommer l'auteur des *romances du Cid*, ouvrage si curieux, souvent si intéressant, et l'un de ceux qui honorent le plus leur littérature. Outre que beaucoup de traditions sont pour eux, outre qu'ils n'ont cessé de réclamer *Amadis*, et long-temps de l'imiter, on peut croire, alors que l'on connaît cette nation, qu'elle n'aurait pas tant goûté, imité, continué *Amadis*, si ce roman n'était pas né chez elle. Il est sûr, du moins, que ce fut en espagnol que le roman d'*Amadis* se répandit et obtint la vogue qu'il eut long-temps en Europe, et la première traduction française que d'Herberay des Essarts en publia sous François Ier, en 1540 et années suivantes, était tirée de Garcia Ordonez de Montalvo, qui, en 1525, en avait publié à Madrid une édition complète, d'après des éditions du quinzième siècle, rédigées elles-mêmes sur des manuscrits bien autrement anciens.

Mais, d'autre part, il s'est toujours trouvé des personnes pour prétendre qu'*Amadis de Gaule* est français, et que les Espagnols l'avaient traduit du vieux gaulois, ou langue romance (et ce ne serait pas la première fois qu'un ouvrage français n'aurait eu du succès en France qu'en revenant de l'étranger). Cette réclamation est formellement exprimée dans la traduction même d'Herberay des Essarts, et voici un passage curieux de son épître dédicatoire : « Ai prins plaisir, dit-il, à commu-
» niquer par translation ce livre à ceux qui
» n'entendront le langage espagnol, pour faire
» revivre la renommée d'Amadis (laquelle, par
» l'injure et l'antiquité du temps, estait es-
» tainte en ceste notre France), et aussi pour ce
» qu'il est tout certain qu'il fut premier mis en
» notre langue françoise, estant Amadis Gau-
» lois et non Espagnol; et qu'ainsi soit, j'en ai
» trouvé encores quelque reste d'un vieil livre
» escrit à la main en langage picard, sur lequel
» j'estime que les Espagnols ont fait leur tra-
» duction, non pas du tout suivant le vray ori-
» ginal, comme on pourra voir par cestuis;
» car ils en ont obmis en certains endroits
» et augmenté aux autres. Par quoi supléant
» à leur obmission, elle se trouvera en ce
» livre, dans lequel je n'ai voulu coucher la
» pluspart de leur dite augmentation, » etc.
A la suite de la préface, se trouvent plusieurs pièces de vers où est consignée la même réclamation. Je citerai seulement ce dizain, parce qu'à l'avantage de constater l'opinion de cette époque, il joint celui d'être en vers fort agréables pour le temps :

MICHEL LE CLERC, SEIGNEUR DE MAISONS, AUX LECTEURS.

Qui voudra voir maintes lances briser,
Harnois froisser, écus tailler et fendre,
Qui voudra voir l'amant amour priser,
Et par amour les combats entreprendre,
Vienne Amadis visiter et entendre,
Que des Essarts, par diligent ouvrage,
A retourné en son premier langage;
Et sois certain qu'Espagne, en cette affaire,
Connaîtra bien que France a l'avantage
En bien parler autant comme en bien faire.

M. de Tressan, en traduisant à son tour Herberay des Essarts en français moderne, réclame aussi le roman d'Amadis pour la France ; et, sur cette assertion d'Herberay qu'il a vu un vieux manuscrit picard d'Amadis, M. de Tressan fait la remarque très ingénieuse et assez exacte, que le patois picard d'aujourd'hui a conservé une ressemblance singulière avec la langue romane, et que par conséquent ce manuscrit soi-disant picard que d'Herberay prétend avoir vu, pouvait fort bien être un manuscrit en langue romane, c'est-à-dire un manuscrit en ce français du douzième siècle, qui est la langue de presque tous les romans de chevalerie. Il remarque aussi très bien que les trois premiers livres d'*Amadis* sont composés avec une raison et un naturel qui rappellent la bonne manière et quelquefois même les aventures des romans français de *Lancelot*, de *Tristan*, etc., tandis que les livres suivans offrent un désordre d'idées qui annonce évidemment un autre auteur, même une autre nation, et surtout présentent des traces nombreuses, et toutes nouvelles dans l'ouvrage, de cette superstition et de ces persécutions qui, trop communes en Espagne, ont été beaucoup plus rares en France, et n'y ont jamais été approuvées. Cette opinion de M. de Tressan a trouvé des partisans. L'ensemble des raisonnemens et des faits qu'il présente peut donner lieu à des conjectures assez vraisemblables, mais, selon moi, ne permet pas d'aller au-delà. Je demande du moins la permission de garder la neutralité dans cette discussion, qui, je crois, sera difficilement terminée. L'important pour moi n'est pas de savoir d'où vient Amadis, mais où il ira conduit par moi, et jusqu'où je pourrai le mener.

Français ou non, le roman d'*Amadis de Gaule* plut tellement en France, que Lanoue dit formellement dans ses commentaires, que, de son temps, quelqu'un qui aurait mal parlé d'*Amadis*, *on lui aurait craché au visage*. Amadis, déjà si cher à l'Espagne, eut dans toute l'Europe un succès si prodigieux et si soutenu, qu'on s'étonne ou qu'il l'ait eu, ou qu'il ne l'ait pas conservé. Le succès s'explique par les beautés de ce roman, par sa fable admirablement conçue, par le merveilleux noble et ingénieux qui y règne, et enfin par un mélange piquant de faits incroyables et d'aventures *très naturelles*, de sentimens de ce temps-là et de faiblesses de tous les temps. Quoique le roman aille en diminuant de mérite, il est plus difficile d'expliquer pourquoi il a déchu dans l'opinion des hommes. Cervantes, en le préférant formellement à tous les ouvrages de chevalerie, lui devait certainement faire plus de bien, que par ses plaisanteries il ne lui a fait de mal. Je pense que l'inconcevable quantité de combats que ce roman renferme, après avoir servi son succès, a pu enfin lui nuire; mais une cause plus décisive, je crois, a causé son discrédit : on peut dire que les enfans d'Amadis ont tué leur père. Il lui est arrivé (et cette fois c'est incontestablement d'Espagne), il lui est arrivé une race innombrable et même des aïeux innombrables aussi. Si l'on veut les connaître tous, on peut lire les deux volumes du *Chevalier du Soleil*. Dans ce roman, extrait de bien plus de cent volumes, l'auteur anonyme, qu'on croit M. de Paulmy, trace avec clarté et même avec élégance toute la suite des aventures des pères et des enfans d'Amadis; mais c'est là aussi qu'on peut voir la grande cause du décri où tous ces romans étaient tombés. Toutes les aventures se ressemblent, et les héros se ressemblent encore plus que les aventures. A dater de Trébatius, le chef de la race, jusqu'au dernier des descendans d'Amadis, tous sont d'une perfection fatigante; ce sont toujours les plus beaux, les plus forts, les plus vaillans chevaliers du monde. Le héros dont on parle est toujours le plus terrible, et l'on ne manque pas de faire Esplandian au moins égal à son père Amadis, etc. etc. Quelqu'un désirait dans les bergeries de Florian *un peu de loups* : la perfection désespérante des Amadis m'a réduit à désirer quelquefois parmi eux *un peu de sots et de méchans*. Il faut de la raison, même dans les romans les plus fous; et cette suite infinie de héros incomparables est le plus impossible comme le plus ennuyeux des prodiges.

Si le roman d'*Amadis* finissait comme il commence, ma tâche aurait été plus facile; par malheur, ce roman si brillant d'abord va toujours *dégringolando*, comme disait madame de Sévigné. M. de Tressan lui-même, qui, il y a quarante ans, ranima la mémoire d'*Amadis* par l'agréable traduction qu'il donna de son histoire, M. de Tressan, malgré un talent élégant et ingénieux, n'a pu effacer entièrement cette tache originelle du sujet, et j'ai vu plusieurs personnes, charmées en commençant son livre, avoir quelque peine à l'achever. J'ai fait les plus grands efforts pour échapper au même malheur! J'ai supprimé une foule de combats; j'ai abrégé presque tous les autres, et j'ai tâché de reposer le lecteur par des détails d'un autre genre et quelquefois du genre de Galaor.

Ce n'était pas encore là la plus grande difficulté que j'avais à vaincre : la fin du roman d'*Amadis* est fort singulière, ou plutôt il n'y en a pas; car ce roman s'arrête au moment où Amadis, Galaor et Florestan s'endorment, et où beaucoup de lecteurs sont déjà endormis.

Ce ne fut que bien long-temps après les premières publications d'*Amadis*, qu'un sieur Duverdier chercha à donner le mot de cette énigme dans le *Roman des Romans*, petit ouvrage en sept volumes in-8°. C'était réveiller *Amadis* à trop grands frais peut-être. Pour moi, qui ai cru devoir parler de ce sommeil (une des traditions romanesques les plus consacrées), j'ai cru aussi devoir réveiller à ma manière *Amadis*, ne fût-ce que pour assurer à mon histoire poétique de ce chevalier l'avantage d'être la première qui fût finie et complète. Malheureusement ce sommeil dure cent ans! C'est, comme on voit cent fois plus beau que le repos d'Achille; mais c'est beaucoup trop beau; et la nécessité de remplir supportablement et même agréablement l'intervalle séculaire de l'absence de mon héros, devenait pour moi un obstacle presque insurmontable. Il a bien fallu accepter ce danger après tant d'autres; car des romans aussi répandus, aussi célébrés qu'*Amadis*, *Tristan*, *Roland*, finissent par être en quelque sorte de l'histoire. Je me suis donc résigné à cet inconvénient, dont l'originalité présentait du moins en compensation quelques avantages. Obligé de peindre, pendant l'absence d'Amadis, plusieurs générations de princes et de héros, j'ai pris un parti rigoureux : aucun de mes meilleurs chevaliers, dans toutes ses plus belles batailles, n'a fait une exécution aussi terrible que celle à laquelle j'ai été réduit. J'ai fait impitoyablement mainbasse sur les innombrables et incomparables descendans qu'on avait donnés à Amadis de Gaule, et je n'ai fait grace qu'à son fils Esplandian, à Lisvard de Grèce, fils d'Esplandian, et à Amadis de Grèce, fils de Lisvard de Grèce. Encore ai-je dépouillé tous ces princes de leurs merveilleuses perfections. Après Amadis, j'ai fait décroître Esplandian, j'ai fait décroître encore plus Lisvard de Grèce, et alors j'ai relevé la race dans Amadis de Grèce, héros assez digne de son aïeul. Cette série beaucoup plus vraie d'événemens et d'hommes m'a fourni un tableau assez neuf en poésie. D'ailleurs cette médiocrité de plusieurs des descendans d'Amadis n'était pas inutile pour qu'il ne fût ni effacé ni oublié, et pour qu'il restât toujours, malgré sa prodigieuse absence, la grande figure de mon poème.

Mais tous ces soins ne suffisaient pas : quoiqu'en peignant des gens médiocres, on ne soit pas toujours obligé de l'être, il est très facile de le devenir, et ces tableaux vrais, même en supposant qu'ils parussent agréables, ne pouvaient jamais l'être assez pour soutenir seuls l'attention ; après les brillantes aventures d'Amadis de Gaule, Amadis lui-même ayant un peu abusé de la permission qu'on a malheureusement de se battre, peindre encore des combats en son absence, aurait été insupportable. Privé de cette ressource, dont, au reste, j'ai partout usé le moins possible, j'en cherchais quelque autre dans mon imagination, en me disant que des récits de l'ancien temps auraient toujours une couleur et une naïveté bien plus précieuses que tout ce que je pourrais inventer; mais je ne trouvais rien de ce genre parmi les monotones descendans d'Amadis ; cependant il fallait absolument remplir par quelque chose de piquant le vide que laissaient ce héros et son frère Galaor. J'étais fort embarrassé, et ce Génie, que tous les poètes ont à leur service, semblait m'avoir abandonné, quand la fée Urgande, apparemment, a envoyé à mon secours *Tiran-le-Blanc*. Ce chevalier, dont les aventures ont une physionomie particulière et toute neuve encore dans leur vieillesse, m'avait toujours fort amusé. Son histoire, bien incontestablement espagnole, offre d'étranges puérilités, mais aussi de charmantes aventures. Le mélange de dévotion et de licence qui caractérise les mœurs du midi de l'Europe, est peint à merveille dans ce roman, et d'autant mieux que l'auteur espagnol, accoutumé à ce contraste, n'a pas seulement paru s'en douter. Ce n'est que du jour où j'eus songé à Tiran-le-Blanc que je crus pouvoir finir Amadis. En faisant ce Tiran-le-Blanc, petit-fils de Galaor, je l'attachai à mon sujet : je l'y attachai mieux encore en le montrant épris de l'arrière-petite-fille d'Amadis. Je n'ai fait que glisser sur ses exploits; mais j'ai parlé de ses amours qui délassaient de tant de faits d'armes; et même, dans l'extrémité où j'étais, pour soutenir l'attention affaiblie et ne pas périr au port, il a bien fallu conserver à ces amours une partie de la couleur très vive qu'ils ont dans le roman original, traduit par le comte de Caylus, publié sans opposition sous Louis XV, permis de tout temps en Espagne, et approuvé même par le curé de Don Quichotte, qui, comme on sait, le réserva expressément quand il fit brûler la bibliothèque de son seigneur. Quoique beaucoup plus décent que l'auteur espagnol, je n'aspire, en l'imitant, qu'aux suffrages des gens du monde, et j'imagine qu'ils ne seront pas plus sévères que le curé.

Je crois avoir prouvé, dans *la Table ronde*, que, bien loin de chercher, j'évitais, l'occasion de présenter des tableaux trop libres; mais ici ces tableaux sont le sujet même. D'ailleurs ils peignent les mœurs de plusieurs nations et de plusieurs siècles. Je me serais pourtant refusé à les retracer, *s'ils n'étaient pas partout*, si, aux époques les plus sévères, ils n'avaient pas circulé, comme ils circulent encore aujourd'hui dans *Tiran-le-Blanc* en particulier, et en général, dans les œuvres de M. de Caylus, qui se trouvent dans toutes les bibliothèques. Ainsi, s'il y a scandale, je l'ai adouci. Je cite textuellement une partie des passages les plus singuliers, que j'imite ; le roman de *Tiran-le-Blanc* en renferme d'autres, que je n'oserais pas même transcrire.

Mais, quelques efforts que j'aie faits pour ramener cette partie de l'ouvrage à une décence un peu rigoureuse, je n'y ai pas toujours réussi ; et, obligé de me priver des suffrages qui m'auraient le plus flatté, je prie les dames de ne pas lire les seizième, dix-septième et dix-huitième chants de ce poème. Je les engage même à se défier partout de ce mauvais sujet de Galaor, et une ou deux fois du sage Amadis. Beaucoup de dames, d'après cet avis, n'ouvriront pas même mon poème, et si je les trouve sévères, je ne pourrai les trouver injustes. Il est trop vrai que cet ouvrage, quoique dans ses neuf dixièmes aussi réservé que *la Table ronde*, renferme plusieurs morceaux qui le sont beaucoup moins que je ne l'aurais voulu. Ils sont d'ailleurs très curieux, et, j'ose même dire utiles, ne fût-ce que pour donner une idée juste *du bon vieux temps* à ceux qui le vantent ou l'entendent vanter sans cesse. Au milieu des erreurs de notre siècle, il est bon, il est consolant de montrer aux hommes les erreurs des autres siècles. Hélas! les hommes ne font presque qu'en changer.

Au reste, quoique la morale des Amadis ne soit pas très sévère, je puis citer une occasion où la morale même de Galaor a été utile. Il y a environ vingt ans, quand une partie de la noblesse française se trouvait dans la Belgique, le désir de plaire aux dames amenait de nombreuses rivalités et souvent de funestes combats. Ce fut alors qu'un homme, d'un nom qui a bien mérité de la chevalerie, l'abbé de Tressan, fit circuler une *lettre de Galaor à la noblesse française*. Galaor représentait gaîment qu'il est bien plus sage de chercher à être agréable à sa maîtresse que redoutable à son rival, et qu'après tout, quand on échoue auprès d'une dame, on peut, en cherchant bien, trouver à se consoler auprès d'une autre. La lettre fut goûtée ; le conseil fut suivi. Les dames, de leur côté, firent quelques frais pour calmer les mécontens, et, grace à elles et à Galaor, la paix fut rétablie.

Le caractère d'Amadis a été constamment regardé comme le plus parfait modèle des chevaliers. Mais, par cette perfection même, Amadis avait besoin du contraste de son frère Galaor, héros beaucoup moins raisonnable. Amadis est un peu le Grandisson de la chevalerie ; mais heureusement que Galaor en est le Tom Jones. Il y a aussi cette différence qu'Amadis, tout parfait qu'il est, est beaucoup moins sage que le sublime Grandisson, et Galaor l'est encore moins que Tom Jones. Il y a long-temps qu'Aristote, parlant des ouvrages d'esprit, a dit qu'il fallait un peu d'imperfection dans les héros. Il m'aurait rendu un grand service de vanter aussi un peu l'*imperfection dans les poèmes*.

On a, en général, montré tant d'indulgence pour *la Table ronde*, que je crains qu'il n'en reste plus pour *Amadis*. On ne trouvera pas ici (et trouvera-t-on souvent, quelque part que ce soit?) l'intérêt qu'inspirent les aventures de Tristan et d'Yseult, création singulièrement heureuse de je ne sais quel homme de génie, dans je ne sais quel siècle barbare. Non : cet intérêt si touchant, non, cette naïveté antique et charmante qui caractérise tant d'aventures et de héros de *la Table ronde*, ne sont pas ici au même point; ces avantages ne sont pas même dans *Roland*, je ne dis pas seulement dans le mien, mais dans celui d'Arioste, si admirable d'ailleurs! Mais, pour ne parler ici que d'*Amadis*, ce poème, qui, je l'espère, offre aussi de l'intérêt, présente peut-être des avantages qui lui sont particuliers. Je ne crois pas que l'intrigue de *la Table ronde* pût être très forte; mais enfin elle est un peu faible, et j'ai été le premier à en convenir. Celle d'*Amadis*, du moins jusqu'au moment de la disparition de ce héros, c'est-à-dire jusqu'au moment où elle commence à être de moi, est une des plus ingénieuses et des plus régulières que l'on ait jamais imaginées. Aussi Amadis a-t-il été le patron sur lequel on a taillé douze ou quinze cents romans de chevalerie. On trouvera aussi une unité bien autrement nouée que dans *la Table ronde*: Amadis est bien partout le maître de la maison, et toujours il s'occupe d'Oriane. Mais ses faits d'armes sont si nombreux, que là où ils ne tiennent pas nécessairement à Oriane, et même là où ils y tiennent, j'ai cru sentir la nécessité de les lier ensemble par un nœud unique et par un plan général qui n'existaient pas dans le vieux roman. Dans cet antique récit et dans toutes les imitations qu'on en a faites, Amadis court souvent le monde et redresse les torts quand il en trouve; mais il court au hasard et ne redresse des torts, en quelque sorte, que quand il n'a rien de mieux à faire. Ici, sans perdre de vue son Oriane, il joint au désir de l'obtenir celui de la mériter par la plus noble entreprise qu'un héros ait pu former: *il veut purger le monde de brigands*, et il se met pour cela à la tête d'une espèce de croisade de chevaliers. J'ai même, ainsi, corrigé, je crois, le seul défaut grave qu'il y eût dans l'ordonnance du roman original, après celui de n'avoir pas de dénouement. Quand Amadis s'est réconcilié avec Lisvard et en a obtenu sa fille Oriane, il semble que le récit est fini et que tous les personnages n'ont plus qu'à se reposer; on est un peu étonné de voir Amadis, Lisvard, etc., etc., partir en ce moment pour Constantinople, et recommencer une série toute nouvelle d'événemens et d'aventures. De là provient sans doute cette lassitude qu'on éprouve et le peu d'intérêt qu'inspire la fin, d'ailleurs incomplète, de ce beau roman. J'ai suivi une autre marche: en jetant, dans toutes les parties du poème, des traces de la grande entreprise d'Amadis, en le montrant presque aussi occupé de la destruction des brigands de tous les pays que de ses amours avec Oriane, j'ai préparé, je pense, à ce qu'on ne crût pas ses aventures finies parce qu'il a épousé sa maîtresse. L'œuvre très avancée de la destruction des brigands n'est point terminée tant qu'il n'a pas vaincu les plus dangereux de tous, ces *païens* de Musulmans. Il part donc pour Constantinople: il les dompte en effet; mais, au moment de sa victoire, il s'endort et disparaît; alors les Musulmans se raniment, les brigands reparaissent de toutes parts; l'œuvre d'Amadis se trouve en partie détruite; le désordre renaît sur la terre, et Constantinople va être prise par les Musulmans, quand, après cent ans, Amadis reparaît, repousse les infidèles, va partout exterminer les brigands, et, jeune toujours, jouit enfin auprès de son Oriane, de la paix du monde et de l'épouvante des méchans.

Quoique dans ce nouveau plan ma part d'invention soit assez considérable, celle de l'auteur du plan primitif restant plus considérable encore, il m'est permis de convenir que je ne connais guère de plus noble sujet de poème chevaleresque. Il naît de cet ensemble un intérêt moins doux que celui de la *Table Ronde*, mais plus élevé, plus imposant. Le style, moins naïf, mais je l'espère aussi naturel, a quelquefois plus d'éclat et de poésie; le merveilleux, bien que de même nature, est plus riche et plus brillant; enfin on trouvera ici une autre teinte, une autre imagination, même une autre gaîté. Je crois que les personnes qui ont beaucoup goûté la *Table Ronde* aimeront moins *Amadis*; mais je crois aussi que celles qui ont été sévères pour la *Table Ronde* trouveront dans *Amadis* une partie de ce qu'elles ont désiré dans le poème qui l'a précédé.

Cervantes, dans son livre immortel, a cité une foule de livres de chevaliers; mais ceux des Amadis l'occupent à eux seuls plus que tous les autres. Car (qu'on veuille bien y prendre garde), ce n'est que dans les histoires d'Amadis et de sa famille, qu'on voit les chevaliers, et jusqu'aux écuyers, gagner des royaumes et des îles, si chères à l'écuyer du chevalier de la Manche. Les Amadis sont les chevaliers errans par excellence ; et si *Don Quichotte* n'était pas un chef-d'œuvre, rien ne serait plus aisé que de prouver que ce n'est pas autre chose qu'une excellente et charmante parodie d'*Amadis*. J'ai établi une espèce de concordance entre ces deux ouvrages. Pour n'en citer qu'un exemple, Don Quichotte reproche quelque part à Sancho de lui parler sans cesse, et lui donne pour modèle la réserve de l'écuyer de Galaor, qui n'est nommé qu'une fois dans l'histoire de son maître ; j'ai eu soin que cet écuyer, qui s'appelait Gazabal, ne fût aussi nommé ici qu'une fois.

Sans doute, Cervantes a tué une foule de livres de chevalerie, faits et à faire sur d'extravagantes, insipides et interminables aventures, au reste presque toujours les mêmes, et en cela il a rendu un véritable service à la littérature et au bon goût ; mais ce serait une grande erreur que de croire qu'il a tué les bons livres de chevalerie. Il n'a détruit que l'inondation ; mais le fleuve coulera à travers les âges. Assurément Cervantes n'a pas tué *Roland*. Je ne crois pas qu'il ait tué les aimables et naïves histoires de la *Table Ronde*. Ce serait grand dommage ; et dans ce cas, j'aurais eu le bonheur de les ressusciter. Quant à *Amadis*, loin de l'avoir tué, Cervantes, bien avant moi, avait dissipé, comme je viens de les dissiper moi-même, tous ces innombrables *Amadis*, qui offusquaient et étouffaient le premier et le véritable. Celui-ci, pour qui Cervantes proclama son admiration, serait immortel, ne fût-ce que par le *Don Quichotte*, s'il ne l'était pas par lui-même ; et j'ose dire qu'en retour *Amadis* éclaircira une foule de passages de *Don Quichotte*.

On retrouvera aussi dans ce poème plusieurs traditions romanesques, entre autres la *Gloire de Niquée* dont parle madame de Sévigné, et qui était tellement oubliée, qu'il y a quelques années, un journaliste fit un article exprès pour en donner l'explication.

Bernardo Tasso, père du Tasse, a fait un *Amadigi* dont je n'ai point profité, parce qu'il n'a point profité lui-même de la naïveté et surtout de la gaîté que le sujet lui offrait souvent. J'ai travaillé sur l'*Amadis* d'Herberay des Essarts ; j'ai usé quelquefois des idées brillantes que M. de Tressan a répandues dans le sien. Mais les personnes qui voudront bien lire ces deux *Amadis* verront quels changemens j'ai cru devoir faire à tous les faits, et presque à toutes les pages. Si l'invention d'*Amadis de Gaule* devait rester à l'Espagne, je réclamerais, pour la France, bien des choses qui, heureuses ou non, m'appartiennent ici ; par exemple, *le dernier enchantement de Mélye*. Je réclamerais avec plus de confiance plusieurs histoires très ingénieuses que j'ai rajeunies de quelques vieux auteurs français, entre autres, chant 5, l'*Aventure du confesseur*, et, chant 17, la *Consultation de la vertu des femmes*.

Je me flatte d'avoir bien autrement rattaché Amadis à la France, et d'avoir peut-être bien mérité d'elle, en soignant surtout et en rappelant souvent les scènes de cet antique honneur si éminemment français. C'est sous ce rapport que ces ouvrages, frivoles en apparence, peuvent mériter l'attention, même l'intérêt, des hommes qui pensent, et se rattacher à leur tour aux plus hautes considérations. C'est par là que ce poème pourra plaire à ces nobles guerriers, à ces remparts vivans de la patrie, dont le dévoûment pur et absolu émeut d'admiration et de respect ; ces hommes, *qui font honneur à l'homme*, retrouveront souvent ici leurs sentimens et les prodiges dont ils seraient capables.

Puisse cet avantage me faire pardonner d'autres tableaux fort différens, mais nécessaires dans ce tableau des mœurs antiques ! Puisse-t-on voir sans rigueur des fautes de détail que les censures du public et les conseils des gens de lettres m'aideront à faire disparaître ! Puisse enfin ce second poème réussir assez pour m'encourager à compléter, par la publication de *Roland*, mon grand ouvrage sur la chevalerie ; la chevalerie, mine féconde où je me suis précipité avec plus d'audace que de talent, et d'où une main plus habile que la mienne aurait retiré d'inépuisables richesses !.

PRÉFACE
DE LA SECONDE ÉDITION.

Paris, 12 novembre 1813.

Amadis reparaît ici avec des corrections très considérables. Je l'offre beaucoup moins imparfait à ce public indulgent qui a bien voulu l'accueillir. Je rends graces aux journalistes dont les encouragemens m'ont inspiré le désir de les mieux mériter. J'ai aussi profité de leurs critiques. J'invoque de nouveau leurs conseils et ceux des personnes qui croiront cet ouvrage digne de devenir meilleur.

Quant à celles qui ont entièrement blâmé le système de mon style, il est très possible que ce soit fort justement; cependant je suis certainement l'homme de France qui a le plus long-temps réfléchi sur la manière dont il faut *de nos jours écrire des poèmes de chevalerie.* Ayant pour peindre l'ensemble de ces fictions du moyen âge, plusieurs poèmes à donner, et dans tous, d'innombrables faits à exposer, j'ai cru que mes récits devaient être fort rapides toutes les fois qu'ils ne pouvaient être un peu agréables. J'ai pensé que cette rapidité, fort prudente pour les plus longs poèmes qu'on eût encore composés en France, était indispensable dans un siècle blasé comme le nôtre sur la poésie. J'ai peint, ce me semble, beaucoup de sentimens nobles et tendres; mais j'ai cru devoir peindre fort peu de jardins et de palais, après l'abus qu'on a fait parmi nous de la poésie descriptive. Par les mêmes motifs, dans un poème *plein de combats*, j'ai cru n'en devoir détailler que quelques uns. Enfin j'ai gardé la grande poésie pour les grandes occasions. Soit impuissance, soit calcul, j'ai pensé que, dans ces sortes d'ouvrages remplis de folies qu'on ne peut raconter sérieusement, le poète doit souvent, par la simplicité ou la gaîté de son style, suppléer en quelque sorte à la vraisemblance qui manque à ses récits.

De là *ce laisser aller* qui est souvent une de ses ressources; de là cette poésie, qui malgré les rimes, se déguise en prose et quelquefois trop bien, mais qui de temps en temps aussi, devenue plus forte et plus élevée, joint alors à ses propres agrémens l'inappréciable charme de la variété.

Voilà, du moins selon moi, quelle était la seule manière de faire lire aux Français d'aussi longs poèmes; et en supposant qu'il y eût d'autres et de meilleurs moyens, j'ai peine à croire que celui-là soit absolument mauvais. Offrir au public, et dans des circonstances littéraires peu favorables, deux poèmes si étendus, était sans doute pour eux une périlleuse et décisive épreuve; puisqu'ils ont eu le bonheur d'y résister, puisqu'enfin on a pu lire tant de vers, il me semble difficile que le système en soit tout à fait répréhensible, et que le plus grand nombre en soit défectueux Si c'était *malgré mes vers* que ces poèmes ont réussi, ce fait, sans exemple dans la littérature, prouverait en moi un talent beaucoup plus heureux que celui que quelques personnes me refusent.

C'est bien assez, c'est trop, d'avoir fait tant de vers sans être encore réduit à en parler; mais, puisque j'y suis condamné, je représenterai que, si les miens offrent autant d'incorrections qu'on le dit, du moins suis-je sûr qu'ils en offrent beaucoup moins qu'on aura pu le croire d'après ces *soulignemens* dont l'usage est utile sans doute, mais l'abus desquels personne ne résisterait; je dis *personne*, et ceux qui en douteront peuvent, à la fin du Racine, commenté par La Harpe, lire les observations de l'Académie française sur le premier acte d'Athalie. Rien de plus curieux, rien de plus fait pour inspirer le doute littéraire, que les critiques respectueuses et trop souvent incontestables sur le chef-d'œuvre du plus parfait de nos poètes. C'est sans doute l'étonnement où fut l'Académie de trouver tant de petites fautes dans un tel ouvrage, qui l'empêcha d'aller plus loin. Si les géans sont si vulnérables, quelle indulgence n'est pas due aux hommes d'une taille ordinaire. Au reste, ce n'est pas contre les poètes que cela prouve quelque chose, c'est contre les critiques, quand ceux-ci sont mesquins et déraisonnables. Sans doute en fait d'imperfection de style, comme en toute autre chose, il est des bornes qu'il ne faut pas passer sous peine de ridicule ou d'ennui ; sans doute aussi, plus un auteur est correct et pur, plus on doit lui savoir gré de ce mérite très réel ; mais ce mérite n'est le premier qu'en rhétorique, tout au plus ; et je ne puis dire combien, partout ailleurs, m'a toujours paru misérable et nuisible à la littérature, cette manie de gratter des syllabes, manie de beaucoup de critiques dont plusieurs pourraient employer à assembler de très bonnes idées, le temps qu'ils perdent à éplucher des mots. Au moins quand on est si sévère, faut-il être juste ; et il me semble qu'en soulignant mes fautes il eût été équitable d'avouer que dans tous mes chants on trouve de longs morceaux, je ne dis pas bons, je dis seulement *corrects*. Certainement il y a dans cette omission une légèreté ou une prévention excessive ; et cette négligence d'un ou deux de mes juges est peut-être plus forte qu'aucune de celles qu'ils m'attribuent (1).

Comme je n'ai jamais épargné ni temps ni peines pour tâcher de perfectionner mes ouvrages, il ne tient certainement pas à moi qu'ils aient cette correction continue qu'on y désire et que j'y désirerais plus que personne ; puisqu'ils ne l'ont pas, c'est qu'apparemment ce mérite-là, comme tant d'autres, m'est refusé. Je ne vois de remède à ce défaut que d'en dédommager par autre chose, si j'en dédommage. Je n'ai presque rien ; mais, si l'on s'obstine à me juger sur ce que je n'ai pas, je suis perdu. Au reste, il me semble, en considérant des écrivains plus remarquables, que tel d'entre eux est incorrect dans tel passage, précisément par la même raison qui fait que dans d'autres il est piquant et original. La plupart des auteurs, et surtout des poètes, n'ont leurs qualités qu'à la condition de leurs défauts.

Mais je le demande à tous les hommes raisonnables : si l'on fait très bien de signaler des fautes de détail, et si l'auteur fait encore mieux de les corriger, est-ce sur de telles fautes que l'on peut condamner une grande composition ? N'est-il pas trop facile de trouver des aspérités sur une vaste superficie ? Quel sera donc le privilége d'un très long ouvrage en vers, si ce n'est d'être jugé *sur son ensemble*, et non pas comme un quatrain ou un sonnet ? La poésie n'est nulle part un art de syllabes, ni même d'hémistiches ; mais ici moins qu'ailleurs. On a cependant imprimé tel jugement très long sur *Amadis*, sans dire un mot de la conduite, des incidents et des caractères de ce poème. En revanche, on a cité et souligné beaucoup de vers isolés. Plût au ciel que mon ouvrage ne méritât pas d'autres reproches !

D'un autre côté, des personnes douées d'un goût bien supérieur au mien et d'un esprit souvent très élevé, mais peu flexible, ignorent ou ont oublié que l'Arioste, d'ailleurs hors de toute comparaison, a un ton habituel au moins aussi familier que celui que j'ai pris. Elles ont blâmé ici des expressions et des tournures blâmables en effet ailleurs, mais convenables et quelquefois heureuses dans des poèmes qui admettent tous les tons, excepté le mauvais, et qui sont loin de dédaigner toujours *le style marotique*, appelé souvent par le sujet même. Par là, pour le dire en passant, s'expliquent et peut-être se justifient les trois quarts des incorrections qu'on me reproche. Mon poème ne laisse pas que d'être quelquefois assez sérieux : mais je dois cependant avouer qu'il n'est pas écrit pour ces hommes graves qui *n'entendent* pas la plaisanterie.

---

(1) Voyez la seconde préface de *la Table ronde*. *La Table ronde*, *Amadis*, et *Roland* dont je prépare la publication, n'étant que les trois parties d'un même ouvrage, leurs intérêts sont communs, et l'apologie de l'un est, en bien des points, l'apologie des autres.

PRÉFACE.

Toutefois, si je nie une grande partie des fautes qu'on a voulu trouver dans *Amadis*, si surtout je proteste franchement contre une manière de juger la poésie, qui ne tend à rien moins qu'à changer un art divin en un jeu puéril, je sais que la mienne n'offre que trop de fautes réelles et incontestables. Parmi les imperfections que j'ai aperçues, j'ai effacé toutes celles qu'il m'a été possible de corriger. Je chercherai également à corriger celles que certainement je découvrirai encore; mais je ne puis oublier que dans un vaste tableau les figures et les détails de premier plan exigent un fini qui souvent serait un défaut dans les autres; je ne puis surtout me flatter d'ôter jamais à personne la possibilité de faire croire que mon poème est mauvais, en citant un certain nombre de vers qui le soient. J'espère du moins qu'il est tel vers que ne m'attribueront jamais sérieusement les personnes qui m'auront fait un moment l'honneur de me lire. Par exemple, si ces lecteurs rencontrent un vers tel que celui-ci, qui s'était glissé dans la première édition d'*Amadis*,

Vrais héros, ô vous qui chéris du ciel.

loin de donner, ainsi qu'on l'a fait, un tel vers *comme exemple de mon style*, ils diront que j'en ai écrit de faibles, mais jamais un si absurde, et qu'il était d'ailleurs si facile de faire autrement, ils devineront que j'avais écrit,

O vrais héros, vous qui chéris du ciel.

Je ne sais s'ils excuseront une mauvaise volonté si évidente; mais ils excuseront quelques fautes d'impression inévitables, échappées à la lassitude de l'auteur de si longs poèmes imprimés en petits caractères; et si l'on me demande pourquoi je ne les fais pas imprimer en caractères plus forts et en format autre que l'in-18 (1), je répondrai que je n'ai encore pu m'y résoudre, et que, tout en défendant mes faibles ouvrages contre des critiques exagérées, je crains toujours qu'ils ne coûtent plus d'argent qu'ils ne valent et ne tiennent plus de place qu'ils ne méritent.

(1) C'est ainsi que furent d'abord publiés ces poëmes chevaleresques.

AVIS
SUR LA TROISIÈME ÉDITION.

Paris, 1838.

Il y a juste vingt-cinq ans que parurent dans la même année les deux éditions de cet ouvrage, déjà terminé depuis long-temps. Bientôt après, des occupations très différentes m'en avaient fait suspendre toute publication. Il y a même aujourd'hui beaucoup d'années que je n'y avais jeté les yeux. Pressé de réunir enfin les trois poèmes qui constituent l'ensemble de la chevalerie, je trouve en relisant celui-ci qu'il n'est pas toujours aussi réservé qu'il l'eût été plus tard. Mais, plus tard, je n'eusse pas rendu si fidèlement ce mélange curieux et caractéristique des siècles où tant de guerriers et d'écrivains très moraux et très dévots n'étaient pas toujours très conséquens avec leurs principes, et plaisantaient quelquefois de ce qu'ils respectaient le plus. C'est là la couleur de ces siècles, et il est impossible de les peindre sans la reproduire au moins un peu. On le sentit quand l'ouvrage parut, et des critiques, d'ailleurs sévères, passèrent condamnation sur cette nécessité. On le sentira de même aujourd'hui, je l'espère, et je le désire encore plus; car dans ma révision j'ai été indulgent, trop peut-être; je suis ici comme un vieillard qui juge son petit-fils, et qui lui passe bien des choses. J'ai laissé et excusé des folies sans conséquence que les livres originaux dépassent de beaucoup et que le genre chevaleresque permet, exige quelquefois; témoin l'Arioste, et tant d'autres. Ceux qui connaissent les récits anciens, savent même que ces folies appartiennent plus spécialement *aux Amadis*. Au reste, ici comme dans toute ma chevalerie, une foule de sentimens généreux et d'actions magnanimes dédommagent de quelques licences inhérentes à ces sortes de compositions, et dont d'ailleurs il est si facile de détourner les yeux.

Pour ne plus parler ici d'*Amadis* que sous le rapport littéraire, on sent bien que, dans ce long intervalle d'un quart de siècle, un ouvrage a le temps de mûrir et de se perfectionner tout seul. En effet, tout homme qui, seulement pendant quelques années, a perdu de vue l'œuvre de son esprit, y voit d'abord ce qu'il y avait de trop ou de trop peu. Ce fut précisément ce qui m'arriva lorsque après quelque temps je revins à *Amadis*. En le revoyant à diverses époques, déjà très reculées, je fis un peu de jour parmi tant de héros et d'aventures.

Non content d'éclaircir le récit, je revis aussi le style. Mais cette 3me édition, si long-temps différée, sera surtout remarquable par plusieurs morceaux entièrement neufs, quoique bien anciennement écrits; morceaux qui, avec tous ceux qui déjà différenciaient mon Amadis du premier récit, lui donnent une physionomie encore plus spéciale; et, tout en conservant le fond de ce roman si ingénieux, lui impriment plus que jamais le caractère de poème. Tels sont le Singulier Palais et le Jardin-de-l'Isle-Ferme, la Ronde du Sabat, Gigantinople, et surtout le Paradis et l'Enfer de Galaor. On trouvera aussi de nouvelles aventures de ce héros avec Oriane, avec Urgande, avec quelques autres encore. En tout, ce rôle de Galaor, si utile à la gaîté et à la variété de l'ouvrage, a acquis encore plus d'étendue et d'importance; et c'est aujourd'hui surtout que je puis dire : *Amadis* est à peu près de l'ancien auteur; mais *Galaor* est à peu près de moi.

Sur les nombreuses améliorations faites à ce poème, voici, quand je les eus finies, ce que j'écrivais, d'un ton plus léger qu'il ne me conviendrait aujourd'hui; mais le fond n'en est pas moins d'une exactitude parfaite :

J'ai une singulière manière de corriger mes ouvrages : je cherche de la meilleure foi du monde à retoucher ce que l'on y a trouvé de défectueux. Mais ce travail minutieux, cette chicane de mots me fatigue plus tôt que je ne le voudrais; et, comme de ma vie je n'ai bien fait que ce qui m'intéresse ou ce qui m'amuse, je fais assez mal ces corrections. Repoussé de ce côté, je cherche à ajouter des inventions ou des détails qui dédommagent, et j'y réussis mieux. Du moins les nombreux morceaux que j'ai ajoutés à mes premières éditions ont presque tous été jugés assez heureux. Je ressemble un peu en cela à un homme qui, accusé d'avoir en partie payé sa dette en pièces de mauvais aloi, n'en conviendrait pas, exigerait qu'on les reçût à peu près toutes, mais, pour couper court aux difficultés, ajouterait beaucoup plus de bonne monnaie qu'on ne lui en aurait reproché de mauvaise. Je dois et je paie cent écus : on m'en conteste vingt; j'en ajoute trente, et qu'on me laisse tranquille. J'avertis seulement que ce n'est qu'en vers que je paie si bien; et je gémis sur les ingrats qui osent encore dire que je paie mal.

PRINCIPAUX PERSONNAGES D'AMADIS DE GAULE.

URGANDE LA DÉCONNUE, fée, protectrice d'Amadis et des chrétiens.
MÉLYE, sorcière, ennemie des chrétiens et d'Urgande.
ALQUIF, un *des Sages* qui gouvernent le monde, et ami d'Urgande.
PÉRION, roi de Gaule, et descendant de Trébatius.
ÉLISÈNE, femme de Périon.
AMADIS DE GAULE, } fils de Périon et d'Élisène.
GALAOR,
MÉLICIE, sœur d'Amadis et de Galaor.
FLORESTAN, fils naturel de Périon.
LISVARD, roi de la Grande-Bretagne, descendant de Trébatius.
BRISÈNE, femme de Lisvard.
ORIANE, } filles de Lisvard et de Brisène.
LÉONOR,
LOWISMOND, } fils et fille du roi d'Écosse, et d'une
MABILE, sœur de Lisvard.
GALVANE, frère du roi d'Écosse.
GANDALE, châtelain écossais.
GANDALIN, fils de Gandale et écuyer d'Amadis.
ABYES, roi d'Irlande.
CILDADAN, successeur d'Abyes.
MANDALAC, bon géant, instituteur de Galaor.
ALDÉNE, une des maîtresses de Galaor.
BRIOLANIE, reine de Sobradise, et chère à Galaor.
ABYSÉOS, oncle et spoliateur de Briolanie.
ARCALAUS, magicien, élève de Mélye, ennemi d'Amadis.
ARCABONNE, femme d'Arcalaüs.
DARDAN, parent d'Arcalaüs.
FAMONGOMAD,
MANDAFABUL, } géans, ennemis de Lisvard et d'Amadis.
ARDAN CANILLE,
QUEDRAGANT, autre géant, frère d'Abyes.
BALAN, fils de Mandafabul, et père de Bravor.

MADASIME, souveraine de l'île de Montgase, nièce de Dardan et d'Éribase, femme de Famongomad.
BARSINAN, } princes perfides, et voisins de Lisvard.
ARAVIGNE,
PATIN, chevalier, et depuis empereur de Rome.
GRADAMOR, successeur de Patin.
SALLUSTE, chevalier romain.
ESPLANDIAN, fils d'Amadis et d'Oriane.
NASCIAN, ermite.
CORISANDE, maîtresse de Florestan.
LA DEMOISELLE DE DANEMARCK, dite aussi LORISBELLE, attachée à Oriane.
DURIN, frère de la demoiselle de Danemarck.
ENIL, cousin de la demoiselle de Danemarck.
GUILAN LE PENSIF, amant de Mabile.
GRUMEDAN, vieux chevalier, porte-bannière de Lisvard.
D'ESTRAVAUX, chevalier neustrien.
GRASSINDE, reine, appelée aussi MADASIME.
MAITRE HÉLISABEL, médecin, et confident de Grassinde.
LÉONORINE, fille de l'empereur de Grèce.
ARMATO, héros musulman.
LISVARD DE GRÈCE, fils d'Esplandian et de Léonorine.
L'IMPÉRATRICE, épouse de Lisvard de Grèce.
AMADIS DE GRÈCE, fils de Lisvard de Grèce.
CARMESINE, fille de Lisvard de Grèce.
TIRAN-LE-BLANC, arrière petit-fils de Galaor.
PLAISIR-DE-MA-VIE, confidente de Carmesine.
LA VEUVE REPOSÉE, nourrice et gouvernante de Carmesine.
HIPPOLYTE, page de Tiran.
BRAVORANTE, héros musulman, successeur d'Armato.
NIQUÉE, princesse de Thèbes, chère à Amadis de Grèce.

AMADIS DE GAULE.

CHANT PREMIER.

Enfant trouvé sur la mer.—Amadis, chevalier d'Oriane. — Est armé par Périon.—Sauve Périon.—Bataille.—Duel.—Jalousie.—Reconnaissance.

O revenez, beaux jours du temps jadis,
Tournois, vertus, amours des Amadis !
O revenez, pour servir de modèles,
Temps où les preux n'étaient jamais honnis,
Où les méchans étaient toujours punis,
Où les Beautés étaient souvent fidèles !
Reparaissez, nobles mœurs, nobles jours !...
Frivole espoir, vain regret que le nôtre !
Ces temps heureux sont finis pour toujours ;
Cet âge d'or est perdu comme l'autre.
Offrant ici vos souvenirs touchans,
Et d'un poète agréant l'humble hommage,
Jours illustrés, revivez dans mes chants,
Et dans mes vers montrez-nous votre image.

Mais d'Amadis le renom est passé ;
Jadis si grand, son nom semble effacé.
Brave La Noue, un des preux de la France,
Tu nous l'apprends : en tes jours, qui parlait
Sur Amadis avec irrévérence,
Courait, au moins, le hazard d'un soufflet.
Ce temps n'est plus ; la gloire est occupée
D'autres héros qu'elle vante à bon droit,
Et nul guerrier, dans notre âge un peu froid,
Pour Amadis ne tirerait l'épée.
Pour le sauver des censeurs meurtriers,
Que faire donc ? défendez-le, mesdames :
Il a péri, gardé par les guerriers,
Mais il vivra protégé par les femmes.

Objets rians dont on chérit la loi,
Vous dont l'esprit est aussi de la grace,
Dans ces récits, femmes, inspirez-moi :
Je vous élis Muses de mon Parnasse.
Les chastes Sœurs, prenant des airs hautains,
Ici pour moi se montreraient rebelles ;
Mes chevaliers, quelquefois libertins,
Pourraient fort bien choquer ces demoiselles.
Vous nous verrez d'un œil plus indulgent ;
Vous blâmerez aussi, mais doucement ;

Et quelquefois notre joyeux délire
Nous obtiendra le pardon du sourire.
Inspirez-moi des tours ingénieux
Pour raconter ces plaisantes merveilles,
Et que ces faits qui charmaient nos aïeux,
Si quelquefois ils font baisser vos yeux,
N'osent jamais offenser vos oreilles.
Ah ! ce n'est pas un fade louangeur
Qui sollicite ici votre indulgence ;
C'est un ami qui, du moins comme auteur,
Vous dut toujours de la reconnaissance.
J'ai, dès long-temps, vu mes faibles écrits
Pour vous, par vous, obtenir quelque prix.
Tout récemment, quand aux regards du monde
J'eus évoqué l'antique Table Ronde,
Près d'elle, autour de ses fiers chevaliers,
J'ai vu briller vos figures charmantes,
Comme parfois un buisson de lauriers
Est couronné de roses séduisantes.
Hé bien ! montrez quelques bontés encor
Pour Amadis, même pour Galaor.
Quoi qu'on ait dit de leurs exploits terribles,
Ne souffrez pas qu'un esprit factieux
Ose nier leurs faits prodigieux :
Ils vous aimaient ; ils étaient invincibles.

Par un temps calme et par un ciel serein,
Un Écossais que l'on nommait Gandale,
Voguait en paix vers sa rive natale.
Fidèle époux comme heureux châtelain,
Du bon pays de Petite-Bretagne
Il ramenait son aimable compagne,
Et celle-ci pressait contre son sein
Leur jeune enfant qu'ils nommaient Gandalin.
Soudain il croit sur l'humide campagne
Voir un berceau qui flottait. Incertain,
Il s'en approche, il contemple, il admire
Un autre enfant qui tend ses petits bras
Et le regarde avec un doux sourire :
Il le saisit et l'enlève au trépas.

Il voit alors que la magnificence
Orna pour lui les tissus de l'enfance ;
Trouve un anneau, gage de quelque foi,
Puis une épée, instrument de vaillance,
Et puis ces mots : *Amadis, fils de roi.*
Mais bien avant qu'il eût vu ces symboles
Et ces trois mots de larmes obscurcis,
Sa jeune épouse avait dit ces paroles :
« Ami, le ciel m'envoie un second fils. »

Dès ce moment, avec douce caresse,
Gardant du sort ce dépôt singulier,
A cet enfant qu'adopta sa tendresse,
Elle prêta son sein hospitalier.
Amadis croît, et dès son plus jeune âge
Annonce bonheur, force, vertu, courage.
De Gandalin, qui marche à son côté,
Il est chéri, mais presque respecté.
Respectant moins son aimable pupille,
Pour cet enfant Gandale, en son désir,
Ne demandait qu'un sort doux et tranquille.
Rien que cela ! l'on doit en convenir,
Cet Écossais n'était pas difficile.
Mais l'inconnu qu'on nomme le Destin,
Était bien loin de servir son envie.
Près d'un grand chêne, au noble châtelain
Certaine fée apparaît un matin,
Et lui fait peur, bien qu'elle soit jolie.
Pour le calmer, adoucissant ses traits,
D'un ton affable elle lui dit : « Gandale,
Bon chevalier, quel péril tu courrais
Si tant de gens, à lutter toujours prêts,
Savaient qu'ici ta bonté se signale
Pour un enfant qui, flétrissant leur nom,
Et sur leur perte appuyant son renom,
Doit les priver un jour par la victoire,
Ou de la vie, ou du moins de la gloire ! »
Lui, très flatté de cet avis si digne,
Salue alors la fée, et lui demande
Quel est son nom. « Je suis, dit-elle, *Urgande
La Déconnue.* Amadis m'est bien cher ;
Même il se peut qu'un jour il me défende.
Toi, fais nommer *Damoisel de la mer*
Ce jeune enfant que je te recommande. »

Gandale cède à cet ordre précis.
Le damoisel, qui n'est plus Amadis,
Des chevaliers apprend les exercices ;
Malgré son âge, il en fait ses délices.
Il s'en tirait si bien, que certain jour
Le roi d'Écosse, arrivant chez Gandale,
Voit cet enfant, veut l'avoir à sa cour
Et cultiver sa grâce martiale ;
Mais celui-ci, qui court à Gandalin,
N'en veut jamais séparer son destin.
Le roi charmé tous les deux les emmène ;
Et Lowismond, fils du prince écossais,
Du damoisel partageant les projets,
Forme avec lui la plus étroite chaîne.
De pareils nœuds alors qu'on s'est lié,
Du temps perfide on brave l'inconstance ;
Et bien heureux celui qui, dans l'enfance,
A su fonder une vieille amitié !

Déjà pour eux l'aimable adolescence
Hâtait le pas, et dans leur jeune cœur
Tous deux sentaient fermenter la valeur,
Lorsque Lisvard, roi de Grande-Bretagne,
Vint visiter le monarque écossais.
De révoltés, qui couraient la campagne,
Lisvard voulait réprimer les excès ;
Pour quelque temps, dans cette cour prochaine,
Il déposa son épouse Brisène.
Cette princesse avait à son côté
Sa fille aînée appelée Oriane.
Elle, Amadis, éclataient de beauté.
Au temps jadis et dans la cour profane
De Jupiter, tel l'enfant Apollon
Brillait auprès de la jeune Diane.
Comme Lisvard, pendant un temps fort long,
Des révoltés combattit l'insolence,
Les deux enfans, moins enfans tous les jours,
Parmi leurs jeux et parmi leurs discours,
Prirent estime, amitié, confiance.
Bien qu'Oriane eût cinq printemps de moins,
Et que ce fût une fleur non éclose,
Le damoisel lui prodiguait des soins,
Et de l'amour soupçonnait quelque chose.
Des Écossais au moins c'était l'avis.
Leur reine un jour, avec un doux souris,
Dit : « Oriane, ici je vous propose,
Pour chevalier à vos ordres soumis,
Le *damoisel de la mer.* » Amadis
Répond « Souffrez, reine, que je me donne.
Oui poursuit-il d'un air dont on s'étonne,
Belle Oriane (il tombait à genoux),
Je jure ici, par le ciel, par vous-même,
D'être soumis à votre ordre suprême,
De respirer et de vaincre pour vous. »
A ce discours, Oriane est troublée ;
Son front s'est peint d'une vive rougeur ;
Pour chevalier, devant cette assemblée,
Elle n'osa l'accepter que du cœur ;
Mais, de ce jour dont leur ame est ravie,
Ils sont unis par un lien secret.
Ce jeu d'enfant, dont près d'eux on riait,

Fut sérieux, et pour toute la vie.

Plein, jusqu'alors, d'un généreux élan,
Lisant sans fin Lancelot et Tristan,
L'adolescent n'admirait que leur gloire.
Il fut soudain frappé d'un nouveau jour :
La belle Yseult revint à sa mémoire.
Il s'avisa de penser et de croire
Que, par la gloire, on méritait l'amour,
Et que l'amour embellissait la gloire.
Des Lancelots en vantant les efforts
Pour réprimer maint brigand téméraire,
Il se disait, plein d'une ardeur guerrière,
Que ces héros, ces redresseurs de torts,
Avaient laissé bien de l'ouvrage à faire.
Plus de repos; il brûle de partir :
De ses exploits il veut remplir le monde.
On désirait encor le retenir;
On comprimait son ardeur vagabonde.
L'occasion vint enfin le servir;
L'occasion qui manque à tant de monde!

Roi de la Gaule et fameux chevalier,
Périon vint, et visita la terre
Du roi d'Écosse. Il en était beau-frère,
Et crut pouvoir, à ce droit, le prier
De lui prêter un secours nécessaire;
Car il savait que contre ses états,
Depuis long-temps le roi d'Irlande, Abyes,
Sans aucun droit formait des plans impies
Et convoquait un monde de soldats.
Les soldats sont, comme on sait, la monnaie
Dont, en tout temps, dans les combats on paie,
Et les héros en dépensent beaucoup.
Puisqu'à se battre il faut bien qu'il s'attende,
Périon veut des soldats, et surtout
N'en pas avoir moins que le roi d'Irlande,
Le roi d'Écosse accueille sa demande.
Un corps puissant, ambitieux d'exploits,
Va seconder les valeureux Gaulois,
Et Lowismond, à qui le calme pèse,
Est nommé chef de la troupe écossaise.
Ce jeune prince est déjà chevalier,
Pour Amadis, quel regret! quel supplice!
L'adolescent, avide de briller,
Dans Oriane a vu sa protectrice :
« Souffrez, dit-il, ma noble ambition;
Permettez-moi de servir Périon :
Je sens déjà qu'un doux penchant me lie
A ce héros. Ah! faites que par lui
Je sois admis à la chevalerie. »
Sans hésiter, lui prêtant son appui,
A Périon Oriane s'adresse.

Ce roi vaillant, que sa grace intéresse,
Plus qu'il ne faut ne se fait pas prier.
« Même projet, lui dit-il, est le nôtre :
Le Damoisel doit être chevalier,
Puisque d'avance il est ici le vôtre. »

Du Damoisel qui peindrait le bonheur!
Je ne dis rien de *la veille des armes;*
Mais je dirai qu'Oriane en son cœur
Pour son amant sentait quelques alarmes.
Toute la nuit, de sa vive frayeur
Elle entretint sa cousine Mabile,
De Lowismond gaie et charmante sœur,
D'un cœur sensible et d'un esprit facile.
Vêtu de blanc, en nouveau chevalier,
Le Damoisel s'avance avec noblesse.
Voyant sa taille et son regard guerrier,
Périon sent une sombre tristesse.
« Ah! se dit-il, si le ciel l'eût permis,
Mes yeux pourraient contempler un tel fils! »
De son coté le Damoisel se trouble.
Sur Périon plus il porte les yeux,
Plus pour ce prince; en lui, naît et redouble
Un sentiment secret, impérieux.
Quand Périon dit : « Avez-vous envie
D'être agrégé dans la chevalerie?
— Oui, répond-il, et plus encor, seigneur,
De signaler près de vous ma valeur. »
Lors Périon lui donne l'accolée,
Lui fait chausser *les éperons dorés;*
Puis s'approchant d'Oriane troublée :
« De ces bontés, puisque vous honorez
Ce Damoisel, ou mon ame est trompée,
Dit Périon, ou vous le charmerez
En consentant à lui ceindre l'épée. »
De refuser Périon le moyen!
Dans cet emploi la Belle s'embarrasse,
S'y prend fort mal, mais s'en tire fort bien;
La maladresse a quelquefois sa grace.

Mais Gandalin, empressé d'arrêter
Le Damoisel, avec tristesse amère
Lui dit : « O ciel! vous m'allez donc quitter!
— Moi! te quitter! toi, mon ami, mon frère!
Viens, suis mes pas; viens, et, fait chevalier...
— Un jour, répond Gandalin, je l'espère;
Mais, méritant une faveur si chère,
Je veux d'abord être votre écuyer.
— Mon écuyer! toi! ciel! que veux-tu faire? »
Dans ce desein il le voit affermi.
« O Gandalin, lui dit-il, tu m'affliges;
Mais tu le veux : sois, puisque tu l'exiges,
Mon écuyer, mais surtout mon ami. »

Or, du départ voici déjà la veille.
Rempli d'amour et puis d'un autre feu,
Le chevalier, qu'un noble zèle éveille,
Court à sa dame adresser son adieu.
En le voyant, Oriane chancelle,
Baisse les yeux : « Chevalier, dites-moi,
Êtes-vous fils de Gandale, ou d'un roi,
Comme on le pense? » Il répond à sa Belle :
« Gandale croit que d'un roi je naquis.
Je ne sais pas si le sort m'en fit naître :
Mais, si d'un roi je ne suis pas le fils,
Je vais tâcher de mériter de l'être.
Je vais punir des oppresseurs cruels,
Et protéger des cités, des provinces.
Les princes sont respectés des mortels,
Et les héros sont respectés des princes.
Oui, poursuit-il, les plus hardis travaux
Vont peu coûter à l'ardeur qui m'enflamme.
Pourrait-il bien n'être pas un héros
Le chevalier dont vous êtes la dame! »
Il veut alors, ô fille de Lisvard,
Baiser le bas de ta robe brillante ;
Et tu le vois, et, par un juste égard,
Veux l'arrêter avec ta main charmante.
Mais ce vouloir causa de grands malheurs ;
Car, rencontrant cette main séduisante,
Il la pressa d'une lèvre brûlante,
Et ce baiser répondit à deux cœurs.

Je ne dis pas qu'Oriane blessée
Aimât déjà le jeune chevalier ;
Mais elle était assez bien disposée.
Elle le fut, on ne peut le nier,
Encore mieux, lorsque bientôt près d'elle
Cette princesse entendit mille voix
Qui célébraient la valeur, les exploits
Du chevalier, et sa gloire nouvelle.
On lui contait quatre géans occis,
Et d'attentats six dames exemptées.
On ajoutait, pour l'honneur d'Amadis,
Qu'il les avait lui-même respectées.
Elle applaudit beaucoup ce dernier trait
Au fond de l'âme, et Mabile, sincère,
En souriant lui disait : « Ah! ma chère,
Tu goûtes plus que tout ce qu'il a fait,
Ce qu'en ces jours il évita de faire. »

Mais ces exploits si brillans et si fiers
N'étaient qu'un jeu pour son jeune courage,
Et ce n'était que ces légers éclairs
Dont la lueur devance un grand orage.
Le Damoisel, qui cherchait des combats,
Et vers la Gaule avait porté ses pas,

Vit d'un château sortir au bruit des armes
Un écuyer qui criait plein d'alarmes :
« Faut-il ici, sous des coups meurtriers,
Voir expirer la fleur des chevaliers! »
Le Damoisel, sans tarder davantage,
Pique des deux, dans le château s'engage,
Et là, témoin du complot le plus noir,
Voit Périon qui, luttant sans espoir
Contre l'effort d'une cohorte immense,
Vengeait la mort qu'il allait recevoir.
A ses côtés le Damoisel s'élance.
Les assassins alors sentent l'effroi.
Malgré le nombre, Amadis et le roi,
Qu'en ce combat leurs écuyers appuient,
Luttent si bien, que tous les assaillans
N'osent braver des héros si vaillans ;
Beaucoup sont morts, et beaucoup plus s'enfuient.
Lors Périon, embrassant le guerrier
Dont le secours lui devint si propice,
Dit : « Si mon bras vous a fait chevalier,
Le vôtre a bien acquitté ce service. »

Les deux vainqueurs, en suivant de leur mieux
Dans le château leurs ennemis impies,
Virent au lit le châtelain très vieux,
Qui leur cria : « Je suis parent d'Abyes. »
La parenté n'excusait point son tort ;
D'un autre on eût puni la perfidie ;
Mais il était si proche de la mort,
Qu'on eut pitié du reste de sa vie.

Du Damoisel Périon enchanté,
Sur son navire aux champs gaulois l'amène,
Et, de sa main, ce prince a présenté
L'adolescent à sa femme Élisène,
Fille d'un duc des Bretons respecté.
Jusqu'à ce jour, de cette noble reine
Le temps avait épargné la beauté ;
Mais des chagrins, par leur cruelle atteinte,
Avaient laissé sur son front quelque empreinte.
Quand elle vit les traits nobles et doux
Du Damoisel qui sauva son époux,
Dans son regard une vive allégresse
Pour un moment remplaça la tristesse ;
Et puis bientôt l'âge du Damoisel
La rappelant à des regrets antiques,
La pauvre reine éleva vers le ciel
Ses yeux chargés de pleurs mélancoliques.
Jamais, d'ailleurs, plus loin on n'a porté
Le soin pieux de l'hospitalité.
Le chevalier dont l'aspect l'intéresse
Loge au palais. Elle prévient ses vœux.
S'il est présent, elle le suit des yeux ;

CHANT PREMIER.

S'il est absent, elle en parle sans cesse.
On admirait l'accueil inopiné
Que lui faisait la reine en sa tristesse :
Périon même en était étonné.

Le Damoisel avait l'ame frappée
D'autres objets. Il regardait l'anneau,
Et plus souvent l'antique et noble épée
Que l'on trouva jadis dans son berceau.
Le bon Gandale, au chevalier nouveau
Aimé des grands et fêté des monarques,
De sa naissance a fait passer ces marques.
Ah! ces objets, le nom qu'on y joignit
De *fils de roi*, calmaient peu son esprit :
La valeur est la première noblesse;
Il se croyait digne d'une princesse;
Mais Oriane à ses yeux éperdus
Était bien mieux : c'était une déesse.
Puis de Lisvard il craignait les refus.
Il s'écriait : « O divine Oriane!
A quels regrets mon malheur me condamne!
Je suis, hélas! par un sort odieux,
Trop incertain du père qu'on me donne.
Ceux-là qu'on dit fils des rois ou des dieux,
Assez souvent ne sont fils de personne.
Allons, cachons dans mon sein ma douleur.
Dans les combats acquérons de l'honneur :
Je ne suis point maître de ma naissance;
Un noble ami des combats périlleux
Fait son renom, et non pas ses aïeux.
O quand viendra le jour de la vaillance! »

L'occasion de courir aux exploits
S'offrit bientôt, brillante et périlleuse.
Le roi d'Irlande amène aux bords gaulois
De ses guerriers la foule impétueuse,
Et Périon regrette ses cités
Que ravageaient ces peuples redoutés.
Voyant partout cette horde innombrable,
C'est dans Autun, alors presque imprenable,
Qu'il a caché ses trésors les plus chers.
Dans ce séjour, la reine, et Mélicie,
Qui de tous deux est la fille chérie,
Des Irlandais croyaient braver les fers :
Sous les remparts on voit soudain paraître
Les Irlandais avertis par un traître.
Ils espéraient enlever sans efforts,
De Périon et la fille et la femme.
Mais Périon, que la fureur enflamme,
Sans désormais attendre de renforts,
Vers cette ville accourant au plus vite,
S'y jette, aidé d'une assez faible élite.
Et Lowismond et le beau Damoisel,

Vous le sentez, lui faisaient compagnie.
Les Irlandais, pleins d'un espoir cruel,
Devant Autun s'assemblent en furie;
S'ils l'emportaient, dès-lors, à leur avis
Et même au sien, la Gaule était conquise.
Ils avaient bien jugé leur entreprise,
Mais avaient mal jugé leurs ennemis.
Ceux qu'ils croyaient déjà tenir esclaves,
Ont dérangé leurs projets insolens.
Vous eussiez vu de braves assiégeans
Que combattaient des assiégés plus braves.
Les Autunois, gens d'esprit et de cœur,
Du Damoisel secondaient la valeur,
Et, fiers d'avoir dans les antiques Gaules,
Devant César joué d'assez beaux rôles,
Ils repoussaient les Irlandais; souvent
Ils les allaient assaillir dans leur camp.
Enfin un soir le redoutable Abyes
A fait venir ses deux jeunes neveux :
« Mes chers amis, grace à vos soins, je veux
Mettre, dit-il, un terme à ces sorties.
Demain matin vous vous présenterez
Aux assiégés, et tout près de leurs portes,
En ne montrant que de faibles cohortes.
Ils sortiront : vous, vous reculerez,
Et près d'ici, moi, mon armée entière,
A leur valeur nous donnerons carrière. »

On obéit; mais les vaillans neveux
Furent trompés dans l'orgueil de leurs vœux.
Quand on recule, avec peine on s'arrête
Devant des gens si fiers dans les combats.
Le Damoisel, qui ne plaisantait pas,
Aux deux neveux a fait voler la tête.
Par Lowismond, Périon secondé,
Des assaillans a renversé l'élite.
Des Irlandais le groupe intimidé
De la retraite alors fait une fuite.
On les suivait de près, et les Gaulois
Dans l'embuscade allaient tomber, je crois;
Heureusement le redoutable Abyes,
De ses neveux ayant appris la mort,
Paraît trop tôt. Il cède à son transport,
Et veut venger ces victimes chéries.
Les fiers Gaulois, à cet aspect soudain,
Cèdent au nombre et rebroussent chemin,
Mais noblement, comme au rivage maure
Marche un lion, quand, pressé des chasseurs,
Lançant sur eux des regards destructeurs,
Il se retire, et les combat encore.
En ce moment, pour la première fois,
Du Damoisel le grand renom se fonde :
Dans ce combat il fit de tels exploits,

Que Lowismond, dont le bras le seconde,
Au premier rang lui cède tous les droits.
En le montrant il s'écriait : « Gaulois,
Voilà le preux le plus vaillant du monde ! »
Le remarquant, un guerrier irlandais,
Parmi le choc, dit an terrible Abyes :
Voilà celui de qui les mains impies
De vos neveux vous privent pour jamais !
Le roi géant, transporté de furie,
Au Damoisel, qui rentrait le dernier,
Court aussitôt, au combat le défie.
A ce banquet se voyant convier,
Ne craignez pas qu'il manque à la partie.
Terrible encor, Périon eût voulu
Que ce combat à lui fût dévolu.
Du Damoisel écoutant les prières,
Périon cède enfin : le jour est pris :
Le lendemain, deux puissans adversaires
Se combattront devant les deux partis.

Il faut savoir que le terrible Abyes,
Depuis long-temps géant très renommé,
A toujours vaincre était accoutumé,
Et tout pliait sous ses mains ennemies.
Un bras si fier, un rival si puissant,
Faisait trembler dans la cité prochaine
Pour Amadis, encore adolescent.
Nul ne trembla pourtant comme Élisène.
Elle avait peur, de toute l'amitié
Qu'elle portait à ce brillant élève
De son époux. Or, tandis qu'elle rêve
A ce combat follement octroyé,
Le Damoisel, plein d'une noble envie,
Invoque Dieu, puis sa dame chérie,
Et, croyant bien par elle être vainqueur,
En a posé la lettre sur son cœur.
La lettre ? eh oui ! par une *demoiselle
Du Danemarck*, suivante très fidèle,
Au chevalier Oriane a fait part
De son retour chez son père Lisvard,
Qui, roi puissant de la Grande-Bretagne,
De révoltés a purgé sa campagne.
« Adieu vous dis, adieu. Que de la mer
Le Damoisel puisse à Vindilisore
Revoir bientôt ce qu'il a de plus cher ! »
Tels sont les mots qu'Amadis lit encore.
Hé bien ! voyez les erreurs d'un amant :
Dans un tel choc, contre toute blessure,
De ce billet le simple talisman
L'assurait plus que toute son armure.

Oh ! quel combat j'aurais à raconter !
Quels coups d'épée ici seraient de mise :

Mais Amadis, qu'on ne peut trop vanter,
En donnera beaucoup : j'économise.
Le roi d'Irlande, en ce brillant duel,
Enfin tomba frappé d'un coup mortel.
« Grand Damoisel, ennemi que j'estime,
Je meurs, dit-il, et le destin m'opprime :
Par mon malheur ton cœur intéressé
Va m'accorder ce qu'un mourant réclame :
Rends-moi mon corps, pour qu'étant confessé,
Tranquillement je rende à Dieu mon âme.
A Périon je vais faire, à ce prix,
Restituer tout ce que j'avais pris. »
L'offre était belle, et puis la pitié tendre
Pour le mourant devait se faire entendre.
Dans le tombeau de ses nobles aïeux
Sûr désormais de trouver un asile,
Bien confessé, ce roi ferma les yeux ;
Et son armée, à ses ordres docile,
Cédant le fruit de ses faits glorieux,
Abandonna la Gaule enfin tranquille.

Un tel service était bien précieux
Pour Périon et la reine et sa fille :
Le Damoisel, chéri, fêté par eux,
Sembla dès lors être de la famille.
Un jour il vit, seule, en un grand émoi,
Pleurant bien fort, la jeune Mélicie.
« Qu'avez-vous donc ? lui dit-il. — *Papa roi*
Ne me pourra pardonner de sa vie.
Il m'a tantôt prêté complaisamment
Un anneau d'or qu'il aime chèrement ;
Je l'ai perdu ! — Mais quelle peine extrême !
Ne peut-on pas adoucir ce regret ?
A cet anneau si le mien ressemblait.... »
Elle le prend, et dit : « Ciel ! c'est le même.
Me le cacher, ce n'était pas trop bien. »
Et sans tarder, d'une course légère,
Elle l'emporte et le donne à son père
Qui, dans l'abord, crut que c'était le sien.
Mais, ô surprise ! il la quittait à peine,
Que sous ses pas il trouve son anneau.
Il reconnaît alors dans le nouveau
Celui qu'un jour à la belle Élisène
Il présentait au printemps de ses jours,
Printemps heureux de leurs tendres amours.
Sans nul retard montrant à Mélicie
Les deux anneaux, il dit sévèrement :
« Qui vous donna celui-ci, je vous prie ?
— C'est de la mer le Damoisel charmant. »

Je l'avoûrai, la sombre jalousie,
De Périon s'empare en ce moment.
Très inquiet, voilà qu'il se rappelle

Tout ce qu'a fait son épouse encor belle
Pour ce guerrier qui, chez lui bien venu,
A son anneau, dès long-temps disparu,
Et, tout d'abord, il se rend auprès d'elle.
Mais sur cela dès qu'il a dit deux mots,
Et dès qu'il a montré les deux anneaux,
Les yeux en pleurs, la reine qu'on révère
Tombe à genoux en s'écriant soudain :
« O Dieu puissant, m'exaucez-vous enfin ?
— Parlez, madame, expliquez ce mystère,
Dit Périon. » Cette reine autrefois,
De Dieu lui seul suivait les saintes lois ;
On la nommait *la Dévote perdue*,
Quand Périon vint s'offrir à sa vue.
Lors la plus sage, indulgente à ses vœux,
Avait été, pour lui, la moins sévère.
Étant parti bientôt, amant-heureux,
En son absence il avait été père.
Mais de ce fils, hélas ! croyant d'abord
Être réduite à déplorer la mort,
Elle en avait dérobé la naissance
A Périon, même alors que l'hymen
A ce héros avait uni sa main.
Dès que l'anneau lui rend quelque espérance,
A son époux Élisène, en pleurant,
Révèle enfin ce secret déchirant.
Elle lui dit : « Une mort trop certaine
De ma faiblesse étant l'affreuse peine,
De nos amours le fruit débile et cher
A mon insu fut porté sur la mer.
De mon salut, ma nourrice occupée,
Mit avec lui cet anneau, votre épée
Qui me resta, lorsque votre départ
Précipité par pitié, par égard,
Dans la nuit sombre, au courroux de mon père,
De nos liens déroba le mystère.
De plus, cherchant toujours un protecteur
Pour mon enfant, ma nourrice bien chère
Sur son berceau traça le rang du père ;
Elle y joignit jusqu'au nom d'Amadis,
Que je donnais en secret à mon fils :
Puis, triomphant de sa douleur profonde,
Et ravissant ce fils, mon doux trésor,
Elle courut le déposer sur l'onde,
Parmi les flots qui le berçaient encor ;
Et cet anneau, facile à reconnaître,
Était le vôtre avant ce jour cruel !
Et de l'anneau le jeune et noble maître
Est *de la mer* nommé *le Damoisel* !
Un tel rapport..... courons, seigneur : peut-être
Ce fils, au moins, fut sauvé par le ciel.
Si de mon cœur j'en crois la voix secrète... »
Tous deux saisis de mutuels transports,

Sans différer courent à la retraite
Du Damoisel, qui reposait alors ;
Mais Périon en a saisi l'épée :
« C'est elle, ah, dieu ! c'est elle qui jadis
Par ma valeur fut souvent occupée ! »
Lors, éveillant le Damoisel surpris,
La tendre reine exigeant qu'il réponde,
Dit : « De Gandale êtes-vous donc le fils ?
Non, répond-il ; je fus trouvé sur l'onde,
Et mes parens m'appelaient Amadis. »
Ce nom si doux a terminé la peine
Qui déchira si long-temps Élisène.
Au Damoisel elle crie : « O mon fils !
— Vous ?... — Oui, c'est toi que mon âme flétrie
N'espérait plus. Viens, oh ! viens sur mon cœur,
Mon premier-né, le regret de ma vie,
Qui désormais en sera le bonheur !.... »
Pour Amadis, ô moment plein de charmes !
En le pressant dans ses bras satisfaits,
La reine dit à Périon en larmes :
« Étonnez-vous, seigneur, si je l'aimais ! »

CHANT DEUXIÈME.

Amadis défend Urgande. — Galaor armé chevalier par Amadis. Premier exploit de Galaor. — Imprudence de Galaor. — Singulière manière de se justifier. — Grand combat d'Amadis. — Première entrevue.

Il est bien doux d'obtenir de l'estime,
De voir sur nous les regards s'arrêter,
De recueillir un tribut légitime
Que l'on chercha toujours à mériter :
Il est plus doux, plus précieux peut-être
De vivre en paix auprès de ses amis,
Quand le malheur nous apprit à connaître
Que notre cœur les avait bien choisis ;
Un tel plaisir, encor qu'il soit extrême,
Est toutefois, pour un mortel charmé,
Loin du moment où l'objet que l'on aime,
En rougissant répond qu'on est aimé ;
Mais tous ces biens dont s'enchante la vie
Sont effacés, et leurs droits sont perdus,
Près du bonheur d'une mère ravie
Qui voit son fils qu'elle n'espérait plus.

Vous le sentez, tendres cœurs, pauvres mères,
A qui les flots où d'exécrables guerres
Ont enlevé sans espoir de retour
Votre trésor, l'enfant de votre amour :
O puissiez-vous, à l'égal d'Élisène,
Voir s'effacer cette cruelle peine

Dont gémissait votre cœur déchiré,
Et puissiez-vous, dans un jour plein de charmes,
Voir revenir ce fils inespéré,
Et le couvrir de baisers et de larmes!

   Quand Elisène et Périon unis
Ont bien pressé dans leurs bras Amadis,
Qui, sur-le-champ a repris et révère
Ce nom chéri que lui donna sa mère,
Sa mère dit: « Un bonheur peu commun,
Cher Périon, en ce jour est le nôtre.
J'avais deux fils: avoir retrouvé l'un
Me rend l'espoir de trouver aussi l'autre.
— L'autre? interrompt Périon éperdu;
Mais il est mort. — Non: il n'est que perdu.
— Ciel! — oui, seigneur, telle fut ma disgrace:
Je nourrissais Galaor sur mon sein,
Quand un géant me l'enleva soudain.
Bien vainement j'en fis suivre la trace,
Vous étiez loin alors, guerrier vainqueur.
Déjà l'espoir était hors de mon cœur,
Quand je vous vis rentrer dans votre empire.
Je redoutai vos reproches, seigneur,
Et, sur ce fils trompant votre douleur,
Je le dis mort, plutôt que tout vous dire.
Il l'est sans doute hélas! — Non, non, j'irai,
Dit Amadis, je le retrouverai.
Le ciel plus doux me rend à vous, ma mère,
Et c'est à moi de vous rendre mon frère. »

   Bientôt il part pour chercher Galaor;
Mais, comme en route il mettait ses délices
A redresser toutes les injustices,
Après six mois il le cherchait encor;
Car, d'obliger ne pouvant se défendre,
A chaque pas il trouvait à reprendre
Quelque oppresseur, quelque trait déloyal;
Au bon vieux temps tout allait au plus mal.
Un jour vers lui vient de la part d'Urgande
Une pucelle; et sans autre discours:
« Beau chevalier, madame vous demande;
Elle a besoin de tout votre secours. »
Voyant s'ouvrir cette nouvelle lice,
Notre héros, sans être plus bavard,
Court avant tout sauver sa bienfaitrice:
Il trouvera son frère un peu plus tard.

   Or, grace à moi qui vais toujours bien vite,
Vous trouverez Galaor tout de suite.
Mes chers amis on l'avait enlevé,
Mais pour son bien; et, des mieux élevé,
Ce damoisel était plein de mérite.
Le vieux géant par le temps désarmé,
Pour les combats l'avait très bien formé,
Et Galaor, rempli d'ardeurs nouvelles,
Cherchait partout des exploits et des Belles;
Ce damoisel, qu'un effroi décevant
Avait cru mort, est vivant, très vivant.
Près du géant qu'il prenait pour son père
Et qu'on nommait Mandalac, lestement
Il cheminait, plein d'un espoir charmant;
Et par Lisvard, roi fameux d'Angleterre,
Il désirait être armé chevalier,
Quand au milieu d'une chaussée étroite,
Vers un château qui s'élevait à droite,
Il vit marcher, suivi d'un écuyer,
Un chevalier près d'une demoiselle:
Le bouclier sur qui l'or étincelle
Offre en azur deux lions menaçans.
Tirant du cor des sons retentissans,
Ce chevalier, sur l'étroite chaussée,
Voit accourir d'une ardeur empressée
Un assaillant qui lutte avec effort,
Et qui bientôt tombe sanglant et mort.
Un autre suit encor plus redoutable,
Et tombe, atteint d'un coup épouvantable.
Le jeune élève, amoureux des exploits,
Des chevaliers admirait le modèle,
Et méditait cette leçon cruelle,
Quand du château s'élancent à la fois
Six combattans, dont trois géans énormes;
Et dans les airs, avec d'horribles voix,
Brillent soudain mille monstres difformes,
Qui, de concert attaquant le vainqueur,
Vont menaçant son courage et son cœur.
L'adolescent, valeureux, magnanime,
Veut protéger le héros qu'on opprime,
Trompant l'effort du géant précepteur,
Dans les périls Galaor qui s'élance,
Du chevalier embrasse la défense.
Le chevalier, contre tant de fureur,
Résistait seul, armé de sa vaillance:
Mais ce secours accroît son espérance.
Il a déjà pourfendu deux géans,
Et Galaor renverse le troisième.
Terrible et fier, le chef des assaillans
Montrait encore une valeur extrême;
Malgré l'effort des monstres menaçans,
Le chevalier, qu'il presse et qu'il défie,
L'abat enfin, et va trancher sa vie.
« Ciel! arrêtez, crie un dragon volant:
Dites vos vœux, expliquez votre envie,
Demandez tout: la puissante Mélye
Va racheter les jours de son amant.
—Sans nul retard il faut qu'elle me rende,
Dit le vainqueur, ma bienfaitrice Urgande. »
Le monstre vole: et, bientôt accourant,

CHANT DEUXIÈME.

Au chevalier la sorcière Mélye
En frémissant remet son ennemie,
Et disparaît avec son jeune amant.

« Noble Amadis, dit Urgande sauvée,
De quel péril ton bras m'a préservée !
C'est pour cela, c'est pour un tel secours
Que de tout temps je veillai sur tes jours.
Toi seul pouvais, par un si grand courage,
Me délivrer d'un affreux esclavage.
Mais qu'il m'est doux, en mon malheur cruel,
Que ce soit toi dont le bras m'affranchisse !
Sans autre cause, un aussi grand service
Entre nous deux est un nœud éternel.
— Mais, sage Urgande, à votre délivrance,
Dit Amadis, ce noble adolescent
A bien sa part. — Ah ! crois qu'également
Il a sa part à ma reconnaissance,
Répond la fée. — Oui, poursuit Amadis,
Sans sa valeur, mes jours étaient finis. »
A Galaor, qu'il ne sait pas son frère,
Ce preux demande alors ce qu'il peut faire
Pour reconnaître un si vaillant secours.
« O le plus grand des héros de nos jours,
Dit Galaor, chez le roi d'Angleterre
Je me rendais, voulant le supplier
De consentir à m'armer chevalier :
Plus de plaisir flatterait mon courage,
Si j'obtenais de vous cet avantage. »
Le héros dit : « Certes, je le veux bien,
Et ne suis pas pour vous refuser rien.
Je vois en vous une illustre vaillance,
Et je vous crois une illustre naissance.
Pour moi, je suis garant de ce point-ci,
Dit le géant. J'en suis garante aussi,
Répond Urgande, et ce guerrier que j'aime
Est, j'en réponds, noble comme vous-même.
— Soit ; mais avant de céder à ses vœux,
En quelque église il faut bien qu'il paraisse. »
Galaor dit : « Assez près de ces lieux,
J'ai ce matin, seigneur, ouï la messe,
Et de Jésus vu le corps précieux... »
Lors Amadis, que ce ton persuade,
Chausse éperon, et puis donne accolade
A l'aspirant. Il désirait encor
Pouvoir donner un glaive à Galaor ;
Urgande dit : « Regardez sur ce chêne. »
Sans y rien voir tous épuisent leur peine.
La fée alors poursuit : » Regardez mieux :
Dans cet instant je dessille vos yeux.
Dix ans passés, cette épée inconnue
Pour ce guerrier fut par moi suspendue. »
Lors Amadis, surpris et satisfait,

A Galaor, qu'entre ses bras il serre,
Ceint cette épée ; et la fée admirait
Le frère armé chevalier par son frère.

La volonté de la fée ou des cieux
Ne permit pas qu'ils se connussent mieux
Pour le moment. Terminant cette affaire,
Amadis, prêt toujours à *chevaucher*,
Quitte son frère en allant le chercher ;
Mais, s'occupant de l'objet qu'il adore,
Cherche avant tout devers Vindilisore.
Lisvard dès lors habitait ce château,
Qu'on voit toujours, et qui n'est plus si beau ;
Mais de Vindsor la forêt éternelle
Est, selon Pope, encore brillante et belle.
De ce côté comme Amadis partait,
Le vieux géant à Galaor qui reste
Dit : « Si pour vous ma tendresse a tout fait,
Ah ! vengez-moi d'un ennemi funeste.
Depuis vingt ans l'âge m'a désarmé ;
Et depuis seize, inquiet, opprimé,
Je vois mon bien, la roche des Galtares,
Entre des mains injustes et barbares.
C'est Albadan qui me la sut ravir.
— C'est moi qui vais sur lui la conquérir,
Dit Galaor ; heureux si ma vaillance
Peut acquitter vos soins pour mon enfance !
— Mais Albadan sème au loin la terreur.
— Tant mieux : mon bras en aura plus d'honneur. »
Galaor dit, et dans sa noble joie,
Vers Albadan sans retard il envoie :
Il le défie. On n'avait pas souvent
Jusqu'à ce jour défié ce géant,
Tant sa vaillance et sa force cruelle
Le faisaient craindre : aussi dans le pays,
De cette audace on fut au loin surpris.
Le jour venu, certaine demoiselle
De ce côté s'avançait doucement,
Quand elle vit un jouvencel charmant,
Qui, bien qu'armé, cheminait lestement :
« Daignez me dire où vous allez, la Belle ?
— Seigneur guerrier, je vais voir, répond-elle,
Un grand combat qu'un jeune homme imprudent
Livre en ce jour au terrible Albadan.
— J'y vais aussi, dit Galaor lui-même
(Car c'était lui) ; vous, qui charmez mes yeux,
Si vous voulez, nous irons tous les deux. »
Elle y consent. Plein d'une grâce extrême,
De ses propos Galaor l'amusait,
Et quelquefois gaîment il l'agaçait.
« Hé mais, disait la demoiselle sage,
Je manquerai, grâce à vous, mon voyage,
Et le combat où tous deux nous allons

Sera fini, quand nous arriverons.
Rassurez-vous, répond le jeune page :
Pour commencer on nous attend, je gage. »

Il voit un bois qui plaît à son espoir.
Là fleurissait la verdure nouvelle.
Là Galaor dit : « Il faut vous asseoir ; »
Et poliment il s'assit auprès d'elle.
Je ne sais pas comment cela se fit ;
Mais, à la belle en secret caressée,
Sur ces gazons, Galaor qui sourit
Fit oublier qu'elle était bien pressée.
Il lui jura de l'aimer constamment,
Et le prouva du moins pour le moment.
Certain savant, qui prétend s'y connaître,
Dit qu'en amour c'était le coup d'essai
De Galaor. Le fait peut être vrai ;
Mais l'écolier se conduisit en maître.

La demoiselle et Galaor, enfin,
Vers le rocher poursuivant leur chemin,
De celle-ci quelle fut la surprise
Quand elle vit le jeune Galaor
Au pied du roc faire sonner son cor !
« C'est vous, ô ciel ! qui tentez l'entreprise !
Si jeune encor, braver un tel péril !
— Oui. Restez là, s'il vous plaît, lui dit-il. »
Il monte au roc, et sur la plate-forme
Il voit bientôt *poindre* un géant énorme.
C'est Albadan, qui dit, haussant le ton :
« Que viens-tu faire ici, petit garçon ?
— Mon grand ami, je m'en vais te l'apprendre, »
Dit Galaor qui court sans plus attendre,
Porte au géant un coup qui l'étourdit,
Sait échapper à sa réplique prête,
Atteint encor le monstre qui frémit,
L'abat enfin, et fait rouler sa tête.

En cet instant, Mandalac arrivait,
Comme l'on croit, plein de transes affreuses.
De son élève, acquitté par ce trait,
Il court baiser les mains victorieuses.
Les habitans de la roche, d'abord,
Viennent, ravis, saluer, reconnaître
Le vieux géant. On conçoit leur transport ;
Ce Mandalac était bien meilleur maître.
Notez aussi qu'il était le plus fort.
Dans son château, Galaor, qui le laisse,
Court retrouver la demoiselle. « Eh mais !
Dit celle-ci, vous m'étonnez sans cesse !
Aurait-on pu le deviner jamais ?
Tant de valeur avec tant de jeunesse !
Venez, seigneur, venez voir ma maîtresse.

— Est-elle bien, demanda Galaor ?
(Il demandait toujours cela d'abord.)
— Aldène est bien, et de plus est princesse.
Par le trépas de ce géant occis,
De l'injustice elle n'est plus la proie.
Quand ses états sont par vous affranchis,
Elle vous va recevoir avec joie. »
Galaor suit, arrive en un château
Plus élégant encor qu'il n'était beau.
La jeune Aldène, à laquelle on présente,
Sans différer, le chevalier vainqueur,
Avait le front tout couvert de rougeur.
« Ma tante Orphise est, lui dit-elle, absente ;
Mais on reçoit toujours son bienfaiteur. »
On a laissé Galaor avec elle.
Il est charmant autant qu'Aldène est belle.
Reconnaissante, Aldène en vint soudain,
Tout en causant, à lui serrer la main.
Il s'y trompa, crut follement l'entendre,
L'osa presser entre ses bras émus,
Et fit si bien dans son ivresse tendre,
Qu'en peu de temps il ne s'y trompa plus.
Douce leçon, et facile à comprendre,
Que Galaor ne sait que du matin !
Ainsi, souvent un écolier malin
Tout bas explique à l'écolier voisin
Une leçon qu'il ne fait que d'apprendre.

Comme tous deux ils causaient tendrement,
La tante arrive, et presque les surprend.
A Galaor, que d'abord elle emmène,
D'un ton sévère elle fait une scène.
Lui, niait tout, et pourtant regardait
Du coin de l'œil celle qui le grondait.
Madame Orphise était très bien encore :
C'était Junon ; ce n'était plus l'Aurore.
Orphise avait ce port majestueux
Qu'en notre siècle on ne retrouve guères,
Qui fait plaisir aux esprits vertueux,
Et qui fait peur aux esprits téméraires.
Mais Galaor crut alors concevoir
Qu'il fallait faire un coup de désespoir.
« Oui, lui dit-il, je respectais Aldène ;
Mais un doux charme en cet instant m'entraîne. »
Il est bien vrai, pour ne vous taire rien,
Sur Galaor d'humeur passionnée,
Qu'il était prêt à causer, aussi bien
Que s'il n'avait rien dit de la journée ;
C'était son genre, et chacun a le sien.
Il tombe aux pieds, il monte aux bras d'Orphise,
Dont vous pouvez concevoir la surprise.
Tout en disant : « Mais vous perdez l'esprit ; »
Elle résiste.... et déjà s'attendrit.

Un plus doux charme embellit sa figure,
Et de Vénus Junon prend la ceinture.
A ses désirs, Galaor, qui sourit,
Rend à la fin Orphise favorable.
C'est en donnant de nombreuses raisons,
Qu'il sait enfin dissiper ses soupçons.
« Oui, se dit-elle, il est incontestable
Qu'Aldène ici l'eût rendu moins pressant ; »
Et tant de fois Galaor fut coupable,
Qu'Orphise dit : « Vous êtes innocent. »

Or, Amadis, près de Vindilisore
Était déjà, quand, surpris par la nuit,
Vers un châtel où l'on faisait grand bruit,
Il vint frapper, croyant jusqu'à l'aurore
S'y reposer. Mais paraissant enfin
A la fenêtre, un grossier châtelain
De loin lui crie avec un ton sauvage :
« Quand dans la nuit un chevalier voyage,
C'est trop souvent par un lâche détour,
Et dans la peur de combattre le jour.
— Homme insolent, tu ne méritais guère
Le fol honneur que je voulais te faire
Quand je venais loger dans ta maison.
Oseras-tu me dire ici ton nom ?
— Oui, répondit la voix impertinente,
Si tu promets que, quand tu me verras,
Tu combattras, et point ne me fuiras.
— Je le promets. Dis ton nom. — On le vante :
Je suis Dardan, de cent victoires fier.
Quand tu pourras te trouver sur ma route,
Redoute un jour bien plus fâcheux, sans doute,
Que cette nuit à passer en plein air.
— Sors, malheureux, viens braver ma vengeance,
Fais à l'instant apporter des flambeaux,
Et je saurai punir ton insolence.
— Des flambeaux ! ciel ! est-ce que tu les vaux ?
Allons, crois-moi, cesse tes cris funèbres ;
Ta demande est vraiment hors de propos.
Les chats-huants sont faits pour les ténèbres. »
Dardan a dit : Il ferme son volet,
Et, fredonnant, retourne à son banquet.

Qui d'Amadis pourrait peindre la rage !
Je la compare à celle de l'orage
Qui sur sa tête incessamment croissait.
Mouillé, transi, s'éloignant à regret,
Il vit enfin une clarté lointaine.
Il y courut, et trouva, satisfait,
Un pavillon élevé dans la plaine.
Là, deux Beautés, près d'un foyer ardent,
Se défendaient de l'orage grondant.
Le chevalier, qui les vit dans la peine,
Sut, en usant du foyer bienfaiteur,
Que pour leur dame, au loin, d'un défenseur
Elles avaient fait la recherche vaine.
« Un chevalier, le cimeterre en main,
Veut assurer à son injuste dame
L'immense bien que la nôtre réclame.
— Où le voit-on ? — Devant Lisvard, demain.
— Quel est son nom ? — Son nom est redoutable.
— Son nom ? — Dardan. — Rencontre favorable !
Heureux moment ! — Qu'avez-vous donc, seigneur ?
— Rien. Vous avez trouvé le défenseur. »

Il dit, et, calme à côté de ces Belles,
Attend le jour qui ne vient pas encor ;
Car Amadis n'était pas Galaor :
Ce fut heureux ou malheureux pour elles.
Mais aussitôt qu'un char de pourpre et d'or
Loin dans l'Éther montra ses étincelles,
Il s'éloigna, se rendit vers Lisvard.
Le fier Dardan n'était pas en retard.
Dans la carrière où la foule se presse,
Il se promène auprès de sa maîtresse ;
Et la victime avec des yeux en pleurs,
Attend en vain, seule avec ses douleurs.
Mais Amadis, qui s'avance vers elle,
Sait, en s'offrant, modérer son effroi,
Et dit alors à Dardan qu'il appelle :
« Je viens combattre et pour elle et pour moi.
— Hé mais ! par moi ta voix est reconnue ;
N'étais-tu pas ce triste oiseau de nuit
Qui l'autre soir... — Oui, tu m'as éconduit ;
Mais c'est le jour, et ton heure est venue. »
Ils prennent champ. Le fils de Périon
Cherche Oriane en vain sur le balcon.
En ce moment elle manque à sa vue.
Lors la trompette appelle la valeur ;
Dardan, du choc, est jeté sur l'arène ;
Mais son adresse est telle, et sa vigueur,
Que du coursier il ne perd point la rêne.
Sur le cheval il s'est déjà rassis,
Et, l'épée haute, il attend Amadis.
Ah ! quels efforts d'adresse et de courage !
Il me faudrait une heure pour conter
Ce grand combat qui dura davantage.
Après des faits qu'on ne peut trop vanter,
A leurs coursiers dont la force se lasse,
D'un choc plus long les deux rivaux font grâce.
Voilà qu'à pied, de ces fiers ennemis
Se renouvelle une lutte vaillante.
Dardan comptait sur sa vigueur puissante ;
Mais il avait compté sans Amadis.
Malgré sa force, et l'ardeur dont il brûle,
Par Amadis il est mené si mal

Que ce brigand qui jamais ne recule,
Recule enfin... jusqu'au balcon royal.
Du Danemarck lors cette demoiselle,
Qui d'Oriane est compagne fidèle,
Tout haut, de là, dit : « Ce monstre est perdu. »
Par Amadis ce propos entendu
Lui fait lever les yeux : il voit sa Belle,
Son Oriane, et demeure éperdu.
De ce moment le fier Dardan profite.
Dardan s'élance, espérant l'accabler;
Et par surprise il allait l'immoler,
Quand Amadis, qui s'éveille et s'irrite,
Sur son rival soudain se précipite;
Et celui-ci, sans haleine, sans voix,
Cédant au vœu d'Amadis qui le presse,
De sa victime a reconnu les droits.
Mais du vaincu l'insolente maîtresse
En cet instant s'avançant jusqu'à lui :
« Lâche guerrier, dit-elle, faible appui,
C'est donc ainsi que tu tiens ta promesse!
Un jour pour toi mon amour s'est mépris;
Mais tu n'as plus de droits qu'à mon mépris.
— Ciel! quand pour toi mon ardeur intrépide
Brava la mort mille fois...! Tiens, perfide,
D'un trait si vil reçois le digne prix. »
Dardan a dit, et, d'une main cruelle,
L'atteint de mort, et s'immole après elle.

Fuyant des yeux ce spectacle d'horreur,
Chacun contemple, admire le vainqueur.
Mais, en son ame aussi tendre que fière,
Quelle surprise Oriane ressent,
Quand, Amadis abaissant sa visière,
Elle revoit celui qui l'aime tant,
Et dont ses yeux ont méconnu l'armure
Qui des combats gardait la noble injure!
Plus hardiment et Brisène et Lisvard
Sur ce vainqueur arrêtent leur regard.
Ce roi vaillant de la Grande-Bretagne
Veut que partout Amadis l'accompagne;
Et ce héros ne s'y refuse pas,
Malgré son rang et ses futurs états.
L'amour l'engage en cette cour prochaine.
Le chevalier d'Oriane, tout bas,
Se fait tout haut chevalier de Brisène.
De ce héros chacun parlait en bien :
Seule Oriane encor ne disait rien.
« Quelle froideur! et qui l'aurait pu croire,
Lui dit Brisène, observant son maintien!
Ma fille, est-il si loin de ta mémoire,
Ce Damoisel qu'on nommait *de la Mer*,
Et qui te fut, ce me semble, assez cher ? »
A ce propos, Oriane troublée

Parle au hasard, ne sait ce qu'elle dit
A ce héros non moins qu'elle interdit.
Leur embarras eût frappé l'assemblée,
Si, leur laissant reprendre leurs esprits,
Mabile, à temps s'approchant d'Amadis,
A ce héros n'eût demandé nouvelle
De Lowismond, frère chéri par elle.
Un chevalier, bien brave et bien bavard,
Qui l'aimait fort, mais qu'elle n'aimait guère,
Guilan, aussi vint l'aider sans retard
Par maints propos, dont Brisène et Lisvard
Ont la bonté de se laisser distraire.

Depuis long-temps alors qu'on s'est quitté,
On a toujours à traiter quelque affaire
En tête à tête; et puis, à ne rien taire,
Les jeunes gens, de toute antiquité,
Ont causé mal devant les père et mère.
Mabile ayant compris cela très bien,
Quoique d'amour elle eût su se défendre,
A son amie enfin le fit comprendre.
Certaine clé fournit un bon moyen
Pour qu'Amadis vînt, la nuit avancée,
Entretenir sa dame à la croisée.
Mais la vertu veillait à ces amours.
Le fer montant en colonnes légères
Laissait passage à de tendres discours,
Et s'opposait aux vœux plus téméraires.
D'ailleurs, de craindre il n'était pas besoin :
Cet Amadis que l'on redoute au loin,
Dont le nom brille, et dont la gloire impose,
Ce chevalier, si fier et si vaillant,
Paraît auprès d'Oriane, en tremblant
De l'avoir pu blesser en quelque chose.
Bien qu'enchanté de son bonheur présent,
Jamais il n'eût fixé les yeux sur elle,
Si de la lune un rayon complaisant
A ses regards ne l'eût fait voir si belle.
Ne se pouvant qu'à peine soutenir,
Sur les barreaux tous les deux s'appuyèrent;
Sur les barreaux leurs mains se rencontrèrent.
Le chevalier, qui se sent tressaillir,
Par pur respect, sur une main charmante
Pose aussitôt une bouche brûlante;
Respect heureux qui se change en plaisir !
Mabile arrive, et, témoin de leur trouble,
Rit avec eux, de peur qu'il ne redouble.
Les voilà trois : mais, palpitans, heureux,
Jamais du cœur ils ne furent que deux.
Jamais le temps n'eut un vol plus agile.
Tout au bonheur et tout à leur amour,
Les deux amans n'entendaient pas Mabile,
Ne voyaient rien, et pas même le jour.

Mais cependant Gandalin qui s'avance
Vient d'Amadis invoquer la prudence.
Amadis sent qu'il doit partir enfin,
Qu'ils ont assez mis le sort à l'épreuve;
De son amante il retrouve la main,
Et pour long-temps de bonheur il s'abreuve.
Il part comblé de joie et de regret,
Quittant la main qui lui fut confiée.
Mabile dit qu'une larme y restait,
Et de long-temps ne fut pas essuyée.

Oh! qu'avec art Amour sait commencer
Les nœuds qu'il forme et les vœux qu'il inspire!
Rien n'est si doux que le premier baiser,
Rien si flatteur que le premier sourire!
Je ne dis pas que cet enfant des cieux
Donne d'abord tout ce qu'il a de mieux;
Mais de quels biens son début s'assaisonne!
Quel prix charmant il prête à ce qu'il donne!
On a grand tort de si fort se presser
Dans le chemin qu'il nous fait traverser
Pour arriver au don qu'il nous prépare;
Mais on voudrait, avec ce dieu bizarre,
Toujours finir et toujours commencer.

Eh mais! que dis-je? et, m'attirant des blâmes,
N'ai-je pas eu des pensers trop hardis?
Il m'en souvient, j'ai convié les dames
A présider au banquet d'*Amadis*.
A ce banquet, j'ai, pour de tels convives,
Peur de servir des histoires trop vives.
Déjà je vois un périlleux essor
En Amadis, surtout en Galaor.
Qui sait combien d'histoires engageantes
Occuperont votre temps et le mien?
Écoutez-les, ô femmes indulgentes
Qui n'en restez pas moins femmes de bien.
Mais il en est dont l'esprit plus sévère
Croirait manquer à des lois qu'il révère;
Et quelque objet timide et gracieux
En m'écoutant pourrait baisser les yeux.
Ah! que par moi pas le moindre dommage
Jamais ne vienne étonner, affliger,
Le sexe à qui j'ai voué mon hommage?
Il faut au moins l'avertir du danger.
Je ne veux pas scandaliser vos ames;
Je ne veux pas causer votre courroux;
J'aurais grand tort. Ne lisez pas, mesdames.
Si vous lisez, le tort sera pour vous.

CHANT TROISIÈME.

Virelai d'Amadis. — Amadis chez Arcalaüs. — Bruit de la mort d'Amadis. — Secours d'Urgande. — Galaor au couvent. — Combat de deux frères. — Ils se reconnaissent.

« Roses d'amour embellissent ma vie
Près de l'objet qui me sait enflammer.
La voir sans cesse est ma plus douce envie,
Et mon bonheur est de toujours l'aimer.

» A mes regards quand elle était ravie,
Tout l'univers me semblait en courroux;
Mais je la vois, l'air est pur, le ciel doux:
Roses d'amour embellissent ma vie.

» La gloire encore a droit de me charmer,
Mais elle perd son pouvoir sur mon ame;
Et je ressens à peine une autre flamme
Près de l'objet qui me sait enflammer.

» Plus je la vois, plus mon cœur l'apprécie.
Non, il n'est rien auprès de ses appas.
Pardonnez-moi, tournois, brillans combats:
La voir sans cesse est ma plus douce envie.

» Puissent des vœux que je n'ose former
Un jour enfin l'éprouver favorable!
Je ne sais pas si l'on me trouve aimable;
Mais mon bonheur est de toujours l'aimer. »

Ce virelai, d'Amadis fut l'ouvrage.
Pour Oriane, aimant son doux servage,
Il avait fait les paroles et l'air;
Car ce héros, si terrible et si fier,
Était bien loin de l'âpreté sauvage
De ces guerriers qui, n'aimant que le fer,
Aux arts jamais n'ont su rendre un hommage:
Tristes mortels, dont l'unique plaisir
Est leur fureur cruelle et vagabonde!
Un dieu vengeur leur défend de sentir
Ces arts charmans qui consolent le monde.
Tel ne fut point le héros Amadis.
Il connaissait les rives du Permesse:
Moins que ses coups ses vers étaient hardis;
Mais il chantait au besoin sa tendresse.
Pourtant un soir, troublant des chants si doux
Certain fantôme en un bois solitaire
Vint, et lui dit: « Tu peux être jaloux
De célébrer la Beauté qui t'est chère;
Mais tu montras jadis l'intention
De rechercher, de découvrir ton frère,
Et tu l'avais promis à Périon. »
Ce mot pour lui fut un trait de lumière,
Et sans délai voilà qu'il veut partir.

Au premier mot, Oriane en murmure,
Et montre même un jaloux déplaisir.
En s'expliquant Amadis la rassure.
Si lorsqu'on aime on pouvait réfléchir,
Il eût jugé, sans savoir l'avenir,
Que cette crainte était de bon augure.

Dans ce voyage il est mainte aventure.
Assez souvent, de quelque affreux païen
Par sa valeur il faisait un chrétien ;
*Lui prescrivant, sous menace sévère,
D'écouter messe et fonder monastère.*
Souvent aussi, dans un bal, un festin,
Tombaient aux pieds de Brisène, soudain,
Géans vaincus, demoiselles sauvées
Et d'attentats par son bras préservées,
Guerriers ardens qu'il rendit circonspects,
Et par son ordre attestant ses respects.
Puis ce cortége, encor qu'un peu profane,
Allait aussi saluer Oriane.
Car, du héros que je chante aujourd'hui,
Brisène était la dame officielle ;
Mais, je l'ai dit : la confidentielle,
C'est Oriane ; et c'est bien plus pour lui.
Combien de fois, après ses escalades
Et ses combats sur d'innombrables bords,
Il répéta de telles ambassades,
Usage heureux des chevaliers d'alors
Qui l'employaient même pour leurs passades.
Dans ce récit et ce long entretien,
J'aurais sans cesse à raconter la chose ;
Et par hasard si je n'en disais rien,
J'ose prier toujours qu'on la suppose.

Mais je reviens, modérant mon essor,
Vers Amadis qui cherche Galaor.
Or Amadis, auprès d'une masure,
Passant un jour, fut aperçu d'un nain
Qui dit, frappé de sa noble figure :
« Ce chevalier vaut bien, tout me l'assure,
Le jeune preux qu'on voit au *val du Pin.* »
Notre héros qui, dans son cœur, espère
Au val du Pin trouver son noble frère,
Dit à ce nain : « Allons de ces côtés,
Et fais-moi voir ce guerrier redoutable
— Oui, dit le nain, si vous me promettez
De me venger d'un oppresseur coupable.
— Je le promets. » Dans un vallon affreux
On le conduit près d'un pin sourcilleux.
Notre héros y trouva, non son frère,
Mais un guerrier venu d'une autre terre,
Gaulois, français, neustrien ; D'Estravaux,
Qui, couronnant les plus nobles travaux,

Soutenait là, depuis l'année entière,
Que sa maîtresse, au regard enchanté,
De toute Belle effaçait la beauté.
C'est bien à lui : mais sans peine on suppose
Que d'Oriane Amadis prend la cause.
Il sait enfin, après un long combat,
Faire céder d'Estravaux qu'il abat.
Mais le vainqueur relève à l'instant même
Le preux vaincu dont le trouble est extrême.
« Votre ennemi, lui dit-il noblement,
Est plus heureux que vous, non plus vaillant.
Des combattans le destin est le maître ;
Il est injuste et quelquefois jaloux.
Qui sait ! demain il me garde peut-être
Quelque vainqueur moins terrible que vous. »
Vous jugez bien que cette courtoisie
Par le vaincu fut vivement sentie ;
Mais le chagrin reprend bientôt son tour.
« Parbleu, dit-il, l'infortune est piquante ;
Jugez, seigneur : voici le dernier jour
Où je luttais pour ma dame charmante ;
Ma dame allait céder à mon amour ;
Et, d'un échec puni par la cruelle,
Je vais me voir fui, dédaigné par elle !
— Non, lui répond le vainqueur redouté ;
Devant ses yeux vous devez trouver grace :
Je ne suis point garant de sa beauté,
Mais je le suis de votre noble audace. »
Le héros dit, et d'un bras affermi
Le soutenant, chez l'objet de sa flamme
Il le ramène, et si bien il réclame
Qu'il n'obtient pas un succès à demi,
Et qu'il assure à d'Estravaux sa dame,
En s'assurant à jamais un ami.

Le nain alors est rempli d'allégresse,
Et d'Amadis réclame la promesse.
« Ah ! dit ce nain que l'on nommait Elmis,
Par un géant mon maître fut occis :
Vous seul, guerrier dont j'ai vu la vaillance,
De son trépas pouvez tirer vengeance.
Je ne saurais vous le dissimuler ;
Arcalaüs souvent a fait trembler.
— Arcalaüs, cet Enchanteur, ce traître,
Qui des brigands est le prince et le maître ?
— Oui. Vous, qu'on voit d'un zèle sans égal
Des oppresseurs poursuivre au loin la trace,
Vous en voudrez punir le général ;
Car son génie anime leur audace.
Je ne veux point vous tromper aujourd'hui :
Ce fier géant, en qui la force brille,
Des trahisons emploie aussi l'appui.
Je ne connais que le géant Canille

Qui soit encor plus à craindre que lui.
—Oui, tous les deux passent pour redoutables;
Mais commençons par vaincre Arcalaüs,
Qui sur ces bords s'est fait haïr le plus,
Par des forfaits tristement mémorables. »
Lors Amadis est conduit par le nain
Vers un château qu'on nommait Valderin;
Affreux séjour dont les tours gigantesques
Pouvaient troubler des cœurs chevaleresques.
Amadis entre en ce manoir ouvert,
Et dans les cours tout lui paraît désert.
Mais là, partout, quelque grille fâcheuse
Retient ses pas et barre son chemin;
Seule, une voûte horrible et ténébreuse
Offre un passage. Auprès de Gandalin
Le chevalier ayant laissé le nain,
Gent, comme on sait, d'une foi très douteuse,
S'enfonça seul en ce noir souterrain.
Bientôt des bruits de verrous et de chaînes
Viennent se joindre aux cris des prisonniers.
Lors il attaque, occit gardes, geôliers;
Et des captifs il termine les peines.
Il affranchit au moins dix chevaliers
Que retenaient ces prisons abhorrées,
Et par le crime au malheur consacrées.
Il trouve entre eux Galvane l'Écossais,
Et puis Guilan plus bavard que jamais.
Quand avec lui cette troupe charmée
Revient au jour, il aperçoit soudain
Le nain fidèle et son cher Gandalin
Que suffoquait une épaisse fumée,
Et tous les deux, qui se croyaient perdus,
Près d'un grand feu palpitaient suspendus.
Comme ils allaient tous deux cesser de vivre,
Bien à propos Amadis les délivre.
A ses amis il les laisse, avisant
A la croisée un grand vilain géant:
C'était enfin Arcalaüs lui-même.
« Est-ce bien toi dont l'insolence extrême
Dans ma maison traite mes gens ainsi?
—Descends, perfide, et je t'abats aussi. »
Arcalaüs descend, bouillant de rage.
Entre tous deux un grand combat s'engage.
Au front d'abord légèrement blessé,
Comme Amadis est prompt à la vengeance!
Arcalaüs sous son bras renversé,
Demande grace, échappe..., et recommence.
Mais Amadis, bien qu'il soit plus petit,
Est le géant en adresse, en vaillance.
Arcalaüs, qu'il presse et qui frémit,
Recule enfin et fuit avec prudence.
De chambre en chambre, ardent à le presser,
Le chevalier suit, sans que rien ne l'arrête.

Dans la dernière enfin, tournant la tête,
Arcalaüs paraît se raviser,
Et le défie alors de s'avancer.
« Jusqu'aux enfers redoute ma vaillance,
Dit Amadis. » Mais, ô sinistre écueil!
Quand de la porte il a franchi le seuil,
Vous l'eussiez vu tomber sans connaissance.

Lors Amadis toujours inanimé
Par l'Enchanteur sans peine est désarmé.
On dit bien plus, et j'ai dû tenir note
De certain mot du fameux don Quichotte:
Quand ce dernier eut subi tout de bon
Le procédé nommé coups de bâton
Pour avoir eu la grandeur imprudente
De protéger le galant Rossinante,
Et de braver ces procédés grossiers
Des Enchanteurs appelés muletiers,
Ce chevalier, d'une espèce nouvelle,
Dit à Sancho, son écuyer fidèle,
Qui murmurait, vivement affligé
D'un accident qu'il avait partagé:
« Console-toi; ces pénibles outrages
Au vrai renom n'altèrent point nos droits.
Va, les héros s'obscurcissent parfois,
Et ces soleils ont aussi leurs nuages.
Juge moins mal l'affront que tu maudis,
Petit esprit que ce revers étonne,
Ne sais-tu pas qu'Arcalaüs jadis,
Maître un moment de l'illustre Amadis,
Le fit lier au pied d'une colonne?
Ne sais-tu pas que perfide, inhumain,
Il le traita d'une étrange manière?
Ne sais-tu pas que de sa propre main
Il lui donna deux cents coups d'étrivière? »
De pareils coups sont de ces attentats
Qu'il ne se peut qu'un Amadis redoute.
S'il les reçut, ce fut alors sans doute;
Mais je suis sûr qu'il ne les reçut pas.
A moins qu'il n'ait dormi pendant la scène;
Sommeil heureux que je croirais à peine.
Non: Amadis, par le sort mieux traité,
Vit seulement sa liberté ravie;
Il fut surpris et ne fut point fouetté,
Et Don Quichotte en parlait par envie.

D'ailleurs quelqu'un, comme on pourra le voir,
N'eût pas souffert un attentat si noir.
Arcalaüs à sa femme Arcabonne
Dit: « Je pourrais immoler à mon gré
Cet ennemi que le sort m'abandonne;
Mais je n'ai garde, et je le punirai
Par des tourmens dont je veux qu'on frissonne.

Entre vos mains, ce dépôt est commis. »
Il dit; il court où sa haine l'appelle,
Et, tout couvert des armes d'Amadis,
De son trépas va porter la nouvelle.

D'Arcalaüs égale en cruauté,
Associée à sa lâche vengeance,
Sa digne épouse, Arcabonne en silence
Considérait le Gaulois redouté
Qui paraissait privé de l'existence,
Quand tout à coup, apportant des flambeaux,
Les allumant sans dire quatre mots,
Dans cette salle entrent deux demoiselles.
Vient à pas lents une dame après elles.
Elles tenaient un brasier d'une main,
De l'autre un livre; et six filles charmantes
Venaient après, d'un chant pur et divin
Répétant l'air sur six harpes touchantes.
Quelques parfums brûlés sur Amadis,
Quelques discours d'une langue inconnue
Que redisaient d'invisibles esprits,
Tout étonnait Arcabonne éperdue.
Lors du héros la dame prend la main :
« Cher Amadis, réveillez-vous enfin;
Votre Oriane en ce jour le commande,
Et votre gloire, et votre amie Urgande. »
Se soulevant, Amadis aussitôt
La reconnaît, à ses genoux se jette :
« Venez, dit-elle, empêcher au plus tôt
La trahison qu'Arcalaüs projette.
Arcalaüs vous dit mort et vaincu;
Il est parti couvert de votre armure :
Prenez la sienne, et qu'il soit convaincu
Par votre aspect d'une double imposture. »

En rendant grace à la fée, Amadis
Laisse Arcabonne à sa fureur cruelle.
Les prisonniers par lui réaffranchis
De son salut vont porter la nouvelle.
Lui-même il part dans le même dessein;
Mais l'Enchanteur, qui trompe son attente,
A fait déjà les trois quarts du chemin,
Et chez Lisvard le traître se présente :
« Sire, dit-il, Amadis est venu
Me défier, de l'air plein d'insolence
Qu'il avait pris, et qu'il n'a plus perdu,
Depuis le jour où Dardan abattu,
Ne sais comment, a péri sans vengeance.
Entre nous deux il était convenu
Que le vainqueur, entrant chez votre altesse,
Viendrait couvert des armes du vaincu.
Vous me voyez ; je remplis ma promesse.
Ces armes-là sont petites pour moi;
Mais du combat j'ai dû suivre la loi,

Et dans ces lieux, fier de mon avantage,
Prouver ma gloire en en montrant le gage. »
A ce récit Lisvard, triste à l'excès,
S'est détourné sans dire nulle chose.
L'Enchanteur part, charmé de ces regrets,
Et bien heureux de la douleur qu'il cause.

Mais Oriane, alors qu'il fut admis,
A reconnu les armes d'Amadis,
Et s'attendait à le revoir lui-même,
Lorsque Lisvard saisi d'un trouble extrême
Vient chez la reine, et dit avec effort :
« Notre Amadis...—Notre Amadis..?—Est mort.
— Ciel! » Oriane, en sa douleur amère,
Pâlit, chancelle, et tombe. Heureusement
A ce regret que lui cause un amant
Se mêle alors l'effroi pour une mère;
Car, de douleur, dans le même moment,
Brisène aussi perdait le sentiment.
Mabile alors arrive épouvantée;
Et par ses soins Oriane emportée
Peut sans trahir ses sentimens secrets
Peindre l'horreur de ses doubles regrets.
On la rassure aussitôt sur Brisène;
Mais il lui reste une cruelle peine.
Ses yeux charmans étaient chargés de pleurs,
Et son silence exprimait ses douleurs;
Quand de l'effroi son ame retirée,
D'Arcalaüs apprend les tours maudits :
Sur Amadis la dame est rassurée,
Par les captifs qu'affranchit Amadis.
Un calme heureux, après un triste orage
Rentre en son cœur, brille sur son visage.
« Ma chère, dit Mabile en souriant,
On aime un peu celui qu'on pleurait tant. »

Or, Amadis serait venu lui-même
Calmer aussi cette terreur extrême :
Mais ce héros, quelque temps retenu
Pour délivrer de brigands cette terre,
Quand il eut fait cet exploit nécessaire,
Dit : « Chez Lisvard on m'aura prévenu, »
Et s'occupa de découvrir son frère.
Il était loin, bien loin assurément,
D'aller chercher son frère en un couvent,
Et plus encore en un couvent de filles.
Oui, Galaor habitait sous des grilles;
Mais avec Dieu, même avec les couvens
On dit qu'il est des accommodemens :
Ayant sauvé d'un géant téméraire
Une Beauté qui l'en avait payé,
Galaor, né pour combattre et pour plaire,
L'avait voulu suivre, par amitié,

CHANT TROISIÈME.

Jusqu'en un cloître où demeurait la mère
De cette enfant. On l'avait bien reçu :
Même avec grace on l'avait retenu.
Lui, remarquant que dans ce lieu les nonnes
Belles étaient, et paraissaient très bonnes,
Avait senti dans son cœur très fervent
Vocation pour rester au couvent.
Beaucoup de gens auraient agi de même.
Cette abbaye, à ne le taire pas,
Était un peu de l'ordre de Thélème,
Où la devise ainsi que le système
Est, comme on sait : *Fais ce que tu voudras.*
Ce fut, dit-on, l'amour qu'on voulut faire,
Quand Galaor et sa grace légère
Vinrent charmer les dames de ces lieux.
Il déploya sa constance ordinaire
Et ne voulut faire qu'un choix... ou deux.
A Galaor on ne fut point contraire.
Sœur Isidore aux gracieux appas
En se signant le reçut dans ses bras :
Mais sœur Agathe avait des mains si belles,
Que Galaor fut attiré vers elles ;
Mais sœur Lucile avait de longs cheveux
Qui pour son cœur devinrent de doux nœuds ;
Mais sœur Sophie, une taille charmante ;
Mais sœur Adèle, une gorge naissante ;
Si qu'en bon frère, avec des mots flatteurs,
L'une après l'autre il caressa les sœurs.
Il s'enivrait de ces saintes délices.
D'objets charmans maître un peu familier ;
Et, par l'effet d'un goût particulier,
Aimait surtout à former les novices.
Mais la prieure un jour lui veut du bien,
Et celle-là par malheur n'avait rien.
A la vertu son effroi le rappelle
Et pour la gloire il a repris un zèle
Qu'il modérait jusques à ce moment.
Notre guerrier se lève avant l'aurore,
Et du moutier sort très discrètement.
Sans la prieure, il y serait encore.

Par le soleil l'air était enflammé :
Galaor vit une claire fontaine,
Et tout auprès un guerrier désarmé
Qui paraissait sans force et sans haleine.
« Qu'avez-vous donc? quel est votre malheur?
— Dans ce pays, depuis deux jours, seigneur,
Je recherchais cette source efficace
Dont la puissance en un moment délasse ;
Mais un brigand, quand j'étais endormi,
M'a dérobé ce qui me manque ici.
— Si vous voulez, je lui ferai la chasse.
— Soit : mais veuillez, seigneur, auparavant

Goûter cette onde et juger son mérite. »
Las du soleil, las surtout du couvent,
Galaor veut se délasser bien vite.
Penché sur l'onde il vient de s'appuyer
Sur ses genoux : le prétendu guerrier,
De Galaor saisit en diligence
Le bouclier et le casque et la lance,
Et lestement fuit sur le destrier,
En lui criant : « Grand merci de vos peines ;
Mais croyez moins désormais aux fontaines. »

De Galaor sans arme et sans coursier
Vous concevez le dépit, la colère,
Il veut punir un trait si téméraire.
De vingt côtés quand il a bien couru,
Cherchant toujours son voleur disparu,
Près d'un ruisseau voilà qu'une pucelle,
Ou (pour ne rien risquer) se disant telle,
S'offre à ses yeux. Voyant quel intérêt
Elle lui montre, il lui dit son regret.
« Eh bien, tenez, chevalier, lui dit-elle,
Promettez-moi de m'accorder un don,
Et je vous vais mener vers le larron. »
Il le promet sans craindre d'artifice.
Or du larron elle était la complice,
Et celui-ci voulant s'approprier
De Galaor le riche baudrier,
Avait chargé la pucelle perfide
De l'attirer vers un piége homicide.
Dans un détour, comme le chevalier
A travers bois marchait sans défiance,
Le ravisseur montant le destrier
Qu'il a surpris, et triomphant d'avance,
S'est élancé soudain sur Galaor,
Qui n'a haubert, ni bouclier, ni lance :
Mais ce héros a son épée encor.
Se détournant de sa perte certaine,
Du destrier il a saisi la rêne,
Et le larron qu'il entraîne à l'instant
Est renversé par son bras menaçant ;
A cet aspect la perfide s'écrie :
« Ne frappez pas ; ah ! donnez-lui la vie :
C'est là le don que j'exige de vous. »
Il est trop tard. Galaor en courroux
A du brigand percé le sein impie ;
A cet aspect, la Belle, au cœur félon,
Impudemment s'indigne et se récrie ;
Et Galaor, sans doute un peu trop bon,
Sur ce malheur en vain se justifie.
« Je te suivrai, dit-elle avec furie,
Ou bien de toi j'attends un nouveau don.
— Eh! j'y consens : quel est ce don? — Ta vie. »
C'était vraiment demander trop aussi ;

Mais Galaor soumis à ces murmures
Marcha trois jours par elle poursuivi,
Et harcelé par toutes ses injures.

Je suis fâché de laisser Galaor
En si mauvaise et triste compagnie ;
Mais Amadis, plus malheureux encor,
Alors éprouve une pire avanie.
Ce chevalier, d'un char couvert et noir
Oyant sortir des pleurs de désespoir,
A sur ces pleurs, d'une façon accorte,
Interrogé les hommes de l'escorte.
Le commandant, homme sot et grossier,
A commandé qu'il soit fait prisonnier.
Mais Amadis a combattu de sorte
Que, pour le fuir, commandant et soldats
D'un fort château gagnent vite la porte.
Là, dans sa verve, il ne s'arrête pas ;
Il poursuivait toujours cette cohorte,
Incessamment plus nombreuse et plus forte,
Et là peut-être eût trouvé son cercueil,
Quand au balcon vient une demoiselle
Charmante encore en longs habits de deuil
Même Oriane est à peine plus belle.
« O chevalier ! arrêtez, lui dit-elle.
Y pensez-vous ! quel attentat nouveau !
D'un tel guerrier aurais-je pu l'attendre !
Vous attaquez mes gens dans mon château,
Vous qui plutôt devriez me défendre ! »
Le chevalier, courtois et plein d'égard,
A raconté ce que l'on vient d'apprendre.
Il est en tout appuyé d'un vieillard
Qui revenait sur le lugubre char,
Et qu'on n'avait voulu jamais entendre.
Lors Amadis, pour qui l'on s'adoucit,
Monte, invité, près de la demoiselle,
Et de plus près la trouve encor plus belle.
Il veut savoir ce dont elle gémit ;
Elle se tait ; mais le vieillard a dit :
« Briolanie, à tous les maux soumise,
Reçut le jour du roi de Sobradise,
Roi mal payé des plus nobles travaux,
Et qu'immola son frère Abyséos.
Et d'un royaume et d'un père privée,
Briolanie, en ce château sauvée,
Fait tous les mois sur un char solennel
Porter au loin le tombeau paternel.
En gémissant, ma vieillesse fidèle
Cherche un vengeur pour son père et pour elle ;
Mais on redoute au loin Abyséos,
Et ses deux fils presque aussi redoutables.
Comment jamais rencontrer trois héros
Pour attaquer ces oppresseurs coupables ! »

— Madame, dit Amadis, de vos droits
Je vous réponds. Bientôt nous serons trois
Qui combattrons pour votre cause auguste.
Je ne suis point un héros ; mais parfois
On le devient quand la cause est si juste. »

Briolanie, à ce noble serment,
Trouve Amadis encore plus aimable ;
Elle l'invite à souper poliment,
Et fait très bien les honneurs de la table.
Il lui plaisait : aussi le nain Elmis
Qu'à son service Amadis avait pris,
En le voyant près de Briolanie,
Pour de l'amour prit sa galanterie.

Le lendemain, aux rayons bienfaiteurs
Que répandait l'astre qui nous éclaire,
Ce héros dit : « Je vais chercher mon frère,
Et, s'il le faut, deux autres défenseurs :
Je reviendrai. » La charmante princesse
Le voit partir non sans quelque tristesse.
Le long d'un bois, suivi de Gandalin,
Le chevalier marchait avec le nain,
Lorsque, couvert d'une armure nouvelle,
S'offre à ses yeux un autre chevalier
Que de fort près suit une demoiselle.
En admirant son port noble et guerrier,
Il le croyait, pour l'instant, très paisible,
Quand il le voit, soudain, le glaive en main
Avec fureur s'élancer sur le nain,
A qui son bras porte un revers terrible.
C'en était fait du malheureux Elmis,
Si, profitant de sa taille légère,
Il ne se fût précipité par terre,
En invoquant le secours d'Amadis.
Celui-ci court, et bien vite il demande
A l'inconnu, d'où naît tant de fureur
Envers le nain, quelle faute si grande... ?
« Aucune, hélas ! lui répond l'agresseur.
Mais apprenez mon funeste malheur :
Cette mégère a de moi droit d'attendre
Le premier don qu'elle voudra prétendre ;
Elle prétend la tête de ce nain :
Je la lui dois donner en conscience. »
— Non pas, seigneur ; et son espoir est vain :
Ce nain me sert, et je prends sa défense. »
Aux deux guerriers il n'en fallut pas plus
Pour se charger en déployant leur rage.
Bientôt tous deux, non vainqueurs, non vaincus,
Ont admiré leur force et leur courage.
Leurs coups restaient un moment suspendus ;
L'inconnu dit : « *Ah ! souffrez que je prenne
La tête au nain* ; il le faut, et parbleu...

Oh ! vous prendrez, parbleu ! plutôt la mienne,
Dit Amadis, ou, mon cher, avant peu
La vôtre ici va payer pour la sienne. »

  Incontinent le choc des deux rivaux
Se renouvelle avec plus de furie.
Blessés tous deux, par la valeur égaux,
Également ils menacent leur vie.
Un vieux géant, par le bruit attiré,
Vient, et demande à cette demoiselle
Pour quel motif ce combat est livré.
« Dieu soit béni ! j'en suis cause, dit-elle :
De ces guerriers, qui me sont odieux,
L'un va périr, et peut-être tous deux.
— Envers tous deux quelle haine vous presse ?
— D'Arcalaüs sachez que je suis nièce.
Adroitement aux mains ici j'ai mis
Les plus mortels d'entre ses ennemis.
A sa fureur quel brillant sacrifice !
Qu'Amadis meure, et Galaor périsse !
Des nœuds du sang tous les deux sont unis ;
Et leur sang coule, et bientôt, je l'espère,
Le frère va périr des mains du frère.
— Ah ! malheureuse ! oses-tu l'avouer !
De tes forfaits ce sera le dernier, »
Dit le géant, et d'un bras redoutable
Il fait voler cette tête coupable.
Puis, accourant vers les deux ennemis :
« Que faites-vous, Galaor, Amadis !
Je vous l'ordonne : arrêtez, téméraires !
Vous, ennemis ! ô ciel ! vous êtes frères.
O Galaor ! mon élève, mon fils,
C'est Mandalac, qui sauva ton enfance
Et dont ton bras embrassa la défense,
Qui trop heureux, arrive à ton secours,
Et de vous deux vient protéger les jours. »
A ces accens, ces ardens adversaires
Ne sentent plus que des transports de frères ;
Pour s'embrasser, ils sont encor rivaux.
Couverts de sang, mais oubliant leurs maux,
Ils savouraient ce moment plein de charmes ;
Et, sur tous deux versant de nobles larmes,
Le vieux géant bénissait les héros.

CHANT QUATRIÈME.

Le pied. — La couronne et le manteau. — Danger des deux frères. — Expédient de Galaor. — Enlèvement d'Oriane et de Lisvard. — Exploits d'Amadis. — Amadis récompensé.

Quand l'Éternel arrangeait notre vie,
Notre bonheur était sa seule envie ;
Mais un démon contraire à ses travaux,
A ses bienfaits vint mêler tant de maux,
Que nous aurions détesté l'existence :
Le Créateur, indigné de ce tour,
Dans sa bonté nous accorda l'amour,
Et ce seul bien rétablit la balance.

  Or, ce bien-là, de droit nous le prenons
Diversement, et comme nous voulons.
Les uns (ce sont les gens d'humeur fidèle),
Se croyant sûrs, et d'eux, et de leur choix,
Prennent leur bien en une seule fois,
Pour le placer sur une seule Belle.
Moins imprudens, ou plus intéressés,
D'autres, craignant des banqueroutes prêtes,
Font autrement et se trouvent sensés
De placer moins, mais sur beaucoup de têtes.
Tel Galaor, qu'on voyait chaque jour
Prendre et placer en détail son amour.

  Jeunes Beautés, or, à vous je m'adresse :
Apprenez-moi lequel valait le mieux,
Ou d'Amadis n'ayant qu'une maîtresse,
Unique objet qui sut charmer ses yeux,
Ou de son frère aimant toutes les Belles,
Toutes, je dis, excepté les cruelles ?
Hé mais ! je crois que vous vous courroucez !
Les comparer vous semble un vrai délire.
Je savais bien ce que vous alliez dire ;
Mais, dites-moi, là, ce que vous pensez.
... Vous refusez constamment de m'instruire ;
Vous répondez au plus par un sourire.
Si cependant sur ce point délicat
J'ai deviné votre avis véritable,
Il vaudrait mieux qu'Amadis vous aimât ;
Mais Galaor est encor plus aimable.

  Sur ce débat long-temps on discourut,
Quand chez Lisvard parurent les deux frères,
Je conviendrai que Galaor y plut
Malgré son air et ses façons légères.
En lui, Lisvard, honorant le guerrier,
Dit : « Permettez qu'ici je vous retienne ;
Et Galaor sera mon chevalier,
Puisque Amadis est celui de Brisène. »
Comme, avant tout, sur les rives de Seine,
Don Galaor avait porté ses pas
Vers Périon et sa mère Élisène,
En Angleterre il s'arrêta sans peine,
Et, regardant mille objets pleins d'appas,
Du roi de Londre il accepta la chaîne.
Noble lien, engagement flatteur,
Et dont le nœud était le seul honneur !

Voilà qu'à Londre, en cette circonstance,
Lowismond, fils du monarque écossais,
Vient retrouver ses cousins satisfaits.
Aux champs du nord, signalant sa vaillance,
Il avait presque égalé leurs succès.
Je n'en dis rien, car je ne puis tout dire ;
Mais Lowismond, d'un feu secret épris,
De Galaor moins près que d'Amadis,
De la raison respectait mieux l'empire ;
Lowismond sage, ou du moins sage encor,
Grondait parfois en riant Galaor
Qui ne pouvait à ses amours suffire.

Pour Amadis, à son très grand regret,
En ce moment à tout il suffisait.
Bien que sensible à sa flamme amoureuse,
Son Oriane était très vertueuse.
Il avançait fort peu dans son roman,
Dont on parlait quelquefois par la ville ;
Si bien qu'un jour ce bavard de Guilan
En vint parler en riant à Mabile,
Devant témoins encore ! Elle, en courroux,
Dit à Guilan, en deux mots : « Taisez-vous. »
Qui l'eût pu croire ! A cet ordre suprême,
A cet arrêt de la Beauté qu'il aime,
De ce moment, Guilan épouvanté,
Devient muet, muet par volonté.
Il n'est pas sourd, surtout s'il faut qu'il vole
Vers les périls ; mais ses plus chers amis,
Ses plus vaillans, ses plus fiers ennemis,
N'en peuvent plus tirer une parole ;
Et ce héros, si bavard et si vif,
Reçoit le nom de *Guilan le pensif*.
Il est sans cesse où Mabile respire.
Elle s'en moque, il sait qu'il lui déplaît ;
Il obéit du moins : il est muet,
Suit ses regards et brave son sourire :
En ce temps-là, voilà comme on aimait.

Pour son ami, montrant plus d'indulgence,
Loin d'exiger qu'il gardât le silence,
En souriant, Oriane, un beau jour,
Lui dit tout bas au cercle de Brisène :
« Mabile et moi, nous causions sur l'amour ;
Contez-nous-en quelque terrible scène :
Faites-nous peur. » Pour les épouvanter,
Il dit ces mots, qu'il aurait pu chanter :

 « *Je t'aimerai toujours*, idole de ma vie,
 Disait le jeune Alfred. Objet de mes amours,
 L'hymen nous unira. Séduisante Julie,
 Accorde-m'en les droits : *Je t'aimerai toujours.* »

 » Julie en croit Alfred, cesse d'être rebelle.
Alfred a profité de ces heureux momens.
Des plaisirs d'un époux il s'enivre auprès d'elle ;
Mais il refuse, après, d'en dire les sermens.

 » Il la laisse mourante. En une autre contrée,
L'intérêt pour Alfred forme un nœud conjugal.
Le prêtre a prononcé : la fête est préparée,
Et les masques déjà se pressent pour le bal.

 » Mais quel masque élégant paraît dans l'assemblée !
Sa richesse et son air attirent tous les yeux.
Alfred même, laissant son épouse isolée,
De ce masque enchanteur suit les pas gracieux.

 » Beau masque, lui dit-il, de grace, je te prie,
Démasque-toi. » L'on cède, et, parmi ces atours,
Il voit, il reconnaît le spectre de Julie,
Qui lui dit tristement : « *Je t'aimerai toujours.* »

 » Alfred tombe. Tout tremble à ce spectacle horrible,
Et l'épousée a fui son époux odieux.
Alfred aussi veut fuir. Aux autres invisible,
Le spectre épouvantable est présent à ses yeux.

 » Il ne le quitta plus : en des transes mortelles,
Par ce supplice lent Alfred finit ses jours.
Si parfois on traitait ainsi les infidèles,
On dirait moins souvent : *Je t'aimerai toujours.* »

Mabile dit : « La peine est bien sévère,
Et j'en conviens avec sincérité.
— Eh ! mais, répond Oriane, ma chère,
Le plus grand crime est l'infidélité.
— Il est bien vrai que ce crime est horrible,
Et tel, reprend Amadis, qu'en honneur,
A mon esprit il paraît impossible. »
Cela lui vaut un regard enchanteur,
Qui, par Mabile, est remarqué sans peine.
« Je vais, dit-elle, entretenir la reine.
Adieu. Causez sans moi, si vous pouvez. »
Aux deux amans l'occasion est bonne ;
Ils n'étaient pas dans la foule observés :
Car lorsqu'on est beaucoup, on n'est personne.
Lors Oriane, en abaissant la voix,
Et lui serrant, dit-on, le bout des doigts
Sous le manteau dont les plis la protégent :
« Cher Amadis, quels chagrins nous assiégent !
Que nous devons redouter de malheurs !
Votre cousine aussi bien que la mienne,
Mabile, a vu tout l'excès de ma peine ;
Sans elle, hélas ! je cédais aux douleurs. »
De ses bontés se sentant trop confondre,
Oh ! qu'Amadis eut de peine à répondre !
« D'hier, hélas ! lui dit-il, je l'apprends :

Pour votre époux, Lisvard, depuis long-temps,
A désigné l'empereur de Byzance.
Cette nouvelle a doublé mes tourmens,
Et vient tromper ma lointaine espérance.
O ciel ! faut-il renoncer au bonheur ! »
Baissant les yeux, sa divine maîtresse
Sent sur le front, alors, cette couleur,
Ce fard charmant qui sied à la jeunesse
Et que l'Amour broie avec la Pudeur.
« Ah ! mon ami, la peine où l'on nous livre
Ne peut durer bien long-temps désormais,
Et je sens trop que je ne peux plus vivre
Sans m'assurer votre amour à jamais.
Oui, je conviens que même de mon père
S'il faut, pour vous, affronter la colère,
Je puis, plutôt que de vous oublier..... »
En ce moment, s'il faut que je le croie,
Elle ne put s'empêcher d'appuyer
Son pied charmant contre le chevalier,
Qui palpita de surprise, de joie,
Et répondit par le même courrier.
C'est de ce jour que, malgré le silence,
On parle encore, au gré de son ardeur,
Et que le pied, interprète du cœur,
A la parole et même l'éloquence.

Pendant ce temps, Galaor, libertin,
De mainte Belle obtenait l'indulgence.
Le jardinier vint se plaindre un matin
De voir fouler ses plates-bandes fines
Par Galaor, dit le Petit-Cousin
Bien qu'il fut grand, et dont le ton badin
Plaisait assez à beaucoup de cousines.
Brisène alors, pour amuser sa cour,
Avec éclat tint une *cour d'amour*.
Là que l'on fit de tensons, de sirventes !
Qu'on résolut de questions galantes !
Là, sans appel, les dames décidaient :
Même plusieurs, au besoin discutaient.
Plus d'une fois l'on fit, d'un air capable,
Sur la vertu maint rapport admirable ;
Et dès le soir, avec un air moqueur,
A la vertu Galaor redoutable,
Entre ses bras tenait le rapporteur.

Mais, certain jour, voilà que vers Brisène,
Un coffre en main, se présente un vieillard.
« Roi valeureux, dit-il au roi Lisvard,
Et vous, illustre et bienfaisante reine,
Je vous apporte un hommage à tous deux,
Digne de vous. » Il montre une couronne
D'un tel éclat qu'elle éblouit les yeux,
Puis un *mantel* magnifique et pompeux,

Mais qui ravit encor plus qu'il n'étonne.
« Cette couronne a, dit-il, le pouvoir
De ramener vos sujets au devoir ;
Et ce mantel, unique en son espèce,
Saura pour vous reculer la vieillesse.
— Que voulez-vous de ces biens précieux,
Répondent-ils, éblouis tous les deux ? »
Le vieillard dit : « Mais je ne le sais guère.
Éprouvez-les, et veuillez les garder ;
Je ne viendrai vous les redemander
Qu'au premier jour de votre cour plénière.
Alors, seigneur, ou vous me les rendrez,
A votre choix, ou vous me donnerez
Ce qui pourra, dans le moment, me plaire.
— Je le promets, lui répondit Lisvard ;
J'en donne ici ma parole royale.
Vous entendez, messieurs, dit le vieillard,
Qui, dans l'instant, s'éloignait de la salle. »

Sur ce vieillard, pendant plus de trois jours,
De Londre entier roulèrent les discours.
Mais Barsinan parut pour en distraire ;
Prince voisin que l'on n'estimait guère,
Et qui, suivi d'un cortége nombreux,
Rendit visite au grand roi d'Angleterre.
Or, celui-ci, vain, mais courtois, sincère,
Lui prodiguait banquets, tournois pompeux.
Il voit un soir arriver une dame,
De deuil vêtue : « O Lisvard ! je réclame
Votre bonté. Mon père et mon époux
Ont expiré sous les barbares coups
De deux géans : je n'ai d'autre espérance
Que le secours de deux de vos guerriers
Pour en tirer une juste vengeance.
— Je m'en rapporte à tous ces chevaliers,
Répond Lisvard. » Amadis considère
Son Oriane et la voit, à l'instant,
Par pur hasard, laisser tomber son gant.
Cela marquait qu'il pouvait sûrement
Pour cet exploit s'offrir sans lui déplaire.
Il s'offre donc. Pour l'imiter, son frère
Dit : « Vous voyez le second combattant. »
Il se fût mis plus tôt de la partie ;
Mais cette dame était très peu jolie.

La dame dit à ces fameux guerriers :
« J'avais sur vous fondé mon espérance,
Et je comptais que vous vous offririez.
Venez tous deux protéger l'innocence. »
Ils sont partis, elle les précédant
En ce voyage et toujours les guidant.
Comme ils marchaient, Amadis, à son frère,
Faisait tout bas un sermon bien sévère :

« Mon cher ami, disait-il, je conçois
Qu'on aime à rendre aux Belles des hommages ;
Mais qu'on en rende à toutes à la fois,
A mon avis, on n'est pas des plus sages.
Allons, deviens un peu moins libertin,
Et te fixant, mon frère, abjure enfin
Tant de liens, tant d'amours peu sensées.
— Oui, répond-il d'un air très sérieux,
Quelque Beauté, dame de mes pensées,
Un de ces jours bornera tous mes vœux ;
Mon tort est sûr, et ta remarque est vraie.
Je choisirai. Mais, en amour, dit-on,
Toute femme est sujette à caution :
Pour mieux choisir, mon cher, je les essaie. »
Amadis même, à ce grave discours,
Se prend à rire. « Allons, je t'abandonne.
De tes succès poursuis en paix le cours.
Aimable fou, je vois qu'il faut toujours
Que l'on te blâme et que l'on te pardonne. »

Enfin, après un voyage ennuyeux,
Les deux héros, qu'un même zèle embrase,
Sont arrivés à l'île de Montgaze.
Tous les honneurs sont prodigués pour eux.
Mais, la nuit même, une cohorte prête,
Dans leur sommeil les surprend, les arrête.
Lors un peu tard on leur en fait l'aveu :
La dame était une femme perfide
Qui les menait à la dame du lieu
Pour les livrer à sa vengeance avide.
Ils avaient droit de se croire perdus,
Et jugez-en : Madasime, princesse
De ce séjour, était la propre nièce
Du fier Dardan, et cousine de plus
Du redoutable et traître Arcalaüs.
Quand elle tient Amadis et son frère,
De ses parens les plus grands ennemis,
Vous vous doutez de ce qu'elle en veut faire.
Dans ce séjour, sans armes, sans amis,
Leur mort semblait certaine et nécessaire.
Heureusement, se ravisant un peu
En ce péril, Galaor, plein d'adresse,
Se fit conduire à la dame du lieu.
Elle brillait de grace et de jeunesse.
Sans s'abaisser par un ton suppliant,
Il lui parla d'un air si séduisant,
Et ses façons, brusquement hasardées,
Lui firent faire un si brillant chemin,
Qu'à Madasime il devint cher soudain,
Et qu'il changea tout-à-fait ses idées.
Lui pardonnant ce coup d'autorité
Que l'on subit toujours avec colère
Pour l'excuser parfois avec bonté,

On lui laissa le jour, la liberté,
Et l'on en fit même autant pour son frère.
D'un tel péril Galaor revenu,
Et vers Lisvard se mettant en voyage,
Disait : « Hé bien! mon frère, qu'en dis-tu ?
Nous périssions, si j'avais été sage. »

Ils approchaient de Londres, quand soudain
Amadis voit vers lui courir son nain,
Pâle, éperdu. Ce désordre l'étonne.
« Quoi ! qu'as-tu donc ? — Par un indigne tour
On a volé le mantel, la couronne,
Qu'au roi de Londre on remit l'autre jour ;
Et le vieillard, qu'on appelle Arsamane,
Étant venu les demander en vain,
A leur défaut, dévoilant son dessein,
A demandé d'emmener Oriane.
— O ciel ! Lisvard sans doute a résisté ?
— Hélas! ce roi, que son serment condamne,
A du vieillard rempli la volonté.
— Il se pourrait ! — Seigneur, de ce côté
J'ai vu passer Oriane en alarmes :
Comme Lisvard la suivait, seul, sans armes,
Indignement des traîtres l'ont saisi ;
Je les ai vus l'emmener par ici. »
A ce récit, Amadis qui chancelle,
Semble céder à sa douleur cruelle,
Et Galaor y prend beaucoup de part,
Bien qu'en ses yeux la malice encor brille :
« Adieu, dit-il, je cours après Lisvard ;
Toi, charge-toi de retrouver sa fille. »

Amadis part : il court dans sa fureur
Chercher l'objet le plus cher à son cœur ;
Il sait bientôt que le vieil Arsamane
N'est plus déjà le maître d'Oriane.
Et l'a remise au lâche Arcalaüs,
Qui l'accompagne et ne la quitte plus.
« Ciel ! » Pour reprendre Oriane à ce traître,
Amadis vole, et, dans sa noble ardeur,
Il croit bientôt joindre le ravisseur.
Mais si trop vite il se fait reconnaître,
Pendant l'effort du combat, Amadis,
Facilement, peut en perdre le prix :
Il peut le voir à jamais disparaître.
De sa fureur il s'est rendu le maître.
Oui : se cachant sous les ombres d'un bois,
Cet Amadis, qui dédaignait l'adresse,
S'est embusqué pour la première fois :
Mais il s'agit de sauver sa maîtresse.

Ses soins du moins ne furent pas perdus.
Sous la forêt, dont l'abri le recèle,
Près d'Arsamane et près d'Arcalaüs,

Vient Oriane, et puis la Demoiselle
Du Danemarck. O tendresse! ô fureur!
Lors, à genoux tombant avec ferveur,
« O Dieu, dit-il, exaucez ma prière,
Servez ma cause. *Et vous, ô vierge mère!*
Et votre fils, lequel est votre père!
Daignez tous deux guider mon bras vengeur. »
Tout près de lui que voilait un platane,
Il voit passer la divine Oriane.
Elle disait : « Cher Amadis! ah Dieu!
Je vous ai donc fait le dernier adieu! »
A cet accent, la colère l'entraîne :
Il n'attend pas qu'elle soit dans la plaine,
Et s'écriant : Gaule! Gaule! soudain
Sur l'Enchanteur il fond, la lance en main.
Arcalaüs, qui se met en défense,
D'un coup pesant tombe sans connaissance.
Au même instant, ses trop nombreux amis,
Pour le venger, entourent Amadis.
Mais c'est à tort que leur foule en furie
Contre ce preux forme un espoir pervers;
Leur nombre est vain. Pour sauver son amie,
Un tel guerrier combattrait l'univers.
Comme il pourfend cette troupe insensée,
Par Gandalin et par lui dispersée!
Il poursuivait ces brigands éperdus,
Quand il entend les clameurs de sa dame
Que ravissait encore Arcalaüs.
A cet aspect, quelle fureur l'enflamme!
Son bras, terrible à ses vils ennemis,
Venait d'abattre et d'occire Arsamane :
Il court, il vole. Arcalaüs surpris,
En ce péril, se fait contre Amadis
Un bouclier de sa chère Oriane.
Ce chevalier, ardent à le presser,
Le frapperait, mais craint de la blesser.
Enfin pourtant, d'un coup plein de furie,
Il sait l'atteindre et si bien le presser,
Que la princesse, en se laissant glisser,
Se trouve libre et du traître affranchie.
Pâle et sanglant, Arcalaüs s'enfuit.
Avec fureur Amadis le poursuit,
Et cependant avec peu de vitesse :
Il eût voulu de sa main vengeresse
Exterminer ce lâche audacieux;
Mais de l'amour l'aimant victorieux
Le ramenait auprès de sa maîtresse.

Il revient donc; de la revoir, jaloux,
Et, plein de joie, il tombe à ses genoux.
Mais Oriane est encor si tremblante,
Ou, si l'on veut, est si reconnaissante,
Qu'elle est distraite, et sur un front brûlant
Laisse tomber une bouche charmante.
Quittant bientôt ce théâtre sanglant,
Il la conduit sous un tranquille ombrage,
Bien éloigné de tout fâcheux passage.
Pour eux alors Gandalin prit le soin
D'aller chercher des vivres assez loin.
De son côté, l'aimable Demoiselle
Du Danemarck, se plaignit de sentir
Une migraine imprévue et cruelle,
Et dans le bois s'enfonça pour dormir.

Les deux amans en avaient peu d'envie.
De leur retraite aussi le lieu fatal
Était choisi l'on ne peut pas plus mal :
Les rossignols, menant là douce vie,
Par leurs concerts célébraient leurs plaisirs;
Une eau limpide, à travers la verdure,
Sur un lit d'or, au bruit de leurs soupirs,
Venait mêler le bruit de son murmure;
Un gazon frais parmi des bois charmans;
Pas de témoins, hormis des tourterelles;
D'autres oiseaux, qui, tous, dans leurs accens,
Disaient : Aimez, et donnaient des modèles;
Tout était là préparé dès long-temps
Pour deux amans malheureux et fidèles.

Trouble amoureux qu'on ressent malgré soi,
Frémissement auprès de son amie,
Brûlant mélange et d'espoir et d'effroi,
Fièvre du cœur, qui ne vous a sentie!
Par ce mal-là se laissant embraser,
Notre héros est bien près d'Oriane,
Et sur sa bouche il dérobe un baiser.
Cet attentat, que la vertu condamne,
La fâche tant, que, voulant l'apaiser,
Dans le désordre où ce malheur le jette,
Voilà-t-il pas que, bien sans y penser,
Il touche un sein d'une forme parfaite.
Nouveau délit, et courroux bien plus grand.
Lors Amadis, toujours en s'excusant,
Tombe à ses pieds, et cet amant sincère
Est si troublé qu'il ne sait ce qu'il fait;
Même il se trouve être si téméraire,
Qu'il est forcé de l'être tout à fait.
Il doit combler ou calmer la colère
De la princesse. Il brave son courroux.
A de tels vœux Oriane est contraire,
Et montre un cœur de la vertu jaloux;
Mais je ne sais ce qui vint la distraire;
Lorsque son geste est encore sévère,
Déjà ses yeux sont devenus plus doux.
Ces yeux charmans sont voilés d'un nuage.

12

Comme l'on sait, les nuages des cieux
Sont menaçans, précurseurs de l'orage ;
Mais celui-ci, trésor délicieux,
Est du bonheur le plus riant présage,
Et quelquefois, interprète indiscret,
De la Beauté dit le meilleur secret.

Oh! qu'Oriane était belle et touchante
Près d'Amadis devenu son vainqueur!
L'amour sied bien à la plus séduisante,
Et le visage est l'image du cœur.
De son amant elle blâmait l'audace,
Puis tout à coup, modérant sa rigueur,
Le regardait avec charme et rougeur.
Elle montrait un courroux plein de grace,
Un déplaisir tout mêlé de bonheur ;
Si qu'Amadis, dans l'ardeur qui l'anime,
Insolemment renouvelle son crime.
Après ce trait, Oriane voit bien
Que le prêcher ne servira de rien,
Et désormais, par pure complaisance,
Avec ce preux se borne à convenir
D'une secrète et douce intelligence
Pour que près d'elle il puisse revenir.
Dans ces momens d'amour et de franchise,
Comme on agit, librement on devise.
Oh! qu'Oriane, en ces abris discrets,
Pour Amadis se montra douce et tendre,
Lui confessant mille pensers secrets,
Que son désir avait pu seul entendre!
Comme Amadis, levant des yeux émus,
Lui racontait son tourment... qui n'est plus!
Tous leurs propos se mêlaient de caresses.
O jour heureux! ô momens pleins d'appas!
Les deux amans s'enivrent de tendresses :
Ils sont si bien! ne les dérangeons pas.

CHANT CINQUIÈME.

Danger de Londres.—Réception d'un chevalier.—Dégradation d'un autre chevalier.—Le jeu du confesseur.—Essai sur la constance, par Galaor.—Entreprise d'Amadis.—Adresse d'un chevalier inconnu.—Politesse d'un vavasseur.—Galaor reconnaît Florestan.—Victoire d'Amadis.—Erreur de son nain.—Les trois frères réunis.

Je n'aime point qu'on parle mal des dames ;
C'est un grand tort : nous devons les servir,
Les respecter, et surtout les chérir.
Honneur à Dieu qui nous donna les femmes!
Riantes fleurs de ce triste univers,
Elles nous font adorer leur empire.
Je ne dis pas leurs mérites divers,
Et je me tais lorsque j'ai trop à dire.
Si, par moment, leur cœur est entraîné,
Si leur vertu quelquefois est fragile,
Sur ce point-là je suis très étonné
De rencontrer maint juge difficile ;
Car leur amour, à l'un de nous donné,
Était, avant, sollicité par mille.
Si leur malheur, si leur plus grand défaut,
Souvent unique, est d'aimer un peu trop,
L'esprit de corps, l'esprit de conscience,
Leur devraient bien gagner notre indulgence.
Non sans envie, ah! du moins sans courroux,
Jugeons l'erreur de ces enchanteresses ;
Pardonnons-leur des torts qui sont pour nous,
Et méritons une de leurs faiblesses.

Belle Oriane, au gracieux souris,
Par son amour, il faut qu'on en convienne,
Ton Amadis a mérité la tienne.
Or cependant qu'il en goûtait le prix,
D'une autre part, montrant une autre audace,
Don Galaor, à travers les forêts,
Du roi Lisvard suivait de près la trace.
Là, d'Estravaux, qui ne voit point ses traits,
Le rencontrant comme il court au plus vite,
L'a provoqué ; mais Galaor l'évite ;
Et ce héros, jouteur des plus adroits,
Lui fait manquer son atteinte trois fois.
D'Estravaux croit Galaor sans courage,
Et le poursuit pour venger cet outrage.
Autant en fait Guilan, dit le Pensif,
Toujours muet, et qu'hier, près de Londre,
A renversé certain guerrier trop vif,
En lui disant : Apprenez à répondre.
Guilan, du moins, n'est aveugle ni sourd.
Quand Galaor, qu'il ne peut reconnaître,
Comme un poltron daigne à ses yeux paraître,
Il veut atteindre et *flétrir* dès ce jour
Ce chevalier qui n'est pas fait pour l'être.
Mais tous les deux, franchissant un détour,
Sont bien surpris quand ce poltron, ce traître,
N'en est plus un, et se montre à leurs yeux
Combattant seul un escadron nombreux,
Parmi lequel on distinguait sans peine
Le roi Lisvard que pressait un traître.
Pour appuyer le guerrier valeureux,
Alors Guilan et d'Estravaux s'élancent,
Et font si bien avec lui, qui fait mieux,
Que, moins hardis, les ravisseurs balancent.
Tout en luttant : « Massacrez, dit l'un d'eux,
Le prisonnier, de crainte qu'il n'échappe. »
Deux meurtriers déjà levaient la main,
Quand celui-ci, qui s'affranchit soudain,
Punit de mort un scélérat qu'il frappe.
Découragés et se sentant vaincus,

Tous les brigands sont prompts à disparaître;
Mais Galaor, qui se fait reconnaître,
Vole, et parmi ces bandits éperdus
Trouve en leur chef, saisi, pâle, confus,
Un vil neveu du vil Arcalaüs.
Dieu! quel complot a révélé ce traître!
Lisvard, Guilan, d'Estravaux, Galaor,
Ont tous lancé leurs coursiers dans la plaine,
Ne sachant pas s'il sera temps encor
De sauver Londre et de sauver la reine.

A Londre, hélas! le traître Barsinan,
Que servait bien dans son horrible plan
De tant de preux l'absence calculée,
S'est emparé de la ville troublée.
Doublant d'audace, épuisant son effort,
Le gouverneur, à peine dans le fort
A pu mener la reine désolée;
Mais assiégé, sans force et sans secours,
Il ne pouvait la défendre deux jours.
Pendant ce temps, Amadis et sa dame
Ne s'occupaient que de leur vive flamme,
Et, devisant, n'avaient le souvenir
De nul objet, hormis de leur plaisir.
Pour tous les deux quelles transes cruelles
Quand Gandalin, troublant leur doux transport,
Vint leur porter ces funestes nouvelles.
Ils sont partis, et l'amour même a tort.
Amadis laisse Oriane tremblante
A Grumédan, noble et hardi vieillard
Qu'il aperçoit, et qui, cherchant Lisvard,
Errait suivi d'une troupe vaillante;
Vers Londre il vole, égal à l'aquilon.
Il était temps. En présentant l'amorce
D'un vain traité, Barsinan, à la force
A voulu joindre encor la trahison;
Et, commençant l'attaque inattendue,
Il assaillait, plein d'un espoir félon,
La citadelle à peine défendue;
Mais Amadis paraît bien à propos.
Que de guerriers dans le royaume sombre!...
Seul toutefois, ce terrible héros
Aurait bien pu succomber sous le nombre,
Quand Lowismond, à son élan français,
Joint, à propos, le courage écossais,
Et près de lui fait de nouveaux miracles.
Lisvard alors, et ses braves amis,
Viennent briser tous les derniers obstacles:
Le ciel est juste, et Barsinan est pris.
Bientôt après, à bon droit, dans la flamme,
Ce roi félon rendit sa vilaine ame.
Mais, dès le soir, et Brisène et Lisvard,
Charmés tous deux, voulurent sans retard

Voir Oriane, et la virent plus belle.
Avec transport ils pressaient leur enfant,
Et d'Amadis portant aux cieux le zèle,
L'embarrassaient beaucoup en célébrant
Ce qu'en ce jour il avait fait pour elle.

Deux jours plus tard, pris, confus, enchaîné,
Arcalaüs fut à Londres amené
Par d'Estravaux qui, repartant bien vite,
Avait saisi ce traître dans sa fuite.
On fut ravi d'avoir ce prisonnier.
On fut alors surpris de reconnaître
Que son vainqueur n'était pas chevalier,
Quand il l'était, lui si peu fait pour l'être.
Jamais sorcier parmi nous signalé
N'eut tant que lui le droit d'être brûlé.
Il employa sans doute la magie:
Je ne sais pas par quel enchantement
Ce traître obtint qu'on lui laissât la vie.
Le roi Lisvard décida seulement
Que, dégradé de la chevalerie,
Arcalaüs verrait auparavant
Donner cet Ordre à son vainqueur vaillant.
Un peuple entier ne connaît plus d'obstacle
D'abord qu'il sait un si beau jugement,
Et court jouir de ce double spectacle.

Ami déjà, déjà concitoyen,
De d'Estravaux Amadis fut parrain.
La veille, avant de le conduire au temple,
Il lui donna tout bas mainte leçon.
Comme il prêchait encore mieux d'exemple,
Je ne dirai qu'un des points du sermon.
« Noble aspirant à la plus noble place,
Qu'un fol orgueil ne vous égare pas.
Vrai chevalier frappe haut, parle bas.
La modestie est de si bonne grace!
La politesse encore a plus de prix.
Soyez courtois, surtout pour les petits;
Car aux puissans tout ce que l'on peut rendre
Est un tribut qu'ils avaient droit d'attendre;
Mais aux petits un accueil sans hauteur
Montre un cœur noble, et nous gagne le leur.
Toujours accort, laissez aux faibles ames
Cette faiblesse indigne d'un chrétien.
Comblez d'égards tous les hommes de bien,
Et respectez *les moindres gentilsfemmes*.
On vantera dans tous lieux votre nom:
C'est des petits que vient le grand renom. »

Quand, tout armé, durant la nuit entière,
Le poursuivant, dans un asile saint,
Eut prolongé sa *veille* et sa prière,
Quand un bain pur l'eut reçu dans son sein,

Plus que son corps quand son ame épurée
Par un pontife eut été consacrée,
Quand il eut pris part au banquet divin,
On amena, pour témoin de la scène,
Arcalaüs, qui traînait une chaîne.
Lors d'Estravaux paraît, vêtu de blanc :
C'est Amadis qui vers l'autel l'amène.
Comme il le doit, le Neustrien vaillant,
Porte *en écharpe* un fer étincelant.
Quand il a fait bénir ce noble glaive,
Il le remet en écharpe, il se lève,
Et, d'un air noble, abaissant son regard,
Va s'incliner aux genoux de Lisvard.
Avec plaisir accueillant cet hommage,
D'un ton auguste, aussitôt que ce roi,
Sur son désir, son courage et sa foi,
A fait au preux les questions d'usage,
Sire Amadis, sans tarder davantage,
Vient lui donner les *éperons dorés*,
Haubert bien fort, *cuirasse* bien trempée,
Puis les *brassards*, les *gantelets* ferrés;
A l'aspirant enfin il ceint l'*épée*.
Vers celui-ci, constamment à genoux,
Lisvard alors s'avance, et de la sienne,
Conservant bien la coutume ancienne,
Devers l'épaule il lui donne trois coups;
C'est l'*accolée*, et le mal n'est pas grave.
En lui faisant cet honneur singulier,
Il dit ces mots : *Sois loyal et sois brave.*
Au nom de Dieu, *je te fais chevalier.*
Puis on apporte un *heaume*, un *bouclier*
A d'Estravaux ; on y joint une *lance*.
Sortant alors, le nouveau chevalier,
Sur un *cheval* qu'on amenait, s'élance,
Sans daigner même user de l'étrier.
La foule suit, et sur ses pas s'avance.
On voit ce preux pousser et retenir
Le destrier, s'éloigner, revenir,
Et, punissant ce qu'il vient de permettre,
Le révolter afin de le soumettre;
Et cependant, en des momens si chers,
Plein d'allégresse, il brandissait sa lance,
Et de son glaive il tirait des éclairs.
D'un même honneur conservant l'espérance,
Des damoisels tous les cœurs sont émus;
La joie éclate, et *le peuple qui danse*
Dit : Nous avons un défenseur de plus.

D'un noble exploit voilà la récompense;
Voici le prix d'un indigne complot :

Arcalaüs, mis sur un échafaud,
A vu briser les pièces de l'armure
Que son délit frappa de flétrissure.
Son bouclier, *dont la pointe est en haut*
Et le blason effacé par injure,
D'une cavale éprouvant les mépris,
Est attaché, *mais non pas devant elle*,
Et, dans la fange, à tous les yeux surpris,
Laisse long-temps une trace fidèle.
Lors, par devoir, vingt hérauts amenés,
Dans cette arène obligés de paraître,
A haute voix viennent donner au traître
Les noms affreux qu'il a si bien gagnés.
Incontinent, dans un autre idiome,
Plus haut encor, des prêtres, en surplis,
Disent sur lui le *cent huitième psaume*,
Où, comme on sait, les traîtres sont maudits.
A ses hérauts, par trois fois, le roi d'armes
D'Arcalaüs a demandé le nom,
L'entend trois fois, et trois fois il dit : « Non.
Le criminel, atteint de félonie,
A pour vrai nom, *Déloyal, Foi mentie.* »
Sans nul retard, sur son front dégradé,
On verse à flots une onde tiède et claire,
Pour effacer le sacré caractère
Qu'il a reçu, mais qu'il a mal gardé.
Entre ses bras une corde passée
De l'échafaud vient le précipiter.
Arcalaüs, quelle était ta pensée,
Et quels forfaits ton cœur dut méditer !
L'ex-chevalier, mis sur une civière,
Gît, recelé dans un drap mortuaire,
Et dans le temple on le transporte alors.
Pour achever cette cérémonie,
On a sur lui dit *l'office des morts :*
Perdre l'honneur, c'est bien plus que la vie.

Arcalaüs, déshonoré, parti,
Pour la victoire on célébra des fêtes;
Et Galaor, loin d'être converti,
En pleine paix redoubla ses conquêtes.
Car Galaor, chevalier excellent,
Comme l'on sait, avait plus d'un talent.
Épris des dons que les amans obtiennent,
Il n'était pas un de ces fanfarons
Promettant plus, bien souvent, qu'ils ne tiennent;
Comme on a vu, comme nous le verrons,
Il ne faisait jamais de banqueroutes;
A sa couronne ajoutant maints fleurons
En ses amours aussi bien qu'en ses joûtes;
Vraiment poli, même auprès des laidrons,
Et toujours prêt envers et contre toutes.
Que de maris par lui furent battus !
Que ce héros renversa de vertus !
En soumettant quelque Beauté nouvelle,

Il lui jurait toujours qu'il n'aimait qu'elle ;
Mais une fois il joua de malheur.

En cette cour, un matin, quelques Belles
Veulent jouer ensemble *au confesseur;*
Dans ce jeu-là, chacune, à l'une d'elles
Disait le nom de l'ami de son cœur :
Le confesseur, grave et pourtant affable,
D'un air discret, et d'un ton solennel,
Donnait le prix, décidait sans appel
Laquelle avait l'ami le plus aimable.
Le confesseur qu'on choisit en ce jour
Fut justement cette jolie Aldène
Qui, de l'hymen ayant subi la chaîne,
Gardait encor des bontés à l'amour.
A ses genoux vint tomber une dame :
« Celui que j'aime, et de toute mon ame,
Est beau, vaillant, constant : c'est Galaor. »
Le confesseur, de sa surprise extrême,
A ce nom-là sait comprimer l'essor.
Une autre vient. « C'est Galaor que j'aime. »
Une autre suit. C'est Galaor encor.
Douze Beautés viennent toutes de même
Se confesser..... toujours de Galaor.

Ayant reçu ces réponses constantes,
Le confesseur dit à ses pénitentes :
« Il vous faut bien avouer franchement
Que vous avez toutes le même amant;
C'est Galaor. Moi, confesseur indigne,
A l'avouer aussi je me résigne. »
A ce discours, toutes se récriant
Jurent vengeance envers qui les abuse,
Et pour punir un forfait si criant,
Dès le soir même on arrange une ruse.
Sur un billet, Galaor se rendit
Dans la maison d'une de ses maîtresses,
Et, des amours ayant presque l'habit,
Il ne pensait qu'à de douces caresses,
Quand, paraissant, douze femmes soudain
Viennent à lui, la menace à la bouche,
Et, qui pis est, le poignard à la main.
On lui reproche avec un air farouche
Ses trahisons. L'une veut du poignard
Finir ses jours; l'autre veut, sans remise,
Le corriger par l'affront que, plus tard,
Subit l'amant de la tendre Héloïse :
Aldène seule? avec plus de bonté,
Veut qu'on l'épargne, et qu'il soit écouté.
Dans ce péril, le plus pressant peut-être
Que Galaor eût jamais affronté,
De son sang-froid il sut rester le maître.
Sans s'effrayer de mille affreux discours,

D'un ton parfait, à ces dames cruelles,
Malgré leurs cris, il protestait toujours
Qu'il les aimait; que toutes étant belles,
Toutes avaient mérité ses amours.
Vains complimens qui leur paraissent fades!
Ces Graces-là sont un peu des Ménades.
Beaucoup déjà levaient leurs fers vengeurs
Sur Galaor; elles lui criaient : « Meurs!
— Non, leur dit-il, bien que je sois sans armes,
Seul avec vous je me vois sans alarmes.
Vous m'aimiez trop pour me haïr si fort;
Vous ne pouvez jamais vouloir ma mort.
Si toutefois la fureur vous enivre,
Si vous voulez mon sang, je vous le livre;
Frappez; qu'enfin votre vœu soit rempli :
Mais je réclame une grace dernière :
Celle de vous qui m'a le moins chéri
Doit en ce jour me frapper la première. »

Il dit ces mots d'un air si gracieux,
Qu'il leur rappelle un sentiment bien tendre.
Toutes, croyant l'avoir chéri le mieux,
A le frapper sont bien loin de prétendre.
De ce moment Aldène a profité :
Ce confesseur, tout rempli d'indulgence,
Dit que peut-être en amabilité
Le criminel rachète la constance.
Cela prenait près de quelques esprits;
Mais cependant la fureur et les cris
Autour de lui doublaient de violence,
Quand Galaor, qui se sent menacer
De plus en plus, dit, et non sans adresse :
« Pour découvrir les torts de ma tendresse,
Il vous fallut toutes vous confesser;
Toutes, souffrez qu'à vous je me confesse. »
Très favorable à cette intention,
Pour Galaor Aldène sait tant faire,
Qu'il reste seul avec la plus colère.
Mais ce héros saisit l'occasion.
Il faut ici qu'il plaise ou qu'il succombe :
Vrai pénitent, à ses genoux il tombe....
Et dans ses bras a l'absolution.
La dame sort et dit à l'assemblée,
D'un ton bien fait pour calmer les soupçons :
« Il m'a donné d'excellentes raisons. »
Une autre vient, est ainsi consolée;
Une autre encor. Chacune tour à tour
Ainsi l'écoute, et l'absout au retour.
Vaillant héros, il finit par Aldène,
La plus jolie et puis la plus humaine,
Lui rendit grace, et, malgré tant d'exploits,
Au confesseur se confessa deux fois.

Je ne suis point de ces esprits iniques
Qui parlent mal des temps nommés antiques.
Il est trop vrai, malgré ces grands esprits,
Que nous allons toujours de mal en pis.
Hélas! ici la preuve en est bien claire.
Par ses amours Galaor illustré,
Du grand Hercule avait dégénéré :
De Galaor comme l'on dégénère !

Mais Galaor, très sensible aux égards,
De ce péril sorti par sa vaillance,
Ne revit plus les dames à poignards,
Et vit Aldène avec reconnaissance,
Avec amour, si l'on peut cependant
Être amoureux lorsqu'on est inconstant :
Vers ce temps-là, je crois, sur la constance,
Tant bien que mal il fit cette romance :

« Honneur au respectable amant
Qui, toujours épris de sa Belle,
Pour elle brûle constamment,
Ne voit qu'elle et n'embrasse qu'elle !
Moi, je m'incline, confondu,
Devant cet homme incomparable;
J'admire encor plus la vertu
Quand je la trouve inimitable.

» Malgré les plus sages leçons,
Nous autres hommes, quand j'y pense,
Il est trop vrai que nous montrons
Une déplorable inconstance.
Mais sommes-nous seuls inconstans?
Belles, souvent je vous contemple,
Et je vois que de temps en temps
Vous daignez nous donner l'exemple.

» Mais, après tout, aux changemens
Dans l'univers tout nous invite.
Si la rose a mille agrémens,
La violette a son mérite.
L'œillet offre mille couleurs,
Le lis présente un front auguste:
Aimons, aimons toutes les fleurs;
Mes amis, il faut être juste.

» Oui, je crois bien que, sauf erreur,
Je puis avouer mon système.
Le bonheur n'est plus le bonheur
Alors qu'il est toujours le même.
Jugez-moi sans sévérité,
Mesdames et mesdemoiselles;
Je suis fidèle à la beauté,
Si je suis inconstant aux Belles. »

Long-temps après on répétait encor
Ce chant, nommé *le chant de Galaor*,
On le goûtait assez; mais Oriane,
Près d'Amadis, vivement le condamne,
Très gravement soutient que c'est fort mal,

Et qu'elle a cru Galaor plus moral.
L'amant sourit, et redouble de zèle
A rassurer et caresser sa Belle.
Mais quoiqu'il fût loin des pensers guerriers,
Il lui souvient que son serment le lie,
Qu'il doit bientôt avec deux chevaliers,
De trois tyrans venger Briolanie.
Il a choisi Galaor, Lowismond :
Son Oriane, il faut que je le die,
Avec regret et presque avec soupçon,
Le vit aller en telle compagnie,
Chez une femme encor dont le renom
La dépeignait comme aimable et jolie.
Quant à Lisvard, qu'Abyséos souvent
Avait bravé, même avec violence,
Il fut charmé qu'un héros si vaillant
Eût pris le soin d'en punir l'insolence;
Et, du succès d'avance convaincu,
Il le pria, même avec vive instance,
De l'avertir d'Abyséos vaincu.

Depuis cinq jours, en toute diligence,
Les trois héros marchaient sans s'arrêter,
Quand un guerrier d'une noble apparence
Vint pour lutter avec eux à la lance,
Les prévenant avant de rien tenter,
Qu'il ne voulait qu'à la lance lutter.
Lowismond court, et son adresse est vaine.
Galaor suit, est aussi renversé.
Vient Amadis, dont le cheval blessé
Trompe sa force et tombe sur l'arène.
A cet aspect l'inconnu satisfait
A salué, puis il part comme un trait.
Par Lowismond, par Amadis lui-même,
Ce tour fut pris sans humeur, sans regret;
Mais Galaor, plein d'un dépit extrême,
Incontinent monte le destrier
De Gazabal, son fidèle écuyer,
Et seul alors, quoi qu'on dise et qu'on fasse,
De l'inconnu suit de son mieux la trace.
Les deux héros le rappelant en vain,
A pied, sans lui, poursuivent leur chemin,
Et lentement vont chez Briolanie,
Qui de les voir fut surprise et ravie.
De ses bontés Amadis tout confus,
Fut si poli, si galant pour la Belle,
Qu'Elmis, le nain, pensa de plus en plus
Que son cher maître était amoureux d'elle.

Pendant ce temps, Galaor poursuivait
Cet inconnu, qui point ne s'en doutait.
Il vit enfin certaine demoiselle
Qui lui promit de bientôt le mener

CHANT CINQUIÈME.

Vers ce guerrier qu'il sut lui désigner.
« Depuis six mois ce chevalier, dit-elle,
Chez Corisande a fixé son séjour,
Dans un château dont nous sépare un fleuve,
Et dont l'éclat, sur tous ceux d'alentour,
Surpasse encor la force à toute épreuve.
Il est auprès de cette belle veuve,
Qui le retient par le nœud de l'amour.
Si quelquefois il vient sur cette terre
Par trop de goût pour les jeux de la guerre,
C'est chaque fois avec l'engagement
Qu'il emploiera la lance seulement ;
Non qu'il ne lutte au glaive ; mais sa Belle
Veut que ce soit chez elle et devant elle.
Maints chevaliers, pour lutter accourus,
Ou tombent morts, ou demeurent vaincus. »
A ce récit, qui plaît à son courage,
Galaor veut être à l'autre rivage ;
Mais par malheur, sujette à se presser,
La nuit approche et défend de passer.
La demoiselle, adoucissant sa peine,
Dans le château d'un vavasseur le mène.
Vous savez tous, messieurs, qu'un vavasseur
N'est plus *vilain*, n'est pas encor seigneur.
De celui-ci l'accueil fut très honnête.
Il le fut trop : la demoiselle avait
A Galaor un peu tourné la tête.
De ses propos la coquette riait ;
Et pour la nuit ce héros se flattait
De terminer cette douce conquête :
Quel contre-temps quand, pour lui faire honneur,
Dérangeant fort ce guerrier peu farouche,
La vavasseuse avec le vavasseur
Entre leurs lits établissent sa couche !
On ne pouvait en cette antiquité
Jamais montrer de façon plus polie.
La châtelaine, autrefois très jolie,
Avait alors un visage édenté,
Et Galaor ne sentit de sa vie
Tant de respect pour l'hospitalité.

Le lendemain, suivant la demoiselle,
Il espérait se consoler près d'elle,
Et la punir, sous quelque heureux réduit,
D'avoir osé, tout bas, de cette nuit,
En souriant, lui demander nouvelle :
Trop obligeant, l'éternel vavasseur
A ses devoirs aurait cru faire faute
Si, dirigeant Galaor plein d'humeur,
Jusqu'à la barque il n'eût conduit son hôte.
Lors Galaor fit un serment nouveau,
Auquel toujours il demeura fidèle :
Il n'entrait plus, le soir, dans un château
Quand il avait en garde une pucelle.
Il dédaignait le plus noble salon,
Monde brillant, chambre riche et nouvelle :
Simple en ses goûts, près d'une jouvencelle,
Il aimait mieux loger sur le gazon,
Quand il pouvait y loger avec elle.

Il passe enfin le fleuve ; et, trop pressé
D'une revanche aussi bonne que belle
Sur l'inconnu dont il fut renversé,
Sonne déjà de son cor qui l'appelle.
Cet inconnu d'abord s'offre à ses yeux
Sur un coursier puissant et belliqueux.
De Galaor la monture plus lasse
Dans un tel choc paraissant succomber,
Il ne veut pas être seul à tomber :
Il a saisi son rival *dans la passe*,
Et tous les deux sur le sable roulans,
L'épée en main, pour des chocs plus sanglans
Se sont levés et redoublent d'audace.
Hors Amadis, aucun guerrier encor
N'avait si bien attaqué Galaor.
Il se défend à sa façon brillante.
Témoin de tout, Corisaude tremblante
Voit Galaor, qu'elle ne connaît pas,
Sur son amant, appeler le trépas.
Les deux rivaux sont couverts de blessures :
Leur sang s'écoule à travers leurs armures ;
Ce qui devait les affaiblir tous deux
Les rend plus forts, du moins plus furieux.
Ciel ! Corisande, en un désordre extrême,
Voit chanceler le chevalier qu'elle aime.
A cet aspect, la frayeur dans les yeux,
Vers Galaor elle accourt, elle crie :
« Arrête, arrête, et prends plutôt ma vie
Que d'épuiser un sang si précieux !
Si ma douleur te trouvait insensible,
Crains Amadis, crains Galaor terrible !
— Qui, Galaor.. ? — En cette occasion,
Je dois le dire et ne puis plus le taire :
Fils d'une reine et du grand Périon,
De ces héros Florestan est le frère.
— Ciel... ! » Galaor ayant jeté son fer,
Entre ses bras presse un frère si cher.
Quand Florestan découvre son visage,
Son noble frère, avec des yeux ravis,
Retrouve en lui tous les traits d'Amadis
Qu'il rappelait déjà par le courage.

Il leur fallut le temps de se guérir :
Ne voyant pas Galaor revenir,
Et ne pouvant l'attendre davantage,
Sans ce héros, mais ayatn pour second

Le généreux et vaillant Lowismond,
Amadis cherche, et rencontre et défie
Abyséos avec ses deux enfans,
Princes pervers, redoutables tyrans
Qui de son bien privaient Briolanie.
Du premier choc, seul attaqué par deux,
Il rétablit l'égalité du nombre.
Un peu plus tard, Lowismond valeureux
Dans les enfers envoie encore une ombre.
Amadis voit ce succès : le héros,
Pour en finir, immole Abyséos,
Et puis, frappant d'une douce surprise
Briolanie émue à son aspect,
Il court soudain, avec grace et respect,
La saluer reine de Sobradise.

Lors, à son nain témoin de ce transport :
« Prends, lui dit-il, ta course la plus vive;
Au roi Lisvard va raconter la mort
D'Abyséos. » Le nain part; il arrive.
Vers le palais se rendant sans retard,
Facilement il en obtient l'entrée.
Ayant tout dit, ce nain quittait Lisvard,
Quand Oriane est par lui rencontrée.
Ah! maudit nain, encor que peu félon,
Qu'ici j'ai bien le droit de te maudire!
Quand Galaor désira de t'occire,
Bien qu'il eût tort, il avait bien raison.
Vos sots rapports, bavards que Dieu confonde,
Font le malheur, comme l'ennui, du monde.
Fort mal instruit, ne croyant nullement
Que d'Amadis Oriane est l'amie,
Voilà mon nain qui, très étourdiment,
Dit que son maître aime Briolanie,
Et que sans doute, époux ainsi qu'amant,
Il va bientôt lui consacrer sa vie.
De cette sorte après qu'il a jasé,
Il quitte enfin la princesse tremblante,
Sans se douter du mal qu'il a causé,
Et qu'elle est prête à tomber expirante.

Loin, ah! bien loin de craindre cette erreur,
De se douter de cet affreux malheur,
Pendant ce temps, passant des jours prospères,
En Sobradise Amadis enchanté,
Après avoir protégé la Beauté,
Reconnaissait, embrassait ses deux frères.
Ces deux héros, à la fin rétablis,
Étaient venus y trouver Amadis,
Non sans avoir, pendant ce court voyage,
Cédé tous deux à leur humeur volage.
Je dis tous deux; car Florestan, épris
De la Beauté, change souvent de flammes.

C'est du côté de Galaor, mesdames,
Que Florestan est parent d'Amadis.

Pour Galaor, près de Briolanie
Il éprouva bientôt tant de plaisir,
Qu'arrivé là trop tard pour la servir,
Il en sentit une peine infinie.
Il le lui dit, vit souvent ses attraits,
En se plaignant de ne les voir jamais.
Il est moins gai, fait tout ce qu'elle exige,
Remplit, devine, et prévient tous ses vœux.
Quoi! Galaor serait-il amoureux?
J'ai de la peine à croire à ce prodige.
Oui, ce héros, que j'examine encor,
Est amoureux... mais à la Galaor :
Même en aimant on dirait qu'il badine.
Il veut en vain dissimuler ses feux;
Son sentiment est peu respectueux,
Et sa tendresse est assez libertine.
On le verra par cette autre chanson
Où, grace aux droits nés de la poésie,
Il tutoyait déjà Briolanie,
Et lui peignait l'amour à sa façon.

« Quand je t'écris, ô toi, mon bien suprême,
Une heure à peine est un moment pour moi;
Et cependant, de ce plaisir extrême
Naît un regret; car je suis loin de toi
    Quand je t'écris.

» Quand je te vois, plaisir plus doux encore
Vient sur mon cœur signaler ton pouvoir;
Mon œil s'anime et mon teint se colore :
J'ai toujours peur qu'on ne cherche à me voir
    Quand je te vois.

» A te parler, objet aimable et tendre,
Je le sais bien, je passe trop de temps;
Mais ne pouvant, hélas! toujours t'entendre,
Pourrais-je mieux employer mes instans
    Qu'à te parler?

» Si je te tiens la main douce et jolie,
De mon bonheur naît un doux embarras.
Voyant l'excès de ma tendre folie,
Tu ris, ingrate. Ah! tu ne riras pas
    Si je te tiens. »

Briolanie, en effet indulgente,
Lui souriait au lieu de se fâcher,
Et Galaor, en sa flamme imprudente,
Ne se pouvait d'auprès d'elle arracher.
Pour Amadis dont le cœur est plus ferme
Et qu'on voudrait encore retenir,
De son voyage il avance le terme.
Vers Oriane il allait revenir,
Quand un vieillard dit : « Avant de partir,

N'irez-vous pas, tout près, à l'*île Ferme?*
— Que dites-vous? » Les trois frères unis
Sur ce pays demandant de s'instruire,
A Florestan, Galaor, Amadis,
Le vieillard dit ce que je vais redire.

CHANT SIXIÈME.

L'île Ferme. — Le palais aux trois façades. — L'arc des loyaux amans. — La chambre défendue. — Coup de foudre sur Amadis. — Leçon au chevalier Patin. — L'Ermite. — La roche pauvre. — Le Beau Ténébreux.

Du temps présent je disais pis que pendre :
Voilà que Dieu, de mes plaintes lassé,
Me transporta soudain au temps passé
Qu'avec chaleur il m'entendait défendre.
Faut-il vous peindre, hélas! ce que je vis?
De toutes parts châteaux-forts, pont-levis;
De toutes parts régnait la violence.
Pour les hameaux point de tranquillité,
Point de repos, peu de virginité.
Chaque donjon était une puissance.
Force seigneurs, d'ailleurs très délicats,
Touchaient leur bien sur les routes publiques,
Exerçant là de leurs mains héroïques
Un beau métier que je ne dirai pas;
Puis, disputant de colère et de crimes,
Entre eux sans cesse ils allaient s'égorgeans.
Rentrés chez eux, il demeuraient veillans,
Ou, s'il dormaient, rêvaient à des abîmes.
Dans ces châteaux, la terreur des tyrans
Vengeait un peu le malheur des victimes.
En vain, du moins, parmi tant de fureurs,
Je recherchais les arts consolateurs.
Je regrettais tant de plaisirs tranquilles,
La paix des champs, la volupté des villes.
Du temps passé le charme s'effaçait,
Et, las bientôt d'un spectacle effroyable,
Je dis à Dieu : Rendez-moi, s'il vous plaît,
Ce temps présent qui ne vaut pas le diable.

Or maintenant que j'y suis de retour,
Je l'avoûrai, j'en sens plus le mérite;
Et d'Amadis j'ai mieux, depuis ce jour,
Apprécié le grand sens, et la conduite.
C'étaient ces maux que ses frères et lui
De toutes parts s'appliquaient à détruire.
Des opprimés ils se montraient l'appui,
Des oppresseurs ils renversaient l'empire.
Noble sujet digne des plus beaux vers,
Et qui d'Homère aurait comblé la joie,
Cette entreprise, utile à l'univers,
Vaut encor mieux que la guerre de Troie;

N'est-il pas vrai?... Mais que je suis bavard!
A mes propos ici je mets un terme,
Et dois céder la place à ce vieillard
Que j'oubliais, et qui veut sans retard
A mes héros parler de l'île Ferme.

« Vous le savez, du grand Trebatius,
Leur disait-il, sont presque tous issus
Les chevaliers qui, dans ces derniers âges,
Ont de la gloire obtenu les hommages.
Son fils aîné, *chevalier du soleil*,
Eut dans son temps un éclat sans pareil.
De ce guerrier, Périon votre père
Est descendu. Le prince des Anglais,
Lisvard, descend de Rosiclair son frère,
Qui le valait, à peu de chose près.
Les empereurs de Rome, de Byzance,
De Trébisonde, et trente rois connus,
Ainsi que vous, du grand Trebatius
Tirent leur rang et leur haute naissance.
Un de ces rois d'un illustre renom
Eut pour enfant l'illustre Apollidon,
Qui, s'honorant dans la chevalerie,
Et fort adroit de plus dans la magie
Qu'il chérissait d'un goût passionné,
Céda le trône à son frère puîné.
Passant à Rome, il y vit Grimanèse,
Jeune Beauté, fille de l'empereur.
Soudain l'Amour, ce suprême Enchanteur,
Que rien ne dompte et que nul art n'apaise,
De tous les deux vint embraser le cœur.
Mais Grimanèse, avant que d'être éprise,
A certain prince était déjà promise.
Apollidon, qui savait tout braver,
Jugea plus court et mieux de l'enlever.
C'est ce qu'il fit, sans tarder davantage.
Sur un esquif les deux amans partis
Furent en proie à des maux infinis.
Battus vingt jours par un affreux orage,
Jetés bien loin par l'autan qui mugit,
L'île voisine enfin les recueillit.
Depuis long-temps cette île renommée,
Par un détroit unie au continent,
Est pour cela l'*île Ferme* nommée.
Apollidon, soudain y descendant,
Fut mal reçu; mais, montrant son adresse,
Le matin même il vainquit un géant,
Et dès le soir épousa sa maîtresse.
Je suis trop vieux pour vanter leurs amours.
Mais qu'en cette île ils eurent de beaux jours!
D'Apollidon l'on admirait l'audace :
De Grimanèse on célébrait la grâce.
Après cinq ans, leur renommée enfin

Les fit élire à l'empire romain.
Mais en quittant son île si chérie,
Y consacrant sa gloire et ses amours,
Pour des travaux qui subsistent toujours
Apollidon épuisa sa magie.

» Il éleva d'abord un grand palais
Plus beau que ceux qui seront vus jamais,
Mais qu'on pourrait trouver un peu bizarre.
Le neuf est bon ; car du moins il est rare.
Le voyageur, tournant sur les coteaux,
Voit tour-à-tour un, deux, puis trois châteaux ;
Puis approchant dans sa surprise extrême,
Il s'aperçoit que tous trois sont le même.
Il voit que là, bravant beaucoup de lois,
On a cherché la meilleure, de plaire ;
Il reconnaît, mais jamais à la fois,
De ce palais, au front triangulaire
Les trois aspects bien divers tous les trois.
D'un des côtés, simple, élégante et pure,
Brille des Grecs la noble architecture.
Mainte colonne y charme les regards,
Mainte statue en forme de parure,
Et là surtout triomphent les beaux-arts.
En face, auguste et noble promenade,
Règne un jardin digne de la façade,
Plein tout entier des arbres toujours verts,
Qui sur le temps remportent la victoire,
Et, justement symboles de la gloire,
Sont, comme on sait, le printemps des hivers.
D'un autre front, près d'une douce rive,
Le long d'un lac, à l'onde fugitive,
Devant des kiosks, sous l'ombrage des bois,
Par les contours de vingt sentiers étroits,
Parmi les fleurs, les gazons, on arrive
Vers un palais on ne peut plus chinois ;
Et l'autre face encor moins magnifique,
Mais imposante, aux yeux offrait d'abord
Machicoulis, créneaux, deux tours du nord
(C'est bien mieux qu'une), un pont-levis antique ;
Bref tout l'aspect d'un vieux castel gothique,
Dont le jardin n'est qu'un simple verger,
Et plus loin même un humble potager.
Et c'est ainsi que, comme un jeune rêve,
En trois palais un seul palais s'élève ;
Et, si divers, les jardins sont tous trois
Masqués entr'eux d'un mur masqué d'un bois.
Ensemble ainsi sur une même scène
On convoqua Pékin, Lutèce, Athène ;
Et l'inconstant, de surprise jaloux,
Peut, sur un point, contenter tous ses goûts.

» C'était beaucoup qu'un si brillant ouvrage,
Qui de ce siècle enchanta l'univers,
Et que, parmi nos caprices divers,
Quelqu'un, un jour, répétera je gage ;
Car, quant à moi, je ne bâtis qu'en vers.
Mais, de son art méritant la couronne,
Apollidon éleva dans ces lieux
Un autre ouvrage encor plus merveilleux
Qui ne sera répété par personne :

» Près du palais que je vous ai tracé,
Un certain arc-de-triomphe est placé,
Arc redoutable à l'amant infidèle,
Et sous lequel jamais on n'a passé
Si par malheur on a trompé sa Belle.
Une statue érigée en airain,
Sur le sommet brille, un cor à la main,
De l'arc magique exacte sentinelle ;
Prête à sonner des sons mélodieux
Pour qui survient à bon droit en ces lieux,
Mais en revanche ayant des sons horribles
Pour femme ingrate ou héros inconstans
Voulant franchir l'*arc des loyaux amans*.
Ce n'est pas tout ; des esprits invisibles,
A ces gens-ci font mal passer leur temps.

» Quand de cet arc on franchit le passage,
Plus loin, en bronze, est un riche perron
Où Grimanèse avec Apollidon
Offrent aux yeux leur imposante image.
Entre eux, montrant la couleur du saphir,
Brille un tableau d'une richesse extrême :
Des vrais amans que l'arc daigne accueillir,
Là, l'heureux nom se grave de lui-même.

» Plus loin, en marbre, est un autre perron.
Mais vainement on se montra sans cesse
Amant sincère, ou fidèle maîtresse ;
Il faut encore une condition
Qui met souvent les amans mal à l'aise :
Il faut qu'on soit, pour franchir ce perron,
Vaillant, fidèle autant qu'Apollidon,
Belle, constante autant que Grimanèse.

» Plus loin enfin, s'offre un beau pavillon,
Portant le nom de *Chambre défendue*,
Et dès long-temps méritant bien ce nom ;
Car des esprits y font garde assidue,
N'écoutant rien... qu'une seule raison :
Dans ce séjour pour s'ouvrir un passage,
C'est une loi que l'on ait l'avantage
Sur Grimanèse ou sur Apollidon :
Voilà, messieurs, l'aventure brillante
Qui s'offre à vous. Peut-être un de vous trois

Par ce succès va combler ses exploits. »
« Allons, s'écrie Amadis, je le tente. »
Et Galaor et le beau Florestan
Désiraient peu d'en essayer autant ;
Mais reculer quand leur frère s'avance
Leur semble dur : puis ils ont l'espérance
De surmonter l'obstacle présenté ;
Ils ont pensé qu'à force de vaillance
Ils feront croire à leur fidélité.

Ces trois héros, ces trois généreux frères,
Pour l'île Ferme aussitôt sont partis
Et dans cette île ils arrivent, suivis
Par Lowismond, qui ne leur cède guères.
Cet amant vrai, ce loyal chevalier
Depuis long-temps brûlant pour Mélicie,
De Périon fille aimable et chérie,
Sous l'arc fameux s'avança le premier.
Il le franchit ; car, dévôt à sa Belle,
Si par hasard quelqu'autre déité
L'avait surpris de quelques vœux pour elle,
Jamais ce preux, dans sa légèreté,
N'avait été ce qu'on nomme infidèle.
Aussi fut-il admis avec bonté.
Il arriva même que la statue,
Le saluant de quelques sons flatteurs,
Sur ce héros, de parfums et de fleurs,
Laissa tomber une légère nue.
Lors il marcha vers le premier perron,
Et sur la table il vit inscrit son nom.
Amadis aime une preuve si claire,
Et voit dès lors en Lowismond un frère.
« Dieu ! se disaient Florestan, Galaor,
Qui l'aurait dit qu'il fût aussi fidèle ! »
Et cependant leur audace chancèle :
Leur vœu serait de différer encor.
Long-temps en vain l'épreuve les appelle.
En souriant Amadis les voyait
Faisant tous deux des façons infinies,
Et, pour savoir lequel commencerait,
Prolongeant trop leurs instances polies.
« Passez, mon frère.—Oh ! passez, s'il vous plaît,
Se disaient-ils : » aucun d'eux ne passait.
« Je le vois bien, il faut que je commence,
Leur dit enfin Amadis ; » et, tout bas,
De son amie invoquant les appas,
Vers l'arc sévère aussitôt il s'avance.
Voilà soudain que d'innombrables fleurs,
Tombant de l'arc, honorent son passage,
Et la statue, en accens enchanteurs,
Rend au héros le plus brillant hommage.
Lors Amadis monte au premier perron
Où Grimanèse avec Apollidon

Aux yeux charmés présentaient leur image ;
Et sur la table il reconnaît son nom
Inscrit déjà, mais inscrit de façon
Qu'on ne peut rien écrire davantage.

Et Florestan et le beau Galaor
Étaient en bas se débattant encor,
Quand Isanis, gouverneur de cette île,
Dit à tous deux, d'une façon civile :
« Quoi ! messeigneurs, de la gloire jaloux,
Ces deux succès ne sont-ils rien pour vous ?
N'oserez-vous tenter cette aventure ?
— N'oserez-vous ! vous pouvez supposer,
Dit Florestan... ce m'est presque une injure.
Non, il n'est rien que je ne puisse oser.
Vous l'allez voir. » Lors, il se précipite ;
Mais du destin son audace est maudite,
Et Florestan fut un amant pervers :
Au lieu de fleurs, de parfums, de concerts,
Sous l'arc fatal mille griffes cruelles
L'ont arrêté. Développant leurs ailes,
D'impurs oiseaux au loin troublent les airs.
De la statue une fumée épaisse
Descend sur lui, l'environne, l'oppresse ;
Et tout à coup un souffle d'ouragan
Bien loin de l'arc rejette Florestan.
A cet aspect, Galaor en colère
Veut effacer l'outrage de son frère.
Le bouclier et l'épée à la main,
Baissant la tête, il s'élance soudain ;
Mais il rencontre une autre résistance
Contre laquelle et vigueur et vaillance
En tout pays s'escrimeraient en vain :
De noirs cousins tandis que les morsures
Vont l'assaillir de nombreuses piqûres,
De douces mains, bien nombreuses aussi,
De toutes parts à la fois l'ont saisi.
Le nez, les doigts, l'oreille du coupable,
Tout, en un mot, ce qu'il a de prenable,
En un moment est vivement pincé.
Par tant de mains Galaor renversé,
Quelques efforts qu'il cherche encore à faire,
Est rapporté tout auprès de son frère.
Les deux héros alors se regardans,
Un peu trop tard maudissaient leurs folies,
Et plus encor l'arc des loyaux amans ;
Mais Galaor, après fort peu d'instans,
Dit : « Toutefois les mains étaient jolies. »

Pendant ce temps, le hardi Lowismond,
Se présentait vers le second perron
De marbre blanc à l'égal de l'albâtre ;
Mais, sans qu'il fût en amour trop félon,

Il brille moins sur ce nouveau théâtre.
De si grands coups le vinrent étourdir,
Que ce guerrier ne put jamais franchir
Que deux degrés, et, malgré sa vaillance,
Fut, près de l'arc, jeté sans connaissance.
On aurait cru qu'il allait y mourir ;
Mais il était là sur son territoire :
De mille fleurs le parfum exhalé,
Le ranimant, l'a bientôt rappelé
Aux souvenirs de sa première gloire.

De ces échecs loin de s'épouvanter,
Voulant venger ces preux ailleurs terribles,
Lors Amadis court se précipiter
Vers ce perron. Mille bras invisibles,
Dans son élan, le veulent arrêter ;
Leurs coups sont vains, leur ardeur est perdue ;
Sur le perron il parvient à monter,
Et veut gagner la chambre défendue.
Incontinent l'orage a redoublé
Contre Amadis, qui n'est pas accablé
Et suit toujours le désir qui l'enflamme.
De toutes parts se sentant assaillir,
Sous les douleurs tout autre eût pu faiblir ;
Mais le héros, tout-puissant sur son ame,
Ne souffre pas, ne voulant pas souffrir.
Sans qu'à céder on eût pu le réduire,
Il approchait du portique entr'ouvert :
Voilà qu'*un bras vêtu de satin vert*
Sort de la chambre et l'y daigne introduire.
Plus de combats désormais ; mille voix
Chantent ce preux, sa vaillance suprême.
« Qu'à tout jamais il nous donne des lois,
Le chevalier dont les rares exploits
Surpassent ceux d'Apollidon lui-même. »

Apollidon eut toujours ce dessein ;
Sa volonté dans l'île était connue :
Qui gagnerait la chambre défendue,
De l'île Ferme était le souverain.
C'est Amadis qui le devient enfin,
Et comme tel Isanis le salue.
Le peuple entier, non moins vite accourant,
A son seigneur vient prêter le serment ;
Et désormais au destin rendant graces,
De ce héros les deux frères ravis,
Ont tout à fait oublié leurs disgraces,
En jouissant du bonheur d'Amadis.

« Ah ! se disait Amadis plein de joie,
Quand Oriane apprendra mon succès... »
En ce moment, à ses yeux satisfaits
S'offre Durin, confident qu'elle emploie

Auprès de lui, doux messager d'amour
Et de bonheur, au moins jusqu'à ce jour.
Du Danemarck l'aimable demoiselle
Pour frère avait cet écuyer fidèle,
Qui, sur ces bords, arrivé de fort loin,
De ces exploits venait d'être témoin.
A son aspect, Amadis qui palpite,
Dans un bosquet le conduit au plus vite,
De sa maîtresse en reçoit un écrit
Qu'il a baisé, rompt le cachet et lit...
Mais, ô surprise ! ô soudaines alarmes !
Cet Amadis, de plaisir enivré,
Pâlit déjà, verse un torrent de larmes,
Et tout à coup tombe désespéré.

Il vous souvient de l'erreur inouie
Que fit le nain, alors qu'étourdiment
Il raconta que de Briolanie
Sire Amadis était le tendre amant.
Troublée alors d'une peine mortelle,
Malgré Mabile et cette demoiselle
Du Danemarck, Oriane soudain
De son message avait chargé Durin.
Elle accusait d'affreuse perfidie
Son noble amant, si constant, si discret,
Lui déclarait sa haine, et finissait
Lui défendant de la voir de sa vie.
Lorsque vers lui Gandalin accouru,
De ses transports craignant la violence,
Avec Durin, long-temps l'a retenu,
Amadis tombe enfin sans connaissance.
Quand il revient, par leurs soins secouru ;
Il ressaisit ce qu'on vint lui remettre ;
Lors il s'écrie : « O bienheureuse lettre,
Puisqu'elle fut écrite par l'objet
Le plus aimable, hélas ! le plus parfait !
Et cependant, ô lettre trop fatale,
Qui dans mon sein met un affreux tourment,
Et vient frapper de trépas un amant
D'amour si tendre et de foi si loyale !
Mais à son sort Amadis se soumet.
Oui, mes amis, devant vous je l'atteste,
Je porterai sur mon cœur mon arrêt
Plus cher encor pour moi qu'il n'est funeste.
Va, cher Durin, remercier ta sœur,
Dont l'amitié pleurera mon malheur ;
Porte surtout mes adieux à Mabile,
Qui fut pour moi si douce et si facile,
Et tant de fois consola ma douleur.
Quelque méchant, quelque lâche imposteur
Aura trompé la divine Oriane ;
Mais Amadis, même dans son malheur,
Doit respecter l'arrêt qui le condamne.

CHANT SIXIEME.

Va sans délai vers ma dame en courroux ;
Va lui porter mes adieux, ma réponse. »
Durin lui dit : « A regret je l'annonce,
On me défend d'en recevoir de vous.
— Dieu ! — Mais, seigneur, c'est par trop d'injustice ;
Je ne sais pas souscrire à cet arrêt.
Oui, sans retard, écrivez un billet,
Et je m'en charge en dépit du caprice.
Y penses-tu ? quelle témérité !
Dit Amadis : à la Divinité,
Quoi qu'elle ordonne, il faut qu'on obéisse. »

Lors se tournant vers son cher Gandalin,
Et lui donnant quelques mots de sa main,
« Cher Gandalin, frère de mon enfance,
Dit-il, du sort l'impérieuse loi
Ne permet pas qu'à Gandale, qu'à toi,
Je prouve, au moins autant que je le doi,
Et ma tendresse et ma reconnaissance.
Par des rigueurs, auxquelles je souscris,
Puisque mes jours auront bientôt leur terme,
O Gandalin, dès qu'ils seront finis,
Avec ce mot va trouver Isanis,
Et ton ami te lègue l'île Ferme.
Facilement mes deux frères chéris
Seront dotés par leur brillant courage :
La Gaule seule est un bel apanage.
Ces deux héros, loin de rien t'envier,
Selon mon vœu, t'armeront chevalier.
Loin d'eux, hélas ! en ce jour tout m'entraîne,
Et nos adieux redoubleraient ma peine.
Au moins dis-leur de ne pas m'oublier.
Un mot encor : Mon ami, je te prie,
Dans ce pays que j'aime à te céder,
Pour mon salut, prends le soin de fonder
Un monastère à la vierge Marie.
*C'est mon désir, qu'il soit doté si bien,
Qu'à jamais, là, vingt moines puissent vivre
Pieusement et sans manquer de rien.* »
Il dit, et part, défendant de le suivre.

Désobéir est bien fait quelquefois,
Et, selon moi, c'en était l'occurrence.
Avec Durin, méconnaissant ses lois,
Gandalin suit de loin avec prudence,
Sachant tous deux, dans leurs efforts discrets,
Le voir toujours, n'en être vus jamais.
Le chevalier suit l'étroite chaussée
Par qui cette île au continent se joint ;
Puis, dans les bois, plein du mal qui le point,
Poursuit sa marche incertaine et pressée.
Quand il a fait un immense chemin,
Se croyant loin de tout regard humain,
Ne pensant plus que l'on puisse l'atteindre,
Le triste amant croit pouvoir s'arrêter,
Et ce héros se mettait à se plaindre,
Quand près de lui l'on se met à chanter.
Un inconnu, qu'à la fois tout condamne,
De son bonheur se plaît à se vanter ;
Il se vantait... des bontés d'Oriane !

Le croiriez-vous ? le terrible Amadis
L'entend fort bien et demeure en silence.
Les écuyers, également surpris,
Sont consternés de tant de patience.
Préférant tout à cette indifférence,
Auprès de lui Gandalin paraissant
Dit : « Quoi, seigneur, ce discours téméraire,
Vous l'entendez aussi tranquillement !
— Toi, Gandalin, devant moi ! Sans ton père,
Tu tomberais sous mes coups abattu.
Dis, insensé, qu'attends-tu ? que veux-tu ?
— Que, réveillé d'un trop funeste songe,
Vous punissiez le plus lâche mensonge.
— Qui, moi ? punir ! Ah ! quelle folle erreur,
Cher Gandalin, est ici ton partage !
Je tenais tout d'un objet enchanteur :
Crois qu'Oriane, en m'ôtant sa faveur,
M'a retiré ma force et mon courage.
Assurément je pense comme toi
Sur ces discours de félon et de traître ;
Mais ce guerrier enfin, quel qu'il puisse être,
Est du succès bien plus digne que moi :
C'est un perfide, un imposteur profane ;
Mais il n'est pas proscrit par Oriane.
— Y pensez-vous ? et savez-vous enfin
Ce qu'Oriane apprendra de Durin,
Qui m'a suivi, qui, comme moi, murmure
De ces propos ? — Oh Ciel ! Durin est là !...
Quelle que soit ma profonde blessure,
En revoyant ma dame, il lui dira
Que son amant a vengé son injure. »

Le héros dit, se lève, et va soudain
De l'inconnu savoir comme il se nomme.
— Qui, moi ? Je suis le chevalier Patin,
Frère puiné de l'empereur de Rome.
— Et vous aimez la fille de Lisvard ?
— Depuis deux jours. — Mais qu'est-ce qu'elle en pense ?
— A mes soupirs la belle ayant égard,
M'a répondu par un tendre silence.
— Sachez de moi que vous n'êtes qu'un fat.
— Patin un fat ! O fureur...! » Grand combat,
Court toutefois, et d'un bon coup de lance,
Touchant Patin, Amadis qui l'abat
Sait le punir de son impertinence.
Patin resta long-temps sur ces gazons,

Fort mal en point et prenant patience.
Laissons-le là, car nous le reverrons.

Or, Amadis, cette affaire accomplie,
Vers Oriane a renvoyé Durin,
Et n'a gardé que le seul Gandalin,
Qui l'a suivi constamment, quoi qu'il die.
Peu s'en fallut que ce noble écuyer
Ne vît fort mal payer sa courtoisie ;
Car, en voulant toujours le supplier
De prolonger, de soutenir sa vie,
Conseil qu'on peut, je crois, justifier,
Il s'avisa d'accuser son amie
Ou d'injustice, ou de coquetterie.
« Tais-toi, tais-toi, malheureux mécréant ;
On n'a jamais menti si méchamment.
Si du passé je n'avais souvenance,
Ta mort déjà paierait ton insolence.
Ah ! garde-toi d'un penser si félon :
L'oses-tu bien ! accuser Oriane !
Apprends, apprends qu'elle a toujours raison,
Et que j'ai tort, puisqu'elle me condamne. »
Ainsi parla-le héros. On sent bien
Qu'après cela l'écuyer ne dit rien.
Dans la forêt, triste, sombre, éternelle,
Ils cheminaient, encor plus tristes qu'elle.
Deux fois le jour vient avec le soleil,
Deux fois la nuit amène le sommeil,
Sans qu'Amadis, tout aux maux qu'il endure,
Ait accepté repos ni nourriture.
C'est ce héros qui, cherchant les hasards,
A de sa gloire illustré sa patrie !
Il souriait à la mort en furie,
Et, devant lui, tressaillaient les remparts :
Son feu n'est plus ; son audace est finie.
Tel ce géant qui nous mène en tout lieu,
Tel ce chef-d'œuvre où le roi de la terre,
De son génie a passé la barrière,
Où l'homme enfin apparaît comme un dieu,
Tel un vaisseau, qui, sur les mers lointaines,
Hier encor voguait à voiles pleines,
Battu des flots, incliné par l'autan,
A dépouillé tout l'orgueil de sa tête,
Et désormais se livre à l'ouragan,
Et pour pilote accepte la tempête.

Marchant toujours, mais lassé cependant,
Notre héros s'assied près d'un torrent.
Lors Gandalin, que l'appétit talonne,
Sur le gazon au sommeil s'abandonne.
Cela, lecteur, ne doit pas t'étonner :
Rêver qu'on dîne, ah ! c'est presque dîner.
Ne doutez pas qu'Amadis ne saisisse,

Pour marcher seul, l'occasion propice :
Vers un village il a porté ses pas,
A Gandalin envoie un bon repas ;
Puis, échappant à l'œil qui le surveille,
Il est bien loin quand Gandalin s'éveille.
Seul désormais, et tout à ses revers,
Il va cherchant les plus affreux déserts,
Sur son cheval qui n'a pas tant de zèle
Et qui n'est pas proscrit par une Belle.
Il approchait du rivage des mers,
Quand devant lui tout à coup se présente,
La Bible en main, un ermite pieux,
Qui d'une chèvre, en ces sauvages lieux,
A revêtu la dépouille indigente.
Par la pensée il habitait les cieux,
Et laissait paître en un aride herbage
L'humble coursier du pauvre et du village.
A son aspect, plein d'espoir, Amadis :
« Êtes-vous prêtre, homme aux cheveux blanchis?
— Oui, je le suis depuis quarante années.
— Ah ! voilà donc mes voyages finis,
Et pour toujours mes courses sont bornées. »
Quittant alors ses armes, son cheval,
Il va tomber aux genoux du saint homme,
Et, s'inclinant devant son tribunal,
Dit ce qu'il fit et comment il se nomme.
« Bientôt, dit-il, je n'existerai plus.
Auprès de vous, que trop tard je connus,
A tous les yeux laissez-moi disparaître.
Puissent, hélas ! ô mon père, ô mon maître,
Mes derniers vœux par vous être entendus,
Et l'Éternel, touché de vos vertus,
A mes erreurs pardonnera peut-être ! »

Surpris, frappé du profond repentir,
De la beauté, du rang de ce coupable,
Le bon ermite, en daignant le bénir,
Cherche à calmer la douleur qui l'accable.
« Mais, lui dit-il, comment vous recueillir?
Seul, isolé, sur un roc effroyable,
Dans les rigueurs d'un éternel hiver,
Mon ermitage, à dix milles en mer,
Presque toujours se trouve inabordable.
La *Roche Pauvre* est le nom redoutable
De cet abri que même les pêcheurs
Ne peuvent pas regarder sans terreurs.
J'existe là des secours protecteurs
Que, sur ce bord, jetés par quelque orage,
Laissent parfois quelques navigateurs,
Et rarement je viens sur ce rivage.
D'un tel séjour les pieuses horreurs
Ne seront point, mon fils, votre partage.
— Que dites-vous? Hélas ! dans mes desseins,

Rien ne peut mieux me servir que votre île.
Plus je serai loin des regards humains,
Plus Amadis chérira son asile. »
Il dit, il presse; il jure d'accomplir
Du bon vieillard le plus léger désir;
Tant qu'à la fin cédant à son instance,
L'ermite dit : « Mangez, pour m'obéir ;
Oui, vous allez dîner par pénitence. »
Il était temps, et l'ordre était sensé ;
Car Amadis tombait en défaillance.
Un peu refait, dans l'île il a passé,
Et, là, demande à l'ermite son maître
Qu'un nouveau nom aide à le méconnaître.
L'ermite, ému de ses chagrins affreux,
Lui dit : « Mon fils, sois le *Beau Ténébreux*. »
C'est sous ce nom qu'en d'horribles retraites
Le conquérant, devenu sacristain,
Servait la messe et portait les burettes.
Il ne peut pas terminer son destin,
Le saint vieillard le condamnant à vivre ;
Mais, lentement miné par le chagrin,
De sa douleur l'infortuné s'enivre.
Dans son désert, même au pied de l'autel,
De ses amours il se souvient encore.
En vain il veut invoquer l'Éternel :
Son Oriane est le dieu qu'il implore.

Qui ne serait touché de ces amours !
Ce n'est ainsi qu'on aime de nos jours,
Je sais cela : nos cœurs les plus fidèles
Prennent bien mieux les rigueurs de leurs Belles.
Mais d'Amadis l'exemple non suspect
Peut ranimer beaucoup de tendres flammes ;
Et cet excès d'amour et de respect
Avait son prix ; n'est-il pas vrai, mesdames ?

CHANT SEPTIÈME.

Douleur d'Oriane. — Naissance d'Esplandian. — La lionne. — Triste chanson de bon augure. — Recherche inutile. — Heureuse rencontre.

Je te revois, paisible solitude :
Je viens sur toi reposer mes regards,
Et, me livrant au plaisir de l'étude,
Renouveler cette heureuse habitude
Qui m'enchaînait au culte des beaux-arts.
O verts gazons, délicieux rivages,
Rians aspects pris de rians ombrages,
Et toi, printemps, toi qui les embellis
De la fraîcheur de ton doux coloris,
Comme mon cœur vous avez mes hommages.
Ce n'est pas vous qui donnez toutefois
Le plus grand charme à mon séjour champêtre :
C'est cette paix, ce temps que je lui dois,
Et dont ailleurs on n'est pas toujours maître.
Dans les cités, au sein du tourbillon,
On ne sait pas ce qu'on fait de sa vie;
Tout vous entraîne, excepté la raison.
Ici je puis, au gré de mon envie,
Bien mieux qu'ailleurs, rêver avec Platon,
Voir La Fontaine, écouter Fénélon.
Point d'importun, point d'ennui qui m'accable.
Ah ! quel abri serait plus précieux !
Et quel bosquet peut valoir à mes yeux
Mon cabinet, enfin inviolable !
Calme des champs, ô leur plus doux trésor,
Viens m'entourer, et, loin du bruit des villes,
Inspire-moi, dans mon heureux essor,
Un chant plus pur et des vers plus faciles.

Qui pourrait peindre, ô fille de Lisvard,
Ton repentir, ta cruelle souffrance,
Quand, d'Amadis t'apprenant le départ,
Durin aussi t'en apprit l'innocence !
Il a franchi l'arc des loyaux amans.
Mais ses discours prouvent seuls, et de reste,
Qu'il n'avait pas méconnu ses sermens,
Et méritait un destin moins funeste.
Bientôt Guilan, plus pensif que jamais,
De ce héros vient apporter l'armure,
Qu'il a trouvée en de sombres forêts.
De toutes parts on se livre aux regrets.
De toutes parts, sa mort n'étant point sûre,
Pour le chercher, les meilleurs chevaliers
Ont, à l'envi, déserté leurs foyers.
Lisvard voudrait, et ne peut pas de même
Chercher au loin ce chevalier qu'il aime ;
Mais Galaor, Florestan, d'Estravaux,
Et cent encor, quittant jusqu'à leurs Belles,
Sont déjà loin ; et, par monts et par vaux,
Vont d'Amadis demander des nouvelles.
Sans nul repos, ces guerriers si hardis,
En sens divers errant dans vingt pays,
Ont rencontré, signalant leurs prouesses,
Des châteaux-forts, des exploits, des maîtresses,
Tout, en un mot, si ce n'est Amadis.
Guilan surtout, voulant plaire à Mabile,
A qui pourtant il ne plaisait pas trop,
Pendant deux ans de course difficile,
Vit trente rois et ne dit pas un mot.

Mais tous ces preux étaient partis à peine,
Que bien plus triste et beaucoup plus en peine,
Dans le palais, Oriane pleurait.
Ce n'était pas seulement de regret ;

C'était d'effroi. Faudra-t-il vous le dire ?
Le dieu d'amour, qui ne sait ce qu'il fait,
Assez souvent fait plus qu'on ne désire.
Depuis un temps, Oriane, en son sein,
Sentait le fruit de son furtif hymen.
Dans cet état, dans ce péril funeste,
Il fallut bien qu'Oriane, modeste,
Rendant du jour les rayons plus discrets,
A l'amitié confiât ses secrets.
Prenant à part Mabile et Lorisbelle
(Du Danemarck c'était la demoiselle),
En rougissant comme l'aube du jour,
Elle avoua les erreurs de l'amour.
Parlant ainsi, la princesse appréhende
D'être grondée, et même justement ;
Mais, souriant, et même l'embrassant,
Mabile dit : « Il faut bien qu'on s'attende
A ces malheurs ; je m'en doutais, vraiment,
Et qu'à tel saint surviendrait telle offrande. »
Or, mes amis, remarquez bien ce point :
Mabile était fort jolie, et fort sage.
Craignant la mer, et ne s'exposant point,
Elle plaignait ceux qui faisaient naufrage.
Quand l'indulgence à la vertu se joint,
La vertu plaît mille fois davantage.

Mabile alors promit tout son secours.
A la princesse à son tour Lorisbelle
En dit autant, « Fallût-il, lui dit-elle,
Sacrifier mon honneur et mes jours
Pour vous sauver et vous prouver mon zèle. »
Après avoir délibéré long-temps
Sur le péril et sur les incidens
Qui, plus nombreux autour d'une princesse,
Pouvaient la perdre et trahir sa faiblesse,
Il fut conclu que pour faire un enfant
Il n'était rien de si sûr qu'un couvent.
De Mirefleur l'abbaye assez belle
Lors florissait, non loin de la cité,
Au sein d'un bois, des regards écarté.
Il se trouvait aussi que Lorisbelle
Cousine était de l'abbesse nouvelle
Qui de ce lieu réglait la sainteté.
D'après cela le plan fut arrêté.
Avec adresse alléguant sa santé,
Que dès long-temps altérait sa tristesse,
En prenant bien son moment, la princesse
Dit un matin et fit dire à Lisvard
Qu'elle devait changer d'air sans retard ;
Et, pour lui rendre une santé parfaite,
A Mirefleur quelques mois de retraite
Lui sont prescrits. Lorisbelle avec art,
En s'accusant d'un moment de faiblesse,

Avait instruit la révérende abbesse
Qu'elle devait mettre au jour un enfant,
Qu'on eût au temple exposé simplement
Et qu'eût, je pense, adopté la princesse ;
Mais cette abbesse eut le tort de mourir.
Il en survint une autre rigoureuse
Qui n'eût voulu rien taire et rien souffrir :
Et cependant de l'heure douloureuse
De plus en plus Oriane approchait.
Elle cachait mal ce qu'elle cachait.
Heureusement Lisvard à cette époque
Combat au loin un roi qui le provoque.
Brisène aussi, souffrante en son palais,
A Mirefleur ne pouvait plus paraître.
L'œil maternel, d'Oriane peut-être
Eût deviné les funestes secrets.
Il arriva, le jour de la souffrance.
Dans ses tourmens, l'amante d'Amadis
Versait des pleurs, mais étouffait ses cris :
C'est trop souffrir que souffrir en silence.

Enfin, après le plus cruel tourment,
Par ses douleurs Oriane épuisée
Entre ses bras presse son bel enfant ;
Mais toute chose était bien disposée,
Et Lorisbelle accourt en lui disant :
« Durin, mon frère, attend à la croisée.
— Oh ! ciel, déjà ? sitôt perdre mon fils !
— Las ! il le faut, dans ce péril extrême,
Pour le sauver et vous sauver vous-même.
Mon frère et moi, pour l'emmener unis,
Nous saurons bien protéger sa faiblesse ;
Mais le temps vole, et le péril nous presse. »
Mabile même approuvant cet avis,
En soupirant, la tremblante princesse
Cède au destin ; elle observe son fils,
Et l'embrassant de toute sa tendresse :
« Mon fils, dit-elle, ô mon plus cher trésor,
Que puisses-tu valoir un jour ton père,
Et quelque jour obtenir pour ta mère
Qu'il lui pardonne, hélas ! s'il vit encor ! »
Mabile alors l'enlève à sa cousine.
En l'entourant des langes les plus beaux,
Avec surprise elle aperçoit deux mots,
Que, l'un en grec, l'autre en langue latine,
L'enfant avait écrits sur la poitrine.
Mabile avait sans doute un fort bon ton,
Était aimable, et gracieuse, et svelte,
Mais ne savait de langue que le celte,
Qui, comme on sait, est notre bas-breton.
Le bas-breton n'étant d'aucun usage
Pour expliquer le grec ou le latin,
Elle ne put en savoir davantage.

Le temps pressait encor plus que Durin ;
Et, recevant un dépôt nécessaire,
Durin bien vite emmena l'orphelin,
Qui possédait pourtant ses père et mère.

Mais ce Durin qu'accompagnait sa sœur
N'avait pas pu prévoir un grand malheur :
Las de marcher dans la forêt sauvage,
A cet enfant dont ils étaient l'appui,
Comme ils avaient fait un lit de feuillage,
Et devisaient à quatre pas de lui,
Voilà soudain que, bravant leur escorte,
Une lionne et paraît et l'emporte.
Je vous ai dit que, par un triste droit,
Lions alors vivaient sur cette terre.
Ces gens, depuis, ont quitté l'Angleterre,
Ayant trouvé qu'il faisait un peu froid.
En voyant fuir la lionne cruelle,
Durin, qui court, et même Lorisbelle,
Ont, par frayeur, l'espoir audacieux
De lui ravir cet enfant précieux.
Leurs pas sont vains, leurs efforts impossibles ;
D'un pied léger, l'animal ravisseur
A disparu dans l'immense hauteur
Que présentaient des rocs inaccessibles.

Heureusement en ces rocs sourcilleux
Un bon ermite avait sa résidence,
Et, des lions concitoyen pieux,
Chez eux vivait en bonne intelligence.
Ces animaux, soumis à son aspect,
A ses vertus semblaient porter respect.
De Dieu tout bas redisant les louanges,
Il rencontra près du creux d'un buisson
Cette lionne apportant par les langes
Le fils d'un homme aux petits d'un lion.
L'enfant jouait sous la gueule sanglante
De l'animal. L'ermite frémissant
A cet aspect singulier et funeste,
Et plein de foi dans la bonté céleste,
A la lionne ose ravir l'enfant
Jusques alors préservé de blessure ;
Plus d'un héros n'en eût pas fait autant.
« Quels droits as-tu sur cette créature
Qu'à son image anima l'Éternel ?»
Je te l'enlève en son nom, et t'ordonne
De la nourrir de ton lait maternel. »
Noble pouvoir que la vertu lui donne !
Vous eussiez vu la terrible lionne,
A ses genoux se traîner humblement,
Et présenter la mamelle à l'enfant.
Le faible enfant aussitôt l'a saisie,
Il en jouit avec un doux effort ;

Le monstre affreux qui désirait sa mort
Lui donne ainsi le soutien de la vie.

L'ermite saint, les larmes dans les yeux,
A deux genoux remerciait les cieux.
Huit jours durant, l'enfant eut la lionne
Pour sa nourrice, et l'ermite pour bonne.
Le bon vieillard, à ce métier peu fait,
Après ce temps, vit d'un œil satisfait
Venir sa sœur, qu'il en avait priée.
Une brebis suivait, qui de son sein
Nourrit alors le petit orphelin ;
Et la lionne étant remerciée,
Ne nourrit plus, mais venait sans façon
Chaque matin revoir son nourrisson.
A son aspect l'enfant toujours sensible,
La revoyait, plus content chaque fois,
Lui souriait ; et de ses petits doigts,
Il caressait sa nourrice terrible.

Fort mal logé, l'ermite crut enfin
Devoir ailleurs envoyer l'orphelin,
Se proposant lui-même de l'instruire,
Quand il pourrait le garder sans lui nuire.
Ce saint vieillard, qu'on nommait Nascian,
Lit sur le sein de cet enfant qu'il aime,
En bon latin, le mot Esplandian ;
Il lui donna ce nom dans son baptême.
Quant au mot grec qu'on trouvait tout auprès,
Pour Nascian ce mot fut un mystère.
Pour lui Virgile avait de grands attraits ;
Mais j'avoûrai qu'il usait moins d'Homère.

Oh ! si Durin et sa tremblante sœur,
D'Esplandian avaient su le bonheur,
Qu'ils auraient eu moins de peine et d'alarmes !
Après avoir cherché long-temps en vain,
Tous deux vers Londre ont repris leur chemin.
Pour épargner Oriane et ses larmes,
Mabile seule, en ce premier moment,
Apprit d'abord l'affreux événement.
Il fallut bien en instruire la mère,
Dont vous pouvez juger la peine amère ;
Mabile, hélas ! désormais sans espoir,
Veut cependant la forcer d'en avoir ;
Lui répétant que maint exemple prouve
Qu'enfant perdu quelquefois se retrouve,
Et qu'en un mot l'exemple d'Amadis
Fait espérer qu'on trouvera son fils.
Efforts trop vains ! la malheureuse mère
Pleure le fils et pleure aussi le père.

De tels regrets désirant la distraire,
Mabile alors volontiers lui parlait

Du bon Guilan, le nommant *son muet*,
Et s'en moquait d'une étrange manière.
« Eh mais ! souvent vous m'en parlez, ma chère,
Dit Oriane : ah ! si le fol Amour
A ce muet vous engageait un jour ?
— L'amour, ô ciel ! et pour Guilan encore !
C'est vainement qu'il m'aime, qu'il m'adore,
Chère cousine, et je le jure bien...
L'autre répond : Ah ! ne jurons de rien. »
Et la douleur qui toujours la déchire
Mêle déjà des pleurs à son sourire.

Deux fois l'hiver, amenant les frimas,
Avait glacé la nature muette,
Et le printemps, couronné de lilas,
Avait deux fois cueilli la violette ;
Tous les guerriers depuis ce temps partis,
Du monde en vain parcouraient les retraites ;
Et l'on voyait des Belles inquiètes
Chercher les preux qui cherchaient Amadis.
Par ce motif la belle Corisande
Parmi les flots avait bravé l'autan,
Quand, chez Lisvard venant sans qu'on l'attende,
Elle le prend à part, et lui demande
Si l'on n'a pas vu chez lui Florestan ?
Lisvard dit non, puis poliment l'engage
A lui conter ce qu'en son long voyage
Elle a pu voir qui soit intéressant.
« Rien, lui dit-elle, excepté cependant
Qu'au sein des mers, sur un îlot sauvage,
Un fort bel homme, un chevalier errant
Fait pénitence en habit d'ermitage.
Quoique bien triste, il est encor charmant.
Mais de son nom il m'a fait un mystère.
L'îlot nommé... je ne sais plus comment,
Est tout au nord des mers de l'Angleterre.
Cet inconnu m'intéressait vraiment :
Mais par malheur il avait un langage
Qui ne semblait ni trop clair, ni trop sage.
Apparemment il a beaucoup souffert ;
Mais ses raisons m'étaient peu familières.
C'était toujours la brise du désert,
Ou l'aquilon courant sur les bruyères.
Grand amateur d'abîmes, de torrens,
Il ne voyait que nuages errans ;
Ou, de la nuit considérant les voiles,
Il recherchait l'entretien des étoiles.
Même il était une étoile au besoin.
Perdu parfois en transports ineffables,
Cet inconnu s'égarait un peu loin,
Mais il disait des choses admirables ;
Enfin, je dis : « Seigneur aérien,
C'est beau, très beau, mais je n'y comprends rien. »

Il eut alors pitié de ma faiblesse,
Et redevint plus clair, je le confesse :
Il m'a deux fois récité tristement
Un virelai qui m'a plu tellement
Que j'en aurai, je crois, ressouvenance. »
Tout aussitôt, Lisvard le demandant,
Il fallut bien céder à son instance ;
Et Corisande a commencé le chant.

« *Roses d'amour embellissaient ma vie* (1) ;
Mais sans pitié ta voix m'a condamné.
Douce espérance à toujours m'est ravie.
Il est passé ce temps si fortuné.

» Il est passé... Dieu ! quelle calomnie
A pu noircir le plus loyal amant !
Aurais-je pu manquer à mon serment ?
Roses d'amour embellissaient ma vie.

» De te trahir, quoi tu m'as soupçonné,
Toi qu'en mes bras vit quelquefois l'aurore !
Qui t'aima bien, doit t'aimer mieux encore.
Mais sans pitié ta voix m'a condamné.

» A quelle erreur ton ame est asservie !
Mais t'obéir est mon premier devoir.
Puisque tu m'as défendu de te voir,
Douce espérance à toujours m'est ravie.

» Sur cette roche errant, abandonné,
C'est le trépas que j'invoque sans cesse ;
Il faut mourir, puisque pour ma tendresse
Il est passé ce temps si fortuné. »

De la chanson que je vous ai redite,
Lisvard goûta les paroles et l'air.
« J'ai, dit la dame, un regret très amer
Qu'un chevalier doué d'un tel mérite
Soit hors du monde et soit un frère ermite :
Je le voulais emmener avec moi ;
Mais il m'a dit, trop fidèle à sa flamme :
« Non. J'ai quitté le monde, et je le doi :
L'on doit toujours obéir à sa dame.
« Adieu, seigneur, je vous quitte à l'instant,
Et vais ailleurs pour chercher Florestan. »

La dame a dit, et part en étourdie.
Le roi Lisvard, plus étourdi cent fois,
Ne raconta qu'après deux jours, ou trois,
Cette aventure à sa fille chérie.
Mais quand à peine il a dit quelques mots
Du virelai, quoiqu'il le chantât faux,
Comme Oriane est troublée et saisie !

(1) Ce virelai est de M. de Tressan.

CHANT SEPTIÈME.

Roses d'amour embellissaient ma vie :
C'est Amadis ! le chant de son bonheur,
Changé par lui du majeur au mineur,
Devient le chant de sa mélancolie.
C'est Amadis!... Il s'en fallut bien peu
Que par son trouble elle ne fît l'aveu
De son secret. S'étant enfin remise,
Elle demande avec un air bien froid
En quel pays et sur quelle île on voit
Ce chevalier qui dessert une église.
« Tout ce qu'en sait celle qui l'a pu voir,
Répond Lisvard, c'est qu'il a, pour manoir,
Choisi quelque île au nord de l'Angleterre.
Il en est tant que c'est ne rien savoir ;
Mais après tout il ne t'importe guère. »

Pauvre Oriane, oh! comme tu courus
Vers ta cousine, et comme, en diligence,
Tu lui peignis ta nouvelle espérance
Sur Amadis... que tu n'espérais plus !
Par grand malheur l'île est mal désignée,
Et Corisande était bien éloignée;
Mais Lorisbelle, admise à l'entretien,
Avec chaleur dit : « J'irai vers cette île,
Et dans le nord je chercherai si bien
Que d'Amadis je trouverai l'asile.
O trop heureuse en vous le ramenant,
Si je pouvais, calmant ma peine amère,
Faire excuser un malheur accablant
Et réparer un tort involontaire ! »
Elle se tait. Oriane l'entend,
Soupire encore, et l'embrasse pourtant.

Sur un navire, avec des gens habiles
Pour le guider, Lorisbelle, qui part,
Tient sa promesse, et sans aucun retard
Va visiter l'archipel de ces îles
Qui, trop souvent formé de rocs stériles,
Sert de ceinture à l'île des Anglais.
Parmi les flots et les vents inquiets,
De toutes parts elle cherche, interroge :
Mais sur ces bords nul ermite ne loge,
Ou, s'il en est, il n'a rien d'Amadis.
Malgré des pas et des soins infinis,
Elle, et Durin qui cherchait d'autres îles,
Voyaient toujours leurs courses inutiles.
Quelle douleur! Mais un vent furieux,
Du Danemarck troublant la demoiselle,
La force à fuir ces bords trop périlleux,
Et l'a jetée en une mer nouvelle.
Le ciel alors paraissant adouci,
Pour obtenir une nuit plus paisible
Le nautonnier va chercher un abri

Contre un rocher, îlot imperceptible.
La nuit passa. La demoiselle enfin
Allait partir, quand soudain une cloche
A résonné sur cette horrible roche,
Où l'on n'eût pu soupçonner un humain.
Tout aussitôt naviguant vers la rive,
Dans un esquif elle approche, elle arrive.
Sous un rocher de mousse tapissé,
Temple rustique et que le cœur révère,
Beau de vertus, et par les ans cassé,
Un saint vieillard disait le saint mystère.
A deux genoux, aux marches de l'autel,
Quelqu'un priait et servait le bon père
Dans ce devoir pieux et solennel.

Oui, mes amis, oui, vous devinez juste :
Sur cet îlot, dans ce séjour affreux,
L'humble assistant de ce vieillard auguste,
C'est Amadis, c'est le *Beau Ténébreux*.
Mais je crois bien qu'Oriane elle-même
Méconnaîtrait en lui l'amant qu'elle aime.
Qu'il est changé ! quelle horrible pâleur
A de son teint remplacé la couleur !
En ses beaux jours la douleur le dévore.
Tels ces débris que l'on admire encore,
Mais dont en vain le regard attristé
Cherche la forme et l'antique beauté.
Ici je suis emporté par mon zèle :
C'est moi qui parle, et non pas Lorisbelle
Qui ne pouvait le voir en cet instant.
Tout occupé d'un soin plus important,
Les yeux baissés il priait en silence.
Mais, vers la fin, ayant par pur hasard
Sur Lorisbelle élevé son regard,
Il est soudain tombé sans connaissance.

Le bon vieillard pensa, comme il tombait,
Que le Seigneur à lui le rappelait.
Pour le lever il a trop de faiblesse;
De Lorisbelle il invoque l'adresse.
L'ayant enfin porté, par ce secours,
Dans une chambre humide et resserrée,
Il va finir sa fonction sacrée.
Là, Lorisbelle est seule demeurée.
De ses efforts le ciel bénit le cours,
Et l'inconnu respire et la rassure.
Cherchant de l'air en cette grotte obscure,
Elle ouvre alors le rustique volet,
Et du soleil un rayon indiscret
A du jeune homme éclairé la figure.
Ciel! se peut-il, ces traits lui sont connus :
Serait-ce, ô ciel...? oui : c'est bien la blessure
Qu'au front, un jour, lui fit Arcalaüs.

Autre rayon, un espoir plein de charmes
En ce moment sur Lorishelle a lui;
Et, revenant de si longues alarmes,
« Ah! Dieu, c'est vous! vous êtes donc celui
Qui nous a fait répandre tant de larmes!
De tout son sang on voudrait effacer
L'affreux écrit qui vous devait blesser.
De son erreur Oriane victime
Vous dit sa peine en ce nouvel écrit ;
Et celle-là qui vous avait proscrit,
De vous, implore un pardon magnanime. »

« Un pardon! elle! a dit avec transport
Le chevalier : eh! peut-elle avoir tort!
Non, non, jamais. C'est moi ; je me condamne. »
Et le héros, renaissant au bonheur,
Met sur sa bouche et presse sur son cœur,
Et lit enfin la lettre d'Oriane.
O changement soudain, miraculeux!
Il semblait prêt à sortir de la vie :
En commençant la lettre de sa mie,
Notre mourant est déjà beaucoup mieux ;
En poursuivant, c'est le Beau Ténébreux ;
C'est Amadis, alors qu'il l'a finie.

Sur la montagne un cèdre audacieux
Levait au loin une superbe tête,
Soudain il voit, des profondeurs des cieux,
Fondre sur lui l'esprit de la tempête.
Long-temps battu par l'autan furieux,
Il va se rompre, et sa perte s'apprête :
Mais, paraissant au bout de l'horizon,
Si le soleil, cet ami du zéphire,
A la nature accorde un doux sourire,
Et devant lui dissipe l'aquilon,
Ce vert géant, qui, se courbant naguère,
Semblait tout près de mesurer la terre,
De ses dangers chasse le souvenir;
Il se ranime, et sa tête chenue,
Plus que jamais s'élevant dans la nue,
Va défier les autans à venir.

CHANT HUITIÈME.

L'ermite redevient chevalier. — Défi de Cildadan. — Exploits du Beau Ténébreux. — Douce réunion. — L'épée et le chapeau. — Prophétie. — Apprêts d'un grand combat.

Mais pourquoi donc ce qu'on a résolu,
Presque jamais, sur cette folle terre,
N'arrive-t-il ainsi qu'on l'a voulu?
Un dieu malin semble, pour se distraire,
Quand par hasard un projet nous a plu,
Faire tout juste arriver le contraire.
Tel général veut se faire vainqueur,
Tel parvenu veut se faire seigneur,
Tel ignorant veut faire le capable,
Tel lourd savant veut faire l'agréable,
Tel a juré qu'il n'aimera jamais,
Tel qu'il sera toujours sage ; moi-même,
J'ai le projet de faire un beau poème ;
Ah! que j'ai peur pour tous nos vains projets!

Cet Amadis, qui d'un pieux ermite
Naguère était le pieux acolyte,
Et comptait bien mourir prochainement,
A d'autres soins livrant toute son ame,
Est un guerrier, un chevalier charmant,
Qui pense à vivre, et même avec sa dame.
Il ne dit mot de ce dernier dessein,
Alors qu'il vint retrouver le saint prêtre
Qui le pouvait à peine reconnaître,
Tant le bonheur est un bon médecin!
Dans les adieux qu'Amadis voulait faire,
L'interrompant : « Allez, dit-il, mon fils,
Quand je vous pris sur ce roc solitaire,
C'était de peur que vous ne fissiez pis.
Mais ce n'est pas la place d'Amadis.
Allez, ô vous que le monde révère :
Servez le ciel en consolant la terre.
De l'innocent protégeant les foyers,
Allez combattre. Ah! si tous les guerriers,
Dans leurs exploits, avaient eu vos mérites,
Je conviendrais, moi, que les chevaliers
Valent bien mieux encor que les ermites.
Jamais héros, honneur du genre humain,
N'avait formé de si noble dessein.
Des opprimés l'espoir sur vous se fonde ;
Et d'oppresseurs courez purger le monde.
D'autres brigands, et les pires de tous,
Ont, dès long-temps, droit à votre courroux,
Et vous devez, protecteur de notre âge,
Sur les païens compléter votre ouvrage.
Depuis long-temps le Musulman hautain
Ne trouve plus de rival invincible;
La sainte Église aux murs de Constantin
Aura besoin de votre bras terrible.
Allez, suivez votre noble destin :
C'est grand'pitié si votre cœur conserve
Pour une dame un amour trop mondain;
Je prîrai Dieu pour qu'il vous en préserve ;
Car il ne faut aimer que son prochain. »

A ce discours tendre à la fois et ferme,
Avec transport Amadis l'écoutant,

CHANT HUITIÈME.

Lui fait jurer que, sans prendre un long terme,
Il le viendra trouver dans l'Île Ferme,
Et quitte enfin ce rocher pénitent.
Il quitte aussi sans retour ce langage
Qu'on ne trouva *ni trop clair, ni trop sage*.
Même, plus tard, à ce son vide et creux,
Dont Ossian disait être amoureux,
Et dont on a prolongé le système,
Quand il voyait des amateurs heureux,
Dans ces accens voir la beauté suprême,
Il s'écriait en riant de lui-même :
« Mes chers amis, *c'est du beau ténébreux*. »

Mais, pour l'instant, lorsque de l'Angleterre
Il va revoir et voit enfin la terre,
Il a gardé ce nom mystérieux
Et du moutier l'habit religieux.
En abordant, Lorisbelle enchantée,
S'est avec lui prudemment arrêtée
Chez un cousin qu'on appelait Énil.
L'ermite avait, après ce long exil,
Repris si bien sa beauté naturelle,
Que ce cousin plaisantait Lorisbelle.
« Je vais porter seule à Londres mes pas ;
Toi, lui dit-elle, il faut à cet ermite,
Sans questions, obéir au plus vite.
Aveuglément tu l'accompagneras ;
Et quelque jour tu me remerciras
De cette loi qui par moi t'est prescrite. »

Tandis qu'au loin Lorisbelle courait
Vers Oriane inquiète, incertaine,
Notre héros, demandant le secret,
De son retour, par un courrier discret
Avertissait Périon, Élisène.
Tout justement Florestan, Galaor,
Et Lowismond, et vingt autres encor,
Rentraient à Londre, ayant perdu leur peine,
Et d'Amadis, plus célèbre qu'Hector,
Fait par le monde une recherche vaine.
Et Galaor et Florestan ravis,
Sur Oriane eurent un seul avis.
Mais ces héros aimaient d'amitié grande
Briolanie et même Corisande.
Puis ils avaient ouï certains récits
Sur Oriane et le tendre Amadis,
Que Galaor cependant, en bon frère,
Aurait voulu peut-être remplacer ;
Mais Oriane est bien loin d'y penser ;
Et lui chassait tout penser téméraire.
Cette princesse allait à Mirefleur
Le plus souvent jouir de sa douleur.
Toujours rempli d'amitié fraternelle,

Lors Galaor, et le beau Lowismond,
Et Florestan, pleins d'un regret profond,
Veulent tenter une quête nouvelle.
Pour découvrir les traces d'Amadis
Tous repartaient, quand Lisvard les appelle :
« J'ai, leur dit-il, une grande querelle.
Ces jours passés, trois Irlandais hardis,
Portant chez moi leurs hauteurs impunies,
M'ont présenté le gant et les défis
De Cildadan, le successeur d'Abyes
Que terrassa votre frère Amadis.
Ce jeune prince, ailleurs couvert de gloire,
Veut du tribut dont il subit la loi
Être affranchi s'il obtient la victoire,
Ou le doubler s'il est vaincu par moi.
J'ai dû souscrire au combat qu'il propose.
Chacun de nous aura cent chevaliers ;
Plusieurs géans combattront pour sa cause ;
Voilà pourquoi je vous veux pour guerriers. »
Les trois héros, dont chacun en vaut quatre,
De cet honneur rendent grace à Lisvard :
Pour chacun d'eux (qui partiront plus tard),
Le plus pressé, toujours, est de combattre.

Cinq jours après, chez Lisvard envoyant,
Famongomad, *géant du lac Bouillant*,
Mandafabul, *géant des monts Impies*,
Arcalaüs, cet Enchanteur géant,
Et Quedragant, géant, frère d'Abyes,
Lui font porter un avis insolent.
A Cildadan engagés tous les quatre,
Pour la querelle ils devaient tous se battre ;
Mais à Lisvard ils promettaient la paix
S'il accédait à leurs *charmans* projets.
Trois chants passés, j'ai tracé quelque phrase
Sur Madasime et l'île de Montgase.
De Madasime oncle altier et vaillant,
Famongomad voulait voir, *simplement*,
De Madasime Oriane suivante :
Si d'Oriane on était bien content,
On lui ferait épouser Baligante,
Propre neveu du modeste géant.
Il n'est ici nul besoin de vous dire
Qu'on accueillit à grands éclats de rire
Ce beau projet des géans, enhardis
Depuis l'absence ou la mort d'Amadis.
C'est ce que dit Lisvard, que cette absence
Trouble encor plus en telle circonstance.
A ce héros Lisvard pensant encor,
Vit arriver la jeune Léonor
Qui d'Oriane était la sœur cadette,
A quatorze ans déjà très joliette,
Et la pria de chanter la chanson

Qu'un jour pour elle Amadis avait faite.
Elle obéit bien vite, et, sans façon,
Redit les vers qu'on écrivit pour elle
Quand elle était et moins grande et moins belle :
C'était la fleur qui chantait le bouton.

 « Taisez-vous, petite fille,
 Vos propos sont mal reçus ;
 Car vous êtes trop gentille,
 Et le serez encor plus.
 Innocente que vous êtes,
 A la fois vous ignorez
 Le plaisir que vous nous faites
 Et le mal que vous ferez.

 » Que j'arrive et qu'on me voie,
 Vers moi vous doublez le pas ;
 Vous m'embrassez avec joie ;
 Vous me serrez dans vos bras.
 Douces bontés que j'observe !
 Ne pourrais-je, par hasard,
 Vous les laisser en réserve
 Pour les prendre un peu plus tard ?

 » Heureux, jeune enchanteresse,
 Ceux dont le sort en son cours
 Aura placé la jeunesse
 A côté de vos beaux jours !
 Avant que le temps l'accable
 Tel fait tout bas cet aveu :
 Elle sera trop aimable
 Quand je le serai trop peu !

 » Mais le vieillard, qui s'étonne
 De tant d'attraits ingénus,
 Vous contemple, et vous pardonne
 Un avenir qu'il n'a plus.
 Quand le jour tout près d'éclore
 Vient réjouir nos climats,
 La nuit admire l'aurore,
 Même en lui cédant le pas. »

Pendant ce temps, de son habit d'ermite
S'ennuyant fort, l'auteur de la chanson
Jusques à Londre avait fait au plus vite
Chercher habits, armure, estramaçon.
C'est par Énil que notre cénobite
Eut tout cela : puis, ayant vu Durin
Qui cette fois portait bonnes nouvelles
Sur Mirefleur et la reine des Belles,
Avec Énil il se mit en chemin.
Après deux jours il approchait de Londre,
Quand un géant, vers ce preux accourant,
Sur ses projets le pressa de répondre,
Et dit : « En moi vous voyez Quedragant. »
Dans les combats ce nom avait du lustre,
Et des vertus le rendaient plus illustre.
» Je suis, dit-il, un des grands ennemis
Du roi Lisvard et de tous ses amis ;
Vous, qu'êtes-vous? éclaircissez la chose,
Et battons-nous, si vous servez sa cause.
— Du roi Lisvard ennemi valeureux,
Bien des guerriers, ainsi que vous fameux,
Vous le savez, sont prêts à le défendre.
A cet honneur je n'oserai prétendre :
Mon nom sans gloire est le Beau Ténébreux.
Si vous voulez toutefois... Je le veux,
Dit Quedragant, qui prend champ et s'élance. »
Mais Amadis porte un tel coup de lance,
Que, dans le choc légèrement blessé,
Il fait fléchir Quedragant renversé.
Avec fureur celui-ci se relève.
Les deux guerriers, leur épée à la main,
De la victoire ont cherché le chemin.
Le choc fut long, mais enfin il s'achève.
Quedragant tombe, et le brillant vainqueur
A ce héros dit, le fer sur le cœur :
« Vous êtes mort, ou vous allez souscrire
A deux arrêts que je vais vous prescrire.
— Je le promets. Illustrant vos lauriers,
Je cède au moins au plus grand des guerriers.
— Il faut, seigneur, neutre dans la querelle
De Cildadan, promettre à l'avenir
Au roi Lisvard un dévoûment fidèle,
Il faut aussi perdre le souvenir
Des résultats de querelles vieillies,
Et pardonner au chevalier vainqueur
Qui triompha de votre frère Abyes,
Mais triompha par les lois de l'honneur.
— O chevalier, ô vainqueur magnanime,
Ce double arrêt sans doute est rigoureux ;
Mais il faut bien accéder à vos vœux. »
Le relevant, lors le Beau Ténébreux
Dit : « Je me crois des droits à votre estime ;
Un jour, peut-être, avec vous plus lié,
J'arriverai jusqu'à votre amitié. »
Quedragant cède au héros qui l'invite ;
Il l'a quitté, de le revoir jaloux.
Et cependant, admirant de tels coups,
Énil disait : « Ah, tudieu ! quel ermite ! »

L'ermite alors dirigea son chemin
Vers un logis préparé par Durin.
Comme il passait le long d'une prairie
Où devisaient pucelles et guerriers,
D'un air moqueur dix brillans chevaliers
Suivent ses pas, et voilà qu'on le prie
D'aller jouter ; on l'en supplie encor,
Pour amuser l'aimable Léonor
Qui regardait de loin sa seigneurie.
Tel, près de Londre également tombé,
Le beau Tristan autrefois fut gabé.

CHANT HUITIÈME.

Comme Tristan, le preux que l'on coudoie,
Des dix guerriers accepte les défis,
Et sans tarder les renverse tous dix.
De leurs chevaux pouvant faire sa proie,
A Léonor poliment il renvoie
Chevaux, guerriers, y joignant mille vœux
Pour elle offerts par le Beau Ténébreux.

Tranquille alors, il a repris sa route ;
Mais, se sentant un peu las de la joute,
Il reposait auprès d'un alisier,
Quand il entend soudain des cris de femmes.
Il n'est plus las, et, montant son coursier,
Il a volé pour secourir les dames.
Il reconnaît tous ses dix chevaliers
Chargés de fers, privés de boucliers.
Plus loin un char... « Mais, dit-il, Dieu me damne,
C'est Léonor, c'est la sœur d'Oriane
Qu'insolemment on ravit à Lisvard ! »
Sans hésiter, il arrête le char.
A cet aspect, un géant qui s'avance
Crie au héros : « Connais-tu, vil mortel,
Famongomad ? et crains-tu sa vengeance ?
— Oui, vil géant, monstre horrible et cruel,
De ton défi je connais l'insolence.
Le ciel t'envoie, et je vais sans retard
Venger le ciel, l'Angleterre et Lisvard. »
Sa force encor double par sa colère,
Et le géant, percé de part en part,
En blasphémant a mesuré la terre.
Il est bien vrai ; de son noble rival
Famongomad a percé le cheval ;
Mais, s'élançant, l'adroit et jeune ermite
Quitte à propos son coursier qui le quitte.
Famongomad criait : « Accours, accours,
Cher Baligante, et viens à mon secours. »
Sur le héros Baligante s'attache,
Lance sur lui son cheval et sa hache.
Les esquivant, bien qu'à pied désormais,
Le chevalier, qu'un coup heureux signale,
Du destrier a coupé les jarrets ;
Et la partie alors devient égale.
De plus en plus le neveu s'animant
Par les clameurs de son oncle expirant,
Sur le héros s'avance et s'élève.
Se protégeant de l'écu qu'il soulève,
Comme l'éclair, le guerrier foudroyant
Plonge son fer dans le sein du géant.
Sur le gazon les deux monstres mugissent ;
D'un seul vainqueur ennemis forcenés,
Tous deux sont morts, d'eux-mêmes indignés,
Et maudissant leurs dieux qui les trahissent.

Énil était tout des plus étonnés.
Aux chevaliers de Léonor, l'ermite
Dit : « Chers gabeurs, de ma main reprenez
Vos destriers rendus deux fois de suite :
Et vous, déjà l'objet de tant de vœux,
O Léonor ! daignez à votre père
Offrir les corps de ces géans affreux,
Dont vous délivre un serviteur sincère
Qui n'a de nom que le Beau Ténébreux.
Trois ennemis de moins dans la querelle,
Au roi Lisvard prouvent déjà mon zèle :
Voudra-t-il bien, pour ces chocs attendus,
En moi compter un défenseur de plus ? »
Avec transport Léonor remercie,
Et va revoir sa famille ravie.
Voilà qu'à Londre et jeunes gens et vieux
Ne parlent plus que du Beau Ténébreux.
« Non : Amadis n'était pas préférable,
Dit-on, si même il était comparable. »
Pour Galaor ce bruit fut ennuyeux.
« Parbleu, dit-il, je désire et j'espère,
L'un de ces jours, voir ce Beau Ténébreux,
Et m'assurer s'il égale mon frère. »

Il était juste, entre nous, que l'amour,
Après la gloire, eût à la fin son tour.
L'amant qui sait, par nouvelle bien sûre,
Qu'à Mirefleur l'attend douce aventure,
D'Énil encore employant le secours,
L'envoie à Londre, afin qu'une autre armure,
Meilleure encor, soit prête dans huit jours ;
Car dans neuf jours on devait être aux prises.
En attendant ce terrible combat,
Il va chercher en d'autres entreprises
Plus de plaisir et beaucoup moins d'éclat.

Par le contour d'une muraille forte
De Mirefleur le parc était celé ;
Mais il offrait une petite porte
Dont on avait une petite clef.
Ce fut par là que, la nuit advenue,
Le bon Durin fit entrer pas à pas
Notre héros, qu'Oriane éperdue
Voit à genoux et presse entre ses bras.
Heureux amans ! ô moment plein de charmes !
Tous deux pleuraient ; mais quelles douces larmes !
Ils s'embrassaient se demandant pardon,
Tant que Mabile enfin dit avec grace :
« Chère cousine, eh mais, prêtez-moi donc
Votre Amadis pour qu'aussi je l'embrasse. »
Puis elle ajoute : « Écoutez, mon cousin ;
La nuit est froide, et j'ai peur du serein,
Je vous l'avoue. A la fin de septembre

Un bois est bon, mais moins sain qu'une chambre.
Nous serons mieux : çà, donnez-moi la main. »
Il obéit. Oriane docile
Prend l'autre bras de son amant discret
Qui la conduit vers un meilleur asile ;
Et ce héros, qu'Oriane suivait,
Semblait penser qu'elle suivait Mabile.

Ils ont gagné le modeste logis
Dont Lorisbelle, attentive à bien faire,
Sut écarter tout regard téméraire.
Mabile alors en riant : « Mes amis,
Ne craignant plus le froid ni les orages,
Or maintenant dites vos bavardages.
Mais comme ici vous direz, je le crois,
Ce que déjà vous avez dit vingt fois,
N'exigez pas que, moi, je vous écoute.
Vous causerez tout aussi bien sans doute
Sans que j'y sois ; et, d'après cet espoir,
Je vous souhaite à tous deux le bonsoir ; »
Et sur-le-champ, emmenant Lorisbelle,
Elle s'en va dans son appartement.
Pour l'arrêter Oriane l'appelle ;
Mais Oriane appelait doucement.

Les voilà seuls, ces amans qui s'adorent,
Qui trop long-temps ont dû se séparer.
Sur le passé quels regrets les dévorent !
Que de chagrins ils ont à réparer !
Avec son trouble et son regard céleste
Il arriva qu'Oriane, modeste,
Se trouva près du fauteuil qu'Amadis,
Hors de lui-même, un moment avait pris.
Il arriva que, la voyant si belle,
A l'attirer il mit un peu de zèle ;
Il arriva qu'un hasard très heureux
Fit tout à coup un seul baiser de deux.
Encouragé par l'amour qu'Oriane
Ne peut cacher, Amadis y répond,
Sort encor plus de son respect profond,
Et le dévot devient assez profane ;
Dont rougissant et se penchant sur lui
Pour lui cacher le trouble qui l'agite,
La dame dit tout bas : « Ah ! mon ami,
Sont-ce donc là les leçons de l'ermite ?
— D'autres leçons c'est aujourd'hui le tour,
Dit Amadis qui suit son avantage... »
Sur leurs plaisirs l'hymen qu'on nomme amour
En souriant répandait un nuage.

Le lendemain de cette heureuse nuit
Qui, comme on croit (sans parler des journées),
Compta pour sœurs d'autres nuits fortunées,
Sir Gandalin, par Durin introduit,
Vint retrouver dans cet abri fidèle
Le maître-ami qu'avait cherché son zèle.
Quand ils se sont embrassés, Gandalin
Conte au héros que, depuis le matin :
Du roi Lisvard la cour est occupée
De deux objets qu'à ce prince un enfant
Remit, la veille, en dépôt seulement.
A tous les yeux, un fourreau transparent
Offre une *verte* et *flamboyante épée* ;
Le second lot est un chapeau de fleurs,
Dont la moitié, des plus riches couleurs,
Se montre à l'œil élégamment ornée ;
Mais l'autre part est tristement fanée.
Préservatif de tout enchantement,
La *verte épée*, à la terrible flamme,
Est destinée au plus loyal amant ;
Et *le chapeau*, pour la plus tendre dame,
De ses attraits double l'enchantement.
Sur ces trésors chacun très réclame
Peut essayer les droits qu'il y réclame.
Chacun saura son fait en un moment ;
Car pour gagner cette brillante lame
Il faut pouvoir la tirer du fourreau,
Et que la flamme aux regards disparaisse.
Il faut aussi pour gagner le chapeau
Qu'en le posant chaque fleur reparaisse
Dans son éclat le plus frais, le plus beau.
« Toute la cour s'est d'abord occupée,
Dit Gandalin, à gagner *ces honneurs ;*
Mais jusqu'ici l'espérance est trompée,
Des prétendans à peine les meilleurs
Ont pu tirer la moitié de l'épée,
Ou ranimer un moment quelques fleurs.
Apparemment qu'en cette cour brillante,
Pour obtenir cet honneur sans égal,
On ne voit pas d'amant assez loyal.
Qui soit chéri de dame assez aimante. »

Sur cette affaire Amadis réfléchit ;
L'arc des amans autrefois l'accueillit.
Se confiant en sa vive tendresse,
Le chevalier trouva qu'il serait beau
Que d'un seul coup lui-même et sa maîtresse
Pussent gagner l'épée et le chapeau.
Du roi Lisvard aussitôt il réclame
Un sauf-conduit pour le Beau Ténébreux
Qui veut vers lui venir avec sa dame,
Désirant être inconnus tous les deux.
Lisvard consent qu'il garde sa visière,
Elle, son voile : Oriane en tremblant
Vient, et rougit de l'accueil de sa mère

Qui lui trouvait un port très élégant.
Pour Amadis, il se sentit confondre
Des cris joyeux que le peuple de Londre
Fit retentir pour le Beau Ténébreux,
De trois géans dompteur aventureux.
Notre héros en voyant ses deux frères
Eut un plaisir...! qu'ils ne partageaient guères.
De leur humeur Amadis jouissant
Les plaisanta, mais assez poliment
Pour n'avoir pas avec eux des affaires.

Pour abréger, les deux amans vainqueurs
Eurent l'épée et le chapeau de fleurs,
Et s'éloignaient emportant l'un et l'autre,
Quand Amadis avise en la forêt
Un écuyer qui de loin leur criait :
« Arrêtez donc, quelle audace est la vôtre?
—Que voulez-vous?—Mon maître Arcalaüs
Vous dit par moi que cette demoiselle
Lui soit cédée, et sur votre refus
Viendra chercher votre tête avec elle.
—Arcalaüs! dit Amadis; parbleu!
Je voudrais bien, moi, le connaître un peu,
—Vous le voyez. Voilà dans la campagne
Ce fier géant qu'entourent ses soldats;
Plus grand encor, plus terrible aux combats,
Lindoramon, son neveu, l'accompagne. »
A cet aspect Oriane eut grand peur.
Elle tremblait. Amadis la condamne,
Et dit tout bas : « Quoi! ma chère Oriane,
Près d'Amadis vous sentez la frayeur! »
Il dit tout haut : « Toi, va dire à ton maître
Que son renom à moi s'est fait connaître,
Que son orgueil me rend assez surpris,
Ne lui sachant de droits qu'à mon mépris. »

Grand par la taille et petit en magie,
Arcalaüs, tu ne devines pas
Que ce guerrier que ton orgueil défie
Est Amadis, que poursuit ta furie,
Mais dont toujours tu redoutas le bras.
Trouvant pourtant qu'il prend mal ton message,
Et que son air annonce du courage,
Tu préféras d'envoyer ton neveu
Pour corriger l'insolent à ta place.
Lindoramon y courut avec feu,
Mais son rival n'avait pas moins d'audace.
Et l'un et l'autre, en ce choc effrayant,
Ont de leurs bras signalé la puissance,
Et tous les deux ils ont brisé leur lance,
Mais Amadis dans le corps du géant.
Lindoramon que ce coup désarçonne,
S'est relevé, puis retombe à l'instant;

Le fer cruel s'enfonce plus avant,
Et l'existence à jamais l'abandonne.

Arcalaüs, outré de cet aspect,
Pour les périls a perdu son respect;
Puis Amadis est dépourvu de lance.
Lors, appelant ses défenseurs divers,
Même évoquant les esprits des enfers,
Sur le héros Arcalaüs s'élance.
Il croyait bien le vaincre. Heureusement
Le chevalier avait sa *verte épée*,
Qui triomphait de tout enchantement :
Tous les esprits ont fui dans un moment.
Or elle était si fortement trempée,
Qu'il peut braver ses autres ennemis.
Par un tel fer, dont il sent tout le prix,
Touchée à peine, une armure est coupée;
Quel fer rapide, et quel terrible bras!
Comme Amadis sème au loin le trépas!
Arcalaüs sait l'observer, l'attendre,
Et se flattait enfin de le surprendre;
Mais l'évitant, le frappant à la fois,
Notre héros, du glaive redoutable
Qu'il a conquis, lui coupe quatre doigts
Qu'il voit tomber et rouler sur le sable.
Arcalaüs se sentant désarmé,
Et cette fois justement alarmé,
Fuit aussitôt sur son coursier rapide.
Pour le poursuivre Amadis prend l'essor,
Et promptement laisse encor le perfide,
Pour revenir près d'Oriane encor.
Au roi Lisvard, par des gens de village,
Il fait conter son nouvel avantage,
Et désormais revenant aux baisers,
La dame et lui sont tout à ces pensers,
Et dans la nuit, tous deux, près de Mabile,
De leur bonheur vont retrouver l'asile.

Pendant ce temps, celle dont le secours
D'Arcalaüs sauva souvent les jours,
Et de son mieux lui montra la magie,
Un cœur pervers, la puissante Mélie,
Et de Lisvard et d'Urgande ennemie,
Des ennemis que chacun d'eux avait,
Tout de son mieux animait la furie.
De son côté, Lisvard très inquiet
Avait reçu d'Urgande un long billet.
« *Noble Lisvard, de moi*, lui disait-elle,
*Vient le chapeau, l'épée encor plus belle.
Un jour pourtant le maître de ce fer
Voudra le voir abîmé dans la mer.
Dans le combat dont le moment s'avance
Et dont l'horreur me fait pâtir d'avance,*

Ce Galaor, ce guerrier généreux,
Cher à mon cœur, verra son existence
Entre les mains du héros Ténébreux,
Qui, dans ce choc, si je ne suis trompée,
Perdra son nom. Par un grand coup d'épée,
Tous ses hauts faits seront mis en oubli;
Deux autres coups sauveront son parti.
Noble Lisvard, mais j'ai bien lieu de craindre
Qu'un de ces coups ne doive vous atteindre. »
De cette fée, aimable toutefois,
Voilà, dit-on, la lettre assez obscure.
Urgande aimait les énigmes, je crois,
Et se serait abonnée au Mercure.

Ce que Lisvard crut deviner le mieux
Dans ce billet, qu'il fit aussi connaître
A Galaor, fut qu'en ce choc affreux
Un grand péril pour tous deux allait naître,
Et puis encor que le Beau Ténébreux
De Cildadan était l'ami... peut-être.
Mais ces combats... mais ces géans occis...
Les deux héros, sur ce point indécis,
Ne le sont pas pour redoubler d'audace,
De quelque sort que ce jour les menace.
Lisvard pourtant a, du Beau Ténébreux,
Inscrit, compté, le nom pour sa défense.
Il a bien fait; car, au jour périlleux,
A ses côtés il le voit qui s'avance.
Le bouclier, l'armure qui reluit,
Offrent aux yeux la couleur de la nuit.
Lisvard lui dit : « Ah! ces teintes funèbres
Sont, je le vois, le deuil des Irlandais.
Brillant héros, qui comblez mes souhaits,
La gloire va sortir de ces ténèbres. »

Il ajouta : « Voilà mes cent héros;
Il en manque un; j'attendais d'Estravaux;
Mais il m'écrit de l'île de Montgase,
Qu'y retenant en des cachots affreux
Cinq preux et lui, la cruelle Éribase
Par leurs tourmens cherche à venger sur eux
Famongomad, son époux odieux.
—Dès lors ils ont plus d'un droit à m'attendre,
Dit Amadis; c'est moi qui fis périr
Famongomad : j'irai les affranchir
D'abord qu'ici j'aurai su vous défendre. »

Énil, rempli d'un zèle aventureux,
A part alors prend le Beau Ténébreux,
Que Gandalin, la visière baissée,
Suivait partout. « Seigneur, a dit Énil,
Vous dont l'ardeur joue avec le péril,
En vous voyant le prince de la guerre,

J'écarte en vain un penser téméraire.
Je crains de trop priser ce que je vaux.
Mais je ne puis jamais plus à propos
Vous avouer que mon ardente envie
Est d'être admis dans la chevalerie.
Le roi Lisvard, vous montrant ses guerriers,
Dit qu'il lui manque un des cent chevaliers.
Accordez-moi, seigneur, l'honneur suprême
D'aller combattre, et d'être le centième.
Dans quelques chocs j'ai déjà su briller. »
Le héros dit : « Voici mon écuyer;
C'est mon ami, mon compagnon fidèle.
Excusez-moi : le rang de chevalier
Doit avant vous récompenser son zèle.
—Non, non, seigneur, répondit Gandalin,
Un temps encor veuillez rester mon maître,
Et laissez-moi, dans ce choc incertain,
Veiller sur vous, et vous sauver peut-être.
Armez Énil; moi, je reste écuyer,
Mais c'est de vous : je vaux un chevalier. »

Gandalin dit, et le héros l'embrasse.
Énil, armé chevalier impromptu,
Jure qu'il va mériter cette grace,
Et de Lisvard il est très bien reçu.
Non loin de là, Galaor et son frère,
Et Lowismond leur cousin valeureux,
Jetaient tous trois sur le Beau Ténébreux
Des regards pleins d'une noble colère.
« C'est, disaient-ils, ce héros célébré,
Cet inconnu qui, parmi le vulgaire,
A notre frère est déjà préféré.
Nous allons voir si ce foudre de guerre
Peut seulement nous être comparé. »

De son côté Cildadan, plein d'audace,
De ses guerriers a rassemblé la masse.
Sous son drapeau s'avancent réunis
Du roi Lisvard les plus fiers ennemis.
Il est bien vrai qu'il n'a point Aravigne,
Roi très puissant et guerrier très insigne;
Canille encor lui manque, ce géant
Qui de sa race est le plus effrayant.
A cela près ne regrettant personne,
Au doux espoir Cildadan s'abandonne,
Et son élite en géans, en héros,
Semble à ses yeux n'avoir pas de rivaux.

Par les deux rois les deux troupes formées,
Ces combattans, qui valent des armées,
Sont en présence, et, d'un désir égal,
De la bataille attendent le signal :
Dans tous les cœurs le courage bouillonne;
Ils ont regret de se voir retenus,

Et du combat le retard les étonne.
Partez, guerriers; on ne vous retient plus;
Des deux côtés la trompette résonne.

CHANT NEUVIÈME.

Grande bataille. — Le Beau Ténébreux perd son nom. — Galaor emporté mourant. — La demoiselle injurieuse. — Défi remarquable. — Vol funeste. — Galaor est mieux. — L'enfer et le paradis de Galaor. — Galvane amoureux de Madasime. — Duel terrible. — Le plus grand danger d'Amadis.

Toi qui jadis, des grands exploits frappée,
Dans les récits des terribles combats
Trouvais du charme, et *ne haïssais pas*
Les Artaban et *les grands coups d'épée*,
Femme charmante, illustre Sévigné,
Ici tu peux en passer ton envie,
Et c'est à toi que ma muse dédie
Ce chant de guerre aux héros destiné.
Si cet essai que j'ose te soumettre,
Quelques momens peut là-haut t'amuser,
O Sévigné, pour me récompenser,
Daigne ici-bas m'écrire un mot de lettre.

Le premier choc fut terrible et sanglant.
Atteint déjà, plus d'un guerrier succombe.
Les deux partis, de fureur redoublant,
Semblaient vouloir s'ouvrir la même tombe.
Des Irlandais, guidés par Cildadan,
L'audace est grande, et l'effort est insigne;
Mais de Lisvard la troupe en était digne.
Énil frappait, et le pensif Guilan
A sa valeur donnait libre carrière;
Du roi Lisvard tu portais la bannière,
Et la savais garder, bon Grumedan;
Et Lowismond et son oncle Galvane
Défendaient bien le père d'Oriane;
Mais plus qu'aucun l'aimable Florestan
Et Galaor, faisaient briller leur glaive;
Et Mandalac, ce vieux et bon géant,
Suivant de près Galaor son élève,
Dans ces travaux n'était point fainéant.

Quelques instans, observant cette guerre,
Amadis sut contenir sa colère;
Tel quelquefois quand les vents forcenés,
Multipliant leurs débats obstinés,
Jusques au ciel ont élevé la poudre,
A l'horizon un nuage épaissi
S'amasse en paix, et dans son sein noirci
Cache l'éclair et prépare la foudre.
La foudre part; Amadis s'est mêlé

A ces guerriers qui luttent de vaillance;
Il fait briller sa fureur et sa lance,
Et sous son bras trois géans ont croulé.
Galaor voit cette triple victoire,
Et, noblement jaloux de tant de gloire,
Se précipite où, dans ce champ d'horreur,
Plus de péril lui promet plus d'honneur.
Près de Lisvard il devait donc se rendre :
Des Irlandais la plus brillante part
S'était promis, vif ou mort de le prendre;
Et Galaor, chevalier de Lisvard,
Fort à propos survint pour le défendre.
Guerrier célèbre entre les chevaliers,
L'affreux géant qu'on nommait Cartadache,
Avait déjà, de sa terrible hache,
Du roi Lisvard abattu deux guerriers.
Plus que jamais à ce prince il s'attache,
Quoique déjà par Florestan blessé;
Quand Galaor, de son zèle offensé,
L'a désarmé d'un coup qu'il lui détache.
Le soulevant, le géant fier encor,
Veut l'étouffer pour venger cette insulte;
Et vous eussiez tremblé pour Galaor,
Au craquement de ses os en tumulte.
Mais ce héros, au moment périlleux,
Sait conserver le sang-froid du courage.
De son pommeau d'abord, faute de mieux,
Il étourdit le géant furieux,
Le fait tomber, et, d'un bras qu'il dégage,
Dans la visière, avec un prompt effort,
Il fait entrer son épée et la mort.
Mais le vainqueur, sans force et sans haleine,
Allait périr sous les pas des coursiers,
Et Cildadan, vainqueur de dix guerriers,
Sur lui venait et triomphait sans peine,
Quand Amadis, par un rapide élan,
A d'un seul coup abattu Cildadan.
De ce secours, Galaor qui profite,
Ardent guerrier, se relève au plus vite.
Et du péril il eût encor joui,
Si, par derrière, un géant trop perfide
Ne l'eût atteint d'une masse homicide.
Galaor tombe, au moins évanoui.
Dieu! Mandalac agite alors son glaive;
Et ce vieillard, pour venger son élève,
Sur l'assassin se jette incontinent;
L'autre, plus jeune, à cet assaut s'apprête.
Qui fut vainqueur dans ce combat sanglant?
Personne, hélas! et le géant honnête
Meurt à côté du géant malfaisant.

Pendant ce temps, Mandafabul observe.
Voyant Lisvard seul, presque sans appui,

Comme un torrent ce géant fond sur lui
Avec dix preux, vaillant corps de réserve.
Du roi Lisvard, quelques bons chevaliers
Mourans déjà, meurent lors tout entiers;
Seul, Grumedan, en sa vieillesse altière,
Défend encor son prince et sa bannière,
Que Cildadan a coupée à demi.
Mandafabul, formidable ennemi,
Sait l'écarter, court au but qu'il désire,
Et des arçons il enlève le roi,
Qu'il emportait déjà vers son navire.
Suivant Lisvard, et plein d'un noble effroi,
A cet aspect, le héros de la Gaule,
D'un coup terrible asséné sur l'épaule,
Fend à moitié le géant, qui soudain
S'écrie, et touche à son moment suprême,
Laissant tomber de son bras inhumain
Lisvard, du coup un peu blessé lui-même.
Et cependant que ce prince enchanté,
Par Florestan se voyait remonté,
Le *Ténébreux*, étincelant de gloire,
Portait l'effroi dans les rangs ennemis,
En leur criant : « Gaule! Gaule! victoire!
Vous êtes morts, et je suis Amadis. »
Les Irlandais, devant ce nom terrible,
Fuyaient déjà, quand Grandacuriel,
Autre géant jusqu'alors invincible,
Les ralliant et maudissant le ciel:
« Amis, dit-il, l'occasion est bonne,
Car Amadis n'est suivi de personne. »
Tous les Anglais ne songeant qu'à Lisvard,
Vers Amadis on vole, on l'environne,
Et ce héros court un très grand hasard.
Frappé de mort, son cheval l'abandonne;
Mais aussitôt son fidèle écuyer
L'a remonté sur un autre coursier,
Et Florestan, de ce frère qu'il aime,
En ce moment voit le péril extrême;
Galvane, Énil, Lowismond et Guilan,
Avec ardeur ont suivi Florestan.
L'attaque alors succède à la défense;
Amadis court sur Grandacuriel
Qui, dans ce choc, atteint d'un coup mortel,
Espère vivre assez pour la vengeance
Et sur Lisvard soudain fond et s'élance;
Mais Florestan surveillait les projets
De ce géant; il l'a suivi de près,
Et sur son casque, en courant, lui détache
Un coup si fort qu'il en brise l'attache;
Le casque tombe, et Lisvard indigné,
Tenant déjà son épée haute et prête,
Saisit l'instant; du géant forcené,
D'un seul revers il fait sauter la tête.

Après ce coup, on ne combattit plus;
Les Irlandais s'avouèrent vaincus,
Et leurs débris, par une fuite prompte,
Alla cacher sa défaite et sa honte.

Lisvard charmé courait vers Amadis;
Mais Amadis, la victoire accomplie,
Songe d'abord à ses frères chéris :
Par la douleur sa pensée est saisie :
Il ne voit pas son frère Galaor.
Oh! qu'Amadis fut bien plus triste encor
Quand il l'eut vu sanglant, presque sans vie!
Tout près de là, le roi des Irlandais
Était gisant, aussi mal à peu près.
Mais tout à coup viennent dix demoiselles,
Qu'avec respect suivaient quatre écuyers.
« De par Urgande, illustres chevaliers,
Nous arrivons, dit la plus jeune d'elles,
Pour enlever Galaor promptement;
Pour le sauver il n'est plus qu'un moment.
— O nobles soins! partez, sauvez mon frère,
Dit Amadis; mais, à mes vœux cédant,
Ne pourriez-vous, par un soin tutélaire,
Ravir de même et sauver Cildadan?
Je l'ai frappé, ma main a su l'abattre;
C'est mon ami : j'ai cessé de combattre. »
On agréa ce généreux élan.
De Galaor, la main déjà glacée,
Est tendrement par ses frères pressée ;
Et Galaor et le roi Cildadan
Sont sans délai déposés sur l'ouate
D'un lit brillant de pourpre et d'écarlate.
En frémissant de leur affreux danger,
On les transporte avec zèle et prudence
Sur un vaisseau, qu'emporte un vent léger,
Qui, sur ces bords, laisse un peu d'espérance.

Quand des Bretons, le roi victorieux,
Ayant bien vu ce que coûte la gloire,
Eut bien senti ce plaisir sérieux
Qu'on sent, dit-on, après une victoire,
« O roi puissant, vous me voyez ravi,
Dit Amadis, de vous avoir servi;
Mais à présent, à l'île de Montgase,
Je dois aller chercher d'autres travaux
Et délivrer mon ami d'Estravaux
Avec cinq preux qu'y retient Éribase.
Certes, je dois ressentir leur affront.
Ces six guerriers, d'une ame peu commune,
En me cherchant ont subi l'infortune;
Pour les sauver ils me retrouveront.
De leur malheur la pensée importune

Me poursuivrait. » Comme il disait ces mots
Devant Lisvard, demoiselle fâcheuse
Vint très parée, et tint de tels propos
Qu'on la nomma dès lors l'*Injurieuse*.
Elle apportait un défi solennel
Pour qu'Amadis, funeste à sa famille,
Osât... (osât!) combattre avec Canille,
Géant plus fort, plus grand et plus cruel
Qu'aucun de ceux qu'on eût vus sous le ciel.
Elle ajoutait, de la part d'Éribase,
Que celle-ci, dans son juste courroux,
Voulait venger à tout prix son époux
Famongomad; et l'île de Mongase,
Et d'Estravaux et les autres guerriers
Qui, dans cette île, étaient ses prisonniers,
Seraient remis par elle en la puissance
Du roi Lisvard, si Canille cédait;
Mais si le sort servait son espérance,
Lors d'Amadis, que son cœur abhorrait,
La juste mort charmerait sa vengeance,
Et c'était là tout ce qu'elle voulait.
Pour garantir l'effet de sa promesse
Au roi Lisvard, Éribase enverrait
Chez ce vieux roi, Madasime sa nièce,
Très justement promise à la valeur
Du fier géant, s'il revenait vainqueur.
C'est à peu près sans compter les injures,
Tout ce que dit, au milieu des murmures,
La demoiselle; et je voudrais vraiment
L'avoir redit bien plus élégamment.
Rappelez-vous, si mon récit vous choque,
Tant de détails et tel nom si baroque.
Eh! qu'aurait fait le chantre de Joad
Avec cent noms tels que Famongomad?

Par Amadis le défi redoutable
Fut accepté dès le premier moment;
Même ce preux emmena poliment
La demoiselle, invitée à sa table.
L'ayant laissée en son appartement,
Il court prier un serviteur honnête
Que sans retard un bon repas s'apprête,
N'oubliant pas le *faisan*, de pleins droits
Pièce d'honneur des festins d'autrefois.
Grands écrivains, amis de l'éloquence,
Vous auriez ri d'entendre ce héros,
D'un bon dîner arranger l'ordonnance,
Et discuter sur des ragoûts nouveaux.
On ne peut pas toujours être sublime.

Mais dans le temps qu'occupé tout entier
Il remplissait un soin hospitalier,
La demoiselle accomplissait un crime.
Chez Amadis, son regard déloyal

A découvert ce glaive sans égal
Qu'il sut gagner, alors que son amante
Eut ce chapeau que mainte fleur ornait.
La demoiselle, étant un peu géante,
L'avait caché sous sa robe ondoyante,
Puis à ses gens, remis en grand secret.
Amadis rentre, et de rien ne se doute.
La demoiselle, oubliant tout égard,
Ose au héros envoyer maint brocard,
Dîne au plus vite, et se remet en route,
Sans qu'Amadis, charmé de son départ,
Se soit douté de ce qu'elle lui coûte.

Le lendemain, le noble Quedragant
Vint le trouver, et lui tint ce langage:
« Vous pouvez tout par votre bras vaillant;
Votre bonté peut encor davantage.
J'avais le droit de vous haïr un peu:
Que désormais votre amitié m'honore,
Puisque aujourd'hui Cildadan, mon neveu,
Vous doit la vie, hélas! s'il vit encore. »
Ce roi respire. Urgande a, par ses soins,
Su le sauver au gré de son envie;
Et Galaor, qu'elle aime autant au moins,
De jour en jour se rattache à la vie.
Faute de mieux, il commence à causer:
Avec Urgande il aime à deviser.
Tout en parlant de sa reconnaissance,
Il se complaît à vanter la Beauté;
Et Galaor dans sa convalescence
Révèle encor Galaor en santé.

« Pendant qu'ici de ma triste existence
Doutait encor votre œil hospitalier,
J'ai fait, dit-il, un rêve singulier:
Il me semblait, avec quelque apparence,
Que j'étais mort, et j'allais demandant
Où l'on s'en va quand on n'est plus vivant.
Comme toujours j'aimai la modestie
Et que j'avais mené joyeuse vie,
Au paradis, qui m'aurait été cher,
Je renonçais, et partout sur ma route
Je demandais le chemin de l'enfer.
Un ange enfin me rencontre, m'écoute.
« L'enfer, dit-il, eh mais, vous y voilà. »
L'ange sourit, puis il me laisse là.
J'étais en doute on ne peut davantage;
Je me trouvais dans un riant bocage,
Parmi des eaux, des gazons et des fleurs,
Et j'admirais mille aspects enchanteurs.
« Voilà l'enfer, disais-je en ma surprise! »
L'ange revint alors et dit: « Tu vois
Le paradis et l'enfer à la fois,
La résidence est peu, quoi qu'on en dise,

L'enfer, le ciel sont au fond de nos cœurs.
Dieu, dont les plans sont toujours les meilleurs,
Voulut ainsi, dans les lieux où nous sommes,
Payer, punir, les femmes et les hommes :
Si l'on fut bon, si l'on fut vertueux
On a toujours vingt ans dans ces beaux lieux.
Pour quelques torts on ressuscite à trente ;
Pour beaucoup plus on s'arrête à cinquante ;
Et, si l'on eut trop de perversité,
On a cent ans pendant l'éternité.
Selon les droits des divers personnages,
Ici, les traits changent comme les âges.
On est charmant, si l'on eut des vertus,
Et le pervers n'a plus rien qui le flatte.
Socrate est beau comme un Antinoüs ;
Antinoüs est laid comme un Socrate.
Tandis qu'on voit, pour prix de ses bienfaits
Plus d'une femme étonnée et ravie,
Bien mal jadis, obtenir des attraits
Qu'elle n'avait jamais eus de sa vie,
Un jugement équitable et vengeur
Dérange fort mainte Beauté déçue ;
Là Cléopâtre est laide à faire peur,
Et Frédegonde est à jamais bossue. »
« Madame, dit Galaor s'animant,
Pour la vertu quel encouragement !
Quel prix divin, que de jolis visages,
Toujours jolis ! Un tel arrangement
Rendrait d'abord toutes les femmes sages.
N'est-ce pas là, madame, à votre avis,
Un bon enfer, un charmant paradis ? »

« Mais, dit Urgande, en ce riant bocage,
En ce plaisant et singulier pays,
Vous, Galaor, vous, quel était votre âge ?
— Moi, répond-il sans être embarrassé,
C'est à trente ans que l'on m'avait fixé.
— Trente ans ! oh mais vous voudriez, je pense,
Être puni comme l'on récompense.
— Eh mais, je dois être puni bien peu.
Force méchans ont eu de mes nouvelles.
J'ai fait du bien, je crois, en plus d'un lieu ;
Je n'ai point fait de mal, surtout aux Belles.
Si j'eus parfois près d'elles quelques torts,
J'ai vu souvent même les plus cruelles,
Me pardonner en faveur des remords.
Je sais qu'aucuns ont un autre système.
Selon des gens tout à fait délicats,
Les libertins sont de vrais scélérats ;
Je les accuse, et m'accuse moi-même ;
Mais si l'on traite avec tant de rigueur
Un doux penchant qui naît de notre cœur,
Que dira-t-on des ingrats, des faussaires,

Des corrupteurs, des tyrans, des corsaires,
Des assassins, des calomniateurs,
De ces serpens appelés délateurs ?
C'est pour ceux-là qu'en mes rêves bizarres,
En parcourant mon paradis-enfer,
J'ai vu qu'au lieu d'un brasier vif et clair
On prodiguait les asthmes, les catarrhes,
Et tous les maux plus ou moins affligeans,
Dont la nature accable nos vieux ans.
Ainsi, sans grils, sans démons, sans chaudières,
Parmi les fleurs, les roses printanières
Un Dieu vengeur punissait les méchans
D'avoir suivi leurs coupables penchans ;
Et, tout près d'eux, dispensés de vieillesse
Quand pour l'honneur ils avaient combattu,
Les gens de bien, éclatans de jeunesse,
S'offraient aux yeux, beaux comme leur vertu.
Par ce projet, dont je me félicite,
Que d'embarras Dieu, s'il le veut, s'évite !
Rien n'est plus simple, et rien n'est plus aisé.
Plus d'un beau plan, peu digne qu'on l'achève,
N'est rien souvent qu'un rêve déguisé ;
Mais convenez, madame, que mon rêve
Mériterait d'être réalisé. »

« Oui, je conviens, dit la fée indulgente,
Que cette idée est assez séduisante,
Et par quelqu'un je compte bien, au ciel,
En faire dire un mot à l'Éternel. »
Pour ce motif ou pour toute autre cause,
Trois jours après Urgande se propose
De s'éloigner, et juge essentiel
D'aller trouver Alquif, un de ces *sages*
Qui, retirés en des climats lointains,
Et quelquefois au milieu des nuages,
Du Tout-Puissant surveillaient les ouvrages
Et présidaient au bonheur des humains.
Elle trouva si bien ses deux malades
Que, les quittant sans effroi, sans regret,
Elle pria deux nièces qu'elle avait
D'en prendre soin pendant ses promenades.
Or toutes deux ont un air séduisant,
Qu'a remarqué Galaor renaissant,
Surtout l'aînée, ayant nom Juliande,
Plaisait aux yeux dès le premier aspect ;
Et Galaor joignait à ce respect
Qu'il éprouvait pour la nièce d'Urgande
Un sentiment plus doux et plus suspect.
De son côté, Juliande innocente,
En le soignant de sa main caressante,
Avec ses yeux, avec sa douce voix,
Le guérissait, le blessait à la fois.
Galaor, plein d'un trouble véritable,

CHANT NEUVIÈME.

En la voyant, plus d'une fois se dit :
« Oh ! ce serait vraiment épouvantable. »
Ne sais pourtant comment cela se fit :
Un certain jour, dans une promenade,
Un fol accès prit au héros malade,
Tant que, voyant son trouble sans égal,
Notre innocente, en qui l'amour s'éveille,
Dit : « Quel transport ! ciel ! vous vous trouvez mal :
— Non, répond-il, je me trouve à merveille. »

De son coté, Cildadan, sans éclat,
Non sans plaisir, à la seconde nièce
Disait de même, et prouvait sa tendresse.
On pouvait bien prévoir ce résultat,
Surtout Urgande, elle dont la science
De l'avenir prit souvent connaissance.
Mais quoi ! l'amour, ce doux enchantement,
Trompe partout et fée et nécromant.
Quoi qu'il en soit, lorsque la fée Urgande
Rentra chez elle, Agathe et Juliande,
Le soir, tout bas, et non sans palpiter,
Sur certain point vinrent la consulter.
Elle eut bientôt deviné le mystère ;
Elle était bonne ; et, sans trop de colère,
Elle leur dit : « Ces héros si polis
Vous ont rendu de fort jolis services !
Vous me venez demander des avis :
Moi, je vous vais retenir des nourrices. »

Mais devinez quel objet enchanteur,
Jusqu'à ce jour rebelle à la tendresse,
Change d'avis, et cède, au moins du cœur ?
Mabile avait un sourire enchanteur,
Et vingt amans la poursuivaient sans cesse ;
Vous le sentez, tous avaient la valeur ;
Beaucoup, de plus, comptaient dans leur partage
Esprit, beauté. Les plus beaux, toutefois,
Ne virent pas accueillir leur hommage :
Près d'elle un autre avait de meilleurs droits.
C'est ce Guilan, à qui sa voix sévère
Avait un jour ordonné de se taire,
Et qui, dès lors, muet, mais non manchot,
Portait cent coups sans jamais dire un mot.
Long-temps Mabile en a fait raillerie ;
Mais à la fin elle s'est attendrie.
Malgré ses ris, cette Belle en effet
Ne pouvait voir sans un peu d'intérêt
Tant de respect et tant d'obéissance.
Plus d'un héros, plus d'un illustre amant,
Pour la fléchir lui parlaient vainement :
Guilan parlait le mieux par son silence.
Si bien qu'un jour, « Chère Oriane, eh bien !
Vous le disiez : ne faut jurer de rien ;

J'aime, dit-elle, et c'est Guilan que j'aime. »
Elle le dit au bon Guilan lui-même.
A cet aveu, qu'embellit la rougeur,
Le chevalier baise une main charmante,
Et, sur-le-champ, pour peindre son bonheur,
A retrouvé sa voix reconnaissante.
Depuis ce jour, cessant d'être muet,
Il demeura *pensif* par habitude.
Heureux de plaire, à plaire tout à fait
Il mit dès-lors ses soins et son étude.
Qui l'aurait dit que, payé de retour,
Il jouirait de ce bonheur suprême !
L'amour peut tout, alors qu'il est extrême,
Et tôt ou tard doit obtenir l'amour.

Pendant ce temps, la belle Madasime
Était conduite à la cour de Lisvard.
Pour ses parens fille pleine d'égard,
Elle suivait leurs lois, mais en victime.
La Belle avait trop aimé Galaor
Pour désirer d'en voir périr le frère ;
Et le géant, déjà loin de lui plaire,
Lui devenait plus odieux encor.
Jusqu'au grand jour, le père d'Oriane,
De Madasime écartant les amans,
Mit auprès d'elle, avec des soins prudens,
De Lowismond l'oncle, le vieux Galvane.
Le roi Lisvard se trompa dans ses vœux ;
Galvane même en devient amoureux.
L'astre qui brûle, et l'amour qui dévore,
Tous deux sans doute aimant mieux le printemps,
Brillent parfois pour réchauffer encore
L'hiver du ciel et l'hiver de nos ans.
Pour le moment le bon Galvane impose
Un grand silence à ses doux sentimens ;
Mais j'ai noté cette petite cause
Dont il naîtra de grands événemens.

Le jour approche, et l'horrible colosse,
Canille, enfin chez Lisvard a paru.
La taille immense et le regard féroce
De ce brigand, qu'on n'a jamais vaincu,
Tout fait sentir une crainte précoce.
Seul Amadis méconnaît la terreur.
Mais qu'Oriane éprouve de frayeur
En regardant ce géant si terrible !
« Cher Amadis, lui dit-elle tout bas,
Je n'oserai, non, et je ne veux pas
Être présente à ce combat horrible.
Il me souvient d'ailleurs, lorsque jadis
Du fier Dardan vous braviez la furie,
Que mon aspect, troublant mon Amadis,
Pensa le perdre et lui coûter la vie.

—Ah! répond-il, je ne m'attendais pas
Au doux aspect de vos divins appas;
Mais je sens bien que, par votre présence,
Vous doublerez ma force et ma vaillance.
— Il le faut donc, dit-elle à son amant,
Je subirai cet horrible tourment. »

L'aurore brille, et le soleil éclaire
Le jour sanglant du combat périlleux.
D'un son plaintif, d'un accent funéraire;
La cloche, au loin, appelait aux saints lieux.
Moines, nonains, tout faisait la prière;
Mais Oriane, hélas! priait le mieux.
Le roi Lisvard, plein de nobles alarmes,
De son héros veut visiter les armes:
Mais, ô douleur! le glaive précieux
A disparu. Gandalin se désole,
Disant: « Seigneur que votre bras m'immole;
La demoiselle au ton injurieux,
Que jusqu'ici nous ne croyions que folle,
Sans doute a fait ce larcin odieux. »
En l'embrassant Amadis le console;
« Va lui dit-il, ami fidèle et cher,
A ta douleur moi-même je m'oppose.
J'ai des regrets sans doute au meilleur fer:
Mais c'est beaucoup que la meilleure cause. »

O vrais héros, vous qui chéris du ciel,
Par les vertus honorez le courage,
Pour faire mieux et valoir davantage,
Venez, avant ce combat si cruel,
Voir Amadis à son brillant passage.
Et Florestan, si généreux, si beau,
Et Lowismond, modèle de vaillance,
Portaient, bien fiers de leur noble fardeau,
Son bouclier, et son casque, et sa lance.
Trente guerriers fameux par leurs succès
Suivaient ses pas, escorte valeureuse;
Ces chevaliers, qui n'eurent peur jamais,
Étaient troublés d'une peur généreuse.
Mais le plus beau, le plus touchant aspect,
C'était celui de tout un peuple avide
Qui se pressait, plein d'un tendre respect,
Sur tous les pas du guerrier intrépide.
Vous auriez vu les vieillards attendris
Se ranimer, criant; « Vive Amadis! »
En le montrant ils disaient à leurs fils:
« Voilà celui dont la main vengeresse
Prêta toujours sa force à la faiblesse. »
De le bien voir, la veuve et l'orphelin
Se disputaient au loin le privilège.
Il entendait partout sur son chemin:
« Dieu, protégez celui qui nous protége! »

D'un œil ému, voyant ce noble élan
D'un peuple fier dont l'amour l'environne,
Le héros dit tout bas à Florestan:
« Ce que j'ai fait vaut-il ce qu'on me donne! »

De sa vigueur Canille était si fier
Qu'il se croyait certain de la victoire,
Et pour champ clos fit choix d'un promontoire
Qui s'élevait au dessus de la mer:
Là, rassemblée, une foule innombrable
Pouvait bien voir ce combat mémorable:
Là, de Lisvard, sur le balcon royal,
La fille éprouve un trouble sans égal.
Mabile en vain cherche à calmer sa peine;
Et Madasime est auprès de Brisène.
S'offrant aux yeux, bâton d'ivoire en main,
Lisvard du camp est juge souverain.
C'est Grumedan et Quedragant encore
Que, pour seconds de son choix il honore.
Avant le choc, Canille, toujours vain,
Des spectateurs affrontant le murmure,
De son rival s'approche avec dédain,
Calme, Amadis répond à son injure:
« *Tu passerais Alexandre en pouvoir,
Et Salomon en sagesse, en savoir,
Tu montrerais plus de chevalerie
Que n'en montrait Hector à sa patrie*
*En toi l'orgueil empêcherait de voir
Chevalerie et sagesse et pouvoir.* »
C'est hors du camp qu'il tenait ce langage;
Et vers le camp s'élançant avec rage,
Tous deux, alors, brûlent de s'immoler.
Il faut qu'on cède à leur ardeur guerrière;
La charge sonne, on ouvre la barrière,
Et le monarque a dit: *Laissez aller.*

Du premier choc les deux coursiers périrent,
Et des rivaux les lances se rompirent.
L'épée agit, et bientôt on a vu
Quel trésor rare Amadis a perdu;
Quelques efforts que son bras puisse faire,
Ce chevalier, avec un fer vulgaire,
Ne peut qu'à peine entamer faiblement
Le bouclier, le casque du géant;
Et le géant a cette *verte épée*,
Avec tant d'art et tant de soin trempée,
Et qu'il a fait voler indignement.
Le chevalier, dont il brisait l'armure
Et quelquefois faisait couler le sang,
Ne pouvait pas, par la moindre blessure,
Punir l'effort d'un rival triomphant.
De toutes parts cette armure est ouverte.
Par sa valeur il recule sa perte,

Mais il ne peut la reculer long-temps.
A cet aspect, Oriane éperdue
Pensait à fuir en ces affreux instans;
Mais par Mabile elle fut retenue.
« Que faites-vous? rester est un devoir :
Il est perdu s'il cesse de vous voir. »
Elle obéit, et reste... sans espoir.
Sir Grumedan, Quedragant, Lisvard même,
Tremblent aussi de son péril extrême.
Il est bien vrai qu'en ce moment amer,
Comme avait dit Urgande non trompée,
Il désira que le sein de la mer
Eût englouti cent fois la *verte épée*.

Voulant pourtant raffermir ses destins,
Amadis prend la sienne en ses deux mains;
Il réunit sa force irrésistible,
Et sur le casque il porte un coup terrible
Au fier géant, qui, malgré son courroux
Et sa vigueur, tombe sur ses genoux.
Mais, ô douleur! cette épée, épuisée
Par cet effort, se disperse brisée.
A cet aspect, Canille ranimé
Sourit de voir Amadis désarmé.
Il se relève, et lâchement s'écrie :
« Le juste sort se déclare pour moi;
Vois, Amadis: le fer conquis par toi
Entre mes mains va t'arracher la vie.
Et vous, dit-il, demoiselles de cour,
De vos balcons regardez, je vous prie,
Votre Amadis qui va perdre le jour. »

Tout annonçant l'effet de la menace,
Pâle d'horreur, Oriane soudain,
Mabile aussi, s'éloignent de leur place.
« Dieu! ce géant obtiendra donc ma main,
Dit Madasime! Attendez, dit Brisène;
Votre destin est encore indécis,
Tant que vos yeux sur la sanglante arène
N'auront pas vu la tête d'Amadis. »
Mabile entend, et saisit ce langage,
Et, l'amitié lui rendant du courage,
Prend Oriane et la porte au balcon
A l'instant même où son amant fidèle,
Dans ses regards, en telle occasion,
Cherchait à prendre une force nouvelle.
Son Oriane, en ces cruels momens,
A vers le ciel levé ses yeux charmans,
Puis sur celui qui seul remplit son ame
Les a baissés: ce fut un trait de flamme.
De son pommeau, qui seul a survécu
A son épée, attaquer l'adversaire,
Et, l'étonnant, lui ravir son écu,

C'est là d'abord ce qu'Amadis sait faire.
C'était trop peu : ce rival du géant
Ramasse alors un fort tronçon de lance,
Veut l'en frapper. Canille l'évitant,
Lui porte un coup de toute sa puissance;
Mais Amadis pare du bouclier,
Et le géant, dont la rage est trompée,
A dans l'airain engagé son acier.
Lors du tronçon que tient le chevalier
Un coup au bras lui fait lâcher l'épée;
A l'instant même Amadis la saisit,
Par un effort, du bouclier l'arrache,
Et tient enfin le fer qu'on lui ravit.
De toutes parts l'assemblée applaudit.
L'affreux géant, qui parlait en bravache,
Suivi de près, recule, bien moins fier,
Vers le rocher qui saille sur la mer.
Mais, étonné de le trouver si lâche,
Le héros dit : « Indigne de ma main,
Va dans les flots achever ton destin. »
Et du pommeau de l'épée effrayante
Il l'a poussé sur les gouffres ouverts.
L'affreux géant jette un cri d'épouvante,
Et disparaît sous l'abîme des mers.

A ce succès auquel on n'osait croire,
Mille clameurs s'élèvent dans les airs,
Et d'Amadis ont proclamé la gloire.
Libres enfin, le vaillant d'Estravaux
Et vingt guerriers rendent grace au héros.
Par le plaisir Oriane entraînée,
Laisse tomber une fleur que soudain
L'heureux vainqueur renferme dans son sein;
De quelques pleurs il la sentit baignée.
L'instant d'après, Amadis reconnaît
Que cette fleur est du charmant bouquet
De ce chapeau conquis par sa maîtresse.
Plus que jamais brillante, cette fleur
Avait alors d'autant plus de fraîcheur,
Que son amie avait plus de tendresse.

CHANT DIXIÈME.

Amour de Galvane. — Hauteur de Lisvard. — Amadis se retire à l'Île Ferme. — Nouveau service rendu par Galaor à Galvane. — Rencontre heureuse. — Un enfant adopté par sa mère.

Tout a son temps dans cette courte vie.
Hélas! l'amour voit s'écouler le sien.
Le jour arrive où tout homme de bien
Doit se guérir de si douce folie.
Je conviendrai que même Anacréon,

En répétant sa chanson éternelle,
Ne me paraît souvent qu'un vieux barbon,
Qui maintes fois dut ennuyer sa Belle ;
Je ne dis rien de son joli garçon.
O mes amis ! quand le temps nous rappelle,
De bonne grace abandonnons l'amour.
L'amour ressemble à la rose nouvelle
Qui brille aux yeux, mais ne brille qu'un jour.
L'amitié seule aux vieillards est fidèle,
Par d'heureux soins embellit leur retour,
Et moins brillante, ainsi que l'immortelle,
Fleurit près d'eux jusqu'à leur dernier jour.

Si des vieillards je blâme la tendresse,
C'est que l'amour de l'un de ces messieurs
Allait troubler une plus douce ivresse.
Le bon Galvane, en dépit des railleurs,
De Madasime est occupé sans cesse.
Par cette Belle avec grace accueilli,
Il désirait en être le mari.
Chez Amadis, assez souffrant encore,
Voilà qu'un jour il s'en va, dès l'aurore,
De ce projet lui détailler l'aveu,
Qu'entend aussi Lowismond son neveu.
Lowismond rit : « Eh ! quel diable vous tente ?
Mais Madasime, objet de votre feu,
N'a que vingt ans, vous, bien au moins cinquante ;
Peut-être à tort nous sommes inquiets :
Êtes-vous sûr d'acquitter vos billets ?
On mentait peu dans ces temps héroïques ;
Et répondant à ces craintes comiques,
Modestement, en abaissant les yeux,
Galvane dit : « Je ferai de mon mieux.
De mon projet mon amour est la base ;
Mais si de plus Lisvard, en ma faveur,
A Madasime allait rendre Mongase,
Moi, j'en ferais hommage de bon cœur
Au roi Lisvard, devenu mon seigneur. »
Par Amadis, vrai conquérant de l'île,
Galvane vit approuver son désir.
Que n'eût pas fait pour l'oncle de Mabile
L'amant heureux qui s'en vit secourir !
« Oui, lui dit-il, ce succès est facile,
Et j'oserais presque le garantir.
J'irai, d'abord que je pourrai sortir,
Près de Lisvard, qui, certes, vous honore,
Faire valoir votre vœu qu'il ignore.
J'en parlerai bien plus tôt, si ce roi,
Qui constamment daignait venir chez moi
Les premiers jours, daigne y venir encore. »

Pourquoi chez lui Lisvard venait-il moins ?
D'honnêtes gens avaient doublé de soins

Pour déranger leur bonne intelligence.
Un certain Grec dit : *Plantez des succès,
Il poussera des envieux :* on pense
Que d'Amadis l'audace et les hauts faits
Avaient produit une récolte immense.
Quand Amadis, faible encore et blessé,
Vint de Galvane appuyer la demande,
Lisvard, pour lui déjà mal disposé,
Lui dit : « Vraiment, votre indulgence est grande !
Noble Amadis, je ne le nirai pas,
Vous disposez très bien de mes états ;
Et cependant à Galvane j'annonce
Qu'il est besoin qu'à Montgase il renonce ;
Car, de cette île usant bien mieux encor,
J'en veux doter ma fille Léonor. »

Témoins nombreux d'une telle réponse,
Les spectateurs demeuraient interdits
Presque à l'égal du terrible Amadis.
Mais Lowismond a plus de violence.
« Sire, dit-il, vous vous montrez jaloux
De nous prouver quelle reconnaissance
Vous conservez de nos efforts pour vous.
— Oui, dit Galvane ; et par de tels caprices
Quand Amadis voit payer ses services,
Quel est celui des guerriers de Lisvard
Qui peut jamais en attendre un égard !
— Eh ! mes amis, dit le héros qu'on vante,
A Léonor laissez sa dot brillante.
Mon cher Galvane, il se peut que pour vous
Je gagne mieux avant un très long terme.
En attendant, venez à l'île Ferme,
De Madasime être l'heureux époux.
— En Madasime, a dit avec colère
Le roi Lisvard, je vois ma prisonnière,
Et je ne sais si ce n'est pas son sort
D'aller bien moins à l'autel qu'à la mort ;
Car on m'apprend que sa tante Éribase
Hésite encore à me livrer Montgase ;
Et Madasime, otage auprès de moi,
Répond ici de ce manque de foi. »

Cent chevaliers, tous présens à ce dire,
Étaient troublés, restaient confondus. « Sire,
Dit Amadis, quand ainsi vous pensez,
J'ai, franchement, peine à vous reconnaître,
Et sûrement vous nous méconnaissez.
— Non, dit Lisvard, je vous connais assez ;
Et la valeur que vous faites paraître
Est loin encor de l'excès insensé
Où dans ces lieux votre orgueil est poussé.
Si par hasard vous blâmez ma franchise,
Allez ailleurs chercher un souverain

CHANT DIXIÈME.

Qui trouve bon qu'un sujet le maîtrise. »

Peut-on souffrir un discours si hautain !
En frémissant Amadis se modère.
« Sire, dit-il, vous oubliez mon père.
Vous pouvez être un guerrier tel que moi ;
Mais tel que vous un jour je serai roi,
Si cependant cet honneur peut me plaire.
Simple guerrier, mais par goût et par choix,
Je suis celui qui protége les rois.
Vous m'accusez d'un orgueil manifeste,
Qui brille ici pour la première fois ;
Mais vos discours me donnent de grands droits ;
Et je suis vrai, si je ne suis modeste.
Je ne sais pas quels serpens odieux
Vous ont sifflé des bruits calomnieux ;
Mais puisqu'ainsi le fiel qui vous dévore
Vous rend injuste, et vous fait oublier
Jusqu'à mon sang qui pour vous coule encore,
Adieu, seigneur : prompt à me délier,
Sur d'autres bords j'emploîrai mieux mon zèle,
Et vous désire un ami plus fidèle. »

« Partez, répond Lisvard. » Mais, stupéfait,
Et déguisant à peine sa furie,
Il vit, pour suivre Amadis qui partait,
Partir la fleur de sa chevalerie.
Oh ! de ce temps dévoûment singulier,
Et dans nos jours bien digne de remarque !
Ils préféraient un simple chevalier
A la faveur d'un tout-puissant monarque.
Le roi Lisvard, presque seul demeuré,
Contre Amadis reste très ulcéré ;
Et de ce jour sa haine fut extrême.
Rien n'y pouvait, ni services, ni soins ;
Car les affronts qu'on pardonne le moins
Sont les chagrins qu'on s'attira soi-même.

Ce fut ainsi qu'un jour, un seul moment,
Vint renverser une longue espérance,
Quand Oriane et son heureux amant
Croyaient pouvoir se flatter justement
D'un doux hymen par eux fêté d'avance.
Et ce débat, vraiment malencontreux,
Fut si soudain, qu'en emmenant Galvane
Et cet essaim de guerriers valeureux,
Notre héros, doublement malheureux,
N'eut pas le temps de revoir Oriane.
Qu'auraient-ils dit en ces momens affreux !
Dissimulant la peine la plus vive,
Le chevalier dans l'île Ferme arrive.
Le gouverneur, Isanis, étant mort,
En arrivant Amadis le remplace

Par Gandalin fait chevalier d'abord ;
Et celui-ci, dans cette noble place,
Pour les guerriers sait montrer tant d'égard,
Qu'ils sont mieux là qu'ils n'étaient chez Lisvard.
On sut bientôt qu'en effet Éribase
Se maintenait dans l'île de Montgase.
Déjà Galvane et trente chevaliers,
Écoutant tous l'ardeur qui les anime,
Veulent partir, intrépides guerriers,
Pour protéger l'île de Madasime.
Ils espéraient bientôt, avec éclat,
Battre Lisvard, punir ce prince ingrat.
Mais Amadis leur dit avec franchise :
« M'en croirez-vous ? Pour meilleure entreprise,
Mes chers amis, réservez votre appui.
Galvane va m'excuser aujourd'hui ;
Au roi Lisvard Montgase est bien acquise.
J'en conviendrai, c'est moi qui l'ai conquise ;
Mais ma valeur l'a conquise pour lui.
Contre Lisvard quoique tout m'indispose,
De l'équité les droits sont les premiers.
Ne partez pas : de si bons chevaliers
Doivent toujours avoir la bonne cause. »
A cet avis Galvane s'est rangé :
A cet avis tous les autres se rangent.
Par Amadis Lisvard est protégé,
Et c'est ainsi que les héros se vengent.

Lisvard, malgré cette neutralité,
Eût pu trouver ses projets impossibles ;
Car Eribase, en cette extrémité,
Réunissait des combattans terribles ;
Et presque seul Lisvard était resté.
Mais Galaor, son chevalier fidèle,
Et, par ce titre, engagé tout à fait
A le servir, même s'il le blâmait,
Vint à propos l'aider en sa querelle.
Il amenait Cildadan plus soumis,
Et qui payait, ainsi qu'avant la guerre,
Au roi Lisvard l'ancien tribut promis ;
Il valait mieux, je crois, ne pas la faire.
Quoi qu'il en soit, devenus grands amis
Dans leur séjour chez la divine Urgande,
Et Cildadan et Galaor unis,
Ont fait briller une valeur si grande,
Que, nonobstant l'effort des ennemis,
Il faut enfin que Montgase se rende.
Mais, cependant que le siège durait,
Don Galaor au père d'Oriane
Avait parlé maintes fois en secret
Pour Madasime et même pour Galvane.
Vous pouvez bien l'avoir oublié net ;
Mais Galaor gardait en sa mémoire

Le jour charmant où, bravant le courroux
De Madasime, il obtint la victoire,
Et ce qu'amour peut donner de plus doux.
Loin de tirer vanité de sa gloire,
Il sentait bien qu'il devait, décemment,
Au bon Galvane un dédommagement;
Il fait si bien que Lisvard, qu'il anime
A signaler sa générosité,
Au vieux Galvane, à sa cour invité,
Rend à la fois Montgase et Madasime.
On célébra sans délai cet hymen.
Nombreux concours : on alluma maint cierge;
Et Galaor, avec un air malin,
Tenait le poêle au dessus de la vierge.
Pour Galaor Galvane très porté
L'embrasse après cette cérémonie,
En lui disant : « Mainte difficulté,
Pour m'obliger, par vous fut aplanie, »
Lors Madasime, en dépit de ses soins,
Sourit un peu : l'on sourirait à moins.

De son côté, le jeune roi d'Irlande,
Pour Léonor présentait sa demande,
Et recevait l'espoir assez prochain
D'en obtenir et le cœur et la main.
Pour Oriane, hélas ! *à la malheure*
On se venait pour elle proposer.
Elle donnait toujours, pour refuser,
Mille raisons, excepté la meilleure.
Aucun parti jamais ne convenait.
Don Galaor, qui se doutait du fait,
Eût bien voulu, médiateur sincère,
Avec Lisvard raccommoder son frère;
Mais il craignait, imprudent en ses dits,
De trop blesser la fierté d'Amadis;
Et de Lisvard la haine prononcée,
De tout accord écartait sa pensée.
Ne doutant pas d'une telle rigueur,
Ah ! qu'Oriane éprouvait de douleur!
Heureusement la céleste Clémence,
Quand cet espoir fuyait loin de son cœur,
La consola par une autre espérance.

C'était le temps du joli mois de mai.
D'un vent léger soufflait l'haleine pure;
Et l'univers, doucement ranimé,
Semblait partout sourire à la nature.
Mais Oriane en ses maux accablans
Ne voyait rien qu'à travers un nuage.
Pour la douleur il n'est pas de printemps,
Et l'infortune est l'hiver et l'orage.
Pour éclaircir des jours si ténébreux,
En même temps pour amuser Brisène,

Lisvard, suivi d'un cortége nombreux,
A fait dresser dix tentes dans la plaine,
Et dans les bois suit un cerf vigoureux.
Il n'osait plus se flatter de le prendre,
Quand des hauteurs soudain il vit descendre
Un jeune enfant d'une rare beauté,
Tenant en laisse une lionne altière :
Il a lancé l'animal redouté,
Qui, poursuivant le cerf épouvanté,
L'atteint aux pieds du roi de l'Angleterre.
De ce succès l'enfant était content,
Et rattachait le monstre obéissant,
Lorsque Lisvard, trop surpris pour se taire,
Lui dit : « Quel est votre nom, votre père? »
L'enfant, montrant un petit compagnon
Qui du rocher descendait au plus vite,
D'un air tranquille au monarque répond :
« Nous sommes fils de Nascian l'ermite. »

Lisvard riait, même d'assez bon cœur,
A ce discours d'une innocence extrême,
Quand d'un taillis sort Nascian lui-même :
S'offrir aux yeux, c'est détruire l'erreur.
En Nascian, tout à fait hors d'atteinte,
Tout respirait la vertu la plus sainte.
Il ressemblait à ces chênes vieillis
Dont l'ombre plaît, dont la vigueur étonne,
Dont le bienfait, cher à tout le pays,
Epure au loin l'air qui les environne.
Ex-chevalier, le saint de la forêt
Présente au roi Lisvard, qu'il reconnaît,
Les deux enfans, dont le joli visage
Forme un contraste avec leur air sauvage.
« De ces enfans, le plus âgé, dit-il,
Est mon neveu; je l'appelle Sergil.
Pour le plus beau, qui, malgré la faiblesse
De son jeune âge, ose mener en laisse
Cette lionne, il a d'Esplandian
Reçu le nom. » Lors le bon Nascian
Conte à Brisène, Oriane et Mabile,
Qui dans l'instant arrivaient à la file,
Comme il survint fort à propos, comment
A la lionne il ravit cet enfant;
Qu'elle nourrit cet être si débile
Pendant huit jours, vint le revoir souvent;
Et que depuis, dès qu'il fut plus agile,
Loin de songer à lui faire du mal,
Elle obéit à son moindre signal,
Et s'est pour lui changée en chien docile.

Depuis long-temps, de la mort de son fils
Croyant avoir la cruelle assurance,
Sur ce désastre Oriane en silence,

De cet enfant, au fidèle Amadis,
Avait caché jusques à la naissance;
Et prudemment, dans son sein maternel,
Elle enfermait un chagrin éternel
Que ne pouvait dissiper l'amour même.
Quel est son trouble et sa surprise extrême
Quand elle voit devant elle arrivé
Un bel enfant d'un lion préservé!
Ce fut bien mieux lorsque sur sa poitrine
On vit les mots, en deux langues écrits.
« Chère Oriane, eh! voilà votre fils,
Lui dit tout bas son aimable cousine. »
Et cependant les dames, à l'envi,
Considéraient avec un œil ravi,
Les deux enfans, pleins de force et de grâce;
Mais cependant l'épouse du lion,
Bien qu'elle fût polie à sa façon,
Ne laissait pas d'effrayer leur audace.
Les rassurant avec un doux souris,
Esplandian, au roi, d'un air soumis,
Dit : « Acceptez l'hommage de ma chasse;
Disposez-en. — Non, répondit Lisvard,
Et vous allez faire à chacun sa part. »
L'enfant hésite, et soudain se décide.
« Hé bien! dit-il, roi, ce cerf que j'ai pris
Vous appartient; et ce lièvre timide
Est à la reine; et, quant à ces perdrix,
Je les voudrais offrir à cette dame
Au doux regard, que déjà je chéris
De tous mes yeux et de toute mon âme. »
Vers Oriane il étendait les bras.
Elle pâlit; sa force l'abandonne.
Heureusement Lisvard ne la voit pas,
Et ne pensant qu'à l'enfant, qui l'étonne :
« Hé mais! dit-il, mon fils, y songez-vous!
Nous donnant trop, quels pensers sont les vôtres?
Vous n'avez rien réservé pour les autres.
— Pardonnez-moi, répond-il d'un air doux :
Car de ce cerf votre main va remettre
Diverses parts, et qui, venant de vous,
Auront un prix que je n'y pourrais mettre. »

On applaudit, et chacun, enchanté,
Vante à l'envi son esprit, sa beauté.
Lisvard alors à Nascian demande
Les deux enfans. « J'aurai grand soin, dit-il,
D'Esplandian et du jeune Sergil. »
Appréciant une faveur si grande,
Croyant du ciel reconnaître la loi,
Le bon ermite à Dieu les recommande,
Et les remet entre les mains du roi.
Tous deux pleuraient : tous deux ne voulaient guère
Se séparer d'un tel ami, d'un père.

La reine dit : « Nous avons votre aveu,
Bon Nascian. Par moi votre neveu
Sera soigné comme de ma famille.
Esplandian, petit ingrat qu'il est,
Tout dès l'abord a préféré ma fille :
C'est à ma fille aussi qu'on le remet. »
Et, dans l'instant, Brisène encor plus chère,
A confié cet enfant... à sa mère.
Sergil et lui ne voulurent partir
Qu'après avoir comblé de leurs tendresses
Le bon vieillard qui les voulut bénir,
Et la lionne eut aussi leurs caresses.
Ils la viendront revoir assurément :
Ils ont jeté le ruban qui la serre :
Elle en conçoit un noir pressentiment,
Et les quittant, inconsolable mère,
Avec un rauque et long gémissement,
A regagné sa forêt solitaire.

Trois jours après, Oriane, dit-on,
A Nascian fit en confession,
De ses erreurs un récit bien sincère;
Et Nascian, par ce qu'il lui conta,
Lui confirma l'assurance chérie
Qu'Esplandian d'elle tenait la vie;
Elle l'avait appelé pour cela.
Mais le saint homme, en ce saint ministère,
La gronda fort, disant que ses erreurs
Répondaient mal aux augustes faveurs
Dont seigneur Dieu l'honorait sur la terre.
« Plus on est grand, lui disait-il, et plus
Au monde on doit l'exemple des vertus.
— Oui, répond-elle, il est trop vrai, mon père,
J'ai bien failli. Songez-y, cependant :
C'est mon époux dont j'ai fait mon amant.
Au ravisseur qui m'avait entraînée
Il m'arracha, sous les ombres d'un bois,
Nous prononcions les sermens d'hyménée,
Avant d'oser en usurper les droits. »
Le confesseur, d'humeur fort indulgente,
Par ce récit un peu moins courroucé,
Vit *qu'Oriane avait été contente,*
Sans que pourtant Dieu fût trop offensé.

Il ne faut plus qu'Oriane se flatte
De voir jamais réussir ses amours;
Le roi Lisvard, dans sa colère ingrate,
Des deux amans trouble les plus beaux jours.
D'Esplandian la présence si chère
Console au moins l'amante d'Amadis.
Elle le voit, l'embrasse : O mes amis,
Connaissez-vous un chagrin d'une mère,
Qui ne se calme à l'aspect de son fils?

CHANT ONZIÈME.

Sublime projet. — Guerre d'Aravigne. — Les trois avis. — Les chevaliers aux serpens. — Périon, Amadis et Florestan chez Arcalaüs. — Dariolette les sauve. — Origine des passades. — Mélancolie d'Amadis. — Galaor raconte ses voyages. — Amadis en entreprend d'autres.

Peuple d'amis, peuple innocent et pur,
Quakers si doux dont le nom est si dur,
Bons Pensylvains, qui détestez les guerres,
Qui refusez d'assassiner vos frères,
Soyez bénis, à jamais respectés,
Et, s'il se peut, ah ! soyez imités.
Puissent aussi vos frères de patrie,
Dont le commerce enrichit l'industrie,
Justes et doux quand ils étaient naissans,
L'être toujours quand ils seront puissans !
Mais pourquoi donc le carnage et la haine
Tiennent-ils tant à la nature humaine ?
A ces fureurs qui peut nous animer ?
L'homme, jeté sur un riant rivage,
N'a qu'un moment pour vivre et pour aimer :
Il le consacre à la haine, à la rage.
Infortunés, ne saurons-nous jamais
Nous convertir au bonheur, à la paix ?
Dans les guerriers, dans les plus magnanimes,
Le plus souvent j'admire avec effroi
Une vertu qui touche à tous les crimes.
Comme un héros pâlit près d'un bon roi !
Il est trop vrai, les auteurs et les livres
Sur les combats auront toujours des droits.
Lorsque je veux supprimer les exploits,
Je le sais bien, je me coupe les vivres.
Mais il n'importe. Après tant de fléaux,
Bons Pensylvains, soyons ce que vous êtes ;
Et puissions-nous n'avoir plus de héros,
Nous fallût-il n'avoir plus de poètes !
Ou, si l'on veut des héros infinis,
Qu'ils soient du moins héros comme Amadis !

A ses malheurs ne voyant pas de terme
Grâce au courroux d'un prince injuste, ingrat ;
Lui pardonnant, mais trop noble et trop ferme
Pour consentir que Lisvard pardonnât ;
Sans se laisser vaincre par sa disgrace,
Et transporté d'une brillante audace,
A ses amis plus nombreux tous les jours
Amadis tint à peu près ce discours :

« Preux chevaliers, mes compagnons, mes frères,
De Dieu sur nous le regard est fixé.
Votre valeur, vos bras sont nécessaires
Pour achever ce que j'ai commencé.
Je veux parler de cette foule impie
D'affreux brigands que protége Mélye,
Que craint la veuve et que fuit l'orphelin ;
Vils oppresseurs, dont l'affreux peuple abonde
Des champs bretons aux murs de Constantin,
Et va peut-être aux limites du monde.
Par moi beaucoup ont fini leur destin ;
Mais si vos bras secondent mon audace,
Nous en pourrons exterminer la race.
Noble projet bien digne de vos cœurs,
Que l'innocence ait enfin des vengeurs !
Sous leur pouvoir d'autres iront réduire
Une province, un royaume, un empire :
Nous, en tous lieux, ennemis des pervers,
A la vertu conquérons l'univers.
A notre aspect que le crime pâlisse ;
Que l'oppresseur s'arrête épouvanté ;
Et devant nous que le puissant frémisse,
Ou d'être injuste, ou de l'avoir été.
Nous finirons par ces brigands horribles,
Ces musulmans cruels et destructeurs,
Qu'on voit unir, païens incorrigibles,
Tous les forfaits et toutes les erreurs.
Mais jusque-là que nous avons à faire !
Partons, amis, et sans perdre de temps,
Partageons-nous les climats, les brigands.
Ceux d'entre vous qu'aura lassés la guerre,
Ou maltraités le sort injurieux,
Viendront vieillir en paix sur cette terre ;
Car désormais c'est revenir chez eux.
Gardons surtout qu'un intérêt avide
Souille jamais notre effort intrépide.
Quand nous aurons puni les oppresseurs
Sans hésiter, aux justes possesseurs
Nous remettrons les fruits de la victoire.
Allons, amis : que le monde étonné
Vante à jamais en nous la double gloire
De l'avoir pris, et de l'avoir donné. »

A ce discours, à ces accens sublimes,
Vous eussiez vu ces guerriers magnanimes
Tous à la fois lever leurs bras vengeurs ;
Tous ont juré la mort aux oppresseurs ;
Et chacun d'eux, que l'héroïsme gagne,
Choisit sa part et se met en campagne.
Oh ! c'est ici qu'il me faudrait cent voix
Pour célébrer leur vaillance infinie ;
Je ne le puis, et sens que tant d'exploits
Sont au dessus de mon faible génie.
Heureusement on les devine assez.
Par Amadis ils furent surpassés.

Courant chercher mainte terre lointaine,
Par ses hauts faits il adoucit sa peine;
Et c'est ainsi qu'illustrant sa valeur,
Un héros sait employer le malheur.

Après avoir, au gré de son envie,
Dans vingt pays puni les attentats,
Pour quelque temps modérant sa furie,
Devers la Gaule il dirigea ses pas,
Et vint revoir une mère chérie
Et Périon, qui ne l'attendait pas.
Vous dire ici le plaisir d'Élisène,
De Périon, ce serait chose vaine.
Heureux qui peut, ses plus beaux jours finis,
Se voir revivre en un si noble fils !
Amadis, là, vit sa sœur Mélicie
Que dix-huit ans rendaient vraiment jolie ;
Car avec nous le Temps, ce vieux vaurien,
Finit fort mal, mais commence fort bien.
De Mélicie adorateur fidèle,
Près d'Amadis, son cousin Lowismond
De ce voyage était, non sans raison.
Dès que huit jours il eut vu cette belle
Et sur sa main réclamé quelques droits,
Il la quitta pour de nouveaux exploits,
Et dans l'espoir d'être plus digne d'elle ;
Mais, comme à peine il s'était éloigné,
De Florestan, Périon étonné,
Apprit un soir une grande nouvelle :

Du roi Lisvard les nombreux ennemis,
Que d'Amadis avait charmés l'absence,
Se rassemblant, s'étaient tous enhardis
A profiter de cette circonstance,
Et sur Lisvard, de vingt géans occis
Ils prétendaient tirer enfin vengeance.
De tous côtés ces brigands accourus,
Jetant Lisvard en un péril insigne,
Pour leur conseil prenaient Arcalaüs,
Et pour leur chef le puissant Aravigne.
Ce dernier roi, dans les combats sanglans
Était toujours difficile à confondre ;
Et Périon apprit que d'assaillans
Il remplissait les campagnes de Londre.
Depuis long-temps Florestan, de Lisvard
Avait jugé l'ingratitude indigne :
Il la prétend punir, et sans retard
Il veut aller seconder Aravigne.
Périon dit : « Restons neutres. — Non pas,
Dit Amadis. O mon père, je pense
Que c'est l'instant d'aller dans ces débats
Servir Lisvard pour en tirer vengeance,
Mais déguisé, sans qu'il sache jamais

Rien des efforts que pour lui j'aurai faits. »
Le roi de Gaule à le suivre s'engage,
Et Florestan, par son frère averti,
Rentre en lui-même et se met en voyage.
En ce temps-là, le plus noble parti
Semblait toujours le parti le plus sage.

Les trois héros délibéraient entre eux
Sur les moyens de garder l'anonyme,
Quand tout à coup on présente à leurs yeux,
D'une inconnue un don, gage d'estime.
Ce don, d'ailleurs assez riche trésor,
Pouvait servir leurs prouesses discrètes.
L'argent formait trois armures complètes,
Et les écus portaient *un serpent d'or*.
Cherchant l'auteur d'une faveur si grande,
Les chevaliers devinèrent Urgande.
De son présent ils se parent soudain,
Sur un esquif se mettent en chemin,
Et, se gardant de lever leur visière,
Touchent bientôt les rives d'Angleterre.
Là, de Lisvard attaqué vivement
Ils ont appris le danger plus pressant.
Dans un châtel, Oriane et Brisène
A s'échapper n'ont réussi qu'à peine.
Mais leur péril est si grand, si prochain,
Que Lisvard doit, et dès le lendemain,
Pour les sauver, avec sa faible armée,
Livrer bataille et tenter le destin.
A ce récit, Amadis, qui s'enflamme,
Ne pouvant voir, veut défendre, sa dame,
Et de beaux faits onc ne fut si jaloux :
A son ami, la dame la plus belle
A peu de chose à donner de plus doux
Que le plaisir de combattre pour elle.

Le soleil luit : Galaor, Cildadan,
Qui, de Lisvard commandaient l'avant-garde,
A leur valeur donnent un libre élan.
Tous les efforts qu'Aravigne hasarde
Sont impuissans contre leur noble ardeur.
Il reculait déjà ; mais, par malheur,
Un monstre affreux, la sorcière Mélye,
Des gens de bien éternelle ennemie,
Des mécréans dissipe la terreur.
Tous ces poltrons s'élèvent au courage.
D'ailleurs leur nombre avait tant d'avantage !
Bref, Galaor, Cildadan, et Lisvard,
Cernés, pressés, couraient un grand hasard ;
Quand Périon et ses deux fils terribles
Ont apparu de l'épaisseur d'un bois,
Et, signalant leurs coups irrésistibles,
Du premier choc ont abattu trois rois.

Ils font si bien, qu'en son plaisir extrême
Lisvard cria : « Voilà trois Amadis! »
Et Galaor, du compliment surpris,
Par ses exploits en montre un quatrième.
Les ennemis, trompés dans leur effort,
Cherchent la fuite, ou bien trouvent la mort;
Et, consterné du revers qui le frappe,
Tout des premiers Aravigne s'échappe.
Plus de combat. *Les guerriers aux serpens*,
Plus satisfaits que je ne puis vous dire,
Laissent Lisvard vainqueur, et, s'esquivans,
Ont regagné la mer et leur navire.

Tandis qu'autour de Lisvard étonné
Chacun demande et nul n'a deviné
Quel est le nom de ces foudres de guerre,
Sur l'Océan l'autan s'est mutiné,
Et les repousse aux rives d'Angleterre.
S'estimant bien à vingt milles et plus
Du champ témoin de la grande bataille,
Et désirant souper, vaille que vaille,
A terre enfin ils sont redescendus.
Comme ils cherchaient une honnête retraite,
Certaine fille assez belle et bien faite,
Les rencontrant, prompte à les accueillir,
Sans hésiter, par signe, étant muette,
Dans son château les invite à venir :
Eut d'accepter. La demeure brillante
Leur plut beaucoup, et la chère excellente
Y répondait. A table ils se sont mis,
Soupent très bien. La muette gentille
Leur montre alors un de ces vastes lits
Où l'on pouvait se coucher en famille,
Qu'aux vieux châteaux on voit encor souvent,
Et dans lesquels, à Paris la grand' ville,
Dans notre siècle un architecte habile
Ménagerait tout un appartement.
Là, des héros le groupe s'endormant,
Croyait goûter un sommeil bien tranquille.

Mais dans la nuit Florestan réveillé
Entend du bruit, cherche qui l'a fait naître,
Soudain se lève, et, justement troublé,
Ne trouve plus ni porte, ni fenêtre :
O ciel! la chambre est changée en cachot.
Ses compagnons, réveillés aussitôt,
Sentent qu'ils sont aux mains de quelque traître.
Lors, à la voûte une trappe s'ouvrant,
Arcalaüs se montre, et ce brigand,
Leur crie:«Eh bien! c'est donc vous, troupe insigne
De scélérats, d'indignes mécréans!
Vous voilà donc, *chevaliers aux serpens*,
Vils ennemis de l'illustre Aravigne!

Vous périrez sous mon courroux vengeur.
Et plût au ciel qu'au gré de mon envie
Amadis fût de votre compagnie!
Que je le hais! et comme avec ardeur
A ce félon j'arracherais le cœur!
Mais je vous tiens, et vous paîrez ses dettes;
Et je saurai quels scélérats vous êtes. »
Les trois héros tout à fait interdits
Ne disaient mot, et méditaient leur rôle,
Quand celle-là qui les avait trahis
Dit, tout à coup recouvrant la parole :
« Trois écuyers, en ces lieux arrivans,
Ont demandé les guerriers aux serpens.
Venez, mon oncle, interroger ces traîtres,
Et les forcer à vous nommer leurs maîtres.
Arcalaüs que la haine conduit,
Fort satisfait du succès qu'il espère,
Ferme la trappe en criant : « Bonne nuit,
Mes chers amis; c'est pour vous la dernière. »

En cas pareil, messieurs, qu'eussiez-vous fait?
Dans ce cachot sans porte et sans lumière,
Des trois héros, sans moyen, sans projet,
Au seigneur Dieu la plainte s'adressait.
Dieu, par bonheur, écouta leur prière :
Hélas! il est quelquefois plus distrait.
Dans ce châtel, une femme vieillie,
Dans la Bretagne au temps passé ravie,
N'obéissait au maître qu'à regret.
Aux écuyers, obstinés à se taire,
Et qu'on ferait parler le lendemain,
On l'envoya, dans leur prison austère,
Porter, la nuit, de l'eau fraîche et du pain.
Leur expliquant ce perfide mystère,
Elle leur dit : « Nièce d'Arcalaüs,
Celle par qui vos maîtres sont perdus,
A nom Dinarde, et c'est l'unique fille
De ce brigand qui fut Ardan-Canille.
Depuis la mort de ce géant affreux,
Sa haine injuste, et qui jamais n'est lasse,
Poursuit, abuse, amène ici les preux
Qui, chez Lisvard, ont montré leur audace;
Espérant bien trouver enfin entre eux
Soit Amadis, soit quelqu'un de sa race.
Le lit immense à vos maîtres offert
Repose ici sur un parquet perfide;
Dans leur sommeil, le plancher entr'ouvert
Les a plongés dans un cachot humide.
Ils vont périr, si mon art ne les sert :
Encor faut-il que votre force m'aide
A les sauver d'un horrible trépas.
De leur danger je connais le remède;
Mais j'ai besoin du secours de vos bras.

CHANT ONZIÈME.

Chut! je viendrai vous trouver dans deux heures,
Quand le sommeil couvrira ces demeures. »
Elle revint. Alors les écuyers,
La bonne femme, et jusqu'au nain lui-même,
Pour remonter les vaillans chevaliers,
Tous à la fois font un effort extrême,
Sans bruit pourtant. Le ciel sert leurs desseins,
Et l'écrou tourne en leurs heureuses mains.

Les trois héros, dans leur horrible rêve,
S'étaient jetés sur le lit imposteur,
Quand Amadis, qui veille avec fureur,
Pensant qu'ainsi sa carrière s'achève
Loin de l'objet de sa fidèle ardeur,
Sent tout à coup que le lit bienfaiteur,
Tout doucement, tout doucement s'élève.
Dieu! Périon ainsi que Florestan,
Que dans sa joie il réveille à l'instant,
Jetaient un cri que d'un geste il arrête.
Dans le château les voilà de retour.
L'humble clarté que la lune leur jette,
Dans leur plaisir leur paraît un beau jour;
Et par bonheur leurs armes dispersées
Avaient été dans leur chambre laissées.
Bientôt armés, dans leur espoir nouveau,
Sans différer ils ont changé de rôle,
Et tous les trois parcourent le château
D'Arcalaüs, en criant : « Gaule! Gaule! »
Ils ont bientôt rencontré Gandalin,
Ses compagnons et leur libératrice.
Ils immolaient ce qui, sur leur chemin,
D'Arcalaüs retardait le supplice;
Mais celui-ci dans une forte tour
S'était sauvé, tirant sur lui l'échelle,
En attendant que la clarté du jour
De ses vassaux amenât la sequelle.
Les trois héros, obligés de penser
Qu'ils n'avaient pas le temps de l'y forcer,
Font, sous la tour par l'enchanteur choisie,
Faire un bûcher, et naître un incendie.
En un moment le feu devient actif,
Graces aux soins du nain expéditif,
Qui s'écriait : « Dépêchons-nous, mes frères.
Maudit sorcier, tu seras brûlé vif,
Toi qui voulus me brûler vif naguères. »

Peu s'en fallut que le nain n'eût raison;
Mais les héros étant partis trop vite,
Dinarde vint d'un souterrain profond
Où, dans le trouble, elle avait pris la fuite,
Sauver son oncle horriblement défait,
Un peu brûlé, mais roussi tout à fait.

Tandis qu'il va chercher une autre terre,
Les trois héros, de ses coups préservés,
Marchaient en paix, relevant leur visière.
Lors celle-là qui les avait sauvés
Et les suivait, voit Périon, se jette
A ses genoux : « C'est moi, Dariolette;
Roi Périon, c'est moi qui vous donnai
Avec la reine un moment fortuné,
Une entrevue amoureuse et secrète.
C'est encor moi qui, lorsqu'elle eut un fils,
Pour la sauver d'une mort trop certaine,
Eus la douleur d'exposer Amadis
Qui depuis lors s'est tant de gloire acquis,
Et contre moi peut-être a de la haine? »
—Rien moins, » lui dit Amadis l'embrassant;
Et Périon bien vite en fait autant,
Se rappelant les amours d'Élisène.
Ayant de plus, par des secours suivis,
Sauvé ce prince avec deux de ses fils,
Vous concevez comme elle en fut reçue!
De ses présens, au pays Tourangeau,
La dame acquit un fort joli château,
Celui-là même où, la nuit advenue,
Long-temps après, son descendant Bonneau
Sut ménager une même entrevue.

En conservant toujours l'incognito,
Les trois *serpens* retournaient dans la Gaule.
Mais Cildadan et son cher Galaor
En Angleterre illustraient leur essor,
Et de héros continuaient le rôle.
Voilà qu'un soir, même sans les sommer,
Six assaillans les veulent désarmer.
De ces messieurs voilà que tout de suite
Trois sont occis, et les autres en fuite.
Les deux héros, sur leur trace accourus,
Trouvent d'abord dans certaine litière,
Fort mal en point, messire Arcalaüs,
Qui s'excusa tout du mieux qu'il put faire :
« Ses chevaliers avaient été déçus. »
De son vrai nom leur faisant grand mystère
Comme il était brûlé presque à moitié,
Il leur fit voir son état, sa misère,
Et put partir, excitant leur pitié,
Lui qui n'avait de droits qu'à leur colère.

Mais cependant voici venir la nuit.
Ils ne savaient où chercher un réduit,
Quand le hasard, sous certaine masure,
Leur vint offrir une bonne aventure.
Là, redoutant leurs bras et leur fureur,
D'Arcalaüs la nièce assez bien faite,

Dinarde, et puis sa cousine Laurette,
Avaient caché l'excès de leur frayeur.
Là, par hasard, les héros les trouvèrent.
Elles tremblaient; mais ils les rassurèrent...
Si doucement, que la nuit se passa
Tout à fait bien. Quand le jour les éclaire,
Dinarde apprend, bien sotte de cela,
Que d'Amadis son amant est le frère.
Elle et Laurette ont demandé soudain
Qu'on les ramène en un château voisin.
On obéit, et, leur servant d'escorte,
Les chevaliers les suivent : dans le fort
Les deux Beautés ont pénétré d'abord ;
Ciel ! aux amans on ferme au nez la porte.
Ce procédé, toujours hors de propos,
Devait surtout irriter des héros.
Aussi tous deux, que le dépit accable,
Au pied du fort, retraite inexpugnable,
Assez long-temps racontent aux échos
Un trait si dur, un forfait si coupable.
Les deux Beautés, paraissant aux créneaux,
Disent : « Qui fait ce bruit insupportable?
Que voulez-vous ? Quel est votre projet?
—Qu'on nous reçoive. — Ah ! disent les donzelles,
On ne reçoit que les gens qu'on connaît.
—Comment ? Hé mais, on vous connaît, les Belles,
Dit Galaor. Hé quoi ! si promptement
Oubliez-vous... ? — Oui, répondirent-elles,
On vous a vus, il se peut, en passant. »
Ce fut, dit-on, la *passade* première,
Et ce n'est pas, comme on sait, la dernière.
Oui, c'est ainsi qu'on se prend en tous lieux ;
Mais avouez que l'on se quitte mieux.

Dix jours après, à Périon son père
Dont il avait voulu revoir la terre,
Pour l'amuser, Galaor raconta
Cette aventure, et chacun plaisanta.
Seul, Amadis, sur ce point plus sévère,
Le gronda presque, en lui disant : « Hé quoi !
N'auras-tu donc que cette humeur légère?
Cher Galaor, laisse, laisse, crois-moi,
Parler ton cœur, tu ne saurais mieux faire.
—Mon cher aîné, répondit le vaurien,
Nous différons moins qu'on ne le suppose.
Va, mon cœur parle, et souvent assez bien ;
Mais ne dit pas toujours la même chose. »

Ainsi s'excuse un goût capricieux,
Et Galaor vit Amadis sourire.
Mais son sourire est encor sérieux :
Son Oriane est trop loin de ses yeux.
De plus en plus il sent qu'elle est absente :
Et sa douleur, qu'il modéra long-temps,
S'accroît malgré ses exploits éclatans,
Et sur son cœur retombe plus pesante.
Près de sa mère et de tous ses parens,
Son sort l'accable, et la mélancolie
Trouble ses jours, et menace sa vie.
Lors Galaor, meilleur frère qu'amant,
A tous ses pas s'attache obstinément,
Veut l'amuser, ou du moins le distraire.
Sur tous les tons il raconte à son frère
En quels pays, comment, il le chercha.
Un jour voici ce qu'il lui raconta ;
Écoutez-moi, si vous voulez l'apprendre :

« Après un an d'un inutile effort,
Ne sachant plus désormais où te prendre,
J'allai, dit-il, te chercher dans le nord,
Et j'en bravai les autans et les glaces ;
Mais vainement j'y poursuivis tes traces.
Je vis du moins un peuple valeureux,
Épris de gloire, amoureux de carnage.
Au grand Odin ils adressent leurs vœux ;
Mais leur vrai dieu sans doute est leur courage.
Leur *Vaxhatta*, terrible paradis
Où les poltrons sont tous de la canaille,
Où le plus brave au festin n'est admis
Que s'il est mort sur le champ de bataille,
Quelques momens enchanta mes esprits.
Quand j'arrivai dans ce sombre pays
Du Danemarck, la foule encor muette
Pleurait toujours Regner Logbrod, son roi,
Guerrier fameux, non moins fameux poète,
Qui bien long-temps avait semé l'effroi.
Enfin un jour, malgré sa résistance,
Loin de son trône et de ses défenseurs,
Le sort avait trahi son espérance.
Ses ennemis, dans leurs lâches fureurs,
Avaient puni ses efforts intrépides
Dans un cachot, entre les nœuds vengeurs
De vingt serpens dévorans et livides,
Il était mort en chantant ses douleurs.
Son ode illustre, et que j'ai retenue,
Fait frissonner l'humanité vaincue : »

— « Nous nous sommes battus en hommes, en héros [1],
Le jour où, m'enivrant de carnage et de joie,
J'allai vers l'Orient, dès mes premiers travaux,
Préparer aux vautours une brillante proie.

(1) Cette ode de Regner Logbrod est justement célèbre dans la littérature du nord. C'est un chant barbare, mais sublime, que, pour aucun motif, on n'a cru devoir énerver ici. On a conservé, avec un scrupule extraordinaire, la hardiesse des images, et même, dans deux ou trois vers, l'âpreté imitative du style.

Mes vaillans ennemis succombent terrassés.
O spectacle enchanteur dont le lâche s'effraie !
Toute la vaste mer ne semblait qu'une plaie.
Et les vautours nageaient dans le sang des blessés.

» Nous nous sommes battus en hommes, en héros,
Aux glaces de Finlande, aux champs de l'Angleterre ;
J'ai vu les Écossais fuir à l'égal des flots,
Et dix mille ennemis palpitans sur la terre.
De nos fers frémissans parmi l'affreux fracas,
Le sang tombe en rosée, en fumée il s'élève :
Combien je préférais ces voluptés du glaive
A la plus belle fille attendrie en mes bras !

» Nous nous sommes battus en hommes, en héros,
Le jour où, méritant des hymnes éternelles,
J'abattis ce jeune homme, effroi de cent rivaux,
Fier de ses beaux cheveux et de l'amour des Belles.
Si l'on ne tombait pas dans le champ de l'honneur,
A quoi donc serviraient la jeunesse et la vie?
Qui n'est jamais blessé, dans les combats s'ennuie,
Et n'a pas bien senti son courage et son cœur.

» Nous nous sommes battus en hommes, en héros.
Mais le destin l'exige et sa loi se déclare.
Au paradis, pour moi, loin des lâches tombeaux,
Dans un crâne ennemi l'hydromel se prépare.
Ma route est douloureuse à ce noble festin ;
Mais de tous les tourmens je sais braver l'atteinte,
Et je ne dirai point des paroles de crainte
Lorsque je vais entrer dans le palais d'Odin.

» Nous nous sommes battus en hommes, en héros.
Ah ! si mes fils savaient les tourmens que j'endure !
S'ils voyaient de leur souffle empoisonner mes os,
Ces livides serpens dont je suis la pâture !
Mes fils, qu'animerait ce spectacle sanglant,
Viendraient à mes douleurs embraser leur courage !
Oui, celui qui m'opprime éprouvera leur rage :
Puisqu'ils sont de ma race, ils ont un cœur vaillant.

» Nous nous sommes battus en hommes, en héros,
Dans cinquante combats marqués par mes trophées.
Mais c'en est fait. Odin, terminant mes assauts,
M'envoie enfin l'appui de ses funèbres fées.
Non, je ne trouve point leur aspect effrayant :
De la mort sans pâlir je subirai l'outrage.
Pour mon dernier moment j'ai mon dernier courage :
Mes tourmens sont vaincus, et je meurs en riant. »

« Ah, que c'est beau ! quelle sublime flamme
Dicta ces vers ! Ce cantique sanglant,
Dit Amadis, apparaît à mon ame
Comme aux regards apparaît un géant.
— Non moins que toi j'admire le courage
De ce héros, dont les fils généreux,
En le vengeant, ont accompli les vœux ;
Cher Amadis, mais son peuple sauvage
Offrit bientôt à mon œil attristé
Tant de malheurs, tant de férocité,
Que promptement à son aveugle rage
Je préférai notre noble valeur,
Plus généreuse, et qui vaut bien la leur.
Ce fut bien pis, quand je sus la folie
Qui les dirige en leur chevalerie.
Un roi du nord, qu'on appelait Herquin,
Du roi voisin était le frère d'armes.
Ce voisin-là s'étant noyé soudain,
De son ami méritait bien les larmes.
Le survivant, formant d'autres projets,
Pour l'amitié prétend qu'on le renomme :
Le noble Herquin assembla ses sujets,
Et devant eux se pendit en brave homme.
Ému d'horreur et saisi de pitié,
Je m'éloignai d'une terre si dure ;
Car la valeur, et surtout l'amitié,
Doivent toujours rester dans la nature.

« Chez ces mortels, d'ailleurs fort braves gens,
Mon bras avait dompté les plus vaillans.
Sur d'autres bords j'eus une autre aventure
Plus agréable, et je ne pus braver
Une Beauté, douce, aimable, avenante,
Qui, par ses traits, sa grace ravissante,
Me consola de ne te pas trouver.
Cette Beauté de me vaincre eut la gloire ;
Mais en retour me céda la victoire.
De cette veuve assez publiquement
Depuis huit jours j'étais l'heureux amant,
Quand un matin je la vis éplorée.
Elle me dit avec un air d'effroi :
« De ce pays mon oncle était le roi ;
Il meurt. Hélas ! je serais bien certaine
D'avoir son rang et les honneurs de reine ;
Mais vous saurez que nos antiques lois
Ont établi cette règle fâcheuse,
Qu'aucune femme au trône n'a des droits,
Qui ne fut pas toujours très vertueuse.
Quand j'écoutai votre amour insensé,
A cette loi je n'avais point pensé ! »
Lorsqu'elle eut peint en ces mots sa détresse,
Rendant l'espoir à son cœur abattu,
Je rassurai ma sensible maîtresse,
Et je soutins en champ clos sa vertu.
Je fus heureux, et ma valeur fut telle
Qu'en ce pays il fut enfin reçu
Qu'elle était sage autant qu'elle était belle ;
Et, quand cela resta bien reconnu,
Je l'emmenai pour souper avec elle.

« Nous comptions fort, le lendemain matin,
Qu'on la viendrait reconnaître pour reine.

Mais les jaloux surent le lendemain
Lui ménager une nouvelle peine :
Un prêtre saint vint dire au nom de Dieu,
Avec un air de regret et de zèle,
Que de tous temps, pour régner en ce lieu,
La loi voulait qu'on fût même pucelle.
Tous les guerriers approuvaient cet arrêt,
Et ma maîtresse en pleurait en secret.
« Pucelle, soit, messieurs, leur répondis-je :
Madame est telle, oui, telle qu'on l'exige ;
Nul ne sait mieux que moi ce qu'il en est.
— Que dites-vous, lorsque madame est veuve...
— Elle est pucelle, et j'en fournis la preuve. »
Je présentais mon épée à ces mots.
J'en fis d'abord convenir vingt rivaux.
On reconnut pour pucelle et pour reine
Cette Beauté, dont je calmai la peine.
Elle reçoit, en dépit des jaloux,
Tous les sermens du peuple qui m'approuve ;
Et je criais aux guerriers à genoux :
« Dites, messieurs, que faut-il que je prouve ? »

Ainsi parlait l'aimable Galaor ;
Et Périon, et Florestan encor,
Étaient charmés, applaudissant au zèle
Que lui donnait l'amitié fraternelle.
Il n'est pas sûr que ces divers récits
Et vingt encor que je ne me rappelle,
N'aient prolongé les destins d'Amadis,
Dont ils calmaient la tristesse mortelle.
En écoutant ces faits, où la valeur
Jouait toujours un fort beau personnage,
Amadis sent un peu moins sa douleur ;
Mais en retour il sent mieux son courage.
Aussi voilà que ce preux, un matin
S'est éloigné seul avec Gandalin ;
Pour les exploits son feu se renouvelle.
Un autre espoir augmente encor son zèle :
Bien qu'il paraisse éloigné sans retour
Du roi Lisvard, il croit, il aime à croire,
Qu'il se verra près d'Oriane un jour.
En attendant, il prétend que la gloire
Le recommande aux bontés de l'amour.
Il revient donc à son projet sublime
De protéger les mortels qu'on opprime.
Vous l'eussiez vu, combattant et vainqueur,
Dans vingt pays défendre l'innocence ;
Et ce héros, accablé de douleur,
Servant partout la faiblesse ou l'enfance,
Fait des heureux : c'est encore un bonheur.

CHANT DOUZIÈME.

La femme qui tire l'épée. — Vœu imprudent d'Amadis. — Victoire de Patin. — Vertu d'Amadis — L'Endriague. — Amadis à Constantinople. — La grande serpente. — Confidence d'un saint.

Quel est, amis, le gentilhomme
Qui, naissant, vit un fer briller ;
Qui fut allaité dans un heaume,
Et bercé sur un bouclier ;
Qui, de nobles exploits avide,
De l'aigle a le regard rapide,
Du lion l'ardente valeur ;
Qui s'endort au bruit du tonnerre,
Et dans la coupe de la guerre
Aime à s'enivrer de fureur ?

Comme, du haut des cieux, la foudre
Vole aux mortels anéantis,
Tel, parmi des torrens de poudre,
Il atteindra ses ennemis.
De ses faits remplissant la terre,
Il ira des mers d'Angleterre
Jusqu'aux torrens du Thermodon :
Ses rivaux, dans une bataille,
Fuiront à l'égal de la paille
Devant le souffle d'Aquilon.

La plaine, d'armes hérissée,
Des combats les débris épars,
Seront l'amour de sa pensée
Et le plaisir de ses regards.
On le verra, d'une main sûre,
Renverser avec sa monture
L'oppresseur enfin immolé ;
Et, quittant cette triste proie,
Détourner ses yeux avec joie
Vers l'infortuné consolé.

Tels sont les chants d'un antique trouvère,
Chants précieux, du moins pour mon projet.
Je voulais peindre Amadis à la terre,
Et tout à coup j'ai trouvé son portrait.
Ce portrait-là, ressemblant trait pour trait,
Est peint bien mieux que je ne pourrais faire.
Ce fut ainsi qu'en vingt pays divers
De sa vaillance il servit l'univers.
La Gloire était, en tous lieux, occupée
Du chevalier dit *de la verte épée* ;
Car Amadis ne prenait que ce nom
Pendant le cours d'un voyage si long.

CHANT DOUZIÈME.

De son côté, Galaor, en bon frère,
Aux oppresseurs faisait aussi la guerre,
Et ce héros, qu'au loin on admirait,
Se signalant par d'utiles merveilles,
A vingt tyrans donnait sur les oreilles.
A dire tout ma voix se lasserait ;
Que de cités par son bras préservées !
Que de vertus par lui furent sauvées !
Mais sur ce point, il faut le confesser,
Il ne fut pas le meilleur des modèles ;
Et Galaor souvent avec les Belles
Avait le tort qu'il voulut redresser,
Et qui, de lui, réussissait près d'elles.
Il en fit tant que, de par Amadis
Et le sénat des chevaliers-unis,
De Galaor en approuvant le zèle,
On le pria d'en modérer l'essor :
On intima défense à Galaor
De protéger jamais une pucelle.

Galaor prit la défense en riant,
Et s'y soumit assez fidèlement :
De toutes parts, des dames affligées
Avaient besoin de se voir protégées.
Le protecteur, pour prix de son secours,
N'exigeait rien, mais obtenait toujours.
Il combattit un jour pour une dame
Qui méritait la plus ardente flamme ;
Mais, célébrée au loin pour sa beauté,
Elle l'était pour sa sévérité.
Il la délivre. Elle était magnanime ;
Et, voulant mieux lui prouver son estime,
Elle rappelle avec ce preux ravi
Certain usage autrefois plus suivi :
Bien qu'elle fût d'une vertu farouche,
Elle l'admet à l'honneur de sa couche ;
Mais attendez : du héros son appui
L'épée était, en tiers, entre elle et lui.
Cette barrière alors était sacrée.
Par Galaor elle fut révérée.
C'était pourtant, non sans de vifs regrets,
Qu'il reposait près de si doux attraits.
Le plus décent, le plus poli du monde,
Il employa tellement sa faconde,
Eut tant d'esprit, de grace, de gaîté,
Tant de respect, tant de vivacité,
Qu'avec le temps la dame en fut frappée.
Avant minuit, modérant sa rigueur,
Sans rien répondre, *elle tira l'épée :*
La plus poltronne a quelquefois du cœur.

Pendant ce temps, Amadis anonyme,
Dans l'Orient, plein d'une ardeur sublime,

Vit une reine, aux attraits peu communs,
Qui se nommait Grassinde, chez les uns,
Et chez Cervante a pour nom Madasime,
Le même nom que portait par hasard
Certaine dame à la cour de Lisvard.
Quoi qu'il en soit, Grassinde-Madasime
D'un grand péril allait être victime,
Lorsqu'Amadis vint, et dans le néant
Plongea d'emblée un énorme géant.
Mais il reçut une blessure telle
Qu'on eut d'abord motif de s'alarmer,
Et que Grassinde, à son devoir fidèle,
En le soignant eut le temps de l'aimer.
Il commençait enfin à se remettre,
Quand, profitant d'un usage indiscret,
Imprudemment elle lui fit promettre
De consentir à ce qu'elle dirait.
Il le promit, même sans nulle peine.
« Un mois durant, cédant à votre loi,
Dit-elle, il faut que tout venant convienne
Que son amie est moins belle que moi. »
Un mois entier il chanta cette antienne.
Près d'un perron ce héros arrêté,
De s'excuser n'admettait nulles causes ;
Et de Grassinde à tout preux entêté
A coups d'épée il prouvait la beauté :
Hélas ! on prouve ainsi bien d'autres choses !

Il fut troublé par un jeu du destin :
Vous souvient-il du chevalier Patin,
Frère puîné de l'empereur de Rome,
Faible guerrier, et même assez pauvre homme,
Mais assez vain, quoique mal à propos ?
La vanité, c'est le plaisir des sots.
Par Amadis, corrigé d'importance,
Il en avait perdu la souvenance,
Quand il parut en ce lointain pays ;
Imaginez l'embarras d'Amadis,
Lorsque Patin, adorateur profane
D'un doux objet qu'il n'a pas consulté,
Osant braver Grassinde et sa beauté,
Dit : « Combattons ; ma dame est Oriane. »
Ciel ! Comment faire en ce nouveau combat ?
Être vaincu ? non ! Vaincre, est pire chose.
Il voudrait bien terrasser l'avocat,
Et ne veut point pourtant gagner la cause.
Bornant ses coups, si sûrs dans les combats,
Notre héros, dans la lutte incertaine,
Eut plus de mal à ne triompher pas,
Qu'à triompher, cent fois, il n'eut de peine.
Nul résultat ; et Patin plein d'ardeur,
D'un tel succès l'ame tout occupée,
Fut loin de là se proclamer vainqueur.

Du chevalier dit *de la verte épée*.

Mais vers Grassinde, Amadis de retour,
Lui conta tout, et même son amour
Pour Oriane. Elle en fut désolée;
Mais tant d'amour pour lui l'avait troublée,
Qu'elle eût été facile à s'engager,
Flattée encor d'un lien passager.
Elle eut le soin de le lui faire entendre.
Elle était belle autant qu'elle était tendre.
Amadis même auprès d'elle éprouvait
Un certain trouble, une chaleur nouvelle.
Elle le vit. « Allons, amant fidèle,
A mes genoux, tombez; c'est en secret :
De vos amours le ravissant objet,
De cette erreur ne saura rien, dit-elle. »
Il répondit : « Ah ! mon cœur le saurait. »

D'après ce trait, que mainte femme admire,
Certe! Amadis fut un *parfait amant*.
De notre temps, il est permis d'en rire;
Mais qui, du sien, l'aurait trouvé plaisant,
Aurait bien fait de ne pas le lui dire.
De son ardeur qui l'égarait un peu,
Après ce trait Grassinde fut honteuse,
Et dans son sein sut étouffer son feu.
Elle fit mieux : elle fut généreuse.
Comme Amadis songeait à la quitter,
Et, n'étant pas éloigné de Byzance,
Voulait aller connaître et visiter
Ces bords fameux, si loin de notre France,
Grassinde eut peur pour ce preux trop vaillant
Qui des périls faisait son espérance,
Et le força d'accepter en présent
L'homme dont l'art sauva son existence.
Ce Machaon, cet artiste immortel
Avait le nom de maître Hélisabel.
Jamais frater n'aura des mains si sûres
Pour adoucir, pour fermer les blessures.
Malgré ses soins lorsque l'on s'en allait,
C'est qu'on avait trois fois ce qu'il fallait.
Hélisabel, de plus, était habile
A gouverner; et Grassinde, de lui,
Avait reçu plus d'un conseil utile;
Tant, qu'irrités qu'elle eût un tel appui,
Des courtisans disaient avec malice
Qu'Hélisabel, admis dans ses secrets,
Le jour, la nuit, la conseillait... de près;
Bruit imposteur, insolente injustice,
Qui toutefois dura long-temps après!
Chez maints esprits, la dame en fut victime;
Et dans Cervante, à ne sais quel verso,
Voyez comment son chevalier sublime

Vous releva seigneur Cardenio,
Qui maltraitait la reine Madasime.

Quoi qu'il en soit, avec Hélisabel,
Amadis, plein d'une douce espérance,
Voguait déjà sur la mer de Byzance,
Quand dans la nuit un ouragan cruel
Sur un bas-fond avec fureur le lance.
Je glisse là sur un sujet très beau,
Mais qui n'est pas peut-être assez nouveau.
Pour trois cents ans, Apollon aux poètes
A défendu de peindre des tempêtes.

Le jour paraît, on se voit près d'un bord
Où l'on pouvait arriver sans effort.
C'était une île assez verte et jolie;
Mais tout à coup le pilote s'écrie :
« Ah, malheureux ! fuyons; fuyons la mort!
— Mais qu'a-t-il donc ? est-ce qu'il extravague,
Dit Amadis? quel est ce pays-ci?
—... C'est... c'est, seigneur, l'île de l'Endriague; »
Et, frissonnant, il continue ainsi :

« La mer Égée autrefois vit cette île,
Plus qu'aucune autre et peuplée et fertile.
Son dernier roi fut un géant païen,
De qui la femme était très vertueuse.
Leur fille unique, oubliant leur lien,
Fut de son père amante incestueuse,
Et de sa mère osa trancher les jours
Pour lui cacher le fruit de ses amours.
Lors le géant, trompé par ses idoles
Qui des démons répétaient les paroles,
Osa donner à sa fille sa main.
Survint un fruit digne d'un tel hymen.
Après huit mois, cette fille cruelle
Eut un enfant encor plus monstre qu'elle.
Tête de tigre, ailes aux longs replis,
Comme on en voit à nos chauves-souris;
Le corps d'un homme, et cinq fois sa stature;
Tous les moyens de la destruction ;
Corps écailleux qui lui tient lieu d'armure ;
Joignez encor les griffes du lion :
Telle du monstre est l'horrible figure.
Le premier jour, annonçant sa fureur,
Il déchira le sein de deux nourrices.
Nourri dès lors du lait de vingt génisses,
Après un mois il passait en hauteur
Le roi géant. Sa mère, rétablie,
Venant le voir, le monstre avec furie
Courut vers elle, et dévora son cœur,
Servant ainsi la justice suprême.
A cet aspect, toutefois, furieux,

CHANT DOUZIÈME.

Le roi géant sur son fils odieux
Lança son fer, qui revint sur lui-même.
Il expira. S'envolant aussitôt,
Et des rochers choisissant le plus haut,
L'affreux géant, de cette île où nous sommes,
Eut en six mois dévoré tous les hommes.
Depuis, ce monstre, aux avides regards,
Ne s'y nourrit que des troupeaux épars,
Ou des humains que, sur ces tristes plages,
Jettent la mer et l'effort des orages.
Dieu ! j'oubliais son plus horrible don :
Son sein vomit la flamme ou le poison.
Maints preux, saisis d'une ardeur imprudente,
De son trépas ont flatté leur attente :
Tous ont péri, même les plus vantés.
Fuyons, seigneur, de ces bords détestés.
Dégageons-nous au plus tôt du rivage :
N'attendons pas que ce monstre en courroux
Nous aperçoive, et s'élance sur nous :
Ah ! tout vaut mieux, et même le naufrage !

— Non pas, répond Amadis ; je prétends
Combattre aussi ce monstre redoutable.
— Que dites-vous ? les périls sont trop grands :
Daignez songer qu'il est invulnérable. »
Hélisabel au vieux pilote en vain
Se réunit, ainsi que Gandalin.
Notre héros dédaigne leur prière.
Hélisabel, l'écuyer, et le nain,
En gémissant le suivent jusqu'à terre.
Ils approchaient des rochers sourcilleux
Où l'Endriague avait sa résidence ;
« Dans cet abri profond et caverneux,
Dit le héros, demeurez en silence.
Toi, Gandalin, si je meurs aujourd'hui,
Va retrouver Oriane, et dis-lui
Que je n'ai pu supporter son absence. »
En vain sur lui l'on voudrait l'attendrir ;
Et le héros qu'on ne peut retenir,
Fuit ses amis qui le pleuraient d'avance.

Voilà bientôt qu'un aigu sifflement,
Et la fumée aux pointes d'une roche,
Et d'Amadis le coursier frémissant,
Tout au héros dit que le monstre approche.
A l'instant même il quitte son cheval
Qui s'épouvante et le servirait mal.
La lance en main, par ces routes affreuses,
Il marche droit au monstre défié,
Qu'il voit déjà de ses ailes hideuses,
Pour s'élancer, déployer la moitié.

Le courage offre un immense avantage ;

Mais Dieu jadis inventa le sang-froid
Pour faire mieux encor que le courage.
Mesurant bien le danger qu'il prévoit,
Et se flattant que le monstre effroyable
Des yeux au moins n'est pas invulnérable,
Notre héros sait atteindre du fer
Un de ses yeux brillans comme l'éclair.
Le monstre alors jette un cri de souffrance
En reculant, puis tout à coup s'élance,
Et lui présente une gueule en fureur,
Où le Gaulois a dirigé la lance,
Qu'entre ses dents l'Endriague vengeur
Brise : mais, quoi ! le fer encor vainqueur
Reste à la gorge, et, parmi la fumée,
Remplit de sang sa gueule désarmée.
Sur Amadis il s'avance et mugit ;
Amadis frappe avec sa *verte épée ;*
Mais sur le corps le glaive rebondit,
Comme le fer sur l'enclume frappée.
Prêt à se voir saisi, notre héros,
Bravant le monstre en cette horrible épreuve,
Plonge le glaive en l'un de ses naseaux,
Et de son sang accroît ainsi le fleuve.
Mais d'Oriane il se crut séparé,
Et pensa bien ne plus voir de batailles,
Quand de fureur l'Endriague enivré,
En dix endroits sut, d'un ongle acéré,
De son haubert briser les fortes mailles,
Et pénétrer dans son corps déchiré.
« Douce Oriane, Oriane chérie,
Reçois, dit-il, mes adieux et ma vie... »
L'Amour voulut sans doute en ce moment
Sauver les jours d'un si fidèle amant ;
Car tout à coup l'Endriague succombe
Sous la douleur : quittant sa proie, il tombe,
Et rend la vie au milieu de torrens
Et de fumée et de feux dévorans :
Parmi ces feux, l'écuyer magnanime
Qui s'approchait, et maître Hélisabel,
Crurent tous deux voir un démon cruel
Qui s'en alla se perdre en un abîme.

Notre héros, après de tels combats,
En chancelant fit encor quelques pas ;
Mais Gandalin, malgré sa diligence,
Le retrouva tombé sans connaissance.

D'Hélisabel un élixir divin,
Après long-temps, le ranimant enfin,
« Ne plus la voir, dit-il ! le sort l'exige !
Cher Gandalin, prends mon anneau... que dis-je ?
Au doux objet qui me sut enflammer
Porte mon cœur qui ne sut que l'aimer.

— Y pensez-vous! Non : j'ai plus d'espérance,
Dit Gandalin déguisant sa souffrance.
D'Hélisabel les talens sont vantés,
Et vous vivrez, puisque vous existez. »
Le ranimer semblait une folie ;
Hélisabel sauva pourtant sa vie,
Mais non pas seul : l'amour et l'amitié,
Pour l'appuyer, prêtèrent leur magie ;
Puis avec eux le temps fut de moitié.

Bientôt pourtant l'agile renommée,
De ses cent voix, à Byzance charmée,
De l'Endriague annonce le destin.
Byzance entière est long-temps occupée
Du grand exploit que vient de mettre à fin
Un chevalier avec sa verte épée.
Quand Amadis vint s'y montrer enfin,
Il fut reçu par l'empereur de Grèce
Avec transport, et presque avec tendresse.
Cet empereur, le meilleur des chrétiens,
De son hymen, bonheur de sa vieillesse,
Ayant trop tôt vu briser les liens,
Avait alors pour unique famille
Léonorine, une petite fille
Jolie et fraîche à l'égal du printemps ;
Telle brillait Oriane à huit ans.
Par souvenir, et cet âge et ces charmes
Si vivement touchèrent Amadis,
Qu'il eut grand'peine à retenir ses larmes ;
Heureusement il s'est bientôt remis.
Par des propos doux, gracieux, polis,
Il a gagné les cœurs des plus rebelles ;
Et dans Byzance on dit dès ce moment
Qu'il n'était point de monstres ni de Belles
Que ce héros ne pût vaincre aisément.

Le cœur saisi d'émotions profondes,
Comme Amadis fut ravi, fut heureux
Devant ce site admirable et fameux,
Ce point unique où se touchent deux mondes !
Ce chevalier voulut voir encor plus :
Il visita la poétique terre
Où les Troyens jadis furent vaincus,
Mais où jamais ne pourra l'être Homère.
Un preux Gaulois voit, après tant d'hivers,
Le champ qu'aima jadis le Grec Achille,
Ce champ aride, en exploits si fertile,
Et plus fertile encore en nobles vers.
De vingt héros il a foulé la cendre ;
Il les remplace, et non pas à demi :
Vous eussiez vu, sur les bords du Scamandre,
Ajax debout près d'Ajax endormi.

Là, cependant, sa justice intrépide
Exterminait maint coupable tyran.
Toujours fidèle à ses vœux, à son plan,
Il détruisait les brigands comme Alcide,
Quand un matin, contre les plus méchans,
On l'invoqua, par des écrits pressans.
Les Sarrasins, de l'empereur de Grèce
Troublaient la terre, opprimaient la vieillesse.
Amadis vole, et, contre eux, en effet,
Il se signale en héros si parfait,
Que l'empereur, qu'un tel succès étonne,
Embrasse en lui le vengeur de son trône.
Bien qu'Amadis, toujours assez discret,
Sur sa naissance eût gardé le secret,
Cet empereur, fallût-il même attendre,
Avec plaisir l'eût accepté pour gendre ;
Voyant trop bien qu'ailleurs il est épris,
« Prenez, dit-il, la moitié de l'empire,
Elle est à vous. — Non, répond Amadis ;
Mais, à mes vœux si vous daignez souscrire,
Auprès de l'île où l'Endriague est mort,
Accordez-moi trois îles aussi belles ;
Érigez-les en royaume ; et d'abord
Pour un ami je vais disposer d'elles.
— Disposez-en : je vous en donne six,
Dit l'empereur, et pour vous ce n'est guère.
—Cher Gandalin, poursuivit Amadis,
Mon écuyer beaucoup moins que mon frère,
Venez, soyez le roi que je veux faire.
J'ai dû long-temps ce que je te paie enfin. »
A ce présent, que double encor la grace,
Ému, charmé, le noble Gandalin
Se jette aux pieds d'Amadis qui l'embrasse,
Et qui, content beaucoup plus que pour soi,
A le premier crié : Vive le roi !

Hélisabel fut comblé de richesses
Par Amadis, prodigue de largesses ;
Et, célébrant sa générosité,
Le peuple grec en était enchanté.
Frappée aussi de son mérite insigne
Léonorine, un jour, dit : « Chevalier,
Je crois qu'à vous on peut se confier.
Prenez l'anneau qu'en vos mains je résigne :
Promettez-moi de me le renvoyer
Par un guerrier qui de moi sera digne.
— Ah ! je pourrai, lui répond Amadis,
Chercher en vain ; mais toutefois, princesse,
Pour bien remplir le soin qui m'est commis,
J'épuiserai tout ce que j'ai d'adresse.
Qui vous rendra cet anneau précieux,
Sera de vous digne... au moins je l'espère. »
Il ne pensait qu'à Florestan, son frère,

CHANT DOUZIÈME.

Et crut, plus tard, rencontrer encor mieux.

En attendant, des princes et des Belles
Il recevait mille fêtes nouvelles,
Quand tout à coup une vive clameur
De tout Byzance exprime la terreur.
Byzance à moins pouvait être alarmée.
Sur l'Hellespont, le peuple avec horreur
Voit arriver une roche enflammée,
Qui, plus terrible encore en approchant,
Devient aux yeux un monstrueux serpent.
Sa tête, égale au grand mât d'un navire,
Fait luire au loin le feu qu'elle respire;
Et, s'élevant bien au dessus des flots,
En s'étendant, deux ailes monstrueuses
Vont au-delà du vol des javelots.
Non, des païens les charges furieuses
N'avaient jamais, même aux jours de malheur,
Aux Byzantins causé tant de frayeur.
Tout fuit. Les grands, que l'épouvante glace,
Pour fuir encore ont la première place.
Seul, Amadis, au port, l'épée en main,
Attend le monstre, et brave tout... Soudain
La scène change. O surprise! ô merveille!
Des flancs ouverts du monstre radouci
Sort un vaisseau de grace sans pareille,
Et du navire Urgande sort aussi.
Vers Amadis, qui ne sait s'il sommeille,
Au bruit des chants les plus mélodieux
Elle s'avance; et d'un air gracieux,
En souriant, Urgande lui demande
Si son dessein est de combattre Urgande.
Prenant alors un ton plus sérieux,
Elle lui dit : « Sachez que votre amie
Veut vous sauver beaucoup plus que la vie.
Votre rival, le chevalier Patin,
Vient d'arriver à l'empire romain.
Votre Oriane est par lui demandée,
Et lui sera sûrement accordée.
Vous n'avez pas à perdre un seul instant.
— Partons, » répond le héros palpitant,
Qui, sans adieux, la chose étant urgente,
Dans le vaisseau suit la fée obligeante,
Et le vaisseau retourne lestement
Dans l'animal, qui, certes, justement,
Portait le nom de *la Grande Serpente.*

Comme ils fendaient, aussi prompts que l'éclair,
Le sein bruyant de la profonde mer,
Voilà qu'une ombre, une étrange figure,
Volant près d'eux, vient leur donner l'éveil.
Urgande a peur d'abord, puis se rassure.
« Hé quoi! c'est vous, *Chevalier du Soleil!*

Je vous présente un preux de votre race :
C'est Amadis, qu'aucun héros n'efface.
Mais, qu'avez-vous? qu'est-il donc arrivé?
Vous êtes mort, et même êtes sauvé;
Au paradis vous avez une place:
Que faites-vous, s'il vous plaît, dans l'espace?
— Oui, lui répond ce fameux chevalier,
Je suis un saint, moi qui fus un guerrier;
Dans sa bonté Dieu m'a fait cette grace;
Et pour jamais je voue au Créateur
Tout mon amour; ma parole d'honneur!
Mais, franchement, son séjour délectable,
Bien moins que lui me paraît adorable.
Là, maint élu, comme maint séraphin,
En son honneur chantent *l'hymne sans fin.*
J'ai peu de goût pour les panégyriques,
Et peu de voix pour d'éternels cantiques;
Même, entre nous, il m'a semblé que Dieu
De nos concerts se fatiguait un peu.
Aussi, sortant de l'enceinte sacrée,
Je fais parfois un tour dans l'empirée;
Et, saint zélé, mais mauvais louangeur,
Je me repose un peu de mon bonheur. »

Urgande rit : « A vous plaindre je penche;
Mais Dieu, je crois, dit-elle, pour causer
Vous laisse un temps, et pour vous reposer;
On ne fait rien peut-être le dimanche?
— C'est pis encor. Mes frères les élus
Sont des gens pleins des plus saintes vertus.
Mais trop souvent, par un don efficace,
Ils n'ont été doués que de la grace.
Leur entretien, qui devrait m'être cher,
N'est pas toujours celui que l'on souhaite.
Madame, enfin, s'il faut être plus clair,
Au paradis quelquefois je regrette
Les gens d'esprit qu'on rencontre en enfer. »

Urgande dit : « Ici je vous renie.
Vous faites tort à ce sublime lieu.
Au paradis il est plus d'un génie;
Et le plus grand et le meilleur, c'est Dieu.
Que s'il a fait des élus dont la terre
Eut, j'en conviens, cru qu'on n'eût pu rien faire,
Il en prévint, et dans un saint écrit,
Il dit : Heureux sont les pauvres d'esprit!
Votre propos est un peu téméraire.
Il se pourrait qu'instruit de votre avis,
Dieu profitât de votre aveu sincère,
Et de l'enfer fît votre paradis.
Mais puisqu'enfin, dans vos critiques folles,
Au ciel, mon cher, vous vous trouvez si mal,
Et n'aimez là les chants ni les paroles,

15

Cherchons pour vous un destin moins fatal.
Ne pourriez-vous?... oui... voici ma pensée,
Qui me paraît proposable et sensée :
Choisis au loin de vingt climats divers,
Des ex-mortels qu'on appelle *les Sages*,
Se rassemblant sur d'inconnus rivages,
Tout de leur mieux mènent cet univers,
Dont ils voudraient écarter tous dommages.
Dieu, pour payer des travaux si suivis,
Leur rend les corps qu'ils animaient jadis.
Alquif, l'un d'eux, que j'estime et que j'aime,
A su se faire estimer de Dieu même :
Par son crédit, à ce poste placé,
Du paradis vous serez dispensé.
— Oui, servant Dieu, laissant les saints, les anges,
De son éloge entretenir le cours,
Je lui ferai mériter des louanges,
Sans me charger de les chanter toujours. »

Dieu, qui des cœurs voit le moindre caprice,
Au même instant sut ce trait de malice.
Il en sourit, comme aux champs de l'Éther
L'aigle sourit des malices d'un ver.
Sur les sommets de son omnipotence,
Jusques à lui ne peut monter l'offense.
Puis, est-ce bien offense, iniquité,
Quand une idée, un trait, un mot jeté
Admet sincère, et laisse entier, l'hommage
Que nous devons à l'être respecté
Dont l'univers est l'imposant ouvrage?
Sur les détails plusieurs ont contesté ;
Mais quel mortel en lui peut méconnaître
Le père auguste et le souverain maître !
Il est la vraie et grande MAJESTÉ ;
Il est aussi l'Indulgence propice.
O roi des rois, j'honore ta justice ;
Mais permets-nous d'adorer ta bonté.

CHANT TREIZIÈME.

Ambassade romaine. — Grand tournoi. — Intervention d'Esplandian. — Noble trait d'un géant. — Salluste emmène Oriane. — Combat désespéré d'Amadis.

Vers l'Angleterre et ses sombres climats
Tournons nos yeux, comme Amadis ses pas.
Un noble peuple habite ce rivage.
Mais par l'orgueil il se laisse emporter.
Sur plus d'un point on pourrait le vanter,
S'il ne faisait lui même son ouvrage.
En bons voisins, depuis mille ans et plus
Nous nous battons ; et, vainqueurs ou vaincus,
Toujours, malgré l'ardeur qui nous anime,

Nous nous gardons une secrète estime.
Français, Anglais, pourquoi ces arsenaux,
Ces armemens, ces guerriers, ces vaisseaux,
Et ces combats sur la terre et sur l'onde?
Si le pouvoir est votre but constant,
Vous possédez un moyen moins sanglant :
Embrassez-vous, vous soumettez le monde.

A Mirefleur Oriane pleurait
Loin d'Amadis amoureux et fidèle,
Avait toujours trop peur de leur secret,
Lui faisant même un mystère indiscret
D'Esplandian trouvé,... croissant près d'elle.
O ciel ! un jour elle apprend que Patin,
Devenu chef de l'empire Romain,
L'a demandée, et que sur cette rive
Pour l'emmener une ambassade arrive.
Oh ! qu'Oriane éprouva de douleur !
Bien vainement, pour calmer sa frayeur,
Mabile veut se montrer consolante.
Depuis un temps, pour les chagrins du cœur,
Mabile était encor plus indulgente.
Il vous souvient que son esprit si vif
S'était épris pour Guilan le pensif.
Le dieu d'amour, porté pour les folies,
Fait volontiers de ces espiègleries.

Quoi qu'il en soit, Mabile vainement
Veut rassurer sa cousine oppressée,
Qui du sommeil fuit le soulagement,
Et dans la nuit gémit à la croisée.
Elle disait : « Bien loin d'y consentir,
Je me tûrai plutôt que de partir. »
Lors du jardin, au milieu du feuillage,
Dans l'ombre épaisse une voix s'éleva ;
Laquelle dit : « Conservez du courage ;
Partez, madame, et l'on vous défendra. »
Ce doux espoir qui rassura la Belle
Après l'avoir effrayée un instant,
Ce mot heureux, venait de Florestan,
Qui, dans l'absence, à son frère fidèle,
Espérait bien, par un heureux secours,
Lui conserver l'objet de ses amours.
Il retournait en hâte à l'île Ferme,
Quand, dans la plaine, il voit trois boucliers
Qu'avaient de Rome exposés les guerriers.
Souvent l'orgueil chez lui du moins s'enferme :
Ces envoyés de l'empereur Patin
Étaient doués d'un orgueil si hautain,
Qu'ouvertement ils refusaient de croire
Qu'un chevalier, soit gaulois, soit anglais,
Osât contre eux disputer la victoire.
Sir Grumedan, qui, malgré ses regrets,

CHANT TREIZIÈME.

Était leur guide en toute circonstance,
Riait tout bas de leur impertinence.
Frapper bien fort sur les trois boucliers,
Frapper plus fort sur les trois chevaliers,
Et sur le sol les jeter à leur honte,
Pour Florestan ce fut chose très prompte.
Par Grumedan ces faits sont publiés;
De quoi le chef de tous ces envoyés,
Salluste, comte et prince de Calabre;
Est mécontent; sa vanité se cabre;
Et des frondeurs pour étouffer la voix,
Sans nul délai voilà que l'on publie
Que dans trois jours, au plus beau des tournois,
Les preux romains vont soutenir les droits
Et la beauté des dames d'Italie.

En ce moment, à Londres, en secret,
Sans se montrer, Amadis accourait.
Il fut charmé : quel plaisir pour sa haine
De se venger de l'audace romaine !
Il arriva lorsque tous les rivaux,
Pleins d'un espoir valeureux et superbe,
Prêts à lutter, *montaient leurs grands chevaux;*
Car c'est de là que nous vient le proverbe.
Il leur laissa prendre un premier élan.
Ce n'étaient point les Romains les plus braves
Qu'avait naguère abattus Florestan :
Aux fiers Bretons présentant des entraves,
Alcimedon, Salluste et Gradamor,
A leur valeur donnaient un noble essor.
Mais, sous l'habit d'un guerrier de la Grèce,
Amadis vient, et sa main vengeresse,
Aux yeux de tous, flétrissant leurs exploits,
Sur le gazon les renverse tous trois.
Or, les Romains, des guerriers de Byzance
Estimaient peu la force et la vaillance,
Et sans fureur ils ne pouvaient penser
Qu'un guerrier grec eût su les renverser.
De là survint une lutte nouvelle,
Plus sérieuse : Amadis satisfait,
De ce tournoi promptement s'éloignait,
Quand un avis qu'il reçoit le rappelle.
Notre héros sait qu'après son départ,
Les trois Romains n'ont pas en bonne part,
De Grumedan, de ce noble vieillard,
Pris quelques mots qui semblaient bagatelle;
Et, sans respect pour son âge et Lisvard,
A ce héros ils ont cherché querelle.
A l'accepter, Grumedan très actif,
A pour seconds, refusant Lisvard même,
Pris Quedragant et Guilan le pensif.
A ce récit, d'une vitesse extrême
Amadis vole et revient sur ses pas.

« C'est moi, dit-il, qui cause les débats,
Et contre trois, ou même contre quatre,
C'est moi qui viens, auprès de vous, combattre.
Noble vieillard, dont tout mon sang répond,
Acceptez-moi pour unique second. »
Grumedan cède. O combat mémorable !
Aux trois Romains le vieillard opposé
N'a pour appui que le Grec supposé.
Dans cette lutte illustre et redoutable,
Par Amadis protégé constamment,
Grumedan brille, et même justement.
Alcimedon, que sur la poudre il jette,
Est tombé mort, et le plus insolent
Est le premier puni par sa défaite.

Salluste, après maint effort très hardi,
Par Amadis fut jeté sur l'arène,
Et fut contraint à demander merci
A son vainqueur, qui l'accorda sans peine.
Mais Gradamor, encor plus valeureux,
Et s'animant d'une noble colère,
Assez long-temps rendit le sort douteux,
Et d'Amadis fut le digne adversaire.
Il mérita cent fois d'être vainqueur.
On voyait bien à sa rare valeur
Qu'en lui vivaient les antiques Romaines,
Et qu'il coulait du César dans ses veines.
Enfin pourtant son terrible ennemi,
Blessé lui-même, a, d'une main plus sûre,
Atteint ce preux d'une large blessure :
Gradamor tombe, et, toujours affermi
Dans sa fierté, loin de demander grace,
Vomit l'injure et même la menace;
Si qu'Amadis, qui lui tendait la main,
Ne pouvait plus supporter tant d'audace,
Et s'apprêtait à lui percer le sein,
Quand un enfant sortant des rangs soudain,
Avec un air plein de charme et de grace,
Crie au vainqueur en élevant la main :
« Chevalier grec, ah ! je vous en supplie,
De ce guerrier accordez-moi la vie. »

Esplandian (car enfin c'était lui)
Pour Gradamor fut un puissant appui.
Soit que soudain cette aimable figure,
Et cette voix, et ce front ingénu,
Eussent dompté le vainqueur prévenu,
Soit bien plutôt la voix de la nature,
Dans sa colère Amadis contenu,
Dès qu'il l'entend, sent un charme inconnu,
Et, déposant son arme vengeresse,
Entre ses bras avec joie il le presse.
« Oui, lui dit-il, enfant aimable et doux,

Je vous remets cette noble victime.
Je l'immolais; mais je puis, grace à vous,
Sauver les jours d'un héros que j'estime. »
Il presse encore en ses bras attendris
Ce bel enfant, plus cher qu'il n'imagine :
Il ne sait pas qu'il embrasse son fils;
Mais il s'en faut peu qu'il ne le devine.

On emportait Gradamor préservé;
Et Grumedan, par Amadis sauvé,
A ce héros adressant la parole,
Disait tout bas : « A ces terribles coups,
Chevalier grec, pardonnez-moi, dans vous
Mon cœur soupçonne un chevalier de Gaule. »
Sans rien répondre, ayant sa main pressé,
A s'éloigner Amadis se condamne,
Sans qu'un avis, sans qu'un mot prononcé
De sa présence avertisse Oriane;
Car la défendre est encor plus pressé.
Il est urgent que dans son île Ferme
Il se retrouve enfin. Il y courait.
Le jour pourtant approchant de son terme,
Vers un châtel il se rend à regret.
A son approche, un nain en sentinelle,
Sitôt qu'il voit que c'est un chevalier,
Pour l'annoncer, du haut d'une tourelle,
Donne du cor : usage singulier,
Mais général, et quelquefois utile,
Qu'ici je veux dire une fois pour mille.
Au son du cor on ouvre promptement.
Là demeurait un honnête géant,
Que l'on peut bien nommer un galant homme.
Ce géant-là (c'est Balan qu'il se nomme)
Remplit très bien près d'Amadis flatté
Le saint devoir de l'hospitalité.
On lui donnait une fête complète,
Quand par malheur ce héros s'est nommé.
Aveu fatal! Balan qui s'est armé,
Paraît soudain à la fin de la fête.
« Seigneur, dit-il, je suis au désespoir,
Je viens remplir un funeste devoir;
L'honneur m'en fait une loi nécessaire.
Mandafabul (c'est le nom de mon père),
Mandafabul, immolé par vos coups,
Me force ici de le venger de vous.
Mais, puisqu'il faut que ce combat s'achève,
Quand vous seriez de moi victorieux,
Des chevaliers rassemblés à vos yeux
Ne craignez rien; et Balan, en ces lieux,
Vous garantit de tout, hors de son glaive. »

Noble Amadis, assez long-temps, en vain,
Tu t'excusas de combattre ton hôte.

Balan insiste, et tous les deux enfin
Pour s'immoler coururent l'épée haute.
On combattit aux lueurs des flambeaux
Qui prolongeaient leurs sinistres lumières :
On aurait dit qu'à l'un de ces rivaux
Ils avançaient les honneurs funéraires.
Fils de Balan, le jeune et fier Bravor
De leurs fureurs considérait l'essor;
Son cœur frémit quand son œil examine.
Dieu! de son père il voit le sang couler!
D'un coup terrible atteint à la poitrine,
Balan recule, et paraît chanceler.
Sans redoubler de sa terrible lance,
Humain encor, le noble chevalier,
L'étourdissant de son lourd bouclier,
Le fait enfin tomber sans connaissance.
A cet aspect, ne se contenant plus,
Bravor accourt pour emporter son père.
Mais de Balan, les serviteurs déçus
N'ont écouté qu'une aveugle colère :
Contre Amadis ils sont tous accourus;
Aucun flambeau n'offre plus sa lumière;
Et le héros, qu'entourait maint poignard,
Ne se pouvant défendre qu'au hasard,
Allait tomber sous quelque main vulgaire.

Pendant ce temps, Bravor se désespère,
Et tout entier à sa douleur amère,
Il fait soigner son père évanoui.
Au bruit enfin Balan revient à lui;
Oh! qui pourrait vous peindre sa colère!
« Fils criminel, dit-il, tu me réponds
De ce forfait et de ces trahisons.
Quand tu devais toi-même le défendre...! »
Bravor déjà ne pouvait plus l'entendre.
Se réveillant, dès que Balan revit,
Il s'aperçoit du crime, il en frémit.
Il court, il vole. A sa voix tout s'éclaire;
Et, réprimant les assassins punis,
Il a jeté sanglans sur la poussière
Deux forcenés qui pressaient Amadis.

Il s'excusait, lorsque, de par son père,
Quatre écuyers le viennent arrêter.
Bientôt après, le vainqueur qu'on révère,
Par un cinquième est prié de monter
Chez le géant; il cède à la prière,
Et croit devoir à Balan ces égards;
Dieu! quel spectacle a frappé ses regards!

Balan aux yeux offre sa plaie ouverte,
Que de ses mains lui-même a découverte;
Sur son séant à peine il s'est levé;
De son sang noir son lit est abreuvé.

CHANT TREIZIÈME.

Son fils Bravor, qu'un fort lien resserre,
Est à genoux, sans haubert, sans cimier,
Offrant sa tête à l'homicide acier;
Et de tous deux et l'épouse et la mère
Au pied du lit étouffe ses douleurs,
Et cache aux yeux ses yeux mouillés de pleurs.
« Viens, Amadis, apprends à me connaître;
Viens. Venge-toi, venge-moi sur le traître
Par qui j'ai vu mon honneur profané.
Va, fais tomber sa tête en ma présence;
Puis sur moi-même achève ta vengeance :
Voici l'état où tu m'as épargné. »

Balan a dit : une offre si sublime
Devait toucher un vainqueur magnanime;
Et, s'élançant, Amadis éperdu,
Crie à Balan : « C'est toi qui m'as vaincu. »
Il lui présente, il embrasse, il délie
Bravor ému : « Reçois, dit-il, sa vie,
Et sois propice au désir d'Amadis :
Je t'ai frappé d'une douleur amère
Dans les hasards des combats ennemis;
Pour le pardon que je donne à ton fils,
Pardonne-moi le destin de ton père.
—Dieu! dit Balan, quand à ce noble excès
A notre égard vous poussez l'indulgence,
Je ne puis plus penser qu'à vos bienfaits,
Je ne sens plus que ma reconnaissance.
Que faites-vous? quoi! héros sans pareil,
Vous remettez vous-même l'appareil! »
Effort touchant! d'un soin pieux et rare,
Amadis calme et lui-même répare
Le mal qu'a fait son homicide acier.
Tel fut Achille en même circonstance;
Mais de son temps ce n'était que la lance
Qui guérissait : ici c'est le guerrier.

Du fier Balan, de sa femme vieillie,
Que l'ame était doucement attendrie!
Soudain Bravor, à leurs regards surpris,
Vient se jeter aux genoux d'Amadis.
« De vous, dit-il, je requiers une grace.
Je ne vois pas près de vous d'écuyer :
Accordez-moi près de vous cette place.
—Écuyer, vous! vous dont l'illustre race
A tant de droits! vous, déjà chevalier!
Onc chevalier ne devint écuyer.
—Je le sais bien, lui répond le jeune homme.
Je sais aussi de quel nom l'on vous nomme.
A vos côtés laissez-moi m'essayer.
Près d'un héros que l'univers contemple
On peut braver l'usage général :
Un pareil trait avant nous sans exemple,
Peut avoir lieu près d'un preux sans égal. »

« Venez, mon fils, que Balan vous embrasse,
Dit le géant. Mon cœur vous applaudit,
Et par ce vœu votre faute s'efface. »
Il fallut bien qu'Amadis se rendit
A la demande; et Bravor le suivit.
Il vit enfin les bords de l'île Ferme
Qu'il avait fuis depuis un trop long terme.
Là, ses amis, chaque mois, chaque jour,
Impatiens, attendaient son retour.
On s'alarmait; sur de lointaines terres
On le croyait égaré pour toujours.
Il vient enfin : il embrasse ses frères;
Il les rassemble, et leur tient ce discours.

« Vaillans amis, que l'univers estime,
Au même but constamment animés,
Nous avons tous d'un effort magnanime,
En vingt pays sauvé les opprimés;
Et maintenant c'est moi que l'on opprime.
Je ne puis plus vous le dissimuler,
D'un tendre feu mon cœur se sent brûler.
Un noble objet, la divine Oriane,
A tous mes vœux. Mais son père Lisvard,
Ingrat peut-être envers moi, sans égard,
Au désespoir à jamais me condamne.
Il veut donner à sa fille un Romain.
Quel fruit amer de mes soins je recueille!
Je ne dis pas qu'Oriane m'accueille;
Mais je suis sûr qu'elle abhorre Patin.
Permettrez-vous ces rigueurs insensées?
O mes amis, dites : souffrirez-vous
Qu'une Beauté, dame de mes pensées,
Contre ses vœux reçoive un autre époux?... »
On l'interrompt, on l'embrasse, on s'écrie :
« Pour elle et vous nous donnons notre vie.
Vive Oriane et le grand Amadis ! »
Mais, tout à coup interrompant ces cris,
Lowismoud vient, pâle; et sa voix troublée
Par ce discours interdit l'assemblée :

« O rage! ô crime! ô mes nobles amis,
Venez sauver ou venger Amadis!
De ce héros soupçonnant la présence
Dans le tournoi, Lisvard avec Patin,
Prétend hâter sa funeste alliance.
Sa fille, en pleurs, l'a prié, mais en vain.
Guilain aussi, malgré qu'il ait pu faire,
N'a ramené ni le roi, ni le père.
Lui-même, en vain, Galaor accourant,
Pour Oriane et pour un frère absent
A fait parler la raison, la tendresse.

Voyant Lisvard braver avec rudesse
Tous ses efforts, ce héros indigné,
Pour rester neutre au moins, s'est éloigné.
Pour Oriane, en sa douleur cruelle,
Tout est perdu; car Salluste demain,
De ces climats s'éloignant avec elle,
Va la mener à l'empereur Patin.
— Demain! ô ciel! — Oui, Lisvard et Salluste,
Pour nos malheurs ont calculé trop juste.
Salluste là, montrant l'orgueil romain,
Vint escorté d'une flotte innombrable;
Pour l'arrêter, nous voudrions en vain
En assembler une aussi redoutable,
A temps du moins : par l'avis de Lisvard,
Cet envoyé veut hâter son départ,
Et ses vaisseaux fendant la mer immense,
Vont emporter toute notre espérance. »

« Il s'est trompé, crie alors Amadis.
Quoi! savons-nous compter nos ennemis?
Fussé-je seul, dans l'ardeur qui m'anime,
J'irais encore, attaquant les Romains,
Leur disputer une telle victime.
Peu de vaisseaux serviront nos desseins :
Hé bien! qu'importe à gens tels que nous sommes?
Il s'agit moins des vaisseaux que des hommes.
Des chevaliers l'élite brille ici ;
Je vous contemple; et nous saurons, je gage,
Forcer Salluste à nous crier merci :
Pour lui le nombre, et pour nous le courage! »

On put armer seulement vingt vaisseaux ;
Mais ils étaient montés par des héros.
Salluste, au loin, sur la liquide plage,
En montrait cent, et même davantage.
Il ne songeait nullement aux combats,
Alors qu'il vit quelques voiles légères
Venir braver la forêt de ses mâts.
« Mes ennemis sont des fous téméraires,
Dit ce Romain : ils cherchent le trépas. »
Des assaillans l'ardeur les justifie.
Non, il ne fut jamais tant de furie :
Là, Florestan, Quedragant, d'Estravaux,
Enil encore, et d'autres que j'oublie,
Brillent, de gloire et d'audace rivaux.
En vain armé d'orgueil et de courage,
Par Lowismond Salluste a fait naufrage,
Et de ses jours voit le terme fatal.
Mais Amadis qui donna le signal,
Plus animé qu'il ne fut de sa vie,
Vole tout droit au navire amiral
Qui renfermait son amante chérie.
C'est là qu'il court braver mille trépas.

Parmi les traits et les feux qu'on lui lance,
Prescrivant bien qu'on ne réponde pas,
Il s'en approche avec impatience,
Et le premier il y porte ses pas.
De coups pressés quelle horrible tempête!
Atteint au bras, il frappe mieux encor.
Un coup mortel qui tombait sur sa tête
Est détourné par le fer de Bravor.
Son fier courroux n'en a que plus d'essor.
La mort par lui sur le navire plane.
Son bras terrible, aux Romains est fatal;
Et, renversant leur superbe amiral,
« Meurs, lui dit-il, ou bien livre Oriane. »
Lors celui-ci, qui tremble à ses genoux,
Montre une porte, où de nombreux verroux
Et trente clés qu'on tournait avec peine,
De Gordius formaient un peu la chaîne.
Mais Amadis pour qui le temps est long,
A d'Alexandre employé la façon :
Impatient, de sa terrible hache
Notre héros frappe, redouble, arrache.
Lorsqu'elle entend ces coups multipliés,
De quelle crainte Oriane est saisie!...
De quel plaisir Oriane est ravie,
Quand le vainqueur, qui voyait à ses pieds
Tomber, mourir cent rivaux foudroyés,
Vient s'incliner aux pieds de son amie.

CHANT QUATORZIÈME.

Fureur de Lisvard.—Grands armemens.—Cour d'amour.—
Sermon et danger d'Oriane.—Nouveau complot de Métie.—
Trois armées en présence.—Nascian près d'Oriane.—Grande
bataille.—Grand secret révélé.—Bonne idée d'Esplandian.
Péril de Lisvard.—Lisvard embrasse Amadis.

Lorsque je vois cette belle verdure,
Ces bois, ces eaux, ces moissons et ces fleurs,
Je dis souvent : Tout rit dans la nature ;
Et l'homme seul, hélas! verse des pleurs.
L'homme est un roi qui, comme beaucoup d'autres,
De son royaume est le plus malheureux.
Combien de torts! que de jours douloureux!
Que de regrets pour vous ou pour les vôtres!
Moi-même ici, moi-même, qui vous plains,
Homme, j'ai part aux malheurs des humains.
J'ai ressenti plus d'une peine amère,
Et je subis cette commune loi;
Mais je voudrais égayer vous et moi,
Ou tout au moins je voudrais nous distraire.
Vous, dont mon chant interrompt les douleurs,
Moins qu'on ne croit mon projet est frivole :
Si ma gaîté suspend un peu vos pleurs,

CHANT QUATORZIÈME.

Vous aimerez l'ami qui vous console.

   Le roi Lisvard, de regrets accablé,
Eut grand besoin de se voir consolé,
Et d'autant plus que ce prince lui-même
Était l'auteur de sa douleur extrême.
Je sais très bien que toujours sur leur choix
On ne peut pas consulter les princesses :
Je sais très bien que l'intérêt des rois
Se prête mal à ces délicatesses :
Mais quelquefois on pourrait cependant
Goûter leur choix, quand il est excellent.
Lisvard avait double tort, ce me semble ;
Car Amadis, né parmi les grandeurs,
Et roi futur en Gaule et même ailleurs,
De plus héros sous qui tout plie et tremble,
Vaut tous les rois et tous les empereurs.
Souvent il sut, par sa valeur suprême,
Servir, aider, sauver Lisvard lui-même.
Par ses vertus se faisant remarquer,
Lisvard avait l'âme juste, héroïque,
Et sa fureur a peine à s'expliquer ;
Il faut pourtant, amis, que je l'explique :

   Autant alors, des héros, des vertus,
La fée Urgande en tous lieux fut l'amie,
Autant, au moins, la sorcière Mélye
A mal agir mit des soins assidus.
Bonne et décente, Urgande était chrétienne ;
Esprit méchant, Mélye était païenne.
Chaque sabbat augmentant en savoir,
D'Urgande même effaçant le pouvoir,
Depuis long-temps, vers les murs de Byzance,
Elle guidait, d'un zèle peu commun,
Des Sarrasins la force et la vaillance ;
(Car Sarrasins et païens, c'est tout un) :
C'était son but, sa plus chère espérance ;
Et, sentant bien qu'en des projets si beaux,
A ses païens, l'Angleterre et la France
Opposeraient de terribles héros,
A les détruire elle usait sa puissance.
Depuis un temps elle avait avec art
Su pénétrer dans le cœur de Lisvard.
Sans le savoir, inspiré par Mélye,
Comme tel roi l'est par tel conseiller
Qui bien souvent encor n'est pas sorcier,
Lisvard semblait en proie à la folie.
Arcalaüs dix fois a dû la vie
A la sorcière : au terrible Amadis
Elle a partout cherché des ennemis :
C'est elle enfin qui doubla la furie
Du roi Lisvard, instruit que les Romains
De leur orgueil avaient trouvé le terme,

Et qu'Amadis, dérangeant ses desseins,
Avait conduit sa fille à l'île Ferme.

   Lisvard s'indigne, et son orgueil vengeur
Prétend détruire et le héros et l'île.
Pour cet exploit, peut-être difficile,
Tous ses vassaux vont suivre leur seigneur.
Non par effroi, mais par délicatesse,
Au roi Lisvard Amadis cependant
A fait offrir de rendre la princesse,
Que ce héros caresse en attendant.
Il demandait seulement qu'Oriane,
Ne formant pas une chaîne profane,
Ne pût jamais à l'empereur Patin
Sans son aveu voir accorder sa main.
Frivole espoir ! par Lisvard, qui s'emporte,
Les députés sont reçus à peu près
Comme les gens que l'on met à la porte,
Et ce monarque a doublé ses apprêts.
Amadis sent qu'il devient nécessaire
D'en faire autant. A Périon son père,
De l'île Ferme il mande le danger ;
Et Périon, prompt à le protéger,
Donne aux Gaulois le signal de la guerre.

   Lors Galaor vint visiter son frère.
« Je suis, dit-il, chevalier de Lisvard :
A vos débats je ne peux prendre part.
J'en ai regret. Car, j'en conviens sans peine,
Lisvard a tort. Je ne sais qui le mène ;
Mais rien ne peut égaler son orgueil.
Hélas ! des rois c'est l'ordinaire écueil,
Et puissions-nous un jour, si nous le sommes,
Nous souvenir (d'être, je ne dis pas)
Mais tout au moins d'avoir été des hommes !
Ce sera beau. Mon frère, je suis las
De ce délire. A moins qu'il ne varie,
Un de ces jours je fonderai, je crois,
Un hôpital pour la tête des rois
Que fait tourner la lâche flatterie. »

   Il n'en est plus de même maintenant,
Et Galaor serait bien plus content.
Il lui tardait de revoir son amie ;
Car il aimait au fond Briolanie.
Mais Amadis dit, retenant ses pas :
« Reste avec nous jusqu'au jour des combats.
J'ai dans ces lieux mainte femme jolie ;
Et puis, voulant distraire mon amie,
Je vais donner des fêtes. Ta gaîté
Rendra plus doux l'hommage à sa beauté. »
Galaor reste, et mène douce vie :
Il se plaisait à fléchir les rigueurs

Que lui montraient les jeunes insulaires,
Et d'Amadis suivait peu les manières,
Tout en l'aimant et l'admirant d'ailleurs.
Comme Amadis, plus grave que son frère,
Sur la décence était assez sévère,
On appela *manches à l'Amadis*
Manches couvrant des bras ronds et polis.
Mais Galaor prit une autre méthode,
Et sut donner une seconde mode.
Ce beau guerrier, très libertin encor,
Aimait beaucoup les peaux fraîches et blanches.
Si l'on n'a dit *manche à la Galaor*,
C'est qu'avec zèle il proscrivait les manches.

Vous ai-je dit qu'en ce combat si vif,
(Grièvement blessé presque la veille)
Don Gradamor s'était trouvé captif,
Et qu'Amadis le traitait à merveille?
Du sort lui-même Amadis bien traité,
A su la vie, enfin, tout le mystère
D'Esplandian près de Lisvard resté,
Au grand regret de madame sa mère.
Mais vainement il la fête, enchanté;
Car celle-ci, qu'avaient très bien reçue
L'*arc*, les *perrons*, la *chambre défendue*,
Était absente et d'un père et d'un fils,
Et s'affligeait même auprès d'Amadis
Qui l'éloignait de tout regret funeste
Matin et soir : je ne sais rien du reste.
Des troubadours vinrent sur les amours.
Chanter des airs qu'ils ne variaient guères.
Vous êtes longs, couplets des troubadours :
J'aime bien mieux les récits des trouvères.
Voilà pourtant que les dames, un jour,
Des troubadours empruntant les manières,
Vont se former *en cour* dite *d'amour*.
Là *des docteurs en la science tendre*
Trouvent sur tout à louer, à reprendre.
Là, sans appel, on porte des arrêts
Sur les jaloux et sur les indiscrets.
On rend justice aux amoureux, aux Belles ;
On les rapproche. Arrêté qu'on aura
De la bonté pour les amans fidèles ;
Et l'on résout qu'un jour Dieu damnera
Les cœurs ingrats et les Beautés cruelles.

Les troubadours, voulant qu'on leur sourît,
Lors, pour changer, donnèrent des *sirventes;*
Mais on trouva qu'avec trop peu d'esprit,
Elles étaient, la plupart, trop méchantes.
On aimait mieux l'ennui de leurs chansons.
Mais on goûta quelquefois leurs *tensons*,
Où de l'amour ils pesaient la morale.

A leur exemple, à des discussions
La cour livra certaines questions,
Où, disait-on, la vertu se signale,
Mais où pourtant (les prenant de travers)
Il se pourrait que, nous autres pervers,
Eussions le tort de trouver du scandale.
Sur mille traits je n'en citerai qu'un
Qui paraîtra peut-être peu commun ;
La question est fort originale :
« Qu'aimez-vous mieux, d'amour ayant prié,
» Par un présent l'autre devant s'exclure,
» Et ne pouvant être heureux qu'à moitié,
» Régner dessus ou dessous la ceinture? »

Lors Amadis s'écrie avec chaleur :
« Ah ! qui n'est pas pour le côté du cœur !
C'est là surtout que les amans aspirent. »
Avec transport les dames applaudirent.
Don Galaor, parlant d'un autre ton,
Dit : « Sûrement des dames tout est bon ;
Mais cependant toujours je me figure
Qu'il faut choisir la route la plus sûre.
Or, donnez-moi, dans les plus courtes nuits,
Ce qui n'est rien pour mon frère Amadis ;
Et, me dût-on trouver trop peu modeste,
J'ose gager qu'on me donne le reste.
Je m'en rapporte aux juges que voici. »
En se voyant interpeler ainsi,
Que le beau sexe éprouva de surprise !
La cour ayant long-temps délibéré,
On ne dit rien, et, tout considéré,
La question fut laissée indécise.

Le lendemain Oriane, un moment,
Voulut prêcher quelque peu son beau-frère.
Se trouvant seule avec lui justement,
Elle lui dit d'une voix peu sévère :
« Cher Galaor, votre ton, votre esprit,
Tout plaît en vous ; vous êtes fort aimable ;
Vous l'êtes tant que, souvent je l'ai dit,
Vous méritez d'être plus raisonnable.
Oh ! c'est alors que vous seriez parfait. »
Et sur ce ton Oriane prêchait
Avec sagesse alliée à la grace.
« Oui, répondit Galaor, en effet
J'ai de grands torts, et comprends qu'on s'en lasse.
Ma noble sœur, cependant jugez-moi :
Qu'une Beauté telle que je vous vois
Même moins bien, présente à ma pensée,
A mon regard, un visage enchanteur,
Un pied mignon, une taille élancée,
Des yeux touchans qui vont jusqu'à mon cœur ;
Convenez-en, le tort épouvantable

CHANT QUATORZIÈME.

De la chérir, de fléchir sa rigueur,
De tous les torts est le plus excusable.
Vous souriez; vous plaignez mon erreur.
Est-ce ma faute encor si mon malheur,
Le lendemain, à mes regards présente
Une Beauté nouvelle et différente ;
Si malgré moi ranimant mes désirs
D'autres attraits m'offrent d'autres plaisirs?
Cette raison vous rend plus sérieuse.
Oui, j'en conviens, l'inconstance est affreuse.
Du changement évitant le danger,
A tout jamais je prétends me ranger.
Non sans motif votre esprit me condamne,
Mais, équitable, excusez-moi pourtant :
Il est aisé d'être toujours constant
Alors qu'on est aimé d'une Oriane. »
Elle rougit, et lui, dans cet instant
Serre sa main d'une main très profane.

Les gens savans, à qui fut découvert
Tout l'art charmant des Pétrarques, des Laures,
L'ont remarqué : l'amour est un concert.
L'homme, la femme, instrumens très sonores,
Vibrent souvent ; l'amour a de grands droits
Quand, par hasard, ils vibrent à la fois.
Se trouvant là sans mauvaise pensée,
Galaor calme, Oriane sensée,
En ce moment ont vibré tous les deux;
Et tous les deux, émus de compagnie,
Sont en accord et même en harmonie.
Surprise alors d'un baiser hasardeux,
La dame tremble et veut être en colère.
On ne peut pas, je le dis, je le doi,
Résister mieux et de meilleure foi.
Peut-être il eût été trop téméraire,
Elle trop faible, et j'en ai quelque effroi.
Mais d'Amadis le souvenir fidèle,
Bien à propos au devoir le rappelle ;
Et quand auprès d'un objet plein d'appas,
Il le sentait chanceler dans ses bras,
Quand à la fin la Belle encor plus belle,
Peut-être allait céder en dépit d'elle,
Le frère amant, soumis à son aspect,
De cette lutte abjura l'avantage,
Et, lui baisant la main avec respect,
Avec regret il lui dit : « Quel dommage ! »
Ce dénoûment, que j'aime beaucoup plus
Pour Amadis, pour Galaor lui-même,
Fit bien sentir aux deux acteurs émus
Jusqu'à quel point leur danger fut extrême ;
Et tous les deux, plus prudens désormais,
De ce moment ne parlèrent jamais.
Tous deux, d'ailleurs, sortis d'un tel orage,

Au fond du cœur s'estimaient davantage.
Ne craignez pas qu'Oriane ait encor
Aucun désir de prêcher Galaor.
Pour Amadis, Oriane en son ame
Garda toujours son amour vertueux.
Si quelque instant elle encourut le blâme,
Si quelque trouble obscurcit ses beaux yeux,
Excusons-la : rare est l'honnête femme
Qui n'a pas eu son moment périlleux.

Et cependant, par d'heureux artifices,
Trompant le temps en ce brillant pays,
Les bateleurs, les histoires d'esprits,
Aux troubadours unissaient leurs délices.
Tous ces plaisirs, si chers à nos aïeux,
Et qui pourtant, si nous osons le dire,
Ne valent pas Andromaque et Zaïre,
N'empêchaient point des apprêts sérieux.
Car le Français en tous temps, en tous lieux,
Sut à la fois aimer, combattre et rire.
De son côté Lisvard brûlant d'agir,
Par cent moyens augmentait son armée.
De ces débats Mélye était charmée ;
Car elle avait l'espoir de s'en servir.
Arcalaüs, qu'inspire la sorcière,
S'en va trouver Aravigne, et lui dit :
« Roi, si le sort naguère vous trahit,
Vos ennemis vont se faire la guerre.
Armez bien vite, et les suivant de loin,
Apprêtez-vous à paraître au besoin;
Car vous pourrez, si je sais m'y connaître,
Quand par leur choc ils seront affaiblis,
Accabler l'un, et tous les deux peut-être. »
D'Arcalaüs ce roi goûta l'avis ;
Et quand, déjà sortis de l'île Ferme,
De ces débats voulant hâter le terme,
Dans leur ardeur Périon, Amadis,
Allaient charger Patin, Lisvard, unis;
Sur les hauteurs dont la côte est semée,
On aperçut une troisième armée.

Assez long-temps entre les deux partis
Comme Aravigne eut l'air d'être indécis,
Les deux partis mirent des soins extrêmes
A l'observer, en s'observant eux-mêmes.
Il en advint qu'on se battit plus tard.
Pendant ce temps, le bruit de cette guerre
Parvint enfin au rocher solitaire
Où Nascian, cet illustre vieillard,
Offrait à Dieu sa veille et sa prière.
Sans plus tarder, voilà qu'il entreprend
De terminer cette lutte funeste.
Vers l'île Ferme aussitôt il se rend,

Pressant un peu sa monture modeste ;
Ce n'était pas un cheval. On admet
Chez Oriane, éplorée et tremblante,
Le saint vieillard, qui d'abord dit tout net :
« Il faut enfin, ô princesse imprudente !
De votre hymen révéler le secret.
— De tant de maux étant la triste cause,
Je le voudrais, dit-elle ; mais je n'ose.
— Permettez-moi de le dire pour vous ?... »

Et cependant, roi perfide et jaloux,
Sire Aravigne, enfoncé dans la plaine,
Laisse aux rivaux une plus vaste arène.
Ce fut alors que l'empereur Patin,
Voulant venger l'honneur du nom romain,
Contre Amadis exprima la menace,
Et, d'un cartel, provoqua son audace.
Soit qu'il eût fait d'insidieux complots,
Soit que ses gens, servant mal sa querelle,
Devinssent vils par un excès de zèle,
Voilà soudain que trente javelots,
N'attendant pas que la lutte commence,
Ont abattu le coursier d'Amadis ;
Un escadron de vingt guerriers unis,
Contre Amadis en même temps s'élance.
Heureusement que le roi Gandalin,
Vers Amadis accouru de la Grèce,
N'était pas loin. Veillant à son destin,
Il court à lui de toute sa vitesse.
Ce noble ami si bien récompensé,
D'un cœur ardent, d'un bras chevaleresque,
Joint Amadis qui fléchit, renversé
Par le poitrail d'un cheval gigantesque.
Hors Amadis, il a tout oublié.
Il le reçoit, le soutient, le remonte
Sur son cheval, et le défend à pié.
Le rejoignant, d'une main sûre et prompte,
Bravor, Énil, Lowismond, Quedragant,
Et d'Estravaux, et surtout Florestan,
A ces Romains font expier leur honte.
Pour les venger d'autres sont arrivés ;
Sous ses drapeaux chaque guerrier se range ;
Tout est en feu, tous les fers sont levés,
Et le duel en bataille se change.

Or, vous saurez que le grand Amadis,
Bien qu'il n'eût point, dans les combats, de maître,
A Périon avait dit : Je veux être
Votre soldat ainsi que votre fils.
De Périon la gloire fut très ample.
Il donna l'ordre aussi bien que l'exemple :
Mais il avait de vaillans ennemis,
Et le combat fut long-temps indécis.

Que de trépas ! Telle, en nos champs fertiles,
Sans s'arrêter, la faux du moissonneur
Abat, sous l'œil de l'heureux possesseur,
Les rangs d'épis qui nourriront nos villes.
Mais, qu'ai-je dit ! folle comparaison !
De ces travaux, ah ! qu'un combat diffère ;
Ici, la Mort est le propriétaire,
Et les humains, hélas ! sont la moisson.
Dans cette mer qui s'agite et qui roule,
Qui verrait tout ! Que de détails j'omets !
Combien d'exploits se cachent dans la foule,
Que les humains ne vanteront jamais !
Oui ; mais aussi, dans ces sanglans orages,
Bien des guerriers n'ont qu'un élan trompeur.
Que d'exploits vrais naissent de faux courages !
Que de héros n'osent pas avoir peur !

Les chevaliers, victimes glorieuses,
Multipliaient leurs charges furieuses.
Dans un des chocs, l'intrépide Lisvard,
De Lowismond vint frapper le regard.
De Lowismond la rage est sans seconde.
« Te voilà donc, roi perfide et cruel,
Le plus ingrat qui fut jamais au monde !
Tu vois en moi ton ennemi mortel. »
Avec fureur ces rivaux, qui frémissent,
Se sont chargés. Trompés dans leur effort,
Ne se pouvant percer, ils se saisissent.
Ils ne pensaient qu'à se donner la mort,
Quand Amadis, qui, malgré sa colère,
De sa maîtresse honore encor le père,
Veut l'arracher au péril qu'il prévoit ;
Et, supposant, par un prétexte adroit,
Que pour lutter cette place est peu sûre,
A rappelé Lowismond, qui murmure.
Cet Ecossais, semant ailleurs l'effroi,
Loin de Lisvard va signaler sa rage.
Sur les sujets il se venge du roi,
Comme en ce temps c'était déjà l'usage.
De Florestan je peindrais mal l'ardeur,
Incessamment au carnage occupée.
Mais Amadis, encor plus destructeur,
Faisait briller sa bonne et *verte épée*,
Quand d'allégresse il jette un cri soudain :
Dans la mêlée il distingue Patin
Qui signalait sa valeur assez mince.
Couvert de fer, Patin n'en est pas mieux.
Amadis porte un coup prodigieux,
Et d'un revers il coupe en deux ce prince.

A cet aspect, les Romains éperdus
N'écoutent rien, et ne résistent plus.
C'est vainement que Lisvard les arrête ;

CHANT QUATORZIÈME.

Les gens de Rome ont tous perdu la tête.
Ils n'osent plus regarder Amadis ;
Et les Anglais, que leur fuite a trahis,
Sont obligés de hâter la retraite.

Par la fureur Lowismond emporté
Voyait Lisvard et voulait le poursuivre ;
Mais par l'amour Amadis arrêté,
Dit : « La nuit vient, et dans l'obscurité
A trop d'ardeur il ne faut qu'on se livre. »
A son désir Lowismond qui répond,
Du roi Lisvard ne peut suivre la trace.
« Ah ! mon cousin, s'écriait Lowismond,
A cet ingrat ferez-vous toujours grace ? »

Mais, s'irritant de son propre malheur,
Lisvard ne sent qu'un amour de vengeance ;
Et ce monarque est trop à la fureur
Pour être ému par la reconnaissance.
Dressant son camp tout près de l'ennemi,
Prêt à mourir, d'un courage affermi
Il réunit, il exhorte, il ranime
Des vieux Romains les descendans moins fiers.
Il les exhorte à braver un revers,
A regagner enfin leur propre estime :
Il en dit tant, qu'échauffant leur valeur,
A bien venger leur défunt empereur,
Il leur inspire une ardeur assez franche.
On se ranime, et les Anglo-Romains
Ont tous juré que, servant ses desseins,
Le lendemain ils prendront leur revanche.

Ce fut alors que le bon Nascian
Vint vers Lisvard en quittant Oriane.
Malgré la guerre et maint soldat profane,
Le Seigneur Dieu, qui protégeait son plan
Gardait, du ciel, ce vieillard et son âne.
Le roi Lisvard, qui le reçut fort bien,
L'ayant admis seul à seul dans sa tente,
Le sage ermite eut un long entretien...
La chose à dire était embarrassante.
Avec du temps enfin le saint vieillard
Du grand secret sut instruire Lisvard.
Des deux amans l'imprudente alliance
D'Esplandian le rang et la naissance,
Ce saint dit tout ; et Lisvard, confondu,
Après long-temps n'avait rien répondu,
Et la colère et la douce indulgence,
Et le dépit et la reconnaissance,
Se disputaient dans son cœur combattu.
Le bon ermite, au nom de la vertu,
Vers la douceur inclinait la balance ;
Mais je crois bien que l'orgueil irrité

L'allait pencher enfin de son côté,
Quand, par bonheur, Esplandian s'avance.
Devers Lisvard Brisène l'envoyait.
A cet aspect, plein d'un trouble secret,
Sans le vouloir, Lisvard contemple, embrasse
Son petit-fils, plein de charme et de grace.
Par Nascian le moment est saisi ;
Lisvard lui dit : « Sans perdre ma colère,
Je vais penser à ce que je dois faire. »
En attendant, ce prince radouci
Déjà consent à suspendre la guerre.
Des députés vont avec Nascian
Vers Périon ; Lisvard, que persuade
L'ermite saint, permet qu'Esplandian
Suive ses pas et soit de l'ambassade.

Instruit de tout par sa mie, Amadis
Avec transport revit son jeune fils.
Lisvard, fidèle à sa fierté première,
Quoique vaincu, s'exprimait en vainqueur,
Et demandait plus qu'on ne pouvait faire.
On répondit avec calme et douceur ;
On invoqua, pour discuter ces clauses,
La main du Temps qui guérit tant de choses.
En attendant d'autres conventions
Qui n'étaient pas sans doute aussi faciles,
On arrêta que les deux nations
S'éloigneraient chacune de cinq milles.
Vers l'île Ferme Amadis recula ;
Le roi Lisvard marcha vers Lubanie
Sans beaucoup d'ordre. Il eut tort : c'était là
Que l'attendaient Aravigne et Mélye.

Pendant leur choc, Périon et Lisvard
Se défiaient du perfide Aravigne ;
Chacun des siens réservant une part,
Avait mis ordre à sa malice insigne.
Mais quand Lisvard, en vertu de l'accord,
Vers la cité qu'on nommait Lubanie,
Fit retirer son armée affaiblie,
Arcalaüs dit : « Faisons un effort. »
De ce projet Aravigne est d'accord ;
La force va servir la perfidie.
Mais, grace au sort qui déjà le servait,
Esplandian vers Lisvard revenait.
Il voit de loin marcher vers les campagnes
De Lubanie, et franchir les montagnes,
Des corps armés, ne portant l'étendard
De Périon, ni celui de Lisvard.
Lors cet enfant, moins jeune que son âge,
Devine tout, revient vers Amadis
Comme un oiseau, du fait lui donne avis,
Le suppliant d'employer son courage

A déjouer ces perfides projets,
A secourir Lisvard et les Anglais.
Goûtant beaucoup cet avis salutaire,
Entre ses bras Amadis lève et serre
Son jeune fils, puis sans perdre un instant,
Vers Périon envoyant un message,
Il part, suivi de son cher Florestan,
De Lowismond, d'Énil, de Quedragant,
De cent guerriers, dont plus d'un en vaut cent.
Mais il n'en peut emmener davantage.
De Périon les soldats se pressant,
Sont plus nombreux, mais vont plus lentement.
Ils étaient loin lorsque, dans sa furie,
Par un détour Amadis accourant,
Avec les siens entrait dans Lubanie.

Il était temps; car, attaqué soudain
Par une armée et nombreuse et nouvelle,
Le roi Lisvard dans Lubanie en vain
Avait voulu soutenir la querelle.
De ses guerriers une part n'était plus;
Les survivans, entourés, abattus,
Perdaient l'espoir de défendre leur vie.
Du haut des airs, la sorcière Mélye
Sur les Anglais versait l'enchantement
Et le fléau du découragement.
C'en était fait, quand Amadis, qui vole,
Paraît enfin avec ses chevaliers,
Et, d'Aravigne abattant vingt guerriers,
Les trouble tous en criant : « Gaule ! Gaule !
—De par le ciel et de par Amadis,
Ranimons-nous, donnons, ô mes amis, »
Dit, relevant sa sanglante bannière,
L'antique preux qu'on nommait Grumedan.
A ce signal, Guilan et Cildadan
Ont déployé leur audace première;
Et des guerriers ont mordu la poussière.
A ce succès, tous, excepté Guilan,
Jettent des cris d'allégresse guerrière.
Lors Aravigne aperçoit celui-ci,
Morne, muet, tranquille en cette scène;
Et pour l'abattre il l'a d'abord choisi,
Se flattant bien de l'abattre sans peine.
Mais ce muet d'une étrange façon
Répond si bien à coups d'estramaçon,
Que six guerriers qu'Arcalaüs lui lance,
Se réservant par excès de prudence,
Sont déjà morts; Arcalaüs a fui
Un tel guerrier, disant pour sa défense :
« Maudit muet ! son fer parle pour lui. »

Mais ces efforts, ceux de Lisvard lui-même,
N'auraient pas pu, dans ce péril extrême,

Sauver Lisvard d'ennemis entouré
Et soutenant un choc désespéré.
Leur secours vient, mais il n'arrive guere;
Car Amadis, de ses vaillans Anglais,
Est séparé par une armée entière.
A chaque instant, par d'étonnans hauts faits,
Il affaiblit cette immense barrière.
Que ses amis firent de beaux exploits !
D'une autre part, suivi de ses Gaulois,
Périon vient, en ces momens suprêmes,
Aider son fils et Lisvard à la fois.
La scène change, et, sans espoir, sans voix,
Les assaillans sont entourés eux-mêmes.
Plusieurs d'entre eux, ranimant leur ardeur,
Voudraient lutter, et, devant la tempête
Lèvent encor leur courage et leur tête.
Mais Amadis les charge avec fureur ;
Rien ne résiste à son bras... Aravigne,
N'osant mourir, à des fers se résigne.
De ses succès Amadis suit le cours;
Il saisit même un scélérat insigne,
Arcalaüs, l'ennemi de ses jours,
Et vers Lisvard il avançait toujours :
Lisvard le voit, le contemple, l'admire,
Et ramené par ses faits inouïs,
De la colère abjurant le délire,
Lui tend les bras, en lui criant : « Mon fils ! »

A cet aspect, la sorcière Mélye
Sent dans son cœur redoubler la furie.
« Quoi ! constamment ces odieux chrétiens
Écraseront mes amis les païens !
Quoi ! ma fureur vainement échauffée
Ne vaincra pas une petite fée,
Et mes projets seront toujours détruits
Par cette Urgande et son cher Amadis !
Non. Par l'enfer, je promets et je jure
D'avoir raison de cette longue injure.
Cet Amadis, que je poursuis toujours,
De ses périls n'a point fini le cours,
Comme à présent il s'en flatte peut-être.
A mon pouvoir il va me reconnaître;
Et tout l'enfer me prêtant son appui,
Va me venger des chrétiens et de lui. »
Mélye a dit; Mélye espère nuire,
Et, souriant à ce plaisir fatal,
Sur le bâton qui lui sert de cheval,
Vole au sabbat où je vais vous conduire.

CHANT QUINZIÈME.

Sabbat. — Nouveaux dangers. — Combat d'un enfant et d'un vieillard. — Départ pour Byzance. — Audace de Galaor. — Lâcheté des Grecs. — Mort de deux grands rois. — Léonorine promise à Esplandian. — Nouvelle bataille. — Combat d'une fée et d'une sorcière. — Prodiges d'Amadis et de ses frères. — Ils disparaissent.

Au temps jadis on brûlait à feu clair
Tous les sorciers. C'était les imbéciles
Que l'on brûlait, gens qui se donnaient l'air
De savoir l'art; car les sorciers habiles,
Sans doute à prendre étaient plus difficiles;
Et, selon moi, ceux qu'on faisait griller,
Par ce seul mot auraient pu se défendre :
« Évidemment, je ne suis pas sorcier,
Puisque par vous je me suis laissé prendre. »
Combien de gens, qu'on paraît envier,
Ont de l'esprit, dit-on, comme un sorcier,
Et, n'usant pas du don qu'on leur suppose,
Pourraient fort bien dire la même chose!
Combien d'entre eux demeurent en chemin,
Tandis que tels, d'un esprit peu malin,
Trouvent souvent des gens qui les préfèrent !
Par quel secret le cuivre est-il de l'or?
Les vrais sorciers sont les sots qui prospèrent;
Et de ceux-là nous en voyons encor.

Au centre épais d'une forêt immense
Qu'entoure au loin un immense désert,
Le diable va donner son audience;
Ce rendez-vous aux sorciers est offert.
Là, du sabbat doit s'ouvrir la séance.
Dès que, du jour faisant pâlir l'éclat,
La sombre nuit vient occuper sa place;
Dès que la lune, astre utile au sabbat,
A l'univers montre toute sa face;
En se frottant avec soin, et partout,
D'un élixir, du diable adroit ouvrage,
Tous les sorciers ont le droit et le goût
De se frayer dans les airs un passage.
Au lieu marqué les portent sans délai,
Tel un lion, et telle une grenouille;
Tels vont sur ours, taureau, fourche ou quenouille,
Et la plupart, sur un manche à balai.
C'est l'*omnibus* du Sabbat. Les sorcières,
Sorciers en pied, sorciers surnuméraires,
Gagnent ainsi la sombre profondeur
D'une forêt que nos valeureux pères
Ne pouvaient pas regarder sans terreur.

Bientôt, parmi cette forêt qui fume,
Lustre éclatant, un grand foyer s'allume,
Et montre à tous sur un trône élevé
Le seigneur Diable, en personne arrivé.
Assez souvent c'est en bouc qu'on l'admire;
Mais, se faisant moins beau pour cette fois,
Il n'avait pris que des pieds de satyre.
Lors, consacrant un de ses plus beaux droits,
Tous, en tenant un long flambeau de poix,
A reculons viennent lui rendre hommage;
Puis par leurs soins méritant son appui,
Vont l'embrasser, mais non pas devant lui.
Le Diable, accort, se retourne avec grace.
Dans sa faveur désirant une place,
Autour de lui les sorciers se pressaient,
Serrant la queue, alors qu'ils en avaient.
On est ravi quand il veut bien sourire,
Et même alors qu'il daigne ne rien dire.
Les supplians sont toujours satisfaits.
Il fait pourtant fort peu ce qu'on désire;
Mais il promet : c'est un de ses secrets.
Au mal qu'on trame, avec joie il accède.
Selon le lieu tout change un peu de nom :
Ce que chez nous on rappelle poison,
Auprès du diable on l'appelle remède.
Aussi Mélye et son plan destructeur
De Satanas eurent-ils la louange.
Par tel avis, tel maléfice étrange,
On augmenta sa force et son ardeur;
Le Diable enfin la reçut comme un ange.

Vient le banquet, et viennent sans façons,
Des démons *queux*, des démons marmitons,
En mille mets sur une immense table
Dresser, offrir un souper confortable.
La sœur Mélye eut la place d'honneur
A ce festin, près de Satan affable.
L'on y soupa, l'on y but de grand cœur.
Tous les ragoûts n'étaient pas *à la diable*.
Vers le dessert, les esprits s'échauffans,
De toutes parts commencèrent les chants.
Non pas; j'ai tort : lisez les hurlemens.
Certains sorciers firent des sacrifices,
Dont quelques uns inspireraient l'horreur.
On essaya de nouveaux maléfices,
Qui des démons charmèrent la noirceur.
Puis, tout à coup, voilà que tout le monde
Se trouve prêt pour un nouvel ébat;
Et c'est alors que commence la ronde
Qu'on nomme encor *la Ronde du Sabbat*.

Tout aussitôt sortant de leurs tanières,
Tous les sorciers et toutes les sorcières,

Psyllés, lutins, apsyoles, dragons,
Loups et chameaux, vampires et démons,
Particuliers beaux, laids, petits, énormes,
De divers traits, de différentes formes,
Femmes encore au folâtre maintien,
Qu'on damnera, qui damneraient très bien,
Tous, ils se sont, dans l'ardeur qui les flatte,
Donné la main, ou la griffe, ou la patte;
Et sous un chef, mu de soudains transports,
Part comme un trait ce corps de mille corps.
Hors que sur terre et même dans la nue,
Ces enragés vont comme un tourbillon
Que dans l'espace a lancé l'aquilon,
C'est bien le pas, dont la fougue connue
A dans nos bals le nom de *cotillon;*
Ou bien plutôt c'est cette chaîne immense
Qu'à l'Opéra plus ému qu'il ne faut,
Nous avons vu dans sa magnificence,
Et dans sa force, et dans sa violence,
Se dérouler sous le nom de *galop.*
Bien faible image, et d'ailleurs bien flattée!
Car la Beauté, charme de l'univers,
Est rarement et mal représentée
Dans le concours de ces monstres divers.
Et cependant le cercle se replie,
Et se déploie; et doublant de folie,
Va traversant vite et presque à la fois,
Non les cités, mais les champs et les bois.
Sur leur chemin traînant leur flamme bleue,
En un instant, ces gens font une lieue.
C'est mieux encor qu'en un chemin de fer;
Mais vous savez qu'on va vite en enfer.
A leurs regards, dans la nuit clandestine,
Se montre alors une église en ruine,
Abandonnée; et les esprits pervers
S'y sont lancés par les arceaux ouverts.
Usurpateur de cette maison sainte,
Leur tourbillon tourne dans son enceinte
Avec fureur; et les morts réveillés,
Se relevant dans leur dépouille éteinte,
A ces transports se sont associés.
Ciel! et le roi de la bande infernale,
En chappe, en mitre, en crosse épiscopale,
Devant l'autel illuminé soudain,
Semble bénir tout ce bruyant essaim;
Puis il se tourne et dans sa parodie
Par ses vassaux vivement applaudie,
Le diable en chef, s'inclinant à l'autel,
Dit gravement les choses du Missel.
Lors, tout à coup sortant de la mêlée,
Un petit diable, enfant très éveillé,
Derrière lui vient, tombe agenouillé,
Et, soulevant sa parure étalée,

Cet indiscret dévoile à l'assemblée
L'officiant qui n'est pas habillé.
A ce tableau, quelle joie en délire!
Les défunts même ont éclaté de rire.
Pour célébrer cet aspect gracieux
Le cercle tourne encor plus, encor mieux;
Puis, revenant à sa première route,
Hors du saint lieu s'élance par la voûte;
Et les voilà promptement de retour
Où leur seigneur tenait d'abord sa cour.
Nouveau banquet : puis les flambeaux s'éteignent.
Dans les esprits d'autres sentimens règnent;
Et, pour l'instant, ne pensant qu'à s'unir,
Sorciers, démons et sorcières, s'étreignent.
Pour les méchans il est donc du plaisir!
Comme j'ai dit, le Diable, très honnête,
Long-temps avant que la nuit fût complète,
Avait placé Mélye à ses côtés;
La nuit, il eut pour elle des bontés.
Il s'en fallait qu'elle fût la plus belle;
Elle était mieux : c'était la plus nouvelle;
Et l'inconstance est chère à Lucifer.
Oui; croyez-en ma science profonde;
Ce goût nous vient proprement de l'enfer,
Et, comme on sait, a damné bien du monde.

D'un tel accord entre de tels amans,
Qu'arriva-t-il? d'affreux événemens.
Ah! j'en frémis, et ma lyre attendrie,
De ces malheurs n'ose chanter le cours.
Tout allait bien. Oriane chérie
Avait enfin vu bénir ses amours;
Galaor même, avec Briolanie
Par l'hyménée avait lié ses jours,
Tout en disant : « Quoi donc! c'est pour toujours? »
A Lowismond l'aimable Mélicie,
Sœur d'Amadis, enfin était unie,
Et Léonor l'était à Cildadan;
Mabille était l'épouse de Guilan;
Et dans ses bras, tendre à la fois et folle,
Elle avait dit : « Je vous rends la parole. »
Auparavant, Amadis, mon héros,
Fit roi Guilan et fit roi d'Estravaux :
Et chacun d'eux par lui fut jugé digne
De la moitié des états d'Aravigne.
Le roi Lisvard, prié par Amadis,
Avec plaisir les leur avait remis.
Pour Aravigne, ame cruelle et basse,
On l'avait fait tondre et cloîtrer par grace.
Arcalaüs, encore plus pervers,
Par Amadis était chargé de fers.
Nul ennemi ne pouvait qu'avec peine

CHANT QUINZIÈME.

Troubler encor la paix européenne :
Car Gradamor, que Salluste et Patin
Laissaient le chef de l'empire Romain,
Dans Amadis reconnaissait son maître
Et son ami. Florestan n'avait rien ;
Mais il trouvait, et trouvait assez bien,
Qu'il valait mieux faire des rois que l'être.
Enfin, messieurs, tous les honnêtes gens,
Chose assez rare, étaient assez contens :
Soudain Urgande, amenant sa serpente,
Dans les esprits vint jeter l'épouvante.
« Guerriers, espoir de Gaule et d'Albion,
Et vous surtout, enfans de Périon,
Il faut me suivre à Byzance, dit-elle ;
L'honneur le veut, et la foi vous appelle.
Les Sarrasins, armés de toutes parts,
Marchent, guidés, soutenus par Mélye,
Et, si contre eux votre effort ne s'allie,
Ils vont du Christ renverser les remparts. »

A ce discours, Amadis, ses deux frères,
Tous les héros illustrés dans ces guerres
Vont, se plaignant seulement du retard.
Ce fut ainsi qu'on vit, beaucoup plus tard,
L'Europe en feu courir aux mêmes terres.
Ici les fils ont pour rivaux les pères.
Le bon Galvane et le noble Lisvard,
Et Périon, quoi qu'Urgande leur die,
Veulent encore être de la partie.
C'est malheureux pour tant de vrais héros
Qui n'avaient plus qu'à jouir du repos,
Et plus encor malheureux pour moi-même
Qui croyais voir la fin de mon poème :
Il se pourrait que messieurs mes lecteurs
Eussent aussi leur part dans ces malheurs.

Mais le péril est chose trop urgente
Pour que ces preux, à Byzance tremblante,
Puissent mener le généreux secours
De forte armée ou de flotte puissante.
Urgande presse, et veut, avant trois jours,
Les emmener tous seuls dans sa serpente.
Bien qu'Amadis passât fort bien son temps,
Il consentit d'abord à ce voyage.
Il le sait bien, ce vainqueur des brigands :
Tant qu'il n'a pas dompté les Musulmans,
Il n'aura pas complété son ouvrage.
Par une femme à genoux, Amadis,
Le même jour, d'un don se voit requis.
Le preux distrait, sans retard et sans peine,
L'accorde. Hélas! c'était la liberté
D'Arcalaüs, que, par humanité,
Il retenait avec soin dans sa chaîne.

Reconnaissant Arcabonne trop tard,
Il tient sa foi ; mais d'un triste regard,
La mesurant : « Une chaîne indulgente
Gardait, dit-il, votre époux trop cruel ;
Mais j'ai donné ma promesse imprudente :
Je vous le rends ; et que fasse le ciel
Qu'aucun de nous jamais ne s'en repente! »

Il disait bien. A peine Arcalaüs
Se trouve libre, en lui-même il menace ;
Et justement, parmi des bois touffus,
Esplandian, revenant de la chasse,
S'offre à ses yeux. Arcalaüs charmé,
Et se croyant un héros opprimé,
Sur cet enfant veut se venger du père.
Rempli d'espoir, sûr qu'Amadis est loin,
Sur ce rivage il met beaucoup de soin
A caresser l'objet de sa colère,
Puis tout à coup, tirant un fer vengeur,
S'est élancé pour lui percer le cœur.
Heureusement Esplandian l'esquive ;
Et sur-le-champ cet enfant d'un héros,
Loin d'entreprendre une fuite craintive,
Tire son glaive, et répond aux assauts
D'Arcalaüs. Déjà courbé par l'âge,
Et d'une main privé par Amadis,
Arcalaüs, en combattant le fils,
Gardait encor beaucoup trop d'avantage.
Et toutefois, en vain sa lâcheté
Contre un enfant et s'escrime et s'efforce :
Il ne peut vaincre ; et, par l'agilité,
Esplandian sait esquiver la force.
Choc singulier que celui d'un enfant
Contre un vieillard, contre un vieillard géant !
Arcalaüs, par heureuse aventure,
N'eut pas le temps de vêtir une armure.
Esplandian sait, d'un heureux effort,
Plonger au sein de ce monstre qui jure,
Son petit fer, qui suffit à la mort.
Le monstre tombe, et ce géant bravache
Jouit encor d'un supplice trop beau.
Un bras d'enfant suffisait pour le lâche ;
Mais au pervers il fallait un bourreau.

A l'instant même, et quand sur cette rive
Le hasard veut que Gandalin arrive,
D'un roc voisin, Arcabonne, en fureur,
Vise le sein d'Esplandian vainqueur.
Peu s'en fallut que la flèche cruelle
Ne le perçât d'une atteinte mortelle.
A cet aspect, Gandalin s'irritant,
D'un pas léger montait vers Arcabonne ;
Mais, sans l'attendre, elle, se punissant,

S'est élancée, à son sort s'abandonne,
Et disparaît sous les flots en courroux :
Monstre en tout point digne de son époux!

Comme Amadis, à la terreur en proie,
Frémit d'abord, puis palpita de joie!
Comme en ses bras il pressa son enfant
Vivant encore, et de plus triomphant!
Applaudissant à son jeune courage,
Urgande veut qu'on mette du voyage
Ce beau vainqueur, ce guerrier tout nouveau.
Lors Amadis se souvint de l'anneau
Que lui remit jadis Léonorine.
C'est à son fils dès lors qu'il le destine.
Ce preux emmène Esplandian ravi,
Lui destinant Léonorine aussi.

Dans le voyage au sein de la serpente,
Souvent Urgande appelait Amadis
Seul avec elle, et sa bouche prudente
Le dirigeait en ses plans trop hardis.
Elle voulut aussi dans ce voyage,
De Galaor tempérer le courage.
En tête-à-tête Urgande lui parlait,
D'o sa valeur modérant la folie ;
Mais Galaor était un peu distrait,
Et remarqua qu'elle était fort jolie.
« Quoi! pensait-il, jusqu'à présent mes yeux
N'ont pas su voir sa grace tant vantée! »
Il ne l'avait encor que respectée,
Et convenait qu'elle méritait mieux.
Très attentif, touché du fond de l'ame,
Il s'approchait pour écouter la dame,
Et tellement, qu'un hasard malheureux
Fait qu'un baiser se trouve entre tous deux.
Ce baiser pris sur sa bouche de rose
Est un effet qui devient une cause.
Il incendie à l'instant Galaor,
Qui, comme on sait, était très combustible.
Elle, surprise autant qu'il est possible,
En souriant veut le calmer d'abord.
Elle lui dit d'une voix indulgente :
« Modérez-vous. Y pensez-vous, mon cher !
Votre espérance est par trop imprudente.
Mais, Galaor, songez à votre enfer :
Pendant mille ans vous en aurez soixante.
— Soit : mais j'en ai beaucoup moins à présent,
Dit Galaor, qui devient plus pressant. »
Par ses discours loin qu'elle le fléchisse,
Il prie, il veut obtenir du retour.
« Je vous dois tout, votre main protectrice
M'a tant de fois, dit-il, sauvé le jour :
On ne peut trop aimer sa bienfaitrice,

On ne peut trop lui prouver son amour. »
Il dit, et plein d'une chaleur nouvelle,
Il poursuivait ses essais valeureux.
Pour cette fois l'amitié fraternelle
N'a pas de droits à modérer ses feux.
Aussi veut-il à ses nombreux trophées
Joindre un succès encor plus merveilleux.
La fée étant *faite comme les fées*,
Plus il osait, plus il était heureux.
Il ose tant, qu'il la met en colère ;
Mais unissant l'audace à la prière,
Au doux plaisir enfin il l'éveilla.
C'est vainement qu'encore elle le blâme,
Disant : « Peut-on agir comme cela ! »
Il est charmant, et toute fée est femme.
Heureusement Alquif n'était point là.

Mais la serpente allait beaucoup trop vite,
Et sur les flots, ses ailes qu'elle agite,
En peu de jours ont conduit les héros
Vers la mer Noire. Il était à propos
Que ce secours, avec quelque vitesse,
Vînt protéger l'empereur de la Grèce.
Ce souverain, par les ans abattu,
Déja trois fois avait été battu.
Mélye avait aux confins de la terre,
Cherché pour lui le plus rude adversaire.
Soudan des Turcs, le terrible Armato
Marchait suivi d'une foule innombrable.
De tous ces gens ennemis du *Credo*,
L'ardeur guerrière à peine était croyable.
Quoique soudan, leur chef est chevalier ;
Mais Armato, dans son orgueil extrême,
A fait un choix unique et singulier :
Il fut armé chevalier... par lui-même.
A cet honneur, d'ailleurs par ses exploits,
Il a trop bien justifié ses droits.
Lui disputant vainement l'avantage,
L'empereur grec est plus faible aux combats.
Non cependant qu'il eût peu de soldats ;
Mais ses soldats avaient peu de courage.
On le vit trop lorsque, se confiant
Dans la valeur des guerriers d'occident,
Il entreprit une lutte nouvelle.
Les Francs, guidés, emportés par leur zèle,
Contre les Turcs luttaient au premier rang.
Soudain les Grecs, abjurant l'espérance,
Les ont laissés au champ de la vaillance.
Vingt chevaliers et le grand Amadis
Sont entourés de milliers d'ennemis.
Peu s'en fallut que ce péril extrême
Ne fût fatal pour Amadis lui-même.
Le dégageant, Guilan et d'Estravaux,

Qu'il a faits rois, le sauvent en héros;
Et plus ardent, sur la foule assaillante,
Il a lancé sa main toute puissante.
Lui, ses amis, ses frères furieux,
Comme un torrent ont brisé tout obstacle.
Les lâches Grecs, n'en croyant pas leurs yeux,
A leur aspect pensent voir un miracle.

Mais quel effroi, quelle horrible douleur,
De ces héros vont déchirer le cœur,
Quand l'empereur, les yeux noyés de larmes,
Vient leur conter qu'abandonnés aussi,
Et Périon et Lisvard ont péri;
« Du moins, dit-il, mille païens en armes
Ont entouré ces vieillards valeureux,
Et quelques Francs qui luttaient auprès d'eux. »
A ce discours, vous eussiez vu trois frères
Réunissant leurs efforts téméraires,
Seuls, d'une armée attaquer le rempart
Pour dégager Périon et Lisvard.
A leur secours tous leurs amis arrivent;
En rougissant, les Grecs même les suivent;
Mais, avant tous, Amadis furieux,
Exterminant les païens qu'il accable,
Leur apparaît comme un fantôme affreux.
Tout meurt ou fuit sous son bras redoutable.
Non : Galaor et Florestan rivaux,
Par leurs exploits se montrent ses égaux.
Pâles vainqueurs, tous trois enfin arrivent
Où les deux rois à peine se survivent,
Où Grumedan et dix autres guerriers
Ont eu l'honneur de mourir à leurs pieds.
Touchant tableau! de leurs mains triomphantes
Les trois héros à genoux, en pleurant,
Des deux vieillards, au ciel qui les attend,
Selon leur vœu, lèvent les mains mourantes.
« Dieu, disent-ils, nous mourons pour ta foi!
Quelque bonheur se joint à tant de gloire:
Les Sarrasins sentent enfin l'effroi,
Et nous voyons en mourant la victoire. »
A Lowismond qui le soutient, Lisvard,
Près du trépas méconnaissant la crainte,
Dit, souriant avec un doux regard:
« J'eus avec vous une plus rude étreinte. »
Par Cildadan, par Amadis pressé,
Il tient long-temps Amadis embrassé.
Vers Périon Amadis qui revole,
Ne peut suffire à de telles douleurs :
Les survivans sont inondés de pleurs
Près des mourans dont la voix les console.
En ce moment, sur leur fronts glorieux,
On vit, au loin, une flamme reluire,
Et les deux rois, couronnés dans les cieux,
Vont recevoir la palme du martyre.

Vous le savez, il est certains regrets
Que l'on conçoit, mais qu'on ne peint jamais.
Pour adoucir ceux qu'Amadis éprouve,
L'empereur grec caresse Esplandian,
A qui son père avait, selon son plan,
Remis l'anneau, qu'avec plaisir lui trouve
Léonorine; et déjà ces enfans,
Charmans tous deux, prennent des sentimens
Que, dans son cœur, l'empereur grec approuve
Comme ils jouaient tous les deux un matin,
Esplandian découvrant sa poitrine
Pour lui montrer son nom en bon latin,
Léonorine y lut... *Léonorine*.
C'était ce mot, en grec, que Nascian
N'avait pu lire au jeune Esplandian.
Léonorine, en sa langue natale,
Le lut sans peine, et rougit tout d'abord
Comme rougit l'aurore matinale.
« En vérité, c'est, dit-elle, un peu fort.
Écrire là mon nom! — Ah! je vous jure,
Lui répond-il, que je n'eus pas ce tort;
Je ne lis pas même cette écriture.
C'est votre nom, dites-vous : je le croi.
Ah! dans mon cœur il est écrit par moi;
Mais il le fut ici par la nature :
Elle voulut marquer apparemment
Que je serais à jamais votre amant. »

Si, n'écoutant qu'une idée indiscrète,
Sur notre sein, au premier de nos jours,
De l'avenir la nature interprète,
Gravait ainsi le nom de nos amours,
Sur Amadis, ame constante et pure,
Un nom, tout seul, se serait lu d'abord;
Mais quel artiste, expert en écriture,
Eût déchiffré le sein de Galaor?
Quoi qu'il en soit, ce fait d'étrange espèce
Fut dit bien vite à l'empereur de Grèce,
Qui l'admira, qui dans ce double nom
Vit à son tour une prédiction:
On lui prédit d'ailleurs ce qu'il désire.
Dès ce jour même, appelant Amadis,
Devant les grands il se plaît à lui dire :
« Héros sans pair, j'engage à votre fils
Ma fille unique, et pour dot, mon empire. »
En d'autres temps, Amadis plus flatté
Eût témoigné plus de reconnaissance.
L'engagement sans doute est accepté;
Mais avant tout il songe à la vengeance.
Hélisabel, qui le suivait toujours,
Porte aux blessés les plus puissans secours.

16

Dans tous les rangs le héros de la France
S'en va des Grecs ranimer la vaillance.
Elmis, ce nain fidèle et valeureux,
Dont ses bienfaits et ses dons généreux
Ont fait un homme assez considérable,
A sa prière, Elmis, en peu de jours,
Va de Grassinde invoquer le concours
Contre les Turcs; et cette reine aimable,
Fort promptement, pour revoir Amadis
Le plus aimé d'entre tous ses amis,
Arrive avec un secours formidable.
Elle était belle (on vous l'a dit souvent),
Et parut telle au seigneur Quedragant
Qui s'avisa de s'enflammer pour elle.
Il la trouva d'abord assez rebelle;
Car Quedragant, par le temps maltraité,
Était moins bien aux pieds de la Beauté
Qu'au champ d'honneur et paré de son heaume;
Mais Amadis pour lui parla si bien,
Qu'avec Grassinde uni d'un doux lien,
Il eut bientôt sa main et son royaume.
Pour Amadis ce moment est flatteur,
Et calme un peu le mal qui le dévore :
Quand le chagrin l'accable, un noble cœur
Dans ses amis se réjouit encore.

Un meilleur jour, un jour consolateur,
Arrive enfin, et le héros espère
Que, dans le champ offert à sa valeur,
Il va venger les chrétiens et son père.
De son côté, renforcé de soldats,
Armato vient, et, remplissant la plaine,
Il fait donner le signal des combats.
Déjà le sang rougit au loin l'arène.
Mais cette fois les Grecs soutiennent mieux
Le choc ardent des païens furieux;
Et, sur un char que traînent de beaux cygnes
Autre Vénus, Urgande, au dessus d'eux,
Leur inspirant des pensers belliqueux,
Fait que ces Grecs enfin se montrent dignes
Des chevaliers qui combattent pour eux.

Soudain, volant sur un char redoutable
Dont les coursiers sont des chauves-souris,
Tenant en main son livre formidable
Où des fragmens d'avenir sont écrits,
Mélye accourt brûlante de colère.
Urgande alors met sa baguette en jeu,
Et cette fée, entre elle et la sorcière,
En un moment élève un mur de feu.
A cet aspect, sans s'étonner, Mélye
Éteint la flamme avec un mur de pluie.
Urgande, usant des moyens les plus prompts,

Crut faire bien d'évoquer des dragons.
Mais qui dirait tous les monstres énormes,
Monstres affreux et sans noms et sans formes,
Que sut Mélye, avec son art pervers,
Pour sa réplique, évoquer des enfers?
Francs, Grecs, et Turcs, se croyant des vertiges,
Ont suspendu leurs combats furieux
Pour regarder cet assaut de prodiges;
Onc rien de tel ne vint frapper les yeux.
Aux fiers dragons qui défendaient Urgande
Il faut ici que justice se rende :
Contre l'enfer et ses enchantemens
Leur valeur sut résister quelque temps;
Mais autour d'eux s'accroissaient les obstacles.
Et puis Urgande, à des traits inouis
N'opposait rien que de faibles miracles;
Les gens de bien sont souvent peu hardis.
Enfin voici que les dragons succombent,
Beaucoup sont morts, et de la nue ils tombent,
Le reste fuit. Au comble de ses vœux,
Mélye alors, dès long-temps irritée,
Vole à la fée, et par ses longs cheveux,
Saisit, emporte Urgande épouvantée.

A cet aspect, voyant traiter ainsi
Celle qui fut toujours sa protectrice,
De quelle horreur Amadis fut saisi!
Non, il n'est pas de plus cruel supplice.
Mais tout à coup, en cet affreux moment,
A sa fureur il s'offre une espérance :
Un des dragons, étourdi seulement,
Auprès de lui reprenait connaissance.
Amadis vole au dragon généreux,
Qui, plein d'ardeur et devinant ses vœux,
Reçoit sur lui ce héros en furie,
Et prend son vol vers Urgande et Mélye.
Autant en fait mon ami Galaor,
Dont Florestan suit promptement la trace.
Sir Lowismond voulait partir encor;
Mais nul dragon ne s'offre à son audace.
Les trois héros, dans le vague de l'air,
Sur ces coursiers volent comme l'éclair.
Contre eux en vain les monstres s'accumulent;
Frappés par eux, tous meurent ou reculent.
Luttant aussi, les terribles coursiers
Se montrent presque égaux aux cavaliers.
Mélye alors, précipitant sa fuite,
De tout son art employant tout l'appui,
Veut des héros retarder la poursuite;
Mais Amadis chasse tout devant lui.
La nuit en vain vient effrayer la terre;
En vain au loin résonne le tonnerre,
Dans l'empyrée, en leur essor pressant,

Les trois héros poursuivent la sorcière.
Mais Galaor, toujours reconnaissant,
Suivait surtout Urgande prisonnière.
Il presse tant que Mélye à la fin
Laisse échapper Urgande de sa main ;
Et celle-ci, libre d'un nœud funeste,
Flotte dans l'air ainsi qu'un corps céleste.
Jusqu'à Mélye, Amadis parvenu,
Pendant ce temps la saisissait tremblante,
Quand elle échappe à cette main puissante
Où seulement reste un livre inconnu.
Comme il voulait encore la poursuivre,
Et, pour l'atteindre, allait jeter son livre,
Urgande crie : « Arrêtez, justes cieux !
Donnez, donnez ce livre précieux,
Et, me laissant en percer le mystère,
Guerriers chéris, précipitez vos pas
Vers les chrétiens, vers le lieu des combats,
Où votre aspect n'est que trop nécessaire. »

Il est bien vrai qu'Armato, ses amis,
Voulant user du départ d'Amadis,
Avaient porté leur ardeur vengeresse
Sur les guerriers du Pont et de la Grèce.
Contre ce choc Lowismond, Cildadan,
Et d'Estravaux, et Bravor, et Guilan,
Et Gandalin, unissaient leur audace.
Celle des Grecs par malheur était lasse.
Ils reculaient devant les ennemis ;
Ils allaient fuir. Déjà dans l'autre monde
Armato vient de dépêcher le fils
De l'empereur qui règne à Trébisonde.
C'en était fait, quand le grand Amadis,
Et Galaor et Florestan unis,
Troublent l'espoir des Turcs, que Dieu confonde !
Ils sont tombés sur les païens félons ;
Et ces brigands perdant leur avantage,
Soutiennent mal, dans le champ du carnage,
Le choc brillant des *héros aux dragons*.
On eût cru voir trois célestes Génies,
Qui, descendus des foyers éternels,
Venaient punir d'innombrables impies :
C'était plus beau ; car c'étaient des mortels.
Voyant ses Turcs abjurer l'espérance,
Armato sort de leurs rangs indécis,
Et respirant la haine et la vengeance,
A haute voix il appelle Amadis ;
Il le défie, et même à toute outrance.
Lors Amadis, pour un combat égal,
A son dragon préfère son cheval.
Dans ce duel, que d'exploits ! que d'audace !...
Quand d'hésiter la victoire se lasse,
Cédant enfin, et maudissant le ciel,

Le païen tombe atteint d'un coup mortel ;
Et ses guerriers, par une fuite prompte,
S'en vont cacher leur douleur et leur honte.

Mais qui croira le plus étrange fait ?
Aux trois héros l'armée applaudissait ;
On n'entendait que fanfares de gloire,
Des cris de joie, et des chants de victoire.
Voilà soudain que de sa main de plomb
Le sommeil vient peser sur leur paupière ;
Et leur repos est bientôt si profond,
Que rien déjà ne peut les en distraire.
C'était trop peu : les alliés divers
Devaient subir un plus cruel revers :
Dans l'empyrée un point noir qui s'amasse,
En peu d'instans forme une épaisse masse
Qui, descendant aux revers des coteaux,
Vient de son ombre entourer ces héros.
A cet aspect, une foule vaillante
Elève un cri de trouble et d'épouvante.
On court, on veut par mille efforts confus
Voir les héros que l'on n'aperçoit plus.
Mais, de cette ombre, alors naît, et s'étale,
Une clarté comme un feu de Bengale,
Qui laisse voir sur un lit de repos,
Ensevelis dans une paix profonde,
Tout au sommeil, les trois fameux héros
Qui si long-temps ont veillé pour le monde.
Déjà vers eux tous les bras se pressaient ;
Mais, s'approchant du monde planétaire,
Incessamment ces guerriers s'élevaient
Loin des sommets et des vœux de la terre ;
Tous les regards, tous les cris les suivaient.
Cris impuissans ! Cette foule animée
Qui perd en eux son appui le plus sûr,
Les cherche en vain, toujours plus alarmée ;
Et seulement leur char d'or et d'azur
Se montre encore aux regards de l'armée ;
Et des rayons d'un feu céleste et pur
Brillaient au loin, comme leur renommée.

Dieu ! c'en est fait ! les peuples palpitans,
De ces héros ont vu tout disparaître.
Reviendront-ils ? Je le demande au temps,
Et sais déjà que de tant d'assistans
Aucun jamais ne les vit reparaître.

NOTA. C'est ici que finit, dans toutes les langues, le roman d'Amadis, dont ce poème, même jusqu'ici, diffère à beaucoup d'égards ; et c'est ici que peuvent s'arrêter les personnes qui ne se sentiront pas la patience d'attendre la reparution un peu tardive de ce héros.

CHANT SEIZIÈME (1).

Annales. — Début de Tiran le Blanc. — Leçon à un jeune prince. — Tiran à Byzance. — Lisvard de Grèce. — Carmesine. — Le coup de foudre. — Témérité d'un page.

La vile prose ici s'est arrêtée.
Les chroniqueurs même les plus hardis
Perdent ici la trace d'Amadis ;
Partout se tait leur voix déconcertée.
Grave en son air, ou gaie en son maintien,
La prose marche et souvent assez bien.
Mais, s'élançant en des routes nouvelles,
La poésie à tout âge eut des ailes.
Nous savons tout, même sans rien savoir,
Nous autres gens qui tenons le Parnasse,
Rien n'est plus sûr, et ceux-là vont le voir,
Qui me suivront en ma brillante audace.
Oui, mes amis, si vous ne dormez pas
Comme Amadis ou comme Dinazarde,
Un temps encor veuillez suivre mes pas
Dans les sentiers où mon pas se hasarde.
Je ne crains point, prolongeant mes travaux,
De m'engager en des routes peu sûres,
Et mon ardeur, pour trouver mon héros,
Va comme lui courir les aventures.
Mais il faudra permettre qu'en son cours,
Se dispensant de règles trop bornées,
Ma muse ici traverse les années
Comme naguère elle a franchi les jours :
Je vais fort loin ; mais je me précipite,
Et des instans je ménage l'emploi.
O mes amis, vous ferez avec moi
Bien du chemin, mais vous irez bien vite.

Les Grecs restaient abattus, consternés ;
Les héros francs que l'on n'abattait guères,
Dans l'univers héros disséminés,
Vont sans retard y chercher les trois frères.
Bientôt après, voilà qu'un autre point
Vient redoubler le regret qui les *point* :
Un beau matin, Oriane est perdue,
Briolanie est sans doute bien loin,
Et l'île Ferme est même disparue.

(1) J'ai déjà dit, et dois redire ici, que les trois chants qui suivent, quoique beaucoup moins libres que le *Tiran le Blanc* dont ils sont en partie imités, le sont encore beaucoup plus que je n'aurais voulu, et ne doivent pas être lus par les personnes sévères : ils ne conviennent qu'aux hommes qui ne sont pas plus dégoûtés de l'histoire par ses scandales que par ses désastres, et qui voudront trouver ici un tableau très naïf et très curieux de la licence, et, puisqu'il faut le dire, du libertinage des temps et des pays où l'on écrivait les livres de chevalerie.

De vingt héros les efforts plus qu'humains,
Vingt ans et plus furent constans et vains...
Bien fallut-il que ces propriétaires
Vinssent revoir leurs royaumes, leurs terres ;
Car bien faut-il que l'on s'arrête enfin.
Alors qu'on a dépensé le matin,
Le plus souvent à des courses ingrates,
Quand le soir vient, on cesse de courir.
Il faut toujours regagner ses pénates ;
C'est auprès d'eux que l'on aime à mourir.

Il fut heureux, on doit le reconnaître,
Que le vainqueur, avant de disparaître,
Eût renversé, détruit tant de païens ;
De déranger le calme des chrétiens,
D'assez long-temps aucun ne fut le maître.
L'empereur grec vécut, mourut en paix,
Après avoir, ainsi qu'on l'imagine,
Des nœuds d'hymen réuni pour jamais
Esplandian avec Léonorine.
Esplandian, content de ses sujets,
Eut à Byzance un règne assez prospère.
On lui jura mille fois que jamais
Prince si grand n'avait orné la terre.
Mais, quoi ! ma muse, en sa sévérité,
Ne voit, ne dit rien que la vérité :
Esplandian n'égala point son père.
Bien que l'on ait, en de trompeurs récits,
Écrit, vanté ses vertus, ses conquêtes,
Il fut semblable aux enfans de Paris,
Qui, vieillissant, dit-on, deviennent bêtes ;
Cela me fait trembler, moi qui vieillis.
Lui, dont enfant on vantait les prouesses,
Homme, tint mal ses brillantes promesses
Et fut, s'il faut dire ici mon avis,
De ces grands rois qui sont un peu petits.
De son côté Léonorine leste,
Restant bien loin d'Oriane modeste,
En ses amours eut des goûts si hardis,
Que dans Byzance, un plaisant téméraire,
Quand elle allait bientôt devenir mère,
Dit assez haut : « Je ne sais, mes amis,
Si dans ces lieux, du peuple qui l'espère,
Ce jeune prince un jour sera le père ;
Mais je sais bien qu'il en sera le fils. »

Mauvais propos ! idée inadmissible !
Cela n'est pas, n'est pas même possible.
Car apprenez qu'en son éternité,
Monsieur de l'Etre a, de stérilité,
Frappé les torts de l'infidélité,
Puisque toujours on ne peut être chaste.
Qu'il soit béni ! son précieux bienfait

CHANT SEIZIÈME.

Est aussi grand que l'univers est vaste.
Quand un amant ne sait plus ce qu'il fait,
On jurerait que c'est un enfant : Baste !
Jamais d'amour un fruit injurieux
Ne vient d'hymen troubler les jours prospères.
Les maris seuls ont leur droit glorieux.
Tous les enfans sont toujours de leurs pères.

Esplandian fut donc le seul auteur
De *Lisvard* deux qu'on appela *de Grèce*,
Sans cette loi, ma foi, je le confesse,
Esplandian eût joué de bonheur.
Avec le temps Lisvard, son successeur,
Obtint son trône, et passa sa faiblesse ;
Mais il passa plus encor sa bonté.
Sans grand renom, mais non pas sans gaîté,
Lisvard mena tout doucement la vie.
A Trebizonde il prit femme jolie,
Et compta fort sur sa fidélité.
S'il eut parfois de mauvaises idées,
Fort aisément il les crut mal fondées.
Dans son hymen, fortuné doublement,
Il eut un fils dit *Amadis de Grèce*,
Puis une fille au regard séduisant,
De qui déjà, bien qu'elle fût enfant,
On admirait la grace enchanteresse.
De Carmesine elle reçut le nom.
Lisvard l'aimait, ne lui dit jamais non,
Et dans ses jeux il se mêlait sans cesse.
Bref, ce bon prince eût été trop heureux,
N'étaient les Turcs, qui, reprenant courage,
Bravaient souvent Lisvard, peu belliqueux,
Et chez les Grecs venaient faire ravage.
Il restait peu de ces guerriers hardis,
Contemporains du célèbre Amadis.
Nul débutant n'offrait assez d'audace
Pour donner suite à cette illustre race.
Les attentats qu'Amadis abolit,
De toutes parts renaissaient. Maint délit
Impunément avait lieu. Dans les ames
Plus ne brillaient déjà ces nobles flammes
Dont j'ai dépeint l'héroïque chaleur.
Moins de vertus se montraient chez les femmes,
Et les guerriers avaient moins de valeur.
Un seul encore, en ce temps qu'on décrie,
Chez les chrétiens gardait l'antique honneur ;
Et c'est vers lui que je me réfugie.

Si Galaor sut gagner votre cœur,
Il vous souvient de cette aimable Aldène
Qui réussit à le tirer de peine
Et qui jouait si bien au confesseur.
Je vous l'ai dit : reconnaissant pour elle,

A la chérir il fut presque constant.
Ce fut au point que, l'époux s'absentant,
Galaor eut un fils de cette Belle.
De Galaor ce secret successeur,
Dans la Bretagne illustrant sa valeur,
Devint *seigneur de la Marche tiranne*.
Et, chevalier honoré justement,
Formant ensuite un hymen moins profane,
Dix ans après, eut enfin un enfant
Dont il naquit un fils frais et charmant,
Qui fut nommé, de là, *Tiran le Blanc*.
Or, ce Tiran, redoutable adversaire,
Était alors le prince de la guerre.
Terrible au choc, mais noble et généreux
Autant au moins qu'il était valeureux,
Il avait su, par les coups les plus fermes,
Frapper de mort le célèbre Villermes.
Il avait fait crier grace et pardon
Au chevalier *Kyrieleïson*,
Qui, des enfans essuyant la huée,
D'une abbaye assez loin située
S'était fait moine avec juste raison.
Melchisédeck, Jérusalem, rois d'armes,
Ne pouvaient pas suffire à ses exploits.
Se signalant au plus beau des tournois,
Tiran, lui seul affrontant mille alarmes,
Avait vaincu cinq redoutables rois.
Enfin sans cesse il montrait son audace.
Perdant l'espoir de trouver Amadis,
Qui, s'il existe, a cent ans accomplis,
Il cherche au moins à marcher sur sa trace.

Or, dans la Gaule un monarque régnait,
Pour Amadis, dont on désespérait.
Assez bon prince, il descendait d'un frère,
De Périon. Le ciel l'avait fait père
De cinq enfans ; c'était un très bon lot ;
Mais leur aîné, prince plus qu'ordinaire,
Se montrait fier cent fois plus qu'il ne faut.
Le roi gaulois, qui n'en savait que faire,
Avait pressé Tiran, pour qu'à ce fils
Il voulût bien donner quelques avis.
Dans cette cour, il semblait devoir plaire ;
Il possédait un noble caractère,
De la raison, de l'esprit et du goût :
C'est pour cela qu'il ne plut pas beaucoup.

Qui n'a point vu quelle secrète haine
Portent souvent les sots aux gens d'esprit ?
Que leur fit-on ? Rien. Au plus, on les gêne.
Eh ! mon ami, pourquoi tant de dépit ?
Moi, plus heureux, je ne prends point la peine
De te haïr ; la pitié me suffit.

Comme Tiran, avec peu d'espérance,
Formait le prince en conduite, en vaillance,
Un certain jour, en un moment d'humeur
Que des *amis* ménagèrent d'avance,
Il éprouva de lui quelque hauteur.
« Y pensez-vous ? dit le héros ; mon prince,
Quittez, quittez ces airs impérieux.
Vous êtes vain de vos nobles aïeux,
Mais vous n'avez qu'un mérite assez mince.
Fuir des flatteurs le pouvoir effrayant,
Est un devoir pour vous très nécessaire :
Ils ont parfois fait un nain d'un géant,
Et vous avez une taille ordinaire.
Du moins, pour eux, de leurs soins les payant,
Gardez ces airs, dont la hauteur m'étonne ;
Un chevalier, noble ami des hasards,
Aux princes sait tout ce qu'il doit d'égards,
Mais ne consent au mépris de personne.
L'épée en main, un guerrier est un roi.
Quelquefois même il sait beaucoup mieux faire.
Il se pourra qu'on parle encor de moi
Lorsque de vous on ne parlera guère. »

   Cette leçon dans sa sévérité
Fit bien au prince ; et plût à la bonté
Du Seigneur Dieu, que sans plus de scrupule
On corrigeât tel prince un peu gâté
Qui n'a pour lui rien que sa vanité
Et de lui-même un respect ridicule !
En attendant, brisant tous ses liens,
Sans nul regret Tiran quitte la France,
Instruit qu'il est que les héros chrétiens,
Grace aux fureurs des damnés de païens,
Ont des exploits toujours prêts à Byzance.
Le bon Lisvard, que les Turcs pressaient fort,
Reçut chez lui Tiran avec transport.
Tiran, après, vint chez l'impératrice,
Qui l'accueillit d'un air très gracieux :
Il admira sa taille, ses beaux yeux
Dignes encor d'inspirer un caprice.
Que fut-ce donc, quand il eut salué
Et regardé la jeune Carmesine,
Ses yeux, ses traits, et sa grace divine !
Il demeura long-temps pétrifié.
A lui parler ne pouvant se résoudre,
Il dit deux mots enfin. Depuis ce jour,
Au premier trait que nous lance l'Amour,
On a donné le nom du *coup de foudre*.

   Je l'avoûrai : Carmesine aux beaux yeux
Méritait bien de fonder cet adage.
Car on peut être aussi bien, mais pas mieux.
En d'autres temps, mais presque aux mêmes lieux,

Hélène aux cœurs ne plut pas davantage.
Combien Tiran, de son aspect charmé,
A s'illustrer se sentit animé !
Ce seul motif double encor son courage.
Cette valeur eut une occasion
De se montrer aux regards de Bysance :
Du chevalier Kirieleïson
Le dernier frère, aîné par la vaillance,
De ce couard pour servir la vengeance,
Vint accuser Tiran d'être félon,
Et le voulut combattre à toute outrance.
Les deux rivaux, avant ce grand effort,
Se rapprochant, *en champ clos s'embrassèrent,
Comme tous deux se pardonnant leur mort ;*
Avec furie alors tous deux luttèrent.
Or, de Tiran le rival effrayant
Était doué d'une taille infinie ;
Mais il était *bête comme un géant ;*
Dont il advint que, malgré sa furie,
Tiran bientôt le renversa mourant.

   C'est déjà bien que d'être redoutable ;
Mais tout va mieux alors qu'on est aimable.
Au fier vainqueur, Carmesine, aux beaux yeux,
Dit certain soir : « Chevalier glorieux,
Ça, dites-nous quelque chanson de France ;
Car c'est, dit-on, là qu'on les fait le mieux. »
Le chevalier, tout plein de complaisance,
Se ressouvint alors de celle-ci :
La chanson plut, bien qu'il eût mal choisi.

   « On sait que l'Amour et le Diable
   Sont les deux tyrans d'ici-bas.
   Si le second est effroyable,
   L'autre a de dangereux appas.
   Toujours, sur plus d'un cœur profane,
   Leur art perfide a réussi.
   Enfin, si le Diable nous damne,
   L'Amour nous fait damner aussi.

   » Or, le Diable garde en réserve
   Contre Amour un secret courroux.
   Bien que souvent l'Amour le serve,
   De l'Amour le Diable est jaloux.
   Un jour cet esprit détestable,
   Lançant des regards ennemis,
   Veut mettre en enfer l'autre Diable
   Qui d'abord met en paradis.

   » Il l'aborde : il semble maudire...
   Le diable d'Amour, sans retard,
   Sait l'étonner par un sourire,
   Et l'a vaincu par un regard.
   Cédant au pouvoir qui l'accable,
   L'esprit fatal est dans les fers,
   Et l'*Amour emporte le Diable :*
   Il emporterait l'univers.

» Mais, quand sa victoire est fixée,
L'Amour se néglige soudain :
C'est une mauvaise pensée
Que lui souffle l'esprit malin.
Souvent le conquérant sommeille :
Il dort même, et si bien, qu'un jour
Il est conquis quand il s'éveille ;
Et *le Diable emporte l'Amour*.

» L'Amour, appelant à son aide,
Vainement crie au ravisseur :
Il était perdu sans remède,
S'il n'eût pas rencontré sa sœur.
L'amitié, noble et secourable,
L'enlève au Démon effrayé ;
Et l'Amour, qu'emportait le Diable,
Se sauve auprès de l'Amitié. »

A ce récit où, comme on voit, se mêle,
L'ancienne fable à la fable nouvelle,
En souriant, Lisvard dit : « C'est fort bien. »
Pensant bien plus, sa fille ne dit rien.
Déjà Tiran occupait cette Belle,
Enfant encor. Lors, pour l'occuper mieux,
Tiran courut en des champs périlleux
Se signaler pour son père et pour elle.

Autre Armato, plus redoutable encor,
Le soudan turc, qu'on nommait Bravorante,
A sa valeur donnait un tel essor
Que tout fuyait sa fureur turbulente.
Des Grecs tremblans nommé le général,
Tiran, si bien excita leurs courages,
Qu'avant un mois, se défendant moins mal,
Ils obtenaient de petits avantages.
Pour les venir annoncer à Lisvard,
Toujours Tiran dépêchait au plus vite
Un jeune page, au gracieux regard,
Gaulois charmant qu'on nommait Hippolyte.
Le regardant, le trouvant accompli,
Lisvard, un jour, dit à l'impératrice :
« Regardez donc combien il est joli !
— Mais non, dit-elle. — Ah ! ciel ! quelle injustice,
Reprit Lisvard ! Oh ! je vous l'enverrai
Quand il viendra pour quelque autre nouvelle.
Qu'il soit par vous, lors, mieux considéré,
Et jugez-en. — Vous le voulez, dit-elle,
Je le veux bien, pour remplir vos souhaits. »
Précisément il vint huit jours après,
Et l'empereur l'envoya chez la Belle.

L'impératrice, avec quelque appareil,
Reçut le page. Elle était sur un trône
Que relevait un éclat sans pareil,
Et dans ses mains tenait une couronne.
Le page avait des pensers très humains,
Et remarquait les plus charmantes mains.
Il répéta galamment son message.
Il s'éloignait, lorsque, le retenant :
« Pour l'intérêt du prince et de l'empire,
Il est, dit-elle, un secret important
Qu'au Général vous voudrez bien redire ;
Que l'on nous laisse. » En prononçant ces mots
La dame avait l'air digne, qu'une actrice,
Par un auteur condamnée au pathos,
Se donne, avant d'entrer dans la coulisse ;
Dans la coulisse, elle a moins de fierté.
Puisqu'il vous faut dire la vérité,
Telle parut aussi l'impératrice.
Elle causa sans emphase, et gaîment.
Ce grand secret n'importait nullement.
D'après cela le jeune homme envisage
D'autres secrets, bien plus jolis vraiment.
Ce page était aussi hardi.... qu'un page.
Puis certain air lui plaît : et l'encourage ;
Si que, voilant d'un égard très suspect,
Ses sentimens d'une douteuse espèce,
Il veut, dit-il, par excès de respect,
Baiser le pied de l'auguste princesse.
Mais, le dirai-je ? O crime ! ô trahison !
Ce pied furtif lui paraît si mignon,
Que l'étourdi, qu'un fol espoir inspire,
Ose risquer ce que je n'ose dire.
« En vérité, s'attend-on à cela ?
Se garde-t-on de ces façons de faune ?
A-t-on jamais éprouvé sur un trône
Ces procédés permis sur un sofa ? »
Trop justement la princesse interdite
A ce forfait étrange et singulier,
Résistait mal, oubliait de crier,
Et l'heureux page, en son ardeur maudite,
Aurait commis le délit tout entier,
Quand, arrêtant à propos Hippolyte,
L'impératrice enfin conçut la peur
Que l'on n'entrât, sans compter la pudeur.
« Éloignez-vous, dit-elle, de ma vue.
La mort devrait punir votre forfait.
Mais revenez ce soir, la nuit venue ;
Je veux au moins vous gronder... en secret. »

Le page vint (1). Certaine galerie
Avait long-temps caché sa seigneurie ;
Et l'étourdi, le moment advenu,
Chez la princesse entra sans être vu.
Elle était seule. « Allons, que je vous gronde :
Tombez, dit-elle, à genoux promptement.

---

(1) Voyez *OEuvres badines* de Caylus, t. II, pages 106 et suivantes. Je suis encore plus réservé que lui.

L'impératrice était le mieux du monde,
Et n'avait pas un habit de pédant.
Il ne l'avait jamais vue aussi belle.
Il s'inclina devant elle, près d'elle.
Alors, d'un air décent et magistral,
Elle lui tint un discours si moral,
Blâma si fort sa flamme impétueuse,
Et se peignit surtout si vertueuse,
Qu'il vint au page, en la considérant,
Un plan bizarre, un caprice plaisant;
Et, reprenant la chose commencée,
Presque où tantôt son ardeur l'a laissée,
« Jamais, dit-il d'un ton très sérieux,
Je n'entendis la raison parler mieux.
A vous ouïr le repentir m'accable.
Combien je fus malheureux et coupable!
Ah! poursuit-il, dans ses témérités,
Plus loin encor poussant les libertés,
Ces yeux charmans, ces graces séduisantes,
Ces doux contours, ces formes ravissantes,
Pourraient peut-être excuser l'attentat,
S'il était rien, hélas, qui l'excusât!
Non, reprend-il avec grace et souplesse,
Sur le sofa poursuivant la princesse,
Je sens, d'après votre noble leçon,
Combien je suis indigne de pardon.
Ce que j'ai fait rend ma douleur bien vive :
J'en suis puni par ce dont je me prive.
Dieu! que d'attraits! et j'y dois renoncer! »
Plus vivement il osait la presser.
Même il osait, hardi jusqu'au miracle,
Entre elle et lui dissiper tout obstacle.
« On ne peut pas vous aimer plus que moi,
Dit-il. Hélas! une sévère loi
Vient m'arrêter. Votre vertu cruelle,
A tout jamais au devoir me rappelle :
Et désormais, soumis à votre aspect,
Le tendre amour cède au triste respect. »
Malgré qu'il prît une joie infinie
A prolonger cette plaisanterie,
Le page adroit, las de se contenir,
Était au point où l'on doit les finir.
L'impératrice était, par aventure,
Un peu distraite, et ce ne fut qu'alors
Qu'elle aperçut les indécens transports
Qui menaçaient une vertu si pure.
Vous ne pouvez concevoir ses efforts
Pour détourner une attaque si vive ;
Mais j'avoûrai que son zèle fut vain,
Et, quand un page a fait tant de chemin,
On ne peut guère empêcher qu'il arrive.

Mais, en entrant le lendemain matin,

Combien frémit la suivante Élisée,
Alors qu'auprès de la dame, soudain,
Il lui survint une étrange visée :
Un homme était endormi sur son sein.
Elle en resta vraiment scandalisée.
Mais sans délai cette fille, pourtant,
Courut fermer la porte à tout venant;
Ce qu'elle fit en personne avisée :
Car à l'instant venaient des médecins
Pour visiter la princesse rusée,
Qui justement la veille, en ses desseins,
S'était sentie assez indisposée.
Puis du palais arriva le seigneur;
Plein d'intérêt il frappait à la porte.
Lors Élisée avec vive frayeur
Courut au lit, et d'une voix peu forte,
Dit : « Levez-vous, ou bien vous êtes morte. »
L'impératrice eut un moment grand'peur ;
Mais cependant, faisant cacher le page,
Elle se lève, et d'un ferme courage
Reçoit Lisvard enchanté de la voir :
« Je suis bien mieux, dit-elle, qu'hier soir. »
Pour son malheur, Lisvard que l'on attrape,
Se croit profond au métier d'Esculape.
Il prend le pouls; après l'avoir tâté,
« Le pouls, dit-il, est bien moins agité.
Mon ignorance est grande et sans pareille,
Ou bien sa nuit s'est passée à merveille.
Oui, je le gage, et c'est la vérité.
Nous avons tort, et j'ai l'ame affligée
Que nous l'ayons si matin dérangée :
Laissons-la donc, pour un heureux effet,
Se reposer comme elle a déjà fait. »
Il dit, l'embrasse, et, s'éloignant docile,
Va se vanter d'être un docteur habile.
C'est d'Amadis le petit-fils. Hélas!....
Assez souvent le Dieu par qui nous sommes
Dégrade ainsi la race des grands hommes,
Pour consoler ceux qui ne le sont pas.

CHANT DIX-SEPTIÈME.

Consultation sur la vertu des femmes. — Plaisir-de-ma-vie. — La Veuve reposée. — La Chemise. — Le Gant. — Intrigues croisées. — Sermon de Plaisir-de-ma-vie. — Scène nocturne. — Titan se casse le bras.

On est bientôt fatigué des batailles :
Homère même est moins intéressant
Quand il nous peint Achille frémissant,
Hector, qu'il traîne autour de ses murailles,
Et cent héros qui meurent dans leur sang;
Mais c'est le sort de l'humaine nature

CHANT DIX-SEPTIÈME.

De se complaire à la douce peinture
D'un tendre feu, d'un amour innocent.
L'aimable Amour, dans son charme suprême,
Nous fait aimer jusqu'à ses erreurs même.
Est-ce en effet un crime à tant haïr,
Que de Vénus le culte se propage,
Et qu'une Belle aime assez le plaisir
Pour en donner encore davantage?
Et plût au ciel, qui sait bien que jamais
Je n'approuvai ces erreurs déplorables,
Qu'on ne pleurât jamais d'autres forfaits,
Et qu'il ne fût jamais d'autres coupables!

Or, vous saurez que l'empereur Lisvard,
Homme et mari, tout plein de prud'homie,
S'en vint un jour retrouver sur le tard
L'impératrice, et lui dit : « Chère amie,
Je l'avoûrai, j'ai du chagrin au cœur.
—Vous! du chagrin! et pourquoi, monseigneur?
—Voici venir la vieillesse ennemie.
Le temps n'est plus où, brillant, plein d'ardeur,
J'étais léger, vif, enfin beau parleur.
Vous le savez mieux qu'aucune, ma chère :
Il est certain que j'avais l'art de plaire.
Oui : dans ce temps, la plus fière Beauté
Bientôt pour moi cessait d'être rebelle.
Hé bien! malgré mon amabilité,
L'on m'a trahi, souvent on m'a quitté,
Et quelquefois d'une façon cruelle;
Et je n'ai pu jamais, en vérité,
Trouver qu'en vous, ma chère, un cœur fidèle.

» Je vous dirai que parmi ces noirceurs,
Qui bien souvent excitaient mes fureurs,
Plus d'une fois votre époux susceptible
S'est demandé s'il est donc impossible
Par quelque fée ou par quelque démon,
Par la magie ou bien par la raison,
De corriger nos dames séduisantes
De ce goût d'être un peu trop complaisantes,
*De modérer en elles ce désir
De contenter et de faire plaisir,*
Qu'elles ont eu, qu'elles ont, et, je pense,
Auront toujours, si par quelque puissance
On ne sait pas enfin les en guérir.
Oui : j'ai souvent recherché dans mon ame
Par quels moyens, par quels heureux secrets,
Sur cette terre on peut rendre une femme
Sinon fidèle, au moins sage à peu près.
M'en pourriez-vous indiquer un, madame?

— Sur ce point-là les sages se sont tus,
Dit la princesse : à croire aux apparences,
On peut compter sur toutes nos vertus
En remplissant toutes nos espérances.

— Vous plaisantez toujours, dit l'empereur ;
Il ne faut pas exiger l'impossible.
Allons, je vais, de fée ou d'enchanteur,
Solliciter quelque moyen plausible.
— Mais d'où vient donc le nouvel intérêt
Que vous mettez à chercher ce secret,
Puisque sur moi votre cœur est paisible?
— Oh! tout à fait : mais, chaque jour, je vois
Croître en attraits, devenir plus gentille,
Plus éveillée, une petite fille,
Qui de nous deux est bien, comme je crois... »

A ce propos, la princesse surprise
Fut au moment de se mettre en courroux,
Et puis soudain embrassa son époux
Avec sourire et douce mignardise;
De quoi Lisvard se montrant satisfait,
Reprit : « Je suis bien certain de mon fait,
Et je souhaite aux époux de ce monde
Femme aussi sage et paix aussi profonde.
Mais comme ici la nature a ses droits,
Qu'on ne voit point un prodige deux fois,
Si je le puis, je veux user d'adresse,
Pour qu'élevée avec habileté,
Ma chère enfant soit parfaite en sagesse,
Comme elle doit bientôt l'être en beauté. »

Dans son esprit ce vœu constant domine.
Pensant toujours à garder la vertu
Qu'il comptait bien trouver dans Carmesine,
Il fut un jour, de craintes combattu,
Voir une fée ayant nom *Sincérine ;*
On prétendait qu'avec sincérité
Elle disait toujours la vérité.
Bonne d'ailleurs, protégeant dans leurs flammes
Filles, garçons, plus rarement les femmes :
Elle disait : « J'en sais moins, Dieu merci,
Que toute femme en pouvoir de mari.
Leurs tours profonds méritent des trophées,
Et ce sont là les véritables fées. »
Les innocens, gens toujours précieux,
Chez Sincérine étaient reçus le mieux.
Le bon Lisvard fut bien reçu chez elle.
Elle sourit, entendant son désir.
« Quoi! vous voulez, dit-elle, découvrir
Comment on rend une femme fidèle?
C'est difficile, à ne point vous mentir.
—Pourquoi, dit-il, ai-je tort d'y prétendre?
Toute femme est, ou froide, ou fière, ou tendre ;
On doit trouver parmi ces qualités

De la vertu ; quelle route est plus sûre
Pour en donner aux femmes?—Écoutez,
Vous le saurez mieux que moi, je vous jure.
Je vous permets de changer de figure
Jusqu'à trois fois. Dès que vous le voudrez,
En un moment, prince, vous deviendrez
A votre gré, cachet, table, ou serrure.
Sous un tel masque allez considérer
Celles de qui la vertu, la constance,
Des Byzantins se font mieux célébrer ;
Et vous pourrez juger en conscience
De la façon qui chez un sexe aimant
A la vertu mène plus sûrement. »

Lisvard se dit : « Rendre une femme fière,
Est, je crois bien, la meilleure manière.
Oui : prudemment vers l'orgueil la pousser,
A la vertu c'est faire une barrière
Que rarement elle ose renverser. »
Lisvard a dit : il souhaite, et sans peine,
Cachet brillant, il se voit transporté
Chez la Beauté, certes, la plus hautaine
Que l'on connût dans toute la cité.
On la vantait pour sa vertu, sans cesse ;
Elle vantait encor plus sa noblesse.
Lisvard la vit rebelle à dix amans,
Aimables tous, et quelques uns charmans.
Il se disait, la trouvant si sévère :
« J'ai bien choisi ; ma fille sera fière. »
Mais, par malheur pour ses plans singuliers,
Survint un prince à soixante quartiers.
Notre vertu, n'en ayant que cinquante,
Devint pour lui tout à fait avenante.
C'était un sot : il était triste, laid,
Vieux par dessus ; on le trouva parfait ;
Et cette dame, oubliant sa sagesse,
Eut pour ce sot une sotte faiblesse.
Lisvard était témoin de tout cela ;
Et bien lui prit de n'être pas sofa,
Comme, depuis, le courtisan honnête
D'un vieux sultan très plaisant et très bête.
O mes amis, on voit dans notre temps
Beaucoup de sots qui ne sont pas plaisans?

« Non, se dit-il après cette aventure,
Non, la fierté n'est pas toujours si sûre
Pour empêcher de prendre des amans.
Tout calculé, je soupçonne et je gage
Que la plus tendre est encor la plus sage.
Dès qu'une femme est tout au sentiment,
Pour un ami dès que l'amour l'engage,
D'autres voudraient l'attendrir vainement. »
Il dit. Voilà qu'en serrure il s'installe

Chez la Beauté la plus sentimentale.
Uniquement elle aimait son mari ;
Mais il survint un amant si joli
Que de ses sens la dame peu maîtresse
Sentit pour lui s'égarer sa tendresse.
Apparemment qu'afin de moins faillir,
A son époux elle offrait son plaisir.
« Oh ! oh ! ceci change fort ma pensée,
Se dit Lisvard, et je connais trop bien
Que la froideur est l'unique moyen
Qui puisse rendre une femme sensée. »
Il dit : il cherche une femme glacée,
Devient sa table, et ne redoute rien.
Il se trompait. Dans cette expérience,
Plus mal encor répondant à ses vœux,
La femme froide, avec indifférence
Fait des heureux, cède par complaisance,
Et cède même au calcul odieux.
Le prince-meuble était fort en colère,
Lorsque l'époux tout à coup survenant,
Voit de ses yeux l'audace d'un amant.
N'ayant point d'arme, et ne pouvant mieux faire,
Il a jeté la table avec fureur :
Ah ! s'il savait qu'il jette l'empereur !
Par l'amoureux la table ramassée
Est à l'époux violemment lancée.
Pâle d'effroi, la pauvre femme fuit ;
L'amant la suit, et l'époux les poursuit.

Demeuré seul, dans ce trouble effroyable,
Lisvard restait mal en point, tout froissé,
Lorsque la fée, aussi fine qu'aimable,
Vint ramasser le prince harrassé
Qui paraissait sous son air véritable.
Elle lui dit avec sincérité :
« Ceci par vous est un peu mérité.
Votre pensée était trop téméraire.
Le sens commun en tout point y manquait.
La femme naît, ou froide, ou tendre, ou fière,
Et l'on ne peut la changer tout à fait.
Puis l'Éternel, profond dans ce qu'il fait,
Fit des écueils pour chaque caractère ;
Vous l'avez vu. Ne croyez pas pourtant
Qu'il ne soit pas des femmes très fidèles,
Et possédant des vertus bien réelles ;
Mais il est vrai que l'on en voit souvent
Qui ne sont pas aux amans si cruelles.
Élevez bien votre fille : à propos
Étudiez, corrigez ses défauts.
Avec grand soin que son cœur se cultive.
Sur la vertu qu'on lui parle avec feu :
Après cela, je vous en fais l'aveu,
Il faut prier qu'un bon lot vous arrive.

Et s'en remettre à la grace de Dieu. »

« Oui, dit Lisvard, j'implorerai sa grace.
Je vois de plus ce qu'il faut que je fasse ;
Mon plan est bon : je veux que chaque jour,
Pour garantir ma fille de l'amour,
Dans ma chapelle on dise quinze messes.
Pour exempter ma femme de faiblesses,
J'en ai jadis fait dire, et, Dieu merci,
Ce moyen-là m'a fort bien réussi. »
Lisvard alors, bon père de famille,
Demande au ciel la vertu pour sa fille.
Il était temps : vainqueur des Sarrasins,
Et de retour dans les murs byzantins,
Tiran, d'amour priait la demoiselle,
Juste au moment où l'on priait pour elle.
Ne pouvant plus déguiser son ennui,
Il avouait sa flamme hasardée,
Et même il eut une charmante idée
Qu'on a souvent répétée après lui :
Comme l'objet qui remplissait son ame
Lui demandait de connaître sa dame,
« Prenez, dit-il, et vous allez la voir. »
Elle regarde, et se voit au miroir.

Or, Carmesine, en escorte fidèle,
Avait toujours deux personnes près d'elle,
Et toutes deux différaient grandement.
L'une, au jeune âge, au ton plein d'agrément,
Tout à fait gaie, et tout à fait jolie,
Portait le nom de *Plaisir-de-ma-vie*.
Bien qu'elle fût d'assez noble maison,
De Carmesine elle était la suivante.
L'autre, diverse et de goûts et de ton,
Jadis nourrice, était la gouvernante :
Cette dernière avait déjà compté
Tant de printemps, qu'elle était à l'été.
Mais dans sa marche elle était si posée,
D'un long veuvage éprouvant la douleur,
Elle avait tant retrouvé de fraîcheur,
Qu'on la nommait *la Veuve reposée*.
A Carmesine avec de longs discours
Elle prêchait la morale toujours.
Moins de rigueur, il faut que je le die,
Était échue à Plaisir-de-ma-vie.
A sa maîtresse elle vantait souvent
Tiran le Blanc, déjà nommé le Grand ;
Elle faisait valoir à Carmesine
Ses grands exploits joints à sa bonne mine ;
Et Carmesine était, au fond du cœur,
Du même avis ; mais au sévère honneur
Elle voulait obéir à la lettre.
Enfin prenant un air moins rigoureux,

De son amant elle accepta les vœux,
Or, en ce genre, accepter, c'est promettre.
Il est bien vrai que jamais nul amant,
Même Amadis, n'aima plus tendrement.
Il en donna la plus étrange preuve,
Et qui pourra paraître encore neuve :

Comme il courait aux combats périlleux
Pour terminer une grande entreprise,
A Carmesine, en leurs derniers adieux,
Il demanda.... devinez.... sa chemise.
D'un tel désir Carmesine surprise,
Enfin pourtant daigna le contenter :
Fille d'honneur peut donner sa chemise,
Quand elle-même elle eut soin de l'ôter.
Mais qu'elle fut encore plus troublée,
Lorsque le soir, venant à l'assemblée
Où de Lisvard le cercle se tenait,
Elle trouva que chacun regardait
Le chevalier objet de son estime ;
Et par dessus l'armure qu'il gardait
Elle aperçut sa chemise anonyme !
« Eh ! général, dit Lisvard en riant,
Vous avez là plaisante soubreveste.
— Dans le combat, lui répondit l'amant,
On connaîtra son pouvoir manifeste.
C'est un présent qui vient d'une Beauté,
Belle cent fois plus qu'on ne pourrait croire ;
Et, prix heureux de ma fidélité,
Ce talisman m'assure la victoire. »

Il disait bien. Jamais Tiran encor
A ses hauts faits n'a donné tant d'essor.
Pour s'inspirer en sa valeur divine,
Dans les combats, en les plus périlleux,
Il invoquait constamment Carmesine.
« Seigneur, lui dit un bon religieux,
En invoquant pour rester hors d'atteinte,
Cette princesse, apparemment bien sainte,
Croyez-vous pas qu'il serait encor mieux
De réclamer en même temps la grace
Et la faveur de quelque saint en place,
Je veux vous dire, admis au ciel déjà ? »
Dévot surtout au nœud qui l'engagea,
Tiran répond au moine qu'il étonne :
« *Celui qui sert plusieurs, ne sert personne.* »

Dans maint combat comme dans maint assaut,
Combien la sainte inspira le dévot !
Mais, tant de chocs, il faut qu'on les suppose.
J'en dirais trop d'en dire quelque chose.
Un peu lassé du glaive destructeur,
J'aime bien mieux l'amour réparateur.

Ce fut en vain que le fier Bravorante
Contre Tiran déploya la fureur
De son audace autrefois dévorante ;
De par l'Amour, Tiran resta vainqueur,
Et crut enfin, revenant à Bysance,
De ses hauts faits trouver la récompense.

Il est bien vrai que de si beaux exploits
Sur Carmesine augmentaient bien ses droits ;
Il est bien vrai que Veuve reposée,
Pour ce héros était mieux disposée ;
Et, quoiqu'il fût un simple chevalier,
Il est bien vrai que Plaisir-de-ma-vie
Disait tout haut que ce serait folie
De préférer un prince à ce guerrier ;
Mais la Vertu, cette grave déesse,
Parle souvent plus haut que la tendresse.
Un jour pourtant Carmesine, en secret,
Laissa venir Tiran très satisfait.
Précisément la Veuve était sortie ;
Tiran portait la chemise chérie ;
Et Carmesine, admirant tant d'amour
Et tant d'exploits, interdite et ravie,
Lui fit enfin l'aveu d'un doux retour.
Tiran alors la trouva moins farouche ;
Un Espagnol a même raconté (1)
Qu'il lui donna trois baisers sur la bouche
Pour honorer la sainte Trinité.
Je n'en crois rien, respectant la morale ;
Mais, dans ce temps, plus de dévotion
N'était souvent rien qu'une occasion
Pour qu'on donnât un peu plus de scandale.

Quoi qu'il en soit, Tiran, encouragé
Par son amour, eût poussé sa folie
Très loin peut-être : encore qu'attendrie,
Sa dame enfin voulut qu'il prît congé.
Tiran allait partir : Lisvard arrive,
Et Carmesine, en sa crainte bien vive,
A fait cacher Tiran sous un sofa
Où, dans son trouble, elle s'assied bien vite.
Lisvard, long-temps, auprès d'elle causa,
Tant qu'à la fin Tiran se rassura.
La crainte fuit, et l'amour seul l'agite.
Sans dire mot, doucement, doucement,
De son asile, il presse un pied charmant ;
Bientôt sa main, qui trouble Carmesine,
Ose presser la jambe la plus fine :

(1) « Se relevant ensuite légèrement, il s'approcha de Sté-
phanie, et la baisa trois fois sur la bouche en mémoire de
la très sainte Trinité. »
Tiré du roman espagnol traduit par M. Caylus. Voyez OEuvres de celui-ci, t. I, page 271.

Il s'élevait même, en ses sentimens,
Jusqu'au genou ; mais, bien qu'il ait des gants,
Ce trait ne peut, près d'elle, trouver grace ;
Même un héros doit borner son audace.
Elle se lève, elle emmène Lisvard
Loin de Tiran que le regret dévore ;
Et, le cachant au paternel regard,
Elle le fuit, mais le protége encore.

Comme il sortait d'un entretien si doux,
Tiran, après ces bontés glorieuses,
Fit recouvrir de pierres précieuses
Le gant heureux dont il était jaloux ;
Et, tout charmé de sa douce aventure,
Devant Lisvard qu'il étonnait toujours,
Il arriva, n'ayant d'autre parure
Que celle-là, si chère à ses amours.
Par souvenir d'un moment si prospère,
Avec grand soin Tiran la conserva.
Assez souvent ce héros téméraire
A ses rivaux, dans les champs de la guerre,
Jetait le gant, mais jamais celui-là.

Il jouissait de porter un tel gage,
Mais il cherchait à jouir davantage.
Au but toujours prétendant vainement,
Il se plaignait à Plaisir-de-ma-vie,
Qui, pour sa part, était fort justement
De maint amant goûtée et poursuivie ;
Mais deux surtout, à titre différent,
L'occupaient fort. C'était premièrement
Le bon Lisvard, d'assez faible mérite ;
Mais on devait des respects à son rang,
Et l'on n'osait rejeter sa poursuite :
L'autre, plus cher, ayant plus d'agrément,
Était un page, et c'était.... Hippolyte.
Ciel ! se peut-il ! il trompait sans remord
L'impératrice auprès d'une suivante !
Oui, la soubrette était jeune et charmante ;
L'impératrice à ses yeux avait tort.
Le dieu d'amour est un roi populaire.
Il méconnaît les rangs et la grandeur,
Et, tous les jours, avec un ris moqueur,
Fuit la princesse, et court à la bergère.

J'ai toujours eu l'égoïsme en horreur.
Heureusement que Plaisir-de-ma-vie,
A de beaux traits unissant un bon cœur,
Des maux d'autrui se sentait attendrie.
Comme Tiran, de plaisir altéré,
Lui confiait son amour, sa tristesse :
« Hé bien ! dit-elle, il faut chez la princesse,
Venir ce soir, et je vous cacherai ;

CHANT DIX-SEPTIÈME.

Et nous pourrons, remplissant votre attente,
Vous contenter en la rendant contente. »
Tiran y vint ; mais à peine il venait,
Et cherchait l'ombre au fond d'un cabinet,
Quand Hippolyte, oubliant par caprice
Un rendez-vous avec l'impératrice,
Trouva plus gai de venir impromptu
Rendre visite à Plaisir-de-ma-vie,
Et tout à coup, près d'elle ayant paru,
Il s'en voulait passer la fantaisie ;
Mais sa maîtresse alors, pour son malheur,
Craignait Tiran ; et, de trouble saisie,
Au page aimé tenant alors rigueur,
Se refusait au plaisir de sa vie.
De ses refus Hippolyte étonné,
Pressait en vain la suivante gentille,
Quand, surprenant le page consterné,
L'impératrice arriva chez sa fille.
Lasse d'attendre Hippolyte, au hasard,
Elle venait dans cette autre demeure.
Le page adroit, qui trompa son regard,
Lui dit tout bas qu'il s'était trompé d'heure,
Qu'il venait là, tendre et fidèle amant,
D'aller chez elle attendre le moment.
Ils étaient seuls (car la suivante, *adraite*,
Par pur respect dans la pièce d'avant
Avait pensé devoir faire retraite).
L'impératrice avait quelques soupçons
Qui lui restaient. Imprudent par prudence,
Le page, habile en ces occasions,
Par son amour lui prouve sa constance.
« Modérez-vous ! quelle idée est-ce là ?
J'aurais ailleurs accepté votre hommage.
Vous osez trop, et l'on nous surprendra.
Que tu me plais, pourtant, mon joli page !.. »
Oh ! si la dame alors s'imaginait
Qu'un chevalier est dans le cabinet !
Tiran confus, en ce moment risible,
Pour n'ouïr rien faisait tout son possible.

Mais tout à coup une voix qu'on entend
Des deux amans vient troubler l'harmonie.
Le bon Lisvard, dans la pièce en avant,
Rendait visite à Plaisir-de-ma-vie.
L'impératrice, en ce premier instant,
Se trouvant seule avec un jeune page,
Se crut perdue, et perdit le courage.
Mais il paraît que c'est à juste droit
Que l'on accorde aux dames le sang-froid.
L'impératrice abjure l'épouvante
Quand elle entend, auprès de la suivante,
Le bon Lisvard lui dire des gaîtés,
Et passer même à des témérités.

Tout de son mieux la suivante résiste.
Mais cependant qu'il presse et qu'il insiste,
L'impératrice, en paraissant soudain,
Glace et confond son époux libertin.
« Je vous y prends en vos coupables flammes.
Vous consultez sur la vertu des femmes ;
Mais il serait plus sage, à mon avis,
De consulter sur celle des maris.
Je soupçonnais cette intrigue tissue
Pour des projets que la vertu défend ;
C'est pour cela que je suis descendue
A me cacher dans cet appartement. »
La dame auguste allait bien plus en dire,
Quand, stupéfait de tant de dignité,
Le page-amant, dans la pièce à côté,
Commence presque un grand éclat de rire ;
Heureusement Lisvard déconcerté
N'entendait rien que sa dame sauvage,
Qui, redoublant de zèle véhément,
Loin du péril emmena promptement
Son bon époux, qui jurait d'être sage.

On peut tromper ; mais, à ne cacher rien,
Ici, je crois, c'était tromper trop bien.
Alors, Plaisir-de-ma-vie, au plus vite,
En souriant, fit partir Hippolyte.
Elle et Tiran, qu'elle vint retrouver,
Ne disaient rien, ayant trop à se dire.
Bientôt après, Tiran voit arriver
L'objet charmant pour lequel il soupire.
Précisément Carmesine, ce soir,
Veut qu'un bain pur la puisse recevoir.
Se croyant seule à l'heure des étoiles,
Elle n'a plus que le dernier des voiles,
Voile de lin, d'ailleurs ne cachant pas
Un pied charmant, une jambe accomplie,
Et transparent pour de plus doux appas
Dont pourrait bien rougir la plus jolie.
Mais c'est trop peu. Délivré de tous lacs,
Ce voile baisse; *il aspire à descendre*.
L'épaule naît, et la grace des bras
D'aucuns regards ne pourrait se défendre.
Plus beaux encor, deux demi-globes nus,
Ont révélé leurs attraits ingénus ;
Et leur éclat qui jamais ne repose,
Par le bouton pare encore la rose.
Puis taille fine ; et puis rians contours,
Qu'aiment les cœurs, les mains et les amours ;
Puis tout enfin ; et Dieu, dans son génie,
En se plaisant à créer la beauté,
N'avait jamais avec tant d'harmonie
Uni la femme à la divinité.

Mortel heureux s'il en fut sur la terre,
L'heureux Tiran, de plaisir transporté,
Admirait tout d'une porte de verre.
Mais dans sa joie il éprouve un regret :
A cet aspect, ému par sa tendresse,
Il est troublé par sa délicatesse ;
Son cœur se fait un reproche secret.
Que fut-ce donc quand Plaisir-de-ma-vie
Vint et lui dit : « Carmesine endormie
Vous appartient : venez donc avec moi. »
Tiran alors frémit d'un noble effroi,
Et franchement lui conte ses scrupules.
Mais celle-ci les trouva ridicules.
« Quelle vertu ! quels étranges discours !
O général de trop faible courage,
Vous devriez vous mettre pour huit jours
En pension chez votre premier page.
Celle de qui vous vantez les appas,
Plus de vingt fois m'a dit qu'elle vous aime :
Que veux-je ici ? vous mettant dans ses bras,
Remplir ses vœux en dépit d'elle-même.
Songez-y bien : invoquant mon appui,
Un jour, en vain à vos regrets en proie,
Vous me viendrez demander cette joie
Que vous osez refuser aujourd'hui. »
Dans son refus comme Tiran demeure,
Sa protectrice, écoutant le dépit,
A ses pensers le laisse une bonne heure.
Tiran hésite.... Elle revient, et dit :
« Héros tremblant, voilà comme on corrige
Ceux dont l'esprit, du vôtre a le vertige.
Or, voulez-vous m'écouter à présent ?
Et faut-il donc qu'une femme vous dise
Que toute femme, alors que son amant
A su lui plaire et *gagner sa franchise*,
Trouve très bon que, *pour être content*,
Il tente tout, risque toute entreprise !
Qu'envers ses feux, lorsqu'il veut les prouver,
A l'indulgence on est très disposée ;
Que, s'il ne peut par la porte arriver,
On lui sait gré d'entrer par la croisée ?
On ne peut pas, *quand on est en aspect*,
Montrer pour nous trop d'égards, de respect ;
C'est différent quand on est tête à tête :
La politesse est alors malhonnête ;
C'est, je vous jure, un mauvais procédé,
Que sur le cœur femme a souvent gardé.
Il faut agir : sur ce point-là j'insiste.
Oubliez-vous ce que dit le psalmiste (1) :

(1) Voyez OEuvres de Caylus, t. II, pages 58 et suivantes. Tout ce qui a étonné ou pourra étonner encore dans ce chant ou dans le suivant est une imitation, *toujours fort adoucie*, du Tiran le Blanc, livre très estimé en Espagne, et très public en France.

Manus autem. La glose dit tout net :
En fait d'amour, il faut aller au fait.
Nous nous plaignons parfois qu'on nous outrage ;
Mais soyez sûr que, dans le fond du cœur,
Celui qui montre une telle valeur
En est par nous estimé davantage. »

A ce discours, à ce noble sermon
Fait, comme on voit, à bonne intention,
Tiran ne put s'empêcher de sourire.
« Ah ! par ma foi, se prit-il à lui dire,
C'est en effet parler pertinemment ;
Je dois céder. Tiens, Plaisir-de-ma-vie,
Tu m'as très bien démontré ma folie :
Un confesseur n'en eût pas fait autant,
Eût-il trois fois fait sa théologie.
Oui, désormais je suis entreprenant ;
Et mène-moi vers le lit de ma mie. »

Elle l'y mène. Une lampe à ses yeux
Prêtait alors son jour voluptueux.
En retenant son haleine craintive,
Auprès du lit le chevalier arrive :
Ivre de joie, il admire tout bas.
D'un voile épais la princesse modeste
Avait couvert presque tous ses appas ;
Mais l'univers eût brûlé pour le reste.
Un bras poli, le plus blanc, le plus beau,
S'arrondissait autour de sa figure
Où se complut l'indulgente nature.
Si la bordure embellit le tableau,
Que le tableau sied bien à la bordure !
Une flottante et longue chevelure
Formait aussi des replis onduleux.
Les yeux charmans, et tels qu'on n'en voit guères,
Étaient fermés ; mais on jouissait mieux
Du doux éclat de ces longues paupières
Qui n'ont jamais couvert que de beaux yeux ;
Notez qu'encor la bouche parfumée
Charmait la vue, et n'était pas fermée ;
L'heureux amant, à travers le corail,
Voyait briller la perle au doux émail.
En sommeillant, Carmesine respire,
Et l'on pourrait penser qu'elle soupire.
Épris d'amour, et certain d'être aimé,
Peu s'en fallut que Tiran enflammé
Ne se livrât à son tendre délire.
Il s'élançait ; mais de l'austère honneur
Soudain la voix vient parler à son cœur ;
Plus que la mort il redoute le blâme,
Et, s'éloignant : « Non, non, dit-il tout bas,
Même en ces lieux on ne me vaincra pas.
Cet Amadis, ce héros de ma race,

Cet Amadis dont on perdit la trace,
S'il revenait, avec son noble feu,
S'indignerait que son petit-neveu
Pour le plaisir trahît ainsi la gloire.
Oui, je le sens ; et (je dis plus encor)
Malgré ses goûts, mon aïeul Galaor
Eût refusé cette lâche victoire.
Je sais sa vie : amant homme de bien,
Il prenait tout, mais il ne volait rien.
Pardonne-moi l'effroi qui vient m'abattre :
De tes avis gardant le souvenir,
Va, je serai, ma chère, à l'avenir
Bien plus hardi... quand je pourrai combattre.
Honneur du monde, Amadis qui n'est plus
Revit encor pour guider aux vertus.
Des chevaliers les cœurs lui sont fidèles ;
J'entends sa voix, et je suis son conseil.
Oui, je m'éloigne, et, pendant leur sommeil,
Je ne combats les guerriers, ni les Belles.
Viens ; mène-moi vite hors de ces lieux. »
Le héros dit ; la suivante l'admire,
Et ne peut pas s'empêcher de lui dire :
« Je parlais bien ; vous faites encor mieux. »

Il s'éloignait : mais, quoi ! la Providence
A ce beau trait devait sa récompense.
Elle éveilla la princesse à propos,
Et celle-ci de surprise saisie,
Voyant Tiran, jetait des cris très hauts
Sans les efforts de Plaisir-de-ma-vie.
Cette suivante agréable *au causer*,
N'explique rien, cherche à tout excuser.
« Cette visite alarme la princesse,
Mais ne doit pas rendre Tiran suspect :
Bien loin d'oser lui parler de tendresse ;
Il lui venait présenter son respect.
Il est bien vrai que l'heure était indue ;
Mais pour sa dame il a tout oublié :
Il est bien vrai qu'elle était peu vêtue ;
Mais il était *en habit habillé*. »
Cette raison fit sourire la Belle,
Et, quand on rit, le courroux va céder.
Elle s'apaise, et permet qu'on rappelle
Le chevalier, mais pour le bien gronder.
Vous devinez qu'on ne le gronda guère.
Auprès de lui la Belle, moins sévère,
S'attendrissait ; et, soupirant enfin,
Elle lui dit : *Tiran, baise mon sein.*
Avant ce don, cette amante sensible
Avait sur soi fait un secret retour ;
Et l'amour-propre, enfant très susceptible,
Avait permis ces bontés à l'amour.
Jamais présent, surpassant l'espérance,
Ne mérita tant de reconnaissance.
Dans ses bienfaits conservant sa rigueur,
Carmesine est heureuse du bonheur
De son ami qu'un tendre feu dévore ;
Et, sans vouloir rien de plus accorder,
Dit, le voyant sur son sein qu'il adore :
« *Ces choses-là, douces à posséder,
Sont à donner bien plus douces encore.* »

Mais le destin, jaloux de ces amans,
Leur préparait d'affreux événemens.
Ah ! des mortels que l'espoir se fourvoie !
Que la douleur aime à gâter la joie !
Tout près de là dormait, et par malheur
Dormait très mal, la Veuve reposée.
Ayant ouï ne sais quelle rumeur,
Et soupçonnant, en personne avisée,
Que quelque amant peut bien en être auteur,
Imprudemment elle crie, elle appelle.
A cette voix, pour témoigner son zèle,
Chacun accourt. Précipitant ses pas,
Tiran qui fuit s'élance avec vitesse
Par la croisée, et se casse les bras ;
Heureux encor s'il sauve sa maîtresse !

CHANT DIX-HUITIÈME.

Hippolyte sauve Tiran. — Premiers exploits d'Amadis de Grèce. — Vrai miracle de Tiran. — Complot de la Veuve reposée. — Maladie de Tiran. — Le Page diable et médecin. — La Veuve fustigée. — Paix faite et scellée.

L'historien me dit les temps passés ;
Mais il me dit souvent ce que je sais.
Vive un génie, admirable interprète,
Qui nous dirait notre histoire secrète !
Ce que l'on voit, je vous le dis tout bas,
N'est rien auprès de ce qu'on ne voit pas.
Plein de secrets des plus fous, des plus sages,
Ce monde, au moins, a deux ou trois visages.
Dans *Amadis*, pour borner mon essor
A des pensers dignes de Galaor,
Combien de fois une jeune merveille
Nous apparut en un cercle pompeux,
Qui, le matin, ou tout au moins la veille,
Était pâmée en nos bras amoureux.
A son air digne, à ses grandeurs suprêmes,
Le croirait-on ? le croiriez-vous vous-mêmes,
Sans le sourire imperceptible et doux
Dont, de ses yeux, de sa bouche divine,
L'esprit charmant vole un moment vers vous ?
Chacun se trompe, et nul ne se devine.
Que de liens la nuit dérobe au jour ! -

Combien de gens, qui ne s'en doutent guères,
Sont cependant ou cousins, ou beaux-frères !
Qui d'entre nous, s'il cultiva l'amour,
N'a ri tout bas auprès de ses beaux-pères !
Oh ! qu'il serait curieux, amusant
De voir le monde en son côté plaisant !
C'est bien aussi, messieurs, pour vous complaire,
Ce que souvent j'essaie ici de faire.
Je vous ai dit un mystère important
Dont, entre nous, le dénoûment me pèse.
Allons rejoindre, et même promptement,
De Galaor le petit-fils vaillant,
Qui dans la rue est fort mal à son aise,
Pour s'être vu trop bien auparavant.

Malgré son bras tout brisé dans sa chute,
Malgré son corps froissé de toutes parts,
Ne voulant pas, en s'offrant aux regards,
A des soupçons laisser sa dame en butte,
Tiran encor s'éloigna de cent pas,
Puis, abattu par l'excès de souffrance,
Sur le pavé tomba sans connaissance.
Pendant ce temps, apaisant le fracas,
Et Carmesine, et Plaisir-de-ma-vie,
Taxaient tout haut la Veuve de folie.
« Si j'ai crié, quelque rêve trompeur,
Lui répétait la princesse tremblante,
Aura causé cette folle clameur ;
Mais la vôtre est encor plus imprudente. »
Lors à son lit chacun est revenu.
Et cependant des gens, dans la nuit sombre,
Trouvaient Tiran, et l'auraient reconnu ;
Et vous jugez tous les propos sans nombre.
Aussi Tiran, à peine ranimé,
Cachait ses traits pour n'être pas nommé.
En ce moment, par rencontre opportune,
Allant encor trouver bonne fortune,
Son Hippolyte arrive sur le port.
Malgré la nuit, il reconnaît d'abord
Son noble maître ; alors, tirant son glaive,
Aux curieux Hippolyte l'enlève.
C'était trop peu. Sans autre question,
Devinant tout, à cette heure tranquille,
Avec vigueur, adresse, attention,
Il a porté Tiran hors de la ville.
Le lendemain, accusant le hasard,
De tous côtés le peuple qui s'amasse,
S'afflige, et voit, rentrer sur un brancard,
Tiran, blessé, dit-on, dans une chasse.
Ce fut ainsi que le page, à propos,
Sut couper court à des rumeurs cruelles,
Et prouva bien, en sauvant un héros,
Qu'il était bon ailleurs qu'auprès des Belles.

Mais tout le temps dont, à son déplaisir,
Tiran le Blanc eut besoin pour guérir,
Propice aux Turcs, fut aux chrétiens funeste.
De ce malheur les païens sont instruits.
Au désespoir leurs cœurs étaient réduits ;
Et leur ardeur déjà se manifeste.
Heureusement que le fils de Lisvard,
Par ses parens dit *Amadis de Grèce*,
Joignait déjà la force avec l'adresse.
Il veut des Grecs devenir le rempart,
Et fait si bien, brillant dès son aurore,
Qu'il sait du moins par de nombreux hauts faits
Des musulmans arrêter les progrès.
Enfin Tiran, bien qu'assez faible encore,
Vient le rejoindre ; et, tous deux réunis,
Font fuir au loin, du côté de l'aurore,
Du Christ vainqueur les vaillans ennemis.
Alors Tiran et le jeune Amadis
D'un tel succès vont jouir à Byzance.
Bientôt quittant ses parens attendris,
Amadis veut exercer sa vaillance
En d'autres lieux. Lisvard, homme excellent,
Le voit, l'embrasse, et le quitte en pleurant.
L'Impératrice, avec même tendresse,
Dans ces adieux reçoit son jeune fils.
Elle lui donne, avant, divers avis,
Dont je ne puis trop vanter la sagesse.
Elle lui dit : « Surtout, mon cher enfant,
Dès ce moment, et toute votre vie,
Quoi que l'on dise, honorez constamment
Un sexe pur, de sagesse accomplie.
Je sais trop bien qu'en tout temps, en tout lieu,
On nous poursuit par des soupçons infâmes :
Croyez, mon fils, à la vertu des femmes ;
Qui n'y croit pas sera maudit de Dieu. »

Qui le voudra dira les aventures
Et les exploits dont le jeune Amadis
Dans vingt châteaux et dans plus de masures,
En s'illustrant étonna maints pays.
Pour moi, je suis ma douce fantaisie
Pour Carmesine et Plaisir-de-ma-vie ;
Et veux vous dire un exploit de Tiran,
Tel qu'on ne peut en citer de plus grand.
Sa noble amie, aussi tendre que belle,
A l'esprit juste, et sent trop qu'il faut bien
Le consoler par un doux entretien
De tous les maux qu'il a soufferts pour elle.
La Veuve absente, un joli rendez-vous
Est assigné. Loin des regards qu'ils craignent,
En se voyant, du baiser le plus doux,
Avec transport, les deux amans s'étreignent :
Puis Carmesine est tombée à genoux.

La Belle, alors, d'une voix attendrie,
A l'Éternel, avec componction,
Tient ce discours, qui, dans l'occasion,
Parut bizarre à Plaisir-de-ma-vie :

« *Dieu tout-puissant, miséricordieux,*
Qui, descendant de la voûte azurée,
Pour racheter nos péchés odieux,
Naquis du sein d'une vierge sacrée,
Dieu qui, mourant sur l'arbre de la croix,
Après trois jours, vis renaître ta vie,
C'est sous tes yeux que j'élève la voix,
Et qu'à jamais à Tiran je me lie.
De mes parens le superbe courroux,
Quoique lui seul soutienne leur puissance,
Refuserait cette noble alliance :
Mais devant toi je le prends pour époux,
Et, plus qu'en eux, en toi j'ai confiance.
A ce héros garantissant ma foi,
Puisse ce nœud, solennel, authentique,
Servir toujours ta sainte mère, toi,
Et le progrès de la foi catholique ! »

Mais, dites-vous, nous cherchons jusqu'ici
Où de Tiran est le brillant miracle?
Vous êtes prompts. Attendez : le voici :
Quand pour Tiran il n'était plus d'obstacle,
Quand la princesse, avec sa douce voix,
Convenait bien qu'il avait tous les droits,
Lorsque, sans voile enfin et sans alarmes,
Entre deux draps il pressait tous ses charmes,
Quand cette Belle, indulgente à l'excès,
Ne réservait qu'un point dans ses bienfaits,
Lui demandant seulement, comme grace,
Que, pour ne pas la perdre tout à fait,
Il n'allât point, cédant à son audace,
Exiger d'elle un bonheur trop complet;
Tiran le Blanc, une nuit tout entière,
Donnant, goûtant, des baisers enchanteurs,
Sut respecter une faible barrière,
Et palpitant, et comblé de faveurs,
Sut s'arrêter tout près de la dernière.
Or répondez, héros, dont parmi nous
Le nombre est grand, la valeur admirable,
De mes héros, vous, peut-être jaloux,
Répondez-moi ; je m'en rapporte à vous :
D'un si beau trait qui de vous est capable?

Un tel miracle où, pour parler sans fard,
A Carmesine il faut laisser sa part,
A répéter est périlleux peut-être.
De ces amans nonobstant la valeur,
Bientôt sans doute, au sein de leur bonheur,
Ils auraient vu leur gloire disparaître ;
Mais dès long-temps un complot se tramait.
Tiran alors en ressentit l'effet.
Je vous l'ai dit : la Veuve reposée,
Pour ce héros était bien disposée.
Elle brûlait pour lui d'un feu discret ;
Mais elle était trop adroite et trop fine
Pour ignorer qu'ailleurs Tiran aimait,
Et, par malheur, qu'il aimait Carmesine.
L'automne encore offre de doux instans ;
Mais on l'oublie à l'aspect du printemps.
La Veuve sait tout son désavantage.
Pour l'effacer, elle met en usage
D'affreux moyens : lorsque son piége est prêt,
Avec cet air où la vertu respire,
Elle s'en vient vers Tiran en secret ;
Elle se tait, le regarde, soupire,
Puis lui raconte, avec gémissement,
Que Carmesine a trahi sa tendresse,
Qu'elle est coupable, et d'un page insolent
Est tous les jours l'indulgente maîtresse.
Tiran frémit... « Non, il ne se peut pas :
Elle est bien loin de pareils attentats.
Vous me trompez. » Sans s'émouvoir, la Veuve
Lui dit : « Venez, vous en aurez la preuve. »

Avec un art qu'on ne pouvait prévoir,
Elle avait su tramer sa perfidie.
Elle savait que Plaisir-de-ma-vie
Pour amuser Carmesine, ce soir,
Devait en page auprès d'elle s'asseoir.
Approuvant fort cette plaisanterie,
L'indigne Veuve avait dit en riant :
« Vous devriez, auprès de la princesse,
En lui parlant d'amour et de tendresse,
Prendre les airs du plus heureux amant. »
Comme Plaisir-de-ma-vie était faite
Élégamment, d'un page polisson
Sans peine elle eut l'apparence parfaite ;
Elle en saisit la grace et la façon.
Sur le gazon où lisait la princesse
Elle s'avance avec un air galant,
S'assied près d'elle, entre ses bras la presse,
Lui donne même un baiser peu décent,
Et puis bientôt sur sa gorge charmante
Porte et promène une main insolente.
A se fâcher ne songeant nullement,
Riant beaucoup, la facile princesse
Entend les vœux, accueille le serment ;
Même elle rend une douce caresse ;
Et d'assez loin Tiran, en ce moment,
Avec fureur observait sa maîtresse,

Sans distinguer quel était cet amant.

Tiran succombe, et Veuve reposée,
En le voyant tomber évanoui,
Assez long-temps fut très embarrassée.
Elle eut grand'peine à l'emmener chez lui.
Là, ce héros n'a plus qu'une pensée ;
C'est de mourir. A son abattement
Rien n'est égal, si ce n'est son silence.
Lisvard le vient visiter vainement,
Et pour ses jours on a peu d'espérance.
De son complot recueillant mal le fruit,
La Veuve alors, en cachant sa souffrance,
Voit par Tiran son espoir éconduit.
C'est vainement que Plaisir-de-ma-vie,
De Carmesine apportant les douleurs,
Vient pour le voir. Elle en est accueillie
D'un froid dédain. Les savans, les docteurs,
Nul ne comprend rien à sa maladie.
De jour en jour sa faiblesse augmentant,
Par nul moyen ses forces ne revivent.
Lors Hippolyte, au médecin tremblant
Dit : « Criez-lui que les païens arrivent. »
Par ce seul mot le mourant réveillé
D'abord se lève, et saisit son épée ;
Dès que pour lui le danger a brillé,
Dans sa valeur sa force est retrempée.
Tel un héros qu'ont désarmé les ans,
Aime à saisir l'espoir de la victoire ;
Et le grand homme à ses derniers momens,
S'anime encore aux rayons de la gloire.

Mais promptement cette faible lueur
Pâlit. Tiran est retombé bien vite,
Et ce héros, dompté par la douleur,
Ne parle plus qu'à son page Hippolyte ;
Même ce n'est qu'à mots entrecoupés.
Mais Hippolyte, encor qu'il soit un page,
De réfléchir eut le don en partage.
De quelques mots ses esprits sont frappés.
Il se doutait d'un peu de perfidie :
Il soupçonna d'horribles attentats ;
Et, toujours cher à Plaisir-de-ma-vie,
Vint la nuit même en causer dans ses bras.
Communément, Belle qui, moins sévère,
De ses attraits a livré le mystère,
N'en a pas d'autre ; et qui fait tout, sait tout.
Vous concevez que Plaisir-de-ma-vie
Ne se fit pas dès lors prier beaucoup,
Et du jardin raconta la folie.

N'étant pas sûr, mais disant : « Je parie. »
Le page ému chez son maître paraît.

« Veuillez, dit-il, accueillir mon souhait,
Je puis vous rendre et la joie et la vie.
Vous regardez en pitié mon projet ;
Laissez-moi faire, et faites chose aisée :
Veuillez, ce soir, en rendez-vous secret,
Faire appeler la veuve reposée. »

Tiran le Blanc se prête à son désir.
Tout est égal alors qu'on va mourir.
Mais que la Veuve éprouva d'allégresse
Quand de Tiran elle vit le cachet !
Pour cette fois la Veuve se promet
Qu'enfin il va partager sa tendresse.
Se préparant à ce doux entretien,
Sortant d'un bain et fraîche, et parfumée.
Elle se pare ; elle est vraiment très bien,
Et chez Tiran elle se rend, charmée.
A ce héros, qui ne lui répond rien,
Mais qui toujours redouble de surprise,
Elle s'explique enfin avec franchise.
« Pourquoi, dit-elle, à cet excès fléchir
Sous la douleur, et vous laisser mourir !
Je sais trop bien qu'une amante coupable
A pu trahir votre amour *respectable ;*
Mais vous pourriez, calmant votre douleur,
Sans rechercher la jeunesse en sa fleur
Et son attrait presque toujours trompeur,
Trouver sans peine une femme encor belle,
Et plus aimante, et surtout plus fidèle. »

Quelques soupirs s'échappaient de son cœur,
A ces accens ; quand un bruit effroyable
Vient la frapper, et, du mur entr'ouvert,
La Veuve voit sortir... qui donc ? le Diable.
Du moins le page avec soin s'est couvert
De ce costume aux mortels redoutable.
De notre page, autrefois plus aimable,
Qui connaîtrait le visage noirci ?
Changeant sa voix, dont le ton est grossi :
« Veuve, dit-il, quel vain projet t'anime !
Tu viens ici pour consommer ton crime ;
Mais ton forfait te remet en ma main.
A prier Dieu, par pitié, je t'exhorte ;
Tu ne pourras accomplir ton dessein ;
Dans les enfers il faut que je t'emporte. »
Alors, devant ses griffes en courroux,
La pauvre Veuve est tombée à genoux.
« Grace ! dit-elle. — A ta noble victime.
Dit le démon, confesse au moins ton crime. »
La Veuve alors, à Tiran étonné,
De plus en plus interdit, indigné,
Raconte au long sa lâche perfidie,
Et du jardin la trahison hardie.

« C'en est assez : le récit est fort clair,
Reprend le page, et te voilà jugée.
Tu n'iras pas cette fois en enfer,
Mais seras bien et dûment fustigée,
Viens, Astaroth. » Astaroth accourant
Était du page un page confident.
Tous deux d'abord se mettent à l'ouvrage.
Tous les attraits qu'elle avait parfumés
Et rafraîchis pour un plus doux usage
Sont, sans pitié, par la verge opprimés ;
Chacun de vous l'a deviné, je gage :
Ce n'était pas sans un peu de regret
Qu'on employait aussi mal son veuvage ;
Mais le penser de son lâche méfait
Doublait les coups et doublait le courage.
En conscience aussi chacun frappait,
Reconnaissant ses procédés honnêtes ;
Et les noirceurs qu'à la Veuve on faisait
Payaient assez celles qu'elle avait faites.
Déjà le monde ainsi se renversait,
Et l'on bravait les antiques adages :
C'était jadis les pages qu'on fouettait,
Et les fouetteurs ici, c'étaient les pages.

On laisse enfin la Veuve qui, fuyant,
Et par le Diable à jamais convertie,
Pour expier sa coupable manie,
Court de ce pas épouser un couvent.
Astaroth part. Lors pour Tiran, bien vite,
Satan blanchi redevient Hippolyte.
« Hé bien ! seigneur, que vous avais-je dit ?
Avez-vous bien entendu ce récit ?
La Veuve eut-elle assez de perfidie ?
A-t-on trahi vos fidèles amours,
Et voulez-vous encor finir vos jours ?
— Ah ! mon ami, tu me sauves la vie,
Répond Tiran déjà tout ranimé.
Va, cours trouver celle qui m'a charmé,
Et fais qu'on daigne excuser ma folie. »

On l'excusa. Pour le surlendemain,
Tiran reçoit rendez-vous au jardin.
Il y trouva sa dame sous l'ombrage.
Comme il allait tomber à ses genoux,
Vers elle il voit venir un jeune page,
Et, la voyant caresser sans courroux,
Il reconnaît ces habits, ce corsage,
Et tout ce jen dont il fut si jaloux.
« Oui, c'est bien lui, c'est Plaisir-de-ma-vie,
Dit le héros : quelle fut ma folie ! »
Lors il l'embrasse ; et, le voyant content,
Elle s'enfonce au milieu du bocage,
Où pour sa peine Hippolyte l'attend :
Le page ému va caresser le page,
Et cette fois la nature y consent.

Demeurés seuls, Tiran et Carmesine
N'ont désormais nul point qui les chagrine.
Ils répétaient leurs sermens amoureux.
Mais faut-il dire un malheur bien affreux ?...
Comme, d'après sa belle expérience,
La dame avait en Tiran confiance,
Elle souffrait qu'une brûlante main
Osât presser les trésors de son sein ;
Elle souffrait qu'une main moins discrète
Rendît hommage à sa grâce secrète.
Soudain Tiran, en d'imprudens transports,
De Carmesine a bravé les efforts.
Cette Beauté qui, justement vantée,
Entre deux draps fut pourtant respectée,
Dans un bosquet ou quelqu'un peut venir,
Réprime en vain l'ardeur de son désir.
Tel un marin qui, de la mer lointaine
Brava les flots prêts à le submerger,
Vient se briser contre un moindre danger,
Et se noyer dans la paix de la Seine.
De trop d'amour Tiran est enflammé,
Et Carmesine en vain prie et menace.
« Je ne veux point. Modérez cette audace.
Vous savez bien que vous êtes aimé.
O mon ami, je vous demande grace ! »
Long-temps discret, Tiran n'écoutant rien
Lui fait enfin partager son ivresse.
Tiran encor ne se portait pas bien,
Et d'un malade excusons la faiblesse.

CHANT DIX-NEUVIÈME.

Aventures d'Amadis de Grèce. — Qui perd gagne. — La gloire de Niquée. — Mort de Carmesine. — Dernière victoire de Tiran. — Amadis de Grèce vient défendre Constantinople. — Urgande l'emmène pour chercher Amadis de Gaule.

Je le sais bien, et j'en tombe d'accord :
L'amour finit, et l'amour a grand tort.
Le plus constant auprès de la plus belle
Ne peut brûler d'une flamme éternelle ;
Mais il est sûr que, dans tout cœur bien né,
Quand du bonheur le temps est terminé,
Il reste encor, même après l'inconstance,
Tendre amitié, douce reconnaissance
Pour celle-là qui, comblant tous nos vœux,
Nous a donné ce qu'elle avait de mieux.
Vous qu'une erreur, à mes yeux excusable,
Porta naguère à me trouver aimable,

Belles, croyez que vos tendres bienfaits
A mon esprit sont présens à jamais.
Dans mes chagrins, votre douce pensée
Est à mon cœur, devenu plus serein,
Ce qu'est au lis le zéphir du matin,
Ce qu'au gazon est la tendre rosée.
Objets chéris, qui fîtes mes plaisirs,
J'ai vu par vous ma jeunesse embellie;
Et, quand viendra la vieillesse ennemie,
De vos bontés les rians souvenirs
Embelliront le déclin de ma vie.

Vous, près de qui j'éprouve chaque jour
Que l'amitié ne cède qu'à l'amour,
Mes chers amis, chez vous et chez les vôtres,
Montrez ces vers où mon cœur attendri
Célèbre encor celles qui m'ont chéri;
Cela pourrait en encourager d'autres.

Tandis qu'enfin Tiran victorieux,
De Carmesine épuisait la tendresse,
Le frère altier de l'aimable princesse
Par ses exploits faisait qu'en mille lieux
On ne parlait que d'Amadis de Grèce.
Qu'il vit d'objets plaisans et curieux!
Il vit surtout des chevaliers profanes,
Gens au corps d'homme, à la tête de chien,
Qui combattaient et qui mordaient très bien;
On les nommait pour cela *Barbacanes*.
Il les vengea, leur donna son appui,
Et ces guerriers n'aboyaient que pour lui.
Il rencontra, sous l'ombrage d'un hêtre
Certain chanteur ennuyeux, éternel,
Qui s'appelait *le berger Darinel*,
Et près de là vit *Pintiquinietre*,
Reine aux grands airs, que Cervante cruel
Long-temps après jeta par la fenêtre,
Tout à côté du pauvre Darinel.

Cet Amadis, en cherchant la victoire,
Sur son chemin rencontra maintes fois,
Dans leurs combats, au moins dans leur mémoire,
Des chevaliers qu'a célébrés la gloire,
Et qu'eût voulu chanter aussi ma voix.
O chevaliers! dont s'honore la terre,
Bélianis, vaillant Perceforest,
O Palmerins, d'Olive et d'Angleterre,
Excusez-moi si mon pinceau discret
Sur vos exploits est réduit à se taire.
Peut-être il le faut, d'après ce que j'ai fait,
Me pardonner ce que je n'ai pu faire.
Quand, dans mes vers, des chevaliers errans
J'aurai décrit les trois grandes familles,

Je puis laisser à d'autres concurrens
D'autres portraits, et leurs plumes gentilles
Pourront aussi dans les romans passés
Des vieux hauts faits exhumer la féerie,
Et faire encor de la chevalerie
Si par hasard on n'en a pas assez.

Quoiqu'à vingt ans et dans l'âge de plaire,
Le jeune prince, aux exploits occupé,
Avec l'amour n'avait pas eu d'affaire.
Mais, au milieu d'une barbare terre,
D'attraits charmans il fut un jour frappé.
Car, mes amis, remarquez, je vous prie,
Dans les pays, les temps de barbarie,
Quand tout périt, les arts, les mœurs, les lois,
Que la Beauté du moins garde ses droits.
Dans ce déchet, oui, la bonne nature
De la Beauté maintient la source pure,
L'offre à nos yeux en ses traits délicats,
Et rarement en interrompt la chaîne
Aux siècles même où la peinture vaine
La voit, l'admire, et ne l'imite pas.
Plus de Virgile, et plus de Phidias;
Mais tout pays, tout siècle, a quelque Hélène.
Tel était presque un objet séduisant
Qui ne fut pas pour Amadis de Grèce
Sans charme, alors, non plus que sans tendresse,
Et dont on conte un trait assez plaisant.

Par ce jeune homme elle était délivrée
D'un fier géant qui troublait la contrée.
Il la menait à son frère chéri;
Car dès long-temps son père avait péri.
Cette Beauté qu'on nommait Émirante,
En vain pour lui se montrait agaçante;
Ne voyant rien, s'en tenant aux respects,
Il restait froid. La fille qui s'ennuie
Propose un soir de jouer aux échecs;
Mais en argent elle était peu fournie.
On sait aussi qu'un chevalier errant,
Par dignité n'avait jamais d'argent.
Mais comme on aime à jouer quelque chose,
Au chevalier Émirante propose
Que le vaincu, sans retard et comptant,
Donne une part de son ajustement.
Lui, de sourire; et, se croyant habile,
Sans peine accède à la condition.
Mais, bien qu'il eût de la prétention,
Étant moins fort qu'Émirante subtile,
Il perdait tout, nonobstant ses efforts,
Casque, cuirasse, et même juste-au-corps.
Pour résister, c'est en vain qu'il s'agite.
Elle, qui voit que cette perte excite

Son amour-propre et non pas son amour,
Change de plan, et veut perdre à son tour :
En peu de temps Amadis se racquitte.
Ce n'était rien : Émirante qui perd
Donne un ruban, et montre à découvert
Un front charmant. La belle qui murmure
Veut sa revanche, est maladroite encor,
Et tristement détache un peigne d'or
Qui retenait sa longue chevelure ;
Ces beaux cheveux qui tombent à longs flots
Ont attiré les regards du héros.
Des gants perdus, à ses yeux sans alarme
Montrent des bras pleins de grace et de charme.
Mais au héros quel bonheur est échu
Quand d'Émirante il gagne le fichu !
En rougissant, la Belle le détache,
Et laisse voir ces trésors pleins d'appas,
Ces doux objets qu'avec grand soin on cache,
Surtout alors que l'on ne les a pas.
A cet aspect, Amadis qui se trouble
Ne sait plus trop ce qu'il fait, et voit double :
Il jouait mal dans l'excès de son feu.
Facilement vous allez en conclure
Qu'il reperdit. Non : lui faisant beau jeu,
La belle enfin perd jusqu'à sa ceinture.
Pour cette fois, Amadis transporté
S'en vient lui-même, en sa témérité,
La détacher. Le désir le dévore ;
Il veut soudain, auprès de tant d'appas,
Changer de jeu : le héros gagne encore ;
Mais Émirante alors n'y perdit pas.

Depuis ce jour, plus d'un succès l'honore.
Si par l'éclat des faits les plus hardis,
Il rappelait souvent l'autre Amadis,
Que de Beautés du ciel favorisées,
Par ce héros sont galaorisées !
De ses succès disons un entre dix :
Connaissez-vous *la gloire de Niquée*,
Par nos aïeux tellement remarquée,
Que son renom, parmi nous effacé,
Long-temps chez eux en proverbe a passé ?
Du roi de Thèbe héritière brillante,
Niquée était belle, et, bien plus, charmante ;
Et par malheur, son père peu sensé
Avait encor, par la magnificence,
De tant d'attraits rehaussé la puissance.
D'un grand royaume exposant les trésors,
De ses sujets épuisant les efforts,
Pour la princesse il avait fait construire
Un édifice, un beau palais ; non pas :
C'était un temple, et ce n'est pas trop dire.
Dans ce palais quand on portait ses pas,

De salle en salle où la vue enchantée
De plus en plus était toujours flattée,
On arrivait dans un salon pompeux,
Le plus brillant qu'on pût voir sous les cieux.
O que d'éclat ! les trésors les plus rares
Que la nature, avec des mains avares,
Nous cache ailleurs, s'offraient là réunis.
Là se pressaient et l'or et le rubis ;
Là s'élevaient des colonnes rivales,
De beaux saphirs, rubis, perles, opales ;
Et sur un trône où, pour seuls ornemens,
En flots de feu brillaient les diamans,
De mille attraits Niquée éblouissante,
S'offrait aux yeux, encor plus éclatante.
Ce lieu, ce trône, en tous pays vantés,
Étaient connus sous le nom *de sa gloire*.
Là seulement aux regards enchantés
Elle s'offrait, et cent jeunes Beautés
Pour l'amuser lui contaient quelque histoire ;
Ou bien mêlaient le charme des concerts
Au doux plaisir de la danse et des vers.
De tant d'attraits la puissante magie
Sur les humains avait tant d'énergie,
Qu'en ce salon on n'était pas entré,
Que le bon sens sortait évaporé.
Toujours Niquée avec indifférence
Voyait l'effet de sa toute-puissance.
Il était dit qu'elle perdrait le don
De dérober aux hommes la raison,
Quand de l'amour la riante folie
Trouverait place en son ame attendrie.

D'un tel essai vous sentez le danger ;
Des Amadis protectrice constante,
A ce dernier, Urgande, assez pressante,
Le vint, au nom des *Sages*, proposer.
« Jeune Amadis dont s'honore la Grèce,
Mon ennemie en sa coupable adresse,
Mélye, accroît ce charme ; et les chrétiens
Deviennent fous au profit des païens.
Viens, t'assurant une Beauté suprême,
Servir ainsi ton pays et toi-même. »

Amadis part ; vous auriez cru vraiment
Qu'il s'agissait de plaire seulement :
Il s'en plaignait ; mais la vieille Mélye
Mit les combats aussi de la partie.
Pour éloigner ce héros séduisant,
Elle assembla des monstres effroyables,
Dont la fureur, à jamais l'illustrant,
Lui fit braver des périls incroyables.
Après cent faits trop longs à raconter,
Ayant enfin remporté la victoire,

Ce jeune Grec qu'on ne peut arrêter
Vient chez Niquée, et la voit dans *sa gloire*.
Il devient fou d'abord ; mais, par bonheur,
Dans sa gaîté fait de telles folies,
Que la princesse, oubliant sa rigueur,
Y prend plaisir, et les trouve jolies.
Les autres fous, comme de vrais nigauds,
Perdaient l'espoir, ne disaient rien d'aimable ;
Lui, tint d'amour d'agréables propos,
Ce qui paraît beaucoup plus raisonnable.
Bref, il sut plaire, obtenir du retour,
Et de Niquée ayant fixé l'amour,
Il retrouva près de cette princesse
Tout son bon sens, en gardant sa tendresse.
Mille chrétiens guéris par son appui,
Pour l'honorer épuisaient la louange :
Lorsque pour eux, plus encore pour lui,
Survint un jour un embarras étrange.

Comme Amadis, plus heureux que jamais,
Venait revoir la charmante Niquée,
Il fut surpris de voir dans le palais
Son arrivée à peine remarquée ;
Mais il resta des plus déconcertés
En s'approchant d'une dame si belle,
Quand, dans *sa gloire*, il vit à ses côtés
Un chevalier très bien traité par elle.
Dieu ! c'est lui-même ; et Mélye, en ce jour,
A ce vainqueur avait joué le tour
De le doubler, non pour son avantage,
Et de former un prince à son image.
Pour Amadis il fut vraiment heureux
Qu'avec Niquée il ne fût pas au mieux ;
Car elle aurait, à ses vertus sensible,
Poussé l'erreur aussi loin que possible.
Mais quels débats ! Sauvés par Amadis,
Les chevaliers demeuraient interdits,
Sur tous les deux craignaient de se méprendre,
Et ne savaient qui punir, qui défendre.
On s'en remit au combat personnel.
Or, d'Amadis le rival plein de rage,
Avec les traits en reçut le courage.
Le choc fut long, et terrible, et cruel ;
Mais Amadis eut enfin l'avantage,
Et son rival, atteint d'un coup mortel,
Toucha la terre, et changea de visage.
Je ne ris point : la mort qui s'avançait,
De la sorcière et perfide et féroce
Ayant rompu l'enchantement parfait,
En expirant, d'un païen qu'il était,
Le faux chrétien prit la figure atroce.
Entre les deux Niquée encor doutait,
Et fut alors bien sûre de son fait.

Mais ces amans, en proie à l'allégresse,
A peine avaient exprimé leur tendresse,
Urgande arrive, et dit : « Jeune Amadis,
Voici l'instant des faits les plus hardis :
D'un coup soudain la puissance divine
Vient d'enlever votre sœur Carmesine ;
Elle n'est plus, frappée en son printemps.
Allez, courez consoler vos parens ;
Courez aussi des guerriers de Byzance,
Par votre exemple, animer la vaillance. »

Dans ce discours, Amadis pouvait bien
Trouver sans doute un défaut de logique ;
Mais dire tout, fort souvent ne vaut rien,
Et pour raison Urgande est laconique :
Il ne faut point des fautes de l'amour,
En certains cas, trop entr'ouvrir le livre.
Or Carmesine ayant perdu le jour,
Elle sait bien que Tiran ne peut vivre,
Et que les Grecs, gens de faible valeur,
Auront besoin d'un nouveau défenseur.
Il est trop vrai. Quand Plaisir-de-ma-vie
A ce héros au milieu de son camp,
Avec sanglots, de la mort de sa mie
Eut raconté l'affreux événement,
Pâle, interdit, dans un désordre extrême,
Ayant ouï ces revers imprévus,
Il crut le sort être frappé lui-même :
Deux jours après, ce héros n'était plus.
Dans un combat d'éternelle mémoire,
Des Musulmans il terrassa l'effort ;
Mais quand il fut bien sûr de la victoire,
Il fit si bien qu'il rencontra la mort :
Frappant toujours la foule sarrasine,
Percé de traits, il termina son sort
En s'écriant : « *Jésus et Carmesine !* »

Mais, moins modeste après tant de combats,
Tiran le Blanc eut dû penser et croire
Que, pour les Turcs, le fruit de son trépas
Compenserait, au delà, sa victoire.
Aussi sa mort mit tout Byzance en deuil.
Un jour entier, honorant sa mémoire,
Un peuple immense entoura son cercueil.
On pleura tant, qu'après cette journée
Nul ne pleura du reste de l'année.
Ailleurs, les Turcs criaient dans leurs fureurs :
« Tiran n'est plus ; nous sommes les vainqueurs. »
De toutes parts, et d'Asie, et d'Afrique,
S'assemble, accourt un peuple frénétique.
Tiran n'est plus : cessant d'être gardé,
L'empire grec de Turcs est inondé.
Il était temps que l'Amadis de Grèce

Vint rassurer les Grecs épouvantés.
Aidé des preux chez Nicée arrêtés
Et qu'il avait guéris par son adresse,
Il sait un temps rassurer les cités,
Et contenir le païen qui les presse ;
Mais il fallut, au nombre enfin cédant,
Dompter l'essor d'un courage imprudent,
Et revenir, d'une perte fatale,
Par ses efforts garder la capitale.
Les Musulmans occupaient le pays
Et déjà même y vivaient établis.
Ils avaient fait sur ces nouvelles terres
Actes de rois et de propriétaires ;
Et par les Grecs qui vivaient sous leurs lois,
(Pour capitale et pour fort à la fois,
Faute d'avoir encor Constantinople,)
Après de longs et bizarres travaux,
Ils avaient fait construire sur l'Athos
Une cité dite Gigantinople.
Elle avait droit à ce nom-là, vraiment.
Un peu plus tard vous en saurez la cause ;
Je n'en ai pas le temps pour le moment,
Et vous allez le sentir, je suppose.

Les Musulmans enfin de toutes parts
Ont de Bysance assailli les remparts.
De tout son art la puissante Mélye
Sert leurs efforts et triple leur furie,
Urgande appuie, il est vrai, les chrétiens,
Mais se souvient du misérable rôle
Qu'elle eût joué sans Amadis de Gaule
Qui la sauva de funestes liens.
Pour les chrétiens protectrice constante,
Elle les sert, mais se cache... à regret ;
Et l'on sert mal quand on sert en secret.
De son côté, le cruel Bravorante,
Impatient de venger ses affronts,
Lance toujours de nouveaux bataillons
Contre les murs de Bysance tremblante.
C'est vainement que le jeune Amadis,
Environné de ses braves amis,
Vole partout, prodigue les miracles,
Et multiplie aux païens les obstacles.
Mal secondé des Grecs dégénérés,
Il voit leurs murs toujours plus resserrés.
Lisvard, son père, en proie à la vieillesse,
Ne le soutient qu'avec trop de faiblesse.
Les assaillans montrent tant de fureur,
Les assiégés si peu de confiance,
Que ce héros garde encor la valeur,
Mais ne peut plus conserver l'espérance.
Sans doute, à moins, on prendrait de l'humeur.
Urgande, un soir, vint lui rendre visite.

« Mon jeune ami, le chagrin vous agite ;
Le temps encor peut devenir meilleur.
Je viens vous voir, et de la part *des Sages*...
— Les Sages ! ciel ! ils font de beaux ouvrages !
— Tout n'est pas bien ; mais ils font de leur mieux.
— Pardon : selon vos récits non douteux,
De l'univers tout le soin les concerne ;
Et jamais presque on n'entend parler d'eux. »
Elle répond : « C'est ainsi qu'on gouverne.
Trop peu frappé de leurs soucis nombreux,
Vous jugez mal leur science profonde ;
Et vous seriez plus indulgent pour eux
Si vous aviez deux jours mené le monde.

» Or, écoutez : le moment est venu ;
Un grand secret va vous être connu.
Cet Amadis que l'univers honore,
Cet Amadis, dont vous portez le nom,
Cet Amadis qui disparut, dit-on,
Depuis cent ans, Amadis vit encore.
Si vous sentez au fond de votre cœur
Que rien ne peut le glacer de terreur,
Déjà fameux par des coups téméraires,
Plus brave encor, osez suivre mes pas ;
Venez livrer d'effroyables combats
Pour délivrer votre aïeul et ses frères ;
Et si le sort seconde vos travaux,
Si vous pouvez, délivrant ces héros,
Les ramener au secours de Byzance,
Il est pour elle encor de l'espérance. »
— Dieux ! quel secret ! quel espoir précieux !
Partons, volons, dit Amadis de Grèce.
... Mais cependant, tandis qu'en d'autres lieux
J'irai, cédant à l'ardeur qui me presse,
Multiplier les exploits périlleux,
Si ma patrie abattue, opprimée,
Des Musulmans voyait enfin l'armée
Forcer ses murs, égorger ses soldats,
Et m'accuser, moi, qui n'y serais pas !
Si mes parens, si mon malheureux père !...
— Rassurez-vous ; ma surveillance éclaire
Tous vos périls, dit Urgande : en ces lieux
Il reste encor des guerriers valeureux.
Je vous promets que les murs de Byzance
Ne seront pas conquis en votre absence.
Si leur danger croissait, à temps du moins,
Vous en serez prévenu par mes soins.
— Ah ! je vous suis d'après cette promesse. »
Parmi les airs soudain avec vitesse
Ils sont partis sur un char lumineux.
Ainsi, la nuit, dans l'azur de ses voiles,
Assez souvent nous voyons des étoiles

Prendre leur course et franchir tous les cieux,
Nous savons moins l'objet de leur voyage ;
Mais nous savons à qui nous confier :
Tout a son but ; et, dans le Grand Ouvrage,
Rien ne se fait sans le Grand Ouvrier.

CHANT VINGTIÈME.

Voyage en Gaule et en Angleterre.— Chef-d'œuvre d'Amadis de Grèce.— L'île Ferme retrouvée. — Urgande désenchante Amadis de Gaule, Galaor, Florestan, Oriane et Briolanie. — Amadis de Gaule au secours de Byzance.— Il était temps. — Exploits prodigieux d'Amadis. — Exploit singulier de Galaor. — Prise de Gigantinople. — Mort de Bravorante. — Triomphe des chrétiens — Dernier enchantement de Méljie.

Après avoir, pendant un long voyage,
Bravé les flots, les écueils destructeurs,
Je crois, de loin, entrevoir le rivage ;
Mais cet aspect, cher aux navigateurs,
Est dangereux pour nous autres auteurs,
Et c'est au port que nous faisons naufrage.
Nous arrivons sous des cieux rembrunis ;
Les sifflemens naissent, les vents s'élancent,
Et nos travaux à peine sont finis,
L'instant arrive où nos périls commencent.
Ah ! je frémis de tous ceux que je cours.
J'aurais surtout, dans les récits d'amours,
Voulu pouvoir me montrer insensible ;
Toujours sévère, et vertueux toujours,
J'aurais voulu... Je voulais l'impossible.
Si quelquefois mes tableaux sont trop vrais,
Mon tour trop vif, mon coloris trop frais,
J'ai profité des licences permises ;
La poésie eut toujours ses franchises.
Ailleurs peut-être avec austérité
J'exprimerai la mâle vérité :
Ici, moins fier, dans le but où j'aspire,
Je cherche à plaire... et veux pourtant instruire.
Rajeunissant d'antiques fictions,
J'en ai souvent adouci le scandale.
J'ai peint les mœurs et les opinions :
Servir l'histoire est servir la morale.

Le lendemain de leur brusque départ,
Les voyageurs, sur leur rapide char,
Passant déjà les terres italiques,
Voyaient la Gaule. En se reposant là,
Quel changement la fée y remarqua,
Et quel déchet dans les vertus antiques !
Des merveilleux, de fades freluquets
Dont les exploits se passaient en caquets,
Remplaçaient là tant de preux héroïques.
Si d'Amadis quelqu'un parlait encor,

C'était d'un ton d'ironie ou de glace.
Beaucoup de gens imitaient Galaor,
Hors son esprit, son bon ton et sa grace.
Mais un travers, qui frappait tout d'abord,
C'était ce goût, cette étrange manie
De décrier en tout point sa patrie,
De ne trouver utile, bon, parfait,
Que l'étranger, et tout ce qu'il a fait ;
Travers funeste, et plus qu'on ne peut dire,
Qu'il faut blâmer, et peut-être maudire,
Par qui maint peuple, indulgent pour autrui,
Semble abdiquer son nom, son rang, sa gloire,
Et se complaît à parler mal de lui
A ses voisins, enchantés de le croire !

Des bords gaulois, d'un vol accéléré,
Urgande, allant aux rives d'Angleterre,
Trouva ce peuple aussi dégénéré,
Mais s'égarant dans un excès contraire.
Ici du moins on savait honorer
Les lieux sacrés où l'on reçut la vie ;
Et tous les cœurs, prompts à les célébrer,
Se sentaient battre au saint nom de patrie.
Mais ils trouvaient souvent un autre écueil :
Ce peuple avait un tel excès d'orgueil,
Un tel respect pour son propre mérite,
Et, pour tout autre, estime si petite,
Qu'à se vanter les sérieux Bretons
Passaient encor les folâtres *Vascons*,
Et la Tamise, aux mensonges très bonne,
Laissait bien loin les eaux de la *Varonne*.
Puis l'intérêt, pour la gloire si nul,
Soumettait tout à l'ignoble Calcul,
Monstre glacé qui, fier de ses victimes,
Conduit aux torts, et quelquefois aux crimes.
Le vieil Honneur, là, restait languissant,
Quand il coûtait plus de quatre pour cent.
Comme on voyait, s'amusant à pis faire,
Plus d'un brigand marcher le front levé,
Et d'Amadis, éloigné de la terre,
Détruire ainsi l'œuvre presque achevé,
Vous auriez vu partout aussi les Belles
Se dispenser du soin d'être fidèles.
En quatre jours les nœuds étaient finis ;
L'amour n'avait que dévotes profanes :
On regrettait vainement Amadis ;
Mais on cherchait aussi les Orianes.

De ce pays détournant ses regards,
Urgande alors mène Amadis de Grèce
Vers une mer que d'humides brouillards
Couvraient au loin d'une ceinture épaisse.
« Là, lui dit-elle, il faut vous enfoncer ;

Ce destrier va servir votre audace,
Et puissiez-vous aujourd'hui terrasser
Les ennemis dont l'effort vous menace ! »
Le héros part. Oh ! si je n'étais pas
Un peu lassé d'écrire des combats,
Et vous, je crois, mes chers amis, d'en lire,
Quels beaux exploits j'aurais à vous décrire !
Mélye avait, au sein de ce brouillard,
Usé sa force, et prodigué son art.
Que de fracas ! de prestiges terribles !
Que de géans ! que de monstres horribles !
L'Amadis grec, prodiguant les exploits,
Fut presque égal à l'Amadis gaulois.
De ces géans, quand le dernier succombe,
Voilà soudain qu'un grand nuage tombe,
Et montre aux yeux du vainqueur transporté
Une île vaste, à l'aspect enchanté.
Cette île était l'*île Ferme* perdue
Depuis long-temps. Après quelques combats
Qu'on livre encor pour arrêter ses pas,
Il a gagné la chambre défendue ;
Il l'ose ouvrir, bravant tous les hasards :
Ah ! quel spectacle a frappé ses regards !

Sur cinq sofas, aux couleurs éclatantes,
Trois beaux guerriers, deux princesses charmantes,
Étaient plongés dans un sommeil profond.
L'Amadis grec, surpris, contemple, admire ;
Urgande alors paraît, et vient lui dire :
« Jeune héros, digne de votre nom,
De vos exploits tout a subi l'empire.
—Non tout encor : que mes vœux soient remplis,
Dit le vainqueur, et menez-moi, de grace,
Vers le séjour où, redoublant d'audace,
Je pourrai voir et sauver Amadis.
— Que dites-vous ? vous le voyez lui-même.
—Lui ! — Le voici. Vous pouvez voir encor
Et Florestan et le beau Galaor.
En signalant votre valeur suprême,
C'était à vous de me mener vers eux ;
Et c'est à moi de leur ouvrir les yeux. »

Lui qui crut voir au moins des patriarches,
A tout moment de surprise augmentait,
Quand, agitée, et montant quelques marches,
Urgande vient l'étonner tout à fait.
En un moment sa chevelure blonde
S'est hérissée ; ouvrant des yeux émus,
Baguette en main, aux quatre points du monde,
La fée alors dit des mots inconnus.
La foudre luit ; un éclat de tonnerre
D'un tel fracas a fait trembler la terre
Qu'après cent ans d'un paisible sommeil

Les trois héros touchent à leur réveil.
Tout aussitôt, eux et les deux princesses
Couraient d'Urgande embrasser les genoux ;
Mais elle dit : « Objets de mes tendresses,
Voilà celui qui fit le plus pour vous.
Né dans la Grèce, il est de votre race,
Grand Amadis, et, plein d'un noble feu,
Porte ce nom... et le mérite un peu. »
Avec transport Amadis qui l'embrasse,
Revient enfin vers la fée, et lui dit :
« Veuillez, de grace, éclaircir mon esprit ;
Ce que je vois tout à fait m'embarrasse.
Qu'est tout ceci ? Madame, au nom de Dieu,
Expliquez-moi la moindre circonstance.
Hier encor je défendais Byzance ;
Par quel hasard me trouvé-je en ce lieu ? »

En souriant de son erreur, *Urgande
La Déconnue* accueille sa demande.
« Vous saurez tout, lui dit-elle ; et d'abord,
Si j'ai toujours veillé sur votre sort,
A tous vos vœux si mon art fut docile,
Sachez ici, sans détail inutile,
Que vous et moi sommes du même sang.
Vous souvient-il, lorsque me délivrant
Et dans les cieux suivant mon ennemie,
Vous atteigniez la coupable Mélye,
Qu'elle laissa son livre entre vos mains ?
Vous le jetiez lorsque je le retins.
J'y lus, avec une juste épouvante,
« Que dans cent ans le torrent des païens,
Se débordant sur Byzance tremblante,
Renverserait le culte des chrétiens,
A moins... » Ici l'horrible prophétie
Était tronquée. En y réfléchissant,
Je pris l'idée, et je conçus l'envie,
De vous garder pour le danger pressant.
Tout aussitôt, suspendant votre vie,
Et de sommeil vous frappant tous les trois,
Je vous portai dans votre île chérie.
J'y fis porter, avec les mêmes droits,
Votre Oriane et puis Briolanie.
Presque immortelle au droit de ma féerie,
Je vous gardais pour le temps que voici.
Mélye, ayant su deviner ceci,
Autour de l'île amassa les obstacles ;
On n'y pouvait arriver sans miracles.
Voilà celui dont les généreux coups
M'ont fait enfin pénétrer jusqu'à vous.
Belles, héros, fortunés, fortunées,
Pour vous le temps, à ma voix se contint ;
Chacun, chacune ont plus de cent années :
Vous n'en avez pourtant que trente ou vingt. »

Les réveillés, frappés de ces nouvelles,
Se regardaient, n'étaient pas mécontens,
Et Galaor complimentait les Belles
Qui conservaient un éternel printemps :
Voilà soudain qu'Urgande, qui médite,
Est inquiète, et de nouveau s'agite.
« Dieu ! quels assauts ! De l'affreux mécréant
Soutiendra-t-on long-temps la violence ?
Volez, dit-elle, au secours de Byzance ;
Vous n'avez pas à perdre un seul instant. »
Les vieux héros et le nouveau, tous quatre
Montent au char, et brûlent de combattre.
Urgande alors, dans les plaines de l'air,
Les fait voler à l'égal de l'éclair.
Le lendemain, à l'aurore naissante,
Constantinople à leurs yeux se présente.

Depuis deux jours les Grecs infortunés
Bravaient l'effort des païens acharnés :
Le vieux Lisvard, ranimant son courage,
Cherchait la mort, s'étonnant que son fils
L'eût pu quitter dans un pareil orage.
Les Sarrasins, poussant d'étranges cris,
Incessamment s'animaient davantage.
Multipliant leurs assauts furieux,
Plus ils mouraient, plus ils semblaient nombreux.
Le glaive en main, le fameux Bravorante
Guidait leurs coups, méritait son renom ;
Et, leur donnant l'exemple et la leçon,
Parmi les Grecs répandait l'épouvante.
Les Grecs enfin, à tant d'efforts cédans,
Allaient plier devant les Musulmans ;
Oui : Bravorante, ardent, irrésistible,
Semant la mort, sur le plus haut rempart
Avait déjà planté son étendard.
Les assiégés, dans un désordre horrible,
Ne pouvaient plus soutenir son regard...
Soudain, aux Grecs faisant changer de rôle,
Quatre héros, fondant du haut des cieux,
Chargent les Turcs, en criant : « Gaule ! Gaule ! »
Au souvenir de ce nom glorieux,
Les musulmans frémissent. Par son glaive,
Un vieux héros le rappelle encor mieux.
A leur aspect Amadis furieux,
De leur triomphe a dissipé le rêve.
Son bras plus frais par cent ans de repos
Égale seul le bras de vingt héros.
Autant en font ses indomptables frères,
Domptant chacun des milliers d'adversaires.
L'Amadis grec, par l'exemple animé,
Mérite bien le sang qui l'a formé.
Les assiégés reprennent l'espérance.
Et sur leurs pas, imitent leur vaillance.

Des Sarrasins le sang coule à longs flots.
C'est vainement que leurs plus grands héros
Veulent encor ranimer leur audace.
L'effroi les gagne, et la mort les terrasse.
Les Sarrasins les plus vaillans jadis
Ne le sont plus à l'aspect d'Amadis.
Seul Bravorante a gardé son courage.
Mais il faut bien céder à cet orage ;
Et ce héros devant qui l'on trembla,
Aux Grecs vainqueurs laissant Constantinople,
S'est retiré, non pas très loin de là,
Dans la cité dite Gigantinople.

Il est bien temps, mes amis, ou jamais,
De vous conter ce qu'était cette place
Qu'on admira, mais de qui désormais
Des tremblemens ont effacé la trace.
Les Musulmans, gens très capricieux,
Croyant la Grèce à jamais abattue,
Avaient trouvé beau, charmant, précieux,
Que de l'Athos le mont prodigieux
Devînt aux yeux une immense statue.
Ne sais quel prince eut jadis ce projet :
Oui, mais au lieu d'un géant qu'il voulait,
Des Musulmans l'humeur bien plus galante
Avait voulu former une géante.
Du mont Athos arrangeant les contours,
Arrondissant ses roches éternelles,
Et profitant de ses divers détours,
Trois ans durant, dix mille Praxitèles
Avaient taillé ce mont pour les Amours.
Assise, et nue, et doucement penchée,
Une Beauté d'un aspect régulier
Se reposait sur une urne épanchée
D'où se roulait un fleuve tout entier ;
Et dans sa main jadis roche isolée,
Aujourd'hui ronde et presque potelée,
Une cité de vingt mille habitans,
Bien plus qu'aux Grecs exposée aux autans,
Avec cent tours pendait sur la vallée.

Comblant des Turcs et l'orgueil et les vœux,
Cette géante était vraiment bien faite.
Le front, le nez, offraient des traits heureux.
Une forêt circulant sur sa tête
Représentait assez bien les cheveux,
Dont une touffe errante et vagabonde
Tombait plus bas, et sur sa gorge ronde,
Voile riant, se jouait en doux nœuds.
De près sans doute, et cela se devine,
On saisissait mal les proportions
De ce colosse offert aux nations ;
Mais, d'un peu loin, une gorge divine,

Un joli pied, une taille assez fine,
Aux yeux charmés dessinaient leurs contours;
Et, s'était-on éloigné de deux jours,
On distinguait une jeune personne
Vraiment piquante, et tout à fait mignonne.

Or, la cité qu'elle avait dans la main,
Et qui semblait éventail, bonbonnière,
Offrait de près l'aspect le plus hautain,
Et de ses murs hérissait la barrière.
Là, Bravorante et ses guerriers païens,
Munis de tout, nombreux et redoutables,
Avec plaisir attendaient les chrétiens,
Et se croyaient à jamais imprenables.
Là, Florestan, Galaor, Amadis,
Et des milliers de chrétiens réunis,
Vont attaquer de toute leur vaillance,
Des musulmans la dernière espérance.
Ces guerriers grecs naguère si tremblans,
Grace à ces preux, sont devenus vaillans.
Tous ont lutté de courage et d'adresse,
Guidés aussi par Amadis de Grèce.
Par des efforts vraiment prodigieux,
De la géante ils ont gagné l'épaule.
Le long du bras, lors Amadis de Gaule
Est descendu le premier avec eux.
Gigantinople est enfin abordée,
Mais sans efforts ne sera point cédée.
Combien d'assauts, de combats furieux!
Après huit jours, la tour extérieure
Par Amadis est emportée enfin;
Et, sans retard, doit commencer demain
Le grand assaut, l'attaque intérieure.

Mais dans la nuit voilà qu'un grand renfort
De Musulmans, troupe nombreuse, ardente,
Non loin de là s'établit, autre fort,
Sur le giron de la grande géante.
« Qu'est-ce cela, dit Galaor surpris?
Pour les chrétiens la géante est sévère.
— Il est bien vrai, lui répond Amadis.
Ma foi! cela te regarde, mon frère.
Toi qui domptas tant de Beautés jadis,
Cher Galaor, il faut que sans remise
A ta valeur celle-ci soit soumise,
Tandis que moi j'espère prendre enfin
Cette cité qu'elle tient dans la main.
— Cher Amadis, quoique le moins habile,
Dit Galaor à jamais plaisantant,
Ici ma part est la plus difficile;
Et je veux bien m'en occuper pourtant:
Tenir la main sans doute est fort utile;
Mais les genoux, c'est le point important, »

Il dit: du bras vers la croupe il se glisse.
Là plus d'un pas penchait en précipice.
Heureusement les sculpteurs des païens
Avaient, adroits dans leur œuvre hardie,
Su ménager une chute de reins
Tout à fait bien, tout à fait arrondie.
Là Galaor se campe avec plaisir.
Mais c'est trop peu pour son jeune désir;
Il descend donc par un détour rapide
Qu'il connaît bien, vers de charmans attraits
Qui cette fois ne sont pas fort secrets.
Ah! Turc résiste à ce bras intrépide;
De son succès on arrête le cours.....
Efforts perdus! il suit son entreprise.
La résistance est plus faible toujours.
On cède enfin, et la dame est conquise.
Ah! Galaor, on peut le voir ici,
Se battant bien, calculait bien aussi:
Tant que le point important, nécessaire,
Avait lutté contre un tel adversaire,
De la cité les défenseurs hardis,
Non sans succès, bravaient... même Amadis;
La lutte était douteuse et difficile.
Mais aussitôt que Galaor habile,
Dans son attaque a pu saisir l'instant
Et triompher sur *le point important*,
Soudain tout cède, et dans cette occurrence
De toutes parts cesse la résistance.
La même chose arrive tous les jours.

Mais cette fois, le puissant Bravorante
Veut ranimer la valeur défaillante
Des assiégés plus menacés toujours.
Parmi leurs rangs, il exhorte, il conjure,
Gronde, maudit; pour dernier mot, il jure.
Mais ses soldats sont fort mal disposés,
Et, comme on dit, très démoralisés.
« Cet Amadis vient du sombre royaume,
Leur criait-il. Quels effets surprenans!
Quoi! croyez-vous, poltrons, aux revenans?
Ce centenaire est peut-être un fantôme.
Mais vous saurez, grace à moi, ce qu'il vaut,
S'il n'est pas mort, il le sera bientôt. »
Il dit, et porte un coup de cimeterre
Au chevalier revenu sur la terre,
Qui lui répond, adversaire réel,
D'un autre coup vraiment substantiel.
L'autre riposte, et leur lutte est horrible.
Plus que jamais Amadis valeureux,
De ses combats livre le plus terrible,
Dont il a fait enfin le plus heureux.
Sous Amadis Bravorante succombe;
Et confondus par ce trait glorieux,

Les Musulmans, jadis victorieux,
Suivent de près leur général qui tombe,
Et sont en proie aux chrétiens furieux.
De ces guerriers une faible partie
Eut le bonheur de revoir sa patrie;
Et de long-temps il ne vint aux païens
Aucun désir de troubler les chrétiens.

 Lisvard, charmé d'une telle victoire,
Entre ses bras pressait son noble fils.
On célébrait les frères d'Amadis,
Et d'Amadis on admirait la gloire;
Soudain Alquif, un des sages vantés
Qui présidaient au bonheur des cités,
Le grave Alquif, dont Urgande est l'amie,
Du haut des airs, auprès d'elle arrivant,
Se montre aux Grecs sur un char éclatant
Près d'Oriane et de Briolanie.
Quels doux attraits! quel aspect enchanteur!
C'est la beauté qui rejoint la valeur.
Tous rendaient grace à la fée, au Génie,
Lorsque Lisvard vers Amadis-le-Grand
S'est incliné. « Veuillez, je vous en prie,
Prendre, dit-il, et ma place et mon rang.
— Non, répond-il ; non, prince de mon sang,
Régnez ici, puis Amadis de Grèce
Dont la valeur mérite ma tendresse;
Moi, dans l'emploi de chevalier errant,
J'espère offrir un plus grand avantage
Au genre humain. En vingt pays divers
Tous les méchans connaîtront mon courage.
Le simple roi n'a qu'un trône en partage,
Et le héros est roi de l'univers. »

 De Galaor ce fut aussi l'idée,
De Florestan ce fut aussi le vœu.
Disons qu'avant de partir de ce lieu,
Par ces héros une église fondée
Vit s'élever de pieux monumens,
Qu'en soupirant ces trois illustres frères
Avec respect consacraient à leurs pères,
A leurs amis, et même à leurs enfans,
Nobles mortels disparus dès long-temps.
De plus, ayant alors pris connaissance
De tous les faits passés en son absence,
Autant que brave, Amadis généreux,
Fit ériger un monument pompeux
A ce héros dont on vanta l'audace,
Qui d'assez près sut marcher sur sa trace,
Et sans lequel il eût, en s'éveillant,
Trouvé Byzance, et Rome encor peut-être,
Ayant un Turc pour seigneur et pour maître :

Vous devinez ici Tiran le Blanc.
Ce monument, qu'avec soin on décore,
Rappelle aux yeux ses faits et ses vertus.
Les nobles cœurs sont doucement émus
Quand un héros, dont on jouit encore,
Vient rendre hommage à ceux qui ne sont plus.

 Le lendemain, Galaor eut ensemble
Peine et plaisir, et justement, me semble ;
Instruit alors que, né dans son pays,
Tiran le Blanc était son petit-fils.
Aux grands honneurs qu'on rendait au courage
De ce guerrier, sa plus brillante image,
Il ajouta des honneurs infinis.
Ces soins remplis, les héros s'éloignèrent.
Par quels exploits tous trois se signalèrent!
Sauvant le faible, attaquant l'oppresseur,
Ils ranimaient partout l'antique honneur,
La probité, mainte vertu sévère.
Très éveillé d'un sommeil séculaire,
Par ses vieux goûts Galaor emporté,
Ne valait rien pour la fidélité.
Toujours dévot pour les jolis visages,
Il leur offrait quelquefois des hommages
Dont les jaloux étaient très mécontens.
Toujours aimable avec ses cent vingt ans,
Il prétendait être sans conséquence,
Et s'écriait : « Vous autres jeunes gens,
Vous ne pouvez me craindre, en conscience. »
Causant encore aussi bien que jamais,
Il réussit dans ses brillans essais.
Mais, à la fois complaisante et fidèle,
Briolanie avait tant de vertus,
Que constamment il revenait près d'elle,
Et qu'il finit par ne la quitter plus.
Florestan prit une femme charmante,
Spirituelle, et surtout indulgente ;
Car il faut bien qu'on le soit avec nous.
Les trois Beautés sans nul débat jaloux,
En l'Ile Ferme avaient leur résidence,
Et c'était là que leurs brillans époux
Les consolaient des ennuis de l'absence.
Toutes les trois, prolongeant leurs beaux jours,
Surent goûter un bonheur désirable,
Et bien prouver qu'en hymen les amours
Sont moins légers qu'on ne le dit toujours,
Quand la Raison a l'esprit d'être aimable.
De leur côté, les trois frères fameux
Furent si grands, furent si valeureux,
Qu'on n'osait plus commettre d'injustice,
Qu'il n'était plus de crime, que le vice
Se cachait même, et que la terre encor
Pour quelque temps retrouva l'âge d'or.

Mais apprenez une insigne malice :
Au désespoir que ces héros trop grands
Eussent enfin dérangé tous ses plans,
Bien vieille alors, la sorcière Mélye,
Dans sa fureur épuisa sa magie,
Et sut contre eux faire un enchantement
Dont le pouvoir dure encore à présent ;
Elle arrangea, par une trame noire,
Que les hauts faits de ces héros brillans
Ne paraîtraient que hauts faits de romans.
Aussi, sans fruit, courant toute l'histoire,
De ces héros et de leurs descendans,
J'ai recherché la trace et la mémoire ;
Mes soins sont vains, et je veux être un sot,
Si dans l'histoire on en dit un seul mot.
On ne sait même, avec quelque apparence,
En quel moment placer leur existence.
Voilà comment, des méchans diffamés,
Les gens de bien sont souvent opprimés,
Et comme on voit l'indigne calomnie
Frapper d'oubli la valeur, le génie.
Heureusement qu'un Dieu m'a suscité
Pour mettre un terme à cette iniquité.
Sur Amadis j'ai trouvé tel mémoire
D'après lequel j'ai tracé cet essai :
Il faudra bien en revenir au vrai,
Et d'après moi recommencer l'histoire.
Si par hasard on négligeait ce soin,
Peut-être au fond il n'en est pas besoin ;
Si seulement mon récit véridique
Peut arriver à la postérité,
C'en est assez, j'aurai déconcerté
Et la sorcière et son charme magique ;
Et nos neveux, étonnés et ravis,
En relisant mon poème historique,
Croiront César moins réel qu'Amadis.

FIN DU VINGTIÈME ET DERNIER CHANT.

TABLE DES CHANTS.

	Pages.
Préface.	148
Préface de la seconde édition.	150
Avis sur la troisième édition.	153
Principaux personnages d'Amadis.	154
Amadis. Chant premier. Enfant trouvé sur la mer. Amadis, chevalier d'Oriane. Armé par Périon. Il sauve Périon. Bataille. Duel. Jalousie. Reconnaissance.	155
Chant II. Amadis défend Urgande. Galaor armé chevalier par Amadis. Premier exploit de Galaor. Imprudences de Galaor. Singulière manière de se justifier. Grand combat d'Amadis. Première entrevue.	161
Chant III. Virelai d'Amadis. Amadis chez Arcalaüs. Bruit de la mort d'Amadis. Secours d'Urgande. Galaor au couvent. Combat de deux frères. Ils se reconnaissent.	167
Chant IV. Le pied. La couronne et le manteau. Danger des deux frères. Expédient de Galaor. Enlèvement d'Oriane et de Lisvard. Exploits d'Amadis. Amadis récompensé.	163
Chant V. Danger de Londres. Réception d'un chevalier. Dégradation d'un autre chevalier. Le jeu du confesseur. Essai sur la constance, par Galaor. Entreprise d'Amadis. Adresse d'un chevalier inconnu. Politesse d'un vavasseur. Galaor reconnaît Florestan. Victoire d'Amadis. Erreur de son nain. Les trois frères réunis.	178
Chant VI. L'île Ferme. Palais à trois façades. L'arc des loyaux amans. La chambre défendue. Coup de foudre sur Amadis. Leçon au chevalier Patin. L'ermite. La roche Pauvre. Le Beau Ténébreux.	185
Chant VII. Douleur d'Oriane. Naissance d'Esplandian. La lionne. Triste chanson de bon augure. Recherche inutile. Heureuse rencontre.	191
Chant VIII. L'ermite redevient chevalier. Défi de Cildadan. Exploits du Beau Ténébreux. Douce réunion. L'épée et le chapeau. Prophéties. Apprêts d'un grand combat.	196
Chant IX. Grande bataille. Le Beau Ténébreux perd son nom. Galaor emporté mourant. La demoiselle injurieuse. Défi remarquable. Vol funeste. Galaor est mieux. L'enfer et le paradis de Galaor. Galvane amoureux de Madasime. Duel terrible. Le plus grand danger d'Amadis.	203
Chant X. Amour de Galvane. Hauteur de Lisvard. Amadis se retire à l'île Ferme. Nouveau service rendu par Galaor à Galvane. Rencontre heureuse. Un enfant adopté par sa mère.	209
Chant XI. Sublime projet. Guerre d'Aravigne. Les trois avis... Les chevaliers aux serpens. Périon, Amadis et Florestan chez Arcalaüs.	

	Pages.
Dariolette les sauve. Origine des passades. Mélancolie d'Amadis. Galaor raconte ses voyages. Amadis en entreprend d'autres.	214
Chant XII. La femme qui tire l'épée. Vœu imprudent d'Amadis. Victoire de Patin. L'Endriague. Amadis à Constantinople. La grande serpente. Confidence d'un saint.	220
Chant XIII. Ambassade romaine. Grand tournoi. Intervention d'Esplandian. Noble trait d'un géant. Salluste emmène Oriane. Combat désespéré d'Amadis.	226
Chant XIV. Fureur de Lisvard. Grands armemens. Cour d'amour. Sermon et danger d'Oriane. Nouveau complot de Mélye. Trois armées en présence. Nascian près d'Oriane. Grande bataille. Grand secret révélé. Bonne idée d'Esplandian. Péril de Lisvard. Lisvard embrasse Amadis.	230
Chant XV. Sabbat. Nouveaux dangers. Combat d'un enfant et d'un vieillard. Départ pour Byzance. Audace de Galaor. Lâcheté des Grecs. Mort de deux grands rois. Léonorine promise à Esplandian. Nouvelle bataille. Combat d'une fée et d'une sorcière. Prodiges d'Amadis et de ses frères. Ils disparaissent.	237
Chant XVI. Annales. Début de Tiran le Blanc. Leçon à un jeune prince. Tiran à Byzance. Lisvard de Grèce. Carmesine. Le coup de foudre. Témérité d'un page.	244
Chant XVII. Consultation sur la vertu des femmes. Plaisir-de-ma-vie. La veuve reposée. La chemise. Le gant. Intrigues croisées. Sermon de Plaisir-de-ma-vie. Scène nocturne. Tiran se casse le bras.	248
Chant XVIII. Hippolyte sauve Tiran. Premiers exploits d'Amadis de Grèce. Vrai miracle de Tiran. Complot de la Veuve reposée. Maladie de Tiran. Le page diable et médecin. La Veuve fustigée. Paix faite et scellée.	255
Chant XIX. Aventures d'Amadis de Grèce. Qui perd gagne. La gloire de Niquée. Mort de Carmesine. Dernière victoire de Tiran. Amadis de Grèce vient défendre Constantinople. Urgande l'emmène pour chercher Amadis de Gaule.	259
Chant XX. Voyage en Gaule et en Angleterre. Chef-d'œuvre d'Amadis de Grèce. L'île Ferme retrouvée. Urgande désenchante Amadis de Gaule, Galaor, Florestan, Oriane et Briolanie. Amadis de Gaule au secours de Constantinople. Il était temps. Exploit prodigieux d'Amadis. Exploit singulier de son frère Galaor. Prise de Gigantinople. Mort de Bravorante. Triomphe des chrétiens. Dernier enchantement de Mélye.	264
Table des chants.	270
Table analytique des personnages.	271

TABLE ANALYTIQUE

DES PERSONNAGES.

A.

Abyes, roi d'Irlande. — Ses projets contre Périon. — Assiége Autun, est défait par Amadis et Périon, perd ses deux neveux au siége de cette ville; provoque en duel Amadis, est tué par ce héros qui lui fait restituer à Périon tout ce qu'il lui avait pris, 1.

Abyséos, frère du roi de Sobradise qu'il a tué, et spoliateur de Briolanie, 3. — Est attaqué lui et ses deux enfans par Amadis et Lowismond, et tué par Amadis, 5.

Agathe, nièce d'Urgande, aimée de Cildadan et fort indulgente pour lui. — Preuves de son amour, 9.

Albadan, géant, ravisseur des biens de Mandafac, et oppresseur d'Aldène, est tué par Galaor, 2.

Alcimedon, un des ambassadeurs romains, envoyés par l'empereur Patin, pour demander Oriane en mariage; est défait par Florestan, et tué par Amadis dans un tournoi, 13.

Aldène, nièce d'Orphise, délivrée d'Albadan par Galaor qui en devient amoureux, 2. — Défend Galaor contre ses autres maîtresses; en est récompensée, 5. — A eu de Galaor un enfant, le *Seigneur de la Marche-Tirante*, qui a pour petit-fils Tirante-Blanc, 18.

Alfred, son aventure, 4.

Alquif, un des *Sages* que va consulter Urgande ne paraît pas mal avec elle, 9 — Est un des *Sages* gouvernant l'univers. — Fait obtenir au chevalier du Soleil un poste qui le dispense du paradis, 12. — Vient avec Urgande, dans un char aérien, ramener Oriane et Briolanie à Amadis et à Galaor, 20.

Amadis de Gaule, est trouvé par Gandale sur la mer, dans un berceau avec un anneau et une épée; est recueilli et élevé par sa femme avec leur fils Gandalin, et recommandé par Gandale par Urgande qui lui donne le nom de *Damoisel de la mer*. — Exercices de son enfance. — Premières armes avec Gandalin à la cour du roi d'Ecosse. — Se lie d'amitié avec Lowismond. — Devient amoureux d'Oriane et s'offre pour son chevalier; veut mériter sa maîtrise et par la gloire. — Obtient d'être armé chevalier par Périon. — Obtient à la vue de ce roi — Se voit ceindre l'épée par Oriane elle-même. — Part avec Périon et preud Gandalin son nouveau écuyer. — Adieux à sa dame. — Premiers exploits. — Sauve la vie à Périon. — Est présenté à la reine Élisène. — Désir qu'il a de s'illustrer. — Arrive en Gaule et délivre Autun assiégé par les Irlandais, tue Owen et Dagantl; a appris d'Oriane son retour chez Lisvard; tue Abyes et sauve la Gaule; est reconnu pour être le fils de Périon et d'Élisène, 1. — Reprend son premier nom d'*Amadis* et part pour aller chercher son frère Galaor. — Va défendre Urgande, est secondé dans un combat par son frère qu'il ne connaît pas; délivre Urgande, 1. Arme chevalier Galaor. — Cherche son frère et sa maîtresse; est éconduit par Dardan. — Se fait le défenseur d'une victime de ce dernier, et se bat avec lui devant Oriane. — Admire pour ses exploits à la cour de Lisvard. — Son embarras auprès de sa maîtresse. — Première entrevue secrète, 2. — Son virolai. — Va de nouveau chercher son frère; combat d'Estravaus, lui fait obtenir sa dame et prend son ami. — Va, conduit par un nain, attaquer le géant Arcalaus; délivre au *Val-du-Pin Galvane* et Guilan; combat Arcalaus, sauve son nain et Gandalin; est d'abord vainqueur. — Bruits qui courent sur les mauvais traitemens qu'il a essuyés du géant. — Est livré à Arcabonne et délivré par Urgande, pendant qu'Arcalaus répand la nouvelle de sa mort. — Revêt l'armure d'Arcalaus et va le chercher; rencontre d'un char lugubre. — Est accueilli par Briolanie et se fait son vengeur. — Sauve le nain Éluais de la fureur de Galaor; se bat avec son frère et finit par le reconnaître, 3. — Retourne chez Lisvard. — Raconte l'aventure d'Alfred et de Julie. — Converse tendrement avec Oriane. — Part avec son frère pour combattre deux géans. — Prêche Galaor. — Est arrêté dans l'île de Mongase et délivré par son frère. — Est informé de l'enlèvement d'Oriane, court la sauver, tue Arsamane, blesse Arcalaus, et reprend sa maîtresse qui lui en témoigne toute sa reconnaissance, 4. — Apprend le danger de Londres, confie Oriane à Grumedan, vole à la défense de la ville, délivre Alban et Brisène. — Est parrain de d'Estravaus reçu chevalier. — Se rend chez Briolanie pour la venger d'Abyséos; est renversé par un inconnu. — Rencontre Abyséos et ses deux enfans, se bat avec eux seconde de Lowismond, tue Abyséos. — ... annoncer cette victoire à Lisvard. — Se rend à Sobradise dont il déclare reine Briolanie; retrouve Galaor et reconnaît Florestan pour son autre frère; demande des détails sur *l'île Ferme*, 5. — S'apprête à tenter l'aventure de cette enchantée. — Il y rencontre Lowismond, amant de sa sœur Mélicie. — Réussit complètement. — Est proclamé souverain de l'île Ferme. Reçoit une lettre d'Oriane qui lui défend de reparaître en sa présence; veut mourir de douleur; fait ses adieux et ses dernières recommandations à Gandalin à qui il lègue l'île Ferme, part et defend qu'on le suive. — Le retrouve et se fâche contre lui parce qu'il blâme Oriane. — Donne une leçon au chevalier Patin et renvoie Durin vers Oriane. — Quitte encore Gandalin. — Rencontre un ermite à qui il se remet; le suit dans l'île de *la Roche-Pauvre*, et reçoit le nom du *Beau ténébreux*, 6. — Nouveau virolai. — Est retrouvé servant la messe par Lornebelle, *la Demoiselle du Danemarck*. — Reconnaissance. — Il reçoit une nouvelle lettre d'Oriane, 7. — Se rend à Londres. — S'arrête d'abord chez Enil, et fait savoir son retour à Périon et à Élisène. — Redevient chevalier, marche vers Londres, apprend d'heureuses nouvelles touchant Oriane, est défié par Quedragant, le terrasse et l'oblige à quitter la cause de Cildadan. — Joûte contre dix chevaliers de Léonor; délivre ces chevaliers et la princesse Léonor; se bat contre Famongomad et son neveu Baligante, et les tue; s'offre à Léonor pour un des défenseurs de Lisvard. — Marche seul vers *Mireflour*; s'introduit par Durin, protégé par Mabile et Lorisbelle, et revoit Oriane. — Apprend qu'Oriane comme une verte robe et un chapeau de fleurs ont été remis à Lisvard; se rend *incognito* à Londres avec sa maîtresse. — Ils restent vainqueurs l'un et l'autre et possèdent l'épée et le chapeau. — Il est défié par Arcalaus, tue son neveu Lindoramon, coupe quatre doigts à Arcalaus. — Retourne à Mireflour avec Oriane. — Revient à Londres pour combattre Cildadan. — Promet à Lisvard de délivrer d'Estravaus. — Veut armer chevalier Gandalin qui s'en défend; il arme Enil. — Reste d'abord spectateur de la grande bataille livrée entre les guerriers de Lisvard et ceux de Cildadan, puis se livre à sa valeur et fait des exploits étonnans; abat Cildadan, sauve Lisvard en tuant Mandafabul; quitte son nom du *Beau Ténébreux*; a son cheval tué sous lui, est remonté par son écuyer, fond sur Grandacurièl qu'il blesse mortellement. — Confie son frère Galaor mourant et Cildadan aux soins d'Urgande; est près de partir pour aller délivrer d'Estravaus et d'autres, lorsqu'il reçoit un défi remarquable de *la Demoiselle injurieuse*. accepte le défi de combattre Canille, et accueilli chez lui cette demoiselle qui lui vole *la verte épée*. — Est prié par Quedragant de l'honorer de son amitié. — Rassure Oriane, effrayée à l'aspect de Canille, et l'engage à être témoin du combat. — Console Gandalin affligé du vol de la *Demoiselle injurieuse*. — Est l'objet de l'enthousiasme et des bénédictions du peuple. — Sa modestie et sa réponse au fol orgueil de Canille. — Combat. — Danger affreux qu'il court; reprend la verte épée, et enfin vainqueur par un regard d'Oriane, précipite Canille dans la mer. — Reçoit avec tendresse une fleur que lui envoie Oriane, 9. — Rend la liberté à d'Estravaus, et met Montgase en la possession de Lisvard. — Promet de s'intéresser à l'amour de Galvane. — Est traité avec hauteur par Lisvard, à propos de cet amour. — Se retire dans l'île Ferme avec la fleur de la chevario, et part sans voir sa maîtresse. — Remplace le gouverneur Isanio, qui est mort, par Gandalin qu'il a armé chevalier; — Empêche les chevaliers ses amis de faire la guerre à Lisvard, 15. — Fait part aux héros qui l'ont suivi de son projet sublime, qui est l'extermination des brigands et des musulmans. — Se signale par divers exploits dans plusieurs pays. — Revient vers la Gaule voir sa famille. — Sa générosité envers Lisvard attaqué par Aravigne et Arcalaüs. — Part avec Périon et Florestan pour aller incognito défendre ce roi. — Reçoit, lui troisième, d'Urgande, une armure où est un serpent d'or. — Apprend le danger d'Oriane et de Brisène. — Uni aux deux autres *chevaliers aux serpens*, délivre incognito Lisvard, et s'éloigne. — Rejeté en Angleterre par une tempête, il est trompé par Dinarde, mis au cachot chez Arcalaüs, et délivré par Dariolette, Gandalin et son nain. — Veut brûler Arcalaüs. — Apprend que c'est Dariolette qui fut chargée de l'exposer étant enfant. — S'attriste loin d'Oriane; est distrait par les récits de Galaor. — Part pour de nouveaux voyages, 11. — Son portrait héroïque. — Voyage sous le nom du chevalier de *la verte épée*. — Fait défendre à Galaor de protéger l'avenir des pucelles. — Délivre Grassinde et est aimé de cette reine. — Fait un vœu imprudent pour elle et se laisse presque vaincre par le chevalier Patin. — Il prouve sa vertu. — Part pour Byzance accompagné de maître Hélisabel. — Combat l'*Endriague*, en est vainqueur, mais non pas sans danger. — Est secouru par Gandalin et guéri de ses blessures par Hélisabel. — Arrive à Byzance. — Est accueilli avec tendresse par l'empereur grec. — Admire sa fille enfant, Léonorine. — Visite les rivages troyens. — Délivre l'empereur des agressions des Sarrasins. — Refuse la moitié de l'empire. — Fait Gandalin roi de six îles. — Comble de richesses Hélisabel. — Promet à Léonorine, qui lui remet un anneau, de lui chercher un époux digne d'elle, et songe d'abord à Florestan. — Va attaquer la *grande serpente*, d'où sort Urgande, qui lui apprend la demande de Patin et le danger d'Oriane. — Il part avec cette fée. — Assiste à la confidence que fait à Urgande le chevalier du Soleil, 12. — Arrive secrètement à Londres sous l'habit d'un chevalier grec, combat Alcimédon, Salluste et Gradamor et se retire vainqueur. — Revient sur un avis qu'on lui donne de l'imprudence de ces trois ambassadeurs. — S'offre de s'unir à Gruméedan pour les combattre. — Tue Alcimédon. — Fait demander merci à Salluste. — Laisse la vie à Gradamor à la prière d'Esplandian, qu'il embrasse sans le connaître. — Sauve Gruméedan et part pour l'Île Ferme. — S'arrête chez Balan qui veut venger son père Mandafabul. — Blesse dangereusement ce géant, et court lui-même de très grands dangers. — Sa générosité envers Balan qu'il secourt et envers son fils Bravor qu'il prend pour écuyer après l'avoir épargné. — Arrive à l'Île Ferme et y revoit ses amis. — Leur confuse sa tendresse. — Est averti par Lowismond du départ de Salluste, qui emmène Oriane accordée à l'empereur Patin. — Est furieux. — Poursuit Salluste, et, suivi des autres chevaliers, lui livre un combat désespéré. — Est heureusement secouru par Bravor. — Délivre Oriane, 13. — Il conduit sa maîtresse à l'Île Ferme. — Fait des propositions honnêtes à Lisvard. — Est refusé. — Fait connaître sa situation et les armemens de Lisvard à Périon. — Fait pour Galaor qu'il retient auprès de lui. — A donné son nom à certaines manches. — Traite très bien Gradamor qu'il a emmené dans son île. — Establit une cour d'amour pour distraire sa maîtresse. — Ce qu'il pense sur une question d'amour. — Fait venir des troubadours. — Quitte l'Île Ferme avec Périon et son armée pour combattre Patin et Lisvard. — Est provoqué par Patin. — Indignement attaqué par les soldats de cet empereur, il tombe sous son cheval tué, est secouru par Gandalin. — Sauve Patin menacé par Lowismond. — Coupe en deux l'empereur Patin. — Sauve encore Lisvard de la fureur de Lowismond. — Est instruit par Oriane de tout ce qui concerne leur fils Esplandian et le revoit avec transport. — S'éloigne sous son armée. — Est averti par Esplandian du danger que court Lisvard. — En fait donner avis à Périon. — Vient au secours de Lisvard avec les autres chevaliers. — Tombe sur Aravigne et Arcalaüs. — Met en fuite leur armée et les fait prisonniers. — Est embrassé par Lisvard, 14. Épouse Oriane. — Prie Lisvard de partager les états d'Aravigne, entre Estravaux et Guilan, et retient Arcalaüs dans les fers. — Averti par Urgande du danger des chrétiens, se dispose à la défense de ses amis dans la grande serpente. — Surpris par Arcabonne, il remet Arcalaüs en liberté. — Retrouve Esplandian vainqueur d'Arcalaüs, l'emmène avec lui et lui destine Léonorine et l'anneau qu'il a reçu. — Suit pour sa direction les conseils d'Urgande. — Se signale par de brillans exploits contre les Sarrasins. — Est sauvé par d'Estravaux et autres qu'il a sauvés. — Apprend la mort de Périon et de Lisvard. — Vole vers eux et reçoit leurs derniers soupirs. — Sa douleur. — A remis à Esplandian l'anneau de Léonorine. — Reçoit de l'empereur grec la promesse d'unir Esplandian à sa fille. — Songe à venger son père et Lisvard. — Va ranimer les Grecs. — Fait consentir Grassinde à épouser Quedragant. — Nouveaux exploits contre les Turcs. — Est saisi d'horreur en voyant le combat d'Urgande et de Mélye dans les airs. — Vole sur un dragon au secours de sa bienfaitrice, et, suivi de ses frères, poursuit Mélye, reste vainqueur, et possesseur du livre de cette sorcière qu'il remet à Urgande. — Revient combattre les Turcs, défait et tue leur chef Armato qui l'a défié, mais disparaît avec ses frères, aux regards de tous les alliés, sur un char d'or, et d'azur, 15. — Cent ans après, il est retrouvé par Amadis de Grèce dans l'île Ferme où il a été enchanté avec ses frères, Oriane et Briolane. — Est désenchanté par Urgande et est informé par celle fée qu'il est du même sang qu'elle et pourquoi il a été enchanté. — Va avec ses frères et Amadis de Grèce, par le chemin des airs, au secours de Byzance qu'il délivre des musulmans. — Assiège Gigantinople, et, aidé d'Amadis de Grèce, de Florestan et surtout de Galaor, réduit cette cité et fait tomber Bravorante sous ses coups. — Retrouve Oriane. — Refuse le trône de Byzance. — Fonde une église avec ses frères, et fait ériger un monument à la mémoire de Tirau-le-Blanc. — Part avec Florestan et Galaor pour de nouveaux exploits. — Se retire enfin dans l'Île Ferme auprès d'Oriane, et, par sa vaillance et celle de ses frères, ramène le temps de l'âge d'or, 20.

AMADIS DE GRÈCE, fils de Lisvard de Grèce, 16. — Ses premiers hauts faits contre les païens. — Part pour aller cueillir de nouveaux lauriers. — Adieux de ses parens, 18. — Se rend célèbre par ses exploits. — Protège les *Barbacaines*, rencontre le berger Darinel et visite la reine Pintiquinière. — Délivre d'un géant Emirante et la conduit à son frère. — Fait avec elle une partie d'échecs à qui perd gagne. — Averti par Urgande de *la gloire de Niquée*, part pour cette entreprise hardie. — Essuie de grands dangers avant d'arriver, en sort vainqueur, voit Niquée, s'en fait aimer par ses folies. — Retrouve son bon sens et celui de mille autres chevaliers chrétiens. — Se venge d'un tour perfide de Mélye. — Apprend d'Urgande la mort de Carmesime. — Vient au secours des chrétiens avec les preux qu'il a recueillis chez Niquée. — Va défendre Constantinople. — Perd l'espoir de la sauver, malgré sa valeur. — Suit Urgande qui l'emmène pour chercher Amadis de Gaule et ses frères, 19. — Voyage en Gaule et en Angleterre. — Surmonte tous les enchantemens de Mélye. — Retrouve l'Île Ferme et le grand Amadis, Galaor, Florestan, Oriane et Briolane. — Repart avec ses héros pour Constantinople. — Arrive à temps avec eux pour la délivrer des musulmans. — Contribue à la prise de Gigantinople; est embrassé par Lisvard, et félicité par son aïeul, Amadis de Gaule, 20.

APOLLIDON, un des descendans de Trébatius. — Devient amoureux de Grimanèse et l'enlève. — Est le fondateur de l'*Île Ferme*. — Est élu à l'empire romain. — Est l'inventeur du palais à trois façades, de l'arc des loyaux amans, et de la chambre défendue, 6.

ARAVIGNE, roi très puissant, absent de l'armée de Cildadan, 8. — Profite de l'absence d'Amadis et des autres chevaliers pour déclarer la guerre à Lisvard. — Est secondé des conseils d'Arcalaüs. — Presse vivement Lisvard. — Est mis en fuite par *les trois chevaliers aux serpens*, 11. — S'allie avec Arcalaüs pour profiter de la dissension de Lisvard et d'Amadis. — Attend les événements pour prendre un parti. — S'écarte avec Mélye pour surprendre Lisvard vaincu. — Tombe sur ce roi conjointement avec Arcalaüs. — Est à son tour attaqué par Amadis, puis par Périon. — Est vaincu et fait prisonnier, 14. — A ses états partagés entre Guilan et Bruneau. — Est forcé à se faire moine, 14.

ARCABONNE, femme d'Arcalaüs, qui lui commet la garde d'Amadis. — Est témoin de la délivrance de ce héros par Urgande, 3. — Surprend Amadis et obtient la liberté d'Arcalaüs. — Est présente à la mort de son époux et se jette dans les flots, 15.

ARCALAÜS, géant magicien, tient prisonniers Galvane, Guilan. — Est attaqué par Amadis. — Feint d'être vaincu et se rend maître de ce vainqueur. — Confie la garde de ce héros à sa femme Arcabonne, revêt l'armure d'Amadis et répand le bruit de sa mort à la cour de Lisvard, 3. — S'empare d'Oriane, enlevée par Arsamane, et poursuivi, blessé par Amadis et obligé d'abandonner cette princesse, 4. — Est pris et conduit à Londres par d'Estravaux et dégradé du rang de chevalier. — Médite sa vengeance, 5. — Nuit à Cildadan et fait porter un avis insolent à Lisvard. — Fait défier Amadis. — Perd son neveu Lindoramon, et lui-même perd quatre doigts dans leur combat, 8. — Seconde de ses conseils l'entreprise d'Aravigne contre Lisvard. — Se sert de sa nièce Dinarde pour faire tomber dans le piège Périon, Amadis et Florestan. — Est trompé à son tour et obligé de fuir et de se cacher dans une tour où les trois héros mettent le feu. — Se sauve, à demi brûlé, grâce à Dinarde. — Excite la pitié de Cildadan et de Galaor unis qui ont défait et tué ses défenseurs, 11. — S'allie avec Aravigne pour profiter de la dissension qui existe entre Lisvard et Amadis. — Encourage Aravigne à tomber sur Lisvard qui marche seul, isolé de Périon. — Est pris par Amadis, 14. — Est retenu dans les fers. — Est remis en liberté à la prière d'Arcabonne. — Veut se venger d'Amadis sur son fils Esplandian. — Est tué par cet enfant, 15.

ARDAN-CANILLE. Voyez *Canille*.

ARMATO, soudan des Turcs, armé contre l'empereur grec, et excité contre lui par Mélye. — Est vaincu par les chevaliers de Gaule et d'Albion. — Recommence la guerre avec fureur et *profite de l'absence d'Amadis et de ses frères pour presser les guerriers du Pont et de la Grèce.*—Tue le fils de l'empereur de Trébisonde.—Défie Amadis.—Est tué, 15.

ARSAMANE, vieillard qui apporte à Lisvard un manteau et une couronne.—Revient en demander le prix.—Enlève Oriane et la remet à Arcalaüs.—Est tué par Amadis, 4.

B.

BALAN, géant, fils de Mandafabul, donne l'hospitalité à Amadis sans le connaître. — Veut venger sur lui la mort de son père dès que son hôte s'est nommé.—Sa générosité.—Est dangereusement blessé par Amadis. — Veut, malgré les pleurs de sa femme, punir son fils Bravor qu'il croit coupable de déloyauté envers Amadis. — Est secouru par ce héros lui-même et pardonne à son fils, 13.

BALIGANTE, neveu de Famongomad, qui veut lui faire épouser Oriane. — Enlève Léonor avec l'aide de son oncle. — Est tué par Amadis, 8.

BARBACANES, gens au corps d'homme et à la tête de chien, auxquels Amadis de Grèce donne son appui, 19.

BARSINAN, prince voisin de Lisvard, qui vient visiter ce roi et qui en est peu estimé, 4. — S'empare de Londres en l'absence des chevaliers. — Est pris par Amadis et ses compagnons d'armes.—Est pris et brûlé, 5.

BRAVOR, fils de Balan, secouru son père blessé par Amadis. —Est arrêté par ordre de Balan qui le croit coupable de déloyauté envers ce héros. — Est protégé par Amadis et obtient le pardon de son père.—S'offre pour écuyer à Amadis qui l'accepte — Détourne un coup mortel qui menaçait ce chevalier, dans le combat avec Sallusie, 13. — Se signale par sa valeur parmi les combattants d'Amadis contre les Romains, 14.—Fait encore remarquer sa bravoure dans la seconde bataille où les païens sont vaincus, 15.

BRAVORANTE, soudan des Turcs, redouté pour sa valeur. — Se bat contre Tiran-le-Blanc.—Est vaincu, 16. — Presse vivement le siège de Byzance, 19.—Est obligé de quitter cette ville et de se retirer à Gigantinople, dont il soutient le siège. — Est tué par Amadis, 20.

BRIOLANIE, fille du roi de Sobradise, accueille Amadis et l'accepte pour vengeur contre son oncle Abyseos qui a tué son père et l'a dépouillé de ses états, 3.—Reçoit de nouveau Amadis accompagné de Lowismond.—Revoit avec reconnaissance Amadis, lequel la déclare reine de Sobradise.—Est portée à l'indulgence pour Galaor qui est amoureux d'elle, 5. — Pleure, par erreur, pour être la maîtresse d'Amadis, 6.—Est toujours aimée de Galaor, 14.—Épouse son amant, 15. — Disparait, 16. — Est retrouvée au bout de cent ans dans l'île Ferme ainsi que son époux par Urgande. — Est désenchantée par Galaor. — Est ramenée par cette fée et le sage Alquif à Galaor. —Se retire à l'île Ferme ainsi captive enfin son époux, 20.

BRISEBE, femme de Lisvard et mère d'Oriane. — Va avec sa fille à la cour du roi d'Écosse, 1.—Est pleine d'admiration pour Amadis et reproche à Oriane sa froideur (apparente) pour ce héros, 2. — Apprend la nouvelle répandue par Arcalaüs de la mort d'Amadis.—Sa douleur, 3.—Tient une cour d'amour, 4. — Est défendue et protégée par Barsinan, et sauvée par Amadis et les siens. — Retrouve Oriane et Lisvard qui avaient été enlevés, 5. — Ne peut accompagner Oriane au couvent de Miref̂leur, 7. — Est témoin du combat d'Amadis et de Canille, — Rend l'espoir à Madasime sur l'issue de ce combat, 9. — Assiste à une partie de chasse, rencontre Nasciau et avec lui deux enfants. — Adopte Sergil l'un des deux, et laisse l'autre à sa fille, 10.—Court un danger pressant dans la guerre d'Aravigne, 11.—Envoie Esplandian à Lisvard, 14.

C.

CANILLE (ARDAN-), géant, plus terrible encore qu'Arcalaüs, 3.—Manque dans l'armée de Cildadan, 8 — Doit se battre avec Amadis pour obtenir en mariage la soeur d'Eribase. — Se rend chez Lisvard. — Fait paraître un profond dédain pour Amadis — Duel.—Se bat avec l'épée qu'il a fait dérober à Amadis.—Perd son arme, est vaincu par Amadis et précipité dans la mer, 9.

CARMESINE, fille de Lisvard de Grèce.—Inspire une passion violente à Tiran-le-Blanc, 16.—Comment elle apprend de Tiran qu'elle en est aimée.—Est du même avis que Plaisir-de-ma-Vie sur le compte de Tiran. — Donne sa chemise à son amant.—Lui accorde, après une victoire, une première entrevue secrète. — Risque beaucoup à l'arrivée de son père. — Est vue au bain par son amant. — Est surprise par lui pendant son sommeil. — Allie la vertu et l'amour, et ne donne pas trop à Tiran.—Est en grand danger d'être compromise par la veuve reposée, 17.—Taxe de folie les avis de cette veuve — A un rendez-vous avec son amant. — Sa prière à Dieu. — A une part au miracle de Tiran.— Est avec Plaisir-de ma-Vie la cause involontaire de l'erreur et de la maladie de Tiran. — S'informe de

sa santé par Plaisir-de-ma-Vie.—A un autre rendez-vous avec Tiran qui est rétabli.—Fait et scelle la paix avec lui, 18. — Sa mort, 19.

CARTADACHE, géant qui combat parmi les guerriers de Cildadan.—Abat deux guerriers de Lisvard.— Est blessé par Florestan et désarmé par Galaor qu'il veut étouffer. — Est tué par ce dernier chevalier, 9.

CHEVALIER DU SOLEIL (le), fils aîné de Trébatius, 6.— Se présente à Urgande et Amadis.—Se plaint confidentiellement du paradis, de celle de Dieu, par l'entremise d'Urgande et d'Alquif, un poste qui le dispense des hymnes éternelles, 12.

CILDADAN, successeur d'Abyes, fait défier Lisvard. — Se dispose au combat et fait avancer ses guerriers et ses géants, 8. — Guide au combat ses Irlandais.—Est vainqueur de dix guerriers.— Va tuer Galaor. — Est renversé par Amadis. — A coupé à demi la bannière de Lisvard. — Est secouru par Urgande d'après le voeu d'Amadis. — Revient à la vie. — Est amoureux d'Agathe, nièce d'Urgande. — Est payé de retour, 9. — Est amené par Galaor à la cour de Lisvard, 10.—Commande avec Galaor l'avant-garde de Lisvard, contre Aravigne.— Va avec le même chevalier chercher des aventures. — Défait et tué l'escorte d'Arcalaüs qui excite sa pitié pour lui-même. — Est l'amant de Laurette et comment il en est quitté.—Origine des passades, 11. — Sa valeur dans le combat entre Lisvard et les traîtres Aravigne et Arcalaüs, 14.—Épouse Léonor. — Dans la bataille livrée contre les Sarrasins il assiste aux derniers moments de Lisvard qu'il tient embrassé. — Se signale encore par sa bravoure dans la seconde bataille où les païens sont défaits, 15.

CORISANDE, maîtresse de Florestan. — Retient ce guerrier, et ne lui permet de jouter, hors de sa présence, qu'avec la lance. — Est témoin du combat de son amant et de Galaor, et fait reconnaître à celui-ci Florestan pour son frère, 5.—Vient à la cour de Lisvard demander des nouvelles de Florestan.—Donne des renseignements sur la retraite d'Amadis et chante un nouveau virelai de ce chevalier, 7.

D.

DARDAN, seigneur qui refuse l'hospitalité à Amadis, et qui retient injustement le bien d'une dame.—Est vaincu par Amadis et reconnaît les droits de sa victime, qui, accusée de lâcheté par sa maîtresse, la tue et s'immole après elle, 2.

DARINEL, berger rencontré par Amadis de Grèce, 19.

DARIOLETTE, a protégé les amours de Perion et d'Elisène, et a été chargée d'exposer Amadis. — Délivre du cachot d'Arcalaüs, Perion, Amadis et Florestan. — Est récompensée par Perion qui lui donne un beau château en Touraine, 11.

DEMOISELLE DE DANEMARCK (la). Voyez Lorisbelle.

DEMOISELLE INJURIEUSE (la) porte chez Lisvard un défi remarquable à Amadis, de la part d'Eribase. — Est accueillie chez Amadis et lui vole sa verte épée, 9.

DINARDE, fille d'Ardan-Canille et nièce d'Arcalaüs. — Conduit traîtreusement Perion, Amadis et Florestan dans un cachot de son oncle. — Trompe dans ses projets. — Vole au secours de son oncle, près de devenir la proie des flammes.—Devient la maîtresse de Galaor, puis le quitte quand elle le reconnaît.—Origine des passades, 11.

DONIN, frère de Lorisbelle, porte à Amadis une lettre d'Oriane qui cause le désespoir de ce héros. — Suit secrètement avec Gandalin les pas d'Amadis. — Assiste à la leçon donnée à Patin, et est renvoyé vers Oriane par Amadis, 6. — Défend auprès de cette princesse l'innocence d'Esplandian. — Se charge en secret avec sa soeur de l'enfance d'Esplandian. — Perd cet enfant et apporte cette fâcheuse nouvelle à Oriane.— Va s'informer de la retraite d'Amadis, 7.—Apporte à ce héros de bonnes nouvelles touchant Oriane.—Introduit Amadis à Mirefleur près d'Oriane, puis Gandalin près d'Amadis, 8.

E.

ELISÉE, suivante de l'Impératrice, femme de Lisvard de Grèce, sauve sa maîtresse d'un grand danger, 16.

ELISÈNE, femme de Perion, roi de la Gaule, accueille avec allégresse Amadis qui a sauvé la vie à son époux. — Éprouve un sentiment de mélancolie en voyant ce damoisel.—Est assiégée dans Autun avec Meliçie, sa fille. — Est délivrée par Amadis et Perion. — Craint pour Amadis qui va combattre seul contre Abyes.—Révèle à Perion la naissance d'Amadis et reconnaît ce héros pour être leur fils, 1. — Apprend à Amadis qu'il a un frère, 2. — Est informée par Amadis de son retour à Londres, 3.—Reçoit Amadis en Gaule, 11.

ELVIS, nain d'Amadis, le conduit chez Arcalaüs.—Est sauvé par ce héros —Est au service d'Amadis — L'accompagne chez Briolanie.—Près d'être immolé par Galaor, est délivré de sa fureur par Amadis, 3.—Court avertir Amadis de l'enlèvement de sa maîtresse et de Lisvard, 4. — Croit son maître amoureux de Briolanie, et Va, par ordre d'Amadis, annoncer à Lisvard la mort d'Abyseos. — Donne à penser à Oriane qu'Amadis est

18

amoureux de Briolanie, 5. — Accourt pour délivrer Périon, Amadis et Florestan, detenus chez Arcalaüs, et veut surtout voir brûler ce géant qui l'a voulu voir brûler lui-même, 11. — Veut dissuader Amadis de combattre l'Endriague, 12. — A suivi Amadis à Byzance. — Est devenu un personnage considérable. — Va, sur l'invitation d'Amadis, invoquer le secours de Grasinde contre les Turcs, 15.

EMIRANTE, jeune beauté délivrée d'un géant par Amadis de Grèce et conduite par ce héros à son frère. — Fait avec Amadis une partie d'échecs à qui perd gagne, 19.

EMPEREUR DE GRÈCE (l'), accueille Amadis avec tendresse. — Est délivré des Sarrasins par ce héros. — Lui offre la moitié de l'empire et lui donne six îles pour Gandalin, 12. — Est secouru par les chevaliers de Gaule et d'Albion. — Annonce à Amadis et à ses frères la mort de Périon et de Lisvard. — Caresse le jeune Esplandian. — Approuve l'amour de ce fils d'Amadis pour sa fille Léonorine. — Promet à Amadis de les unir et de lui donner son empire pour dot, 15. — Meurt en paix après l'union de sa fille et d'Esplandian, 16.

EMPEREUR DE TRÉBISONDE (l'), allié de l'empereur de Grèce. — A son fils tué par Armato, dans la seconde bataille livrée contre les païens, 15.

ENDRIAGUE (l'), monstre né d'un inceste. — Dévore sa mère et les habitants de son île. — Est tué par Amadis, 12.

ENIL, cousin de Lorisbelle. — Reçoit chez lui Amadis et sa cousine qui lui ont la charge d'obéir aveuglément à ce chevalier. — Promet à Amadis une armure complète. — L'accompagne à Londres. — Est présent aux combats d'Amadis et de Quedragant, d'Amadis et de Famongomad et Baligante. — Est envoyé à Londres pour se procurer une nouvelle armure pour Amadis. — Desire de combattre contre les guerriers de Cildadan. — Est armé chevalier par Amadis, 8. — Se fait remarquer par sa bravoure. — Vole au secours d'Amadis, 9. — Se signale de nouveau par sa valeur dans le combat avec les Romains qui emmenaient Oriane, 13. — Se distingue également dans la guerre contre Lisvard et Patin. — Accompagne Amadis pour défendre Lisvard contre Araigne et Arcalaüs, 14.

ERIBASE, femme de Famongomad. — Veut venger la mort de son époux sur Estravaus et autres chevaliers qu'elle retient prisonniers dans l'île de Montgaze, 8. — Fait porter un defi à Amadis pour se battre contre Canille, à qui elle promet la main de sa nièce Madasime, s'il est vainqueur, 9. — Garde l'île de Montgaze et la défend contre Lisvard qui n'y est acquis des droits que par la victoire d'Amadis. — Est obligée de la rendre à Galaor, 10.

ESPLANDIAN, fils d'Oriane et d'Amadis. — Vient au monde avec des caractères grecs et latins écrits sur sa poitrine. — Confié à Durin et à Lorisbelle. — Enlevé par une lionne; recueilli par un ermite et nourri par cette même lionne, puis par une brebis. — Soigné par la sœur de l'ermite. — D'où lui vient son nom d'Esplandian, 7. — Rencontre Lisvard et sa cour dans une partie de chasse. — A été élevé avec Sergil neveu de l'ermite Nascian. — Fait la meilleure chasse, aide de sa lionne, et fait la part à chacun. — Est adopté par Lisvard et remis à sa mère qui l'a reconnu, 10. — Implore, pour la vie de Grodamor, Amadis qui l'embrasse dans le connaître, 13. — Est envoyé par Brisène à Lisvard, à qui Nascian l'a fait reconnaître, qui l'embrasse et lui permet de se joindre aux autres ambassadeurs qui vont de sa part chez Périon. — Est reconnu avec transport par Amadis. — Avertit son père du danger de Lisvard, pressé par Araigne et Arcalaüs, 14. — Est attaqué par Arcalaüs et le vainc. — Retrouve son père qui l'emmène à Byzance et lui destine Léonorine pour femme d'un anneau qu'il a reçu d'elle. — Son amour naissant pour cette princesse. — Découvre l'explication du mot grec écrit sur sa poitrine. — Reçoit de l'empereur grec l'engagement de lui donner sa fille en mariage avec son empire pour dot, 15. — Est uni à Léonorine. — Est loin d'égaler son père. — A pour successeur le prince grec son fils, Lisvard de Grèce, 16.

ESTRAVAUS (d'), jeune preux vaincu par Amadis, qui intercede pour lui auprès de sa maîtresse et qui devient son ami, 3. — Defie Galaor qui refuse avec raison de se battre avec lui. — Aide ce chevalier à délivrer Lisvard. — Vole au secours de Londres. — Revient sur ses pas pour poursuivre Arcalaüs qu'il emmène prisonnier. — Est reconnu pour n'être pas encore chevalier. — Est armé chevalier avant qu'Arcalaüs soit dégradé de chevalerie, 5. — Va chercher des nouvelles d'Amadis, 7. — Est retenu prisonnier dans l'île de Montgaze, 8. — Est délivré par Amadis, 9. — Sa bravoure dans le combat livré contre Sulluste et les autres Romains, 13. — Se signale dans la grande bataille contre Lisvard et Patin, 14. — Est fait roi par Amadis. — Dégage ce héros dans une bataille contre les Sarrasins et se signale encore dans la seconde.

F.

FAMONGOMAD, géant du Lac bouillant, engagé à Cildadan. — Fait porter un avis insolent à Lisvard. — Est l'oncle de Madasime à qui il veut donner Oriane pour suivante, et son neveu Baligante pour époux. — Enlève Léonor. — Est tué par Amadis, 8.

FLORESTAN, fils de Périon et frère d'Amadis et de Galaor, renverse ses deux frères et Lowismond sans les connaître. — Est retenu dans une île par sa maîtresse Corisande; et il ne lui est permis de jouter qu'avec la lance lorsqu'il ne combat pas sous ses yeux. — Lutte avec Galaor, puis le reconnaît pour son frère. — Va rejoindre Amadis en Sobradise. — Le revoit et l'embrasse. — Demande des renseignements sur l'île ferme, 5. — Apprend les merveilles de cette île, et veut tenter l'aventure qu'elle présente. — Rencontre dans cette île Lowismond. — Est repoussé dans son entreprise, et se console par le succès d'Amadis, 6. — Va chercher des nouvelles d'Amadis qui a disparu, 7. — Retourne à Londres après une recherche infructueuse d'Amadis. — Admire la beauté d'Oriane. — Est choisi par Lisvard pour être un des chevaliers qui doivent combattre Cildadan. — Regarde avec une noble envie le beau Ténébreux, 8. — Sa bravoure. — Blesse le géant Cartadache. — Renonte Lisvard enlevé par un géant. — Vole au secours d'Amadis. — Abat le casque de Grandacuriel. — Sa douleur et sa tendresse pour Galaor qui est tombé évanoui dans le combat. — Porte une partie des armes d'Amadis qui va combattre Canille. — Mot que lui dit Amadis en recevant les bénédictions du peuple, 9. — Vient visiter son père et lui annonce le danger de Lisvard menacé par Araigne. — Veut combattre contre le roi d'Angleterre. — Finit par se rendre à l'avis d'Amadis, et part avec lui et Périon pour aller défendre Lisvard. — Reçoit d'Urgande, ainsi que ses frères, son armure d'or. — Se signale dans la bataille en digne frère d'Amadis et contribue à la délivrance de Lisvard. — Repart aussitôt avec les deux autres chevaliers aux serpens, tous trois inconnus. — Est rejeté sur les côtes d'Angleterre par une tempête. — Trompe son Dinarde, mis au cachot chez Arcalaüs et délivré par Darioletie. — Veut brûler Arcalaüs. — Est charmé des récits que Galaor fait chez leur père qu'il est venu voir, 11. — Rassure Oriane promise par son père à l'empereur Patin. — Defait l'ambassade romaine envoyée par ce prince. — Sa bravoure contre ces Romains qui emmènent Oriane, 13. — Brille aussi dans la grande bataille entre Périon et Amadis d'un côté, et Lisvard et Patin de l'autre. — Suit Amadis pour défendre Lisvard contre Araigne et Arcalaüs, 14. — Aime mieux être chevalier que roi. — Est averti par Urgande du danger des chrétiens, et invite par elle a la suivre à Byzance. — Ses exploits contre les Sarrasins. — Accourt vers Périon et Lisvard mourants, et recueille leurs derniers soupirs. — Vole sur un dragon au secours d'Urgande enlevée par Melye. — Revient combattre les Turcs. — Disparaît avec ses frères sur un char d'or et d'azur, 15. — Est retrouvé enfin par Amadis de Grèce dans l'île Ferme où il est enchaîné depuis cent ans avec ses frères, et Oriane et Briolanie. — Est désenchanté par Urgande. — Va avec ses frères et Amadis de Grèce, par le chemin des airs, au secours de Byzance qu'il défend à temps contre les païens. — Se rend au siège de Gigantinople et contribue à la prise de cette cité. — Repart avec ses frères pour de nouveaux exploits. — Prend une femme aimable et indulgente. — Se retire avec ses frères dans l'île Ferme, et contribue par ses hauts faits à ramener l'âge d'or, 20.

G.

GALAOR, fils de Périon et d'Élisène, et frère d'Amadis, fut enlevé enfant par un géant qui l'éleva pour la guerre. — Seconde son frère qu'il admire sans le connaître dans un grand combat. — Armé chevalier par Amadis. — Va combattre le géant Albadan. — Premier exploit amoureux. — Tue Albadan et remet Mandalaz dans ses possessions. — Est présenté à Aldène qu'il a délivrée, en devient amoureux et commet quelques impudences auprès d'elle. — Se justifie singulièrement avec la tante Olphise, 2. — Comme il se trouve dans un couvent et ce qu'il y fait. — Perd son bouclier, son casque, sa lance et son cheval. — Les retrouve. — A quelles conditions. — Est prêt de tuer le nain Elmis pour obéir à la nièce d'Arcalaüs. — Se bat ensuite pour son ordre avec Amadis que Mandalaz lui fait enfin reconnaître, 3. — Revoit ses parents. — Retourne chez Lisvard où il est parfaitement accueilli. — Est seconde dans ses nouvelles amours par Lowismond. — Quitte la Cour d'amour de Brisène pour aller avec Amadis venger une dame contre deux géants, 4. — Est prêché par Amadis. — Arrête dans l'île de Montgaze par Madasime. — En sort adroitement avec son frère. — Court à la délivrance de Lisvard enlevé par des traîtres, 4. — Est défié par d'Estravaus et Guilan. — Refuse de se battre et pourquoi. — Délivre Lisvard et vole au secours de Londres. — Se défend avec adresse contre la fureur de ses maîtresses, et leur confesseur et reste amoureux d'Aldène. — Sa romance sur la Constance. — Est désigné par son frère pour le suivre chez Abyséos. — Renversé avec son frère par un inconnu. — Prend le cheval de son écuyer et court après son vainqueur. — Est reçu trop poliment par un vavasseur et fait un serment en conséquence. — Se bat avec son inconnu qui se trouve être

DES PERSONNAGES.

Florestan. — Va rejoindre Amadis à Sobradise. — Amoureux de Briolanie, compose une romance pour elle. — Demande des renseignemens sur l'île ferme, 5. — Apprend les merveilles de cette île célèbre, et veut tenter cette brillante aventure. — Rencontre Bruneau, amant de sa sœur Mélicie. — Sa disgrace et sa consolation, 6. — Se met à la recherche d'Amadis dont on ignore l'existence, 7. — Est de retour à Londres après des courses inutiles. — Est touché de la beauté d'Oriane. — Retenu par Lisvard pour un des chevaliers qui doivent combattre Cildadan. — Ennuyé de la célébrité du *Beau ténébreux*, désire de jouter avec lui. — A connaissance d'un billet obscur touchant ce combat, écrit par Urgande à Lisvard. — Est jaloux pour Amadis du *Beau ténébreux*, 8. — Se signale. Sauve Lisvard. — Combat contre le géant Cartadaque qui veut l'étouffer, et il le tue. — Est frappé par trahison et tombe évanoui. — Douleur qu'il cause à ses frères. — Est secouru par quatre demoiselles envoyées par Urgande. — Revient à la vie. — Son paradis et son enfer. — Et amoureux de Juliande, nièce d'Urgande, et en est aimé, 9. — Amène Cildadan à la cour de Londres. — Réduit l'île de Montgase, malgré Erisbae, et rend un service important à Galvane. — Voudrait reconcilier Lisvard et Amadis, 10. — Commande avec Cildadan l'avant-garde de Lisvard contre Aravigne. — Vivement pressé, fait des exploits dignes d'Amadis. — Va avec Cildadan chercher des aventures. — Défait et tue des chevaliers d'Arcalaüs qui excite sa pitié. — Devient l'amant de Dinarde. — En est quitté. — *Origine des passades*. — Va voir son père en Amadis et les amuse par ses récits. — Leur dit l'ode de Regner-Loybrod. — Raconte la mort du roi Herquin, et ses propres exploits pour une veuve-pucelle, 11. — Court à de nouveaux faits d'armes. — Reçoit la défense de protéger les pucelles. — Secourt une dame qui *tire l'épée*, 12. — Intervient inutilement auprès de Lisvard pour l'empêcher de donner sa fille à Patin. — Quitte la cour de ce roi, 13. — Visite son frère Amadis, retiré dans l'île Ferme et veut rester neutre entre lui et Lisvard. — Désire aller revoir Briolanie, est retenu par Amadis. — Passe agréablement son temps. — Donne son avis sur une question d'amour. — Ecoute la morale que lui fait Oriane et est au moment de l'en punir, 14. — Epouse Briolanie. — Va au secours de Byzance avec Urgande et les autres chevaliers. — Agit audacieusement avec Urgande. — Se signale contre les Sarrasins. — Accourt vers Perion et Lisvard mourans et reçoit leurs derniers soupirs. — Vole sur un dragon au secours d'Urgande, enlevée par Mélye. — Revient combattre les Turcs. — Disparaît avec ses frères sur un char d'or et d'azur, 15. — A eu d'Aldène un enfant devenu *Seigneur de la Marche Tiraine*. — A pour fils Tiran-le-Blane, 16. — Est retrouvé par Amadis de Grèce dans l'île Ferme où il a été enchanté depuis cent ans avec ses frères, et Oriane et Briolanie. — Est désenchanté par Urgande. — Va avec ses frères et Amadis de Grèce, par le chemin des airs, au secours de Byzance, et la protège à temps contre les Musulmans. — Se rend au siège de Giganfinople, et contribue plus que personne à la prise de cette cité. — Retrouve Briolanie. — Ajoute aux honneurs rendus par Amadis à Tiran-le-Blanc. — Part avec ses frères pour de nouveaux exploits. — Court toujours les belles. — Se fixe enfin auprès de Briolanie dans l'île Ferme, et ramène par sa gloire et celle de ses frères le temps de l'âge d'or, 20.

Galvane, Ecossais, prisonnier d'Arcalaüs, délivré par Amadis, 3. — Est l'oncle de Lowismond. — Se signale par sa bravoure dans le combat contre Lisvard et Cildadan. — Vole au secours d'Amadis. — Est placé par Lisvard auprès de Madasime et en devient amoureux, 9. — Toujours plus amoureux de cette princesse, se confie à Lowismond qui en rit, et Amadis qui promet de le servir auprès de Lisvard. — Est désappointé. — Veut défendre Montgase contre Lisvard. — Est désapprouvé par Amadis et se rend à l'avis sage de ce héros. — Est rappelé à la cour de Lisvard, et, grâce à Galaor, reçoit du roi l'île de Montgase et Madasime pour femme, 10. — Suit Urgande et les autres chevaliers à Byzance pour secourir les chrétiens, 15.

Gandale, châtelain écossais, ramène de la petite Bretagne en Ecosse sa femme et son fils Gandalin. — Trouve Amadis enfant sur la mer et le recueille. — Reçoit de la fée Urgande des recommandations pour son pupille auxquelles il obéit. — Confie au roi d'Ecosse Amadis et son fils Gandalin. — A fait passer à Perion l'épée et l'anneau trouvés dans le berceau d'Amadis, 1.

Gandalin, fils de Gandale, est ramené de la Petite-Bretagne en Ecosse par son père. — Est élevé avec Amadis. — Amené avec Amadis à la cour du roi d'Ecosse — Veut accompagner Amadis en Gaule. — Obtient de son ami d'être son écuyer. — Se joint à Amadis pour délivrer Perion, 2. — Vient prudemment avertir Amadis qui s'oublie auprès d'Oriane, 2. — Accompagne Amadis qui va chercher son frère. — Le suit chez Arcalaüs. — Y est sauvé par ce héros. — Est présent à la reconnaissance des deux frères, 3. — Seconde Amadis contre les ravisseurs d'Oriane, et laisse seuls un moment les deux amans, 4. — Revient pour leur apprendre le danger de Londres et la trahison de Barsinan, 5. — Accourt auprès d'Amadis qu'une lettre d'Oriane a désespéré. — Reçoit ses adieux, ses dernières recommandations, et la souveraineté de l'île Ferme. — Suit secrètement, avec Durin, les pas d'Amadis. — Est près d'être puni de sa désobéissance. — Obtient son pardon d'Amadis, qui le garde seul près de lui. — S'endort et perd la trace d'Amadis qui s'occupe encore de le protéger, 6. — Est introduit dans le couvent du Mirefleur, et raconte à Amadis comment une *verte épée* et un *chapeau de fleurs* ont été remis à Lisvard. — S'excuse auprès d'Amadis qui veut l'armer chevalier, et demande de rester encore son écuyer, 8. — Remonte bravement Amadis dans une grande bataille. — Se désole quand le voit de la demoiselle injurieuse est reconnu. — Est consolé par Amadis, 9. — Est armé chevalier par lui et nommé gouverneur de l'île Ferme, 10. — Vient avec ses compagnons au secours de Perion, d'Amadis et de Florestan, retenus chez Arcalaüs. — Repart avec Amadis pour de nouveaux voyages, 11. — Veut dissuader Amadis de combattre l'*Endriague*, le secourt après le combat et le rend à la vie. — Est roi de six îles, 12. — Arrive à propos pour secourir Amadis renversé par son cheval, lui donne le sien et combat à pied, 14. — Est témoin du péril d'Esplandian et de la mort d'Arcabonne. — Signale sa valeur dans la seconde bataille où les paiens sont vaincus, 15.

Gazabal, écuyer de Galaor, lui remet son cheval après que ce héros a été renversé par un inconnu, lorsqu'il va défendre Briolanie, 5.

Gradamor, un des ambassadeurs romains envoyés par l'empereur Patin pour demander Oriane en mariage. — Défait par Florestan. — Vaincu dans un tournoi par Amadis, et, près de recevoir la mort, est sauvé à la prière d'Esplandian, 13. — Emmené à l'île Ferme par Amadis. — Est comblé de bontés par ce héros et se plaint auprès de lui et d'Oriane, 14. — Est laissé chef de l'empire romain après la mort de Salluste et de Patin. — Est averti par Urgande du danger de Byzance, et engagé à la suivre pour secourir les chrétiens, 15.

Grandagobel, géant qui combat parmi les guerriers de Cildadan. — Attaque Amadis. — Est blessé mortellement par ce héros. — Veut se venger. — Est achevé par Lisvard, 9.

Grassinde, nommée aussi *Madasime*, reine opprimée par un géant. — Délivrée par Amadis, qu'elle prend en gré. — Lui donne un ordre imprudent. — Le trouve plus vertueux qu'elle ne voudrait. — Lui pardonne. — Lui donne, pour accompagner, maître Helisabel, qui est son médecin, son conseiller, etc. 12. — Accourt, à la prière d'Amadis, avec un secours formidable, pour combattre les Sarrasins. — Se rend aux sollicitations d'Amadis et épouse Quadragant, 15.

Grimanèse, fille de l'empereur, amante d'Apollidon, qui l'enlève. — Fonde avec lui l'île Ferme. — Devient impératrice, 6.

Grumedan, vieillard à qui Amadis confie Oriane, 5 — Porte la bannière de Lisvard dans le combat contre Cildadan — Defend son prince et sa bannière. — Est un des juges de camp pour le duel de Castille et d'Amadis. — Craint un moment pour ce dernier, 9. — Est obligé d'accompagner l'ambassade romaine qui vient demander Oriane en mariage pour Patin. — Se moque de l'impertinence des ambassadeurs. — Est provoqué par eux dans un tournois, refuse Lisvard pour second et prend d'abord Quadragant et Guilan, puis accepte Amadis qui le sauve, 13. — Se fait remarquer dans le combat entre Lisvard et les traîtres Aravigne et Arcalaüs, 14. — Dans une bataille livrée contre les Sarrasins, meurt aux pieds de Lisvard et de Péron, 15.

Guilan-le-Pensif, est amoureux de Mabile, et l'aide à tirer Amadis d'embarras auprès d'Oriane, 2. — Est prisonnier d'Arcalaüs et délivré par Amadis, 3. — Devient muet par ordre de Mabile, et reçoit le nom de *Guilan-le-Pensif*, 4. — Renversé par un chevalier, poursuit Galaor qui a refusé de se battre avec lui. — Le second de sa vaillance pour délivrer Lisvard — Vole au secours de Londres, 5. — Apporte au palais de Lisvard l'armure d'Amadis que l'on croit mort, 6. — Va chercher des nouvelles de ce héros. — Silence remarquable pour plaire à Mabile. — Est l'objet des plaisanteries de celle-ci, 7. — Se signale par sa valeur dans le combat entre Lisvard et Cildadan. — Vole au secours d'Amadis, 9. — Est aimé de Mabile, 9 et 13. — Est choisi pour second par Grumedan dans une querelle avec les ambassadeurs romains. — Fa t de vains efforts pour empêcher Lisvard de donner Oriane en mariage à Patin, 13. — Se distingue dans le combat entre Lisvard et les traîtres Aravigne et Arcalaüs, et met en fuite celui-ci, 14. — Epouse Mabile, qui lui rend la parole, et est devenu roi de la moitié des états d'Aravigne. — Est averti par Urgande du danger des chrétiens, et invité à la suivre à Byzance. — Dégage Amadis dans une première bataille contre Armato et se signale encore dans la deuxième où ce Turc est tué, 14.

H.

Helisabel, médecin-conseiller de la reine Grassinde, et peut-être son amant — Est prêté à Amadis pour l'accompagner à Byzance. — Veut dissuader ce héros de combattre l'*Endriague*. — Guerit les blessures d'Amadis après ce redoutable combat.—Est comblé de richesses par Amadis, 12. — A suivi Amadis à Byzance, et secourt les chrétiens blessés après une victoire contre les Sarrasins, 15.

HARQUIN, roi du Nord. — Son dévoûment bizarre, 11.
HIPPOLYTE, page de Tiran-le-Blanc, est chargé d'apporter les nouvelles de l'armée à Lisvard de Grèce. — Est récompensé de sa témérité envers l'impératrice, 16. — Amant aimé de Plaisir-de-ma-Vie, vient faire une visite nocturne à sa maîtresse. — Est surpris par l'impératrice qu'il trompe adroitement. — Se caché à l'arrivée de Lisvard, 17. — Sauve Tiran. — A une heureuse idée pour ranimer ce héros mourant. — Est encore plus heureusement inspiré pour lui sauver la vie. — Apprend de sa maîtresse ce qui a causé l'erreur de Tiran. — Demande l'approbation à son maître, et se déguise en diable. — Fait avouer à la Veuve reposée, devant Tiran, son indigne complot, et la fustige, aidé d'un de ses amis. — Est récompensé de sa peine par Plaisir-de-ma-Vie, 17.

I.

IMPÉRATRICE (l') de Byzance, femme de Lisvard de Grèce, fait un doux accueil à Tiran-le-Blanc. — Apprend des nouvelles de l'armée par le page Hippolyte. — Veut lui parler en secret et s'expose à la témérité du page. — Est sauvée d'un grand danger par sa suivante Elysée, 16. — Consultée par son époux sur les moyens de rendre une femme vertueuse. — Surprend Hippolyte avec Plaisir-de-ma-Vie. — Est adroitement trompée par le page, trompe à son tour son époux, et le gronde, 17. — Fait ses adieux à son fils, Amadis de Grèce, qui part pour le combat, et lui recommande de croire à la vertu des femmes, 18.
ISANIS, gouverneur de l'île Ferme, pousse Galaor et Florestan à tenter l'aventure de cette île célèbre. — Salue Amadis comme seigneur de cette île, 6. — Meurt. — Est remplacé par Gandalin, 10.

J.

JÉRUSALEM, roi d'armes, du temps de Tiran-le-Blanc, 16.
JULIANE, nièce d'Urgande, est aimée de Galaor qu'elle plaie de retour, 9.
JULIE. Son Aventure, 4.

K.

KYRIELEISON, chevalier qui, ayant été vaincu par Tiran-le-Blanc, se fait moine. — Son frère veut le venger, accuse Tiran de félonie et est renversé par Tiran, 16.

L.

LAURETTE, cousine de Dinarde, maîtresse de Cildadan, qu'elle quitte quand elle le reconnaît. — *Origine des passades*, 12.
LÉONOR, fille de Lisvard et de Brisène, et sœur cadette d'Oriane. — Chante à son père une romance qu'Amadis a composée pour elle. — Est enlevée par Famongomad avec dix chevaliers qui, pour lui plaire, ont lutté avec Amadis. — Est délivrée par ce héros, 8. — Est demandée en mariage par le roi d'Irlande, 10. — Est mariée à Cildadan, 15.
LÉONORINE, fille unique de l'empereur de Grèce, fait impression sur Amadis. — Lui remet un anneau pour l'engager à lui chercher un époux digne d'elle, 12. — Est destinée par Amadis à Esplandian. — Reconnaît son anneau au doigt de celui-ci. — Aime ce prince. — Lit un nom qu'Esplandian porte écrit sur sa poitrine. — Promise par son père à Esplandian avec l'empire grec pour sa dot, 15. — Unie à Esplandian. — Soupçon téméraire sur sa conduite. — Donne naissance à Lisvard de Grèce, 16.
LINDORAMON, neveu d'Arcalaüs, se bat contre Amadis. — Est tué, 8.
LISVARD, roi de la Grande-Bretagne, vient visiter le roi d'Écosse. — Repart pour réprimer les révoltés dans son royaume. — Laisse à la cour d'Écosse sa femme Brisène et sa fille Oriane. — Réprime les révoltés, 1. — Est présent au combat d'Amadis et de Dardan. — Admire Amadis, 2. — Apprend la nouvelle de la mort de ces héros apportée par Arcalaüs, et l'annonce à Brisène et à Ariane, 3. — Reçoit Amadis et Galaor. — Accueille particulièrement ce dernier. — Promet Oriane en mariage à l'empereur de Byzance. — Accepte imprudemment un dépôt que lui laisse un vieillard. — Est Obligé de céder Oriane à ce vieillard qu'il suit et qui l'enlève, 4. — Est délivré par Galaor. — Retourne à Londres qui est menacée, et contribue à sauver cette ville. — Reçoit chevalier d'Estravaux et dégrade Arcalaüs. — Prie Amadis de l'informer de sa victoire sur Abyseos dès qu'il l'aura vaincu. — Apprend cette nouvelle par Elmis, 5. — Est un des descendans de Rosiclair, 6. — Fait la guerre à un roi éloigné lorsque Oriane se rend au couvent de Mirefleur. — Reçoit Corisande à sa cour, fait part à Oriane des nouvelles qu'il en a reçues et lui chante le nouveau virelai d'Amadis, 7. — Est défié par Cildadan. — Choisit Galaor, Florestan et Lowismond pour le combattre. — Reçoit un avis insolent de quatre géans engagés à Cildadan. — Regrette Amadis absent. — Se fait chanter par Léonor des vers qu'Au adis a faits pour elle. — Reçoit une *verte épée* et un *chapeau de fleurs*. — Apprend par un billet obscur que lui écrit Urgande d'où lui viennent cette épée et ce chapeau. — Donne connaissance de ce billet à Galaor. — Présente ses guerriers à Amadis. — Accepte, pour combattant, Enil, armé chevalier par Amadis, 8. — Bravoure de son armée. — Est attaqué, dans le combat contre Cildadan, par l'élite des Irlandais, et défendu par Galaor. — Enlevé par Mandafabul, délivré par Amadis, remonté par Florestan, attaqué par Grandacuriel, secouru par Florestan. — Il porte le dernier coup à Grandacuriel. — Court féliciter Amadis de la victoire. — Reçoit la *Demoiselle injurieuse* qui vient porter un défi à Amadis. — Confie à Galvane Madasime amenée à sa cour par suite de ce défi. — S'aperçoit le premier d'un vol fait à Amadis d'où va combattre Gamille. — Est juge souverain du camp et donne le signal du combat. — Tremble un instant pour Amadis. — Devient possesseur de Montgase, 9. — N'est plus en bonne intelligence avec Amadis. — Le traite avec hauteur à l'occasion de l'île de Montgase et le laisse partir avec la fleur de sa chevalerie. — Garde une haine irréconciliable contre ce héros, et en est cependant encore protégé. — Devient tout à fait maître de Montgase, grâce à Galaor. — Se rend aux sollicitations de ce chevalier, appelle Galvane à sa cour, et lui donne Montgase et Madasime. — Rencontre à la chasse Nascian l'ermite, et avec lui deux enfans (Sergil et Esplandian) qu'il adopte, 10. — Est attaqué par Arcaüne et Arcalaüs. — Vivement pressé, défendu par Galaor et Cildadan, délivré par les *Guerriers aux Serpens*, 11. — Accorde la main d'Oriane à l'empereur Patin. — S'offre pour second à Grumédan dans une querelle contre les ambassadeurs romains. — Lui se Sallüste commener Oriane, 13. — Est furieux contre Amadis qui lui a enlevé Oriane. — Est excité par la sorcière Melye. — Fait de grands préparatifs pour perdre ce héros et attaquer l'île Ferme. — Refuse de recevoir les ambassadeurs et les propositions honnêtes d'Amadis. — Toujours poussé par Melye, renforce son armée. — Est assailli et pressé dans le combat par Lowismond et sauvé par Amadis. — Est vaincu par ce héros qui empêche Lowismond de le poursuivre. — Rallie ses troupes. — Les encourage et leur fait jurer de prendre leur revanche le lendemain. — Accueille l'ermite Nascian, et apprend de lui le secret des amours d'Oriane et d'Amadis, et la naissance d'Esplandian. — Se sent touché par cet ermite et par la présence de son petit-fils qu'il embrasse. — Accorde une trève et envoie une ambassade à Perion. — Propose ce qui ne peut être exécuté. — Se retire avec son armée vers la ville de Lubanie où l'attendent Melye et Aravigne dont il se defie. — Est attaqué par Aravigne et Arcalaüs. — Heureusement secouru par Esplandian, Amadis, Perion et d'autres chevaliers; et, ramené par la valeur d'Amadis, se réconcilie avec lui, 14. — Partage les états d'Aravigne entre Guilan et d'Estravaux. — Averti par Urgande du danger des chrétiens, marche avec ses guerriers vers Byzance. — Accablé par les païens, tombe mourant. — Vit assez pour voir la victoire, Cildadan, Lowismond et Amadis. — Meurt le front couronné d'une auréole de flamme, 15.
LISVARD de Grèce, fils de Léonorine et d'Esplandian, succède à son père au trône de l'empire grec. — L'égale en bonté et le surpasse en faiblesse. — Épouse une princesse de Trébisonde, et en a Amadis de Grèce et Carmesine. — Souvent inquiété par les Turcs. — Accueille avec transport Tiran-le-Blanc qui vient le secourir contre les infidèles. — Envoie à l'impératrice le page Hippolyte qui lui apporte des nouvelles de l'armée. — Prouve à sa femme qu'il se connaît dans l'art d'Esculape, 16. — Consulte sa femme et la fée Sincérine sur les moyens de rendre une femme vertueuse. — Ce qui lui advient de son expérience. — Plaisante Tiran au sujet d'une bizarre soubresvente. — Arrive chez sa fille mal à propos. — Est amoureux de Plaisir-de-ma-Vie. — Lui fait une visite nocturne. — Rencontre chez elle sa femme qui se plaint de la trahison, 17. — Embrasse son fils Amadis qui part pour les combats. — Va voir Tiran qui est dangereusement malade, 18. — Soutient faiblement, à cause de son âge, le siège de Constantinople contre les païens, 19. — S'étonne d'être quitté par son fils au moment du plus grand danger. — Secouru à temps par Amadis, Galaor et Florisan. — Revoit avec joie son fils, Amadis de Grèce, après la prise de Gigantinople, 20.
LORISBELLE, autrement dite la Demoiselle du Danemarck, confidente d'Oriane, porte une lettre de sa maîtresse à Amadis, 1. — Avertit, sans le vouloir, Amadis qui combat Dardan, de la présence d'Oriane, 2. — Accompagne Oriane enlevée par Arsamane, puis s'éloigne quand sa maîtresse est seule

avec Amadis qui l'a délivrée, 4. — Cherche inutilement à calmer Oriane qui croit Amadis infidèle. 6. — Console Oriane doublement affligée. — Lui fait des offres obligeantes et la conduit au couvent de Mireflour. — Se charge secrètement avec son frère Durin de l'enfance d'Esplandian. — Perd cet enfant et annonce à Oriane cette affreuse nouvelle. — Reçoit d'Oriane des lumières sur le compte d'Amadis, qui a disparu, et part pour le chercher. — Voyage d'abord infructueusement. — Trouve enfin ce héros. — Le reconnaît et en est reconnue. — Lui remet une nouvelle lettre d'Oriane, 7. — Revient à Londres avec Amadis. — Le conduit d'abord chez un cousin nommé Enil. — Va annoncer à Oriane le retour d'Amadis. — Protège la réunion des deux amans, 8.

LOWISMOND, fils du roi d'Ecosse, se lie étroitement avec Amadis. — Est nommé chef des guerriers écossais qui vont au secours de Périon contre le roi d'Irlande. — Seconde les exploits d'Amadis devant Autun, 1. — Va retrouver chez Lisvard ses cousins, Amadis et Galaor, protège les amours de celui-ci, 4. — Aide Amadis à délivrer Londres de l'audace de Barsinan. — Est choisi par lui pour le suivre dans son expédition contre Abyséos. — Est renversé par un inconnu. — Se rend avec Amadis chez Briolanie. — Tue un des enfans d'Abyséos, et a part à la victoire d'Amadis sur cet ennemi de Briolanie, 5. — Il suit dans l'île Ferme Amadis, dont il aime la sœur Melicie, et n'est pas trop maltraité dans l'épreuve de l'arc des loyaux amans, 6. — Revient à Londres après une recherche inutile d'Amadis. — Est un des chevaliers qui doivent combattre Cildadan. — Est animé d'une noble envie en voyant le Beau Ténébreux, 1. — Sa bravoure. — Vole au secours d'Amadis. — Porte une partie de l'armure de ce héros, qui va combattre Canille, 9. — Se moque de l'amour de son oncle Galvane. — Est indigné de la hauteur de Lisvard à l'égard d'Amadis, 10. — Va en Gaule avec celui-ci pour revoir Mélicie, et s'éloigne bientôt pour se rendre digne d'elle. 11. — Va à l'île Ferme avant le départ de Salluste et d'Oriane accordée à Patin. — Tue Salluste dans un combat, 13. — Se signale aussi dans le combat contre Lisvard et Patin — Veut se venger de Lisvard et le tuer. — Est arrêté par Amadis. — Veut poursuivre Lisvard après la victoire. — Est encore arrêté par Amadis. — Accompagne ce héros pour défendre Lisvard contre Aravigne et Arcalaüs, 14. — Épouse Olinde. — Dans la bataille livrée contre les Sarrasins, soutient Lisvard mourant, et reçoit la dernière parole de ce roi. — Voudrait suivre dans les airs Amadis et ses frères pour secourir Urgande contre Melye. — Sa valeur dans la seconde bataille où les païens sont vaincus, 15.

M.

MABILE, fille du roi d'Ecosse et sœur de Lowismond, reçoit les confidences de sa cousine Oriane. — Ce qu'elle lui dit sur la discrétion d'Amadis auprès des dames qu'il a délivrées, 1. — Secondée de Guilan, tire Amadis d'embarras. — Sert ce héros et sa maîtresse dans leur première entrevue, 2. — Console Oriane à qui on a apporté la nouvelle de la mort d'Amadis, 3. — Rend Guilan muet. — Ce qu'elle pense de la punition d'Alfred. — Protège les conversations d'Amadis et d'Oriane 4. — Cherche inutilement à apaiser le désespoir d'Oriane qui croit son amant infidèle, 6. — Console Oriane dans ses malheurs et l'accompagne dans un couvent. — La fait consentir à remettre Esplandian à Durin et à Lorisbelle. — Cherche à distraire la douleur d'Oriane à qui on apporte la nouvelle de la perte de son fils, et lui parle de Guilan dont elle se moque. — Apprend d'Oriane des nouvelles d'Amadis, 7. — Protège la réunion des deux amans qui la croient revenue vainqueurs, 8. — S'attendrit pour Guilan, 9 et 13. — Calme la frayeur d'Oriane avant et pendant le combat d'Amadis et de Canille. — Ramène Oriane au lieu du combat, 10. — Fait connaître Esplandian à Oriane, 10. — Rassure Oriane promise en mariage à l'empereur Patin, 13. — Épouse Guilan et devient reine, 15.

MADASIME, princesse de Montgase et nièce de Dardan, fait arrêter Amadis et Galaor, puis les remet en liberté, grâce à Galaor, 4. — Est aussi nièce de Famongomad, qui ose proposer de lui donner Oriane pour suivante, 8 — Est promise par sa tante Éribase, si ce géant est vaincu, à un de l'Amadis. — Conduite à la cour de Lisvard et confiée à Galvane qui devient amoureux d'elle. — Est témoin du combat de Canille et d'Amadis. — Redoute la victoire de Canille, 9. — Est toujours aimée de Galvane à qui Lisvard la refuse pour la garder en otage. — Enfin, grâce à Galaor, épouse Galvane à qui Lisvard donne l'île de Montgase, 10.

MADASIME (Voyez GRASSINDE).

MANDAFABUL, géant des monts Impies, engagé à Cildadan, fait porter un avis insolent à Lisvard, 8. — Se précipite sur lui dans le combat de l'enlève. — Est tué par Amadis, 9. — A pour fils Balan qui veut venger sa mort, 13.

MANDALAC, géant qui a enlevé Galaor enfant, et qui l'a élevé. — Se rend garant auprès d'Amadis de l'illustre naissance de ce fière — Rentre dans les possessions qu'Albadan lui avait

ravies, 2. — Coupe la tête d'une nièce d'Arcalaüs qui faisait se battre ensemble Amadis et Galaor, et révèle les deux frères l'un à l'autre, 3. — Sa bravoure dans le combat. — Vole au secours de Galaor et meurt glorieusement en voulant le venger, 9.

MELCHISERECH, roi d'armes, du temps de Tirau-le-Blanc, 16.

MELICIE, fille de Périon et d'Elisène, est assiégée dans Autun avec sa mère, et délivrée par son père et Amadis. — Est cause qu'Amadis est reconnu pour être le fils d'Elisène et de Périon, 1. — Est aimée de Lowismond, 5. — Revoit son frère Amadis. — Reçoit la visite de Lowismond qui repart pour se rendre plus digne d'elle, 11. — Épouse Lowismond et devient reine, 15.

MELYA, sorcière qui a enlevé la fée Urgande, et qui la hait. — Attaque Amadis pour sauver un de ses amans, 2. — Ennemie d'Urgande et de Lisvard, excite les ennemis de ce prince à se soulever contre lui, 8. — Protège au loin les mécréans. — Dissipe la terreur des troupes d'Aravigne, 11. — Païenne, elle protège les Sarrasins. — Excite Lisvard contre Amadis et lui fait renforcer son armée. — Se joint à Aravigne pour surprendre Lisvard vers la ville de Lubanie. — Verse du haut des airs l'enchantement sur l'armée de Lisvard attaquée par Aravigne et Arcalaüs. — Est furieuse des succès d'Amadis. — Vole au sabbat afin de perdre ce héros, 14. — Reçoit un accueil particulier de Satan. — Anime les Sarrasins contre les chrétiens. — Arme le soudan Armato contre l'empereur grec. — Attaque, dans les airs, la fée Urgande, qui protège les chrétiens. — Surpasse, par ses prodiges, ceux de cette fée, la saisit par les cheveux et l'enlève. — Poursuivie par Amadis et ses frères, est obligée de la céder, et perd son livre de magie qui passe dans les mains d'Urgande, 15. — Rend fous les chrétiens qui vont chez la princesse Niquée. — Donne à un païen les dehors d'Amadis de Grèce, afin de la tromper. — Encourage les païens et soutient leurs efforts contre Byzance, 19. — A entouré l'île Ferme de vapeurs et d'obstacles qui l'ont cachée longtemps aux yeux et rendue inaccessible. — Se venge par un dernier enchantement de la célébrité d'Amadis et de ses frères, 20.

N.

NASCIAN, ermite, sauveur d'Esplandian, enlevé par une lionne par laquelle il le fait d'abord nourrir. — Confie l'enfance d'Esplandian aux soins de sa sœur. — Lit le nom d'Esplandian écrit sur la poitrine de cet enfant, 7. — Rencontre Lisvard et sa famille dans une partie de chasse. — Leur raconte l'éducation des premiers ans d'Esplandian qu'il remet à Oriane en le lui faisant reconnaître pour son propre fils. — Remet aussi Sergil, son neveu, à Brisène, qui l'adopte, 10. — Va trouver Oriane à l'île Ferme et veut terminer les différends d'Amadis et de Lisvard. — Révèle à celui-ci le secret des amours d'Oriane et d'Amadis et de la naissance d'Esplandian. — Ramène Lisvard, en obtient une trève, et va de sa part, avec d'autres députés et Esplandian, vers le roi Périon, 11.

NIQUÉE, reine de Thèbes, sa gloire. — Devient sensible pour Amadis de Grèce. — Est trompée par un païen à qui Melye a donné les dehors d'Amadis. — Est désabusée par le héros grec, 19.

O.

ORIANE, fille de Lisvard roi de la Grande-Bretagne, et de Brisène. — Conduite par ses parens à la cour d'Ecosse. — Y voit Amadis, s'intéresse à lui et le prend pour chevalier. — Prie Périon d'armer chevalier Amadis — Frémit pour lui pendant la veille des armes. — Lui ceint elle-même l'épée. — Reçoit les adieux de son chevalier. — Applaudit aux premiers exploits du héros. — Est son amant pour lui apprendre son retour chez son père, 1. — Est présente au combat de Dardan et d'Amadis. — En apprenant ce qui s'y est passé, devant lui. — A une première entrevue secrète avec son amant, 2. — Se plaint du départ d'Amadis. — Reçoit la nouvelle de sa mort. — Sa douleur. — Est consolée par Mabile et trompée par des captifs d'Amadis, 3. — Lui demande quelque récit d'amour. — Converse du pied avec lui. — Lui permet d'aller combattre deux géans. — Enlevée par Arsamane et remise à Arcalaüs. — Délivrée par Amadis — Lui prouve sa reconnaissance, 4. — Confiée par Amadis à Grumédan. — Retourne à Londres. — Condamne la morale de Galaor. — Trompée innocemment par Elmis qui croit Amadis amoureux de Briolanie, 5. — Envoie par Durin une lettre à Amadis pour l'accuser d'infidélité et lui défendre de reparaître en sa présence, 6. — Apprend de Durin l'innocence d'Amadis. — Sa douleur motivée par une seconde cause. — Se rend au couvent de Mireflour et y donne naissance à Esplandian — Perd son fils. — Reçoit des consolations de Mabile. — Soupçonne, sur les renseignemens de Lisvard, de quel côté peut être Amadis. — Confie son bonheur à Mabile et à Lorisbelle. — Est admirée pour sa beauté par Ga-

laor et Florestan.—Se rend souvent au couvent de Mirefleur.— Dessein insolent de Famongomad sur elle.—Revoit Amadis à Mirefleur.— Vient incognito à Londres avec son amant. — Est reconnue pour la dame la plus tendre et reçoit un chapeau de fleurs, remis à cet effet à Lisvard. —Est présente au combat de son amant avec Lindoramon et Arcalaüs.—Retourne avec Amadis à Mirefleur, 8. — Craint pour Amadis qui va combattre Canille.—Rassurée par lui. — Craint encore plus pendant le combat. — Va se retirer. — Est ramenée par Mabile.—Con*ribue à la victoire de son amant.—Lui jette une fleur, 9. — Voit s'éloigner Amadis qui se retire à l'île Ferme. — Refuse tous les partis qui se présentent. — Souffre beaucoup de la mérintelligence de son père et d'Amadis. — Rencontre Nascian l'ermite et avec lui Esplandian, qu'on lui fait reconnaître pour son fils, et qu'elle reçoit des mains de Brisène, 10. — Est demandée en mariage par l'empereur Patin, 12. — Se désole en apprenant qu'elle a été accordée à Patin.—Rassurée par Florestan. — Remise à Salluste qui l'emmène. — Délivrée par Amadis, 13.—Conduite à l'île Ferme.—Y tente avec succès l'entreprise de *l'arc, des perrons et de la chambre défendue.* —Est en proie aux soucis et aux regrets.—Consolée par Amadis qui, pour la distraire, retient près d'elle Galaor et établit une cour d'amour. — Prêche Galaor et se trouve fort exposée avec lui. — Revoit Nascian qui veut terminer la guerre entre Amadis et Lisvard.—A instruit Amadis de tout ce qui concerne Esplandian, 14.—Épouse Amadis, 15—Disparaît, id.— Est retrouvée par Amadis de Grèce dans l'île Ferme, où elle est enchantée depuis cent ans. — Est désenchantée par Urgande.— Ramenée par Urgande et Alquif à Amadis. — Se retire à l'île Ferme et y vit encore long-temps heureuse avec son époux, 20.
ORPHISE, tante d'Aldène, reproche à Galaor son imprudence envers cette nièce, et approuve ses justifications, 2.

P.

PATIN, chevalier, frère puîné de l'empereur romain. — Reçoit une leçon d'Amadis pour son insolente prétention, 6.— Soutient indiscrètement la beauté d'Oriane et force ainsi Amadis à se laisser presque vaincre. — Proclame partout la défaite de ce héros. — Parvient à l'empire et fait demander Oriane en mariage, 12.— Obtient la main de cette princesse et envoie une ambassade pour l'emmener, 13.—Joint ses soldats à ceux de Lisvard pour combattre Amadis et Périon.— Défie Amadis.—Est coupé en deux par ce héros, 14.
PÉRION, roi de la Gaule, va demander au roi d'Ecosse du secours contre Abyes, roi d'Irlande.— Accueille la prière d'Oriane qui lui demande d'armer chevalier Amadis. — Éprouve une certaine émotion en regardant le jeune héros.—Est sauvé d'un grand péril par Amadis qu'il présente à sa femme Élisène. — Va avec Amadis au secours d'Autun, assiégé par Abyes.— Consent qu'Amadis se batte contre ce roi. — Recouvre tous ses états.— Devient jaloux d'Amadis. — Le reconnaît pour son fils, 1.—Est un des descendants de Trébatius, 6.— Apprend d'Amadis son retour à Londres, 8. — Revoit Amadis en Gaule.— Averti par Florestan de la guerre qu'Araviyne a déclarée à Lisvard. — Veut garder la neutralité. — Amadis le décide à aller défendre ce roi.— Reçoit ainsi que ses deux fils une armure qu'Urgande leur envoie et sur laquelle est un serpent d'or.— Apprend le danger pressant de Lisvard et de sa famille, et la délivre aidé des deux autres chevaliers aux serpens.—Repart aussitôt avec eux. — Est rejeté en Angleterre par une tempête. — Trompé par Dinarde. — Mis au cachot chez Arcalaüs. — Échappe à ce géant qu'il veut faire brûler.—A été délivré par Dariolette qui lui rappelle les amours d'Élisène et l'exposition d'Amadis enfant.—Donne à cette femme un beau château en Touraine. — Est visité par Galaor qui raconte ses aventures dans le Nord, 11. — Est averti par Amadis des armemens que Lisvard prépare contre l'île Ferme.— Sort avec Amadis de l'île Ferme pour aller combattre Lisvard et Patin. — Commande l'armée et donne l'exemple de la valeur à la tête de ses soldats. — Reçoit une ambassade de Lisvard qui demande plus qu'on ne peut accorder. — S'éloigne d'Aravigne dont il s'est toujours défié. — Averti par un message d'Amadis, il revient avec son armée au secours de Lisvard, et achève la défaite d'Aravigne, 14.— Veut suivre Urgande, ses fils et les autres chevaliers à Byzance. — Est entouré par les païens et tombe mourant. — Meurt avec une auréole brillante sur son front, 15.
PINTIQUINIÈTRE, reine que va voir Amadis de Grèce, 19.
PLAISIR-DE-MA-VIE, suivante de Carmesine.—Lui vante le mérite de Tiran-le-Blanc. — Reçoit les plaintes de celui-ci sur les rigueurs qu'éprouve sa tendresse. — Est aimée de Lisvard et d'Hippolyte. — Favorise une visite nocturne de Tiran. — S'expose beaucoup avec Hippolyte, et avec Lisvard. — Prêche Tiran sur sa timidité, et le conduit à Carmesine endormie. — Admire la vertu de ce chevalier et fait excuser sa visite indue auprès de Carmesine, 17.—Taxe de folie les cris de la Veuve reposée. Trouve bizarre la prière de Carmesine à Dieu.—Se déguise en page pour amuser sa maîtresse. — Se présente à elle comme son amant d'après les conseils de la Veuve reposée.—Est cause de l'erreur de Tiran et de la maladie qui le met au bord de son tombeau.— Va voir ce héros et en est froidement accueillie.— Instruit, sans le savoir, Hippolyte de la cause de la maladie de Tiran. — Recommence avec Carmesine le jeu qui a trompé Tiran, puis laisse ce héros avec sa maîtresse, et s'enfonce dans un bocage avec son amant, 18. — Apprend à Tiran la nouvelle de la mort de Carmesine, 19.

Q.

QUEDRAGANT, géant, frère d'Abyes, engagé à Cildadan — Fait porter un avis insolent à Lisvard.— Défie le *Beau Ténébreux* qui le renverse et l'oblige à quitter la cause de Cildadan, 8.—Prie Amadis de l'honorer de son amitié. — Est un des juges du camp pour le duel de Canille et d'Amadis.—Craint pendant un moment pour Amadis, 9.— Est choisi pour second par Grumedan dans sa querelle avec les ambassadeurs romains.— Montre sa valeur dans la lutte désespérée avec Salluste et les autres Romains, 13. — Il se trouve dans la grande bataille livrée contre Lisvard et Patin. — Suit Amadis pour défendre Lisvard contre Aravigne et Arcalaüs, 14.— Est amoureux de la reine Grassinde et l'épouse, grâce aux sollicitations pressantes d'Amadis.—Se signale par sa bravoure dans la seconde bataille où les païens sont vaincus, 15.

R.

REGNER LODBROD, roi et poète du Danemarck. — Son ode barbare et sublime, 11.
ROI D'ECOSSE (le), demande à Gandale et emmène à sa cour Amadis et Gandalin. — Sa femme propose à Oriane de choisir Amadis pour son chevalier. — Il donne des soldats à Périon pour le secourir contre le roi d'Irlande, 1.
ROI DE SOBRADISE (le), père de Briolanie, tué par Abyséos, 3.
ROI D'IRLANDE (le), demande en mariage Léonor, fille de Lisvard, 10.
ROSCLAIR, frère de Trébatius et aïeul de Lisvard, 6.

S.

SALLUSTE, comte et prince de Calabre, chef de l'ambassade romaine qui vient demander Oriane en mariage.—Honteux de sa défaite par Florestan.—Il fait publier un tournois pour venger son honneur.—Y brille par sa vaillance.—Demande merci à Amadis. — Est parent de Patin.— Obtient de Lisvard la main d'Olinde, pupille de ce roi.— Emmène Oriane. — Est attaqué par Lisvard et les autres chevaliers. — Est tué par Lowismond, 13.
SEIGNEUR-DE-LA-MARCHE-TIRANNE (le), fils d'Aldène et de Galaor, père de Tiran-le-Blanc, 16.
SERGIL, neveu de l'ermite Nascian, élevé avec Esplandian, adopté par Brisène et Lisvard, 10.
SINCERINE, fée que consulte Lisvard de Grèce sur les moyens de rendre une femme vertueuse, 17.

T.

TIRAN-LE-BLANC, fils du Seigneur-de-la-Marche-Tiranne et petit-fils d'Aldène et de Galaor. — Sa valeur. — A tué Villermes et vaincu le chevalier Kirieléison, et fort occupé des rois d'armes Melchisédech et Jérusalem. — Abat cinq rois dans un tournoi. — Donne une leçon à un jeune prince, fils d'un frère de Périon.—Serend à Byzance. — Reçoit un grand accueil de Lisvard de Grèce et de l'impératrice. — Est frappé de la beauté de Carmesine et en devient subitement amoureux. — Est accusé par le frère de Kirieléison et le renverse mourant. — Chante une romance : l'Amour, le Diable et l'Amitié. — Va s'illustrer par de nouveaux exploits. — Est nommé général des Grecs.—Envoie son page Hippolyte apporter à la cour de Lisvard les nouvelles de l'armée, 16.—Comment il fait connaître son amour à Carmesine. — Est surnommé le *Grand*.—Demande et obtient la chemise de Carmesine. — Est vainqueur de Bravaigne.—A une première entrevue secrète avec sa maîtresse. — Pense être surpris par Lisvard. — Conserve précieusement un gant et pourquoi.—Se plaint à Plaisir-de-ma-Vie du retard qu'éprouve sa tendresse. — Protégé par elle dans une visite nocturne. — Est un témoin caché des scènes croisées entre l'impératrice, Hippolyte et Lisvard. — Voit Carmesine au bain. — Est prêché sur sa timidité par Plaisir-de-ma-Vie et conduit par elle vers Carmesine endormie. — Beau combat entre son amour et sa vertu. — Est récompensé par sa maîtresse qui lui

DES PERSONNAGES.

permet un baiser. — Se sauve aux cris de la Veuve reposée et se casse le bras, 17. — Il est recueilli par Hippolyte. — Se joint à Amadis de Grèce pour détruire les païens. — A un rendez-vous avec sa maîtresse et fait près d'elle un vrai miracle. — Est trompé par un indigne complot de la Veuve reposée. — Croit sa maîtresse infidèle — Tombe malade de désespoir et est sur le point de mourir. — Est visité par Plaisir-de-ma-Vie, cause innocente de son erreur, et par Lisvard. — Se ranime au mot de païens. — Approuve une idée d'Hippolyte et apprend de la Veuve reposée elle-même son infâme complot. — Revient à la vie. — Rejoint Carmesine dans un bosquet. — Se réconcilie avec elle, 18 — Apprend de Plaisir-de-ma-Vie la mort de Carmesine et se fait tuer après une victoire remportée sur les païens. — Suites de sa mort, 19. — Reçoit les plus grands honneurs d'Amadis et de Galaor, 20.

TRÉBATIUS, aïeul de presque tous les chevaliers. — Père du chevalier du Soleil et de Rosiclair. — Du chevalier du Soleil descendait Périon, par conséquent Amadis, Galaor et Florestan. Lisvard descendait de Rosiclair. Apollidon, plusieurs empereurs de Rome, de Byzance et de Trébisonde, descendaient aussi de Trébatius, 6.

U.

URGANDE la Déconnue, fée protectrice d'Amadis et des chrétiens. — Apparaît à Gandale, lui recommande Amadis, et le fait nommer le *Damoisel* de la mer, 1. — Elle est délivrée par Amadis des mains de la sorcière Mélye. — Se déclare de plus fort sa protectrice. — Donne à Galaor une épée qu'elle lui a réservée, 2. — Délivre Amadis prisonnier d'Arcalaus, 3. — Envoie à Lisvard une *verte épée* et un *chapeau de fleurs*. — Lui écrit un billet obscur touchant le combat avec Cildadan, 8. — Elle envoie quatre demoiselles pour recueillir Galaor qui est tombé couvert de blessures en combattant. — Donne aussi ses soins à Cildadan à la prière d'Amadis. — Raisonne avec Galaor sur l'enfer et le paradis qu'il a rêvé. — Va voir Alquif-le-Sage. — Montre beaucoup d'indulgence pour ses deux nièces Julianle et Agathe, et pour Galaor et Cildadan, 9. — Elle envoie une armure avec un serpent d'or à Périon, Amadis et Florestan qui vont secourir Lisvard contre Aravigne, 11. — Elle arrive à Byzance cachée dans la *grande serpente*. — Avertit Amadis, qui va l'attaquer, ne la reconnaissant pas, de la de-

mande de Patin et du danger d'Oriane, et repart avec lui. — Ecoute la confidence que lui fait le chevalier du Soleil, et obtient de Dieu pour lui, par l'entremise d'Alquif, un poste qui le dispense du paradis, 12. — Chrétienne, elle protège les héros vertueux, 14. — Elle prévient Amadis et ses frères, Lisvard, Périon et les autres chevaliers du danger des chrétiens et les conduit dans sa serpente à Byzance. — Emmène aussi Esplandian. — Dirige sagement Amadis. — Ne peut fléchir l'imprudence de Galaor. — Va, dans les airs, sur un char, encourager les Grecs. — Est attaquée par Mélye. — Se défend par des prodiges que surpasse cette sorcière. — Est saisie par les cheveux et emportée. — Sauvée par Amadis et ses frères qui, montés sur des dragons, mettent Mélye en fuite. — Reçoit d'Amadis le livre magique de Mélye et engage ces trois héros à retourner au combat, 15. — Elle propose à Amadis de Grèce l'aventure de *la gloire de Niquée*. — Va chez cette reine annoncer au héros la mort de Carmesine. — Emmène Amadis de Grèce qui soutient le siége de Byzance, pour chercher Amadis de Gaule et ses frères, 19. — Elle voyage avec lui en Gaule et en Angleterre. — Arrive enfin à l'Île Ferme perdue depuis long-temps. — Y désenchante Amadis de Gaule, Galaor, Florestan, Oriane et Briolanie. — Apprend au grand Amadis qu'elle et lui sont du même sang, et pourquoi elle l'a tenu enchanté lui ainsi que ses frères depuis cent ans. — Fait voyager ces chevaliers dans les airs pour aller au secours de Byzance. — Vient elle-même avec Alquif dans un char aérien ramener Oriane et Briolanie à Amadis et à Galaor, 20.

V.

VEUVE REPOSÉE (la), gouvernante de Carmesine, rigide pour tout ce qui tient à la morale. — Devient ensuite un peu plus favorable à Tiran-le-Blanc, amant de Carmesine. — Soupçonne que quelqu'un est chez cette princesse, appelle du secours et est cause que Tiran se casse le bras, 17. — Elle est réprimandée pour avoir crié mal à propos. — Aime Tiran. — Est coupable de l'erreur et de la maladie de Tiran. — Est mal recompensée de son coupable dessein. — Epouvantée et trompée par Hippolyte qui s'est déguisé en diable. — Elle avoue sa faute à Tiran. — Est justigée par deux pages, et va expier son crime dans un couvent, 18.

VILLERMES, chevalier tué par Tiran-le-Blanc, 16.

Cette table analytique, ainsi que celle de la *Table-Ronde*, et ainsi que celle de *Roland*, est de M. Eugène Thomas; et toutes les trois, en y ajoutant quelques articles, particulièrement sur les usages guerriers du moyen-âge, formeraient aisément un très bon dictionnaire de chevalerie.

FIN DE LA TABLE ANALYTIQUE DES PERSONNAGES.

ROLAND,

POÈME.

A
LA MÉMOIRE
DU
CHEVALIER DE BOUFFLERS.

Févner, 1815.

Le chevalier DE BOUFFLERS n'est plus! le souffle ingénieux qui l'anime vient de s'évanouir! On ne sait pas, on ne dira jamais assez combien avait de bonté cet homme qui avait tant d'esprit; son rare talent était encore surpassé par le charme de son caractère. Il était impossible de le lire sans désirer de le connaître, et impossible de le connaître sans l'aimer. Qu'il me soit permis de dire ici que j'avais des raisons particulières pour le chérir. Je n'oublierai point que cet homme justement célèbre à plus d'un titre eut la bonté d'applaudir un écrivain presque inconnu, et, de son propre mouvement, publia, sur la Table Ronde, une opinion dont je m'honorerai toujours. L'amitié qu'il me témoigna mit le comble à mes sentimens pour lui. Malheureusement je ne l'ai presque connu que pour le regretter et pour apprécier ce noble cœur et cet esprit toujours charmant, malgré près de quatre-vingts années. Privé par sa mort, arrivée pendant l'impression de cet ouvrage, du plaisir d'offrir mon dernier poème sur la Chevalerie au brillant chevalier qui avait si bien accueilli les deux premiers, je me venge du moins de la fortune en le dédiant à sa mémoire, et je ne puis résister à l'envie d'y attacher ce gage de mon regret et de mon éternelle reconnaissance.

A. Creuzé de Lesser.

ROLAND,

POÈME,

IMITÉ DE L'ARIOSTE, BOYARDO, TURPIN, PULCI, BERNI, FORTIGUERRA, ETC.

IMPRIMÉ POUR LA PREMIÈRE FOIS EN 1815.

SECONDE ÉDITION, REFONDUE EN GRANDE PARTIE.

PRÉFACE.

Paris, février 1815.

Voici le troisième et le dernier des poèmes où j'ai voulu peindre l'ensemble des fictions de la chevalerie romanesque; et, quoiqu'ils puissent toujours se séparer, on pourra toujours aussi désormais les réunir sous le nom générique de LA CHEVALERIE. Tous trois étaient finis lorsque j'ai publié le premier; mais alors je n'avais garde de le dire; et ce n'est que successivement, et peu à peu, que j'ai révélé tous mes délits de ce genre. En bonne police, il aurait fallu étouffer un poète qui aurait à la fois menacé le public d'une si prodigieuse émission de vers. Avec un peu de temps et un peu de réserve, j'ai jusqu'à présent échappé à la proscription, et peut-être y échapperai-je encore, du moins auprès des juges qui voudront bien réfléchir à l'immensité du sujet que j'ai traité. Je me résigne, et je m'attends aux plaisanteries faciles des autres. Il est trop vrai que voilà quatre volumes de vers, et que, si la littérature italienne et d'autres offrent beaucoup de poèmes de cette étendue, par exemple l'Arioste, la littérature française n'en offre aucun; mais il est très vrai aussi que ces quatre volumes, qui d'ailleurs forment trois poèmes, sont l'extrait de ce qu'il y a de plus ingénieux dans cinq à six cents volumes; et encore, sur ces quatre volumes, y en a-t-il bien la valeur d'un qui m'appartient entièrement. Il fallait quelque courage pour réunir dans un espace si étendu à la fois et si borné, toutes les meilleures fictions de la mythologie du moyen-âge. Il semble qu'un tel travail, fût-il médiocre, mérite d'être encouragé. Aussi l'a-t-il été par tous les bons esprits.

Roland, qui joue un si grand rôle dans ce poème et dans tant d'autres, en a un fort court dans l'histoire. Tout ce qu'on sait un peu positivement de lui, c'est qu'il était neveu de Charlemagne, qu'il se signala dans les guerres de ce prince, et fut tué à la bataille de Roncevaux. Cependant le souvenir qu'il a laissé, les fables mêmes dont il fut l'objet, et *la chanson de Roland*, qui fut si long-temps le chant militaire des Français, tout prouve qu'en effet Roland fut un vrai et redoutable héros. Ce ne fut que long-temps après lui et après Charlemagne, que les chroniques françaises et allemandes ajoutèrent du merveilleux aux faits de ces deux hommes illustres; et, comme de raison, les merveilles allèrent toujours en augmentant. La plus célèbre de ces chroniques est sans contredit celle du moine allemand Turpin, qu'on a long-temps attribuée à Turpin, archevêque de Reims, et contemporain de Charlemagne. Cette chronique, pleine de miracles de légendes, contient déjà quelques aventures intéressantes, et surtout un récit de la bataille de Roncevaux, récit qu'on n'a peut-être pas surpassé depuis, et plein d'un intérêt pathétique et noble. Ce fut dans cette chronique et dans plusieurs autres du même temps qu'on vit successivement paraître les Olivier, les Richard, les pairs de Charlemagne, quoiqu'il n'y ait eu de pairs en France que long-temps après. On y vit aussi cette fameuse histoire des quatre fils Aymon, qui est encore aujourd'hui la chevalerie du peuple.

Presque tout ce qu'on a écrit sur l'origine de la chevalerie rappelle un peu les *ténèbres visibles* de Milton. Pour moi, dans cette obscurité, ce que j'ai cru, et crois encore distinguer, c'est que Charlemagne est, par l'éclat de son règne et de ses exploits, le vrai fondateur des idées et des fictions chevaleresques. On a parlé d'un Thélesin et d'un Melkin, auteurs anglais, qui ont existé dans le sixième siècle ; le premier, dit-on, était contemporain d'Artus, et chacun d'eux aurait écrit un livre sur ce roi et sa Table Ronde, avant même que Charlemagne fût né. Mais M. Warton, dernier historien de la poésie anglaise, ne parle de Thélesin que comme d'un barde, et ne dit pas un mot de Melkin. A cette preuve négative, si l'on ajoute qu'il n'existe ni une édition, ni un manuscrit des ouvrages de ces deux hommes, on est bien tenté de mettre l'existence de ces ouvrages au nombre des *fictions* sur la Table Ronde. Dieu me garde de dire du mal de cette Table et de ceux qui l'ont chantée ; mais je crois que pour plaire elle n'a pas besoin d'une origine si ancienne. Au reste, les histoires anglo-françaises sur la Table Ronde, et même l'histoire bien plus moderne d'Amadis, me paraissent supérieures à celles que nous avaient données sur Charlemagne *nos vieux chroniqueurs*. Mais, plus tard, les poètes italiens vinrent au secours des romanciers français ; et dès lors, pour ceux mêmes qui ne convenaient pas que les fictions sur Charlemagne fussent les plus anciennes, il devint impossible de soutenir qu'elles fussent les moins bonnes.

Ce fut peu après la mort de Pulci, chanoine florentin, mort en 1487, que parut son *Morgante Maggiore*, premier poème où l'on ait commencé à donner une couleur poétique aux temps et aux héros de Charlemagne. Ce poème, en vingt-huit chants, dont Morgant n'est en quelque sorte que le prétexte, et dont Roland est le vrai héros, n'est presque qu'un tissu de plaisanteries, et n'a pu être regardé comme un ouvrage sérieux que par les personnes qui n'avaient pas pris la peine de le lire. Ces plaisanteries sont même assez souvent d'une folie qui passe toutes les bornes ; mais il y en a d'heureuses, et le Morgant offre quelquefois beaucoup de verve et de gaîté. Au reste, la mort de Roland a porté bonheur à Pulci comme à Turpin ; et ce poète si bouffon est devenu noble, touchant et presque sublime dans quelques uns des détails de la bataille de Roncevaux.

En 1495, huit ans seulement après la mort de Pulci, parut un ouvrage plus remarquable encore, du moins pour le fond des idées. C'est *l'Orlando innamorato*, de Boyardo. Ce poème, dont l'auteur venait de mourir aussi, était encore très imparfait pour le style ; et, quoique déjà composé de soixante-neuf chants, il était loin d'être fini. Mais, tel qu'il était, il eut dans toute l'Italie un grand et juste succès. Roland, qui jusque-là n'avait été qu'un chevalier et un chrétien à toute épreuve, ne s'occupant guère qu'à convertir et à baptiser les musulmans, devint un héros moins dévot, moins parfait, mais beaucoup plus amusant. Le même sentiment d'équité un peu *chevaleresque*, qui me convient, et me porte quelquefois à attaquer ce que je crois trop vanté, me porte à défendre ce qui ne me paraît pas l'être assez. Je rappellerai donc ce qu'on oublie trop, que l'Arioste, en continuant, en effaçant même l'œuvre du Boyardo, y a trouvé, Roger excepté, presque tous ses principaux caractères très bien tracés : Charlemagne, Roland, Renaud, Astolphe, Ferragus, etc. Et j'oserai ajouter que l'Arioste lui-même n'a, dans mon opinion, rien inventé de plus heureux, de plus frappant, de mieux noué que les aventures dont se composent les premiers chants de son poème. Il n'y a peut-être rien de si commode pour en juger que celui-ci, où un Français expose, avec un soin égal sans doute, et parfaitement impartial, les principaux faits des deux poèmes italiens. Eh bien, l'arrivée d'Angélique au milieu du tournoi donné par Charlemagne, l'amour que, comme Armide (qui n'en est en cela qu'une imitation), elle inspire à tous les chevaliers, le défi et la mort de son frère Argail, la fuite de cette princesse, le départ précipité de Roland et de Renaud pour la poursuivre, la lance d'or, les deux fontaines, toute cette série d'inventions forme le début le plus brillant que je connaisse dans aucun poème chevaleresque. Dans la suite de son poème, Boyardo n'est pas toujours aussi heureux ; mais il l'est souvent encore, par exemple dans son conseil en Afrique, et dans ce qu'il raconte d'Agramant, Rodomont, Roger, Atlant et Brunel. Son poème est une grande et belle machine. On regrettait généralement qu'elle ne fût pas finie. Celui qui se chargea de la continuer, et de l'effacer, ce fut Arioste, que nous appelons aussi l'Arioste, selon l'usage qui a attaché un *le* à certains noms italiens, comme le Dante, le Guide, etc. Nommer *l'Orlando furioso*, c'est rappeler un des plus beaux titres de la littérature moderne. L'Arioste publia son poème immortel en 1517 ; et il faut bien que ce chef-d'œuvre, produit de douze années, n'ait pas eu d'abord au delà de Ferrare tout le succès qu'il méritait ; car, en 1526, Agostini, mécontent apparemment de cette suite du Boyardo, en publia une autre en trente-trois chants ; et ce qu'il y a de plus singulier encore, c'est qu'en présence de l'Arioste et de ses vers, les trente-trois chants d'Agostini furent plusieurs fois réimprimés avec ceux du Boyardo. On trouve partout et à tout moment des traces de ces injustices contemporaines ; et il faut convenir qu'excepté le public présent, qui, comme le roi régnant, est toujours le plus sage et le plus habile du monde, tous les publics passés et futurs sont sujets à d'étranges erreurs. Rien de plus pauvre d'invention et de style que l'ouvrage d'Agostini. Un autre Italien, nommé Domenichi, se borna à réécrire le poème trop incorrect du Boyardo ; mais son travail fut entièrement effacé par celui du Berni, publié en 1541. Ce dernier poète, déjà connu par un genre de poésies folles auquel il a donné son nom, récrivit d'un bout à l'autre le poème du Boyardo, poème qui, par le style du moins, n'était pas digne d'avoir été continué par un poète tel que l'Arioste. Le travail du Berni a presque entièrement fait disparaître ce scandale. Ce n'est plus que dans le Berni qu'on relit l'ouvrage du Boyardo, et on le lit souvent avec plaisir. Boyardo avait pris un ton beaucoup trop sérieux en disant tant de folies ; mais, guidé par l'exemple de l'Arioste, ou plutôt par son propre génie naturellement très gai, Berni répandit sur la composition du Boyardo un charme tout nouveau et très piquant. Il mit aussi à la tête de ses chants plusieurs de ces prologues si agréables, dont l'Arioste lui avait donné l'exemple après l'avoir reçu lui-même de Bello, dit l'aveugle de Ferrare, auteur du *Membriano*, autre poème chevaleresque dont Renaud et Roland sont les héros ; ils l'ont été depuis de beaucoup d'autres. Je ne citerai que *le Rinaldo*, début un peu faible du Tasse, et *le Ricciardetto*, de Fortiguerra, ouvrage beaucoup plus moderne, et qui, au milieu de bien des folies sans agrément, en offre quelques unes d'une gaîté très divertissante.

Sans doute tous ces poètes, et surtout l'Arioste, ont laissé bien loin d'eux les romanciers qui avaient écrit sur Charlemagne ; mais on a remarqué avant moi que la brillante imagination et la charmante poésie de ces grands écrivains de l'Italie a rarement surpassé la gaîté, et n'a pas toujours égalé l'intérêt que les vieux romanciers avaient attachés à leurs fictions sur Roland, Renaud, etc., etc. On a dit que les poètes italiens, par l'usage et surtout par l'abus de la magie, avaient amusé davantage leurs lecteurs, mais avaient un peu rapetissé leurs chevaliers, quelquefois bien plus héros dans les peintures grossières, mais simples et fortes des romanciers. Une lecture réfléchie des uns et des autres m'a inspiré la même opinion.

Mais cette lecture m'a inspiré surtout le désir de faire ce qu'on n'avait pas encore fait ni en Italie ni en France, de fondre enfin dans un seul ouvrage tous ces faits et même toutes ces couleurs. Il m'a semblé qu'il était possible de conserver aux héros de ce poème les couleurs brillantes et un peu magiques que leur ont données les poètes italiens, et cependant de leur rendre cette franchise primitive, cette naïveté fière qui leur va si bien dans nos vieux auteurs. Je ne me suis point effrayé des exagérations que renferment ces antiques récits. Pour les fictions poétiques, l'important est moins d'être raisonnables que d'être reçues et consacrées. Il n'y a rien de si étrange et de si puéril dans toute la chevalerie que le conte du Cheval de bois, et vingt autres qui auront été pris par les poètes mythologiques dans les mains des mies et des enfans. Il était temps, je crois, d'en faire autant en France pour les fictions chevaleresques, et d'y consacrer par la poésie ces folies souvent si gaies, et quelquefois si nobles et si touchantes. C'est ce que j'ai tâché de faire pour la Table Ronde, pour Amadis, et avant tout pour Roland, poème qui, bien que publié et revu le dernier, a été fait avant les autres, comme me paraissant le plus difficile. Tout en prenant pour fond de mon ouvrage cette belle suite de récits commencés par Boyardo, et si admirablement continués par l'Arioste, j'y ai fondu tout ce que j'ai cru voir de plus ingénieux dans les romanciers de Charlemagne. On trouvera ici les principales aventures d'Olivier, celles d'Ogier le Danois, celles de Huon de Bordeaux, dont Wiéland a fait son poème d'Oberon, et dont, à cause de l'immensité de mon sujet, je n'ai fait qu'un épisode. On y trouvera plusieurs autres aventures, et surtout celles des quatre fils Aymon, qui, pour avoir pris place dans la bibliothèque bleue, n'en offrent pas moins de l'imagination, et quelquefois le plus vif intérêt; intérêt augmenté encore par des détails d'une antiquité naïve que leur vieillesse a rajeunis, et dont le charme, plus commun dans Amadis et surtout dans la Table Ronde, ne pâlit pas toujours devant les plus riantes imaginations de l'Arioste. J'ai aussi profité du *Morgante*, et encore plus du *Ricciardetto*, où il n'y a guère que le caractère de Ferragus ; mais ce caractère est de la gaîté la plus originale, et m'était d'autant plus précieux, que l'Arioste, après avoir annoncé avec éclat ce personnage, l'oublie presque dans tout le reste de son poème. On a accusé ce poème enchanteur de n'avoir ni commencement ni fin. Je n'en conviens pas ; mais j'ai voulu échapper entièrement au même reproche : j'ai trouvé et emprunté dans un des ingénieux romans de madame de Genlis une punition et une fin bien dignes d'Origile ; et, dans deux chants que j'ai ajoutés après les derniers récits de l'Arioste, et auquel j'ai mis un soin comme un intérêt particulier, on verra ce que deviennent Roland, Ferragus, Doralice, Fleur-d'Épine, et même Angélique.

Voilà une très légère esquisse de ce que j'ai eu à faire pour coordonner tant de faits et tant de personnages. Sans doute il y a beaucoup de choses plus importantes à connaître que cette suite d'inventions sur Roland et sur Charlemagne ; mais la vérité est elle toujours si gaie, que la fiction n'ait pas quelquefois son mérite ? On la cherche partout (la fiction), et même trop souvent dans l'histoire, où je remarque depuis quelque temps une imagination singulière. Du moins dans les poèmes et dans les romans, la fiction ne trompe personne, et elle amuse beaucoup de monde. D'ailleurs les inventions sur Roland sont au premier rang de celles qui, depuis plusieurs siècles, ont amusé les hommes, et je n'ai point cru perdre le temps que j'ai employé à les compléter et à les réunir en un seul cadre.

Mais ici je cours un danger que je n'avais pas à craindre dans la Table Ronde et dans Amadis. Là je n'avais affaire qu'à d'anciens chroniqueurs et romanciers dont l'autorité est nulle, au moins en poésie ; bonnes gens, dont j'ai fait tout ce que je voulais. J'ai donc agi et écrit en toute liberté. Ici je traite une matière traitée par les poètes les plus ingénieux de l'Italie. Je sais trop bien ce que c'est, par tout pays, que les admirations nationales, pour n'être pas convaincu d'avance que beaucoup d'Italiens trouveront, d'avance aussi, que j'ai manqué de respect à leurs poètes, en rendant mal, ou en ne rendant pas du tout, tels passages qu'ils admirent et que souvent j'admire moi-même, mais que ne m'ont pas permis d'employer la marche ou la rapidité de mon récit, et quelquefois encore un autre motif : il y a dans toutes les littératures, même dans la nôtre, des beautés que la nation qui les a produites admire toute seule. L'Arioste, quoique peut-être le plus européen des poètes, a des choses qui ne sont bonnes que chez lui. Beaucoup d'auteurs modernes étrangers sont déjà comme les anciens qu'il faut louer tant qu'on veut et n'imiter que quand on peut. Puisque nos voisins, en nous contestant beaucoup d'autres mérites, nous accordent unanimement du goût, il faut bien convenir que les Français, moi excepté, en ont beaucoup. Eh bien ! des Français auraient tout à fait improuvé des passages tels que celui-ci, que j'ai plus d'une fois, en Italie, entendu citer comme admirable et même comme divin. C'est au moment de la mort de Brandimart.

> E dilghi : Orlando , fa obe ti ricordi
> Di me ne l'orazion tue grate a Dio
> Né men ti recommando la mia fior-di...
> Ma dir non pote ligi e qui finio.

Traduction calquée :

> Il lui dit : Roland, ressouviens-toi
> De moi dans tes prières agréables à Dieu.
> Je te recommande aussi ma Fleur-de...
> Il ne put dire lis, et il mourut.

L'Arioste a sûrement eu raison de dire cela dans sa langue, comme sans doute aussi il a eu raison de couper ainsi ses phrases dans ses vers; mais aucun de ces exemples ne serait bon à imiter parmi nous. Il y a peu de Français à qui cette expression singulière, d'une situation si touchante, n'inspire une sensation assez semblable à celle que fait éprouver l'imitation burlesque, quoique presque littérale qu'a laissée, du même passage, Voltaire, Voltaire, ce génie moqueur qui aimait tant l'Arioste, mais qui a toujours mêlé un peu de raillerie à ses admirations les plus sérieuses :

> Cette amante fidèle
> Disait cher Co..... L'onde ne permit pas
> Qu'elle achevât le beau nom de Covelle.

Quoique le nom de fleur-de-lis soit encore plus beau, je ne crois pas qu'on puisse avec succès parmi nous en faire le même usage que l'Arioste, excepté peut-être dans une traduction, sorte d'ouvrage qui a de grands droits, parce quelle a de grands devoirs.

J'espère que, surtout en France, on trouvera juste de protéger contre les préventions étrangères un auteur français qui, tout en estimant beaucoup les autres nations, a tâché d'écrire dans le goût de la sienne, et a même écrit en grande partie pour cela. Mais au reste les personnes qui me trouveront trop infidèle au grand poète que j'ai imité, pourront, je l'espère, se dédommager. Je connais une traduction en vers de l'Arioste toute prête à paraître : elle est de M. de Frenilly, qui a prélude à des ouvrages plus importans et à des travaux plus sérieux, par un recueil de poésies où les connaisseurs ont remarqué des beautés du premier ordre. J'ai lu, avec beaucoup de plaisir, plusieurs chants de cette traduction très fidèle et très élégante ; et tout me porte à croire qu'elle aura un grand succès. Heureusement pour moi, ce sera un ouvrage tout différent du mien ; car, d'abord, plus de la moitié de mon poème est tout à fait hors du sujet de l'Arioste ; et puis, si j'ai souvent imité l'Arioste et d'autres poètes, jamais je ne les ai traduits ; jamais, du moins, je n'ai pris l'engagement de les traduire. Ainsi ce serait injustement qu'on me demanderait, sous ce rapport, des comptes que je ne dois point. J'en ai de trop nombreux, de trop difficiles à rendre sur mon propre ouvrage, pour pouvoir en rendre aucun relativement à quelqu'autre ouvrage que ce soit. Sans doute j'ai tâché de prendre la fleur de tout ce que mes prédécesseurs ont écrit ; mais je l'ai prise à ma manière ; et, à l'inquiétude où je dois être d'avoir fait un mauvais ouvrage, on n'exigera pas que je joigne celle de n'avoir pas rendu, ou pas bien rendu, tel passage de l'Arioste.

Si je me refuse à cette comparaison avec un poète étranger, c'est que je sens combien elle me serait redoutable ; mais la comparaison avec un de nos grands poètes me serait mortelle. Aussi c'est avec regret que je me suis vu forcé, par mon sujet, à imiter de l'Arioste quelques contes, que notre admirable La Fontaine a imités aussi. J'ai abandonné le conte, médiocrement heureux selon moi, *du petit chien qui secoue des perles;* mais comment, dans Roland, ne pas traiter *Joconde* et *la Coupe enchantée !* comment même rejeter l'idée qui m'est venue à l'occasion de Sobrin, *roi de Garbe*, d'en faire le mari de *la fiancée*, et de dire un mot des merveilleuses aventures de cette princesse, en y donnant même une suite ! On verra dans tous ces récits, auxquels je me suis résigné, et qui, au fond, sont un hommage à La Fontaine, que je me suis, autant que possible, éloigné de la proportion et même de la forme des siens. C'est ce qu'on verra surtout dans Joconde, conte dont le commencement est, dans La Fontaine, supérieur à celui de l'Arioste, mais qui apparemment a paru trop long au poète, à qui *les longs ouvrages faisaient peur* : du moins, n'en déplaise à Boileau, l'Arioste, dans la seconde moitié de ce conte, me paraît conserver entièrement la supériorité qu'il avait un peu perdue dans la première.

Plus on lit l'Arioste, plus on l'admire; ses défauts mêmes servent à son éloge, puisqu'il n'ont empêché nulle part l'effet constant et prodigieux de son poème. On verra plus d'une fois dans celui-ci ce que je pense de ce grand homme; et partout je le loue d'autant plus franchement, que, tout en profitant de ses admirables inventions, et en lui rendant foi et hommage, je n'ai pas suivi sa marche, et que même je ne le goûte pas toujours. Ce poète étonnant, que l'Italie présente, avec un si juste orgueil, à ses amis et à ses ennemis, a adopté un système de narration usité dans son temps, et rejeté du nôtre, celui d'enchevêtrer les évènemens les uns dans les autres. C'est ce que La Motte, cet homme qui avait tant de goût quand il en avait, appelle, quelque part, *un art assez important*. De plus, l'Arioste a l'habitude presque constante de s'arrêter au moment le plus intéressant d'une aventure pour passer brusquement à une autre. Cette plaisanterie, bonne trois ou quatre fois, peut fatiguer dans tout le cours d'un poème de quarante mille vers. Pour moi, j'avoue que je n'ai jamais pu la goûter beaucoup : mais, me serait-elle aussi agréable qu'elle me l'est peu, j'aurais été obligé d'y renoncer dans un poème que j'avais le regret de faire plus long que je ne voulais, et que je désirais du moins faire le plus court et le plus clair qu'il était possible. J'ai donc supprimé ces interruptions éternelles, souvent impatientantes pour le lecteur, et dont un autre inconvénient est, lorsqu'on reprend une aventure, d'exiger des explications éternelles aussi. Je n'ai guère quitté une aventure une fois vraiment engagée, que lorsque le lecteur n'est pas éloigné de la quitter lui-même, et en sait ce qu'elle offrait de plus intéressant. En un mot, j'ai tâché d'aller toujours au fait, et c'est pour cela que j'ai sacrifié quelques détails que je regrette. Aux nombreux récits que j'ai abrégés, il faut joindre ceux que j'ai cru pouvoir et devoir supprimer. C'est par ces soins et par d'autres analogues que, sans priver, je crois, les lecteurs français de rien de ce qui est vraiment admirable, ou, du moins, vraiment neuf dans l'Arioste, en donnant tout ce qu'il y a de plus heureux dans ses prédécesseurs les plus anciens, et même en ajoutant beaucoup de récits que je ne dois à personne, je suis parvenu à achever un Roland, qui, tout immense qu'il peut paraître, est moitié plus court que celui de l'Arioste, et contient au moins le double de matière. Ainsi la marche du récit français est quatre fois plus vive que celle du poème italien. Ce terrible Arioste avait pris tous les avantages, et ne m'a guère laissé que celui de la rapidité ; encore parce que cet avantage, qui, tout précieux qu'il est, ne demandait qu'une longue attention, était assez facile à obtenir. Il serait même trop, si, comme quelques personnes pourront le supposer, mon poème, dans la partie où j'imite l'Arioste, n'était qu'un *extrait* du sien. Mais on a déjà pu juger que ce n'en est pas un ; et en effet, indépendamment de l'ordre différent des récits, on en trouvera qui ne sont point dans l'Arioste, et l'Arioste en offre plusieurs qu'on chercherait inutilement ici. J'ajoute que, tandis que quelques uns sont prodigieusement abrégés, d'autres conservent au moins la même étendue ; par exemple, l'épisode d'Alcine, les amours d'Angélique, les fureurs de Roland, etc., etc. ; et, dans les récits où j'ai suivi de plus près ce grand modèle, il n'en est pas un seul où je n'aie ajouté quelque détail nouveau, et où, comme on pourra s'en convaincre aisément, je n'aie cherché en quelque point à dédommager un peu mes lecteurs de mon inévitable infériorité.

A ce facile avantage de la rapidité je crois joindre celui d'avoir plus d'ensemble et d'unité, et j'y ai encore moins de mérite : l'Arioste, par attachement pour la maison d'Est et pour l'Italie, a fini par sacrifier presque entièrement Roland à Roger. M. Guinguené soutient même, dans son estimable histoire littéraire d'Italie, que c'est Roger qui est le véritable héros du *Roland furieux ;* et, en dépit du titre, il défend assez bien cette opinion, dont cependant tout le monde ne tombera pas d'accord. Pour moi, qui ne dois rien à la maison d'Est, et dont Roland est bien le véritable héros, j'ai donné un peu moins d'importance à Roger, et je n'ai cessé d'en donner beaucoup à Roland. Il brille au premier rang dès le début du poème ; c'est lui qui y figure plus et mieux que personne, et c'est lui qui le finit. D'un autre côté, comme j'ai un héros principal, j'ai aussi une entreprise unique et complète : Galafron (et par conséquent sa fille Angélique), Gradasse, Mandricart, Agramant, Rodomont, Marsile et Ferragus, tous alliés, et dans une série non interrompue de combats ou de complots, conspirent à détruire la France. Le poème est, d'un bout à l'autre, la lutte de l'Asie et de l'Afrique contre l'Europe, des infidèles contre les chrétiens, qui finissent par triompher, malgré l'échec de Roncevaux. Il y a donc ici toute la régularité que comportait cet ouvrage, et beaucoup plus qu'il n'en existait dans aucun autre sur le même sujet ; ou plutôt on n'avait jamais traité que par parties ce sujet dont j'ai osé embrasser tout l'ensemble.

Toutefois, il faut le dire avec franchise : l'unité trop vaste de ce poème n'est pas toujours très évidente ; j'ai senti, en le composant, comme on le sentira quelquefois en le lisant, que ce n'est pas par un vain caprice que les premiers législateurs du goût ont établi ou reconnu cette grande règle de l'unité comme le premier principe des arts. Très certainement, quand on voudra chercher un ouvrage parfait, on ne le trouvera que parmi ceux dont l'unité est parfaite aussi. Mais les ouvrages parfaits ne me regardent pas. Au reste, j'aurais vivement, et plus que personne, désiré que tant de beautés de tous les genres ne fussent pas, par les traditions romanesques, attachées à tant de faits et à tant de personnages, les uns et les autres fort diminués par moi. J'ai toujours singulièrement aimé les compositions simples quand elles sont belles et éloquentes ; et un ouvrage tel, par exemple, que *Paul et Virginie*, me paraît à côté et quelquefois au dessus des compositions les plus compliquées. Je ne veux tromper personne : celle-ci où, grace à l'Arioste et à d'autres, il y a tant d'esprit et de talent est, grace à eux aussi, et malgré mes réductions, trop chargée encore d'événemens pressés et croisés au point que parfois on aura quelque peine à les suivre. Voilà le mal avoué et le lecteur bien prévenu ; mais, attendu que tout se compense un peu, les ouvrages dont, comme ici, la complication est le défaut, ont cet avantage, que pour peu qu'ils soient assez agréables pour être relus, on y trouve long-temps des choses qui avaient échappé d'abord. C'est un labyrinthe où l'on n'est pas fâché de se perdre un moment, parce qu'on est sûr de se retrouver. C'est un vaste jardin anglais un peu confus, mais qui présente sans cesse de nouveaux aspects. On peut aussi dans de tels ouvrages comparer les morceaux les plus chargés de personnages et de faits, à ces *finals* qui, dans les opéras, ne sont pas toujours ce qu'il y a de plus simple, et encore moins ce qu'il y a de plus clair, mais où se développent, dit-on, toutes les puissances de l'harmonie, et qui passent auprès de beaucoup de connaisseurs pour le chef-d'œuvre du génie et le prodige de la musique. Il y a dans le poème de Roland deux ou trois *finals* qui doivent être bien beaux ; car ils sont bien compliqués.

Je pourrais, pour intéresser l'amour-propre de mes lecteurs au succès de ce poème, leur faire remarquer qu'il faut, pour goûter ces sortes d'ouvrages, une partie de la force de tête qu'il a fallu pour les composer. Mais j'aime mieux leur avouer que je me suis défié de leur tête, surtout de la mienne, et que mon soin continuel a été d'éclaircir autant qu'il était en moi cet *imbroglio*, mot italien dont la vraie traduction française est *embrouillamini*. Pour cela une foule de faits et de personnages ont disparu. Par exemple, on ne verra point ici le prince Cylinx, ni Lousakan, ni Doristelle, ni bien d'autres noms du *Roland amoureux*. Mais comme un des avantages, ainsi qu'un des devoirs de mon livre devait être d'offrir les faits les plus importans des annales chevaleresques, je n'ai pu ni dû supprimer les fameux combats devant Albraque, qui, cités même, et par conséquent immortels, dans Don Quichotte, tiennent tant de place dans le Boyardo, et sont un des anneaux de cette longue chaîne d'aventures. Ils sont ingénieux, aussi ingénieux peut-être qu'aucun des imbroglio de l'Arioste, mais encore un peu plus compliqués. Je les ai beaucoup éclaircis. S'ils ne le sont pas autant que je le voudrais, peut-être le sont-ils autant qu'ils le doivent. En effet, dans ces batailles, dans plusieurs autres, et même dans des aventures moins sanglantes, par exemple, *la confusion du camp d'Agramant*, qui a passé en proverbe, et n'est guère moins forte que la confusion d'Albraque, un peu de confusion dans le récit est une suite nécessaire du récit même. Être passablement embrouillé dans ces circonstances, c'est en quelque sorte faire de l'*harmonie imitative*. Les batailles d'Alexandre, peintes par Le brun, ne sont pas très claires, et n'en sont que plus ressemblantes. C'est toujours pourtant malgré moi que j'ai eu cette espèce de mérite, si je l'ai eu.

Mais comment ne pas craindre quelque obscurité, comment aussi ne pas l'excuser, quand à la difficulté d'avoir à peindre tant et de si effroyables combats, se joint pour moi la nécessité de les peindre dans une langue qui, non pas par indigence, mais par notre délicatesse, se refuse à presque tous les détails de ce genre ? Notre langue s'est trouvée fixée sans qu'aucun de nos auteurs classiques nous ait donné, comme l'Arioste et le Tasse aux Italiens, des modèles et des détails de batailles. Il en est résulté qu'en cela les critiques du temps ont fait la loi, et que, comme rien ne paraît difficile à ceux qui ne font pas, ils ont imposé les plus étroites entraves à ceux qui ont voulu faire. Il est évident que, pour bien peindre des hommes qui se battent, il faut pouvoir dire où ils se blessent. Cependant, que l'on essaie de compter les parties du corps humain qu'il est permis de nommer en poésie française, et l'on sera comme moi tout étonné de se convaincre que le plus grand nombre en est exclus. Gardez-vous de parler dans notre poésie noble du dos, du nez, de l'oreille de qui que ce soit ; nos héros n'ont plus rien de tout cela, ni de bien d'autres choses. Tandis que les poètes anciens et tous les poètes étrangers modernes appellent à peu près tout par son nom, et se complaisent même beaucoup trop dans les détails anatomiques de blessures, notre poésie hérissée de scrupules, tombe dans l'excès précisément contraire, et ne peut presque rien spécifier. Ce qu'il y a de pire, c'est que cette délicatesse augmente tous les jours, et je ne sais où cela s'arrêtera. L'Arioste, ce génie éminemment poétique qui, dans mille passages, descend volontiers de cette élévation où quelques personnes veulent voir toute la poésie, l'Arioste, dis-je, dans le combat de Roger et de Mandricart, a écrit tout simplement :

Durindana tagliò cotenna, ed osso,
E nel capo a Ruggiero entrò due dita.

Durandal tailla la chair et l'os, et entra de deux doigts dans la tête de Roger.

J'avoue que, dans l'innocence de mon cœur et de ma poésie, j'avais parlé de *ces deux doigts* exprimant si bien la profondeur d'une blessure qui doit mettre Roger en grand péril, mais dont, à la rigueur, il peut ne pas mourir. Les craintes de plusieurs littérateurs pleins de goût m'ont forcé à retrancher cette expression, et à faire un autre vers plus poétique, mais plus vague, et tel qu'on ne sait pas bien jusqu'à quel point Roger est blessé et pourquoi il ne meurt point. C'est surtout parce que je n'ai pas toujours eu cette complaisance dans d'autres poëmes, que quelques critiques m'accusent de manquer de poésie. Il me serait facile de leur prouver que, par l'excessive sévérité de leurs scrupules, ils traitent les poëtes, et surtout les poëtes de batailles, comme ce niais à qui l'on assure que, *pour parler anglais, il faut fermer la bouche, et serrer les dents*. Sans doute, malgré ces entraves, on pourrait citer dans notre langue quelques combats très beaux : mais, outre que ces combats sont très courts et presque toujours un peu vagues leurs auteurs ont, comme de raison, employé et usé le peu d'expressions qui leur étaient permises, et ont laissé dans le plus grand embarras ceux qui arrivent après eux. Il serait à désirer que des jeunes gens pleins d'un talent énergique se déclarassent enfin franchement contre cette *pauvreté digne* à laquelle on veut réduire notre poésie (1), et, forts de l'exemple d'Homère, de Virgile, de l'Arioste, de Milton, de tous les poëtes, excepté les nôtres, se missent en possession d'une foule de mots et d'expressions dont on s'obstine très ridiculement à les priver. Pour moi, qui n'ai ni tant de talent ni tant d'énergie, je me suis borné à me révolter quelquefois tout doucement ; mais souvent aussi j'ai fléchi sous l'autorité injuste. Plus souvent encore, rebuté de l'impossibilité où l'on me mettait de peindre ces combats (qui d'ailleurs par leur trop grand nombre sont un des défauts inévitables de l'ouvrage), je les ai, à quelques uns près, singulièrement abrégés, ainsi que d'autres faits qui ne pouvaient rien fournir d'agréable, et que je ne pouvais dire trop vite. Il en résulte que parfois tel vers se trouve renfermer un grand événement. Il est donc important pour moi qu'on veuille bien lire ce vers-là. Il ne l'est pas moins qu'on ne me refuse pas quelques secondes de réflexion, quand tel personnage oublié depuis un peu de temps reparaîtra sur la scène, et mon ouvrage vaut trop peu s'il ne vaut pas cette légère peine de la part des lecteurs, et s'il ne les en dédommage pas. Au reste, la liste des principaux personnages de ce poëme, et les argumens placés à la tête des chants, et presque toujours d'autant plus détaillés que le récit est plus compliqué, éclairciront en un moment la plupart des petites difficultés que l'on peut rencontrer. Mon poëme en offrira bien moins que celui de l'Arioste : mais on veut tant de clarté en France, et on a tellement raison d'en vouloir, que j'aurais désiré ne pas laisser l'ombre d'un nuage. Dans un si vaste horizon, l'on ne s'étonnera pas si par hasard il en est resté quelques uns.

Après tout, ce n'est pas être obscur que d'être substantiel. Les ouvrages frivoles ont encore leur solidité ; et quand on pourrait être las de tant d'ouvrages, même sérieux, où il n'y a rien, peut-être croira-t-on devoir quelque indulgence à un poëme dont le défaut assez excusable est qu'il y a trop, puisqu'il est l'essence de beaucoup de poëmes et l'esprit de beaucoup de poëtes.

Cependant, il n'est pas d'or où il n'y ait un peu d'alliage ; pas de si beau pays qui n'ait ses bruyères : tout en cherchant à ne présenter ici que des aventures faites pour intéresser ou pour divertir, je n'ai pu me flatter, et on n'exigera pas, je pense, que toutes soient d'un mérite égal, d'un effet également heureux. Personne n'a ce mérite, pas même l'Arioste, qui lui-même m'a empêché quelquefois de l'avoir : j'ai tâché plus haut de faire sentir par un seul exemple combien tel passage de l'Arioste, très admiré en Italie, serait sûr de n'être pas goûté en France. Il en est un peu de même de quelques uns de ses épisodes ; et si,

---

(1) J'écrivais ceci en 1815, et personne n'ignore en 1838 combien mon vœu a été exaucé, et même dépassé.

décidé par ma propre conviction, j'en ai supprimé deux ou trois où il n'y a absolument rien à regretter, et qui ne sont pas d'un très bon goût, celui de Marganor, par exemple, il en est d'autres de l'effet desquels je n'ai jamais beaucoup espéré, et que j'ai conservés cependant, à cause de la renommée de l'inventeur, et quelquefois des épisodes eux-mêmes. Tel est l'épisode du géant Horrile qui offre quelque chose de hideux. Tel est encore, il faut bien le dire, le long et célèbre épisode de Léon et de Bradamante, sujet de tant d'éloges et de tragédies. Cependant, nulle part et surtout en France, on ne peut s'attacher beaucoup à Bradamante, quand elle ne veut absolument épouser qu'un chevalier qui l'ait vaincue, et encore moins à ce prince Léon, qui, se sentant plus faible que Bradamante, prie bravement Roger de se battre pour lui. On peut avec de tels faits, inspirer peut-être de la gaîté, mais jamais de l'intérêt, surtout après le grand et solennel combat de l'île de Lampedouse, qui est évidemment le vrai dénouement de l'Arioste. Aussi, excepté *la coupe enchantée*, mal placée après de si grands événemens, et que j'ai employée avant, presque tout ce que l'Arioste a mis dans les six chants qui suivent ce combat, annonce-t-il un peu la fatigue de son imagination. Une nation admire tout dans l'auteur qu'elle admire. Mais pour moi, qui suis loin d'avoir les mêmes droits sur la mienne, j'avoue, qu'après ce combat de Lampedouse, je ne connais guère de susceptible d'un long détail, que la mort de Rodomont, la bataille de Roncevaux; et peut-être ce que j'ai ajouté sur Angélique. Aussi, j'ai été violemment tenté de supprimer tout cet épisode de Léon, qui ne tient pas moins de trois chants dans l'Arioste. On y trouve d'ailleurs beaucoup trop de ces étoiles (*stelle*) qui, presque aussi nombreuses que celles de l'empyrée, ont longtemps, avec deux ou trois expressions aussi exagérées, rempli les compositions amoureuses des poètes italiens *seicentistes*, et j'y comprends les meilleurs. Ce ton serait concevable s'il était l'expression d'une couleur locale; mais les Français qui ont été un peu jeunes en Italie, ont pu s'apercevoir que ce n'est pas ainsi que s'y traite l'amour, et qu'il ne s'élève pas à beaucoup près si haut. En fait d'amour, il est remarquable que l'écrivain qui, dans le délire de Roland, a fait entendre les accens les plus vrais et les plus pathétiques de cette passion, soit, en peignant les sentimens de Léon et de Roger, devenu alambiqué, maniéré, quelquefois presque autant que Marini. Cette singularité serait inexplicable, si l'on n'avait pas plus d'une fois remarqué en littérature, qu'une donnée décidément fausse, dans un ouvrage, égare ou affaiblit le talent le plus vrai. Telle est, avec une franchise aussi grande que mon admiration profonde pour l'Arioste, mon opinion sur le fond et le style de son fameux épisode de Léon et de Bradamante, dont j'ai cependant conservé le fond par respect pour l'Arioste; mais je l'ai réduit à trois cents vers. Je supplie les personnes qui ne goûteraient pas ce morceau et quelques autres, de compter pour quelque chose l'avantage de trouver ici tout l'Arioste, et même ce que l'Arioste n'a jamais promis, et *ce que personne n'avait jamais donné* : tout Roland.

Qu'on me pardonne d'insister sur ce mérite auquel je tiens, ne fût-ce que pour m'attirer l'indulgence dont je sens que j'aurai souvent besoin. Indépendamment des momens où l'on voulait faire de l'effet et où l'on n'en fait pas, il y a dans tout ouvrage des morceaux où l'on n'a jamais compté en faire. Je veux parler des détails de transition et d'explication, détails nécessaires, surtout dans un ouvrage compliqué, dont ils sont même le plus grand inconvénient, parce qu'il n'est pas toujours praticable, comme je l'ai fait plusieurs fois, de les réduire à un ou deux vers, et que tout l'art possible ne réussit qu'à les rendre supportables. Ce n'est qu'à ce prix qu'on amène des récits plus piquans et des choses plus ingénieuses; et même ces ombres, quand elles ne sont pas très fortes, vont très bien au tableau. Mais ce n'en est pas moins un grave défaut pour des lecteurs impatiens tels que j'en connais beaucoup, surtout en France, pays brillant et singulier, où l'on ne fait point d'effet si l'on cesse un moment d'en faire, et où l'on a tant d'esprit qu'on en voudrait toujours rencontrer. Jugez de l'état des hommes qui n'en ont pas du tout. Il est clair que la France qui est le paradis des femmes est l'enfer des sots. Sans craindre précisément d'être damné à cet égard, on sait très bien que, dans un long ouvrage, il est impossible d'être toujours brillant, et du moins on tâche d'être toujours varié. C'est ce que j'ai fait, et je désire que mes lecteurs acceptent cette compensation qui sera quelquefois nécessaire.

Il était dans ce poème, comme dans les deux précédens, un autre écueil plus grave et plus dangereux. Tout le monde sait que les vieux romans et les anciens poèmes chevaleresques offrent les plus singulières libertés. Pulci, Berni, Arioste, Fortiguerra, etc., ont en Italie, et sous les yeux des papes, imprimé d'étranges choses qu'on y réimprime encore tous les jours. On a très bien senti à Rome et dans toute l'Italie qu'il ne fallait pas juger à la rigueur ces imaginations poétiques et romanesques. On l'a aussi senti en France, où, comme je l'ai dit à l'occasion d'Amadis, on a laissé, dans les temps les plus sévères, publier Tirante-Blanc et les contes dévots de Le Grand d'Aussy. C'est aussi en France et dans la Bibliothèque des Romans, imprimée avec approbation et privilége du Roi, que j'ai pour la première fois vu le sorcier Maugis devenu cardinal, même pape, et confessant Charlemagne. Il faudrait tout à fait renoncer aux poèmes chevaleresques si l'on n'y tolérait pas des folies que la gaîté et le peu d'importance du genre rendent absolument sans conséquence, et si le poète ne pouvait plus, comme l'Arioste et tant d'autres, jeter un regard gai et même malin, mais *toujours inoffensif*, sur la plupart des choses de ce monde, et même de l'autre. La poésie, et surtout la poésie chevaleresque, est en littérature ce que sont en politique ces établissemens qu'une législation éclairée vient de ramener parmi nous, ces *ports francs* où l'on laisse aborder librement tous les objets de commerce, et qui, utiles à toutes les nations, grace à cet avantage, ne seraient presque rien si on les en privait. J'espère donc qu'on excusera un Français, un homme du monde, qui n'a pas été moins réservé que Ludovico Ariosto dédiant son ouvrage à un cardinal, et qui l'a été souvent plus que le chanoine Pulci, le chanoine Berni et l'évêque Fortiguerra. Nos vieux romanciers et trouvères sont encore plus hardis, et les hommes qui les ont lus savent bien que ces écrivains trop dévots hasardent souvent des idées et des plaisanteries qui sembleraient écrites par ceux qui ne le sont pas assez. Les traits de cette singulière philosophie du onzième siècle sont quelquefois extrêmement curieux sous le rapport historique. C'est aussi sous ce rapport et par ce motif que, depuis long-temps, j'en avais extrait un grand nombre, et même un si grand nombre que je ne pourrais pas toujours indiquer les sources. J'avais employé plusieurs de ces traits dans Roland; des considérations qu'on approuvera m'ont déterminé à en supprimer la plus grande partie; et ce sera, j'imagine, une raison de plus pour qu'on juge avec indulgence le petit nombre de ceux qu'il m'a été impossible de ne pas conserver. Il faut bien quelquefois parler la langue et prendre la couleur des gens qu'on traduit. J'ai, selon mon usage, mis en italique les traits les plus singuliers que j'emprunte, soit des poètes italiens, soit des romanciers français. Je demande grace pour ces licences poétiques qu'on ne doit jamais prendre à la lettre, et pas plus qu'une boutade qu'on trouvera ici contre la campagne et ceux qui la chantent. Les poètes ont le privilége de ne pas toujours penser ce qu'ils disent; et plût à Dieu qu'ils eussent à cet égard un privilége exclusif!

Les mêmes exemples, les mêmes autorités justifieront également ici les détails un peu libres, détails à peu près inévitables dans ces sortes d'ouvrages. On s'apercevra cependant que j'en ai évité un très grand nombre. Ce qui reste ici de plus fort en ce genre a rapport à Ferragus, et est, avec beaucoup d'adoucissemens, imité du *Ricciardetto*, du prélat Fortiguerra. Ces mêmes passages ont été imprimés sans obstacles sous Louis XV, dans la jolie imitation que Dumouriez (le père du général) a donnée de ce poème, et depuis dans la traduction beaucoup moins heureuse qu'en a publiée le duc de Nivernais. Au reste, un poème chevaleresque n'a jamais trompé personne : on y trouve, et on trouvera dans celui-ci autant que dans aucun autre, les sentiments les plus nobles qui soient parmi les hommes ; mais je ne sache pas qu'on en ait jamais fait un à l'usage des demoiselles. Les hommes sévères qui trouveraient trop libres les opinions ou les tableaux de celui-ci, perdraient absolument de vue tout ce qui a toujours été permis sous ces deux rapports, non seulement en France, mais dans les parties les plus religieuses de l'Europe.

Je l'avoue : en réfléchissant à ces difficultés, à ces périls de toute espèce, et de plus à l'étendue de cette composition, à la légèreté de beaucoup de juges, plus frivoles que tout ce qu'on peut leur offrir, et encore à la juste préoccupation du public vers de tout autres objets que la poésie, j'ai plus d'une fois hésité devant tant d'obstacles. Je ne sais si, à tout prendre, aucune entreprise de Roland fut jamais plus hardie que celle que je tente moi-même en publiant aujourd'hui les siennes, et je crois en vérité que le poète a été encore plus audacieux que le héros. Mais, après avoir avec quelque succès mis à fin deux entreprises du même genre, pouvais-je reculer devant la plus hasardeuse de toutes ? Je n'avais d'autre parti à prendre que d'imiter les chevaliers que je chante, c'est-à-dire, de me jeter tête baissée dans la mêlée, et d'en revenir, si je puis.

Du moins, parmi les Français qui me blâmeront sous tel ou tel rapport, beaucoup sans doute se réconcilieront avec moi, en voyant combien j'ai ennobli le personnage de Roland, même dans les situations où il a été le plus compromis par les poètes italiens. L'Arioste lui-même, qui souvent le montre si grand, lui ôte à peu près tout le mérite de ses exploits en le faisant invulnérable ; et il semble qu'on ne pouvait jamais accuser de l'être le guerrier qui mourut à Roncevaux. D'autres poètes italiens, Fortiguerra surtout, ont fait de Roland un portrait presque grotesque. Au reste, Charlemagne a été plus maltraité encore par les vieux romanciers ; et si, comme je le crois, ce sont les entreprises de cet empereur qui ont fait inventer la chevalerie, il faut convenir qu'elle n'a pas été inventée à son profit. Bien sûr qu'on ne cherchera pas ici le Charlemagne de l'histoire, je me suis borné à adoucir, à son égard, les traditions romanesques. Au contraire, j'ai suivi pour Roland, mon héros, ces mêmes traditions qui lui sont si favorables, et je l'ai tiré des mains de quelques bouffons de l'Italie. Sous ce rapport aussi, cet ouvrage est neuf, et l'on s'apercevra sans peine que Roland, l'Hercule français, est chanté enfin par un homme de sa nation. On reconnaîtra souvent ici cet accent français, cette voix de la patrie, que les plus grands poètes italiens n'ont, ni ne pouvaient avoir dans un tel sujet. J'ai conservé à Roland les folies les plus heureuses qu'ils lui ont prêtées, et, avant tout, la plus belle et la plus poétique de toutes ; j'ai, comme eux, montré Roland peu défiant, peu éloquent même ; mais je l'ai montré toujours noble dans sa simplicité, et souvent sublime sur les champs de bataille. Enfin j'ai voulu le présenter quelquefois tel que, plusieurs siècles après lui, il apparaissait sans doute à l'imagination de nos guerriers, qui, en répétant *sa chanson*, s'apprêtaient à aller mourir comme lui. Mon ouvrage, tout frivole qu'il peut paraître, sera utile s'il peut contribuer à nourrir cet esprit national, qui est le plus grand trésor d'un peuple, comme il est sa meilleure défense, et que je ne sais quels étranges Français cherchent à affaiblir chez les Français ! Puissé-je plutôt l'augmenter, et, dans de feintes histoires, avoir bien retracé ces sentimens d'honneur et de générosité qui sont si vrais parmi nous ! Voilà du moins le but que je me suis proposé, et le caractère que j'ai cherché à imprimer à ce poème. Le moindre des hommes de lettres a le droit de désirer qu'on dise un jour de lui ce qu'Auguste disait de Cicéron : « C'était un homme de bien, et qui aimait sincèrement son pays. »

PRÉFACE.

Un auteur anglais, assez original et assez gai, a décrit, en deux volumes, *les misères de la vie humaine*; si l'on décrit jamais *les misères de la vie d'un auteur* (et ce sera au moins en quatre volumes), on mettra sans doute dans les premières pages le chagrin que l'on cause souvent aux gens de lettres, en leur prêtant des allusions auxquelles ils n'ont jamais songé, et en croyant qu'ils ont cherché à faire de petites épigrammes de circonstance, quand ils ont toujours plané bien au delà de leur siècle, et se croient déjà en conversation intime avec la postérité. Pour moi, sans avoir été si haut ni si loin, je n'ai point cherché à faire d'allusions; je l'ai même évité quelquefois. Un si grand ouvrage, n'avait pas besoin d'un mérite si fugitif.

On pourra s'étonner que, croyant, comme je le fais, que les fictions chevaleresques sur Charlemagne et Roland sont les plus anciennes de toutes, je les place à la fin de mon poème de la chevalerie; voici le motif qui m'a guidé : la date de ces aventures est assez impérieusement fixée à une époque fixe et connue. Celles de la Table ronde sont visiblement censées se passer à une époque bien plus reculée que Roland et Charlemagne. Et puis, il y a une remarque que j'ai déjà indiquée et qu'il est très essentiel de se rappeler ici : oui sans doute, je regarde le siècle et les succès de Charlemagne comme la véritable source des idées chevaleresques; mais il a fallu quatre à cinq siècles pour que les idées chevaleresques, sur le règne et les guerriers de ce prince passassent des premières et grossières chroniques des moines aux élégantes fictions de Boyardo et de l'Arioste, aujourd'hui les seules reconnues et goûtées. Or, dans cet intervalle, d'autres fictions du même genre se sont établies, et, il faut le dire, plusieurs de ces fictions, sur la Table ronde et même sur Amadis, ont été préférables et long-temps préférées aux chroniques primitives sur Roland. Mais *le Maître* est arrivé, il a fait *un Roland*, et tout a été remis à sa place. Toujours est-il que les histoires de la Table Ronde nées, ou du moins commencées au fond de notre Bretagne, offrent souvent une naïveté et une simplicité merveilleuses et visiblement plus antiques que les fictions charmantes, mais toutes modernes, de l'Arioste. Si l'on veut bien y prendre garde, les mœurs ont une date comme les faits, et quelquefois contre les faits. Les mœurs, expression de la civilisation si variée et si mobile, bravent souvent la chronologie. Tel village de nos jours est un fragment du moyen-âge, et rappelle la simplicité des premiers siècles qui eux-mêmes, sur quelques points, égalaient, passaient même toute l'élégance et toute la recherche modernes. Ainsi, quoique de mille et de quinze cents ans moins anciennes, les romances du Cid, et beaucoup de ballades anglaises et de contes de nos trouvères, sont visiblement plus antiques que les mœurs du temps de César, ou même de Périclès. Ce motif seul, même sans la date présumée, et bien antérieure, des faits de la Table Ronde, m'aurait décidé à placer ici les aventures de Lancelot et de Tristan avant celles de Roland. Quant à Amadis, moins antique que la Table Ronde mais plus que Roland, les romanciers disent que le temps d'Amadis et de Lisvard était très rapproché de celui d'Artus, et je n'ai eu garde de ne pas être de leur avis, ayant déjà une très bonne raison pour placer *Amadis* entre *la Table Ronde* et *Roland*. En effet quelque mérite qu'offre le sujet d'Amadis, et quelques efforts que j'aie faits pour l'embellir, celui de Roland, tout aussi riche, a été embelli l'on sait par qui. Il m'a semblé qu'après les fictions de l'Arioste, il était impossible d'en présenter d'autres, et que c'était par Roland que je devais finir. J'espère, au reste, qu'on trouvera que ces ouvrages, tout en conservant entre eux un air de famille, offrent chacun un caractère particulier, et fait pour plaire davantage à une classe particulière de lecteurs. Ainsi, il me semble que *la Table Ronde* offre plus de naïveté et de sensibilité aux femmes, *Amadis* plus de gaîté aux jeunes gens, et *Roland* plus d'imagination aux hommes de lettres. Ces avantages appartiennent aux auteurs primitifs, et ce n'a pas été un de mes soins les moins pénibles que de rester fidèle, en cela, aux intentions des fondateurs.

A présent que voilà mon travail sur la chevalerie développé devant le public dans toute son étendue, on peut juger quel sentiment de surprise et quel autre sentiment encore j'ai dû éprouver lorsque j'ai vu des critiques citer quelques rimes, quelques hémistiches, et croire que cela suffisait pour faire apprécier, et quelquefois pour détruire une vaste composition. J'imagine qu'aujourd'hui il sera tout à fait clair que, quelque prix que j'attache aux finesses de la versification, les vers n'ont été, ni dû être tout à fait le premier objet qui m'a occupé, et qu'enfin il pourrait se trouver ici des rimes faibles, des césures défectueuses, des expressions trop familières, sans que l'ouvrage fût, *pour cela*, digne de réprobation. Quelques critiques accoutumés depuis trente ans à ne pas juger la poésie en grandes masses, mais à la découper en beautés de détail, à regarder une heureuse alliance de mots, une belle comparaison, et surtout une description, comme le chef-d'œuvre de l'esprit humain, ces critiques, dis-je, ont été tout étonnés de rencontrer un homme qui faisait une estime beaucoup plus modérée de ces menues merveilles, et qui, sans les négliger absolument, s'occupait avant tout de l'effet général de ses récits et du plaisir de ses lecteurs. Aussi les anathèmes les plus graves ont été prononcés contre moi. D'autres juges que je suis bien tenté de croire meilleurs, ont heureusement été plus indulgens : ils ont senti que le genre et l'étendue de ces ouvrages exigeaient la versification simple et le ton familier que j'y prends souvent ; que le *serma pedestris*, la *muse à pied* d'Horace, n'a jamais peut-être été si à propos ; que, quand, à cet égard, je n'aurais pas pour moi l'autorité et l'exemple de l'Arioste, si élégant, si poète, et pourtant si naturel et souvent si familier, j'aurais l'autorité plus puissante encore de la raison ; et qu'enfin des poèmes qui sont des volumes ne doivent pas être écrits, ni jugés, comme des poésies qui sont des pages.

La haute poésie est sans doute la poésie par excellence ; mais on en a tellement abusé parmi nous, que, fussé-je en ce genre aussi riche que quelques personnes m'y croient indigent, je m'applaudirais encore d'avoir été ici, en cela, d'une économie qu'on peut quelquefois taxer d'avarice. Dans la poésie descriptive, les vers sont la chose même, et par conséquent ils ne peuvent être trop beaux. Dans les genres plus vrais, ils ne sont que l'instrument, et n'exigent pas, ne permettent pas même toujours, une aussi grande perfection. Pour moi, j'ai voulu faire des poèmes et non des sonates ; et je n'ai rien à dire à ceux qui chercheraient des sonates dans mes poèmes, si ce n'est ce que Fontenelle disait aux sonates elles-mêmes : *Que me veux-tu?*

Sans doute, si les détails de mon ouvrage étaient tous et toujours défectueux, je serais bientôt et bien justement condamné. Mais s'il n'en est pas à beaucoup près ainsi, j'ai, je crois, dans une si grande composition, le droit d'être jugé *sur l'ensemble*, et je ne cesserai de le demander, dussé-je ne jamais l'obtenir. Combien de jugemens justes contre une page isolée le sont moins si cette page fait partie d'une grande composition ! Par exemple, dans un sujet aussi essentiellement compliqué que celui-ci, il m'est arrivé quelquefois d'être forcé de sacrifier à un certain point l'élégance à la clarté. Obligé par le même motif à des répétitions de mots, chose sur laquelle les anciens ne se gênaient pas, je me suis rappelé, à cette occasion, qu'un de nos meilleurs et de nos plus graves écrivains a dit dans ses *pensées* que, lorsqu'on ne peut pas éviter les répétitions de mots, il faut prendre son parti sur cela. C'est ce que j'ai fait. Au reste, je suis las de demander grace sur les incorrections, et mes lecteurs doivent être plus las encore de me l'entendre demander. Comme je n'en laisse presque pas une que je sente, et que cependant j'en laisse beaucoup, à ce qu'on dit, il paraît que c'est un mal sans remède. J'en suis si convaincu, que j'ai pensé mettre au titre de cet ouvrage, ROLAND, POÈME INCORRECT, afin que cela fût bien convenu une fois pour toutes, et que les hommes qui se récrient d'horreur devant un mauvais hémistiche, ne prissent seulement pas la peine d'ouvrir ce livre, où ils en trouveront sûrement, et qu'il fût uniquement lu par les personnes plus indulgentes qui cherchent surtout dans un livre si ce qu'il y a de bon ne répare pas, n'excuse pas ce qu'il y a de défectueux. Car il n'en est pas un où il n'y ait quelque chose de défectueux ; et le plus parfait des auteurs n'est que le moins imparfait. Ces personnes-là savent bien qu'un si long et si difficile ouvrage ne peut sortir d'abord tout armé, comme Minerve du cerveau de Jupiter. Ce sont elles que j'invoque, pour le perfectionner ; et je ne puis trop solliciter les conseils des amis des lettres et de ces critiques éclairés qui, dans leur ton comme dans leurs censures, m'ont souvent offert des modèles de ce bon goût dont ils sont les véritables interprètes.

Un auteur, lors de la publication de chacun de ses ouvrages, ressemble un peu à ces princesses qui vivaient dans les temps que je chante, et qui, à chaque grossesse, conviaient, pour doter leur enfant, toutes les fées de leur connaissance ou de leur voisinage. Toutes ces fées venaient, et traitaient l'enfant (toujours le plus beau du monde) avec beaucoup de bonté ; mais il se trouvait souvent quelque fée Carabosse qu'on n'avait pas priée ou fléchie, qui arrivait sur un char attelé de chauves-souris ou de grenouilles, et venait, par quelque don funeste, gâter ou détruire toutes les belles qualités qu'on avait accordées à l'enfant. J'ai trouvé beaucoup de fées bienfaisantes ; mais je ne sais comment cela s'est fait : j'ai toujours aussi trouvé quelque fée Carabosse. Heureusement, malgré beaucoup de menaces et de pronostics, aucun de mes enfans n'est encore mort. Pour quitter la figure, le petit nombre de journalistes que j'ai l'avantage de connaître savent bien que je n'ai jamais attendu ni souhaité d'eux que la vérité, mais cette vérité qui éclaire sans blesser, et qui peut être très sévère, sans cesser d'être polie. Non seulement c'est ainsi que je la désire ; mais, je l'avoue, c'est ainsi que je crois la mériter. Du moins, si je connaissais un homme de lettres qui, même en se livrant à de grands travaux, n'eût jamais affiché de grandes prétentions ; qui se fût emparé d'un coin vaste, mais inculte, dans la littérature française, et le fît valoir en paix ; qui n'eût jamais blessé l'amour-propre de ses confrères et l'eût quelquefois obligé ; si, dis-je, je connaissais un tel homme, cet homme, fût-il moi, je conviendrais qu'il mérite quelques égards pour ses ouvrages, supposé un moment qu'on n'en doive pas à ceux de tout le monde. Les miens n'en ont pas toujours obtenu. Quelques censeurs les ont jugés comme ceux de leur écolier ou de leur ennemi ; ils savent pourtant bien que je ne suis ni l'un ni l'autre. L'effet de ces rigueurs a été amorti plus d'une fois par leur excès même, et toujours par des juges plus indulgens, parmi lesquels j'ai compté avec orgueil plusieurs de mes confrères les plus distingués. C'est une chose honorable pour la littérature lorsque les hommes qui voient le mieux les défauts d'un ouvrage sont les plus empressés à remarquer ce qui peut les faire excuser, et lorsque ceux qui ont le plus de droit à condamner sont précisément les premiers à absoudre.

PRÉFACE
DE LA SECONDE ÉDITION.

Paris, 1839.

Après bien un long intervalle, je viens à une seconde édition de ce *Roland*, dont la première fut à peine publiée, parce qu'au moment où elle allait paraître on me fit l'honneur de me confier l'administration d'un département. Dès lors je trouvai ce poème un peu jeune quelquefois pour les fonctions qui m'étaient confiées, et je mis à en éteindre et à en effacer l'effet autant de soin que j'en avais mis à tâcher de faire connaître les précédens. Aussi, jamais plus grand ouvrage n'a fait une entrée plus modeste dans le monde. Aujourd'hui, revenu depuis huit ans à la vie privée, j'ai pu revoir ces travaux de ma jeunesse, de cet heureux temps où j'étais moi-même *jeune-france*; et, puisque de tout ce que j'ai écrit à cette époque, ce sont incontestablement mes poèmes chevaleresques qui ont obtenu le plus de suffrages, puisque c'est même pour moi une spécialité que je n'ai à partager avec personne, il m'a paru nécessaire de les compléter en donnant une édition de *Roland*, tel qu'après tant d'années il est devenu.

Je dis devenu; car dans cet intervalle *Roland*, encore plus modifié qu'*Amadis*, l'est au point d'être aujourd'hui en quelque sorte un ouvrage nouveau. Presque pas une page qui n'offre des changemens; pas un seul chant qui n'en présente de très considérables; et les chants eux-mêmes, souvent refaits en partie, ont tous changé de chiffre et de dimension. On en jugera en sachant que *Roland*, publié d'abord par moi en vingt-quatre chants, fut ensuite réduit à vingt, que, par réflexion et pour ménager au lecteur de plus fréquens repos, j'ai bien plus tard coupés en quarante. Ce n'est pas qu'à quelques prologues près qu'il a fallu y joindre, l'ouvrage ait subi de grandes augmentations. J'ai ajouté sans doute bien des choses; mais j'en ai retranché d'autres; et, en total, ce *Roland*, qui contient toujours la matière de deux volumes ordinaires, contient toujours aussi en un seul des deux le fond des quatre de l'*Orlando furioso*. Et si l'on disait que ce volume est un peu plus long que ceux de l'Arioste, je ferais remarquer que les vers d'octaves italiennes étant à nos décasyllabes comme 11 à 10, même sans compter les contractions que cette poésie se permet sans cesse et que la nôtre se défend toujours, la balance est plus que rétablie.

Dans la première préface de cet ouvrage, j'avais annoncé une traduction en vers de l'Arioste, par M. de Frénilly. Cette traduction a paru il y a peu d'années, et j'y ai trouvé ce que la lecture des premiers chants m'avait promis il y a long-temps. Cette production, susceptible sans doute de perfectionnement, comme tous les grands ouvrages le sont d'abord, contient de très belles choses et une foule de jolis vers. Toutefois, à ma grande surprise, elle n'a pas produit tout l'effet que méritait une telle œuvre d'un écrivain si distingué et si spirituel. L'absence de l'auteur et les circonstances politiques en peuvent être la cause, et la cause très suffisante. Cependant, en y réfléchissant, j'ai cru en trouver une autre : l'Arioste est parfait... chez lui; dans sa langue il n'y a peut-être pas une syllabe à retrancher de son poème; là, l'Enchanteur est dans son palais; mais dans une autre langue, dans un autre pays, il n'en est pas tout à fait de même, et je l'ai dit franchement. Là, des longueurs se révèlent; de nombreuses interruptions fatiguent. M. de Frénilly a bien supprimé quelques unes des longueurs; mais il n'a pu supprimer aucune des interruptions. Il a laissé aussi, et dû laisser bien des choses locales pour lesquelles je n'étais pas tenu d'avoir le même respect, et qui nuisent quelquefois à d'autres d'un effet plus universel. Le travail précieux de M. de Frénilly m'a convaincu, plus qu'aucun autre ouvrage, qu'un homme *qui ne traduirait pas l'Arioste*, ferait bien de simplifier l'imbroglio et de resserrer souvent l'étendue de ses récits; or, c'est précisément ce que j'ai fait. M. de Frénilly a honoré son esclavage; j'ai sans façon profité de ma liberté. Mais je n'en apprécie que plus son élégant et excellent travail, que doivent lire et rechercher toutes les personnes qui voudront connaître l'ouvrage qui peut leur donner en français l'idée la plus juste et la plus poétique de ce que c'est que le poème de l'Arioste en italien.

Pour moi, je n'ai point ce mérite, et je ne l'ai point cherché dans mon ouvrage, qui est tout autre chose, puisque le sujet de mon *Roland* est au moins le double de celui du *Roland furieux*. Aux suppressions que j'avais faites d'abord dans les inventions, selon moi, les moins heureuses de l'Arioste, suppressions dont j'ai indiqué les motifs, j'ai décidément ajouté celle de l'épisode de Léon, sur lequel j'avais déjà fait ma profession de foi et qui se trouve ici réduit à sa plus simple expression. J'ai aussi, dans mes imitations du Boyardo, abrégé de près de deux de mes chants les aventures asiatiques très compliquées, dont le centre est le siége d'Albraque. Partout j'ai cherché à mettre encore plus de lucidité dans cette foule de faits et de personnages qui sont l'inévitable défaut de cet ouvrage; défaut dont au reste on a souvent fait un mérite à l'Arioste, mais qui, bien que diminué ici dans un sujet beaucoup plus vaste, est pourtant un tort, surtout en France, ce pays de la lumière, et pourrait bien, aux yeux de quelques juges, être presque un crime pour l'auteur moderne; tant il fait bon d'être *ancien!* Heureusement que nous le serons à notre tour. Pour moi, qui commence à l'être de reste, je suis tenté de réclamer mon privilége.

Je sais bien que la *Table Ronde*, étant le premier des poèmes chevaleresques publiés par moi, a eu pour elle toute la primeur du sujet et aussi de ce qui a pu plaire dans ma manière de traiter ce genre. *La Table Ronde* a donc, à cet égard, et pourra bien garder, un droit d'aînesse assez nuisible à ses cadets; d'autant que ceux-ci ont tous deux paru dans des circonstances, soit publiques, soit personnelles à l'auteur, beaucoup plus désavantageuses pour eux. Et puis, à un homme de lettres, on passe assez aisément un premier succès; mais gare au second! Il se trouvera donc, s'il ne s'est déjà trouvé, des personnes pour dire qu'*Amadis* et *Roland* sont très inférieurs à la *Table Ronde*. C'est ce dont je suis loin de convenir. Et moi aussi j'aime beaucoup la *Table Ronde*, ne fût-ce que pour la réserve que j'ai pu y garder; mais en compensation des avantages qu'elle a peut-être, les deux autres en ont qu'elle n'a pas. J'ai indiqué ailleurs ces avantages. Pour ne parler ici que de mon *Roland*, avant de le déclarer inférieur à la *Table Ronde*, je supplie qu'on veuille bien considérer si ce n'est pas en bonne partie une reproduction resserrée, mais fidèle, des créations de l'Arioste, si je les ai souvent affaiblies, et si je n'y ai pas quelquefois ajouté quelque chose. Voilà la question très indépendante de la *Table Ronde* : Après cela, que des lecteurs préfèrent le *sujet* plus naïf et plus touchant de la *Table Ronde*, cela se peut; mais cela ne prouve rien contre l'Arioste, ni même contre moi, qui ne consentirai jamais à reconnaître aucun poème de chevalerie supérieur aux merveilleuses imaginations de l'Arioste.

Dès la première édition de mon *Roland*, j'ai cherché, comme dans les deux autres poèmes, l'élégance du style et l'agrément des détails. A l'égard de ceux-ci, pourquoi n'avouerais-je pas que le plus franc de tous les écrivains que j'ai connus (Raynouard) disait à un autre homme de lettres, précisément à l'occasion de *Roland* : « Tous les trois ou quatre vers, il y a presque toujours quelque trait heureux. » Il me l'a depuis répété à moi-même. Je crois très sincèrement qu'il me traitait trop bien, lui et MM. de Boufflers, Arnault, de Ségur, Auger, Andrieux et autres voix

PREFACE.

parmi lesquelles il m'est permis de compter Louis XVIII, qui, à un voyage de Saint-Cloud, ne voulut emporter que mes quatre volumes de chevalerie. Je tiens ce fait d'un autre homme éminemment loyal, M. Lainé, alors ministre de l'intérieur, et qui lui-même était très indulgent pour ces ouvrages. Toutes ces voix contemporaines se sont tues pour jamais. Mais, pendant que je parle encore, je ne puis dire combien j'ai fait d'efforts pour mériter un peu plus cet éloge de Raynouard, et être, le plus souvent possible, agréable à mes lecteurs. Je n'ai pas fait moins d'efforts pour ajouter à l'effet des morceaux élevés. Mais j'aurais corrigé ces poèmes cinquante ans de suite que jamais je n'aurais pu me résoudre à en exclure le ton, souvent familier, que m'ont reproché des hommes qui croient apparemment que la poésie n'est qu'une ode, et qui même oublient qu'il y a jusque dans Horace des odes singulièrement familières.

« Cependant (écrivais-je à ce sujet il y a bien long-temps), pour avoir la paix, je conviendrai que ce ton est un défaut; oui, un grave défaut... pour moi. Il est tout à l'avantage de mes lecteurs, puisqu'il résout, à ce qu'il paraît, le problème presque insoluble en France, de faire lire, sans effort et sans ennui, comme en Italie, de prodigieuses séries de vers. Mais je le sens à regret et l'avoue de même, il a nui singulièrement à mon importance poétique. Il y a des poètes qui prennent habituellement un ton si élevé, si fier, et même si hautain, que le lecteur intimidé ne peut croire qu'un homme qui se proclame sublime ne soit pas au moins excellent. On ne le lit pas toujours jusqu'au bout, il est vrai; mais on l'admire, fût-ce en bâillant; et c'est toujours très agréable pour un poète. Moi, humble mortel, je n'ai rien de tout cela. Je suis clair, simple, naturel; je dis ce que j'ai à dire; je n'ouvre jamais trop la bouche; je n'élève que rarement la voix. C'est ainsi qu'on plaît dans le monde; il n'en est peut-être pas de même dans les académies. Je suis assez l'ami de mes lecteurs; mais c'est une amitié sans façon, comme mon style l'est quelquefois. On me serre bien la main; mais je ne trouve pas qu'on me salue toujours assez profondément. On me prend un peu trop au mot : parce que je ne suis pas guindé, je ne suis pas non plus tout à fait résigné à une humilité d'ermite. Parce que je ne prends pas ma place, il semble quelquefois que je n'en ai pas. Avec cette manière de juger les écrivains, on finira par n'avoir que des déclamateurs, et on en méritera. Je suis loin de prétendre aux grandes admirations; mais est-il bien sûr qu'un style familier sans bassesse n'ait pas, surtout dans de longs récits, son mérite et sa difficulté? Demandez à mon maître Arioste. On pourrait de plus examiner si, à côté de cette simplicité qui n'exclut rien, surtout l'agrément et la gaîté, des morceaux énergiques, grandioses, pathétiques même, n'en acquièrent pas plus d'effet et de saillie, et si, dans ces grandes et périlleuses compositions, il n'est pas sage, et souvent nécessaire, de faire résonner tour à tour, et quelquefois ensemble, toutes les cordes de la lyre. »

Quand je ne l'aurais pas dit, on verrait bien que ce paragraphe fut écrit par un homme jeune encore.. Je désavoue aujourd'hui tout ce que l'expression peut avoir de trop tranchant et de trop vif; mais je suis loin d'en désavouer le fond. J'éprouve même le besoin de traiter la même question d'un ton plus calme, et de la vider, au moins pour les bons esprits. Autrefois, je pouvais avoir l'air de plaider ma cause et de faire, comme il arrive souvent, une poétique à mon usage; à présent que j'ai acquis le triste avantage du temps, et que j'ai des droits de reste à parler raison, à présent que j'ai écrit dans assez de genres divers pour n'avoir nul besoin d'en défendre un seul, c'est avec beaucoup plus d'impartialité que je puis traiter cette haute et féconde question de littérature.

Je commence par dire que je ne blâme la manière de personne, et que, même dans celles qui sont le plus opposées à la mienne, je trouve et apprécie des beautés remarquables; mais enfin ce n'est pas ainsi qu'il m'a paru bon et prudent d'écrire tant de vers, et tant d'histoires de chevalerie. Il y a des écrivains qui croient que la poésie, *le langage des dieux*, à ce qu'ils disent, ne peut trop s'éloigner du langage ordinaire; pour moi, je pense que, sans trop s'éloigner de la poésie, il y a moyen de ne pas tant s'écarter de ce langage ordinaire, et que l'élégance, l'harmonie, l'élévation même des vers, refusent rarement de s'allier au naturel et à la lucidité de la prose, dont, après tout, n'ont jamais été exclues ni l'élégance, ni l'harmonie, ni l'élévation : témoins tant d'éloquens prosateurs et leurs compositions immortelles. On voit que mon système est tout différent de l'autre; mais il n'en est pas moins raisonnable pour cela; et il l'est tellement que, même chez les poètes qui s'en écartent le plus, je ne serais pas embarrassé de prouver que les morceaux que l'on aime le mieux, qu'on cite avec le plus de plaisir dans leurs beaux ouvrages, sont précisément ceux qui se rapprochent davantage de ce système d'exactitude et de clarté qui est le vrai génie de la langue française. Pour moi, c'est l'accord de ces deux mérites, ce mélange de poésie et de lucidité, qui, même dans le plus sévère de mes poèmes et de tous les poèmes, je crois (*le Dernier Homme*), et surtout dans *la Chevalerie*, n'a cessé d'être le but de mes efforts. Je ne puis dire combien, au fond, il faut d'art et de soin dans ce style si limpide et en apparence si simple, où la pensée sans nuages se livre à une appréciation sans prestiges. Le difficile est d'être poète avec tout cela. Je suis fort loin de croire y avoir toujours réussi; et celui qui résoudra mieux que moi ce problème d'être parfaitement poète et parfaitement clair, celui-là, je le reconnais d'avance pour mon seigneur et maître. En attendant, j'ai tâché de mettre ma doctrine en exemples; et telle a été, je puis le dire, la grande étude de ma longue carrière poétique. Toute la peine que d'autres poètes prenaient pour être singuliers et obscurs, je n'ai cessé de la prendre pour rester naturel malgré les entraves de la versification. Quoi donc! serait-ce un si grand malheur que cet accord parfait d'une complète exactitude de langue avec toute la grace ou l'élévation poétique? Et si nous approchons de ce but plus que les autres nations, ne serait-ce pas que, tout simplement, nous aurions *choisi la meilleure part*? Tel est du moins mon avis. J'ai toujours soutenu qu'on pouvait (pas moi peut-être) amener les vers à être à peu près aussi clairs et aussi faciles que s'ils n'en étaient pas; et j'avoue qu'une des plus grandes joies de ma composition a été lorsque dans une suite de vers, indépendamment des autres mérites que j'y ai cherchés, je n'ai plus vu rien où le prosateur le plus exact pût trouver quelque chose à redire. On sait que c'est là, selon Voltaire, l'épreuve des bons vers français. Je conviens qu'il y a des occasions où, même dans Voltaire, il ne faudrait pas appliquer cette règle à la rigueur; mais, au total, elle est presque toujours raisonnable. C'est même ce qui caractérise le plus l'esprit de notre nation, esprit essentiellement juste toutes les fois qu'elle est de sang-froid.

C'est surtout dans les poésies étrangères qu'on voit une foule de poètes affecter un langage très différent de la parole ordinaire; et, en y joignant le tumulte des images et le désordre des idées, il en résulte que ces poésies, souvent très vantées à notre médiocrité, échappent à toute analyse, et, dans les traductions faites avec la meilleure volonté possible, s'évanouissent comme des ballons gonflés. Ce qui s'évanouit aussi, ce sont les finesses ultra-métaphysiques, ultra-sublimes si l'on veut, où se complaisent tant de poètes en Allemagne, et, en Angleterre, les poètes dits *lakistes*. En général, la poésie du Nord ressemble un peu à son ciel, et est comme lui couverte de nuages. Ce demi-jour, ce ton vaporeux qui y règne souvent, est ce qu'admettent et même recherchent une foule de poètes. Il semble que, dans ces contrées et dans d'autres, il n'y ait rien de si poétique que de n'être entendu qu'à moitié. Aussi beaucoup d'étrangers, étonnés de notre poésie positive, trop positive quelquefois, disent-ils *que nous n'avons pas de poésie*. Ce n'est pas que nos grands poètes n'offrent autant que qui que ce soit des beautés du premier ordre; mais il est vrai qu'on les comprend toujours. Ce reproche pourrait être diminué aujourd'hui. Au reste, comment et pourquoi nos vers ne seraient-ils pas l'expression de notre esprit? et pourquoi notre poésie ne serait-elle pas, comme notre langue, la plus claire de toutes?

Voilà sur cet objet l'opinion de toute ma vie, confirmée aujourd'hui par ma longue expérience. Au fond, c'est le système de nos premiers auteurs; mais je l'ai poussé plus loin et abordé plus hardiment que personne. Il le fallait bien : pour donner avec quelque apparence de succès les plus longs poèmes qu'il y ait dans notre langue, il fallait bien parcourir tous les tons, et tâcher de ne fatiguer dans aucun. Enfin il n'a pas tenu à moi que la poésie devînt encore plus accessible, plus populaire, et que les gens du monde perdissent cet effroi auquel beaucoup d'entre eux sont sujets à l'aspect d'un volume de vers. Cette témérité à laquelle je me suis obstiné m'a coûté cher, et, comme je l'ai dit, une partie de ma considération poétique. Mais pourtant je n'ai point péri dans cette expérience. Si de graves et regrettables suffrages m'ont manqué, beaucoup d'hommes de lettres des plus distingués (et je n'ai pu les nommer tous) ont accordé le leur à *ma Chevalerie*. Beaucoup de lecteurs ne m'ont pas été moins favorables. Ces poèmes qui, ne fût-ce que par leur étendue, risquaient de mourir de mort subite, ont été lus même par les femmes, sont restés dans la mémoire des amis des lettres, et ont été sauvés, précisément, j'en suis convaincu, par ce système de style que d'autres ont blâmé. La meilleure preuve peut-être de la bonté de ce système, ce sont ces ouvrages mêmes, puisque, malgré leurs défauts, ils ont trouvé souvent faveur et indulgence, et qu'une direction si juste et si raisonnable a suppléé à tant de choses qui me manquaient.

Non, je ne désespère pas que l'opinion que je défends avec tant de conviction et de constance, que cette précieuse clarté qui n'exclut rien et embellit tout, soit reconnue un jour comme le meilleur principe et le caractère distinctif de la poésie française; et je voudrais y avoir contribué.

Maintenant que, mort ou vif, mon poëme de *Roland* est ce qu'il restera, si l'on désire y suivre les traces de ce charmant et merveilleux Arioste, on verra qu'à l'exception de la rencontre de Bradamante et de Fleur-d'Épine, qui est dans mon vingtième chant, et que le chantre de Ferrare a si bien continuée par celle de Fleur-d'Épine et de Richardet, tous les récits que j'ai cru devoir imiter de Boyardo finissent avec le dix-huitième chant, et que ceux de l'Arioste commencent dans mon poème avec le dix-neuvième, et finissent avec le trente-huitième; juste vingt chants. En conséquence, ils formeraient juste aussi la moitié de mon ouvrage, si dans cet espace de vingt chants, qui contient, je crois, toutes les merveilles de l'Arioste, il ne se trouvait également, comme ne s'en apercevront que trop les heureux lecteurs de ce poète ravissant, non seulement beaucoup de détails quelquefois importans, mais encore beaucoup de morceaux qui n'appartiennent pas à ce grand maître. Cela sera encore plus frappant dans cette édition; et je l'avoue, dans ces vingt chants où j'ai mis tout l'Arioste, j'ai été charmé quand j'ai cru trouver quelque chose qui ne m'ait pas paru tout à fait indigne d'un tel voisinage. Loin que ce soit par orgueil, c'est par modestie; et plus je craignais d'être inférieur à ces divines créations dont j'ai tâché de présenter ici la fleur, l'esprit, et, si j'ose dire, l'essence, plus j'ai cherché à compenser ce désavantage trop certain, en y mêlant d'autres détails et d'autres aventures. Pour les détails, je n'en citerai ici qu'un seul qui peut donner une idée de beaucoup d'autres, et qui, ajouté dans cette édition, prouvera combien, dans les meilleurs morceaux de l'Arioste, j'ai cherché s'il n'y avait pas moyen d'en augmenter l'effet, en français du moins. Certes! il était permis de croire qu'il n'y avait qu'à traduire le morceau délicieux où Angélique cède à Médor, et je l'ai pensé long-temps moi-même. Voici pourtant, par réflexion, ce qu'un jour j'ai essayé d'y ajouter :

Je vais vous faire un chagrin imprévu ;
Mais vous avez une très fausse idée,

> Vous qui croyez bonnement avoir vu
> Une Beauté pour l'avoir regardée.
> Celui-là seul, il faut le déclarer,
> Celui-là seul connaît bien une femme,
> Qui la vit rire, et peut-être pleurer,
> Et qui, surtout, la voyant soupirer,
> Du sentiment sut pénétrer son ame,
> Grace à l'amour, la moins belle, en ses traits,
> Offre parfois d'ineffables attraits.
> Oui, mes amis, oui, le visage même
> A ses secrets, secrets délicieux
> Que l'on ne dit qu'à celui que l'on aime,
> Et qui souvent font qu'on aime encor mieux.
>
> CHANT XXVII.

Quant aux morceaux plus étendus qui m'appartiennent dans cet ouvrage, je pense qu'une récapitulation à cet égard pourra en une ou deux pages tenir lieu d'un long commentaire; et pour commencer par la partie du poème où j'ai imité et abrégé celui de l'Arioste, je citerai comme n'étant pas de lui : le bain d'Alcine, et les fêtes nocturnes qu'elle donne à Roger; tout ce qui, dans cette partie de l'ouvrage, concerne, soit Origile, soit Emma et Éginhard, soit, à partir du vingt-deuxième chant, Ferragus; la chanson de Roland; celle de Lutèce; la plus belle des batailles; l'épisode d'Ogier-le-Danois; l'essai du jugement dernier; la foi d'Astolphe; les deux paradis; l'apparition nocturne et décisive de Roland; la fin de la guérison de ce paladin; le retour d'Alaciel, etc., etc. Quelques uns de ces morceaux sont imités d'autres poètes, ou tirés d'anciennes chroniques; mais la plupart m'appartiennent entièrement, ainsi que tous les prologues de l'ouvrage, excepté ceux de mes troisième, vingt-unième, vingt-neuvième et trente-cinquième chants. Ces prologues, avec un autre inséré dans le cours de mon trente-huitième chant, et tiré du quarante-troisième de l'Arioste, sont les seuls que j'aie imités de ceux de ce grand poète, assez riche d'ailleurs pour que l'on puisse dire qu'en ce genre, où il a presque ouvert la voie, ses prologues ne répondent pas toujours assez à la réputation que plusieurs leur ont assurée. Du moins Voltaire, inférieur à l'Arioste en bien des points, me paraît sous ce rapport avoir cherché et obtenu plus souvent du piquant et de l'effet. Heureux ou malheureux, j'ai extrêmement soigné tous mes prologues de *Roland*, et je leur souhaite la même bienveillance qu'ont rencontrée ceux de la *Table Ronde* et d'*Amadis*. Au reste, presque tous sont très courts. Mais ce qui ne l'est pas, c'est la grande et dernière aventure d'Angélique, qui à elle seule compose mon trente-neuvième chant tout entier, et qui m'appartient entièrement. Quant aux inventions du quarantième et dernier, je les partage avec Pulci et avec le moine ou archevêque Turpin, qui a laissé une assez belle description de la bataille de Roncevaux.

Et pour compléter cette classification, meilleure à consulter qu'à lire : dans les dix-huit chants qui précèdent les ravissantes apparitions de l'Arioste, je puis réclamer comme de moi la prière des quatre fils Aymon; la manière dont Galafron disperse l'armée de Mandricart; le roi sans nom; la mauvaise idée de Brunel; le cantique de Roland; sa boutade contre les parleurs; le prodigieux combat de Renaud; Renaud, Astolphe et Dudon en bonne fortune; Brandimart et Fleur-de-Lis livrés aux bêtes, et délivrés par Roland; Roland qui manque l'heure du berger; l'émir qui *daigne*; les paroles gelées; le pauvre tyran; l'intervention de Tristan, Lancelot, Amadis et Galaor; et quelques autres morceaux; car il m'a paru impossible de traiter après Boyardo, Berni, Fortiguerra, et surtout Arioste, un sujet tel que *Roland*, sans apporter aussi mon tribut d'invention. C'est au public à juger si l'auteur de ce poème a eu tort de hasarder de temps en temps son mot en si bonne compagnie.

Voilà ce que j'avais à dire encore sur *Roland*, et voilà terminée la seconde préface de ce poème, qui termine lui-même ma *Chevalerie*, cette œuvre de tant d'années, qui n'est véritablement finie qu'aujourd'hui et dans cette édition revue et remaniée de fond en comble. Qu'à présent le sort, favorable ou sévère, décide de ses destinées : mon rôle est achevé; c'est à elle à remplir le sien.

> Puisse-t-elle voguer sur l'océan des âges,
> Et n'aller pas au fond retrouver tant d'ouvrages!

Quoi qu'il en doive être de ce procès depuis long-temps gagné en partie, mais qui ne sera pas définitivement jugé de mon vivant, je ne puis, en considérant l'ensemble de cette vaste composition, si précise pour ce qu'elle contient, m'empêcher d'espérer que le but n'en est pas tout à fait manqué. Peut-être le sentiment du travail qu'elle m'a coûté, de la conscience que j'y ai mise, égare-t-il en moi cet amour-propre sans lequel en rien on ne ferait rien; mais il me semble, je l'avoue, que ce grand ouvrage, né et publié dans des orages politiques toujours croissans, a des droits à leur survivre, et que l'effet qu'il a souvent eu en détail doit avec le temps augmenter dans son ensemble, et tôt ou tard lui assurer en littérature et en poésie une place qu'il ne m'appartient pas de marquer. Je voudrais un moment n'être pas l'auteur de *la Chevalerie*, pour dire combien, par tout ce que cet ouvrage contient, exhume et renouvelle, il me paraît susceptible d'être admis dans les bibliothèques, lui qui est un peu une bibliothèque lui-même. Mais, réflexion faite, je me trompe; et je pourrais dire, sans embarras et sans ridicule, tout ce que je pense sur cela; car au fond je ne suis pas l'auteur du poème de *la Chevalerie*, à beaucoup près du moins le seul auteur. Dans le fait, nous sommes 2 à 300 confrères qui, dans 4 ou 5 contrées, avons, pendant plusieurs siècles, travaillé à cette grande composition, dont je suis le dernier et peut-être le moindre collaborateur. Mon mérite, ou plutôt mon bonheur, est de l'avoir finie. Comme *la fable* grecque n'est que la réunion des idées les plus ingénieuses d'une foule d'antiques Hellènes pendant une foule d'olympiades, de même j'ai réuni et fondu l'élite des anciennes fictions françaises, anglaises, espagnoles, italiennes et allemandes. C'est, comme on voit, une espèce de congrès littéraire européen que je me suis permis de convoquer, et où même j'ai eu l'insolence de tenir la plume. Mais les trois quarts au moins des inventions ne m'appartiennent pas; et comme je les ai choisies entre des milliers d'autres, je serais par trop maladroit de les avoir mal choisies. Ainsi je demande à Dieu la grâce que ce qui est de moi ne soit pas mauvais; mais rien ne me défend de dire ce qui est vrai: que presque tout ce qui n'est pas de moi dans cet ouvrage est excellent.

LISTE
DES PRINCIPAUX PERSONNAGES.

PRINCIPAUX PERSONNAGES DE ROLAND.

CHARLEMAGNE, fils de Pépin et de Berthe au long pied.
LOTHAIRE, CHARLOT, EMMA, enfans de Charlemagne.
ROLAND, fils de Milon et de Berthe, sœur de Charlemagne.
AYMON (le comte), prince des Ardennes, chef de la maison de Clermont.
RENAUD, ALARD, GUICHARD, RICHARDET, fils d'Aymon, dits les Quatre Fils Aymon, cousins de Roland, d'Astolphe et de Maugis.
BRADAMANTE, sœur des quatre fils Aymon.
GUIDON LE SAUVAGE, fils naturel d'Aymon.
MAUGIS, fils de Beuves duc d'Aigremont et frère du comte Aymon.
ASTOLPHE, cousin de Roland et de Renaud, et fils d'Othon, roi d'Angleterre.
OGIER LE DANOIS, chevalier français.
DUDON, fils d'Ogier le Danois.
OLIVIER, marquis de Vienne, cousin et frère d'armes de Roland, et fils de Régnier, duc de Gênes.
AQUILANT LE NOIR, GRIFFON LE BLANC, fils d'Olivier.
RICHARD SANS PEUR, duc de Normandie.
SALOMON, duc de Bretagne.
GUY, duc de Bourgogne.
NAYME, duc de Bavière.
TURPIN, archevêque de Reims.
EGINHARD, chevalier, secrétaire de Charlemagne.
NYON, roi d'Aquitaine.
HUON DE BORDEAUX, fils de Nyon et protégé d'Obéron, roi de Féerie.
GANELON, comte de Mayence, époux de Berthe, veuve de Milon, et par conséquent beau-père de Roland.
PINABEL, parent de Ganelon.
MORGANT, géant.
ZERBIN, GENIÈVRE, fils et fille du roi d'Écosse.
ISABELLE, fille du roi de Galice, amante de Zerbin.
OLYMPE, princesse de Hollande, amante de Birène.
GABRINE, vieille servante de voleurs.
MARSILE, roi musulman d'Espagne.

FERRAGUS, FLEUR-D'ÉPINE, fils et fille de Marsile.
GRANDONIO, BERNARD DE CARPIO, héros espagnols.
GALAFRON, roi du Cathai, aujourd'hui la Chine.
ARGAIL, fils de Galafron.
ANGÉLIQUE, fille de Galafron et sœur d'Argail.
TRUFALDIN, roi du Zagathai, apparemment la Cochinchine.
TORINDE, roi de Carizmenie et père de Brandimart.
BRANDIMART, amant de FLEUR-DE-LIS, jeune princesse.
PRASILDE, IROLDE, chevaliers usbecks.
SACRIPANT, roi de Circassie.
AGRICAN, empereur de Tartarie.
MANDRICART, fils et successeur d'Agrican.
GRADASSE, empereur de Séricane, aujourd'hui l'Inde.
AGRAMANT, empereur d'Afrique, fils de TROJAN, tué par Charlemagne.
SOBRIN, roi de Garbe et mari d'ALACIEL.
RODOMONT, roi d'Alger.
MÉDOR, jeune guerrier africain.
ROGER, fils de Roger, prince de Regge.
MARPHISE, reine de Perse.
OBERON, roi de Féerie, époux de Titania, reine de Sylphirie.
MORGANE, ALCINE, LOGISTILLE, sœurs magiciennes, nièces d'Oberon.
FALERINE, LA FÉE AU PONT, fées subordonnées à Morgane.
MELISSE, fée protectrice de Bradamante.
ORIGILE, très belle et très perfide créature.
DORALICE, fille du roi de Grenade.
FIER-A-BRAS, fils de l'amiral Balant.
JONAS, roi de la Terre-Sainte.
SANSONNET, chevalier syrien.
HUGON, roi de Mésopotamie et père de JACQUELINE.
ATLANT, magicien.
BRUNEL, nain.

PERSONNAGES MUETS.

BAYARD, cheval de Renaud; BRIDE-D'OR, de Roland; FRONTIN, de Roger; RABICAN, d'Argail. ALFANE, jument de Gradasse. On peut aussi comprendre dans les personnages muets et importans : FLAMBERGE, épée de Renaud; BALISARDE, de Roger; JOYEUSE, de Charlemagne, et surtout DURANDAL, épée de Roland.

ROLAND.

CHANT PREMIER.

Grand Tournoi à Paris. — Arrivée d'Angélique et d'Argail. — Prodigieux succès d'Angélique. — Trouble de Roland, Renaud, Ferragus, Astolphe, etc., etc. — Maugis évoque un farfadet. — Grand projet formé contre la France et Charlemagne par les plus puissans princes d'Asie et d'Afrique, Agrican, Gradasse, Agramant, Galafron, père d'Angélique. — Mauvaise idée de Maugis. — Combats d'Astolphe avec l'Asie, d'Argail et de Ferragus. — Refus d'Angélique. — Combat décisif de Ferragus et d'Argail.

J'ai retiré des antiques archives
LA TABLE RONDE et ses scènes naïves ;
Aux vrais Gaulois, plus tard, j'ai présenté
Leur AMADIS et sa fidélité ;
Et Galaor, preux un peu moins fidèle,
A fait une ombre à ce brillant modèle :
Mais aujourd'hui, par mon ardeur lancé,
Et pour finir ce que j'ai commencé,

Fiers paladins, amours, chevalerie,
Je vous évoque, et toi surtout, ROLAND,
Toi dont la gloire est à jamais chérie,
Toi le patron de tout Français vaillant.
Je redirai la lutte immense, impie,
Que nous livra l'Afrique avec l'Asie,
Quand Charlemagne était roi de Paris.
Longue carrière, où se plut maint poète !
J'ai, le premier, bavard assez précis,
Dans un seul cadre assemblé ces récits ;
Et j'y joindrai, des Muses interprète,
Ceux qu'à moi seul leurs bontés ont appris.
Jeunes Beautés, dont l'Amour est le maître,
Amans aimés, ou qui prétendez l'être,
Suivez mes pas au chemin où je cours.
Voici des temps bien différens des nôtres
Aimez mes preux, accueillez leurs amours,
Et puissiez-vous voir prospérer les vôtres.

Allez, mes vers, enfans de mon loisir,
Fruits trop nombreux d'une veine féconde ;
Offerts sans art, tâchez de réussir,
De demeurer sur la scène du monde,
Reçus sans pompe, et non pas sans plaisir.
C'est là mon vœu, ma prière secrète.
Oui, si je plais, je suis assez poète.
D'autres iront plus haut, ou plus avant.
Je *chante* un peu, mais je *parle* souvent.
Je ne me sens ni l'espoir, ni l'audace

De m'élever au sommet du Parnasse.
J'ai peu de voix et peu d'ambition.
Graves censeurs, mon attente est comblée
Si quelquefois le divin Apollon
Vient avec moi causer dans la vallée.

Brillant soleil, touchant à son déclin,
Charles-le-Grand, du Saxon Vitikin,
Enfin, avait terrassé la vaillance ;
Son bras vainqueur, de Trojan l'Africain
Avait borné l'empire et l'existence,
Et ce héros, paisible souverain,
Se reposait dans sa vaste puissance.
Il amusait, par un tournoi pompeux,
Les paladins, honneur de son empire.
C'est à Paris qu'il leur donnait ces jeux
Que l'on aimait alors jusqu'au délire.
Nous n'y pouvons imiter nos aïeux, ,
N'ayant le temps de nous battre pour rire. (1804.)
A Paris donc, cent rivaux valeureux,
Dans ce tournoi, devant un peuple immense,
Faisaient briller leur vigueur et leur lance.
Tous les pays avaient là des guerriers.
Le Sarrasin, le Chrétien, l'Idolâtre,
Se disputaient les périls, les lauriers.
Juge des coups, sur un amphithéâtre
L'empereur brille, avec ses douze pairs,
D'âge, d'éclat, non de valeur, divers.
Tous ses vassaux, d'une terre lointaine,
Vers leur seigneur vinrent de toutes parts.
Entre eux on voit Nyon, roi d'Aquitaine,
Et puis Didier, roi chéri des Lombards.
Aimable fils d'Othon, roi d'Angleterre,
Astolphe, est là pour remplacer son père.
Non moins fidèle au devoir qu'il remplit,
Pour un vieillard, pour Régnier, duc de Gêne,
Siége un héros qui lui-même vieillit :
C'est Olivier, son fils, marquis de Vienne.

Non, à ces jeux, jamais nous ne pourrons
Compter les ducs, marquis, comtes, barons.
Plus volontiers, nous compterions les Belles;
Il en est trop, et nous n'en finirons
Qu'en essayant de compter les cruelles.
Ne comptons rien, et plutôt admirons
Tant de guerriers qui se battent pour elles.

Parmi les cris, clairons, *et cœtera*,
Soudain s'élève un accent mélodique,
Et, comme on voit parfois à l'Opéra,
Le bruit se tait et cède à la musique.
Quatre géans entrent d'un air hautain,
Suivis d'un preux et d'une demoiselle
Beaux comme un jour et frais comme un matin.
Il était bien, mais pourtant moins bien qu'elle.
Remplis de feu, mais aussi de douceur,
Ses grands yeux noirs, du preux le plus farouche
Charment la vue et vont charmer le cœur.
On voit, parmi le corail de sa bouche,
Briller la perle, et de ses longs cheveux
Le doux ébène, au regard idolâtre
Développant cent contours onduleux,
Borde un tableau tout de rose et d'albâtre.
Le plus hardi ne peut, impunément,
Considérer ce visage charmant.
Le nez, le front, tous les traits qu'il rassemble,
Sont bien à part, sont encor mieux ensemble.
Un cou de neige, arrondi, gracieux,
De ces trésors est le soutien flexible.
Trésor lui-même, et des plus précieux,
Comme, à la main, il est inaccessible,
Il est, du moins, caressé par les yeux.
Mais, quand déjà tout porte à la tendresse,
Le spectateur, dont le regard s'abaisse,
Admire encor quelque chose de mieux,
Et, sur un sein qu'un trouble heureux entraîne,
Voit palpiter les deux coupes d'Hélène.
Un bras, un pied, tels que vous le pensez!
Son port est noble, et sa taille accomplie.
Pour la plus belle elle était grande assez;
Petite assez, c'était la plus jolie.
Tous les attraits enchantaient son aspect.
Rien ne manquait à ce divin modèle.
Elle inspirait à la fois le respect,
Et le désir d'en manquer avec elle.

Trop rarement la nature aux mortels
Montre un grand homme, une Beauté parfaite,
Et tous les deux méritent des autels.
Ce n'est toujours ainsi que l'on les traite;
Mais, cette fois, près d'un objet si doux,
Chacun éprouve une brûlante ivresse,

Et, volontiers, les hommes, à genoux,
Se seraient dit : Adorons la déesse.
Astres charmans que suivait cette cour,
Emma, Clarisse, il fallut, sans retour,
Pâlir devant cette autre enchanteresse.
Un point, qu'on va juger légèrement,
Des spectateurs comblait l'enchantement :
Cette Beauté, tout à fait somptueuse,
Leur laissait voir, pour la première fois,
Un tissu né de la dépouille heureuse
De l'animal, philosophe chinois,
Qui se renferme en sa maison soyeuse.
Vous savez tous si c'est avec raison
Qu'on a voulu dévider la maison.
La soie est douce à la main qu'elle flatte :
Il semblerait à son flou caressant,
Que du tissu d'une peau délicate
On a donné l'échantillon décent.
Et puis, messieurs, toute chose nouvelle
Chez les humains en est cent fois plus belle.
Rien aujourd'hui fut beaucoup autrefois;
Cette parure, atour de nos grisettes,
Charmant alors les paladins, les rois,
De l'étrangère acheva les conquêtes.
Déjà, troublé de la plus vive ardeur,
Chacun, des yeux, lui promettait son cœur,
Quand, de cet air qui séduit et qui touche,
Vers Charlemagne elle tourna ses pas,
Et, d'une voix bien digne de sa bouche,
Elle lui dit : « Aux plus lointains climats,
Grand empereur, tes vertus, ta vaillance,
Tes paladins, leurs immortels combats,
Font célébrer, eux, toi-même, et la France.
Pour admirer leurs prodiges divers,
Nous arrivons du bout de l'univers.
Mais, pour les voir, il faut s'en rendre digne.
Mon frère Argail, de gloire ambitieux,
Ose aspirer à cet honneur insigne,
Et vient jouter à la lance avec eux.
Si par le sort leur valeur est trompée,
(Daigne, seigneur, leur fixer cette loi !)
Ils n'en pourront appeler à l'épée,
Et, prisonniers de mon frère et de moi,
Ils nous suivront. Mais, d'un bras héroïque,
Si l'un d'entre eux voit combler son espoir,
Ce preux vainqueur aura dans son pouvoir
Le noble Argail et sa sœur Angélique. »

A ce discours, chacun, avec chaleur,
Veut disputer cet objet qu'il admire.
Chacun palpite, et même l'empereur
Dans la beauté voit le premier empire.
Qui l'aurait dit? le bon duc Salomon,

CHANT PREMIER.

Qui présidait au sort de la Bretagne,
Et jusque là sage comme son nom,
Est amoureux autant que Charlemagne.
Des Bavarois, le prince vieillissant,
Naymes, succombe à ce charme puissant,
Et ce Nestor, qu'en vain le temps emmène,
S'embrase encore aux yeux de cette Hélène.
Quant à Renaud, ce brillant paladin,
Qui fut toujours à l'amour très enclin,
A tant d'attraits il s'est rendu sans peine.
Autant en fait un héros Sarrasin,
Don Ferragus, qui, doublement hautain,
Est fils aîné du roi païen d'Espagne,
Du vieux Marsile, et qui vient, en voisin,
Montrer sa force aux jeux de Charlemagne.
Ce Ferragus, héros très libertin,
Fut bien tenté, dans un transport soudain,
D'aller, malgré les géans et le frère,
Ravir la dame, à son cœur déjà chère.
Pour le moment, respectant l'empereur,
Il s'arrêta, lui qu'on n'arrêtait guère.
Mais c'est Roland surtout, de qui l'ardeur
Est inouïe, autant qu'elle est soudaine.
Lui qui n'aimait que la gloire et l'honneur,
Déjà connaît une autre souveraine ;
Lui qui, jamais, n'a connu de vainqueur,
A d'une enfant subi l'étroite chaîne.
Il a grand peur qu'un autre paladin
Ne le devance au perron de Merlin,
Où l'inconnue et son valeureux frère
Vont, disent-ils, attendre un adversaire.
Il les suivait : vingt bras l'ont retenu.
Du même objet maint guerrier idolâtre,
A sa valeur veut que ce prix soit dû.
On s'échauffait, et l'on se fût battu
Pour obtenir le droit d'aller se battre :
Faute de mieux, et pour fuir tout retard,
On s'en remit à l'avis du hasard.
Un page tire, et chaque amant espère.
Quel heureux nom, se faisant envier,
Sortit de l'urne et parut le premier ?
Ce fut celui du prince d'Angleterre.
A ce nom-là, les concurrens nombreux
Disaient d'Astolphe : « Il est toujours heureux ! »
D'un tel bonheur Ferragus qui murmure,
Gronde assez haut ; je crois même qu'il jure.
Mais ce guerrier bientôt ne jure plus
Quand il entend le nom de Ferragus.
On nomme, après, l'ami de la victoire,
Renaud, l'aîné des fils du comte Aymon,
Que, pour son chef plein d'honneur et de gloire,
Révère au loin la maison de Clermont,
Chère à la France, et non moins à l'histoire.

Du grand Renaud frères qu'il estimait,
Ardent Alard, toi, jeune Richardet,
Ainsi que lui, dans cette noble cause,
On vous aurait nommés, je le suppose ;
Mais dans vos cœurs un saint devoir prévaut :
Long-temps Renaud, d'une main caressante,
Soigna d'Aymon la vieillesse pesante !
Vous remplacez votre frère Renaud,
Vous secondez votre sœur Bradamante,
Bien jeune encor, mais qui sera charmante.
Après Renaud, le sort, qui fait le choix,
Nomme Dudon, fils d'Ogier le Danois.
Dans son printemps il a droit qu'on l'honore,
Et, plein d'ardeur, fait déjà des exploits,
Lorsque son père, Ogier, en fait encore.
Après, parut le fier Grandonio,
Prince africain, d'une taille infinie.
On nomme aussi Bernard de Carpio,
Païen d'Espagne, aimant la perfidie,
Bien que doué d'un courage assez haut.
Pour concurrens, après eux, on publie
Richard-sans-Peur, duc de la Normandie ;
Guy, duc vaillant du peuple bourguignon ;
Naymes le vieux le sage Salomon
Puis Charlemagne. On eût peine à le croire.
Par un motif, soit d'amour, soit de gloire,
Cet empereur tranche du chevalier.
Roland qui voit le destin l'oublier,
Héros, amant, sent un dépit extrême.
Il eut encor le temps de s'ennuyer :
Lui que toujours on nommait le premier,
Par le hasard fut nommé le vingtième.

Mais c'est demain qu'au choc on doit courir.
Le soir arrive : un grand banquet s'apprête.
Vous devinez qu'on est tout au plaisir,
Et qu'Angélique est l'âme de la fête.
Ses doux propos, son céleste souris,
De plus en plus ravissaient les esprits.
Chantant alors, la voix la plus touchante,
Par ses accens, aux paladins charmés,
Dit : « Aimez-moi ; » puis, bientôt plus brillante,
Leur dit aussi : « N'est-ce pas, vous m'aimez ? »
C'était trop peu : voilà que l'étrangère
Ouvre le bal, et danse avec son frère.
Elle essaya cette danse d'amour
Que tant de charme embellit, accompagne,
Et qui souvent, finissant un beau jour,
Est chère encor, surtout à l'*Allemagne*.
Oh ! qui peindrait de ce couple charmant
Le doux accord, le souple mouvement,
Et de leurs pas les graces variées,
Et de leurs bras les chaînes mariées !

A chaque instant c'est un riant tableau
Plus séduisant toujours et plus nouveau.
Amour, combien cette danse magique
Pare une Belle, et surtout Angélique !
Vraiment Chinois, comme son joli pié
Attire, émeut, la foule réunie !
De ses attraits, révélés à moitié,
Tous les regards admirent l'harmonie.
Le spectateur, toujours plus enchanté,
Se sent vaincu par sa grace enivrante ;
Chacun enfin croit voir la Volupté,
Et, qui plus est, la Volupté décente.
On n'y tient pas ; et, sans autre détail,
Je vous dirai qu'en l'ardeur qui le pique
Chacun s'inscrit pour lutter contre Argail
Et mériter la divine Angélique.

Un seul Français sut alors retenir
La Défiance à côté du Plaisir,
Et la Raison auprès de la Folie.
Le seul Maugis craint une perfidie.
Vanté jadis, ce guerrier, vieux enfin,
Laissait la gloire à Renaud, son cousin ;
Mais il était très fort sur la magie.
Il court chez lui chercher, fort à propos,
Le livre heureux qui lui servait sans cesse
A conjurer les esprits infernaux.
Il en a dit à peine quelques mots
Qu'un des esprits à paraître s'empresse.
« Vous saurez tout, maître, dit le démon :
Ces inconnus sont nés de Galafron,
Roi du Cathai, qui dans son cœur recèle
Contre la France une haine cruelle.
Il n'est le seul, et je vous dirai plus :
Depuis un temps, et l'Afrique et l'Asie,
Devers Paris tournant des yeux confus,
Ne peuvent voir, sans peine et sans envie,
Croître en pouvoir Charlemagne et Jésus,
Et de leurs rois le plus grand nombre aspire
A renverser la France et son empire.
Ces rois ligués ont trois chefs : Agrican,
De Tartarie empereur énergique ;
Gradasse encor, grand guerrier, fier sultan,
Aux bords nommés Séricane ou Sérique ;
Et le dernier est l'empereur d'Afrique,
Agramant, fils de ce fameux Trojan
Que renversa votre prince héroïque.
En attendant que ces rois si lointains,
Aient arrêté leur marche et leurs desseins,
Galafron cherche à priver votre France
De vos héros les meilleurs, les plus fiers ;
Et son espoir, du bout de l'univers,
Par ses enfans croit vous vaincre d'avance.

Tout aux Chrétiens prépare des revers :
De son Argail les redoutables armes,
D'un Enchanteur ont épuisé les charmes.
Sa lance d'or a ce droit ignoré
Que le plus fort est renversé par elle,
Dès le moment qu'il en est effleuré.
De plus, Argail, de la main paternelle,
Reçut en don un destrier fidèle,
Qui, dans sa course égalant l'Aquilon,
De Rabican illustrera le nom.
Pour signaler sa force et sa vaillance,
Le jeune Argail n'avait pas attendu
Ce destrier, ces armes, cette lance ;
Mais le succès à ces armes est dû,
Et c'en est fait des héros de la France.
Pour Angélique ils vont, épris d'ardeur,
Tenter en foule un combat téméraire,
Et, se pressant pour mériter la sœur,
Ils vont céder sous la lance du frère. »

Maugis, de rage et d'effroi palpitant,
Venait d'ouïr ce complot redoutable,
Et le démon, vraiment assez bon diable,
Allait encore, et très obligeamment,
Lui révéler un secret important,
Lorsque Maugis, bien plus zélé que sage,
N'en voulut pas écouter davantage.
Il sort, roulant un sinistre dessein.
« J'ai pénétré ta perfidie affreuse,
Dit-il ; ta mort est sûre, et de ma main
Tu périras, coquette dangereuse.
Oui, mon pays veut ton sang inhumain. »
Maugis a dit, et peut à peine attendre.
Lorsque la nuit a, servant son dessein,
Chassé le jour, qui saura le lui rendre,
Maugis accourt au perron de Merlin,
Où reposaient, sous une double tente,
Le jeune Argail et sa sœur ravissante.
Vains défenseurs, à la voix de Maugis.
Tous les géans sont tombés assoupis.
Il est entré plein de pensers funestes :
Mais il te voit, fille de Galafron.
Tu rappelais ces substances célestes
Dont tes parens te donnèrent le nom.
Le nécromant, dans son zèle en colère,
Levait le bras pour frapper l'étrangère ;
Mais, tout à coup éperdu, transporté,
De ses transports Maugis n'est plus le maître,
Et quoique laid, et parce que, peut-être,
Il est vaincu devant tant de beauté.
Ah ! qui jamais a pu vouloir détruire
Ce qui ravit et le cœur et les yeux !
Et qui jamais a pu vouloir maudire

CHANT PREMIER.

L'émail des champs, le doux azur des cieux!
Elle était mieux encor qu'on n'eût pu croire,
Et dans son lit elle était dans sa gloire.
Telle une épée encor dans le fourreau,
Par un héros alors qu'elle est tenue,
Impose à l'œil, puis, sous un jour nouveau,
Fait plus d'effet quand elle est demi-nue.
« Non, dit Maugis ému de ce tableau,
Non, je ne puis, sans crime et sans folie,
Sur tant d'attraits porter mon bras impie.
Faisons bien mieux : profitons du moment;
Quand on a tort, et qu'on est si jolie,
On doit subir un plus doux châtiment. »
Maugis, sur elle épuisant la magie,
Redouble encor son assoupissement.
Cédant alors au plaisir qui l'appelle,
Sûr de son fait, le paladin sorcier
S'est élancé, très éveillé, vers celle
Que rien alors ne pouvait réveiller.

Ciel!... de Maugis la surprise est unique,
La peur aussi, quand ce sorcier trompé,
Voit au sommeil échapper Angélique.
De cris perçans l'air au loin est frappé.
Argail accourt, saisit le téméraire.
« Tenez-le bien, tenez-le bien, mon frère,
Dit Angélique : ah! c'est un nécromant :
Je succombais sans mon anneau fidèle
Dont le pouvoir rompt tout enchantement. »
Maugis, alors, ta douleur fut cruelle
De n'avoir pas voulu jusqu'à la fin,
Quand il parlait, écouter ton lutin.
Il t'aurait dit que l'anneau d'Angélique,
Anneau bien simple et chef-d'œuvre magique,
Outre ce droit précieux et charmant
De préserver de tout enchantement,
Pouvait, tourné de certaine manière,
Rendre invisible, et son propriétaire,
Par lui, de plus, pouvait en un moment,
Se transporter aux confins de la terre.
Un peu moins vif, Maugis, qui se troubla,
Du farfadet eût appris tout cela.
Saisi soudain, quelle crainte il éprouve !
Tandis qu'Argail vient de le terrasser,
Cette Beauté, qu'il croyait caresser,
Cherche sur lui son grimoire, le trouve.
Elle entendait quelque peu ces sujets,
Et certains mots, qu'à lire elle s'empresse,
Font accourir quarante farfadets,
Qui disent tous : « Que voulez-vous, maîtresse?
— Que ce sorcier, libertin et méchant,
Soit au Cathai transporté sur-le-champ.
A Galafron remettez le coupable.

Vous lui direz que de ses ennemis
Entre ses mains est le plus redoutable,
Et que ses vœux par nous seront remplis. »
A peine elle a chargé de ce message
Les farfadets, que le pauvre Maugis
A fait déjà la moitié du voyage.
Loin dans la mer, sur un rocher assis,
Il eut le temps de devenir plus sage,
Et l'eût perdu, je dois en convenir,
S'il avait eu l'espoir de devenir
Plus jeune d'ans et plus beau de visage.

Que n'a-t-il pu, de Charlemagne appui,
Apprendre au moins à ce monarque antique
Les vastes plans que formaient contre lui
Les souverains et d'Asie et d'Afrique!
Il ne le peut, et l'empereur et roi
Tranquillement donne un brillant tournoi.
Le jour renaît. Au combat tout s'apprête;
Chez les Chrétiens pressés de batailler,
Tout est armé, surtout le chevalier
Qui le premier doit être de la fête.
C'est, je l'ai dit, Astolphe. En son ardeur,
Il veut du sort mériter la faveur.
Ce bel Anglais trouvait peu de cruelles;
Mais il prenait en myrtes ses lauriers,
Et, jusqu'alors, avec les chevaliers
Il était moins heureux qu'avec les Belles.
Brave pourtant, très digne paladin,
Guerrier actif, jouteur infatigable,
Sans cesse prêt à tenter le destin,
Et constamment, quand son espoir est vain,
De ses échecs le rendant responsable.
Astolphe arrive au *perron* que Merlin
Forma jadis, ne sais pour quel dessein.
Sous ce perron une source profonde
Offrait aux yeux le dépôt de son onde,
Que l'on pourrait confondre, sans raison,
Avec la belle et magique *fontaine*
Qui, de Merlin portant aussi le nom,
Bien loin de là, dans la forêt d'Ardenne
Roulait des flots pleins d'un secret poison.
Dans peu de temps il se peut que j'y vienne ;
Pour le moment je me tiens au perron.
Là, se flattant d'une victoire entière,
Le prince anglais, ferme dans son dessein,
Fait de son cor sonner la voix guerrière.
Argail alors, entrant dans la carrière,
Vole vers lui, la lance d'or en main,
Et l'a d'abord jeté sur la poussière.
Le prince anglais, de surprise accablé,
Dit : « Mon cheval était bien mal sanglé.
Mais permettez que le choc recommence. »

Argail sourit, et, d'un second malheur,
En le livrant aux géans, le dispense.

Le lendemain, plein d'une noble ardeur,
Avant le jour Ferragus est en route.
Ferragus veut remplacer en vainqueur
L'Anglais absent, qu'on a vaincu sans doute.
Dans les combats, plus terrible, il est vrai,
En son orgueil Ferragus s'imagine
Traiter plus mal le prince du Cathai,
Qu'on nommerait le prince de la Chine.
(Mais les Chinois ne voyagent plus tant.)
De Ferragus l'espoir fut décevant.
Il accourait, sur un coursier agile,
Vers le perron. Des accens de son cor,
D'Argail à peine il a troublé l'asile,
Qu'Argail paraît, et, de la lance d'or,
L'a renversé comme un enfant débile,
Lui qu'on n'avait pu renverser encor.
Loin de céder à son destin contraire,
Il n'a senti que son espoir vengeur.
Nouvel Antée, en touchant à la terre,
Il a repris sa première vigueur.
Il se relève, après un tel outrage,
Bouillant d'amour, mais encor plus de rage,
Et sur Argail marche à pas résolus.
Argail lui dit : « Modérez ce courage.
Vous êtes pris, je ne vous combats plus.
— Je te combats, réplique Ferragus. »
Deux des géans, pour l'arrêter, surviennent.
Son œil les voit, et ses coups les préviennent.
J'abrége un choc aux géans si fatal.
Deux sont vaincus : il doit vaincre les quatre.
Il en triomphe, et dit à son rival :
« C'est à présent que nous pouvons combattre. »

« Mais, dit Argail, qui pendant ces débats,
Put l'immoler, et ne le voulut pas,
Tu sais la loi par ma sœur proposée,
Et l'empereur... — Que me fait l'empereur?
Je ne suis point son sujet. La valeur,
Voilà la loi qui peut m'être opposée.
Défends ta vie, ou donne-moi ta sœur. »
Disant ces mots, il l'attaque en fureur;
Mais l'accabler n'était pas chose aisée.
Tous deux, égaux en courage brillant,
Valaient Renaud, valaient presque Roland.
Voyant toujours la victoire indécise,
Tous deux enfin s'arrêtent de surprise.
Lors Ferragus : « Valeureux ennemi,
Deviens, dit-il, mon frère et mon ami;
Accorde-moi le prix que je dispute,
Et que l'hymen termine cette lutte.

Dans les combats souvent je fus vainqueur :
Dans mes exploits la gloire m'accompagne;
Puis, sans rougir, on peut donner sa sœur
A l'héritier du trône de l'Espagne. »
Argail répond : « Oui, ton discours est vrai.
Je veux aussi me faire reconnaître :
Tu vois en moi le prince du Cathai,
Et quelque orgueil nous est permis, peut-être.
Noble Espagnol, si tu n'es pas chrétien,
Si des Romains tu n'aimes pas le prêtre,
Je ne suis point contraire à ce lien;
Et, que ma sœur à cet hymen conspire,
Argail le veut, et même le désire.
Je suis bien loin de lui faire la loi;
Mais je consens à lui parler pour toi.
— Hé bien! va donc lui parler tout à l'heure
Que je l'épouse, Argail, ou que je meure. »
Et, suspendant les coups d'estramaçon,
Ferragus reste, ardent, altier, sauvage.
C'est, je l'avoue, une étrange façon
De demander quelqu'un en mariage.

Or, mes amis, vous saurez que le sort
Avait voulu, craignant de trop bien faire,
Que Ferragus, moins beau qu'il n'était fort,
Du prince Astolphe, en tout, fût le contraire.
Accent brutal, teint rouge et basané,
Cheveux d'un nègre, et regard d'un damné!
Aussi la Belle, alors qu'on lui propose
Un tel époux, le refuse tout net.
« Mon cher Argail, si ce guerrier vous plaît,
Pardonnez-moi, cet amant m'indispose.
Aurait-il tout, vous voyez ce qu'il est.
N'y pensons plus, et parlons d'autre chose :
De mon pays il faut nous rapprocher.
Pour les chrétiens le sort pourrait pencher.
Je crains ici quelque triste aventure.
Mille dangers s'en vont nous assaillir.
Mon Enchanteur me fait encor pâlir,
Et ce combat n'a rien qui me rassure.
Quittons ces bords. — Y songez-vous ma sœur!
En ce moment, le puis-je avec honneur?
Quand un combat commence, ah! qu'il finisse.
— Le voir, le voir, m'est un affreux supplice.
Ce chevalier, qui me glace d'effroi,
Me fait trembler, non pour vous, mais pour moi.
Puisqu'en ce lieu, mes prières sont vaines,
Je pars : je vais vous attendre cinq jours
Dans la forêt qu'on nomme des Ardennes.
Après ce temps, si vous manquez toujours
A mes regards, si l'attrait de la guerre
Vous retenait, regrettant votre appui
Je me ferai transporter près d'un père

Qui n'aurait pas dû m'éloigner de lui. »
Ainsi parlait Angélique timide
Au jeune Argail qu'elle n'écoute plus;
Et la voilà, sur son coursier rapide,
Fuyant son frère, et surtout Ferragus;
Malavisé, qui, bien mieux sous le masque,
Imprudemment avait ôté son casque!
Cet Espagnol, trahi par sa laideur,
En se montrant gâta son aventure;
Et la Beauté qui séduisait son cœur
Aurait peut-être accepté sa valeur;
Mais il fallut refuser sa figure.

Tu compris tout sans un plus long détail,
O Ferragus, quand tu vis dans la plaine
Fuir Angélique, et revenir Argail.
« De mon affront qu'Argail porte la peine, »
Dit Ferragus, et, d'un rapide élan,
Il court d'abord détacher Rabican,
Qui disparaît, affranchi de sa chaîne.
— Qu'avez-vous fait! dit Argail en courroux.
Quoi! chevalier, quand je parlais pour vous.....
« Si ton cheval vole loin de ta trace,
J'ai fort bien fait, dit l'Espagnol brutal.
Nous n'avons plus besoin que d'un cheval,
Puisqu'un de nous doit rester sur la place. »

« Ah! dit Argail, à son tour en fureur,
De quel époux je menaçais ma sœur! »
Et, se fiant à sa noble vaillance,
Il prend le glaive et renonce à sa lance.
Tous deux ils sont l'un sur l'autre accourus,
Et, pour l'un d'eux au moins, la mort s'apprête.
Ferragus frappe, en disant : « Ferragus
Te recommande à notre saint prophète.
Son coup manqua, mais non celui d'Argail,
Qui de son casque a brisé le travail.
Lors Ferragus, désarmé de la tête,
Sur son rival se jette, et tous les deux
Se sont saisis avec leurs bras nerveux.
Sous leurs efforts le sol fléchit et tremble.
Vous eussiez vu ces princes valeureux
Se balancer, tomber, rouler ensemble.
Enfin Argail, obtenant le dessus,
Allait peut-être immoler Ferragus,
Quand celui-ci, d'une main prompte et sûre,
Surprend Argail, et saisit, avec art,
Le seul défaut qui soit en son armure,
Et dans son sein il plonge le poignard.

Argail alors, à son vainqueur terrible
Dit faiblement : « Ne sois pas insensible
A mon malheur, chevalier renommé.

Je t'en conjure, après ma mort prochaine,
Jette mon corps au fond de la fontaine;
Surtout, hélas! jette-le tout armé.
Surpris, vaincu, malgré de telles armes,
Pour mon renom j'en conçois des alarmes;
Et je voudrais cacher à l'univers
Mon souvenir, mon corps, et mon revers. »

Le Ferragus, qui n'était pas bien tendre,
De la pitié ne put pas se défendre.
« Vaillant guerrier, je plains ton sort, dit-il;
Mais ne crains rien pour ta noble mémoire :
Mes jours par toi furent mis en péril;
Peu de mortels obtiendront cette gloire.
Ton dernier vœu n'en est pas moins ma loi.
Je cacherai ton corps dans la fontaine;
Je ferai plus, et, peut-être avec peine,
Ma voix taira mon combat contre toi.
Mais, comme un casque est aux fils de la guerre
Un ornement quelquefois nécessaire,
Privé du mien par ta valeur, permets
Que sous le tien je déguise mes traits,
Jusqu'au moment où, m'offrant sa parure,
Un autre aura complété mon armure, »
Il dit. Argail, accédant à ce vœu,
D'un signe à peine exprima son aveu.
Argail expire. Argail fut le modèle
Des chevaliers; doux, généreux, fidèle,
Homme de cœur, de plus homme de bien;
Enfin parfait, s'il eût été chrétien.

CHANT DEUXIÈME.

La lance d'Argail est trouvée par Astolphe.—Ferragus, Renaud et Roland courent après Angélique.—Joutes.—Succès variés d'Astolphe.— Les deux fontaines.—Angélique rencontre Renaud; Roland, Angélique.— Combat de Roland et de Ferragus.—Arrivée de Fleur-d'Épine.

En respectant beaucoup la Providence,
De ses erreurs mes yeux sont affligés;
Et je devrais, je crois, par conscience,
En lui faisant d'ailleurs ma révérence,
La mettre au rang des auteurs négligés.
Le bon, le doux, sous le méchant succombe.
De deux rivaux c'est le meilleur qui tombe.
Peut-être aussi, quel que soit son pouvoir,
D'en haut elle a trop de choses à voir.
Le monde va; de l'horloger sublime
L'horloge immense a son cours glorieux;
Et les saisons que son regard ranime
Tracent toujours leur cercle merveilleux :

Que sont, devant ces choses infinies,
Quelques détails parmi tant d'harmonies!
Des Ferragus et même des Argails
Près de cela les splendeurs sont ternies.
Car par malheur, majestés et génies,
Petits et grands, nous sommes les détails.

Bien que souvent d'humeur trop peu discrète,
Don Ferragus, au silence enchaîné,
Cacha d'Argail le reste infortuné,
Et comptait même en cacher la défaite.
Mais d'assez loin quelqu'un avait tout vu.
Et cependant qu'à son amour rendu
Vers Angélique il courait de plus belle,
Le prince anglais, n'étant plus prisonnier,
Sut comme avait fini cette querelle.
Il retrouva ses armes, son coursier;
Sa lance seule avait été brisée.
Astolphe, avant de se mettre en chemin,
En cherche une autre. Il aperçoit soudain
La lance d'or, qu'Argail avait laissée.
Il la saisit, sans en savoir le prix,
Et, d'Angélique écartant sa pensée,
Tourne ses pas vers les murs de Paris.

Avant d'avoir fait une longue route,
Il vit Renaud, qui venait, plein d'ardeur,
De Ferragus se porter successeur,
Quand il était trop tard pour cette joute.
Renaud, Roland, Astolphe, étaient cousins,
Amis, de plus. A Renaud qui soupire,
Astolphe dit ce que je viens de dire,
L'effort d'Argail, ses malheureux destins,
Et, qui pis est, la fuite d'Angélique.
A ce récit, Renaud, la poursuivant,
Est déjà loin; de l'éperon il pique
Bayard, qui vole, et va trop lentement.

Ce fut bien pis quand, aux murs de Lutèce,
L'aimable Astolphe à l'amoureux Roland
Apprit ces faits. « Oh! quelle est ma détresse,
Dit le héros! Renaud est vif, galant,
Et même il est au besoin, insolent :
Si la princesse est par lui rencontrée...
Ah! d'y penser mon ame est déchirée.
Évitons-nous un affront désolant,
Et poursuivons cette femme adorée. »
Roland a dit; et, ne s'occupant plus
Ni du tournoi, ni de rien d'héroïque,
Comme Renaud, et comme Ferragus,
Sur Bride-d'or il poursuit Angélique.

Puissant Renaud, redoutable Roland,
Vous nous quittez dans un mauvais moment.
Oui, par rencontre assez infortunée,
Du grand tournoi c'est la grande journée.
On n'avait fait, dans les jours précédens,
Que *peloter en attendant partie.*
Voici le jour des fameux concurrens;
Voici le jour de la grande furie.
Notez encor que les jouteurs païens
Se faisaient fête, avaient très grande envie,
De l'emporter sur les jouteurs chrétiens,
Et c'était presque un assaut de patrie.
Il était dit que le premier vainqueur
Serait *tenant* contre tout adversaire;
Et le dernier qui tiendrait la carrière
Aurait le prix, aussi bien que l'honneur
De ce tournoi, célèbre sur la terre.
Ayant de suite abattu maint rival,
Dudon long-temps triompha dans la lutte.
Les Sarrazins se tenaient assez mal,
Comme un auteur qui va de chute en chute.
Enfin pourtant Dudon suit les vaincus.
Et le voilà jeté sur la poussière
Par Isolier, frère de Ferragus,
Jeune guerrier presque égal à son frère.
D'autres chrétiens, que l'espoir a lancés,
Par Isolier sont encor renversés.
Mais de Dudon le père alors s'avance.
C'est, on le sait, Ogier, dit le Danois,
Encor qu'il soit un paladin de France;
Mais dans le nord il fit de beaux exploits.
Il en revient après un an d'absence.
Il reparaît à propos. Mille voix
Ont salué sa gloire et sa vaillance.
Ogier d'abord, aux regards de Paris,
A renversé le vainqueur de son fils.
De ses lauriers le nombre s'accumule :
Son bras, aux yeux des chrétiens attendris,
A fait fléchir plus d'un prince incrédule.
De tels succès s'indignant *in petto*,
Un Sarrasin, Bernard de Carpio,
Dans son attaque, en flanc cherche à le prendre.
Le bon Ogier, qui va droit son chemin,
Sans lui donner le temps de le surprendre,
Jette assez loin cet Espagnol malin.
Puissent toujours échouer ses finesses !
D'autres païens de toutes les espèces
Se relevaient, lorsque paraît enfin
Grandonio, ce géant sarrasin.
(Ferragus seul, dans ce parti coupable,
Était plus fort, brillait plus redoutable.)
Comptant bien voir le géant terrassé,
Ogier l'attaque..... et se voit renversé.
Paris entier s'écria de surprise.

CHANT DEUXIÈME.

Souvent Ogier, pour la France, ou l'église,
Dompta géant aussi haut qu'une tour,
Et termina plus terrible entreprise.
Apparemment ce n'était pas son jour,
Et les héros en ont, quoi qu'on en dise.

Grandonio, devenu le tenant,
A tout chrétien résiste maintenant.
A son aspect terrible et gigantesque
Deux Mayençais, le comte Ganelon,
Et Pinabel, son parent plus félon,
N'éprouvent point une ardeur romanesque;
Et ces poltrons, cachant leur embarras,
Se tiennent loin, pour ne combattre pas.
Plus d'un chrétien voulut beaucoup mieux faire;
Plus d'un périt, le reste est abattu.
Grandonio, formidable adversaire,
Sait faire honneur au preux qu'il a vaincu,
En lui donnant maint illustre confrère.
Guy de Bourgogne a mesuré la terre.
Duc des Normands, le fier Richard-sans-Peur
Méritait bien de rester sans vainqueur;
Mais, aux combats, des blessures nombreuses
Ont affaibli ses forces valeureuses.
Il tombe aussi, vaincu du Sarrasin.
Fatal aux pairs, le géant africain
Renverse encor, de sa main indomptable,
Naymes le duc, l'archevêque Turpin,
Saint comme un Dieu, se battant comme un diable,
Et, comme on sait, très habile écrivain.
Le bon prélat fut jeté sur le sable.
C'en était trop, et le preux Olivier
Prétend venger Turpin, Richard, Ogier.
Dès qu'il paraît, la gent parisienne,
Qui se plaignait de la joute et du sort,
De toutes parts s'écrie avec transport:
« Nous triomphons; c'est le marquis de Vienne,
C'est Olivier, c'est ce Français vaillant,
L'ami, parfois le rival de Roland.
Sur le géant il aura la victoire,
Et les chrétiens vont recouvrer leur gloire. »
Comme Olivier sent palpiter son cœur
A ces accens de la publique estime!
Par quels efforts ce guerrier magnanime
Veut mériter ce bruit acclamateur!
De son côté, le Sarrasin immense
Sur les chrétiens jette un regard moqueur,
Et compte bien, déployant sa valeur,
Sur Olivier punir leur espérance.

Quand un beau jour (comme notre bonheur!)
Voit tout à coup s'obscurcir sa splendeur,
Lorsque le ciel, amassant les nuages,
A revêtu la couleur des orages,
Le vent se tait; le plus faible zéphyr
Sous les gazons a caché son murmure;
Et, déjà roi, l'ouragan à venir
Impose au loin silence à la nature :
Tels attendaient le choc des combattans
Les spectateurs chrétiens et musulmans.
Qui des lauriers obtiendra la récolte?
Après avoir fait une demi-volte,
Les deux rivaux partent en même temps,
Et leurs coursiers, élevant la poussière,
Volent tous deux dans la noble carrière.
Non ébranlé, le terrible Olivier
Du Sarrasin brise le bouclier,
Et, de son fer, qui perce aussi l'armure,
Lui fait au flanc une forte blessure.
Il triomphait, mais, dans le même instant,
Du preux Français le coursier s'abattant,
Olivier perd, à beau jeu, la gageure.
Quoique vainqueur, dans son espoir déçu,
Il a touché la terre : il est vaincu.
A ce spectacle, à la douleur en proie,
Chaque chrétien montre un front consterné :
Mahomet règne, et le ciel indigné,
Des mécréans entend les cris de joie.

Ah! des mortels que le grand protecteur
Signalerait sa clémence infinie,
Si, lorsqu'aux gens il donne le bonheur,
Il leur laissait encor la modestie!
Mais, quand il daigne offrir le premier don,
Presque toujours il reprend le second;
(Quand on l'avait.) Je ne puis vous le taire,
Grandonio ne l'a jamais eu guère.
Mais, échauffé par ce fait glorieux,
Plus que jamais il devient orgueilleux,
Voyant surtout que nul guerrier de France
Ne venait plus affronter sa vaillance.
« Chrétiens, dit-il, où sont donc vos fureurs!
On reconnaît le maître aux serviteurs.
Vous suivez bien son code évangélique.
Votre Seigneur fut toujours pacifique.
C'est Mahomet qui savait tout braver! »
— Eh quoi! disait l'empereur, quoi! personne
De tant d'affronts ne viendra nous laver,
Et de mes preux le reste m'abandonne!
Du choc d'hier Astolphe encor froissé,
Non loin, causait avec des demoiselles.
Vers l'empereur ce preux s'est avancé :
« Sire, souffrez qu'à ce Turc insensé
J'aille, dit-il, donner de mes nouvelles. »
Le souverain s'afflige au fond du cœur
De n'avoir pas un autre défenseur.

A son désir il accède avec peine,
En se disant : « Sa défaite est certaine. »

A son aspect chacun s'en dit autant.
Lui, sans pâlir, au combat se dispose ;
Car cet Anglais, valeureux combattant,
S'estimait trop, mais valait quelque chose.
Sûr de le vaincre, et le narguant tout haut :
« Gentil Astolphe, a dit Grandonio,
Je te sais gré de montrer tant d'audace ;
Mais tu pourrais trouver ton fait, je croi,
Bien mieux avec les dames qu'avec moi.
Dans les boudoirs va reprendre ta place.
— J'ai, dit Astolphe, ardent à l'offenser,
Trouvé la tienne, et je vais t'y pousser :
Notre empereur a besoin, dans ses guerres,
D'hommes nerveux pour armer ses galères ;
Tu lui conviens : je vais, de lui, pour toi,
Solliciter à la rame un emploi. »
Grandonio, frémissant en silence,
Charge son bras du soin de sa vengeance.
Mais vainement il a pris son essor ;
Ce fier géant cède à la lance d'or.
Il tombe ainsi qu'un rocher qui s'écroule ;
Et sa blessure, ouvrage d'Olivier,
S'accroît encore, et son sang noir s'écoule.
O quel plaisir vous eussiez vu briller
Dans tous les yeux de la race chrétienne,
En le voyant porter hors de la scène !
De cet exploit le peuple spectateur
N'osait y croire, à juger l'apparence.
« Se peut-il bien, se disait l'empereur,
Qu'Astolphe ait fait un si beau coup de lance ! »
A s'admirer bien que déterminé,
Astolphe même en était étonné.
Le voulant tous avoir pour adversaire,
Les Sarrasins croyaient venger leur frère :
Les plus vaillans sont par lui renversés,
Et les moins fiers ont dit : « C'en est assez. »

Or, Ganelon, ce comte de Mayence,
Ce cœur pervers, ce chef fallacieux
D'une maison si funeste à la France,
D'un tel succès jaloux et furieux,
Se dit : « Deux fois, ce vainqueur que j'abhorre,
Je l'ai vaincu : je peux le vaincre encore ;
Et ce beau prix, justement recherché,
Je puis l'avoir, et même à bon marché. »
Se croyant sûr du succès qu'il désire,
Par son héraut voici ce qu'il fait dire :
« Seigneur Anglais, nul Sarrasin félon
Ne prenant plus de part à la dispute,
Mon bon seigneur, le comte Ganelon,
Veut terminer avec vous cette lutte.
— Très volontiers, répond l'Anglais hautain :
Qu'il sache bien, messager pacifique,
Que plus que lui je prise un Sarrasin,
Et suis ravi de le pouvoir enfin
Traiter en lâche, et même en hérétique. »
Ganelon court, croit se venger soudain,
Est renversé, plein d'un dépit extrême.
De ses parens, quatorze ont, tour à tour,
Fait même effort, et leur sort est le même.
Les deux derniers, méditant un détour,
Contre l'Anglais usent de stratagème.
De ce tournoi, pour lui ravir le prix,
Presque à la fois tous les deux sont partis,
Tandis que l'un, avec peu d'espérance,
De front l'attaque et cède à sa puissance,
Courant sur lui, Pinabel, sans pudeur,
Le prend en flanc. Échappant à sa lance,
Il le renverse avant que ce vainqueur
Ait eu le temps de se mettre en défense.
A cet affront, ne se modérant plus,
Le paladin veut en tirer vengeance.
De Pinabel protégeant l'insolence,
Les Mayençais sont en foule accourus.
Naymes, Turpin, vingt preux chers à la France,
Sont pour Astolphe. Un choc affreux commence.
Les Mayençais allaient être battus,
Mais l'empereur souvent les favorise ;
Pour eux encor ce monarque trop bon
Vient opposer sa puissante entremise.
Astolphe alors saisissait Ganelon ;
Il ne pouvait, on le sent, lâcher prise.
Contre ce traître Astolphe avait raison,
Mais, indigné qu'on lui désobéisse,
Charles le fait arracher de ses mains.
S'il n'avait pas vaincu les Sarrasins,
Astolphe allait de la fête au supplice.
Malgré cent voix, il fut, dans le moment,
Mis en prison, par accommodement.
A cette issue on avait peine à croire.
En moins d'un jour on vit ce beau Breton
De la prison aller à la victoire,
De la victoire aller à la prison.
Qu'est-ce que l'homme, et qu'est-ce que la gloire ?

Mais vous savez ce que c'est que l'amour,
Et que, brûlant d'une ardeur frénétique,
Roland, Renaud, Ferragus, tour à tour
Avaient couru sur les pas d'Angélique.
De ces héros qui, sans frein, sans raison,
Couraient le monde et franchissaient les plaines,
Grace à Bayard, le noble fils d'Aymon,
Renaud, toucha le premier aux Ardennes.

CHANT DEUXIÈME.

Voilà qu'au fond de la sombre forêt
Un doux murmure a flatté son oreille.
Une fontaine à ses yeux apparaît,
Qui, par le site, était une merveille,
Et, plus encor, par un pouvoir secret :
Jadis Merlin, de magique mémoire,
Voulant guérir Artus enamouré,
La fit jaillir dans ce bois ignoré,
Et décida que qui viendrait en boire
N'aimerait plus l'objet le plus aimé,
Et voudrait fuir ce qui l'avait charmé.
La source encor gardait ce droit antique.
Qu'en advient-il au héros altéré?
Renaud à peine a cette onde effleuré,
Que son amour pour la belle Angélique
Devient froideur, dégoût, aversion.
Comme il rougit de cette passion
Qui sur son cœur avait tant de puissance !
Comme il revient aux pensers de vaillance!
« Ciel ! que dira l'empire et l'empereur,
Si par sa faute, et grace à son absence,
De ce tournoi les païens ont l'honneur?
Peut-être a-t-on prolongé cette joute. »
Renaud a dit, plein d'une noble ardeur,
Et de Paris il a repris la route.
Mais vainement, dans ses vœux affermi,
Il veut voler auprès de Charlemagne.
Depuis trois jours il n'avait pas dormi :
L'amour le perd et le sommeil le gagne.

Une autre source errait dans ce séjour,
Et s'appelait la fontaine d'Amour.
Un feu brûlant coulait de veine en veine,
Quand de ses eaux on goûtait la douceur.
Le vieux Merlin, qui sentait peu son cœur,
N'était pour rien dans cette autre fontaine,
Et la nature en était l'Enchanteur.
Les eaux, les fleurs, les gazons, les ombrages,
Tout, à l'Amour consacrait ces rivages ;
Et les oiseaux, en ce lieu décevant,
Donnaient l'exemple, et le donnaient souvent.
Par la chaleur Angélique vaincue,
Vient sur ces bords, haletante, abattue,
Voit cette source, en boit, et, de ce jour,
Est tout de flamme, en son cœur, tout amour.
Elle regarde, en ce désordre extrême,
A vu Renaud; et c'est Renaud qu'elle aime,
Le froid Renaud, qui, sans feu, sans désir,
A ce beau lieu fait l'affront d'y dormir.
La sœur d'Argail, jadis si dédaigneuse,
Devant Renaud, interdite, amoureuse,
Tremble, rougit.... et consent à rougir.
Qu'il est charmant! qu'elle serait heureuse!

De fleurs, alors, aimant à le couvrir,
A ses côtés elle observe, rêveuse.
Ses traits si beaux, ses yeux déjà si chers.
Ils sont fermés : que feront-ils ouverts !
Au doux sommeil cessant de se soumettre,
Renaud d'abord a béni le hasard :
Un jeune objet semble tout lui promettre,
Et le salue avec ce doux regard
Qui vient du cœur et souvent y pénètre.
Le preux Renaud, plein du meilleur esprit,
Trouva toujours très bon qu'on le chérit;
Mais aussitôt qu'il a reconnu celle
Qui veut lui plaire, il part, et fuit loin d'elle ;
Il est aimé : vous le croiriez proscrit.
La sœur d'Argail, à ces rigueurs peu faite,
En dépit d'elle, obéit à l'amour,
Poursuit Renaud, en lui disant : « Arrête,
Beau chevalier. Hélas! jusqu'à ce jour
A tous mes vœux tous les hommes souscrivent :
Moi, que tu fuis, mille amans me poursuivent.
Je plais à tous : hélas, regarde-moi,
Moi dont le vœu n'est que de plaire à toi.
A te prier en vain suis-je réduite ?
Quoi ! tu me fuis ! Ah ! du moins, fuis moins vite. »

Renaud toujours fuyait avec horreur.
Quand Angélique et si belle et si tendre,
Enfin cessa de le voir, de l'entendre,
Assurément lui-même, en sa rigueur,
Eût plaint les maux dont il était l'auteur.
« Ah ! se dit-elle, ah ! m'y pouvais-je attendre !
Tant de beauté jointe à tant de froideur !
Mais de quel sang est donc né ce barbare?
J'en aurais moins redouté d'un Tartare.
Je veux savoir son nom et son pays:
Quel est ce cœur à l'amour si rebelle? »
Et, consultant le livre de Maugis :
« Dieux ! c'est Renaud de Montauban, dit-elle;
Lui dont je vis au Cathai, mille fois,
Peindre, admirer, envier les exploits,
Et dont le cœur, prodigue de tendresses,
Ne faisait pas envier ses maîtresses!
Il est épris pour les moindres Beautés,
Et vainement j'essayai, pour lui plaire,
Et mes regards, et jusqu'à mes bontés !
Pleure, Angélique; et toi, rougis, mon père.
Pour enchaîner les chevaliers chrétiens,
Il faut des yeux plus puissans que les miens.
Brisons, du moins, une inutile chaîne :
L'ingrat Renaud doit m'apprendre à haïr.
Oui, je l'abhorre.... Espérance trop vaine !
Je sais trop bien qu'il mérite ma haine,
Et sens bien mieux qu'il ne peut l'obtenir! »

De pleurs alors les paupières mouillées,
Elles se penche où Renaud reposa.
« Gazons chéris, dit-elle, il vous pressa :
Heureuses fleurs, Renaud vous a foulées. »
Et par fatigue, alors, ou par amour,
Elle se couche, et les foule à son tour.
Mais, attendri de sa douleur profonde,
Le dieu Sommeil, le plus calme des dieux,
S'en vient baiser et fermer ces beaux yeux
Qui les faisaient ouvrir à tout le monde.
Si c'est sans bruit, ce n'est pas sans regret
Qu'il a quitté cette jeune merveille;
Et le Sommeil, tout le Sommeil qu'il est,
En l'endormant sent très bien qu'il s'éveille.

Grace au destin, qui semble le servir,
Roland arrive et voit sa souveraine :
Il n'aurait pas senti plus de plaisir,
Quand il aurait bu toute la fontaine.
Près de la dame il s'arrête, enchanté :
Épris d'amour, il palpite, il contemple.
A ses regards ce bocage est un temple
Dont Angélique est la divinité.
L'amour l'excite, et l'effroi vient l'abattre.
Rien, jusque là, n'avait pu le troubler ;
Mais ce héros sait, bien moins que se battre,
Faire l'amour et surtout en parler.
Il hésitait encor, quand sur la rive
Le hasard veut que Ferragus arrive.
Non moins épris, cet Espagnol brûlant
Voit Angélique, et méconnaît Roland.
Mais se doutant, bientôt, à ses manières,
Qu'il était là pour les mêmes affaires :
« Guerrier, dit-il de son ton insolent,
Apprends qu'ici tes soins sont téméraires. »
Le bon Roland, se contenant d'abord,
Dit : « Laissez-moi ; vous me faites grand tort.
—Non, lui répond Ferragus en furie,
Laisse Angélique, ou renonce à la vie :
Fuis mon courroux, fuis ce funeste bord,
Où par la mort tes paupières fermées...
—Me connais-tu ? dit Roland furieux ; »
Et, dans l'instant, il découvre à ses yeux
Ce front, l'espoir, ou l'effroi des armées.
Du Sarrasin les sens furent émus ;
Mais, ayant pris son parti tout de suite :
« Je vois Roland, mais tu vois Ferragus,
Dit-il. » Sur lui Roland se précipite.
Ce choc terrible à peine s'engageait,
Qu'au bruit du fer Angélique s'agite,
Jette autour d'elle un regard inquiet,
Et la voilà qui s'échappe au plus vite ;
Car ce n'est pas Renaud qu'elle voyait.

Roland enfin s'aperçut de sa fuite.
« Notre combat, dit-il, n'a plus d'objet.
—Non, si tu veux me céder sa poursuite,
Dit l'Espagnol. » Le Français courroucé
Allait punir cet orgueil insensé ;
Et Durandal, cette célèbre épée,
De Ferragus brisait le bouclier,
Et dans son sang aurait été trempée,
Lorsque, monté sur un beau destrier,
Un jeune objet, que suit un écuyer,
Paraît soudain, s'arrête, considère,
Et puis s'écrie, en se jetant entre eux :
« De ces guerriers l'un, sans doute, est mon frère ;
Je le devine à leurs faits valeureux. »
Ils s'arrêtaient : Ferragus examine,
Et reconnaît les gracieux appas,
Le doux regard de sa sœur Fleur-d'Épine,
Qui, par bonheur, ne lui ressemble pas.
Et, cependant, ses attraits délicats
Semblaient voilés d'une douleur mortelle.
« Je te retrouve, ô mon frère, dit-elle !
Cher Ferragus, tandis qu'ici ton bras,
Loin de nos bords, livre de vains combats,
Ton père pleure, et ton pays t'appelle.
De Séricane en Espagne accouru,
Le fier Gradasse à Cadix a paru.
Cet empereur dont la terre tremblante,
A dès long-temps proclamé le renom,
A d'un géant la taille menaçante,
Avec la force et le cœur d'un dragon.
Cadix, Cordoue et la fière Valence,
Ont reconnu sa force et sa puissance.
Dans Sarragosse il règne triomphant,
Et Barcelone à peine s'en défend.
Dirai-je tout ? Notre père Marsile
A déployé son courage inutile ;
Et, dans les fers le prince gémissant,
De son malheur accuse un fils absent. »
Par les sanglots arrêtée au passage,
Sa voix ne peut en dire davantage.
De Ferragus le cœur dur est fléchi.
Quelques instans quand il eut réfléchi :
« Roland, dit-il, tu sens que de Gradasse
Je veux punir la fureur et l'audace.
S'il te convient, nous suspendrons nos coups.
Poursuis en paix l'amante que j'envie.
On nous dérange en nos débats jaloux :
Nous reprendrons quelque jour la partie. »
Roland pouvait l'arrêter à son tour :
Né généreux, il est loin d'en rien faire ;
Et, le laissant tout entier à la guerre,
Marche au Cathai, tout entier à l'amour.

CHANT TROISIÈME.

Charlemagne envoie Renaud au secours de Marsile. — Bataille entre Gradasso et Marsile. — Défi entre Gradasso et Renaud. — Maugis, au Cathai, commence à Angélique l'histoire des quatre fils Aymon.

Le jeu d'amour est une loterie (1).
L'enfant aveugle en dispense les lots.
On voit, toujours on verra, je parie,
Des gens d'esprit éconduits pour des sots;
Et le plus beau n'a pas la plus jolie.
S'aime-t-on bien, le mal n'est qu'à moitié;
Mais on se croise, hélas! que c'est pitié.
Combien de fois la femme la plus belle
Aime celui qui ne sent rien pour elle ;
Et, consumé d'un inutile amour,
L'ingrat rencontre une ingrate à son tour.
Préserve-moi de ce tourment extrême,
Dieu du bonheur, quand je suivrai tes pas ;
Fais que je sois aimé de ce que j'aime,
Et pas aimé quand je n'aimerai pas!

Jamais Roland n'eût couru la campagne
Et délaissé les paladins français,
Si, de Gradasse arrivant en Espagne,
Il avait bien connu tous les projets,
S'il avait su le plan de Charlemagne.
Quand Charle eut su par des avis bien clairs
Quel ennemi, quelle attaque soudaine
Glaçaient d'effroi la terre ibérienne,
Il assembla d'abord ses douze pairs.
« Amis, dit-il, causant comme en famille,
Un bon avis, dicté par la raison,
Est que l'on doit craindre pour sa maison,
Lorsque le feu, chez le voisin, pétille.
Le roi Marsile, encor que Sarrasin,

(1) Ingiustissimo Amor, perchè si raro
Corrispondenti fai nostri disiri?
Onde, perfido, avien che t'è si caro
Il discorde voler che in due cor miri?
Ir non mi lasci al facil guado e chiaro,
E nel piu cieco e maggior fondo tiri :
Da chi disia il mio amor tu mi richiami,
E chi m'ha in odio vuoi ch' adori ed ami.

Fai che a Rinaldo Angelica par bella,
Quand' esso a lei brutto e spiacevol pare :
Quando le parea bello e l'amava ella,
Egli odio lei quanto si può piu odiare.
Ora s'affligge indarno e si flagella :
Cosi renduto ben gli è pare a pare.
Ella l'ha in odio, e l'odio è di tal sorte
Che piu tosto che lui vorria la morte.
ORLANDO FURIOSO. Ch. 2; oc. 1, 2.

Lorsqu'on l'attaque, a droit qu'on le défende.
Roland est loin : mais Renaud, son cousin,
Va réparer une perte si grande.
Toi, qui long-temps combattis contre moi,
Va, fils d'Aymon, je compte sur ta foi :
Un corps nombreux, que ton roi te confie,
Déjà s'assemble et va marcher sous toi.
Cours honorer ton prince et ta patrie,
Et que l'Espagne à la France t'envie. »
Par l'empereur jadis moins bien traité,
D'un tel emploi Renaud fut très flatté.
Quittant Paris, dans le jour qui s'écoule,
Pour l'Ibérie il hâte son départ.
Il est suivi d'une nombreuse foule,
Mais non, hélas! de son frère Guichard :
Dans les combats cruels et nécessaires
Qu'avaient livrés les quatre fils Aymon,
Blessé souvent en illustrant son nom,
Guichard venait de rejoindre ses pères.
Mais de Renaud deux autres vaillans frères,
Le fier Alard, le jeune Richardet,
Pouvaient, du moins, adoucir son regret.
Avec ardeur chacun d'eux l'accompagne.
Il était temps qu'il parût en Espagne,
Et de Gradasse arrêtât les progrès.
Ce souverain du Gange et des Malais
Était puissant par son peuple innombrable.
Et, par lui-même, était plus redoutable.
Assis au rang des guerriers les plus fiers,
Pour son empire ayant un univers,
Ce n'était pas de cités, de provinces
Qu'il prétendait déposséder les princes :
Il avait eu, mais quitté, le dessein
Que méditait Agrican le Tartare
Et plus encore Agramant l'Africain,
De conquérir au culte sarrasin
La noble France ; un caprice plus rare
Le conduisait au bord européen :
Si le premier, il venait, par l'Espagne,
Sans les attendre, attaquer Charlemagne,
Pour tous ses faits, Gradasse uniquement
Voulait Bayard, ce cheval excellent,
Et Durandal, cette terrible épée.
Mais sa valeur pouvait être trompée;
Car il comptait sans Renaud et Roland.
Les dépouiller n'était pas des vétilles ;
Et, comme dit Berni fort sensément,
Ces pélerins vendaient cher leurs coquilles.

Contre Gradasse et ses fiers Indiens
Tout s'unissait, musulmans et chrétiens.
Dans un combat d'immortelle mémoire,
Que de héros disputèrent de gloire !

Grandonio, Serpentin, Isolier;
Et Ferragus surtout sut ferrailler;
(Car ce mot-là vient de lui, je parie.)
Les bataillons pliaient sous sa furie :
Il pourfendit quatre géans, six rois;
Mais, entouré, malgré tous ses exploits,
Et retenu par dix bras à la fois,
Il vit enfin sa liberté ravie.
Le fils d'Aymon accourut, mais trop tard,
Pour délivrer cet Espagnol terrible.
Il le vengea. Son bras irrésistible
Des Séricans enleva l'étendard.
Gradasse même eut peine à s'en défendre.
Ce conquérant, qui désirait Bayard,
Le vit de près, et ne put pas le prendre.
Renaud, ce jour, de Roland fut rival,
Et sa *Flamberge* égala *Durandal*.
Comme la nuit venait couvrir la terre,
Gradasse, fier d'un si noble adversaire,
Lui dit : « Renaud, dans ce choc illustré,
Quelque avantage aux miens est demeuré;
Mais c'est sur toi, sur ton brillant courage,
Que je voudrais obtenir l'avantage.
Le jour viendra ; la mer n'est pas bien loin :
Si tu le veux, demain, sur son rivage,
Nous combàttrons seul à seul, sans témoin.
Si ta vigueur doit plier sous ma lance,
Bayard lui seul suffit à mes lauriers;
Et, s'il me faut céder à ta vaillance,
Je te rendrai mes nombreux prisonniers. »
Renaud accepte un défi qui l'honore.
On se salue, et les deux chevaliers
Auprès des leurs vont attendre l'aurore.

Depuis long-temps de retour au Cathai,
La sœur d'Argail ignorait cette guerre.
De sa raison elle avait fait l'essai,
Et pleurait moins enfin la mort d'un frère.
Après l'avoir attendu vainement,
Elle avait pu revenir chez son père,
Mais pas du tout oublier son amant.
Dirai-je amant? car Renaud ne l'est guère.
Quoi qu'il en soit, Angélique, en son cœur,
Sentait Renaud plus que jamais vainqueur,
Et, s'enivrant d'une vaine espérance,
Voyait toujours l'Occident et la France.
Il lui souvint de ce pauvre Enchanteur
Qui sur les mers faisait sa pénitence.
Prenant son livre, elle y connut enfin
Que de Renaud Maugis était cousin.
« O dieux ! dit-elle; ô bonheur incroyable !
Je veux prouver à ce cœur inhumain
Que, plus que lui, mon cœur est pitoyable. »

Et les démons, à ses ordres soumis,
L'ont transportée au rocher de Maugis.
De son méfait craignant une autre peine,
Il pâlissait. Elle brise sa chaîne.
Dans un palais conduit avec bonté,
Vous devinez que Maugis enchanté,
Tomba d'abord aux pieds de la princesse.
Elle vantait sa générosité,
Et fit bientôt soupçonner sa tendresse ;
Des pairs français sans cesse lui parlant.
Aymon surtout était dans sa mémoire.
« C'est, lui dit-elle, un vieillard excellent;
De ses enfans racontez-moi l'histoire. »

Maugis répond : « Princesse, il est besoin
Que, pour cela, je remonte un peu loin;
Même il faudra qu'ici je me rappelle
De souvenirs une suite cruelle.
J'abrégerai. Beuves, duc d'Aigremont,
Était mon père, et fut frère d'Aymon,
Du comte Aymon, dont la vaillante race
A l'univers a montré tant d'audace.
Tandis qu'Aymon et ses fils valeureux,
Auprès de Charle illustraient leur courage,
Dans son duché, mon père ambitieux,
Vivait en roi, je n'ose dire en sage,
Et, dès long-temps, ne rendait plus l'hommage
Qu'aux rois de France en rendaient ses aïeux.
Il fut sommé d'un devoir nécessaire ;
Charle en avait le droit ; mais, par malheur,
Charle choisit pour son ambassadeur
Son jeune fils, l'impétueux Lothaire,
Dont l'air altier, l'insolente hauteur,
Devaient combler la fureur de mon père.
Dirai-je tout ? et peindrai-je un malheur
Qui dans mon sein laisse d'affreuses traces ?....
Outré, mon père, à son tour, menaça ;
Et sur-le-champ, ô forfait ! on osa,
Malgré lui-même, accomplir ses menaces.
Par mille efforts, le prince d'Aigremont
Voulut en vain arrêter, dans leur rage,
Ses chevaliers, qui vengeaient son affront.
Lothaire en vain redoubla de courage.
De toutes parts Lothaire environné,
Malgré mon père, expire assassiné.
Charles l'apprend, et vole à la vengeance.
Aymon, ses fils, dans un tel différend,
Ne pouvant pas signaler leur vaillance
Contre leur roi, ni contre leur parent,
Étaient partis; et Charles, quoique grand,
Ne voulut pas excuser cette absence.
Mon père, après une longue défense,
Sentit trop bien, et ses guerriers aussi,

CHANT TROISIÈME.

Que sa valeur surpassait sa puissance.
A l'empereur il demanda merci.
Charles pouvait immoler sa victime ;
Mais, écoutant un vœu plus magnanime,
Il se vengea par un noble pardon,
Et, cette fois, mérita son surnom.

» Moins généreux, voulant venger un frère,
Son fils Charlot, indigne d'un tel père,
Ainsi que lui n'avait pas pardonné.
Par Ganelon et ce prince perfide
Un vil complot, en secret machiné,
Servit bientôt leur vengeance homicide.
Et quand mon père, au devoir ramené,
Venait enfin rendre au roi son hommage,
Au fond d'un bois, et dans l'ombre des nuits,
Des assassins, par Ganelon conduits...
Je ne ne puis pas en dire davantage.

» L'empereur Charle, à la face du ciel
Désavoua cet attentat barbare ;
Mais il devait punir le criminel.
Il n'en fait rien, sa faiblesse l'égare.
Malgré ses pairs, malgré toute sa cour,
Le vieil Aymon et ses fils de retour,
Charle, obstiné, repoussant mille preuves,
Laisse impuni l'assassinat de Beuves.
Renaud ne put, dans cette occasion,
Dissimuler son indignation.
« Sire, dit-il, la laissant trop paraître,
Vous n'auriez pas dû pardonner peut-être
A d'Aigremont ; mais les pairs sont témoins
Qu'à ceux qui l'ont frappé sur votre terre
Vous devriez pardonner encor moins.
—Tais-toi, dit Charle, ô jeune téméraire !
Tais-toi. » Ce fier, ce puissant empereur
Reprit Renaud avec tant de rigueur,
Que le héros en pâlit de colère.
Il s'excusa. Charles, qui s'adoucit,
Voulut qu'alors à sa table il s'assît.
Renaud vit là Charlot, ce prince infâme,
Noble de sang, mais bien vil par son ame ;
Un de ces grands si bas, mais si haut aspect
Le mépris perce à travers le respect.
Renaud souffrit d'un pareil voisinage.
Mais il souffrit encor bien davantage
Lorsque Charlot aux échecs l'invita.
Soumis à peine aux égards nécessaires,
Il fut distrait, fit des fautes grossières.
Charlot, au lieu d'en user, s'emporta,
Jusqu'à l'affront poussa la violence.
D'abord Renaud l'écoutait en silence ;
Mais, se voyant toujours plus offensé,

Il ne put pas différer sa vengeance,
Et par sa main l'échiquier d'or lancé
Jeta bien loin Charlot sans connaissance.
A ce spectacle, on se trouble, on accourt ;
Et l'empereur a crié : « Qu'on l'arrête. »
Renaud, malgré l'empereur et sa cour,
Sort du palais, où sa mort était prête,
Par des détours vole vers la maison
Où reposait la famille d'Aymon,
Et sur Bayard aux allures légères,
Monte, emmenant en croupe ses trois frères.
Malgré ce poids immense et singulier,
Le long Bayard courut un jour entier.
Vous concevez qu'il courut moins ensuite.
Renaud n'osait lui donner du repos,
Lorsque son œil vit, sur mille chevaux,
Mille guerriers volant à sa poursuite.
Heureusement les plus pressés d'entre eux
Vont, isolés, comme les Curiaces
En poursuivant le dernier des Horaces.
Le plus ardent et le plus valeureux,
Du fier Renaud suivait de près les traces :
Renaud l'abat, et, prenant son cheval,
Dit à Guichard : « Mon frère, on te l'amène. »
Un second vient ; un second coup fatal
L'a renversé sur la sanglante arène.
A ses dépens Allard est remonté.
Un autre accourt, Richardet en hérite ;
Et tous les quatre, avec rapidité,
De l'empereur ont trompé la poursuite.

» Par le conseil du cruel Ganelon,
Charle, irrité, fit arrêter Aymon.
Peu s'en fallut qu'on ne rendit comptable,
Pour ses enfans, ce vieillard respectable,
Et de leurs torts long-temps on l'accusa.
Par la menace on le voulait abattre.
A les livrer, Aymon se refusa :
L'infortuné promit de les combattre !
Libre à ce prix, et désirant la mort,
Aymon suivit Charles devant Montfort.
Dans ce château, bâti dans les Ardennes,
Ses nobles fils croyaient, guerrriers constans,
De l'empereur rendre les forces vaines.
Ils purent bien le croire quelque temps,
Voyant périr cent cohortes vaillantes
Devant leurs tours, comme contre un rocher
Vont se briser les vagues impuissantes.
Après six mois qu'au lieu de s'y cacher,
Semant au loin la mort et le carnage,
Ces fiers guerriers repoussaient le courage ;
La trahison osa les y chercher.
Hernier, un jour, devant eux se présente.

21

Nouveau Simon, il leur dit qu'à la mort
Il est voué pour avoir plaint leur sort.
Nouveaux Troyens, aux contes qu'il invente
Les fils d'Aymon se sont fiés d'abord.
Hernier laissé, sur sa foi, dans Montfort,
Dès que la nuit étend ses vastes ailes,
Aux ennemis court offrir des échelles.
C'en était fait de ces quatre héros :
Ils périssaient, surpris par escalade,
Sans leur Bayard, l'Achille des chevaux,
Et qui, de plus, s'en montra le Pylade.
Ces paladins dormaient paisiblement :
Veillant pour eux, par son hennissement
Soudain Bayard les appelle aux alarmes.
Renaud se lève, entend le bruit des armes.
Dans le château précipitant ses pas,
Il cherche Hernier, et ne le trouve pas.
Alors Renaud, que son ardeur entraîne,
Guide aux périls ses frères en courroux.
Trente guerriers les secondaient à peine ;
Cent ont paru : cent tombent sous leurs coups.
Le reste alors, tremblant dans la nuit sombre,
Ne se sent pas rassuré par le nombre.
Quelle fumée au loin a troublé l'air !
Les fils d'Aymon, contre sa noble race,
Voyaient le feu se réunir au fer.
Pour mieux juger de ce qui les menace,
Ils sont sortis, un moment, de la place,
Dans les fossés trouvent deux cents guerriers
Qu'on envoyait au secours des premiers,
Et, du trépas, ont puni cette audace.
Plus fier alors, leur courage affermi,
Lève les ponts sur eux, sur l'ennemi.
Ces paladins recueillent, au passage,
Tous ceux des leurs échappés au carnage,
Et vont charger, à la clarté des feux,
Les assaillans, encore trop nombreux.
Les assaillans espéraient les abattre.
Ils en avaient peut-être le pouvoir.
Le vil Hernier vit tromper cet espoir :
Qui sait trahir sait rarement combattre.
Tout son effort en vain se ranima.
Cherchant des yeux le chemin de la fuite,
A la lueur des feux qu'il alluma
Il fut vaincu, pris, et pendu de suite.

» Mais ce Montfort si long-temps défendu,
Pour ces héros n'en est pas moins perdu !
Les fils d'Aymon, en cette nuit funeste,
De leurs guerriers ont réuni le reste ;
Et, le matin, ces héros abattus
Sortent soudain de Montfort qui n'est plus.
Aux assiégeans ils courent. Charlemagne,

Qui les croyait expirés dans les feux,
Les reconnaît à leurs coups valeureux.
Forçant l'enceinte, ils gagnent la campagne.
Renaud eut peine à retenir ses pleurs,
Quand, regardant la roche, au loin noircie,
Il aperçut les dernières lueurs
De ce Montfort où, sous la perfidie,
Étaient tombés ses guerriers les meilleurs.
Il s'enfonça dans les sombres Ardennes,
Où l'empereur, qui croyait l'avoir pris,
A le chercher perdit long-temps ses peines.
Charles enfin revint droit à Paris,
Chargeant ses preux d'atteindre ces rebelles.
Comme il partait, peu chargé de lauriers,
Les fils d'Aymon vinrent à ses guerriers
Plus d'une fois donner de leurs nouvelles.

» Un jour qu'en proie à leur juste courroux
Un escadron périssait sous leurs coups ;
Le fier Renaud, au milieu du carnage,
Vit un guerrier, trahi par son vieil âge,
Par son cheval, sur l'arène traîné.
Il court à lui, l'arrête, le dégage :
Il le regarde, ô ciel ! et, consterné,
Il voit son père, et ce front sillonné
Qui de Dieu même est, à ses yeux, l'image.
A cet aspect il descend, éperdu,
Et le vainqueur tombe aux pieds du vaincu.
« Au roi cruel dont vous servez la cause,
Mandez à quoi sa fureur nous expose,
A dit Renaud au malheureux Aymon.
Ah ! c'était trop que, de mon sang avide,
Il me forçât à la rébellion,
Sans m'exposer encore au parricide. »
Et, retenant ses vengeurs ulcérés,
Loin de son père il fuit d'un pas rapide,
Criant : « Amis, ces guerriers sont sacrés. »

» Touchés d'abord, Charles, Aymon lui-même,
Payèrent mal cette noblesse extrême.
Toujours errant dans ce triste pays,
Le bon Renaud et ses frères proscrits
Furent quittés par leurs derniers amis.
Tous les fléaux pour eux étaient à craindre :
La guerre en vain les avait poursuivis.
Mais la famine enfin sut les atteindre.
Leurs destriers, comme eux, près de périr,
Ne pouvaient plus déjà les soutenir :
Bayard, lui seul, était Bayard encore.
Ils approchaient de leur dernière aurore.
« Quoi ! dit Guichard en accusant le ciel,
Céderons-nous à l'affreuse misère,
Même à l'aspect du séjour paternel ?

CHANT TROISIÈME.

Si le ciel rend notre père cruel,
Le ciel n'a pu nous ôter notre mère.
Allons la voir, quand absent il sera.
Ah! ce n'est point elle qui trahira
Ses fils, à plaindre, hélas! plus que coupables ;
Puis, devant nous, une trop juste erreur
L'abusera, sans doute : oui, le malheur,
Même à ses yeux, nous rend méconnaissables. »

» Il devinait. Lorsque les fils d'Aymon
Vinrent frapper à leur propre maison,
Leurs yeux cavés, leurs teints flétris, livides,
Leurs coursiers même, autrefois si rapides,
Tout indiquait de pauvres paladins
Qu'avaient pillés les méchans Sarrasins.
Leur mère, au cœur sensible, au regard sombre,
Vit peu leurs traits, mais remarqua leur nombre.
« Avec plaisir je vous accueille ici.
Dit-elle ; et moi, j'eus quatre fils aussi :
Tous ils faisaient mon espoir et ma joie.
Dieu tout-puissant, fais que je les revoie !
Ils sont, hélas ! grace au destin jaloux,
Persécutés et pauvres comme vous.
Plus qu'eux, du moins, vous avez l'espérance ;
Car Charlemagne est irrité contre eux,
Et les poursuit de sa vaste puissance.
— Apparemment ces guerriers malheureux,
Répond Guichard, évitent de paraître,
Et ne sont pas aisés à reconnaître.
— Ah ! dit leur mère écoutant son transport,
Ils ont cet air qu'on reconnaît d'abord :
Beaux, jeunes, fiers, portant sur leur visage
Et leur naissance, et surtout leur courage....
A quels discours me laissé-je emporter ?
Je suis leur mère, et j'ai pu les vanter !
Me rappelant un intérêt si tendre,
De vous servir mon cœur est plus jaloux.
Parlez : de moi vous pouvez tout attendre ;
Et ce qu'ici je vais faire pour vous,
Qu'à mes enfans quelqu'un puisse le rendre ! »

» A ce discours, qui va droit à leurs cœurs,
Renaud ne peut contenir quelques pleurs.
Baissant la tête il les cache à sa mère,
Qui s'en étonne, et qui le considère.
« Ah ! lui dit-il, ah ! pourquoi votre époux
N'est-il pas bon et tendre comme vous ! »
Le regardant plus encor, la comtesse,
Sous sa pâleur, malgré sa barbe épaisse,
Croit démêler les traits du fils aîné
Qui, par Aymon, jadis, lui fut donné.
Elle s'approche, et, sous sa chevelure,
A découvert une antique blessure

Par qui Renaud vit son front sillonné.
« C'est toi Renaud ! et c'est vous ! leur dit-elle ! »
Elle chancelle, et tombe dans leurs bras.
Au sentiment le plaisir la rappelle.
O doux momens ! Je ne les peindrai pas ;
Vous les sentez. Ses demandes pressées
Ne peuvent pas suffire à ses pensées.
De ses enfans elle veut que, soudain,
Le lit s'apprête, ou plutôt le festin.
Leur doux aspect à peine la rassure.
Elle leur veut offrir tous les secours ;
Et, femme encore en cette conjoncture,
Même en pensant à prolonger leurs jours,
Donne un moment au soin de leur parure.

» Dans les transports sans cesse renaissans
D'une allégresse et si pure et si vive,
Ils ne pensaient qu'à ces heureux instans,
Quand tout à coup le vieil Aymon arrive.
Surpris, Aymon, qui déjà les voit tous,
En supplians, embrasser ses genoux,
Sort ; et, cachant le trouble de son ame,
Dit : « Je vous laisse avec vos fils, madame. »

» — Je le comprends, dit la comtesse alors :
Ce qu'il ne peut, il me le laisse à faire.
Qu'il soit béni ! car, quels que soient vos torts,
Je me souviens que je suis votre mère.
Dans la maison, aussi, tout est pour eux :
Quelques beaux jours suivent des jours affreux.
De ce château, leur première patrie,
Ils ont repris l'habitude chérie :
Comme autrefois, vous eussiez pu les voir,
A deux genoux, près du foyer antique,
Chanter à Dieu *ta prière du soir* ;
J'ai retenu leur prière énergique :

« Dieu, qui nous a créés, Dieu, que nous adorons,
Dont nous voulons toujours conserver la mémoire,
Nous t'adressons nos vœux : devant toi nous tremblons ;
Et c'est devant toi seul, au moins, daigne-le croire.

» Fais-nous, par nos travaux, mériter tes bienfaits,
Protéger l'innocent, punir la tyrannie.
Ne nous exauce plus, ne nous entends jamais,
Si nous manquons un jour à la chevalerie.

» En de nobles périls guide notre valeur :
Tu nous défends l'orgueil, mais tu permets la gloire.
Dieu puissant, garde-nous la victoire et l'honneur,
Et garde-nous l'honneur, même sans la victoire.

» Grand Dieu ! nous te devons, nés du sang des héros,
Un père respectable et la plus tendre mère,
Bien loin de nos parens daigne écarter les maux :
Quant à leurs ennemis, ce sera notre affaire. »

» C'était ainsi que ces guerriers pieux,
Mais fiers encor, parlaient au roi des cieux.
Plus qu'à prier, à les voir occupée,
Leur tendre mère, après un si long deuil,
Les contemplait avec un juste orgueil,
De crainte ensemble et de plaisir frappée ;
Et Bradamante, à leurs vœux s'animant,
Tenait flamberge, et, de son bras charmant,
Levait déjà cette terrible épée.
Les soins nombreux d'une si tendre sœur,
De leur repos augmentaient la douceur.
Quel changement ! malgré tout leur courage,
Pour s'éloigner il faudra quelque effort.
Le bonheur gâte, et le charme du port
Détourne un peu de braver le naufrage.
Mais leur séjour en ce lieu séduisant
Compromettait même leur père absent.
Sur eux leur mère appelle l'abondance.
Cent cavaliers, qu'elle assemble en secret,
Sont destinés à servir leur vaillance.
Les fils d'Aymon s'éloignent à regret,
Chargés de biens, d'armes et d'espérance.
Dieu ! quel spectacle à leurs yeux apparaît,
Et vient déjà troubler leur jouissance !
Comme ils quittaient les paternels foyers,
Aymon, suivi de quatre cents guerriers,
Vers ces héros, en ennemi s'avance.
Devant leur père, alors tous à la fois
Ont abjuré l'espoir, la résistance.
Jamais le sort, par de si dures lois,
N'avait marqué sa fatale inconstance.
Aymon, toujours vers Renaud s'avançant,
L'appelle à part, d'un ton très menaçant.
Quand ils sont près, son langage diffère,
Et ce n'est plus ce terrible adversaire.
« Mon fils, dit-il, ces guerriers sont à toi.
Je les ai pris pour toi remplis de zèle ;
Ce chevalier qui les guide sous moi
Va me trahir, et te sera fidèle. »
Il l'a quitté, met sa lance en arrêt,
Et son courroux semble soudain extrême.
Ses cavaliers et leur chef, en effet,
L'abandonnant, s'arment contre lui-même.
Aymon parut si vrai dans ses fureurs,
Qu'on vit alors dix de ses serviteurs
Qu'il n'avait pas instruits du stratagème,
Ainsi que lui charger les déserteurs.
On le sent bien, ces guerriers, et leur maître,
Furent battus, et lui, ravi de l'être.
Il s'en plaignit, et bien haut, et long-temps,
Et du roi Charle abusa la colère.
Malheur à qui, dans ses vœux impuissans,
Croit opposer les pères aux enfans !

Et c'est ainsi que doit combattre un père !

» Mais savez-vous, princesse, à quel guerrier
Le comte Aymon venait de confier
Un tel secours, à ses fils nécessaire ?
Reine, c'était... moi, leur cousin Maugis,
Qui, pour punir nos communs ennemis,
Outre la guerre, où j'ai brillé jadis,
M'étais rendu savant dans l'art magique.
A ce secours, pour ma part, je joignis
Un escadron, plein d'un zèle héroïque.
Pour mes cousins voilà ce que je fis.
— Que fit Renaud ? répondit Angélique. »

CHANT QUATRIÈME.

Maugis continue l'histoire des quatre fils Aymon.—Siége de Montauban.

J'aime à propos la haute poésie.
Mais quand on a plané dans ses hauteurs,
Ne sent-on pas un peu la fantaisie,
Dut-on aller plus bas, d'aller ailleurs ?
Je le sais bien : le ciel a l'ambroisie :
Oui ; mais la terre a le miel et les fleurs.
J'offre ce doute, et qu'on me le pardonne ;
J'aurai pour moi du moins un vieux dicton :
Un ton guindé, noblement monotone,
Qui grandit tout, qui n'amuse personne,
Ce ton bien faux, c'est du *Phébus*, dit-on.
Un ton léger, simple avec élégance,
Où le sublime est près de la raison,
Et qui permet, en un doux abandon,
Que tour à tour on sente, on rie, on pense,
Ce ton bien vrai, voilà de l'*Apollon !*

Dissimulant à propos son sourire,
Par Angélique à Renaud rappelé,
Maugis poursuit dans le temps écoulé
Ce beau récit que l'univers admire :

« Lorsque d'Aymon les fils eurent quitté,
Leur tendre mère, et leur sœur Bradamante
Dont la valeur égalait la beauté,
Et qui voulait, marchant à leur côté,
Prouver déjà son adresse vaillante ;
Un projet sage entre nous arrêté,
Mena bien loin notre audace prudente.
De Charlemagne évitant les soldats,
Dans les forêts portant toujours nos pas,
Nous sûmes, forts de notre faible nombre,
Jusqu'en Gascogne arriver sans encombre.

CHANT QUATRIÈME.

De ce pays le prince humilié
De ses états regrettait la moitié;
Un Sarrazin d'une valeur extrême
Avait conquis vingt cités, Bordeaux même;
Et, peu content, le pauvre roi Nyon,
Avec sa cour, résidait à Dordogne,
Où serpentait le fleuve de ce nom.
Mais, secourant ce roi de la Gascogne,
Par cent exploits la famille d'Aymon
Au Sarrazin tailla de la besogne.
Après un choc, pour lui livré trop tôt,
Cet infidèle expira sous Renaud;
Et notre ardeur, difficile à décrire,
Au roi Nyon rendit tout son empire.
Nyon ravi, comme vous pensez bien,
Nous offrit tout; nous n'acceptâmes rien.
Renaud fut seul payé de ce service;
Car il fallut qu'il acceptât Clarice;
Du roi Nyon c'était l'aimable sœur......
(Et d'Angélique observant la pâleur,
Maugis poursuit :).... d'ailleurs bien peu jolie;
Même je crois sa carrière accomplie.
Or, pour sa dot, à Renaud bien traité
Nyon donna, justement magnifique,
De Montauban la ville et le comté.
Un fort y fut en trois mois ajouté.
Car l'empereur, gardant sa haine antique,
De ce présent pouvait être irrité.
Vous le sentez : tant de célérité
Dut quelque chose à mon savoir magique.
Oui : dans trois ans on n'aurait pu, je crois,
Fonder ce fort, élevé dans trois mois.
Mes farfadets le finissaient à peine,
Que Charlemagne envoya son héraut
Pour nous troubler dans ce nouveau domaine,
Et réclamer et Maugis et Renaud.
Le roi Nyon, bien que sans caractère,
A nous livrer rougit de consentir,
Et l'empereur lui déclara la guerre.
Non satisfait d'oser la soutenir,
Renaud, choqué de tant de violence,
Me dit : « J'irai de ce grand empereur
» Dans Paris même affronter la puissance. »
L'occasion riait à son ardeur.
Mettant à fin maint exploit indicible,
Roland de Charle avait été l'appui;
Et l'empereur, à son zèle sensible,
Voulait donner à son neveu terrible
Un destrier qui fût digne de lui.
Pour le trouver, faute d'autre ressource,
Ce grand monarque, offrant le plus beau prix,
Fit en tous lieux publier une course
Dont il devait être juge à Paris.

» Renaud voulut entrer dans cette lice.
De sa folie il me rendit complice.
Incognito nous partons tous les deux,
Tous deux masqués d'une armure noircie;
Et son Bayard, méconnaissable aux yeux,
Est d'Alezan, devenu cheval pie.
Un nœud secret, échappant au regard,
Faisait boiter, tout bas, le fier Bayard;
Et, se prêtant à la plaisanterie,
Ce destrier, aussi malin que nous,
Portait sa tête en vrai porteur de choux.
Voilà, princesse, avec quel équipage,
Dans la carrière, entra le grand Renaud.
Vous devinez qu'à cet aspect fallot
Une huée accueillit son passage.
Chacun riait : lui seul ne disait mot.
Les concurrens se plaçaient à la ronde.
Lorsque Renaud parut, sans contester,
On le plaça derrière tout le monde,
En lui disant : « Vous y pouvez rester. »
Et cependant la trompette résonne,
Résonne encore, et le signal se donne.
Moi qui faisais l'écuyer, avec art
Pendant ce temps je détachais Bayard :
Et cependant, malgré ma vigilance,
Les concurrens prenaient déjà l'avance.
Renaud, d'abord qu'il s'en fut aperçu,
Dit : « Quoi! Bayard, serais-tu donc vaincu! »
A cet accent, hérissant sa crinière,
Bayard s'élance; il a déjà repris
Et sa vigueur et sa beauté première.
Aux yeux confus des spectateurs surpris,
Au loin il vole, élevant la poussière;
Et, dépassant les prétendans du prix,
Bien avant eux il touche à la barrière.
Tout le premier, Charles, dans son erreur,
Avant la joute avait ri du vainqueur.
« De ton coursier laisse-moi faire emplette,
Guerrier, dit-il, compte sur ma faveur,
Et sois certain que ta fortune est faite. »
Le fils d'Aymon lui répondit : « Seigneur,
Un chevalier, bien loin de vos pensées,
A vos désirs aurait sans doute égard :
Mais, quoi! privé de vos bontés passées,
Il faut du moins qu'il lui reste Bayard.
—Bayard! Renaud! dit Charles, qu'on l'arrête! »
Renaud, Bayard, étaient déjà partis.
Cent chevaliers se mirent à sa quête,
Et sur ses pas coururent le pays.
Ils furent tous, encor qu'osant se plaindre,
Assez heureux pour ne le pas atteindre.
Par un détour, moi, je le rejoignais.
Nous n'étions pas au bout de la semaine,

Que Montauban nous revit dans sa plaine ;
Mais l'empereur nous y suivit de près.

» Je sens ici que le regret me gagne
En vous parlant des torts de Charlemagne,
En le peignant à vos yeux sous des traits
Bien différens de ses autres portraits.
Cet empereur que le monde révère,
Ce conquérant que la mort de mon père
Ne me doit pas empêcher d'admirer,
Grand dans la paix, non moins grand dans la guerre,
A mérité long-temps que sur la terre
Nul prince à lui ne pût se comparer.
Chef des Français, Charles, à leur mémoire
Possède un droit cher à tout noble cœur :
Sous lui la France a vu doubler sa gloire ;
Et ne l'a pas trop payée en bonheur ;
C'est à ce prix qu'elle aime la victoire.
Trente héros abattus par sa main,
Le Goth Logbrod, l'Allemand Vitikin,
Le Grec Léon, et Trojan l'Africain
Ont à jamais illustré sa jeunesse.
Mais dès long-temps l'importune vieillesse,
Comme sur tous, ose peser sur lui.
Il fut Hector : c'est Priam aujourd'hui,
Priam moins doux que celui de la Grèce.
Ce sage roi, qui gouverna si bien,
Dans son vieil âge, accessible aux folies,
De la raison cherche moins le soutien ;
L'entêtement, cher aux petits génies,
Est quelquefois arrivé jusqu'au sien.

» Ce mouvement, où son ame se livre,
A Montauban l'engage à nous poursuivre.
Malgré ses pairs, sur ses pas accourus,
Il vit long-temps tous ses vœux superflus,
Que de combats ! que d'efforts on déploie !
Les détailler n'entre pas dans mon plan ;
Mais vous verriez jusqu'au siége de Troie
Pâlir devant celui de Montauban.
Plus que jamais, déployant leur élan,
Les fils d'Aymon là se firent connaître.
Richardet même, à peine adolescent,
Et d'une fille ayant l'air séduisant,
En fait d'exploits se montrait déjà maître.
Et Charlemagne et ses illustres pairs,
Tous si vantés dans l'immense univers,
Avec fureur, autour de ses murailles,
Multipliaient les assauts, les batailles ;
Et ses soldats de vingt pays divers
Au pied du fort trouvaient leurs funérailles ;
Une famille avec peu de guerriers
Seule bravait ces assauts meurtriers.
Même, souvent de rapides sorties
Pour elle étaient de brillantes parties.
Renaud surtout signalait son effort.
Bayard et lui passaient comme la mort.
« Quoi ! se disait Charles, leur insolence,
Se joue ainsi de toute ma puissance.
Ce Montauban ment à mon noble sort
Je tiens le monde et ne peux prendre un fort !
Oh ! je le jure, et veux, quoi qu'il m'en coûte...
Dans sa colère, il écouta sans doute,
Non plus ses pairs, mais le vil Ganelon,
Ou Pinabel, ou quelque autre félon ;
Trop tôt, trop bien, on put le reconnaître.
Las à la fin de trouver des héros,
Cet empereur voulut chercher un traître,
Et rencontra Nyon bien à propos.
Ce roi timide écouta sa menace.
« Charles, dit-il un jour, ô mes amis,
Vous rend vos biens, et vous rentrez en grace.
En votre nom j'ai seulement promis
Que vous irez, à pied, lui rendre hommage,
Et qu'à son camp on vous verra demain
Arriver seuls, l'olivier à la main.
Ces beaux présens de sa foi sont le gage. »
J'étais absent : les nobles fils d'Aymon
Veulent tenir ce qu'a promis Nyon.
Ils approchaient ; et Renaud, qui s'étonne
En ne voyant venir vers lui personne,
Sent dans son cœur un noir pressentiment.
« Frères, dit il, partez, et promptement.
Sur cette paix, votre raison, plus sage,
Eut des soupçons que trop tard je partage :
Laissez-moi seul m'exposer au trépas.
— Nous, dirent-ils, te quitter ! tu l'espères ?
Nous pouvons bien ne nous réunir pas
Dans les conseils, mais non dans les combats ;
Va, comme nous, tous nos dangers sont frères. »

» Comme ils parlaient, voilà qu'à leurs regards
La trahison s'offre de toutes parts.
Les fils d'Aymon s'embrassent, et s'écrient :
« Il faut mourir, mourons avec honneur. »
Les ennemis au loin se multiplient.
Foulques, leur chef, accourt avec fureur.
« Rends-toi, dit-il à Renaud : » sans attendre,
Il a percé la cuisse du héros.
Voyant Renaud tomber, « il faut nous rendre,
S'écrie Alard : le ciel comble nos maux.
— Nous rendre ! dit Renaud qui se ranime ;
Mourons plutôt : mais dans ce jour fatal
De ce félon je punirai le crime. »
Il se levait. Foulques, lâche et brutal,
Contre Renaud a lancé son cheval.
Mais Foulques voit son attente trompée.

Atteint lui-même, et percé de l'épée,
Dernier secours que Renaud s'est gardé,
Il tombe, et meurt dans son sang inondé.
Renaud, qui prend son cheval et sa lance,
Ne songe plus que lui-même est blessé;
Et, plus altier, le voilà qui s'élance,
Et maint guerrier est encor renversé.
Alard, Guichard, par plus d'une blessure,
Ont à leur tour conquis une monture :
Mais Richardet plus faible, aussi vaillant,
Est pris enfin, et cède en frémissant.
Renaud le cherche, il l'entend; il s'écrie :
« O mes amis, courons : malheur à nous,
Si du supplice il subit l'infamie ! »
Et dans la foule opposée à leurs coups,
Ils se font jour. Leur généreux courroux
Fut admiré de l'ennemi lui-même.
Noble spectacle aux regards attendris !
On vit alors trois frères réunis
A mille bras ravir le quatrième.
Moment flatteur ! Richardet, remonté,
Combat, triomphe, et brille à leur côté.

» Mais vainement ils se couvrent de gloire.
Bientôt, vaincus, même par leur victoire,
Ils tomberont haletans, harassés,
D'exploits, de sang, de fatigue épuisés.
Non loin de là s'élevait une roche :
Peu d'ennemis en défendaient l'approche;
Un brusque effort les y fait parvenir,
Non tous, hélas ! Trompé dans son désir,
Le fier Guichard voit son cheval s'abattre.
Il se relève : il ose encor combattre;
Mais sous le nombre il faut bien succomber.
Couvert de sang, on le voit retomber.
A cet aspect, déjà ses adversaires
L'avaient quitté pour atteindre ses frères;
Hugues, lui seul, ému d'un vil transport,
Du preux mourant veut avancer la mort ;
Et, profitant du malheur qu'il aggrave,
Le fer d'un lâche atteint le sein d'un brave.
Par la douleur, Guichard se ranimant,
Se peut encor relever un moment.
Il marche même, aidé par son courage,
Et d'une main fermant au sang passage,
De l'autre il va percer son assassin,
Qui le croyait sur le sombre rivage.
Hugues expire; et le vainqueur, enfin,
De tout son sang voyait tarir la source.
De leur rocher, Alard et Richardet
L'apercevant, ont pris vers lui leur course,
Et vers ce mont, que Renaud seul gardait,
L'ont rapporté parmi des traits sans nombre

Qui paraissaient les couvrir de leur ombre.
Se ranimant aux baisers fraternels,
Guichard criait à ses frères : « Vengeance ! »
Bien plus : voyant l'ennemi qui s'avance,
« Je pourrai donc, dit-il, tyrans cruels,
Vous faire encor payer mes funérailles ! »
D'une ceinture il soutient ses entrailles,
Et, se faisant adosser au rocher,
Abat tous ceux qui l'y viennent chercher.
Les assaillans, témoins de ce spectacle,
De tant d'audace admiraient le miracle.
Au bas du roc, Ogier parut alors,
Avec regret amenant des renforts.
« Renaud, dit-il, à part osant le prendre,
Mon bras t'attaque et voudrait te défendre.
Tu peux, du moins, gagner quelques instans.
De ces hauteurs défends-nous les approches.
Renonce au fer : roule sur nous des roches :
D'en amasser je te laisse le temps.
Puisse un secours, dont mon cœur désespère,
Vous conserver à la gloire, aux Français ! »
En leur donnant ces précieux délais,
Ogier fit mieux qu'il n'avait pensé faire :
J'avais su tout, et, bien tard, j'accourais,
Accompagné d'une élite guerrière.
De son rocher Renaud nous aperçut,
Et des combats il rouvrit la carrière.
On le bravait, quand mon secours parut,
Avec terreur on hâta la retraite.
Ogier, du moins, retarda la défaite :
Le glaive en main, vers Renaud il courut :
« Renaud, dit-il, vous voilà plus de quatre ;
C'est à présent que l'on peut vous combattre. »
Sur ce héros il s'est précipité.
Renaud, frappé d'un coup de cimeterre,
Dut rendre grâce à l'armet enchanté
Qu'au fier Mambrin, ce géant redouté,
Il sut ravir aux champs de l'Angleterre.
Mais, à son tour, par son rival, pressé,
Sous son coursier Ogier est renversé ;
De l'existence il touchait les limites,
Pour remonter lui prêtant son secours,
Renaud lui dit : « Ogier, nous sommes quittes,
Et, cependant, je te devrai toujours. »

« Seigneur Maugis, dit alors Angélique,
Votre récit est noble, pathétique;
Je l'aime fort, et recueille avec soin
Tous ces hauts faits dont vous fûtes témoin.
Permettez-moi seulement de le dire :
Dans tout ceci je m'étonne, et j'admire
Comment Renaud, blessé grièvement,
Ne semble pas y songer seulement.

Guichard, surtout, me paraît incroyable.
Environné d'assaillans furieux,
Sanglant, percé d'un coup épouvantable,
Il est mourant, et ne s'en bat que mieux :
Le fait est vrai, plus qu'il n'est vraisemblable.
— Oui, dit Maugis, Guichard risqua beaucoup;
Et, sur ce point, mes pensers sont les vôtres.
S'il survécut à ce terrible coup,
C'est que la mort ne peut penser à tout ;
Puis les héros sont plus durs que les autres. »

« Soit, dit la Belle ; et je pouvais pourtant
Vous témoigner un moment de surprise.
Reposez-vous un peu : je me plais tant
A ce récit que je l'économise.
Soupons. » Maugis, qui, trop long-temps frugal,
Sur son rocher avait soupé très mal,
Dans ce palais fit une chère exquise.
Tandis qu'il montre au regard étonné
Un appétit vraiment passionné,
La sœur d'Argail, toute à l'amant qu'elle aime,
Ne parle pas, cause avec elle-même.
Elle se dit que ce Renaud charmant
Est revenu d'un froid égarement,
Qu'à ses attraits il rend sans doute hommage,
Qu'éloigné d'elle, il maudit le destin,
Qu'il la regrette, et qu'il l'aime à la rage.
Pauvre Angélique ! il a tort ; mais enfin
Vous vous trompez on ne peut davantage.

Pendant ce temps, près d'Angélique assis,
Assis devant des poulets, des perdrix,
Maugis muet écoutait ses pensées
En fait d'amour tout à fait redressées.
Il voyait bien que du roi Ganelon,
Pour lui, Maugis, la fille était sévère ;
Que de l'aimer il avait eu raison,
Mais qu'il avait le tort de ne pas plaire.
Il abdiqua, se disant plaisamment :
« Je deviens vieux. Jadis j'étais charmant. »
Ainsi parfois on est sa propre idole,
Et l'on se ment à la face du ciel ;
Et le passé qui ne fut pas, console
Assez souvent du présent trop réel.
Mais le troublant dans cette rêverie,
« Seigneur, reprit Angélique soudain,
Veuillez un peu me dire, je vous prie,
Ce qu'a de beau cet armet de Mambrin,
Fameux, dit-on, dans la chevalerie?
— C'est un armet que Renaud foudroyant
Conquit un jour sur Mambrin le géant:
Casque d'or pur mais qui surtout, madame,
Est enchanté, ne craint ni bras ni lame.
Par grand malheur, après l'avoir acquis

En triomphant de ce géant occis,
Il l'a perdu dans certaine bataille
En frappant trop et d'estoc et de taille ;
Prouvant ainsi devant tous les guerriers
Qu'il soignait moins son chef que ses lauriers.
Depuis ce jour, avec beaucoup de zèle,
Maint chevalier cherche cet armet-là ;
Car on prétend qu'un oracle fidèle
Offre et promet une gloire immortelle
Au chevalier qui le retrouvera. »
Le vieux Maugis, que cependant on note
Pour la magie et pour l'art d'observer,
Ne savait pas que le grand Don Quichotte
Le chercherait, et croirait le trouver.

Mais se levant, Angélique pressée,
Brûle d'entendre, et cherche à retenir
Des fils d'Aymon, cette histoire avancée,
Qu'elle voudrait ne voir jamais finir.

CHANT CINQUIÈME.

Maugis poursuit le récit de l'histoire des quatre fils Aymon et la sienne.—Siége de Montauban.—Maugis auprès de Renaud va combattre Gradasse.— Illusion.

Que je vous aime, histoires de l'enfance,
Premiers récits faits à mes premiers jours !
Doux à mon cœur, chers à ma souvenance,
Vous ressemblez aux premières amours.
Non, dans ces temps que je me représente,
Le plus bruyant, le plus beau des tambours
N'excitait pas mon ivresse naissante,
Comme *Peau d'Ane*, et le *Prince Riquet*,
La *Barbe Bleue*, et le *Petit Poucet*;
Brillans récits dont Perrault est l'Homère,
Et dont Merlin, je crois, fut l'Apollon.
Mais tous ces faits, malgré leurs droits à plaire,
Perdant pour moi leur crédit, leur renom,
Disparaissaient, comme l'ombre légère,
Devant les faits des *Quatre Fils Aymon*.

Maugis enfin, seul avec Angélique,
Reprend ainsi son récit héroïque :
« Quand du combat le champ nous fut laissé,
Des fils d'Aymon chacun était blessé,
Hormis Alard, qui méritait de l'être.
Peut-être alors je fis mon coup de maître :
Mon amitié, mes simples, et mon art,
Pour quelque temps ranimèrent Guichard ;
Et Montauban, contre toute espérance,
Dans nos remparts revit notre vaillance.
Ah ! quel dépit pour le grand empereur !

Il m'avait vu toujours avec horreur.
De ce jour, grace à son attaque vaine,
Je fus l'objet le plus cher à sa haine;
Et me tenir en son cruel pouvoir.
De son désir fut le plus cher espoir.
Et cependant, d'un autre sang avide,
En son erreur, il brûlait de punir
Le roi Nyon qu'il traitait de perfide,
Mais qui l'avait été pour le servir.
Craignant Renaud, et non moins Charlemagne,
Dans un couvent Nyon se confinait.
Roland, un jour, en courant la campagne,
L'y découvrit, l'arrêta, l'emmenait,
Quand de ce roi Renaud apprit la peine :
« Partons, dit-il, et tâchons aujourd'hui
De le sauver, pour nous venger de lui. »
Les fils d'Aymon, qui franchissent la plaine,
A temps encor joignent Nyon tremblant.
Tandis qu'Alard résistait à Roland,
Du vieux Nyon Renaud brisait la chaîne.
A cet aspect, Roland, plus courroucé,
Renverse Alard, le laisse renversé,
Et suit Nyon sans le pouvoir atteindre :
Le pauvre Alard n'en fut que plus à plaindre.
Ce chevalier, se voyant entourer,
A Pinabel fut forcé de se rendre,
A l'empereur on courut le livrer,
Et l'empereur voulut le faire pendre.
Surpris, outrés, et pleins d'un noble esprit,
Les chevaliers voulaient tous le défendre;
Roland surtout. Alard leur répondit :
« Ah! modérez ce zèle noble et tendre :
De me sauver mes frères sont jaloux,
Et de Renaud j'ai droit de tout attendre,
Puisque je n'ai rien à craindre de vous. »

« Charle, en effet, craint qu'on ne lui ravisse
Ce fils d'Aymon, et veut qu'un chevalier
Escorte Alard au lieu de son supplice :
Mais nul d'entre eux ne veut d'un tel métier.
—Seigneur, répond Richard de Normandie,
Des chevaliers ne sont pas des bourreaux.
—Vous et moi, dit Roland qui se récrie,
Nous flétririons nos lauriers les plus beaux. »
Tremblant qu'Alard au supplice n'échappe,
Charle à Turpin dit : « *Je vous ferai pape.* »
Turpin répond, sincère en son aveu :
« *Pas ne voudrais, à ce prix, être Dieu.* »
Pinabel même, et Ganelon l'infâme,
Pour s'excuser ont un prétexte adroit.
Enfin Ripu, guerrier vil par son ame,
Vaillant de corps, se présente : on reçoit
Cette offre indigne : et, par mille caresses,

Charle égaré confirme ses promesses.
Vers l'échafaud, d'Alard guidant les pas,
Ripu s'avance avec mille soldats.
Vous connaissez cette espèce bizarre
Qu'un chef conduit, qu'un même chef égare ;
Humains, cruels, nobles, vils, tour à tour,
L'honneur les meut, l'intérêt les conseille ;
Et, trop souvent, en scélérats du jour
On a changé ces héros de la veille.
Mais ces soldats et leur chef effronté,
Marchent en vain ; car notre amitié veille.
Nous paraissons. Un tiers épouvanté
Fuit : l'autre meurt, et l'autre est écarté ;
Alard est libre; et, sans miséricorde,
Ripu, saisi, pend à la même corde.
J'écris : Ci-gît le chevalier Ripu,
Qui voulut pendre, et se trouva pendu.

» De l'empereur vous sentez la furie :
A juste droit, dans ce secours si prompt,
Il soupçonna quelque peu de magie,
Et jura bien de venger son affront.
Il en voulait, avant tout à ma vie.
Je le vis bien, lorsque les fils d'Aymon,
Alard surtout, désormais implacable,
Un certain jour, de leur main redoutable,
Eurent brisé le royal pavillon,
Et, devant tous, fait la noble conquête
De l'aigle d'or qui couronnait son faîte.
Il s'ensuivit un choc rempli d'horreur,
Renaud alors rencontra l'empereur,
Et du combat négligeant l'avantage :
« Sire, dit-il, ne dois-je plus jamais
Revoir mon roi qu'au milieu du carnage !
En notre sang, au sang de vos sujets,
C'est trop laver un malheureux outrage.
Nous désirons vos bontés et la paix,
Tout en bravant les combats et la guerre,
Au nom d'Aymon, notre malheureux père,
Daignez enfin calmer votre courroux :
Nos bras, nos cœurs, notre sang est à vous.
Pour vous fléchir il n'est rien qu'on ne fasse :
En votre main je remets Montauban,
Même Bayard; et, devers le Liban,
Les Sarrasins connaîtront mon audace. »
Charles répond à mon cousin surpris :
« J'oublirai tout, et ne veux que Maugis ;
Livrez-le-moi.— Dieu ! qu'en voulez-vous faire ?
— Par son supplice épouvanter la terre.
— Sire, un seul mot : des royaumes conquis
Vous paîraient-ils la rançon de Maugis ?
— Non : c'est Maugis, fier de ses stratagèmes,
Qui, par vos mains, doit m'être enfin remis.

— Nous nous pourrions livrer plutôt nous-mêmes.
— Mourrez donc tous. Rebelle, défends-toi ;
Je te permets de combattre ton roi. »
A ce signal, à ce cri de vengeance,
De toutes parts le combat recommence.
Charles, d'un coup avec force asséné,
Brise l'écu de Renaud étonné :
Mais, à son tour, Renaud, d'un coup terrible,
Étourdit Charle autrefois invincible.
Il le saisit, l'élève dans les airs,
Et, le mettant sur Bayard en travers,
Pique des deux, en s'écriant : « Mes frères,
Secondez-moi : je réponds de la paix. »
Mais son cousin, l'Achille des Français,
Roland poursuit ses traces téméraires :
Le fier Roland criait : « Renaud, Renaud,
Tu t'es chargé d'un trop pesant fardeau. »
Il fallut bien que Renaud lâchât prise,
Et la nuit sombre, étendant son rideau,
Vint, et laissa la bataille indécise.

» Mais, je le dois avouer franchement,
De l'empereur le long ressentiment
Blessa mon cœur ; et, dès la nuit suivante,
Charles me vit apparaître en sa tente.
Il regardait, muet d'étonnement.
« Ma mort, lui dis-je, est, pour vous, nécessaire :
Si votre fils a péri chez mon père,
Mon père, à qui vous aviez pardonné,
Dans vos états est mort assassiné.
Sur les Esprits si j'ai quelque puissance,
J'aurais, plus loin, pu pousser ma vengeance ;
J'en ai calmé le trop juste désir.
Je suis humain : Ganelon vit encore,
Ce Ganelon, que vous deviez punir.
Je ne ferai rien qui me déshonore ;
Mais vous, qu'emporte un courroux décevant,
Daignez penser, alors qu'il vous domine,
Que votre vie est dans mes mains, souvent. »
Il le vit bien ; car, entre sa poitrine
Et son bras droit, qu'il tenait appuyé,
Je fis alors siffler ma javeline.
Au premier cri du monarque effrayé,
On accourut avec tant de furie,
Qu'environné soudain de combattans,
Je ne pus pas employer la magie ;
Et ma vaillance y suppléa long-temps.
Mais, au milieu du camp, que je traverse,
Voilà qu'enfin le terrible Olivier
M'atteint, me blesse, et même me renverse.
« Rends-toi d'abord, inconnu chevalier.
— A votre foi, dis-je, je m'abandonne,
Si vous voulez jurer, sur votre honneur,

De ne jamais me livrer à personne.
— Oui, reprit-il, et fût-ce à l'empereur :
Oui, je le jure à l'arbitre suprême,
Plutôt, j'irai vous poignarder moi-même.
— Je suis content, répondis-je ; » et d'abord,
Il sut mon nom, et devina mon sort.
Il en frémit, mais il tint sa parole.
Quand l'empereur, de mon sang altéré,
Entre ses mains croyait me voir livré,
« Avant Maugis, sire, que l'on m'immole,
Dit ce héros, et je le défendrai. »
Charles répond : « Oui, tu peux le défendre :
J'y consens, mais on peut te le ravir,
Et vers ce but tous mes guerriers vont tendre.
Mille, à ces mots, volent pour l'assaillir,
Et d'Olivier la vaillance animée,
Devant Roland, qui l'osait applaudir,
Se défendait contre toute une armée,

» Lors je parus : « Valeureux combattans,
Dieu ! pour quel but votre foule s'empresse !
Noble Olivier, je te rends tes sermens.
— Et moi, dit-il, je te rends ta promesse. »
(J'avais promis que nuls enchantemens
A m'échapper n'aideraient mon adresse.)
Tranquille alors, j'entendis mon arrêt.
Le lendemain, dès que le jour naîtrait,
Malgré mon rang, et malgré mes ancêtres,
J'allais subir (Charles me l'annonçait)
L'ignoble mort que l'on réserve aux traîtres.
Je demandai, d'un air très résigné,
De n'être pas jusqu'au jour enchaîné.
« Ne craignez pas que j'échappe à ma peine,
Et ma parole est la meilleure chaîne.
Je vous la donne, et m'y vois obligé.
Au jour naissant j'en serai dégagé :
Et, même alors, si je pars, je m'engage
A ne partir qu'en ayant pris congé ;
Mais j'ai bien peur de faire un grand voyage. »
Par mon effroi Charles encouragé,
Ne me craint plus, et des fers me dispense.
Mais dans sa tente il veut me voir gardé
Jusqu'au matin, si cher à sa vengeance
Dont il croyait l'espoir peu hasardé.
L'aurore vint, et Charles, plein de joie,
De mon supplice indiquait le moment,
Lorsque, mon art lui dérobant sa proie,
Sa voix s'éteint dans un long bâillement ;
Charle au sommeil résiste vainement,
Et sur son lit tombe languissamment.
Roland le voit avec étonnement,
A ses côtés s'endort pareillement ;
Et, pénétrés du même sentiment

CHANT CINQUIÈME.

Chefs et soldats, tous, sans savoir comment,
Ont partagé cet assoupissement.

» Je ris d'abord : puis, en juste adversaire
Je pille un peu : c'est le droit de la guerre.
De l'empereur me souvenant alors,
Je posai mieux sa tête mal posée.
Je le liai par de secrets ressorts,
Et puis, avant d'emporter ses trésors,
Je le touchai d'un flacon de rosée.
Quand je le vois du sommeil dégagé :
« Grand empereur, dis-je avec politesse,
J'ai bien promis que je prendrais congé ;
Et vous voyez que je tiens ma promesse. »
Charle, à ces mots, appelle, furieux,
Tous ses guerriers, qui n'en dorment que mieux.
Je pars content, à sa vue alarmée ;
Et, mon butin placé loin des hasards,
Je reviens vite, invisible aux regards,
Pour assister au réveil de l'armée.

» Le preux Roland s'éveilla le premier,
Et je plaignais ce fameux chevalier.
« Quoi ! c'est ainsi que l'on sait me défendre,
Lui dit le roi : vous, et chaque guerrier,
Faisiez semblant de ne me pas entendre.
Maugis, Maugis emporte mon trésor,
Et mes bijoux, et ma couronne d'or,
Et, qui pis est, *Joyeuse*, mon épée,
Qui dans son sang devait être trempée. »
Avec respect Roland lui répondit :
« J'ai grand regret à tout ce qu'il ravit.
Je n'aurais cru jamais, je le confesse,
Qu'un chevalier pût fausser sa promesse.
Je me trompais : car, avant de partir,
Maugis, seigneur, devait vous avertir.
—Hélas ! Maugis, de m'outrager avide,
Ne m'a que trop averti, le perfide !
Courez, suivez cet Enchanteur fatal.
— Oui, dit Roland, qui tout à coup s'écrie :
Ciel ! il emporte aussi ma *Durandal* ! »
Non moins surpris, Olivier prend fort mal
Sa *Haute-claire*, à son côté ravie.
Les douze pairs, ces graves paladins,
Cherchent aussi leurs glaives inhumains.
Fort plaisamment leurs fureurs se déploient.
A Montauban aussitôt ils envoient
Me défier, ainsi que mes cousins.
Du haut des murs on m'entendit répondre :
« Qu'ils viennent tous ; nous saurons les confondre. »
Ils vinrent tous, sur leurs grands destriers,
Se flattant bien de venger leurs offenses,
Ils s'avançaient, et leurs vieux écuyers

Suivaient, chargés de leurs nouvelles lances,
Quand, sans épée, et vêtu galamment,
De Montauban j'osai franchir la porte.
Des ménestrels composant mon escorte,
M'accompagnaient chacun d'un instrument.
Une chanson était de la partie.
Je l'avais faite, et pas trop bien, vraiment :
L'art des beaux vers est une autre magie !

« Dansez, paladins révérés :
Vous danserez, vous danserez.

» Vous arrivez pour nous combattre,
Mais en vain vous pressez le pas ;
Car nous ne nous défendrons pas :
C'est le sûr moyen de vous battre.

» Dansez, paladins révérés :
Vous danserez, vous danserez.

» Et la joie et la bonne chère,
Vont bientôt vous faire fléchir.
Guerriers, disputons de plaisir :
C'est vraiment la petite guerre.

» Dansez, paladins révérés,
Vous danserez, vous danserez.

» Vous faites de la résistance,
Vous voulez montrer du courroux....?
Oui, vous aurez affaire à nous :
Nous vous ménageons une danse :

» Dansez, paladins révérés :
Vous danserez, vous danserez. »

» C'est qu'en effet, et grace à ma puissance,
En dépit d'eux, à ces accens nouveaux,
Vous eussiez vu s'agiter en cadence
Les chevaliers, et même les chevaux,
Et, dans le fort ouvert très à propos,
En dépit d'eux, entrer en contre-danse.
La porte, alors, se refermant sur eux,
Ils furent pris, et furent bien honteux.
Ils craignaient tout : mais ils se rassurèrent
Lorsque d'Aymon les quatre fils entrèrent.
Chacun menait une jeune Beauté ;
Et douze, aux pairs, d'un air rempli de charmes,
Dirent : « Seigneurs, garderez-vous vos armes ? »
Renaud ajoute, avec grace et gaîté :
« A nos désirs prêtez-vous, sans murmure ;
Donnez ce soir tout entier au plaisir ;
Et, dès demain, terminant l'aventure,
Dans votre camp vous pourrez revenir,
Et n'aurez rien perdu, je vous le jure. »
Cette nuit fut un long enchantement.
Propos joyeux, souper fin, bal charmant !

On termina cette douce féerie
En s'embrassant, le matin, de grand cœur;
Et, complétant leur armure chérie,
Les douze pairs, retrouvant leur ardeur,
Furent enfin rejoindre l'empereur,
Fort inquiet de sa chevalerie,
Du fier Renaud chacun vante, enchanté,
Le bon accueil, la générosité;
« Il n'a, dit-on, gardé rien à personne, »
On se trompait : il avait retenu
Joyeuse, et l'aigle, et même la couronne.
Avec la paix, Charle eût tout obtenu :
Quoi que ses preux pussent et dire et faire,
Il préféra la vengeance et la guerre,
Aux députés par Renaud envoyés
Pour demander la paix presque à ses pieds,
Il répondit : « Avant tout il faut rendre
Tous les trésors que l'on osa me prendre.
Entre vos mains un coffre sera mis :
Partez avec, sitôt que la lumière
Reparaîtra : que tout y soit remis;
Qu'on le renvoie en y joignant Maugis,
Et je verrai ce que je pourrai faire. »

» Un tel discours, qui me fut rapporté,
Pouvait peut-être armer ma cruauté;
Mais il ne fit que piquer ma malice.
A Montauban le coffre fut porté.
Il arrivait au sein de la cité,
Quand aux héros dont j'étais le complice
Je dis : « Ici j'ai trop long-temps resté.
D'abord je suis épuisé de miracles.
Puis à la paix je mettrais des obstacles ;
Et puis encore, à ne vous rien cacher,
Mes chers amis, Dieu vient de me toucher.
A la retraite, en un mot, tout m'invite :
J'ai fait le diable, et vais me faire ermite.
Adieu. Songez, généreux fils d'Aymon,
Que, pour la paix, si quelque occasion
S'offrait à vous, il faut qu'on en profite.
Songez-y bien : » je dis, et disparus.
Les fils d'Aymon se taisaient abattus,
Quand, dans le coffre entendant quelque chose.
Renaud surpris à l'ouvrir se dispose...
Par un prestige, ô ciel, est-il séduit!
Il voit sortir Charlemagne en personne,
En camisole; et le bonnet de nuit,
Pour le moment, remplaçait la couronne.
Les fils d'Aymon, à ce grotesque aspect,
Sentent le rire étouffer le respect.
L'étonnement couvrait chaque visage.
Dans cet état par mes lutins coffré,
Dans cet état aux fils d'Aymon livré,

Charles jouait un mauvais personnage.
Paraître ainsi, lui, ce roi si connu
Par ses exploits qu'en tous lieux on renomme !
Quand un prince est en chemise, ou tout nu,
On jurerait, vraiment, que c'est un homme.
Renaud, de Charle ennemi généreux,
Lui pardonna dès qu'il fut malheureux.
Et, se montrant bon jusqu'à la folie,
« Sire, dit-il, et mes frères, et moi,
Nous ignorons cette plaisanterie.
Même en ces lieux, vous êtes notre roi.
Vous êtes libre, et l'on va tout vous rendre.
— Quoi! dit Alard, même cet aigle d'or
Que dans son camp ma valeur a su prendre? »
Alard, outré, se souvenait encor
Que l'empereur voulut le faire pendre.
Renaud, si bien, sut calmer son essor :
Qu'à l'aigle même il cessa de prétendre ;
Et Charlemagne, a qui tout fut rendu,
Sortit de là mieux qu'il n'était venu.
Ainsi finit pour ce prince admirable,
Cette aventure assez désagréable,
Tel est le sort. Sans en être moins grands,
Sans mériter moins d'honneur et de gloire,
Les plus grands rois ont de mauvais momens :
On ne met pas cela dans leur histoire. »

CHANT SIXIÈME.

Fin du siége de Montauban. — Vaine tentative de Maugis auprès de Renaud. — Renaud va combattre Gradasse. — Illusion.

Vivent les Rois ! C'est encor sur la terre
Ce que je sais de meilleur, de plus sûr.
Ils laissent loin maint tyran populaire ;
Maint *citoyen*, tyran cent fois plus dur.
Et cependant on voit quelle erreur gagne
l'Empereur Roi qu'on nommait Charlemagne :
Nul n'est parfait, surtout qui se croit tel,
Surtout les rois voulant qu'on les encense
Et se croyant toujours sur un autel.
O Dieu, mets donc toujours dans ta clémence
De la raison auprès de la puissance!

Aussi Maugis, poursuivant son récit,
Devint soudain très sérieux, et dit :
« O race vile, ô flatteurs trop coupables,
Eh quoi! toujours, dans vos lâches excès,
Vous rendrez donc les bons princes mauvais,
Et vous rendrez les méchans détestables!
Bien aisément sans doute, en France, ailleurs,
Un Roi s'enivre au banquet des grandeurs :

Mais c'est par vous ; mais votre lâche troupe
De plus d'un prince égare la raison.
Si le pouvoir lui présente la coupe,
C'est vous cruels qui versez le poison.
Soyez maudits! C'est sur vous que se fonde
Le tort des grands et le malheur du monde.

» Charles, tiré d'un fâcheux embarras,
Vint à la fin rassurer ses soldats.
Bayard était sa brillante monture.
En le voyant qui revenait ainsi,
Chacun pensa que la paix était sûre.
Hélas! sans doute, il le croyait aussi,
Mais à l'envi l'on cherche à le surprendre.
En le trompant poursuivant son accueil,
Ses courtisans assiégent son orgueil,
« Renaud n'a fait que son devoir de rendre,
On en devait encore plus attendre.
Du dernier tour rien n'égale l'horreur. »
Le Pinabel pire encor qu'un flatteur,
Au Ganelon s'unit, et le protége.
Par leurs conseils abusant l'Empereur,
Ils firent tant, par leur affreux manége,
Qu'il oublia tout, hormis sa fureur.
Rendant Bayard au héros qu'il assiége,
Il lui propose une outrageuse loi.
Cités au loin dans l'élite des braves,
Les fils d'Aymon voulaient se rendre au roi
En chevaliers, mais non pas en esclaves.
On leur disait : soyez vils, ou mourez.
Ils ne pouvaient demeurer en balance.
Dans ses horreurs la guerre recommence.

» Plusieurs assauts en vain furent livrés.
Mais par Roland dans leur fort resserrés,
Ils sont bientôt sans pain, sans espérance.
Tout appauvrit leurs banquets indigens,
Et la famine est un des assiégeans.
Elle en devient même le plus terrible.
Peindre ces maux serait chose impossible.
Dans Montauban tout peuplé de tombeaux,
On ne voyait que des visages blêmes.
Les cavaliers dévoraient leurs chevaux,
Et des regards se dévoraient eux-mêmes.
Les fils d'Aymon, seuls, un peu plus long-tems,
Purent garder leurs coursiers excellens.
Pour eux aussi, le jour du sacrifice
Arrive enfin. « Ah! s'écriait Alard,
On doit, du moins, commencer par Bayard :
De tous nos maux son maître est le complice,
Lui qui n'a pas, dans sa coupable erreur,
Voulu garder ce perfide empereur.
Mort à Bayard! — Mon frère, ô mon cher frère,

Dit Richardet, ah! que voudrais-tu faire?
Dans ces momens abjure un vain courroux.
Sur le passé que sert de nous débattre?
Quoi! nous pourrions, dans nos regrets jaloux,
Frapper Bayard qui nous a sauvés tous,
Et, tu le sais, nous a portés tous quatre!
Puisque avec nous il sut si bien combattre,
Non, il ne doit expirer qu'avec nous.
— Sans doute, amis; et puis, oubliez-vous,
Leur dit Renaud, dans quelle circonstance,
Par quel moyen il vint en ma puissance?
Libre en ces bois, furieux, indompté,
A mille preux il avait résisté,
A mon aspect, il perdit cette envie.
Il m'adopta pour son maître à l'instant,
Et, d'un air doux, sur ma trace accourant,
Il paraissait dire en me regardant :
Nous passerons ensemble notre vie.
Souvent, depuis, de ma valeur rival,
Pour me sauver qu'il déploya d'audace!
O, pour Bayard, mes frères, grace, grace!
C'est mon ami, ce n'est pas mon cheval. »
Renaud disait, et, peignant ses alarmes,
Ses yeux étaient remplis de nobles larmes.
Alard, Guichard, modérant leur courroux,
Ont accueilli sa prière sacrée.
Ils ont repris des sentimens plus doux,
Et de Bayard la perte est différée.

» Mais il advint que, peu de jours après,
L'âpre besoin cria plus que jamais,
Et de Bayard la mort redemandée,
Ne pouvait plus, hélas! être éludée.
Renaud alors à ses cruels guerriers
Dit : « A demain, du moins, que l'on attende. »
La nuit venait : la gloire et les lauriers
Contre la faim n'ont rien qui nous défende.
Que fait Renaud? De moment en moment
Plus accablé, dans la nuit solitaire,
Avec Bayard il sort secrètement,
Et va tout droit aux tentes de son père.
Par l'empereur dès long-temps appelé,
Aymon venait, de douleur accablé,
De ses enfans consommer la ruine ;
Et, malgré lui, contre leur triste fort
Il dirigeait la fatale machine
Qui leur lançait les rochers et la mort.
Triste et rêveur, il veillait dans sa tente ;
Renaud livide à ses yeux se présente,
— « O ciel! mon fils! est-ce lui que je vois?
Est-ce son ombre aux enfers échappée? »
Renaud chancelle, et dit : « C'est encor moi.
Bientôt la faim, au défaut de l'épée,

Va vous ravir vos enfans malheureux.
Vous le voulez. O mon père, mon père,
Est-ce bien vous qui combattez contre eux!
Est-ce bien vous qui comblez leur misère!
Vous qui jadis..... Vous nous aimiez alors!
Charle à vos fils garde une mort infâme :
Je la repousse, et vois de mille morts
Mourir mes preux, mes enfans et ma femme.
Depuis deux jours rien n'a calmé la faim,
L'horrible faim dont l'horreur les dévore.
Pour eux, mon père, accordez-moi du pain :
De tous vos dons c'est le seul que j'implore.
— Tais-toi, mon fils, fais grace à ma douleur,
Dit le vieillard déjà mouillé de larmes;
Par quel tableau tu déchires mon cœur!
Après long-temps, un cruel empereur
Contre mes fils m'a fait tourner mes armes :
Mais au besoin les puis-je abandonner!
Ton père, ici, n'a rien à te défendre.
C'est mon devoir de ne te rien donner,
C'est mon devoir de te laisser tout prendre. »
Il dit, le presse entre ses bras, et sort.
D'un tel accueil Renaud use d'abord :
Autour de lui sans obstacle il amasse
Tout ce qu'il trouve. Il en charge Bayard,
Et, satisfait, il rentre dans la place,
Où son secours n'arriva pas trop tard.
Le lendemain, dès l'aurore nouvelle,
Aymon, vaincu par l'amour paternelle,
Fit acheter des vivres en secret :
Comme cailloux sans cesse il les lançait.
Charles lui-même, étonné de son zèle,
Avec plaisir admirait son effort.
Il eût juré qu'Aymon lançait la mort :
Plein d'un beau zèle et d'une juste envie,
A ses enfans Aymon lançait la vie.
Assaut grotesque et touchant à la fois!
Perdrix, canards, sont les traits qu'on décoche :
Dindons volaient, et volaient mieux cent fois
Qu'avant d'avoir été mis à la broche.
Que de pâtés roulant de toutes parts!
Les saucissons tombaient comme la pluie.
Rien de si beau n'a frappé les regards
Des amateurs de la gastronomie.
Les assiégés, intrépides soldats,
De ces rochers ramassaient les éclats.
Mais, comme on voit, que par diverses causes,
Le mal, souvent, naît des meilleures choses,
Des imprudens, qui ne se rangeaient pas,
Virent, par-là, leur fin précipitée.
Tel d'un jambon eut la cuisse emportée,
Et tel mourut d'un coup de cervelas.

» Roland, d'Aymon connut bientôt la ruse
Dans ce cœur noble elle avait son excuse.
Il se taisait : mais Pinabel parla;
Et le méchant enfin la dévoila.
Il fit bien plus; détestable vipère,
De Charlemagne il aigrit la colère.
Peu s'en fallut que le peuple indigné
Ne vît Aymon au supplice traîné.
« Sire, disait cette illustre victime,
Vous obéir, voilà quel fut mon crime :
Le réparer fut mon droit, mon espoir :
Sauver ses fils est le premier devoir. »
Nayme et Roland, d'un effort salutaire,
Firent enfin à Charles concevoir
Qu'Aymon faisait ainsi qu'il devait faire,
Et qu'on avait trop exigé d'un père.
Dans ses états Aymon fut renvoyé;
Et, de Renaud poursuivant la ruine,
Charle, à regret par les pairs appuyé,
Dans Montauban fit rentrer la famine.
Les assiégés, chancelans et défaits,
N'avaient été si malheureux jamais.
Le roi touchait au jour de sa vengeance,
Quand un vieillard, en secret survenu,
Dit à Renaud : Seigneur, je me suis tu
'Tant qu'il restait un rayon d'espérance.
Mais apprenez que l'antique château,
Que dans ces lieux remplace un tout nouveau,
Cacha toujours un souterrain immense,
Qui, loin d'ici, dans la plaine s'avance.
Par des motifs trop longs à vous donner,
Je fus chargé d'en celer l'ouverture :
Vous ne pouviez jamais la deviner;
Vous la saurez. Votre mort était sûre;
Mais, grâce au ciel, j'ai gardé les moyens
De sauver vous, et mes concitoyens,
Charles, vainqueur moins qu'il n'ose le croire,
Aura perdu le fruit de ses combats.
Qu'il ait le fort : il ne vous aura pas,
Et vous aurez aussi votre victoire. »

» Le vieillard dit; et brisant leurs liens,
Il montre, il ouvre, une secrète issue,
Qu'un mur épais dérobait à la vue.
Par ce détour, suivi de tous les siens,
Renaud s'échappe, et s'enfonce en Gascogne.
Par le secret son départ fut couvert.
Depuis trois jours il était à Dordogne,
Quand Charle entra dans Montauban désert.
En maudissant le sort qui le protége,
A le poursuivre il est très empressé.
Mais, cette fois, des Gascons renforcé,
Le fier Renaud n'attendit pas un siège;

CHANT SIXIÈME.

Et, secondé par Huon de Bordeaux,
Fils de Nyon, et son jeune beau-frère,
Ce paladin, par des hauts faits nouveaux,
Sut balancer la fortune contraire.
Dans tous les lieux se portant tour à tour,
Faible de nombre, il fut fort pour la gloire;
Et, si Roland resta vainqueur un jour,
Renaud aussi sut trouver sa victoire.
Des douze pairs le pair le plus vaillant,
Le plus fameux, Richard de Normandie,
Se fiant trop aux succès de Roland,
Vit, par Renaud, sa liberté ravie.
« Ah! voilà donc, dit Alard en courroux,
Un de ces pairs qui souffraient que sur nous
On appelât le supplice du traître!
Il doit subir le trépas que son maître
Me réservait, et nous réserve à tous. »
On l'applaudit : seul, gardant le silence,
Renaud, pensif, sur une haute tour
Fait élever un échafaud immense
Que l'on voyait dans les champs d'alentour.
Alard enfin put croire à sa vengeance.
« Oui, disait-il, à qui s'ose avilir
Donnons ici cet exemple sévère :
Aveuglément lorsqu'on voulut tout faire,
Aveuglément il faut bien tout subir.
Charle, chéri, comme estimé des braves,
De ses vertus n'eût point trouvé l'écueil,
Si sa colère eût trouvé plus d'entraves.
Trop de bassesse enfante trop d'orgueil,
Et les tyrans sont faits par les esclaves. »

» Pour Pinabel, pour Ganelon, Alard
Avait raison, mais non point pour Richard
Dont constamment la voix noble et sincère,
De Charle, au moins, combattait la colère.
Avec Nyon, ce généreux guerrier
Jouait assis devant un échiquier :
Il voit entrer des suppôts de justice
Qui, poliment, l'invitent au supplice.
Sur eux il jette un regard méprisant,
Et continue ainsi qu'auparavant.
Quelqu'un insiste; il s'obstine au silence.
Mais quand on va jusqu'à la violence,
De l'échiquier il s'arme incontinent.
Le plus pressé tombe à ses pieds sans vie.
Le reste fuit. Richard tranquillement
Dit à Nyon : » reprenons la partie. »
Le vieux Nyon obéit en tremblant.
Richard descend de ce Robert-le-Diable
Qui, dans son temps, fit un bruit effroyable :
Mais, en ce jour, le bonhomme Nyon
Trouva Richard encore plus démon.

» Enfin Renaud paraît; Renaud s'étonne
De ces excès où Richard s'abandonne.
« Il est bien vrai, lui répondit Richard:
Des insolens manquant pour moi d'égard,
M'ont dérangé par leur impertinence.
J'ai bien voulu m'armer de patience.
Mais, comme, osant nous insulter tous deux,
Ils prétendaient me conduire au supplice,
Avec regret je suis tombé sur eux,
Et me suis fait à moi-même justice.
Mon cher Renaud, je dois vous en prier;
Commandez-leur de se montrer plus sages.
Que vous soyez jamais mon prisonnier,
J'écarterai de vous de tels outrages. »

» —Richard, Richard, tel est mon triste sort!
Il est passé, le jour des courtoisies.
Charles le veut. Alard, sans notre effort,
Allait subir la plus indigne mort,
Et, cette offense, il faut que tu l'expies.

» — Renaud, Renaud, tu t'efforces en vain
De m'inspirer une indigne faiblesse.
Malgré toi-même, oui, je lis dans ton sein :
N'espère pas que je te méconnaisse.
Tiens, fils d'Aymon, je suis si sûr de toi,
Que, pour qu'ici ton vouloir s'accomplisse,
Sans violence, et même sans effroi,
Je vais chercher mon prétendu supplice. »
Il dit, et marche au pied de l'échafaud.
« Tu peux encor te sauver, dit Renaud;
Sur deux partis ton espoir se repose :
Ou fais ma paix, ou bien défends ma cause.
— Mon roi reçut mon hommage et ma foi,
Et je ne puis abandonner mon roi,
Répond Richard. Quant à la paix, mon ame
Depuis long-temps l'invoque et la réclame.
J'en puis parler, car j'en avais parlé;
Qu'un héraut donc ici soit appelé. »

» Le héraut vient : « Vers l'empereur mon maître
Va, dit Richard; de lui, pour mon héraut,
Que mon anneau te fasse reconnaître.
Dis-lui qu'au pied d'un infâme échafaud
Tu m'as laissé; que si la paix n'est faite,
J'y vais périr; qu'il daigne l'octroyer,
Que je l'en presse, et consens à payer
De tous mes biens ce bien que je souhaite,
Et souhaitais, sans être prisonnier. »
« Le pourriez-vous croire, belle Angélique ?
Ni d'un héros cette noble supplique,
Ni son péril, ni la soumission ;
Que promettaient encor les fils d'Aymon,

Ni tous les pairs unissant leur instance,
Rien ne fléchit Charle et sa violence.
Ses conseillers égaraient sa raison.
Renaud, jamais, n'osera, disait-on,
Sur l'un des pairs porter son insolence.
Charle, écoutant Pinabel, Ganelon,
Fait éclater sa cruelle imprudence;
Et, refusant la paix aux fils d'Aymon,
Livre Richard à toute leur vengeance.

» Renaud était resté sur cette tour
D'où le gibet offert en perspective,
Frappait de Charle et le camp et la cour.
De l'empereur quand le refus arrive,
Renaud accourt dans les bras de Richard.
« Richard, dit-il, je puis cesser de feindre,
Je suis content : j'ai prouvé quel appui
Charle offre aux pairs qui s'exposent pour lui.
Je te rends grace, ô Richard. Aujourd'hui,
Tu ne m'as pas fait l'injure de craindre.
Digne guerrier, tu jugeais bien mon cœur,
Et peux juger celui de l'empereur :
Adieu, sois libre. — O comble de noblesse !
Répond Richard : périsse ma valeur,
Renaud, avant que Richard méconnaisse
Ce qu'il te doit ! D'un trépas plein d'horreur
L'aspect en vain menaçait ma faiblesse :
Jamais Renaud ne pourra faire peur
En menaçant de faire une bassesse. »

» Il dit, et part : mais, navrés de douleur,
Déjà les pairs ont quitté l'empereur.
Toi-même aussi, Turpin, tu nous enseignes
Que tu quittas ses ingrates enseignes.
De tous ses preux Roland seul est resté,
Mais pour lui dire encor la vérité.
« O roi, dit-il, Roland, prouvant son zèle,
Jusqu'à la fin demeurera fidèle,
Et, s'affligeant du départ de vos preux,
Reste avec vous, bien qu'il pense comme eux.
Seigneur, après tant de chocs homicides,
Après des maux si cruels, pouvez-vous
En croire encor des conseillers perfides,
Et la fureur, le plus mauvais de tous !
Prêt à finir une guerre cruelle,
Toujours vaillant, et quelquefois vainqueur,
Renaud vous offre une paix noble, et telle
Que moi, peut-être, à sa place, seigneur,
Point n'en voudrais offrir une si belle.
Profitez-en. Ramenez-vous le cœur
De vos sujets; rassurez votre armée,
De sa faiblesse à présent alarmée.
Sauvez Richard, peut-être votre honneur... »

Enfin Roland sut si bien faire et dire,
Que l'empereur revint de son délire :
A l'empereur présenté par Richard,
En soupirant, Renaud livra Bayard,
Et s'en alla devers la Terre-Sainte
Porter aux Turcs une terrible atteinte.
D'avis pervers Pinabel convaincu,
Fut exilé, faute d'être pendu ;
Mais des flatteurs le roi, dans sa faiblesse,
Ne voulut pas anéantir l'espèce.
Si grand jadis, ce prince en son déclin,
De Pinabel gardant le second tome,
Se croyait sage, et disait à Turpin :
» Ce Pinabel est un mauvais coquin,
Mais Ganelon est un fort honnête homme. »

» Du moins alors, mon cousin, mon héros,
Renaud, servi du sort en son absence,
Obtint enfin une heureuse vengeance
Du misérable, auteur de tant de maux.
Un jeune prince, Huon, dit de Bordeaux,
A qui Charlot, oubliant sa naissance,
En assassin veut ravir l'existence,
D'un coup loyal l'atteint très à propos
Et l'a guéri du péché d'insolence.
Charlot est mort. Charlemagne indigné
Croit que son fils est mort assassiné.
Huon d'abord prouva son innocence,
En abattant Amaury de Mayence
Qui se portait infâme accusateur.
Il crut, après, adoucir l'empereur
En se mettant sous sa pleine puissance,
A son arrêt se soumettant d'avance.
Charles remit le prince à Ganelon,
Et devinez l'arrêt de ce félon.
Ce que dicta sa perfide furie
Garde un peu l'air de la plaisanterie :
» Si tu prétends fléchir ton souverain,
Va chez Gaudisse amiral sarrasin,
Prince puissant dont la fille, Esclarmonde,
Sans Angélique et son charme divin
Serait, dit-on, la plus belle du monde.
Va le trouver à son premier festin.
Par un soufflet saluant son voisin,
Tu baiseras une fois sur la bouche,
Comme futur, sa fille assez farouche.
A l'amiral tu diras tout d'un temps
Qu'à Charlemagne il faut qu'il rende hommage;
Et, de sa foi prenant un premier gage,
Arrache-lui, malgré ses musulmans,
Sa barbe entière, et quatre de ses dents.
A ce seul prix, calmant pour toi sa haine,
Charles pourra te laisser l'Aquitaine. »

CHANT SIXIÈME.

Le croiriez-vous, belle Angélique? Huon
Put accepter cette condition.
« J'ai deux secours : mon bras, la Providence,
A dit ce prince. Adieu, mes chers amis.
J'espère encore ; il n'est, à mon avis,
Rien d'impossible aux paladins de France. »
Il est parti : peut-être il est perdu,
Loin de Renaud, qui l'aurait défendu.

» Luttant toujours au fond de la Syrie,
Renaud restait sans biens et sans patrie.
Dans l'ermitage où j'étais isolé,
Je m'ennuyai de le voir exilé.
Je fais un plan ; je rêve, je médite,
Et vais à Rome, en mon habit d'ermite ;
J'étais sorcier : ils ne le sont pas tous.
Usant très bien d'un si grand avantage,
Je vais descendre à l'hôpital des fous,
Et les ramène à l'esprit le plus sage.
De là, courant aux autres hôpitaux,
En quatre jours j'en chasse tous les maux.
Les médecins, pédans assez maussades,
Me voulaient mal d'en chasser les malades :
Mais, en causant aux docteurs cet effroi,
Comme j'avais les malades pour moi,
En peu de temps le bruit de mes merveilles
Alla dû pape étourdir les oreilles.
Le pape fut empressé de me voir.
Il me trouva le plus profond savoir :
Je ne suis pas fort en théologie ;
Mais en sait tout quand on sait la magie.
Il voulut voir ma façon de prêcher.
Le lendemain, au milieu de Saint-Pierre,
Je sus tonner, et convaincre, et toucher,
Et j'amollis enfin des cœurs de pierre.
Le pape alors, me trouvant sans égal,
M'offrit un rang illustre et désirable :
Pour je ne sais quel tour de carnaval,
J'avais jadis, feint d'être cardinal ;
Je fus alors cardinal véritable.
Je fus bien mieux : surpris d'un mal soudain,
Ce pape cède à la mort qui le frappe.
Ma piété me frayait le chemin ;
Tout d'une voix, voilà qu'on m'élit pape.
En ce temps-là, (je l'ai souvent pensé),
Si j'étais mort, j'étais canonisé.

» Charles alors était en Italie.
Instruit par moi de mon élection,
Mais ignorant mon véritable nom,
Il vint me voir, et crut faire œuvre pie.
Au Vatican ma bonté l'installa.
Étant bien loin de m'imaginer là,

Il ne pouvait jamais m'y reconnaître.
Le soir il fut surpris étrangement
Quand, sur les murs de son appartement,
Considérant les tableaux d'un grand maître,
Il reconnut les tours les plus hardis
Qu'il avait pu reprocher à Maugis.
Il renferma dans son cœur ce scandale.
Et cependant, plein de dévotion,
Il désira, pour servir la morale,
Faire, à mes pieds, cette confession
Qu'en mon pays on nomme générale.
C'est justement là que je l'attendais.
J'en conviendrai : sous cape, je riais,
L'écoutant dire, avec franchise entière,
Tous les délits de toute sa carrière.
Aux fils d'Aymon il vint, et dit : « Saint-Père,
Contre Renaud je fus trop acharné.
— C'est mal, mon fils, répondis-je : j'espère
Que vous avez à Renaud pardonné.
— Pas tout-à-fait ; car, en terre étrangère,
Privé de biens, aux Turcs il fait la guerre.
— Dans son pardon point de restriction,
Je vous le dis, mon fils, avec franchise ;
Ou bien, privé du pardon de l'église,
Vous n'aurez pas mon absolution.
— Que dites-vous? et quelle loi funeste !
Hormis Maugis, lui qui m'en a fait tant,
Il n'est mortel que je déteste autant.
— Vous détestez Maugis? — Je le déteste.
— A mes genoux comparaissant ici,
Vous devriez lui pardonner aussi ;
Mais je me prête à la faiblesse humaine.
Bornant le cours d'un funeste courroux,
Rendez Renaud à son pays, à vous,
Et pour Maugis j'excuse votre haine.
— De le haïr il me sera permis,
Sans, pour cela, perdre le paradis?
— Oui : ce Maugis se mêle de magie :
L'on peut haïr ces dangereux esprits.
— Ah ! je pardonne à Renaud, à ce prix :
Je lui rends tout, ses biens et sa patrie.
— Vous le jurez? — Je le jure. — Mon fils,
Vous me charmez : quel serment efficace !
Puisque Renaud près de vous rentre en grace,
Je vous absous, et détestez Maugis. »
Disant ceci, je me fis reconnaître.
Vous vous doutez du cri de l'empereur.
A mes genoux il fut fort heureux d'être ;
Car il serait tombé de sa hauteur.
« Allons, dit-il, votre adresse est extrême.
Qui diable, là, vous aurait deviné?
Mais, c'en est fait, mon serment est donné :
Oui : je pardonne à Renaud, à vous-même.

Je conviendrai que vous m'avez charmé
Sous les habits du prince des apôtres.
Le trait est bon ; et Charles, désarmé,
Pour ce tour-là vous pardonne les autres. »

» Charles, ce jour, était bien disposé.
Très satisfait de le voir apaisé,
Je renonçai sans regret à ma gloire :
Mon plan heureux était exécuté.
Je me démis, et de ma papauté
Pieusement j'étouffai la mémoire.
De pape, alors, devenu général,
Je commandai les soldats de l'église,
Et je courus, aux Sarrazins fatal,
Faire un chrétien d'un certain roi brutal
Qui, pour ravoir Naples par moi conquise,
Du siége saint se déclara vassal.
Ayant ainsi consacré ma vaillance,
Vers l'Orient j'allai, sans nul retard,
Chercher Renaud qui regrettait la France,
Et regrettait encore plus Bayard,
A l'empereur cédé par déférence.
Renaud parti, Charlemagne trop bon,
Avait commis Bayard à Ganelon.
Le Mayençais, que tout cœur noble évite,
Avait voulu le monter sans façon ;
Mais, s'indignant, Bayard s'était bien vite
Débarrassé d'un traître et d'un poltron.
Lors Ganelon, le condamnant sans forme,
L'avait lesté par une pierre énorme,
Et l'avait fait, dans l'absence du roi,
Jeter dans l'onde en sa lâcheté noire,
En lui disant : « Bayard, c'est fait de toi,
Si tu ne sais toute la Meuse boire. »
Mais Ganelon, dans ce cruel projet,
Ne savait pas ce que Bayard pesait.
Jeté du pont, Bayard, de cette pierre
Avait brisé l'attache meurtrière.
L'eau ne l'avait englouti qu'un instant.
Contre les flots, Bayard se débattant,
Avait nagé vers la rive prochaine.
Jetant sur l'autre un regard indigné,
Il avait pris son vol désordonné
Pour s'enfoncer dans la forêt d'Ardenne,
Où, des mortels à le saisir tout prêts,
Nul n'avait pu l'approcher désormais.
Charle avait su, d'une si lâche audace,
Gré très mauvais à Ganelon rusé :
Selon l'usage il avait fait menace ;
Selon l'usage il l'avait excusé.

» Renaud et moi, des régions lointaines
Nous revenions par ces mêmes Ardennes,
Et nos coursiers, bien que vaillans et fiers,
Avec effort traversaient ces déserts,
Quand tout à coup, superbe, ardent, sauvage,
Faisant voguer sa crinière en nuage,
Un cheval bai s'offre à notre regard :
Renaud palpite, en criant « C'est Bayard ! »
C'était lui-même, et cet ami fidèle
Avait de loin reconnu son ami.
Il vient ; il n'est satisfait qu'à demi.
Dans ses regards quelle ardeur étincèle !
Qu'il est heureux, s'il n'était pas jaloux !
Il hennissait de joie et de courroux.
Ses sentimens se faisaient bien connaître :
Il hennissait, mesurant le cheval
Qui sous Renaud avait osé paraître ;
Et se serait jeté sur son rival,
Si son rival n'avait porté son maître.
Renaud qui voit sa peine et la ressent,
Du destrier qu'il amenait, descend,
Court à Bayard, et va, de mains charmées,
Presser ce front, la terreur des armées.
Il monte alors Bayard pour lui soumis.
Bayard, Renaud, sont enfin réunis.
O douce joie ! o moment plein de charmes ;
Renaud sentait palpiter tout son cœur.
Bayard aussi versait de grandes larmes ;
Jamais Bayard n'eut autant de bonheur.
Fier d'un retour auquel il n'osait croire,
Sous ce héros il voltigeait, au pas.
Il semblait dire : on ne me prendra pas.
Les jours passés s'offraient à sa mémoire.
Son pied ardent appelait les combats.
Il était beau de plaisir et de gloire.
A l'observer combien je me complus !
L'homme excepté, la femme encore plus,
Je ne crois pas que jamais la nature
Ait présenté plus belle créature.
Renaud, Bayard, revinrent à Paris,
Ou tous les deux furent bien accueillis.
Ici finit mon récit véridique.
De l'empereur, Renaud très bien reçu,
Comblait au loin l'alégresse publique,
Et par son nom, de ses exploits accru,
Fixait les yeux, quand vous avez paru ;
Et l'on n'a plus parlé que d'Angélique. »

La sœur d'Argail répondit à Maugis :
« J'aimai toujours les faits chevaleresques.
Pour moi, ceux-ci, parfois un peu grotesques,
Par le héros sont peut-être embellis.
...Ma confiance à ton savoir se livre.
J'aime Renaud ; sans lui je ne puis vivre.
Toi, son cousin, qu'il doit priser si haut,

Va le trouver. Ta liberté, ton livre,
Je te rends tout; mais donne-moi Renaud.
— Oh! rien vraiment, dit Maugis à la Belle,
N'est plus aisé : — Le penses-tu, dit-elle?
— Je ne crains pas qu'il se fasse prier,
Et ce n'est pas à vos traits qu'on échappe.
Il va savoir son bonheur singulier;
Je vous l'amène, encor que ce métier
Soit un peu gai pour un ci-devant pape. »

De par son livre, il se revoit enfin
De maints démons gracieux souverain,
Et, dans la nuit, sous son voile funèbre,
Par ces messieurs est transporté soudain
Du fleuve Hoang au rivage de l'Ebre;
On ne peut pas faire mieux son chemin.
Là, reposant sa force et son audace,
Renaud dormait en attendant le jour
Qui devait voir son choc avec Gradasse,
Lorsque Maugis et l'éveille et l'embrasse.
Renaud peut croire, à peine, à son retour.
« A plus d'un titre il va causer ta joie,
Lui dit Maugis, s'expliquant sans détour :
Car une Belle auprès de toi m'envoie.
— Parle, mon cher, dit Renaud libertin;
Quelle Beauté par ta bouche s'explique? »
Il souriait : mais Maugis vit soudain
Tomber sa joie au doux nom d'Angélique.
« Que vois-je? ô ciel! quel étrange dédain,
Mon cher Renaud, se peint sur ton visage!
Quoi! la Beauté qui se livre à tes fers.
Ce doux objet des vœux de l'univers,
Te déplairait? — On ne peut davantage.
— J'ai vu le temps où je te connaissais
Plus indulgent pour de moindres objets;
Et ma surprise est égale à ma peine.
Imprudemment j'ai répondu de toi,
Quand j'ai quitté cette terre lointaine :
Ne te pouvant ramener avec moi,
A ma prison, il faut que je revienne.
— Maugis, je sais tout ce que je te doi.
Pour toi faut-il, d'une ardeur héroïque,
Dans vingt pays aller semer l'effroi,
Braver la mort? je ferai tout pour toi,
Hors de répondre à l'amour d'Angélique.
Je le voudrais, et ne le puis. — Renaud,
C'est me payer de trop d'ingratitude,
Moi qui, toujours plein d'un zèle nouveau,
De t'obliger fis ma constante étude.
Adieu. Dans moi ne vois, à l'avenir,
Qu'un ennemi fort dangereux peut-être. »
Il dit. Renaud voudrait le retenir;
Maugis, déjà, venait de disparaître.

Le fils d'Aymon était encor chagrin,
Et l'aube, à peine, annonçait le matin,
Quand, paraissant au seuil de sa demeure,
Certain héraut vint dire au paladin
Que du combat Gradasse avançait l'heure,
Et l'attendait au rivage prochain.
A cet avis, honteux qu'on le prévienne,
Renaud se lève. Il court, en un moment,
Trouver Alard, l'embrasse tendrement,
Le nomme chef en cas d'événement,
Et vole armé vers le lieu de la scène.
Il a d'abord, sur ce champ de l'honneur,
Vu son rival de vaillance et de gloire.
« Bayard, dit-il, est le prix du vainqueur;
Il ne doit point servir à la victoire.
Luttons à pied. » Et ces deux combattans,
Avec ardeur ont lutté quelque temps.
Le fils d'Aymon, signalant son audace,
De sa flamberge ébranle enfin Gradasse,
Qui se replie, avec des soins prudens.
Renaud, surpris de son peu de courage,
Le poursuivait fuyant sur le rivage,
Et lui criait, devenu goguenard ;
« Guerrier qui fuit ne peut monter Bayard. »
Toujours courant vers le liquide empire,
Gradasse, alors, saute sur un navire,
Vaisseau désert, laissé là par hasard.
Renaud l'y suit. Son rival, qui se joue,
Sans cesse court de la poupe à la proue,
Long-temps échappe, et, quand Renaud enfin
Croyait l'atteindre, il disparaît soudain.
Tel dans les cieux s'évapore un nuage.
Mais quand Renaud, plein d'un regret amer,
A reconnu qu'on trompait son courage,
Il s'aperçoit qu'il vogue en pleine mer,
Et peut à peine au loin voir le rivage.

Ainsi, souvent, dupes de mainte erreur,
En espérant, nous oublions de craindre.
Nous poursuivons un fantôme imposteur :
Il disparaît quand nous croyions l'atteindre.
Aussi voit-on parfois des gens de bien
Qui vont jurant que l'on n'est sûr de rien,
Que le regard, le tact, tout nous abuse;
Ce n'est pas moi, du moins, qui les récuse.
Oui, je le crains, tout n'est qu'illusion,
Même l'amour, qui souvent en impose;
...Et cependant, en telle occasion,
On jurerait que l'on tient quelque chose.

CHANT SEPTIÈME.

Marsile s'unit à Gradasse. — Charlemagne vaincu et pris. — Combat d'Astolphe et de Gradasse. — Délivrance de Charlemagne. — Berthe la filandière. — Astolphe va chercher en Asie ses cousins Roland et Renaud. — Huon de Bordeaux ; Oberon.

De l'Arioste ô digne précurseur,
Jean Boyardo, reçois mon juste hommage.
En célébrant son poëme enchanteur,
On a loué trop peu ton bel ouvrage
Par qui, des vers connaissant la primeur,
Si bien déjà chez le peuple rimeur,
Notre Roland vit fêter son courage.
Plus d'une fois, ton brillant successeur,
Jouit sans doute en admirant tes scènes ;
Je ne sais rien, chez ce rare inventeur,
D'imaginé mieux que tes *Deux Fontaines*.
De ton récit renouant les tissus,
Ce chantre heureux, ce gracieux Homère,
Te doit beaucoup ; Je te devrai bien plus.
Et toi, Berni, folâtre légataire
De Boyardo disparu sans retour,
Tu le refis ; moi, j'ose te refaire ;
On pourra bien me refaire à mon tour ;
Car tout ainsi se passe sur la terre.
Mais que je sens, que j'aime ta gaîté,
Et ton esprit, et sa variété !
Que pour vous deux mon estime est sincère !
Quelque censeur me trouvera diffus,
Ne sachant pas qu'il vous dit des injures,
Et que tous deux vous l'êtes beaucoup plus,
Dans le récit de vos mille aventures.
Plus justement, mes maîtres, mes amis,
Vous pourriez bien me juger trop précis.
Ce que j'ai fait m'a paru nécessaire.
Chaque pays, chaque siècle a son ton.
Chaque poëte a son goût, sa manière.
Vous avez plu : vous avez eu raison ;
Je n'ai pas tort, si je parviens à plaire.

Dans ce pays, si Gradasse, advenu
Moins récemment, eût été mieux connu,
Renaud, voyant un guerrier sans audace,
Eût dit d'abord : « Ce n'est point là Gradasse. »
Pour ce combat, un démon imposteur
Prit sa figure, et non pas sa valeur.
Lui, cependant, que trompe un autre Diable,
Attend ailleurs, un temps considérable.
Ce roi fameux, ce vaillant chevalier
Était monté sur sa jument Alfane,
Qu'avec Bayard il comptait marier.
Mais c'est en vain qu'il jure, qu'il se damne.
Enfin il part, surpris, plein de courroux
Qu'un fils d'Aymon oublie un rendez-vous.
De son côté, Bayard, lassé d'attendre,
Au camp français revenait attristé,
Et dans sa route ayant au loin jeté
Maints Séricans empressés de le prendre.
Dès lors, Alard, Richardet, tout le camp
Crut Renaud mort ; et Bayard vainement
Veut exprimer que cette idée est folle :
Il avait tout, excepté la parole.
Du pauvre Alard l'embarras, en honneur,
Était cruel, ainsi que sa douleur.
Il ne savait où fixer sa pensée,
Avec l'armée à sa garde laissée,
Quand il apprit que Marsile trompeur,
Avec Gradasse unissait sa valeur,
Et trahissait les amis du baptême.
Mahométan, c'est-à-dire païen,
Marsile était très étonné lui-même
De se trouver dans le parti chrétien.
Il en changea. Lors Alard, vers la France,
Fit sa retraite, et la fit assez bien.
Mais, sur ses pas, Gradasse qui s'avance,
Chef redouté de vingt peuples unis,
L'atteint enfin sous les murs de Paris.
Dans ce danger, Charlemagne, en personne,
Accourt, dispose, anime, exhorte, ordonne.
Le choc est long, le combat est affreux ;
Mais, sur ce jour, je veux jeter une ombre.
Il fut fatal : car les Français pour eux,
N'avaient Roland, ni Renaud, ni le nombre.
Tout a plié, tous les rangs sont rompus
Devant Gradasse et devant Ferragus.
A leur succès Richardet qui s'oppose,
Offre aux périls son visage de rose.
Le ciel voulut, dans ce jour détesté,
Sauver sa vie et non sa liberté.
Croyant encor rappeler la victoire,
Dans ce désastre, Alard, couvert de gloire,
Meurt, pour sauver des mains des mécréans,
Son empereur, qu'il détesta long-temps.
O sort cruel !... mais, ô malheur extrême !
Gradasse prend Charlemagne lui-même,
Après l'avoir renversé de Bayard.
Ce destrier, dont en sa vive joie,
Il s'approchait pour en faire sa proie,
D'un coup soudain l'étourdit sans égard,
Le foule aux pieds ; puis, sans qu'aucun l'arrête,
Vole au milieu des escadrons confus,
Et dans Paris rentre levant la tête,
Et seul vainqueur parmi tant de vaincus.

CHANT SEPTIÈME.

Là se pressaient vers la Seine et ses rives
Des fugitifs les cohortes craintives.
Les Séricans pénétraient dans Paris,
Si, retardant leur marche accélérée,
Le seul des preux qui n'eût pas été pris,
Ogier, encor, n'eût défendu l'entrée.
Tandis que seul il leur montrait le front,
A la fermer on employait main-forte.
Rome eut jadis l'Horatius d'un pont :
Ogier, alors, fut celui d'une porte.
Lorsque Paris fut bien en sûreté,
Environné, déposant son audace,
Il se rendit, sans effort, à Gradasse
Que sur Alfane on avait remonté;
Et celui-ci, content de sa journée,
Le conduisit vers Charles et ses preux,
Qui, bien gardés, et même un peu honteux,
Allaient savoir enfin leur destinée.

« Prince, dit-il, chez vous je ne vins pas
Pour conquérir vos immenses États.
Content des miens, plus immenses encore,
Que l'on admire au pays de l'aurore,
La gloire ici fut mon but principal,
En y joignant Bayard et Durandal.
J'osais penser que je serais le maître
Chez tous les rois où je le voudrais être.
Grand souverain, je l'ai prouvé par vous
Le plus vaillant, le plus puissant de tous;
Il me suffit, et vous allez entendre
Ce que de vous je me borne à prétendre :
Promettez-moi qu'au retour de Roland,
Vous voudrez bien m'envoyer en Sérique
La Durandal de ce guerrier vaillant
Qui court, dit-on, après une Angélique.
Qu'à son retour on livre à mon courroux,
Qu'on force, au moins, à venir me combattre,
Ce fier Renaud qui manque aux rendez-vous,
Et m'a privé du plaisir de l'abattre.
En attendant, qu'on me livre Bayard :
Sûr du serment que vous allez souscrire,
Dans mes États je rentre sans retard,
Et je vous rends la liberté, l'empire. »

Un tel projet devait être accepté ;
On ne l'eût pas attendu, je parie :
De temps en temps mainte diplomatie
Traite avec moins de générosité.
Ganelon court, à Paris députe,
Chercher Bayard pour le vainqueur honnête.
Mais vous saurez que les gens de Paris,
Ne sachant plus quel chef mettre à leur tête,
Avaient fait choix d'Astolphe, et l'avaient pris

Dans la tourelle où Charles l'avait mis,
Même oublié depuis certaine fête.
Dans son espoir le Ganelon déçu
Fut par Astolphe horriblement reçu.
Le prince Anglais lui fit d'abord comprendre,
Que l'on allait, s'il ne partait, le pendre
Comme espion, comme faux envoyé.
Ganelon sort confus, humilié ;
Mais un héraut qui marche sur sa trace
Incontinent vient défier Gradasse.
« Charles, disait l'Anglais par ce héraut,
Ne peut donner le cheval de Renaud.
Gradasse peut, s'il en a tant d'envie,
Le disputer les armes à la main.
Astolphe alors, acceptant la partie,
Le lui viendra mener le lendemain. »

« Prince, quel est cet Astolphe hautain?
Dit le vainqueur. Charlemagne en colère,
Avec aigreur dit : « C'est le fils d'Othon,
De mon vassal qui règne en Angleterre.
C'est un jeune homme, ajouta Ganelon,
Moitié plaisant et moitié faufaron.
Tout ce qu'il dit, sire, est sans conséquence.
— Ce qu'il dit, soit ; mais non pas ce qu'il fait,
Reprit alors, d'un air peu satisfait,
Grandonio, ce géant d'importance.
Je l'avoûrai, Seigneur, bien qu'à regret :
Ce même Astolphe, en cette même France
Dans une joute où mon bras m'a trahi,
M'a su ravir le prix de ma vaillance. »
Gradasse, alors, accepta le défi.

Par cet accord, restant en esclavage,
Charles était, contre Astolphe, irrité
Comme on peut croire. Il disait : « Quelle rage
De me priver du plus heureux traité,
Pour le plaisir de montrer son courage,
Et pour se voir abattu, je le gage !
Il perdra tout, quand tout était gagné.
Dans les combats lui souvent mal mené
Oser lutter contre un tel personnage ! »
Enfin paraît le jour tant souhaité.
Gradasse accourt, et trouve sur la plage
Son cher Bayard par Astolphe monté.
Sur tous ses traits le plaisir se déploie.
« Salut, dit-il à croire Ganelon,
Tu n'étais rien qu'un plaisant, un bouffon.
Il me mentait. Je te trouve avec joie
Au rendez-vous, valeureux paladin,
Bien plus exact que Renaud ton cousin.
— Seigneur, Renaud, s'il put manquer au vôtre,
Y fut forcé, n'en doutez nullement ;

Et quelque jour, avec empressement,
Renaud viendra vous en offrir un autre.
En attendant, de son honneur jaloux,
J'ose exiger, si le sort me seconde,
Que mon cousin soit reconnu par vous,
Franc chevalier, s'il en est dans le monde.
Veuillez aussi remettre entre mes mains
Et Charlemagne et tous ses paladins,
Et de ce prince abandonnez l'empire.
— Si tu m'abats, oui, j'y veux bien souscrire :
Mais combattons sans un plus long retard.
Je suis pressé de posséder Bayard. »

Prenant du champ, on s'éloigne en silence;
Le Sérican serrant sa forte lance,
Sent qu'une tour plîrait sous sa vigueur.
Le prince Anglais qu'anime l'espérance
A moins de force et non moins de valeur.
Pressant Bayard, sur Gradasse il s'élance.
La lance d'or sut trop bien le servir.
Le conquérant, jeté sur la poussière,
Se casse un bras. Quoi qu'il en pût souffrir,
Être abattu fut sa douleur première.

Jamais mortel ne fut surpris autant.
Du premier choc, lui, si cher à la gloire,
Désarçonné comme un débile enfant!
Perdre à la fois Bayard et la victoire!
Tant de travaux, tant d'exploits superflus!...
A son devoir sa vanité s'immole.
« Allons, dit-il à son rival confus,
Tu m'as vaincu, je tiendrai ma parole. »
Le prince Anglais, qu'on célèbre à l'envi,
Accourt vers Charle étonné, mais ravi.
« Sire, dit-il, par vous je fus esclave.
Vous êtes libre, et vous l'êtes par moi.
Des cœurs français j'ai dissipé l'effroi :
Vos preux et vous n'ont plus ici d'entrave.
Tous vos États vous sont rendus. Mon cœur
Se venge ainsi. » Faut-il que je vous dise,
En ce moment, de l'heureux empereur
Et de ses pairs la joie et la surprise?
Charles embrasse Astolphe, et va partir :
Mais Ganelon voulant aussi sortir,
« Tout beau, lui dit Astolphe, je vous prie.
Vous seul ici restez prisonnier. — Quoi!..
Mais de qui donc? L'Anglais répond : De moi;
Ceci n'est pas une bouffonnerie. »
Gradasse dit : « Je ne puis le nier,
Et Charles même était son prisonnier. »
Tout de nouveau Charles le remercie.
Pour Ganelon il daigne intercéder.
« Sire, reprit le prince d'Angleterre,

Malgré ses torts s'il lui faut accorder
Une faveur qu'il ne mérite guère,
Il rentrera sous mon autorité
Au premier trait d'insigne lâcheté
Que ce félon se permettra de faire :
Qu'il y consente; il est en liberté. »
Ganelon cède à tout ce qu'il souhaite.
La lâcheté fut, on voit, bientôt faite.

Et cependant Charlemagne courtois,
De mille soins environnait Gradasse,
Et, pour lui faire oublier sa disgrace,
En célébrait le premier les exploits.
Très satisfait de tout ce qu'il regagne,
Dissimulant ce que Gradasse perd,
Ici vraiment le seigneur Charlemagne
Ressemble assez au seigneur Jupiter :
Il sait *dorer la pilule* à merveille.
Sa déférence est pour lui sans pareille.
Banquet, concert, maint savant harangueur:
Il offrit même à cet autre empereur
Un bal masqué....Mais j'entends un lecteur
Me dire : « Ami, comme tu nous gouvernes!
Les bals masqués sont tout à fait modernes. »
Comme on décide avec légèreté!
On croit toujours avoir tout inventé.
Pour moi, j'ai fait des recherches profondes;
J'ai parcouru tous les temps, tous les mondes.
Le bal masqué, digne de nos respects,
Est presque un jeu renouvelé des Grecs.
Du moins je sais qu'aux bals du moyen âge,
Déjà ce bal était fort en usage;
Même avec vous j'ai rencontré jadis
Un bal masqué dans les jours d'Amadis.
Amis lecteurs, croyez sur ma parole
Que de ces bals Angélique était folle.
Je veux plus tard, et si cela vous duit,
Vous y mener avec elle une nuit.
Charle espérait que de ce jeu Gradasse
Apprécîrait la folie et la grace.
Mais, ignorant les finesses du jeu,
Gradasse eut l'air de s'en amuser peu.
Charles alors, au plutôt, dans la ville
Fit appeler un ménestrel habile.
Très estimés de ce temps ancien,
Et des châteaux divertissant les veilles,
Les ménestrels ne chantaient pas trop bien :
Mais ils contaient quelquefois à merveilles.
Puis celui-ci, pour paraître excellent,
Par son sujet protégea son talent.
Deux empereurs l'ont chargé de leur plaire :
Un c'est beaucoup. A l'espoir se livrant,
Courtisan fin, devant Charles-le-Grand,

Il s'avisa d'en célébrer la mère,
Berthe au long pied. Je vais vous répéter
Ce qu'il en dit : l'histoire est singulière ;
Et j'aurais dû déjà vous la conter.

 « Je chanterai *Berthe la Filandière* ;
Elle fila pour couvrir l'indigent.
Assez long-temps le sort lui fut contraire ;
Mais l'Éternel enfin lui fut clément.

 » Fille du roi qui régnait en Hongrie,
Berthe au long pied, s'éloignant un matin,
Quitta, pleurant, sa mère et sa patrie,
Pour épouser le vaillant roi Pepin.

 » On lui donna pour compagne chérie
La jeune Alise, au regard séducteur.
Dès son enfance, Alise, son amie,
Avait ses traits, mais n'avait pas son cœur.

 » Margiste était avec sa fille Alise ;
Et toutes deux, en leurs complots hardis,
Voulaient tenter une horrible entreprise,
Avant d'entrer dans les murs de Paris.

 » On approchait. La fin de la journée
Sur l'horizon amenait les brouillards ;
Par deux soldats soudain Berthe entraînée
A tout jamais disparait aux regards.

 » D'Alise au loin on déplore la perte.
Margiste montre un horrible chagrin.
Alise alors vient, sous le nom de Berthe,
S'asseoir en reine à côté de Pepin.

 » Se laissant prendre à tant de ressemblance,
Les bons Hongrois ne se doutent de rien.
Tranquille aussi, le monarque de France
Aime sa femme, et bénit son lien.

 » Que devenait Berthe l'infortunée ?
La mort sans doute avait fini son sort ?
Non. Les soldats qui l'avaient entraînée
N'avaient jamais pu la frapper de mort.

 » Gardez-vous bien de jamais reparaître,
Avaient-ils dit : pour vous-même il le faut.
Berthe, qui règne, au roi ferait connaître
Votre projet, votre indigne complot. »

 » Berthe avait fui, détestant l'imposture,
Mais n'osant point, hélas ! la révéler ;
Et, priant Dieu, se vêtissant de bure,
Chez un vieillard elle apprit à filer.

 » Pendant ce temps, Alise était la reine.
On la trouvait dure pour l'indigent ;
Elle montrait une rigueur hautaine ;
Même à la messe elle allait rarement.

 » Dieu, qui régit les choses de la terre,
Devait venger les pleurs de l'innocent.

Convenons-en : ce Dieu que je révère
Est un peu sourd ; mais enfin il entend.

 » De Berthe, un jour, par heureuse aventure,
La mère vint, et, quoi que l'on eût fait,
Reconnut peu sa fille à la figure,
Et pas du tout au mal qu'on en disait.

 » Lors, soupçonnant quelque indigne surprise
Jusqu'en son lit, la mère, avec raison,
Surprend la reine, et voit que c'est Alise :
Sa fille avait le pied beaucoup plus long.

 » Au roi Pépin, de ce complot infâme
La mère alors va faire le récit.
Margiste, Alise, expirent dans la flamme ;
Mais Berthe, hélas ! sans doute est morte aussi.

 » Berthe travaille, elle file, elle prie,
Dévotement jeûne le samedi,
Même, en l'honneur de la Vierge Marie,
Porte la haire, au jour du vendredi.

 » Le roi Pépin, en proie à la tristesse,
Près d'un hameau rencontre Berthe un jour.
Sans se nommer, Pépin, qu'elle intéresse,
Pour s'égayer veut lui parler d'amour.

 » Mais, s'indignant d'un désir qui l'outrage,
Berthe, en ces mots, le rappelle au devoir :
« Respectez-moi ; j'habite en un village,
Mais j'aurais dû sur un trône m'asseoir. »

 » Elle s'explique, et cette découverte
Saisit Pépin de douleur et d'effroi.
Noyé de pleurs, il a reconnu Berthe,
Et fait en lui reconnaître le roi.

 » Lors à Paris, joyeux, il l'accompagne,
Et Berthe enfin a retrouvé son rang.
Elle devint mère de Charlemagne ;
De ses bienfaits ce fut là le plus grand.

 » Des bonnes mœurs étudiant les causes,
Rétablissant les vieilles cours d'amour,
Elle y préside, et fait de grandes choses :
Tous les amans furent constans un jour.

 » Mais, conservant l'habitude première
Quelle avait prise en un destin moins beau,
Dans son palais, Berthe la *Filandière,*
Filait toujours pour l'enfant du hameau.

 » Elle n'est plus, la bonne souveraine !
Mais depuis lors en vain les ans ont fui :
Le peuple ému prie encor pour la reine
Qui, dans son temps, daignait filer pour lui. »

Charle attendri fit un don magnifique
Au ménestrel, auteur de ce récit
Auquel Gradasse à son tour applaudit.
Mais, très peu fort en vers comme en musique,

Et pour l'instant mécontent du destin,
Sans trop d'adieux, ce prince asiatique,
Pour son pays partit le lendemain ;
Se promettant, dès qu'il pourrait reprendre
L'épée au bras qu'on arrangea si mal,
D'aller chercher Roland et Durandal,
Puisqu'à Bayard il ne pouvait prétendre.
Quant à Marsile, il suivit d'assez près
Et n'attendit qu'on en fît la demande.
Charles, d'Astolphe admirant les succès,
Pour le garder lui promettait l'Irlande.
« Non, dit Astolphe, et je pars ; il le faut.
Sans m'arrêter, en Afrique, en Asie,
Je vais chercher et Roland, et Renaud,
Nobles amis, fleurs de chevalerie. »
Astolphe part. En y réfléchissant,
Il n'alla point du côté de l'Afrique.
« Pour voir, dit-il, et Renaud et Roland,
Il faut aller du côté d'Angélique. »

Comme en Asie il arrivait, d'abord
Il reconnait quelqu'un qu'il croyait mort,
Le jeune Huon de Bordeaux, qu'accompagne
Un bel objet au regard enchanteur.
Astolphe embrasse Huon, et de grand cœur
Aurait de même embrassé sa compagne.
« O de Renaud brave et vaillant vengeur,
Se pourrait-il que ta rare valeur
Eût accompli la loi de Charlemagne ?
— Nous sommes las, lui répondit Huon ;
Asseyons-nous avant que je réponde. »
Huon alors, qui sur un frais gazon,
Voit s'endormir sa compagne Esclarmonde,
Tient ce discours qui, bien que raccourci,
Pourrait fort bien vous endormir aussi.

« Vers le pays de l'amiral Gaudisse,
Je m'en allais assez embarrassé,
Et de mes jours faisant le sacrifice.
Par le hasard chez un hôte adressé,
Je l'entendis, pour un verre cassé,
Dire au garçon d'une voix très piquée :
« En vérité cela mériterait
Qu'avec ce pied, de la grande mosquée,
Je t'envoyasse orner le minaret. »
A ce propos, digne de ma patrie,
« Mon hôte, dis-je, est gascon, je parie. »
C'en était un ; de plus, chrétien secret,
Qui, sur ces bords, accompagnant mon père,
Avait jadis fait et bien fait la guerre.
A mon projet prompt à s'associer,
Il me suivit, ami zélé, sincère ;
Mais du succès mon nouvel écuyer

Doutait un peu, lui qui ne doutait guère.
Au fond d'un bois, un soir, heureusement,
Je vis à moi venir un nain charmant.
« Tu vois, dit-il, le vieux roi de Féerie.
— Vous, Oberon ?— Oui, moi-même, vraiment.
J'étais païen jadis obstinément.
Dieu me punit de mon aveuglement,
Et, plus puissant encor que ma magie,
Il fit de moi, qui gémissais en vain,
Un nain hideux, qu'on nomma *Tronc-le-Nain*.
Je fus placé, par ses décrets sévères,
Chez divers preux, dont j'étais gouverneur.
De faire mal s'ils avaient le malheur
Pour les punir, j'avais les étrivières.
Enfin après des siècles de rigueur,
Le seigneur Dieu, touché de ma misère,
Me rendit tout, hors ma taille première.
J'épousai lors, en légitimes nœuds,
Titania, reine de Sylphirie.
Nous unissons nos droits, et, tous les deux,
De l'univers dirigeons la magie.
Trop de païens en usent, toutefois.
Mais des chrétiens nous défendons les droits
De notre mieux. Pour finir leurs détresses,
J'ai de mon art partagé le trésor
Entre trois sœurs, qui sont aussi mes nièces,
Morgane, Alcine, et Logistille encor.
Je suis content, au plus de la dernière,
Qui se plaît trop en son asile heureux.
Moi-même aussi, qui deviens paresseux,
De ces débats je ne me mêle guère.
Sur toi, du moins, j'ai reposé mes yeux ;
Et, quels que soient les complots de l'envie,
Je veux sauver ton honneur et ta vie,
Te connaissant parfait homme de bien,
Bon chevalier, et non moins bon chrétien.
D'ailleurs, je sais que l'amiral Gaudisse,
Pour seconder Agrican, Agramant,
Contre la France assemble en ce moment
Tous ses moyens et toute sa milice.
Ainsi je vais, dans cette extrémité,
En te servant, servir la chrétienté.
Prends donc ce cor, qui, si tu veux me croire,
Assurera ton bonheur et ta gloire :
De ce beau cor, que je vais te laisser,
Tu sonneras ; et tu verras danser
Ceux qui ne sont en pur état de grâce.
Sonne plus fort ; soudain, à ton secours,
Pour te sauver du sort qui te menace,
Du bout du monde, avec les miens, j'accours.
Mais, prends-y garde, hors en péril extrême,
Il ne faut pas mon pouvoir invoquer.
Songe surtout qu'au Dieu puissant qui t'aime,

Aucun motif ne doit faire manquer.
Je t'ai sauvé : ne te perds pas toi-même. »

» Oberon part. Forts d'un pareil appui,
Nairac et moi nous allons chez Gaudisse.
Il est à table; et nous entrons chez lui,
Quand le repas est au premier service.
Je vais au fait : son plus proche voisin
Heureusement était un franc coquin ;
Par un soufflet je lui rendis justice :
Puis sans retard, avant qu'on soit remis
D'une surprise assez juste et profonde,
Sur cette bouche au gracieux souris,
J'allai baiser la charmante Esclarmonde.
Les Sarrasins, toujours plus étonnés,
Restaient muets, interdits, consternés.
Ce fut bien pis, quand, d'un ferme courage,
De Ganelon j'accomplis le message.
Gaudisse, à qui, dans des termes prudens,
Je demandais sa barbe, et quatre dents,
Gaudisse enfin se lève, crie aux armes.
Moi, de mon cor je sonne sans alarmes
Bien doucement, et vois, à qui mieux mieux,
Danser soudain tous ces gens furieux.
Gaudisse, agile, et danseur dans les formes,
Faisait surtout des entrechats énormes.
Tout en sautant il tenait cent discours,
Pestait, jurait, et gambadait toujours.
Mon Esclarmonde, à l'âme douce et pure,
Dansait à peine, et dansait pas à pas,
Et promptement, loin de tant de fracas,
Alla chercher une retraite obscure.
Mais le sérail, docile à mes accens,
S'en vient danser avec les courtisans.
Certaine Achmé, sultane favorite
Dont la beauté n'était point sans mérite,
Pour mieux sauter prend un jeune santon,
Qu'elle trouvait charmant avec raison.
Tout en pressant ses attraits peu farouches,
Le beau derviche a fait plus d'un élan :
Voilà soudain qu'aux plis du doliman
Il embarrassé une de ses babouches.
Soit par accroc, soit par un doux aimant,
Avec la dame il tombe étourdiment :
Mais il est près de sa douce figure;
Et, ne pouvant danser précisément,
Tous deux encore ils battent la mesure.
Apercevant ces étranges travaux,
Et que leur pas n'est point un *dos-à-dos*,
Gaudisse ému d'une telle insolence
Sent qu'il ne peut différer sa vengeance,
Et s'élançait vers eux mal-à-propos:
En ce moment, moi, qui toujours le guette,

A bien sonner j'applique tous mes soins,
Et, l'amiral, dont la rage est distraite,
Tourne, et durant cinq minutes au moins,
Obstinément fait une *pirouette*.

» Il tombe alors, hors d'haleine; et bientôt
Tous les danseurs ont suivi son exemple.
En souriant, d'abord je les contemple.
« Ça, partons, dis-je à Nairac, il le faut ;
Pour une fois c'en est assez sans doute. »
Nous partons donc : mais je suis en défaut ;
Car des soldats que je rencontre en route,
Sur Mahomet demandant mon avis,
« En lui je crois, leur dis-je, oui, mes amis. »
Très empressé de regagner mon gîte,
Je le disais pour arriver plus vite.
Mais Oberon, nain très religieux,
Prit, par malheur, la chose au sérieux.
Le lendemain une nombreuse escorte
Avec des cris vient enfoncer ma porte.
Moi, de mon cor je sonne de mon mieux.
Mais c'est, hélas ! vainement que j'en sonne :
A mon secours il n'arrive personne.
Nairac et moi, coupant jambes et bras,
Nous protestons qu'on ne nous prendra pas.
Enfin le sort trahit notre courage.
Les assaillans sont aussi trop nombreux ;
Et l'on nous jette en un cachot affreux,
En nous faisant attendre davantage.

« C'était le cas de se désespérer.
Me protégeant, Esclarmonde, attendrie,
En peu de temps daigna me rassurer.
Elle avait dit, pour nous sauver la vie,
Qu'il nous fallait de faim laisser mourir,
Puis, en secret, elle nous vint nourrir.
Dieu ! que d'amour ! que de reconnaissance !
Je respectai pourtant son innocence :
Car d'Oberon, dans ces extrémités,
Je désirais regagner les bontés.
Très bien m'en prit. Après huit jours, Gaudisse
Croit que la faim a fini mon supplice :
Il vient nous voir : il nous trouve vivans,
Et très vivans. Surprise sans égale !
A ses soldats, à ses cris arrivans,
« Allons, dit-il, d'abord qu'on les empale. »
On nous saisit. Heureusement encor,
Je m'avisai de sonner de mon cor.
Pour cette fois, Oberon, qui s'apaise,
Paraît suivi d'innombrables guerriers.
Gaudisse tremble au sein de ses foyers.
Il faut alors que sa fierté se taise.
Il s'attendait aux plus affreux tourmens.

A se calmer Oberon qui l'invite
Très poliment dit : « Vous en serez quitte
Pour votre barbe, et quatre de vos dents. »
Telles rigueurs ne seront point blâmées
Contre un païen à pardonner très lent.
On fit venir un dentiste excellent
Qui l'opéra devant les deux armées.
Le patient, de douleur éperdu,
De ces façons ne se souciant guères,
Fort loin de là pouvait être entendu.
Et plût au ciel, pourtant, que dans les guerres,
On ne vît pas plus de sang répandu !

« Ce n'est pas tout, dit Oberon. Je gage
Que vous allez donner en mariage
Votre Esclarmonde à ce jeune Français.
Il vous convient ; elle l'aime ; et je pense
Que vous brûlez d'accomplir leurs souhaits. »
Et l'amiral, bien qu'avec répugnance,
A répondu : « Seigneur, je le promets. »
Lors Oberon me prit à part. « Jeune homme,
Conduis, dit-il, ton Esclarmonde à Rome ;
Il faut, mon cher, il faut absolument
Que par le pape elle soit baptisée ;
Et garde-toi qu'avant ce beau moment,
Le moins du monde elle soit épousée.
Il dit, et part : l'amiral édenté
Était content à peine, on peut le croire.
Je regrettais aussi, de mon côté,
Que le bonheur m'eût privé de la gloire.
Voilà qu'un roi, deux fois plus fort que lui,
Trois jours après, le force à la défense :
De ma valeur, moi, lui prêtant l'appui,
J'acquiers des droits à sa reconnaissance.
Ce fut alors qu'il goûta mon dessein ;
Et d'Esclarmonde il m'accorda la main.
Vous la voyez. Voilà qu'elle s'éveille ;
Jusqu'à ce jour, décent comme un Platon,
J'ai respecté sa beauté sans pareille.
— Ma foi, mon cher, dit le prince breton,
Cette beauté mérite qu'on l'adore.
Mais souviens-toi des ordres d'Oberon :
De Rome ici l'on compte loin encore. »

Il disait bien : passant la mer, Huon
Bientôt après, las d'être raisonnable,
Près d'Esclarmonde écouta la leçon
De cet Amour qui s'appelle le Diable.
Naïrac en vain lui disait : « Cadédis !
Vous risquez trop, et vous y serez pris. »
L'amant outré l'écarte avec colère,
En lui disant : « Serviteur téméraire,
Que peux-tu craindre ? allons, éloigne-toi,

Je te l'ordonne, et je réponds de moi.
Demeuré seul avec sa jeune amante,
« Non, lui dit-il, je ne toucherai pas
Ces blonds cheveux, cette taille charmante,
Ces doux contours, ces gracieux appas ;
J'en suis bien sûr, je ne baiserai pas
Ce front divin, cette bouche enivrante ;
Je braverai ces regards attendris,
Ce col charmant, ces genoux arrondis... »
Le singulier, c'est qu'en cet instant même,
Sans le savoir, mû d'un trouble suprême,
Huon faisait, par d'heureux attentats,
Précisément ce qu'il ne voulait pas.
Tout en jurant qu'il sera pacifique,
De plus en plus il usurpe des droits.
Le dieu d'Amour n'est pas fort en logique,
Et cependant il convainct quelquefois.
Tantôt plaintive et tantôt en colère,
A son amant, Esclarmonde aux beaux yeux
Résistait mal, résistant de son mieux...
Elle céda, dans ses bras prisonnière,
Et du bonheur eut la leçon première.
Bientôt après, la Belle en son ardeur
Aurait donné des leçons au bonheur.
Les deux amis avaient perdu la tête,
Quand Oberon envoie une tempête
Qui dans les flots précipite à jamais
Tout l'équipage, hélas ! qui n'en peut mais.
Huon lui seul vers une île inféconde
Arrive enfin avec son Esclarmonde.
Bientôt Naïrac, en ces horribles lieux,
Vint les rejoindre, heureusement pour eux,
Car, sur ces bords où leur flamme insensée
De tous les deux occupait la pensée,
Par la famine ils risquaient de mourir ;
Mais, cadédis ! moins tendre et bien plus sage,
Le bon Naïrac sut les en garantir
Par des efforts d'adresse et de courage.
Vive un Gascon pour se tirer de tout !
Ils disent trop, soit ; mais ils font beaucoup.
Grace à Naïrac, s'illustrant sur la terre,
Huon, bientôt, recouvrant la raison,
Dans maint péril sut se tirer d'affaire,
Et ramener le sévère Oberon ;
Mais pour lui seul ; car ce roi de Féerie
Qui n'était pas porté pour les païens,
A tout jamais par son étourderie
Fut dégoûté de servir les chrétiens.
Nous pourrons voir ses trois nièces charmantes,
De ton, de goût, de mœurs, très différentes ;
Mais Oberon ne reparaîtra plus,
Et sur ce point mes vœux sont superflus.
C'est très fâcheux pour le roi Charlemagne,

Qu'il eût aidé dans plus d'une campagne.
Contre l'effort de plus d'un assaillant
Charles du moins a Renaud et Roland ;
Mais les a-t-il quand ils courent le monde,
Pris tous les deux d'une ardeur vagabonde?
Où les trouver, ces héros amoureux?
Or, pour cela, dans l'espoir qui m'excite
Je m'en reviens vers Astolphe, et bien vite
Cours après lui qui courait après eux.

CHANT HUITIÈME.

Brandimart et Fleur-de-Lis. — Échec de Sacripant. — Le fleuve de l'oubli. — La *fée au pont*. — Mauvais accueil fait à Astolphe par Roland. — Fleur-de-Lis rencontre Renaud. — Phrasilde et Iroldc. — Renaud gagne Rabican en faisant serment de défendre Trufaldin. — Il perd Fleur-de-Lis. — Astolphe va chercher Renaud auprès d'Angélique. — Agrican, rebuté par elle, l'assiége dans Albraque, avant d'aller en France. — Astolphe, armé de la lance d'or, traverse le camp d'Agrican et pénètre dans Albraque.

Maudit amour, de malice profonde,
Sur les mortels quels ne sont pas tes droits !
Ah! ton histoire est l'histoire du monde;
Il suit ton culte, et palpite à ta voix.
Sur d'autres points la grandeur, la bassesse,
Guerrier, savant, et bourgeoise, et princesse,
Gardent leur dogme et leur opinion ;
Païens, chrétiens se disputent sans cesse :
Mais ils sont tous de ta religion.
A la raison que l'on n'écoute guère,
Ta voix se joint pour servir les mortels;
Et l'univers que désole la guerre
Jure en secret la paix à tes autels.

Tandis qu'Huon avait été vers Rome
Sans avoir pu dépouiller le vieil homme,
L'Anglais Astolphe, aux voyages porté,
Avait marché d'un tout autre côté,
Et, sur Bayard suivant sa fantaisie,
Cherchait Renaud et Roland en Asie.
En Circassie un jour il arriva.
Cette contrée étant fertile en Belles,
Sans doute Astolphe eût pu s'arrêter là ;
Mais il apprit de fort grandes nouvelles :
Cet Agrican, ce Tartare empereur,
Avant d'aller, déployant sa fureur,
Aux bords français faire un sanglant voyage,
Pour Angélique, épris d'un feu vainqueur,
Avait voulu l'avoir en mariage.
Mais celle-ci, contraire à son hommage,
A tous ses vœux ayant répondu, non,
Il l'assiégeait dans la ville d'Alcraque.

Ville commode à braver une attaque.
En même temps, il faisait dans Cantou,
Par Mandricart, son héritier unique,
A l'improviste attaquer Galafron
Qui, comme on sait, est l'auteur d'Angélique.
Privée ainsi du secours paternel,
La sœur d'Argail justement alarmée,
De toutes parts avait fait un appel
Aux preux divers dont elle était aimée.
Maints chevaliers accouraient aux combats;
Et Sacripant, le roi de Circassie,
Pour elle alors assemblait ses soldats ;
Ce roi fameux l'adorait, n'ayant pas
Une sujette aussi belle et jolie.
Le bon Astolphe apprenant tout cela,
Disait : « Tant mieux; mes amis seront là. »
Il s'ennuyait d'être seul en voyage,
Quand il trouva, devers certain passage,
Une Beauté qui charmait le regard,
Et qu'escortait, d'un air courtois et sage,
Un beau guerrier qu'on nommait Brandimart.
Astolphe veut voyager avec elle.
« Luttons, dit-il, ou laisse-moi ta Belle.
— Plutôt mourir, dit l'autre, mille fois ;
Mais cependant, afin que mieux montée
Ma dame soit dans les cours présentée,
De ton défi j'accepterai les lois,
Et te préviens que, si le sort s'explique
En ma faveur, pour prix de mon succès,
Je retiendrai ton cheval magnifique.
— C'est convenu, répond le prince anglais. »
Les deux guerriers prennent leur course agile.
La lance d'or renverse Brandimart.
Ce n'est pas tout, et son coursier débile
Chancelle et meurt sous le choc de Bayard.
O désespoir ! ô comble de détresse !
Quoi ! Brandimart va perdre sa maîtresse !
Dans sa douleur il se perçait le sein :
Mais, accourant et retenant sa main,
Astolphe dit : « Quel délire te presse!
Tu me crois donc bien cruel ! Je joutais
En chevalier ; et ton rival jamais
Ne peut troubler une si vive flamme.
Je t'ai vaincu ; j'emporte mon succès :
Mais remets-toi, je te laisse ta dame. »

Quand Brandimart entend ces mots, la voix
Manque à ses sens, tant son âme est saisie.
Il dit enfin : « Tu m'as vaincu deux fois,
Preux chevalier modèle en courtoisie.
Va, dans mon cœur je saurai retenir
De ton bienfait l'éternel souvenir. »
Comme il parlait, vers eux, sur cette rive,

Au grand galop un chevalier arrive.
C'est Sacripant, j'en veux bien prévenir.
Ce roi puissant, guerrier plus redoutable,
Ayant appris qu'on avait vu passer
Dans ses états un cheval admirable,
Suivait rempli d'une ardeur incroyable,
Son possesseur qu'il comptait renverser.
En approchant, il redouble de zèle.
« Parbleu! dit-il, mon sort n'est point fatal :
Je ne cherchais ici qu'un beau cheval,
Et vais de plus conquérir une Belle.
Ça, chevaliers, à qui de vous fut-elle?
Elle est à moi. » Ce discours peu galant
Lui fit grand tort, et c'est en y pensant
Que, dès qu'un homme aime à chercher querelle,
Le peuple encor l'appelle un Sacripant.

Brandimart dit : « Crois-tu qu'on te redoute?
Non. Toutefois ton défi n'est pas bien ;
Car je n'ai point de cheval ; mais, sans doute,
Mon compagnon va me prêter le sien.
— Non pas : pour moi je garde l'aventure,
Répond l'Anglais. Si ton cheval est mort,
Cet étranger vient réparer mon tort ;
Son coursier va remplacer ta monture.
— Je le veux bien, dit Sacripant. Voyons
Qui de nous deux videra les arçons. »
Il les vida. Dans sa surprise extrême,
Pédestrement il reprit son chemin ;
Et qui voulait dépouiller son voisin,
Pour cette fois fut dépouillé lui-même.
Fasse le ciel qu'il puisse constamment
A ses pareils en arriver autant !

Comme en silence il gagnait la campagne,
De Brandimart la tremblante compagne
Lui dit : « Tournons bien vite par ici ;
N'approchons pas du fleuve de l'oubli.
— Ah! dit Astolphe, il y faudrait atteindre :
Jeune beauté, vite, menez-nous-y,
Et ce n'est pas vous qui pouvez le craindre.
— Pardonnez-moi, dit aux guerriers amis
Cette Beauté qu'on nommait Fleur-de-Lis.
L'amour brûlant, la chaleur héroïque,
Tout disparaît dans ce fleuve enchanté ;
Et si Roland même en avait goûté,
Il oublirait d'abord, même Angélique.
Certaine fée, assise auprès d'un pont,
Aux chevaliers offre cette onde à boire.
Nul d'un refus n'ose faire l'affront ;
Et du passé tous perdant la mémoire,
Dans sa demeure introduits, arrêtés,
Ne veulent plus rien que ses volontés.

« Gardons-nous bien de sa coupe perfide,
Mais voyons-la, dirent les deux guerriers,
Et délivrons ces pauvres chevaliers. »
C'est à regret que Fleur-de-Lis les guide.
Déjà le pont a frappé leur regard ;
La dame, alors, leur présente la coupe.
La renversant, Astolphe et Brandimart
Des prisonniers vont visiter le groupe.
Là, d'Olivier deux enfans se font voir,
Que la gloire aime et la France apprécie,
Griffon le Blanc, Aquilant, dit le Noir.
Roland, enfin, était de la partie.
Il arrivait à peine, et près de là
Rêvait tout seul, quand soudain sur sa trace
La fée au pont accourant, s'écria :
« Preux chevaliers, défendez-moi, de grace. »
Roland la suit, avide de combats.
Dès qu'il paraît, « Dieu! c'est lui, c'est lui-même,
S'écrie Astolphe en lui tendant les bras.
Eh! quoi! Roland, ne reconnais-tu pas,
Moi, ton cousin, qui te cherche et qui t'aime? »
Le cher cousin, fort mal lui répondant,
Vous lui détache un énorme fendant.
C'en était fait du prince d'Angleterre,
Si de Bayard l'adresse tutélaire
N'eût, par l'effort d'un saut de douze pieds,
Paré le coup, puis enfilant la porte
A travers champs, de ses pas effrayés
Il mène au loin Astolphe qu'il emporte,
Et qui long-temps fut surpris, et, dit-on,
Scandalisé de la réception.

Mais Brandimart n'eut pas même avantage.
Entouré, seul, malgré tout son courage,
Il périssait enfin, quand Fleur-de-Lis,
Aux cris de sang mêlant ses tendres cris,
Obtint de lui qu'il goûtât le breuvage.
Dès qu'il a bu, Brandimart captivé
Ne connaît plus la Beauté qui l'engage.
Il l'oublia ; mais il était sauvé.
C'était beaucoup. Elle veut davantage.
Elle se dit : « Cherchons pour mon amant
Un défenseur à travers vingt royaumes. »
On la laissa sortir facilement
De ce palais. La fée, apparemment,
Ne se mêlait d'enchanter que les hommes.

Quand Fleur-de-Lis allait chercher ainsi
Des voyageurs pour le fleuve d'oubli,
Elle espérait...... et bientôt désespère.
Bien vainement partout elle en parlait ;
Pour ce voyage on ne se pressait guère :
Les débiteurs l'avaient tous déjà fait,

CHANT HUITIÈME.

Les créanciers ne voulaient pas le faire.
Au pont d'oubli marchaient, plus résolus,
Quelques maris, quelques guerriers battus :
Mais ces derniers n'étaient pas son affaire.
Puis, aussitôt qu'on savait clairement
Qu'il s'agissait d'aller vaincre Roland,
On se sentait l'humeur très sédentaire.
Enfin, un jour, Fleur-de-Lis rencontra
Un chevalier de très haute apparence,
Mais si rêveur qu'elle lui demanda
Ce qu'il avait. L'inconnu dit : « Je pense
A mon malheur singulier et nouveau.
Vous jugerez si j'ai raison, madame :
J'allais livrer le combat le plus beau,
Quand un sorcier, par une ruse infâme,
Sut m'emporter dans un maudit vaisseau.
Conduit de là, d'une course légère,
Dans certaine île agréable aux regards,
On me venait dire de toutes parts
Que je devais aimer...... une sorcière.
Je n'en fis rien. L'Enchanteur irrité,
Rendant alors la marche à mon navire,
Me conduisit d'un tout autre côté,
Vers certain monstre effroyable à décrire.
Il savait bien que je le combattrais,
Et savait bien que je succomberais.
Ce monstre affreux, de plus invulnérable
Hors sur un point que je méconnaissais,
Saisit enfin mon glaive redoutable.
Sans arme alors, lui résistant en vain,
C'en était fait : ma vie allait s'éteindre,
Quand je sautai sur un arbre voisin,
Où sa fureur ne pouvait pas m'atteindre.
Il m'attendait, sûr de m'avoir enfin :
Ma perte était seulement reculée,
Quand, pour combler les malheurs de ce jour,
Cette sorcière, à ma vue accablée,
Parut soudain, et me parla d'amour.
Elle m'offrait, de mon malheur ravie,
De m'emmener. Moi, je lui répondais :
« Plutôt mourir que vous devoir la vie ! »
Elle partit en pleurant de regrets ;
Et cependant, pour moi bien plus humaine
Qu'à parler franc je ne le méritais,
Elle envoya, pour me tirer de peine,
Son Enchanteur, mon parent d'assez près.
« Là, me dit-il, va percer sans rien craindre,
Ce monstre affreux (qu'elle avait assoupi).
Sur ce point seul le trépas peut l'atteindre.
— Réveillez-le, dis-je, s'il est ainsi :
Je ne le puis attaquer endormi.
— C'est, répond-il, avoir trop de scrupule ; »
Et de mon fer, ramassé sur-le-champ,

Il le perça devers la clavicule,
Et disparut, de moi fort mécontent.
J'en suis fâché ; mais Maugis a beau faire :
Je ne puis pas aimer une sorcière.
— C'était Maugis ! quoi, seriez-vous Renaud ?
— Vous le voyez. — Ah ! pour moi tout s'explique ;
Mais cet objet pour qui l'horreur prévaut,
Cette sorcière...? — On l'appelle Angélique.
— Y pensez-vous ? cette rare Beauté.....
— C'est ce qu'on dit, et je l'ai dit moi-même.
Oui, je fus d'elle un moment enchanté ;
Mais je rougis de mon erreur extrême.
— Seigneur, c'est être un peu prompt au dégoût.
Voilà, messieurs, votre humeur singulière ;
On est en vain piquante, régulière :
Votre caprice, en un jour, change tout.
Qui plaît est reine, et qui déplaît, sorcière. »

On le sent bien : d'Aymon le fils vaillant
N'écouta pas une longue prière
Pour aller joindre et délivrer Roland.
Que Fleur-de-Lis était impatiente !
Étant à pied, Renaud aventureux
Prit le cheval, prit en croupe l'amante,
Et c'est ainsi qu'ils cheminaient tous deux.
Ils traversaient souvent des forêts sombres,
Au doux silence, aux amoureuses ombres.
Enfin cela fit craindre à Fleur-de-Lis
Que, s'animant, son compagnon trop tendre,
Ne lui parlât la langue du pays.
Voulant ailleurs détourner ses esprits,
« Désirez-vous, seigneur, dit-elle, entendre
Quelques détails sur un événement
Dans ces climats arrivé récemment ? »
Il répondit : « Je suis prêt à l'apprendre. »

— Dans un pays qui n'est pas loin d'ici,
Avec Thisbine Irolde fut uni.
Il était bien ; elle, plus belle encore.
Ils jouissaient d'un sort délicieux.
Lorsque Prasilde, arrivant dans ces lieux,
A vu Thisbine, et voilà qu'il l'adore.
Il aime seul. Tous ses vœux sont perdus.
Aimable et beau, vainement d'autres dames
Lui promettaient de moins ingrates flammes :
Thisbine est tout pour lui. N'espérant plus,
Quittant la ville, en la forêt voisine,
Le jour, la nuit, il pensait à Thisbine.
Quels cris, un soir, il entend retentir !
Prasilde ému voit Thisbine accourir :
« Seigneur, sauvez mon époux, » lui dit-elle.
A cette annonce, il n'a pas balancé ;
Il court, il vole où la clameur l'appelle,

De dix brigands le chef est terrassé ;
Le reste fuit. Irolde était blessé,
Il le relève : au jour il le rappelle.
De tant de soins Irolde sent le prix,
Et ces rivaux sont devenus amis.
Thisbine aussi, pour lui reconnaissante,
Pour lui devint un peu plus indulgente,
Et, d'un air doux l'accueillant chaque jour,
En amitié lui payait son amour.
Il s'y trompa. Déçu dans son envie,
De désespoir il s'arrachait la vie,
Quand paraissant, Irolde l'arrêta.
Prasilde, alors, lui-même s'accusa.
« Eh bien ! lui dit Irolde magnanime,
Viens dans les camps retrouver ton estime.
Allons tous deux dans de nobles travaux
Plus qu'en tendresse être en honneur rivaux.
Dans les tournois poursuivons la victoire.
Viens de l'amour te sauver par la gloire. »
Tous deux ils vont, généreux chevaliers,
S'asseoir au rang des plus vaillans guerriers.
Efforts sans fruits ! soins trompés ! gloire vaine !
Prasilde, épris d'un immortel amour,
Porte par tout et rapporte sa chaîne.

» Persécutée encore à leur retour,
A son mari Thisbine dit un jour :
« Que votre voix, ami, me félicite.
— Et de quoi donc ? — Prasilde enfin nous quitte.
— Mais, où va-t-il ? — Devers le mont Atlas,
Chercher, pour moi, le fruit des Hespérides.
S'il m'en rapporte, il sera dans mes bras ;
Je l'ai promis à ses désirs avides :
Rassurez-vous, car il n'en aura pas.
On ne voit point de dragon, de gorgone,
Comme autrefois, venir défendre encor
Le lieu célèbre où sont les pommes d'or.
Ce beau jardin n'est fermé pour personne.
Mais on y voit d'abord une Beauté,
Par qui l'on est tellement enchanté,
Que, retenu dans une douce ivresse,
On oublirait la plus belle maîtresse.
Vous voyez bien que sans témérité
J'ai pu, cédant à la nécessité,
A votre ami faire cette promesse.
Si ce récit est bien la vérité,
Prasilde, ayant voyagé de la sorte,
Envers une autre aura tourné l'essor
De cet amour qui pour moi le transporte ;
Et, s'il est faux qu'il soit des pommes d'or,
Je ne crains pas, ami, qu'on m'en rapporte. »

» Par ce discours Irolde raffermi
Ne craignit plus le serment de sa femme,
Et regrettait l'absence d'un ami,
Et le plaignait d'une fatale flamme.
Après un an il y pensait encor,
Lorsque Prasilde arriva chez Thisbine,
Et reparut tenant des pommes d'or.
De celle-ci le trouble s'imagine.
« C'est vous, ô ciel ! comment avez-vous pu ?.....
— Je vous aimais, dit-il, et j'ai vaincu.
Là, tout amant peut voir avec alarme
Un jeune objet toujours sûr de ses coups.
Tous succombaient : mais je pensais à vous,
Et je n'ai pu redouter d'autre charme. »

» A ce discours vraiment inattendu,
Déguisant mal sa surprise cruelle,
Thisbine sort, et, d'un air éperdu,
A son mari court porter la nouvelle.
Irolde en fut un moment abattu.
Son front est pâle, et sa douleur cruelle.
Mais, de l'honneur ami particulier,
Il fut toujours un loyal chevalier :
Il le prouva. « Ce retour me désole,
Dit-il, il n'est besoin d'en convenir ;
Mais *vous avez donné votre parole,
Ma chère amie, il faut bien la tenir !*
— Il faut, Irolde, ou céder, ou mourir ;
Ne croyez pas que mon ame chancelle.
J'ai fait la faute, et je vais m'en punir. »
Irolde en pleurs veut mourir avec elle ;
Elle y consent, bien qu'à regret. Déjà
L'adieu se dit, et le poignard s'apprête.
Heureusement Prasilde, auprès de là,
Entendait tout, s'élance, les arrête.
« Vivez, dit-il, vous pour qui j'ai frémi.
Pardon, Thisbine ; et toi, pardonne, ami,
Modèle heureux d'une vertu divine.
De mon amour vous n'entendrez plus rien. »
Lors, il rendit son serment à Thisbine,
Et de ce jour il a tenu le sien. »

L'amant ingrat de la belle Angélique
Applaudit fort. Cependant vient la nuit,
Et vient aussi l'appétit qui les pique.
De l'eau bien pure, et maint sauvage fruit
Fut leur souper, tout dans le genre antique.
A dire vrai, Renaud eût préféré
Quelque repas un peu moins romantique.
Tout près de là, sous un chêne sacré,
Un rossignol faisait de la musique.
Nos voyageurs, au bruit de sa chanson,
Se sont couchés sur deux lits de gazon.
Renaud ferma bien vite la paupière :
En cas pareils il ne la fermait guère ;

CHANT HUITIÈME.

Mais, pour un temps, ce vaillant paladin,
Grace à la source, ouvrage de Merlin,
A la tendresse était bien moins enclin.
Renaud, tout près d'une femme charmante,
Fut cette fois d'une humeur très décente;
Et Fleur-de-Lis, peut-être, au fond du cœur,
Lui voulait mal d'une telle froideur.
Je le croirais : la vertu la plus grande
Veut refuser, mais veut qu'on lui demande.

Le jour brillait des couleurs du matin.
Les voyageurs poursuivent leur chemin.
Bientôt leur œil découvre une caverne
Qui ressemblait beaucoup à notre Averne.
Mais, sur l'entrée, en assez beau travail,
L'inscription ci-jointe était écrite :
Là, Rabican, le coursier de l'Argail,
Qui le voudra gagner, qu'il le mérite.
Renaud s'élance, et sans plus de façons
Tue un géant, renverse deux griffons.
Suivant à pied, Fleur-de-Lis, comme on pense,
Avec respect, conservait la distance.
Le Paladin, dans la grotte enfoncé,
Rencontre, et lit cet autre avis tracé :
« *C'est follement qu'en espoir on dispose*
De ce coursier, formé de feu, de vent,
Si l'on ne fait le solennel serment,
Sur Trufaldin de venger Albarose. »
Un long récit qu'on pouvait lire après
De Trufaldin révélait les forfaits:
Une autre fois nous pourrons bien le lire;
Mais Renaud fait le serment qu'on désire,
Et Rabican court à lui, noble et fier.
Ce beau coursier, qui ne vivait que d'air,
Fut d'un démon le chef-d'œuvre suprême.
Par Galafron pour l'Argail emprunté,
Après la mort de ce héros vanté,
Il était, là, revenu de lui-même.
Lors, fatigué de paix et de repos,
Avec orgueil il quitta sa retraite.
Il devinait qu'il portait un héros.

Mais de Renaud la surprise est complète
Lorsque, cherchant l'aimable Fleur-de-Lis,
De loin à peine il distingue ses cris.
Pouvoir l'atteindre est tout ce qu'il souhaite.
Vers Fleur-de-Lis il lance Rabican :
Mais aussitôt, comme il perdait haleine,
De ce coursier il modéra l'élan.
Le ravisseur par lui fut joint sans peine.
Ce traître était un centaure effrayant,
Énorme corps qui tranchait du géant.
Voyant Renaud, dans une onde prochaine

Avec sa proie il s'est précipité.
Renaud le suit dans le fleuve agité.
La dame alors au courant envoyée,
Le ravisseur veut gagner le pays.
Renaud l'atteint, l'abat; mais Fleur-de-Lis
Était perdue, et peut-être noyée.

Tandis qu'il cherche, et toujours vainement,
Astolphe ardent, par la plus vive attaque,
Pour le chercher, se lançait dans Albraque.
Le bon Astolphe était pour le moment
Fort dégoûté d'aller revoir Roland :
Dans ces climats Renaud seul l'intéresse.
De ce héros ignorant la sagesse,
Près d'Angélique il croyait le trouver.
La lance d'or, secondant sa furie,
Le fit d'abord dans Albraque arriver,
Tout au travers du camp de Tartarie.
La sœur d'Argail, eut reconnu bientôt,
Et reçut bien le cousin de Renaud.
Astolphe alors, lui jurant la victoire,
Lui raconta ses succès et sa gloire.
« Vous le voyez, Agrican terrassé
S'en va, dit-il, plier sous ma vaillance. »
Or le présent, faisant croire au passé,
Sur l'avenir donnait grande espérance.
Mais rappelant un passé plus lointain,
« Seigneur Anglais, dit Angélique enfin,
Quand vous m'offrez votre appui secourable,
De quel espoir vous me fortifiez !
De quelle erreur un jour je fus coupable !
J'ai vu le temps où vous me paraissiez
Aussi vaillant, non aussi redoutable :
— Oui, dit Astolphe, alors on m'abattait;
On vantait moins ma vaillance suprême.
Je ne sais pas comment cela se fait ;
Et, j'en conviens avec vous en effet :
Depuis un temps je m'étonne moi-même.

« Mais quoi ! Renaud n'est pas encore ici,
Lui dont j'ai vû pour vous l'amour extrême?
— Ah! dit la dame, il n'en est plus ainsi. »
Et rougissant, Angélique raconte
Son fol amour pour Renaud, et sa honte.
« Mais, dit Astolphe, il a perdu l'esprit !
Mon cher cousin devrait être interdit :
Lui, dont parfois j'ai blâmé l'indulgence,
Avoir gardé pour vous tant de rigueur !
Ah ! s'il mourait jamais dans votre cœur,
Accordez-moi, Belle, sa survivance.
Quoi qu'il en soit, m'ayant pour défenseur,
Vous ne pouvez regretter sa vaillance;
Car, je vous puis avouer franchement

Qu'ici-bas, moi, je ne crains que Roland;
Encor, princesse, il faut que je le die,
Parce qu'il a des momens de folie.
Point ne serais étonné qu'en effet
Il se trouvât un jour fou tout à fait.
Mais quel guerrier! Quel chevalier unique!
— Eh mais, seigneur, repartit Angélique,
Qu'a-t-il donc fait qui soit si magnifique?
On m'a conté les hauts faits de Renaud;
Je ne crois pas qu'on puisse aller plus haut.
Tenez, du soir c'est l'heure pacifique :
Asseyez-vous, et du comte d'Angers
Racontez-moi les exploits, les dangers.
— Parler de tous serait trop long, sans doute,
Pour qui les dit, et pour qui les écoute,
Répond l'Anglais, mais pour vous plein d'égard,
Je vous en vais peindre une faible part.
— Oui, dit la dame attentive d'avance,
Que sur Roland votre récit commence.
D'abord, mon cher, soyez-en averti,
D'un fol amour je ne suis point esclave,
Et je ne prends d'avance aucun parti :
Mais ce Renaud, dont la froideur me brave,
Est sûrement héros plus accompli.
Convenez-en, Renaud est aussi brave.
Et puis Renaud est beaucoup plus joli. »

CHANT NEUVIÈME.

Astolphe donne à Angélique des détails sur Roland, et, par occasion, sur Ogier, Olivier, Fier-à-Bras, Turpin.

Si le devoir d'un juge est bien auguste,
De la Beauté le charme est bien fatal.
Dans notre monde en vain l'esprit est juste;
Jamais le cœur n'est très impartial.
Quel orateur qu'une bouche qu'on aime!
Si l'homme cède et se sent entraîner,
De temps en temps le beau sexe lui-même
A la bonté de se laisser gagner.
Il est bien vrai, mes amis, que les Belles
Ne disent pas leur goût à tout propos.
C'est sans témoins qu'on plaide devant elles,
Et leurs arrêts sont rendus à huis clos.
Mais quand il faut toucher leurs nobles ames,
Rien n'attendrit, rien ne convainc ces dames
Comme un teint frais et des regards fripons.
Non qu'à mon sens un tribunal de femmes
Votât toujours pour les jolis garçons;
Mais le perdant peut trouver un refuge,
Et tel malheur devenir un succès :

Daignant payer les dépens, plus d'un juge
Pourrait fort bien consoler du procès.

Près d'Angélique Astolphe dit, « Princesse,
Quoique Renaud, qui se bat toujours bien,
Ait mérité d'estime et de tendresse,
Le fier Roland, son cousin et le mien,
Mérite au moins autant qu'on le connaisse.
Ce paladin, ce héros immortel,
Qu'au champ d'honneur tout guerrier cherche à suivre,
Ouvrit les yeux à la clarté du ciel
Dans les périls; il était naturel
Qu'il y naquît, lui qui devait y vivre.
Berthe sa mère, et sœur de l'empereur,
Pour un baron, nommé Milon d'Anglante
Connut un jour un sentiment vainqueur,
Et fut pour lui beaucoup trop indulgente.
Charles sut tout, quand elle allait au jour
Mettre le fruit d'un imprudent amour.
Dans sa colère, au supplice il condamne
L'amante faible, et son amant profane.
Ayant du roi dompté les ennemis,
Sans se douter du sort qui le menace,
Ce même jour, Milon rentre à Paris.
Instruit de tout, ranimant son audace,
Et, réclamant le bras de ses amis,
Il sait entrer dans le cachot où Berthe,
Les yeux en pleurs, n'attendait que sa perte.
Il la ravit, et tous deux, des forêts
Cherchent au loin les asiles discrets.
Là, de Roland luit la première aurore :
Là, ce héros, dans l'âge des enfans,
Nouvel Hercule, étouffait des serpens.
De ces exploits on se souvient encore;
Mais l'empereur les ignora long-temps.
Les deux époux jusques auprès de Sienne
Vinrent cacher leur faiblesse à sa haine.
Une caverne était tout leur palais.
Dieu! Quel destin! Ses plus pauvres sujets
Avaient, hélas! plus de bien, moins de peine.
Leur fils Roland n'était vêtu qu'à peine;
Si bien qu'à Sienne (où souvent il venait)
Tous les enfans, admirant le courage
Dont s'honora toujours son plus jeune âge,
Lui désiraient un habit plus complet.
Quatre d'entre eux avaient chacun pour père
Un fabricant d'étoffe assez vulgaire.
Tous quatre, ils ont demandé vivement
Un peu de drap pour le petit Roland.
Chacun l'obtient : mais la couleur varie.
De ces morceaux Berthe forme un total
Assez étrange, assez original.
C'est le modèle, il faut que je le die,

CHANT NEUVIÈME.

De cet habit dont, par un jeu badin,
Partout déjà, surtout en Italie,
En souriant on habille Arlequin.
Depuis ce jour, Roland, dans cette ville,
Sous cet habit alors qu'il paraissait,
Causait la joie et dissipait la bile.
On était loin de penser qu'il faudrait
Vanter un jour celui dont on riait,
Et qu'Arlequin bientôt serait Achille.

» Roland comptait, au plus, douze printemps :
De sa naissance instruit par ses parens,
Sans leur rien dire, il se mit en campagne,
Et fut se joindre aux nombreux combattans
Qu'en vingt pays conduisait Charlemagne.
Contre le Grec et contre l'Africain,
Il signala maintes fois sa vaillance.
Enfin, un jour, le Saxon Vitikin
Faisait pâlir les lauriers de la France :
On allait fuir, quand accouru soudain,
Roland, pour nous, ramène l'espérance.
C'est le Saxon qui pâlit à son tour,
Et qui se rend, abattu sans retour.
Charle, appelant Roland, qu'il embarrasse,
Devant l'armée et l'accueille et l'embrasse.
« Jeune inconnu, sous qui tout doit céder,
Parle, dit-il, pour toi que puis-je faire?
Je promets tout, et tu peux demander.
— Eh! bien, seigneur, le pardon de ma mère.
- Quel est son nom? - Son nom : Berthe. - Grand Dieu!
Qu'ai-je entendu! serais-tu mon neveu?
— Oui, si ma mère est votre sœur encore.
— Elle vivrait! ah, quel bonheur pour moi!
Quand je lui dois un héros tel que toi,
Je lui pardonne, et même je l'honore.
Va : cours chercher tes parens attendris. »
Roland y court; et Berthe, triste mère,
Qui gémissait d'avoir perdu son fils,
Retrouve ensemble, et son fils et son frère.

» D'Angers alors le comté précieux
Fut de Milon le fortuné partage.
Mais celui-ci, fermant trop tôt les yeux,
Laissa bien vite à Roland l'héritage.
Déjà Roland, par maint service, avait
De l'empereur reconnu le bienfait.
Il déployait son noble caractère :
Simple en la paix et brillant dans la guerre,
Franc chevalier, généreux et loyal,
Mais un peu brusque, et même un peu brutal,
Se connaissant très mal en politique,
Mais en beauté se connaissant très bien :
De vous il est amoureux, Angélique.

En amitié formant plus d'un lien,
Au brave Ogier d'abord son cœur se donne.
(C'est un Français qui, nommé le Danois,
Sut à son père, au prix de mille exploits,
Du Danemarck assurer la couronne.)
Roland chérit encor plus Olivier.
C'est son cousin et le fils de Régnier
Qui, duc de Gêne, y vieillit en silence.
Le preux Roland et le preux Olivier
En se battant avaient fait connaissance.
Après un jour, après un jour entier
D'efforts divers et d'égale vaillance,
Surpris, charmés, ces nobles ennemis
A tout jamais jurèrent d'être amis.
On n'a jamais mieux tenu sa parole.
Ces deux héros dont la gloire est l'idole,
Dix ans entiers unissant leur vertu,
Pour Charlemagne ont partout combattu.
A *Durandal* Olivier, sur la terre,
A quelque temps égalé *Haute-Claire*.
Si d'Olivier, que plus d'âge affaiblit,
Près de Roland l'éclat enfin pâlit,
Leur amitié reste toujours la même.
Mais, pour les suivre en leurs brillans combats,
Ici, pour moi, c'est une loi suprême
De vous parler un peu de Fier-à-Bras.

» Ce Fier-à-Bras, formidable adversaire,
Était le fils de l'amiral Balant.
Balant était un *amiral de terre*,
Qui sous sa loi tenait tout l'Orient.
C'est, je crois bien, ce qu'encore on appelle
Émir, aux bords où commencent les jours ;
Car cette Asie, immobile toujours,
Reste constante à sa langue éternelle.
Or donc l'émir, ou l'amiral, Balant,
Zélé païen, de l'Asie en Espagne
Était venu combattre Charlemagne :
A s'ébranler les deux camps étaient prêts,
Quand Fier-à-Bras, géant par qui tout tremble,
Fait défier les chevaliers français
L'un après l'autre, et même tous ensemble.
Les plus hardis étaient restés muets.
« Roland, dit Charle, allez; et, je vous prie,
Gardez l'honneur de ma chevalerie. »
Prêt en tout temps à montrer sa valeur,
Roland avait ce jour-là de l'humeur.
Ce paladin voyait avec colère
Que, de l'aveu de Charles, Ganelon
Auprès de Berthe, eût remplacé Milon,
Et rougissait d'un semblable beau-père.
« Seigneur, dit-il d'un ton assez nouveau,
Mais *vous avez le commandement beau*.

Aucun danger pour nous ne vous arrête.
Il faut aller aux coups comme à la fête.
Quand nous tuons des géans ou des rois,
Vous profitez du fruit de nos exploits,
Et nous laissez à peine leurs armures,
En y joignant, il est vrai, nos blessures.
Ainsi mon cher Olivier, comme un sot,
S'est fait blesser dans la dernière affaire,
Sans que de lui vous ayez dit un mot,
Ni su louer tout ce qu'il a su faire.
Qu'un autre preux, du seigneur Fier-à-Bras
Soit le tenant : je ne le serai pas. »

» Charle, à ces mots, s'écria : « Qu'on l'arrête.
— Moi? dit Roland. A qui m'approchera
Je réponds bien de lui fendre la tête. »
Tout calculé, personne n'approcha;
Et le héros put rentrer dans sa tente,
Où, le suivant, son ami le Danois
Lui reprocha son humeur imprudente.
Pour s'excuser Roland resta sans voix.
Ogier avait la secrète espérance
D'aller pour lui venger Charle et la France.
Mais, dès l'aurore, il était prévenu
Par Olivier qui, malgré sa blessure,
S'étant couvert d'un habit inconnu,
Vint, pour Roland, tenter cette aventure.
Soin imprudent ! dès le premier effort,
Mal arrêté, son sang coula d'abord.
Lors Fier-à-Bras, bon géant, galant homme,
Lui dit : « Ce sang n'est pas de ma façon.
Commençons donc par votre guérison,
Et, pour cela, je vous offre mon baume.
J'en ai toujours à ma selle un flacon,
Et son effet, dont la puissance est sûre,
Incontinent guérit toute blessure.
— Noble géant, pourquoi n'es-tu chrétien!
Dit Olivier. Je ne puis que combattre.
D'un Musulman je ne dois prendre rien.
Quoique blessé, j'espère encor t'abattre. »
Lors tous les deux redoublent de fureur.
On contemplait leur ardeur sans pareille.
Roland, pensif, était leur spectateur,
Regrettant bien son refus de la veille
Pour Olivier l'empereur qui priait.
Disait tout haut, d'une voix téméraire :
S'il est vaincu, j'adore Mahomet.
L'intention fit passer la prière;
Car Olivier, dont on n'espérait pas,
Perce soudain son terrible adversaire.
Il se croyait vainqueur; mais Fier-à-Bras,
Sans s'étonner, se penche sur la selle,
Boit un moment, et combat de plus belle.

Olivier même à son tour est blessé;
Il pouvait être assez embarrassé.
Alors, d'un coup, qu'avec adresse il porte,
De Fier-à-Bras ce preux atteint l'arçon,
Coupe les nœuds qui tenaient le flacon,
Blesse de plus le coursier qui s'emporte;
Et, ramassant le flacon qui roulait,
Sans hésiter le vide tout d'un trait.
« Ce fameux baume est, dit-il, exécrable. »
Mais, à l'instant, il devint, en effet,
Tout à fait sain, et presque invulnérable.
Déjà sur lui Fier-à-Bras revenait;
Mais la partie, alors étant égale,
Par ses exploits Olivier fait si bien,
Que Fier-à-Bras, qui pourtant se signale,
Étant vaincu, se déclare chrétien.
Comme il suivait son vainqueur plein de gloire,
Les Sarrasins, spectateurs très nombreux,
Veulent encor disputer la victoire.
Mais aussitôt Roland tombe sur eux.
De toutes parts, on accourt, on s'élance.
Onc il ne fut de plus grands coups de lance.
Ce fut pourtant sans de grands résultats :
Des deux côtés le succès se partage;
Si les chrétiens emmènent Fier-à-Bras,
Ils ont laissé leur Olivier pour gage.

» Pour réclamer l'échange d'Olivier,
Vous sentez bien que le roi Charlemagne
Vers l'amiral se pressa d'envoyer.
Ses députés se mettent en campagne.
Ces députés, au courage bouillant,
Étaient Richard, Salomon de Bretagne,
Guy de Bourgogne, Ogier, Naymes, Roland.
Honteux trop tard de son erreur profonde,
Roland n'aurait refusé rien au monde.
De son côté, de propositions
Balant chargeait quinze rois héroïques.
Se rencontrant, les deux légations
Ne furent pas, dit-on, très pacifiques :
Mauvais propos, discours peu ménagés,
Pour tous pouvoirs sont bientôt échangés.
Roland, peu fait à ces sortes d'affaires,
Pour couper court, assomme son voisin.
Autant en font tous les preux ses confrères.
Les quinze rois ont fini leur destin.
Le bon Roland poursuivit son chemin,
Fort satisfait de ces préliminaires.

» Les députés envoyés vers Balant
Virent enfin le pont dit de Mantrible.
Or, une tour, et de plus, un géant,
Interceptaient ce passage terrible :

CHANT NEUVIÈME.

« Mes chers amis, dit aussitôt Roland,
Je vais d'abord renverser le géant,
Et suivez-moi. — Quelle diplomatie !
Y penses-tu ? dit Naymes, plus prudent :
Ah ! ce n'est pas ainsi qu'on négocie.
Laisse-moi faire ; » et, d'un ton très accort,
A ce géant il demande passage.
L'autre répond : « Payez tribut d'abord. »
Or, ce tribut, exigé par l'usage,
Devait, dit-il, être de mille agneaux,
De cent mulets et de deux cents chevaux.
« Seigneur portier, dit Naymes, ce n'est guère ;
Le tribut suit : ouvrez. » Croyant bien faire,
Le sot géant alors fit tout ouvrir :
Un certain Turc, trop prompt à discourir,
Fut par Roland jeté dans la rivière.
Naymes en vain prêchait toujours Roland.
Enfin ils vont expliquer à Balant
Leur mission qui ne réussit guère.
« Moi, dit Balant, moi, me faire chrétien !
Y pense-t-il, et croit-il me connaître ?
Par Mahomet, c'est un fieffé vaurien,
Mes chers amis, que le roi, votre maître.
Encore ici le sot ne me dit pas
Le moindre mot de mon grand Fier-à-Bras,
Pour qui j'aurais daigné rendre en échange
Quelques méchans et petits chevaliers. »
Le bon Roland, qui n'avait que six pieds,
Sent, à ces mots, que la main lui démange.
Naymes lui-même, oubliant le danger,
Venge son roi, qu'on osait outrager.
Les paladins, élevant leurs murmures,
A l'amiral rejettent ses injures.
Mais, tout à coup, par derrière surpris,
Sans se pouvoir défendre, ils sont saisis ;
Et l'amiral, choqué de leur bravade,
Dans un cachot fait jeter l'ambassade.

» Heureusement nos brillans chevaliers
Étaient jugés moins mal dans sa famille.
Guy de Bourgogne, un de ses prisonniers,
Avait charmé Floris, sa jeune fille ;
Et, dès le soir, ce Français fortuné,
En grand secret est chez elle amené.
Des vœux de Guy faisant sa loi suprême,
Elle lui donne un souper excellent,
Avec Ogier, Salomon, et Roland,
Naymes, Richard, avec Olivier même.
Les preux, ravis, semblaient tout oublier,
Quand de Balant survient un officier.
Naymes, alors, dans sa prudence insigne,
Sans dire un mot, fit à Roland un signe :
L'officier tombe, assommé sur-le-champ.

Dans le château les Français s'élançant,
Avec ardeur ressaisissent leurs armes ;
Et, délivrant vingt autres chevaliers,
Jusqu'à Balant vont porter les alarmes.
Balant, surpris dans ses propres foyers,
Voyant des siens la résistance vaine,
Hors du château put s'échapper à peine.
Les chevaliers en sont maîtres enfin.
Naymes disait : « Nous y mourrons de faim.
— Non, dit la Belle ; » et sa voix les rassure.
Floris portait toujours une ceinture
Dont le pouvoir, utile en maint pays,
Aurait pourvu de vivres tout Paris.
Mais un vieux nain, que l'amiral envoie,
Fort promptement s'en vient troubler sa joie.
Vous le savez, les nains ont toujours nui.
Tandis que, seule avec l'aimable Guy,
Floris troublée était en conférence,
Chez eux, près d'eux, ce maudit nain s'avance.
Il sut se rendre invisible un moment,
Non impalpable, et jurait en entrant
Que la ceinture allait être arrachée ;
Mais plus tranquille et beaucoup plus content,
Il reconnaît qu'elle était détachée.
Il la saisit, et s'échappait soudain.
Floris cria. Guy, saisissant l'épée,
Frappe au hasard, et coupe en deux le nain ;
Mais la ceinture en deux était coupée.
Bientôt ces preux seraient tous morts de faim,
Quand Charle, allant au secours de ses braves,
Malgré l'avis du lâche Ganelon,
Passa le pont, surmonta les entraves,
Et vint livrer un combat assez long.
Ses députés, faisant une sortie,
Surent l'aider à gagner la partie.
Terrible en vain, le valeureux Balant
Fut abattu sous l'effort de Roland.
Le bon Turpin long-temps assomme et frappe.
Puis ce prélat prend un soin plus touchant :
Quittant l'épée, et s'ornant d'une chape,
Du *te Deum* il entonna le chant.

» C'est vers ce temps, oui, dans ce temps-là même,
Que de Turpin l'embarras fut extrême.
Je vais ici vous le peindre en deux mots :
Depuis trois ans, devers Aix-la-Chapelle,
Le grand roi Charle adorait, sans rivaux,
Une Beauté d'une laideur cruelle.
En la voyant, on était étonné
Qu'à ce supplice il se fût condamné.
Tout au plus tôt revenu sur sa terre
Pour caresser cette amante si chère,
Il la perdit. Dans sa douleur amère,

De leur rigueur il accusa les cieux.
L'environnant de parfums onctueux,
Et lui formant une enceinte de verre,
Il la voulut garder devant ses yeux;
Et la défunte en sa chambre exposée,
Incessamment occupait sa pensée.
En vain, malgré les parfums impuissans,
Ce triste objet révoltait tous les sens.
Charles était constant à s'y complaire.
On soupçonna sur ce point du mystère.
Dans ce réduit l'archevêque Turpin,
En son absence, entrant un beau matin,
Sous ce cristal qu'il soulève en silence
Cherche long-temps en vain, et n'aperçoit
Qu'un vieil anneau d'assez mince apparence.
Il le détache, et le met à son doigt.
L'instant d'après, le maître de la France
Arrive, et rentre en ce triste séjour.
Turpin tremblait qu'il n'aperçût le tour.
« Que vois-je ! a dit l'empereur qui s'avance;
Devant mes yeux qui plaça cette horreur?
Loin cet objet qui soulève le cœur !
Et toi, Turpin, mon cher Turpin que j'aime,
Sois mon ami, mon confident suprême;
Mon cher Turpin, sois un autre moi-même. »
Disant ces mots, l'empereur embrassait
Avec ardeur Turpin qui rougissait.
De ce moment, l'empereur lui dispense
Tous les présens de sa magnificence.
Vidant pour lui son trésor arrondi,
Il imitait la conduite assez franche
De ce grand Dieu qui mourut vendredi,
Mais qui savait qu'il renaîtrait dimanche.
Turpin prenait ses cadeaux sans remords,
Mais ne pouvait accepter ses transports;
Il ne se vit jamais à telle fête.
Turpin avait grand droit de s'étonner,
Et ne savait de quel côté tourner.
Voyant qu'enfin Charle en perdait la tête,
Pour couper court, le vertueux Turpin
Jeta l'anneau dans un lac très voisin.
Qu'arriva-t-il? Plein d'une ardeur nouvelle,
Charles devint épris d'Aix-la-Chapelle;
Il y bâtit un beau palais, un fort.
De ses bienfaits cette ville est comblée.
C'est sa demeure; et je me trompe fort
S'il n'y veut voir un jour son mausolée.

» Nous l'aimons tous, ce bonhomme Turpin.
Grand ennemi du maudit Sarrasin,
Mais aimant fort les chrétiens et le vin,
Franc, généreux, frondant celui qui fronde,
C'est le meilleur des mortels de ce monde.

Alors qu'Ogier, dans sa juste fureur
Contre Charlot, un fils de l'empereur,
Eut, en joignant l'effet à la menace,
De Charlemagne encouru la disgrace,
Le sort voulut que Turpin, une fois,
Le rencontrât dormant au coin d'un bois.
Il a toujours, lui qui brille en nos guerres,
Des chevaliers autant que des vicaires;
Et, sur-le-champ, à son très grand regret,
On arrêta le proscrit qui dormait.
Ogier, conduit à Charles en furie,
Sans l'archevêque aurait perdu la vie.
Encor Turpin obtint-il seulement
Qu'Ogier mourrait un peu plus lentement.
Charle, écoutant la haine vengeresse,
Le lui laissa, sous la parole expresse
Qu'Ogier, gardé dans un profond cachot,
Pour soutenir sa vie et sa faiblesse,
Aurait, au plus, le quart de ce qu'il faut.
Mais, en faisant tout haut cette promesse,
Le bon prélat, à bonne intention,
Faisait, tout bas, une restriction.
Pendant trois mois qu'Ogier fut sous sa garde,
Ogier toujours reçut une poularde,
Un pain bien fort, un gigot bien rôti,
Et trois flacons du meilleur vin d'AI.
Et quand Roland, de retour des alarmes,
Vint réclamer pour son compagnon d'armes,
Quand Charles même, ayant besoin d'Ogier,
Redemanda ce héros prisonnier,
Il le revit dans un état prospère.
« Vraiment, dit-il, il a fait bonne chère.
J'en suis bien aise à présent; mais enfin
Cela, Turpin, n'est pas trop légitime.
— Sire, en honneur, lui répondit Turpin,
Je l'avais mis au quart de mon régime. »

CHANT DIXIÈME.

Astolphe continue son récit. — Le siége de Vienne. — Olivier reconnaît ses deux fils. — Singulière ambassade. — Le roi Jonas et Renaud. — Roland et Morgan. — Morgan confesseur. — Roland refuse d'être invulnérable. — Le roi Hugon et sa fille. — Miracle de Turpin. — Miracle de Renaud.

Des paladins rédigeant les mémoires,
Astolphe ainsi conte, et conte assez bien.
Laissons ce prince achever ses histoires,
Et son récit me repose du mien.

« De Galafron ô fille incomparable,
O vous si belle, et, plus que belle, aimable,

CHANT DIXIÈME.

Dans la querelle avec les fils d'Aymon,
On vous a dit quel rôle mémorable
Joua Roland. Sur le terrible Almont,
Avant ce temps, son bras que rien n'arrête,
De Durandal avait fait la conquête.
Il combattit aussi pour Olivier,
Long-temps jouet d'un destin singulier :

» Bien jeune encore, avec la jeune Izène
Unique enfant du vieux marquis de Vienne,
Ce paladin, épris d'amour, avait
D'un doux hymen formé le nœud secret.
Trop tôt distrait de l'amour par la guerre,
Il parcourait l'Espagne, l'Angleterre;
Loin de l'objet de son fidèle amour,
Il achevait des exploits mémorables,
Alors qu'Izène, hélas! perdit le jour,
En le donnant à deux enfans aimables.
Son père, au moins, en ces derniers instans,
Lui pardonna des amours excusables,
Et reconnut l'hymen et les enfans :
Mais ce vieillard, l'honneur de sa famille,
Dans le tombeau suivit bientôt sa fille.
Inna, sa veuve, aux projets inhumains,
Des deux enfans se trouva la tutrice :
Elle les fit remettre entre ses mains,
D'un incendie inventa l'artifice,
Et, les livrant à d'obscurs assassins,
Chargea ceux-ci du soin de leur supplice !
Puis, les disant expirés dans le feu,
Et, dans Paris montrant sa vive peine,
A Charlemagne elle exprima le vœu
Qu'il octroyât le marquisat de Vienne
A Florimart, son complice et neveu.
Heureusement Izène avait un singe,
Un grand Jocko, garçon très attaché,
Hors qu'il n'avait ni vêtement, ni linge,
C'était un homme, et l'on était fâché,
Tant il était spirituel et sage,
Que du discours il ne fît point usage.
Quoi qu'il en soit, n'y perdant presque rien,
En pantomime il s'exprimait très bien.
Or, les méchans, dans leurs trames secrètes,
D'un tel témoin n'ont rien craint, ni prévu ;
Le feu, le rapt, ce singe avait tout vu :
Il faut toujours se défier des bêtes.
Outré de voir les pervers triomphans,
Il veut venger la mère et les enfans ;
Et, vers Paris se mettant en campagne,
Arrive enfin auprès de Charlemagne,
Au moment même où ce prince trop bon,
Devant les pairs dont la salle était pleine
Allait signer une donation;

Et Florimart était marquis de Vienne,
Quand, accouru, le singe, sans égard,
Déchire l'acte aux mains de Florimart.
Pour l'arrêter, Inna, qui se démène,
Reçoit d'abord deux soufflets pour sa peine.
Puis s'élançant aux pieds de l'empereur,
Et déployant sa muette éloquence,
D'un vil complot il dénonce l'horreur.
On le comprend, et le soupçon commence.

» Mais Olivier étant encore absent
Ainsi qu'Ogier, et Renaud et Roland,
Du noble singe et de la pauvre Izène
Nul n'embrassait la querelle incertaine,
Quand, à son geste, on vint à découvrir
Qu'il la voulait lui-même soutenir.
Il fait bien mieux : de son voisin, qu'il guette,
Il prend le gant, à Florimart le jette ;
Et Florimart, à son dépit cédant,
Avec fureur a ramassé le gant.
Il comptait bien vaincre un tel adversaire.
Le singe étant sans arme, avec raison
On décida que l'homme, en cette affaire,
N'aurait qu'un casque, et de plus un bâton.
Paris entier courut à ce spectacle ;
On attendait ce choc comme un oracle.
Mais il commence ; et d'abord qu'on le voit,
Dans tous les yeux un vif intérêt brille.
S'il n'était fort, le singe était adroit,
Ainsi qu'on l'est souvent dans sa famille.
En esquivant bien des coups forcenés,
Il n'en reçoit qu'une atteinte légère,
Et, par ses bonds lassant son adversaire,
Lui crève un œil, et lui déchire un nez ;
Puis, terrassant le guerrier qui chancelle,
Lui fait, aux yeux des Français étonnés,
Faire l'aveu de sa trame cruelle.
De Florimart les parens indignés
Veulent tomber sur le singe funeste.
On crie : on veut en vain les retenir.
Lui, du bâton habile à se servir,
En blesse deux, et fait fuir tout le reste.
L'affreuse Inna, le lâche Florimart,
Sont au bûcher envoyés sans retard ;
Et, de ce jour, le singe, qu'on renomme,
Est, en tous lieux, chanté comme un grand homme.

» D'Izène alors un oncle vieillissant
Fut le gardien du marquisat vacant.
On ne pouvait renoncer qu'avec peine
A retrouver les deux enfans d'Izène :
Le singe heureux, qui se ressouvenait
Qu'au sein tous deux ils eurent une marque,

Dès qu'un jeune homme à ses yeux paraissait,
Courait d'abord pour faire sa remarque;
Il recherchait, de la main et des yeux,
Ces deux enfans dans toutes les familles.
D'après ces soins, il était fort heureux
Que ces garçons ne fussent pas des filles.

» Roland, alors, devançant Olivier,
Revit la France, et passa près de Vienne.
De Florimart un parent, grand guerrier,
Sans peine avait chassé l'oncle d'Izène.
Tout succombait; Roland, seul, accourant,
Reconquit Vienne, et tua le parent.
Prêt en tous lieux à montrer sa vaillance,
Il ignorait, en faisant tout cela,
Que d'Olivier il servît la vengeance.
Mais Olivier, qui, de retour en France,
Avec le singe, honneur de ces gens-là,
Venait de faire une reconnaissance,
Mais Olivier et le singe charmant
Furent lui faire un prompt remercîment.
Tous trois bien vite à Paris revolèrent.
Le même jour, près de Charle arrivaient
Deux envoyés qui d'Orient venaient,
Et dont, vraiment, les propos l'étonnèrent.

« Jonas, leur maître, émir des Musulmans,
Et, qui plus est, roi de la Terre-Sainte,
Lui demandait, sans détour et sans feinte,
Qu'il lui soumît tous ses états puissans :
Si des Français l'empereur trop peu sage
Se refusait au tribut, à l'hommage,
D'ambassadeurs devenus spadassins,
Les envoyés, lui déclarant la guerre,
Devaient lutter contre deux paladins,
Et défier leur lance et leur colère.
Des députés, l'un était un géant,
L'autre n'était qu'un bel adolescent.
« Du géant, moi, je ferai mon affaire, »
Cria Roland. » Olivier, s'avançant,
Voulait punir le jeune téméraire,
Quand un guerrier, adolescent aussi,
Qu'en nul combat le sort n'avait trahi,
Vint réclamer un si jeune adversaire.
Olivier même, à lui s'intéressant,
Céda sa place à ce héros naissant.
On vit alors deux rivaux du même âge
Se signaler par le même courage.
Après long-temps, n'ayant pu se blesser,
Se reposant pour mieux recommencer,
Ces ennemis causaient, suivant l'usage;
Et quelques uns s'étonnaient de les voir,
L'un *tout en blanc*, et l'autre *tout en noir*,

Lorsque, soudain, mon singe, qui s'élance,
Sur tous les deux fait son expérience.
O ciel! son œil reconnaît les enfans
Qu'auront sans doute épargnés les brigands :
C'est bien leur signe, et la chose est certaine.
Il court chercher Olivier, il l'amène;
Les met tous trois en présence, et, d'abord,
Sur la poussière, il leur peint tout leur sort.
Peintre grossier, mais facile à comprendre,
Les pressant tous de ses bras caressans,
En pantomime il sait leur faire entendre :
« C'est votre père, et voilà vos enfans! »
Vous sentez bien, ainsi que je le sens,
Ce qui se dit en un moment si tendre.
Ces fils perdus d'un paladin vaillant
Sont Aquilant-le-Noir, Griffon-le-Blanc,
De qui déjà la valeur se déploie.
Les retrouvant, et contre tout espoir,
Le pauvre singe en expira de joie :
Qu'un serviteur, plus fidèle au devoir,
Chez les humains, s'il se peut, se revoie!
Souvent le singe imite : en vérité
Ce singe-là devrait être imité.

» Pendant ce temps, Roland faisait sa proie
Du fier géant. Mais Charles veut aussi
A ce Jonas envoyer un défi.
Renaud, Richard, présidaient l'ambassade,
Qui leur semblait presque une promenade.
Charle y joignit Dudon, le fils d'Ogier.
Les deux enfans du vaillant Olivier,
Après avoir exigé, non sans peine,
Qu'il fût le maître et le marquis de Vienne,
Après avoir, d'un soin juste et nouveau,
Fait à leur singe élever un tombeau,
Ces deux guerriers, pleins d'une noble envie,
Eurent l'honneur d'être de la partie.
Nous étions douze en tout, prêts, tour-à-tour,
A faire bien ou la guerre, ou l'amour;
Je dirai mieux : prêts à les faire ensemble.
Enfin Jonas, dont le conseil s'assemble,
Nous fait entrer; et, d'un ton de railleur,
Le fils d'Aymon lui dit pour tous : « Seigneur,
Notre empereur, pour vous rempli d'estime,
Vous rend, par nous, votre défi sublime.
Deux envoyés vinrent lutter chez nous;
Douze guerriers vont combattre chez vous.
Ce n'est pas trop pour un tel personnage. »
Jonas goûta très fort le persiflage.
Voyant, chez lui, tout plier sous sa loi,
Il n'était point de ces dupes qui pensent :
L'esprit n'est pas de rigueur pour un roi :
Même parfois des princes s'en dispensent.

« Parbleu, dit-il, je vois par votre aspect
Que votre maître a pour moi du respect.
En ce moment, devant moi, je parie,
Voici la fleur de sa chevalerie.
Beaux chevaliers, qui tuez mes géans,
Vous en verrez d'autres en peu de temps.
Vous arrivez douze ici pour combattre;
Je vous en vais opposer, moi, vingt-quatre.
— C'est trop, seigneur, dit je ne sais plus qui :
A votre aspect, d'effroi l'on est saisi.
Chez nous, du loup vous avez pris la place,
Et faites peur à nos petits enfans :
Je vous l'avoue; oui, quand ils sont méchans,
C'est de Jonas, seigneur, qu'on les menace.
— Peste! cela me paraît très flatteur;
Je ne suis pas surpris de faire peur.
Mais dites-moi : curieux de vos Belles,
Je demandais en tribut cent pucelles;
Pourquoi d'abord ne les envoyer pas?
— Votre désir cause trop de débats,
Répond Renaud; se disputant le pas,
Nos femmes, sire, ont trop d'impatience,
Même se font ce qu'elles ne sont pas
Pour figurer dans ce choix d'importance.
Quand il s'agit d'aller trouver Jonas,
Nulle Beauté ne veut rester en France. »
Jonas reprend : « Vraiment, je le crois bien,
Elles viendront, et ce n'est pas pour rien.
(Il s'interrompt, et son gros rire éclate.)
En attendant, valeureux combattans,
Je vais, dit-il, avant peu, je m'en flatte,
Vous voir battus. — Vous nous verrez battans,
Répond Richard, qui, dans cette séance,
Avait gardé jusqu'alors le silence.
Vous jugez mal de vous-même et de nous.
Depuis une heure, on se moque de vous.
Prêts à punir une folle insolence,
Nous venons douze, et l'honneur nous conduit.
Que de vos preux la centaine s'avance,
Chacun de nous en battra sept ou huit. »

» Ce qu'il disait, notre bras sut le faire.
Le roi Jonas, que cet aspect troubla,
Du haut d'un trône observant tout cela,
Était plus sot encor qu'à l'ordinaire.
Mais, quand au lit chacun de nous dormait,
La nuit d'après, voilà qu'il nous fait prendre.
Mille guerriers charmés de nous surprendre
Du château fort font, suivant son souhait,
Notre prison. Mais, jeune et fort aimable,
Le gouverneur, qu'on nommait Sansonnet,
Charmé de nous, nous admit à sa table,
Et bientôt même à son plus grand secret :

Nous le privions d'une bonne fortune,
Tout à fait douce, et pas du tout commune.
« N'en parlez point, dit-il: je ne suis pas
Très mal avec la fille de Jonas.
Gardien ici, je suis éloigné d'elle. »
Renaud répond : « Allez voir votre Belle
Incognito. Tout à vos doux projets,
Ne craignez pas qu'un de nous disparaisse.
Nous resterons. Nul chevalier français,
Fors en amour, ne manque à sa promesse. »

» Mais de Roland je m'écarte un peu trop :
A ce héros il faut que je revienne.
Certain abbé, le cousin de Renaud,
L'ayant prié qu'il le tirât de peine,
Roland, toujours la terreur des brigands,
Pour l'obliger abattit deux géans.
Il comptait bien abattre le troisième;
Or, celui-ci, plus grand que tous les deux,
Malgré l'effort de ses coups valeureux,
L'aurait pu mettre en un péril extrême.
Mais ce géant dans le choc se troubla.
Devant Roland déposant son audace,
Il fut frappé par un coup de la grace.
Roland faisait fort peu de ces coups-là.
Le bon Morgant (c'est ainsi qu'on le nomme),
D'affreux géant devient un très bon homme;
De repentir tous ses sens sont touchés;
Le pénitent va dans un ermitage
Sauver son ame, et pleurer ses péchés;
Et même encore il serait là, je gage :
Mais, certain jour, certain guerrier félon,
Parisatis, frère de Ganelon,
Moins criminel, quoique chargé de crimes,
Vint à ses pieds avec contrition,
De ses délits faire confession.
Le scélérat nomma tant de victimes,
Tant de forfaits, et versa tant de pleurs,
Que, lui voyant des sentimens meilleurs,
Le bon Morgant, chrétien encor novice,
Se dit : « Il faut lui rendre un bon office.
Ce drôle-là, plus heureux qu'il n'est bon,
Ne peut avoir plus de contrition.
Il rentrerait dans la fange du vice.
Allons; je veux, lui prêtant mon appui,
Par piété me signaler pour lui. »
Lors le géant, plein d'un zèle d'apôtre,
De son salut consomme le dessein,
Et, sans retard, l'absolvant d'une main,
Pour l'obliger il l'assomme de l'autre.

» Après ce coup, il rendit grâce à Dieu.
Le lendemain, venant voir cet ermite,

Roland, avec surprise non petite,
Sur cette affaire entendit son aveu.
« Peste! dit-il, que de zèle! quel feu!
Malgré qu'au fond le scélérat y gagne,
Mon révérend, prends garde à Charlemagne,
Qui pourrait bien trouver ce lénitif
Un peu trop fort et trop expéditif.
Laisse, crois-moi, ce pieux ministère.
Avec ton bras, avec ton caractère,
Pour toi je sais un parti bien meilleur;
Par mes conseils, tiens, laisse-toi conduire.
Tu peux, mon cher, aspirer au martyre.
Mais ne seras vierge, ni confesseur.
Viens avec moi les Sarrasins occire. »
Morgant y vint; je ne saurais décrire
Tous les exploits de ce chrétien parfait.
Cela ferait à lui seul un ouvrage;
Je dirai plus : cela même l'a fait.
Dans les combats, l'ardeur qui l'échauffait
Passait encor sa force et son courage.
Les mécréans qu'il avait renversés
Étaient d'abord amplement baptisés.
Nombre d'entre eux, dans une grande affaire,
Pour consommer promptement leur salut,
Furent par lui jetés dans la rivière.
Roland pourra vous assurer qu'il dut
Plus d'un service à ce nouveau fidèle.
Tantôt Morgant, courant aux Sarrasins,
Dans notre armée était, tout seul, une aile :
Tantôt Morgant, des géans le modèle,
Dans les assauts guindant les paladins,
Servait sous eux en qualité d'échelle.
Une autre fois, quand, par erreur, Dudon,
Ami d'un roi qu'on nommait Manfredon,
Servait sa cause aux dépens de la nôtre,
Morgant, vainqueur, de ses deux bras usant,
Vers les chrétiens arriva, rapportant
Dudon sous l'un, et Manfredon sous l'autre.
On l'admirait : un aspic le touchant,
Ce grand acteur disparut du théâtre.
Qui, diable, aurait deviné que Morgant
Devait subir la mort de Cléopâtre!

» Roland le pleure, et puis, le suppléant,
Par ses exploits est lui-même un géant.
Ce fut alors qu'il doubla de merveilles,
Et qu'on le vit, en ses soins protecteurs,
A dix émirs donner sur les oreilles
Et renverser deux ou trois empereurs.
Une princesse un peu magicienne,
Bien qu'elle fût d'ailleurs bonne chrétienne,
Ayant trouvé ce héros si vaillant,
Voulut payer son appui secourable :

« Je puis, dit-elle, admirable Roland,
Si vous voulez, vous rendre invulnérable. »
Roland d'abord fut tenté d'accepter.
Il hésita : l'on pouvait hésiter.
« Non, non, dit-il, je ne serais plus brave.
N'enlevez pas ce prix à mes exploits.
A vos bontés je sens ce que je dois;
Mais des hasards je demeure l'esclave.
La pâle mort est un charme aux vaillans.
On s'en défend avec beaucoup de zèle;
Mais il est doux de passer tout près d'elle,
Et, croyez-moi, les dangers sont friands. »

» De l'Orient il revenait à peine,
Que le hasard près de nous l'y ramène.
Si mon récit ne vous fatigue pas,
Comme en secret je me le persuade,
Il vous souvient de la belle ambassade
Que nous faisions auprès du grand Jonas.
Ce souverain gardait mal sa famille.
Notre gardien, le vaillant Sansonnet,
A ce grand prince ayant ravi sa fille,
Dans notre fort contre lui la gardait;
Et, grâce à nous, qui prenant sa défense,
Contre Jonas prouvions notre vaillance,
Ce roi, toujours, en dépit de ses dards,
Se morfondait au pied de nos remparts;
Et ce Jonas était bien plus en peine
Que celui-là qui fut dans la baleine.
Pendant ce temps, un de nous, à Paris,
A Charlemagne allait conter et dire
Que, s'il venait en ce lointain pays,
Il pourrait bien le joindre à son empire,
Et que, comblant son plus avide espoir,
La Terre-Sainte était en son pouvoir.
Charle, acceptant notre offre aventureuse,
Partit suivi d'une flotte nombreuse,
Et triomphant des guerriers de Jonas,
Qui bien long-temps ne lui résista pas,
Par cet exploit accrut sa renommée;
Puis, renvoyant sa flotte et son armée,
Avec ses pairs et Roland et Renaud
Il revenait par terre incognito,
Lorsque le roi de Mésopotamie
A s'arrêter poliment le convie.
Charle à ce roi qu'on appelait Hugon
Aurait voulu, mais ne put dire, non.
Quel bon souper! quelle chère divine!
L'aimable Hugon, sur la fin du repas,
Fit demander sa fille Jacqueline.
On admira ses quinze ans, ses appas,
Son doux minois, son port, sa taille fine.
Renaud surtout des yeux la dévorait,

Quoiqu'elle fût encor loin d'Angélique.
Quand les Français ont fini leur banquet,
On les conduit sous un riche portique
Où l'on avait dressé, pour leur repos,
Autant de lits qu'ils étaient de héros ;
Et vous saurez que dans cette retraite,
Plus indiscret qu'il n'était à propos,
S'était caché d'avance un interprète
Qui devait rendre au roi tous leurs propos.

» D'excellens vins ayant tous bu rasade,
Précisément l'empereur et ses pairs
Firent d'abord nombre de *gabs* divers ;
C'est ce qu'on nomme aujourd'hui gasconnade.
Charles lui-même assura sans façon
Qu'il saurait bien d'un seul coup de joyeuse
Couper en deux trois des guerriers d'Hugon,
Armés encor. D'humeur moins querelleuse,
Naymes jura que, devant des témoins,
Il sauterait quinze toises au moins ;
Richard sans peur, que du pauvre monarque
Il détruirait l'armée à coups de poings.
Le brave Ogier (gab digne de remarque,
Et qui dut bien effrayer l'espion),
Ogier cria qu'il mettait hors de doute
Que de sa main il n'ébranlât la voûte
Et n'abattît tout le palais d'Hugon.
Le bon Turpin, se montrant non moins brave,
Dit que du roi, dont le vin était bon,
En un seul jour il viderait la cave.
Roland jura que, sonnant de son cor,
A Babylone on l'entendrait encor.
Le seul Renaud s'obstinait à se taire.
Il parle enfin.... Mais non ; ce qu'il leur dit,
Princesse, ici ma voix qui vous révère
Ne peut le dire, et surtout ce qu'il fit. »

» Vous sentez bien qu'Angélique le presse.
Il y comptait, et cède à son desir.

» Moi, dit Renaud, il faut en convenir,
Un autre point m'occupe et m'intéresse :
Si Jacqueline, objet charmant et cher,
Dans cette nuit que prolonge l'hiver
Entre mes bras restait obéissante,
De mon amour elle serait contente.
Oui, qu'à jamais je sois privé du jour
Si je ne sais, dans cette nuit charmante,
Marquer chaque heure à l'aiguille d'amour.

» Après ce gab, l'espion, bon apôtre,
Surpris, tremblant, n'en écouta plus d'autre,
Et fut conter le tout au vieil Hugon,
Qui fut choqué, non sans quelque raison.
Le lendemain, *le père à Jacqueline*
Fit aux Français assez mauvaise mine.
Nous n'eûmes pas de peine à deviner
Que par les siens il nous faisait cerner.
Même quelqu'un, un chrétien, je suppose,
Nous dit sa haine, et nous en dit la cause.
Sans hésiter, alors Richard, Roland,
Voyant pour nous la retraite fermée,
Vont lui parler tout aussi hardiment
Que s'ils étaient escortés d'une armée.
Roland lui dit : « Roi mésopotamien,
Nous apprenons quel projet est le tien.
Fou de vouloir relever des folies !
Tous nos discours étaient plaisanteries.
Mais si tu tiens à tes plans redoutés,
Tous nos discours sont des réalités.
—Oui, dit Richard ; nous nous ferons connaître.
Moi, je l'ai dit, et ne m'en dédis point.
Je détruirai l'armée à coups de poing.
Voyons, faut-il commencer par le maître ?

» — Messieurs, Messieurs, leur répondit Hugon
Dont l'embarras ne voulait point paraître,
Il est permis de le penser peut-être ;
Vous plaisantez d'un assez mauvais ton.
Quoi qu'il en soit, toute plaisanterie
Est bonne alors qu'on peut la soutenir ;
Et trouvez bon que ma voix vous défie
D'oser ici vos promesses tenir.
Je choisirai toutefois. » Cette épreuve
Qu'il leur offrait, quoique bizarre et neuve,
Est acceptée. Ils espéraient un peu
Apparemment dans la grâce de Dieu.
Quoi qu'il en soit, ils promirent en braves
D'accomplir tout, ou de rester esclaves.
« N'est-ce pas vous, vieillard, qui promettiez,
Dit lors Hugon au prince de Bavière,
De faire un saut de six fois quinze pieds ?
Veuillez avoir la bonté de le faire. »
Heureusement, encore assez léger,
Naymes savait encor fort bien nager.
Sur une tour, sans hésiter, il monte ;
Soudain de là Naymes s'est élancé,
Et le voilà nageant dans le fossé.
Le vieil Hugon dissimule sa honte ;
« Et vous, dit-il, vous, derviche de Reims,
Saurez-vous bien accomplir vos desseins,
Et dans ce jour boirez-vous tous mes vins ?
— Il se pourra, dit Turpin qu'on défie,
Et la bonté du ciel est infinie.
Fais apporter, et fais, de vin sans eau,
Remplir d'abord cet immense tonneau

Qui de Bacchus vit célébrer la fête,
*Devant tes yeux Turpin va célébrer
Un sacrement que ton erreur rejette;
Et je prétends, pour te désespérer,
Que ce tonneau me serve de burette.*
En même temps, toi, qui m'oses braver,
Apprends à boire, apprends à te sauver. »
Hugon pâlit. Le tonneau que l'on roule
De cent guerriers a fatigué la foule.
Les vins d'Hugon, vins excellens et chers,
En auraient pu remplir au moins le tiers.
Hugon frémit, voyant son adversaire
En boire un muids par manière d'essai.
« Oui, dit ce roi, je le vois, il est vrai :
Turpin fera tout ce qu'il voudra faire;
C'en est assez. — Non pas, disait Turpin,
Et l'on ne peut me défier en vain.
— Hé bien ! réplique Hugon, qu'il intimide,
Toi qui voudrais boire le tonneau plein,
Accepte en don plutôt le tonneau vide.
Tu le boiras, alors que tes travaux
L'auront rempli du vin de tes côteaux. »
Turpin accepte, et cette cuve immense
Cédée à Charle, et transportée en France,
N'offrant jamais un aride désert,
Ailleurs depuis a pris sa résidence,
Et fait l'honneur des caveaux d'Heidelberg.

» Parbleu, Messieurs, ma vengeance s'apprête,
Dit le vieux roi, qui, troublé tout à fait
Par la vapeur du vin le plus parfait,
Perdait le peu qu'il eut jamais de tête :
Quel est le fou qu'un vain espoir conduit,
Et dont l'ardeur avec ma Jacqueline
Prétend compter les quinze heures de nuit?
— Moi, dit Renaud, et le ciel me destine
A cet essai. — Qui risque cela, doit
Ou réussir, ou mourir. — Mourir, soit. »
La nuit venait : Jacqueline est mandée :
Elle et Renaud sont laissés tous les deux.
En la voyant à ses vœux accordée
Les pairs disaient : « Renaud est bien heureux :
Mais de la fin j'ai bien mauvaise idée ! »

A peindre ici Renaud et ses hauts faits
Notre conteur légèrement s'applique.
Apparemment Astolphe, d'Angélique
Ne voulut pas augmenter les regrets.
« Fort peu de temps, dit-il, la Belle pleure.
Renaud, guidé par des calculs profonds,
Paya beaucoup quand il était en fonds.
L'heure sonna cinq fois la première heure.
L'heure d'après, modérant son essor,

Il paya moins, mais paya bien encor.
L'aiguille, alors quelque temps arrêtée,
Reprit bientôt son cours victorieux.
Tout allait bien : Jacqueline enchantée
Était d'avis que tout allait au mieux.
Heures d'amour, en caresses fécondes !
L'horloge enfin, lorsque le jour parut,
Ne retardait que de quelques secondes.
Elle sonnait quand Hugon accourut.
En rougissant, sa fille, au doux langage,
Rend à Renaud le meilleur témoignage.
Hugon resta de surprise abattu.
« Que les chrétiens, dit-il, ont de vertu !
Allons, je cède, et partez sans obstacle.
Je suis chrétien, et mon cœur, en ce jour,
Est converti par ce dernier miracle;
Puissé-je en faire un pareil à mon tour ! »

» Charles alors, nous ramenant en France,
Vint consoler Paris de son absence.
Là, dans le sein d'un paisible loisir,
Belle Angélique, en sa magnificence,
Il unissait la gloire et le plaisir,
Quand votre aspect vint doucement surprendre
Nous, et Renaud maintenant aveuglé,
Ce froid Renaud qui pour vous fut si tendre,
Et qu'on aura depuis ensorcelé.
Mais excusez ma verbeuse faconde;
Elle aurait dû borner plus promptement
De ce récit la marche vagabonde.
Je ne devais parler que de Roland,
Et je vous ai parlé de tout le monde.
— Tous ces défauts ne sont pour moi qu'un jeu ;
Vous m'avez fait plaisir, répond la Belle. »
Amis lecteurs, je vous en fais l'aveu,
Vous me troublez d'une crainte mortelle;
La sœur d'Argail se contentait de peu,
Ne soyez pas plus difficiles qu'elle.

CHANT ONZIÈME.

Sortie malheureuse d'Astolphe. — Sacripant, Torinde et Trufaldin viennent au secours d'Angélique. — Ils pénètrent malgré Agrican dans Albraque; mais Agrican les y suit et reste maître de la ville. — Angélique les laisse maîtres de la citadelle, et va, grâce à son anneau, chercher le secours de Roland. — Elle l'amène vers Albraque. — Perfidie de Trufaldin. — Colère et engagement de Roland. — Première entreprise de Mandricart. — Nouvelle manière de mettre les armées en déroute. — Galafron va au secours de sa fille. — Renaud et Marphise. — Brandimart et Fleur-de-Lis. — Galafron battu par Agrican; Agrican par Roland. — Renaud attaqué par Galafron et défendu par Marphise. — Tout le monde se bat, excepté Brandimart et Fleur-de-Lis. — Combat décisif entre Roland et Agrican.

Qu'on le retienne au séjour infernal,
Non pour supplice, ou pour le moindre mal,
Mais que l'ennui qu'il a fondé, le gagne,
Le fade auteur, le poète fatal,
Qui le premier célébra la campagne!
L'intention fut bonne, j'en conviens;
Et cet auteur put être homme de bien :
N'importe : Il faut le damner pour sa race,
Qui nous poursuit, et sans nous faire grace.
A son exemple, elle me rend cruel.
Quel long concert! quelle ode intarissable!
Ainsi prôné par un chant éternel,
Le ciel, je crois, deviendrait haïssable.
Comme ses fruits, la campagne a ses fleurs;
Elle offre aux yeux des aspects enchanteurs;
Elle me plaît surtout, lorsque, nouvelle,
Elle renaît, et plus fraîche, et plus belle;
Mais quand j'ai vu ce tableau doux et pur,
Quand j'ai joui de ses métamorphoses,
Quand j'ai goûté sous des voûtes d'azur
L'éclat des lis et le parfum des roses,
Content, je dis jusqu'au printemps futur :
C'est admirable, et parlons d'autres choses.

Je rends justice au mérite des champs :
Je rends hommage à leurs travaux utiles.
Souvent j'y vais chercher des jours tranquilles.
C'est le séjour de nos premiers parens.
Mais il advint bientôt que leurs enfans
Prirent du goût pour d'autres domiciles,
Pour des plaisirs un peu moins innocens.
Dieu fit les champs : l'homme inventa les villes.
O des humains vaste réunion,
Belles cités, populeuses retraites,
Bien juste il est que réparation
Vous soit ici faite au nom des poètes.
Assez long-temps on oublia vos droits :
Assez d'auteurs, qu'on admire et qu'on aime,
Ont rajeuni les champs, les prés, les bois,
Et se sont fait applaudir... par moi-même :
Moins célébrée, une grande cité,
Chef-d'œuvre heureux de la société,
Unit, assemble en son enceinte immense
Tous les bienfaits qui charment l'existence.
Tous les plaisirs, tous les goûts, tous les arts,
Règnent en paix au sein de ses remparts.
Oui, tout y gagne; et même la science
Y finit mieux ses travaux entrepris.
L'esprit, la grace, ont, là, plus d'élégance,
Et la Beauté rend les cœurs plus épris.
Dans les cités on n'a pas mieux, je pense;
Mais ce qu'on a reçoit bien plus de prix.
Un tel séjour souvent par ses délices
Adoucit l'ame, éloigne d'offenser.
Une cité ne détruit pas les vices;
Mais elle sait du moins les policer.
Mille travaux, mille aspects l'embellissent.
Elle nourrit les champs qui la nourrissent.
Dans les cités combien d'abris secrets,
Quand le soleil brûle au loin les guérets!
Terrible ailleurs, la voix de la tempête
Sur nos remparts et se brise et s'arrête.
Au carnaval, temps aux cités si cher,
Tout rit, tout est masqué, même l'hiver.
Eh! n'est-ce pas un bien digne d'estime,
Que le plaisir, en ces murs assuré,
D'être toujours dans la foule ignoré,
D'aller partout, et partout anonyme?
Puis, où trouver jamais en d'autres lieux
Ce doux attrait, ce précieux contraste
D'un lieu pompeux, d'un asile sans faste,
D'un bruit oisif, d'un calme studieux?
Comme, à Paris, cachés dans leurs murailles,
De saint Bruno les fils silencieux
Laissaient jadis s'agiter autour d'eux
Les passions, et rugir les batailles,
Tel aux cités maint ermite disert
Dans vingt maisons se livre au charme extrême
D'un entretien, d'un bal, ou d'un concert;
Puis, dès qu'il veut causer avec lui-même,
Il fait cent pas et se trouve au désert.

Ce n'était pas sur ce ton poétique
Qu'au sein d'Albraque Astolphe parvenu,
Vantait la ville et son attrait magique;
Mais, jusque-là de l'Europe advenu,
Ayant franchi d'innombrables montagnes,
Et traversé d'éternelles campagnes,
Aux murs d'Albraque il goûtait, enchanté,
Tous les bienfaits d'une grande cité;

Il convenait, et d'un ton bien sincère,
Que rien de mieux n'existe sur la terre.
Mais le repos qu'en ces lieux il trouvait,
Sur son devoir ne pouvait rien prétendre ;
Près d'Angélique Astolphe qui causait,
En même temps songeait à la défendre.
Il le prouva dès qu'il vit Agrican,
Le lendemain, éveiller tout son camp
Pour prendre Albraque et surtout cette Belle.
Astolphe, plein d'une chaleur nouvelle,
Monte Bayard, et s'en va défier
Ce souverain en combat singulier.
Par notre Anglais trop prodigue de titres,
Cet empereur, dix rois, et vingt héros,
Étaient traités de faquins, de bélitres.
La lance d'or secondant ses travaux,
Astolphe abat Lurcon, Brontin, Zénanthe :
Mais, pris en flanc, il se voit démonté.
Tandis qu'en vain il se plaint, emporté
Par un géant qu'on nommait Rhadamante,
Comme empereur, Agrican fait sa part,
Et s'est d'abord emparé de Bayard.
Il en avait l'ame fort occupée,
Et volontiers, pour ce rare animal,
Il eût donné *Tranchère* son épée,
En y joignant *Batholde*, son cheval.
Ce prince crut, dès qu'il en fut le maître,
Être invincible : Agrican, il est vrai,
Plus à propos jamais ne pouvait l'être ;
Car, justement, traversaient le Cathai,
Pleins contre lui d'une triple furie,
Torinde, roi de la Carizménie,
Et Sacripant, le roi de Circassie,
Et Trufaldin, le roi du Zagathai.
(Ce Trufaldin, digne qu'on le maudisse,
Et dont Renaud a juré le supplice ;
Mais ses forfaits, sa lâcheté de plus,
Par ces messieurs n'étaient pas bien connus.)
Or, ces trois rois, amoureux d'Angélique,
Marchaient, suivis de combattans nombreux,
Contre Agrican encor plus amoureux,
Qui les attend, chevalier héroïque,
Devant Albraque, objet de tant de vœux.
Vous le voyez, mon récit se complique.
Quelques momens, amis, ne perdez rien :
Je serai clair, si vous écoutez bien.

Ces rois unis, dès leur première attaque,
Ont pénétré jusques aux murs d'Albraque ;
C'est Sacripant surtout qu'on voit briller.
Deux chants passés, ce roi dans mon poème
A débuté, cherchant un bon coursier :
Il l'a trouvé. Frontin, son destrier,

Égale presque en vigueur Bayard même,
Et pour l'adresse et la vélocité,
N'est pas bien loin de Rabican vanté.
Sur ce coursier, par des efforts insignes,
Le Sacripant a su forcer les lignes
Des assiégeans, qu'il arrange fort mal.
Torinde brave, et Trufaldin timide,
Le secondaient d'un effort inégal :
Mais Agrican, par un élan rapide,
Revient sur eux, les charge avec ardeur,
Et ce héros, déployant son courage,
Semble déjà regagner l'avantage.
Trop empressé de le croire vainqueur,
Trufaldin fuit, et d'une course agile
Va dans Albraque implorer un asile.
Mais Sacripant, plein d'un espoir hautain,
Est loin encor de céder la victoire,
Et, furieux, s'est élancé soudain
Sur son rival et d'amour et de gloire.
Du premier coup, ces vaillans ennemis
On fait voler leurs écus en débris.
Leur lutte est longue, et deviendra cruelle.
Sacripant blesse Agrican en fureur.
Lui-même il est plus blessé. Sa valeur
Résiste encor ; mais sa vigueur chancèle.
Il succombait, quand, par un noble appui,
Torinde, aidé d'une troupe fidèle,
Vint ben à temps l'enlever malgré lui.
Vous devinez que l'empereur tartare,
Outré de voir Sacripant échapper,
S'en venge au loin. Il sait si bien frapper
Qu'enfin pour lui le succès se déclare.
D'un tel vainqueur comment se préserver !
Maint chef périt, et mainte place vaque.
Ceux qui venaient pour délivrer Albraque,
Sont fort heureux de pouvoir s'y sauver.
Mais il les suit ; mais, poursuivant leur perte,
Il s'est lancé vers la porte entr'ouverte.
On la referme : Agrican est entré,
Et le lion est dans la bergerie.
De peu des siens bien qu'il soit entouré,
On n'ose plus soutenir sa furie.
Faisant d'Albraque un immense tombeau,
Agrican voit fuir la foule alarmée.
Il a cessé de combattre une armée,
Et devant lui chasse un faible troupeau.

Or, Sacripant, durant ces aventures,
Faisait panser sur un lit ses blessures.
Aux cris confus qui vont jusqu'au palais,
Ce roi regarde et voit par la croisée
Comme on traitait ses honnêtes sujets.
Fort justement son ame en fut blessée.

CHANT ONZIÉME.

Malgré tous ceux qui veulent l'arrêter,
Il s'arme encore, et, courant au carnage,
« Lâches, dit-il, leur prêchant le courage,
Faut-il si peu pour vous épouvanter?
Que vois-je, ô ciel! devant quelques barbares,
Tous mes sujets sont tremblans, éperdus!
Quand vous fuyez cent Tartares perdus,
Où fuirez-vous? dans le camp des Tartares? »
A cette voix, retrouvant leur élan,
Tous les guerriers venus de Circassie
Avec fureur attaquent Agrican.
A leurs efforts Torinde s'associe.
Autour du preux qui les faisait trembler,
Des ennemis la foule s'accumule.
On voit alors Agrican reculer;
Mais c'est encore un lion qui recule.
A ses côtés il voit les siens tomber,
Et va bientôt lui-même succomber.
Son noble effort, son attaque hardie
Etait un trait du plus brillant génie :
Mais, son bonheur se trouvant en défaut,
Il est un fou, si même il n'est un sot.
Or, attendez : la fortune subtile
Par ses retours aime à nous abuser;
Et, si le sort veut le favoriser,
Il peut encor se trouver très habile.

Tout juste : alors qu'à ces combats sanglans
Agrican seul occupait tout Albraque,
A son secours ses Tartares courans
Ont fait aux murs une facile attaque.
Peu de guerriers défendaient les remparts,
Et l'assaillant entre de toutes parts.
Aux cris des siens voyant tourner la chance,
Comme Agrican redouble de vaillance!
Alors Torinde et Sacripant unis,
De leurs sujets assemblant les débris,
Non sans efforts gagnent la citadelle,
Où dès long-temps Trufaldin, très rassis,
Avec les siens regardait la querelle.
Mais qui voudrait vous peindre, ô mes amis,
Tous les excès de ces vainqueurs terribles!
Pauvre cité! Les meurtres sont horribles :
Tournons du moins notre esprit et nos yeux
Vers des malheurs un peu moins odieux.
Que de Beautés brusquement offensées!
Que de vertus qui sont bouleversées!
Depuis cinq ans Laure, assez doux objet,
Avait filé l'amour plus que parfait,
A son amant avait su faire prendre
Les longs chemins du royaume du tendre,
Avait toujours réprimé ses transports,
Et tout au plus cédé quelques dehors :

Un des vainqueurs, en sa fureur brutale,
En un moment franchit la capitale.
L'aimable Lise, aux beaux yeux, au teint frais,
Ne pouvait pas manquer cette infortune.
Hélas! voyant profaner ses attraits,
Lise subit la disgrace commune.
Quand le soldat est hors de la maison,
Du pauvre époux la douleur se déclare.
« O ciel, dit-il! ô sort qui me confond!
Être c... par un vilain Tartare! »
Dans son chagrin il montrait tant d'excès,
Que Lise dit : « Ainsi si l'on te nomme,
Apprends, mon cher, pour calmer tes regrets,
Que tu l'étais, et par un honnête homme. »

Lorsque, de loin, elle eut vu ces malheurs,
La sœur d'Argail, qu'on n'eût pas mieux traitée,
Voulut chercher de nouveaux défenseurs.
Sa forteresse, assise en des hauteurs,
Ne pouvait pas d'assaut être emportée,
Et de la faim qu'on avait redoutée,
Pour bien long-temps, affrontait les rigueurs.
Mes chers lecteurs qui voulez bien m'entendre,
D'Albraque ici je donnerais le plan;
Mais par un mot, vous pouvez le comprendre :
De la cité prise par Agrican
Distinguez bien la citadelle à prendre :
Là, d'Angélique ont survécu les droits;
Là des héros suivent encor ses lois.
Mais elle sent qu'il ne faut pas attendre
Que ces guerriers, seuls avec leurs exploits,
Cèdent enfin, condamnés à se rendre.
Elle a jugé qu'il faut bien vite, ailleurs,
Aller chercher de nouveaux défenseurs.
Aussi, laissant garder sa forteresse
Par Trufaldin, Torinde et Sacripant,
Aux yeux un jour Angélique échappant,
Grace à l'anneau dont elle était maîtresse,
Gagna les bords où, du comte Roland
Le pauvre Astolphe avait donné l'adresse.

Vous le savez : c'est chez *la fée au pont*
Que, retenu, ce mortel héroïque
De sa surprise oublie en paix l'affront;
Et même, hélas! il oublie Angélique.
Quand Angélique arrive dans ces lieux,
Quel bruit la frappe! un aspect curieux
Dans cette enceinte à son regard se montre
Sept prisonniers formaient un septuor.
Plaisant tableau! singulière rencontre!
C'est Aquilant qui faisait le ténor,
Et Brandimart chantait la haute-contre.
Le preux Roland chantait, à faire peur,

La basse-taille. Angélique s'avance,
Lui passe au doigt l'anneau désenchanteur :
Roland d'abord reprend la souvenance.
Il reconnaît cet objet si charmant
Qui sur son cœur avait pris tant d'empire,
Et son amour est un enchantement
Qu'aucun anneau ne peut jamais détruire.
La fée au pont, qui cependant accourt,
Jette des cris qui m'auraient rendu sourd.
Efforts perdus! la cruelle Angélique
A des projets sur toute sa musique.
Les sept guerriers ont l'anneau tour à tour;
Et dans l'instant, pont, palais, tout s'écroule.
Une forêt s'élève, et les héros
Près d'un ruisseau qui doucement s'écoule
Ont retrouvé leurs armes, leurs chevaux.
Lors Angélique avec grace les prie
De la servir dans son cruel danger.
Eux, dont les yeux la trouvaient accomplie,
En l'admirant, jurent de la venger :
On a raison quand on est si jolie.
On a raison surtout d'être jolie.
Roland épris pour des regards si doux
Contre Agrican était fort en courroux;
Tous sont partis pour lui faire la guerre.
L'ardent Griffon et le sage Aquilant,
Avec transport, dans le fameux Roland,
Ont reconnu le cousin de leur père.
Mais Brandimart, vers ce héros porté,
Est de le voir encor plus enchanté,
Et lui déclare une amitié sincère.
De son côté, le payant de retour,
Roland répond à ces doux témoignages :
Noble amitié, tu vaux presque l'amour,
Et tu n'as pas ses maux et ses orages.

Quand Angélique, et par monts, et par vaux,
Tout près d'Albraque eut conduit les héros,
« Ne craignez rien, dirent-ils ; notre zèle
Saura, malgré tant de vaillans rivaux,
Nous faire entrer dans cette citadelle.
Nous prétendons y diriger vos pas.
— Non : seulement entrez-y, leur dit-elle ; »
Et prudemment évitant les combats,
Grace à l'anneau qui ne la quitte pas
Et rend aisé ce qu'on croit impossible,
Au sein du fort, elle arrive invisible.
Mais Trufaldin, détestable sujet,
Avait bien mal payé sa confiance,
Et le perfide avait en son absence
Exécuté le plus lâche projet :
Mettant le comble à ses crimes horribles,
Par ses soldats, dans le fort entassés,

Il avait fait, dans leurs palais paisibles,
Saisir Torinde et Sacripant blessés ;
Et, de ce fort se voyant le seul maître,
De plus en plus il se faisait connaître.
Ce Trufaldin, lâche ensemble et brutal,
Reçut chez elle Angélique assez mal.
Il refusa, dans sa haine ombrageuse,
De délivrer Torinde et Sacripant,
Lui répétant qu'elle était fort heureuse
S'il n'en faisait contre elle-même autant.

Or, cependant qu'à ce point il s'emporte,
Voilà soudain qu'on vient lui faire part
Que quatre preux l'attendaient à la porte.
Roland, Griffon, Aquilant, Brandimart,
Par un prodige et de valeur et d'art,
Avaient franchi le camp, même la ville,
Et dans le fort cherchaient un noble asile.
Trois autres preux que je n'ai pas nommés,
Aussi vaillans, avec moins d'avantage,
Dans un tel choc saisis et désarmés,
Près d'Agrican sont demeurés pour gage.
Mais de Roland concevez-vous la rage,
Quand Trufaldin, paraissant aux créneaux,
A la retraite invita ce héros,
En l'assurant, s'il tardait davantage,
Que par des traits du haut des murs lancés,
Lui, tous les siens, allaient être écrasés?
C'est vainement que la belle Angélique,
Au haut des murs, à tout calmer s'applique.
Le Trufaldin, ferme, s'il n'est vaillant,
Reste obstiné dans ses rigueurs cruelles.
En ce débat, du casque de Roland
Vous eussiez vu jaillir des étincelles.

Mais les voilà les nombreux ennemis,
Qui, par Roland renversés et surpris,
Montent vers lui pour venger leur défaite.
C'est Agrican qui s'avance à leur tête.
Sur le rocher que surmonte le fort,
Sans nul abri, sans espérance presque,
Les quatre amis redoublent leur effort,
Dans un combat tout à fait pittoresque.
Personne là ne se bat de niveau,
Et c'est un choc dans un goût tout nouveau.
Les deux géans Argante et Rhadamante
Serrent de près Aquilant et Griffon.
Ceux-ci, bravant cette attaque puissante,
Par leurs exploits méritent leur renom.
Mais rien n'égale en cette occasion
Le fier Roland et sa fureur vaillante.
Ce paladin renverse Pandragon.
Du mécréant l'espérance est déçue :

Il comptait bien, redoutable rival,
De sa massue écraser Durandal ;
Sur Durandal il coupe sa massue.
Pandragon meurt. Le terrible Roland
Abat encor Rhadamante sanglant.
Il court alors vers Argante, et le lance
Contre Agrican, qui, luttant non loin d'eux,
De Brandimart exerçait la vaillance.
Avec Argante, Agrican furieux
Suit un penchant vraiment impérieux,
Et des guerriers fait sourire la foule :
Ce souverain, maître de tant d'états,
Qui regardait chacun du haut en bas,
Du haut en bas du rocher glisse et roule.

Après ce coup, les Tartares nombreux
Envers Roland furent respectueux.
Les voyant loin, alors il se retourne
Devers le fort où Trufaldin séjourne.
« Traître, dit-il, le voyant aux créneaux,
Si tu ne dis qu'on m'ouvre tout à l'heure,
Je ne veux pas, abrégeant les assauts,
Que de ce fort une pierre demeure. »
Et sur la porte il donnait de tels coups,
Et tellement ébranlait les verrous,
Que Trufaldin, rarement téméraire,
Prit le parti d'apaiser sa colère.
« J'ai, lui dit-il, magnanime Roland,
Fait arrêter Torinde et Sacripant ;
Ils ne pourront, quoi que je puisse faire,
Me pardonner, bien qu'ils aient eu le tort :
En liberté je suis prêt à les mettre,
Et du pouvoir je veux bien me démettre :
Si vous voulez qu'on vous ouvre ce fort,
Qu'auparavant votre voix me réponde
De me défendre, et contre tout le monde. »
Ne voulant pas du tout ainsi jurer,
Roland d'ailleurs, dans l'excès de sa rage,
Jurait autant qu'on pouvait désirer.
Mais Angélique avec son doux langage
Sut tant lui plaire, et tant le conjurer,
Qu'à ce serment il plia son courage.
Ses compagnons en firent tous autant,
Ne voulant pas faire mieux que Roland.
A ces guerriers lors on ouvre la porte :
Aux détenus on ouvre la prison.
Eux, bien guéris, croyaient, de bonne sorte,
De Trufaldin punir la trahison.
Mais qui pourrait exprimer leurs murmures,
Quand on leur dit que Roland et trois preux
Leur défendaient de venger leurs injures :
Il s'ensuivait un débat désastreux,
Sans Angélique, en proie à mille alarmes,

Et sans ses pleurs appuyés de ses charmes.
Malgré ses soins, Torinde rigoureux
Sortit du fort, abjurant sa querelle.
Mais Sacripant, beaucoup plus amoureux,
Sut dévorer cette offense cruelle.
La paix régna, grace aux plus doux attraits.
Il est bien juste, il est bien nécessaire
Que la Beauté fasse une fois la paix,
Pour tant de fois qu'elle cause la guerre.

La sœur d'Argail, pendant tous ces débats,
De son amour ne se dégageant pas,
Pense à Renaud, et nous n'y pensons guère.
Je l'ai laissé dans un lointain pays,
Venant de perdre et cherchant Fleur-de-Lis.
Triste et rêveur, au lever d'une aurore,
Il rencontra dans le creux d'un vallon
Un chevalier beaucoup plus triste encore.
Interrogé sur tant d'affliction,
Ce chevalier dit : « Irolde est mon nom.
— Irolde, ô ciel ! Vous que Thisbine adore,
Reprend Renaud ; je vous connais beaucoup.
Une Beauté que je cherche partout,
Ces jours passés me contait votre histoire.
Mais, pardonnez : si j'ai gardé mémoire
De son récit, le chagrin, entre nous,
Devait frapper Prasilde et non pas vous.
— Oui, dit Irolde, en ame généreuse,
A de grands droits Prasilde a renoncé.
Pour étouffer sa flamme impérieuse,
Dans les hauts faits mon ami s'est lancé.
Mais, inquiet de sa douleur constante,
J'ai dû, laissant ma compagne charmante,
Chercher l'ami dans le chagrin noyé,
Et consoler l'amour par l'amitié.
Je poursuivais cette recherche vaine,
Quand le destin, qui m'aura pris en haine,
M'a fait descendre au palais merveilleux
Que s'est construit une magicienne
Dont Falerine est le nom odieux.
Sa cruauté, par art ou violence,
Des chevaliers enchaîne la vaillance,
Quand il en vient en ce pays d'Altin ;
Elle leur offre un splendide festin,
Et puis les jette en une tour obscure,
Les réservant pour servir de pâture
A certain monstre, effroyable dragon,
Qui jour et nuit lui garde, nous dit-on,
Ses beaux jardins, amour de la nature,
Et, j'en conviens, dignes de leur renom.
A ce gardien qui respire la flamme
Chaque matin on sert pour ration
Un chevalier, et de plus une dame.

Dans ce palais, je fus pris à mon tour,
Et j'attendais aussi mon dernier jour,
Quand dans la nuit mon geôlier qui m'éveille,
Me dit : « Fuyez, tandis que l'on sommeille. »
Je l'interroge; il me répond : « Partez.
Votre salut, d'un guerrier est l'ouvrage :
Je ne puis pas en dire davantage. »
Me retirant en des lieux écartés,
Je méditais sur ces rares bontés;
Lorsque j'apprends enfin qu'aujourd'hui même
Mon noble ami, Prasilde, est le héros
Qu'au vil dragon vont livrer les bourreaux.
Jugez, seigneur, de ma douleur extrême.
Prasilde, hélas! qui n'a pu m'oublier,
Je le vois trop, pour mourir à ma place
Aura gagné le funeste geôlier.
Du moins, pour lui déployant son audace,
Irolde aussi va se sacrifier.
Il faut ici que le cortége passe,
Et dans ce lieu Prasilde va me voir
Jusqu'à la fin combattre sans espoir :
Roland lui seul, ou Renaud invincible,
Pourraient forcer cette escorte terrible. »
Renaud lui dit : « Je ne suis point Roland,
Et toutefois à vous j'unis mon zèle.
On ne peut pas se montrer trop vaillant
Pour délivrer un ami si fidèle. »

En ce moment le cortége paraît.
Avec Prasilde une dame enchaînée,
Est au milieu, victime infortunée.
Renaud déjà s'élance comme un trait.
Irolde suit sur son coursier agile.
Ils étaient deux : ils en étonnent mille.
Le fils d'Aymon surtout a fait si bien
Que chef, soldats, tout fuit en moins de rien.
Prasilde est libre, et son ami l'embrasse.
Mais que Renaud fut doucement surpris
Quand, dans la dame, il connut Fleur-de-Lis,
Dont il avait en vain cherché la trace!
Gardant sa tête en un affreux danger,
Au cours du fleuve elle avait su nager :
Mais elle avait été chez Falerine,
Et ne pouvait éviter sa ruine,
Sans le secours du noble fils d'Aymon.
Les deux amis, en apprenant le nom
Du grand Renaud, s'étonnent moins de vivre;
Et tous les deux demandaient à le suivre.
« Non, dit Renaud; vous avez déployé
Votre valeur, votre rare amitié :
Jouissez-en désormais sans nuage.
Que vos foyers par vous soient retrouvés;
Que le bonheur soit votre doux partage.

Nobles amis, si je vous ai sauvés,
Ah! laissez-moi jouir de mon ouvrage. »

Renaud voulait, dans ses hardis desseins,
De Falerine attaquer les jardins;
Mais Fleur-de-Lis, épuisant la prière,
Dit de Roland l'aventure première
Au pont d'oubli, ne sachant la dernière;
« Le grand Renaud, à ce qu'elle prétend,
Se doit d'abord à son cousin Roland;
Pour délivrer ce neveu du roi Charle,
Renaud ne peut se permettre un retard. »
Du fier Roland tout haut elle lui parle,
Et, tout bas, pense à son cher Brandimart.
Renaud se rend à sa voix qui l'engage.
Ils vont chercher cette lointaine plage,
Mais, fleuve et pont, tout est enseveli.
Les habitans du ci-devant rivage
Ont oublié jusqu'au fleuve d'oubli.
En ce moment, fuyant encor d'Albraque,
Certain Tartare en tremblant raconta
Au fils d'Aymon une si rude attaque
D'un paladin, que Renaud s'écria :
« Roland lui seul a pu faire cela!
Mais quoi, dit-il, sa valeur héroïque
Devait chercher un sujet plus brillant.
Parbleu! je veux aller chercher Roland,
Pour lui prouver la laideur d'Angélique. »

Pendant ce temps, Mandricart, dans Canton
Ne cessait pas de bloquer Galafron,
En regrettant que d'Agrican, son père,
L'ordre arrêtât sa valeur téméraire.
Mais ce Canton, depuis si commerçant,
N'était alors qu'un château menaçant
Qu'on ne pouvait prendre que par famine.
Voilà quel sort Mandricart lui destine.
Tout en jurant il le veille si bien
Que dès long-temps il ne laisse entrer rien;
Plein de l'espoir que les assiégés blêmes,
Un de ces jours vont se rendre d'eux-mêmes.
Mais Galafron est loin de s'oublier.
Pour protéger sa fille et son empire,
Il s'avisa d'un tour si singulier
Que je ne sais si je dois vous le dire.
Parlons tout bas, car on pourrait crier :
Un certain jour, pour causer des alarmes,
Devant le fort, Mandricart irrité
A ses guerriers a fait prendre les armes :
Lors Galafron les prend de son côté.
Du moins on voit sur le rempart immense
Maints assiégés se tenir en défense.
On ne voyait que des têtes... Au fait

Ce n'était pas des têtes qu'on voyait ;
Et Galafron, que presse la famine,
Pour la cacher veut faire bonne mine.
Sur le rempart, affrontant les revers,
Cent grenadiers baissés et découverts,
Par un effort de vertu singulière
Se résignaient à montrer le derrière ;
Si que d'en bas sur ce fort redouté
Dont on avait formé les avenues,
On croyait voir des faces si joufflues,
Que Mandricart en fut épouvanté.
En observant ces visages sans formes,
Tels qu'à la Chine on en voit tous les jours,
Il s'écria : « Quels embonpoints énormes !
O ciel : la place a reçu des secours ! »
Il regardait, et frémissant de rage
Il ne pouvait rien comprendre à cela ;
Il s'écriait, regardant davantage :
« J'ai quelque part vu ces visages-là. »
Mais ses soldats qu'un si long siége lasse,
A cet aspect perdant espoir, audace,
Sans dire mot se dispersent tremblans.
De leur pays tous reprennent la route,
Et Mandricart, bien que des plus vaillans,
Est obligé de suivre la déroute.
Se rajustant, les grenadiers dispos
Disaient : « ma foi, l'idée a du mérite.
Nous n'aurions pas cru qu'en tournant le dos
On mît jamais ses ennemis en fuite. »

De son salut Galafron artisan
Par ce beau trait, ce stratagème unique,
Sort, aux Chinois imprime son élan,
Forme une armée immense, magnifique,
Et sans délai marche contre Agrican
Qui dans Albraque assiégeait Angélique.
Mes chers amis, je vous ai dit plus haut
Qu'en un dessein beaucoup moins héroïque,
Devers Albraque allait aussi Renaud,
De Fleur-de-Lis compagnon pacifique.
Déjà d'Albraque il voyait les remparts,
Quand tout à coup s'offrit à ses regards,
Sur un coursier, de fer éblouissante,
Une Beauté d'une taille imposante.
« A cette armure, à ces mâles attraits,
Dit Fleur-de-Lis, d'abord je reconnais
Cette superbe et terrible Marphise
Qui règne au loin sur la Perse soumise.
On méconnaît ses parens ; mais ses droits,
Très bien fondés, le sont sur mille exploits.
Son glaive ardent semble jeter des flammes ;
De sa valeur rien n'arrête l'essor ;
Et, craint partout, cet Achille des femmes

Dans plus d'un homme a trouvé son Hector. »

C'était Marphise en effet : cette reine
Belle à l'excès, un peu trop forte aussi,
Et par là même un peu moins belle, ici
Contre Agrican venait servir sa haine.
Pour le dompter dans le champ des combats
Elle amenait ses troupes animées :
Mais, généreuse, elle ne voulait pas
Qu'il combattît à la fois deux armées,
Et Galafron accouru, justement,
Le combattait dans ce même moment.
Dans tous nos vœux le destin nous traverse.
Marphise avait trop retardé d'un jour,
Et s'éloignant de ses guerriers de Perse,
Se promenait en attendant son tour,
Lorsque Renaud devers elle s'avance :
Il rend hommage à l'éclat de son nom,
Et lui propose un petit coup de lance.
A cet excès jamais s'oublia-t-on ?
Il la connaît, ô ciel ! et la défie !
Tant de fierté bientôt sera punie.
Ils prennent champ. Le galant paladin
Quand il est près de la dame surprise,
Lève sa lance, et poursuit son chemin,
Inébranlé par celle de Marphise.

Marphise prit très mal cette façon.
Contre Renaud elle murmure et gronde,
Et, sans retard l'attaquant tout de bon,
Veut qu'à ses coups tout de bon il réponde.
A ses désirs Renaud enfin répond ;
Mais il ménage encor son ennemie.
Les deux rivaux à coups d'estramaçon
Continuaient cette plaisanterie ;
Et cependant Agrican furieux
Livrait, tout près, un choc plus sérieux ;
Et son ardeur de succès affamée
De Galafron faisait fléchir l'armée.
Ces fiers Chinois naguère audacieux
Ne luttaient plus et tournaient le derrière.
Mais cette fois cela réussit moins.
Bien loin de fuir, Agrican met ses soins
A les poursuivre, et cette armée entière
Allait périr, si par bonheur Roland,
Fort à propos sortant du fort d'Albraque,
Avec Griffon, Brandimart, Aquilant,
Contre Agrican n'eût fait une autre attaque.
De ces héros quels furent les exploits !
A cet aspect Galafron, ses Chinois,
Ont retrouvé leur force et leur courage.
La chance tourne, et, pris des deux côtés,
C'est vainement qu'Agrican plein de rage

24

Veut retenir ses gens épouvantés
Dont Roland fait un horrible carnage.
Ses défenseurs, oubliant leur renom,
Sont poursuivis même par Galafron.
Mais celui-ci voit Renaud et Marphise
Luttant toujours et s'égorgeant bientôt.
Ce roi, qui reste interdit de surprise,
A reconnu Rabican sous Renaud.
« O ciel ! dit-il, embrasé de colère,
Mon cher Argail, il est devant ton père,
Ton meurtrier; car voici ton cheval. »
Et sur-le-champ laissant fuir les Tartares
Et surpassant en fureur ces barbares,
Il court porter un coup presque fatal.
Renaud, surpris par ce coup déloyal,
De son coursier pensa rouler à terre.
Mais, s'indignant de cette trahison,
Marphise court venger son adversaire
Et renverser l'imprudent Galafron.
De Galafron les guerriers le relèvent,
Et son courroux n'en parle que plus haut.
Tous ses Chinois, que ses clameurs soulèvent,
Vont vers Marphise et surtout vers Renaud :
Renaud, Marphise, à leur foule empressée
Donnent cent coups très vivement sentis.
Dans ce combat la seule Fleur-de-Lis
De sa personne était embarrassée.
Mais Brandimart la voit en ce moment,
Et ne voit plus qu'une amante si chère.
Courant vers elle, et n'étant plus qu'amant,
Il la conduit dans un bois solitaire.
De sa personne alors, apparemment,
Elle sut mieux ce qu'elle avait à faire.

Ma foi ! disons un peu ce qu'elle en fit :
Car, je le sens, mon terrible récit
A trop montré de scènes de carnage.
Et puis, dit-on, un peu de volupté
Chez les humains n'a jamais rien gâté.
Jusqu'à ce jour, Fleur-de-Lis tendre et sage
Tout en suivant son amant enchanté,
Du fol amour lui refusa le gage.
Elle voulait le refuser toujours;
On le sait bien, c'est le projet des belles,
Et quelquefois même des moins cruelles;
Mais ce moment, après de tristes jours,
L'éloigne un peu de ses rigueurs rebelles.
La dame, assise auprès de Brandimart,
Entre ses mains serrant la main chérie,
Le considère avec ce doux regard
Qui d'un mourant rappellerait la vie.
Vous jugerez la joie et le maintien
De Brandimart qui se portait très bien.

Tout à son trouble, à son tour il oublie
Le saint respect qu'il promit à sa mie.
O Fleur-de-Lis, blanche comme ton nom,
Surprise alors par un baiser humide,
Tu sens trop tard à quelle trahison
Peut se livrer l'amant le plus timide.
Tu veux alors résister à ses vœux :
Hélas ! bientôt sais-tu ce que tu veux !

D'autres combats se livraient dans la plaine.
Renaud, Marphise, en courage rivaux,
A mille bras résistaient avec peine,
Quand les Persans, avertis à propos,
Vinrent enfin au secours de leur reine.
Quels changemens ! et quels périls nouveaux !
Car ces guerriers étaient au moins cent mille :
Pour Aquilant et son frère Griffon,
Le noble soin de servir Galafron
En ce moment devient trop difficile.
Tous deux en vain ils redoublent d'élan,
Aux fiers Chinois la victoire est reprise.
Galafron voit déranger tout son plan,
Et le vieux roi qui vainquit Agrican
Se voit vaincu par Renaud et Marphise;
Et dans Albraque il est encore heureux
D'entrer avec des soldats peu nombreux.
Il n'y voit plus du moins aucuns Tartares.
Il est passé, le jour de ces barbares.
Ils ont fui tous. Même, oublié par eux,
Leur prisonnier, en leur désastre affreux,
Astolphe adroit, vers Albraque se lance,
Y rentre enfin, et, toujours très heureux,
Sur un Kalmouck a reconquis sa lance.

Mais d'Agrican vous êtes inquiets,
Et de Roland vous voulez des nouvelles :
Que faisaient-ils ces héros si parfaits
Pendant l'effort de ces luttes cruelles?
Je vais le dire, et je vous les gardais.
Quand Agrican de son premier succès
Eut vu soudain pâlir les étincelles,
Abandonné, mais non pas abattu,
Il se tourna vers ce Roland funeste
Qui d'un vainqueur en faisait un vaincu.
« Viens, lui dit-il, guerrier que je déteste.
— Viens, dit Roland. » Et tous deux des forêts,
Pour mieux se battre, ils vont chercher la paix.
Et les voilà, tirant le cimeterre.
De leurs assauts faisant trembler la terre,
Ils s'efforçaient de se percer le cœur.
On n'eût pas dit, à leur fureur extrême,
Que l'un était un neveu d'empereur,
Et le second un empereur lui-même.

En tête à tête, Agrican et Roland
Émus d'espoir, saisis d'impatience,
Suivaient le cours de leur débat sanglant,
Et se battaient vraiment en conscience.
Sous leurs efforts le sol devient brûlant.
Que d'héroïsme un champ étroit rassemble!
Quels coups brillans portés, parés ensemble!
Voyant flotter le succès incertain,
De lassitude ils s'arrêtent enfin.
Près d'un ruisseau couchés sans défiance,
De deux amis ils offrent l'apparence.

« Comte Roland, valeureux étranger,
Dit Agrican après quelque silence,
J'ai contre toi maint affront à venger ;
Et toutefois j'aime tant ta vaillance
Que nul mortel, hors mon fils Mandricart,
N'aura jamais, si tu veux, tant de part
Dans ma tendresse et dans ma confiance.
Oui, pour jamais unissons-nous ici,
Et je remets entre ta main puissante
Le beau royaume où régnait Rhadamante.
Sois ma victime, ou bien sois mon ami.
— Ah! dit Roland, à cet honneur sensible,
J'y vois, seigneur, un obstacle invincible :
J'aime Angélique, et l'aime avec fureur.
—Ah! je t'entends : un même nœud m'enchaîne;
Nous combattrons, répondit l'empereur,
Et notre amour nous commande la haine. »

Les deux guerriers se lèvent à ces mots.
Rivaux d'amour, et de fureur rivaux,
Dans tous leurs traits leurs transports se décèlent,
Et leurs regards et leurs fers étincèlent.
Tous deux ont vu leur haubert fracassé;
Rien n'est pareil à l'excès de leur rage.
Le choc fut long. Roland était blessé;
Mais Agrican l'était bien davantage.
Dans un combat désormais inégal
Gardant toujours sa fureur et sa gloire,
Il tomba mort aux pieds de son rival,
Qui s'étonnait d'une telle victoire.
Sous les destins ce prince a succombé :
Mais quel éclat remplit sa dernière heure!
Roland s'incline, et le héros tombé
A les respects du héros qui demeure.
Roland fait mieux. Oui, ce noble rival
Creuse un tombeau dans le sable docile;
Et Durandal ouvre un dernier asile
Pour le héros qu'immola Durandal.
Là, des vautours trompant l'audace impure,
Roland dépose Agrican glorieux.
Il a gardé son glaive précieux,
Mais pour cercueil lui laisse son armure.

Alors, tombant à genoux : « Vaillant roi,
Dont l'univers gardera la mémoire,
Adieu, dit-il; dors en paix. Comme toi,
Puissé-je un jour expirer dans la gloire!... »
Tais-toi, Roland; tais-toi : ne parle plus;
De ton pays toi qui fais l'espérance,
Tes vœux cruels pourraient être entendus.
Reste long-temps à ton prince, à la France!

CHANT DOUZIÈME.

Le cerf et la levrette. — Grande lutte pour Trufaldin. — Ruse de guerre de Renaud. — Avantage de Roland. — Coup d'autorité d'Angélique.

J'aime bien mieux qu'on ne se batte pas;
Ah! que toujours la paix nous environne :
Mais lorsqu'enfin on livre des combats,
J'aime les rois se battant en personne.
J'admire peu ces tranquilles héros,
Qui de leur lit sont l'effroi de la terre,
Et poliment se chargent du repos
Pour leurs soldats qu'ils chargent de la guerre.
Tel se montra certain Philippe deux,
Qui *du midi* fut *le démon* terrible,
Et qui, dictant mille combats affreux,
Fut pour lui-même un démon trop paisible.
Certes, ceux-là qui prennent les enjeux,
De les gagner doivent montrer l'envie.
Le souverain, à ces sortes de jeux
A bonne grace à faire sa partie.
Un pape même autrefois a fait voir
Qu'il connaissait un si juste devoir.
Aussi l'histoire, à qui nul trait n'échappe,
De Jules deux peint l'effort martial.
Couvert de gloire et de poussière, un pape
Pensa mourir comme un feld-maréchal.

Lorsque Roland, cet amant de la gloire,
Que vient d'orner un de ses plus beaux faits,
Par ses respects, ses soins et ses regrets
A plus encore illustré sa victoire,
A d'autres soins il se livre, et bientôt
A reconquis le coursier de Renaud.
Vraiment! il peut, ce Français héroïque,
A son cousin rendre cent fois Bayard,
Mais non céder un moment Angélique.
Pour la rejoindre il part; mais, comme il part,
Non loin de lui son oreille est frappée
De cris de femme et de fracas d'épée.
Roland accourt, et revoit Brandimart
Qu'allait abattre un géant trop robuste,
Monstre cruel qu'on appelait Marfuste.

Sans nul délai Roland s'approchant d'eux,
Pour tout calmer coupe Marfuste en deux;
Et Fleur-de-Lis, par Marfuste ravie,
Vint rendre grâce au héros généreux
Qui lui rendait Brandimart et la vie;
Sur ce brillant et généreux secours,
De Brandimart vous jugez les discours.
En ce héros Roland voyant un frère,
Lui donne alors la terrible *Tranchère*
Qui d'Agrican a servi les exploits,
Et n'a trompé son espoir qu'une fois.
Même, rempli d'une noble allégresse,
Il y joignit *Batolde*, ce cheval
Qu'avait long-temps monté son fier rival,
Et dont au loin on vantait la vitesse.
Souvent ainsi le cœur est entraîné;
On croit devoir.... parce qu'on a donné.

De la forêt ils s'éloignaient à peine :
Le grand Roland, l'aimable Fleur-de-Lis,
Et Brandimart, doucement réunis,
S'acheminaient vers Albraque prochaine,
Quand, traversant leur agreste chemin,
A leurs regards un cerf parut soudain;
Cerf singulier, que chacun d'eux admire.
Onc il ne fût plus charmant animal.
Son air les charme, et son bois les attire.
Ce n'était pas son bois qu'il fallait dire,
Et vous verrez que c'était son métal;
Car ce métal, très facile à connaître,
Était de l'or, ou paraissait en être.
Le cerf passa, plus rapide qu'un trait,
Et du regard à peine on le suivait,
Lorsqu'à Roland vint une demoiselle.
« Chez tant de rois et dans tant de pays,
Vous qui courez, d'aventures épris,
Je vous en offre une grande, dit-elle.
Prenez ce cor, aux héros destiné;
Et chaque fois que vous aurez sonné,
Ce livre-ci, conseiller salutaire,
Vous apprendra ce que vous devez faire.
Mais sachez bien avant de commencer
Que de ce cor qui s'avise d'user,
De ce moment est perdu s'il hésite,
Et qu'il en doit sonner trois fois de suite. »
Roland l'accepte, et, curieux d'exploits,
Le fait sonner pour la première fois.

La foudre alors au loin se fait entendre;
Et d'un rocher on voit naître et descendre
Deux fiers taureaux, au regard inhumain,
Cornes et pieds, non pas d'or, mais d'airain.
De leur fureur que ne doit-on attendre !

A leur aspect Roland est incertain.
Il prend conseil. « Contre eux le fer est vain,
Lui dit le livre, il faut que tu te bornes
A leur ravir, si tu le peux, les cornes. »
Quittant Bayard, il s'avance vers eux
Et soutient mal leur assaut dangereux.
Son bouclier brisé par leur furie
N'existe plus, Durandal même plie :
Le fier Roland, par leur masse accablé,
Est abattu, sous leurs pieds est foulé.
A cet aspect, qu'il voit avec souffrance,
Brandimart veut voler à sa défense :
Mais, arrêtant ce chevalier troublé,
« Gardez-vous-en, lui dit la demoiselle.
Hâtant sa mort par un excès de zèle,
Vous le verriez disparaître à l'instant,
Et ce combat veut un seul combattant. »

Mais le héros, parmi cette tempête,
En perdant terre avait gardé sa tête.
Ce paladin, de ses bras affermis,
Saisit deux pieds de ses deux ennemis.
Il les renverse, et sa main ferme et sûre
Du front de l'un vient d'arracher l'armure;
Et l'autre encor n'était pas relevé
Que de Roland il avait éprouvé
Le même assaut et la même aventure.
Dans le moment, privés de leur vigueur,
Les deux taureaux perdirent leur valeur.
Tous deux fuyant cèdent à leurs alarmes :
Roland les voit échapper à ses yeux.
Mais, bien qu'après un choc si périlleux
Il fût brisé presqu'autant que ses armes,
Sans nul repos, Roland voulut encor
D'autres périls, et resonna du cor.
La terre s'ouvre. Un gouffre épouvantable,
Par la fumée a les cieux obscurci.
La flamme éclate, et jette sur le sable
Un noir dragon jetant la flamme aussi.
Ses ailes, dit Boyardo qui l'assure,
Avaient deux fois trente pieds d'envergure.
Roland d'abord au livre recourut,
Et je vous vais redire ce qu'il lut.
« Attaque bien ce dragon redoutable;
Hors par la bouche il est invulnérable.
Malgré ses feux si tu perces son cœur,
Des chevaliers tu te montres la fleur. »
Roland avait besoin de sa grande âme;
Et se livrant au plus affreux danger,
Sans hésiter, dans la bouche de flamme
Avec son fer son bras sut se plonger.
Le monstre meurt de ce coup téméraire;
Mais de son bras et de sa noble main

CHANT DOUZIÈME.

Roland brûlé ne pourra plus rien faire.
Vous vous doutez de son affreux chagrin.
Ne plus combattre, autant vaut ne plus vivre.
Heureusement il trouva dans son livre
Qu'en se lavant dans le sang du dragon
Il trouverait d'abord sa guérison.
En un moment, grâce à cette recette,
Son bras revit, ses maux sont oubliés.
Il veut tenter l'aventure complette,
Sonne du cor, croit (et vous le croyez),
Que des géans lui vont être envoyés,
Et ne voit rien qu'une jeune levrette
Qui sort du bois et se couche à ses pieds.

« Quoi! dit Roland, c'est pour si peu de chose
Que j'ai bravé la mort et la douleur!
Est-ce donc là le but qu'on me propose?
— Si de vos droits vous profitez, seigneur,
Et répondez au sort qui vous appelle,
Vous passerez, lui dit la demoiselle,
Des plus grands rois l'éclat et le bonheur.
Oui ; d'Oberon, puissant roi de féerie,
Morgane, nièce et charmante et chérie,
Règne ici près dans l'île du Trésor;
Vantée au loin, cette fée immortelle,
De l'univers distribuant tout l'or,
Est la plus riche ainsi que la plus belle,
Et peut partout, au gré de ses souhaits,
Porter son île et surtout son palais.
Elle se tint d'abord en Phénicie,
Puis en Égypte, au sein d'Alexandrie ;
Elle demeure au Cathai maintenant,
Et, loin de là, peut, au premier moment,
Faire briller son aspect, qu'on envie.
Les Enchanteurs que vous avez pu voir,
Seigneur, n'ont rien d'égal à son pouvoir ;
Et telle fée, et terrible, et savante,
Est sa vassale, et même sa servante.
Son cerf, par qui tous les traits sont bravés,
Erre en tous lieux, et court à l'aventure.
Trois fois par jour il change de ramure,
Laquelle est d'or, si vous ne le savez.
De lui Morgane est loin d'être inquiète,
Car son beau cerf a le droit précieux
De n'être pris que par cette levrette,
Qui peut le suivre et l'atteindre en tous lieux.
Elle est à vous : elle est votre conquête.
En la suivant, vos succès sont certains,
Et sous deux jours le cerf est en vos mains. »

Le fier Roland lui répond : « Demoiselle,
Assurément, je ne me repens pas
D'avoir bravé la mort la plus cruelle :

C'est mon métier d'affronter le trépas.
Mais aux exploits je borne tout mon zèle,
Et des trésors je fais très peu de cas.
J'ose penser que leur charme infidèle
De tous nos soins ne nous rembourse pas.
Que la levrette ailleurs porte ses pas.
Je ne veux point que de Roland on parle
Comme d'un preux à qui l'or est trop cher,
Et qu'il soit dit : « Le neveu du grand Charle,
Héros jadis, devient chasseur de cerf. »

Bon paladin, ta folie est extrême,
De refuser un bien si précieux.
Dédaigner l'or, quel bizarre système!
D'autres héros raisonnent beaucoup mieux.

« Seigneur, lui dit la demoiselle honnête.
Bien des guerriers vaincus, et morts, ou pris,
Ont sans succès tenté cette conquête,
Dont votre cœur est si loin d'être épris :
Mais je ne dois oublier de vous dire
Que vos exploits, que mon regard admire
Depuis qu'il est un peu moins alarmé,
Vous ont acquis le droit de voir Morgane,
Et même un peu l'espoir d'en être aimé.
— Pour ce bonheur je ne suis qu'un profane,
Répond Roland, d'Angélique enchanté.
Riche surtout de l'heureux don de plaire,
Votre Morgane est, à la vérité,
De l'univers la seconde Beauté ;
Mais dès long-temps j'adore la première. »

Il la salue alors civilement.
Par ce héros la pauvre demoiselle
Espérait bien délivrer son amant,
Qui, chez Morgane enfermé tristement,
Avait fléchi dans la même querelle.
Elle espérait, au défaut de Roland,
Que Brandimart signalerait son zèle;
Mais Fleur-de-Lis s'écria brusquement
Qu'il ne fallait à son fidèle amant
D'autre trésor ni d'autre dame qu'elle.

Par ces motifs, Roland et Brandimart,
Aux murs d'Albraque entrant un jour plus tard,
Apprirent là plus d'une étrange chose :
Le fier Renaud, fidèle paladin,
Avec Marphise, alliée à sa cause,
Vite avait fait défier Trufaldin,
Pour le punir de la mort d'Albarose;
Et celui-ci, comme insigne poltron,
Avait requis Aquilant et Griffon,
Par leur serment liés à sa défense;
Et, bien honteux dans cette circonstance,

Ces deux guerriers avaient du moins voulu
Qu'il combattît comme eux, et n'avaient pu
En obtenir que sa lâche présence.
Même, malgré leur généreux appui,
Dans un moment où, doublant de courage,
Renaud, Marphise, avaient quelque avantage,
Le malheureux, vers Albraque avait fui.
Le lendemain, en employant main-forte,
On espérait réparer l'accident ;
Et les guerriers, tout en le défendant,
Prétendaient bien l'amener sous escorte.
Vil assassin, presque aussi vil soldat,
En fourberie ayant tout son courage,
Ce Trufaldin, bien qu'à la fleur de l'âge,
Tremblait de voir seulement le combat.
Par un secret sa lâcheté s'explique :
Ce Trufaldin qui, même avec éclat,
Se mêlait d'être amoureux d'Angélique,
A la nature il doit ce qu'Abailard
Long-temps après dut, comme on sait, à l'art.
Il sent pourtant la valeur le reprendre,
Alors qu'il voit Roland pour le défendre.
« Ah ! que Renaud redouble son élan,
Dit Trufaldin, je parais dans la plaine ;
Et du combat serai témoin sans peine,
Ayant pour moi le vainqueur d'Agrican. »
De son côté, Roland, avec surprise,
Sut que Renaud était dans ces climats.
« Dieu ! se dit-il, ici ne vient-il pas
Pour la Beauté dont mon ame est éprise ?
Renaud, long-temps pour elle inanimé,
Ne l'aimait pas, mais en était aimé !
Il se peut bien que Renaud se ravise. »
A ces terreurs, qui ne sont pas de mise,
Comme il se livre, Angélique, à l'instant,
S'inquiétait un peu plus justement.
Du fils d'Aymon toujours en vain éprise,
Elle craignait pour lui ce rude assaut,
Et finement, pour épargner Renaud,
Priait Roland de combattre Marphise.

Demain, Marphise et Renaud d'une part,
Roland de l'autre, aidé de Brandimart.
Vont sous les murs lutter sans plus attendre.
Brûlant d'ardeur, Roland monte Bayard,
Que son cousin refusa de reprendre,
Ne voulant pas user d'un tel égard :
Puis Rabican est bon pour le défendre.
Le Trufaldin qui regarde frapper,
A bien promis de ne pas s'échapper ;
Et Galafron, Fleur-de-Lis, Angélique,
Jugent des coups, sous un brillant portique.
Au choc d'hier, unissant leurs efforts,
Contre Aquilant et Griffon héroïque,
Renaud, Marphise, étaient un peu trop forts :
Mais, quand Roland paraît et se signale,
Cette partie est pour le moins égale.

Comme Angélique, avec ses yeux charmans,
Du fils d'Aymon suit tous les mouvemens !
De Brandimart il brave le courage.
Roland combat Marphise, qu'il ménage.
Vous sentez bien qu'il luttait à regret ;
Mais son serment à Trufaldin l'engage.
Le fier Renaud qui, de bon jeu, luttait,
De Brandimart s'occupait davantage.
Il l'étourdit par un coup très pesant,
Veut redoubler, dans sa fureur extrême :
Roland, trop vif, tout juste au même instant,
Venait d'en faire à la Persane autant ;
Mais, alarmé pour Brandimart qu'il aime,
Laissant Marphise, il vient, le glaive haut,
Se présenter à son cousin Renaud.
Le fils d'Aymon, qui ne pouvait comprendre
Que son cousin consentît à défendre
Un Trufaldin, un lâche scélérat,
Avec colère accepte le combat.
Les deux parens, ennemis redoutables,
Vont se portant des coups épouvantables.
Marphise alors, reprenant ses esprits,
Court sur Roland ; mais Brandimart l'arrête,
Et ce héros la fait changer d'avis.
Roland, qui livre un combat indécis,
De Brandimart voit menacer la tête :
Lors sur Marphise il revient empressé.
Entre elle et lui le combat recommence.
Mais Renaud voit et saisit une chance :
Ne craignant rien de Brandimart blessé,
Renaud s'élance au bout de la carrière
Vers Trufaldin, objet de cette guerre.
Trufaldin tremble, il invoque l'appui
De Sacripant, assis auprès de lui.
Mais celui-ci, peu courtois et peu tendre,
Dit : « Je n'ai pas juré de te défendre,
Et bien plutôt je t'aurais attaqué. »
Par le péril Trufaldin provoqué,
Attend Renaud, se décide à l'attendre ;
Puis, ne pouvant soutenir son regard,
Le voyant proche, il fuit, beaucoup trop tard.
Sa lâcheté difficile à comprendre
Ne le sert point. Par Marphise occupé,
Roland, d'ailleurs, est trop loin pour l'entendre.
De ses clameurs l'air en vain est frappé.
Déjà Renaud avait saisi le lâche ;
En un moment, par les pieds il l'attache
Aux pieds légers de Rabican surpris.

CHANT DOUZIÈME.

Remonte alors, et, malgré tous ses cris,
Punissant trop ses erreurs trop coupables,
Avec ce traître il s'élance soudain,
Criant au loin : « Chevaliers redoutables,
Défendez donc votre roi Trufaldin. »

A ces clameurs, à ce triste spectacle,
Sont accourus Roland et Brandimart ;
Mais Rabican à leurs vœux met obstacle :
Qui le poursuit, survient toujours trop tard.
Renaud craint peu de se laisser surprendre,
Et quelquefois a l'air de les attendre.
Il fait bien plus ; il passe lestement
Entre Marphise et son cousin Roland.
« Roland, dit-il, tu vois ce roi si brave,
Dont ta fierté s'était rendue esclave,
Et qu'en ce jour, courtisan trop soumis,
Tu préférais à tes meilleurs amis ! »
Et déchirant Trufaldin qu'il entraîne,
De ses débris il sème au loin l'arène.
Cet arrêt juste est pourtant rigoureux,
Et pour Roland est peu respectueux.
Aussi Roland de fureur étincelle.
A cet aspect, son cœur impétueux,
Comme l'Etna semble exhaler des feux.
Quittant Marphise, heureusement pour elle,
Contre Renaud Roland court aux combats.
Renaud alors revient au petit pas,
Lui dit qu'heureux dans la plus juste cause,
Il a vengé le trépas d'Albarose ;
Que le débat sans doute doit cesser
Avec celui qui l'a fait commencer ;
Que des parens doivent se reconnaître,
Et qu'à Roland il vient redemander
Son amitié, qu'il mérite peut-être.
A ces motifs, Roland, loin de céder,
Si vivement le presse et le défie,
Qu'enfin Renaud accepte la partie.

Ils sont aux mains pour la seconde fois,
Ces deux héros que monde révère :
Ils vont luttant, ceux de qui les exploits,
Unis souvent, ont fait trembler la terre.
Comme Angélique, en ce moment fatal,
Craint pour Renaud, bien qu'un perfide, un traître !
Bayard aussi, fatiguant Durandal,
Se détournait pour épargner son maître.
Roland s'en lasse, emprunte à Brandimart
Son Bride-d'Or, en lui laissant Bayard.
Les deux cousins, redoublant de courage,
Un temps encor luttent sans avantage.
Enfin un coup de flamberge en fureur
Fait de Roland plier la tête altière.

Roland, outré, sent un espoir vengeur,
Et, sur le casque, et près de la visière,
Porte à Renaud un coup si véhément
Que ce héros en perd le sentiment.
Les bras pendans, et ne vivant qu'à peine,
Le fils d'Aymon, à son ardent cheval
Ne faisant plus sentir ni frein ni rêne,
Est comme un trait emporté dans l'arène.
Par le dépit Roland rendu brutal,
Pour achever sa victoire certaine,
Suit son cousin, qu'il prend pour son rival.
Qui d'Angélique exprimerait la peine,
Quand elle voit, prêt à perdre le jour,
Renaud, Renaud si cher à son amour !
Voyant passer, écumant de colère,
Du fils d'Aymon le terrible adversaire,
Elle lui crie : « Ah ! cher comte, arrêtez. »
Roland s'arrête à cette voix chérie.
« Pensez, dit-elle, où vous vous emportez.
Trufaldin mort, la querelle est finie.
D'ailleurs j'apprends que je vais éprouver
Un grand malheur dont vous m'allez sauver :
Prête à périr, une mienne cousine
Est détenue auprès de Falerine.
Sans nul délai, l'arrachant de ses mains,
De Falerine attaquez les jardins.
— Moi, dit Roland, qui frémissait encore,
Je pourrais perdre un triomphe assuré ;
Et vous pensez qu'ici je laisserai
Auprès de vous un rival que j'abhorre ? »
La sœur d'Argail, élevant ses beaux yeux,
Dit seulement à Roland : « Je le veux. »
Oh ! d'une femme incroyable puissance !
Le paladin, au courage si haut,
Terreur du monde, et vainqueur de Renaud,
Baissa la tête, et partit en silence.

Voilà pourtant comme on aimait jadis !
Ces nobles feux font place aux étincelles.
Et pourquoi donc sommes-nous moins soumis ?
Nous n'avons pas des maîtresses moins belles.
Aussi voit-on que l'usage apparent,
Du temps passé n'est pas très différent.
Roland, rempli de la plus pure flamme,
Partit avant d'avoir rien de sa dame :
Bien des amans, pleins des plus tendres feux,
Partent aussi... mais quand ils sont heureux.
C'est mal, très mal. Mon équité sévère,
Blame ce tort qui finira, j'espère ;
Et l'on devrait sur le champ des amours,
N'aller jamais, ou demeurer toujours.

CHANT TREIZIÈME.

Conseil tenu par Agramant, en Afrique.—Début de Rodomont; — de Brunel; — d'Origile. — Les amans au painct à l'eau. — Roland bien payé de sa confiance.—Roland retrouve Origile et perd Durandal et Bride-d'Or. — Il attaque les jardins de Falerine, qui lui donne Balisarde, mais il n'y trouve pas la cousine qu'Angél'que l'a envoyé chercher.— Falerine le renvoie à la fée Morgane, dont, ainsi que la Fée-au-Pont, elle n'est qu'une suivante.—Roland va chez Morgane et tombe avec un monstre dans un abime.

J'aimai toujours les chevaliers errans,
Ces paladins, ces preux toujours courans,
Portant leurs pas dans toutes les contrées
Et s'illustrant dans les plus ignorées.
Je ne suis pas ici pour me vanter;
De leurs exploits ils ont couvert la terre,
Courant aussi, j'ai fait pour les chanter
Plus de chemin qu'eux-mêmes pour les faire.
Je conviendrai que de courir ainsi
Plus aisément on trouve la recette,
Mais il faudra que l'on avoue aussi
Qu'aux plus fameux seul je fais la chouette.
Oui, si jamais des *poètes errans*,
L'ordre illustre s'établit au Parnasse,
Je puis, je crois, espérer qu'en leurs rangs
On voudra bien m'accorder une place.
Pour mes héros, de les suivre jaloux,
J'ai vu l'Europe, et vu l'Asie antique,
Il est heureux pour eux, pour moi, pour vous,
Qu'ils n'eussent pas deviné l'Amérique.
Mais avant peu je gagerais pour nous
Que nous aurons à les suivre en Afrique.
De si beaux traits, de si vaillans combats,
Malgré leur nombre ont droit qu'on les écoute.
Et puis partout, si vous suivez mes pas,
J'assurerai des repos sur la route.
Dans ce chemin âpre et capricieux,
Vous trouverez des fleurs, de la verdure;
Comme parfois un pur rayon des cieux
Perce le sein d'une caverne obscure.
Aux grands débats s'uniront tour à tour
Le doux plaisir, la gaîté, la folie,
L'autre plaisir dit la mélancolie,
Et le meilleur de tous, le tendre amour.
Ainsi souvent passe, même un beau jour;
Et c'est ainsi que se passe la vie.

Il faut ici, nonobstant mon désir,
Laisser, sans moi, le bon Roland partir,
Laisser Renaud qui reprend connaissance
Qui tout d'abord après lui veut courir,
Et n'apprend pas sans un vif déplaisir
A quel secours il doit son existence.
Tandis qu'au loin ces héros vont errer
Un autre objet plus grand, plus héroïque,
M'écarte d'eux et même d'Angélique
Auprès de qui j'aimais mieux demeurer.
Je vous l'ai dit : Agramant, à Biserte,
N'oubliait pas une funeste perte.
Cet empereur, qui, d'honneurs accablé,
A ses genoux voyait l'Afrique entière,
Pleurait encor, le fier Trojan, son père,
Par Charlemagne autrefois immolé.
De plus, le fils du roi païen Marsile,
Ce Ferragus dont j'ai peint le succès,
Etait venu pour échauffer sa bile,
Lui promettant, contre tous les Français,
Des Espagnols le secours très utile.
Il n'était pas, d'ailleurs, resté long-temps
Dans ce pays, ses transports indécens
Ayant bientôt scandalisé l'Afrique.
Pour toute Belle il éprouvait du goût,
Bien qu'il sentît un amour frénétique,
Et se donnait des maîtresses partout,
En attendant la divine Angélique.
A son départ, ce prince aux Africains
Avait laissé sa haine, ses desseins;
Et dans l'instant dont ici je vous parle,
En plein conseil, l'empereur Agramant,
Aux rois d'Afrique, envers l'empereur Charle
Peignait sa haine et son ressentiment.
« Puisqu'Agrican (qu'il croit vivant encore)
Oublie ailleurs un plan qui nous honore,
Puisque Gradasse, heureux vainqueur d'un jour,
Ayant voulu sans nous aller en France,
Vers son Asie a pressé son retour,
De Mahomet prenons seuls la vengeance.
Peut-être enfin, de nos exploits jaloux,
Ces grands guerriers viendront se joindre à nous.
Mais leur secours, pour finir cette guerre,
Ne nous est pas, après tout, nécessaire,
Confions-nous en nos propres exploits.
Vengeons Trojan, et consolons sa cendre;
Du saint prophète au loin portons les lois.
Que Paris tremble. Avec vous, nobles rois,
J'égalerai mon aïeul Alexandre.
De nos palais abjurons les loisirs,
Et, comme lui, remplissons les histoires.
Le monde aurait oublié ses plaisirs :
Mais à jamais il vante ses victoires. »

A ce discours bien moins prudent que fier,
Avec fureur trente rois applaudissent,
Et, plus qu'eux tous, Rodomont, roi d'Alger.

Seuls en secret quelques sages gémissent.
Sobrin pourtant, prince aux cheveux blanchis,
Roi qui sur Garbe a la pleine puissance,
Roi le meilleur des rois et des maris,
Prend la parole, et par quelques avis
Veut dans les cœurs rappeler la prudence.
Il montre Charle actif en ses desseins;
Il peint surtout ses brillans paladins,
Dit que le sort peut se montrer contraire,
Avec un art nécessaire au succès
Rappelle au fils la défaite du père,
Et toutefois en conseillant la paix,
Si l'on combat, veut sa part de la guerre.

« Loin les vieillards de ces nobles débats,
Dit Rodomont étincelant de rage!
Le poids des ans a glacé leur courage.
Jeune Agramant, ah! ne l'écoutez pas,
Ce roi vieilli, dont l'effroi nous outrage;
Sous la prudence il croit le déguiser;
Mais ce détour ne peut vous abuser.
Marchez, seigneur, dédaignant ses alarmes,
Et, malgré lui, d'abord nous vous suivrons;
Je suis tout prêt à prouver par les armes
Que son conseil est celui des poltrons. »

Sa voix a dit, et son regard menace.
Sobrin voulait réprimer tant d'audace;
Mais il se tait, quand il voit se levant
Altesimar, le roi des Garamantes.
Ce roi d'un siècle a du destin, souvent,
Su pénétrer les volontés puissantes.
« Jeune homme, dit ce prince à Rodomont,
Quand tu vomis la menace et l'affront,
Peux-tu penser qu'en ces lieux, pour leur maître,
Ces rois nombreux voudront te reconnaître,
Respecteront ton aveugle valeur,
Et se tairont au bruit de ta fureur?
Prince égaré, sais-tu quels maux appelle
Ton vœu pervers, ta fureur criminelle?
Loin de ton cœur un coupable désir!
Ah! prends pitié de la douleur des mères;
Avant les fils laisse mourir les pères,
Et laisse en paix les jeunes gens vieillir.
Gloire et respect aux exploits nécessaires!
Mais, je le dis, ceux qui ne le sont pas,
Crimes géans, sont d'affreux attentats.
Qu'il soit maudit du ciel et de la terre
Le roi cruel qui respire la guerre,
Pasteur sanglant, qui détruit son troupeau,
Chef des humains, qui s'en fait le bourreau!
Qu'il soit maudit! Une horreur éternelle
Le poursuivra chez tout ce qui survit,

Et les derniers de la race mortelle,
En expirant, diront : Qu'il soit maudit! »

Les traits éteints du vieillard centenaire
Se ranimaient d'une noble colère;
Et Rodomont un moment, en effet,
Frémit devant les maux qu'il désirait.
Mais promptement il retrouva la rage
Qu'il appelait du beau nom de courage;
Et, quand il voit ce vieillard éloquent
Aux Africains annoncer que les astres
Lui font pour eux craindre de grands désastres,
« Laissez, seigneur, laissez ce nécromant,
Dit Rodomont qu'aucun respect n'arrête,
Quitter son sceptre, et braquer sa lunette.
Je ne sais point cet art des imposteurs
De lire aux cieux; mais je lis dans les cœurs;
Et mon regard, sans chercher d'autres marques,
Lit la victoire aux yeux de ces monarques. »
Les jeunes rois, empressés d'applaudir,
Du roi d'Alger accueillent l'espérance;
Et l'empereur, partageant leur désir,
Jeune comme eux, dit : « Nous irons en France. »

Lors, se levant pour la seconde fois,
A l'empereur le roi des Garamantes
Dit : « Tant d'ardeur à l'estime a des droits,
Et je voudrais que mes mains défaillantes
Pussent encor partager vos exploits.
Dans ce sénat on va bientôt connaître
Si de la peur mon conseil pouvait naître.
Mais je vous dois, seigneur, en vous quittant,
Donner encore un avis important.
Dans vos états, sans le savoir vous-même,
Vous possédez un trésor précieux.
C'est un guerrier, dont nos derniers aïeux
Célébreront la vaillance suprême.
Du grand Hector ce jeune homme descend.
De plus, seigneur, il est de votre sang.
Galaciel, la sœur de votre père,
Aux champs de Rége, à Roger s'unissant,
De deux enfans devint l'heureuse mère.
Rége brûlée, elle vint sur ce bord,
Cachant les fruits d'un second hyménée.
Un Enchanteur prit pitié de leur sort.
Pour les armer contre la destinée,
Du sang des ours et des lions surpris
Il fit nourrir et la fille et le fils,
Et, secondant leur force et leur courage,
Aux jeux guerriers instruisit leur jeune âge.
Je ne sais pas, et ne puis bien juger,
Où du jeune homme est la sœur redoutable;
Mais celui-ci, qu'on nomme aussi Roger,

Ne quittant point l'Enchanteur secourable,
Vit près de nous, sur un roc sourcilleux,
Dans un château qu'aux regards curieux
Sait dérober un art inimitable.
Sans doute Atlant, cet habile Enchanteur,
Pour son élève a craint quelque malheur.
Quoi qu'il en soit, mon art me fait connaître
Que l'écolier en un jour sera maître.
Oui, si Roger vous prête son appui,
Cent bataillons en feront moins que lui ;
Et ce héros, par sa valeur propice,
Pour vous du sort peut fléchir l'injustice.
Pour Mahomet et vous, facilement,
S'enflammera son ardeur héroïque :
Mais on ira le chercher vainement
Si l'on n'a point un anneau d'Angélique
Dont le pouvoir rompt tout enchantement. »

A ce discours, Rodomont, qui murmure,
Sème le doute, et descend à l'injure.
Mais le vieillard dit, tranquille, à ce roi :
« L'événement pourra prouver, je pense,
Que je voulais, sans imposer de loi,
Servir qui j'aime, et même qui m'offense ;
Mais on va voir si je craignais pour moi
Quand je blâmais cette ardeur pour la guerre
Souvent funeste à qui voulut la faire.
Si vous voulez éviter de grands maux,
Vous que le temps pare encor de jeunesse,
Dans votre esprit pesez mes derniers mots,
Et c'est un legs qu'en mourant je vous laisse. »
Il dit, et tombe. On court : il était mort.
Hors Rodomont, tout déplora son sort.
On s'alarmait : on se disait : « Ce sage
Prévit sa fin, put prévoir davantage.
— Vous pouvez-vous étonner que le temps,
Dit Rodomont, à son terme l'entraîne !
Si j'ai jamais quatre-vingt-dix-neuf ans,
Je partirai pour ma fin très prochaine. »
Voyant enfin que les rois, l'empereur,
Malgré ses cris, refusaient de le croire,
« Eh bien ! dit-il, renonçant à l'honneur,
Dans vos palais perdez vos jours sans gloire.
Pour moi, je cherche en France la victoire
Avec les miens aux combats préparés,
Et, pour jamais illustrant ma mémoire ;
J'aurai vaincu quand vous arriverez. »

Il dit, et sort suivi de quelques princes
Qui lui livraient leurs cœurs et leurs provinces.
Par ce héros Agramant délaissé
Hésitait fort, vraiment embarrassé :
Il comptait peu sur l'anneau d'Angélique ;

« Qu'elle le cède, on n'y peut pas songer,
Se disait-il ; et sans l'anneau magique,
Je le vois bien, nous n'aurons pas Roger.
— De cet anneau puisqu'il faut qu'on jouisse,
Et qu'on ne peut l'avoir sans artifice,
Dit certain roi, je garde en ma maison
Un nain habile, un excellent fripon,
Nommé Brunel. Le drôle en sait de reste.
Leste est sa main, et son esprit plus leste.
Il vole tant, que cent fois ce vaurien
Était pendu, s'il n'eût volé si bien,
Et j'ai trouvé que ce serait dommage.
De son talent, nous pouvons faire usage. »
On fit venir ce filou merveilleux ;
Un large dos qu'une bosse décore
A fait d'abord rire les curieux.
Mais pour l'esprit qui brille dans ses yeux,
Sa tête énorme est trop petite encore.
Lors Agramant, plein d'un espoir nouveau,
De tout d'abord instruit cet habile homme.
On lui promit, s'il rapportait l'anneau,
Qu'en récompense il aurait un royaume.
D'un tel discours très justement flatté,
Le nain sans peine entreprit le message,
Et n'y trouva d'autre difficulté
Que le retard qui naîtrait du voyage.
Tout en parlant, de plus d'un diamant
Il allégeait le trône d'Agramant,
Et dérobait, défiant les remarques,
Quarante anneaux aux doigts de ces monarques.
Il rendit tout, avant qu'on eût rien vu,
Et s'éloigna, les laissant pleins d'estime
Pour le talent d'un artiste sublime
Qui n'était pris jamais au dépourvu.
On entend dire à maint censeur austère
Que tous les arts périssent sur la terre :
De le nier n'est-il donc pas moyen ?
Sur plus d'un point encor qu'on dégénère,
Tout n'est pas mal, et l'on vole encor bien.

Pendant ce temps, au bord asiatique,
Roland, toujours poursuivant son chemin,
Pour obéir à l'ordre d'Angélique,
Avait marché vers le pays d'Altin.
Vous n'avez pas oublié, j'imagine,
Qu'en ce pays réside Falérine,
Magicienne, au célèbre jardin.
L'enfer pour elle avait fait un Eden.
Mais elle en fait un très mauvais usage.
Prasilde, Irolde, en rendraient témoignage.
Le preux Roland, chargé, dans ce canton,
D'aller la mettre enfin à la raison,
En approchait ; soudain, frappe sa vue

CHANT TREIZIÉME.

Et son oreille une femme éperdue,
Qui, sous un pin, en nouvel Absalon,
Par les cheveux se trouvait suspendue ;
Quatre guerriers, agitant l'espadon,
Bravaient tous ceux qui l'auraient secourue.
Roland, que rien n'a le droit d'effrayer,
Veut la défendre en galant chevalier.
« Ah ! dit l'un d'eux, étonné de son zèle,
Battons-nous, soit, seigneur ; mais non pour elle ! »

« De cette femme Origile est le nom.
Ses doux attraits cachent la trahison.
Je l'adorais ; elle me dit : « Philène,
Je veux enfin récompenser ta peine.
Rends-toi ce soir, sans arme, en grand secret,
Dans le château que m'a laissé mon père ;
Et tu verras, amant tendre et discret,
Ce que pour toi mon amitié veut faire. »
Je m'y rendis, et mon cœur palpitait :
Un inconnu me dit que je le suive.
De chambre en chambre, en un cachot j'arrive.
On m'y renferme ; et dès le lendemain,
A part aussi, mandés par la friponne,
Ces trois guerriers ont le même destin ;
Ces trois guerriers ont le même festin :
De l'eau, du pain, c'est tout ce qu'on nous donne.
Vous souriez de ce plaisant tableau
De quatre amans *mis au pain et à l'eau ;*
Mais Origile, en sa lâche furie,
Alla plus loin que la plaisanterie.
Elle voulait, dans ses vœux assassins,
Sans bruit, ainsi, terminer nos destins ;
Et, cependant, répandait dans le monde
Que pour la gloire, en des climats lointains,
Nous signalions notre ardeur vagabonde.
Quelques soupçons s'élevèrent enfin
Contre Origile. On se rendit chez elle.
On nous trouva, pâles, mourant de faim ;
Et, pour combler sa lâcheté cruelle,
Sous ses rideaux, on rencontra, blotti,
Un jouvencel, un obscur favori
A qui l'indigne, unissant tous les crimes,
Sacrifiait les plus nobles victimes.
Notre monarque, outré de son forfait,
A ce sapin, ainsi, la fait suspendre,
En nous chargeant, nous qu'elle trahissait,
D'écarter ceux qu'elle voudrait surprendre
Par des discours que peut-être on croirait.
Je vous ai dit, seigneur, ce qu'elle a fait,
Et maintenant vous pouvez la défendre. »

Pendant qu'ainsi parlait le chevalier,
On entendait Origile crier :

« A ses discours ne vous laissez point prendre. »
Roland n'osa croire à tant de forfaits,
Et qu'Origile à ce point fût méchante.
Pour avoir tort elle avait trop d'attraits.
Roland combat pour sauver l'innocente.
Des quatre preux renversés par Roland,
L'un au héros dit, d'une voix débile :
« Pour Origile un exploit si brillant
Sera payé, seigneur, par Origile. »

Le bon Roland n'en voulut croire rien.
Il prend en croupe Origile charmée,
Qui lui disait d'elle beaucoup de bien.
Sans Angélique il l'eût peut-être aimée :
Car elle avait presque autant de beauté.
Loin du pays par elle redouté,
Jusqu'en Altin il daignait la conduire.
Lorsque passant, non loin de cet empire,
Près d'un perron formé de cent degrés,
« Là haut, dit-elle, il est une fontaine
Que l'on admire. En ses eaux vous verrez
Votre maîtresse, ou riante, ou hautaine,
Et vous pourrez juger par ce seul fait
Si l'on vous aime, ou bien si l'on vous hait.
— Ciel ! dit Roland, ô divine Angélique ! »
Il a laissé Bride-d'Or qu'il montait.
Dans son ardeur il franchit le portique,
Arrive au haut, n'y trouve rien, mais voit
Fuir Origile : Elle lui crie : « On doit,
Alors qu'on a votre ardeur héroïque,
Marcher à pied, comme nos bons aïeux.
C'est bien plus beau, seigneur, et plus antique.
On doit surtout être moins curieux. »
L'ingrate a dit, et des deux elle pique,
Laissant Roland qui l'appelait encor,
Et regrettait, avant tout, Bride-d'Or.

Comment s'attendre à tant de perfidie,
Et croirait-on qu'une femme jamais
Fut si trompeuse ? encore elle est jolie !
Peut-on se faire à de semblables traits !
Heureusement il est peu d'Origiles,
Et l'on verra dans mainte occasion
Que si parfois les femmes sont subtiles,
Elle abusait de la permission.
Roland jouait de malheur. Maintes Belles
Par le passé, je dois en convenir,
L'avaient trompé ; nous verrons l'avenir.
Roland était heureux en infidèles.
Ayant perdu son coursier redouté,
Tandis qu'à pied il poursuit son voyage
En convenant qu'il l'a bien mérité,
Cette Origile, en riant de sa rage,

Court au hasard. Dans un bois écarté,
Voilà qu'un jour la voyageuse émue
Voit trois guerriers s'arrêter à sa vue :
C'étaient Griffon, Aquilant, Brandimart,
Qui, loin d'Albraque, où brilla leur audace,
Du fier Roland avaient suivi la trace.
En s'éloignant, Brandimart, avec grace,
Au fils d'Aymon avait remis Bayard.
Mais Brandimart sent que l'effroi le glace,
Quand, lui, Griffon, et le jeune Aquilant,
Ont reconnu Bride-d'Or, sans Roland.
Griffon tout pâle, interroge Origile.
« Seigneur, dit-elle, en l'art de feindre habile,
J'ai rencontré ce coursier éperdu
Près d'un guerrier qui, sans vie étendu,
Gisait non loin d'un géant pourfendu; »
Et la perfide, augmentant leurs alarmes,
Du grand Roland décrit fort bien les armes,
Des trois guerriers qui peindrait la douleur !
« Roland est mort ! ô comble du malheur ! »
Et justement, en ce moment d'horreur,
Sur Rabican l'aimable Astolphe passe,
Les reconnaît, et d'abord les embrasse.
Par leurs discours, mêlés de leurs sanglots,
Du fils de Berthe apprenant l'aventure,
« Le sort, dit-il, en veut donc aux héros!
Renaud aussi, l'honneur de la nature,
Renaud est mort; son corps, sans sépulture,
En ce moment gît sous d'indignes flots. »
A ce revers tous les cœurs s'intéressent;
Les cris, les pleurs, les questions se pressent.

« Honteux, dit-il, d'être presque vaincu,
Renaud, à lui quand il fut revenu,
Pour Angélique étant toujours de glace,
De son cousin suivit de près la trace.
J'accompagnais Renaud, voulant calmer
Ces deux parens si bien faits pour s'aimer,
Quand, près d'un pont, sur un fleuve rapide,
Certain géant immense, affreux, livide,
Tel que jamais encor je n'en ai vu,
Lui tint de loin ce discours imprévu :
« Serais-tu pas un chevalier profane
Dont l'insolence a dédaigné Morgane?
Depuis ce jour, chargé de le punir,
J'attends Roland, et voudrais le tenir.
— Je ne suis point ce héros, mais peut-être,
Répond Renaud, je mérite de l'être.
— Ah! ah! tu fais aussi l'impertinent :
Eh bien ! il faut, dit cet affreux géant,
Pour abréger les retards que j'essuie,
Qu'à t'assommer ma main se désennuie.
Tu vas connaître Haridan. » A ces mots,

Prenant pour lance une pesante barre,
Il l'a levée au dessus du héros,
Qui se soustrait au coup qu'on lui prépare.
Renaud alors, en son ressentiment,
Lui porte un coup de flamberge irritée.
Mais du géant l'armure est enchantée,
Dix fois le monstre est atteint vainement.
Luttant toujours sans danger, le barbare
Sur lui dirige et ramène la barre :
Il touche enfin Renaud, qu'il étourdit ;
Pour l'entraîner dans l'onde, il le saisit :
Mais devinant le projet de ce lâche,
Incontinent à lui Renaud s'attache,
Et tellement que, le croyant lancer,
Le monstre suit le héros qui l'entraîne.
Je les cherchai long-temps sans me lasser :
Pour les revoir mon attente fut vaine;
Vous vous doutez de mon saisissement,
Voyant Renaud terminer sa carrière.
Je frémissais, et ne sais pas comment
Je ne suis pas aussi dans la rivière. »

A ce récit tous les cœurs sont troublés ;
Tous les esprits éperdus, accablés.
Ces paladins nourris dans le carnage
Restent sans voix, sans force, et sans courage.
Et justement mille hommes à la fois,
S'étant glissés dans les ombres du bois,
En ce moment s'élancent pour les prendre.
Nul de ces preux ne daigna se défendre.
On les arrête, Origile avec eux :
On les dépose en un cachot affreux.
Or vous saurez que dans cette contrée
Aux étrangers la mort était jurée.
Vive le monde et la société !
L'homme est charmant pour l'hospitalité.
Le lendemain, un alguazil honnête
Vient poliment dire aux cinq voyageurs
Qu'il est fâché, mais que leur mort est prête;
Seule Origile en répandit des pleurs.
Vous devinez déjà qu'on les destine
A ce dragon qui garde Falerine.
Pour les mener au dépôt général,
Une heure après, une nombreuse escorte
Vint les chercher. En ce moment fatal,
Quand Origile et gémit et s'emporte,
Preux chevaliers, vous ne vous plaigniez pas;
Vous vous disiez, attendant le trépas :
« Renaud n'est plus, et nous allons le suivre;
Roland est mort : il est honteux de vivre. »
En ce moment tous, prompts à s'écrier,
Ont vu venir un pédestre guerrier.
Dieu ! c'est Roland, c'est lui que l'on contemple.

Chacun jouit, en s'étonnant beaucoup.
Tous pour la vie ils reprirent du goût,
A cet aspect. Ce que c'est que l'exemple !
Le fils de Berthe, en les apercevant,
Sur leurs gardiens tomba comme le vent,
Et, se montrant aux alguazils funeste,
Avec l'un d'eux en assomma le reste.
Vous concevez des guerriers affranchis
La gratitude, et la joie, et les cris;
Mais je conviens qu'il vous est difficile
De concevoir l'embarras d'Origile.
« Seigneur, dit-elle, ô combien je vous dois !
Vous me sauvez pour la seconde fois.
Je le sens trop : envers vous tout m'accuse.
Mon repentir est ma meilleure excuse.
Puis, en honneur, alors que je partis
Je croyais voir venir mes ennemis. »
Le bon Roland est touché de ses larmes,
Grace à Griffon, qui l'était de ses charmes.
Même Griffon, pressé de l'adorer,
La vantait tant, qu'en de sages alarmes
Le bon Roland voulut les séparer.
« Jeune Origile, oui, j'abjure la haine;
Je vous pardonne et même vous emmène,
Dit-il; mais vous, ô mes jeunes amis,
Loin de vos pas un sort cruel m'entraîne.
Avec regret au destin j'obéis;
Dans cet exploit que je vais entreprendre,
Nul preux ne doit me suivre et me défendre. »
En vain Griffon, Aquilant, Brandimart,
De ses dangers réclament une part,
Ne voulant pas, quoi qu'il dise et qu'il fasse,
Quitter celui dont ils cherchaient la trace;
Sur Bride-d'Or, ce héros s'envolant,
De ses amis rend l'effort inutile.
Le beau Griffon regrettait bien Roland,
Et regrettait encor plus Origile.

Au jour tombant, le roi des paladins,
De Falerine aperçut les jardins.
Mais il n'y peut entrer qu'avec l'aurore.
D'un bon vieillard Roland apprend encore
Que, dans ce choc, la force de son bras,
Et de son cœur l'indomptable vaillance,
Le serviront vainement, s'il n'a pas
Depuis trois jours, gardé la continence.
« Pardieu, dit-il, madame le sait bien :
Pour triompher, au moins, j'ai ce moyen. »
Soit qu'Origile, aux amans aguerrie,
Goûtât très peu cette plaisanterie,
Soit bien plutôt que de son lâche cœur
Aucun méfait n'étonnât la noirceur,
Roland, bien chaste, à ses côtés à peine

Du doux sommeil avait subi la chaîne,
Qu'elle se lève, et, prenant Durandal,
Va lui porter le coup le plus fatal.
Heureusement, de terreur attaquée,
La dame craint, en s'y prenant trop mal,
De le manquer, et n'être point manquée,
Et simplement, le trahissant encor,
Garde l'épée, et part sur Bride-d'Or.
Du paladin, vous jugez la furie
Quand il s'éveille; il s'agite, il s'écrie :
« Allons, dit-il, j'ai mérité ce trait,
Et toute femme à nous tromper s'applique.
Je ne connais ici bas qu'Angélique
Dont je voudrais répondre tout à fait. »

Mais son ardeur est loin d'être vaincue.
Bien que sans glaive, et même sans cheval,
Du tronc d'un arbre il fait une massue,
Et croit en faire une autre Durandal.
Dans les jardins il entre non sans peine,
Tue un dragon, un ogre, une sirène,
Voit un géant, l'abat d'un coup heureux,
Et de ce corps en voit renaître deux.
Il les attaque, et, prompt à les abattre,
Avec chagrin en voit renaître quatre.
Ce nombre-là pouvait, en s'accroissant,
Être à la longue assez embarrassant,
Mais des géans rendant l'attente vaine,
Roland renonce à tuer, il enchaîne;
Et sans obstacle atteint l'arbre charmant
Dont il devait couper la branche fée
Qui des jardins formait l'enchantement.
Il comptait bien s'en faire un beau trophée,
Quand, par bonheur, cet arbre un peu trop prompt
Jette à ses pieds vingt oranges de plomb.
Que fait Roland ? Sur sa tête intrépide
Il forme alors, en branchages unis,
Un bouclier qui monte en pyramide,
Et va bravant tous les plombs ennemis.
En peu d'instans cet arbre téméraire
Sous sa massue a mesuré la terre.
Mais où trouver la branche qu'il lui faut !
Rien ne l'indique. Il a pourtant bientôt,
Pour la trouver, pris les meilleures routes :
« On a voulu m'arrêter vainement;
J'arracherai, dit-il, assurément
La branche fée, en les arrachant toutes. »
Tel ce héros dont on a fait un dieu
De Gordius sut dénouer le nœud.

Dès que Roland eut de sa main très leste
Saisi, brisé, cette branche funeste,
Tout disparut, géans, jardin, palais;

Et Falerine, après tant de forfaits,
Devant Roland paraît, tremble, et chancelle.
« J'ai mérité le trépas, lui dit-elle :
Oui, j'en conviens : mais, s'il me faut mourir,
Mes prisonniers, avec moi, vont périr.
Tous ils vivront, si tu me laisses vivre ;
Et, si je puis encor, je te les livre.
De plus, Roland, ici, pour ma rançon,
Prends de ce fer l'inestimable don.
Oui, par Roland, Balizarde portée
De l'univers braverait les efforts.
Car il n'est point pour ce glaive, de corps
Invulnérable et d'armure enchantée.
C'est contre toi, pour parler franchement,
Que tout mon art fabriquait cette épée :
Mais ton sang coule, et l'on m'avait trompée,
Et ta valeur est ton enchantement. »

Roland, d'abord prenant l'épée offerte,
De Durandal regrette moins la perte.
Mais ce héros, modèle des guerriers,
Demande vite où sont les prisonniers,
Où d'Angélique est surtout la cousine.
« Je ne l'ai point, lui répond Falerine.
—Vous vous trompez, dit Roland interdit ;
Non, vous l'avez : Angélique l'a dit.
—Ah ! si je l'eus, le destin vous condamne
A la reprendre au séjour de Morgane ;
Car apprenez que, malgré mon pouvoir
Et cet éclat que vous venez de voir,
Je ne suis rien que son humble suivante,
Et de ses lois l'esclave obéissante.
Celle qui fut au fleuve de l'oubli,
Habile fée, est son esclave aussi ;
Et nous étions deux de ses sentinelles,
De son séjour protectrices fidèles ;
Car nos palais, dont on dit tant de bien,
Sont tout au plus l'antichambre du sien.
Ne croyez pas qu'elle ait, je vous en prie,
Beaucoup de force et beaucoup de génie ;
Et cependant son regard nous soumet :
Je ne sais pas comment cela se fait.
Sur ses trésors ce miracle se fonde ;
Le roi de l'or est le roi de ce monde.
Tout l'or qu'au loin recherchent les humains,
Est né chez elle, est sorti de ses mains.
Aussi partout Morgane est redoutée,
Et la plus riche était la plus flattée,
Quand vint le jour, qu'elle n'eût pu prévoir,
Où votre orgueil dédaigna de la voir.
Depuis ce jour sa douceur l'abandonne,
Et c'est trop peu des rigueurs qu'elle ordonne
Depuis long-temps, et dont son art trompeur

Savait sur nous jeter toute l'horreur.
(Car, entre nous, elle est de ces personnes
Qui font au loin célébrer leur bonté,
Long-temps du moins, et sont tout à fait bonnes,
Tant que l'on fait toute leur volonté.)
Voulant vous voir fléchir sous sa puissance,
Près de ces lieux elle eut soin de placer
Un nouveau pont où chacun doit passer,
Où dès long-temps vous attend sa vengeance.
Vous saurez tout ; et, sans doute, en retour,
Vous voudrez bien me conserver le jour.
Un fier géant, terrible, invulnérable,
Est le gardien de ce pont redoutable.
Aucun guerrier, quel qu'il soit, ne l'abat.
Il est toujours, grâces à la magie,
Trois fois plus fort que celui qu'il combat.
Mais, par l'adresse évitant sa furie,
O vous que rien ne peut épouvanter,
Grâce à ce fer, vous pouvez le dompter. »

Roland pardonne, et même il remercie.
Dût-il périr, cet amant généreux
Veut d'Angélique exécuter les vœux.
Il part, et court au pont. Dieu ! quelle vue
Vient le frapper ! De Renaud, son cousin,
Près de ce pont, sur un arbre voisin,
Roland troublé voit l'épée appendue.
Il tombe en proie au plus amer regret ;
Notez qu'enfin par Astolphe il savait
Combien Renaud, par un travers unique,
Fidèlement détestait Angélique.
« Mon cher Renaud, dit-il, c'en est donc fait !
Il n'est donc plus, ce mortel héroïque,
De ma fureur long-temps l'injuste objet !
O paladin que le monde révère,
Par mes soupçons te devais-je outrager !
Du haut des cieux, ô mon ami, mon frère,
Pardonne-moi. Je saurai te venger.
Destin cruel ! que n'ai-je pu mieux faire ! »
Roland a dit : appelant le danger,
Du pont terrible il franchit la barrière.
Le monstre affreux, qu'on nommait Haridan,
Accourt aussi du plus rapide élan.
Il est blessé, ce qui d'abord l'étonne,
Lui qui jamais ne le fut par personne.
Les bras ouverts, il vient sur le héros ;
Il le saisit, et tous deux sont ensemble,
Précipités dans l'abîme des flots.

CHANT QUATORZIÈME.

Morgane. — L'occasion et le repentir. — Roland retrouve Renaud, Brandimart, Astolphe, Aquilant et Griffon. — Le roi sans nom. — Dudon vient de France chercher tous ces paladins. — Tous y retournent. — Seulement Roland et Brandimart y vont par le Cathai. — Le nain Brunel rencontre Angélique, Sacripant, Marphise et Roland.

Que l'homme trompe, et machine des trames,
Je le sais trop; et j'avoue à regret
Qu'il ne faut pas s'en étonner, mesdames,
Et que tout homme est un mauvais sujet;
Mais que vous-même, amour de la nature,
Que vous, daignant en mainte conjoncture
Suivre l'exemple, hélas! ou le donner,
Vous nous trompiez, et parfois sans mesure,
Cela toujours a droit de m'étonner.
Quoi! cette bouche où la vertu respire
(Quand ce n'est pas l'amour, autre vertu,)
De l'artifice emprunte aussi l'empire!
Sexe enchanteur, jusqu'où déroges-tu!...
Ne point tromper: en vain sur quelques femmes
On a l'espoir de gagner ce point-là.
Allons. Jurez que vous aimez, mesdames,
Et trompez-nous du moins comme cela.

Un souvenir de l'indigne Origile
A reconnaître en ces vers, est facile.
Roland, par elle absent de son cheval,
On le voit bien, peut s'en trouver très mal.
Rassurez-vous pourtant; je me rassure.
Mon art me dit la fin de l'aventure :
L'affreux géant, le roi des chevaliers,
En s'étreignant dans le fleuve croulèrent.
Sa profondeur était de trois cents pieds.
Mais savez-vous où tous deux se trouvèrent?
Sur un gazon, tapis des plus rians,
Qu'avait de fleurs orné le doux printemps.
Là, se montraient à la vue étonnée,
Le même jour, tous les fruits de l'année.
Loin au dessus, le fleuve immense et pur,
Comme un beau ciel, roulait son cours d'azur.
Ils sont bien loin les jours de la féerie,
Et l'on n'a plus tant d'art et d'industrie.

Mais vous sentez que ces charmans tableaux
Avaient d'abord une faible influence,
Et serez peu surpris que mon héros
Dans le voyage ait perdu connaissance.
L'affreux géant, qui le crut étouffé,
Imprudemment crut avoir triomphé.
Il le désarme; il le dépouille même;

Il l'abandonne; et, dans sa joie extrême,
De son armure il faisait un monceau,
Lorsque Roland revient, non pas sur l'eau,
Mais à la vie; et ce preux, qui regarde,
A sur le champ ramassé Balizarde.
Il marche alors au monstre fort surpris.
Nouveau combat; le héros sans habits
Use d'adresse autant que de courage,
Sait esquiver les coups qu'on lui ménage,
Blesse celui qui menace ses jours,
Mais, le voyant plus fort que lui toujours,
Fait une feinte, et, guerrier très ingambe,
Parvient enfin à lui couper la jambe.
Pour cette fois, fût-il encor plus fort,
Il est besoin que le monstre s'arrête :
Il tombe même, et Roland sans effort
A délivré ce géant de sa tête.

Roland, vainqueur, s'est rhabillé déjà ;
Mais il ne sait comment sortir de là.
Il le voudrait. En vain, là, toute fibre,
Est caressée, et tout regard charmé :
Le paradis est où l'on est bien libre,
Et l'enfer est où l'on est enfermé.
Une montagne, au sein de la prairie,
Levait son front, et riante, et fleurie.
Roland y court, et franchit, tout armé,
Un noir torrent dont le cours l'en sépare.
Sur ces hauteurs quelque temps il s'égare.
A s'affranchir il songeait constamment.
D'un souterrain l'ouverture aperçue
Flatte ses vœux; et, dans la nuit, Roland
Cherche une route et demande une issue.
Après long-temps, une faible lueur
Le guide au sein d'un verger enchanteur,
Qui surpassait en beauté singulière
Ce que l'on voit de plus beau sur la terre,
Là le soleil ne se montra jamais.
D'où venait donc l'éclatante lumière?
Les diamans en faisaient tous les frais.
Les diamans, les saphirs, les opales,
Frappaient les yeux de leurs clartés rivales.
Ces fruits rians des arbres toujours verts
Luttaient d'éclat, mélangeaient leurs éclairs.
Mille rubis montaient en plates-bandes,
Et les chatons descendaient en guirlandes.
Tels à peu près dans un bal enchanté
Les diamans brillent sur la Beauté.
Mais la Beauté, doux objet qu'on adore,
Au milieu d'eux brille bien plus encore.

D'un tel verger, sans doute, bien des gens
Auraient voulu cueillir les fruits charmans,

Et vous pensez, dans le fond de vos ames,
Qu'il aurait pu retenir bien des femmes.
Je n'en crois rien : mais ce verger brillant,
Quoi qu'il en soit, n'arrêta point Roland.
Non loin de là, sur des sables humides
L'argent et l'or coulaient en flots limpides.
Roland regarde, et poursuit son chemin.
Tout ces trésors l'éblouissent en vain.
Du souterrain il touche la limite,
Revoit le ciel, les gazons verdoyans,
Avec transport cueille une fleur des champs;
Car la nature a toujours son mérite.

Mais ce qu'il voit avec plus de plaisir,
C'est de ces lieux la maîtresse charmante,
Qui tout à coup à ses yeux vient s'offrir
Sur un gazon couronné d'amarante.
Du doux sommeil elle sent le pouvoir.
Roland l'observe, et dit en sa pensée
Qu'alors qu'il a dédaigné de la voir
Elle eut bon droit de se croire offensée.
Sans Angélique, il tombait à ses pieds.
De peur de voir ses sermens oubliés,
Bien vite il suit la route qu'il a prise :
Mais il allait de surprise en surprise.
Voilà soudain qu'aux bords d'un beau canal
Brille à ses yeux un palais de cristal.
Dans une salle, à ses regards ouverte,
Il reconnaît l'aimable fils d'Othon,
Et Brandimart, Aquilant, et Griffon,
Ciel! et Renaud, dont il pleurait la perte.
Ces paladins, et d'autres avec eux,
Là, végétaient dans une longue attente.
Le bon Roland, d'un bras impétueux,
Allait briser leur prison transparente,
Quand un jeune homme avec eux enfermé
Crie, arrêtant ce héros animé:
« Ne frappez pas! de vous même victime,
Preux chevalier, par un seul de vos coups,
Vous ouvririez un effroyable abîme;
Vous péririez, et nous péririons tous.
Dans ce cristal l'émeraude incrustée
Est du palais la serrure enchantée;
Morgane seule en a toujours la clé.
Allez, par vous que Morgane saisie,
Si vous pouvez... — Ciel! dit Roland troublé,
Dans le moment je la quitte endormie.
— Peste! il fallait, cria le fils d'Aymon,
Saisir la fée avec l'occasion :
Par les cheveux toutes deux sont à prendre.
Certes! Morgane était bonne à surprendre.
Si ton malheur a voulu l'éveiller,
Obstinément tu dois suivre sa trace.

Je sais que rien ne te peut effrayer ;
Mais, s'il se peut, fais que rien ne te lasse. »

A ce discours, Roland va comme un trait
Vers la fontaine où Morgane dormait.
La fée, ô ciel, n'y dort plus : elle danse ;
D'une voix douce elle chante en cadence :

« Heureux qui peut saisir mes longs cheveux!
Veux-tu de l'or, des honneurs, des empires,
Et des plaisirs qui valent cent fois mieux?
Viens, étranger; j'ai ce que tu désires ;
Mais prends bien garde aux regrets superflus :
Qui me perdit ne me retrouve plus.

» J'ai rejeté mille vœux, et pourtant
J'ai quelquefois senti de douces flammes.
De mon caprice il faut saisir l'instant ;
Je suis, je crois, la plus femme des femmes.
Mais prends bien garde aux regrets superflus :
Qui me perdit ne me retrouve plus. »

Cette Morgane, en attraits peu commune,
Avait beaucoup de l'air de la Fortune.
Dès que Roland de plus près s'est offert,
Elle s'éloigne, et part comme une biche ;
Le paladin la poursuit comme un cerf.
Voilà soudain que ce pays très riche
Pour lui se change en aride désert.
Devant ses pas une fertile plaine
Devient un roc qu'il peut franchir à peine ;
Pour l'arrêter le buisson s'épaissit ;
La terre tremble, et le ciel s'obscurcit :
Et l'ouragan, précédé du tonnerre,
D'arbres brisés lui fait une barrière.
Il franchit tout : son ardeur le conduit :
Mais tout protége et Morgane et sa fuite ;
Et les éclairs, dans la profonde nuit,
Lui montrent seuls l'objet de sa poursuite.

Après Roland, non moins prompt à courir,
Un spectre affreux nommé le Repentir,
D'un fouet de clous le frappe, le harasse,
Et, ce qui doit vous faire réfléchir,
Blesse sa chair, sans percer sa cuirasse.
Le fier Roland, pour ne pas s'arrêter,
Souffrit long-temps ces coups sans s'irriter ;
Il se retourne enfin, et, dans sa rage,
Frappe le spectre au travers du visage.
Mais, ô surprise! il ne sent point de chair.
Il a frappé dans le vague de l'air.
« Va, lui dit-il, fantôme que j'abhorre,
Ne pense pas me retenir encore.
— Te retenir! dit le spectre insolent,
Bien au contraire; et si tu prends la fée
Tu me devras ce service important,
Et j'aurai part à ton brillant trophée.

Va donc : » Il dit, et cet être sans corps
Double de coups : Roland double d'efforts,
Et fait si bien que sa main ferme et sûre
Saisit enfin la longue chevelure.
Tout disparaît, spectre, buissons, cailloux ;
Sur un gazon la fée est à genoux,
Et tristement le presse, le conjure :
A l'affranchir si Roland se résout,
Son nom s'accroît, sa puissance est extrême.
Pour le fléchir, Morgane promit tout,
Et, m'a-t-on dit, se promit elle-même.
« Non, non, il faut me remettre à l'instant
Tous vos captifs, dit l'amant d'Angélique. »
Morgane alors demande seulement
De retenir un prisonnier unique.
C'était celui dont l'avis, à propos,
Avait naguère arrêté le héros.
Ce prisonnier, de forme assez commune,
A plaire aux yeux avait fort peu de droits.
On n'eût ni fait, ni deviné ce choix ;
Mais vous savez les choix de la fortune.
Morgane enfin l'aimait, et franchement
Pour le garder s'en déclara l'amante.
« Raison de plus, dit le héros gaîment,
Pour qu'il soit libre ; et l'amour s'en augmente.
Oui, qu'une laide enchaîne son amant,
Je le conçois : mais vous êtes charmante. »

Morgane enfin cède à cette raison.
« Que celui-là sorte aussi, répond-elle ;
Il reviendra. Vous que la gloire appelle,
Cette clé va vous ouvrir la prison ;
Prenez, de plus, un avis très utile :
Quand *du trésor* vous voudrez quitter l'*Ile*,
Suivez tout droit un chemin assez long.
Vous trouverez une vaste rivière ;
Ses flots, pour vous, vont devenir de pierre.
Franchissez-les sans peur de trahison ;
J'atteste ici l'*anneau de Salomon* :
Sur l'autre bord vos amis, sans alarmes,
Retrouveront leurs coursiers et leurs armes. »

Il part, délivre, embrasse ses amis ;
Délivre aussi mainte femme charmante ;
Mais d'Angélique aucune n'est parente.
Toutes et tous charmés, Roland surpris,
Même l'ami de Morgane amoureuse,
Veulent quitter son île dangereuse.
Dans le chemin que suit leur groupe actif,
Mainte statue était en or massif.
Le fils d'Aymon qui près d'elles arrive,
Entre ses bras prend la plus portative.
« Amis, dit-il aux héros arrêtés,

J'aimai toujours les curiosités ;
Et celle-ci, loin de ces lieux fixée,
A Montauban sera bien mieux placée.
— Ah ! dit Roland, mon cher, les envieux
Diront que d'or Renaud est curieux.
— Mon cher Roland, ma foi, ne t'en déplaise,
C'est, dit Renaud, en parler à ton aise,
Toi, dès long-temps comte opulent d'Angers,
Dont mainte terre a payé les dangers.
Moi, qui n'ai rien qu'un château dans le monde,
Et tout au plus une lieue à la ronde,
Je suis bien loin d'avoir pour un trésor
Ce faux mépris que bien haut on affiche ;
Je suis plus franc, et pour mépriser l'or,
Mon noble ami, j'attends que je sois riche. »

Il dit : chacun l'applaudit en riant.
On fait bien plus : on veut en faire autant ;
Et de ce lieu, d'une ardeur assidue,
Chaque héros emporte sa statue.
Roland, lui seul, ne voulut prendre rien.
Et, cette fois, du moins, il fit très bien ;
Car vous saurez que ce fleuve rapide,
Pour lui tout seul cessa d'être fluide.
Prompts à le suivre, et prompts à revenir,
Tous ses amis pensèrent y finir.
Il fallut bien s'en aller la main vide.
Comme, ici bas, tous les goûts ont leur tour,
Ce goût pour l'or passera quelque jour.

Sortis enfin de ce pays magique,
Le fils d'Aymon et l'amant d'Angélique
Furent d'abord prompts à se rapprocher.
Roland voulut excuser sa furie.
Le fils d'Aymon lui jura sur sa vie
Qu'il n'avait pas la moindre fantaisie
Pour Angélique, et pensa le fâcher
En lui disant qu'elle était peu jolie.

Renaud, Griffon, Brandimart, Aquilant,
Astolphe encor, qu'il ne faut que j'oublie,
Firent, trois jours, voyage avec Roland.
Tous ne parlaient que combat et victoire,
Beaux faits de guerre, et beaux projets de gloire.
Lassés d'errer, ils s'avancent enfin
Vers le palais d'un monarque voisin.
Ce roi, seigneur d'un vaste territoire,
Vivant chez lui, sans éclat, sans renom,
Avait si peu de soin de sa mémoire
Qu'on l'a, depuis, nommé *le roi sans nom*.
Qui le croirait ? dans ce siècle sublime
Et, comme on voit, tout peuplé de hauts faits,
Ce roi puissant, ne querellant jamais,

25

Pour les combats témoignait peu d'estime
Et se montrait chevalier de la paix.
Quand nos héros, par un avis sincère,
Sont assurés qu'heureux à sa façon
Ce roi se borne à gouverner sa terre,
Rien n'est égal à leur dédain profond.
Ils désiraient un hôte un peu plus digne.
Faute de mieux enfin on s'y résigne.
Ces chevaliers, par lui très bien reçus,
Etaient polis, mais c'était tout au plus.
Dans ce séjour on pouvait reconnaître,
Aux serviteurs, l'indulgence du maître,
Et dans le sein de ce noble palais
Tout respirait l'allégresse et la paix.
Je l'avoûrai : mes chevaliers terribles
A ce tableau n'étaient pas très sensibles;
Mais quand le roi, de son séjour pompeux
Sortit enfin avec eux, et pour eux;
Lorsque son peuple, heureux de sa présence,
Jeta le cri de la reconnaissance ;
Quand ils ont vu l'éclat de la cité ;
Quand ils ont vu des champs l'état prospère ;
Devant leurs yeux sous un chêne écarté,
Quand le bon roi juge comme un bon père ;
Quand ils ont vu les biens des villageois,
En paix au loin sous la garde des lois ;
Quand sous leurs yeux, arrêtant la charrue,
Le laboureur et sa famille émue,
Devant son roi, levant les yeux au ciel,
Bénit ce prince, et bénit l'Eternel,
Ces cœurs de fer, à la surprise en proie,
S'amollissaient auprès de tant de joie.
Leur noble amie, et leur souverain bien,
La gloire, obtient un peu moins leur hommage.
Tous, enchaînés par un secret lien,
Sentaient déjà s'adoucir leur courage.
« Mes chers amis, s'écria le plus sage,
Il faut partir : cet air ne nous vaut rien,
Et ce bonheur a bien son avantage. »

Les chevaliers ont hâté leur départ.
Ils ont repris leur ardeur héroïque.
Roland les guide; et quand, pour la plupart,
Ils jureraient qu'ils errent au hasard,
Ils sont guidés par lui vers Angélique.
Un tel dessein enchante Brandimart,
Qui, pour prouver à Roland sa tendresse,
Près d'Angélique a laissé sa maîtresse.
Comme ils passaient en ne sais quel canton,
Voilà qu'un jour le fils d'Ogier, Dudon,
Les reconnaît, les joint, et les embrasse.
Depuis long-temps il poursuivait leur trace.
Ce chevalier leur conta l'armement

Et les projets du terrible Agramant,
Leur dit en bref que le roi Charlemagne
Qui s'apprêtait à paraître en campagne,
L'avait chargé d'aller diligemment,
Pour ramener aux champs de la patrie
Ses paladins dispersés en Asie.
Il les cherchait au bruit de leurs exploits,
Et les avait rencontrés cette fois.
Chaque guerrier, brûlant d'impatience,
Devers Paris veut le suivre soudain,
Roland aussi; mais ce grand paladin
Par le Cathai veut revenir en France.
Ce n'était pas tout à fait le chemin ;
Mais Angélique et son attrait divin
Pour ce héros abrégeaient la distance.
Il laissa donc partir pleins d'espérance
Tous ses amis, ne gardant pour sa part
Que le plus cher, l'aimable Brandimart.
« Je vais finir un exploit d'importance
Qui ne permet, dit-il, aucun retard :
Mais je serai plus tôt que vous en France. »

Le regrettant, tous ces fameux guerriers
Suivaient maint fleuve, et côtoyaient maint golfe.
Renaud montait Bayard, roi des coursiers,
Que de si loin sut lui mener Astolphe.
Astolphe était monté sur Rabican
Que lui donna Renaud reconnaissant.
Renaud, Astolphe et Dudon, vers la Seine,
Marchent unis ; et d'un autre côté,
D'un vœu secret triomphant avec peine,
Griffon y court, d'Aquilant escorté.
Pendant ce temps, par un chemin contraire,
Brandimart suit, sur Batolde monté,
Roland que porte un destrier vulgaire.
Le bon Roland regrettait Bride-d'Or ;
Mais il avait plus de chagrin encor
De n'avoir pas trouvé cette parente
Que regrettait sa maîtresse charmante.
Dans les captifs qu'attira de bien loin
Et chez Morgane envoya Falerine,
Pour Angélique en cherchant avec soin,
Il n'a pas pu rencontrer sa cousine ;
C'est pour cela qu'il courut cependant.
Roland voit bien qu'on a trompé la Belle,
Car il est loin de croire un seul moment
Qu'il puisse avoir été trompé par elle.
Ce paladin toujours loyal et franc
Croit à sa dame encor plus qu'à son père.
En parlant d'elle, il disait fréquemment :
« Son seul défaut, c'est qu'elle est trop sincère. »

Pour elle ainsi tandis qu'il est errant,

CHANT QUATORZIÈME.

Du fils d'Aymon elle est toujours éprise,
Pense à Renaud, et reçoit Sacripant,
Et donne aussi des fêtes à Marphise.
Dans une chasse, un jour, s'en écartant,
Sur un gazon elle s'était assise,
Seule, et rêvant à l'aimable Renaud,
Voulant le voir, et regardant l'anneau,
L'anneau charmant qui lui rendait possible
D'aller le voir en étant invisible;
Quand tout à coup, un bourdon à la main,
Un nain mal fait s'avance en pélerin,
Et, lui parlant avec patelinage,
L'ose invoquer pour son pélerinage.
Elle aussitôt donne deux pièces d'or.
Lui, saisissant la main qu'elle présente,
L'ose serrer, et, la serrant encor,
Quitte, enchanté, la Beauté bienfaisante.
Il était loin, quand elle s'aperçoit
Que son anneau n'était plus à son doigt.
Elle se pâme, et, dès qu'elle est remise,
De son malheur court avertir Marphise.
Elle la trouve, et cherche Sacripant.
Mais celui-ci, dans le même moment
Montant Frontin, ce cheval admirable,
Pour la vitesse à Bayard préférable,
Errait au loin dans la forêt.... Soudain
A ses genoux il voit tomber un nain.
« Preux chevalier, secourez ma détresse :
Je conduisais une belle princesse;
Un ravisseur l'arrache de mes bras :
Vers sa retraite il la conduit là-bas. »
A ce discours, Sacripant, très affable,
Sent dans son cœur un désir secourable.
« Viens, lui dit-il: courons. » Et sur Frontin
Le chevalier prend en croupe le nain.
Quand ils sont près de ruines obscures
Que le destin fit pour des aventures,
Là, dit le nain, le traître a disparu,
Et là par vous, je serai secouru.
—Dans ces débris ma valeur se hasarde,
Dit Sacripant; mais mon cheval pourrait....
—Votre cheval, dit le nain, je le garde. »
Il comptait bien le garder en effet;
Et dès qu'il vit que ce roi s'éloignait,
« Seigneur, dit-il, que votre crainte cesse,
Et modérez ce zèle sans égal;
Car on n'a point enlevé de princesse,
Mais on vous a ravi votre cheval. »

Il est parti, laissant, bouche béante,
Le prince à pied, qui, surpris, consterné,
Concevait mal tant d'audace insolente,
Et qui ne fut jamais plus indigné.

L'adroit Brunel, après cette aventure,
Changea d'habits, mais non pas de monture.
S'étant peut-être un peu trop arrêté,
Ou du chemin s'étant trop écarté,
Dans un vallon il reconnut Marphise,
Qui, d'un cheval pressant l'activité,
De le rejoindre avait fait l'entreprise.
Du nain voleur lui trouvant quelques traits,
Elle venait, approchant de plus près.
Lui, sans pâlir, s'approche plus encore.
« Ah ! lui dit-il, guerrière que j'implore,
N'auriez-vous pas vu dans ces bois un nain
Qui me ressemble, et fait le pélerin ?
Non, répond-elle, étonnée. — Ah ! le traître !
De moi, madame, il s'est bien fait connaître.
Je sers Morgane, et jusqu'en ce pays
J'allais porter à Marphise une épée
Si bien finie, avec tel art trempée,
Que rien ne peut en égaler le prix.
Hier au soir, ma sotte ressemblance
Avec ce nain, d'abord que je le vis,
Me fit lier avec lui connaissance.
Hélas ! jugez l'état où je me vois :
Mon innocence est par lui bien trompée;
Demeuré seul, au lieu de mon épée,
Je n'ai trouvé que cette épée en bois. »

A ce récit, plaignant peu son martyre,
Marphise pousse un long éclat de rire.
« Riez, dit-il, riez; mais on verra
Si ma maîtresse ou Marphise rira.
— Je ne sais pas, répondit la princesse,
Ce qu'a va dire ou faire ta maîtresse;
Mais, pour Marphise, on a parfois vanté
Son bon esprit, sa magnanimité;
Je te réponds que son cœur te pardonne :
Oui, je le crois, ton épée était bonne;
Mais celle-ci, dont j'ose me vanter,
N'en peut laisser aucune à regretter.
Regarde-la. » Marphise la lui donne.
Il la saisit, il la contemple, il s'étonne,
Il applaudit, prend son temps, et soudain
S'est envolé sur les pieds de Frontin.
Elle restait immobile, étourdie :
Dès qu'il est loin, il s'arrête, et lui crie :
« Belle Marphise, on ne peut trop vanter
Votre bon cœur, qui surpasse tout autre :
Je vous venais une épée apporter,
Et vous souffrez que j'emporte la vôtre. »

Il dit et part, hardi, dit-on, au point
De lui montrer ce qu'on ne montre point.
Elle est outrée, et court avec furie

Sur ce voleur, visage impertinent ;
Mais il court mieux. Quelquefois il attend,
Puis laisse loin sa superbe ennemie,
Dont la fureur le poursuivit trois jours,
Croyant l'atteindre, et le manquant toujours.
Plus d'un cheval trouva là sa défaite :
Frontin à tous fit très bien la chouette.
Enfin, un soir, Brunel, toujours allant,
Trouve en un bois et reconnaît Roland.
A sa maîtresse, humble amant, noble comte,
De sa conduite il venait rendre compte.
L'adroit Brunel, que toujours poursuivait
Marphise à pied dont le cheval mourait,
Voyant Roland, le mesure, regarde
S'il ne peut pas enlever Balisarde,
Dont il connaît le mérite certain.
Le plus vaillant n'était pas le plus fin.
Se rapprochant d'une façon soumise
Du fier Roland ; « ce guerrier qui me suit,
Seigneur, dit-il, est la reine Marphise ;
La dame court et le jour et la nuit
Pour son épée, et c'est moi qui l'ai prise,
Pour la donner au meilleur chevalier
Dont l'univers peut se glorifier.
— Que dites-vous ? dit Roland qui s'indigne :
Vous me vantez votre bassesse insigne !
Craignez-vous pas que, défendant l'honneur,
Je ne vous livre à Marphise en fureur ? »
En ce moment, Brunel, qui se hasarde,
Au bon Roland a volé Balizarde,
La fait briller, et, déjà loin de lui,
Pique Frontin, aux allures légères,
Criant : « Guerrier, de l'honneur noble appui,
Mêlez-vous moins des affaires d'autrui,
Et veillez mieux à vos propres affaires. »

Pour cette fois il ne s'arrêta plus,
Et s'éloigna, fier de son entreprise,
Laissant Roland, Sacripant, et Marphise,
Également interdits et confus.
Tous trois encore ils voulurent poursuivre
Ce maudit nain, trop indigne de vivre.
Mais, à la fin, ils trouvèrent instant
De s'arrêter, et j'en vais faire autant :
..... Non : attendez. Il faut que je vous conte
Du nain voleur la surprise et la honte :
L'anneau, Frontin, Balizarde surtout,
A les garder lui donnaient quelque goût.
« J'ai, disait-il, cette terrible épée,
Par un tel soin et d'un tel art trempée,
Qu'elle ne peut redouter nullement
Aucun guerrier, aucun enchantement.
C'est pour Roger qu'en mon erreur funeste

J'ai su saisir cette épée et le reste :
J'ai donc volé pour lui ? non, sur ma foi !
En conscience, il faut voler pour soi.
C'est mon pouvoir qu'il faut qu'ici je fonde.
Par ces trésors puissant au dernier point...
Oui, j'en profite ; et je ne serai point
Le premier nain redouté par le monde.
Parbleu ! je vois venir un chevalier.
A ses dépens, je prétends m'essayer. »
Alors, prenant une mine hagarde,
Il le défie, il tire Balizarde.
Le nain hardi, naguère moins vaillant,
Sur l'inconnu lève un coup de géant ;
Qui l'aurait dit ! il porte un coup débile.
Brunel, qui voit son effort inutile,
N'y revient pas, s'enfuit, et, sans Frontin,
Le malheureux aurait pu fuir en vain.
Cet incident modéra ses pensées ;
Et, concevant des craintes plus sensées,
Il en revint à ses premiers desseins
De tout remettre en de meilleures mains.
Si c'est beaucoup que lame bien trempée,
Ce n'est pas tout ; pour demeurer vainqueur,
Il faut encor la force et la valeur,
Et que le bras soit digne de l'épée.

CHANT QUINZIÈME.

Roland convertit Brandimart. — Nouvelles perfidies d'Origile.
Prodigieux combat de Renaud. — La femme à quatre maris.
Astolphe enlevé par Alcine. — Roland sauvé par Brandimart.
Brandimart et Fleur-de-Lis livrés aux bêtes. — Exploit de
Brandimart — Roland le sauve à son tour. — Roland et Brandimart arrivent enfin chez Angélique. — Angélique part a
Roland pour la France.

Dieu tout-puissant qui de si loin nous vois,
Quand on te prie ici-bas, je suppose
Que l'on doit bien t'ennuyer quelquefois ;
Car on te dit souvent la même chose.
Suffisant mal à nos longs entretiens,
Tu dois. lassé des demandes vulgaires,
Dans tes bureaux renvoyer ces affaires,
Comme je fais, moi chétif, dans les miens.
Mais si vers toi mainte affaire arrivée
Ne te paraît qu'un babil importun,
Dès lors qu'un vœu sort de l'ordre commun,
Tu mets en marge : *affaire réservée.*
Voici le mien, peut-être inopportun ;
Mais j'essaîrai pourtant de le produire :
Je fais des vers, et pas mal, j'ose dire...
M'interrompant, peut-être tu diras :

CHANT QUINZIÈME.

Eh mais! en vers je ne me connais pas.
Il est bien vrai : de tes hauteurs sublimes
Que sont pour toi nos poétiques cimes !
En dirigeant, des profondeurs des cieux,
Ton univers, poëme harmonieux,
Ta bonté laisse enchanter notre terre,
Racine, Tasse, hommes mélodieux,
Et, tout païens qu'ils sont, Virgile, Homère.
Si cependant ta volonté, seigneur,
Dans l'art des vers t'a fait peu connaisseur,
A mon mérite accordant ton suffrage,
Tu peux, grand Dieu, croire à mon témoignage :
Mes vers sont bons, admirables, parfaits;
Je le sais bien, puisque je les ai faits.
Mais rarement, nous, amis du Parnasse,
Nous sommes mis, vivans, à notre place.
Je voudrais donc, quand je ne serai plus,
Voir ici-bas, avec toute franchise,
Si l'on m'admet au nombre des élus,
Dont les écrits ont l'honneur qu'on les lise.
Lorsque ma vie aura fini son cours,
Trente ans après (c'est même nécessaire),
J'ose invoquer d'avance, et je l'espère
De ta clémence, un congé de trois jours,
Pour revenir inconnu sur la terre.
Je pourrai bien me trouver oublié.
On aura tort, et je te le proteste ;
Mais quel auteur est sûr, même à moitié,
De se soustraire à ce destin funeste!
Je serai donc, si ce lot est le mien,
Confus, soumis, et je ne dirai rien.
Je bornerai, dans ce cas, mon envie
A m'assurer parmi les assistans,
Si de la gloire ont conservé la vie
Tels grands auteurs, immortels de mon temps.
Mais si le sort ne me fut pas contraire,
Sur mes défauts, après moi, moins sévère,
Si le public m'accordant mon pardon,
S'est avisé de ce que j'ai de bon,
Si sa faveur, autour de mes ouvrages,
De la critique a chassé les orages,
Qu'avec plaisir je me verrai loué!
Heureux témoin de ma propre mémoire,
Que de mes soins je serai bien payé!
Fais-moi, Seigneur, assister à ma gloire.
Dans ces trois jours, si mon nom est fêté,
J'ai du bonheur pour une éternité.
Non que mon vœu, si je reviens au monde,
Sur mes écrits uniquement se fonde :
Plus vrais encor, et pour moi plus flatteurs,
Puissent vers moi venir d'autres suffrages!
J'aime les fruits encor plus que les fleurs,
Et mes enfans sont mes plus chers ouvrages ;

Dieu de bonté, fais qu'ils soient les meilleurs.

Marphise, reine un peu vive et colère,
Suivait Brunel, et même elle jurait
De le poursuivre aux confins de la terre,
Lorsque déjà Roland y renonçait.
Assurément à ce héros il tarde
De ressaisir l'illustre Balisarde,
Et d'autant plus, qu'un tour aussi fatal
L'a su déjà priver de Durandal :
Ce double vol le chagrine et le pique;
Mais il s'occupe, avant tout, d'Angélique.
Pour la servir, exact à son devoir,
Il a quitté cette amante accomplie ;
Et justement, sa mission remplie,
Ce digne amant brûle de la revoir.
Pour Brandimart qui le suit, et sans peine,
Déjà, je crois, je vous ai fait savoir
Qu'un même vœu vers le Cathai l'entraîne :
Près d'Angélique il laissa Fleur-de-Lis,
Qui, de ses soins reconnaissant le prix,
L'aime damné, bien qu'elle soit chrétienne.
Mais vous saurez que Roland, bon chrétien,
Dans le chemin, prêchait à perdre haleine,
Pour convertir son ami le païen.
Il le pressait d'abjurer ses folies.
Il devait être, en ce genre, excellent :
Que je voudrais avoir ses homélies!
Il y mettait du moins tout son talent,
Et son ardeur mérite qu'on le loue.
Sans l'offenser pourtant, l'abbé Roland
Ne valait pas le père Bourdaloue.

Dieu bénissait des efforts si pieux.
Roland était presque victorieux,
Quand Brandimart dit : « Non, je t'abandonne;
Non, laisse-moi; car ton culte odieux
Défend l'amour; et le mien le pardonne.
— D'abord, tu veux épouser Fleur-de-Lis,
Répond Roland à ce discours profane;
Mais, tes projets fussent-ils plus hardis,
Je t'en réponds, jamais l'amour ne damne.
Plus d'un docteur emporté par son feu,
Comme un marchand, aimé à surfaire un peu.
Mais, dans le fond, on a plus d'indulgence.
Et tiens, vois-nous, bons chevaliers de France :
Nous sommes tous bons chrétiens; et, je croi,
Tous amoureux, à commencer par moi.
Il me revient en mémoire un cantique
Que chacun chante en ma comté d'Angers.
Écoute, il va te prouver sans réplique
Qu'amour pour nous a fort peu de dangers. »
Roland alors, dans l'ardeur qui l'emporte,

Dit ces couplets, sans chanter toutefois :
Le grand Roland avait la voix très forte,
Et cependant il n'avait pas de voix.

 « Marie,
Vierge, reine des cieux,
  Chérie
En tous temps en tous lieux,
  Allége
Mes maux par ton secours ;
  Protége
Qui t'invoqua toujours.

» Mon ame
Brûle de tendres feux.
 Ma dame
Est rebelle à mes vœux,
 Marie,
Adalbert, aujourd'hui,
 Te prie
De la fléchir pour lui.

» Près d'elle
Viens changer mon destin.
 Qu'Estelle
Me trouve aimable enfin.
 Modeste,
Détourne alors tes pas :
 Le reste
Ne te regarde pas.

» Marie,
Qui sourit doucement,
 N'appuie
De tels vœux nullement.
 Mais, dame !
Le lendemain pourtant,
 La dame
Écouta son amant.

» Au prône,
Le chevalier vainqueur
 Ordonne,
Dans sa pieuse erreur,
 Qu'un cierge
Honore chaque jour
 La vierge
Qui protége l'amour. »

Ainsi Roland défendait son système.
Par ces raisons Brandimart convaincu,
Pensant d'ailleurs plaire à celle qu'il aime,
Chez les chrétiens veut bien être reçu.
Roland, charmé, le baptisa lui-même,
Même un peu trop ; Roland, qui jouissait,
A son ami prodigua l'onde pure,
Et Brandimart, trempé, mais tout à fait,
Ne conserva pas la moindre souillure.

Le ciel voulut, et même promptement,
Récompenser cet exploit de Roland.
Dans certain bac passant une rivière,
Roland y voit ce qu'il n'attendait guère :
C'est Origile, et, par bonheur encor,
La dame avait Durandal, Bride-d'Or.
Près de Roland, quelle fut sa surprise !
En un moment de son trouble remise,
Elle lui dit : « Admirable héros,
Vous excusez ma faiblesse enfantine :
J'ai redouté les périls, les travaux
Que vous alliez braver chez Faleripe.
Je vous cherchais, ô guerrier sans égal,
Et vous gardais ce glaive et ce cheval.
— Va, dit Roland, ta perfidie infame
Ne saurait plus me tromper désormais :
Fuis, et rends grace au ciel d'être une femme. »
Noble Roland, ainsi tu pardonnais :
On paya mal cette noblesse d'ame.
Comme sans cœur, Origile sans foi,
Au bourg voisin suit Brandimart et toi,
Et, frémissant d'un complot qu'elle annonce,
Comme bandits dans la nuit vous dénonce.
Bien endormis, Brandimart et Roland
Sont arrêtés. Origile, contente,
Part, et bientôt son bonheur lui présente
Le beau Griffon, et son frère Aquilant.
Mais, dites-vous, ces preux pleins de vaillance
Étaient déjà sur la route de France ;
Roland avait marché vers le Cathai :
Comment put faire Origile ? Il est vrai,
Ces deux chemins sont tout à fait contraires.
Mais, sur ces bords, déjà plus d'un haut fait
Du droit chemin écartait les deux frères.
Les chevaliers, qu'errans on appelait,
Erraient beaucoup à cette époque antique ;
Et tel guerrier qui vers l'Asie allait
Plus d'une fois arriva dans l'Afrique.

Quoi qu'il en soit, de ruses redoublant
Envers Griffon, que d'amour elle pique,
L'aventurière, au ton leste et galant,
Loin de Roland lui fait chercher Roland.
Griffon la suit, suivi par Aquilant,
Qui, frère sage, à le prêcher s'applique.
Efforts perdus ! et pour Griffon-le-Blanc,
Cette Origile est une autre Angélique.
Mais seulement, ayant le cœur très bon,
Plus qu'Angélique elle était généreuse,
Et volontiers, favorable à Griffon,
L'aurait payé de sa flamme amoureuse.
Or il advint un cas assez plaisant :
Seigneur Griffon, aux combats intrépide,
Au jeu d'amour était vraiment timide,
Et ne savait profiter nullement
Du très beau jeu qu'on lui faisait souvent.
De ces lenteurs Origile lassée,

Imagina l'évanouissement ;
Invention que, depuis ce moment,
Goûte beaucoup mainte femme sensée.
Enfin Griffon s'enhardit, éclairé.
Cette Beauté, reine entre les maîtresses,
A son amant de plaisirs enivré,
Souvent dès lors prodigua ses caresses.
Griffon pour elle en avait plus d'ardeur.
J'en suis fâché ; las ! mainte honnête femme,
A ces bontés, et n'a pas ce bonheur.
Cela dura, tant que d'une autre flamme
Cette perfide ignora la douceur.
Le changement charmait son cœur volage.
Un chevalier sans courage et sans nom,
Un plat coquin, mais un fort beau garçon,
Martan, bientôt, eut ce noble avantage ;
Et tous les deux, sans prévenir Griffon,
Certaine nuit, se mettent en voyage.
Déconcerté par un trait si félon,
Griffon maudit et poursuit la parjure.
Mais, malgré lui, son fol amour murmure.
« Il punira, dit-il, la trahison. »
Et quand sa bouche est prodigue d'injure,
Son cœur encor lui garde le pardon.

    Pendant ce temps, d'une gloire immortelle
Comblant encor l'éclat de ses hauts faits,
Renaud avait une aventure telle
Qu'on ne verra la pareille jamais ;
Et c'est au point que je crains qu'on n'en rie
Et d'avoir l'air d'une plaisanterie.
Mais la voici : Le noble fils d'Aymon,
Toujours suivi d'Astolphe et de Dudon,
Gagnait toujours sa lointaine patrie.
Chrétien d'Asie, un vieillard vient soudain
A deux genoux prier ce paladin,
En lui disant : « Soyez-nous secourable.
Je ne sais pas quel sorcier sarrasin
Vient de produire un monstre épouvantable.
C'est un dragon ; aux regards effrayés
Sa gueule s'ouvre au moins de trente pieds,
Et sa longueur dépasse cent coudées.
Calmez, seigneur, nos terreurs trop fondées.
Pour le vrai Dieu voulant vous illustrer,
Pour les chrétiens vous retournez en France :
Ce monstre affreux dont l'ardeur vous devance
Y court aussi, mais pour les dévorer,
Mangeant déjà ceux qu'il peut rencontrer,
Et leur donnant partout la préférence.
Il en veut tant aux malheureux chrétiens,
Que, s'il se trompe dans sa vive colère,
Il ne peut pas digérer les païens,
Et qu'il les rend tout vifs à la lumière.

Laisserez-vous aller aux bords français
Des mécréans ce protecteur horrible ?
Vous seul, seigneur, après tant de succès,
Vous le saurez vaincre, si c'est possible.
—C'est difficile, à ce qu'il me paraît,
Répond Renaud ; mais j'essaîrai sans doute. »
Voilà déjà que, la lance en arrêt,
Dudon, Astolphe et Renaud sont en route.
On peut, je pense, en ce cas opportun,
Avec honneur se mettre trois contre un.
Jaloux, si loin, de servir Charlemagne,
Ils ont couru vers *le monstre montagne*,
Et sont guidés par la publique horreur.
Tous les chrétiens, objets de sa fureur,
Fuyaient au loin, en des frayeurs extrêmes.
Je le crois bien. Les Musulmans eux-mêmes,
Malgré le droit de passer tout debout,
Pour ce voyage avaient fort peu de goût.
Renaud, instruit par tous ces gens en fuite,
Sur de tels faits réfléchit et médite.
Bientôt, voilà qu'à ses regards paraît
Le monstre, auteur de tant de funérailles.
Renaud, d'un roc, l'observe, et voit qu'il est
Énorme, affreux, mais qu'il n'a point d'écailles.
« Allons, dit-il, voyons ce que je puis ;
Un tel combat veut des formes nouvelles :
Dudon, Astolphe, attaquons. Moi, je suis
Le corps d'armée, et vous serez les ailes. »
De trois côtés, le monstre menacé,
Quelques momens hésite embarrassé,
Et cependant ouvre une gueule immense.
Lors contre lui le fils d'Aymon s'élance.
Mais qui l'eût dit ? ô surprise ! ô douleur !
Apparemment Bayard, de son ardeur,
A temps, n'a pu borner la violence :
Non moins ardent, Flamberge en main, Renaud,
Sur son Bayard, pénètre au grand galop
Dans l'animal, de qui la gueule ouverte
Se ferme alors pour assurer la perte
Du chevalier, et soudain au regard
Cache Renaud, et Flamberge, et Bayard.

    O jour affreux ! O moment déplorable !
C'en est donc fait de ce grand paladin !
Ses deux amis, témoins de son destin,
Trouvaient tous deux la vie intolérable,
Et, n'ayant pu lui donner leur appui,
Ils s'élançaient pour mourir comme lui,
Quand l'animal, qui tenait tant de place,
Paraît saisi par un tourment secret ;
Mes chers amis, s'il n'était pas si laid,
Je vous dirais qu'il faisait la grimace.
Or, apprenez qu'en ce gouffre vivant,

Renaud, exprès, avait fait sa venue.
Au flanc du monstre il s'ouvre, en arrivant,
Par quatre coups de flamberge, une issue.
Le monstre ouvert s'agite, mais en vain ;
Fait sans exemple ! exploit digne d'envie !
Dans l'animal se tenant ferme et sain,
Malgré ses bonds, sa rage inassouvie,
Par un côté du monstre mort enfin,
Renaud, aux yeux de ses amis, soudain,
Avec Bayard s'élance plein de vie.
Tous deux d'abord vont d'un fleuve voisin
Avec plaisir chercher l'eau pure et claire ;
Et puis Renaud dit en ouvrant les bras
A son cousin qui tendrement le serre :
« On n'avait pas encore, n'est-ce pas,
Imaginé cette ruse de guerre ? »

Bien attesté, ce succès imprévu
Est merveilleux et digne de mémoire.
Mais je conviens que je ne l'ai pas vu,
Et n'ose pas vous requérir d'y croire.
J'aime bien mieux, reposant votre esprit,
Me rapprocher de la nature humaine ;
Et sur ces preux je vais faire un récit
Que vous croirez avec bien moins de peine.

Les trois héros, de montagne en vallon
Allant toujours, trouvaient le chemin long,
Et par l'amour égayaient leur passage.
Dudon était le Caton du voyage,
Et quelquefois grondait ses deux aînés,
Plus qu'au retour au plaisir adonnés.
Un jour pourtant un torrent trop rapide,
A s'arrêter tous les trois les décide.
En attendant qu'il se soit écoulé,
Il faut rester ; deux jours sont nécessaires.
En attendant, homme toujours réglé,
Astolphe cherche, en amour, des affaires.
Certaine dame, au regard chaste et doux,
Lui fait donner pour le soir rendez-vous.
Rempli d'espoir, Astolphe qui palpite,
Avance un peu l'heure de sa visite.
Comme il frappait, brûlant d'un tendre feu,
A lui répondre on tarde quelque peu.
On vient enfin et la dame charmante
Le fait entrer dans sa maison riante.
Elle était seule ; elle le reçut bien,
Mais pas trop bien, et toujours très décente.
Comme il voulait réchauffer l'entretien,
Une autre main qui paraît assez forte
D'un bruit altier fait retentir la porte.
Elle va voir, et, modérant son cri,
Revient, disant : « Seigneur, c'est... mon mari :

J'étais bien loin de l'attendre à cette heure.
Il est brutal. Il faudra que je meure
Si vos bontés ne me servent pas bien,
Et, tenez, j'ose entrevoir un moyen. »
Lors élevant pour se tirer de peine
Sa voix qui va dans la chambre prochaine :
« Des motifs purs, tout à fait vertueux,
Ont fait cacher un jeune homme en ces lieux ;
Il va sortir ; seigneur, feignez, dit-elle,
Que vous avez avec lui pris querelle,
Et que, malgré son trouble et mon effroi,
Votre fureur le suit jusque chez moi.
Sortez, jeune homme ; et tous deux je vous prie,
Querellez-vous.—Soit, dit Astolphe accord. »
Mais, en voyant le jeune homme qui sort,
Fort justement de surprise il s'écrie :
Dans ce jeune homme en si bonne maison
Il reconnaît le vertueux Dudon.
Dudon, troublé dans sa bonne fortune,
Reçoit très mal l'ami qui l'importune.
Tous deux déjà disputent furieux.
« Bien ; dit la dame, à merveille ; encor mieux.
Continuez cette plaisanterie :
Je vais ouvrir à mon époux qui crie. »
Elle descend, lui dit sans embarras :
« Le bruit d'en haut couvrirait celui d'en bas. »
Au survenant, cette dame ingénue
Raconte alors l'histoire convenue,
Monte avec lui pour calmer tout bientôt :
Mais, pour tous trois, et même pour tous quatre,
Qui peindra bien ce grand coup de théâtre ?
L'époux, messieurs, l'époux était Renaud
Trop tôt aussi gagnant ce domicile :
La dame était cousine d'Origile.
Imaginez cet époux prétendu
Dont le sang-froid a bien droit qu'on l'admire,
Domptant d'abord sa surprise, et sans rire
Jouant fort bien son rôle inattendu.
A ses amis qu'il feint de méconnaître
Renaud avoue en toute humilité
Qu'il est mari, qu'il a l'honneur de l'être ;
Puis les calmant avec facilité,
Commode époux, sans soupçon et sans blâme,
Il les invite à souper... chez sa femme.
Vous sentez bien qu'entre de telles gens
L'incognito ne dura pas long-temps.
De leur accord la dame un peu troublée
Fut à son tour fort gaîment persiflée.
A ce plaisir tandis qu'on se livrait,
Voilà soudain qu'on entend à la porte
Le son criard d'une voix assez forte.
A cette voix la princesse a pâli.
Pour cette fois c'est le mari... mari

CHANT QUINZIÈME.

Qui sottement abrégeait son absence.
La dame tremble en cette circonstance.
Renaud railleur lui dit : « Rassurez-vous,
Nous rosserons le véritable époux.
—Non, dit Astolphe, amusons-nous : qu'il vienne :
Ne craignez rien. » Si je n'étais pressé,
Je conterais cette nouvelle scène,
Par trois cousins cet époux embrassé,
De ses parens d'abord embarrassé,
Mais convenant, alors que l'on insiste,
Qu'entre eux et lui quelque alliance existe.
On soupa bien, et l'époux convaincu
Qu'il ne pouvait avoir été déçu,
A l'entretien prit un plaisir extrême.
Notre coquette eut de bonnes leçons.
Les trois amis riaient ; Dudon lui-même
Qui désormais ne fit plus de sermons.

Mais le sermon ici fut l'aventure.
Appréciant de semblables succès,
Méritant mieux de la race future,
Les paladins plus pressés désormais,
Sans s'arrêter vont vers les bords français.
Ils en sont loin, il faut que j'en convienne.
Voilà qu'un jour, jour funeste ! à leurs yeux
S'offre la mer qu'on nomme Caspienne,
Et sur un cap, un objet gracieux,
Au pied de nymphe, à la voix de syrène.
Le prince Astolphe, à jamais curieux,
Suit aussitôt le désir qui l'entraîne.
De Rabican, son coursier précieux,
Dans son ardeur il a lâché la rêne,
Et sur le cap s'avance... Justes cieux !
Le cap s'enfuit sur les flots périlleux.
Ce cap perfide était une baleine.
Ce tour sans doute était des plus félons.
Vous désirez de savoir qui le tente :
Sœur de Morgane, et presque aussi puissante,
La fée Alcine usait de ces façons
Pour s'assurer quelques jolis garçons.
Le fils d'Aymon, témoin de cette scène,
Lance Bayard, et, suivi par Dudon,
Poursuit le cap. Tous deux perdent leur peine.
Un ouragan, mêlé d'un tourbillon,
Fort rudement sur le bord les ramène.
Enfin Renaud, à bon droit fatigué,
Part tristement, de l'espoir se désiste.
Que de regrets ! Cet Astolphe si gai,
Aurait pleuré s'il l'avait vu si triste.

Mais bien long-temps vous laissez, me dit-on,
Et Brandimart et Roland en prison.
Il vous souvient que l'indigne Origile

Comme brigands les avait dénoncés.
Sans tenter même un examen facile,
On accueillit ces propos insensés.
Les deux héros sont condamnés aux bêtes ;
Non pas aux sots, comme souvent vous l'êtes :
Un lion doit les dévorer demain,
Pour le plaisir d'une foule joyeuse.
Comme il est bon, ce brave genre humain !
Or, Brandimart, dans la nuit ténébreuse,
Veille, et ce preux agit et fait si bien,
Qu'à son profit il séduit un gardien.
Mais on lui dit une clause fâcheuse :
Des deux captifs on ne peut sauver qu'un.
Lors Brandimart, ami bien peu commun,
Veut que ce soit, en ce jour trop funeste,
Roland qui parte, et Brandimart qui reste.
Sans bruit, on vient chez Roland endormi.
« Partez, dit-on, d'une vitesse extrême :
Votre complice est loin déjà lui-même,
Et vous attend à dix milles d'ici. »
D'après ces mots, Roland part bien tranquille.

« Oui, se disait Brandimart, aux mortels,
Bien plus que moi, Roland doit être utile.
Je l'ai sauvé de ces destins cruels,
Et mon bienfait ne sera point stérile.
Mais Fleur-de-lis !... en sachant mon malheur
Dieu ! qu'elle va ressentir de douleur ! »
En ce moment sa surprise est bien vive ;
Car Fleur-de-Lis dans sa prison arrive.
Ne pouvant pas exister plus long-temps
Sans le revoir, elle a suivi sa trace :
Elle le voit, Dieu ! mais dans quels instans !
Et quelle horreur la confond et la glace !
Ce fut bien pis, quand, le jour paraissant,
Le vice-roi ne trouva plus Roland.
Dans cette Asie, à ce qu'on dit, si sage,
On a toujours jugé légèrement :
Avec respect on suivit cet usage.
« Un des captifs, dit-on, ayant trompé
Notre bonté, la compagne de l'autre
Remplacera le captif échappé. »
—Ah ! mon ami, quel destin est le nôtre !
Dit Fleur-de-Lis : mais vous avez bien fait ;
Et, ce secours, Roland le méritait :
Même en mourant, mon cœur s'unit au vôtre. »
A ces discours Brandimart a frémi ;
Non pas pour lui. Mais quel destin l'oppresse !
Dieu ! pour avoir fait sauver son ami,
Brandimart voit condamner sa maîtresse !

Je ne dis point ces horribles apprêts.
Je ne dis point l'indigne impatience

D'un peuple affreux qui s'enivre d'avance
Du sang promis à ses cruels souhaits.
Tel autrefois, ce peuple que je hais,
De Romulus abominable race,
Venait, voyait de regards satisfaits,
Des malheureux, condamnés sans forfaits,
Lutter sans haine, et mourir avec grace.
A son destin Brandimart résigné,
Pour Fleur-de-Lis toujours plus consterné,
Ne cache rien de sa douleur cruelle
Quand dans l'arène il paraît avec elle.
Il demandait au peuple, aux magistrats,
Grace pour elle, et ne l'obtenait pas.
Terrible, immense, un lion d'Arabie
De son repaire alors sort en furie.
Dieu!.... N'osant plus regarder Fleur-de-Lis,
Le condamné, sans armure et sans glaive,
Vers le lion s'avance sur la grève,
Offrant son sein, baissant ses bras soumis,
Pour que plus tôt son supplice s'achève.
Mais quand il voit ce monstre dévorant,
A son désir se montrant insensible,
Vers Fleur-de-Lis marcher en rugissant,
Ce noble amant, à cet aspect horrible,
A Fleur-de-Lis court prêter son appui,
Et, forcené, sur le lion terrible
Accourt, lion plus terrible que lui.
O de l'amour prodige mémorable!
Ce chevalier qui, cédant au malheur,
Se soumettait à son sort déplorable,
De Fleur-de-Lis valeureux défenseur,
Brave, sans arme, un monstre épouvantable.
Il ne craint rien : son arme est la fureur.
Voyant alors son ardeur menaçante,
Le monstre affreux, qui ne l'a pas choisi,
Sur ce guerrier accourt gueule béante :
Fort par l'amour, oubliant l'épouvante,
De ses deux mains Brandimart a saisi,
A déchiré la gueule dévorante.
Il est vainqueur du lion rugissant,
Qui meurt, noyé dans les flots de son sang.
A cet effort d'une valeur suprême,
Le peuple ému se lève, applaudissant
L'heureux vainqueur, ensanglanté lui-même,
Que Fleur-de-Lis, en son plaisir extrême,
Vient soutenir d'un bras reconnaissant.
Qu'ils étaient beaux! on pleure, on se récrie :
Au vice-roi l'on demande leur vie.
Mais de ce vœu le sot est irrité.
Il semblerait, au gré de sa folie,
Qu'en son lion il se trouve insulté
Du peuple entier il repousse l'envie.
Le cirque s'ouvre, et de nombreux soldats,

De Brandimart vont hâter le trépas.
Entre eux et lui Fleur-de-Lis, qui s'élance,
A désormais oublié la frayeur;
Lève ses bras, et de son défenseur,
Semble à son tour embrasser la défense.

Mais ces efforts ne l'eussent pas sauvé.
Heureusement Roland, qui l'apprécie,
Au rendez-vous ne l'ayant pas trouvé,
Et devinant sa noble perfidie,
Revient bien vite, et, tremblant mais charmé,
Arrive à temps pour lui sauver la vie.
Pour cette fois, Roland était armé.
Tout aussitôt dans le cirque il s'élance,
Et tellement signale sa vengeance,
Que des soldats le quart est assommé,
Et tout le reste a fui sans résistance.

Les deux amis, dès lors quittes entre eux,
Se sont pressés dans leurs bras généreux;
Puis chez le roi de la Carizménie,
Roi de ces lieux, ils ont porté leurs pas,
Et justement dénoncé la furie
Du vice-roi qu'on punit du trépas.
Torinde était ce sultan de Carizme.
J'en ai vanté quelque part l'héroïsme.
Je vous dirai peut-être un peu plus tard
Quand, et, comment, et par quelle occurrence
Il reconnut son fils dans Brandimart.
De tous les deux le plaisir fut immense;
Le bon Roland y prit beaucoup de part.
Lors Brandimart avoua sa tendresse
Pour Fleur-de-Lis. Torinde avec plaisir
La regardait, mais dit avec tristesse :
« A ton hymen je voudrais consentir;
Je ne le puis : elle n'est pas princesse. »
Mais envers ceux qu'il tourmenta beaucoup
Souvent le sort s'acquitte tout d'un coup :
Ce même jour, un roi voisin qui passe
Vient chez Torinde et dit avec chagrin :
« En vingt pays, long-temps, toujours en vain,
J'ai de ma fille, hélas! cherché la trace!
Dans son enfance un bandit l'enleva,
Et loin de moi sans doute il l'éleva.
Devant mes yeux je la verrais paraître :
Je ne pourrais, hélas! la reconnaître;
Hors toutefois au signe singulier
Qu'en elle enfant j'ai vu jadis briller.
C'est une mûre artistement placée.
— Ciel! interrompt Brandimart. — Elle doit
L'avoir toujours, si Dieu me l'a laissée.
— Serait-ce pas, sire, sous le sein droit?
— Oui. — Fleur-de-Lis de la mûre est pourvue.

CHANT QUINZIÈME.

— Oh, oh, seigneur, mais vous l'avez donc vue?
— Sire, je dois l'avouer franchement.
C'est mon amie ensemble, et votre enfant. »
Des questions éclaircissent l'affaire.
De Fleur-de-Lis ce monarque est le père ;
Et les deux rois font, en un jour si doux,
En deux amans consacrer deux époux.

Ils les voulaient garder sur ce rivage
Qui leur offrait un tranquille destin.
Les deux amans, nouveau-nés dans l'hymen,
Voulaient du moins s'arrêter davantage.
Un contre-temps dérangea leur dessein :
Le grand Roland, qu'un fol amour enivre,
Veut vers Albraque aller sans nul retard :
En noble ami, Brandimart veut le suivre,
Et Fleur-de-Lis veut suivre Brandimart.
Ils partent donc, en faisant la promesse
De revenir ; mais je n'en réponds pas.
Pour retrouver sa charmante maîtresse,
Tout de son mieux Roland presse le pas
De Bride-d'Or, que souvent il caresse ;
Brillant coursier qu'Origile lui prit,
Qu'il recouvra ; mais une trame noire,
Comme l'on sait, tous les deux les surprit.
Libre à présent, Roland, qui lui sourit,
L'a de nouveau pour l'aider dans sa gloire.

Un jour, après du temps et de l'ennui,
Et Fleur-de-Lis, et Brandimart, et lui,
D'Albraque enfin apercevaient la ville,
Quand Sacripant, sur un coursier agile,
(Non sur Frontin que ce roi regrettait),
Passe auprès d'eux, les voit, les reconnaît.
« Pardieu, dit-il, chevaliers mes confrères,
Vous trouverez en ce lieu des affaires.
Vous y venez à propos tout à fait :
De Tartarie empereur indomptable,
Fils d'Agrican, et non moins redoutable,
Son successeur, Mandricart en courroux,
Veut le venger d'Angélique, de nous ;
Et c'est par moi que ce prince commence.
Je suis forcé d'aller à la défense
De mes états, et de ce pas je cours
Du fier Gradasse invoquer le secours.
Vous, s'il se peut, d'une terrible attaque
Vous défendrez la princesse d'Albraque. »
Il dit, et part plus rapide qu'un trait.
A cet avis du roi de Circassie,
Le bon Roland, vers celle qu'il aimait
Va plus pressé qu'il ne fut de sa vie.

Il fut reçu mieux qu'il ne l'espérait.

Mieux que jamais aussi, tendre et discret,
Il admira cette beauté divine ;
Jurant dix fois qu'auprès de Falerine
Et de Morgane avec peine arrivé,
Pour Angélique il n'avait pas trouvé,
Dans leurs séjours, l'ombre d'une cousine.
Ce paladin l'aimait de telle ardeur,
Qu'il était loin de soupçonner sa ruse.
Il s'excusait, tandis que dans son cœur
La sœur d'Argail se sentait sans excuse.
Elle en rougit, mais se remit bientôt.
Roland alors lui conta que Renaud
L'avait quitté pour retourner en France.
« Je l'avoûrai, dans cette circonstance,
Poursuivit-il, je voudrais bien m'y voir,
Et d'Agramant confondre le pouvoir.
Oui, j'y devrais, d'une ligue hautaine
Briser l'audace, et déjouer l'espoir :
Mais vous aimer est ma première chaîne,
Et vous défendre est mon premier devoir. »

La sœur d'Argail, dame assez vagabonde,
Aimait beaucoup la France en ce moment;
Et le pays où l'on sait son amant
Est le pays le plus charmant du monde.
« Tenez, dit-elle, à parler franchement,
Je le sens bien, le projet d'Agramant,
Sans nuls délais, en France vous rappelle.
De mon côté, mon anneau m'est ravi,
Et je ne peux, sans vous, attendre ici
De Mandricart la colère cruelle.
Dans ce conflit, je m'en vais vous prouver,
Mon cher Roland, toute ma confiance :
Oui ; ne pouvant ici vous conserver,
Je vais partir avec vous pour la France. »

A ce discours dit d'un ton gracieux,
Le paladin crut voir s'ouvrir les cieux.
« Quoi, lui dit-il, quoi ! vous daignez, madame,
Par un tel prix récompenser ma flamme !
J'ose espérer, je le dis sans détour,
Qu'enfin mes vœux vous toucheront un jour.
Quand vous voudrez, mettons-nous en campagne.
Ne craignez rien : Roland vous accompagne. »
En l'écoutant Angélique tout bas
Disait : « Pourquoi n'est-ce pas lui que j'aime ! »
Plus d'une femme aux séduisans appas,
Fait tout comme elle, et dit tout bas de même.

Sans tarder plus, tous deux, le lendemain,
Devers la France, ils étaient en chemin.

CHANT SEIZIÈME.

Voyage de Roland avec Angélique. — Roland manque l'heure du berger. — L'émir qui daigne. — Les paroles gelées. — Le pauvre tyran. — Roland absolutiste. — Brunel est fait roi. — Roger se joint à Agramant. — Rodomont en Italie. — Bradamante vient au secours de Didier, et Renaud au secours de Bradamante. — Combat de Bayard et de Rodomont. — Défi de Rodomont et de Renaud.

Dieu soit béni ! je reviens vers la France,
Ce bon pays qui se trouve le mien,
Où tout sourit, la joie et l'espérance;
Où tout est mieux alors que tout est bien;
Où, quand le sort nous montre un front sévère,
On a l'esprit de charmer sa misère;
Où du plaisir Paris donne les lois,
Paris— Athène, et Rome quelquefois.
Certes ! c'est bien contre ma fantaisie
Que si long-temps j'ai fréquenté l'Asie,
Et raconté tous les *gati-combats*
Où l'on prenait tant de sanglans ébats.
Je ne pouvais, sans subir une attaque,
Me dispenser du grand siége d'Albraque ;
Et d'autres faits qu'il fallait retracer.
J'ai dû les dire; on a pu les passer.
Mais maintenant que de si loin, à peine,
Des bords français je sens la douce haleine,
Ce souffle heureux, du bout de l'univers,
Vient rafraîchir et mon cœur, et mes vers.
Au moins, partout si la discorde éclate,
Battons-nous là, puisqu'il faut qu'on se batte;
Et sur ces bords, consolant des héros,
Bien plus qu'ailleurs, nous serons secourables
Deux biens très bons pour adoucir les maux :
Des gens d'esprit et des femmes aimables.

Quand Angélique et Roland réunis
Allaient chercher l'européenne plage,
Vous avez bien deviné, mes amis,
Que Brandimart, orné de Fleur-de-Lis,
Avait voulu se mettre du voyage.
Tout en allant, le jeune Brandimart
Sut renverser le géant Varillard.
Pour Roland même, en sa noble furie,
Plus d'une fois il exposa sa vie.
Mais, chaque soir, Fleur-de-Lis et l'amour
Récompensaient les fatigues du jour;
Et mal payé par sa belle inhumaine,
Le bon Roland n'avait rien pour sa peine.
Quoi! dites-vous, pendant un si long cours
Ce paladin la respecta toujours?
Oui, mes amis, rien n'est plus véritable;
Par vingt auteurs le fait est attesté.
Parfois Roland, ce héros admirable,
Pour sa valeur est encore imité :
Mais son respect serait inimitable.

On dit qu'un soir, dans l'ombre d'un bosquet,
De tant de soins Angélique attendrie,
Sentit pour lui ce mouvement secret
Qu'on sent au moins une fois dans sa vie.
Ils étaient seuls. Le rossignol chantait.
Près de Roland négligemment assise,
De temps en temps la belle soupirait
Sans y songer. Sa bouche se taisait;
Mais son regard avait plus de franchise.
Son cœur battait; son sein battait aussi.
Jamais Roland ne fut amant transi :
Mais, par malheur, en cette circonstance
Il s'occupait de pensers de vaillance,
De beaux exploits tels qu'on en trouve ici ;
Dont il advint que ce preux héroïque
N'aperçut pas le trouble d'Angélique;
C'était pourtant aussi clair que le jour.
Cette Beauté mollement étendue,
Sur le gazon prolongeait son séjour;
Et n'offrait pas, mais laissait à la vue,
Son pied mignon, sa jambe faite au tour;
Puis trouvait bon, tant elle était émue,
Qu'un frais zéphyr, dessinateur hardi,
Traçât très bien tel contour arrondi.
Dans cet instant, si cet amant fidèle
Eût attaqué son amante cruelle,
Si, dévoilant à propos ses desseins,
Il eût tenté quelques tendres larcins,
A cette attaque à tant de charmes due,
(J'en suis garant), la dame était perdue,
Ou n'aurait pu, dans son égarement,
Se retrouver qu'aux bras de son amant;
Et c'est ainsi que quelque part en France,
En Angleterre, en tout pays, je pense,
La même chose arrive à tout moment.
Roland agit beaucoup plus décemment.
Un peu trop tard il sentit sa sottise.
Il la voulut réparer vainement.
La dame était de son trouble remise;
Et, de retour à la sévérité,
Ne permit rien à sa témérité.
Depuis ce jour, la Belle qu'on admire,
Avec Roland traversa maint désert,
Sans octroyer, quoi qu'il voulût lui dire,
Le don charmant qu'elle avait presque offert.
Au même point toujours Roland demeure.
Même on prétend qu'elle lui dit ces mots :
« Vous êtes fort sur l'heure du héros;

CHANT SEIZIÈME.

Mais du berger vous ne savez pas l'heure. »

Je conviendrai que le fameux Roland,
En fait de guerre était bien plus savant.
Aussi Turpin, dont la plume loyale
Dans ses récits montre un si beau talent,
Fait un reproche à son ami Roland,
Sur son respect porté jusqu'au scandale.
Enfin, bien pur, bien innocent, il part.
Et ce héros et son cher Brandimart
Cherchaient partout en un si long voyage
L'occasion d'illustrer leur passage.
Comme Angélique était bien lasse un jour,
Chez un émir elle voulut descendre.
On les laissa pénétrer dans la cour;
Mais, là, tous quatre eurent le temps d'attendre.
Un chambellan vint leur donner l'espoir
Qu'à leur désir l'émir pourrait se rendre,
Et daignerait enfin les recevoir.
Il les conduit, et puis, d'un ton de maître,
Leur dit : « Sachez remplir votre devoir,
Inclinez-vous, l'émir daigne paraître. »
L'auguste émir qui daignait être un sot,
En leur parlant prit un ton assez haut.
Il fit, sans eux, un tour de promenade.
Se trouvant las, l'émir daigna s'asseoir,
S'asseoir tout seul. « J'ai, dit-il, hier soir,
Cru que j'allais daigner être malade. »
De ces façons, toujours plus étonné,
Roland allait perdre la patience,
Quand on apprend qu'un géant forcené,
Vers ce séjour en assaillant s'avance.
De ce géant redoutant la fureur,
Le noble émir, qui daignait avoir peur,
Perdait un peu sa noble contenance,
Quand, toujours prêts, Roland et Brandimart
Se sont lancés sur le géant hagard,
Et font bientôt partir pour l'autre monde,
Ainsi que lui, sa troupe vagabonde.
L'auguste émir, plus affable dès lors,
Pour ces héros fut plein de politesse.
Le lendemain, en partant de ces bords,
A ce seigneur Roland dit sans rudesse :
« Si vous devez quelque chose à nos soins,
Recevez mieux, et *daignez* un peu moins. »

Un peu plus loin, si Turpin est croyable,
Ils sont témoins d'un fait qui paraît fou
Et qui pourtant n'est pas moins véritable.
Un Espagnol, Salluste du Pérou,
Dit gravement un fait presque semblable.
Vous le sentez, nos quatre voyageurs.
Avaient souvent à franchir des hauteurs.

Voilà qu'un jour, par des chemins de neige,
Parmi des rocs faits pour faire trembler,
Ils montent presque au ciel qui les protége.
L'air commençait alors à dégeler.
D'un tel séjour, personne, comme on pense,
Même un oiseau ne troublait le silence.
Mais aisément chacun de vous conçoit
L'étonnement de nos gens en voyage,
Quand tout à coup, sur ce désert sauvage
Une voix dit : « Qu'il fait froid ! qu'il fait froid ! »
« Ciel ! dit Roland, de mémoire facile :
Mais cette voix est celle d'Origile. »
Un peu plus faible, elle ajoute : « *Au Vallon
Vous serez mieux caressé que Griffon.* »
« Eh oui ! c'est là cette femme hardie,
Comme sa voix, c'est bien sa perfidie,
Disait Roland, et pourtant il est clair
Qu'il n'est que nous en cet âpre désert.
— Eh ! mais, ceci rappelle à ma mémoire,
Dit Brandimart, un fait très étonnant
Qu'on me disait et que je n'osais croire :
Ces rocs, dit-on, ont un droit surprenant :
Quand il fait froid, les paroles y gèlent.
Lorsque le froid commence à s'envoler,
On les entend un jour se dégeler,
Et Dieu souvent sait ce qu'elles décèlent.
— Droit singulier en effet que cela !
Disait Roland. » Un peu plus loin, voilà
La même voix qui, d'un reste de rire,
Mêlant ces mots, soudain se prend à dire :
« *Tromper Griffon est un tour excellent ;
Mais le meilleur à tromper c'est Roland.* »
Du bon Roland, la colère plaisante
Tient maint propos contre Origile absente ;
Et Fleur-de-lis, voyant son embarras,
Riait tout haut ; Angélique, tout bas.
« Eh ! mais, dit-elle, il faut que les coquettes
Craignent, l'hiver, ces roches indiscrètes
Qui leur pourraient jouer un tour cruel.
— Oui, dit Roland ; mais, vous, soyez tranquille,
Belle Angélique, objet digne du ciel.
Parlez, parlez, et par un froid mortel.
Vous n'êtes pas, princesse, une Origile,
Et n'avez pas à craindre le dégel. »

Un peu plus loin, au grand Roland qui passe,
Des envoyés, se jetant à genoux,
Au nom d'un peuple ont dit : « Protégez-nous,
Preux chevalier, délivrez-nous, de grace.
— Très volontiers, dit Roland calme et doux.
Des nations la liberté m'est chère.
Allons, je pars, amenez-moi chez vous ;
Votre tyran sera bientôt par terre. »

L'envoyé chef dit bien vite : Au contraire ; »
Pour nous sauver, suivez un autre plan,
Et rendez-nous notre pauvre tyran.
Imaginez que c'est le meilleur homme
Que dans l'Asie on estime, on renomme.
Il a pu croire un jour, dans sa bonté,
Qu'on n'avait pas assez de liberté.
Il a voulu qu'on en eût davantage.
De son pouvoir il a fait le partage.
On a tout pris, et notre excellent roi
Est accablé devant sa propre loi.
Comme de mots, prodigues de systèmes,
Des factieux appelés avocats,
Ne s'arrêtant et ne déparlant pas,
Ont opprimé notre prince et nous-mêmes ;
Et, dirigés par un calcul profond,
En s'écriant qu'il est tyran, le sont.
La liberté que l'on nous a donnée
N'est qu'un mensonge, un fantôme imposteur.
Depuis ce temps nous sommes au malheur
Plus en huit jours qu'avant en une année.
Nous n'aimons pas, après tant de douceurs,
La liberté, disent nos oppresseurs :
Ah ! puissions-nous, vengeant le diadème
Qu'insolemment ils veulent effacer,
Être bientôt libres de les chasser
Et d'être heureux sous un roi qui nous aime !
Non que nos cœurs, à servir empressés
N'eussent pris goût à d'autres espérances,
Si des pouvoirs sagement balancés.
—Ah ! dit Roland, au diable vos balances !
Rien n'est moins clair, et nous sommes pressés.
Vos avocats, votre roi, choisissez :
—Ah ! notre roi, pour finir nos souffrances.
Car trop long-temps, seigneur, pour parler vrai,
L'on a pour nous multiplié l'essai
De plans trompeurs et de faux équilibres.
Nous soupirons pour la réalité.
Nous désirons un roi pour être libres ;
Car nous aimons beaucoup la liberté.
—Bien, dit Roland, j'admets votre requête. »
Pour cet exploit Roland encor s'arrête.
Des avocats (il en est de sensés
Et d'excellens) se voulaient entremettre,
Mais les bavards, cent fois plus empressés,
Dans leur ardeur sont loin de le permettre.
Ils firent tous des discours excellens,
Jusqu'à la mort jurant de se défendre.
Roland disait : « Ah ! parleurs turbulens,
Je parle mal, mais vous allez m'entendre. »
La lutte est courte : et le roi rétabli,
Reçu, fêté par des transports de joie,
Voulait déjà mettre tout en oubli.

« Non, dit Roland, et, s'il faut qu'on me croie,
Qu'une prison pour tous ces orateurs
Soit *une chambre*, et parmi ces demeures,
Sire, exigez de chacun des parleurs
Que chaque jour il parle au moins six heures.
Ils parleront souvent tous à la fois ;
Mais ils en ont l'habitude, je crois ;
Et c'est le moins qu'à vous il appartienne
Que leur plaisir, là, soit long-temps leur peine. »
On suit l'avis. Mais c'est avec regret
Que de Roland je rapporte ce trait.
Car, trop ami des formes coutumières,
Il s'opposait au *progrès des lumières*.
Il est bien vrai que le peuple éperdu
Bénit Roland pour son prince rendu,
Et qu'il criait, épris d'un sort tranquille :
« Ayons un chef, de peur d'en avoir mille. »
Mais pour Roland j'ai pourtant des remords,
Et j'ai bien peur qu'il n'ait ici des torts.
A l'excuser son siècle peut suffire :
D'aucune charte il n'avait lu les lois ;
Et ce héros ne savait rien de pire
Que les tribuns qui deviennent des rois.

Du grand Roland tels étaient les voyages,
Les faits divers, quand d'Albraque à Paris
Il s'avançait par de nombreux rivages
Avec l'objet dont il était épris.
Et moi, quittant la rive asiatique,
Par mon pouvoir je m'envole en Afrique.
Où j'ai déjà su vous mettre une fois
D'un beau conseil de héros et de rois.
Lorsque Roland revenait vers la France,
Le nain Brunel venait très à propos
Des Africains animer l'espérance,
Et leur jurer que, grace à ses travaux,
Bientôt Roger servirait leur vaillance.
Montrant l'anneau, Balisarde et Frontin,
Par Agramant il fut fait roi, soudain.
La Tingitane eut ce monarque honnête.
Le diadème allait mal sur son front :
Mais tant d'esprit était dans cette tête !
Voulant, lui seul, commencer la conquête,
Déjà d'Alger s'éloignait Rodomont :
Trente autres rois, demeurés à Biserte,
Suivent Brunel sur les pas d'Agramant,
Et vers Roger vont à la découverte.
Ils eurent fait le chemin promptement ;
Et d'un rocher rarement accessible,
Le nouveau roi, leur prêtant son anneau,
Distinctement leur fit voir un château,
A tous les yeux jusqu'alors invisible.
C'est là qu'Atlant gardait son cher Roger,

CHANT SEIZIÈME.

Et des combats écartait le danger,
Pour lui craignant un sinistre présage,
Et croyant mieux la paix à son usage.
« De ces combats, qu'il voudra partager,
Il faut montrer à Roger une image,
Disait Brunel. » Approuvant cet avis,
Les Africains ont formé deux partis.
Le roi Sobrin, bien qu'affaibli par l'âge,
En conduit un : l'autre par Agramant
Est commandé. L'on se presse, on s'engage,
On court, on fuit, on revient, on s'abat,
On se relève; et dans un feint combat
Tous ces guerriers montrent un vrai courage.

De quel regard tu voyais ces tournois,
Jeune Roger! Palpitant, immobile,
Tu dévorais des yeux tous ces exploits.
Ulysse ainsi dans Scyros autrefois
Sut embraser la jeunesse d'Achille.
« Mon fils, mon fils, disait le vieil Atlant,
Garde-toi bien de ce jeu violent,
Et des hauts faits redoute la folie.
Ah! fuis la gloire et son perfide éclat.
Tel est ton sort, qu'au milieu d'un combat,
Par trahison, tu dois perdre la vie.
— Eh bien! répond Roger avec transport,
On ne peut pas échapper à son sort.
A mes désirs, ah! veuillez condescendre :
Quittons ce roc; oui, quittons-le d'abord :
J'en vais tomber, si je n'en puis descendre.
Une heure au plus, que j'admire de près
Ces combattans, et que je meure après. »
Le triste Atlant est forcé de se rendre,
Et le conduit, par un chemin secret,
Tout justement où Brunel l'espérait.
Alors Brunel, qui veut qu'on le remarque,
Pique Frontin, lui fait faire vingt sauts.
Roger, charmé, dans le nouveau monarque
Crut qu'il voyait un courtier de chevaux.
« Ce beau coursier, d'une grace parfaite,
Quel est son prix? je le veux, je l'achète. »
Brunel répond : « L'or ne peut le payer,
Dans un moment où de l'Afrique entière
Tout noble cœur, tout vaillant chevalier,
Va dans l'Europe au loin porter la guerre.
Non : je ne puis vendre ce beau coursier.
Mais je pourrais le donner au guerrier
Qui, des succès doublant l'heureuse chance,
Pour Mahomet, irait combattre en France.
Oui : tel que vous, qu'un jeune paladin
De tant de gloire ose envier les charmes,
Mon amitié va lui donner soudain
Ce beau cheval, et même encor les armes

Que vous voyez au pied de ce sapin. »
A ce discours, le beau Roger s'écrie :
« Donne : à ce prix, où ne courrais-je pas!
Mais donne donc, et comble mon envie;
Chaque moment où je ne joute pas
Est un long jour retranché de ma vie. »

« Ciel! dit Atlant, qu'à peine il écoutait,
A ton délire il n'est point de remède!
A ton destin il faut que je te cède! »
Le vieil Atlant soupire et disparaît.
Son jeune élève, avec impatience,
En un moment s'est armé tout à fait;
Sans étrier, sur Frontin il s'élance.
Brunel, frappé de son air de héros,
Déjà l'admire, et l'applaudit d'avance.
« Allez, dit-il, par vos vaillans travaux,
Des Musulmans surpasser l'espérance. »

Roger le quitte, et se jette, charmé,
Où le débat est le plus animé.
Cet inconnu, renversant tous obstacles,
Jouta si bien, et fit de tels miracles,
Que les plus fiers en étaient étonnés.
Que de guerriers par lui désarçonnés!
Roger renverse et Sélim, et Sohême,
Et Dardinel, et le jeune Médor
Qui sert ce prince, et qui fait mieux, qui l'aime.
Il fait tomber le roi Sobrin encor :
O ciel! il fait tomber l'empereur même,
Cet Agramant, dont la force est extrême.
Contre Agricalte il s'était avancé,
Quand le roi Bardt, qu'il avait renversé,
Vient par derrière, au défaut de l'armure,
Lui faire au flanc une indigne blessure.
Loin du champ clos aussitôt élancé,
Le traître fuit la peine qui s'apprête,
Et le jeune homme, encor que très blessé,
Le suit, l'atteint, et fait voler sa tête.

Perdant son sang, après ce coup vengeur,
Jouter encore était fort difficile.
Au bas du roc il trouva l'Enchanteur,
Qui, le voyant, fit un cri de douleur.
« Eh quoi! déjà, dit-il dans sa frayeur,
Ah! que mon art, mon fils, m'est inutile,
Puisqu'il n'a pu prévenir ton malheur!
— Daigne calmer l'effroi qui te domine,
Répond Roger, touché de tant d'amour.
Je suis blessé, mais bien moins que le jour
Où ce lion tomba sur la colline,
Moins que le soir où, tombant à son tour,
Un éléphant déchira ma poitrine. »

Le bon Atlant, prompt à le soulager,
Bientôt pour lui ne craint plus de danger.
Et cependant qu'une divine essence
Ferme sa plaie, apaise sa souffrance,
Les Africains avaient beaucoup d'humeur,
Et plus encor leur sublime empereur,
Qui s'irritait qu'en cette ombre de guerre,
Un inconnu l'eût couché sur la terre.
Puis sur Brunel il voulait se venger,
De ne pas voir à ce tournoi Roger,
Ne sachant pas, dans son erreur extrême,
Que son vainqueur était Roger lui-même.
En ce moment, quelqu'un à son regard
Vint présenter la tête du roi Bardt.
A cet aspect, Agramant crie et jure.
« Qui fit, dit-il, ce coup lâche et cruel? »
On lui répond que dans cette aventure
Le meurtrier avait pour sa monture
Le beau cheval amené par Brunel.
C'en est assez; Agramant voit de reste
Que de Brunel vient un coup si funeste.
Aux champs d'Afrique on juge lestement;
Cela parfois peut avoir son mérite :
Mais le moyen d'être injuste aisément,
Est de vouloir être juste trop vite.
Sans hésiter, Agramant a voulu
Que Brunel soit pris de suite et pendu.
Déjà l'on court, on le trouve, on l'arrête.
Malgré ses cris, son supplice s'apprête,
Et l'on allait pendre le nouveau roi,
En dédaignant de lui dire pourquoi,
Lorsque Roger, qui bien à temps arrive,
Presque guéri, court au bruit, reconnaît
Le roi Brunel, et tombe comme un trait
Sur les pendeurs, dont le groupe s'esquive.
« Venez, dit-il; de cette trahison
Roger, pour vous, va demander raison. »
Le nain suivait à regret ce jeune homme;
Vers Agramant Roger marche et se nomme.
Quoi! c'était lui! Le sultan confondu,
Envers Brunel, à qui tout était dû,
S'excuse alors, et bénit la fortune;
Brunel, gardant toujours quelque rancune,
Disait : « Seigneur, si l'on m'avait pendu? »

Tandis qu'au loin, retrouvant leur vaillance,
Les Africains, pour eux ayant Roger,
Près d'Agramant sont prompts à se ranger
Sous les drapeaux qui vont flotter en France,
De Rodomont les vaisseaux dispersés
Par l'ouragan vers Gêne étaient poussés.
A son attaque on était loin de croire.
Débarqué là, ce terrible guerrier

Sur les Lombards et sur leur roi Didier
Sut remporter une entière victoire.
« Allons, dit-il, allons, braves amis,
Aux champs français, et dans ce beau pays
Finir notre œuvre et combler notre gloire. »
Mais, vers ce prince ivre d'un tel succès,
Didier accourt, renforcé des Français
Que commandait la jeune Bradamante.
Par tant d'exploits la Belle a su briller,
Que Charlemagne, en la trouvant charmante,
Depuis un an, la nomma chevalier,
Et lui donna l'accolade.... décente.
Tout récemment, il la fit général.
Vous l'eussiez vue, avant cette bataille,
Devant les rangs, sur un brillant cheval,
Caracoler; et sa grace et sa taille
Charmaient les cœurs animés doublement.
Ses traits surtout, et son joli visage,
Qu'ornait encore un casque étincelant,
De toutes parts embrasaient le courage.
Du général les soldats amoureux,
Plus que jamais se montrent valeureux.
D'abord tout cède à cette ardeur brûlante.
Que de héros renversait Bradamante!
Mais Rodomont, plus redoutable qu'eux,
Vient les venger sur ce champ belliqueux.
Il la surprend : de sa main forcenée,
Il renversait Bradamante indignée,
Lorsque Renaud, qui d'Asie arrivait,
Vint arrêter son succès incomplet.
Renaud, Dudon, font retourner la chance.
Le roi d'Alger double en vain de vaillance.
Ses Africains, qui sont sourds à ses cris,
Par Bradamante au loin sont poursuivis.
Renaud surtout en fait un long carnage.
Le roi d'Alger sur lui fond avec rage.
Mais son coursier plie, et, faible rempart,
Est abattu par le choc de Bayard.
Renaud, à pied, rend égal l'avantage.
Ces deux héros luttaient avec fureur,
Quand d'Africains un torrent les sépare.
Ces malheureux, dans ces momens d'horreur,
Sont immolés par leur prince barbare.
Contre les siens empressé de courir,
Il les abat pour leur apprendre à fuir.
Eh bien! malgré cette horrible folie,
Long-temps encore, au sein de l'Algérie,
On célébra ses bontés et ses lois :
Le roi qui règne est le meilleur des rois.
Mais las pourtant d'un si lâche carnage,
Sur les Français dirigeant ses exploits,
Il les punit de son désavantage.
Un certain comte à ses yeux s'est offert;

Il le saisit par le pied, et, dans l'air
A ce guerrier faisant faire la roue,
Héros barbare, avec cette arme il joue,
Et par le poids du comte de Bamberg
A fracassé le marquis de Mantoue.

En ce moment il aperçoit Bayard,
Bayard encor séparé de son maître,
Et du butin vent en faire sa part;
Mais il veut trop, et va le reconnaître.
Le fier Bayard, ami fidèle et chaud,
A reconnu l'ennemi de Renaud :
A son aspect hérissant sa crinière,
Il s'est levé sur ses pieds de derrière;
Puis aussitôt, avec art évitant
De Rodomont l'atteinte meurtrière,
Sur ce héros irrité vainement,
Il s'est posé de ses pieds de devant,
Et le secoue, au gré de son envie,
Comme un athlète aux luttes d'Olympie.
Le roi d'Alger, épuisant sa vigueur,
Plie à la fin sous ce poids qui l'accable.
Bayard foulait ce guerrier redoutable,
Et le brisait de ses pieds en fureur :
Renaud arrive, et sa voix secourable
Pour Rodomont pousse un cri protecteur.
Bayard s'arrête à la voix de son maître.
« Mon cher Bayard, mon vaillant destrier,
Lui dit Renaud, laisse-nous : ce guerrier
Sera vaincu par moi seul, s'il peut l'être.
—Il faut donc rendre hommage à ta bonté,
Dit Rodomont, de ses sens très peu maître.
Ah! ta valeur, ta générosité,
En tout pays te feraient reconnaître.
Je suis brisé, mais ne suis pas vaincu.
O fils d'Aymon, toi que j'ai combattu,
De ta valeur je réclame et j'implore
Un jour, un lieu, pour te combattre encore.
— « Oui, dit Renaud, il est dans mes projets
Qu'à ce combat dans un mois tu reviennes : »
Et, Charlemagne étant alors à Metz,
Il indiqua la forêt des Ardennes.
Les deux héros partent en ce moment,
Se conservant une estime sincère.
Le roi d'Alger, s'éloignait lentement,
Contre Bayard dévorant sa colère,
Et ce coursier hennissait fièrement
En regardant son superbe adversaire.

Et cependant la guerre et ses horreurs
De toutes parts effrayaient la nature.
Si les vaincus étaient mal, les vainqueurs
Ne se trouvaient guère mieux, je vous jure.

Malheurs affreux que le roi de là haut
Devrait finir plus souvent et plus tôt;
« Que dites-vous? Quel énorme blasphème!
Voyez le doigt de l'arbitre suprême
Dans ces malheurs, crie un dévot en feu.
—Eh! mon ami, tu plaisantes, *tu jongles;*
Ma foi, mon cher, si c'est le doigt de Dieu,
Dieu, ce jour-là, ne s'est pas fait les ongles.

CHANT DIX-SEPTIÈME.

Mandricart veut venger son père Agrican. — Il part sans armée, trouve l'armure d'Hector, désenchante Gradasse. — Rodomont aux Ardennes.—Combat de Rodomont et de Ferragus.— Ils apprennent l'invasion en France de Marsille, allié d'Agramant, et partent pour la seconder. — Renaud arrivé aux Ardennes n'y trouve pas Rodomont, qu'il cherche, et y trouve ce qu'il ne cherchait pas. — Il boit dans la fontaine de l'Amour, tandis qu'Angélique boit dans celle de la Haine. — Combat de Roland et de Renaud.—Angélique en charte privée — Tristan, Lancelot, Amadis et Galaor apparaissent à Roland et à Renaud. — Batailles sur batailles. — Enchantement de Roland.—Horrible déroute des Chrétiens.

Combien ils ont de droits à notre amour,
Ces bons parens dont nous tenons le jour,
Et qui, dès-lors, s'oubliant l'un et l'autre,
Et pleins d'un soin touchant et protecteur,
Semblent pour nous abdiquer le bonheur,
Ou, tout au moins, n'en ont plus sans le nôtre!
Nobles efforts! tendre et sacré lien!
C'est seulement alors que l'on est père
Qu'on peut savoir tout ce qu'on dut au sien :
Sait-on jamais ce qu'on doit à sa mère!
Aussi Dieu veut que toujours on révère
Ces bienfaiteurs qu'on ne peut trop chérir.
Les honorer est sa loi, son désir,
Loi, j'ose dire, assez peu nécessaire;
Mais les aimer est un si grand plaisir,
Que sur ce point il crut devoir se taire.

Agrican même, au farouche regard,
Était chéri, même de Mandricart.
Combien de sang Agrican fit répandre!
Mais tel guerrier et farouche et cruel,
Pour son enfant reste facile et tendre;
Et Mandricart, en accusant le ciel,
Gardant d'un père un regret éternel,
Veut le venger, n'ayant pu le défendre.
Ce jeune preux, dont naguère j'ai dit
L'échec plaisant, l'erreur un peu burlesque,
Avait la taille, et le cœur, et l'esprit,
Et la vigueur la plus chevaleresque.
Maître de plus d'un empire puissant,

D'un père aimé vengeur rempli de zèle,
Pour commencer à vider la querelle
En Circassie il chercha Sacripant :
Mais celui-ci sut lui faire comprendre,
En peu de mots, qu'à lui, bon musulman,
De cette perte il ne pouvait se prendre.
« Je vais en France appuyer Agramant :
Venez, seigneur, faire la même chose,
Et d'autant plus que c'était là le plan
Dont s'occupait votre père Agrican.
Les musulmans ont tous la même cause.
— Soit! à Paris! dit Mandricart vaillant :
Aussi bien, là, je trouverai Roland,
Ce paladin sous qui périt mon père.
Mais au Cathai n'est-il pas aujourd'hui? »
Il dit, y vole, et l'en trouve parti;
Mais il y trouve un antique adversaire,
Un des vainqueurs de son père et de lui :
C'est Galafron, le roi de cette terre.
Par un destin encore assez prospère,
Ce Mandricart, héros vif et brouillon,
Ne savait pas quelle ruse de guerre,
De lui jadis délivra Galafron;
Et celui-ci désarma sa colère,
En jetant tout sur Roland. Mandricart
Vers l'Occident veut hâter son départ.
Mais quand Roland triompha des Tartares,
Il avait tant détruit de ces barbares
Que Mandricart, ardent à conquérir,
N'avait encor pu, malgré son désir,
A son projet égaler son armée.
En attendant qu'elle soit bien formée,
Tout seul il veut vers l'Europe courir :
Il fait bien plus : par un destin bizarre,
Il part sans arme, afin d'en conquérir,
Trouvant cela bien plus beau, bien plus rare.
Ce projet fou lui valut un trésor.
Parmi des feux pénétrant sans alarmes,
Ce prince, un soir, prit l'armure d'Hector,
Qu'on ne pouvait obtenir que sans armes.
Pour la saisir s'étant précipités,
Trois chevaliers, d'une valeur brillante,
Armés déjà, là, restaient enchantés;
Et Mandricart d'abord les désenchante.
C'étaient Gradasse, Aquilant, et Griffon,
D'un tel service, avec juste raison,
Les deux Français et l'Indien Gradasse
A Mandricart aussitôt rendent grace.
On cause alors; et tous quatre ravis,
Ont vu d'Hector cet immortel débris,
Il n'y manquait que sa terrible épée.
« De Durandal elle a reçu le nom,
Dit Aquilant, et, souvent occupée,

Du fier Roland elle accroît le renom.
— Oh! maintenant, dit Mandricart, qui jure
D'aller chercher ce paladin vaillant,
J'ai deux raisons pour combattre Roland,
Et vais bientôt compléter mon armure. »

Du fier Roland les cousins très surpris,
Rirent tout bas, car ils étaient polis.
Un tel propos par le bouillant Gradasse
Aurait sans doute été pris bien plus mal;
Ce conquérant, épris de Durandal,
De Mandricart eût peu goûté l'audace :
Assez distrait, Gradasse, heureusement,
N'écoutait pas beaucoup, pour le moment.
Sans s'expliquer, Mandricart et Gradasse,
Ces empereurs Tartare et Serican,
Vont menacer ceux qu'Agramant menace,
Et, réunis pour l'honneur musulman,
Veulent en France illustrer leur audace.
Avec ardeur, avec célérité,
Les deux Français dont Olivier est père,
Par un motif absolument contraire,
En France aussi vont d'un autre côté.
Léon, le fils de l'empereur de Grèce,
Prince courtois, depuis long-temps les presse
De le venir visiter en passant.
Ils allaient donc vers lui, par l'Arménie.
Griffon, sensible, était toujours pensant
A cette Belle, au minois agaçant,
Par qui sa flamme avait été trahie.
Par ce motif et par plus d'un hasard,
Malgré leur zèle et l'ardeur la plus vive,
Aux bords français ils arriveront tard.
Je pars sans eux et voilà que j'arrive.

Depuis trois jours, dans le sein de Paris,
Auprès de Charle étonné de l'entendre,
Renaud faisait mille divers récits,
Et d'Angélique il disait pis que pendre.
Pendant ce temps, son rival Rodomont
D'un choc fatal cherchait à se remettre,
Et, du coursier se rappelant l'affront,
Espérait bien se venger sur le maître.
Alors qu'enfin la santé lui sourit,
De la Bourgogne il traversa les plaines,
Et fit si bien qu'avant le jour prescrit
Il se trouva dans les sombres Ardennes.
Là, traversant mille sentiers touffus,
Cherchant Renaud, il trouva Ferragus,
Qui, seul, venait pour observer l'armée
Que près de là, Charles avait formée.
De ces héros aucun n'étant chrétien,
D'abord tous deux s'entendirent fort bien.

CHANT DIX-SEPTIÈME.

Le Ferragus, toujours plein de tendresse,
Pour Angélique exprima son ivresse.
« Dès que mon père et le fier Agramant
Auront, dit-il, abattu Charlemagne,
Ce qui, je crois, sera fait promptement,
Pour la chercher, moi, toujours son amant,
Je compte bien me remettre en campagne ;
Car je prétends l'avoir absolument.
Il est bien vrai que je dois, décemment,
Auparavant faire un tour en Espagne.
Une Beauté là m'attire, et je veux
A Doralice adresser quelques vœux.
— Que dites-vous ? La belle Doralice,
Née à Grenade, et la fille du roi ?
— Oui. Pour huit jours, c'est un charmant caprice,
Et je voudrais que la Belle pour moi
Au champ d'amour daignât entrer en lice.
— Ah ! s'écria Rodomont, défends-toi.
Cette Beauté, Doralice elle-même,
Chère à mon cœur, est promise à ma foi.
— Tu t'y prends mal, répond l'autre, avec moi.
Je l'aimais peu : tu menaces, je l'aime. »
Tous deux alors, guerriers de même aloi,
A se charger mettent un zèle extrême.

Je l'avoûrai même pour les meilleurs :
Un peu hautains par humeur naturelle,
Amis ou non, turbulens ou railleurs,
Mes chevaliers, très bonnes gens d'ailleurs,
Étaient par trop tendres à la querelle.
Même on prétend que leurs glaives fameux
Qu'à séparer on mettait son étude,
S'ils se touchaient, se querellaient comme eux,
Et se battaient tout seuls, par habitude.

. Il était dit que là de Ferragus
Tous les combats seraient interrompus.
Ce ne fut pas comme la fois dernière,
Par Fleur-d'Épine, au maintien cavalier,
D'un prince laid sœur jolie et légère ;
Ce fut alors par un vilain courrier
Qui, voyant l'un et l'autre chevalier,
Et, les croyant guerriers de Charlemagne,
Leur dit : « Eh bien, chrétiens, que faites-vous ?
Employez mieux votre vaillant courroux.
Venez combattre et l'Afrique et l'Espagne.
Marsile, roi de ce dernier pays,
Accompagné par une armée immense,
S'est avancé dans les plaines de France ;
Et le vieillard dont Renaud est le fils,
Dans Montauban prolonge sa défense. »
Les deux païens, charmés de cet avis,
Cessent leur lutte, unissent leur courage,

Et, pour dompter leurs communs ennemis,
Devers Marsile ont hâté leur voyage.
Le roi d'Alger un moment hésita,
Quand il pensa qu'au milieu des Ardennes
A le chercher Renaud perdrait ses peines.
Mais un motif bientôt le décida :
« Plus tard, dit-il, approuvant mon envie,
Renaud, après m'avoir en vain cherché,
Secrètement n'en sera pas fâché :
De quelques jours je prolonge sa vie. »
Ce prince-là s'appelait Rodomont.

Deux jours après, au rendez-vous fidèle,
De grand matin, le vaillant fils d'Aymon
Dans la forêt vint vider sa querelle :
Il en suivit en vain tous les détours ;
De Rodomont il n'eut point de nouvelle.
Et cependant l'astre brûlant des jours
Versait au loin sa flamme universelle.
Ce n'était plus le prudent Apollon
Qui sait guider ses coursiers qu'il modère :
On aurait dit que l'ardent Phaëton,
Ressuscitait pour consumer la terre.
Dans ces forêts, le paladin Renaud ;...
Plus altéré par sa poursuite vaine,
Cherche long-temps une source, un ruisseau,
Et voit enfin une claire fontaine.

Vous souvient-il qu'en ce sombre séjour
Coulait alors la source de l'amour,
Et, tout auprès, la source de la haine ?
J'ai, poursuivant mes héros vagabonds,
Pour mon plaisir bien plus que pour le vôtre,
Fait quinze fois des récits assez longs
Sans vous parler de l'une ni de l'autre.
Mais d'Angélique, en cette âpre forêt,
Vous voulez bien vous rappeler l'histoire,
Et que Renaud dans la haine buvait,
Quand dans l'amour elle venait de boire.
Pour cette fois, le hasard, en ce jour,
Guida Renaud vers la source d'amour.
Il veut calmer la soif qui le tourmente,
Plonge son casque en cette eau murmurante,
Et le héros dans ce vase vainqueur
Boit à longs traits la perfide liqueur.
Il ne sent plus cette soif dévorante.
Mais, ô surprise, il sent une autre ardeur,
Et tout le feu qui brûlait ses entrailles
En un moment a passé dans son cœur.

Oh ! c'est alors qu'oubliant les batailles
Il se souvient, se souvient pour jamais,
Et d'Angélique, et de ses doux attraits ;

Il remémore, en sa triste pensée,
Qu'elle l'aimait, et qu'il l'a repoussée.
C'est dans ces bois, ciel! dans ce même lieu,
Qu'il rejeta ses vœux et sa tendresse,
Ses vœux charmans, qui l'auraient fait un dieu.
O noir regret qui l'accable et l'oppresse!
O sort fatal! ô juste désespoir!
Il faut mourir, lorsque l'on put avoir
Et qu'on n'eut pas une telle maîtresse.
« Mais quoi! dit-il, j'avais su la charmer :
Elle m'aimait, et peut encor m'aimer.
Adieu, combats; adieu, brillante gloire :
Vaincre Angélique est la grande victoire.
Quittons ces bords désormais odieux ;
C'est au Cathai que règnent ses beaux yeux :
J'y cours, cédant au feu qui me dévore
Pour me jeter à ses pieds que j'adore.
Il n'a tenu qu'à moi d'être bien mieux!
Peut-être encor, ne m'étant point cruelle...
Mais quelle dame avec un chevalier
Vers moi s'avance, et franchit ce hallier!
Ciel!... Me trompé-je! Angélique! C'est elle! »

Or vous saurez qu'Angélique en effet,
De Chine en France et de côte en rivage,
En ce moment finissait le voyage
Qu'avec Roland j'ai dit qu'elle avait fait :
Mais, pour Renaud désormais inhumaine;
L'instant d'avant, Angélique faisait
Avec ce preux un échange complet :
Par pur hasard, cherchant une fontaine,
Elle avait bu dans la source de haine.
Pauvre Renaud, elle avait su guérir
D'un faible cœur les antiques blessures,
Et, s'étonnant d'avoir pu te chérir,
Se rappelait tes mépris, tes injures,
Lorsque tu vins à ses regards t'offrir.
Loin qu'à Renaud sa tendresse réponde,
A son aspect la dame s'écriant,
Frémit d'horreur en voyant cet amant
Qu'elle venait chercher du bout du monde.
De son côté, lui, prompt à s'avancer,
Sans voir Roland, même sans y penser,
Cherche Angélique, est déjà tout près d'elle.
« Belle, dit-il, ô vous, ô la plus belle,
Je ne sais pas quel démon odieux
Trompait mon cœur et fascinait mes yeux.
Lorsque je vois cette taille charmante,
Ce teint de lis, ce visage enchanteur,
Je ne me puis pardonner mon erreur.
Ah! daignez être un peu plus indulgente.
Oui ; n'ayez pas pour moi trop de rigueur.
Le repentir à jamais me dévore :
Pour l'augmenter daignez m'aimer encore.
Que vos bontés... — Renaud, lui dit Roland,
Cesse à l'instant un discours qui m'offense. »
A ce propos, Renaud, pour un moment,
Fut étourdi, non faute de vaillance;
Mais ce héros à Roland mille fois
Avait, aux jours de son indifférence,
Sur Angélique abandonné ses droits.
« Ma foi, dit-il, cher comte, je regrette
De ne pouvoir ce que ton cœur souhaite :
Vers cet objet follement oublié,
Tu ne sais pas quelle ardeur me rappelle.
Tiens : Je n'ai pas pour toi plus d'amitié,
Que je ne sens d'amour pour cette Belle.
— Roland, dit-elle, ah! délivrez mes yeux
De ce Renaud qui fait tout mon supplice;
En aucun temps vos secours précieux
Ne m'auront pu rendre un si grand service.
Faites qu'il parte, ou, confondant vos vœux,
Je vais vous fuir à jamais tous les deux. »
A ce discours, étonné qu'on le chasse,
Renaud s'indigne, t son cousin menace.
Leurs seuls regards glaceraient de terreur,
Et, commençant leur folle et double attaque,
Les deux héros retrouvent la fureur
Qui les remplit devant les murs d'Albraque.

Mais si jadis Angélique, en son cœur,
Du fils d'Aymon protégea le courage,
Pour cette fois, elle avait tant de peur
De ce héros, objet de son horreur,
Qu'elle crut voir qu'il avait l'avantage.
Dieu! serait-elle en proie à ce vainqueur!
Elle frémit de ce qu'elle hasarde,
Pique des deux, par un obscur sentier
Gagne la plaine, et rencontre Olivier,
Qui des Français conduisait l'avant-garde.
Ce chevalier la reconnut bientôt.
« Protégez-moi, dit-elle ; et, je vous prie,
Sauvez Roland, sauvez même Renaud,
Qui près d'ici vont s'arracher la vie.
— Roland, ô ciel! Roland est de retour !
Olivier part, plein de joie et d'alarmes,
Vers les rivaux arrive sans détour,
Guidé vers eux par le choc de leurs armes.
Roland, d'ailleurs charmé de le revoir,
S'arrête peu : Renaud, pas davantage.
De les calmer Olivier perd l'espoir.
Charle accouru, lui seul, eut le pouvoir
De modérer l'essor de tant de rage.
Se séparant à son auguste aspect,
Les deux héros s'arrêtent par respect.
Il les embrasse, et, d'un ton d'indulgence,

CHANT DIX-SEPTIÈME.

Gronde Roland de sa trop longue absence.
Alors qu'il sait quels débats inouïs
De deux cousins ont fait deux ennemis,
Allons, dit-il, à la France fidèles,
Pour d'autres temps réservez vos querelles.
Marsile accourt; Agramant vient à nous :
Gardez pour eux vos redoutables coups.
S'il faut ici qu'entre vous je m'explique,
Je me fais fort de donner Angélique
A celui-là qui, redoublant d'exploits,
A la victoire aura le plus de droits.
Qu'en attendant, Naymes, duc de Bavière,
Garde la Belle. Il est vieux, et, je crois,
Aux deux rivaux laisse assurance entière. »
Naymes répond : « Sire, sans me vanter,
J'ai droit encor de les inquiéter :
Mais, respectant la loi qui m'est prescrite,
Je serai sage, et j'aurai du mérite. »

Voyant ainsi tous ses pas retenus,
Auprès de Charle Angélique, captive,
Déguisait mal son humeur assez vive.
Roland, Renaud en avaient encor plus.
Il tardait trop à leur flamme héroïque
De mériter, par leurs faits, Angélique.
A pas pressés Charle et ses paladins
En vain marchaient vers les fiers Sarrasins.
Renaud, Roland, qu'un feu jaloux excite,
Ne trouvent pas que l'on marche assez vite;
Si bien qu'enfin ces rivaux furieux
Veulent se battre, un jour, faute de mieux.
Loin des regards de l'armée et du monde
Ils ont fait choix d'une forêt profonde.
« C'est trop souffrir et c'est trop contester,
Se disent-ils dans leur vœu frénétique;
Luttons. Ici l'un de nous doit rester :
Ce n'est que mort que l'on cède Angélique.
Oui, sur nos droits à des attraits si doux,
Il n'est besoin que l'empereur s'explique,
Et c'est au glaive à juger entre nous. »

Ils combattaient, quand un vaste nuage
Descend des cieux et vient les entourer.
Quatre héros, prompts à les séparer,
En sont sortis pour dissiper l'orage.
Chers aux mortels, ces envoyés d'en haut
Étaient, s'il faut qu'ici je vous le die,
En y joignant et Roland et Renaud,
Les plus beaux noms de la chevalerie.
C'est, d'une part, Tristan et Lancelot :
C'est Amadis et Galaor, de l'autre.
Pour arrêter ce dangereux assaut,
De l'autre monde ils venaient dans le nôtre.

Un port brillant, une vive fierté,
De Lancelot distinguaient la beauté.
Tristan, plus doux et plus mélancolique,
Était charmant, mais non moins héroïque.
Pour Amadis, ce terrible vainqueur
Était bien noble, encor qu'un peu pleureur.
Mais Galaor, d'un air fait pour séduire,
Semblait toujours aimer, combattre et rire.
« Que faites-vous, héros nos successeurs,
Dit Lancelot, abjurez ces fureurs;
Pour les païens gardez-les, je vous prie.
Vous n'aurez pas trop de tout votre sang
Pour résister à l'Afrique, à l'Asie,
Et pour sauver de leur effort puissant,
Dieu, notre France, et la chevalerie.
Les chocs divers qu'en ces débats sanglans
Vous avez pu livrer jusqu'à ce temps,
Bien que cruels, furent peu redoutables :
Vous arrivez aux combats de géans,
On va livrer des chocs épouvantables.
— Seuls, vous pouvez vaincre, dit Amadis,
Ces mécréans que j'ai vaincus jadis.
O jours cruels! ô momens déplorables!....
— Aussi, messieurs, interrompt Galaor,
Dites-moi donc quelle mouche vous pique
D'aimer long-temps, et puis d'aimer encor,
D'aimer toujours la divine Angélique?
J'en aurais eu vingt pendant ce temps-là.
Ne soyez plus aussi fous que cela.
Aux Sarrasins arrachez la victoire,
Et vous aurez des belles à choisir.
Moi, j'ai toujours estimé le plaisir;
Mais l'amour nuit aux amis de la gloire.
— Erreur profonde, avis pernicieux,
Répond Tristan! gardez-vous de le croire.
Non, aimez bien : vous vous battrez bien mieux.
Brillans héros, seulement il me semble
Qu'il ne faudrait jamais vous battre ensemble. »

Roland, Renaud, interdits tous les deux,
Cèdent sans peine à de si nobles vœux.
Ils rendent grace aux héros d'un autre âge :
En même temps ils leur rendent hommage.
« Oui, j'en conviens avec vous, mes amis,
Dans notre temps nous valions notre prix,
Dit Lancelot : mais, heureux que vous êtes!
Le ciel, pour vous, garde les grands poètes;
Il en est un surtout qui doit, pour vous,
Se signaler presque à côté d'Homère.
Nous, nous n'aurons qu'un chantre assez vulgaire :
Si nous plaisons, ce sera bien par nous. »

Interrompant ces discours inutiles,

Aux deux cousins Amadis fait jurer
Que désormais, loin de se déchirer,
A l'empereur ils seront plus dociles.
Ils font la paix en s'embrassant tous deux.
A la garder l'un et l'autre s'engage;
Et, s'éloignant, leurs devanciers heureux
Sont remontés au ciel sur leur nuage.

Dans Montauban enfermé, vainement
Le vieil Aymon avait fait des merveilles :
Marsile allait le prendre, et d'Agramant
L'armée était débarquée à Marseilles.
Ces deux païens voulaient se réunir,
Quand l'empereur, qu'ils croyaient prévenir,
Avec les siens marchant d'un pas agile,
Vient attaquer les guerriers de Marsile :
Malgré Raimbaud, Richardet, Adhémar,
Turpin, Ogier, Olivier et Richard,
Qui de mourans couvraient au loin la plaine,
Sordillanos, Bernard de Carpio,
Fringe, Isolier, le fier Grandonio,
Tinrent long-temps la victoire incertaine.
Par Rodomont surtout, et Ferragus,
Mille chrétiens sont frappés, abattus.
Mais quand enfin Charles, qui tout observe,
Et tient Roland et Renaud en réserve,
Leur dit, « Partez, » le sort n'hésite plus;
De ces héros la force et la vaillance,
De la victoire emportent la balance.
Par leurs succès redoublés et sanglans
Chez les païens la terreur est semée.
On reculait; encor quelques instans,
C'en était fait de toute cette armée.

Mais Agramant, par Marsile averti,
A vers ces lieux fait diligence aussi.
Tout de Marsile annonçait la défaite,
Quand, dans la plaine, un nuage poudreux
Frappe les yeux des Français, qu'il arrête.
Tel que parfois les nuages des cieux,
Il renfermait dans son sein la tempête.
Charles bientôt reconnaît Agramant,
Qu'accompagnaient Roger et Sacripant,
Et qui guidait ses troupes renommées.
Mais Bradamante, assez heureusement,
De l'Italie amène, en cet instant,
Ses légions de courage enflammées
Par un succès glorieux et récent :
Ce champ était un rendez-vous d'armées.
Épouvanté de leurs cris inhumains,
Du haut du ciel l'arbitre des destins,
L'oncle des turcs, et des chrétiens le père,
(Car il est sûr que nous sommes cousins,)

Voudrait calmer cette effroyable guerre.
Mais l'Éternel, vieil administrateur,
Dans ses décrets mettait de la lenteur;
Et quelquefois quand par trop on balance,
Il est trop tard pour la toute puissance
Qui sait régler le présent, l'avenir,
Mais qui, malgré sa force et sa science,
N'a pas encore, il faut en convenir,
Sur le passé su gagner d'influence.
Malgré ses vœux, jamais choc si cruel
N'épouvanta la nature et le ciel.
Tout des premiers Charlemagne s'élance,
Joyeuse en main : c'est ce fer *long et plat*
Dont tant de gens offrent la ressemblance.
Heureux qui peut la valoir au combat!
Que de païens dont l'ardeur est trompée,
Et que Joyeuse a déjà moissonnés !
Mais Agramant dans les rangs acharnés
Sait, pour sa part, illustrer son épée.
Chrétien ou turc, là le moindre soldat
Semble lutter pour son propre débat.
Cette fureur, sublime de la guerre,
A pénétré le cœur le plus vulgaire;
Et des transports sanglans et mutuels,
D'un seul combat font cent mille duels.
Le cavalier, véritable centaure,
Partout se presse et s'est multiplié.
Le fantassin que son ardeur dévore
N'est pas moins fier et lutte pied à pied.
Un par Roland fut coupé par moitié.
Il était mort et combattait encore (1).

Roland, Renaud, très peu respectueux,
Faisaient tomber nombre d'augustes princes.
En ce seul jour, dans vingt pays, tous deux
Mirent en deuil grand nombre de provinces.
Mais cependant qu'ils redoublaient d'exploits
Et méritaient chacun dix Angéliques,
Par deux poltrons la France est aux abois
Et voit pâlir tous ses lauriers antiques.
Par Ganelon un poste abandonné,
Que Pinabel à temps pouvait défendre,
Perd les Français, et Charle environné
Entend déjà crier : « il faut vous rendre. »
Ainsi criait avant tous Rodomont,
Quand Bradamante à terre sait l'étendre
D'un choc rapide, et lui rend cet affront,
Qu'elle en reçut quand il sut la surprendre
Dans ce combat devers le Piémont.
A remonter le roi d'Alger très prompt
Veut se venger, mais surtout il veut prendre

(1)   *Combatteva encora ed era morto.*
Ce vers, souvent attribué à l'Arioste, est du Berni.

CHANT DIX-SEPTIÈME.

L'empereur Charle, autour duquel Ogier,
Guy, Salomon, Dudon, Nayme, Olivier,
Se sont pressés, ardens à tout pourfendre.
A son danger égalant leur valeur,
Combien sont morts pour sauver leur seigneur!
Sous Rodomont tombe un preux franc et brave,
Nommé Guérin, et seigneur de Montglave,
Vieux paladin, qui, jadis envié,
Au jeu d'échecs, contre Charle en goguette
Gagna la France, et ne fut point payé.
Ne pouvant pas acquitter cette dette,
Charles, du moins, d'honneur et de présens
L'avait comblé; le père et les enfans
Tombent, malgré leur force et leur vaillance.
A leurs côtés meurt Dolin de Mayence,
Chef vertueux de la triste maison
Qui produisit Pinabel, Ganelon;
Et Ganelon qui, d'une flèche sûre,
Est poursuivi comme il quittait les siens,
Ne mourra pas de sa large blessure!
C'est le démon, cet ami des païens,
Qui le protége en cette conjoncture,
Sachant le mal qu'il doit faire aux chrétiens.

Charle est toujours dans un péril extrême.
Plus d'un guerrier qui l'honore ou qui l'aime,
De le garder a disputé l'honneur.
Pour un tel but Eginhard qui conspire,
Très beau garçon quoique petit seigneur,
Comme un plus grand révèle un noble cœur,
Et se bat bien, encor qu'il sache écrire.
Il est atteint dans ce jour destructeur,
Mais pas assez en son malheur prospère,
Pour n'être pas plus tard le secrétaire
Du souverain dont il est défenseur.
Un fils d'Aymon, Richardet, que l'on vante
Pour sa beauté, dans la lutte sanglante,
A de nouveau signalé sa valeur:
Il garde encor l'air d'une jeune fille;
Mais en héros plus que jamais il brille.
Une blessure a trompé son ardeur.
Non moins vaillans, Richard de Normandie,
Guy de Bourgogne, honorent leur patrie,
Et sont blessés en gardant l'empereur.
L'empereur même, en cet affreux orage,
De plus en plus entouré d'ennemis,
Par ses efforts fait oublier son âge.
« O Dieu, dit-il, si vous avez permis
Que les païens obtiennent l'avantage,
Accordez-moi, Seigneur, un beau trépas
Au champ d'honneur, et ne permettez pas
Que je subisse un indigne esclavage. »
Le prince a dit : embrassant son écu,

Sur Ferragus il dirige sa lance:
Don Ferragus, du coup presque abattu,
A répliquer met tant de violence,
Qu'en ce moment, on vit avec horreur;
Sous son cheval privé de connaissance,
Tomber, rouler, le sublime empereur.
De paladins une foule en fureur,
Pour le sauver, incontinent s'élance.
Jamais sans doute un intérêt plus grand
N'émut les cœurs d'un feu plus dévorant;
Jamais un choc n'eut plus de violence.

Renaud, et toi, fameux comte d'Angers,
Qui devant vous chassiez tout dans la plaine,
Quelle surprise, et pour vous quelle peine
Quand deux chrétiens, poltrons aux pieds légers,
De l'empereur vous dirent les dangers!
Le fils d'Aymon, le noble fils de Berthe,
Courent sauver leur prince de sa perte;
Et chacun d'eux, en ce moment fatal,
Craint d'arriver plus tard que son rival.
Le fils d'Aymon, qu'un sort propice mène,
Est le premier sur le lieu de la scène.
Il était temps; il blesse Serpentin,
Il étourdit Dardinel et Sobrin,
Et, sous les yeux des païens qu'il affronte,
Il a sauvé l'empereur, qu'il remonte.
Roland arrive : en vain il a volé:
Il est ravi; mais il est désolé;
Et ce héros, ne pouvant pas mieux faire,
Aux Musulmans fait sentir sa colère.
Que d'ennemis tombèrent sous ses coups!
Il ramenait aux Français la victoire,
Lorsque Roger, qui s'est couvert de gloire,
Vient l'arrêter, et brave son courroux.
Le grand Roland voit de digne adversaire
Avec plaisir : mais Atlant a frémi,
Voyant Roger près d'un tel ennemi.
Bien que d'abord la victoire balance,
Le vieil Atlant sent son cœur se troubler.
Il veut tromper le héros de la France,
Désespérant de le faire trembler,
Et de son art invoque la puissance.
Roger atteint du plus terrible coup,
De son Frontin, qui s'écarte et s'élance,
Est renversé... mais renversé debout:
Il revenait sur Roland, l'épée haute;
Quand celui-ci croit voir blessé, sanglant,
Charles qui fuit et lui criait : « Roland,
Dans ce péril, quoi! me feras-tu faute? »
A cet aspect, Roland, saisi d'effroi,
Ne pense à rien, hors à sauver son roi.
Sur Bride-d'Or, d'une course bruyante,

Il suit toujours l'ombre, toujours fuyante,
Et gagne enfin un bois silencieux,
Où le sorcier le retient, et l'enchante.

Il ne pouvait mieux choisir son moment ;
Car c'était l'heure où le fier Agramant,
Sur les Français redoublant la tempête,
Lançait les siens et chargeait à leur tête ;
Et, l'on a pu déjà l'apprécier :
Cet empereur, bien digne qu'on en parle,
Bien différent du grand empereur Charle,
Sous la vieillesse est fort loin de plier,
N'est nullement ce qu'on nomme au théâtre
Un *père noble* ; et formidable, altier,
Et contre tous toujours prêt à combattre,
Cet empereur est un *jeune premier*.
Son choc terrible est pareil à la foudre.
Que de chrétiens ont mesuré la poudre.
Ses Musulmans sur ses pas glorieux
Et sur les pas de Sobrin, de Marsile,
De Sacripant, de Rodomont joyeux
Venaient, chassaient les chétiens devant eux,
Ainsi qu'un loup chasse un troupeau débile.
Renaud, long-temps ranimant les Français,
Voulut encor disputer le succès :
Mais Ferragus, terrible autant qu'agile,
A renversé leurs rangs les plus épais ;
Et par Roger Balisarde animée,
De Charlemagne épouvante l'armée.
Frontin perdu, Roland presque vainqueur,
Du fier Roger redoublaient la fureur.
Tout plie enfin sous sa main redoutée.
Les paladins, toujours audacieux,
Bravent encor les vainqueurs glorieux,
Et de leurs cœurs la crainte est écartée.
Courage vain ! soins perdus ! devant eux
Par la frayeur la foule est emportée ;
Et devant lui le croissant orgueilleux
Voit fuir au loin la croix épouvantée.

CHANT DIX-HUITIÈME.

Exploits de Bradamante. — Elle fait connaissance avec Roger. — Elle est blessée. — Querelles entre Roger, Mandricart et Gradasse. — Désenchantement de Roland. — Combat de Roland et de Mandricart.

O déité, de qui la bienfaisance
Cache souvent à nos yeux délicats
Maux et dangers, et même le trépas,
Dernier soutien qui reste à l'innocence,
O le trésor de ceux qui n'en ont pas,

Fille du ciel, séduisante Espérance,
Qui, sur un fonds trop souvent sans valeur,
Viens aux mortels avancer le bonheur,
Je sais tes droits à leur reconnaissance !
Mais quelquefois, en tes soins complaisans,
Ton vœu t'égare, et tu veux trop bien faire.
Tu promets trop, comme beaucoup de gens ;
Comme eux aussi souvent tu ne tiens guère.
On le conçoit, et, résigné, soumis,
On s'attend bien, pour peu qu'on se modère,
A n'avoir pas tout ce que tu promis ;
Mais il est dur d'avoir tout le contraire.
Tel en ce jour, fut le regret amer
Qu'au champ d'honneur éprouva Charlemagne.
Sur la victoire il comptait : il la perd,
Et voit, hélas ! que l'ennemi la gagne.
Le sort au moins entre les deux partis
Aurait bien pu demeurer indécis.
Il n'en fit rien. Des chrétiens la défaite
Fut accablante, hélas ! et fut complète.
Dans ce désordre, en un âpre chemin,
En poursuivant la victoire brillante,
Le beau Roger, qui regrettait Frontin,
Le reconnaît dans la foule tremblante,
Et supportant le célèbre Turpin.
A cet aspect, d'une ardeur empressée,
Roger se met au devant du prélat,
Qui ne veut plus engager de combat,
Et prudemment enfile une chaussée :
Mais des fuyards, la foule est si pressée
Sur ce chemin, que Turpin accablé,
Avec Frontin dans l'étang a roulé.
Frontin bientôt regagne le rivage.
Mais, un peu lourd, l'archevêque Turpin
Vers l'Achéron achevait son voyage ;
C'en était fait de ce grand écrivain,
Si de Roger la secourable main
Ne l'eût tiré d'un si mauvais passage.
Roger fit mieux. Roger, à son aspect,
Ému pour lui de pitié, de respect,
Veut de Frontin même lui faire hommage.
« Vrai dieu ! jeune homme, a dit le bon Turpin,
Tu ne naquis jamais d'un Africain.
Ah ! pour le Christ tu méritas de naître.
De tes exploits poursuis le noble cours.
Que puisse Dieu te conserver toujours !
Et puisse-t-il t'apprendre à le connaître ! »

Ainsi parlait le vertueux Turpin ;
Et, refusant le présent de Frontin
Digne coursier d'un aussi digne maître,
Il va plus loin, démonte un Africain,
Et, quelque temps errant dans la campagne,

CHANT DIX-HUITIÈME.

Il cherche, voit, et rejoint Charlemagne.
De son côté, dédaignant les vaincus,
Et des guerriers qui ne combattent plus,
Le beau Roger, sur le dos de la plaine,
Suit désormais une route incertaine.
Un bruit le frappe. Il a levé le front;
Il voit, formant une lutte brillante,
Deux chevaliers : l'un d'eux est Rodomont ;
Il ne sait pas que l'autre est Bradamante.
Le roi d'Alger dans elle a reconnu
Le chevalier qui l'avait abattu,
Et compte bien qu'il en aura vengeance.
Roger, témoin de leur haute vaillance,
Veut rester neutre. Au chevalier français
Malgré lui-même, il sent qu'il s'intéresse,
En le voyant, balançant le succès,
A la vigueur résister par l'adresse,
« Français, dit-il, quels efforts superflus !
Pour cette fois les chrétiens sont vaincus.
Hors toi, tout fuit. Le grand Charles, ton maître,
En ce moment est entouré peut-être.
— D'après cela, Rodomont, laisse-moi,
Dit Bradamante, aller joindre mon roi.
— Non pas, dit-il, il faut toujours combattre :
Tu m'abattis, et je prétends t'abattre.
— Si, de t'abattre ici j'eus le bonheur,
Près de Milan tu m'avais renversée.
— N'importe : il faut déployer ta valeur :
Défends-toi donc, ou ta vie est passée. »
Choqué de voir un chef si peu courtois,
Et d'une femme ayant connu la voix,
Roger alors a dit : « Partez, madame,
C'est moi qui vais combattre ici pour vous. »
Contre ce vœu Bradamante réclame,
Et Rodomont écume de courroux.
Mais tout entier à cet orgueil maussade
Qu'on a, de lui, nommé Rodomontade,
« Allons, dit-il, soyez bien amoureux,
Assez long-temps je perds, à vous entendre,
Le sang qu'ailleurs mon bras pourrait répandre.
Pour le moment je fais grace à tous deux. »

Il dit : Ailleurs il porte sa colère.
En d'autres temps le fier Roger, partout,
L'aurait suivi ; mais il veut, avant tout,
Connaître mieux cette jeune guerrière.
« De Rodomont, dit-il, s'il faut toujours
Au champ d'honneur estimer la vaillance,
On peut souvent mépriser ses discours.
Mais désormais ce serait imprudence
De marcher seule au milieu des vainqueurs.
Permettez-moi, dans ces champs destructeurs,
De vous servir d'escorte et de défense.

Elle, à son tour, de le connaître mieux
Sentait au cœur un désir curieux,
Et demanda son nom et sa naissance.
Bien qu'il parlât très peu de ses aïeux,
A ce désir, Roger, qui se résigne,
Dit qu'il descend d'Hector en droite ligne,
Et de son fils Astyanax-Francus,
Dont, comme on sait, les Français sont issus.
Chacun choisit son armure, et la mienne,
Par ce motif, montre l'aigle troyenne,
Poursuit Roger. Mon père, qui n'est plus,
Avait mon nom : que n'ai-je ses vertus !
Prince de Rége, au fond de l'Italie,
Il pratiquait le culte de Jésus.
L'infortunée à qui je dois la vie
Suivait les lois du culte musulman.
Galaciel, sœur du fameux Trojan,
Connut mon père en Afrique, et leur ame
Sentit d'abord une commune flamme.
Fuyant Biserte, à Rége tous les deux
Vinrent serrer le plus sacré des nœuds.
Galaciel, ne craignant plus son frère,
De deux enfans devint l'heureuse mère;
Mais par un traître, en une nuit d'horreur,
Rége, livrée à Trojan en fureur,
Dans ses débris vit expirer mon père.
Trojan aux flots fit exposer sa sœur ;
Et, pour combler sa douleur maternelle,
Dans cet esquif nous étions avec elle.
L'orage au loin semait tout en débris
Et notre mort, semblait être certaine.
Un Dieu propice eut pitié de nos cris,
Et nous poussa sur la terre africaine.
Mais tant d'effroi, tant de saisissemens,
Avaient usé les jours de notre mère.
Elle pleurait, à ses derniers momens,
De nous laisser isolés sur la terre.
Vieux nécromant, respectable Enchanteur,
Atlant alors vint calmer sa douleur.
Il lui promit de nous servir de père.
Il tint parole ; un funeste malheur
D'entre ses mains ravit un jour ma sœur :
Mais de ses soins et de son tendre zèle
Je dois garder la mémoire éternelle.
Excusez-moi, si je n'en dis pas plus.
Sur ces revers à Rége et dans l'Afrique,
J'ai dû courir. Le bonheur est diffus,
Mais le malheur peut-être laconique. »

Le beau Roger, ainsi tout en causant,
Avait ôté son casque trop pesant.
Il devait plaire : il plut, et Bradamante,
Aimant son port, trouvant sa voix touchante,

Le regardait, et pensait quelquefois
Que sa figure allait bien à sa voix.
Elle, à son tour, dit : « Je suis Bradamante,
Sœur de Renaud, et du sang de Clermont.
— Ciel, dit Roger, vous la fille d'Aymon,
Du grand Renaud la sœur qu'on dit charmante!
Ah! je ne puis vous quitter assez tard,
Et je bénis cette heureuse aventure.... »
En demandant de voir son doux regard,
Roger, troublé, craint de lui faire injure.
Son casque enfin, ôté, par pur hasard,
Laisse tomber sa blonde chevelure,
Montre à Roger cette aimable figure
Où la beauté règne sans aucun fard,
Où règne aussi la vertu la plus pure,
Où tout enchante, où tout l'orgueil de l'art
Est défié, vaincu, par la nature.
Seule Angélique eut autant de beauté :
Moins de vertu lui donnait moins de charmes.
Roger, surpris, interdit, transporté,
A tant d'attraits tout d'abord rend les armes.
Ce paladin, tremblant, déconcerté,
N'ose exprimer son amour qui commence,
Et, l'admirant d'un regard enchanté,
Il fait très bien entendre son silence.

En ce moment quatre rois arrivaient,
Cherchant toujours les chrétiens qui fuyaient.
Un de ces rois, qu'on appelait Orphèse,
Crut reconnaître une armure française
Sur Bradamante; et ce noir Sarrasin
Conçut d'abord un indigne dessein.
Sans s'arrêter, feignant de mal entendre
Le beau Roger qui le priait d'attendre,
Il s'approchait d'un air indifférent;
Et tout à coup, vers la dame inconnue
Il se retourne, et, sur la tête nue,
Il lui décharge un terrible fendant.
Heureusement la dame se protége
Du bouclier, qui fut presque brisé.
Le coup du lâche, après avoir glissé,
S'en va rougir une épaule de neige.
Causant l'effroi bien plus que le danger,
Ce trait barbare est puni par Roger,
Qui, sur-le-champ, comme l'éclair rapide,
D'un coup vengeur renverse le perfide.
D'un autre coup il allait l'achever;
Les autres rois, ardens à le sauver,
Sont accourus, et d'abord s'interposent.
Amis d'Orphèse, à Roger ils s'opposent.
« Laisse-le donc, disent-ils vivement :
C'est d'Agramant, comme tu peux connaître,
Le favori.—Tant pis pour Agramant,

Répond Roger, s'il peut aimer ce traître!
De l'assassin je jure ici la mort. »
Les autres rois présentaient leurs efforts :
Il les combat. Pendant cette querelle,
Se relevant, Orphèse, qui le craint,
De lui s'éloigne avec beaucoup de zèle :
En ce moment Bradamante l'atteint,
Et fait voler sa tête criminelle.
Vengée alors, elle court à Roger,
Et veut aussi se joindre à son danger.
Ce paladin avait beaucoup d'affaires.
Les rois, accrus de nombreux Africains,
Pensaient dompter bientôt deux adversaires.
Les deux guerriers rendent leurs projets vains,
Et font tout fuir devant leurs cimeterres.
Mais chacun d'eux, loin de l'autre égaré,
Le cherche en vain, quand leur gloire est complète.
Le beau Roger en fut désespéré,
Et Bradamante en fut peu satisfaite.

Le beau Roger, cherchant de toute part,
Courait toujours vers sa nouvelle amante,
Quand, dans un bois, frappèrent son regard
Deux chevaliers d'une taille imposante.
C'était Gradasse, et c'était Mandricart.
Qui sur ces bords arrivaient un peu tard.
Roger leur dit : « Avez-vous vu ma dame?
— Mais on décrit l'objet que l'on réclame.
— Taille élevée, air guerrier, pied charmant,
Un doux parler, une bouche de rose.
— Ah! dit Gradasse, un tel signalement
Vous fait honneur, et promet quelque chose.
D'un tel objet on peut être l'amant :
Mais nous n'avons rien vu qui lui ressemble. »
Ces chevaliers vont ensemble un moment,
Et tous les trois étaient fort bien ensemble;
Quand, plus surpris qu'on ne le peut juger,
Le Mandricart, qui se croit toujours maître,
S'avise enfin de voir, de reconnaître
L'aigle troyenne au casque de Roger.
« De la porter qui vous donne l'audace,
Dit Mandricart? Roger répond : Ma race.
Vous la portez aussi : ne peut-on pas
Savoir quel droit.... Mandricart dit : Mon bras.
Vous apprendrez qu'en certaine aventure
Du grand Hector j'ai mérité l'armure;
Quand vous voudrez, nous connaîtrons tous deux
Qui d'entre nous la mérite le mieux. »

« Mais, dit Roger, vous n'avez point d'épée.
Non, répond-il : car le glaive d'Hector,
C'est Durandal, par Roland usurpée.
Mais il ne peut l'avoir long-temps encor.

CHANT DIX-HUITIÈME.

Par moi, sous peu, cette épée est acquise ;
Je l'ai juré : Mandricart redouté,
Ne portera d'épée à son côté
Que Durandal par lui ne soit conquise.
—Ah! dit Gradasse, en moi vois ton rival.
Apprends que j'ai des droits sur Durandal.
—Des droits ! Eh bien ! disputons cette palme.
Il prend un pin ; l'autre, un frêne ; et, tous deux,
Malgré Roger, qui de son mieux les calme,
Ont commencé leur choc impétueux.
Aux sons pressés de leurs coups qui se suivent,
Et Brandimart et Fleur-de-Lis arrivent.
Trop tard aussi, Brandimart, tu venais
Pour secourir la France chancelante.
Mais il t'avait fallu, dix jours, à Metz
Soigner les jours de Fleur-de-Lis souffrante.
(Vous le voyez, censeurs qui me grondez ;
Je puis braver vos folles incartades :
Je ne suis pas de ces auteurs guindés
Chez qui jamais on ne voit de malades.)
En s'unissant à Roger, Brandimart
Sépare enfin Gradasse et Mandricart,
Ces deux héros se battant comme quatre.
Dès que l'objet de leur débat vaillant
Est raconté, Brandimart souriant
Leur dit : « Eh mais, pourquoi donc vous débattre !
Vous disputez l'armure de Roland,
Et c'est Roland d'abord qu'il faut combattre.
Or tout à l'heure un vieillard m'a conté
Que près d'ici Roland dort enchanté.
Il nous a même indiqué la recette
Pour le guérir, ainsi que sa retraite.
Nous y courions. Rivaux qu'on doit vanter,
Venez m'aider à le désenchanter.
Vous le vaincrez après, s'il est possible. »
Cette raison paraît assez plausible.
Tous l'ont suivi. Tous observent Roland,
Bien endormi par le pouvoir d'Atlant.
Lors Brandimart, expliquant la recette
Qu'on lui donna pour le désenchanter,
La tente en vain. Chacun, à la tenter,
Perd tous ses soins ; et Roland, qu'on regrette,
Dans le sommeil persiste obstinément.
Mais Fleur-de-Lis, dont l'adresse réclame,
Veut essayer, et, dans moins d'un moment,
Le désenchante. Ah ! toujours une femme
En sait bien plus en fait d'enchantement.

Voilà debout Roland, ce preux terrible,
Jusqu'à ce jour paladin invincible.
Il court d'abord embrasser Brandimart ;
Roger, surtout Gradasse et Mandricart,
Encor qu'ayant tenté sa délivrance,

Jetaient, émus un inquiet regard
Sur ce héros, qui tentait leur vaillance
Et qui contre eux commit plus d'une offense.
En Angleterre, en ses prés verdoyans,
Avez-vous vu des bouldogues vaillans
Se mesurer, et marquer leur colère
D'un grondement sourd et préliminaire?
Tels, sans vouloir faire comparaison,
Lorgnaient Roland, Mandricart et Gradasse.
Bientôt chacun eût demandé raison,
Et la querelle eût suivi la menace ;
Mais, à l'instant Brunel s'est avisé
De se montrer sur le dos de la plaine.
Ce nain s'était en géant déguisé.
(Vous me direz : cela n'est pas aisé ;
Cela se voit) ; il crie à perdre haleine :
« Fiers paladins, je rends graces au ciel!
Suivez mes pas. Votre heureuse vaillance,
Contre un tyran formidable et cruel
Va protéger et sauver l'innocence.
— On m'a trompé, dit Roland, tant de fois,
Que désormais à mes yeux seuls je crois. »
Les chevaliers ont même défiance.
Ayant moins d'âge et moins d'expérience,
Roger lui seul ne les imita pas.
« Nain, mon ami, dit-il, guide mes pas ;
Je vais partout pour sauver l'innocence. »
Les paladins, de son ardeur honteux,
Ne veulent pas qu'on soit plus brave qu'eux.
Déjà le nain tous ils suivent la trace.
Comme ils marchaient, « Roland, a dit Gradasse ,
A cet exploit si je veux concourir,
Ta Durandal pourra bien me servir.
Car, entre nous, Roland, qu'il t'en souvienne,
Ta Durandal est bien plutôt la mienne,
Et Charlemagne, on ne peut le nier,
Me la promit, étant mon prisonnier.
Eh bien, répond Roland, qu'il te la donne.
Moi, je ne veux la donner à personne.
Si ton orgueil prétend un prix si beau,
Si jusque là ta valeur se hasarde,
Regarde-la : si tu n'y prends bien garde,
Ton corps pourra lui servir de fourreau. »

Disant ces mots, Roland, dans sa colère,
Faisait briller son glaive fulminant.
Gradasse aussi tirait son cimeterre,
Quand Mandricart, soudain le retenant,
Lui dit : « Arrête : eh ! que veux-tu donc faire?
Sur Durandal ne sais-tu pas mes droits?
Puis tu sais bien qu'il immola mon père.
— Passe après moi, dit Gradasse en colère. »
... Ils se battaient une seconde fois ;

Mais on obtient que le hasard décide
Qui de Roland doit d'abord se venger.
... C'est Mandricart ; et Gradasse et Roger
Sont déjà loin, ayant le nain pour guide.

Seul, pour témoin, demeure Brandimart.
« Voilà mes vœux comblés dit Mandricart,
Et sur Roland je vais venger mon père.
— Peut-être en vain ta vaillance l'espère ;
Répond Roland ; mais, dans un choc loyal,
J'ai, tu le sais, porté le coup fatal.
S'il faut ici t'avoir pour adversaire,
Fils d'Agrican, à regret j'y souscris,
Parce que j'ai vaincu jadis le père,
Il me serait dur d'immoler le fils.
— Ciel, que dis-tu ! Frappe je t'en convie ;
Je vais frapper. Je menace ta vie,
Dit Mandricart ; mes coups valent mes droits,
Et mon ardeur ne sera pas trompée ;
Car j'ai deux buts, et je vais à la fois
Venger mon père et gagner ton épée. »

Le bon Roland ne veut pas se servir
De Durandal contre le téméraire,
Dont la valeur prétend la lui ravir.
D'un chêne il prend la branche tutélaire,
Et tous les deux sont prompts à s'assaillir.
Assez long-temps leur choc se continue ;
Enfin Roland, d'un coup appesanti,
De Mandricart a brisé la massue ;
Et Mandricart, d'un tel choc étourdi,
Sur son cheval reste sans connaissance.
Roland dès-lors épargne un ennemi,
Il ne veut pas le vaincre en son absence ;
Et Mandricart, quand il rouvre les yeux
Voit devant lui son rival immobile.
O d'un grand cœur exploit victorieux !
Non : des héros tous les coups furieux
Ne valent pas ici Roland tranquille.

« Roland, Roland, dit Mandricart enfin,
Vive ta gloire ! au loin je la proclame.
Si grands qu'ils soient, les hauts faits de ta main
Sont loin encor des vertus de ton ame.
Sans mon serment, surtout si ta valeur
N'eût de mon père accablé le courage,
Roland, j'irais, te pressant sur mon cœur,
De l'amitié te demander le gage.
Je ne le puis. Tous deux au champ d'honneur
Nous nous verrons. Ton parti doit t'attendre ;
Je joins le mien ; et puissé-je, à mon tour,
Envers Roland m'acquitter, et te rendre
Ce que de toi j'ai reçu dans ce jour. »

Et s'éloignant, ce maître d'un empire
Quitte à regret le héros qu'il admire.
Roland long-temps l'a suivi du regard,
Le cherche encore, et dit à Brandimart :
« Pourquoi faut-il qu'en des partis contraires,
Bien qu'on s'estime, on soit souvent jeté !
Ah ! le courage est une parenté,
Et les vaillans devraient tous être frères. »

Mais, me dit-on, voilà bien des combats.
Oh ! de sitôt ils ne finiront pas.
Je vous en garde une suite féconde.
Tant mieux, amis, quand vous en serez las.
Hélas ! puissé-je en excéder le monde !
Depuis long-temps c'est mon but, mon souhait.
Telles étaient mes maximes secrètes ;
Et j'ai voulu, pour ce noble intérêt,
Me dévouer, Décius des poètes.
Je me suis dit, plein d'un pieux désir :
Lassons les cœurs qu'on ne peut attendrir.
Au genre humain, qui s'égorge lui-même
Sans s'étonner de tant de cruauté,
Montrons la guerre en son éternité ;
Heureux qui peut ne la voir qu'en poème !
L'homme, colère, impérieux, léger,
Prodigue au loin les sanglantes disputes ;
Il va peut-être, en lisant tant de luttes,
Se convertir à la paix, pour changer.
Puissé-je ainsi rétablir l'harmonie,
De l'univers sublime protecteur !
Et qu'à ce prix la criticomanie,
Me punissant de ma verve infinie,
Brûle mes vers, qui brûleraient l'auteur
Asphyxié dans son propre génie !

CHANT DIX-NEUVIÈME.

Hommage à l'Arioste. — Angélique se sauve. — Elle rencontre Renaud et Ferragus. — Argail reparaît. — Angélique se confie à Sacripant, et pense s'en repentir. — Elle se croit mieux avec un ermite. — Renaud envoyé en Angleterre. — Ruse de Pinabel. — L'Hippogriffe.

Merlin jadis fut un magicien
Très justement célèbre par le monde.
Faustus aussi, Faustus, on le sait bien,
Sut de son art déployer la faconde.
On voit qu'Atlant était un des meilleurs.
D'autres encore, adroits à la riposte,
Ont de leur art sondé les profondeurs.
Mais le premier, le roi des Enchanteurs
Est celui-là qu'on appelle Arioste.

CHANT DIX-NEUVIÈME.

O de Ferrare Enchanteur étonnant,
Par quelle grace à la puissance unie,
Sais-tu si bien, à toi nous entraînant,
Avoir sans cesse à ton ordre un Génie?
Si la magie est un art délaissé,
La tienne encor plaît, amuse, épouvante.
Les nécromans sur la terre ont passé;
Toi, ton pouvoir à jamais nous enchante.
Dans ton métier parfois on grille un peu,
Et sur l'enfer tes titres sont notoires :
Mais que d'esprit! oui : je pense que Dieu
T'aura sauvé pour tes belles histoires.
Saint Jean, d'ailleurs, aura prié pour toi.
Mais Dieu dût-il aussi, dans sa colère,
Punir là-bas mes gaîtés de la terre,
Divin sorcier, de grace inspire-moi.
De tes couleurs embellis mon poëme,
Et sur ta route encourage mes pas.
Protége-moi quand je t'imite, et même
Quand par hasard je ne t'imite pas.
Cela m'arrive, il faut être sincère;
L'indépendance a des droits sur mon cœur.
Pour mon malheur, je ne suis pas ton frère;
Mais ne suis pas non plus ton serviteur.

En vous contant par quelle étrange route
La France était arrivée au malheur,
Et par quel tour le sort, d'abord flatteur,
A Charlemagne avait fait banqueroute,
En vous peignant ce vainqueur accablé,
Et des païens le succès magnifique,
De tout le monde, à peu près, j'ai parlé,
Mais j'ai gardé pour la fin Angélique.
Vous sentez bien qu'en ce désordre affreux,
La sœur d'Argail, jusque-là prisonnière,
A s'échapper ne fut pas la dernière.
Sur un coursier plus doux que vigoureux
Elle est partie, et fuit sur la bruyère.
Vous le savez : Angélique abjurait
Le long amour dont elle fut la proie.
De tous les chefs que l'Europe admirait,
Cette Beauté s'éloignait sans regret,
Et de Renaud s'éloignait avec joie.
Ciel! au détour d'une sombre forêt,
Renaud, à pied, devant ses yeux paraît,
Malgré le poids de son armure antique,
Renaud léger, en ces étroits chemins
Suivait Bayard échappé de ses mains,
Et suit bien mieux la divine Angélique.
A cet aspect, elle, pâle d'effroi,
Fait au hasard courir son palefroi.
De la forêt aux redoutables ombres,
Elle franchit les sentiers les plus sombres;

Que de terreurs! En ces nombreux détours,
Quand une feuille est par elle effleurée,
Fuyant Renaud, la Belle croit toujours
Sentir sa main.... qu'elle a tant désirée;
Telle, et peut-être avec moins de terreur,
Une gazelle en sa forêt native,
Quand elle a vu sa mère fugitive
Saisie, hélas! par un tigre en fureur,
Fuit, et partout au moindre objet craintive,
Se croit toujours aux dents du ravisseur.
Après long-temps, Angélique épuisée
Voit deux ruisseaux qui, limpides et doux,
Tout en causant à travers les cailloux,
Sur le gazon exhalaient leur rosée.
Je l'avoûrai, fût-ce mal à propos,
Dût-on blâmer mes erreurs singulières;
Si j'ai toujours estimé les rivières,
Je n'ai jamais aimé que les ruisseaux.
Un large fleuve, ornant un paysage,
A ma pensée offre un roi conquérant,
Souvent au loin exerçant le ravage,
Et d'autant plus redouté qu'il est grand.
Dans un ruisseau je contemple et j'agrée
Un roi modeste, au pouvoir généreux,
Qui fait du bien à toute la contrée
Et ne sait pas faire de malheureux.
Sans rien penser d'aussi beau, d'aussi sage,
Lasse et tremblante, Angélique d'abord
Goûta beaucoup ce charmant paysage
Et s'y voulait reposer; mais le sort
Y mit de plus une source profonde
Où Ferragus, par la soif absorbé,
Avait plongé son casque; et dans cette onde,
Par grand malheur, ce casque était tombé.
Il l'y cherchait. Mais il voit Angélique :
Quoi qu'elle ait pris de trouble et de pâleur,
Il ne voit plus que sa beauté magique;
Vers elle il court, s'offrant pour protecteur.
Mais, en fuyant un amant qui l'assiége,
La sœur d'Argail n'a guère moins d'horreur
Pour l'autre amant dont le bras la protége.
Elle hésitait, lorsque, de Ferragus
L'ardent Renaud frappe les yeux émus.
Il accourait. Ferragus crie : « Arrête. »
Non moins épris, Renaud n'est pas moins fier :
Déjà tous deux, pour un objet si cher,
De mille coups affrontent la tempête.
L'un d'eux n'a plus de casque sur la tête,
Mais il a presque une tête de fer.

Et cependant Angélique discrète
Se ressouvient d'une antique recette,
Et ne voulant déranger ces rivaux,

Loin de tous deux a hâté sa retraite.
De Montauban le terrible héros
S'en aperçoit le premier. « Sans nous craindre,
Crois-moi, dit-il, nous nous arrêterons.
La Belle a fui : commençons par l'atteindre,
Et puis après nous la disputerons. »
A Ferragus cet avis paraît sage.
Il fait bien plus : Renaud, par lui prié,
Cède à ses vœux; et, dans ce court voyage,
En croupe il prend ce paladin à pied.

O de ce temps mœurs nobles, généreuses !
Ces deux rivaux, qui s'étaient assaillis,
D'une autre foi, d'un différent pays,
Ces deux héros, brisés, froissés, meurtris,
En attendant que leurs mains glorieuses
Missent encor leurs armes en débris,
Dans la forêt, dans ses routes ombreuses,
Allaient en paix ainsi que deux amis.
Le sort voulut, ajournant leur dispute,
Leur épargner une nouvelle lutte.
Dans la forêt à leurs yeux incertains,
Voilà bientôt qu'il s'offre deux chemins.
Renaud, dans l'un, pédestrement s'engage;
Mais Ferragus se croit mieux averti,
Suit l'autre, vole, et bientôt, avec rage,
Se voit au point dont il était parti.
Il veut, au moins, dans l'ardeur qui le pique,
Trouver son casque, au défaut d'Angélique,
Cherche dans l'onde, et voit, presque alarmé,
Sortir de l'onde un guerrier tout armé.
Le casque seul manquait à son armure ;
Mais ce guerrier en porte un dans sa main.
« C'est le mien, dit Ferragus qui murmure ;
Dieu ! c'est Argail ! a-t-il crié soudain.
— Oui, c'est Argail, dit le guerrier livide :
Quand je tombai sous ton fer homicide,
Ce noble casque, à mon ombre emprunté,
Sous peu de jours dut m'être rapporté :
Tu le promis, et le gardais, perfide !
C'est du hasard qu'ici je le reçoi.
Rougis, rougis de ta mauvaise foi.
Que si ton front d'un beau casque est avide,
Tente le sort, et le fer à la main,
Au fils d'Aymon prends l'armet de Mambrin ;
Ou, mieux encore, à Roland invincible,
Du fier Almont prends le casque terrible. »
Argail a dit, il disparaît d'abord,
Et Ferragus en a l'ame ravie.
Il l'immola quand il était en vie,
Et devant lui tremble quand il est mort.
Les chevaliers, bien que de fortes têtes,
Devant une ombre étaient d'effroi saisis :

Mais, aujourd'hui, ce ne sont que les bêtes
Qu'on voit trembler à l'aspect des esprits.

La honte aussi, s'il faut que je le dise,
De Ferragus augmentait l'embarras.
A cet affront il ne s'attendait pas.
Bientôt pourtant son ame en fut remise.
Lors il jura, ce Sarrasin vaillant,
Qu'il n'aurait point de casque sur sa tête
Qu'il n'eût conquis le casque de Roland ;
Et, sans tarder, plus fier et plus bouillant,
Il s'éloigna pour tenter la conquête.

De son côté, dans la même forêt,
Renaud, courant comme un coursier agile,
Avait trouvé Bayard, le poursuivait,
Et s'étonnait de le voir indocile.
Mais, jusque-là si soumis à sa voix,
Pour le servir Bayard usait d'adresse.
Bayard voulait une seconde fois,
Faire à Renaud retrouver sa maîtresse.
Quand celle-ci, dans les ombres du bois
De son coursier eut lassé la vitesse,
Croyant alors le péril assez loin,
Cette Beauté, qui n'a pas de témoin,
Dans un taillis, sur la douce verdure,
Cherche la paix ; son coursier, la pâture.
Le doux repos est son premier besoin.
Mais au sommeil elle cédait à peine,
Qu'elle s'éveille : une clameur soudaine
La fait pâlir. C'est la voix d'un guerrier,
Qui, sans la voir, est entendu par elle.
O sort bizarre ! ô surprise nouvelle !
C'est Sacripant ; ce vaillant chevalier
Se plaint tout haut qu'Angélique est cruelle.
« Hélas ! dit-il, le paladin Roland,
Je le crains bien, n'en peut pas dire autant.
Depuis long-temps, moi, j'ai perdu mes peines :
Je parierais qu'il est payé des siennes.
Ciel ! devais-je être amant si malheureux,
Moi, si soumis, moi, si respectueux !..... »
Quelques momens, de ce beau monologue,
La dame craint de faire un dialogue ;
Et cependant elle pense en son cœur
Que le hasard, si loin de sa patrie,
Dans Sacripant lui montre un défenseur
Qui gardera sa faiblesse et sa vie.
La sœur d'Argail se confie à l'honneur
De ce héros, et veut bien à sa flamme
Donner l'espoir, mais jamais le bonheur.
Quand Sacripant déplorait son malheur,
Saisi de joie, il voit soudain sa dame,
Au regard vif, au visage enchanteur.

Lors, permettant à sa fidèle ardeur
Un doux baiser qui va jusqu'à son ame,
D'une voix tendre Angélique réclame
Son appui sûr et son bras protecteur.
Cette princesse, abjurant toute ruse,
Lui dit comment elle a su voyager :
Elle lui fait un reproche léger
De ses soupçons, que pourtant elle excuse.
Elle lui jure, au nom de tous les dieux,
Qu'à sa vertu l'on n'a point fait d'offense,
Et que Roland, toujours respectueux,
Ne fut payé que de reconnaissance.

Hélas! tandis qu'elle parlait si bien,
Où s'égarait le roi Circassien?
Et quels pensers se formaient dans sa tête?
« Ah! se dit-il, si Roland fut si bête
Que de manquer si belle occasion,
Point ne ferai semblable omission.
Je réponds bien que voilà ma conquête.
Je vais cueillir cette charmante fleur
Que le destin gardait à mon bonheur,
Et jusqu'ici sauva de maint orage.
Je le sais bien, Belles, avec rigueur,
Du doux plaisir vous refusez l'usage;
Mais vous daignez l'accepter, malgré vous.
C'est un malheur; mais le meilleur de tous.
La plus fière est souvent la plus sensible ;
Et la rigueur fait place au sentiment.
Celle qui dit : « Laissez-moi, c'est horrible, »
Au fond du cœur dit parfois : « C'est charmant. »

Or, mes amis, souffrez qu'ici j'étale,
Grand moraliste, un fragment de morale :
Ce Sacripant jusque-là fut toujours
Doux en son ton, courtois en ses amours,
Point querelleur, point grossier, point superbe;
Et cependant, jugé par ce seul trait,
De ce héros quelle idée on s'est fait!
Un Sacripant, c'est, selon le proverbe,
Un tapageur, un fort mauvais sujet.
Voyant ainsi ses vertus effacées,
Songeons, amis, qu'une distraction
Perd quelquefois de réputation,
Et gardons-nous des mauvaises pensées.

Il faut aussi dire, pour Sacripant,
Que le théâtre était très inspirant;
L'Amour, sans doute, avait de ce bocage
Formé le charme et ménagé l'ombrage;
Et le gazon, des amans doux espoir,
Les invitait, tout au moins, à s'asseoir.
Dans ce bocage, Angélique, modeste,

Trouvait déjà Sacripant assez leste
Dans ses propos et même dans son geste,
Lorsque le bruit d'un rapide coursier
A ce héros annonce un cavalier.
« Dieu! se dit-il. Ah! faisons disparaître
Cet importun, ou domptons ce rival. »
Vers ce guerrier il lance son cheval :
De Sacripant, dans un choc inégal,
Le destrier tombe mort sous son maître;
Et le vainqueur, après avoir laissé
Sur le défunt, le maître embarrassé,
Pique des deux sans se faire connaître.
O Sacripant, toi qu'émeut cet affront,
Si tu savais qu'il te vient du courage
De Bradamante au gracieux visage,
Qui, te quittant, rencontra Rodomont
Et puis Roger qui lui plut davantage,
Comme on a dû précédemment le voir
Dans l'autre chant de ce brillant ouvrage!

Mais Bradamante, aussi sans le savoir,
De la vertu ranima le pouvoir.
Naguère encor vif jusqu'à l'insolence,
De son échec Sacripant interdit
Oubliait tout, excepté son dépit :
Ce n'est qu'à lui qu'il faisait violence.
Quand Angélique, enfin, tant bien que mal,
Le consolant du revers qui l'offense,
L'a dégagé de son défunt cheval,
Il se saisit de celui de la Belle,
La prend en croupe, et s'éloigne avec elle.
Mais ce coursier, au déclin de ses jours,
Fléchit un peu, sent qu'il a trop d'affaires ;
Car les héros sont quelquefois bien lourds.
Heureusement les dames sont légères.

En ce moment, au travers du brouillard,
Sacripant voit et reconnaît Bayard.
Eh oui! dit-il, c'est Bayard : quelle joie!
Bien à propos le destin nous l'envoie.
Combien il va nous servir aujourd'hui!
A le saisir aussitôt il s'applique.
Le beau coursier, indocile pour lui,
Devient soumis à la voix d'Angélique.
Le Sarrasin a saisi le moment,
Et, sur la selle élancé lestement,
Avec sa dame à partir s'apprête :
Soudain Renaud paraît, et crie : Arrête.
Tu voudrais donc, chevalier déloyal,
Me dérober ma dame et mon cheval! »
(Un paladin n'est pas toujours honnête.)
Vous pensez bien qu'à ce propos brutal
Entre tous deux une lutte s'engage.

Le bon Bayard allait exprès si mal
Que Sacripant bien vite s'en dégage.
La sœur d'Argail, dans ce choc imprévu,
Au fils d'Aymon voyant quelque avantage,
Revient bien vite à son moyen connu,
Et prend la fuite au travers du feuillage.
Mais c'est à pied cette fois ; car voilà
Bayard captif lorsque Renaud est là.
N'importe ! loin de ce choc héroïque
Les pieds mignons de la belle Angélique
L'ont emportée en un temps assez court
Sous des taillis cachés à l'œil du jour.
Mais vous sentez combien son cœur palpite.
Devant ses yeux alors dans la forêt
Sur un vieil âne arrive un vieil ermite.
A son front chauve, à son regard discret,
La belle croit, comme chacun croirait,
Que dans son sein la vertu même habite.
Lui, la voyant l'aborder de cet air
Qui plaît et touche et cependant impose,
Sent le plaisir qu'au milieu de l'hiver
Vous éprouvez à l'aspect d'une rose.
La sœur d'Argail à l'ermite attentif
De sa retraite expose le motif.
« Guidez, dit-elle, une femme éplorée :
Qu'au premier port un esquif retenu
Me mène loin, et dans quelque contrée
Où de Renaud le nom soit inconnu. »

   Lui promettant une main protectrice,
L'ermite appelle. A ses premiers souhaits,
Un esprit vient : les ermites bien vrais
N'ont jamais eu d'esprit à leur service.
D'un fantassin cet esprit prend les traits,
Et court, fidèle aux ordres qu'on lui donne,
Des deux rivaux déranger les projets.
« Guerriers, dit-il, votre rage m'étonne.
Votre Angélique, en ce même moment,
Suit vers Paris le paladin Roland.
Je les ai vus, et les entendais rire
De vos fureurs et de votre délire. »
« Dieu ! dit Renaud.—Diable ! a dit Sacripant. »
Le bon Renaud, dans sa juste furie,
Jure à Roland de lui ravir la vie ;
Et, sur Bayard élancé lestement,
Il laisse à pied le roi de Circassie.

   Vous sentez bien que Renaud ne trouva
Aucun Roland comme aucune Angélique.
Toujours courant, vers Charle il arriva.
Le roi français dont triomphait l'Afrique
Le reçut bien, mais, dès le même soir,
« En vous, dit-il, est mon meilleur espoir.

Roland me manque en pareille aventure.
Je ne sais où mon malheur l'a poussé.
Mes pairs sont loin, et Richardet blessé
Dans Montauban va guérir sa blessure.
Astolphe, errant, bien qu'à mes lois soumis,
Me sert très mal contre mes ennemis.
Je ne sais où, son caprice l'arrête.
Il a du cœur ; mais il a peu de tête.
Vous êtes presque un sage auprès de lui ;
Puis votre bras et votre renommée,
Offrant encore un plus utile appui,
D'un corps, feraient au besoin une armée.
De mes guerriers assemblant les débris,
Tous mes efforts vont défendre Paris ;
Pendant ce temps il importe de faire
Diversion : c'est vous qui la ferez.
Courez chercher, et devers cette terre
Amenez-moi des guerriers d'Angleterre,
Qui vaudront mieux quand vous les conduirez. »

   Des fils d'Aymon malgré l'ancienne guerre,
Malgré l'ardeur de son nouvel amour,
Renaud à Charle obéit dès ce jour.
Je le suivrai ; mais je suis Bradamante
Qu'après les faits que j'en ai raconté,
Par d'autres faits à regret emporté,
J'avais laissée et blessée et sanglante.
Dans un couvent, très honnête maison,
Après huit jours, Bradamante oppressée
De sa blessure, obtint la guérison ;
Mais, quoi ! Roger au cœur l'avait blessée.
Bien vainement elle en croyait chasser
Ce noble objet de sa naissante flamme ;
Et, le voulant écarter de son ame,
Pensait sans cesse à ne pas y penser.
Voilà qu'un soir, marchant avec tristesse,
Elle rencontre un guerrier désolé.
« Hélas, dit-il, sur un cheval ailé,
Un Enchanteur m'a ravi ma maîtresse.
Cet Enchanteur vient d'enlever aussi
Le beau Roger, le terrible Gradasse,
Qu'un nain fatal avait conduits ici.
Son bouclier a trompé leur audace ;
Et chacun d'eux par le sommeil saisi
A succombé dans cette même place. »
Notre guerrière, affrontant tout danger,
A ce discours, veut délivrer Roger,
Et dit, cachant le secret de son ame :
« Marchons ; je cours délivrer votre dame. »
Le guerrier marche en bénissant le ciel.
Par grand hasard, elle, trop ignorante,
Ne savait pas que c'était Pinabel ;
Elle lui dit qu'elle était Bradamante.

Le chevalier a frémi de ce nom,
Et d'un forfait il conçoit l'espérance :
Car, de tout temps, la maison de Mayence
A détesté la maison de Clermont :
La lâcheté n'aime pas la vaillance.
De ce moment, sa lâche intention
De l'accabler cherche l'occasion.
Il la conduit, déguisant sa malice,
Et trouve enfin un profond précipice,
Dont les côtés, effroyables remparts,
Étaient taillés à pic de toutes parts.
De quelques pas il précédait la Belle.
« J'ai vu, dit-il, dans cet antre, à l'instant,
Pâle et tremblante une gente pucelle,
Qu'a fait rentrer sous ces rocs un brigand. »
Dieu! l'héroïne, aussi noble que tendre,
Veut, sans tarder, dans l'abîme descendre.
Ne le pouvant, elle ose risquer tout;
D'un haut sapin elle coupe une branche,
A Pinabel en fait tenir un bout,
Se tient sur l'autre, et sur l'abîme penche.
D'un air moqueur et d'un souris cruel :
« Savez-vous bien sauter? dit Pinabel.
Il a lâché la branche, et sa victime
Avec la branche a roulé dans l'abîme.
« Meurs, lui dit-il : oh! que ne puis-je ici,
Tenant les tiens, les lancer tous ainsi! »
Il dit, et part enchanté de son crime.

Mais, dans sa haine, il croyait vainement
Avoir causé la mort de Bradamante.
L'arbre, accroché, rendit heureusement
Le coup moins dur et la chute plus lente.
Et puis quelqu'un, en cet antre profond,
De la servir eut la bonne pensée :
Bref, Bradamante, en arrivant au fond,
Fut étourdie, et ne fut pas blessée.
L'instant d'après, quand elle ouvrit les yeux,
Elle aperçut, aux clartés d'une lampe,
Un souterrain profond, majestueux,
Et, tout au fond, un tombeau somptueux,
Où conduisait une superbe rampe.
Elle avançait dans ces sombres détours,
Quand, paraissant, une magicienne
Lui dit : « Mon art a préservé vos jours;
J'ai nom Mélisse, et suis bonne, et chrétienne.
Je me sais gré d'avoir pu, ce matin,
Ici venir interroger Merlin :
Car, il convient que ma voix vous l'apprenne,
Son monument s'offre à votre regard
Dans cette grotte, ouvrage de son art.
Une Beauté, pour qui brûlait son âme,
Et que du Lac on appelait la dame,
Par son adresse, un jour, le captivant,
Dans ce tombeau le fit coucher vivant,
Et, signalant sa perfidie extrême,
De ce moment l'y retint pour jamais,
Par l'art puissant qu'il lui montra lui-même.
En vain Merlin voulut rompre ses rets;
Son ombre, errante en ces antres secrets,
Attend le jour marqué par les promesses,
Le jour où Dieu trop souvent oublié
Viendra punir les perfides maîtresses,
Si par le nombre il n'est pas effrayé.
En attendant, quelquefois sa voix sombre
De l'avenir daigne dissiper l'ombre.
Essayez-en. » Bradamante d'abord
De son pays lui demanda le sort.
Alors Merlin lui fait, par complaisance,
Un abrégé de l'histoire de France;
Peint ce Henri qui, fameux en exploits,
Et plus encore en justice, en clémence,
Est roi du peuple, et dieu parmi les rois;
Puis ce Louis, célèbre dans l'histoire,
Mais *dont le pauvre a perdu la mémoire*,
Ce roi d'un siècle à jamais glorieux,
Mais si vanté qu'on le rend ennuyeux.
Merlin alors, de sa voix fatidique,
Prédit un siècle encor plus héroïque,
Où les Français devaient tout entraîner.
Il les peignit au milieu des obstacles
Et des périls qu'ils savaient dominer :
Il les montra faisant de tels miracles,
Qu'un sorcier seul pouvait les deviner.
« Vingt ans, dit-il, ils surprendront la terre. »
Sur plus d'un point Merlin sachant se taire,
Sur celui-ci fut délicat et fin :
A ces hauts-faits rendant un juste hommage,
Il ne dit pas quel en serait l'usage,
Et ne dit pas quelle en serait la fin.

Gâtant un peu d'admirables spectacles,
Ses derniers mots n'étaient pas des plus clairs;
C'est, comme on sait, le métier des oracles.
Quand Bradamante à ces récits divers,
Non sans plaisir, a bien prêté l'oreille,
Je ne sais pas quel désir lui conseille,
Devant Merlin, d'oser l'interroger
Sur les neveux de l'aimable Roger.
Du bon Merlin la réponse attendue
Peignit alors, même avec étendue,
La maison d'Est, maison non sans éclat,
Et dont le sort, prédit par les prophètes,
Fut de régner sur un petit état
Où se devaient trouver deux grands poëtes.
Merlin se tut alors, bien épuisé;

Je le conçois : une ombre a peu d'haleine.
Mais par Mélisse il fut bien remplacé.
Sans perdre temps, cette magicienne
A Bradamante apprit par quel secret,
Et dans quel lieu, son ardeur héroïque
Délivrerait le guerrier qu'elle aimait,
Quand elle aurait pris l'anneau d'Angélique.
« Le nain Brunel le tient en ce moment;
C'est ce nain-là, dit-elle, dont l'audace,
Osant braver les regards de Roland,
Vers un château, noble ouvrage d'Atlant,
Sut amener Roger avec Gradasse ;
Pour l'y garder, Atlant croit à propos,
En ce séjour où le Temps perd ses ailes,
De rassembler des héros et des Belles.
— C'était assez sans doute des héros,
Dit Bradamante. Aprenez-moi, de grace,
Où de Brunel je trouverai la trace?
— Le nain Brunel, qui ne sert plus Atlant,
Sert contre lui désormais Agramant.
Cet empereur qui, malgré sa puissance,
Du fier Roger sent vivement l'absence,
A tout promis, si, par quelque art nouveau,
Brunel rendait ce héros à ses armes ;
Et, de ce nain pour calmer les alarmes,
Il a daigné lui confier l'anneau
Dont le pouvoir dissipe tous les charmes :
Brunel s'apprête, et, dans ce moment-ci,
Est près d'Atlant, qui n'est pas loin d'ici.
Par mon pouvoir, jeune et noble guerrière,
Vous retrouvez dès ce jour sur la terre,
Cherchez Brunel. Vous le rencontrerez :
A son air faux vous le reconnaîtrez.
Percez ce nain, et perfide, et funeste :
Prenez l'anneau : je vous ai dit le reste. »

De point en point ce conseil fut suivi ;
Hors qu'à Brunel, quand la dame eut ravi
Le rare anneau qui doublait son audace,
Elle voulut de la mort faire grace,
Et l'attacha, malgré ses cris perçans,
Dans un chemin peu sujet aux passans.
Brunel alors l'avait déjà menée
Tout près d'Atlant. On voyait son château,
Bâti sur l'un des rocs de Pyrénée.
La dame, entrant dans un prochain hameau,
Trouva chacun dans des transes cruelles.
On lui conta qu'un terrible guerrier,
Incessamment, sur un affreux coursier,
Passait dans l'air, emportant quelques Belles.

L'hôtesse, objet laid à faire frémir,
Dit en pleurant : « Je n'ose plus sortir. »

Mais Bradamante, en regardant la dame,
Dit froidement : « Rassurez-vous madame. »
Elle s'avance au château sans retard.
Voici venir le ravisseur terrible.
Qu'aperçoit-elle? un débile vieillard,
Qui, sans épée, et le front très paisible,
Tenait en main le livre de son art.
Sitôt qu'Atlant, après quelque exercice,
A découvert le bouclier fatal,
Elle est fidèle aux leçons de Mélisse ;
Elle paraît tomber de son cheval.
Et quand Atlant, plein d'une joie extrême,
Laissant le sien près de là s'envoler,
Vient la saisir, il est saisi lui-même.
Le terrassant, elle allait l'immoler,
Quand elle sent la pitié lui parler.
« Rends-moi Roger, ou péris, lui dit-elle.
— Roger, dit-il; ô douleur trop cruelle!
De ma tendresse, ah! peux-tu l'exiger!
Prends tout le reste, et laisse-moi Roger.
C'est pour lui seul, pour l'écarter des armes,
Que j'ai formé ce palais mensonger.
Laisse-le-moi : prends pitié de mes larmes.
Dans les combats je sais qu'il doit finir ;
Voilà pourquoi je veux le retenir.
— Eh! savais-tu l'avenir pour toi-même?
Dit Bradamante; as-tu su des destins
L'heureux détour qui te livre en mes mains?
Cède, ou frémis, c'est ton heure suprême. »

Atlant, qui tremble, au vainqueur obéit,
Dit quelques mots, et tout s'évanouit,
Hors mainte Belle et maint preux intrépide,
Restés épars sur cette roche aride.
Elle aperçoit Gradasse, Sacripant ;
Mais tout à coup la brillante Amazone
A vu Roger, et ne voit plus personne.
Pour tous les deux quel fortuné moment!
Tous deux enfin descendent vers la plaine
Où l'Hippogriffe est encore à courir.
Quand Bradamante est prête à le saisir,
Il vole, et rend son espérance vaine.
Ce beau coursier qu'elle poursuit de près
L'attend toujours, et n'est atteint jamais.
En vain des preux parcourent la campagne ;
D'autres en vain errent sur la montagne ;
Toujours leur proie échappait à leur main,
Et se jouait de leur espoir frivole.
Roger lui seul sait l'arrêter enfin ;
Et, le voyant qui bondit, caracole,
Il saute, et monte, infidèle à Frontin,
L'oiseau-coursier dont son désire raffole.
Bien que l'ayant aussi voulu saisir,

Sans jalousie et même avec plaisir,
Tu regardais Roger, ô Bradamante,
D'un tel coursier calmant la marche ardente,
De ce héros tu vantais la fierté;
Et tu n'osais en vanter la beauté.
Mais tout à coup que tu fus éperdue,
Lorsque tu vis l'Hippogriffe plus fier,
Avec Roger s'élever vers la nue !
Tous tes regards le poursuivent dans l'air.
A quel plaisir quelle frayeur succède!
Ne crains-tu pas qu'un autre Jupiter
N'ait enlevé cet autre Ganimède?
Elle le suit de ses cris éperdus;
Elle le voit quand on ne le voit plus.
Par un moyen qui console une amante,
Lors Bradamante amuse son chagrin :
Au beau Roger elle garde Frontin,
Et garde aussi le cœur de Bradamante.

CHANT VINGTIÈME.

Roger chez Alcine. — Fleur-d'Épine et Bradamante. — Fleur-d'Épine et Richardet. — Mélisse protége Bradamante. — Depart de Roger. — Délivrance d'Astolphe. — Fureur d'Alcine.

Oh! combien j'aime, après tant de fureurs,
Et de défunts, soldats et capitaines,
A peindre Amour, et même ses douleurs,
Où des plaisirs sont encor dans les peines !
Ce chien d'amour, qui se mêle de tout,
Et qui se mêle aussi de tout le monde,
En nous troublant, nous console beaucoup,
Pour peu qu'aux siens notre penser réponde.
Aimer est bon; être aimé, c'est le ciel.
Avec cela nul malheur n'est cruel,
Tant qu'il demeure un reste d'espérance;
Et, dans les maux qu'il nous faut endurer,
Si nous avons parfois trop de souffrance,
Un moment vient, qui peut tout réparer.
Il en est un qu'on désire, on implore,
Cherché long-temps, ou long-temps attendu;
Ravi parfois, il est meilleur encore :
Nous sommes tous fils du fruit défendu.

Vous concevez que Bradamante aimée,
Par la douleur ne fut pas opprimée.
« Il la chérit; il pourra revenir.
Mais où se cache un si doux avenir?
Où va Roger? » Arioste, mon maître,
Sur tous ces points eut droit de tout connaître;
Mais ce poëte, aux poètes si cher,
Deux chants durant, là-haut, comme l'éclair,

Laisse voler ce preux pour qui l'on tremble;
Et l'on ne peut décemment, ce me semble,
Aussi long-temps laisser les gens en l'air.
Suivons Roger, qui d'ailleurs intéresse,
Et nous suivrons de près une autre fois
Cet Arioste unique en son espèce :
Ses talens seuls peuvent donner ses droits.

Roger, au sort forcé de s'en remettre,
Après avoir quelque temps bataillé,
S'était soumis à son cheval ailé
Qu'il n'avait pu réussir à soumettre;
Et, modérant son vol audacieux,
Ce beau coursier planait parmi les cieux;
Comme un vaisseau, ce volant édifice,
Sillonne l'onde au gré d'un vent propice;
Du preux Roger nonobstant la vertu,
Il se peut bien que son cœur ait battu.
Quoi qu'il en soit, après un long voyage
Devers l'Asie, et loin des noirs frimats,
Son Hippogriffe, apparemment bien las,
Vint se poser sur un charmant rivage.
Roger, ravi, sauta bien vite en bas
De ce coursier; mais il n'oublia pas
De l'attacher au plus épais branchage
D'un myrte épais, qui, tout près de ses pas,
Riant arbuste, étalait son feuillage.
Puis, du terrain observant les contours,
Les frais ruisseaux, la riante verdure,
Il admira, quelque temps, la nature;
Bien différent, dans cette conjoncture,
De ces niais qui l'admirent toujours.
Il s'occupait de ce qu'il devait faire,
Quand l'Hippogriffe, ardent, épouvanté.
S'inquiéta d'une étrange manière,
Et l'attira vers le myrte agité,
Dont il ouït sortir une voix claire,
Un cri plaintif. « Si jamais les malheurs
T'ont su toucher, dit une voix humaine,
A ton coursier donne une chaîne ailleurs :
J'ai bien assez de mes propres douleurs,
Et je n'ai pas besoin d'une autre peine! »
Roger, ému, d'abord cède à ce vœu.
« Qui que tu sois, dit-il, homme, esprit, Dieu,
Si mon erreur a flétri ton feuillage,
Pardonne, hélas! et qu'un vœu bienfaiteur,
Calmant tes maux, répare mon outrage,
Et que du ciel le souris protecteur
Bien loin de toi chasse à jamais l'orage!
Ah! je suis prêt à tout faire en ce jour
Pour adoucir au moins ta peine extrême :
J'atteste ici l'objet de mon amour :
Jurer par lui, c'est plus que par moi-même. »

À ce discours tendre et consolateur,
L'arbre est ému jusqu'à son humble cime,
Et son écorce a pris cette couleur
Qu'offre un bois vert qu'un feu naissant anime.
« Beau chevalier, dit le myrte parlant,
Apprends mon sort, je ne puis rien te taire.
Je fus Astolphe, un preux assez vaillant,
Le fils d'Othon, qui règne en Angleterre,
Et, qui plus est, le cousin de Roland.
Alcine, à qui j'eus le malheur de plaire,
Par un moyen qu'on ne soupçonnait guère,
Sut m'enlever à leurs yeux inquiets.
On me croit mort : je le suis à peu près;
Mais quelque temps, près d'Alcine ravie,
Je sus mener la plus heureuse vie.
Forte en magie, et brillante en appas,
D'abord Alcine eut l'art de me soumettre :
Dans son palais, et même dans ses bras,
Le jour, la nuit, elle daignait m'admettre.
A ses sermens je croyais comme un sot :
Mais un rival me remplaça bientôt;
Et, devenu dès-lors plus qu'inutile,
Sous cette forme, en ce jardin tranquille,
J'allai trouver mes mille précurseurs,
En attendant mes mille successeurs.
Mais chaque jour, chaque instant, me désole :
J'ai perdu tout, excepté la parole.
Tu vas sans doute, à quelque amant fatal,
En faire un arbre, ou bien un animal;
Mais quels que soient et tes traits et ta grace,
Tu subiras une même disgrace.
Beau chevalier, ah! puisses-tu plutôt
Fuir loin d'Alcine, en charmes trop habile.
Crains sa tendresse, et sauve-toi bientôt
Dans les états de sa sœur Logistille.
Morgane, aimable, et sœur de toutes deux,
Mêle à des torts un esprit généreux :
Mais douce, honnête, obligeante et sincère,
D'Alcine, en tout, Logistille diffère.
Plus qu'à moitié ses états sont perdus :
A la vexer on trouve des délices;
Et Logistille a toutes les vertus,
Ainsi qu'Alcine a gardé tous les vices. »

Faute de mieux, plaignant ce paladin
Dont il reçoit l'avis le plus utile,
Roger se fait indiquer le chemin
Qui le pourra mener chez Logistille.
Il le suivait, menant toujours en main
Son Hippogriffe indocile et mutin,
Quand des amans, foule jadis chérie,
En animaux, s'offrent à lui soudain.
La fée Alcine, aux amans aguerrie,
Des plus huppés ayant fait un jardin,
Faisait du reste une ménagerie.
Mais, s'amusant encor de leurs malheurs,
Les soumettant à mille plans informes,
La fée Alcine avait, pour ces messieurs,
Des animaux mêlé toutes les formes,
Et quelquefois dans leurs bizarres traits
Montré leur ame, et tracé leurs portraits.
Ainsi parmi ces gens, petits, énormes,
Êtres mêlés, ou plaisans, ou difformes,
Vous auriez vu tel amant très brutal
Qui s'avançait sur deux pieds de cheval.
Tel autre offrait, barbottant dans la crotte,
Voix de canard, et tête de linotte.
Un paresseux, marchant avec lenteur,
Montrait aux yeux la tête d'un moqueur.
Tel d'un baudet à l'oreille éveillée;
Tel d'un chat tigre offre les traits peu sûrs.
Quelque autre forme au reste était mêlée :
Mais un bon nombre étaient dindons tout purs.

Quelques momens riant de ce spectacle,
Roger marchait : mais voilà qu'à ses pas,
En le pressant, ce troupeau met obstacle.
Il les pouvait dévouer au trépas;
Mais il aurait profané son épée.
Cerné par eux, comme à les écarter,
Non sans effort, son ame est occupée,
Un autre aspect vient d'abord l'arrêter.
Un mur tout d'or, d'Alcine ouvrage immense,
Fermait sa ville, ornait sa résidence.
« D'or de Manheim, dit quelque factieux : »
Si l'or est faux, le vrai n'eut pas fait mieux.
Le paladin, que toujours on harcelle,
Suivait ce mur d'apparence si belle,
Quand tout à coup il en a vu sortir,
D'un pied léger, deux nymphes séduisantes
De qui l'aspect fait disparaître et fuir
Des assaillans les cohortes bruyantes.
Roger, surpris d'être ainsi délivré,
Fort justement leur en sut très bon gré.
« Connaissant bien, seigneur votre mérite,
Dit la plus belle, Alcine vous invite
A son banquet. » Pour fléchir ses refus,
Sur les horreurs que les méchans inventent,
Toutes les deux lancent des traits perdus.
Pour l'arrêter, au moins, elles lui vantent
Les traits d'Alcine, et même ses vertus.
D'autres discours conservant la mémoire,
A s'arrêter montrant fort peu de goût,
Roger passait, et ne voulait rien croire :
Alcine vient : il la voit, il croit tout.

CHANT VINGTIÈME.

Non : de Paphos jamais l'aimable reine
Ne brilla plus au milieu de sa cour
Qu'Alcine alors au milieu de la sienne.
Alcine aussi, tendre mère d'amour,
De l'univers semblait la souveraine.
Sur son beau front ses cheveux ondoyans
Tombaient en nœuds divers et ravissans.
Ses deux sourcils formaient deux arcs d'ébène
D'où ses yeux noirs lançaient des traits vainqueurs.
Plus frais, plus pur que l'aube matinale,
Son teint charmait les regards des censeurs,
Et bravait ceux même d'une rivale.
Sa bouche était belle comme ses yeux.
Dieu ! que d'attraits ! et que de douces choses !
Son fin parler, son souris gracieux,
Naissaient parmi les perles et les roses.
Son cou de neige, arrondi mollement,
Portait sa tête avec grace et noblesse ;
Et, du désir accélérant l'ivresse,
Son sein offrait ce doux balancement
Qu'offre le flot que le zéphir caresse.
Bras arrondis, gente main, pied mignon,
Port enchanteur, taille souple et parfaite,
Alcine avait en sa possession
Tout ce qu'un homme en la sienne souhaite.
Ce que l'on voit de ses divins appas
Est le garant de ce qu'on ne voit pas.
Puis on devine ; et tel atour qui brille
Dérobe en vain ce qui doit embraser.
Lorsque la main est loin de rien oser,
Moins réservé, le regard déshabille.

En cet objet hors de comparaison
Pas un défaut, et l'on n'a rien à dire.
En cas pareil l'amour est la raison,
Et n'aimer pas serait le vrai délire.
Aussi Roger a-t-il eu tout d'un coup
La raison d'être amoureux comme un fou.
O Bradamante ! ô charme de sa vie,
Pardonne-lui : son cœur trompé t'oublie.
Alcine seule excite ses transports.
Chassé, puni très justement dès-lors,
Astolphe a fait parler la calomnie :
Alcine enfin ne peut avoir de torts :
C'est évident : car elle est si jolie.
Vers son palais le galant chevalier
La suit déjà sans se faire prier.
Je m'en vais peindre, au moins on l'imagine,
Et le palais et les jardins d'Alcine :
Non : ces désirs ne sont pas opportuns,
Et ce n'est pas du tout ma fantaisie :
Tous ces beaux lieux, qui ne sont pas communs,
Le sont beaucoup au moins en poésie.

Alcine avait du pouvoir et du goût :
Avec cela vous sentez qu'on fait tout.
Mais je conviens qu'on ne peut pas mieux faire
Quelle avait fait. O merveilleux essor
De l'art charmant d'attirer et de plaire !
O doux spectacle ! ô jardin d'âge d'or !
Que de bosquets, de temples, de statues,
D'objets vivans dignes de tendres soins !
Que de Beautés légèrement vêtues
Qu'on aimerait à vêtir encor moins !
Dans le palais, des palais vrai modèle,
Dans les jardins d'un plus modeste apprêt,
Chaque heure sonne une fête nouvelle,
Chaque moment offre un nouvel attrait.
Que de ruisseaux qui sous les bois s'épandent
Ne veulent pas dire ce qu'ils entendent !
Sans le malheur d'être pernicieux,
L'air qu'on respire est là contagieux.
Là le plus sage, et la plus sage même,
Pourraient trop vite apprendre comme on aime.
Douces erreurs dont le plaisir absout !
Il n'en est plus sur ce charmant rivage.
Pas une place aux pensers du vieil âge :
Tout n'est qu'amour, et l'amour seul est tout.

Alcine ordonne. Une superbe fête
En un moment pour le héros s'apprête.
A cet accueil, à ces soins caressans,
Roger déjà sent bien plus qu'il ne pense.
La nuit survient ; c'est le temps d'indulgence.
On joue alors à ces jeux innocens
Qui sont souvent joués sans innocence.
Dans l'un d'entre eux, chaque joueur devait
A son voisin, tout bas, dire un secret :
Le beau Roger à la charmante Alcine
Dit un secret, que déjà l'on devine ;
C'est son amour. Elle, au prudent maintien,
Fut plus discrète, et ne dit pas le sien.
Roger, d'Astolphe abhorrant l'imposture,
Était touché d'une vertu si pure.

Le lendemain, toujours plus amoureux,
Plus hardiment il exposa ses vœux.
De modestie on se sentit confondre,
On le quitta pour ne lui pas répondre,
Et l'on resta deux grands jours sans le voir.
De plus en plus son amour le transporte.
En vain d'Alcine il assiégeait la porte.
Chez elle encor se présentant un soir,
Dans l'antichambre il ne trouve personne,
Toujours s'avance, épris d'un vague espoir,
Et, désirant au moins qu'on lui pardonne,
Pénètre enfin dans un riant boudoir,

Et se voit seul près d'Alcine en personne,
Qu'un bain discret venait de recevoir.
De son audace, elle, craignant l'ivresse,
A son aspect pousse un cri... pas trop fort,
Et, le gardant par un facile accord,
De son respect exige la promesse.
Il la donna, même il la tint d'abord.
Il admirait cette tête charmante
Qui s'élevait sur cette onde mouvante.
Bientôt, sentant redoubler son transport,
Il osa plus, et son regard avide
Voulut du bain percer le voile humide.
Il ne l'a pu ; mais, plus audacieux,
Déjà sa main cherche à venger ses yeux.
Celle d'Alcine aussitôt s'est offerte
Pour l'arrêter, et, de baisers couverte,
Double sa flamme en ce discret séjour.
Tout palpitant de la fièvre d'amour,
Tantôt il parle, et tantôt en silence
Contemple Alcine, et non sans éloquence.

S'enhardissant toujours, il dit enfin :
« Bien faudra-t-il que vous sortiez du bain.
— Ah ! dit Alcine, avec un doux sourire,
J'y resterai plutôt jusqu'à demain...
Que faites-vous ! ciel ! quel but ! quel délire ! »
Roger, frappé par un projet soudain,
N'écoute plus qu'amour, qui le décide :
Jetant les yeux sur un cygne d'airain ,
Il trompe Alcine, et, d'une adroite main,
Ouvre une issue au vêtement liquide
Qui dérangeait son amoureux dessein.
Ainsi surprise, Alcine prie en vain.
Brille déjà sous la tête d'Alcine
Un cou charmant que l'onde recelait ;
Le paladin, dont le feu redoublait,
Voit poindre encore une épaule divine.
Bientôt il voit naître deux jolis monts,
Entre lesquels un doux vallon repose.
L'heureux Roger voit une double rose ;
Du moins, Amour, en voilà les boutons.
L'onde, qui fuit, au chevalier présente
Tous les secrets d'une taille élégante,
Et va bientôt présenter encor plus :
Ainsi parfois la mer qui se retire
Laisse un trésor au bord de son empire.
Du paladin tous les sens sont émus ;
Il ne peut plus modérer son délire.
Alcine en vain se débat et soupire,
Ses vœux sont nuls, ses efforts sont perdus.
Ses doux attraits, ses formes ravissantes,
Restent en proie à des mains caressantes.
Mais l'onde a fui. Ciel ! toute à tes regards,

Par toi, Roger, Alcine soulevée,
Malgré sa plainte, à ses derniers remparts,
Est vivement, doucement, enlevée.
Son corps humide, à tes yeux embrasés,
Contre l'amour vainement se mutine ;
Roger le sèche au feu de ses baisers.
« Cessez, disait Alcine, et me laissez. »
Montrant Alcine à la tremblante Alcine,
Le paladin, toujours plus amoureux,
Lui répondait : « Voyez si je le peux ! »
Il ose tout, et le désir l'emporte.
« Si l'on venait, Roger, y pensez-vous ?
Reprend Alcine, avec un ton plus doux ;
Songez au moins à fermer ces verrous. »
Roger y court ; et l'espoir le transporte :
Mais dans ce temps, par un léger essor,
Alcine fuit, et cherche une autre porte.
Roger la voit, l'atteint à temps encor.
Sur un sofa le vainqueur la ramène ;
Et, sans pitié, là, malgré sa douleur,
D'un tel délit elle subit la peine.
Heureusement la peine est un bonheur.

... Elle pleurait : « O ma charmante amie,
Si mon désir a parlé sans détour,
Pourquoi pleurer sur ta vertu ravie !
Va, je prétends te la rendre en amour. »
Roger a dit ; il la presse, et l'embrasse.
L'honnête Alcine est émue à son tour,
Sans déplaisir voit sa nouvelle audace,
Et, dans ses bras le payant de retour,
Elle se rend, et d'assez bonne grace.

De ce moment, que de fois leurs désirs
Furent comblés dans l'ombre du mystère !
La cour d'Alcine ignora leurs plaisirs,
Ou tout au moins eut l'esprit de les taire.
Dans les palais.... des princesses surtout,
On ne dit rien, mais on sait presque tout.
La comédie, et la chasse, et la danse,
Trompaient le temps. Alcine, chaque jour,
De son amant enchantait l'existence,
Et l'enivrait au banquet de l'amour.
Loin des grandeurs qui font tourner les têtes,
Ils recherchaient les abris ténébreux ;
Ils s'amusaient des plus brillantes fêtes :
Mais la meilleure était toujours à deux.

Titania, reine de Silphirie,
Et son époux, roi charmant de Féerie,
Sire Obéron, tous deux trop peu discrets,
Depuis long-temps avaient à leurs trois nièces
Dit une part de leurs puissans secrets ;
Et, pour Roger prodigue de tendresses,

Alcine offrait au plus beau des amans
Tous les plaisirs, tous les enchantemens.
Surtout le soir, quand la nuit taciturne
Sur l'univers avait penché son urne,
Lorsque la lune au regard enchanté
Offrait l'éclat de son disque argenté,
Dans ses jardins, les Sylphes, les Sylphides,
Hôtes légers, et de plaisirs avides,
Fuyaient bientôt de la coupe des lis
Qui tout le jour les avaient recueillis.
Par mille jeux ils enchantaient les heures :
Libres enfin, au loin ils folâtraient,
Et leurs parfums rappelaient leurs demeures ;
Et l'on eût dit des lis qui voltigeaient.

A son ami présentant ces spectacles,
Bientôt Alcine offrait d'autres miracles.
Grace à la fée, il voyait tour à tour,
Pendant la nuit, tous les aspects du jour :
Tantôt, au fond d'un horizon bleuâtre,
Un roc s'offrait, terrible et sourcilleux ;
Tantôt, plus doux, un vert amphithéâtre
Semblait unir la terre avec les cieux.
Tantôt, battus sur la mer écumante,
Des voyageurs versaient des pleurs muets ;
L'instant d'après, une cité riante
Offrait aux yeux l'objet de leurs regrets.
C'était trop peu de ces lointains prestiges ;
De près Alcine épuisait les prodiges.
De ses jardins, de leur aspect charmant,
Rien n'égalait la beauté naturelle ;
Et toutefois leur forme, à tout moment,
S'embellissait ; car elle était nouvelle.
De leur maîtresse on peut en dire autant.
Comme eux, toujours plus piquante et plus belle,
Elle guidait en ces lieux son amant,
Qui s'enchantait auprès d'elle, et pour elle.
Son palais même, et si noble, et si beau,
Obéissant à son pouvoir magique,
D'un temple auguste, ou d'un palais nouveau,
Prenait souvent la forme fantastique.
Autour de lui, sur des gazons charmans,
En de beaux lacs, en des grottes profondes,
Venaient former cent groupes différens
Tous les lutins des airs, du feu, des ondes.
La terre même avait là ses lutins ;
Qui ne connaît les *Gnomes !* grave espèce,
Qui rarement de ses goûts souterrains
Vient sur le sol égayer la tristesse.
Peuple plus doux et plus beau, les *Ondins*,
Gens un peu froids, fuyaient les *Salamandres*
Pétulans, vifs, aussi vifs que l'éclair,
Et dont le feu, qu'ils habitent, est l'air.

Plus gracieux, plus aimables, plus tendres,
Les *Sylphes* doux, esprits aériens,
Allaient jouer sur le bord des cascades ;
Ou, poursuivant leurs vagues promenades,
Dansaient en foule aux sons éoliens,
Jusqu'au moment où l'aurore charmée
Forçait des fleurs ces légers citoyens
A regagner leur retraite embaumée.
Mais, il le faut avouer : rarement
Le beau Roger, Alcine bien-aimée,
Pour s'éloigner attendaient ce moment.

Un tel destin, sans doute, devait plaire.
Mais cependant Alcine, me dit-on,
Ne pouvait rien que de par Oberon :
Comment cet oncle, autrefois si sévère
Pour Esclarmonde et le preux de Bordeaux,
Excusait-il sa nièce, au moins légère,
Et souffrait-il ses plaisirs peu moraux ?
Il avait tort ; je l'avoue en deux mots.
Morgane aussi par Oberon austère
Fut excusée, et presque à tout propos.
Tel un mortel dont la sagesse brille,
Des étrangers en réprouvant les torts,
Pardonne tout à sa nièce, à sa fille ;
Et l'on ne peut l'admirer qu'au dehors,
Sans regarder au fond de sa famille.

Tandis qu'ainsi Roger, de jour en jour
Par le plaisir plus distrait de l'amour,
Auprès d'Alcine oubliait Bradamante,
Du beau Roger cette sensible amante,
Sans s'affliger d'un mal qu'elle ignorait,
A Montauban se montrait complaisante
Près d'un blessé, son frère Richardet,
Qui, beau comme elle, et délicat, et tendre,
Lui ressemblait encore, à s'y méprendre.
Quand ce guerrier est guéri tout à fait,
Seule, elle va dans la forêt voisine
Penser au preux dont s'occupait Alcine.
Or vous saurez qu'en un château voisin
La séduisante et jeune Fleur-d'Épine
De cette guerre attendait le destin.
Obéissante à son père Marsile,
A Ferragus, son frère peu facile,
Là, sans plaisir, elle passait son temps ;
Elle chassait pour amuser sa vie,
Quand, un matin, sur des gazons naissans,
Elle aperçut Bradamante endormie.
Or celle-ci, des guerriers valeureux
Ayant l'habit, les armes, les cheveux,
Pour un guerrier la princesse espagnole
Prend Bradamante, et d'abord en est folle.
O vous qu'étonne un si prompt mouvement,

Rappelez-vous que, lent à la riposte,
L'amour du nord marche assez lentement,
Et que celui du midi court la poste.
Là, le sujet se traite *ex abrupto :*
Le soleil même empêche de combattre ;
Et dans le nord tel roman in-quarto,
Dans le midi n'eût été qu'in-vingt-quatre.
Or Fleur-d'Épine était de son pays.
Se trouvant seule, et bien loin de sa suite,
Près de l'objet dont ses yeux sont épris
Elle succombe au désir qui l'agite,
Et deux baisers sur sa bouche surpris
Font palpiter son cœur encor plus vite.
Quand Bradamante a quitté le sommeil,
Vous devinez son extrême surprise.
Elle a long-temps douté de son réveil,
Et de l'erreur enfin elle s'avise.
Elle en sourit, et pensa que, plutôt
De dédaigner une si douce flamme,
Et de passer pour un homme bien sot,
Il valait mieux passer pour une femme.
Elle dit tout. Triste plus qu'à moitié
D'un tel aveu, l'amoureuse Espagnole
Se rabattit du moins sur l'amitié.
D'un andaloux qui saute et caracole
A Bradamante elle fait le cadeau,
Et puis l'emmène à son brillant château.
Lors Bradamante, en femme rhabillée,
D'attentions et de soins est comblée :
Et Fleur-d'Épine, avec elle, en son lit,
Absolument veut la garder la nuit.
Plus d'une fois, là, d'agréables songes
A Fleur-d'Épine offrirent leurs mensonges.
Mais celle-ci, trompée en son ardeur,
Ne pouvait pas douter de son erreur.
Enfin du jour l'agréable courrière
Vint, et laissa Bradamante partir.
Elle promit tout haut de revenir,
Se promettant tout bas de n'en rien faire.
Dans Montauban, où chacun l'attendait,
Elle conta le tout à Richardet,
Lui dit combien, dans son erreur insigne,
D'un meilleur sort la princesse était digne,
Le dit si bien, qu'au dernier fils d'Aymon,
Pour Fleur-d'Épine, elle monte la tête.
« A son château, quoi ! vous n'irez plus ? — Non.
— Mais ce sera, ma sœur, fort malhonnête. »

Que Bradamante a bien d'autres desseins !
Dès que ses soins ont rétabli son frère,
A son amant son âme est tout entière.
Où le trouver, hélas ! par quels moyens
Le deviner égaré sur la terre !

Mélisse alors paraît, et franchement
Dit que d'Alcine il a subi l'empire,
Mais l'a subi... par un enchantement.
« Que votre anneau, qui les sait tous détruire,
Me soit prêté, dit-elle, et promptement
Je vois Roger abjurer son délire.
— Ah ! lui répond la Belle avec rougeur :
Voici l'anneau : dissipez son erreur. »
Mélisse part, et lestement arrive.
Roger à peine, et la nuit et le jour,
Était quitté par Alcine craintive.
En se rendant invisible à sa cour,
Mélisse enfin trouve un instant propice,
Dit à Roger, en lui passant l'anneau :
« De Bradamante acceptez ce service. »
Voilà Roger frappé d'un jour nouveau :
De ses erreurs il faut bien qu'il rougisse.
« Dieu ! qu'ai-je fait ! et comment réparer ?...
— Chez Logistille il faut te retirer.
Mais je me cache ; Alcine vient : admire
L'étrange objet qui t'avait pu séduire ;
Et toutefois, quels que soient tes projets,
Cache-lui bien tes mouvemens secrets. »

Quel changement difficile à décrire !
Qui l'aurait cru ! Cet objet enchanteur
Avait au plus cinq palmes de hauteur,
Pas une dent : la sibylle de Cume
Était moins vieille, et... mais, saisi d'horreur,
Par ce portrait, qui serait peu flatteur,
Je ne veux point déshonorer ma plume.
Et cependant Alcine à tous les yeux
Possédait l'art de paraître adorable :
Art étonnant, inouï, précieux,
Et dont la perte est vraiment regrettable ?
Il est bien vrai que tel laidron hagard
Semble parfois retrouver ce bel art.
A son amant Irza paraît charmante ;
Mais à lui seul elle plaît, et tous ceux
Qui sur la dame ont arrêté leurs yeux,
Semblent avoir l'anneau qui désenchante.

Fidèle au plan par Mélisse donné,
Roger cacha son dégoût, ses alarmes.
Quittant du lieu l'habit efféminé,
En badinant il revêtit ses armes.
Par Balizarde il illustra son flanc,
N'oublia point le bouclier d'Atlant,
Laissa l'anneau, l'Hippogriffe, à Mélisse,
Prit Rabican, qu'Astolphe avait monté ;
Et, par Alcine un seul moment quitté,
Ce preux saisit l'occasion propice.
Mais des soldats l'arrêtent d'un air fier

Près d'une porte à franchir difficile :
Il les renverse, il part comme l'éclair,
Et, sans tarder, vole vers Logistille.
Voulant en vain l'arrêter, l'effrayer,
D'esprits divers une fantasque troupe
S'étonne, et fuit devant ce chevalier.
De doux objets le plus aimable groupe,
Malgré la soif qui brûle son gosier,
Lui vient en vain présenter une coupe.
Au loin déjà, pendant tous ces discours,
Retentissaient les cris et les tambours.
Par les chemins, Alcine, vagabonde,
Fait courir sus à l'amant qu'elle perd,
Et le poursuit elle-même sur l'onde :
Tout son palais reste vide et désert.
Mélisse alors, dans ce séjour horrible,
Grâce à l'anneau demeurée invisible,
Brise cachets, chiffres et talismans,
De la sorcière odieux instrumens.
D'Alcine enfin tous les amans difformes
Sont revenus à leurs premières formes.
Recommandé par Roger détrompé,
Le bel Astolphe a retrouvé la sienne,
Et trouve aussi, de son myrte échappé,
La lance d'or, des combats souveraine,
Qui n'a jamais impunément frappé.
Pour ce guerrier la bonté de Mélisse
N'est pas bornée à ce brillant service :
Sur l'Hippogriffe en croupe elle le prend :
Et tous les deux volent vers Logistille,
Chez qui Roger, au plus vite accourant,
Trouvait prudent de chercher un asile.
Mais il fallait traverser un détroit.
Comme il arrive à la liquide plage,
Un vieux nocher, actif autant qu'adroit,
Se trouve là pour servir son passage.
Ce bon vieillard, marin très vertueux,
Lui dit, tandis que sur l'onde il chemine :
« Les vains plaisirs, les torts voluptueux,
Sont de l'avis et du côté d'Alcine.
Le chaste amour, sans crainte et sans espoir,
Les saints plaisirs, la volupté tranquille,
Et le bonheur au chemin du devoir,
Voilà le lot de sa sœur Logistille.
Dans un asile et plus noble et plus sûr,
Vous évitez une amorce traîtresse.
Alcine enfin n'est que le vice impur,
Et Logistille est la pure sagesse. »

En ce moment, voilà que sur les flots,
Volent vers eux Alcine et ses vaisseaux.
Il est trop tard pour gagner le rivage,
Et le péril croît toujours davantage.

« Seigneur, cria le nocher pâlissant,
Du bouclier faites un prompt usage,
Ou c'en est fait. » Le bon Roger le sent ;
Mais ce moyen répugne à son courage.
Le vieux pilote, un peu moins délicat,
Du bouclier découvre alors l'éclat.
Les assaillans ignoraient sa puissance,
Et qui l'a vu tombe sans connaissance.
Lorsque le trouble est dans tous ces vaisseaux,
Par Logistille attaqués à propos,
Ils sont vaincus sans trop de résistance.
Alcine à peine en cette extrémité
Put échapper à la captivité.
On poursuivit contre elle l'avantage.
Tous ses projets étant ainsi trompés,
Rien n'égalait sa douleur et sa rage.
Elle perdit ses états usurpés :
Perdre Roger, c'était bien davantage.
Sur ses regrets, en ce juste abandon,
Je me tairai ; cette indigne sorcière,
Qui s'élevait aux douleurs de Didon,
Ne méritait que celles de Mégère.

Pourtant, rendons justice à ses talens :
Qui n'a pas vu des sorciers excellens,
De l'avenir dissiper tous les voiles,
Franchir les airs, appeler des follets,
Dans la minute élever des palais,
Et tout près d'eux évoquer les étoiles !
Mais moi qui lis les grimoires divers,
Moi sorcier presque, excepté pour mes vers,
J'ai remarqué que sorciers et sorcières,
En attirant les monts et les rivières,
Ne pouvaient rien pour leurs propres attraits.
La plus habile, une fois vieille et laide,
Demeurait laide et vieille, sans remède,
Et les amans ne s'y trompaient jamais.
De l'univers ayant fait leur domaine,
Ces grands esprits, sur un seul point bornés,
Qui par un mot raccourcissaient un chêne,
Ne savaient pas réduire un pauvre nez.
Alcine seule, ou du moins la première,
Par son savoir jusqu'à ce point alla ;
A son profit elle s'ensorcela,
Et fit briller sa beauté singulière.
Elle y gagna long-temps. Oh ! qui pourrait
Après mille ans retrouver son secret !
C'est pour le coup qu'on verrait, aux sorcières,
Se convertir les dames les plus fières.
Fût-ce un quart d'heure, enchanter le regard
Malgré l'effort du Temps qui nous accable,
C'est le grand œuvre et le comble de l'art.
A soixante ans s'embellir, c'est le Diable !

CHANT VINGT ET UNIÈME.

Renaud combat pour Genèvre. — Zerbin regrette Isabelle. —
Roland sort de Paris pour chercher Angélique.

La jeune fille est semblable à la rose :
Dans un bosquet tant qu'un rosier repose
Loin des troupeaux, loin des mains du pasteur,
Et loin du soc du cruel laboureur,
Sa douce fleur, du zéphir caressée,
Qu'aime Phœbus, qu'élève la rosée,
Des jeunes gens est le charme et l'amour.
Mais sans pitié dès qu'une main hâtive,
L'a dérobée à sa branche native,
Tous ses honneurs ont passé sans retour,
Des jeunes gens elle n'est plus l'amour.
Telle une Belle, alors qu'un téméraire
A pu cueillir sa beauté la plus chère :
Déjà les cœurs ont déserté sa cour.
Je conviendrai qu'elle peut encor plaire :
Mais pour l'hymen, pour cet amour austère,
Des jeunes gens elle n'est plus l'amour.
Heureuse au moins si le prix de sa rose
N'est pas l'oubli d'un si tendre bienfait,
Et si l'heureux que ses bontés ont fait
En un ingrat ne se métamophose ! (1)

(1) Ut flos in septis secretus nascitur hortis,
Ignotus pecori, nullo contusus aratro,
Quem mulcent auræ, firmat sol, educat imber,
Multi illum pueri, multæ optavere puellæ;
Idem cum tenui captus defloruit ungui,
Nulli illum pueri, nullæ optavere puellæ.
Sic virgo dum innupta manet, dum cara suis est;
Cum castam amisit polluto corpore florem,
Nec pueris jucunda manet, nec cara puellis.
                                    CATULLE.

La verginella è simile a la rosa
Che'n bel giardin sulla nativa spina,
Mentre sola e sicura si riposa,
Ne gregge ne pastor se la avvicina,
L'aura soave e l'alba rugiadosa,
L'acqua, la terra al suo favor s'inclina;
Giovani vaghi e donne innamorate
Amano averne e seni e tempie ornate :

Ma non sì tosto dal materno stelo
Rimossa viene e dal suo ceppo verde,
Che quanto avea dagli uomini e dal cielo
Favor, grazia e bellezza, tutto perde.
La vergine che l'fior, di che piu zelo
Che de' begli occhi e de la vita aver de',
Lascia altrui corre, il pregio ch'avea innanti
Perde nel cor di tutti gli altri amanti,

Voilà comment d'assez nombreuses voix
Plaignaient le sort de la Beauté crédule,
Et dans l'Écosse en différens endroits
On répétait ce propos de Catulle,
Quand sur ces bords, plein d'une noble ardeur,
Renaud survint, de Charle ambassadeur :
Il comptait bien descendre en Angleterre ;
Mais l'ouragan plus loin l'a rejeté.
L'ambassadeur très *extraordinaire*
Par ce retard était désappointé.
Un autre mal troublait Son Excellence :
Lui qui jamais n'oublia la vaillance,
Dans son départ un peu précipité
Oublia l'or en s'éloignant de France,
L'or, ce pouvoir de droit presque divin
Qu'en Angleterre on nomme *un souverain*.
Heureusement, en un bon monastère,
Certain abbé lui fit très bonne chère,
Et fut poli, bien que fort sérieux.
Très satisfait de ces religieux,
Renaud leur dit : « Mes pères, on m'assure
Qu'on peut trouver ici quelque aventure.
— Ah ! dit l'abbé, ce pays en est plein.
C'est près d'ici que jadis les Gauvain,
Les Lancelot, signalaient leur vaillance.
Les paladins de Norvége et de France
Viennent encor s'illustrer dans ces lieux.
Mais nous pouvons, seigneur, vous offrir mieux :
De notre roi la fille jeune et belle,
Genèvre, craint la mort la plus cruelle.
Lurcain, guerrier redouté justement,
Lui déclarant une guerre imprévue,
L'accuse, et dit que lui-même il l'a vue
Par sa fenêtre introduire un amant.
Qu'on soit princesse ou que l'on soit bergère,
Depuis long-temps telle est la loi sévère
De ce pays : dès qu'un accusateur

Sia vile agli altri, e da quel solo amata
A cui di se fece si larga copia.

ORLANDO FURIOSO. Ch. I, oc. 62, 63, 64.

Ces vers charmans de l'Arioste, imités des plus jolis vers de Catulle, cités ci-dessus, sont beaucoup trop jolis pour Sacripant, à qui le chantre de Ferrare les prête ; et il m'a paru que leur imitation serait mieux placée comme elle l'est ici. Mais l'Arioste, comme Catulle, dit qu'après qu'une jeune fille a cédé, personne ne s'en soucie plus. Je n'ai pas vu cela ; et, malgré ces deux grandes autorités, je ne suis pas du tout de cet avis. Cela n'est vrai que comme je l'ai dit, *pour l'hymen, pour cet amour austère*. Je me suis permis aussi d'ajouter une réflexion à ce morceau si connu. Quand on imite des passages si justement célèbres, on ne peut trop chercher à diminuer son désavantage.

CHANT VINGT ET UNIÈME.

Dit qu'une Belle a forfait à l'honneur,
Elle périt, si quelque défenseur
Ne le réduit à dire le contraire.
Un mois entier on attend : mais demain
Le mois finit pour Genèvre. Lurcain
Est reconnu valeureux... et sincère.
Le fils du roi, le généreux Zerbin,
Combattrait bien pour une sœur si chère;
Mais on ne sait dans quel pays lointain
L'ont emporté sa vaillance et son zèle.
Genèvre meurt, et son vieux père, en vain,
Pour la sauver promet même sa main
Au chevalier qui combattra pour elle.
Demain, seigneur, le mois finit demain !
Ah ! par ma voix la pitié vous conjure :
Du fier Lurcain devenez le rival,
Et, vous couvrant d'un éclat sans égal,
Mettez à fin cette illustre aventure.
Toujours Genèvre, avant ce jour fatal,
Avait montré la vertu la plus pure. »

Renaud, rêveur, semblait n'écouter pas...
« Vous dites donc, répond-il, qu'une femme
Doit expirer pour avoir, dans ses bras,
D'un tendre amant payé la douce flamme?
Quel fou barbare a fait, ou peut souffrir,
Cette loi folle et même criminelle !
Ah ! la Beauté devrait plutôt mourir,
Qui ne fait rien pour son amant fidèle.
Eh ! que Genèvre ait ou n'ait pas été
Trop tendre envers son ami, que m'importe !
A l'approuver je me sens très porté,
Et la défends, ou le diable m'emporte!
Oui : sans retard, vers son accusateur,
Choisi par vous, qu'un bon guide me mène;
Et, grace à Dieu, grace à ce bras vengeur,
Je me fais fort de la tirer de peine.

» Je ne dis pas que quelque doux accord
N'ait fait fléchir cette jeune merveille ;
Mais je dirai que jamais pareil tort
N'a mérité punition pareille,
Et que le ciel trompera mon effort,
Si la raison par moi ne se réveille.
Quoi! si l'amour, des deux sexes vainqueur,
Également les presse et les anime
A ce plaisir, à ce parfait bonheur,
Où l'erreur voit un effroyable crime,
N'écoutant pas la voix du sens commun,
Punirons-nous une femme débile
Pour avoir fait, avec un ,... ou plus d'un,
Ce que, cherchant le moment opportun,
Nous voudrions avoir fait avec mille?

Non : le partage est par trop inégal;
D'un tel abus je cours venger les dames;
J'abolirai ce réglement fatal,
Et Dieu sera pour la cause des femmes. »

Vous sentez bien qu'une telle oraison
Par le clergé fut très fort applaudie.
L'abbé lui dit qu'il avait bien raison,
Et qu'en cet acte il ferait œuvre pie.
Le paladin part, béni, régalé.
Comme assez vite il traversait la plaine,
Un cri de femme aussitôt redoublé
Le fait courir vers la forêt prochaine.
A son aspect, deux bandits effrayés
Ont fui, laissant une femme tremblante,
Qui lui rend grace, et qui tombe à ses pieds,
Pâle d'effroi, mais d'ailleurs séduisante
Par les contours d'une taille élégante.
Or, le héros, au moins quant à présent,
Est trop pressé pour devenir pressant :
Bien vite en croupe il prend la demoiselle.
Tout en marchant : « De ces bandits affreux
D'où vient, dit-il, la fureur si cruelle? »
Elle répond : « Quel récit douloureux
Désirez-vous, seigneur, que je rappelle !
Je dirai tout : je n'ai que des torts ; mais
Sans le vouloir, j'ai servi des forfaits.
Depuis deux ans à Genèvre attachée,
D'un fol amour je me sentis touchée
Pour Polinesse, Écossais redouté,
Qui d'Albanie est le duc respecté.
Il m'adora, mais lorsque ma maîtresse
Eut rejeté ses vœux et sa tendresse.
Puisqu'il faut bien qu'ici je le confesse,
Je permis tout à son ardent amour.
Plus d'une nuit le consola du jour.
Il célébrait ce furtif hyménée
Dans une chambre à Genèvre assignée.
Quand, par hasard, elle n'y couchait pas,
Moi, du balcon, amante trop sensible,
Je lui tendais une échelle flexible.
Il arrivait, et, reçu dans mes bras,
Il préparait sa trahison horrible.
Le duc, un jour, me jura que j'avais
De ma maîtresse et la taille et les traits.
« Pourquoi, dit-il, étant tout aussi belle,
Ne seriez-vous parée aussi bien qu'elle !
Ah ! croyez-m'en, et suivez mon conseil. »
Trois jours après, en secret, Polinesse
Me fit passer un vêtement pareil
A celui-là que portait la princesse.
Il y joignait ces mots : « Daignerez-vous,
Si cet habit réussit à vous plaire,

Vous en parer au premier rendez-vous?
Je ne vis là que son amour sincère.
Deux jours après à ses vœux j'obéis;
Mais apprenez ce que trop tard j'appris :

» Le duc, qu'avait refusé la princesse,
Se promettait de punir les mépris
Dont elle avait accueilli sa tendresse.
Un chevalier, et des plus accomplis
Ariodant, plein d'une ardente flamme,
La désirait pour amie et pour femme,
Comme le roi le désirait pour fils.
Elle, à ses feux ne voulant rien permettre,
Et, toutefois, le préférant du cœur,
Par des discours, même par une lettre,
Avait promis qu'Ariodant vainqueur
Au joug d'hymen pourrait seul la soumettre.
Or, la nuit même où, dans l'ombre, affectant
L'air de Genèvre et son habillement,
Sur son balcon je voulais bien paraître
Et recevais le duc fort tendrement,
Par le duc même averti méchamment,
Ariodant, caché sous la fenêtre,
Était frappé d'une funeste erreur,
Et palpitait de surprise et d'horreur.
Témoin muet de sa douleur extrême,
Lurcain, son frère, arracha de ses mains
Son fer déjà tourné contre lui-même;
Mais ces efforts, bien qu'heureux, furent vains;
Lurcain bientôt fut instruit que son frère
Dans l'onde avait terminé sa carrière.
Pour le venger, ce guerrier, sans effroi,
Bravant la mort, bravant même le roi,
A dénoncé Genèvre infortunée.
Trompé trop bien, Lurcain est convaincu
Qu'elle est coupable. Affreuse destinée!
S'il est vainqueur, Genèvre est condamnée,
Et, par malheur, il n'est jamais vaincu.

» Voyant ainsi ma princesse accusée,
La trahison me vint dans la pensée.
J'en entretins mon amant étonné,
Qui s'indigna de se voir deviné.
Et comme alors, tremblant pour sa famille,
Le roi faisait, avec le plus grand soin,
Interroger les femmes de sa fille:
« D'un sûr abri vous avez grand besoin,
Me dit le duc; mais vous allez atteindre
Une retraite où l'on a rien à craindre.
Deux de mes gens secondant mon projet,
Viendront demain vous chercher, vous conduire. »
C'est du tombeau que le monstre parlait;
Et, des remords craignant en moi l'empire,

Il y voulait enfermer son secret.
C'est par vous seul, seigneur, que je respire;
A votre bras, à vos nobles efforts,
Une autre cause aujourd'hui se présente;
Vous qui m'avez sauvé, malgré mes torts,
Courez sauver ma maîtresse innocente. »

Le paladin, qui d'ardeur redoubla,
Lui répondit qu'il marchait pour cela.
Cette Beauté, que Dalinde on appelle,
Le remercie; et, sur le fier Bayard,
Vers Édimbourg Renaud vole avec elle,
Ne craignant rien que d'arriver trop tard.
Renaud, de torts redresseur redoutable,
Vers cette ville accourant plein d'espoir,
Grace à son glaive, était bien sûr de voir
Genèvre libre, et même non coupable;
Mais cependant il est charmé d'avoir,
Pour la défendre, un motif raisonnable.
En approchant, Renaud apprit bientôt.
Qu'un chevalier, gardant l'incognito,
La veille avait paru sur ce rivage,
Et pour Genèvre illustrait son courage.
Il était temps que Renaud arrivât;
Car on avait commencé le combat.
Laissant Dalinde en une hôtellerie,
Renaud accourt; il s'élance, il s'écrie :
« Que faites-vous, chevaliers généreux !
Cessez, cessez de combattre tous deux.
L'accusateur a tort, je le déclare;
Mais il a droit de croire avoir raison.
Je viens combattre un chevalier félon
Qui cause seul cette lutte barbare.
Roi, commandez qu'on suspende ces coups. »
A cette voix, à cet ordre suprême,
Aux spectateurs, aux rivaux en courroux,
Le paladin paraît un roi lui-même.
Le roi s'écrie; on cesse le combat.
Juge du camp, l'affreux duc d'Albanie
Ne voulait point permettre qu'il cessât.
Mais de ce duc Renaud avec éclat
Révèle alors l'infâme calomnie.
A ces accens vrais et consolateurs,
Genèvre enfin, levant ses yeux en pleurs,
Semble une fleur abattue, épuisée,
Que du matin ranime la rosée.
Le roi, la cour, les nombreux spectateurs,
Forment des vœux par la belle accusée,
Et pour Renaud, dont, par un démenti,
Le duc perfide accepte le défi.
Ne respirant que rage et que vengeance,
Il était prêt; Renaud l'était toujours :
Point de retard; et, sans plus de discours,

CHANT VINGT ET UNIÈME.

Les deux rivaux prennent champ. On s'élance.
Renaud, usant de toute sa vigueur,
Qu'augmente encore une juste fureur,
Au corps du duc fait pénétrer sa lance.
Le duc, frappé par l'heureux fils d'Aymon,
A douze pieds tombe avec le tronçon.
Renaud accourt : et la pâle victime,
A haute voix disant sa trahison,
Exhale ensemble et sa vie et son crime.

Parmi les cris des spectateurs joyeux,
Se découvrant, Renaud se fait connaître.
Le roi s'écrie : « A ce coup merveilleux
Nous aurions dû déjà vous reconnaître. »
Lors le guerrier, aussi très inconnu,
Qui pour Genèvre a déjà combattu,
Comme Renaud consentant à paraître,
Lève son casque : on voit avec transport
Ariodant échappé de la mort.
Il avait cru sa maîtresse infidèle,
Et, de l'amour ô généreux effort,
Contre son frère il combattait pour elle.
Chacun sentit un trait si généreux,
J'en suis certain : mais Genèvre fut celle,
Apparemment, qui le sentit le mieux.
Par grand bonheur, Renaud, de sa victoire
Ne voulait pas d'autre prix que la gloire :
Du vieux bon roi le jeune Ariodant
Obtint Genèvre en un doux hyménée,
Et d'Albanie eut le duché vacant.
Le beau Zerbin arrive en ce moment,
Et tout bénit cette heureuse journée.

Zerbin pourtant, cherchant à s'éjouir,
Y paraissait assez mal réussir.
En observant ce frère de Genèvre,
Prince et guerrier encore adolescent,
En lui Renaud, à lui s'intéressant,
Crut de l'amour reconnaître la fièvre.
Il prend à part Zerbin déconcerté ;
Mais il lui parle avec grace et bonté,
Lui demandant le secret qu'il devine.
Zerbin, auprès d'un mortel si vanté,
A s'expliquer facilement incline,
Laisse tomber dans le cœur d'un héros
Sa confiance, et s'explique en ces mots :
« Je viens d'Espagne, et viens de Compostelle,
Où j'ai laissé la femme la plus belle
Que sur ces bords éclaire l'œil du jour.
Elle a reçu le doux nom d'Isabelle.
Fille du roi qui règne en ce séjour,
Elle répond à mon amour fidèle.
Certain ami dont je connais le zèle,
Et qui souvent m'a bien prouvé sa foi,
Sir Oderic, que j'ai laissé près d'elle,
Doit l'amener en France auprès de moi.
J'ai dû partir, puisque l'honneur m'appelle,
Et, sur ces bords rassemblant des guerriers,
Avec Renaud et Roland que j'honore,
Courir en France aux combats meurtriers.
Mais, entre nous, le chagrin me dévore
D'avoir quitté l'objet le plus charmant
Qui pût flatter les regards d'un amant.
Aussi, voyant pâlir mes espérances,
En m'éloignant de cet aimable lieu,
Aux champs d'Espagne, au pays des romances,
Dans celle-ci j'ai célébré l'adieu :

   Il faut partir. Le sort barbare
M'arrache aux bords que je chéris.
Sort inflexible ! on nous sépare
Quand nous étions si bien unis.
Grace touchante, doux sourire,
Amour, beauté, bonheur : ô Dieu,
C'est à tout cela qu'il faut dire
      Adieu !

   Dans un amour tel que le nôtre,
Malgré l'espace et les jaloux,
Tous les deux au cœur l'un de l'autre
On trouve encor des rendez-vous.
Si dans ton ame je respire,
Si nous brûlons du même feu,
J'ai bien moins de peine à te dire
      Adieu !

   Mais on m'attend sur le rivage.
Si l'on me laissait m'arrêter,
On aurait fini le voyage
Pendant le temps de te quitter.
Du moins j'ai pour moi l'espérance,
Près de toi puissé-je, avant peu,
Dire pour jamais à l'absence
      Adieu !

Du jeune amant goûtant la confidence,
Le bon Renaud, qui n'en abusa pas,
Lui dit alors qu'aux rivages de France
Il reverrait sa dame aux doux appas,
Et de sa peine aurait la récompense.
A ce discours, l'aimable adolescent,
Zerbin, sourit comme le jour naissant,
Et, par amour ainsi que par vaillance,
Il veut d'abord suivre Renaud en France.
A son exemple empressés d'accourir,
Quittant leurs rocs, les fils de ces montagnes
Joignent Renaud, jaloux de secourir
Le roi de France et ses belles campagnes.
Le bon Renaud, goûtant d'ailleurs l'élan
Que témoignaient ces neveux d'Ossian,
Sourit tout bas d'un spectacle bizarre,
Qui de nos jours n'est pas encor très rare :
Dans leur valeur et leur simplicité,

Tout en bravant les périls de la guerre,
Ceux-ci bravaient aussi l'utilité
Du vêtement surnommé *nécessaire*.
C'était plaisant. Mais ces jeunes héros
Étaient vêtus de leur ardeur guerrière;
Et quand jamais on ne tourne le dos,
Il est permis de montrer le derrière.

Or, cependant qu'espérant des succès,
Aux gens d'Écosse, et bientôt aux Anglais,
Renaud soufflait son ardeur héroïque,
Avec son prince enfermé dans Paris,
Chagrin toujours, Roland toujours épris,
Ne se pouvait consoler d'Angélique.
Quand finissait, quand renaissait le jour,
Cette Beauté manquait à son amour.
Il accusait sa triste destinée.
Ce preux morose, et quelquefois confus,
Ne l'avait pas de si loin amenée,
Pour être en France et ne la revoir plus.
Non qu'il lui vînt seulement en pensée
Qu'elle eût fait rien, pût rien faire jamais,
Dont la vertu fût un moment blessée.
Ce paladin l'estimait à l'excès,
Et l'on a vu, par mainte expérience,
Combien en elle il avait confiance;
Touchante foi, généreux sentimens,
Qu'aujourd'hui même ont tous les vrais amans!
Mais il pensait toujours à son absence,
Et ce regret, pour lui prodigieux,
En surpassait d'autres fort sérieux.
Assurément nul enfant de la France
N'avait pu voir d'un œil plus affligé
Des Musulmans triompher l'insolence,
Et Charlemagne, à Paris assiégé,
Y renfermer sa dernière espérance :
Mais entre nous, cet aveu vous est dû,
Pris dès long-temps d'un amour frénétique,
Roland, malgré son feu patriotique,
Dans ce combat cruellement perdu,
Voyait surtout la perte d'Angélique.
Si, qu'une nuit, (il y rêvait toujours)
Ce paladin rêva que cette Belle,
En cris perçans invoquait son secours.
N'écoutant rien que la voix qui l'appelle,
Dès lors Roland, en sursaut réveillé,
Ne pense plus qu'à courir après elle.
Tout aussitôt Roland s'est habillé,
Prend Bride-d'Or, prend une armure noire,
Sort de Paris, et, sans frein, sans égard,
Sans avertir le roi ni Brandimart,
Pour son amour il ajourne la gloire.
Roland franchit le camp des ennemis,

Ne veut rien faire à des gens endormis,
Et court au loin plein du feu qui le mine,
Chercher l'objet qu'il a pris à la Chine.
Tandis qu'instruit de ce fâcheux départ,
Non sans raison, Charles gronde et menace,
De son ami Brandimart suit la trace,
Et Fleur-de-Lis celle de Brandimart
Qui dans son cœur tous les amans efface.
Heureusement que nul Français troublé,
Ne poursuivit Fleur-de-Lis alarmée;
On ne sait pas où cela fût allé.
Charle était seul; chacun dans son armée,
L'un après l'autre eût ainsi défilé.

Miroirs d'honneur, honneur de leur patrie,
Et parangons de la chevalerie,
Ces paladins vivront dans l'avenir;
Mais ces messieurs, il faut en convenir,
Avaient peu d'ordre et peu d'obéissance :
En toute affaire éclatans de vaillance,
Au chef, au roi qui les faisait venir,
Ils offraient tout, hors parfois leur présence.
L'attrait d'amour a beaucoup de puissance :
Pour l'écouter souvent il faut finir :
Mais quoi! par lui faut-il que l'on commence!
Vous défiant du plus aimable objet,
Vous appelés au terrestre trajet,
Vous gens de guerre, ou des arts, ou du code,
Vous tous, humains, adoptez ma méthode :
Que le devoir soit toujours le sujet,
Et que l'amour ne soit que l'épisode,
Si nous pouvons. Si nous pouvons : discours
Assez prudent : le pouvons-nous toujours?

CHANT VINGT-DEUXIÈME.

Angélique chez l'ermite.— Roger avec Angélique.— L'anneau
—Nouvel enchantement d'Atlant. — Olympe.

Belles, ô vous, tant que vous êtes belles,
Vous trouvez peu, parmi nous, de rebelles.
Un bon conseil peut-il être permis,
Venant de l'un de vos meilleurs amis?
Trop de beauté ne peut jamais vous nuire :
Trop de fierté pourrait mal vous conduire.
Telle de vous a tels airs, tel accueil,
Qu'on ne peut pas accepter tant d'orgueil,
Et qu'on se dit, souriant dans son âme,
Que la déesse au fond n'est qu'une femme.
Tout au contraire un air timide et doux
Vous porte aux cieux, nous jette à vos genoux.
Ah! conspirant à vos honneurs suprêmes,

CHANT VINGT-DEUXIÈME.

A votre autel ne priez pas vous-mêmes.
Vous que le cœur a raison d'adorer,
Divinités et de rose et d'albâtre,
Je suis tout prêt à vous idolâtrer,
Hors toutefois celle qui s'idolâtre.
Quand, de si haut jetant les yeux sur nous,
Vous vous montrez amoureuses de vous,
C'est vous charger de notre ministère;
C'est ne vouloir nous laisser rien à faire.
Par nos respects vous laissant désarmer,
Ah! descendez à l'emploi de nous plaire,
Et laissez-nous celui de vous aimer.
Nous l'entendons bien mieux que vous, mesdames.

Or Angélique, entre toutes les femmes,
Pour elle-même avait un grand respect,
Un grand amour; et l'on sait que les flammes,
Qui tout d'abord naissaient à son aspect,
N'avaient long-temps rencontré que ses blâmes,
Que ses dédains. Si, par événement,
Et par l'effet de certaine fontaine,
Elle avait vu Renaud fort tendrement,
Elle n'était moins fière ni moins vaine
Envers tout autre, et faisait son bonheur
De désoler leur amoureuse ardeur.
Cette coquette en portera la peine
Un peu plus tard; et même en ce moment,
Elle pensa la payer tristement.
Je l'ai laissée avec un vieil ermite
Qui la guidait et l'emmenait bien vite.
Il l'emmenait disant des oremus.
Elle vantait la bonté, les vertus
De ce saint homme, utile providence
Qui se chargeait de sauver l'innocence.
Quand du danger elle fut assez loin,
De ce vieillard elle n'eut plus besoin,
Et le quittait : mais lui, qui la rappelle,
Très follement croit qu'il a besoin d'elle.
Ce vieux sorcier, épris d'un jeune amour,
S'avise alors d'un détestable tour.
Voilà qu'un Diable, à son ordre fidèle,
Vient s'emparer du coursier de la Belle,
Jusqu'à la mer la conduit au plus tôt;
Puis, dans la mer s'élançant avec elle,
Il la dépose enfin sur un îlot,
Troublée encor d'une frayeur mortelle.
Dans ce désert, sur cet horrible sol,
Vous vous doutez de sa douleur plaintive.
En ce moment le vieil ermite arrive,
Offrant aux yeux l'air contrit d'un saint Paul.
Il l'encourage; et bientôt, plein d'audace,
Il l'épouvante, attendu qu'il l'embrasse.
Il ose plus, et sur le plus beau sein
Le traître porte une hideuse main.
La Belle alors rougit, et le repousse.
Désespérant de la trouver plus douce,
D'une liqueur il l'étourdit d'abord,
Et, ne pouvant l'éveiller, il l'endort.
L'affreux vieillard, plein d'une indigne joie,
En son pouvoir voit sa charmante proie.
A ses transports il se livre soudain,
Et nulle main n'arrête plus sa main.
Que de baisers sur le sein, sur la bouche!
Combien d'attraits il profane! il les touche.
Il prétend plus : son âge est oublié.
Il entreprend une pénible joute.
Mais, bon peut-être en un chemin frayé,
Il n'a plus droit de frayer une route.
Tous ces sorciers, hommes prodigieux,
Qui remuaient et le ciel et la terre,
N'eurent jamais un secret précieux
Que ce vieillard eût trouvé nécessaire.
Voilà pourquoi leur art prestigieux
N'est plus prisé comme il le fut naguère.
Maître abusé d'attraits délicieux,
L'indigne amant fait très mal cette guerre.
Sous ses efforts lui seul a succombé.
Sur lui Morphée épanche aussi son urne.
Vos yeux surpris, entre les bras d'Hébé
Auraient cru voir dormir le vieux Saturne.

Or, ce jour même, arrivés sur ce bord,
Des mariniers, au teint noir, au ton rude,
Trouvent, charmés, Angélique qui dort,
Et l'ont conduite en leur île d'Ébude.
Tel ici-bas est notre sort fâcheux,
Que les malheurs vont au moins deux à deux.
Placée au sein des vents et des orages,
Cette île était près des champs bas-bretons.
Assez long-temps désolant ces cantons,
Une *orque* horrible y fit d'affreux ravages.
Tout succombait : ses appétits gloutons
Auraient bientôt dépeuplé la contrée :
Cette orque, enfin écoutant les raisons,
Se contentait qu'une vierge éplorée,
Chaque matin à ses dents fût livrée.
Car une vierge est un morceau charmant
Que, comme on sait, recherche maint gourmand.
Par ce moyen les Ébudiens sauvages,
Gardant leur vie, assurant leur salut,
En paix au moins sortaient de leurs rivages,
Et, pour pouvoir suffire à ce tribut,
De l'Océan couraient toutes les plages.
Pauvre Angélique, Ébude te trouva
Pour un tel monstre un don bien magnifique.
Pour la dernière on gardait Angélique :

Mais, à la fin, son moment arriva.
La voilà donc, cette femme charmante,
Cette Beauté qui comptait dans ses fers
Tant de héros et tant de rois divers!
Sur un rocher elle est nue et tremblante;
Elle attendait le monstre dévorant.
Les Ébudiens la quittent en pleurant.
Oh! si Roland apprenait sa souffrance!
Si Ferragus, Renaud, ou Sacripant,
Étaient instruits du destin qui l'attend!
Mais tous sont loin, ainsi que l'espérance.

Heureusement, par Mélisse inspiré,
Roger, toujours épris de Bradamante,
Était parti du séjour révéré
Où l'accueillit Logistille prudente.
Prenant l'anneau, mais laissant Rabican
Au bel Astolphe, il presse l'Hippogriffe,
Dont Logistille a su régler l'élan,
Guider le vol et tempérer la griffe,
Car Logistille, en son palais moral,
Rendait chacun sage, même un cheval.
Le sort voulut que l'aquilon trop rude
Poussât Roger jusqu'à l'île d'Ébude.
Des champs d'Asie allant aux bords français,
Il avait vu force Anglais, Écossais,
Avec Renaud, prêts à gagner la France.
Comme lui-même il allait la gagner,
Devers cette île il se vit entraîner.
Là, quel spectacle anime sa vaillance!
Quel péril presse un objet ravissant!
Pour Angélique il s'anime, il s'élance,
Lutte, et son bras... mais, ici, franchement,
Il n'est besoin qu'à chanter je m'excède;
Car ce combat ressemble absolument
A celui-là qu'à l'aspect d'Andromède,
De Danaé tenta le fils vaillant.
Le paladin fut tout aussi brillant.
Presque abattu par le monstre écumant,
Un bouclier vint de même à son aide.
Il étourdit, il voulait achever
L'orque funeste: « Ah! lui dit Angélique,
Modérez donc cette ardeur héroïque:
Laissez ce monstre, et daignez me sauver. »
A cette voix peut-on ne pas se rendre!
Brisant les nœuds, Roger, sans plus attendre,
Sur l'hippogriffe, a quitté ce séjour,
Gardant en croupe Angélique tremblante,
Qui, comme on croit, dans sa course volante,
Serrait d'effroi Roger ému d'amour.
Roger souvent se retourne: il dévore
De ses baisers ces attraits séducteurs
Qu'il a sauvés, et ces yeux enchanteurs,
Et ce beau sein qui palpitait encore.

Pour ce héros, il faut en convenir,
L'occasion était trop difficile.
Tout au présent, il perd le souvenir
Des beaux conseils qu'il eut de Logistille.
Certain Homère, auteur des plus connus,
Nous a parlé de certaine Vénus
Dont la ceinture enchantée, attrayante,
De tous les cœurs la rendait triomphante,
Et dans ses plis enfermait les désirs,
Les doux refus et les tendres plaisirs:
Art précieux, mais moins que la nature!
Vous le dirai-je? Angélique-Vénus
Enchantait mieux, attirait encor plus:
Car celle-là n'avait pas de ceinture.
Toujours plus vif; le jeune paladin,
Descend, aborde au rivage voisin,
Et va s'abattre en un bois solitaire
Qui de l'amour permet le doux mystère.
Près d'Angélique, et près de tant d'appas,
Il la caresse, il la pressé en ses bras.
Elle frémit des projets qu'il médite.
Ce n'était plus, vraiment, un vieil ermite.
Elle veut prendre un air de dignité;
Mais par malheur, sur toute sa personne,
Elle possède un air de volupté
Qui s'étend même à ce qui l'environne.
Contre elle, elle a même ses plus beaux droits:
La sœur d'Argail, sous ces ombres riantes,
Ouvre la bouche: elle a des dents charmantes;
Parle: on n'a pas une plus douce voix;
Lève ses bras, que tous les cœurs admirent,
Et qui, bien loin de repousser, attirent.
Heureux attraits! douces perfections!
A son succès en elle tout s'oppose.
Jamais on n'a si mal plaidé sa cause
En présentant de si bonnes raisons.
Aussi Roger, qu'en vain prêche Angélique,
A d'autres soins auprès d'elle s'applique.
Tous les trésors de ce corps tout divin,
Comme à ses yeux, sont en proie à sa main.
O doux momens! Auprès de ce qu'il aime,
Roger n'a plus contre lui que lui-même.
L'armure gêne un amant enflammé;
Dans ce combat, c'est nu qu'on est armé.
Le bon Roger, palpitant sous l'ombrage,
De Bradamante oublie encor l'amour:
Près d'Angélique, et dans un tel séjour,
Zénon n'eût pas, je crois, été plus sage.
Il jette tout ce qui gêne ses vœux:
Un nœud se rompt; mais il en a fait deux
La sœur d'Argail ne perd rien pour attendre.

CHANT VINGT-DEUXIÈME.

Cette Beauté, qui sent tout son danger,
Sur ses attraits qu'elle ne peut défendre
Baissant les yeux, voit au doigt de Roger
L'utile anneau que Brunel sut lui prendre.
Sans doute, elle a le droit de le reprendre.
Le temps pressait. Du brûlant paladin,
Pour le prier, elle serre la main.
Il serrait mieux, plein d'une ardeur extrême.
Elle a l'anneau, bien lestement le met
Entre ses dents, sourit et disparaît.
Dans le moment, oui, dans le moment même...
Qui l'aurait dit! non, le bonheur, jamais,
Ne fut si loin, venant d'être si près.

Le bon Roger, qui perdait Angélique,
En cet instant fut vraiment très comique.
Roger, frappé d'un tour aussi nouveau,
S'agite, tourne ainsi qu'un frénétique,
Et voit enfin qu'il ne voit plus l'anneau.
Il crie : « Ingrate et perfide Angélique!
Me le ravir, quand j'aurais tout donné!
Reviens, reviens, Angélique, Angélique! »
De vingt côtés à la fois entraîné,
Le paladin à la trouver s'applique.
Comme ses vœux, tous ses efforts sont vains;
Il taxe encor la belle d'injustice :
Elle était loin, jugeant que par ses mains
Roger s'était payé de son service.

Enfin Roger, dont les soins sont perdus,
Vers l'Hippogriffe accourt avec vitesse;
Mais, ô douleur! il ne le trouve plus.
Il a perdu cheval, anneau, maîtresse.
L'anneau surtout, l'anneau, mal défendu,
De repentir l'accable et le tourmente.
« En quel moment, se dit-il, j'ai perdu
Ce doux présent que m'a fait Bradamante!
O Bradamante, ô puisse mon retour
Briser bientôt les nœuds qui nous séparent!
Va : quelquefois si mes désirs s'égarent,
Toujours Roger t'a gardé son amour. »
Il disait vrai, messieurs. Le dialogue
Est du mensonge un docile instrument;
La vérité, qu'on outrage souvent,
Pour son asile a pris le monologue.
Soudain Roger, qu'appelle un cri bruyant,
Accourt, et voit Bradamante elle-même,
Que ravissait un terrible géant.
Il le poursuit, plein d'une horreur suprême,
Dans un palais, où d'abord en entrant
Il ne voit plus ni dame, ni géant.
Roger, malgré les embûches qu'il brave,
Met à chercher un soin particulier.

Mais de la cave on l'appelle au grenier,
Et du grenier on l'appelle à la cave.
Or, vingt héros, là tous venus exprès,
Et Brandimart, et Ferragus terrible,
Et Sacripant, et Gradasse invincible,
Depuis long-temps erraient dans ce palais,
Se plaignant tous de son maître invisible,
Cherchant toujours, et ne trouvant jamais.
C'était Atlant. Ce sorcier en alarme,
Voulant toujours, loin de son cher Roger,
Des chocs sanglans écarter le danger,
Avait pour lui formé ce nouveau charme.
Il y voulait prendre des deux partis
Les meilleurs preux, amis comme ennemis.
Dans ce palais, fantastique assemblage,
Sans se connaître, en vain ils couraient tous.
Laissons un peu cette troupe de fous
Pour un héros qui n'est guère plus sage.

Il s'en était fallu de peu, vraiment,
Que du salut d'Angélique éplorée
Roland encor ne devînt l'instrument.
Tout en cherchant sa maîtresse égarée,
Il avait su, par des mères en pleurs,
L'oppression et le tribut trop rude
Qui, forcément, faisait des ravisseurs,
Des habitans du roc affreux d'Ébude.
« Chère Angélique, ô Dieu! Si le destin
Te conduisait sur ce bord inhumain!... »
Il dit, et cède à son inquiétude.
Voulant servir l'amour, l'humanité,
A Saint-Malo le voilà qui s'embarque;
Mais un autan, quatre jours irrité,
Aux champs d'Anvers fait échouer sa barque.
Là, retirée, Olympe, aux cheveux blonds,
Unique enfant du feu roi de Hollande,
Contre le roi des sauvages Frisons,
D'un prompt secours lui fait l'humble demande.
Ce roi, Cymmosque, adorait ses appas,
Et, n'adorant guère moins ses états,
Avait, aidé de trente mille apôtres,
Ravi les uns en attendant les autres.
Olympe en pleurs, fuyant un tel mari,
A ce tyran a laissé sa Hollande,
Et qui pis est, son amant favori,
Birène, duc de l'humide Zélande.
Pour délivrer son trône, et son amant
Qui, dans les fers, languissait tristement,
La belle Olympe au héros qu'elle adjure
Avec détail conte son aventure.
Elle parla long-temps, et bien, Roland
Lui répondit deux mots : « Soyez tranquille. »
Le ciel en fit un paladin vaillant,

Et n'en fit pas un orateur habile.

Avec Olympe alors va s'embarquant
Pour la Hollande, un héros si marquant.
Ce n'était pas cette terre funeste,
Si singulière au regard effrayé,
Qui par la mer est conquise à moitié,
Et dont à peine on dispute le reste;
Petit pays, qui, par un frêle appui,
Retient les flots suspendus devant lui :
C'était alors une vaste contrée
Qu'avec orgueil couvrait un peuple heureux,
Sans se douter du sort de ses neveux
Et d'une époque à jamais abhorrée.
Les habitans, au bord riant des flots,
Avaient construit des tours et des châteaux
Qui maintenant sont, sous les mers profondes,
Les vieux palais des habitans des ondes.
Le bon Roland arrive dans le port,
Tout près alors des côtes d'Angleterre.
Il laisse Olympe au navire, et d'abord
Devers Cymmosque il court avec colère.
A ce monarque on dit qu'un chevalier
Exprès chez lui vient pour le défier.
Le roi Cymmosque avait peu de vaillance :
Mais, fourbe adroit, génie assez subtil,
Ce roi cruel avait trouvé d'avance
Ce qu'aujourd'hui nous nommons un fusil.
De s'en servir il crut peu nécessaire
En recevant un défi téméraire.
Il accepta : mais il fit, prudemment,
De toutes parts cerner son adversaire,
Qu'il croyait loin d'être aussi véhément.
Son espérance est durement trompée.
Roland d'abord punit la trahison,
Et foulé aux pieds de son cheval frison
Tous ceux qu'avait oubliés son épée.
Le roi Cymmosque aux coups du chevalier
Échappa seul, ayant fui le premier.
Il reparaît bientôt avec son arme,
Et vers Roland ajuste un coup fatal.
Cœur généreux, modérez votre alarme :
Il n'atteignit que le pauvre cheval.
Le cheval meurt, et Roland touche à terre :
Nouvel Antée, il se lève plus fort;
En quatre sauts joignant son adversaire,
En un seul coup il le frappe de mort.
Dans ce moment abordant sur la plage,
Et de chez eux arrivés comme exprès
Pour secourir leur duc, les Zélandais
Font des Frisons un horrible carnage.
Du tyran mort la fille, aux doux attraits,
Est à son tour en proie à l'esclavage.

Birène est libre. Olympe aux Hollandais
Montre leur reine; à Birène, sa dame.
Le bon Roland dans Birène et ses traits
Trouva trop peu de plaisir et de flamme.
Quoi qu'il en soit, déjà des deux amans
Il a reçu tous les remercîmens :
Birène, Olympe, à l'amant d'Angélique
Voulaient offrir un présent magnifique;
Il n'accepta que l'arme du tyran.
Le lendemain, d'une double surprise
Birène ayant bien médité le plan,
Avec Olympe est parti pour la Frise,
Qui fut bientôt, faute de chef, soumise.
De toutes parts les hameaux, les cités,
Vantaient Birène, et par leurs députés
Lui faisaient part de la gaîté publique.
Car c'est l'usage, et le roi conquérant
Est tout d'abord le meilleur, le plus grand,
Et, s'il veut même, est le plus pacifique.

Roland était parti de son côté;
Mais, de ce bord dès qu'il s'est écarté,
Il a saisi, de sa main généreuse,
Le plomb, la poudre, et l'arme dangereuse,
Et, l'observant d'un regard irrité
« O toi, dit-il, par qui la lâcheté
Peut opprimer la force et le courage,
Ingénieux, mais exécrable ouvrage,
Toi qui pourrais doubler dans l'univers
Des vils tyrans les attentats impies,
Arme maudite, inventée aux enfers,
Va retrouver tes mères les Furies. »
Roland a dit, et, d'un puissant essor,
La jette loin,.... pas assez loin encor.

Bientôt après, le vent lui faisant faute,
Roland se fit descendre sur la côte.
Là, d'Angélique ayant ouï parler,
A la chercher Roland mit son étude;
Mais, quelque part qu'il s'efforçât d'aller,
Rien ne calmait sa vive inquiétude.
Plus d'un obstacle arrêta ses projets,
Et ce ne fut que douze jours après
Qu'il arriva près du rocher d'Ébude.
Du ciel couvert des voiles du matin
La fraîche aurore à peine ouvrait la porte.
A son pilote alors ce paladin
Dit : « Donne-moi ton ancre la plus forte; »
Et, sans tarder, au rivage prochain
Le chevalier qui la reçoit l'emporte.
Au jour naissant, le héros redouté
Distingue, entend une jeune Beauté
Qui gémissait sur la sinistre roche.

CHANT VINGT-DEUXIÈME.

Pour la connaître il s'approchait déjà,
Quand il entend le monstre qui s'approche,
Et qui bientôt, dit-il, le connaîtra.
Le paladin, qu'un noble zèle anime,
Accourt au monstre et défend la victime.
L'orque le voit, et s'avance en ouvrant
Un vaste abîme, un gouffre dévorant.
Roland s'y lance, indomptable et rapide ;
Et, par son ancre, en ce gosier avide,
En haut, en bas, les crocs sont retenus.
L'abîme ouvert ne se fermera plus.
Le paladin, de sa lame sanglante,
Frappe au hasard la caverne vivante.
Des flots de sang vont se mêler aux flots ;
Le monstre, alors, en ses efforts immondes,
Envoie aux cieux les vagues furibondes ;
Et, déchiré de traits toujours nouveaux,
Fuit la douleur qui le suit sous les ondes.
Alors Roland crut qu'il n'aurait pas tort
D'abandonner sa conquête effroyable :
Nageur rapide, il regagne le bord ;
Mais, laissant l'ancre, il emporte le câble ;
Et l'orque, enfin, cédant à son effort,
Vient se débattre et mourir sur le sable.

D'un pareil trait vous auriez espéré
Que dans Ébude on vous aurait su gré.
Soit qu'en cette île il ne fût que corsaires,
Soit qu'on craignît que le monstre expiré
Ne fût vengé par vingt de ses confrères,
Les habitans, accourant en fureur,
Veulent, unis, égorger le vainqueur.
Mais s'ils avaient eu de meilleures têtes,
Si ces ingrats n'avaient été des bêtes,
Ils auraient craint un si rude jouteur.
Cerné soudain par leur troupe farouche,
De Durandal le héros escarmouche ;
Et, ravissant la lance de l'un d'eux,
Par un seul coup le héros valeureux
En perce six, blesse encor le septième.
Or vous saurez que, dans cet instant même,
Des Irlandais le prince généreux,
Le jeune Obert, venait sur ces rivages
Des habitans punir les longs ravages.
Les habitans ont fui, troublés : Roland,
Dès que son œil ne vit plus d'assaillant,
Courut au roc, où restait éplorée
Cette Beauté qu'il avait délivrée.
Elle voulait vainement se couvrir,
Et rougissait, pouvant s'enorgueillir.
Elle était nue : ah, qu'elle était parée !
Elle baissait son front dans sa douleur.
Il voit enfin ses traits. Est-ce une erreur ?

Olympe ! ô ciel ! cette Olympe adorée,
De qui naguère il fut le protecteur.
Sur elle en vain partout la grace brille,
L'ingrat Birène à ses divins attraits
Du vil Cymmosque a préféré la fille ;
Moindre Beauté : mais il ne l'eut jamais.
Celle qu'on a, perdant de son empire,
Est toujours loin de celle qu'on désire.

Parmi les mers et parmi les frimas
Quand de Birène elle suivait les pas,
Quand, sous sa tente, et même entre ses bras,
Elle dormait fortunée et tranquille.
Le malheureux, s'éloignant pas à pas,
La laissa seule, et vouée au trépas,
Sur un rocher, dans le désert d'une île.
On peut, hélas ! avec légèreté,
Quitter, de loin, une jeune Beauté ;
Mais quel mortel, assez dur et farouche
Peut déserter ses attraits et sa couche !
Ce fut Birène. Olympe, le matin,
Dormant encor, l'aimant même endormie,
Pour le chercher vers lui tendit la main.
Recherche vaine ! espérance trahie !
Qui l'aurait dit !... Quand son regard charmant
S'ouvrait à peine aux clartés de l'aurore,
Ses bras errans appelaient son amant :
Son joli pied le demandait encore.
Croyant alors sortir d'un rêve affreux,
La pauvre Olympe, apprenant sa misère,
A son réveil, se trouva solitaire
Au lit cruel qui les avait vus deux.
Sur un rocher, victime abandonnée,
Cette Ariane, amante infortunée,
N'avait point là rencontré de Bacchus ;
Mais, tout à coup, des marins survenus
L'avaient d'abord, dans Ébude, emmenée.
En rougissant, tandis qu'elle peignait
Son sort au preux, qui d'horreur s'indignait,
Le jeune Obert arriva sur la plage.
Olympe alors rougit bien davantage.
Elle eût voulu cacher tous ses attraits
A ce jeune homme, à l'amant d'Angélique.
Vous avez vu son port, ses yeux, ses traits,
Si vous avez vu la Vénus pudique ;
Mais vous n'avez, vous n'avez vu jamais
Un plus beau sein, une forme plus belle,
De tels contours ;... c'est assez : je me tais ;
En la peignant, restons décent comme elle.
De vingt beautés les attraits séduisans
Furent jadis réunis par Apelle.
Olympe aurait dû venir de son temps :
S'il l'eût connue, il n'aurait choisi qu'elle.

Birène, ainsi, j'ose le garantir,
Ne l'avait pas regardée à plaisir :
L'ingrat n'eût pu devenir infidèle.
On dit pourtant que c'est voir que sentir.
Son embarras, sa pudeur et ses larmes,
Venaient encore ajouter à ses charmes.
Jamais l'amour ne voulut modeler.
Une Beauté plus douce à consoler.

A son aspect, Obert sent dans son ame,
Naître et s'accroître une brûlante flamme.
Il fait venir, mais le plus tard qu'il peut,
Les vêtemens dont se voile une femme.
Instruit du sort d'Olympe, il dit qu'il veut
Chercher, punir son ravisseur infâme.
Il tint parole, et Birène cruel,
Fut défié pour un combat mortel.
L'assaut fut long; mais unie au courage,
La juste cause eut enfin l'avantage.
Birène aussi voulait, pour résister,
Par la valeur se réhabiliter.
Obert enfin de ses jours reste maître,
Et sans pardon il use envers ce traître
De ce poignard qu'avait tout chevalier,
Et qu'on nomma d'un nom très singulier
Misericordo, en une triste passe,
C'est pour donner, je crois, *le coup de grace*.
Vengeur d'Olympe, Obert en fut l'époux,
L'époux aimant; mais son ardeur réelle,
Avec grand'peine à cet objet si doux
Fit oublier un choix indigne d'elle.
Dans le bonheur, Olympe souriait
Comme, voilé d'un humide nuage,
Le ciel calmé sourit après l'orage.
Aussi l'on voit que parmi les amans
Birène fut un des plus noirs modèles.
Hélas! après les plus tendres sermens,
Bientôt ils vont à des amours nouvelles.
Oui, les aimer, les croire, est bien hardi.
... Beaucoup pourtant ont de constantes flammes.
J'en disais trop : je suis un étourdi :
Il ne faut pas décourager les dames.

CHANT VINGT-TROISIÈME.

Malice d'Angélique.— Emma et Ferragus.— Exploits de Roland.
—Chanson de Roland. — Danger d'Isabelle. — Roland et les
bandits. — Gabrine.

Le genre humain se divise en *espèces* :
Il est beaucoup d'espèces parmi nous.
Pour les classer je prépare à nos presses
Un beau traité dont on sera jaloux.

Je l'écrirai, je ne tarderai guères.
En attendant, convenez-en, humains.
Tous, ici bas, nous ne sommes pas frères;
C'est tout au plus si nous sommes cousins.

Je traiterai de l'espèce des bêtes,
Race nombreuse, et féconde en rameaux;
Gardez-vous bien, gens d'esprit que vous êtes,
De la confondre avec celle des sots.

Vous gens d'esprit, troupe des plus légères,
Et vous, pédans pesans au dernier point,
Je vous ai vus ne vous écouter guères,
Et bien souvent ne vous entendre point.

Dans ce traité j'aurai de rudes tâches.
Tel, à la fois, a deux noms différens.
Combien de gens de l'espèce des lâches,
Qui sont aussi de celle des tyrans!

Souvent encore, en brayettes, en jupes,
Ne voit-on pas changer de bataillons!
Que de natifs de l'espèce des dupes,
Qu'on voit passer dans celle des fripons!

O gens de bien, que votre espèce est rare!
Le sort n'a pas prodigué ce trésor.
Je sais pourquoi de vous il fut avare :
Le reste est cuivre, et vous êtes de l'or.

Du genre humain vous êtes la noblesse,
Et celle-là ne peut se contester.
Aussi chacun se dit de votre espèce;
Mais l'Éternel est là pour vous compter.

O gens de bien! l'homme vous doit hommage.
C'est pour vous seul que l'on fait grace à tous.
Quand notre Auteur veut montrer son ouvrage,
Avec orgueil il montre l'un de vous.

Certe! Angélique était une personne,
En bien des points, excellente à montrer :
Mais elle était de l'*espèce friponne*,
Qu'on est un peu sujet à rencontrer.
Lorsque d'Argail cette sœur ravissante
Eut, en fuyant, fait à Roger grand tort,
Et, par l'adresse, eut trompé son effort,
Grace à l'anneau, sans nul danger errante,
Et revenant à ses goûts favoris,
Elle avait pu s'approcher de Paris.
Mais il survint à la belle Angélique
Un trouble étrange, un embarras comique :
Quoique partout personne à présenter,
La dame avait des motifs légitimes
Pour fuir le monde et pour le redouter.
Il lui manquait certains habits intimes,
Et sans jupons comment en acheter?

CHANT VINGT-TROISIÈME.

Elle était seule, on ne peut moins vêtue..
Comment rentrer dans la société?
Mise elle était comme la Vérité,
Et, j'imagine, eût été mieux reçue.
Elle avait peur de l'être un peu trop bien,
Et s'avisa, faute d'autre moyen,
De dérober au bord d'une rivière
L'habit vacant d'une jeune bergère.
Or celle-ci, qui n'avait pas d'anneau,
Fut confondue et ne put disparaître
Quand son amant, un berger jeune et beau,
La reconnut errante au bord de l'eau,
Et la suivit sous l'ombrage d'un hêtre.
Il en advint de grands événemens
Que quelque jour je vous dirai peut-être.
Quoi qu'il en soit, la dame aux mille amans,
Du grand Roland l'amante trop chérie,
Libre enfin d'eux et de tous leurs sermens,
Aurait bien dû regagner sa patrie.
Mais de la France elle aimait le séjour.
Elle pouvait y composer sa cour
Parmi la fleur de la chevalerie;
Et, se plaisant à tourner à l'entour,
Elle y sera prise elle-même un jour :
Car la coquette est, auprès de l'amour,
Le papillon auprès de la bougie;
Elle finit par brûler à son tour.

En attendant, un matin, Angélique,
De vingt côtés au hasard s'en allant,
Étourdiment, franchit un beau portique,
Et se trouva dans le château d'Atlant.
Depuis la veille, en ce séjour unique,
Errait, courait, le paladin Roland.
Il entendait une voix fantastique,
Et constamment trompé dans sa fureur,
Il poursuivait l'ombre d'un ravisseur
Qui poursuivait l'ombre d'une Angélique.
La véritable, exempte en ce moment,
Par son anneau, de tout enchantement,
Se regarda, se trouva ressemblante.
Toujours mêlés, ces héros en courroux,
Je vous l'ai dit, se méconnaissaient tous.
La Belle voit ce Roger si terrible :
A se montrer elle est loin de penser ;
Mais, en voyant Sacripant s'avancer,
Elle s'amuse à se rendre visible.
Le sort voulut, là, dans ce même instant,
Faire arriver Ferragus et Roland.
Elle, songeant qu'ils vont la reconnaître,
Fuit, oubliant qu'elle peut disparaître.
Tous trois, d'abord, sautant sur leurs coursiers,
Suivent déjà l'ardeur qui les emporte;
Et, plus bridés que tous ces destriers
Qui dès long-temps paissaient près de la porte,
Suivent la dame, et sont, en un instant,
Hors du palais et du pouvoir d'Atlant.
La dame alors de son anneau s'avise,
Et tout à coup, au regard échappant,
Les laisse là consternés de surprise.
Des chiens ardens qui se trouvent perdus,
Imitent bien ces paladins émus;
Mais la perdrix, n'imitant pas la belle,
File tout droit, sans s'arrêter comme elle.
Elle, laissant passer les plus pressés,
Dans la forêt se moquait de leur zèle;
Vous l'auriez vue, en ces sentiers tracés,
Suivre les gens qui couraient après elle.

Mais Ferragus, ce second Fier-à-Bras,
Toujours sans casque, et bien souvent sans tête,
Vers ses rivaux se tourne, et les arrête.
« Allons, dit-il, retournez sur vos pas;
Dans mes amours, comme dans mes combats,
J'ai rarement souffert un adversaire.
— Mais, dit Roland, que masque sa visière,
Sans doute il croit, ce fanfaron nouveau,
Qu'une quenouille est dans notre fourreau.
Ah! s'il avait un casque sur la tête,
Il me paierait ses propos hasardeux.
— Va, sans cela, dit l'Espagnol honnête,
Je puis fort bien vous corriger tous deux. »
Roland s'écrie : « Ah! Sacripant, de grace,
Prête un moment ton casque à ce vaurien;
J'aurai bientôt réprimé son audace... »
Sacripant dit : « Eh! prête-lui le tien.
Ainsi que toi, Sacripant saura bien
D'un fou pareil réprimer la menace.
— Eh! leur répond Ferragus irrité,
Eh! doubles sots, croyez-vous l'un et l'autre
Que, si d'un casque on était bien tenté,
Vous porteriez tous deux encor le vôtre !
Mais j'ai juré de n'en porter aucun,
Que de Roland le casque peu commun
Ne soit à moi par le droit de conquête.
— Ah! dit Roland souriant de mépris,
Tu pourras bien ne pas couvrir ta tête,
Si tu voyais Roland, à mon avis,
Bientôt en proie à de justes alarmes,
Loin que par toi ton casque fût conquis,
Tu céderais le reste de tes armes.
— Eh! ce Roland par moi fut combattu
Plus d'une fois, et fut même vaincu.
J'avais des droits sur son armure entière :
Je lui fis grace, et ne veux plus la faire.
— Qu'oses-tu dire, imposteur! apprends-moi,

Lâche, en quel lieu je fus vaincu par toi.
Je suis Roland : rassemble ton courage.
Conquiers ce casque, objet de tous tes vœux.
Tu sais mentir : sache vaincre. Je veux
Ne conserver sur toi nul avantage. »
Au même instant son casque belliqueux
Est déposé sous l'abri d'un branchage.
Et Ferragus, menteur très courageux,
Soutient l'assaut que son rival engage.

Le Sacripant, à qui, sans trop d'égard,
Dans ce combat nul ne laisse sa part,
Se met alors à chercher Angélique.
Mais celle-ci, dont le malin regard
Considérait cette lutte héroïque,
Veut toutefois l'interrompre à l'instant,
Saisit le casque, et fuit en l'emportant.
Les deux héros, après quelque intervalle,
De leur combat ne voyant plus le prix,
Sont demeurés irrités, interdits.
A Sacripant leur erreur est fatale ;
Et, l'accusant, leur indigne soupçon
Fait d'un grand prince un insigne larron.
Par deux chemins, pleins d'une ardeur rivale,
Ils l'ont suivi : Ferragus prend le bon.
Non qu'à ses yeux Sacripant se présente,
Mais Angélique, Angélique charmante,
Qui reposait, et qui, fuyant soudain,
Laisse le casque aux branches d'un sapin.
Il le saisit d'une main triomphante,
Suit Angélique, et la poursuit en vain.
Se reprochant un jeu qu'elle déplore,
Elle a regret d'avoir, contre son vœu,
Sacrifié Roland, qu'elle aime peu,
A Ferragus, qu'elle aime moins encore.

Ce Sarrasin plein de rage et d'amour,
La suit long-temps ; mais après plus d'un jour,
Il cède enfin à sa course accablante,
A la fatigue, à la chaleur brûlante,
A son cheval, qui, poussé trop long-temps,
Va chez les morts se fixer tout d'un temps.
Le chevalier, né sur les bords de l'Ebre,
Fait en jurant son oraison funèbre ;
Puis il s'endort sous l'ombrage d'un pin.
Tout près de là, le réveillant soudain,
Passe escortée, une fille accomplie :
De Charlemagne Emma reçut la vie.
L'amour s'était ménagé ce trésor,
Et sa beauté méritait des folies.
O siècle heureux ! dans cet autre âge d'or,
Les rois n'avaient que des filles jolies.
Cela n'est plus ; mais on le dit encor.

Le Ferragus à l'observer s'applique,
Et, pris soudain d'un amour frénétique,
Voilà-t-il pas qu'il a, dans son ardeur,
Oublié tout déjà, même Angélique !
L'amour chez lui porte un air de fureur.
Il s'avançait. D'Emma toute la suite
Par son regard est d'abord mise en fuite.
Eginhard seul, un jeune chevalier,
Les retenant en généreux guerrier,
De l'empereur dont il est secrétaire,
Voudrait sauver la fille aimable et chère.
Il ne le peut, quoique déterminé ;
Par les poltrons le brave est entraîné.

Ferragus règne ; Emma, qui reste seule,
Veut être sage, et n'ose être bégueule.
Le Sarrasin ne peut se contenir.
Instruit qu'elle est fille de Charlemagne,
« Parbleu, dit-il, moi, fils du roi d'Espagne,
Et fils aîné, je puis à vous m'unir,
Et vous choisis dès ce jour pour compagne.
— Y pensez-vous, seigneur ! ah ! quel projet !
J'invoque, moi, Jésus ; vous, Mahomet !
— J'invoquerai qui vous voudrez, madame,
Dit Ferragus : nargue à qui vous déplaît.
Comme mon cœur, je vous livre mon ame.
Je l'avoûrai : ce prophète, en effet,
Jusqu'à ce jour, me parut estimable :
Mais Ferragus, s'il obtient votre aveu,
N'estime plus que vous et votre Dieu ;
Et J.....-C..... me paraît adorable.
Je suis chrétien, c'en est fait : dès demain
Un bon curé bénira notre hymen.
— Et si mon père à mes vœux vous refuse ?
Répond Emma. Bien franchement, seigneur,
De quelques torts le public vous accuse.
— Je suis, dit-il, débauché, suborneur,
Brutal : je sens qu'avec peine on m'excuse ;
Mais dès long-temps, presque religieux,
Avec douleur sur mes torts je médite.
Quelque matin je veux me faire ermite ;
Mais avec vous je prîrai beaucoup mieux.
Aussi je veux vous épouser bien vite. »
Lui, qui jamais n'avait lu de roman,
Se pressait trop, je ne dois pas le taire ;
Et Ferragus, satyre musulman,
Jetait sur elle œil de propriétaire.
Elle en frémit pour ses tendres appas.
Pour gagner temps en un tel embarras,
« Il faudra donc fuir avec vous, dit-elle.
— Que dites-vous ? Non pas, mademoiselle.
Non : avec moi l'on part, l'on ne fuit pas.
Je le veux bien. Partons ; venez, ma chère,

CHANT VINGT-TROISIÈME.

Cédez au feu dont je me sens brûler.
Vous n'aurez plus avec vous votre père,
Mais quelque enfant pourra vous consoler. »
Dans ce propos, selon toute apparence,
C'est de l'Amour qu'il entendait parler,
Et Ferragus aimait trop la décence.

Ne sachant plus où trouver des raisons,
Emma lui dit : « Eh bien, nous partirons.
Mais daignez voir de ce côté, de grace,
Si des témoins ne suivront point ma trace.
Seule, de l'autre, elle espérait partir,
Et c'était moins un espoir qu'un désir.
Mais un bonheur, qui manque à maintes Belles,
Dont le projet était d'être rebelles,
Fait qu'au moment où le bon Ferragus,
En observant, préparait le voyage,
Tout près d'Emma, sortant de bois touffus,
Sire Eginhard vient en leste équipage;
Son destrier est à dix pas au plus;
Pas un moment à perdre en ce qu'il tente;
Par le péril il n'est pas effrayé,
Et, prenant vite en croupe Emma tremblante,
Part, au retour de Ferragus à pié.
De Ferragus la douleur et la rage
Ne se pourraient peindre en aucun langage.
Dans son bon sens il trouvait peu d'appui.
Tout ce qu'il fit, je le ferai connaître
Un autre jour. Roland, pour aujourd'hui,
Dans ce poëme a droit de reparaître.
Vous le savez : il est ici chez lui :
De la maison il faut soigner le maître.

Roland, toujours blessé du même trait,
S'étant muni d'un casque assez vulgaire,
Cherchait toujours celle qu'il adorait :
Car à Paris Roland ne pensait guère.
Advint pourtant, près de cette cité,
Qu'il rencontra, de la race africaine,
Double escadron nombreux et bien monté.
Leur chef était le roi de Trémizène,
De ce pays où Voltaire, plus tard,
Devait, osant courir un grand hasard,
Près de Zulime aller perdre sa peine.
Le jeune roi, qui méconnaît Roland,
A défié ce paladin vaillant.
Triste défi ! désastreuse imprudence !
Le chevalier l'a percé de sa lance.
Les paladins, dans le champ des exploits,
Respectaient peu la majesté des rois.
A cet aspect, cette troupe hautaine,
D'un seul guerrier croit se venger sans peine.
Mais Bride-d'Or, Roland, et Durandal,

Prouvent à tous qu'ils raisonnent fort mal.
Le preux Roland frappe, abat, perce, taille
Les musulmans, qui ne font rien qui vaille.
Tout meurt, ou fuit; et ces païens tremblans
Ne savent plus user que de leurs jambes.
Ils prétendaient être les plus vaillans,
Et tous voudraient être les plus ingambes.
Glacé d'effroi par un tel ennemi,
Leur escadron va, presque anéanti,
Vanter Roland au camp des infidèles.
Charle avait eu le temps de l'oublier.
Charle est instruit qu'il en a fait de belles,
Et l'applaudit; heureux le chevalier
Qui peut ainsi donner de ses nouvelles!
Chaque Français, à ce récit brillant,
Chante un héros dont la gloire est vantée,
Et (c'est le lieu) la chanson de Roland
Tant bien que mal par moi sera citée.

Chantons le chef le plus vaillant
Qu'ait jamais chéri la victoire.
Soldats français, chantons Roland :
Il fera chanter notre gloire.

Honneur à ses faits glorieux,
Et malheur à ses adversaires !
La voix de son cor belliqueux
Sonne la mort des téméraires. Chantons, etc.

L'ennemi, bientôt éperdu,
Devant Roland fuit comme une ombre.
Ce n'est qu'après l'avoir vaincu
Qu'il veut bien en savoir le nombre. Chantons, etc.

Quand la victoire a prononcé,
Ce fier lion change de rôle;
Le rival qu'il a terrassé
Devient un ami qu'il console. Chantons, etc.

A plus d'un officier brutal
Il offre un exemple admirable :
Bien qu'il soit un grand général,
Pour le soldat il est affable. Chantons, etc.

Seulement on reste surpris
Que ce paladin héroïque
Ait pendant si long-temps, gratis,
Escorté la belle Angélique. Chantons, etc.

Imitons ses coups inouïs :
Évitons ses délicatesses.
Poussons autant nos ennemis;
Mais respectons moins nos maîtresses.

Chantons le chef le plus vaillant
Qu'ait jamais chéri la victoire.
Soldats français, chantons Roland :
Il fera chanter notre gloire.

Heureux Roland, ainsi l'on te vantait.
Et cependant qu'au loin on te chantait,

Tu chantais faux la charmante Angélique :
Tu la cherchais dans maint castel antique,
Partout enfin où le sort te portait.
Voilà qu'un soir la nuit mélancolique
L'arrête au pied d'un rocher entr'ouvert,
Il est surpris de voir par intervalle
S'en échapper une lumière pâle.
« C'est un secret qui sera découvert,
Dit-il ; peut-être est là celle que j'aime. »
Lors, à l'entrée attachant son coursier,
Dans la caverne, avec un zèle extrême,
Roland s'avance en digne chevalier.
Long-temps il marche, à la clarté douteuse,
Sur des débris suit la route épineuse
Où ses genoux, ses doigts, sont déchirés,
Comme au tombeau descend quelques degrés,
Et, près d'un feu, voit un être adorable.
Dont tout d'abord ses yeux sont enchantés.
« Là, dans cet antre ? » En ce siècle admirable,
Je vous l'ai dit, il pleuvait des Beautés.
Il est bien vrai qu'une vieille effroyable
Près de la jeune était en ce moment,
Et la grondait, même assez durement :
Mais le héros, pour de très bonnes causes,
Vit seulement dans ce repaire affreux
La jeune fille, et ses lèvres mi-closes,
Et ses attraits ; tel que maint homme heureux
Qui voit toujours le beau côté des choses.

« Ah ! lui dit-il, quel mortel éhonté,
En de tels lieux cachait tant de beauté ? »
Elle, en pleurant, dit : « Je suis Isabelle,
Et j'ai reçu le jour à Compostelle,
De là, mon père, assis au rang des rois,
Sur la Galice étend ses justes lois.
J'y vis Zerbin. L'Écosse est sa patrie,
Et du monarque il a reçu le jour.
Il me chanta, me pria tour à tour.
On peut aimer, quand on est si chérie,
Et son amour alluma mon amour.
Mais au malheur un hasard nous condamne :
Il est chrétien, et je suis musulmane.
Zerbin, hélas ! je dois en convenir,
Sans m'enlever ne pouvait m'obtenir.
J'y consentais enfin, lorsque son père
Le rappela vers les monts écossais
Pour aller faire, aux champs français, la guerre.
Il s'éloigna, non sans d'affreux regrets.
J'en fus touchée, au point de lui promettre
De m'échapper avec un chevalier,
Entre ses mains chargé de me remettre.
« C'était, dit-il, le plus vaillant guerrier ;
C'était surtout l'ami le plus fidèle,
Qui mille fois avait prouvé son zèle. »
Je suivis donc, bravant le cri public,
Ce chevalier qu'on appelle Oderic.
Mais, descendue un jour sur cette côte,
Je reconnus mon erreur et ma faute.
Ce chevalier, à qui si franchement
Me confiait son maître et mon amant,
Ce guerrier sûr, cet ami véritable,
Devint soudain un amant redoutable.
Nous étions seuls. Par mes cris, mes efforts,
Je résistais à ses affreux transports ;
Et, quand je vis une troupe nombreuse
Venir vers nous, je me crus trop heureuse.
Oderic fuit : mais ces libérateurs
N'ont fait, hélas ! qu'augmenter mes malheurs.
De ces bandits l'effroyable licence
A respecté du moins mon innocence.
Mais de la vendre ils ont l'affreux dessein,
Et les cruels, m'emmenant sans défense,
Pour un sérail vont me livrer demain.
Mon cher Zerbin, je n'ai plus d'espérance ! »

Ainsi parlait encor sa douce voix,
Quand vingt bandits arrivent à la fois.
Leur chef, hardi, mais malheureux athlète,
N'ayant qu'un œil, et n'ayant pas de nez,
Jette en ce lieu des regards étonnés.
« Parbleu, dit-il, cet homme est bien honnête.
Qui le croirait ! lui-même il s'est rendu
Dans mon filet qui n'était pas tendu.
J'ai son cheval, et, sans trop de vacarmes,
Je vais, je crois, avoir ses belles armes. »

Roland se lève, et, d'un souris amer,
Dit au brigand : « Oui, je vais te les vendre ;
Mais tu pourras les payer un peu cher. »
Lors il lui lance un tison sans attendre.
Du scélérat le dernier œil atteint,
Du coup heureux est à jamais éteint.
Bien plus : frappé d'une douleur mortelle,
Après le choc du plus lourd des tisons,
Le bandit prend la route universelle,
Et dans l'enfer il descend à tâtons.
Ses compagnons pensent à sa vengeance :
Mais, saisissant la table des repas,
Sans trop d'effort le paladin la lance
Où des bandits est le plus grand amas.
Pour ces messieurs très juste récompense !
Beaucoup sont morts ; les autres, peu nombreux,
Fuyaient. Roland retient ces bons apôtres,
Et bonnement il fait grace à l'un d'eux
En l'obligeant de pendre tous les autres.

Tandis qu'usant des momens opportuns,
L'antique chef de leur sale cuisine,
La vieille enfin, qui s'appelait Gabrine,
Fuit, et bien loin va pleurer les défunts,
Le paladin revient près d'Isabelle,
Qu'avait troublée une frayeur nouvelle.
« Venez, dit-il ; voyez devant vos yeux
Un guide sûr, et très respectueux.
Un autre amour, un autre soin m'applique.
Venez, vous dis-je, et sur notre chemin
Nous chercherons, vous, votre ami Zerbin,
Et moi, toujours ma divine Angélique. »

CHANT VINGT-QUATRIÈME.

Mandricart et Doralice. — La fiancée du roi de Garbe. — Le chant de Lutèce. — Saint Michel, la Discorde et le Silence. — Assaut de Paris. — Prodiges de Rodomont. — Secours de Renaud. — Rodomont court après Doralice. — Échec des Sarrasins.

Comment peut-on, dans ce monde où nous sommes,
Être un bandit, seulement un coquin ?
La probité récompense les hommes,
Et la vertu fait le meilleur destin.
Si ces méchans que maints tourmens oppressent
Pouvaient savoir quel bonheur ils délaissent,
Comme il est doux de pouvoir s'écrier :
« Je suis en paix avec le monde entier, »
Et de se dire en toute confiance :
« Je suis en paix avec ma conscience.
Par moi pas un n'a de mal ou d'effroi,
Et je n'ai rien qui ne soit bien à moi ! »
Quel capital qu'une telle croyance !
Outre cela, si l'on peut en passant,
Faire du bien, défendre l'innocent ;
Calmant les maux, ou chassant les alarmes,
Si l'on a pu consoler quelques larmes,
O mes amis, croyez-moi, croyez-vous :
Crésus était moins opulent que nous.
Oui, le méchant calcule mal. En somme,
S'il voyait juste il se convertirait ;
Il gagnerait beaucoup ; et l'honnête homme
Place sa vie au plus haut intérêt.

Tels n'étaient pas ces gens noirs de malice
Dont Roland fit prompte et haute justice.
Tels ne sont pas des rois et des héros,
En apparence infiniment moraux ;
Et, par exemple, Agramant et Marsile,
Et Mandricart, et tant d'autres païens
Qui, pour piller la France et les chrétiens
Avaient quitté chacun leur domicile.

Sachant Renaud et son cousin partis,
Les deux premiers croyaient contre Paris
Pouvoir tenter un assaut plus facile.
De Mandricart le secours imprévu
Doublait encor leur audace hautaine ;
Mais celui-ci, dès qu'il eut entendu
Le sort cruel des gens de Trémizène,
Jura vengeance, et partit en fureur.
Du fier Roland, leur terrible vainqueur,
Déjà la trace était fort incertaine.
Mais, le matin, à tout hasard allant,
Il voit parmi des gazons et des gerbes
Un long débris d'un combat bien sanglant ;
Et, remarquant sur maint défunt vaillant
De vastes coups, des blessures superbes,
Sans hésiter, il dit : « C'est du Roland. »
Il veut trouver et combattre sur l'heure
Ce paladin digne de ses efforts ;
Mais le destin lui gardait sur ces bords
Une aventure et plus douce et meilleure.

Depuis un jour, Mandricart plein d'ardeur
Errait en vain dans la plaine altérée.
Enfin il vit un bocage enchanteur
Dont cent guerriers semblaient garder l'entrée.
Il court vers eux, héros questionneur.
« Nous escortons la belle Doralice
Qui, dans ce bois ayant fui la chaleur,
En reposant attend qu'elle finisse.
Nous sommes prêts à défendre, à venger
Cette princesse à l'Espagne bien chère.
Des Sarrasins bravant tout adversaire,
Nous la menons dans leur camp sans danger ;
Et là, le roi de Grenade, son père,
Va la donner au roi puissant d'Alger,
Qui dès long-temps a l'espoir de lui plaire, »
Ainsi parlaient ces guerriers généreux.
« Parbleu, je crois Doralice jolie,
Dit Mandricart, et sans retard je veux
La voir... — Comment, quelle est cette folie,
Cette insolence, a dit un Grenadin ? »
Par Mandricart il est frappé soudain,
Et le voilà sans parole, et sans vie.
Les chevaliers courent pour le venger.
Mais Mandricart affronte le danger,
Et sur eux tous s'élance avec furie.
Du preux Roland l'exploit, au loin vanté,
Par Mandricart est presque répété.
Tout meurt, ou fuit. Libre dans son caprice,
Le prince alors vole vers Doralice.
Près d'elle étaient des femmes, des vieillards,
Pour sa vertu trop débiles remparts.
L'heureux vainqueur la contemple, l'admire ;

Elle pleurait : que serait son sourire !
A son escorte il dit, d'un air plus doux :
« Femmes, vieillards, allons, retirez-vous.
C'est moi qui suis (elle sera contente)
Son camerier, même sa gouvernante. »
Eux de partir en pleurant : « Que diront,
Répétaient-ils, son père, et Rodomont ! »

Or Mandricart, qu'un vif désir inspire,
Se moque fort de ce qu'ils pourront dire.
Ce prince a pris son parti sur-le-champ.
Il était beau : d'un ton assez touchant :
« Dans ces climats votre portrait m'attire,
Dit-il, pour vous Mandricart a quitté,
Et sa patrie, et son immense empire;
Mais je vous vois, et tout est acquitté.
Non, je n'ai pas regret à mon voyage.
De tant de grace et de tant de beauté,
En un moment, l'aspect me dédommage.
Ah ! recevez l'hommage de mon cœur.
De Tartarie indomptable empereur,
Je ne vois pas que je vous fasse offense :
Car j'ai pour moi le pouvoir, la naissance ;
Assez souvent j'ai prouvé la valeur. »

Que l'amour-propre à l'amour est propice !
Elle crut tout, la jeune Doralice.
Loin de son cœur l'effroi vient de partir ;
La haine a pris déjà la même route.
Mandricart parle, et la dame l'écoute
Avec douceur, et presque avec plaisir.
Déjà polie, elle devient affable.
Elle veut bien même, sur Mandricart
(Très décemment) lever son doux regard.
Mais ce héros, connaisseur véritable,
Jugea, tout bas, qu'on pourrait, pas trop tard,
Payer l'amour dont il était coupable.
Le soir venait, et même le serein ;
Ils vont tous deux vers le hameau voisin,
Et, dans ses murs, trouvent un humble asile.
Il est charmant ; car il est bien tranquille.
Là, Mandricart, pour la transition,
Fait main récit qu'il sait très bien conduire.
Le dénoûment, chasté d'expression,
Mène toujours à celui qu'il désire.
« Eh mais, dit-il en lui serrant la main,
Connaissez-vous l'histoire de Sobrin?
—Non.—Oh ! vraiment, souffrez que je vous gronde :
Vous seule et lui l'ignorez dans ce monde.
De Garbe il est, comme l'on sait, le roi :
Alaciel, sa jeune fiancée,
L'allant trouver par mer, avec effroi,
De toutes parts, vit la mer courroucée.

Un chevalier qui n'était pas trop mal,
Et se nommait, s'il m'en souvient, Hispal,
A ses périls la sauva du naufrage.
Les voilà seuls dans une île sauvage.
Alaciel, moins sauvage, dit-on,
A juste titre, en cette occasion,
Eut pour Hispal de la reconnaissance.
Par les vertus son cœur était flatté ;
Et, se trouvant dans un bois écarté,
En ce guerrier son aimable indulgence
Récompensa la *générosité*.
Après deux mois, Hispal, qui se retire,
Sur un canot va chercher un navire.
Mais le seigneur d'un beau château voisin
Arrive, amène un équipage immense ;
Donne le bal, donne plus d'un festin,
Fait maint cadeau, sourit de sa dépense...
Alaciel se rendit, à la fin,
A la vertu *de la magnificence*.
Mais le malheur voulut qu'après huit jours
Par un corsaire elle se vit surprise.
Dans son navire elle est loin des secours,
Et craint de lui quelque brusque entreprise.
Il ne peut plaire. Un corsaire, en effet,
Ne fut jamais aux vertus très sujet.
Mais celui-ci possédait.... *la franchise*.
D'après cela, prompte à se consulter,
Alaciel crut pouvoir l'écouter.
Comme ils passaient, un jour, près d'un rivage
Un chevalier l'aperçut, l'admira.
« Cette dame est, dit-il, en esclavage ;
Mais je sais bien qui la délivrera : »
Et, presque seul se mettant en voyage,
Sur le navire il tente l'abordage,
L'emporte après un rapide combat,
Et fait hisser le pirate au grand mât.
Il change alors de ton et de langage.
Alaciel, dont les sens sont émus,
Une heure au moins refuse son hommage.
Cette Beauté, qui voudrait être sage,
S'est mise en frais pour de moindres vertus,
Et ne peut pas refuser *te courage*.

» Madame, enfin, avare de refus,
Dit Mandricart, la jeune fiancée
Récompensa dix ou douze vertus,
Et fut, dit-on, aussi récompensée.
Vers son époux elle parvint enfin,
Dissimulant tant d'épreuves si dures ;
Et le mieux est que le vieux roi Sobrin
La prit pour neuve après tant d'aventures.
C'est une erreur qui ne m'étonne point,
Et les plus fins sont trompés sur ce point.

CHANT VINGT-QUATRIÈME.

Alaciel, à Garbe souveraine,
Depuis ce temps, y peut tout, y fait tout ;
Et l'on prétend que cette belle reine
Pour les vertus à conservé son goût. »

A ce récit, Doralice de rire.
Elle eut grand tort. Trop prompt à s'embraser,
Le jeune amant cessant alors de dire,
S'imagina qu'il était temps d'oser.
J'en peindrais mal les transports, le délire ;
Mais vous pouvez très bien les supposer.
De son côté, celle qui les inspire,
On le sent bien, voudrait s'y refuser.
Déjà son sein, à la forme arrondie,
A palpité sous une main hardie.
Ce jeune objet, qui se débat en vain,
Réprime mal une plus folle main,
Et, s'étonnant d'un trait si téméraire,
Montre d'abord une vive colère ;
Car Doralice aime aussi la vertu :
Mais son courage est bientôt abattu.
On la croyait plus vaillante à Grenade.
Dans un long siége elle eût bien combattu :
Elle était loin d'attendre une escalade.
Et c'est ainsi que, résistant en vain ,
Dans le grand siècle, en nos antiques guerres,
Digne d'un an, brusquée en un matin,
Valencienne échut aux mousquetaires.

Mais vers Paris un choc plus sérieux
Va se livrer. Il faut bien vous le dire :
De Charlemagne autrefois glorieux,
Cette cité fait presque tout l'empire.
Mais les Français, au milieu des revers,
Sont plus vaillans à la fois et plus fiers.
Vous le savez : dès long-temps à Lutèce,
Deux nations font une double espèce :
Tandis que là de gais Parisiens
Chantaient gaîment Roland, prince des braves,
Les descendans de ces Lutéciens
Qu'un empereur trouva jadis si graves,
Chantaient ces vers dignes des anciens.

« O France ! ô pays de victoire !
De tes enfans connais les cœurs.
Tu leur es chère dans ta gloire
Et plus encor dans tes malheurs.

» En vain la fortune infidèle
Nous a retiré son secours.
La vieille France est immortelle :
Ses fils lui rendront ses beaux jours.

» La mort est le repos du brave,
La honte est celui des poltrons.

Si jamais la France est esclave,
Ce n'est pas nous qui le verrons.

» Joins ta force à notre vaillance,
De ce monde admirable auteur.
Sois toujours le Dieu de la France.
Qui quelquefois t'a fait honneur. »

Ce noble essor était bien nécessaire :
On ne voyait des remparts qu'ennemis.
Instruits bientôt qu'à Boulogne a pris terre
Le grand secours arrivé d'Angleterre,
Les Sarrasins, en conseil réunis,
Veulent hâter l'assaut contre Paris.
De son côté Charles dans sa vieillesse,
Malgré l'espoir de ses guerriers vaillans,
Craint pour Paris l'effort des musulmans,
Et sent l'horreur du péril qui le presse.
Invoquant Dieu, sans doute un peu trop tard.
« Souffriras-tu que les chrétiens périssent,
Lui disait-il, sous leur dernier rempart ? »
A l'empereur déjà les saints s'unissent,
Et, plus qu'eux tous, le zélé saint Denis,
De qui la tête est fameuse à Paris.
« Eh bien, répond le Dieu de la clémence,
Toi, saint Michel, vole avec diligence :
Que la Discorde accoure aux Sarrasins,
Et fais passer à Renaud le Silence,
Afin qu'à temps il serve les desseins
Du chef pieux qui tremble pour la France. »
Saint Michel part : où le Silence est-il ?
Tout réfléchi, l'archange crut bien faire
De le chercher au fond d'un monastère
Qui de tout temps proscrivit le babil.
Ciel ! quels débats ! quel bruit, miséricorde !
Mais en ces lieux il ne perd pas son temps.
Si le Silence en fuit les habitans,
Il y rencontre, en retour, la Discorde.
Cette déesse est fort peu de mon goût.
La peindre ici d'ailleurs serait peu sage.
Vous le savez, son portrait est partout :
Trop souvent même on a vu son visage.
L'ange lui dit, au nom du saint des saints,
D'aller troubler le camp des Sarrasins.
Avec respect recevant ce message,
Avec plaisir la Discorde y répond
Par un souris qui ressemble à la rage,
Et dit, montrant un espoir furibond,
Que l'on verra bientôt de son ouvrage.
Lors du Silence, inquiet justement,
« Où le trouver ? dit-il, que vous en semble ?
— Je n'en sais rien, répond-elle, et, vraiment,
Je défirais de nous trouver ensemble.
Je pourrais donc vous égarer fort loin.

Mais consultez ma sœur la Fourberie.
Dans ce couvent elle vit très chérie;
Et du silence elle a souvent besoin.
— Soit, dit Michel: voyons la Fourberie. »

La Fourberie est tout sucre et tout miel.
Son pas est doux, sa figure est fleurie.
Vous croiriez voir l'archange Gabriel
Qui saintement vient dire : *ave*, Marie,
Humble, bénigne, et tout plein de douceur,
Modestement son regard se dérobe :
Mais le mensonge est toujours dans son cœur,
Et le stylet est toujours sous sa robe.
Michel d'abord se rend à son logis,
Sachant très bien, tant elle était sincère,
Que le moyen d'user de son avis
Était de faire en tout point le contraire.
Elle répond, les yeux toujours baissés.
« Cherchez d'abord, pour trouver le Silence,
Son grand ami, le Sommeil; mais pensez
Que le Sommeil n'est pas à l'audience. »
Michel tout droit à l'audience alla,
Et justement le Sommeil était là.
Il n'avait point avec lui le Silence;
Mais il donna bientôt sa résidence.
Mes chers amis, peut-être vous comptez
Voir peindre ici ces deux divinités;
Mais trouvez bon que ma voix s'en dispense.
Si l'art des vers a du droit sur mon cœur
Les lieux communs m'ont toujours fait horreur.
« Guide Renaud en sa secrète route,
A dit Michel. » Le Silence aussitôt
Promet tout bas, et tiendra mieux, sans doute,
Que tant de gens qui promettent tout haut.
Louons en lui cette vertu sensée :
Alaciel l'aurait récompensée.
Prenant son vol, le Silence, bientôt,
Va protéger la marche de Renaud,
Et donne aux siens une vitesse extrême,
Tant qu'à l'insu du conseil sarrasin
Près de Paris il mène aujourd'hui même
Le corps d'Anglais qu'on n'attend que demain.

Déjà l'assaut signalait sa furie.
Les Sarrasins, sur Paris acharnés,
Voulaient dompter ma tremblante patrie.
Pour résister à tous ces forcenés,
Charle a de Mars épuisé l'industrie.
Roland lui manque en ces momens pressans :
Mais les païens ont aussi leurs absens.
De Ferragus on n'a pas de nouvelles.
Pour Mandricart, dans ses soins caressans,
Vous avez vu qu'il en faisait de belles.

Mais Isolier, Osman, Grandonio,
Foulk, Dardinel, Bernard de Carpio,
Rassurent fort Agramant et Marsile;
Puis Rodomont à lui seul en vaut mille.
Ce Sarrasin, sous qui, venus d'Alger,
D'autres soldats affrontent le danger,
Fait voir au loin, sur un drapeau qui brille,
Un fier lion qui soumet une fille.
De son espoir galante expression !
Mais Doralice ayant été légère,
Ce roi, trompé dans son intention,
Devrait plutôt mettre sur sa bannière
Une Beauté qui soumet un lion.
Ce roi, des yeux lançant des étincelles
Vers les remparts qu'il brûle d'emporter,
Par ses sujets fait dresser des échelles,
Et leur ordonne en jurant d'y monter.
Devant l'assaut leur lâcheté se cabre ;
Mais il les rend vaillans à coups de sabre,
Et, pourfendant les plus épouvantés,
Change en héros ces poltrons révoltés.
(Car c'est ainsi qu'au temps moderne, antique
Brille, ou brilla, mainte armée héroïque.)
Partout ailleurs arrêtés, renversés,
Les assaillans gémissaient repoussés :
Mais Rodomont, qui détruit et qui taille,
Est le premier au haut de la muraille.
De l'imiter son peuple s'est pressé.
Pauvres chrétiens ! ah ! que de sang versé !
Dans cet assaut où Mahomet prospère,
Un musulman, vieil ami de la guerre,
Voit à ses pieds un enfant renversé ;
De cet enfant, que son œil considère,
Entre ses mains il sait qu'il tient le sort :
A la pitié ce cœur altier se livre,
Et, lui disant, *trop jeune pour la mort*,
Il le relève, et lui permet de vivre.
Que de guerriers, hélas ! moins généreux
Rencontreront des enfans moins heureux !

De Rodomont la brillante prouesse
Vient de forcer les remparts de Lutèce;
Mais les Français, combattant les hasards,
Ont deux fossés, s'ils n'ont pas deux remparts.
Dans la cité leurs guerriers font retraite.
Avec courage, avec ordre, elle est faite.
Voilà qu'alors aux païens effrayés
S'offre un fossé, large de trente pieds,
Profond d'autant. Les flèches et les pierres
Troublent aussi les ames les plus fières.
Mais Rodomont, par la rage emporté,
Dans le fossé veut que ses gens descendent
Pour remonter de là dans la cité.

Il les exhorte ; et, voyant qu'ils attendent,
Contre eux soudain il tourne sa fureur :
A sa manière il leur donne du cœur.
Tous, se voyant ou poursuivre ou pourfendre,
Et menacés de descendre au tombeau,
A tout hasard, préférent de descendre
Dans le fossé qui du moins n'a pas d'eau.
Tandis que là les Sarrasins se pressent
Le roi d'Alger, que tous les retards blessent,
Prend un élan dont vous serez surpris,
Et par les airs il arrive à Paris.
Il fit très bien ; car il était à peine
Dans la cité chère aux flots de la Seine,
Que du fossé, tout à coup éclairé,
Jaillit le feu qu'on avait préparé.
Là reposaient le soufre et le bitume :
On les embrase. O païens malheureux,
La flamme, au ciel portant son jour affreux,
En un moment vous cerne et vous consume !
De vos clameurs quel concert douloureux
Perce à travers le nuage qui fume !
Et votre roi, votre roi trop cruel
Qui vous poussa dans ce piége mortel,
De cet aspect dévore l'amertume.
Ciel ! du fossé l'on n'entend plus sortir
Que le bruit sourd de la flamme homicide ;
Et, sauvé seul, le seul qui dut périr
Blasphême encore, et, de vengeance avide,
Seul, dans Paris, croit en pouvoir jouir.
Par quels exploits il se fait reconnaître !
Soldats, bourgeois, tout fuit devant ses yeux.
Chers compagnons que Paris a vus naître,
Détestons bien ce musulman : peut-être
Il immola quelqu'un de nos aïeux.
Ne respectant ni le sexe, ni l'âge,
De toutes parts il sème le carnage.
La torche en main, ce guerrier destructeur
Porte la flamme en nos maisons antiques.
Plus d'une rue a connu sa fureur ;
Je vous tairai leurs noms impoétiques.
Tel autrefois le fier Agamemnon,
Au dernier jour d'Ilion terrassée,
Près du Scamandre, ou vers le Parthénon,
Suivait d'Ilus la famille glacée,
Qui se cachait au temple de Junon,
Ou se sauvait par la porte de Scée.

   Charles, Turpin, Nayme, d'autre côté,
Des Sarrasins bravaient la grande attaque,
Et repoussaient Agramant irrité.
Dans ce combat, point de place qui vaque.
On laisse peu regretter les absens ;
Et les guerriers sont ardens à bien faire.

Quand Olivier remplace ses enfans,
Dudon combat pour remplacer son père :
Vous le savez, c'est Ogier le Danois.
Je vous l'ai dit, même plus d'une fois ;
Mais je n'ai pas eu l'esprit de vous dire
Qu'en Tartarie Ogier était allé,
Fort à propos, attaquer et détruire
Un corps nombreux qui, presque rassemblé,
Par Mandricart, chef de ce vaste empire,
Devers Paris se voyait appelé.
De son côté, Dudon, par son courage,
Défend Paris, qui court de grands hasards.
Bref, Charlemagne, obtenant l'avantage,
Croyait avoir gardé tous ses remparts,
Quand un bourgeois, accouru de la ville,
Lui dit, tremblant, et moins vaillant qu'agile,
Qu'un seul guerrier, soit démon, soit un dieu,
Porte en ses murs et le fer et le feu ;
Que de le vaincre il est trop difficile.
« Venez, seigneur ; ah ! pour nous protéger,
Ce n'est pas trop de toute votre armée.
Pour juger bien de notre affreux danger,
Voyez la flamme en nos murs allumée.
Paris bientôt va brûler et périr,
Si l'on ne vient d'abord le secourir. »
A ce discours, Charles, partant bien vite,
De ses guerriers a rassemblé l'élite,
Et court, ému pour son peuple aux abois,
Chasser le feu de sa cité de bois.

   Quand Rodomont occupait tant de braves,
Si d'Agramant l'assaut eût redoublé,
Paris, ce jour, succombait accablé,
Et nos aïeux étaient au moins esclaves.
Mais le bonheur voulut, et saint Michel,
Que le secours d'Écosse et d'Angleterre
Arrivât lors, protégé par le ciel.
Trois mille archers, à la marche légère,
Par une porte assez loin des assauts,
Sont dans Paris entrés fort à propos.
Le reste, armée audacieuse, agile,
Hors de Paris sait bien mieux le servir :
Quand Agramant assaillait cette ville,
Surpris, lui-même il se voit assaillir.
Le fils d'Aymon, chef de cette autre armée,
Guide l'ardeur dont elle est enflammée.
Ariodant, et Bedfort, et Lurcain,
Mais, avant tous, le valeureux Zerbin,
Du général suivent la noble trace.
C'est vainement que Dardinel, Sobrin,
Veulent des leurs retarder la disgrace.
Quittant l'assaut, le terrible Agramant
Contre Renaud a tourné son audace,

Et dans le choc se mêle en ce moment.
Au premier rang il affronte l'orage,
Et ses soldats font moins que son courage.
Du fier Renaud il frappe les regards.
Ce fils d'Aymon, qui l'eût été de Mars,
Pique au sultan, dont le cheval s'élance,
Et tombe mort sous le choc de Bayard.
Près du sultan relevé sans retard,
Avec fureur le combat recommence...
Mais mille voix m'appellent dès long-temps
Vers Rodomont dont j'ai peint l'imprudence.
Laissons un peu mes autres combattans.
Je ne sais point de guerriers plus vaillans :
Mais les plus fous amusent davantage
Ce globe-ci, qui n'est pas le plus sage.

Le roi d'Alger déjà parmi les cris
A traversé la moitié de Paris,
Semant partout la flamme et le carnage.
Mais les guerriers remplacent les bourgeois ;
Déjà leur nombre ajoute à leur audace.
Le Musulman, prodiguant les exploits,
Sent qu'à la fin ce nombre l'embarrasse.
Il marche, jure, et combat à la fois.
Il voit alors, redoublant de furie,
Accourir Charle et sa chevalerie.
Alors aussi, téméraire agresseur,
Il eut besoin de toute sa valeur.
Les cris de mort autour de lui résonnent :
Les combattans, les lances l'environnent.
Rodomont juge enfin qu'il faut quitter
Paris, ou bien à jamais y rester.
Toute espérance en lui doit être éteinte :
D'un bataillon il faut forcer l'enceinte.
Le Sarrasin, dont l'étoile pâlit,
L'ose tenter, et même y réussit.
Sur les Anglais il tourne son courage,
Et dans leurs rangs fait un affreux carnage.
Qui l'aurait dit, que, jamais, à la fois
Un seul guerrier pût briser tant d'entraves !
Convenons-en ; on trouve quelquefois
Des Rodomonts qui ne sont pas si braves.
Il a forcé la ligne, et ce héros,
Toujours suivi d'ennemis qu'il renverse,
Arrive enfin où la Seine, aux longs flots,
Bordait alors Paris, qu'elle traverse.
Sans hésiter, s'abandonnant au sort,
Le roi d'Alger a tenté l'aventure,
S'y précipite, et, malgré son armure,
Franchit le fleuve et touche à l'autre bord.
De là, ce roi que le regret dévore,
Ce Sarrasin qui s'était cru vainqueur,
Jette long-temps un regard de fureur

Sur ce Paris qui subsistait encore.

Mais la Discorde a saisi ce moment,
Et, sous les traits du nain de Doralice,
Par un avis de son enlèvement,
A Rodomont cause un nouveau supplice.
« Ciel ! — Mandricart l'emmène insolemment :
Croyez, seigneur, mes nouvelles certaines.
— Au ravisseur il faut que tu me mènes.
Je suis à pied : mais n'importe. J'aurai
Un bon cheval dès que je le voudrai. »
Et désormais, tout à la demoiselle
Qu'on lui ravit et qu'il croit toujours telle,
Il court venger un douloureux affront ;
Et la Discorde, à son métier fidèle,
Pour le cheval que prendra Rodomont,
De loin médite une bonne querelle.

Charle, aussitôt que les feux sont éteints,
Ne voulant pas que Renaud seul combatte,
Dit aux Français : « Marchons aux Sarrasins ; »
Et du succès l'espérance le flatte.
Chrétiens, païens, ont long-temps combattu :
Avec fureur on dispute l'empire.
Par Dardinel Lurcain est abattu ;
Mais Dardinel, devant Renaud, expire.
Voyant son sort, dont leur cœur est touché,
Les Sarrasins, qu'en vain maint chef excite,
Sont à peu près décidés à la fuite :
Marsile alors, du combat détaché,
Mène les siens dans un camp retranché,
Où le Sultan le rejoint au plus vite.
Charles les suit sous ces remparts nouveaux.
La sombre nuit arrive et les protége.
Des deux côtés on presse les travaux.
Des deux côtés on se tend plus d'un piége.
Mais Charlemagne a le droit d'être fier ;
Et ce vieux roi qu'on assiégeait hier,
Des assiégeans à son tour fait le siége.

CHANT VINGT-CINQUIÈME.

Astolphe en Asie combat deux géans. — Griffon à Damas. — Griffon et Marfan. — Voyage dans une baleine — République de femmes.

Mais, à propos, un doute, chers amis,
M'est survenu ; souffrez que je l'explique :
Tous ces héros de différens pays,
Nés en Asie, en Europe, en Afrique,
S'entendent tous, et les peuples, pourtant,
Dès ce temps-là parlaient différemment.
... Mais Olivier, Renaud, Roland, cent autres,

Du bien public étaient les vrais apôtres
En tout pays. Apparemment voilà
Pourquoi le ciel protégeait leurs harangues.
Et Dieu, sans doute, à ces apôtres-là
Voulut aussi donner le don des langues.
— Aux Chrétiens, oui : mais à ces Sarrasins,
A ces damnés, pires que des païens :
On ne peut pas avancer, sans blasphème,
Que Dieu leur fit cette faveur extrême.
— O mes amis, modérez ce courroux.
J'ai soupçonné toujours l'Être Suprême
D'être, là-haut, plus tolérant que nous.

Allons encor faire un tour en Asie :
Depuis long-temps l'Europe nous retient,
Et doit nous voir partir sans jalousie.
Chacun son tour. Peut-être il vous souvient
Du prince anglais qui, près de Logistille,
Avait trouvé contre Alcine un asile.
Demeuré là plus long-temps que Roger,
Astolphe, ailleurs si vif et si léger,
Avait paru trouver très raisonnable
Chaque leçon de la fée estimable.
Comme, en riant, il semblait désormais
De la vertu chérir les saintes flammes,
Les entretiens de ce trompeur de dames
Pour Logistille avaient quelques attraits.
Il n'est rien tel que les mauvais sujets
Pour réussir près des honnêtes femmes.
Il réussit, en tout bien, tout honneur ;
Mais on l'aurait retenu de bon cœur,
Quand il partit enfin ; et Logistille
Lui fit alors maint présent très utile,
Dont vous pouvez estimer la valeur :
Un livre, fruit d'un savoir admirable,
Qui contenait l'art profond et charmant
De triompher de tout enchantement ;
De plus, un cor, dont le bruit effroyable
De tous les bruits passait bien loin l'éclat ;
Et l'univers n'avait homme ni diable
Dont la valeur à ses sons résistât.
La lance d'or, dont son bouillant courage
N'avait jamais deviné l'avantage,
Lui fut rendue. Astolphe encore, en don,
Eut Rabican, ce destrier agile,
Plus, maint conseil, offert par Logistille
Sans pruderie, et non pas sans raison.

Oh ! quel malheur que cette fée auguste,
Tandis qu'Alcine et Morgane, ses sœurs,
Tendaient au loin leurs pièges imposteurs,
Fût sédentaire autant qu'elle était juste !
Faire du bien, par un destin fatal,

Est moins aisé que de faire du mal ;
Dans vingt pays Logistille accourue
Avait été jadis si mal reçue,
Que, seulement au sein de sa maison,
Elle suivait le désir d'Obéron ;
Prête à servir, à conseiller sans cesse,
Mais ne disant conseil ou vérité
Qu'aux gens de bien qui savaient son adresse.
Ce n'était pas tout à fait la Bonté,
Mais convenez que c'était la Sagesse.

Quoi qu'il en soit, de l'Europe amoureux,
Le prince Astolphe, un peu las de l'Asie,
Voulait revoir et la France et les preux,
Et traversait les champs de l'Arménie,
Quand un ermite, au regard triste et doux,
Lui dit : « Fuyez, seigneur, éloignez-vous :
Tout près d'ici vit un géant horrible,
Qui tend au loin ses filets abhorrés ;
Son front est dur et sa force invincible ;
Dames, guerriers, par lui sont dévorés.
Fuyez, seigneur, quand la fuite est possible. »
Le prince anglais fit mieux. Incontinent
Il s'en alla, près de l'affreux géant,
Sonner du cor. Saisi d'un trouble extrême,
Devant ce bruit le scélérat fuyant,
Dans son filet s'alla prendre lui-même.
Astolphe à lui courut, et l'immolait....
En y pensant, il fut plus raisonnable :
Attachant bien ce monstre redoutable,
Il le chargea de porter maint effet,
Et le soumit à son pouvoir suprême.
Le vil brigand devint un plat valet :
Cela parfois se voit encor de même.

Dans le pays on fut reconnaissant :
Mais dans un autre Astolphe s'avançant,
Ouït parler d'un géant plus terrible,
Et plus bizarre. Il l'aperçut, un jour
Que deux guerriers l'attaquaient tour à tour.
Mais vous saurez que, pour être invincible,
Orrile avait un droit fort singulier.
Ces paladins, vaillans fils d'Olivier,
A ce géant, persifleur malhonnête,
Coupaient en vain un bras, même la tête.
En un clin d'œil, se jouant du trépas,
Il ramassait, rattachait tête et bras.
Aux paladins ce jeu ne plaisait guère.
Griffon enfin, voulant le déjouer,
Sut ramasser sa tête le premier,
Et la jeter au fond de la rivière.
Mais le géant, qui lestement nageait,
De ses longs bras l'eut bientôt retrouvée.

Il ramassa sa tête qui riait,
Et put aller encor tête levée.

Voyant cela, c'est le cas et le lieu,
Se dit l'Anglais, de consulter mon livre.
Il le consulte, et voit qu'un seul cheveu
Donne au géant la puissance de vivre.
Lors, embrassant Aquilant et Griffon,
Qui sont tous deux prompts à le reconnaître,
« Ah! contre lui c'est mon tour de paraître,
Dit-il. » Tous deux trouvent qu'il a raison.
Puis, en secret, ils se flattaient peut-être
Qu'il échoûrait tout comme eux. En effet,
Le grand Orrile assez long-temps l'arrête :
De son épée en vain il le perçait.
Enfin il porte un coup qu'il méditait,
Et du géant il fait sauter la tête.
Il la saisit : il ne s'amuse pas,
Et Rabican, par sa course volante,
En peu d'instans sait mettre mille pas
Entre le corps et la tête riante.

D'un coup si fier et si déterminé
Le corps sans doute est assez étonné.
Bien lourdement, du géant effroyable
Les deux grands bras s'égaraient sur le sable;
Mais du cheval le pas sait l'éveiller.
Il court après en voulant dire : Arrête.
Ah! s'il avait sa bouche pour crier :
« Que fais-tu donc, larron? rends-moi ma tête! »
Le prince anglais, qui devine son vœu,
S'occupe alors à chercher le cheveu.
Rien ne l'indique au milieu de la foule,
Et cependant le temps déjà s'écoule.
Parbleu! dit-il, je devine un moyen :
En coupant tout, je le trouverai bien.
Lors il occupe à ce soin son épée,
Et du géant l'existence est coupée;
Et de ses traits l'ensemble renversé
A de la mort pris l'empreinte certaine ;
Et le grand tronc s'écroule comme un chêne
Que tout à coup le tonnerre a brisé.

Les trois guerriers avaient impatience
D'aller enfin au secours de la France;
Mais sur ces bords Jérusalem régnait.
Ces chevaliers, au pays de l'aurore,
Ont dit : « Voyons Jérusalem encore. »
Ils trouvent là l'aimable Sansonnet,
Qui, dans la ville, et loin de la campagne,
Représentait l'empereur Charlemagne.
De son géant Astolphe lui fit don :
Seul il pouvait bâtir une maison.
Puis, ces héros, prodiguant les largesses,
Vont s'incliner, d'un air édifié,
Près du tombeau du Dieu sacrifié,
A qui toujours on fit tant de promesses,
Dont il faudrait que l'on tînt la moitié.
A leur gaîté cependant ils font trêve,
Et chacun d'eux, avec componction,
De ses péchés demande le pardon.
Mais Aquilant, alors qu'il se relève,
Est stupéfait, et ne voit plus Griffon.

Un pèlerin de ce départ est cause :
Cet étourdi, qui dans l'église cause,
Au beau Griffon a dit : « Non loin d'ici
Est Origile, et Martan, son ami :
Je les ai vus tous les deux en voyage, »
Griffon avait voulu, dès ce moment,
De ce côté faire un pèlerinage.
Vous le sentez ; c'était assurément
Pour se venger d'elle et de son amant :
Mais, d'Aquilant redoutant la sagesse,
Légèrement il s'était esquivé.
Le saint tombeau, par son amour bravé,
N'a pu tenir devant une maîtresse.
Quelle maîtresse encor! Le paladin
En peu de temps fait beaucoup de chemin,
Et joint bientôt l'amant et l'infidèle,
Dont la frayeur à bon droit est mortelle.
Contre Griffon Martan ne pouvait pas
Lutter, au moins dans le champ des combats ;
Mais Origile, adroite plus que sage,
Des fictions a dès long-temps l'usage.
Elle tient bon, d'abord se rassurant,
Et vers Griffon à bras ouverts courant :
« Que la rencontre à mon amour est chère!
Dit-elle : Au ciel puis-je demander rien!
Il réunit mon amant et mon frère : »
Et, sans rougir de mentir aussi bien,
Cette Beauté fait une longue histoire....
Griffon crut tout : il désirait tout croire.
Ne pensant plus qu'on l'ait voulu tromper,
Voilà déjà tous ses feux qui revivent.
Les deux pervers le cajolent, le suivent,
En attendant qu'ils puissent s'échapper.

Devers Damas enfin tous trois arrivent.
Là, Noradin, bon guerrier et bon roi,
Pour son hymen donnait un beau tournoi.
Griffon n'y veut faire nulle figure,
Et toutefois a revêtu l'armure
Dont la couleur l'a fait nommer le Blanc.
Martan, de qui l'ardeur va redoublant,
Prend pour sa part une armure bronzée,
Pour les combats dès long-temps disposée.

A ce tournoi, Martan, Griffon, enfin
Sont arrivés, en se tenant la main.
Griffon le Blanc, se mettant en réserve,
Reste en un coin, en amateur observe.
Mais le Martan, se laissant emporter,
Ne sais pourquoi s'avise de jouter.
Ciel! devant lui voilà qu'il se présente
Un chevalier d'une taille imposante;
Martan a peur, Martan perd tout espoir,
Et, qui pis est, Martan le laisse voir.
« Par mon cheval mon ardeur fut trompée »,
Dit ce poltron qui, rebelle à l'honneur,
A de la lance esquivé la fureur.
Mais, quand il faut qu'il combatte à l'épée,
Le fier Martan est tout à fait connu :
Ce cavalier, eût-il été tout nu,
N'aurait pas mieux ménagé sa personne.
A sa terreur enfin il s'abandonne;
Il rompt les rangs des guerriers, des bourgeois,
Qui le huaient de leurs vingt mille voix;
Et, protégé par sa retraite prompte,
Près d'Origile il court cacher sa honte.

Or vous pouvez concevoir si Griffon,
Était honteux d'un pareil compagnon.
Il sent qu'il faut montrer qu'il en diffère,
Et sur-le-champ paraît dans la carrière.
On attendait fort peu de ses exploits :
Mais il abat un guerrier, deux, et trois.
Il fait bien plus; il a juré d'abattre
Tout ennemi qui viendra le combattre.
Que de guerriers ont vidé les arçons !
Huit chevaliers, généreux compagnons,
Avaient uni leur force et leur vaillance,
Et contre tous avaient fait alliance;
Griffon lui seul les a renversés tous.
Aucuns jouteurs n'affrontaient plus ses coups,
Quand Almanzor, vizir de cette terre,
De ses succès veut punir l'étranger,
Et, fièrement entré dans la carrière,
Avant de vaincre il ose l'outrager.
Le paladin va punir cette audace.
Son coup qu'il porte avec un juste effort
Perce, frappant son ennemi de mort,
Le bouclier, et même la cuirasse.
A cette époque, on vit plus d'une fois
Tel grand ministre entrer dans les tournois,
Et s'exposer aux coups les plus sinistres.
J'ai du regret à cet usage-ci;
Et, sauf la mort, il est certains ministres
Qu'on aimerait à renverser ainsi.

Griffon alors resta sans adversaire.

Vous le voyez : il avait droit au prix;
Mais ce héros ne s'en souciait guère,
Et retourna bien vite à son logis,
Que ne dit pas la perfide Origile
Pour excuser Martan et son retour !
Calmer Griffon était fort difficile :
Mais la beauté fait tout faire à l'amour.
Sans excuser, Griffon du moins pardonne.
Puis à Martan il dit : « Quittons Damas.
Du peuple encor la colère bouillonne,
Et les affronts ne vous manqueraient pas. »
Et, sans tarder, tous deux il les emmène.
Il a gagné la bourgade prochaine.
Mais son coursier, qui cheminait toujours,
Est fatigué : lui-même il l'est de reste;
Et du soleil au milieu de son cours
De tous côtés l'ardeur se manifeste.
Griffon dépose armes, habits trop lourds,
Se couche, et fait, comme on dit, la sieste.
Pendant qu'il dort, et de tout son pouvoir,
Martan, ayant laissé son cheval noir,
Par le conseil de l'indigne Origile,
Prend, de Griffon sans crainte sommeillant,
L'armure blanche, avec le cheval blanc;
Et sans retard il revient à la ville.
Depuis long-temps, là, Noradin, surpris,
Faisait chercher dans sa cité bruyante
Le guerrier blanc pour lui donner le prix.
Martan, suivi d'Origile charmante,
A Noradin d'abord s'est présenté.
Le roi l'embrasse, à sa table il l'engage,
Il veut le voir assis à son côté,
Et, lui rendant une espèce d'hommage,
Sans le savoir, paie à la lâcheté
Tous les honneurs qu'il gardait au courage.

Griffon enfin est réveillé, remis.
Ne trouvant plus ses armes, ses habits,
Le paladin, non sans quelques alarmes,
Voit de Martan les habits et les armes.
L'hôte survient, dit qu'un chevalier blanc,
Accompagné de la belle Origile,
Depuis long-temps a regagné la ville.
Oh ! c'est alors qu'éclairé pleinement,
Griffon connaît enfin tout son outrage
Et qu'il connaît aussi toute sa rage.
Il veut frapper le traître méconnu,
Il veut punir l'infidèle abhorrée;
Mais par la ville il ne peut aller nu;
Il faut vêtir cet habit trop connu
Et cette armure, hélas ! déshonorée !
Il s'y résigne, et se met en chemin.
Mais d'un balcon Martan et Noradin

L'ont aperçu. « Ciel ! il va reparaître !
Quel est le nom du lâche, dit le roi?
— Ah! dit Martan, je l'ai rencontré, moi,
Et près de lui j'allais sans le connaître.
J'étais bien loin de soupçonner l'affront
Dont, à la joute, il couvrirait mon front.
Par un exemple on devrait bien apprendre
A ses pareils à mieux se contenir ;
Et puisqu'il ose en ces lieux revenir,
A votre place, il faut en convenir,
Je le ferais d'abord saisir et pendre.
— Ah ! dit le roi, ce serait trop punir.
J'agirai mieux. » Un baron qu'il appelle
Reçoit son ordre, et part pour le remplir.
Martan, trompé dans son affreux désir,
Dit lors au roi qu'un père le rappelle.
Martan chez lui veut hâter son retour,
Et profiter de deux heures de jour.
Il part suivi d'Origile infidèle,
Chargé de dons et du prix du tournoi.
Ce prix était une armure superbe,
Un peu petite, et qu'un pâtre, je crois,
Avait trouvée en se jouant sur l'herbe.
Va, malheureux, digne d'un vil lien,
Je crois à Dieu : j'espère en ton supplice.
Pour consoler un peu les gens de bien,
Le ciel parfois a ses jours de justice.

 De son côté, Griffon, doublant le pas,
Sans défiance arrivait à Damas.
Entre deux ponts, pleins d'une foule immense,
Surpris soudain, il se trouve arrêté,
Et le voilà désarmé, garrotté,
Avant qu'il ait pu se mettre en défense.
Oh ! quels affronts il fallut qu'il souffrît !
Dirai-je ici tout ce qu'il entendit !
A son de trompe, au coin de chaque rue,
On proclama sa honte prétendue.
Un peuple lâche aussi bien qu'hébété
Lui reprochait sa fausse lâcheté.
Pour l'écouter nuls n'étaient assez sages.
Quand on l'eût bien rassasié d'outrages,
Au paladin il fut signifié
Qu'onc à Damas il ne remît le pié.
Puis le menant aux portes de la ville,
Suivi d'un peuple, à l'injure obstiné,
On affranchit le héros déchaîné.
Mais aussitôt, sur ce peuple imbécile,
Sur les soldats, à plier assez prompts,
Griffon revient, outré de tant d'affronts,
Sa liberté venge son esclavage :
Lui seul il fait un horrible carnage.
Bientôt, au bruit de ses coups meurtriers,

Le prince accourt avec mille guerriers.
Lui, s'acculant au portique d'un temple,
Les brave tous, et sème un tel effroi,
Que Noradin, qui long-temps le contemple,
Connaît en lui le vainqueur du tournoi.
Griffon, blessé, de plus surpris par l'ombre,
Aurait enfin succombé sous le nombre,
Quand Noradin, doué d'un noble cœur,
S'avance et dit : « Excusez mon erreur,
Je vois trop bien, à vos coups intrépides,
Qu'on m'a trompé par des conseils perfides.
J'ai, vous croyant le plus lâche guerrier,
Fait insulter le meilleur chevalier :
Mais je veux tout réparer, et je jure
Que les honneurs surpasseront l'injure. »
Il dit : le roi tend la main au héros.

 Pendant ce temps, allant par monts, par vaux,
Fier du passé, sur l'avenir tranquille,
Martan riait, aussi bien qu'Origile :
Il ne rit plus, à l'aspect d'Aquilant,
Qui de son frère avait suivi la trace.
Ce chevalier, voyant un guerrier blanc,
Pense d'abord voir son frère qui passe :
Il court à lui. Le traître, se troublant,
Pâlit, et veut trop tard payer d'audace.
A ses récits Aquilant ne croit pas,
Et l'enchaînant, aussi bien qu'Origile,
Ce paladin les emmène à Damas.
Là, tout savoir devint chose facile.
Les deux pervers, plongés dans un cachot,
Virent leur sort se décider bientôt.
Griffon, trop doux, obtint pour Origile
Qu'en liberté du moins on la remît.
Pour Martan même encore il s'entremit :
Mais Noradin ne voulut rien entendre.
Se rappelant ce que Martin a dit,
Ce roi, suivant son conseil, le fait pendre.
Trop détailler souvent serait trop long :
Le roi, qui veut réparer une injure,
Donne une joute en l'honneur de Griffon.
On vient de loin en risquer l'aventure.
Le bel Astolphe accourt de Bethléem,
Et Sansonnet vient de Jérusalem.
Griffon au prix joint l'armure conquise.
Mais elle fut dérobée à Marphise,
Qui dans ces lieux arrive brusquement,
Et la saisit un peu trop vivement.
Chacun combat alors pour, ou contre elle ;
Mais on lui cède assez vite : elle est belle.
Depuis six mois il entrait dans ses plans
D'aller en France aider les Musulmans.
Pour les chrétiens Griffon a même envie.

CHANT VINGT-CINQUIÈME.

Par Aquilant son idée est suivie :
Astolphe est prêt à partir avec eux :
Trop peu dévot pour garder les saints lieux,
Sansonnet veut être de la partie.
Pour leur passage un navire est frété.
A Noradin par tous cinq regretté,
Ils vont parler de leur reconnaissance.
Un doux zéphir sourit à leurs adieux.
Déjà le port disparaît à leurs yeux,
Et les voilà qui partent pour la France.

Mais, sur un roc touchant mal à propos,
Leur nef fléchit de la proue à la poupe ;
Et, sans tarder, avec trois matelots,
Tous cinq ont pris la meilleure chaloupe.
Bientôt, le ciel paraissant menacer,
Dans quel péril une erreur les entraîne !
Dans une grotte ils croyaient s'avancer,
Et sont entrés droit dans une baleine.
Ce long géant ferme la bouche, à peine
Comme ils venaient d'achever d'y passer :
L'instant d'avant, leur mort était certaine.
Ayant pris terre, ils vont, presque effrayés,
Dans l'animal long de trois mille pieds.
Mais, comme il faut observer en voyage,
A la clarté qui disparaît souvent
Leurs yeux ont vu maint joli paysage,
Maint villageois hersant et cultivant,
Et des brebis dans un frais pâturage
Qui touche aux murs d'un assez beau couvent.
Ils vont frapper à ce manoir sauvage.
L'abbé leur dit, prompt à les convier,
Qu'il s'est mis là pour se mortifier.
« Puis nous avons, dit-il, un avantage :
Dans ce séjour mainte provision
S'offre pour nous, sans nous donner de peine.
A notre gré nous mangeons du saumon,
De la morue, ou bien de l'esturgeon,
Et même aussi parfois de la baleine.
A nos repas la baleine fournit,
Sans qu'elle en soit moins vive et moins allègre ;
Hors quelques jours où le gras nous sourit,
A bon marché calmant notre appétit,
Toute l'année ici nous faisons maigre. »
Les paladins, malgré ce doux plaisir,
De la baleine aimeraient mieux sortir.
L'abbé reprit : « D'ici, vaille que vaille,
On peut sortir quand la baleine bâille.
Messieurs, il est alors un bon moment
Qu'il faut saisir, mais saisir lestement. »
A cet avis, les paladins en groupe,
Sans perdre temps, regagnent leur chaloupe,
Et, jetant l'ancre à côté du palais,

Pour voir bâiller se tiennent aux aguets.
Mais le destin les joue et les abuse :
Dans ce moment la baleine s'amuse.
Astolphe alors, les voyant désolés,
Lui lit une ode en grands vers boursoufflés.
C'est quelque chose. Il redouble : il lui crie
Un discours fait dans une académie.
Pour l'achever, il commence un sermon :
L'animal cède et bâille tout de bon...
« Mais, dites-vous, de quel conte il nous berce ! »
Je n'aime pas cette réflexion ;
La foi se perd, l'incrédulité perce.

D'un tel péril les paladins sauvés,
De tout péril se croyaient préservés.
Mais ce jour même un effroyable orage
Les a poussés vers un fatal rivage.
« Ciel ! qu'ai-je vu ! crie un des matelots :
Pour nous cette île est pire que les flots.
Elle appartient à des femmes cruelles ;
Et là tout homme est mort, ou prisonnier.
S'il n'a dompté dix fois un chevalier,
Et dans la nuit ne dompte dix pucelles. »
Les paladins de rire à cette loi :
Marphise aussi la trouve un peu bizarre.
Mais, dans leurs cœurs répandant quelque effroi,
Avec fureur l'ouragan se déclare.
Un de ces preux dit alors : « Oh ! ma foi,
Il vaut bien mieux vers l'île aller, je crois.
Contre les flots, contre un vent si terrible,
On ne peut rien ; et cette double loi
N'est pas enfin après tout impossible. »

A cet avis on cède, et les héros
De force au port poussent les matelots.
Mais un essaim de femmes bien armées
Les attendait avec précaution.
Le général de ces dames charmées
Aux arrivans dit la condition.
De leur courage, eux, présentant la preuve,
Veulent tous cinq, tenter la double épreuve.
Tous cinq? Mais oui, Marphise s'y résout,
Et par son fer prétend répondre à tout.
Bien plus, le sort par trop la favorise,
Et, sur les cinq, a fait choix de Marphise.
Marphise en rit, et ses efforts guerriers
Ont renversé déjà neuf chevaliers :
Mais le dixième est un rude adversaire
Qui n'est vaincu, ni ne vainc la guerrière.
La nuit arrive avec ses noirs sourcils,
Et fait cesser le combat indécis.
En attendant qu'au jour on le reprenne,
Le chevalier dans son logis emmène

Les cinq guerriers, et là, se désarmant,
Montre à Marphise un jeune homme charmant.
De son côté quelle fut sa surprise
Quand il eut vu la superbe Marphise.
Les deux rivaux, pleins d'un secret plaisir,
De s'immoler ont perdu le désir.
« Mon nom, dit-il, est Guidon le sauvage;
Je suis le fils d'Aymon et de l'Amour.
La reine Alba sur un lointain rivage
Reçut ses vœux, et m'a donné le jour.
Depuis un an, rempli d'impatience
De voir enfin mes parens et la France,
J'étais parti : mais un orage affreux
M'a fait descendre en ces bords malheureux.
Plus affligé qu'on ne le fut au monde,
Il m'a fallu remplir, non sans dépit,
La loi première, et même la seconde
(A ces deux mots, on prétend qu'il rougit) :
Dans le pays ce succès trop funeste
Fait qu'on m'estime, et me donne un crédit
Qui m'importune, et que mon cœur déteste. »

« Oh! poursuit-il, si vous aviez pu voir,
Ainsi que moi, cet état de femelles!
Les femmes ont usurpé le pouvoir,
Et ne sont plus dès lors femmes, ni belles.
Imaginez des femmes sénateurs,
Questeurs, préteurs, censeurs, législateurs,
Un air bien grave, et des têtes falottes,
Des combattans qui se meurent de peur,
Des grenadiers qui n'ont point de valeur,
Des généraux qui n'ont point de culottes.
De ce séjour ces viriles beautés
Ont exilé les hommes, sans scrupule;
Et leur adresse, au peu d'hommes restés,
Par le malheur cache le ridicule. »

D'après cela, vous voyez que Guidon
Sur cet empire entendait fort raison,
Et vous jugez qu'il fut assez facile
De l'engager à sortir de cette île.
« Dix mille bras, dont beaucoup sont fort laids,
Peuvent, dit-il, déranger nos projets :
On ne peut pas trop dédaigner ce nombre.
Et puis, frapper ce troupeau féminin!...
— Va, dit Astolphe embrassant son cousin,
Va, devant nous tout fuira comme l'ombre,
Et nous serons, tous six, libres demain. »
C'est dans son cor que cet Anglais espère;
Et, dans le fait, son cor fut nécessaire.
Les six guerriers ne voyaient qu'ennemis;
Le choc, fâcheux, pouvait être indécis,
Lorsque l'Anglais, qui voit qu'on se rassemble,

Sonne du cor, et tout fuit, et tout tremble;
Mais, ce qui va vous étonner ici,
Les héros même ont fui, Marphise aussi.
Heureusement l'effroi qui les entraîne,
Leur fait gagner leur chaloupe prochaine;
Ils sont partis, et seront bien confus
D'avoir eu peur, quand ils ne l'auront plus.

Astolphe seul est demeuré dans l'île;
Mais sur son sort on peut être tranquille :
Son cor, sa lance, et Rabican agile,
En tous pays assurent ses destins :
Puis, sachez tout : les êtres masculins
Qui, peu nombreux, servaient sur ce rivage,
Voyant l'effroi dans les cœurs féminins,
Ont tout d'abord retrouvé le courage.
Se rassemblant, sans de très grands exploits,
Sur le pouvoir ils recouvrent leurs droits;
Mais ils en font abus, suivant l'usage,
Et les vainqueurs, je l'avoue à regret,
Mirent un peu les vaincus au pillage.
Sur ces malheurs je veux être discret;
Mais toutefois que d'aimables grisettes
On insulta, malgré leurs épaulettes!
Un sénateur, en ce moment fatal,
Dans son haut rang mit en vain son refuge;
Et cependant qu'un insurgé brutal
Très lestement traitait le général,
Un insolent violait *le grand juge*.

On sut depuis que cet événement
Eut dans ces lieux des suites très sortables.
Les virago se plaignaient hautement,
(Je le crois bien), non les femmes aimables.
De celles-ci, l'une qui constamment
Savait user et de grace et d'adresse,
Bientôt après, dit assez franchement :
« Mais je ne fus jamais aussi maîtresse. »
C'était bien dit. Sexe doux et charmant,
Vous que le ciel a fait pour nous séduire,
Sachez fléchir afin de mieux régner.
Au mot, je veux, votre puissance expire.
Vous perdez trop en voulant trop gagner.
Avec plus d'art cherchant à nous réduire,
Incognito réglez notre destin :
Gouvernez ceux qui gouvernent l'empire,
Et commandez de la seconde main.

CHANT VINGT-SIXIÈME.

Marphise, Gabrine et Zerbin. — La plus belle des batailles. — Astolphe au château d'Atlant. — Bradamante prêche Roger. — Bradamante tue Pinabel et perd Roger. — Délivrance de Zerbin. — Malheurs de Gabrine. — Diversion d'Ogier le Danois.

Je ne connais rien de bien qu'à sa place,
Pour l'un la force, et pour l'autre la grace.
J'ai rarement vu de femme en garçon
Qui, passez-moi ce mot que je me passe,
N'eût un peu l'air d'un petit polisson.
Hélène même alors est imparfaite :
Je ne vois plus ce port majestueux ;
Et mon regard, trop fortuné, regrette
De la Beauté l'attrait mystérieux ;
L'Enchanteresse a quitté sa baguette.
En toute chose, ah ! ne dérangeons rien.
Dieu fit le monde et le fit assez bien ;
L'ouvrage est bon : je m'y tiens ; et je blâme
La femme en homme autant que l'homme en femme.

Vous avez vu, malgré tous leurs honneurs,
Combien je hais les femmes gouverneurs ;
Et devinez, sans que je vous le dise,
Que j'aurais peu fait la cour à Marphise.
Sa beauté forte et sa mâle vigueur
Dans les combats secondaient son grand cœur.
Avec respect en mes vers je la traite ;
Mais dans son temps, la voyant près de moi,
Bien qu'elle fût, et superbe, et parfaite,
J'eusse aimé mieux la moindre bergerette,
Qui d'une femme eût mieux connu l'emploi.
Marphise enfin voit la France, l'admire,
Mais, toujours prête aux coups d'estramaçon
Et trop fidèle au dessein qui l'attire,
Laisse Aquilant, Sansonnet, et Griffon,
Laisse surtout avec regret Guidon.
Tandis qu'ils vont descendre tous les quatre
Chez un félon qui, tout des plus polis,
La nuit, les fait surprendre dans leurs lits
Et va pour lui les forcer de combattre,
Vers Agramant elle gagne pays.
Elle rencontre une vieille coquine,
Au teint livide, aux indignes habits ;
J'en ai parlé sous le nom de Gabrine.
De maint Français craignant le bras vengeur,
D'une étrangère elle n'a point de peur,
Et même en ose invoquer l'assistance.
Comme sans fiel, Marphise sans hauteur,
La prend en croupe en passant la Durance.
Passait aussi le comte Ganelon
Avec sa dame ; et leur double insolence
Rit assez haut d'un pareil compagnon ;
Mais la guerrière en tirera vengeance.
« Oh ! oh ! dit-elle au comte Mayençais,
De me combattre il faut qu'il te convienne ;
Ta dame va, si j'obtiens le succès,
Changer ici d'habits avec la mienne. »
Ce qui fut dit fut fait. Le Ganelon
Fut renversé d'une atteinte terrible.
En rougissant, l'amante du félon
Changea d'habits avec la vieille horrible.
Sous ces habits, et parmi ce galon,
Gabrine était vraiment assez risible.

Zerbin en rit, passant tout près de là.
Même en riant à Marphise il parla.
Par Ganelon cette héroïne aigrie
Prit assez mal cette plaisanterie.
Elle voulut se battre pour cela.
« Cette Beauté qui te semble peu belle,
Si tu m'abats, je la garde, dit-elle ;
Mais si le sort daigne me seconder,
Tu voudras bien, s'il te plaît, la garder. »
A tout défi vrai guerrier doit se rendre.
Zerbin accepte, a très bien combattu,
Et cependant est enfin abattu.
« Çà, dit Marphise, avec toi tu vas prendre
Ce digne objet, contre tous le défendre :
Tu dois bénir ton fortuné destin. »
Elle sourit, de son humeur remise ;
Et la gaîté que n'avait plus Zerbin
Est tout à fait revenue à Marphise.

Marphise est loin. Zerbin, dans sa douleur,
De son échec veut modérer le blâme.
« Quel est, dit-il, mon illustre vainqueur ? »
Gabrine alors répond : « C'est une femme.
Mais je m'ennuie, escortez-moi, seigneur. »
Sachant bientôt qu'il adore Isabelle,
« Seigneur Zerbin, c'est donc vous, lui dit-elle ?
Parbleu, j'ai vu l'objet de votre ardeur
Chez des brigands, et, ma foi, son honneur,
S'il était sauf, l'aurait échappé belle. »
Gabrine sait ainsi le désoler,
Et de Roland n'a garde de parler.
Lui cependant, fidèle à sa parole,
La garde en croupe, et toujours caracole.
Un chevalier passe, la reconnaît,
De maint délit veut punir la mégère.
Le beau Zerbin la défend à regret,
Avec regret blesse son adversaire.

Il suit sa route, et dans une forêt
Entend des cris de discorde et de guerre :
Il court au bruit, ne voit nuls combattans,
Mais voit, saisi d'une douleur mortelle,
Un chevalier mort depuis peu d'instans,
Et dont les yeux... mais Astolphe m'appelle,
Et je ne puis l'oublier plus long-temps.

Je l'ai laissé dans cette île affranchie
Des virago plus femmes désormais.
Des flots bruyans évitant l'anarchie,
Il veut rentrer, par terre, aux bords français.
Et d'autant plus qu'il nourrit l'espérance
De rencontrer quelqu'un de ces hauts faits
Qui des héros illustrent la vaillance.
Assez long-temps, et par monts et par vaux,
Il ne voit rien, et maudit son repos :
Tout est en paix par extraordinaire,
Et c'est jouer d'un destin bien contraire.
Enfin un jour, du long revers d'un mont
D'où l'on descend par un sentier plus long,
Son œil distingue une immense vallée,
Et dans ce val une immense mêlée.
« Dieu soit béni! dit-il levant les mains,
On se combat, et voilà des humains. »
Il reconnaît en effet deux armées
Également au carnage animées,
Et tellement, que, de tant de guerriers
Qui se livraient à ces chocs meurtriers,
En descendant un peu plus vers la plaine,
Le paladin n'en voit qu'une centaine
Qui s'acharnaient avec tant de fureur,
Qu'en approchant, Astolphe, spectateur,
N'en trouve plus debout qu'une douzaine,
Puis six, puis quatre; et puis, en arrivant,
Il ne voit plus qu'un guerrier survivant,
Encor blessé, qui lentement se traîne.
A ce guerrier, Astolphe pâlissant
Court et présente un bras compatissant.
Mais celui-ci qui palpite de joie
Dit : « Quel bonheur, qu'à propos je vous voie!
Noble étranger, s'offre à votre regard
Un choc brillant qui n'eut pas un fuyard.
De l'autre armée, et puissante et nombreuse,
Vous ne voyez nul guerrier exister.
Vous le voyez : la nôtre est plus heureuse :
Je reste au moins pour la représenter,
Mais me presser est assez nécessaire.
Quel choc! Jamais, on ne verra j'espère,
Une bataille égale à celle-là! »
Astolphe dit : « Les deux rois étaient là?
— Aucun des deux, mais, grace à notre zèle,
Le nôtre acquiert une gloire immortelle.

Je voudrais bien que d'un si beau combat
On ne pût-point lui contester l'éclat,
Et je voudrais qu'avant que je m'en aille,
De vous, seigneur, un beau certificat
Dit comme quoi j'ai gagné la bataille. »
Il tombe, et meurt. Astolphe, ému, troublé,
Fuit ce désert étrangement peuplé,
Et réfléchit au néant de la gloire,
Au prix affreux que coûte la victoire.
Non pas qu'il veuille, imprudent en ses soins,
A la valeur présenter une entrave :
Il est heureux que l'homme soit si brave ;
Mais il faudrait qu'on en abusât moins.

Aussi vaillant toujours, un peu plus sage,
Plus vite, Astolphe a suivi son voyage.
Sans s'arrêter en Asie aux combats,
Il a gagné la terre européenne ;
Voilà qu'en France avec lui, sur mes pas,
D'assez loin même, il faut que je revienne :
Comme il goûtait d'une claire fontaine,
Un villageois qui dérange son plan
Saisit, et monte, et lance Rabican.
L'Anglais poursuit le voleur téméraire
Qui semble attendre, et si bien se modère,
Que, de fureur Astolphe redoublant,
Le suit de près dans le château d'Atlant.
Il ne voit plus villageois, ni monture ;
Il cherche en vain : frappé de l'aventure,
« Ce lieu, dit-il, n'est-il pas enchanté? »
Et dans l'instant son livre est consulté....
Il voit, rempli d'une joie achevée,
Que sous le seuil une pierre levée
Détruira tout. Bien vite il y courait,
Alors qu'Atlant, qui défend son ouvrage,
Par un prestige incroyable et parfait,
Fait que chacun trouve, en ce preux, l'image
De l'ennemi que chacun poursuivait.
L'Anglais, parmi la troupe menaçante,
Voit Brandimart, reconnaît Bradamante,
Roger, Gradasse, et sent qu'il est perdu
Si par son cor il n'est pas défendu.
A ces accens redoutés du ciel même,
Qui de la mort semble la voix suprême,
Tout fuit bien loin, saisi par la frayeur ;
Oui : pris soudain d'un trouble antipathique,
Tous ces héros si terribles au choc
Ont fui devant cette étrange musique
Comme un lion qui fuit devant un coq.
Le vieil Atlant qui n'est pas héroïque
Fuit encor plus; et, riant de bon cœur,
Astolphe rompt le charme destructeur,
Voit le château fuir comme une vapeur,

Et ne voit plus sur cette même place
Que l'Hyppogriffe, attaché par bonheur.
De Rabican il trouve aussi la trace,
Astolphe joint et saisit Rabican;
Mais l'Hyppogriphe a dérangé son plan.
Il veut changer de climat et de scène.
Rabican seul le retient et le gêne.
A qui l'offrir? O hasard étonnant!
Qu'un chevalier, un bourgeois, un manant,
En ce moment vienne sur cette rive,
Il obtiendra ce coursier excellent.
Je crois beaucoup au courage, au talent;
Mais à propos il faut que l'on arrive.

J'ai tu, je crois, narrateur étourdi,
Que Bradamante à ce même rivage
Était venue, avec le plan hardi
De délivrer Roger de l'esclavage.
Mélisse encor, lui donnant son secours,
L'avait voulu guider par ce discours :
« Quand vous verrez le château redoutable,
Atlant caché sous les traits de Roger,
Vous paraîtra dans un fort grand danger,
Implorera votre bras secourable.
Saisissez bien ce moment favorable.
Frappez Roger pour délivrer Roger. »
Elle avait craint une erreur exécrable,
Et sur cela tremblant de mal juger,
En épargnant toujours le faux Roger,
Elle avait joint bientôt le véritable.
Dans ce château captive dès long-temps,
Elle voyait Roger sans le connaître.
Mais pour tous deux quel plaisir, quels instans,
Quand, le château venant à disparaître,
Dans un bosquet, sur des bords enchantés,
La Dame voit Roger à ses côtés!
Entre tous deux point de discours frivoles,
Et leurs soupirs sont toutes leurs paroles.
O jour divin! ô moment précieux!
Ils vont ensemble, et personne avec eux.
A l'indulgence un tel moment dispose.
Serrant sa main, le tendre et beau Roger
S'est approché de sa bouche mi-close.
La Belle alors, plus rose que la rose,
A son amant laisse prendre un baiser;
Non un second. Elle dit? « Je vous aime.
L'amour, l'hymen, peuvent venir un jour :
Mais je n'entends ni l'hymen ni l'amour,
Que vous n'ayez accepté le baptême. »

Un tel avis, vous le sentez, peut bien
Donner du goût pour le culte chrétien.
« Ah! dit Roger redoublant de tendresse,
Soyez du moins en cela ma maîtresse :

Instruisez-moi. » Bradamante y consent,
Et quelquefois sourit en l'instruisant.
Le ciel prêta son secours efficace.
Roger, durant ces prônes très bien faits,
De Bradamante observait les attraits,
Et promptement fut *touché de la grace.*
Par ces leçons, de Roger chaque jour
Déjà la foi devenait plus fervente,
En l'exhortant, Bradamante, en retour,
Lui devenait toujours plus indulgente :
Quelques baisers, dit-on, furent reçus;
Et même on dit quelque chose de plus.
Qui le croirait, Dieu! que cette guerrière
D'un bras si ferme et d'une ardeur si fière
Cachait aux yeux un cœur *tout féminin,*
Et composé d'albâtre et de satin?
Divins contours dont l'heureuse élégance
Ne saurait être appréciée assez!
Attraits si doux que, de toute évidence,
Ils furent faits pour être caressés!
Mais Bradamante, opposant son système,
Dit à Roger: « Mon ami, le baptême !
— Eh bien, dit-il, baptisez-moi, voyons.
— Non, cet honneur appartient à l'église.
Même il vous faut d'autres instructions.
A Vallombreuse un saint abbé baptise :
Mon cher Roger, devers lui rendons-nous.
Soyez à Dieu pour que je sois à vous. »

En route à peine, une dame les prie
De délivrer des bourreaux inhumains
Un damoisel prêt à perdre la vie.
« Il a, dit-elle, en habits féminins,
Du roi Marsile un peu séduit la fille.
Il eut grand tort : mais quels cruels destins!
Je ne sais pas son nom et sa famille ;
Il est Français, c'est tout ce que je sais. »
Les deux amans, touchés de ces alarmes,
A le sauver se montrent empressés.
Près d'un châtel à peine ils sont passés,
Qu'un vieillard sort et demande leurs armes.
Sur leur refus, il leur dit, furieux:
« Des chevaliers vont les demander mieux. »
Ces chevaliers, bien surpris de leur rôle,
Mais dans leurs lits saisis insolemment,
Griffon, Guidon, Sansonnet, Aquilant,
Au châtelain ont donné leur parole
De lui prêter leur force aveuglément.
Le châtelain, ame perfide et dure,
Par ces guerriers qu'enchaînait leur serment
De tout passant faisait ravir l'armure.
Roger leur livre un combat violent :
Mais, comme un d'eux que le destin traverse,

Avec sa lance, en ce choc peu sanglant,
A dévoilé le bouclier d'Atlant,
Ils sont tombés tous quatre à la renverse.
Roger le voit, et, digne chevalier,
A, sans retour, brisé le bouclier.
Le châtelain, spectateur immobile,
Aborde alors Bradamante tranquille,
De son ami lui demandant le nom.
Mais celle-ci, prompte à le reconnaître,
« Ciel ! Pinabel, dit-elle : ah! lâche, ah! traître,
Je vais punir enfin ta trahison. »
Pinabel fuit, suivi par Bradamante.
Roger, trop tard, a suivi son amante,
Il est suivi d'Aquilant, de Griffon,
De leurs amis. Bientôt tous se séparent,
Et dans les bois de plus en plus s'égarent.
Seule, suivant sans cesse Pinabel,
Vers ce félon Bradamante s'élance
Et, lui portant enfin un coup mortel,
A contenté la plus juste vengeance.
Cherchant alors Roger, mais vainement,
Ses yeux épris voudraient le voir paraître.
C'est bien fâcheux ; en poursuivant un traître,
La jeune fille a perdu son amant.

Ce fut alors que, suivi de Gabrine,
Dans la forêt après avoir erré,
Zerbin, trouvant Pinabel expiré,
De la pitié sentit la voix divine.
De Pinabel ignorant les forfaits,
En vain il cherche à ranimer sa vie ;
Il part enfin plein de la noble envie
De le venger ; et Gabrine, ravie,
A du défunt volé quelques effets.
Or, pour passer la nuit, Zerbin arrive
Chez un seigneur, comte de Sauterive,
Et justement père de Pinabel
Dont il pleurait alors le sort cruel.
Vil assassin, auteur de plus d'un crime,
D'un assassin on le croyait victime.
Gabrine alors proteste que Zerbin
De Pinabel est l'indigne assassin ;
Et la perfide, en son audace extrême,
Dit de Zerbin tenir tous les objets
Qu'à Pinabel elle a pris elle-même.
Zerbin, surpris, sans espoir désormais,
Était conduit au lieu de son supplice,
Lorsque Roland, qui, des belles appui,
Menait toujours Isabelle avec lui,
Arrive là. Dieu !... sa main protectrice
A dissipé le cortége effrayé.
La force ainsi seconde la justice.
Son temps, parfois, est moins bien employé.

Zerbin, sauvé, voit une demoiselle
Avec Roland,... et c'était Isabelle.
En ce moment, un bonheur aussi doux
Est tempéré par un effroi jaloux ;
Mais, reconnu par sa jeune maîtresse,
Par grand bonheur, de cet objet charmant
Il reconnaît tout d'abord la tendresse.
Elle pâlit, puis, toute au sentiment,
Se précipite aux bras de son amant,
Lui racontant sa fuite malheureuse,
Et d'Odéric le perfide dessein,
Et de Roland la bonté généreuse.
Roland était dans les bras de Zerbin,
Quand, survenant, le khan de Tartarie
Le reconnaît, et déjà le défie.
C'est Mandricart. Sur ce nouveau débat
J'ignore, amis, quels désirs sont les vôtres ;
Mais je ne puis vous dire ce combat :
Car tous les deux en auront beaucoup d'autres.
Dans son espoir Mandricart fut trompé ;
Et son cheval, dont le mors est coupé,
L'emporte au loin dans la forêt déserte,
Où Doralice à le suivre est alerte.
De son malheur Mandricart courroucé
Est à la fin jeté dans un fossé.
En ce moment la volonté divine
Sur un coursier fit arriver Gabrine,
Portant encor ses grotesques habits,
Et de ses faits fuyant le juste prix.
A son aspect, perdant l'humeur chagrine,
Les deux amans rirent, on le devine ;
Mais Mandricart, qui s'était dégagé,
Forme un projet, pour lui, bien arrangé :
Il prend le mors de la jument brillante
Qu'elle montait d'un air des moins hardis ;
Et tout d'abord dans la forêt mouvante
Il a chassé le coursier, à grands cris.
Malgré tous ceux de Gabrine tremblante.

Roland avait poursuivi Mandricart,
Quand Zerbin, seul avec son Isabelle,
Vit Oderic, cet ami peu fidèle,
Amené là par la main du hasard.
Il court sur lui, l'écrase du regard,
Et le frappait d'une atteinte mortelle ;
Lors Oderic, embrassant ses genoux,
Dit : « J'ai des droits à tout votre courroux ;
Mais regardez, seigneur, comme elle est belle. »
Cette raison, dit un ancien auteur,
Ne déplut pas à la douce Isabelle,
Qui voulut bien prier en sa faveur.
Zerbin hésite. En sa juste fureur,
A rien encore il ne se détermine,

CHANT VINGT-SIXIÈME.

Quand le cheval de l'indigne Gabrine
L'amène à lui, demi-morte de peur.
« Quel embarras, dit-il, était le nôtre?
Tous deux sans doute ont mérité la mort :
Je suis plus doux, vous en serez d'accord,
Et je mets l'une à la garde de l'autre. »
Sans hésiter, Oderic fit serment
De protéger Gabrine constamment.
Il l'emmena ; mais aux branches d'un chêne
Il la pendit avant la fin du jour.
En attendant qu'Oderic eût son tour,
De ses méfaits elle eut ainsi la peine.

Mais Bradamante, après Roger allant,
Arrive enfin où fut naguère Atlant,
Y trouve Astolphe; Astolphe, on le devine,
Avec plaisir embrasse sa cousine.
« Moi, j'attendais, dit-il, quelqu'un ici;
Mais le hasard n'a jamais mieux choisi. »
Astolphe alors remet à Bradamante
La lance d'or et le fier Rabican.
Sur l'Hyppogriffe il monte, elle présente :
« Un tel coursier, dit-il, change mon plan.
Quand d'Africains cette terre est couverte,
Je vais chez eux tenter l'occasion,
Et voir, porté sur l'Afrique et Biserte,
Si l'on peut faire une diversion. »

Depuis long-temps, Ogier, que l'on oublie,
Avait tenté la sienne en Tartarie ;
Et son effort, secondé de son art,
Avait enfin su dissiper l'armée
Qu'assemblait, là, l'ordre de Mandricart,
Et dont la France était très alarmée.
Vers notre Europe il hâta son départ.
Ce paladin, de maint tyran profane,
Tranchant les jours, refusant le pouvoir,
Était encore en terre musulmane;
Mais à Paris il brûlait de se voir.
Il fut alors rencontré par Morgane,
Et celle-ci, le trouvant bien encor,
Mit sur son front une couronne d'or :
Dès ce moment, le paladin oublie
Son empereur, ses troupes, sa patrie,
Et ne voit plus que Morgane et l'amour.
Dès ce moment, leur commune tendresse
Fait leur bonheur, les occupe sans cesse.
Vous le sentez : la fée, en son séjour,
Lui conservait son reste de jeunesse.
Là, deux cents ans passèrent comme un jour.
Oh ! revenez, puissances fortunées,
Charmes par qui l'on sentait, deux cents ans,
Ces vifs désirs, ces transports ravissans,

Qu'aucuns ont peine à garder deux années!
Quoi qu'il en soit, après ce long soupir,
Ogier, un jour, dans une onde fuyante
Laissa tomber, non sans grand déplaisir,
Cette couronne et magique et puissante
Que sur son front, fidèle à son serment,
Il avait su conserver constamment.
Au même instant, Charlemagne, la France,
Tout le passé, rentre en sa souvenance.
« Parbleu ! dit-il, tout à coup s'éveillant,
Je voudrais bien voir mon ami Roland,
Mon fils Dudon, et Griffon, Aquilant... »
De ces héros chers à notre mémoire,
Il ne restait dès long-temps que la gloire.
Le paladin, vainement détrompé,
N'en veut pas moins, de ces récits frappé,
Revoir la France, en son temps si puissante.
La fée apprend de son oncle Obéron,
Pour elle aussi d'humeur trop indulgente,
Qu'à ce désir il faut qu'elle consente.
« Il servira la France gémissante,
Dit-il ; il faut qu'il parte, il a raison;
Et tu pourras, pendant qu'il t'abandonne,
Refaire ou bien retrouver sa couronne. »
Ogier obtient un congé de trois mois ;
Même un anneau, que Morgane lui donne,
A la beauté lui conserve ses droits.

Il est parti de ce temps très avare,
Et dans Paris est bientôt de retour :
Si tout alors lui parut très bizarre,
Ogier parut très bizarre à son tour.
Mais, à son nom, que d'abord il déclare,
On ne rit plus, et bientôt ses efforts
Font admirer sa brillante conduite.
Car des Normands, les Sarrasins d'alors,
Il a causé la défaite et la fuite.
Les enfans nains du roi Charles-le-Grand
N'avaient pas pu soutenir sa couronne.
Un prince aimable, issu d'un autre sang,
Par la bonté faisait chérir le trône.
Du jeune roi reçu très bien, Ogier
Lui fit l'honneur de l'armer chevalier.
Trouvant sa race éteinte sur terre,
Ogier éprouve un regret douloureux.
Mais cependant sa peine est moins amère,
Quand ce héros contemple, considère
Certains enfans dont il vit les aïeux.
Il se disait : « Plus d'un illustre père
Rougirait bien s'il voyait ses neveux ! »
Sur cent objets sa surprise exprimée,
Surprenait fort. Lorsque Charles vivait,
Le connétable à l'écurie était :

Ogier le voit qui préside à l'armée.
Toujours frappé de ce qu'il rencontrait,
De plus en plus il médite, il regarde.
Quand, autrefois, Charlemagne régnait,
Son aumônier les aumônes donnait :
Il trouve alors que c'est lui qui les garde.
Mais il trouva du moins dans la Beauté
Même agrément avec même bonté.
Il fut reçu très bien de la jeunesse,
Le fut parfois trop bien de la vieillesse.
Étique et laide, une comtesse, un jour,
Seule avec lui, non sans penser d'amour,
Vint lui serrer la main avec tendresse.
Tandis qu'Ogier, qui demeure très froid,
Veut retirer cette main qu'elle presse,
L'anneau magique, échappé de son doigt,
Glisse sans peine au doigt de la comtesse.
O double scène! Ogier, en peu d'instans,
Est un vieillard et caduc et débile.
Notre vieille est de retour à vingt ans,
Et notre preux paraît en avoir mille.
Frappé, troublé, de ce vol tout nouveau,
Le pauvre Ogier saute sur son anneau.
Mais la Beauté, ci-devant vieille et laide,
Sent trop le prix du bien qu'elle possède
Pour renoncer à ce qui l'embellit,
Et, tout à coup, légère, Dieu sait comme,
A repoussé le héros décrépit
En lui disant : « Mais laissez donc, bonhomme. »
Elle sortait. Heureusement pour lui,
Son écuyer protégeant, sa vieillesse,
Accourt, ravit la bague à la comtesse,
Et, de son maître intéressant appui,
Bien vite au doigt lui remet la jeunesse.

Le temps passait; mais de Morgane aussi,
Au cœur d'Ogier, la mémoire se passe.
Le croiriez-vous? d'un tendre amour saisi,
En France il veut recommencer sa race
En épousant une Montmorency.
L'autel se pare avec magnificence;
Le bel Ogier avec elle s'avance.
Le prêtre était, pour la messe, en chemin,
Le roi, les pairs, étaient présens. Soudain,
Les étonnant on ne peut davantage,
Vers lui s'abaisse un élégant nuage,
D'où, tout à coup, sort la plus belle main,
Qui, sur le front de ce preux héroïque,
Pose déjà la couronne magique.
C'en est assez. Ogier, qui l'aurait cru!
Dès ce moment à ses vœux infidèle :
Voit seulement Morgane, et, disparu,
Dans ce nuage il se perd avec elle.

Peut-être encore il soupire en ses bras;
Mais ces amans, ailleurs portant leurs pas,
Ont dès long-temps un autre domicile,
Et, de l'Asie oubliant les climats,
Se sont fixés dans la mer de Sicile.
Quoi! dans la mer? Oui. Sans beaucoup d'efforts
On voit pourquoi : Morgane, à la richesse,
Comme on le sait, préside; et la déesse
Voit dans la mer rentrer tous ses trésors.
De tous ces biens, de ceux de toute espèce
Qu'enfante l'onde, ou qui parent ses bords,
Parmi les flots, sous leur voûte profonde,
Elle a formé le plus brillant palais
Que le regard ait admiré jamais.
Qu'en savez-vous? dit un censeur qui gronde;
L'avez-vous vu? S'il faut que je réponde,
Seul des mortels Ogier a ce pouvoir.
Gardons-nous bien de ce palais sous l'onde :
Quand on s'y trouve, on ne peut plus le voir.
Mais demandez aux pêcheurs de Sicile :
Ils vous diront que, par la mer tranquille,
Dans ces beaux jours où son lit, calme et pur,
D'un ciel brillant reflète au loin l'azur,
L'œil aperçoit les sommets magnifiques
De ce palais d'albâtre et de corail,
Ses tours d'argent, et l'or de ses portiques,
Où sont unis, dans un brillant travail,
Avec la perle, aux effets fantastiques,
Le diamant, l'opale, au doux émail,
Fruits oubliés de naufrages antiques,
Et l'émeraude, et... Mais tout ce détail
M'éloigne trop des récits héroïques.
De cet écart je suis un peu confus.
Je m'égarais dans ma course indiscrète.
De mon sujet je ne m'écarte plus;
Je le promets, parole de poète.

CHANT VINGT-SEPTIÈME.

Blessure de Médor. — Pitié d'Angélique. — Conversion de Ferragus. — Sa rencontre avec Renaud. — Leur querelle. — Combat indécis de Renaud et de Mandricart. — Aventure d'Emma.

Dans vos désirs comme tout vous sourit,
O gens heureux! tout le temps que vous l'êtes,
Vous êtes pleins de savoir et d'esprit,
De bonnes gens, les gens les plus honnêtes!
Si par hasard vous donnez un écrit,
Rien n'est si beau que les vers que vous faites.
O gens heureux, vous ne connaissez pas
Un des fléaux du monde, les ingrats.

Des moindres dons chacun vous tient grand compte,
Croyant toujours recevoir un à-compte.
Mais si le sort déployant sa rigueur,
Vous fait enfin éprouver son caprice,
Si votre char, hier triomphateur,
Voit devant lui s'ouvrir un précipice,
D'abord, sortant d'une fatale erreur,
Vous voyez fuir la tourbe adulatrice.
Ah! c'est alors qu'abandonnés, blâmés,
Vous savez ceux dont vous étiez aimés,
Et qui de vous souvent ne l'étaient guère.
De vous défendre ils se montrent jaloux;
Et tel, pour qui vous n'avez su rien faire,
Vous fait rougir en faisant tout pour vous.
Défendez-vous de cette erreur commune,
Lorsque le choix vous est encor permis;
Et, peu séduits par la foule importune,
Dans le bonheur cherchez les vrais amis
Que vous pourrez trouver dans l'infortune (1).

J'ai dit, plus haut, le malheureux destin
De Dardinel, vaillant roi sarrasin.
Bien qu'en mes vers dès long-temps je l'oublie,
Ce roi ne fait que de perdre la vie.
La nuit venait. Ses premiers officiers
Au camp païen chantaient, buvaient, à table.
Laissant leur prince étendu sur le sable.
Deux seulement de ses moindres guerriers
Furent blessés de cet oubli coupable.
L'un était beau, l'autre plus bel encor :
Rien n'était mieux que le jeune Médor.
Ces deux guerriers, dans la nuit effrayante,
Courent au lieu de la scène sanglante,
Voulant au moins, dans leur douteux espoir,
Rendre à leur roi le suprême devoir.
Leur aventure, à tous les deux fatale,
Ressemble fort à celle d'Euryale.
Zerbin, suivi d'un escadron nombreux,
Les a surpris : le moins jeune des deux,

(1) Alcun non può saper da chi sia amato
Quando felice in su la ruota siede;
Pero che ha i veri e i finti amici a lato,
Che mostran tutti una medesma fede.
Se poi si cangia in tristo il lieto stato,
Volta la turba adulatrice il piede;
E quel che di cor ama, rimsn forte
Ed ama il suo signor dopo la morte.

Se come il viso si mostrasse il core,
Tal nella corte è grande, e gli altri preme,
E tal è in poca grazia al suo signore,
Che la lor sorte mutariano insieme.
Questo umil diverria tosto il maggiore
Staria quel grande infra la turbe estreme.

ORLANDO FURIOSO, c. 19, oc. 1. 2.

Cloridan, meurt. Son généreux complice,
Médor, disait : « Frappez; mais laissez-moi.
Avant ma mort, ensevelir mon roi :
Qu'importe, après, que l'on m'ensevelisse! »
Zerbin, touché de ses nobles souhaits,
Et de sa voix, dont l'ame est attendrie,
L'allait sauver : un farouche Écossais
Perce le sein de Médor, qui s'écrie.
Le croyant mort, Zerbin, en frémissant,
Pour le venger, poursuit le téméraire.
Demeuré seul, Médor perd tout son sang,
Et va bientôt terminer sa carrière.
Sur l'horizon déjà le jour naissant,
Vers l'orient essayait sa lumière,
Lorsqu'en ces lieux le sort compatissant
Près de Médor amène une bergère.
Une bergère? A ses simples habits,
On le croirait; mais sa beauté magique
Perce à travers le voile qu'elle a pris,
Et c'est Vénus, si ce n'est Angélique.

Il vous souvient d'un assez vif danger,
Et qu'Angélique échappée à Roger,
Avait alors, trop mise à la légère,
Su dérober cet habit de bergère.
Aimant, parant ce vêtement nouveau,
La sœur d'Argail l'avait gardé sans peine,
Et, se fiant enfin dans son anneau,
Errait au gré de sa course incertaine,
Du bon Roland plaignant l'attente vaine,
Mais s'indignant d'avoir aimé Renaud,
Narguant l'amour, et se disant : « Fontaine,
Ce n'est pas moi qui boirai de ton eau. »
Quand, sur ces bords où la guerre est venue,
Médor mourant sur le corps de son roi,
S'offre aux regards de la princesse émue,
Elle a senti se mêler à l'effroi
Une pitié dans son cœur inconnue.
Portant Médor sur un prochain gazon,
La dame agit, d'abord par bienfaisance;
Puis elle sent pour ce joli garçon
De la beauté la secrète influence.
Comme en ces jours de terrible renom,
L'homme souvent rentrait à la maison,
Le bras, le pied, ou la tête sanglante,
La femme alors, pour très bonne raison,
En chirurgie était vraiment savante.
Quoique princesse, Angélique, en cet art,
D'instruction, ayant sa bonne part,
Sut en user. De simples, elle exprime
Avec vitesse, un suc doux et puissant,
Qui de Médor arrête enfin le sang;
Et sous sa main le mourant se ranime.

Un mort lui-même aurait ressuscité.
Sa douce main, que Roland idolâtre,
Couvre de sucs et touche un sein d'albâtre;
Le presser même est de nécessité.
Médor enfin de la mort se dégage,
Ouvre des yeux qui se trouvent très beaux.
De sa blessure il raconte en deux mots
La noble cause; il en plaît davantage.
Un villageois, qui suivait ce chemin,
Est appelé. Le bonhomme s'engage
A le conduire en son manoir voisin;
Médor, avant de quitter ce rivage,
Veut qu'à son prince, ainsi qu'à son ami,
D'un peu de terre on accorde l'hommage,
Et, d'un regard encor mal affermi,
Du villageois suit le lugubre ouvrage.
Noble tableau qui doit intéresser!
Médor préside à ce devoir suprême,
Quand ce jeune homme a tout lieu de penser
Qu'il en aura bientôt besoin lui-même.

Médor, au moins sur ce point satisfait,
Et soutenu du pâtre et d'Angélique,
Sur le cheval de ce pasteur antique
Fut amené, comme le jour tombait,
Dans un asile agreste et pacifique.
Il était mal. D'un regard attendri
Le contemplant, Angélique, sensible,
Ne pensa pas même qu'il fût possible
De le quitter qu'il ne fût bien guéri....
Il guérira. Mais quel malheur arrive!
Elle est malade. Une sourde douleur,
Un trouble vague ont pénétré son cœur.
Médor, auprès d'Angélique attentive,
Était si doux et si reconnaissant,
Si beau de plus, et son œil si touchant!
Elle est émue. Elle brûle, elle tremble,
Et tour à tour, et quelquefois ensemble,
Sent ces accès de la fièvre d'amour.
Devant Médor, dont la vie incertaine
Par ses efforts est ranimée à peine,
Son cœur de glace a fléchi sans retour.
Telle souvent est la neige légère
Qui dans la nuit semble envahir la terre,
Et qui se fond aux premiers feux du jour.
Près d'elle un saint, fût-ce même un apôtre,
A ses désirs aurait donné l'essor.
Qu'elle était bien! Notez que pour Médor
Elle était mieux encor que pour un autre.

Je vais vous faire un chagrin imprévu:
Mais vous avez une très fausse idée,
Vous qui croyez bonnement avoir vu

Une Beauté, pour l'avoir regardée.
Celui-là seul, il faut le déclarer,
Celui-là seul connaît bien une femme,
Qui la vit rire et peut-être pleurer,
Et qui surtout, la voyant soupirer,
Du sentiment sut pénétrer son ame.
Grace à l'amour, la moins belle en ses traits
Offre parfois d'ineffables attraits.
Oui, mes amis, oui, le visage même
A ses secrets, secrets délicieux
Que l'on ne dit qu'à celui que l'on aime
Et qui souvent font qu'il aime encor mieux.

Imaginez le charme d'Angélique
Près de celui qui la sait attendrir:
L'amour, qui seul la pouvait embellir,
A sa beauté prête un attrait magique.
Médor n'osant croire qu'il est aimé
Aime du moins, et palpite, charmé.
Mais il connaît les rangs et la distance,
Et, ne pouvant concevoir d'espérance,
Reste muet auprès de tant d'appas.
Quand elle voit qu'il ne s'explique pas,
A ne rien dire elle-même s'applique.
Mieux est Médor, plus mal est Angélique.
Deux jours, trois jours, elle résiste encor;
Mais son regard enfin parle à Médor.
Médor, qu'en vain Angélique encourage,
Sans la comprendre admire ce langage.
Sur son bonheur il paraît aveuglé:
Il faut parler... Angélique a parlé.

O d'Angélique amant par trop fidèle,
Comte Roland, et toi, noble empereur,
Fier Agrican, toi qui mourus pour elle,
Vous tous enfin qui, disputant de zèle,
D'un seul regard imploriez la faveur,
Que diriez-vous du choix de cette Belle
Qui, la première, avoue à son vainqueur
Un sentiment que d'ailleurs tout décèle!
Vous le jugez: d'un aveu si charmant
La conséquence est assez naturelle.
Déjà Médor devient entreprenant.
O doux trésors que l'amour lui révèle!
Mais, pour Roland ici j'ai tant d'humeur,
Que j'en tairai le détail enchanteur.

Heureux Médor! entre tes bras captive,
Et sur tes yeux levant des yeux mourans,
Bien doucement Angélique plaintive
S'étonne peu de ces droits que tu prends.
En un moment un fantassin arrive
Au rendez-vous de tant de conquérans.

CHANT VINGT-SEPTIÈME. 461

Médor se fraie une route nouvelle.
Rien désormais ne manque à son bonheur.
Et la princesse, objet de son ardeur,
Est noble encor, mais n'est plus demoiselle.

Quand la coquette eut une fois été
Ce qu'elle avait cent fois mérité d'être,
Lorsque Médor, ivre de volupté,
De ses attraits fut bien seigneur et maître,
Un repentir qui la prit un peu tard
Dans son esprit vint tout à coup à naître,
Et vers l'hymen fit tourner son regard.
Un vieil Iman, propice à ces faiblesses,
Passa par là pour bénir leurs caresses.
Les deux amans, liés déjà de cœur,
Furent unis sur un autel rustique.
Tout à l'entour on plaça mainte fleur;
Il n'y manquait que la fleur d'Angélique.
Pour mère ayant la femme du pasteur,
La sœur d'Argail, d'un air plein de pudeur,
Promit amour, complaisance, tendresse :
Elle tenait d'avance la promesse.

Et cependant qu'en ce riant séjour
Elle et Médor passaient avec ivresse
Les premiers temps, âge d'or de l'amour,
Le bon Renaud sortait avec adresse
De ce Paris qu'il affranchit d'effroi,
Et, satisfait d'avoir servi son roi,
De tous côtés, il cherchait sa maîtresse;
C'est Angélique, et l'on voit aujourd'hui
Qu'elle employait son temps bien mieux que lui.
Un jour la faim le surprend et le presse :
Le paladin, loin de toute maison,
Va chez un grand et vigoureux ermite,
Qui le reçoit avec componction.
Renaud salue, et puis conte bien vite
Que de souper il a l'intention.
« Frère, répond le saint homme, il me semble
Qu'il faut d'abord chanter vêpres ensemble.
—Soit, dit Renaud. » L'ermite et le héros
Chantent tous deux on ne peut pas plus faux.
Mais ces dévots, malgré leur vœu sincère,
Furent tous deux distraits dans leur prière.
Il leur semblait s'être vus quelque part....
« Ciel! dit Renaud, dont le fou rire part,
C'est Ferragus chrétien, pieux, ermite!
Quels changemens! d'où peuvent-ils venir? »
Le converti, prenant de l'eau bénite,
Parle d'Emma, qu'il avait cru tenir ;
Dit, qu'abusé dans sa douce espérance,
La rage, en lui, suspendit l'existence ;
Qu'un vieil ermite alors le recueillit,

Le prêcha bien, même le convertit.
« Cet homme unique, et qui sauvait les ames,
Mourut bientôt, dit-il; moi, très touché,
Je lui succède, et renonce au péché.
Pour Ferragus, plus d'orgueil, plus de femmes. »

A ce discours, Renaud rit encor plus.
« Quoi! se peut-il, quoi! père Ferragus,
Décidément vous renoncez aux dames?
Mais pensez-donc à leur charme divin,
Qui sur vos yeux n'agissait point en vain.
Vous que j'ai vu plus sensible qu'un autre,
Rappelez-vous leurs traits : rappelez-vous
Ce teint de lis qui trouble maint apôtre,
Ce sein qui bat, et fait battre le nôtre,
Et ces contours si gracieux, si doux...
—Laissez, laissez ces images infames,
Ou vous serez damné comme un païen.
—Qu'ai-je entendu? Comment donc, tu me blâmes,
Des musulmans, toi, le plus libertin,
Toi, Ferragus, toi, qui, fatal aux Belles,
Dans vingt pays supprimas les pucelles!
Ah! cet habit est un assez bon tour
Pour qu'il en vienne en ton humble séjour.
Que je les plains! cafard indigne...—Frère,
Dit Ferragus réprimant sa colère,
Un tel propos m'insulte au dernier point:
Mais j'ai promis de ne me fâcher point. »
Renaud répond : « Il est bon qu'on l'apprenne :
Ainsi l'on peut, sans peine et sans façon,
T'administrer soufflets, coups de bâton,
Pour exercer l'humilité chrétienne?
— Parler ainsi, dit l'ermite soldat,
C'est me tenter. A finir je t'exhorte.
Mon ange avec mon diable est en débat :
Tant pis pour toi si le diable l'emporte. »
Renaud, piqué, mais, de plus, très moqueur,
Si vivement le presse et le lutine,
Que Ferragus, pour calmer son humeur,
S'administrait des coups de discipline.
« Bon! dit Renaud : pour tes péchés nombreux
Fustige-toi : ce ne sera sans cause.
Un nerf de bœuf serait encore mieux,
Mais ton cordon est déjà quelque chose. »
Pour cette fois, l'ermite est en défaut,
Et sur le nez discipline Renaud,
Renaud repart d'une main assez forte.
Incontinent, vifs efforts, grand combat!
Rome jamais n'eut si beau pugilat.
Mais tout à coup quelqu'un frappe à la porte.
Ferragus dit, à ces sons indiscrets :
« Quoi! l'on ne peut ici se battre en paix!

C'est Mandricart qui dans ce triste hospice
Arrive alors, amenant Doralice.
Tous deux avaient très grand faim. Ferragus,
Avec Renaud ayant cessé la guerre,
Leur fit à tous faire mauvaise chère.
Il n'avait rien, et leur donna, sans plus,
Des raisins secs, avec de l'eau bien claire.
Apparemment Mandricart en but trop;
Voilà qu'il prend querelle avec Renaud,
Et tous les deux, tirant leur cimeterre,
Vont, au dehors, terminer cette affaire.
Je crois vraiment qu'en mes vers en courroux
Tous mes héros se battent contre tous.
Et Mandricart et Renaud qui s'écrie
Prennent leur rang dans cette galerie.
Vous supposez, et l'on peut augurer
Que Ferragus sort pour les séparer :
Point. Les laissant tous deux entrer en lice.
Le Ferragus reste avec Doralice.
Il l'entretient des propos les plus doux :
Qui le croirait ! il tombe à ses genoux.
Avec dédain la belle le repousse.
Mais Ferragus, pour la rendre plus douce,
Lui dit son nom, qu'à régner destiné,
Du roi d'Espagne il est le fils aîné.
Fille du roi qui gouverne Grenade,
Lors Doralice adoucit ses regards :
Le voisinage exige des égards.
« Votre discours, dit-elle, persuade.
Mais Ferragus ne se devine en rien.
Sous les habits d'un ermite chrétien.
— Chrétien ? qui ! moi ! vous badinez, madame.
Si, pour changer, j'ai pu l'être un moment,
A Mahomet je tiendrai le serment
Que la Beauté pour Mahomet réclame;
Ce Dieu, je crois, de son saint paradis
M'a dépêché l'une de ses houris.
Puis, dès long-temps sa loi me fut très chère :
Je peux prouver que je suis circoncis.
Oui : je reviens au culte de mon père.
Vous le voulez : me voilà musulman.
Je serai juif, s'il le faut pour vous plaire. »
La Musulmane, aimant fort cet élan,
Lui dit : « Allez d'abord chez un iman
Faire excuser votre erreur téméraire;
Puis, sans retard, courez vers le sultan.
Le soutenir dans sa terrible guerre. »
Ferragus part. Un baiser obtenu,
Du converti, fut-dit-on, le salaire.
Il a quitté ce vêtement connu
Qui d'un ermite est l'uniforme austère,
Et, dans son zèle, il se mettait tout nu,
Si Doralice alors l'eût laissé faire.

Vous doutant peu de ce brusque départ,
Vous combattiez, Renaud et Mandricart.
Tous deux enfin, nonobstant leur furie,
Voyant la nuit, et qu'il se faisait tard,
A d'autres temps remirent la partie.
Or, cependant que le fier Ferragus
Par Agramant était des mieux reçus,
La belle Emma, qu'il avait tant aimée
Reconnaissante à la fois et charmée
Depuis le jour qu'elle trompa ses feux,
D'un autre amant recevait bien les vœux.
C'est Éginhard, que tout Paris admire :
Seul à la cour, il sait écrire et lire.
Emma pourtant, qui bientôt le saura,
Est assez forte : elle épèle déjà.
Elle se sent doucement attendrie
Pour Éginhard, qui jadis lui sauva
L'honneur, qui vaut beaucoup plus que la vie :
Mais son haut rang fait qu'au pauvre Éginhard
Elle ne peut parler que du regard.
D'un sort plus doux Éginhard désespère.
Mais l'empereur, dont il est secrétaire,
Lui dit un jour : « Faites-moi, sans retard,
Un mot d'écrit bien bon, bien salutaire.
Oui : tracez-moi quelque sage leçon.
La faisant lire à ma fille, il me semble
Que la lecture et la saine raison
Par elle vont être apprises ensemble. »
Eginhard tente un trop hardi détour,
Et trace alors les leçons de l'amour.
« Aimez, disait cet écrit peu sévère,
Aimez; jouir vaut bien mieux que briller.
Oui : choisissez un simple chevalier
Plutôt qu'un roi qui ne saurait vous plaire.
Laissez parler la voix du sentiment,
Et vos bontés pour votre heureux amant
Auront enfin le pardon d'un bon père. »

A savoir lire, avec peu de raison,
Charles avait quelque prétention.
Il prit l'écrit, et, comme l'on assure,
En parcourant à l'envers l'écriture,
Il le trouva bien moral, bien traité,
Pour signature il y mit un pâté.
Puis aussitôt il courut, en bon père,
Chez son Emma, qui rêvait à l'écart,
Et lui laissa le billet d'Éginhard,
Disant : « Lisez, voilà ce qu'il faut faire. »
Emma, qui lut, fut très prompte à sentir
Qu'on doit toujours à son père obéir.
En conséquence un rendez-vous se donne,
Et notre amant doit entrer et sortir
Par une cour où ne passait personne.

Avec la nuit il fut prompt à venir ;
Et le voilà seul avec sa maîtresse
Qui n'est qu'amante et qui n'est plus princesse.
O doux moment pour qui peut l'obtenir !
Où le cœur bat et si fort et si vite !
Dont on ne peut parler qu'on ne palpite
Ou d'espérance ou bien de souvenir !
Tout est charmant, en cette douce guerre :
Et ce pardon, et ces heureux débats,
Et ce courroux qui ne demeure guère,
Et ce nenni qui ne refuse pas.
Les deux amans oubliaient la distance,
La rapprochaient même, à ce que je pense,
Loin des regards d'une envieuse cour !....
Sur la douceur des mystères d'amour,
Laissons passer la nuit et le silence.

Mais le matin notre couple embrasé,
Fut bien surpris, et bien embarrassé :
Le ciel barbare a machiné leur perte ;
La cour secrète est de neige couverte.
Dieu ! le grand pied qu'Eginhard y mettra
Diffère trop du joli pied d'Emma,
Et va laisser une trace indiscrète
Dans cette cour, son unique retraite.
« Eh bien, lui dit Emma toute à l'amour,
Tu vas franchir sans danger cette cour.
A t'y porter, moi, je consens. L'aurore,
Sur l'horizon à peine se fait voir ;
Mon père seul peut nous apercevoir,
Et, si matin, sans doute il dort encore. »
L'amant en vain a long-temps résisté,
Emma le veut, et la nécessité ;
Lors, fléchissant, sous un poids qui la flatte,
Sur cette neige, Emma si délicate
Porte Eginhard, honteux avec raison,
Et qui tout bas lui demandait pardon.

Mais le malheur voulut que Charlemagne,
Cherchant toujours les moyens les plus forts
Pour surmonter les terribles efforts
Des Sarrasins et d'Afrique et d'Espagne,
Sur son balcon se promenât alors.
Quelle aventure inouïe, imprévue !
Il voit, et n'ose en croire encor sa vue.
Un autre eût fait du bruit comme un démon,
Et signalé sa colère tragique :
Lui, doucement referma le balcon ;
Ce prince était un très grand politique.
Bientôt après, Éginhard, sans soupçons,
Entre au conseil que Charlemagne assemble :
Charle, entouré des pairs et des barons,
Déconcertant l'audacieux, qui tremble,
Conte la chose, et se tait sur les noms.
« Que feriez-vous dit-il à l'assemblée,
Si par l'adresse et les séductions
Votre famille était ainsi troublée ? »
Un tel discours unissant les avis,
On proposait les plus cruels partis.
Éginhard, seul, conseilla l'indulgence.
« Le criminel, dit-il avec effort,
Est sans excuse, et, plus il sent son tort,
Plus il est apte à la reconnaissance. »
Charles sourit, et répond : « Éginhard,
Je te fais comte. » Il mande, sans retard,
La jeune Emma. Dès qu'elle est arrivée,
« Comte, dit-il, sois mon gendre envié.
Ma fille t'aime, et tu l'avais sauvée ;
Par ma bonté le reste est oublié. »
Dans ce parti que de sagesse brille,
Et que j'admire un si doux châtiment !
En repoussant, en punissant l'amant,
Un autre aurait déshonoré sa fille.
Gardons plutôt l'honneur très hasardé
De nos enfans qui ne l'ont pas gardé.

CHANT VINGT-HUITIÈME.

Erreur de Fleur-d'Épine. — Récit de Richardet. — Danger de Maugis. — Message à Roger. — Découverte terrible pour Roland. — Ses fureurs.

Pour mes vertus on m'a toujours cité.
Je tiens beaucoup à ma moralité.
Je n'y veux pas déroger ; mais j'estime
Que l'on abuse un peu du mot de *crime*.
Sur ce sujet, mes aimables amis,
Puis-je exprimer, en tremblant, mon avis,
Mon doute, au moins ? Il est horrible, infame,
De s'emporter à tuer une femme ;
On dit partout, et l'on dit justement
Que c'est un crime ; oui. Mais, également,
Ce feu que mit en nous un Dieu clément,
Ce doux attrait dont l'élan nous anime,
Et nous conduit vers un objet charmant,
Ce nœud secret, ce tendre égarement,
C'est, nous dit-on, un crime, un très grand crime.
Le même nom a deux faits si divers !
Cela paraît la raison à l'envers.
Non pas ici que follement je plaide
Pour acquitter l'amour à qui l'on cède ;
C'est un grand tort ; on ne l'a point nié,
Et je m'en suis toujours très défié.
Mais je m'arrête alors qu'on exagère.
Quels *criminels*, deux pauvres jeunes gens

Bien amoureux, l'un pour l'autre indulgens !
Je sais sans doute, et vois d'un œil sévère,
Tout ce qu'il faut qu'en amour on révère ;
Mais, hors de là, faut-il voir en Caton
Qu'un jeune cœur ne soit pas un Platon ?
Est-ce un forfait, qu'une main que l'on serre ?
Je sais blâmer ; mais je suis bien déçu
S'il ne faut pas excuser la tendresse,
Et si c'est bien une scélératesse
Que le baiser pris et même reçu.
Non. Condamnons tout acte illégitime ;
Mais, quand ce mal est venu nous saisir,
C'est un grand tort, et non pas un grand crime ;
Et par malheur, hélas ! c'est grand plaisir !

Ainsi par moi la cause défendue
Fera, je crois, juger moins durement ;
La douce Emma ne sera point pendue,
Hormis peut-être aux bras de son amant ;
Et Charlemagne, en sa toute-puissance,
Employa bien sa touchante clémence.
Le roi Marsile, un païen endurci,
Fut moins clément et moins heureux aussi.
Dieu ! c'est encore une histoire galante
Qu'il faut conter ! Vous avez vu Roger
Aimant, perdant en un choc Bradamante,
Et, séparé de cette tendre amante,
Allant chercher un guerrier en danger
D'être grillé dans une flamme ardente ;
Ne voyant plus Bradamante, son plan
Fut de marcher pour sauver la victime,
Et d'autant plus, que près de Montauban
Était le lieu, théâtre de ce crime :
Pour deux raisons, Roger s'était flatté
Que Bradamante irait de ce côté.
Elle y vint tard. Le guerrier anonyme
Était brûlé, si Roger, à propos,
N'eût dispersé les soldats, les bourreaux ;
Mais, le voyant, ce héros qui s'étonne
A cru revoir Bradamante en personne.
Ce sont ses traits, moins délicats pourtant,
Et c'est sa taille, un peu plus élevée :
C'est Richardet. Roger, s'il l'eût sauvée,
N'eût pas été, de beaucoup plus content.
Des fils d'Aymon embrassant le plus tendre,
« C'est vous, dit-il, seigneur ? Eh mais ! comment
Cette canaille a-t-elle pu vous prendre ?
Sans doute au lit on a su vous surprendre ? »
Le Richardet répond : « Précisément.

« Du roi Marsile enfant intéressante,
Et sur ces bords vivant fort tristement,
Pour s'égayer, Fleur-d'Épine, indulgente,
En homme un jour vit ma sœur Bradamante,
Eut la bonté de le trouver charmant,
Et s'affligea de la savoir charmante.
Et moi, de tout instruit bientôt après,
J'eus le désir d'adoucir ses regrets.
Osant user d'un peu de ressemblance,
Je revêtis des habits féminins,
Et, sur le soir, dans ce séjour je vins
De la princesse essayer l'indulgence.
Je reçus d'elle un accueil très flatteur,
Et Fleur-d'Épine, à ses regrets fidèle,
Voulut, toujours me prenant pour ma sœur,
Me voir souper, et dormir avec elle.
J'avais été jusque là peu parleur,
Me défiant de ma voix naturelle ;
Mais, quand au lit, et sous les mêmes draps,
Je me sentis tout près de tant d'appas,
D'être bavard il me prit grande envie.
Nous nous touchions, il faut que je le die,
Mon pied, son pied, mes genoux, ses genoux,
Et, remarquez, rien en tiers entre nous.
Pour m'achever, Fleur-d'Épine rêveuse,
Trouvait fort bon qu'en signe d'amitié
Je promenasse une main amoureuse
Sur maint contour digne d'être envié
Par la plus belle et la plus orgueilleuse.
Mon embarras croissait à tout moment ;
Et je sentais que mon déguisement
De plus en plus devenait difficile.
Je m'avisai d'un tour assez habile.
« Mon prompt retour a dû vous étonner,
Lui dis-je. Hier, morne, et triste dans l'âme
De ne me voir près de vous qu'une femme,
Dans la forêt j'allai me promener.
J'eus le bonheur de sauver une fée,
Par un satyre à peu près étouffée.
Elle me dit : « Ton service sans prix
Mérite un don ; j'en puis faire un : choisis. »
Ma voix n'a pas, dans cette circonstance,
Demandé l'or, la gloire, la puissance ;
Je demandai, soumis à votre loi,
Qu'en vos amours tout vous sourît sans cesse,
Et du moyen je la laissai maîtresse.
Elle a rempli mon désir, je le crois,
Et ce moyen.... je le porte avec moi.
— Que dites-vous ! — Oui : je pourrais bien être
Un homme, autant que je puis m'y connaître.
— Il se pourrait ! » La tremblante Beauté
De mon discours jugeait la vérité.
De vœux divers son âme était la proie,
Et sa pudeur résistait à sa joie ;
Mais le plaisir fut promptement vainqueur.
Elle doutait encor de son bonheur.

CHANT VINGT-HUITIÈME.

Je ne trouvai, quoi que je pusse faire,
Qu'un seul moyen pour calmer sa frayeur.
Elle voulut montrer une colère
Que démentaient ses regards et son cœur.
Je triomphai dans cette douce guerre.
Point de tambours ; point de cruels accens ;
Et c'est au bruit des baisers ravissans
Que j'arborai l'étendard de Cythère.
« Amour, Amour, disait-elle en mes bras,
Si c'est un rêve, ah ! ne m'éveille pas. »

« De mon bonheur ne faisant point trophée,
Un mois entier j'en jouis sur ces bords,
Et chaque nuit je fis d'heureux efforts
Pour faire honneur au cadeau de la fée.
Mais des méchans, unis aux indiscrets,
Ont découvert et trahi nos secrets.
Je périssais, sans votre heureuse audace,
Dit Richardet à Roger qu'il embrasse. »
Or celui-ci, dont l'espoir s'abusait,
Par Richardet instruit que Bradamante
A Montauban n'est pas comme il croyait,
Veut vers Paris retrouver son amante.
De son côté, Richardet est d'avis
D'aller défendre et son prince et Paris.
Ainsi tous deux, pour cause différente,
Marchaient ensemble ; et pourtant ces amis
Devaient bientôt faire cause commune :
D'un grand malheur voilà qu'ils ont avis ;
Les Mayençais ont enlevé Maugis,
A qui toujours ils conservaient rancune.
Maugis, plus vieux, n'était plus aussi fin,
Et quelquefois, sorcier sans énergie,
Il oubliait son livre de magie.
Ses ravisseurs, dans un château prochain
L'avaient traîné pour terminer sa vie
Dans les tourmens : par bonheur Richardet
Vient déranger cet infâme projet.
« O ciel ! Maugis ! lui, le cousin, le frère,
Le protecteur des quatre fils Aymon !
Un fils d'Aymon pour Maugis va tout faire. »
En fait d'exploits onc Roger n'a dit non ;
Et tous les deux, pleins d'une ardeur vaillante,
Courent gravir une roche effrayante.
Il fut heureux pour leur ami Maugis
Que tels guerriers fissent telle entreprise,
Et même encor qu'aperçus par Marphise,
Elle s'unit à leurs efforts hardis.
Tous trois, sauvant Maugis enfin tranquille,
Avaient fini cet exploit difficile ;
A Bradamante, alors, prompt à penser,
Roger allait se faire baptiser ;
Quand d'Agramant un courrier très agile

Survint et dit, à part l'entretenant,
Des Sarrasins le péril imminent.
Roger, encore, ajourna son baptême.
« D'être chrétien ce n'est pas le moment,
Dit-il : sauvons, avant tout, Agramant.
Ce que je dois devient ma loi suprême,
Et dans mon cœur passe avant ce que j'aime. »

Or Bradamante, abusée en son plan,
Avait en vain cherché dans Vallombreuse
Son cher Roger, et devers Montauban
A le trouver croit être plus heureuse.
Il lui souvient que, de ce côté-là,
Quand le destin tous deux les sépara,
Elle et Roger voulaient aller défendre
Un chevalier dont le danger pressait :
(Vous avez vu que c'était Richardet)
De ce côté lors elle veut se rendre.
Hâtant encor le léger Rabican,
Elle espérait éviter Montauban :
Mais par sa mère, au dehors, rencontrée,
Il fallut bien qu'elle y fît son entrée.
Ne pouvant pas en partir de sitôt,
Mais de Roger ayant eu des nouvelles,
Elle voulut qu'un message, au plus tôt,
A son amant dît ses peines cruelles.
La Belle envoie un billet, et Frontin,
Qu'elle gardait au charmant paladin
Depuis le jour qu'en des routes nouvelles
De l'hippogriffe il exerça les ailes.
Le messager poursuivait son chemin,
Quand Rodomont, qui cherchait Doralice,
Voit ce cheval qui plaît à son caprice ;
Il s'en saisit. Le pauvre messager
Réclame en vain pour le droit de Roger.
Rodomont dit, à ce mot qui le choque,
Que de Roger, et de tout, il se moque.
Deux jours après, le messager discret
Trouve Roger, mais avec Richardet.
A celui-ci, d'une voix gémissante,
Il a conté l'affront de Bradamante,
Dont Rodomont, insolent et brutal,
A brusquement volé le beau cheval.
Puis, au héros qui porte Balisarde,
Il dit tout bas, remettant le billet,
Jusqu'à quel point cet affront le regarde.
Roger s'indigne, et dit à Richardet,
Qui s'élançait plein d'une juste rage :
« A Rodomont, dès long-temps, pour ma part,
J'en veux beaucoup ; ami, si mon courage
Heureusement vous servit de rempart,
Permettez-moi de punir cet outrage. »
Et, sur-le-champ, Roger l'embrasse, et part,

30

Sans rien vouloir entendre davantage.

Le fier Roland toujours erre au hasard
Dans le vallon, sur la montagne antique.
Il s'est lassé de chercher Mandricart,
Mais pas du tout de chercher Angélique.
Un jour il voit un rivage enchanté
Où tout d'abord son œil s'est arrêté.
Peignant les cieux dans son cristal mobile,
Toujours en place et toujours en chemin,
Un frais ruisseau, glissant d'un cours agile,
Allait trouver son fleuve suzerain.
Mais, bien discret, sachant cacher sa vie
Et préférant le plaisir aux trésors,
Il lui cachait le bonheur de ses bords
Pour lui sauver le chagrin de l'envie ;
Et c'est ainsi que, nous, particuliers,
Libres, heureux au sein de nos foyers,
Lorsque la cour si vainement s'applique
A s'amuser, à trouver un désir,
Nous nous cachons dans notre obscur plaisir,
Et nous plaignons son ennui magnifique.
Sur ce rivage, à l'envi, mille fleurs
Offraient l'éclat de leurs mille couleurs.
D'arbres charmans une enceinte formée,
Sous son ombrage attirait les pasteurs.
Pour ce vallon oubliant les grandeurs,
Roland goûtait sa fraîcheur parfumée.
Mais qui l'eût dit, quand il portait ses pas
Dans ce séjour séduisant et paisible,
Que le malheur, pire que le trépas,
Allait sur lui jeter sa main terrible,
Et que ce jour, qu'il ne redoutait pas
De tous ses jours serait le plus horrible !

Par le hasard, sur les arbres fixé,
Son œil partout voit un chiffre tracé ;
Un seul, hélas ! il est partout le même,
Et sur un A l'on inscrivit une M.
Dieu ! Dans ces traits le héros pâlissant
A reconnu la main de ce qu'il aime ;
Et vers son cœur se retire son sang.
Plus il regarde, et plus son œil fidèle
Connaît la main adorée et cruelle.
Bientôt Roland, plus inquiet encor,
Lit tout au long : ANGÉLIQUE ET MÉDOR.
« Il ne se peut, dit l'amant héroïque !
Elle, Angélique, elle l'aimerait ? non :
Médor ; jamais je n'entendis ce nom.
Apparemment c'est une autre Angélique.
... Ou, cependant, il se pourrait encor
Que dans ces lieux elle eût, pour la décence.
Caché Roland sous le nom de Médor.
Les noms pourtant ont peu de ressemblance. »
Ce paladin, fameux par ses exploits,
Est effrayé pour la première fois.
Même il est plus effrayé, plus il pense.
Ainsi l'oiseau, dans un piége trompeur,
Pour s'échapper épuise en vain sa peine ;
Et plus il veut éviter son malheur,
Plus ses efforts ont resserré sa chaîne.

Fuyant ce bord qu'il eût dû fuir toujours,
Le paladin, du ruisseau suit le cours.
Vers une grotte un noir destin l'entraîne.
Là, le ruisseau se changeait en fontaine.
Aucun abri si propice aux amours !
Aussi, fêtant ce charmant ermitage,
Les deux amans en avaient fait usage.
De toutes parts leurs chiffres amoureux
Là se pressaient entrelacés comme eux.
Roland le voit, et modère sa rage ;
Il veut douter. Dieu ! que voit-il encor !
Sur le rocher témoin de son outrage,
Il lit ces vers qu'avait écrits Médor :

« Antre délicieux, fraîches eaux, doux ombrage,
Grotte, où plus d'une fois Angélique en mes bras,
Sans voile, à mes désirs a livré ses appas,
Ses appas, qui du monde ont à jamais l'hommage,
Je voudrais vous orner par un luxe flatteur,
Beaux lieux où fut son ame avec mon ame unie :
Mais le pauvre Médor ne peut, dans son bonheur,
Que célébrer l'asile, et caresser l'amie.

» Ah ! du moins, étrangers, chevaliers, demoiselles,
Villageois, et vous tous qui passerez ici,
Respectez ce séjour que l'amour a choisi
Pour les premiers plaisirs de la reine des Belles.
Cet abri ravissant doit surtout vous toucher,
Amans ; et sur vos pas que votre dame y vienne ;
Et puissiez-vous un jour avec elle approcher
Du plaisir qu'en ce lieu j'ai pris avec la mienne ! »

Trois, quatre fois, six fois, le paladin
Lit cet écrit, et son ame oppressée
Recule encor devant l'affreux destin
Dont à jamais sa vie est menacée.
O jour funeste ! ô malheureux Roland !
Il croit sentir son cœur, son cœur brûlant,
Saisi, froissé par une main glacée.
De ce séjour il ne peut s'arracher.
Dans son désastre, on le croirait tranquille ;
Et ce héros, dans ce funeste asile,
Est plus rocher que le cruel rocher
Qu'observe encor son regard immobile.
Dieu ! sa raison, plus constante jadis,
De lui, déjà, s'est un peu détachée.
Vous le croirez, amans qu'on a trahis !

Sa noble tête est sur son sein penchée.
Son regard mâle, humble après ses malheurs,
Du désespoir a les tristes empreintes.
Sa faible voix ne trouve pas de plaintes,
Ses yeux troublés ne trouvent pas de pleurs,
Et sa douleur, en son sein comprimée,
Ne saurait être au dehors exprimée.
Tel, quand soudain un vase renversé
A la sortie offre une étroite route,
Tout à la fois le liquide pressé
Vient flots à flots, et tombe goutte à goutte.

Un malheureux qui sous l'onde périt
Saisit encor la branche fugitive.
Roland rencontre un espoir qu'il saisit,
Et croit encor revenir sur la rive.
« Serait-ce pas, dit-il, quelque imposteur,
Qui, sur ma dame épuisant sa noirceur,
A mes soupçons ainsi l'a présentée ?
Il imita sa main pour mon malheur ;
Ah ! le cruel l'a trop bien imitée ! »
Ce faible espoir ranimant sa raison,
Comme Phébus s'en allait disparaître,
Le paladin, errant à l'abandon,
Voit des troupeaux, avise une maison
Qui lui promet un asile champêtre.
Cette retraite, hélas ! précisément
Est celle-là qu'Angélique a choisie.
La dame est loin, et, fort heureusement,
Depuis trois jours, avec son bel amant,
Elle avait pris la route de l'Asie.
Au bon pasteur, en partant, elle avait,
Pour tous ses soins, fait don d'un bracelet,
De diamans assemblage admirable,
Et de Roland présent inestimable.
Jusqu'à ce jour elle l'avait porté,
Uniquement pour sa propre beauté.
Je ne sais pas comment elle sut faire
Pour le pouvoir dans Ebude soustraire,
Quand, sans habit, la dame y craignait tout.
A deviner, messieurs, je vous engage ;
Et l'Arioste, homme qui sait beaucoup,
Sur ce point-là n'en sait pas davantage.

Roland, troublé par un secret tourment,
De son coursier descend languissamment.
Bien accueilli par l'hôte, par sa fille,
Par les enfans, par toute la famille ;
Il est conduit à la chambre d'honneur.
Rassasié de peine et de douleur,
Il ne veut rien qu'un repos salutaire ;
Mais le repos n'est plus pour sa paupière.
Dieu ! ces écrits, ces chiffres odieux,
L'ont poursuivi dans ces paisibles lieux.
D'un fol amour ces marques retracées
Couvrent les murs, les portes, les croisées.
Dix fois Roland, abordant le pasteur,
Ouvrit la bouche, et, glacé de terreur,
Il s'éloigna, craignant un sort plus rude,
Et redoutant l'affreuse certitude ;
Mais ce jour-là doit combler son malheur ;
Et, se taisant sur tout ce qu'il redoute,
Il garde en vain le trésor de son doute :
Le vieux pasteur, obligeant, mais bavard,
Le lui ravit sans pitié, sans égard.
Pour l'égayer, d'Angélique il lui conte
Les tendres feux, la défaite un peu prompte ;
Comment chez lui la fille d'un grand roi
D'un écuyer a suivi l'humble loi ;
Et, pour prouver ce que sa voix atteste,
Il court chercher le bracelet funeste.
Roland, muet, attend avec effort
Ce bracelet, preuve de sa disgrace :
Il voit... pour lui ce fut ce coup de mort
Que le bourreau nomme le coup de grace :
Quelques instans il résiste à ses maux,
Il est de feu, veut paraître de glace ;
Mais, tout à coup, le malheur le terrasse.
Il faut céder : il éclate en sanglots.

L'hôte, interdit, s'éloigne. Sans contrainte
Roland alors se livre à ses douleurs,
Et sur le cœur où l'ingrate est empreinte
Laisse tomber le torrent de ses pleurs.
Dans ses tourmens à loisir il s'enfonce.
En vain la nuit voudrait l'en détacher.
Hélas ! pour lui sa couche est un rocher,
Un dur rocher où se traîna la ronce.
... Dieu ! tout à coup quel penser l'a saisi !
« Mais, se dit-il,.... oui, c'est sans doute ici
Qu'oubliant tout, mon indigne maîtresse,
D'un vil amant partageait la tendresse.
Et j'y repose ! et mes hôtes me font
Presser ma honte, et fouler mon affront ! »
Le paladin, à cette affreuse image,
Du lit fatal aussitôt s'échappant
Comme un pasteur qui foulait un serpent,
Saisit l'armure où se plut son courage,
Prend Bride-d'Or, et, pénétré d'horreur,
A fui le lit, la maison, le pasteur ;
Et sur le champ, dans la nuit ténébreuse,
Presse au hasard sa marche aventureuse.
L'infortuné, dans cet affreux revers,
Ne connaît pas d'assez sombres déserts ;
Et, solitaire, il fait entendre au monde
Les hurlemens de sa douleur profonde.

Qui d'entre nous, s'il a dans ses beaux jours,
Lutté souvent sur le champ des amours,
Quand il revient aux succès, aux traverses,
Qui signalaient ses campagnes diverses,
Ne se dit pas qu'en son métier d'amant
Il a commis telle faute notable,
Et ne sent pas pour quelque objet charmant
Qu'il dut gagner et manqua follement,
Quelque regret amer, irréparable!
Mais que Roland, perdant les plus beaux droits,
Passe bien loin les fautes qu'on a faites!
Roland se montre, excuse aux maladroits;
Roland est là pour consoler les bêtes.
« Quoi! du Cathai, dit-il, jusqu'à Paris,
De val en val j'ai conduit l'infidèle!
Au long amour dont mon cœur est épris
Un tel voyage ajoutait un tel prix
Que tout devait m'être accordé par elle;
Et mon ardeur dont elle a pu juger
Devait l'attendre et même l'exiger :
Non. Pastoureau respectueux, fidèle,
J'ai, comme un sot, respecté sa vertu.
Quelle vertu!... Que dis-je? j'ai, pour elle,
Plus d'une fois vaillamment combattu.
Je l'ai gardée, escortée, amenée;
J'ai conservé son précieux trésor,
Ne croyant pas que, dupe dédaignée,
Je l'amenais dans les bras de Médor.
Médor! mon cœur ne peut encor le croire :
Médor jamais n'a gagné de victoire.
O rage! il est mon vainqueur trop certain.
Je suis trahi pour un vil fantassin!
Comme mon cœur elle outrage ma gloire.
Quel souvenir de ses sermens passés!
Quel prix cruel de la plus tendre flamme!
Tous les affronts sur moi sont amassés;
Tous les tourmens sont pressés dans mon ame. »

Le jour, en vain rappelant aux travaux,
N'interrompt point le cours de ses sanglots.
Fuyant l'aspect des hameaux et des villes,
Aux ours cruels disputant leurs asiles,
Il ne sait pas, noyé dans ses douleurs,
Comment il peut suffire à tant de pleurs.
Même il conçoit l'espoir, avec l'envie,
Qu'avec ses pleurs va s'écouler sa vie.
De plus en plus sa raison se troublant :
« Non, non, dit-il, dans l'horreur qui l'oppresse,
Je ne suis pas celui qui fut Roland,
Et j'ai péri des mains de ma maîtresse.
Ah! vers mon cœur son art l'a su guider,
Et me trahir c'était me poignarder.
Loin de l'enfer où m'a mis l'inconstance

Payant ainsi tous mes soins empressés,
Mon ame errante, et fuyant la souffrance,
Revient servir d'exemple aux insensés
Qui dans l'amour ont mis leur espérance. »

Son sort, enfin, vers le milieu du jour,
L'a ramené vers la grotte si belle
Où de Médor était inscrit l'amour.
A cet aspect, son regard étincelle.
De la raison perdant toute lueur,
Roland n'est plus que délire et fureur.
De Durandal les coups tombent en foule :
L'inscription, le roc même s'écroule.
Antre enchanté, bois épais, vos douceurs
Ne riront plus aux amans, aux pasteurs.
Vous n'êtes plus, verts gazons, doux ombrages
Ruisseau limpide, ah, Roland, pour toujours,
En un moment a troublé votre cours,
Et dans votre onde a versé vos rivages.
Contre ses coups il n'est point de rempart.
Son bras enfin à ses vœux se refuse.
Sur des débris, Roland, calme trop tard,
Tombe épuisé, soupire, et son regard
Reste fixé vers le ciel qu'il accuse.

Là, dans son sein amassant le courroux,
Sans mouvement, sommeil, ni nourriture,
Le noble amant, dévorant son injure,
Laissa trois fois l'astre qui nous voit tous,
Et visiter et quitter la nature.
Mais tout à coup, le quatrième jour,
Il se relève; il saisit, il arrache,
Disperse au loin armure, habits, rondache.
Épouvantés, vous-mêmes auriez fui
Sa nudité terrible comme lui.
Jugez l'excès où ses esprits s'égarent :
Et Durandal et Roland se séparent.
De sa vigueur armé, le paladin
D'un seul effort déracine un sapin.
Ce destructeur, de ses horribles peines
Punit au loin les cèdres et les chênes.
Plus que jamais abjurant la raison,
Comme un enfant ravage un vert gazon,
Il fait crouler sous ses mains frénétiques
De la forêt les aïeux magnifiques.
Dieu! quel mortel Angélique outragea!
Rien ne résiste à ses fureurs extrêmes.
Les villageois en frémissent déjà,
Et les héros en frémiront eux-mêmes.

CHANT VINGT-NEUVIÈME.

Manière de convertir les musulmanes.—Mandricart s'empare de Durandal.—Courage et malheur de Zerbin. — Douleur d'Isabelle. — Querelles croisées entre Rodomont, Mandricart, Roger et Marphise.—Mauvaise idée de Maugis, qui les suspend. — Échec de Charlemagne.

Des nœuds d'amour qui sent la trahison (1),
Que de ces lacs bien vite il se délie.
Au jugement de la saine raison,
L'amour est bien la plus grande folie!
Tous les amans n'ont pas, et par bonheur,
Du fier Roland la terrible fureur :
Mais voyez-les, sans que rien vous impose :
Les plus sensés sont fous en quelque chose.
Tous en un point le sont également,
Et le bon sens avec force réclame
Contre les gens qui n'ont de sentiment
Que celui-là qui complaît à leur dame.
Oui, croyez-m'en : gardez-vous de l'amour;
— Mais, me dit-on, quels discours sont les vôtres?
Par vos écrits et vos faits, chaque jour
Vous vous montrez bien plus fou que les autres.
—Soit. Mais pourtant, si l'on veut profiter,
C'est maintenant, qu'il me faut écouter,
Et mes leçons plus que moi sont morales.
Gardez-vous bien de partager mon tort.
Si l'amour vient, fuyez, fuyez d'abord :
Je dis cela dans mes bons intervalles.

Devenu fou non sans quelque raison,
Et vous savez par quelle trahison,

(1) Chi mette il piè sull' amorosa pania,
Cherchi ritrarlo e non v'inveschi l'ale;
Che non è in somma amor, se non insania,
A giudizio dé savi universale;
E se ben, come Orlando, ognun non smania,
Suo furor mostra a qualchè altro segnale.
E qual di pazzia segno più espresso
Che per altri voler perder se stesso?

Vari gli effetti son ; ma la pazzia
È tutt' una però che gli fa uscire.
Gli è come una gran selva, ove la via
Conviene a forza, a chi vi va fallire :
Chi sù, chi giù, chi quà, chi là travia.
Per concluderè in somma, io vi vo' dire :
A chi in amor s'invecchia, oltr'ogni pena,
Si convengono i ceppi e la catena.

Ben mi si potria dir : frate, tu vai
L'altrui mostrando, e non vedi il tuo fallo.
Io vi respondo che comprendo assai,
Or che di mente ho lucido intervallo.
ORLANDO FURIOSO, c. 24, oc 1, 2, 3.

Oubliant tout, même Charle et la France
Qu'il eût vengés en tout autre occurrence,
Roland au loin errait dans sa fureur;
Et cependant, mû d'un noble génie,
Zerbin, tout près cherchait ce bienfaiteur,
Et le cherchait en bonne compagnie :
Car, unissant l'amour à la valeur,
Il voyageait, escorté d'Isabelle
Reprise enfin, toujours constante et belle,
Et bien heureuse, en ses cruels malheurs,
D'avoir gardé de la main des voleurs
Les doux trésors qu'elle portait sur elle.
A ces trésors Zerbin avait des droits;
Mais d'Isabelle il écoute la voix :
De sa personne elle le rendra maître;
Mais sa vertu veut voir bénir leurs nœuds.
Pour les unir il faut au moins un prêtre,
En supposant qu'il n'en faille pas deux;
Un prêtre turc : car elle est musulmane.
En attendant, près d'un amant chéri,
Elle résiste à tout désir profane;
Elle ne veut écouter qu'un mari.
Or, de Roland en recherchant la trace,
Zerbin arrive à son dernier abri,
Chez l'hôtelier où ce preux trouva place,
Mais où plutôt le fortuné Médor
Avait trouvé place meilleure encor.
Je ne sais pas si, dans cet humble asile,
Il survivait un air voluptueux
Et des baisers encor contagieux ;
Mais Isabelle, à Zerbin plus docile,
En laissa là prendre un délicieux.

Ah! jouissez d'un sort digne d'envie;
Enivrez-vous sur le bord écarté
De ce bonheur qu'il faut avoir goûté
Pour avoir bien senti toute la vie.
Jeunes amans, usez de ce beau jour.
C'est le plus beau, c'est le dernier peut-être.
Ne manquez pas à ces heures d'amour;
Notre tour passe, et pour ne plus renaître.

Non. Isabelle, à son fidèle amant
Ne veut donner qu'un baiser, qu'un moment,
Et, palpitante, encor plus vertueuse,
Calme à propos sa flamme impétueuse.
Mais, trop avare au prodigue Zerbin,
Elle lui dit, en lui serrant la main :
« De ce moment, Zerbin, je suis chrétienne.
J'ai ton amour, et j'embrasse ta foi.
O mon ami, je veux, quoi qu'il advienne,
Être sauvée ou perdue avec toi. »
Zerbin rend grace, et respecte Isabelle,

A la vertu comme à l'amour fidèle.
Lorsque le jour renaissant dans les cieux
A réveillé l'univers gracieux,
Le beau Zerbin interroge avec zèle
L'hôte pasteur, qui, volontiers parlant,
Lui dit beaucoup, et bientôt sur Roland
Lui fait connaître une étrange nouvelle.
A ce récit, la douleur dans le sein,
Il veut se rendre à la grotte cruelle,
Qui de Roland a changé le destin.
Il part suivi de la douce Isabelle,
De doux propos amusant le chemin.
Ils s'avançaient dans la forêt muette,
Ils vont enfin vers la grotte indiscrète,
Et tous les deux sont pénétrés d'effroi.
Voyant au loin des armes dispersées,
Des chênes morts et des roches brisées.
Du paladin tous deux plaignent le sort;
Et, s'égarant en de tristes pensées,
Zerbin, en pleurs, pensa qu'il était mort.
Avec respect, il recueille, il assemble
Tous les débris d'un héros si vaillant,
Leur noble amas, sous l'ombrage d'un tremble,
Frappe les yeux, trophée étincelant;
Et, pour glacer la main de l'insolent
Qui tenterait peut-être de l'abattre,
Zerbin au bas grave : ARMES DE ROLAND.
N'Y TOUCHE PAS QUI NE VEUT PAS COMBATTRE.

Mais la Fortune amène en ces détours
Un héros prêt à combattre toujours.
C'est ce guerrier que Doralice amie
Par vaux, par monts veut bien accompagner,
Cet empereur qui règne en Tartarie,
Ce Mandricart qui partout croit régner :
L'armure plaît à son regard barbare.
Lors il déchiffre, épelant assez mal,
L'inscription; et ce prince brutal
Sur Durandal se jette, et s'en empare.
A son orgueil donnant un plein essor :
« Je ne crains rien, dit-il, dans la nature !
On sait mes droits sur l'armure d'Hector :
J'ai donc enfin complété cette armure !
J'étais bien sûr, un jour, de la tenir,
La Durandal, objet de mon désir.
Garçon d'esprit, Roland l'a délaissée
Pour m'épargner le soin de la ravir. »
Je ne dis rien d'une telle pensée,
Et je sais bien ce que d'autres diront.
Convenons-en; ce guerrier, trop superbe,
A se vanter était beaucoup trop prompt,
Et Mandricart, sans l'altier Rodomont,
Ne pouvait pas échapper au proverbe.

Zerbin, qu'emporte un courage bouillant
Défend l'épée et l'honneur de Roland.
Mais le destin, ce despote sauvage,
N'égala point sa force à son courage.
Non qu'il ne soit un guerrier très brillant ;
Mais Mandricart l'est encor davantage.
Zerbin poursuit un combat inégal
Malgré l'effroi de la tendre Isabelle;
Et Durandal, sous une main cruelle,
Frappe celui qui défend Durandal.
De Mandricart la redoutable armure
Brave les coups de Zerbin oppressé ;
Zerbin, souffrant de plus d'une blessure,
Combat encor.... pour être encor blessé.
Lors Isabelle, et même Doralice,
Par leurs efforts ont fermé cette lice;
Et Mandricart, qui se rend à leurs vœux,
En s'éloignant se montre généreux.
Il est trop tard. Zerbin, dont le courage
Appelle encore au combat le vainqueur,
Tombe bientôt comme tombe une fleur
Qui de Borée essuya la fureur,
Et va périr des suites d'un orage.
Zerbin, qui perd le reste de son sang,
Sent bien qu'il a terminé sa carrière.
Il ouvre un œil tendre, mais languissant :
« C'est toi, dit-il, qui fermes ma paupière,
Chère Isabelle : ah ! mon terme fatal
Me serait doux ; mais, ô douleur cruelle !
A Mandricart je laisse Durandal;
A quels destins j'abandonne Isabelle ! »
Elle, qui perd son amant, son appui,
Lui jure encor de mourir avec lui.
Calmant le trouble où la vierge se livre,
Zerbin mourant lui commande de vivre,
Lui peint le Dieu dont le puissant secours
A protégé son honneur et ses jours
(Et qui, soit dit entre nous, je vous prie,
Eût de Zerbin dû protéger la vie).
Zerbin, couvert des ombres du trépas,
Entr'ouvre encor sa mourante paupière,
Voit Isabelle, et s'éteint dans ses bras
Comme du soir fuit la clarté dernière.

Je ne saurais, en ce coup désolant,
Peindre Isabelle et sa douleur extrême.
Près de Zerbin elle allait, s'immolant,
Désobéir à son ordre suprême,
Quand un ermite (un bon ermite enfin),
Passant par là, vint arrêter sa main.
Il l'a calmée : « Ah ! dit-elle, ah ! mon père,
Conduisez-moi vers quelque monastère.
A tout jamais j'ai dit au monde adieu ;

Et, tous les jours, je veux, dans ce saint lieu,
Au Dieu du ciel adressant ma prière,
Pleurer Zerbin qui fut mon autre dieu. »

Bien volontiers je suivrais Isabelle ;
Mais, par malheur, la Discorde m'appelle.
Çà, mes amis, un peu d'attention,
Et vous saurez comment la perronelle,
De saint Michel remplit la mission :
Loin de Zerbin, Mandricart, Doralice,
Suivaient leur route, et franchissaient un mont,
Quand Mandricart aperçut Rodomont,
Qui le cherchait ainsi que sa complice.
Comme un lion, au courage affermi,
Devient plus beau devant son ennemi,
Tel Mandricart, plein d'une ardeur vaillante,
Brilla, superbe, aux yeux de son amante.
« Je te tiens donc, traître, insolent, félon,
Dit Rodomont, de son air le plus rogue... »
Des deux rivaux je tais le dialogue,
Et je conviens qu'ils n'avaient pas bon ton.
Mais leur valeur, égale à leur furie,
Était toujours de bonne compagnie.

De Mandricart voilà que le cheval
Succombe enfin, atteint d'un coup fatal.
Le roi d'Alger jouit, et le barbare
Pousse Frontin sur le héros tartare.
Comme un rocher que vient battre le flot,
Mandricart ose attendre un tel assaut.
Le fier coursier qui venait le combattre
Est par le choc obligé de s'abattre.
Le roi d'Alger se dégage d'abord.
Les preux, à pied, redoublaient leur effort,
Quand un courrier, qu'Agramant leur envoie,
Les joint, leur dit que, s'ils ne viennent pas,
Les Sarrasins des Chrétiens sont la proie.
Ce mot n'eût point suspendu leurs débats,
Si Doralice, et coquette et chérie,
Par ses discours, aidés de ses appas,
N'eût de tous deux suspendu la furie.
Savante en l'art de plaire et de charmer,
Si doucement la dame les pérore,
Que Mandricart crut qu'on l'aimait encore,
Et Rodomont, qu'on le pourrait aimer.
Même on prétend qu'écoutant la trompeuse
Le roi d'Alger la crut très vertueuse.
Maints paladins, gens fort déterminés,
Bravant la force, et cédant à l'adresse,
Étaient des gens qu'on menait par le nez.
Les deux héros, de leur calme étonnés,
Sentent enfin combien le moment presse.
De Mandricart le coursier a péri :

Mais Bride-d'Or, que délaissa son maître,
En ce moment eut l'esprit de paraître :
Avec transport Mandricart l'a saisi.
Quand Charlemagne, en sa douce espérance,
Des Sarrasins croit délivrer la France,
Les deux héros vont, comme des amis,
Le détromper dans l'espoir qu'il se forge.
Mais cela fait, ils se sont bien promis
Le doux plaisir de se couper la gorge.

Je n'ai pas dit qu'en délivrant Maugis
Marphise avait trouvé de beaux habits
Qu'un Mayençais envoyait à sa dame.
Le carnaval, à grands pas s'avançant,
Cette guerrière avait trouvé plaisant
De se masquer de ces habits de femme :
Ainsi, Marphise, au regard enchanté
Ne montrait plus qu'une jeune Beauté,
Un peu géante, à la première vue
D'attraits puissans quelque peu trop pourvue,
Mais séduisante, et ravissant le cœur
Par son éclat, ses traits et sa fraîcheur.
Dans un vallon embelli de rosée,
Et Richardet, et Maugis le sorcier,
L'admiraient fort, en femme déguisée,
Et l'aimaient mieux ainsi qu'en chevalier,
Quand Rodomont et Mandricart passèrent
Près de Marphise, et comme eux l'admirèrent.
Mandricart même, en ses vœux toujours prompt,
Imagina qu'une fille si belle,
Par lui conquise, offerte à Rodomont,
Terminerait aussitôt leur querelle.
Par ce moyen il espérait, en paix,
Pouvoir garder sa chère Doralice.
Défiant donc les deux guerriers français,
Pour conquérir Marphise il entre en lice.
Le vieux Maugis fléchit en peu d'instans,
Mais Richardet résiste plus long-temps..
Son bras est ferme ; hélas ! son coursier glisse.
Lors Mandricart, amant fort peu transi,
D'un air bien fat s'avance vers Marphise :
« Le sort, dit-il, à moi vous a soumise.
— Non pas, dit-elle ; il faut me vaincre aussi.
—Vous ?—Moi, seigneur ! » De ses terribles armes
En un moment elle a voilé ses charmes,
Et, sur-le-champ, à Mandricart surpris
Livre un combat qui se trouve indécis.
Mais Rodomont, instruit que c'est Marphise,
A Mandricart rappelle l'entreprise
Qui les réclame. « Allons, dès ce moment,
Dit Rodomont, secourir Agramant ;
Ou, si tu sens la rage de combattre,
C'est avec moi d'abord qu'il faut te battre.

Nous devrions, tous deux, même tous trois,
Aller tenter de plus nobles exploits;
Et, comme nous, Marphise la Persane
Doit protéger la cause musulmane. »
Au grand dépit des chevaliers français,
Ce beau discours d'un Sarrasin profane,
Près de Marphise obtenait du succès.
Mais dans l'instant, plein d'une ardeur très vive,
Le fier Roger sur Rodomont arrive.
« Te voilà donc, traître, dit-il enfin;
Donne ta vie, ou bien rends-moi Frontin. »
De Rodomont, vrai Job par circonstance,
Il faut ici louer la patience.
« Nous nous battrons, dit-il, assurément :
Mais, avant tout, viens sauver Agramant. »
Dans Rodomont ce calme m'édifie :
Mais c'est ainsi que les hommes sont faits.
D'air et d'humeur le plus ferme varie;
Et tel, souvent, est un vrai Jérémie,
Qui, tout à coup, devient un Rabelais.

Roger, des Turcs bien qu'il plaignît la peine,
Disait : « Avant d'aller les protéger,
Il faut d'abord que Frontin me revienne; »
Quand Mandricart, au casque de Roger,
Avec fureur revit l'aigle troyenne.
« Eh quoi! dit-il..., Allons, il faut juger
Que l'insolence est un mal sans remède.
Roger, malgré ma défense, ose encor
Porter cette aigle où, sur son casque, Hector
Représenta l'aigle de Ganymède! »
Roger répond d'un ton non moins altier.
Second débat croisé sur le premier.
Entre eux, malgré Richardet et Marphise,
Par les propos la querelle s'aiguise.
Dans trois héros en ce lieu réunis
Chacun des trois compte deux ennemis;
Et même encor, dans son délire extrême,
Plus d'un était ennemi de lui-même.
Roger surtout eût bravé l'univers.
De Balizarde allumant les éclairs,
A Rodomont il porte un coup terrible :
De Mandricart qui le prend à revers
Il en reçoit, sur la tête, un horrible.
Un Sarrasin dit bien que Mandricart,
Auparavant, cria : « Défends ta vie; »
Mais ce héros, taxé de félonie,
Frappa trop tôt, ou bien cria trop tard.
Marphise en juge ainsi : noble ennemie,
Elle défend par des coups généreux
Un seul guerrier qu'en allaient frapper deux.
Le roi tartare est occupé par elle;
Et cependant, renversé sur la selle,

Le fier Roger, dont le glaive est tombé,
Est entraîné par son coursier fidèle.
Suivi de près, Roger eût succombé
Sous Rodomont et sous sa main cruelle;
Mais Richardet, accouru plein d'ardeur,
Défend celui qui fut son défenseur.
De Rodomont il trompe l'espérance,
Et, déployant la plus noble vaillance,
Au fier Roger heureux d'un tel appui,
Donne le temps de revenir à lui.
Lorsque du coup, qu'il reçut par surprise,
Roger enfin sent s'amortir l'effet,
Incontinent par l'heureux Richardet,
Entre ses mains Balizarde est remise.
A la vengeance il est ardent et prompt.
Voilà Roger qui combat Rodomont,
Et Mandricart combat toujours Marphise.
De celle-ci le coursier s'abattant
Elle courait un péril évident,
Lorsque Roger, qu'elle a voulu défendre,
Reconnaissant d'un bienfait qu'il veut rendre,
Sur Mandricart s'élance ainsi qu'un trait;
Et Rodomont, qu'on a laissé tranquille,
De son secours veut punir Richardet,
Redevenu spectateur immobile.

N'étant encor de sa chute remis,
Vieilli d'ailleurs, comme guerrier, Maugis
Ne pouvait pas, dans cette circonstance,
De Richardet embrasser la défense.
Redoutant trop le fameux Rodomont
Dont Richardet se montrait digne émule,
Pour le dernier des quatre fils Aymon
Maugis conçut un effroi ridicule;
Et cependant que son jeune cousin
Savait tenir le combat incertain,
Le vieux Maugis, au défaut d'énergie,
Souffrant d'ailleurs, et faible au dernier point,
Pour Richardet qui ne l'en priait point,
Crut faire bien d'employer la magie.
Se souvenant d'un mot de son livret,
Il fit entrer un léger farfadet
Dans le cheval que montait Doralice,
De ces combats paisible spectatrice.
Incontinent, aux regards effrayés,
L'animal fait un saut de quinze pieds.
Doux toutefois, et si bien que la Belle
Perdit la tête, et point du tout la selle.
Déjà, malgré ses efforts et ses cris,
Le destrier l'emporte vers Paris.
Lors Mandricart, tout entier à sa flamme,
Ne voit plus rien, et ne suit que sa dame.
Le roi d'Alger, qu'un feu jaloux troublait,

CHANT VINGT-NEUVIÈME.

Les suit tous deux, laissant là Richardet.
Marphise aussi, guerrière très pressée,
Suit Mandricart qui l'avait renversée ;
Et vous sentez que Roger, sans retard,
Suit Rodomont, Frontin et Mandricart.

Ainsi Maugis termina la bataille
De Rodomont, de son jeune cousin.
Au temps jadis il fut adroit et fin ;
Mais cette fois il ne fait rien qui vaille,
Vers Agramant, dont il sert les desseins,
Faisant courir tous les preux Sarrasins.
Or maintenant, des Français noble père,
Bon Charlemagne, aux combats que je crains,
Si vous pouvez, tirez-vous bien d'affaire.
Roland est fou. Ne l'étant guère moins,
Ne sais d'après quel conteur... véridique,
Renaud s'est mis en tête qu'Angélique
Aime Roland, accueille enfin ses soins ;
Et se livrant à cette erreur complète,
En vingt pays il les cherche, irrité :
On n'avait point, en ce temps, la gazette
Pour savoir vite, et bien, la vérité.
Tandis qu'il vague au gré de sa furie,
D'autres héros, pour des vœux différens,
Loin de Paris sont des héros errans.
Et, presque seul, Charle, au conseil, s'écrie :
« Dieu fasse paix à la chevalerie !
Les chevaliers errent souvent au loin,
Et pour l'amour abandonnent la guerre.
Ils sont tous là quand on n'en a que faire,
Et sont absens quand on en a besoin. »
Par le péril Charle rendu moins tendre,
Des chevaliers dit alors pis que pendre.
Des chevaliers, moi, grand admirateur,
Scandalisé des discours du censeur,
Je prends ici le parti des taire.
Dans notre siècle on connaît ces façons ;
Et, quand d'avis aux gens on est contraire,
Il faut cacher leurs meilleures raisons.

Que ces raisons fussent sages ou folles,
Il est bien vrai que Charle sans appui
Pour cette fois, au défaut des paroles,
Eut le malheur d'avoir les faits pour lui.
Par le démon Doralice emportée
Tout au travers des lignes des chrétiens,
Déjà parmi le camp des Sarrasins
Près d'Agramant avait été portée.
La poursuivant, mais non pas jusques là,
Et Rodomont, le plus fier de sa race,
Et Mandricart, dont cent fois on parla,
Veulent du moins rivaliser d'audace :

Ils furent joints, assez près de Paris,
Par Sacripant et le fameux Gradasse,
De chez Atlant nouvellement sortis.
Ce fier Gradasse, altesse séricane,
Était monté sur sa jument Alfane ;
Mais constamment il regrettait Bayard.
Lui, Sacripant, Rodomont, Mandricart,
Obéissant à l'ardeur qui les gagne,
Fiers Sarrasins, joignent la force et l'art
Pour attaquer le camp de Charlemagne.
D'une autre part, emportés vers Paris,
L'ardent Roger, la terrible Marphise,
Contre les Francs font la même entreprise.
De deux côtés un choc rapide et prompt
A par l'effroi remplacé la surprise.
Lors Agramant, qu'avait joint Ferragus,
Tombe avec lui sur les chrétiens émus.
Des musulmans la foule furibonde
Sort de son camp en rangs vifs et pressés.
Turpin, Othon, et Naymes sont blessés.
Huon périt, et je plains Esclarmonde.
De leur côté, des héros musulmans
Tombaient aussi, mais vengés ; et, contens,
Ils expiraient, serrant leurs cimeterres.
Je ne peins point ces horribles exploits,
Cette fureur entre des adversaires
Qui se voyaient pour la première fois.
A s'égorger quel destin les entraîne,
Malgré l'espace et la profonde mer ;
Et quel démon ainsi contre la Seine
Poussa le Nil, et même le Niger ?
Combats affreux ! Dieu, quelles gens nous sommes !
La paix des champs voit ces coups destructeurs ;
Où s'élevaient les gazons et les fleurs,
Tombaient, pressés, les chevaux et les hommes.
Encor le ciel, dans ces momens d'effroi,
Se déclarait pour la cause profane,
Et la fortune, inconstante en sa foi,
Pour le moment, était mahométane.
De tels assauts, un choc si général,
Ont *attaqué le moral de l'armée ;*
C'est poliment dire qu'on se bat mal,
Et que la peur brave la renommée.
Un corps entier pliait : en vrai héros
Charles accourt, et, brave autant qu'habile,
A ces poltrons rend une ardeur virile.
C'est l'unité qui se joint aux zéros
Et qui de rien fait tout à coup dix mille.
Par des efforts dignes de ses beaux jours
Il a long-temps disputé l'avantage.
Mais les païens sont plus nombreux toujours
Contre les Francs plus légers de courage.
De toutes parts voyant des ennemis,

Et ses amis en un désordre extrême,
Charle avec peine a regagné Paris.
Sans Brandimart et quelques preux unis,
Ce prince était suivi dans Paris même.

CHANT TRENTIÈME.

Colère de saint Michel. — La Discorde fait des siennes. — Les disputes entre les Sarrazins recommencent : d'autres s'élèvent entre Mandricart et Gradasse, entre Rodomont et Sacripant. — Confusion dans le camp d'Agramant. — Doralice sacrifie Rodomont à Mandricart. — On veut empaler Ferragus. — Renaud le sauve et se querelle avec lui. — Sermon de Ferragus. — Terrible combat de Mandricart et de Roger.

Point de prologue ici, point de préface ;
Et prudemment je dois m'en abstenir,
Car mes héros me tiennent tant de place,
Que dans mes vers je ne puis plus tenir.

J'ai raconté, d'une voix consternée,
Par Agramant la bataille gagnée.
Ainsi Paris, d'où partaient tant d'exploits,
Est assiégé pour la seconde fois
Par les païens qu'on croyait voir détruire.
Sous Agramant, reconnaissant ses droits,
Mandricart marche, et Gradasse conspire.
Agamemnon ne fut que roi des rois ;
Des empereurs Agramant a l'empire.
J'en suis fâché pour l'honneur de la croix ;
Mais au croissant, là, tout semble sourire.
Heureusement, élevés vers le ciel,
Les vœux chrétiens allèrent vers Michel.
Dispos, tranquille, et tout parfumé d'ambre,
Ce courtisan d'un prince auguste et bon
Était alors dans ce premier salon,
Qu'on peut nommer la dernière antichambre.
Dès qu'il regarde, il ne peut pas nier
Que la Discorde a mal fait son métier.
Il est parti, pressé de disparaître,
Comme un commis qui craint l'aspect du maître ;
Vers la Discorde il va comme le vent.
La dame était de retour au couvent,
Et s'amusait, faute d'autres affaires,
A voir voler sur les nez les bréviaires.
Elle riait : mais cette déité
Cesse de rire et demeure éperdue,
Lorsque Michel, en Archange irrité,
De coups de pied, de soufflets la salue.
Le bon Archange, après ce sermon-là,
Au camp païen tout droit la ramena,
Et l'y laissant, lui dit : « Si tu le quittes,
Tu peux t'attendre à de pires visites. »

La déité, qui comprend bien ces mots,
Veut cette fois dans cette immense horde
Agir si bien, qu'on la laisse en repos :
Le doux repos plaît même à la Discorde.

Elle va donc partout souffler le feu
Chez ces païens que sa fureur réveille.
Je conviendrai qu'elle avait fort beau jeu,
Et le passé la servait à merveille.
D'autres débats à peine encor remis,
Plusieurs d'entre eux, et des plus magnanimes,
Se détestaient plus qu'il ne l'est permis ;
Et, comme il est des intimes amis,
Il est parfois des ennemis intimes.
Aussi tandis que ces héros unis
Pouvaient donner des assauts à Paris ;
Saisis, troublés, d'une secrète ivresse
Que leur soufflait de son mieux la déesse,
Voilà Roger, Rodomont, Mandricart,
Qui, ranimant leur querelle remise,
La veulent tous terminer sans retard :
Eh ! j'oubliais la vaillante Marphise.
Pour les calmer, l'empereur Agramant
Avec Sobrin les prêche vainement.
Dans leur furie obstinés tous les quatre,
Ils veulent bien, par accommodement,
Tirer au sort pour leur tour de se battre.
Les ennemis qui d'abord combattront
Sont Mandricart et le fier Rodomont :
Roger après, sauf fâcheuse aventure,
A Mandricart doit serrer la mesure :
Puis Rodomont, de retour au danger,
Pour adversaire aura le fier Roger ;
Et Mandricart, pour dernière reprise,
Dans le champ clos rencontrera Marphise.

Tel fut l'arrêt porté par le hasard.
Tout était prêt pour la sanglante lice.
Deux pavillons s'élevaient à l'écart.
Dans l'un, Gradasse armait le Mandricart,
Et Ferragus l'aidait pour cet office.
Et Sacripant et Sobrin, d'autre part,
A Rodomont rendaient même service,
Quand, attirant l'oreille et le regard
Au pavillon de Mandricart qui s'arme,
Naît et s'accroît un horrible vacarme.

Tout en armant ce Tartare brutal,
Gradasse avait reconnu Durandal
Dont la conquête était son espérance,
Et pour laquelle, ainsi que pour Bayard,
Lui-même avait jadis vaincu la France.
Tenant ce glaive, objet de sa constance,

Il demanda bien vite à Mandricart
S'il l'avait eu par don ou par vaillance.
Mandricart dit : « Le fait est bien connu ;
Plus d'une fois et dans mainte occurrence
Roland et moi nous avons combattu
Pour Durandal : à mes coups trop en butte,
Pour vivre en paix, Roland, adroit et fin,
Sut l'oublier, un jour, sur mon chemin.
Je l'ai trouvée.—Et moi je la dispute,
Répond Gradasse alors haussant la voix :
Charle l'avait promise à mes exploits,
Et je la garde à de plus justes droits.
—Par Mahomet, qui fort mal te conseille,
Dit Mandricart dont soudain le cœur bat,
Aucune voix n'est douce à mon oreille
Comme la voix qui m'appelle au combat.
Mais Rodomont, pour ta lutte nouvelle,
Doit consentir que son tour soit le tien.
— Non, dit Roger présent à la querelle,
Si Rodomont le cède, c'est le mien. »
Le Ferragus, prenant son ton d'ermite,
Veut les calmer : quel pacificateur !
Par ses propos voilà qu'il les irrite ;
Pour les calmer il se met en fureur.
Mais Mandricart, dans sa fureur adroite,
Voyant cela, d'un poing nerveux, soudain,
Du roi Gradasse a frappé la main droite,
Et Durandal tombe de cette main ;
Et dans l'instant où ce fameux Gradasse
Restait surpris d'un tel excès d'audace,
Mandricart prit le glaive, et s'écria :
« C'est maintenant le tour de qui voudra. »
Le Sérican tire son cimeterre.
Roger aussi palpite de colère ;
Et Mandricart charge, sans tarder plus,
Roger, Gradasse, et même Ferragus.
A ce tumulte, Agramant et Marsile,
Et d'autres rois arrivent à la file.
Ils signalaient leur bonne intention
Pour arrêter ces débats et ce trouble,
Quand tout à coup, à l'autre pavillon,
Même tumulte et s'élève, et redouble.

De Rodomont observant le cheval,
Le tout par zèle et pure courtoisie,
Non sans raison, le roi de Circassie,
De son Frontin, à ce bel animal,
Avait trouvé la physionomie.
Bientôt du fait devenu plus certain,
Et sûr que c'est, en personne, Frontin :
« Seigneur, dit-il au roi de l'Algérie,
Il est à moi ce superbe coursier.
Je vois encor Brunel qui me le vole.

Plus d'un témoin peut le certifier.
Mais je fais mieux : j'en donne ma parole.
Non que je veuille ici m'en ressaisir
Dans le moment où ce combat s'apprête.
Je vous le prête avec très grand plaisir ;
Mais vous sentez, seigneur, que je le prête. »

Le Rodomont, de son air insolent,
A ce discours, mesure Sacripant.
« Pardieu, dit-il, mon très cher, de tout autre
Je prendrais mal un vœu tel que le vôtre.
Regardez-moi combattre Mandricart.
J'ose penser que, pour moi plein d'égard,
Après ce choc, vous voudrez bien peut-être
De ce coursier me laisser le seul maître.

« Ta politesse est un excès d'affront,
Dit Sacripant mesurant Rodomont.
Sur ce coursier n'espère point paraître,
Puisque tu peux t'oublier à ce point ;
Sur mon cheval tu ne combattras point :
Je le défends. » Le feu prend à la paille ;
Les deux héros commencent la bataille.
Le roi d'Alger est tout couvert d'airain,
Et Sacripant n'a qu'une épée en main.
Mais, par l'adresse où se mêle la grâce,
De son épée il fait une cuirasse.
Voulant calmer ce débat imprévu,
Sans nul succès le roi de Garbe adjure
Le roi d'Alger, qui l'appelle c.... c....
Le bon Sobrin répond : « Quelle imposture ! »

Le bruit croissait : l'empereur Agramant,
Qui voit partout une guerre civile,
A Mandricart laissant le roi Marsile
Pour modérer son courroux véhément,
Vers Rodomont accourt très promptement ;
Et sa raison un moment applaudie
Jette un peu d'eau sur cet autre incendie.
Lors Sacripant conte, en guerrier loyal,
Comment Brunel lui vola son cheval.
Marphise alors, de surprise frappée,
Se ressouvient qu'il vola son épée.
D'après les faits contés par Sacripant,
Bien des regards sur Brunel se portant,
En ce moment, Marphise le contemple.
Le reconnaît, et, d'un voisin parleur,
Apprend qu'on fit un roi de ce voleur ;
Promotion de très mauvais exemple.
Incontinent, au milieu des gradins,
Troublant les rangs, et traversant la foule,
Comme un vautour qui surprend une poule,
Elle saisit le plus surpris des nains,

Et, d'une main aussi belle que forte,
Près d'Agramant, malgré ses cris, le porte.
Dans son Poitou Mellusine autrefois
De moindres cris épouvanta les bois.
Tenant le nain, Marphise, en sa colère,
Veut obtenir justice, ou se la faire.
« Je combattrai les guerriers les meilleurs
Qui prétendraient, dit-elle, le défendre.
Mais la plupart sont occupés ailleurs :
Avec Brunel, trois jours, je vais attendre ;
Et, d'ici là si nul ne le défend,
Il peut compter que je le ferai pendre. »
Sur son cheval elle emporte à l'instant
Le nain qui fit autrefois le plaisant.
Mais Agramant, dont l'orgueil la condamne,
Prétend sauver le roi de Tingitane.
Il la suivait, irrité, quand Sobrin
Lui dit : « Seigneur, laissez pendre le nain,
Et conservez le secours de Marphise.
Vous y pourrez d'ailleurs penser demain :
Tous vos héros ont le fer à la main.
A les calmer mettez-vous sans remise. »

Il disait bien. La Discorde jamais
Dans l'univers n'eut un plus beau succès.
Voyant partout des débats si prospères,
Tant de défis mêlés à tant de guerres,
Son cri joyeux peint ses vœux triomphans.
La terre au loin en frissonne, et les mères
Contre leur sein ont pressé leurs enfans.
Sobrin du moins veut arrêter la guerre
Que les païens sont tous prêts à se faire.
Pour ses conseils Agramant plein d'égard
Se joint à lui, consent qu'il négocie
Tout au plus tôt, et qu'il réconcilie
Le roi d'Alger et le fier Mandricart.
C'est en effet le plus pressé. Leur Belle
Étant l'objet de leur vive querelle,
Il fit promettre aux héros qui brûlaient,
Qu'à Doralice ils s'en rapporteraient :
Lors Ferragus, plein d'un orgueil extrême,
Pour prétendant vint s'offrir en troisième.
Chacun pensa qu'il aurait un affront.
On pariait tout haut pour Rodomont.
Depuis long-temps, avec l'aveu du père,
A Doralice il s'efforçait de plaire.
A Doralice il avait, très épris,
De vingt tournois porté les nobles prix.
Aussi, du choix se croyant sûr de reste,
Il s'en vantait, ainsi que Ferragus.
Pour Mandricart, qui fut alors modeste,
Il se taisait, et n'en pensait que plus.
Il se flattait, dans son ame contente,

Que Doralice était reconnaissante.
Il est bien vrai : les seuls regards du jour
De Rodomont avaient servi l'amour :
A Mandricart la nuit, riche en délices,
Avait rendu de plus heureux services.

Quand les rivaux ont juré tous les trois
De respecter et leur dame et son choix,
De s'expliquer long-temps elle refuse,
Contemple enfin ses amans tour à tour,
A Rodomont jette un regard d'excuse,
Sur Mandricart fixe un regard d'amour.
Le roi d'Alger croit que le sien l'abuse ;
Mais Ferragus se tient pour averti.
« Quoi ! c'est ainsi qu'use envers moi de ruse
Celle pour qui je me suis converti,
Dit-il ! » Il sort sans parler davantage,
Et son dédain triomphe de sa rage.
Le roi d'Alger reste, et tire son fer.
Narguant le ciel, et jurant par l'enfer,
Du jugement à sa force il appelle.
Mais Mandricart brave sa volonté ;
Puis Agramant lui dit, avec fierté,
Qu'à sa parole il faut qu'on soit fidèle.
« Eh bien, répond Rodomont en courroux,
Videz, sans moi, sultan, votre querelle :
Oui ; je renonce à combattre pour vous,
Et plus encore à combattre pour elle. »

Il dit, et part sur le léger Frontin.
Roger, ému, l'allait suivre soudain ;
Mais, retenu par sa brillante audace,
Il réfléchit que, hâter son départ,
C'était céder au valeureux Gradasse
Son tour venu d'abattre Mandricart.
Il resta donc. Le roi de Circassie,
Qui de rester n'a pas même motif,
Des Sarrasins oubliant la partie,
Suit Rodomont, et d'un pas très actif.
Mais, retenu pour protéger des Belles,
Ce Sacripant que Rodomont bravait,
Ne put le joindre aussitôt qu'il voulait ;
Et nous aurons plus tard de ses nouvelles.

Pour Ferragus, il était déjà loin.
Déconcerté de son erreur grossière,
Vers Orléans tout courant il alla.
Dans la forêt son dépit l'égara.
Une Beauté, dormant sur la fougère,
A ses regards soudain se présenta.
Lui, la trouvant seulette et sans défense,
S'imagina qu'il lui ferait plaisir
S'il lui faisait un peu de violence.
Il avait vu, dans mainte circonstance,

CHANT TRENTIÈME.

Ce procédé très bien lui réussir.
Sans perdre temps, le voilà qui commence :
Même, dit-on, dans sa brusque insolence,
Cet enragé commençait à finir,
Quand, aux clameurs que la fillette lance,
La garde accourt, et saisit sur le fait
Le Ferragus, qui si bien attaquait
Qu'il n'était pas, pour l'instant, en défense.
Or, vous saurez que cette Belle était
L'unique enfant du prince d'Idumée,
Qui plein d'ardeur, vers Agramant allait,
Et, ce jour-là, dans Orléans passait.
De la forêt imprudemment charmée,
Elle avait cru, sa garde étant tout près,
Pouvoir, une heure, y reposer en paix.
L'impertinent qui l'avait réveillée,
Dans Orléans aussitôt transporté,
Est condamné par le père irrité,
Et doit d'abord être empalé d'emblée.
De cet arrêt nonobstant les rigueurs,
Dans la cité personne n'en appelle.
Dans Orléans on eut toujours des mœurs,
Et bien long-temps même avant la Pucelle.
Le Ferragus, de cet arrêt surpris,
Du roi d'Espagne en vain se dit le fils :
On ne veut pas en croire à sa parole.
« Est-ce, dit-on, qu'un fils de roi viole ? »
A tout hasard, pour agir poliment,
On veut au moins l'empaler proprement.
Le paladin, qu'on tient, et qu'on exhausse,
Sur une place expiant ses travaux,
Est sans cuirasse, et puis sans haut-de-chausse :
Dans cet état il est peu de héros.
Des spadassins, malgré son air sauvage,
Ont au grand jour mis son autre visage.
Ainsi Janus en montrait deux jadis,
Et les Latins étaient moins ébahis.
Il voudrait bien retourner en arrière.
Il ne peut rien dans ce moment fatal,
Et près de lui voit le perfide pal
Qui va bientôt le prendre par derrière.
Oh ! c'est alors que, sachant se juger,
D'un fol amour il connut le danger,
Bien revenu de ses aveugles flammes,
Se sentit plein de respect pour les femmes,
Et désira, moins ardent et moins chaud,
N'avoir rien eu de ce qu'il eut de trop.
Regrets tardifs ! *On l'arrange, on le trousse.*
Un Sarrasin, garçon très vigoureux,
L'élève en l'air : lui, par une secousse,
Sait esquiver le pal malencontreux.
On le replace : avec art il tortille,
Et fait si bien, que quatre hommes très forts
Jamais au but n'ont pu poser l'aiguille.
On n'eût pas cru ce que l'on vit alors,
Et qu'un derrière eût de l'air d'une anguille.
A cet aspect, un ris immodéré
Des spectateurs déjà s'est emparé.
Du patient admirant l'industrie,
Ces bonnes gens criaient : « Plus haut ! plus bas !
On le mettra, criait une partie :
Non, disait l'autre, on ne le mettra pas. »

Avec le temps, cette plaisanterie,
Pour Ferragus, aurait pu finir mal,
Lorsque Renaud, ce paladin insigne,
Arrive là, voit le funeste pal,
Rit, reconnaît Ferragus, et s'indigne.
Incontinent, chargeant les empaleurs,
Il les fait fuir, eux et leurs défenseurs ;
Et Ferragus, dont il brise la chaîne,
Part avec lui pour la cité prochaine.
Le Ferragus par Renaud conservé,
Était fort sot. D'une affreuse torture
En le tirant, Renaud l'avait trouvé
Ce qu'on appelle en mauvaise posture.
Quand tous les deux sont loin du lieu fatal,
Le fils d'Aymon ne pouvant plus se taire,
A Ferragus dit : « Mon révérend père,
Qu'avais-tu fait pour encourir le pal ? »
Lui, de ses torts, de son essai brutal
Fait à Renaud un récit très sincère.
« Quoi ! dit Renaud, de ces aveux confus,
L'apostasie, et le viol de plus !
Violer, ciel ! quelles tristes conquêtes !
Ah ! si j'avais su ce trait de vaurien,
Je n'aurais pas troublé ces gens honnêtes,
Qui s'occupaient à t'empaler si bien. »

De ce discours, loin, bien loin qu'il s'irrite,
Ferragus dit à Renaud : « Tu ne peux
Jamais m'en dire autant que j'en mérite.
Je suis, mon frère, un pêcheur scandaleux,
Dorénavant indigne d'être ermite.
Je me fais moine, et de ce pas je vais
Dans un couvent d'une pratique austère,
Où l'on pourra me surveiller de près. »
Ce qu'il a dit, d'abord il veut le faire.
Dans un couvent apportant ses regrets,
Il y revêt cilice et scapulaire.
Le nouveau moine a le sexe en horreur.
Vive le pal pour toucher un pêcheur !
Avec le vice il a fait plein divorce.
Il eut bientôt des succès éclatans.
Aux Sarrasins son nom est une amorce ;
Et Ferragus, au bout de quelque temps,

Convertissait et baptisait à force.

Et cependant, à sa trace acharné,
Le diable était comme un diable incarné.
Il se faisait une secrète joie
De l'écarter hors de la bonne voie.
Fertile en tours pour ce père brûlant,
Il le troublait dans son zèle d'apôtre.
Je vous ai dit un sermon de Roland ;
De Ferragus je veux en dire un autre.
Dans un village il fit le prône un jour :
Sous ses regards il voyait rassemblées
Vingt Margotons, vrais remèdes d'amour,
Conseils puissans pour des mœurs bien réglées.
« Comment, dit-il, mes chers frères, comment
Peut-on céder à ce désir immonde
Qui nous inspire un fol égarement
Et dans l'enfer fait aller tant de monde !
D'abord ce bien que le ciel interdit
Dure si peu, fade plaisanterie !
Un seul instant finit la causerie.
On parle à peine, et déjà tout est dit.
Puis, songez-y : par ces erreurs infâmes
On va tout droit aux éternelles flammes.
L'homme vraiment est un drôle de corps.
Comment peut-on écouter ces transports ?
Comment peut-on jamais aimer les femmes ? »

En ce moment, au sermon se pressans
Pour admirer l'éloquence du père,
Jeunes tendrons, objets appétissans,
Vont justement se placer sous la chaire ;
Et Ferragus, à ces aspects nouveaux,
Change de ton, et poursuit en ces mots.

« Je ne dis pas, je ne dis pas, mes frères,
Que quelquefois des objets gracieux,
Démons charmans, ne blessent pas nos yeux
En nous donnant des pensers moins sévères.
Oui, j'en conviens, devant leur doux éclat
La faible chair livre un cruel combat.
Fleurs d'ici-bas, jeunes Enchanteresses,
Qu'auprès de vous de droits sont oubliés !
Que vous seriez de divines maîtresses
Pour celui-là que vous accueilleriez !
Ah ! votre aspect, tyrannisant notre ame,
A risquer tout nous pourrait engager,
Et fait couler en nos seins une flamme
Qu'en conscience il faudrait partager.
Oui, palsambleu ! quand j'observe le monde,
Quand je parcours sur la machine ronde
Et ces honneurs, et ces plaisirs si vains,
Et les trésors, et les vœux des humains,

En ces splendeurs je vois que la nature
Mit sagement peu de réalité ;
Et, mes enfans, comme dit l'Écriture,
Je reconnais que tout est vanité,
Tout, hors la femme et son charme suprême,
Quand nous l'aimons et quand elle nous aime.
La femme est tout, le plaisir, le bonheur,
L'attrait des yeux et le charme du cœur.
Secret ou non, elle qui nous transporte
Elle est le but auquel tout se rapporte.
Et pour lequel on brave tous hasards.
Non : à nos cœurs rien qui ne la rappelle !
Les autres biens sont inspirés par elle.
Otez l'amour, vous supprimez les arts.
Rallions-nous à ce divin modèle :
Dans le plaisir cherchons la vérité :
Aimons la femme ; aimons, vivons pour elle.
Le ciel l'a dit : le reste est vanité. »

« Voilà, voilà ce que dirait l'impie,
Dit Ferragus se reprenant soudain.
Mais, plus fidèle aux grands saints qu'il copie,
Le chrétien vrai dompte l'Esprit malin.
Fuyez l'amour, mes frères. Vos pensées
Par ses erreurs seraient bientôt blessées.
Dans son adresse et sa déloyauté,
A nous gagner en vain il s'évertue.
Soyez bien surs que devant la Beauté
L'on peut rester froid comme une statue,
Et que toujours, méprisant son pouvoir,
A la vertu les cœurs vraiment fidèles... »
En ce moment, se sentant émouvoir,
Il s'écria : « Parbleu, mesdemoiselles,
Cachez ce sein que je ne saurais voir. »

Depuis ce jour, ce père vénérable,
Ne prêcha plus les gens édifiés,
Que sous la chaire, au moins à douze pieds,
On n'établît un rempart respectable
De vieux laiderons, asile inexpugnable,
Interceptant le moindre vœu coupable.
Tandis qu'il marche à la perfection,
Renaud, surpris de sa dévotion,
Ouït conter, et long-temps ne put croire
Des Sarrasins l'éclatante victoire.
Malgré l'objet dont le cœur est épris
Renaud partait pour défendre Paris,
Quand il apprend le péril de Maugis,
Et n'apprend pas le secours salutaire
Qui l'a tiré, fort à propos, d'affaire.
A cet avis, avant tout il prétend
Sauver Maugis, à qui son cœur doit tant,
Et sur Bayard, dans cette noble envie,

De Montauban prend la route chérie.

Là Bradamante, attend son cher Roger.
J'ai, je le crains, négligé de vous dire
Que ce héros, au discret messager
Avait promis, ne pouvant pas écrire,
Qu'après avoir sauvé son empereur,
A Montauban il joindrait sa maîtresse
Sans nul retard, et, quitte envers l'honneur,
Viendrait d'abord acquitter sa tendresse.
Aussi Renaud qu'elle aimait chèrement
A Montauban n'en fut accueilli guère,
Et le regret d'attendre son amant
D'un air moins gai lui fit revoir son frère.
Renaud qui veut, tranquille sur Maugis,
Sans perdre un jour, aller sauver Paris,
Prend avec lui huit cent guerriers terribles,
Noble débris qui survit aux combats
Dont Montauban vit les scènes horribles.
Ils sont bien peu : mais, bravant le trépas,
Et sous Renaud à vaincre accoutumée,
Leur légion vaut une grande armée.
Il part. Bientôt Richardet et Maugis,
Comme il marchait assez près de Paris,
L'ont vu, l'ont joint d'une ardeur empressée.
Mais Bradamante, il faut en convenir ;
Pour voir Roger qui doit toujours venir
A Montauban s'est dite indisposée.
Hélas ! l'amour qui semble un don du ciel,
Pour bien des cœurs est une maladie,
Et de ce mal l'accès le plus cruel
Est celui-là qu'on nomme jalousie.
La Belle a su de Richardet sauvé
Que de la mort Roger l'a préservé :
Mais elle a su qu'aux Sarrasins fidèle,
Il suit Marphise, et que Marphise est belle.
Il ne vient pas : de soupçons plus pressans
De jour en jour Bradamante est victime.
Il ne faut pas condamner les absens,
Hors en amour, où l'absence est le crime.

Mais cependant il faut bien revenir
Aux Sarrasins, à la grande querelle
Que vainement Agramant crut finir,
Qui devient longue et deviendra mortelle.
Comme Agramant n'a pu, par nul égard,
Calmer Roger, Gradasse, et Mandricart,
Cet empereur, par son zèle efficace,
Obtient du moins de Roger, de Gradasse,
Qu'un seul combat, par le hasard réglé,
Terminera le double démêlé.
De Mandricart ces vaillans adversaires,
Dans ce combat resteront solidaires.
L'un d'eux vaincu par Mandricart heureux,

Ces paladins renonceront tous deux,
Le fier Roger, à l'armure troyenne
Qu'Hector jadis fit briller dans la plaine ;
Le fier Gradasse, au glaive étincelant
Qu'après Hector sut illustrer Roland.
Reste à savoir, et c'est fort nécessaire,
Qui de Gradasse ou Roger combattra.
Dans son avis le hasard persista,
Et fut constant, par extraordinaire.
Gradasse alors, plus ancien chevalier,
Donne à Roger maint conseil salutaire
Jusques au jour où, trop prompt à briller,
Phébus ouvrit la sanglante carrière.

De toutes parts haussés sur des gradins,
S'amoncelaient les peuples sarrasins.
Maintes Beautés, et même Doralice
Qui déguisait son trouble et ses chagrins,
Sur un balcon observaient cette lice,
Quand, aux accens des clairons belliqueux,
De son côté chaque rival s'avance.
Sur leurs cimiers étincelans de feux,
L'aigle troyenne est commune à tous deux :
Aigle sur aigle incontinent s'élance.
Les deux héros, que le choc n'émeut pas,
Ont vu voler leurs lances en éclats.
L'épée en main, ces ardens adversaires
Sont revenus, et leur doubles visières
Loin d'eux à peine écartent le trépas.
Avec fureur commençant à combattre,
De leurs coursiers ils se voudraient abattre ;
Mais aux coursiers aucun coup n'est porté.
J'aime beaucoup cette neutralité
Que respectaient les guerriers héroïques
Qui des combats suivaient les lois antiques.
Comme la grêle en traits nombreux et vifs
Glace d'effroi le hameau qui regarde,
Sur les héros, à parer attentifs,
Ainsi tombaient Durandal, Balisarde.
C'est Mandricart qui, d'un bras affermi,
A le premier blessé son ennemi.
Frappant Roger, le long de la cuirasse
Durandal laisse une sanglante trace.
A cet aspect, tous les cœurs, en secret,
Ont pour Roger connu leur intérêt.
Roger soudain veut prendre sa revanche,
Mais Balisarde en sa main a tourné.
Du coup affreux Mandricart, qui se penche,
Devait périr : il n'en est qu'étonné.
Quelques instans il a quitté les rênes
De Bride-d'Or, qui s'agite, écumant.
Ce beau coursier, qu'importunent ses chaînes,
Ne veut porter de guerrier que Roland.

Un long serpent qu'on a froissé sous l'herbe,
Un fier lion qu'une flèche a surpris,
Sont moins émus que Mandricart superbe,
D'abord qu'il eut retrouvé ses esprits.
Sa force encore s'accroît de sa colère.
Du preux Roland subjuguant le cheval,
Il a volé vers son jeune adversaire,
Et sur sa tête il suspend Durandal.
L'adroit Roger prévoyait la tempête :
Son œil veillait : son coup terrible part ;
Et sous le bras qu'on lève sur sa tête,
A temps encor il atteint Mandricart.
Que Mandricart fut un preux redoutable !
Par la douleur dont son rival l'accable,
De Durandal le coup est émoussé :
Et cependant, par ce coup effroyable,
Sur son cheval Roger est renversé.
Il était mort sans son casque admirable.
Roger déjà se relève, irrité,
Veut se venger, fait une adroite feinte ;
Et Mandricart, qu'il surprend de côté,
Reçoit au flanc une nouvelle atteinte.
Dieu ! Mandricart, qui voit, avec fureur,
Couler son sang et fléchir sa vigueur,
Aspire au moins, après ce coup funeste,
A déployer la force qui lui reste.
Il jette au loin, dédaignant tout abri,
Ce bouclier qui ne l'a point servi,
Et des deux mains, dans sa rage effrénée,
De Durandal il saisit la poignée.
Roger, atteint d'un coup terrible et prompt,
Voit un éclair et croit sentir un mont.
Ce coup, qui dut le réduire en poussière,
Même en glissant a brisé sa visière ;
D'un double airain l'arçon en vain couvert,
De Durandal ne soutient pas la rage ;
Et même encor le cuissart entr'ouvert
Jusqu'à Roger livre un sanglant passage.

Blessés tous deux, l'un et l'autre rival
Semblaient égaux. Mais rien n'est plus égal :
Roger, pour qui le destin se déclare,
D'un coup de pointe atteint le fier Tartare
Droit vers le cœur, ou son fer se plongeant
Le frappe à mort ; mais dans le même instant,
De Mandricart enivré d'espérance,
Il recevait le coup de la vengeance.
Oui, Mandricart, invoquant tout l'appui
De cette épée à sa valeur si chère
Et qui déjà n'est presque plus à lui,
Vient d'en frapper son terrible adversaire.
Ce dernier coup sut encor partager
Le triple acier du casque de Roger,
Et, dans l'effort de sa force expirante,
Il entr'ouvrit cette tête vaillante.
Roger atteint par un coup si puissant,
Le premier tombe, et tombe dans son sang.
Quelques momens Doralice put croire
Que Mandricart obtenait la victoire.
Mais tout à coup, de pâleur se couvrant,
Et surprenant les regards de la foule,
De son coursier le Tartare s'écroule,
Et tombe mort près du vainqueur mourant.

Dans ce moment où le combat s'achève,
Avec Marsile Agramant accourant,
A soutenu Roger qui se relève.
Cet empereur, les guerriers, et les rois,
Tous à l'envi célèbrent ses exploits.
Un Esculape, en qui l'on se confie,
Veut.... bien du temps, mais répond de sa vie.
Roger vainqueur a les armes d'Hector,
Hors Durandal, qu'il conquit pour Gradasse,
Gradasse enfin maître d'un tel trésor,
Ravi, l'accepte, en regrettant encor
Qu'il ne soit pas le fruit de son audace.
Roger, semblant demander une grace,
Prie Agramant d'accepter Bride-d'Or.
De toutes parts on se presse, on l'embrasse.
Plus d'une dame, après ce combat-ci,
Était portée à l'embrasser aussi.
Et je ne sais si, de regrets troublée,
La Doralice, en pleurant son amant,
N'eût pas souffert, même assez doucement,
Que, rétabli, Roger l'eût consolée !
Mandricart mort, le fait est évident,
N'approchait pas de Mandricart vivant,
Et Doralice, obligeante et polie,
Aimait assez à vivre en compagnie.
O Doralice, et vous, rares beautés
De ce temps-là, que d'infidélités
A vos amans jadis vous avez faites !
Combien d'amans, dans vos fers engagés,
Ont regretté leurs ardeurs indiscrètes !....
Heureusement que les temps sont changés ;
Et de nos jours il n'est plus de coquettes.

CHANT TRENTE ET UNIÈME.

Rodomont à table d'hôte. — Joconde. — Défense des femmes.
Rodomont et Isabelle. — Danger et dévouement d'Isabelle.

Objets charmans qu'on aime et qu'on admire,
N'écoutez rien de ce que je vais dire.
S'il faut ici, pour suivre mon projet,

De Rodomont et d'un hôte indiscret
Tracer au long, d'une plume fidèle,
Tous les discours, tous les horribles mots,
Je suis bien loin d'embrasser leur querelle,
Et m'en rapporte à la noble Isabelle
Qui doit trop bien démentir leurs propos.

Non que je pense, à vous parler sans feinte,
Que vos vertus soient toujours hors d'atteinte.
Mais, si des torts parmi vous sont connus,
Plus d'une femme a toutes les vertus.
Tel des humains est le travers étrange :
Dès que l'on sort d'un excès, on en change.
Pensant jadis qu'on l'aimait, Rodomont
Ne vous trouvait nuls défauts et nuls vices :
Mais à présent que d'injustes caprices
Publiquement ont fait rougir son front,
Vous éprouvez ses folles injustices.
De Doralice il souffrait un affront,
Et vous croyait toutes des Doralices.

« Non, disait-il, mon cœur trop irrité
S'afflige trop de ce complot infâme :
Si Doralice avec indignité
M'a pu trahir, c'est tout simple : elle est femme.
Sexe pervers, sexe à jamais trompeur,
Le ciel te fit dans un jour de malheur.
Pourquoi faut-il que la folle nature
Nous ait donné cette origine impure !
Si son bon sens put l'égarer ainsi,
Je le conçois : c'est une femme aussi.
Que ne peut-on, abjurant votre empire,
Vivre sans vous, par qui nous gémissons !
L'arbre isolé pousse des rejetons :
Si l'homme ainsi pouvait se reproduire !
La femme, avec un plaisir orgueilleux,
Fait l'homme, et c'est ce qu'elle fait de mieux :
Mais quelques fleurs ont d'étranges racines ;
Et, séduisant l'odorat et les yeux,
La rose naît au milieu des épines.
Mon cœur abhorre à jamais votre loi,
Femmes. Partout superbes, dédaigneuses,
Fausses toujours, toujours capricieuses,
Le ciel vous fit sans raison et sans foi ;
Et, comme on dit, *êtes, serez, ou fûtes,*
Toutes, de fait, ou de volonté, p....»

Idée absurde, injurieux discours
Que l'on dément à vos pieds tous les jours !
Sage est souvent même la plus jolie.
De Rodomont j'excuse un peu l'erreur :
La colère est une courte folie.
Dans le dépit qui fermente en son cœur,

Non moins injuste envers son empereur,
Rodomont veut que, navré de tristesse,
Cet Agramant vaincu, sans défenseur,
Sente bientôt la dernière détresse.
Mais Rodomont sent qu'il voudrait alors
Par des bienfaits le punir de ses torts,
Venger lui seul l'honneur de sa querelle,
Et lui montrer, pour lui se signalant,
Qu'il n'avait point de guerrier plus vaillant,
Et n'eut jamais un ami plus fidèle.

Malgré sa rage, et le vol de Frontin,
Bien fallait-il s'arrêter en chemin.
Il se repose à Châlons sur la Saône,
Dans une auberge assez belle, assez bonne,
Dont l'hôte adroit, et subtil, et discret,
Regardait peu de quel pays était
L'homme, et surtout l'argent qu'il recevait.
Il conservait sa fortune assez ronde
Tout au milieu des combats qu'on livrait,
Et de l'hôtel qu'avec soin il tenait
L'enseigne était : Ami de tout le monde.
Là, Rodomont arrivant sur le soir
A table d'hôte alla d'abord s'asseoir.
A Mahomet, là, manquant sans vergogne,
Il but, malgré le chagrin le plus noir,
De ce bon vin, nectar de la Bourgogne.
Comme d'ailleurs il ne disait un mot
Et paraissait un homme d'importance,
A son exemple observant le silence,
Chacun restait et fort grave, et fort sot,
Quand tout à coup, quittant la rêverie,
A ses voisins d'une façon polie
Il demanda s'ils étaient mariés
Et s'ils étaient contens de leurs moitiés.
Alors chacun de ceux qu'hymen enchaîne
Répond qu'il est enchanté de la sienne.
L'hôte lui seul, qui, près des voyageurs
Assis à table, en faisait les honneurs,
De Rodomont observant la grimace,
Dit aux époux : « Bien ! pensez tous ainsi,
Messieurs ; pour moi, je ne saurais ici
Penser de même ; excusez-moi, de grace ;
Je m'en rapporte au seigneur que voici.
Femme fidèle au phénix est semblable :
Le phénix est seul.... s'il est véritable :
Graces au ciel, de soupçons préservé,
Chaque mari pense l'avoir trouvé.
Vivant ainsi dans une paix profonde,
Il laisse aller les choses de ce monde,
Et ne sait rien des secrètes amours
Qu'autour de lui l'on apprend tous les jours.
Heureux qui trouve une femme fidèle !

31

Et même heureux qui croit la sienne telle ! »

Rodomont rit, et l'hôte, encouragé,
Poursuit ainsi : « J'ai beaucoup voyagé ;
J'ai bien connu les ruses des maîtresses ;
J'ai vu des tours de toutes les espèces.
Le plus joli forme un conte achevé :
Près d'une source un jour je le trouvai.
Je l'emportais quand je lus avec peine :
Il faut laisser ce conte à *la fontaine*.
Un jeune abbé, très fort de mes amis,
Pour l'abréger, en ballade l'a mis ;
Comme je n'ai la voix belle, ni claire,
Et que le chant peut encor sembler long,
Je la dirai, si cela peut vous plaire.
—Très volontiers, répondit Rodomont.

« Un roi, non le plus grand, mais le plus beau du monde,
Dit un jour : « En beauté je n'ai pas un égal.
—Non, répond un Romain, hors mon frère Joconde.
—Qu'il vienne, dit Astolphe, et voyons mon rival. »

» Joconde, époux nouveau de femme douce et belle,
Non sans un grand effort, se résout aux adieux.
En offrant sa faveur, un jeune roi l'appelle ;
Les faveurs de l'amour le rappelaient bien mieux.

» Sa femme enfin consent qu'il aille en Lombardie.
Mais qu'il revienne tôt ; sinon elle mourra.
« Prends, dit-elle, avec toi mon image chérie.
La tienne est dans mon cœur, tant que ce cœur battra. »

» De grand matin il part : mais son ame navrée
Oublia le portrait ; et, revenu soudain,
Joconde, entrant sans bruit chez l'épouse éplorée,
Voit un jeune valet endormi sur son sein.

» Il veut les immoler. Mais quoi ! sa main se glace.
Puis, en les immolant, son honneur est perdu.
Personne ne l'a vu : du coup il leur fait grace,
Emportant dans son cœur celui qu'il a reçu.

» De Rome le chagrin le suit jusqu'à Pavie,
Et déjà de son charme efface la moitié.
Cet Adonis nouveau qui pouvait faire envie,
Quand il est près d'Astolphe, est digne de pitié.

» Astolphe le loua de cet air doux, affable,
Que l'auteur applaudi montre à l'auteur sifflé.
Logé dans son palais, admis même à sa table,
Souvent dans ce palais Joconde erre, accablé.

» Un soir, se promenant dans une galerie
Où l'avait amené le plus grand des hasards,
Un bruit fort singulier distrait sa rêverie ;
La cloison entr'ouverte attire ses regards.

» O ciel ! du bel Astolphe il voit l'aimable épouse
Dans les bras d'un amant, d'un nain, d'un nain fort laid !

L'amant était altier, l'amante était jalouse,
Et des froideurs du nain elle se désolait.

» Ma femme a mieux choisi du moins que cette reine,
Se dit Joconde : Astolphe est plus trompé que moi ;
Et tout particulier doit avec moins de peine
Se résigner au sort que subit plus d'un roi.

» Joconde alors enfin soupe et dort à merveille.
Sa gaîté, de retour, ramène sa santé.
Bientôt, sous les regards du sexe qui s'éveille,
Astolphe voit Joconde égaler sa beauté.

» Astolphe est curieux ; mais Joconde, qu'il presse,
Hésite à s'expliquer sur ce prodige-là,
Et, pour s'y décider, veut qu'Astolphe, *à la messe*,
Jure qu'envers personne il ne se fâchera.

» Pour exorde, il remonte aux premiers jours du monde,
Dit un mot des malheurs des époux, rois, et dieux :
Joconde dit alors le malheur de Joconde.
Astolphe rit beaucoup,.... puis devint sérieux :

» C'est qu'on lui racontait enfin sa propre histoire.
Sans le serment sacré, ce monarque éclatait.
A son malheur encore il hésitait à croire :
Il vit tout par lui-même, et fut sûr de son fait.

» Joconde était muet, et craignait quelque blâme.
Astolphe dit enfin : « Qui l'aurait pu prévoir !
Je tiendrai mon serment : j'épargnerai ma femme,
Mais je m'épargnerai le chagrin de la voir.

» Voyageons. Des revers fréquens tels que les nôtres
Ne peuvent qu'un moment exciter le courroux.
Vengeons-nous mieux, Joconde, et courons chez les autres
Répéter mille fois ce qu'on a fait chez nous. »

» La chose s'exécute, et, sous le nom de frères,
Tous deux incognito brillent dans vingt endroits.
C'était pour déguiser le titre de confrères,
Titre auquel ils avaient encore plus de droits.

» La France, l'Angleterre, ont vu leurs tendres flammes.
A leurs yeux, à leur or, pas un cœur échappé !
Que de maris, pour eux, attrappés par les femmes !
Et pour l'un d'eux souvent l'autre était attrapé.

» A nous prendre tous deux puisqu'ainsi l'on s'empresse,
Dit Astolphe, crois-moi, frère, en un rang plus bas,
Prenons à tous les deux une jeune maîtresse,
Et celle-là du moins ne nous trompera pas. »

» Aussitôt fait. De l'or l'admirable faconde
Soumet à leurs désirs un objet ravissant.
L'or, que Dieu me pardonne, est le dieu de ce monde :
Ce n'est pas l'Éternel ; mais c'est le Tout-Puissant.

» Rosette était le nom, quatorze ans était l'âge
De celle que vendit un barbier, son tuteur.
Rosette avant ce jour était encore sage,
Bien qu'un jeune garçon eût su toucher son cœur.

» Il se nommait Firmin ; et voilà qu'à Murcie
Les voyageurs étant avec Rose advenus,
Firmin est le garçon de leur hôtellerie,
Et Rosette et Firmin se sont bien reconnus.

» Comme Astolphe et Joconde étaient à la croisée,
« Ah ! Rosette, tout bas dit Firmin éperdu,
Par ces deux étrangers ta jeunesse abusée
A l'un d'eux a donné le prix qui m'était dû.

» — A tous deux, répond-elle ; un tuteur m'a forcée.
Je suis entre eux la nuit, et chacun tour à tour,
Aussi long-temps qu'il veut, m'explique sa pensée ;
J'aurais aimé bien mieux écouter ton amour.

» — Attends : mon cœur médite une douce vengeance ;
Laisse ta porte ouverte, et peut-être Firmin... »
Rose, sans concevoir quelle est son espérance,
Remplit son vœu le soir, partant le lendemain.

» L'amant, qui concertait son plan avec prudence,
Laisse aux deux voyageurs le temps de s'endormir ;
Ils dormaient, quand Firmin, qui doucement s'avance,
Sent les rideaux, enfin, et se sent tressaillir.

» Firmin, au pied du lit, sous le drap qui l'attire,
Touche deux jolis pieds, monte en deux jolis bras.
A Rosette il avait tant de choses à dire
Que de toute la nuit il ne départa pas.

» En conversation croyant son camarade,
Chacun des voyageurs est discret, ne dit rien,
Mais se disait tout bas : « Il deviendra malade. »
Tous deux heureusement ils se portaient fort bien.

» Firmin sortit du lit avec la même adresse,
Non sans avoir encore exprimé ses regrets.
Pour être en paix alors sa gentille maîtresse
Se leva, fit entrer le jour, et les valets.

» — Frère, dit des Lombards le prince débonnaire,
Cette pauvre petite est lasse à faire peur.
Vous l'avez fait jaser pendant la nuit entière :
Je ne vous croyais pas un si rude causeur.

» — Sire, dit le Romain, cette plaisanterie
Me surprend, je ne puis vous le dissimuler ;
C'est la première fois qu'on a, je le parie,
Reproché l'éloquence à qui n'a pu parler.

» — A moi si j'ai daigné vous égaler, Joconde,
Dit Astolphe, en plaisirs vous me surpassez trop,
Je n'ai pas, j'en conviens, votre rare faconde ;
Mais on aime à pouvoir placer son petit mot. »

» Joconde, s'échauffant, aussitôt interpelle
Rosette. Astolphe et lui, d'une imposante voix,
Demandent qui des deux a fatigué la Belle ;
Il lui fallait au moins demander qui des trois.

» Rosette, palpitante, à leurs genoux se jette,
Et dit par quel détour Firmin les a surpris.
Le Lombard, le Romain, sur eux et sur Rosette
Promènent tour à tour leurs regards ébahis.

» Puis, éprouvant soudain l'inextinguible rire,
Sur leur lit tous les deux se roulent à la fois.
Ils pleurent de leurs ris. Dans leur joyeux délire,
On ne voit plus leurs yeux, on n'entend plus leurs voix.

» Joconde, le premier, peut parler. « Sur mon ame,
Nous étions, ce dit-il, de plaisans rêve-creux,
De croire qu'un mari peut garder une femme,
Quand cette enfant nous a trompés, entre nous deux.

» — Oui, dit Astolphe : ami, cette épreuve me semble,
Pour calmer nos dépits, un excellent moyen ;
Et, puisque toute femme ici-bas se ressemble,
Aux nôtres revenons ; elles sont assez bien.

» Au sort universel devenus moins sensibles,
Jouissons des douceurs que l'hymen nous promet,
Sans craindre, ni prévoir des accidens risibles
Qui n'ont de sérieux que celui qu'on y met. »

» Par les deux voyageurs Rosette bien dotée
De huit jours de bontés ne se repentit pas.
Firmin leur demanda pardon de leur nuitée :
Tous deux rirent tout haut ; et lui, riait tout bas.

» Dès-lors, bornant leurs pas, rasséréant leurs ames,
Les amis corrigés revinrent au logis.
Leur bonheur fut complet : les meilleures des femmes
Retrouvèrent en eux les meilleurs des maris. »

L'hôte finit, et l'on rit à la ronde.
Par Rodomont ce récit fut goûté.
Mais, moins clément qu'Astolphe et que Joconde,
De ces messieurs il blâma la bonté,
Et dit qu'en ruse, en infidélité,
La femme était sans égal dans ce monde.
Les spectateurs et même les maris
Semblaient se rendre à ce sévère avis,
Quand un vieillard dit : « Sur de faux mémoires
Pourquoi juger un sexe plein d'appas !
Il est aisé d'inventer des histoires ;
Voici des faits que je n'invente pas :
La femme est faible, oui ; mais l'homme, qui blâme,
Est plus volage encore que la femme.
Parfois, suivant un dépit peu sensé,
Elle finit ; mais il a commencé.
Çà, soyons francs : dans ce logis nous sommes
Sans nuls témoins, et, comme on dit, entre hommes :
Je le demande à tous maris présens,
Depuis trois mois de l'hymen jouissans :
Si quelque femme aussi bien que leur femme,
Même moins bien, dans le fond de son ame
A leur égard sent quelque bon dessein,
En est-il un, un seul, qui ne profite
De sa faiblesse, et même ne l'excite ?
S'il en est un, il peut lever la main. »
Aucune main, dit-on, ne fut levée.
On rit beaucoup. Lors le vieillard malin

Dit en faveur du sexe féminin
Mainte raison, même assez bien trouvée.
Mais Rodomont, pressé de le troubler,
Au raisonneur ordonna de se taire.
Du roi d'Alger, prince assez volontaire,
C'était souvent la façon de parler.

 La nuit passait sans tumulte et sans pompe :
Ce roi trompé rêve encor qu'on le trompe.
Sortant du lit qu'il venait de fouler,
Il est parti sur la paisible Saône.
Mais, promptement forcé de remarquer
Combien son cours est lent et monotone,
Avec Frontin il se fait débarquer.
Il a bientôt gagné les bords du Rhône
Dont on est loin de vanter la douceur,
Frère emporté d'une paisible sœur,
Sans regarder, Rodomont qui s'avance,
Franchit bientôt Lyon, Vienne, Valence.
A peine il voit du regard d'un moment,
De Rome sainte, Avignon succursale
Pour l'avenir, et presque son égale,
Mais élevée en un pays charmant,
Et dont le dieu qui gouverne la terre
Avait très bien, et bien mieux que saint Pierre,
Fait choix de loin pour loger son vicaire.
Devers la mer il allait fort grand train
Sans écouter ni consulter Frontin,
Quand il rencontre une femme adorable
Qu'accompagnait un moine vénérable,
Tous deux guidant un cheval qui portait
Un coffre long que le deuil escortait.
Hélas! c'était la touchante Isabelle,
Qui, de ce pas, dans un couvent voisin
Allait cacher les restes de Zerbin.
Malgré les pleurs, en la voyant si belle,
Le roi d'Alger de plaisir étincelle.
De Doralice il perd le souvenir ;
Il ne voit plus qu'un charmant avenir,
Et, d'Isabelle espérant la conquête,
Pour elle il prend son air le plus honnête.
Elle lui dit bientôt qu'elle a fait vœu
De consacrer sa sainte vie à Dieu.
Le roi d'Alger, qui croit à peine au diable,
Fait, à ces mots, un sourire effroyable.
« Oh! lui dit-il, vous n'aurez pas ces torts :
On ne peut pas enfouir des trésors.
Il n'est permis d'enfermer que les laides. »
L'ermite voit qu'il ose la tenter,
Et contre lui prétend argumenter.
Le roi d'Alger dit : « Père, tu m'excèdes,
Retire-toi. » Mais son effort est vain. »
Le bon ermite, emporté par son zèle,

Toujours harangue, et prêche de plus belle.
« Mais, tais-toi donc, père, fils de p....., »
Dit Rodomont, dont la main indignée
Ne peut souffrir ce zèle trop mutin,
Et de sa barbe arrache une poignée.
Avis perdu! l'ermite redoublait,
Quand Rodomont le saisit au collet.
Dans sa fureur, il le fait, à la ronde,
Deux ou trois fois tourner comme une fronde,
Et l'a soudain lancé comme un caillou.
Le pauvre ermite alla je ne sais où.
Quelqu'un, peignant son saut des plus agiles,
Dit qu'il tomba dans la mer, à deux milles.
On dit aussi que, pendant le chemin,
Tout de son mieux il dit en diligence
Maint oremus, soit français, soit latin,
De quelque saint appelant l'assistance.
Il en vint un, à ce qu'on m'a conté ;
Mais j'avoûrai que Turpin dans la suite
Ne souffle plus le mot sur cet ermite,
Et Turpin seul est mon autorité.

 Quoi qu'il en soit, seul avec Isabelle,
Après ce coup, le roi d'Alger resté,
Devient galant et poli de plus belle,
Et des amans il emprunte les mots
Les plus courtois et les moins à propos :
« Mon cœur ; mon bien ; je vous aime, ou je meure ! »
Mais quand il a fait sa cour un quart d'heure,
Il veut agir. Isabelle, à genoux,
Lui montre en vain les cendres d'un époux,
Et, frémissant du sort qui la menace,
De cet amant voit redoubler l'audace.
Se recueillant, elle lui dit : « Seigneur,
J'ai le secret d'une telle liqueur,
Que son contact, aux mortels favorable,
A le pouvoir de rendre invulnérable.
Vous trouverez, en tous lieux, à souhait,
Une maîtresse, et non un tel secret.
Si, modérant votre tendresse extrême,
Vous renoncez à me déshonorer,
Je vais, seigneur, à l'instant, vous livrer
Ce beau secret, et l'éprouver moi-même. »
Le roi d'Alger, querelleur très sensé,
Trouve fort doux de n'être plus blessé,
Jure bien haut de modérer ses flammes;
Mais *in petto* le perfide ajoutait :
« Jusqu'au moment où j'aurai son secret. »
Il se jouait des sermens faits aux femmes.
Aussi, tandis qu'Isabelle assemblait
Simples et fleurs d'une main empressée,
Du roi d'Alger, qui toujours la suivait,
Les yeux ardens trahissaient la pensée.

Elle le vit, et son cœur vertueux
Dans son dessein se confirma bien mieux.
Le roi d'Alger observait la recette
Avec grand soin, et d'Isabelle aussi
Il observait la beauté trop parfaite.
En attendant, quelque ennui l'a saisi,
Et sur Bacchus voilà qu'il se rejette.
Le vin l'anime à de plus doux plaisirs ;
Il n'allait plus modérer ses désirs.
La Belle alors dit : « La liqueur est faite.
En la goûtant une fois tous les mois,
Sur vous l'épée a perdu tous ses droits.
Cette liqueur, qui m'a tant occupée,
Va vous prouver sa puissance et ma foi.
J'en bois, seigneur : frappez, et contre moi
Vous allez voir rebondir votre épée. »
Contente alors d'abuser le cruel
Et de s'offrir sans tache à l'Éternel,
Cette Beauté, de son sexe la gloire,
Sans hésiter, présente au Sarrasin
Sa noble tête, et, d'un regard serein,
A Rodomont offre son cou d'ivoire.
Dompté, trahi par les vapeurs du vin,
A cet effort Rodomont ne peut croire.
De sa victime ignorant le dessein,
Il veut tenter cette épreuve imprudente,
Et, d'un revers qu'appesantit sa main,
Il fait voler cette tête charmante,
Qui dit trois fois le doux nom de Zerbin.

Des sommités de la céleste sphère,
Le Créateur du ciel et de la terre,
Sur cette scène abaisse son regard ;
Et, s'attristant, l'Éternelle Sagesse
Dit qu'Isabelle a mieux fait que Lucrèce.
.... Elle a surtout attendu bien moins tard.
Ah ! révérons cette amante modèle.
Chez les humains, même chez les élus,
Respect, hommage, a ce cœur si fidèle,
Et si fidèle à l'ami qui n'est plus !

CHANT TRENTE-DEUXIÈME.

Douleur et pont de Rodomont.—Folies de Roland.—Rechute de Ferragus.—Bataille de nuit.—Apparition décisive de Roland.—Défaite d'Agramant, qui se retire à Arles.—Défi entre Renaud et Gradasse.—Gradasse maître de Bayard.—Roland rencontre Angélique.—Roland en Afrique.—Astolphe au paradis terrestre.

J'ai vu souvent qu'on plaisantait des femmes,
De leurs détours, de leurs secrètes flammes,
Et quelquefois de leur malignité.
J'en ai, je crois, moi-même plaisanté.
Mais comme enfin la raison qui dévie
Au vrai chemin revient par équité,
Comme, malgré les droits de la gaîté,
Il faut des jours sérieux dans la vie,
Rendons hommage, et disons vérité.
De l'avouer, avant tout, je m'empresse :
Ces cœurs pétris de flamme et de tendresse,
De temps en temps, souvent contre leur gré,
Prennent le feu qu'ils avaient inspiré.
Oui : de leurs nœuds des femmes se délient ;
Mais toujours l'homme a failli le premier.
C'est notre faute ; et, ce qu'elles oublient,
Nous prîmes soin de le faire oublier.
Voulez-vous plus ? Sous leurs graces touchantes
Il est tel cœur sans excuse entraîné.
Même l'on dit qu'il en est de méchantes ;
Quand on en voit, on est bien étonné.
Ah ! la plupart, loin d'encourir ce blâme,
Ont la bonté, cette beauté de l'ame.
De leur bienfaits cachant la douce odeur,
Leurs soins, leurs dons, ont aussi leur pudeur.
Qu'on doit souvent aux femmes de louanges !
Et, si l'on voit quelques diables, que d'anges !
Anges d'amour, et surtout de pitié !
Le vieillard froid, le pauvre humilié,
Tous les malheurs cherchent, trouvent, en elles,
Un doux accueil, et des bontés fidèles.
Si nous traitons l'autre fidélité,
L'hymen, l'amour, ont là des héroïnes
Résistant même à l'infidélité.
On les ignore, et leurs vertus divines,
Vivant dans l'ombre, ont souvent éclaté !
Qui ne connaît, aux époques amères !
Les dévoûmens des épouses, des mères !
Quoi qu'on en dise ; ô femme, à ton aspect
Il faut souvent s'incliner de respect.
De notre rang dans l'échelle des êtres
Nous sommes fiers, et nous nous prévalons ;
Je ne sais pas bien ce que nous valons,
Mais tu vaux mieux que nous, tes nobles maîtres.
Du genre humain la plus aimable fleur
En est le fruit encore le meilleur.

Je ne crains pas que quelqu'un m'interpelle
Quand cet éloge, où je me laisse aller,
M'est inspiré par la mort d'Isabelle,
Qui, la plus pure ainsi que la plus belle,
Pour feu Zerbin a voulu s'immoler.
Voyant tomber cette illustre victime,
Se voyant pris à ce piége sublime,
Le roi d'Alger, accablé de douleur,
Contre lui-même est pénétré d'horreur.

Quelques instans, le frappant de délire,
L'affreux remords le navre et le déchire.
De sa victime il a versé le sang
Devant l'abri d'une antique chapelle :
De la chapelle il fait un monument.
Des deux amans la dépouille mortelle
Repose là sous un marbre éclatant.
C'est près du Lez, rivière vagabonde,
Souvent perfide et souvent très profonde,
Où tous les ans vont toujours se noyer
Quelques voisins venus de Montpellier.
Vous le savez : à d'étranges idées
S'abandonnait quelquefois Rodomont :
Sur la rivière il fait construire un pont;
Dans sa longueur large de deux coudées.
Nul parapet. Alors qu'un paladin
Se présentait sur ce nouveau chemin,
Du pont étroit Rodomont sentinelle,
Dans l'eau d'abord savait le renverser,
Et lui faisait ses armes déposer
Devant le temple, en l'honneur d'Isabelle.
Grace à son bras, grace à ce pont fatal,
Bientôt ce temple eut l'air d'un arsenal.
Le roi d'Alger, rangé dans ses affaires,
Laissait aller les vaincus Sarrasins,
Et constamment vers les bords africains,
De Jésus-Christ dirigeait les sectaires.
Un jour il vit, d'un air très résolu,
Un homme nu, tout noirci, tout velu,
Gagner le pont. « Quelle insolence extrême !
Dit Rodomont; où vas-tu t'engager?
Attends, manant : je vais te corriger. »
Or ce manant était Roland lui-même.
Roland, bien fou, ne voit pas le danger :
Mais, on le sait, quand il était plus sage,
Jamais ce preux ne l'a vu davantage.

Au même pont, dans le même moment,
Dame à cheval tout à coup se présente.
Être tout nu, c'est un déguisement :
Mais Fleur-de-Lis, qui, très fidèle amante
De Brandimart, en tous lieux le cherchait
Hors à Paris où ce héros était,
Sut deviner cette énigme étonnante,
Et reconnut, dès le premier regard,
Roland, l'ami si cher à Brandimart.
Elle vit bien, de surprise saisie,
De ce héros la complète folie.
Le roi d'Alger, sur cet espace étroit,
Contre Roland a dédaigné l'épée :
Mais il s'abuse; et sa force trompée
Trouve un rival plus puissant qu'il ne croit.
De chacun d'eux l'effort est incroyable.

Le Rodomont se disait : « Comment, diable! »
Lorsque Roland, qui ne se disait rien,
L'étreint bien fort, se renverse en arrière,
Et tous les deux, par ce simple moyen,
S'en vont ensemble au fond de la rivière.

Roland, qu'alors nul habit ne gênait,
Ayant bientôt regagné le rivage,
Suit son chemin, sans penser davantage
A son rival que l'airain surchargeait
Et qui de l'onde à peine se dégage.
Pendant ce temps, la dame, au doux regard,
Trouve l'instant de voir que nulle part
N'est appendu l'airain de Brandimart.
A son coursier donnant alors des ailes,
Devers Paris elle va lestement
De Brandimart demander des nouvelles
Et tout ensemble en donner de Roland.

Mais vers Paris je reviens avec elle.
De ce côté plus d'un objet m'appelle.
Car trop long-temps, là, dirigent leurs pas
Le preux Renaud et les huit cents soldats
Qu'à Montauban assembla sa vaillance.
Ils approchaient du chef-lieu de la France
Quand un guerrier d'assez noble apparence
S'offre à leurs yeux, et, d'un air très courtois,
Aux plus hardis propose un coup de lance;
J'entends de ceux que, dans tous les tournois
On se donnait alors par bienséance.
Jà l'inconnu, recueillant des lauriers,
A de Clermont renversé trois guerriers.
Le fils d'Aymon, à son tour, entre en scène,
Et la victoire est alors incertaine.
Renaud pourtant enfin aurait vaincu;
Mais du soleil le char a disparu.
« Quel est ton nom, valeureux adversaire?
A dit Renaud. —Renaud, je suis ton frère,
Dit le jeune homme : on m'appelle Guidon.
Fruit des amours du redoutable Aymon,
J'ai vu le jour sur un lointain rivage,
Qui, justement, m'a fait nommer sauvage.
Par tes exploits aux exploits excité,
Je t'ai cherché sous l'ombre du mystère :
J'ai voulu voir si j'avais mérité
D'être par toi reconnu pour ton frère.
— Mon cher Guidon, dit Renaud l'embrassant,
Oui, ta valeur me prouve assez ton sang. »
A son exemple, on l'entoure, on le presse.
Quelques seigneurs, même des plus hautains,
Très satisfaits de leurs beaux parchemins,
N'y joindraient pas ce titre de noblesse.

Avec Guidon, les héros Clermontois
Gagnaient pays, quand, traversant un bois,
Ils sont frappés d'une clameur affreuse.
Au bruit soudain ils sont tous accourus :
O ciel! c'était le moine Ferragus
Qui violait une religieuse.
On a d'abord saisi cet enragé,
Qu'on aurait cru des viols corrigé.
« Quoi ! dit Renaud, sitôt une rechute !
De violer le goût te persécute. »
En ce moment viennent, d'un pas actif,
Moines nombreux cherchant le fugitif.
« Qui s'attendait à ce qu'il vient de faire,
Dit à Renaud l'abbé du monastère !
Le père était, en toute occasion,
Un vrai sujet d'édification.
Mais, *in pace* le mettant pour la vie,
Nous punirons sa brutale furie.
— Non, dit Renaud, et gardez-vous-en bien;
Il détruirait vos murs en moins de rien.
Il faut user de recettes plus claires :
Tranchons le cours de ses feux turbulens.
Quand Ferragus ne fera plus d'enfans,
Il deviendra le meilleur de vos pères. »

Tous les guerriers ont dit : Oui, sans façon,
Et des cloîtrés pas un seul n'a dit : Non.
Mais Ferragus, qui ne peut se défendre,
En jette un cri qu'au ciel on dut entendre,
« Cruels, dit-il, arrachez-moi les yeux,
Le cœur, plutôt que ce qui vaut bien mieux.
— Non pas; il faut que je te tranquillise,
Répond Renaud. Va, sur toi le démon,
Dans un moment, n'aura plus nulle prise (1). »
Lors, se voyant attacher tout de bon,
Vous concevez que sa raison fléchisse.
« Du coup, dit-il, qu'on me prépare ici,
Je vais mourir, et j'en serai ravi :
Qu'ensemble, au moins, on nous ensevelisse,
Je vous en prie ; afin que tout entier
Je ressuscite au jugement dernier. »
Chacun riait. « Non, non, d'avis je change,
A-t-il repris (l'avis était étrange) :
De mes excès par trop impétueux
J'ai, je le sens, scandalisé ces lieux ;
Pour réparer ma faute aux yeux offerte,
Que le couvent soit riche de ma perte;

(1) Voyez le *Ricciardetto*; et voyez aussi le *Richardet* de Dumourier, édition de Cazin, tome II, pages 115, 116 et 121, vous retrouverez les mêmes discours et la même aventure, mais bien plus détaillée et bien plus *sérieuse*. Ici, et partout ailleurs où l'on serait tenté de me reprocher d'avoir été trop loin, j'ai été plus réservé que mes devanciers en Italie et même en France.

Et qu'exposé, ce monument nouveau
Dans notre église appende en *ex voto*. »
A ce discours, chacun rit davantage.
« Quoi! dit Renaud, Ferragus, à ton âge,
As-tu pensé que de nobles guerriers,
Des paladins, de vaillans chevaliers,
Ont autrement que par plaisanterie
Parlé de prendre un tel droit sur ta vie !
Allons, ton cœur s'est alarmé trop tôt.
Sur cet objet que toute crainte cesse. »
Le criminel pousse un cri d'allégresse.
« Mais, par exemple, a poursuivi Renaud,
A dire vrai, mon sentiment incline
A ce qu'ici chacun te discipline.
— C'est juste, dit Ferragus. » Aussitôt
On accomplit cette douce sentence.
Chacun frappait, moines et moinillons ;
Et Ferragus, fustigé d'importance,
Sentit le mal que font les passions.

Le fils d'Aymon, après cette bonne œuvre,
Avec les siens, et ses huit cents soldats,
Va vers Paris, où l'attend son chef-d'œuvre.
Trois paladins, comme il doublait le pas,
L'ont joint encor : deux jadis près d'Albraque
Avaient bravé sa redoutable attaque ;
Mais il n'importe. En très bon compagnon,
Renaud embrasse Aquilant et Griffon
Qu'embrasse aussi l'ex-sauvage Guidon.
Pour Sansonnet, leur frère de fortune,
En peu d'instans l'amitié fut commune.
Et, cheminant, ce groupe de héros,
Ne pensait plus qu'à secourir Lutèce,
Quand, d'un moment reculant leurs travaux,
De Brandimart la charmante maîtresse,
Dit de Roland le délire imprévu,
De son combat raconta quelque chose,
Et ne dit pas tout ce qu'elle avait vu.
Chacun s'afflige, et Renaud se propose
D'aller chercher son malheureux cousin,
Dont il avait envié le destin.
Mais, avant tout, un point est nécessaire;
Sauver Paris est sa première affaire,
Sans compter même un objet tout divin
Qui constamment occupe sa pensée.
Tout se prépare au gré du paladin
Dont par l'espoir la troupe est reposée.
Pour cette nuit l'attaque est disposée ;
Des Sarrasins attendant le sommeil,
Il leur ménage un terrible réveil.

Oh ! si j'avais du temps et de l'espace,
Et si surtout une fée en sa grâce

M'avait doué du talent des beaux vers,
Brillant Renaud, je peindrais ton audace
Quand ta flamberge, égale à ces éclairs
Qui dans la nuit parcourent l'univers,
Des Sarrasins exterminait la race.
Au bruit soudain des tambours, des clairons,
Des Clermontois le bataillon s'élance
En s'écriant : « Renaud ! Montauban ! France ! »
Les Sarrasins, à ces terribles noms,
Sentent fléchir cette haute vaillance
Qu'ils ont souvent prouvée à toute outrance ;
Louons souvent, je le veux ; mais datons.
En certains jours, sous certaines entraves,
Les braves sont tout prêts d'être poltrons,
Et les poltrons sont quelquefois des braves.
Las ! cela peut se dire, ou se penser
D'autres vertus que le monde renomme :
Quel est celui que nous voyons passer ?
C'est un fripon qui fut un honnête homme,
Et qui bientôt, plus honnête et plus sûr,
Se verra riche, et redeviendra pur.
Mais je retourne au combat difficile
Des Sarrasins. Le fier Grandonio,
Puis Agramant, Bernard de Carpio,
Sobrin encore, Isolier, et Marsile,
Ont, amenant le choix de leurs guerriers,
Des Clermontois ébranlé les lauriers.
Dans la nuit sombre, astre éclatant de rage,
Surtout Gradasse illustrait son courage.
Alfane aussi, son illustre jument,
Se signalait dans ce combat sanglant,
Quand tout à coup Alfane, qui chancelle,
Reçoit au flanc une atteinte mortelle.
Gradasse, à pied, veut venger son malheur,
Quand, d'autre part, chargeant avec fureur,
Et Sansonnet, et Guidon le sauvage,
Des musulmans font un affreux carnage.
Couple long-temps d'Olivier attendu,
Ses deux enfans dont les bras se signalent,
Réparent bien le temps qu'ils ont perdu.
Tous les Français montrent tout ce qu'ils valent ;
Et les païens, incertains, éperdus,
Montrent assez ce qu'ils ne valent plus.

Ce fut bien pis quand le roi Charlemagne,
De Brandimart, d'Olivier escorté,
Et de la lune invoquant la clarté,
Aux cris de guerre accourut en campagne.
Les Sarrasins, surpris de tout côté,
Cèdent bientôt à l'effroi qui les gagne.
Mais Agramant les rappelle aux exploits ;
Mais de Roger ils entendent la voix.
Roger débile, Agramant et Gradasse

Des Sarrasins ont ranimé l'audace.
Au premier rang tous trois se faisant voir,
Faute de mieux leur rendent en partage
Cette valeur qui naît du désespoir.
Par leurs efforts le combat se rengage.
Tel qui prenait les airs d'un fugitif,
Devient héros dans ce choc décisif.
Les Sarrasins disputant l'avantage,
Du fils d'Aymon trompaient l'espoir brillant,
Quand, derrière eux, aux clartés des étoiles,
Qui de la nuit avaient percé les voiles,
Descend d'un mont un grand fantôme blanc,
Velu, sauvage, au front pâle, à l'œil rude,
Nu tout à fait. C'est ce fou de Roland
Qui, vers Paris, par aventure allant,
Sur les païens tombe par habitude.
D'un tronc épais qu'il a pris au hasard,
Il en assomme une très bonne part ;
Et se troublant, le reste en lui révère
Un messager du ciel en sa colère.
La nuit servait son apparition.
Nul ne connut son véritable nom.
Et dans ce siècle assez peu philosophe,
Le preux Roland privé de sa raison,
Par les païens fut pris pour un démon,
Par les chrétiens fut pris pour saint Christophe.
Las de frapper, tandis que Roland part
Tout comme il vint, par caprice, au hasard,
Renaud est là pour terminer l'ouvrage ;
Et ce héros, dont on fuit le regard,
Chez les païens fait un affreux ravage.
Lorsque le jour éclaira leurs débris,
Abandonnant le siége de Paris,
Bien fallut-il que, cédant au roi Charle,
Leur Agramant se retirât sur Arle.
Il y parvint, non sans plus d'un danger,
Et constamment appuyé par Roger,
Qui, faible encore, au moins par sa présence
Des Africains réchauffait la vaillance.
Au premier rang Agramant combattait.
Et cependant souvent il méditait
Sur sa défaite incroyable et maudite,
Disant : « Comment ! en ce combat cruel,
De mes héros n'avais-je plus l'élite ? »
Il l'aurait pu savoir de saint Michel.

Gradasse au moins lui demeurait encore ;
Et ce héros, maître de Durandal,
Rendait ce glaive à maints chrétiens fatal.
Mais cependant le dépit le dévore :
Cet empereur se tint souvent à part,
Et chérit peu la cause musulmane ;
En France il vint pour conquérir Bayard :

CHANT TRENTE-DEUXIÈME.

Il ne l'a point, et s'en va sans Alfane.
Un jour montant un vulgaire coursier,
Et signalant encor son feu guerrier,
Il voit Bayard, ce Bayard qu'il désire,
Mais sous Renaud qu'on craint, et qu'on admire.
Soudain, sans craindre et respecter Renaud,
Avec ce preux il prit un ton très haut,
Lui reprochant une ancienne offense.
Au fait, d'un tort Renaud a l'apparence.
Il vous souvient peut-être que jadis
Le fils d'Aymon, abusé par Maugis,
Au rendez-vous ne put joindre Gradasse;
Dont il advient que, d'un ton dédaigneux,
L'altier Gradasse au plus vaillant des preux
Reproche alors d'avoir manqué d'audace.
Tout de son mieux Renaud s'est excusé.
« D'ailleurs, dit-il, réparons le passé ;
Et puisque c'est Bayard qu'il faut débattre,
A pied, seigneur, je consens à combattre. »
Une heure est prise, un rendez-vous, fixé.
Tout est réglé : Renaud doit dans la lutte
Perdre Bayard, ou gagner Durandal.
De point en point la chose s'exécute.
Des deux rivaux le succès est égal :
Voilà-t-il pas qu'au fort de la dispute
Un aigle affreux vient fondre sur Bayard,
Qui se défend par des efforts sans nombre,
Brise ses nœuds, et, fuyant sans retard,
S'en va chercher l'asile le plus sombre.
Les deux héros, sur sa trace emportés,
L'ont poursuivi de deux divers côtés.
Ils s'étaient bien promis de se rejoindre ;
Mais quand Gradasse, aidé par le hasard,
Dans une grotte eut retrouvé Bayard,
Pour ce combat son goût fut beaucoup moindre.
« Ma foi, dit-il, je tiens, bien assurés,
Ces deux trésors que j'ai tant désirés :
De Durandal, de Bayard je suis maître.
Avec ces biens que le sort m'a livrés,
Dans mon pays hâtons-nous de paraître.
Que celui-là qui voudrait s'en fâcher
Vienne chez moi défier ma vaillance !
Moi, j'ai cherché Roland, Renaud, en France ;
Qu'en ma Sérique ils me viennent chercher..
Chacun son tour. » Il dit ; et, plein de joie,
Gagne la mer, et s'embarque à l'instant..
Un écuyer qu'en partant il envoie
Instruit du fait Renaud très peu content,
Renaud toujours crut que par trop de zèle
Troublant Bayard d'une frayeur nouvelle,
Maugis encor les avait séparés,
Et lui fit même une vive querelle.
Mais, attestant les noms les plus sacrés,
De cette erreur le vieux Maugis appelle.
Comme Renaud, je ne puis le nier,
De son cousin, très fort je me défie.
Celui qui croit aux sermens d'un sorcier
Ne sera pas accusé de magie.

Roland, toujours plein d'un trouble fatal,
Était bien loin de chercher Durandal.
Jamais héros, en ses courses hardies,
Dans la raison ne trouva moins d'appui.
Dire le cours de toutes ses folies,
Ce serait presque être aussi fou que lui.
Par nul obstacle elles ne sont bornées ;
Vous l'avez vu près des murs de Paris,
Sans le savoir, dompter nos ennemis :
Voici qu'il a franchi les Pyrénées.
Vers Tarragone, un jour, las de courir,
Il se voulait sur le sable endormir,
Alors qu'un bruit du sommeil le rappelle.
C'était Médor, qui, trop lent, il est vrai,
Marchait, suivi d'Angélique la belle,
Et cherchait mal la route du Cathai.
Roland se lève. Hélas! de sa folie,
Dans Angélique il méconnaît l'auteur.
Mais il la suit, la trouvant fort jolie.
Elle, de fuir, poussant un cri d'horreur.
Médor accourt, défendant sa maîtresse,
Frappe ce fou, légèrement le blesse.
Mais, vers Médor Roland s'est retourné ;
Son coup de poing avec force assené,
A du cheval fait sauter la cervelle :
Le cavalier, Médor l'échappa belle.
N'y pensant plus, Roland, vrai levrier,
Va d'Angélique atteindre le coursier,
Quand celle-ci, dans ce danger terrible,
Pense à l'anneau qui la rend invisible,
Le met parmi les perles de ses dents :
Mais son effroi, ses divers mouvemens,
De ses arçons l'ont soudain séparée.
Elle a roulé sur le sable mouvant ;
Et, sans la voir, Roland, toujours courant,
Pensa briser son amante adorée.

Ne voulant point que ses pas soient perdus,
Il joint enfin la jument, la caresse,
La flatte ainsi qu'on flatte une maîtresse,
La monte enfin, et, ne la flattant plus,
La fait aller si loin, sans paix ni trêve,
Que, je le dois avouer, il la crève.
La pauvre bête a cessé d'exister.
D'abord Roland s'amuse à la porter,
Trouve pourtant que ce moyen le gêne ;
Pour mieux courir, le voilà qui la traîne.

A travers champs allant toujours tout droit,
Dans les hameaux trouvant sa subsistance
Par courtoisie, ou bien par violence,
De Gibraltar il gagne le détroit.
Voilà qu'un jour, Roland, par aventure,
D'un villageois avise la monture.
Elle lui plaît. « Çà, dit-il, mon féal,
Pour ma jument donne-moi ton cheval.
Cette jument est leste, adroite, et forte ;
Je ne lui sais qu'un défaut : elle est morte.
Avec des soins tu pourras la guérir.
De ton cheval, çà, descends, je te prie.
Tu ne dis rien ; ah ! c'est trop discourir. »
L'autre, qui croit que c'est plaisanterie,
De son cheval est soudain renversé,
Et par Roland est déjà remplacé.
Roland bientôt à Gibraltar arrive
Comme une barque abandonnait la rive,
Rappelle en vain cette barque qui fuit,
Et, très choqué, sur la mer la poursuit :
Mais son cheval, dans cette mer profonde,
Cède bientôt, et s'engloutit sous l'onde.
Heureusement, le guerrier le meilleur
De ce temps-là, fut le plus fort nageur.
Heureusement encor, le doux zéphire
Était alors roi de l'humide empire.
Roland, habile en sa témérité,
N'eut pas le sort qu'il avait mérité.
Il aborda sur la terre africaine.
De ce rivage il jouissait à peine,
Qu'un grand lion, de ces bords suzerain,
Accourt, et croit manger le paladin.
Lui, sans raison, mais jamais sans courage,
Tranquille, attend le monarque sauvage,
Et de la griffe à peine est effleuré :
Entre ses bras le monarque serré
N'a pas le temps de lutter davantage.
Par l'eau de mer le vainqueur altéré
A bu le sang du lion expiré ;
Et, des déserts troublant au loin l'empire,
Vit de la chair des tigres qu'il déchire.
Si l'on en croit de savans voyageurs,
L'altier lion, si redoutable ailleurs,
Dans ce pays, malgré sa force extrême,
S'enfuit encor devant les enfans même :
De père en fils, cet être destructeur
Respecte en eux son antique vainqueur ;
Et l'homme, craint par le lion rapide
A son aspect d'épouvante saisi,
Se dit : « Roland a passé par ici. »
Cela vaut bien les colonnes d'Alcide.

Mes chers amis, avez-vous conservé

Du bon Astolphe un peu de souvenance ?
Depuis le temps qu'il a quitté la France,
Assurément il doit être arrivé.
Sur l'Hippogriffe il a franchi Biserte,
Cité puissante, et de remparts couverte,
Où d'Agramant la très nombreuse cour
Attend en paix son glorieux retour.
Allant plus loin, d'une course hardie,
Le prince anglais vole en Éthiopie,
Pays alors d'un luxe sans égal ;
Car les palais sont en marbre, en cristal,
Et leurs pavés en rubis, en topases.
Là, l'on respire un éternel parfum ;
On a creusé les diamans pour vases.
Jeté souvent, l'argent est importun.
Objet ailleurs de regrets ou d'extases,
Dans ce pays l'or est un lieu commun,
Comme chez nous le sont les grandes phrases.
Mais dans ces biens dont on est accablé,
Il faut souvent redouter les famines.
On est très pauvre : on a très peu de blé ;
Et deux poulets coûtent vingt perles fines.
Presque en tous points, la rareté, voilà
Ce qui séduit notre espèce bizarre.
Le cuivre était l'or de ce pays-là.
C'était plus beau ; car c'était bien plus rare.

Or, l'empereur qui, là, donne des lois,
Porte en sa main un signe assez funèbre ;
Et pour son sceptre ayant pris une croix,
Du prêtre Jean il a le nom célèbre.
Même on a dit qu'il n'était pas damné.
Qu'il fût ou non au salut destiné,
Le sort voulut qu'en sa douleur profonde,
Le Jean d'alors fût damné dans ce monde.
En ses états, sur des monts verdoyans,
Mais escarpés, le Nil naissant arrose
Le paradis de nos premiers parens,
Pour leurs neveux devenu lettre close.
Plein d'un espoir trop vain, le prêtre Jean
D'y pénétrer avait formé le plan ;
Mais l'Éternel avait, dans sa colère,
D'aveuglement frappé le téméraire.
C'était trop peu. Dans sa sévérité,
Dieu, qui voulait effrayer les impies,
Avait, de plus, pour ce prince attristé,
Réalisé la fable des Harpies.
Elles venaient, sans y manquer jamais,
Piller sa table et flétrir tous ses mets.
Astolphe seul peut décider leur fuite,
Grace à son cor. Volant à leur poursuite,
Il arriva, dirigé par leurs cris,
Au pied des monts, bases du paradis,

Et qui, plus bas, offrant d'affreuses routes,
Du noir enfer étaient une des voûtes.
Observant bien ces routes, notre Anglais
Sut lestement si bien les fermer toutes,
Que l'ennemi ne reparut jamais.
Mais aussitôt que la chose est finie,
Voilà qu'Astolphe, ardent à s'élever,
Du prêtre Jean imite la folie :
Au paradis il espère arriver,
Au paradis terrestre. Cette envie,
Vous le savez, a son point dangereux ;
Mais vous savez qu'Astolphe était heureux.
Il fait si bien, que le leste Hippogriffe,
Brillant Pégase, y pose enfin la griffe.
Bien accueilli dans sa témérité,
Et, pénétré d'une douce allégresse,
Astolphe touche à ce bord souhaité :
Jointe au succès la folie est sagesse.

Le voilà donc ce célèbre séjour !
Là tout séduit, à la fois, tour à tour.
Là, recueillant sur son aile dorée
L'esprit des fruits, des gazons et des fleurs,
Un doux zéphir porte à l'ame enivrée,
En un parfum, cent parfums enchanteurs.
Quel doux éclat ! quelle noble élégance !
Non : il n'est rien de mieux, à mon avis :
Mais, entre nous (entre nous, mes amis),
Nous avons vu, tous, aussi bien, je pense.
En tout pays, Dieu, dans sa bienfaisance,
Mit quelque part un coin du paradis.
Mais nul palais si beau, si magnifique,
N'orna jamais notre demeure antique.
Vers ce palais, qui charme son regard,
Comme déjà l'aimable Astolphe vole,
Sortant de là, voilà qu'un beau vieillard,
Qu'environnait une double auréole,
Vers lui s'avance, et.... Mais il se fait tard :
Jusqu'à demain, trouvez bon que je cesse.
Si dans l'enfer mon Astolphe était mis,
Je poursuivrais : mais, sans impolitesse,
On peut laisser les gens en paradis :
On voudra bien souffrir que je l'y laisse.
Très volontiers j'y mettrais mes lecteurs.
Mais en retour, si Dieu voulait m'en croire,
Je vous réponds, amis, que mes censeurs
Seraient placés au moins en purgatoire.
J'entends ceux-ci, se prêtant au plus mal
Au moindre écart, aux moindres railleries,
Me demander, comme ce cardinal,
Où j'ai trouvé tant de plaisanteries.
On le voit bien, j'ai pour notre plaisir,
Pu faire mieux, mais non pas mieux choisir.

En scalde, en barde, en *voyant* romantique,
Qu'un autre, au diable envoyant Rome antique,
Suivant les pas de nos jeunes vieillards,
Fête du nord les dieux et les brouillards :
Moi, croyant mieux placer mon holocauste,
Cherchant le jour, des chants inspirateurs,
Coloris frais, et tableaux séducteurs,
Pour mon patron j'ai fait choix d'Arioste ;
Il est au ciel, ainsi que ses lecteurs.

CHANT TRENTE-TROISIÈME.

Origile reparaît. — Inquiétudes de Bradamante. — Son double succès. — Échec de Brandimart. — Accident qui arrive à Brunel. — Échec de Rodomont. — Lutte de Marphise et de Bradamante. — Mystère révélé.

Ah ! qu'il est doux, après de longs soucis
Qui fatiguaient la patrie inquiète,
D'avoir enfin vaincu ces ennemis
Qui nous faisaient redouter la défaite !
Je comprends fort qu'un brillant *paladin*,
L'heureux Villars, que maint laurier protége,
N'égalât rien aux palmes de Dénain,
Que les lauriers qu'il cueillit au collège.
Jour immortel, moment délicieux,
Où le succès nous ramène la gloire !
Non, ici-bas, rien ne vaut la victoire...
Hormis la paix, qui vaut mille fois mieux.

C'est à peu près, à Paris, en campagne,
Les sentimens qu'on exprimait tout haut
Chez les Français, alors que Charlemagne,
Loin de Paris, eut, graces à Renaud,
Chassé l'Afrique, et repoussé l'Espagne.
Le bien présent, l'espoir de l'avenir,
Dans tous les cœurs rappelaient le plaisir.
En ce moment de publique allégresse,
Olivier vole, et presse avec tendresse
Ses deux enfans, Aquilant et Griffon.
Ces deux guerriers, que l'émotion gagne,
Pressent aussi leur oncle Salomon,
Duc excellent, qu'adore la Bretagne :
« Mes chers neveux, je me suis entêté,
Dit ce vieillard, d'une jeune Beauté,
De l'Orient récemment arrivante,
Aimable, noble, et surtout innocente :
Le nœud d'hymen entre nous s'est formé.
Venez tous deux voir votre sage tante. »
Ils vont d'abord chez leur oncle charmé ;
Ciel ! leur surprise, à peindre est difficile :
Leur sage tante est la sage Origile.

Tous deux pourtant, muets à son aspect,
Ont eu l'esprit de feindre le respect;
Et celle-ci, ne faisant rien paraître,
Ne semble pas du tout les reconnaître.
Aquilant rit tout bas, et Salomon,
D'un air vainqueur, dit à part à Griffon :
« Si tu savais combien elle m'est chère!
Que de vertu, quelle noble pudeur
A de l'hymen troublé la nuit première!
A mon bonheur, sa vertu fut contraire,
Et je souffrais de causer sa douleur.
— Oui, dit Griffon, cette noble pucelle
Dut éprouver une peine cruelle,
Et je vous plains de la difficulté
Dont triompha votre témérité. »
Griffon se tut. Par son ardeur nouvelle
Le duc vieilli se laissait captiver.
A mes discours si je donnais carrière,
Je vous dirais la fourbe singulière
Qui l'abusa, comment il crut trouver
Une princesse en une aventurière.
Griffon à temps eût voulu revenir
Pour cet hymen qu'il n'a pu prévenir :
Il est trop tard. Guidés par la prudence,
Son frère et lui, redoutant l'avenir,
Sur le passé savent se contenir.
A certains maux il n'est que le silence.

Après des soins, des hasards infinis,
A Brandimart quand revint Fleur-de-Lis,
Pour elle il eut la même confiance,
Et justement il l'eut, à mon avis.
Mais, après tout, cette antique méthode,
Convenons-en, était vraiment commode.
Quand une dame avait long-temps couru,
Son tendre amant, sans question aucune,
De son retour bénissait la fortune,
Et n'en croyait que mieux à sa vertu.
Cette façon était polie et prompte.
Maintes Beautés sont comme Scipion,
Qui sûrement n'était pas un fripon,
Et n'aimait pas pourtant à rendre compte.

Quand Fleur-de-Lis a dit à Brandimart
Du grand Roland l'incroyable folie,
N'écoutant plus nul respect, nul égard,
Quittant Paris, dont la crise est finie,
Point de délai : pour le chercher, il part
Sur son Batolde, et suivi par sa mie;
Je pense bien qu'il savait s'abreuver
A ce banquet où l'amour nous convie,
Quand deux amans ont pu se retrouver.
O jeunes gens, jouissez de la vie :

On ne sait pas ce qui peut arriver.
Allant chercher Roland en Italie,
En Languedoc Brandimart vit le pont
Où se tenait le païen Rodomont.
Ils ont lutté. Leur audace guerrière
Les fait tomber tous deux dans la rivière;
Mais Rodomont est bientôt dégagé;
Et Brandimart, sous les flots engagé,
Allait périr, si Fleur-de-Lis tremblante
N'eût attendri, par sa douleur touchante,
Le Roi d'Alger, bien à temps arrivé;
Et Brandimart, du trépas préservé,
Perd seulement sa liberté, ses armes.
Sa douce amie, au pas aventureux,
Veut l'affranchir de sa funeste entrave,
Et court chercher un guerrier plus heureux,
N'en pouvant pas espérer un plus brave.

Pendant ce temps, l'empereur Agramant
Se retranchait dans Arle obstinément,
Et dans l'Afrique ordonnait des levées
Qui ne pouvaient trop tôt être arrivées.
Il faisait dire en ses brillans rapports
Que ses guerriers s'étaient couverts de gloire,
Qu'il avait pris, par de nombreux efforts,
Ce beau Paris, célèbre dans l'histoire,
Et qu'ayant su remporter la victoire,
Pour l'achever il fallait des renforts.
Marsile aussi, chez ses peuples fidèles,
Faisait répandre en nombreuses nouvelles
Ces vérités qu'on dit officielles;
Lors Agramant regretta bien l'affront
Qu'il avait fait au puissant Rodomont.
Il espéra, par mainte offre très belle,
Le rappeler ; mais Rodomont trouvait,
Dans sa douleur, qu'aux mânes d'Isabelle,
Il n'avait pas encore satisfait.
Puis le dépit toujours le retenait.
Marphise alors fut bien plus généreuse,
Dès qu'elle sut le revers d'Agramant;
Et, de sa tour avec Brunel sortant,
Lui vint offrir sa vaillance fameuse.
Par la pitié son cœur noble entraîné
Au nain Brunel avait tout pardonné :
Mais Agramant, n'en voulant rien attendre,
Sans avertir Marphise, le fit pendre.
Il eut grand tort : mais c'était fort bien fait.
Amis, le ciel est juste... quand il l'est.
Ainsi périt, sans s'être fait entendre,
Ce méchant nain. A temps s'il l'avait su,
Roger, je crois, l'eût encor défendu.
Mais il ne peut qu'à peine se défendre.
Sa force est loin d'être encor de retour.

A l'amitié sentant son cœur se rendre,
Auprès de lui Marphise est chaque jour;
Et follement, de cette amitié tendre
Dans les deux camps on accuse l'amour.
On ne sait pas que la belle Marphise,
Malgré son air imposant, solennel,
Du beau Guidon est demeurée éprise,
Et seulement, pour Roger qu'elle prise,
Sent un goût pur, un attrait fraternel.
N'importe! Aux soins qu'à Roger elle donne,
De ce héros on vante le bonheur :
Tant le plus sage au besoin déraisonne,
Et le public, le grand déraisonneur!

Le sort voulut qu'un guerrier d'Aquitaine,
A Montauban étant venu loger,
Y racontât comme chose certaine
L'hymen prochain de Marphise et Roger;
A Bradamante il eût moins fait de peine,
Si de l'épée il eût percé son cœur.
A Montauban, toujours plus incertaine,
Elle attendait son amant, son vainqueur :
Cette nouvelle a comblé sa douleur.
Peu s'en fallut qu'en sa funeste envie
Sa propre main ne terminât sa vie.
« Mais, non, dit-elle, et je veux au combat
Aller périr de la main de l'ingrat.
Si je pouvais rencontrer sa Marphise!... »
Sa santé faible est à l'instant remise,
Et pour l'armée elle part dès ce jour.
Ah! vers Roger comme son cœur l'entraîne!
Elle croit bien qu'il mérite sa haine,
Et n'a jamais tant senti son amour.

Elle part donc, et, quand le soir l'arrête,
Veut pour la nuit trouver une retraite.
Lors, sur sa route est par elle abordé,
Certain château bien vieux, mais bien gardé,
Où le héros que tant de gloire honore,
L'ami d'Yseult, Tristan, avait fondé
Certaine loi qui subsistait encore :
Là mainte dame avec maint assaillant
Ne laissaient point dépasser la tourelle,
Si l'on n'était jugé le plus vaillant
Ou proclamée au rang de la plus belle.
Dix chevaliers présentent de combat,
Et tour à tour la dame les abat.
Sans nul secours Bradamante, je pense,
De leurs coursiers eût pu les faire choir;
De plus, d'Astolphe elle tenait la lance
Dont elle-même ignorait le pouvoir.
Guerrier vainqueur, Bradamante réclame,
Et veut aussi triompher comme femme,

Un autre prix vient flatter son espoir.
D'un double obstacle elle est la double émule.
Comme les gens qui veulent tout avoir,
Riche de droits, Bradamante *cumule*.
Du grand Renaud cette brillante sœur
A chaque sexe inspire des alarmes,
Et, quand elle a brillé par sa valeur,
Le même soir triomphe par ses charmes.

Quand Bradamante a marché quelques jours,
A Brandimart la compagne si chère,
Fleur-de-Lis, vient réclamer son secours.
« Protégez-moi, dit-elle à la guerrière,
L'ami qui m'a gardé ses sentimens
En ce moment gémit chez les Barbares.
— Comptez sur moi, comptez sur mes sermens,
Dit Bradamante. Aux fidèles amans
On doit secours. Hélas! ils sont si rares! »
En soupirant elle va vers le pont
Où tous les jours triomphait Rodomont.
« Vil meurtrier, une fille, dit-elle,
De ta fureur vient venger Isabelle,
Et Brandimart, et bien d'autres guerriers.
Si je t'abats, promets-moi de me rendre
Et Brandimart, et tous tes prisonniers.
— Oui, répond-il, si je ne puis te prendre. »
Voilà, courant, la guerrière et le roi.
La lance d'or fait très bien son emploi.
De Rabican il faut toute l'adresse
Pour qu'en ce choc, sur ce pont resserré,
Ce beau coursier reste, avec sa maîtresse.
Quand Rodomont des flots s'est retiré,
Rien ne pourrait dépeindre sa tristesse.
Faisant venir un de ses écuyers,
Affranchissez, dit-il, mes prisonniers,
Fussent-ils même envoyés en Afrique.
Il laisse épée, et cuirasse, et Frontin;
Et, s'enfonçant au sein d'un bois antique,
Il court cacher sa honte et son destin.
Et cependant l'heureuse Bradamante
Vers la chapelle a couru triomphante.
Là reposaient les armes en faisceaux,
De Sansonnet, de vingt chrétiens-héros
Que Rodomont, vainqueur mélancolique,
Expédia prisonniers en Afrique.
Là se trouvaient celles de Sacripant
Que Rodomont abattit récemment,
Qu'en qualité de païen-musulman
Ce roi d'Alger dispensa d'esclavage,
Et qui, honteux d'un tel désavantage,
De reparaître à la cour d'Agramant
Ne se sent pas le goût et le courage.
Mais Fleur-de-lis a d'abord pour sa part

Trouvé, saisi, celles de Brandimart.
Tout à côté se remarquait l'armure
D'un autre preux, le marquis Olivier:
Cherchant aussi Roland, ce chevalier
Au pont étroit a tenté l'aventure
Qu'à Brandimart il a plu d'essayer;
Et, comme lui, se trouve prisonnier.
Noble Roland, quand la raison te quitte,
Combien de preux, à ta trace asservis,
Qu'à te chercher ton sort fâcheux excite!
Qui mérita d'avoir de tels amis
Nous montre assez l'intérêt qu'il mérite.

De Rodomont le messager partait:
Lors Fleur-de-Lis, dans son zèle héroïque,
Pour voir plus tôt le héros qu'elle aimait,
Voulut aussi s'en aller en Afrique.
« Je le veux bien, si c'est votre désir,
Dit l'écuyer; et même ma présence
De sauf-conduit va partout vous servir.
— Eh bien, dans Arle, où vous allez courir,
Dit Bradamante admirant sa constance,
Que par vos mains, ma chère Fleur-de-Lis,
Ce beau Frontin à Roger soit remis.
Vous lui direz, sans lui dire autre chose,
Qu'un chevalier, sur un beau palefroi,
Hors du faubourg l'attend, et se propose
De lui prouver qu'il a manqué de foi. »
A Bradamante on laisse l'anonyme,
Et son désir est aussitôt rempli.
Très étonné du don et du défi,
Roger s'armait. Serpentin, qui s'anime,
Prend les devans, et s'en trouve fort mal.
Mais Bradamante, en vainqueur magnanime,
Lui laisse tout, et même son cheval.
Lors, Isolier, plein d'une ardeur vaillante,
Croit vainement renverser Bradamante.
Leur successeur, Bernard de Carpio
Tombe comme eux dès le premier assaut.
« Va, lui dit-elle, et remplis ton message.
Hâte Roger. C'est lui dont ma valeur
Veut éprouver la force et le courage. »
La Belle a dit: une vive rougeur
Incontinent colore son visage.
Et cependant Sarrasins et Français,
S'accumulant, observaient ses succès.
Mais à son tour la terrible Marphise
De les borner veut tenter l'entreprise.
Voyant encor que ce n'est pas Roger,
« Ton nom, lui dit la Française guerrière? »
L'autre se nomme, et vous pouvez juger
Si Bradamante à ce nom se modère.
Ce ne sont plus les plaisirs des tournois.

La lance d'or n'eut jamais tant de poids.
Dans son espoir Marphise bien trompée
Touche le sol pour la première fois,
Veut sa revanche, et tire son épée;
« Quoi! prisonnière!... abjure un vœu pervers,
Marphise, dit Bradamante en furie:
De mes captifs j'ai relâché les fers;
Mais je n'ai point pour toi de courtoisie. »
Poussant un cri presqu'égal à l'autan
Dont un rocher vient de briser l'élan,
Sur son vainqueur Marphise s'est lancée.
La lance d'or encor l'a renversée.
Les Sarrasins, empressés d'accourir,
Le fer levé, veulent la secourir;
Et des Français la foule impatiente
Accourt aussi pour sauver Bradamante.

Tandis qu'au loin les coups retentissaient,
Que d'un combat mille combats naissaient,
Roger survient. Onc, depuis sa blessure,
Roger n'a pu revêtir une armure.
Il reprenait, pour la première fois,
L'aigle troyenne, épouvante des rois.
On le remarque, et Bradamante, émue,
Le reconnaît, est d'abord reconnue.
« Roger, dit-elle en s'approchant de lui,
Je vais enfin te punir aujourd'hui. »
Elle s'élance. En vain il lui fait signe,
Voit sa colère, à son choc se résigne.
Mais de l'amour effet miraculeux!
Dans le moment, où Roger, généreux,
Lève sa lance, un pouvoir qui l'entraîne
A Bradamante a fait baisser la sienne.
Les deux amans, ennemis en ce jour,
N'ont rien reçu qu'un nouveau trait d'amour.

Ne pouvant rien sur Roger, Bradamante
Tombe du moins sur l'escadron païen.
Roger long-temps suit sa trace brillante;
Et, dès qu'il peut, dit tout bas, mais très bien:
« O Bradamante, un moment d'entretien;
Daigne m'entendre, idole de mon ame! »

Du dieu du jour comme la douce flamme
En peu d'instans fond les glaçons épais,
Ainsi Roger, par ces deux mots discrets,
En un moment fléchit la noble dame
Qui n'eût pas cru qu'on la fléchît jamais.
Elle se tait: mais, quittant la mêlée,
Sur Rabican elle s'est envolée
Vers des cyprès, dont l'ombrage croissant
S'arrondissait sur un tombeau récent.
Roger la suit, et l'atteint; mais Marphise,

Suivant des yeux celle qui l'abattit,
Au même instant la rejoint. La surprise
De Bradamante égale son dépit.
La jalousie aussitôt l'a reprise.
« Roger, dit-elle au héros interdit,
Je connaissais ta trahison fatale.
C'était trop peu : tu voulais donc ici
A mes regards présenter ma rivale.
J'en vais mourir : mais qu'elle meure aussi. »
Et sur Marphise elle s'est élancée.
Marphise, encor par elle renversée,
S'est relevée, et vivement repart.
Lors Bradamante, en ses fureurs cruelles,
Jette sa lance, a saisi le poignard,
Et le combat devient égal entre elles.
Toutes les deux prodiguaient la fureur.
Roger, qui voit l'erreur qui les égare,
Pour arrêter cette lutte barbare,
Use sa voix et même sa vigueur.
A ces efforts, Marphise enfin oublie,
Près de Roger, l'amitié qui les lie.
Il était neutre : il paraît partial
A cette reine; et quittant Bradamante,
Et ramassant l'épée étincelante,
Elle revient sur Roger : « Déloyal,
Je tromperai, dit-elle, ton attente.
D'un chevalier tu méconnais la loi.
Qui nous sépare, est aussi contre moi. »
Marphise a dit, et sans vouloir l'entendre,
Incontinent frappe à coups redoublés
Le paladin forcé de se défendre.
Non, non, des Grecs les peuples rassemblés,
Jamais Athène en ses amphithéâtres,
Rome jamais en ses brillans théâtres,
N'eurent la joie, et le saisissement,
Et le bonheur de Bradamante éprise,
Sur le pommeau de son fer s'appuyant,
Et de sa peur revenue, en voyant
Son cher Roger luttant contre Marphise.
Roger, l'objet de ses soupçons amers,
Lui semble Mars, et Marphise, emportée,
Une furie échappée aux enfers,
Et contre Mars follement révoltée.

Faisant la guerre en désirant la paix,
Long-temps Roger a ménagé Marphise.
De Balisarde il connaît les effets.
Las, à la fin, de sa folle entreprise,
Il veut frapper, et rencontre un cyprès...
Ciel ! le sol tremble, et le combat s'arrête,
Et le cyprès vient d'agiter sa tête.
De ce tombeau, qu'à peine ils avaient vu,
Sort un accent triste autant qu'imprévu :

« Que faites-vous, vous, la sœur et le frère !
Du vieil Atlant croyez la voix sincère;
Oui, tous les deux, j'en atteste le ciel,
Nés de Roger et de Galaciel
A tout jamais un nœud sacré vous lie.
Lorsque Trojan, le père d'Agramant,
A votre père ôta jadis la vie,
Je vous sauvai, chez moi vous recueillant.
Marphise, enfant, me fut bientôt ravie !
J'aurais voulu du moins loin de Roger
Des noirs combats écarter le danger :
Je ne l'ai pu, par un destin contraire;
Et la douleur a borné ma carrière;
Mais, par mon art, averti que la sœur
Devait se battre ici contre le frère,
De ce combat pour vous sauver l'horreur
Ici j'ai pris ma retraite dernière.
Mon ombre errante autour de ce tombeau
Vous attendait. Ma tendresse de père
Vous sert encor; mais le pâle flambeau
Voudrait en vain ranimer sa lumière.
Adieu : pour vous je ne ferai plus rien ;
O mes enfans, ma puissance est finie !
Pensez parfois au vieux magicien
Qui pour vous seuls exerça la magie. »

Atlant a dit, et s'est tu pour jamais.
Troublés, émus, et Marphise et son frère
Ont sur sa tombe exprimé leurs regrets.
Leur amitié remplace leur colère ;
Et l'un vers l'autre aussitôt entraînés,
« Nous nous étions, disent-ils, devinés. »
Roger, comblant les vœux de Bradamante,
Court à sa sœur présenter son amante;
Et toutes deux s'empressent de bon cœur
A se jurer une amitié de sœur.
« Mais, dit Marphise, il faudra l'un et l'autre,
Mon cher Roger, sans nul ajournement,
Combattre à mort ce fatal Agramant,
De qui le père assassina le nôtre.
Avons-nous pu le servir un moment !
— Nous l'ignorions : il l'ignore lui-même,
Répond Roger ; je suis loin d'oublier
Que de sa main il m'arma chevalier.
En ce moment son péril est extrême.
Je ne saurais, mon amie et ma sœur,
L'abandonner qu'il ne soit manifeste
Que je le puis sans manquer à l'honneur.
— Si tu lui dois, répond Marphise, reste,
Reste avec lui ; moi qui ne lui dois rien,
De cet instant je cours au camp chrétien,
Et me décide, en attendant mon frère,
Pour le parti, pour le Dieu de mon père. »

Marphise a dit, et, s'éloignant enfin,
Elle le quitte en lui serrant la main.
Parlant aussi, Bradamante elle-même,
Ne blâme pas le paladin qu'elle aime.
Cette Beauté, sûre de son pouvoir,
Approuve, au fond, l'amant dont elle est fière.
La loi d'amour est en vain la première :
La loi d'honneur est le premier devoir.

CHANT TRENTE-QUATRIÈME.

Astolphe dans la lune. — Essai du jugement dernier.

Bien librement si l'on pouvait causer
Alors qu'on parle aux personnes puissantes,
A l'Éternel je voudrais proposer
Un univers avec des variantes.
Je voudrais bien, ne pouvant parvenir
Ni demander à savoir l'avenir,
Que l'homme au moins pour son utile usage
Pût du présent se douter davantage.
Tel souverain dit : je serai vainqueur
Dans le moment où l'on bat son armée;
On m'applaudit, dit chez lui tel auteur
Dont à l'instant la pièce est inhumée;
Telle Beauté, qu'on juge avec rigueur,
Quand on la hait prétend qu'elle est aimée.
Ce ridicule, on pourrait aisément
Nous l'épargner. La vérité tardive
Ne sert à rien. Le sort obligeamment
Devrait, je crois, sur ce qui nous arrive
Nous accorder quelque pressentiment.
Brillant projet! rare imaginative!
... Si cependant elle ne valait rien.
Cette ignorance est peut-être un grand bien.
Vraiment, je crois que trop tôt je m'admire ;
Si nous avions ce qu'ici je désire,
Combien de sots ou d'esprits orgueilleux
Sauraient trop bien que l'on se moque d'eux!
Combien de rois, très sûrs qu'on les adore,
Verraient qu'ils ont beaucoup à faire encore !
Et que d'époux aimant à se flatter
Seraient exclus du bonheur de douter !
Oui, mon projet était inadmissible :
Confions-nous au plan de Jéhovah.
Laissons aller le monde comme il va,
Et dans ce monde allons le mieux possible.

Je vous peindrais les adieux, les regrets ;
Roger, malgré son amour qui murmure,

Allant servir le parti qu'il abjure ;
Et, loin de lui, rentrant au camp français,
De tendres pleurs Bradamante arrosée ;
Et Charlemagne espérant des succès ;
Et par Turpin Marphise baptisée :
Mais il faut bien, sans un plus long retard,
Ici reprendre Astolphe et son vieillard.
Du prêtre Jean ce protecteur sincère,
De maintes gens, respectable patron,
Est ce grand Saint dont le brillant renom
Éclate au loin, et que Rome, en sa liste,
A justement nommé l'évangéliste.
D'abord qu'Astolphe eut entendu ce nom,
Il se souvint que son maître et le nôtre
Dans ce mortel vit son plus cher apôtre,
Et lui permit d'attendre, tout vivant,
Le jour fameux du dernier jugement.
Élie, Henoch, que le seigneur protége,
Jouissent là du même privilége.
Henoch et Jean avaient de grands manteaux,
Très bons encor pour n'être pas nouveaux.
Car rien ne s'use en cet autre Élysée.
Mais, pour Élie, autrefois, on sait bien
Qu'en s'y rendant il rejeta le sien,
Pour en couvrir son disciple Élisée.

Le vieil apôtre, en tout temps sans orgueil,
Au jeune Anglais fit un très bon accueil.
« Ton cor, dit-il, et ton dragon équestre,
Ne t'auraient pu faire entrer dans ce lieu.
Si tu parviens au paradis terrestre,
C'est pour remplir la volonté de Dieu,
Qui veut par toi, par ta noble entreprise,
Servir la France, et non moins son église.
Apprends.... Mais non. Avant tout sur mes pas
Dans ce palais vient prendre un bon repas. »
L'Anglais trouva l'avis très confortable :
Vers le dîner en hâte il s'est rendu.
Le bon Astolphe eut une bonne table,
Et pour dessert eut du fruit défendu.
Il l'aimait fort, et d'Ève les faiblesses
Avait toujours trouvé grace en son cœur.
Ce fruit fameux a diverses espèces.
Astolphe alors en goûta la saveur,
Et se disait, pensant à ses maîtresses,
J'en ai connu cependant de meilleur.

Saint Jean alors au prince d'Angleterre :
« En vérité, mon cher, je vous le dis,
Vous paraissez d'humeur un peu légère.
Il faut pourtant songer au paradis,
Celui du ciel et non pas de la terre.
— Oui, répond-il, je veux être sauvé.

Je suis poli, doux, généreux, sincère,
Et dis de plus maint *credo*, maint *ave*.
Malgré cela, grand saint, je désespère
D'entrer tout droit au séjour réservé;
Et je n'ai pas la marche assez adroite
Pour, de plain-pied, franchir *la porte étroite*.
Parfois j'ai tort, jamais contre l'honneur;
Malgré mainte œuvre honnête et méritoire,
Tel souvenir peut me porter malheur
Avant d'entrer dans la céleste gloire;
Et j'ai bien l'air, moi, d'aller, par faveur,
Pour vingt mille ans griller en purgatoire.
— Pour vingt mille ans! dit d'un air de bonté
Saint Jean. Au fait, ce temps-là bien compté
N'est presque rien devant l'éternité;
Mais c'est beaucoup, sans vouloir contredire.
...Sur tout cela je n'ai rien à vous dire,
Mon cher ami; mais croyez Dieu pourtant
Moins rigoureux que l'homme le prétend.

Après qu'Astolphe, en promeneur pédestre,
Eut parcouru le paradis terrestre,
Jean lui conta, lui portant un grand coup,
Que ce Roland, le rempart de la France,
Pour ses péchés était devenu fou.
Du Tout-Puissant la bonté souveraine
De vous, dit-il, a fait choix pour tirer,
Lui, de folie, et la France, de peine;
Mais pour cela, mon cher, sans différer,
Jusqu'à la lune il faut que je vous mène.
Dans ce pays, bizarre rendez-vous,
Est amassé tout ce qu'on perd chez vous.
— Ah! dit Astolphe, elle doit être pleine.

Dès que la lune au dessus des humains,
Près de Vesper, se montre et se dirige,
Astolphe et Jean, poursuivant leurs desseins,
Du vieil Élie empruntent le quadrige.
Les voyageurs vont vite, et toutefois
Ils ont le temps de dire bien des choses.
Les répéter serait passer mes droits:
Pour vous, lecteurs, ce seront lettres closes.
Je ne vous puis parler que d'un seul point.
Jean s'expliqua sur la littérature,
Dit que les rois qui ne l'honorent point
Font dans le monde une pauvre figure;
Et quand des rois en furent curieux,
La vérité s'adoucit devant eux.
Il s'en faut bien, dit l'apôtre, qu'Auguste
Fût autrefois si pieux et si juste,
Que l'ont conté les chants virgiliens.
Beaucoup trop haut Virgile l'apprécie.
Il proscrivit d'excellents citoyens:
Mais il avait bon goût en poésie.
Moi-même, inscrit au rang des écrivains,
A mon héros je fus assez utile.
J'ai sur le Verbe un chapitre excellent:
Sans me vanter, j'ai, par mon évangile,
Fait à Jésus un sort assez brillant (1),
Et, reconnu dans sa gloire infinie,
Ce Dieu me doit une belle bougie.

Astolphe et Jean, parmi ces entretiens,
Que je soupçonne un peu sociniens,
Touchent enfin au globe de la lune.
Ne craignez pas que je vous importune
Par le tableau des sites du pays.
Arrivé là sans connaissance aucune,
Astolphe a vu, d'un regard très surpris,
Que nous étions la lune de la lune;
Et c'est ainsi que, les trois quarts du temps,
De ses défauts perdant la souvenance,
D'un air moqueur on observe les gens,
Lorsque l'on est soi-même en évidence.
Dans le chemin Astolphe, qui grondait,
S'étonnait fort des trous qu'il rencontrait.
Ah! lui dit Jean, c'est chose trop commune:
Tu vois *les trous qu'on a faits à la lune*.
Nombre de trous étaient assez profonds
Pour y pouvoir passer des millions.
Alors pourtant on suivait peu la route
Qu'en toute banque on nomme banqueroute.
Mais aujourd'hui que ses moindres détours
Sont toujours pleins d'une foule nombreuse,
Et que les rois ne craignent pas toujours
De suivre aussi cette route honteuse,
La lune doit être bien dangereuse,
D'après les trous qu'on y fait tous les jours.

Enfin le saint et le preux d'Angleterre
Sont arrivés dans l'immense vallon
Où ce qu'on perd sur notre folle terre

---

(1)   E ben convenne al mio lodato Cristo
    Render mi guiderdon di si gran sorte.
                Orlando Furioso, c. 33, oc. 26, 29.

Ces deux derniers vers prouvent mieux que tous autres ce qui était permis alors dans ce genre, et c'est ainsi qu'ils furent imprimés dans ce poëme, pour l'impression duquel le pape Léon X accorda une bulle. Ce grand pape et ce grand poëte pensaient, avec toute l'Italie, qui le pense encore, que ces sortes d'ouvrages n'ont qu'une importance poétique, qu'ils sont d'ailleurs sans conséquence, et qu'on peut y excuser des choses qui seraient inconvenantes dans des ouvrages plus sérieux. J'ai tâché de n'avoir pas trop souvent besoin de cette indulgence : je la réclame cependant encore pour un ou deux morceaux, bien moins hardis (je ne puis trop le dire) que beaucoup d'autres que m'offraient les vieux romanciers et les anciens poètes chevaleresques.

La liste est longue autant que singulière.
J'ai trop à dire, et je ne dirai guère :
Vous étiez là, talens, même vertus
Qu'on égara, de Londres à la Mecque ;
Vous, bons avis ; vous, services rendus ;
Vous, *actions* prises sans hypothèque ;
Vous qu'on vanta mais qu'on ne vante plus,
Et prose et vers : quelle bibliothèque !
Nobles soldats, trahis par les destins,
Là, vous erriez, innombrables fantômes.
Les conquérans sont des Dieux inhumains,
A qui sans cesse on immole des hommes.
Vous étiez là, vous qu'on dédaigne ici,
Projets, et plans, et demandes perdues,
Billets d'amour dont les dames ont ri,
Pétitions que les rois n'ont point lues.
Les rois aussi dans ce beau logement
Pour leurs effets ont une case prête.
Là gît maint sceptre égaré follement,
Et que sur terre on chercha vainement
A retrouver, pour *récompense honnête*.
Grands et petits, et bourgeois, tous enfin
Nous sommes fous, ou le serons demain.
Vous qui suivez mon récit véridique ;
Vous que j'ai mis dans mon char poétique
Pour voyager avec moi dans l'éther,
En ce dépôt, ce *bric-à-brac* immense,
Si je voulais montrer tout ce qu'on perd,
Vous perdriez bientôt la patience.
Mais devinez en cette occasion,
Et regardez d'imagination.
Ah ! par exemple, en la vaste étendue
De ce vallon, aux gracieux contours,
Vous verrez bien passer nombre d'Amours,
Mais non passer la Folie en revue :
Sur la terre, elle, elle n'est pas perdue.
Elle a bien l'air d'y demeurer toujours.

Une demande un peu prématurée
Fut par Astolphe en ces lieux proférée :
« Goddem, dit-il, voici l'occasion
De lire un peu cette donation
Que fit jadis Constantin à l'église,
Et que l'église égara, nous dit-on. »
Saint Jean rougit par excès de franchise,
Et détourna la conversation.
Combien d'objets qu'on peut compter à peine !
« Mais, dit l'Anglais, il faut que j'en convienne,
J'imaginais en trouver encor plus.
— Écoutez donc, songez, lui dit l'apôtre,
Que les objets qu'un mortel a perdus,
Presque toujours sont gagnés par un autre. »
Est amassé. Quelle provision !

Mais nous avons un bien très précieux,
Qu'on perd, hélas ! sans profit pour personne,
Et que souvent dans les terrestres lieux
On a perdu sans que l'on le soupçonne.
C'est le bon sens, sens en effet très bon.
Le magasin de ce trésor trop rare,
Dont sur la terre on n'est jamais avare,
Tient dans la lune une immense maison,
Qui couvre presque un grand quart du vallon.
Bien que déjà blasé sur les merveilles,
Avec plaisir, dans de longs corridors,
Astolphe vit nos bons sens en bouteilles.
Chacun pouvait y trouver sans efforts
Son étiquette, à nulle autre pareille.
Il était sûr qu'on ne le flattait pas ;
Tout le bon sens dont il manquait là-bas
Venait remplir plus ou moins sa bouteille.
Dans ce vallon, combien d'honnêtes gens
Seraient surpris de trouver leur bon sens !
Vous étiez là, raison des astrologues,
Et de ces gens qu'on nomme idéologues,
Et des rhéteurs nommés prédicateurs,
Rêveurs parleurs, déguisés en auteurs.
Métaphysique, et vous théologie,
Savantes sœurs que le sage apprécie,
Tous vos amis avaient là des effets.
Hélas ! combien l'amour-propre en impose !
Tous ces messieurs à s'admirer sont prêts :
C'est le néant qui se croit quelque chose.

Les intrigans, les esprits inquiets,
Étaient jugés dans ces urnes perfides.
Les gens sensés, modestes citoyens
Qui n'avaient guère, et disaient : Je m'y tiens,
Avaient leurs noms sur des bouteilles vides.
O mes amis, point d'avide projet !
Qui se modère est plus qu'à moitié sage.

Le paladin, parmi cet assemblage,
Lut bien des noms de gens qu'il connaissait.
« Que vois-je ! eh mais... Quoi ! se prit-il à dire,
Voilà des fous ? Arnold, Alvar, Clairbaux !
J'aurais juré qu'ils n'étaient que des sots.
— Je ne veux point, dit Jean, vous contredire.
Et fous et sots sont même chose ici.
L'esprit d'un fou n'est rien que du délire :
Le bon esprit est du bon sens aussi. »

Astolphe et moi, dans ce lieu qu'on admire,
Nous aurions vu beaucoup plus, et bien mieux :
Mais un objet nous presse et nous attire ;
C'est de Roland le bon sens précieux.
Astolphe enfin vit dans la galerie

Une bouteille absolument remplie.
Il y courut, et, d'espoir redoublant,
Avec transport lut : *Raison de Roland*.
De son cousin admirant le délire,
Il la prenait, lorsque, très à propos,
Au prince anglais, Jean, près de là, fit lire,
Quoiqu'il voulût les esquiver, ces mots :
Raison d'Astolphe; et cette autre bouteille
Était déjà pleine plus qu'à moitié.
De cet aspect Astolphe s'émerveille,
Bien qu'un moment un peu contrarié.
Il en sourit, fait ce qu'on lui conseille :
Tout d'une haleine il vide son flacon,
Et quelque temps il fut vraiment trop sage.
Mais une part de sa pauvre raison
Par là bientôt fit un nouveau voyage.

« Vous ne pouvez, dit Jean, trop vous presser
De rendre enfin aux Français leur Achille.
Prenez ce vase, et n'allez pas laisser
Évaporer cette liqueur subtile.
— Non, dit Astolphe, » et fidèle à ce plan,
Il l'emportait, quand, près d'un mur de Gypse,
Son œil malin lut : *Raison de saint Jean*.
« C'est, dit le saint, pour mon Apocalypse.
Je sais fort bien qu'elle a quelques censeurs.
Contre elle, ici, mon flacon se décide.
Bien qu'assez plein, ce vase est presque vide,
Près de celui de mes commentateurs.
Il ne faut pas toutefois qu'on se presse
De nous blâmer, moi surtout. Ce flacon,
J'en conviendrai, tient l'humaine raison,
Mais ne tient pas la divine sagesse. »
Sans le vider, alors l'auteur pieux
Cause, et défend l'œuvre qui l'intéresse
Avec cet air aimable et gracieux
Qui de Jésus lui gagna la tendresse.
Je l'avoûrai : j'aime beaucoup son ton,
Et, s'il eut tort, je l'excuse de reste.
Il sut douter. L'orgueilleuse raison,
A mon avis, vaut moins qu'un tort modeste.

Dès que la lune, enchantant le regard,
Sur l'horizon trouva bon de se rendre,
Les voyageurs, remontés sur leur char,
Furent bientôt sur la terre descendre.
Il était temps. Saint Jean, contrarié,
Trouva qu'un ange en courrier envoyé,
A sa demeure était là pour l'attendre.
Dieu lui mandait qu'ayant ouï crier
Contre le plan du jugement dernier,
Il en voulait, sans autre surséance,
Bien en petit, faire l'expérience,

Venant juger devant tous ses élus
Tous les gens morts depuis dix ans au plus.
D'ailleurs grand bruit, grand éclat, grand orchestre.
Dieu, pour théâtre, en cette occasion,
Avait choisi le paradis terrestre,
Et faisait part de son intention.
Il prétendait arriver le jour même.
Des trois vieillards l'embarras fut extrême.
Tandis que tout se préparait déjà,
Astolphe dit à l'apôtre qu'il aime :
« Au nom du ciel, laissez-moi voir cela.
— Soit, dit le saint; mais qu'il vous en souvienne,
Si l'on vous voit, votre mort est certaine.
Cachez-vous bien, et gardez, s'il vous plaît,
Sur cette scène un éternel secret. »
Lui, promet tout, et va prendre son poste.
Il vit la chose, en parla, mais si peu
Que son récit, que je tiens de bon lieu,
Échappa même au savant Arioste.

De son pouvoir déployant l'ascendant,
Le Tout-Puissant parut dans cette plaine
Comme l'éclair qui touche à l'Occident
Quant l'Orient l'a vu briller à peine.
Jamais spectacle aux mortels présenté
A tant d'éclat n'unit tant de noblesse.
Les rois d'alors ayant au plus l'altesse,
On peut de Dieu vanter la majesté.
En Dieu souvent un pontife en colère
Montre un tyran : non, nous avons un père.
Sous sa grandeur transpirait sa bonté.
Dignes de lui, dignes de notre hommage,
Ses yeux étaient sereins comme le ciel.
Ce ciel pourtant s'obscurcit d'un nuage,
Et par l'effet d'un dépit très réel :
Son fils chéri, le chœur de ses archanges,
Le précédaient ainsi que ses élus.
Dès qu'il arrive, au loin les airs émus
Ont retenti d'un concert de louanges.
« Comment encor! par moi! s'écria Dieu,
A ce mal-là je trouverai remède.
Quoi! l'on me loue en tout temps, en tout lieu !
L'encens m'étouffe, et l'éloge m'excède.
Paix : mettez fin à ce concert maudit.
Quel sot en moi l'on s'avise de croire !
Je ne suis pas si glorieux qu'on dit,
Et suis souvent désolé de ma gloire.
J'en fais serment : celui qui me louera,
De tout ce jour, qui se le permettra,
Ira passer deux ans au purgatoire. »

Chacun se tut, et Dieu plus radouci,
Pour ses voisins quittant le ton de maître :

Qu'au ciel, dit-il, cela se passe ainsi,
,e lieu, mon rang l'exigent là peut-être :
illeurs, du moins, je veux pouvoir aller,
ans voir l'éloge et l'ennui m'accabler.
ais ces élus partout prétendent faire
e qu'ils ont fait trop souvent sur la terre.
hez les mortels, qu'on me célèbre, soit.
rier est bien : il le faut, on le doit :
ais fort souvent, cette race que j'aime
mploîrait mieux ses matins et ses soirs.
à, tout état; tout âge a ses devoirs,
t le plaisir est un devoir lui-même.
s devraient bien, ménageant mieux leurs voix,
orner un peu leur supplique imbécile.
'entends très bien ce qu'on dit une fois :
uelle fureur de le répéter mille !
race au parfum de mes adorateurs,
es mécréans écoutant le délire.
'ai dû parfois, abîmé de fadeurs,
e reposer par un peu de satyre. »
ui, la louange, outrée à ce degré
erait aimer le reproche et la plainte,
t c'est ainsi que, de miel enivré,
on sans plaisir on goûte un peu d'absynthe.

Pendant le temps que *le roi glorieux*,
e ses grandeurs *aspirant à descendre*,
evant sa cour surprise de l'entendre,
aignait tenir ce discours curieux,
'ordre naissait dans la vaste assemblée
ui par l'attente était au loin troublée.
euplant l'enfer, même en ce paradis,
ieu préparait sans courroux sa vengeance.
t ses élus, dans un cercle arrondis,
u tribunal formaient l'enceinte immense.
e ne sont pas tous ceux qu'on vous a dits ;
e vous le dis, messieurs, en confidence.
n homme ayant l'esprit de Lucifer
ous a conté, dans une belle histoire,
ombien de saints on rencontre en enfer.
e ne veux point toucher son territoire ;
ais quand j'aurais cinq langues, même dix,
ourrais-je dire, et peut-on jamais croire
ous les damnés qu'on trouve en paradis !

Non ; Dieu puissant, que le monde révèle,
our décider des vertus, des méfaits,
Non, ta justice égale, universelle,
'a point de Rome attendu les décrets.
eu de chrétiens, quelque orgueil qui les flatte,
nt égalé ce païen de Socrate;
t qui d'entre eux, s'il porte un cœur humain,
eut repousser Marc-Aurèle, Antonin !

Non loin de lui Dieu fit asseoir ces sages ;
Et des mortels ce père souverain,
Compte ceux-là dans ses meilleurs ouvrages.
A leurs côtés tu brillais plein d'éclat,
O toi, Julien, qu'un zèle fanatique
Osa long-temps surnommer l'apostat,
Et qu'il faudrait surnommer l'héroïque.
Chez nos aïeux jadis tu te complus :
Je t'aime, ami de ma vieille patrie.
Ah ! qu'à Lutèce au moins soient défendus
Tant de travaux qu'à tort on déprécie.
Quel apostat, toi qu'un couteau mortel,
Presque dans l'âge où l'enfant balbutie,
Rendit chrétien sous peine de la vie,
Et baptisa dans le sang paternel !
Ah ! si l'erreur en ce que l'on doit croire
Surprit ton ame, égara tes desseins,
Si l'on te vit, César, pour les Romains
Trop regretter l'autel de la victoire,
Fermer les yeux sur tes soins assidus,
Sur ta valeur, ta bonté, ton génie,
Et renier tant de nobles vertus,
Voilà l'indigne et lâche apostasie.
Justes enfin pour de si justes droits,
De nos respects montrons-nous moins avares
Pour les grands cœurs, pour les excellens rois :
Hélas ! le ciel les a faits assez rares !

Alors l'éther se couvrit de vapeurs :
Alors, sonnant à divers intervalles,
Une trompette, appelant les terreurs,
De toutes parts convoqua les morts pâles.
De toutes parts les aigles rassemblés,
Poussent des cris affreux et redoublés.
Les aquilons s'y joignent. Les étoiles
Tombent du ciel. Le soleil sourcilleux
S'est enfoncé dans l'épaisseur des cieux,
Et la nuit met les trois quarts de ses voiles.
Rien ne semblait d'abord plus sérieux
Que ce spectacle étrange et magnifique ;
Ce mouvement subit, prodigieux,
Eut toutefois un côté très comique :
Des pauvres morts beaucoup, dans ce fracas,
Cherchaient en vain leurs jambes et leurs bras.
S'ils les trouvaient, leurs voisins malhonnêtes
Leur disputaient... parfois jusqu'à leurs têtes.
Plus d'un revint bossu, bancal, manchot.
Un ancien fat subit cette aventure.
« Messieurs, messieurs, disait-il, et très haut,
J'étais bien fait de mon temps, je vous jure. »

Le bruit croissait : tous réclamaient leurs droits.
« Taisez-vous donc ! cria le juge auguste. »

On est forcé d'être dur quelquefois,
Quand on n'a pas le moyen d'être juste.
La peur obtint le silence un moment.
Un ange alors ordonne qu'on étale
Tous ses péchés, et qu'on fasse humblement
Confession publique et générale (1).
Chacun sentait un secret tremblement.
Mais le premier, faisant bientôt connaître
Un crime obscur, quelqu'un cria : « Quoi ! traître,
Tu me trompas ! » L'on connut, par malheur,
Que le trompé fut très souvent trompeur.
A chaque aveu quelque auditeur réclame.
Cela devient un vrai charivari.
On entendait s'écrier : « Quoi ! ma femme ! »
On entendait répondre : « Ah ! mon mari ! »
L'homme est rieur, et voilà qu'il a ri,
Et le plaisant de maints cas très étranges
Gagne bientôt dans les chœurs des archanges.
Plus tard, Astolphe en secret prétendit
Qu'il lui sembla que Dieu même sourit.
Eh ! pourquoi pas ! Cependant, la séance
Étant troublée, on impose silence,
Et l'on poursuit. Les crimes, tout d'abord,
Avaient produit la honte et le remord ;
Mais il le faut, je le dis avec peine,
Et j'en rougis pour la nature humaine :
De nos forfaits les sincères aveux
Furent bientôt si tristes, si nombreux,
Qu'en peu de temps la honte fut bannie,
Et l'habitude émoussa l'infamie.
Maint criminel, changeant déjà de ton,
Disait : « Ma foi, j'ai plus d'un compagnon. »
De ces forfaits la liste s'accumule :
Personne, hélas ! n'en est plus étonné.
Ce jugement, très justement prôné,
Était tout près d'un peu de ridicule.
Dieu le sentit. « Allons, dit-il, allons,
C'en est assez, et nous y penserons.
Au jugement qu'un jour je viendrai rendre,
On doit tout voir, mais non pas tout entendre.
J'aime assez peu les censeurs indiscrets :
Mais l'on a fait des critiques fondées
De ce plan-là. Comme certains objets,
Il faut de près voir certaines idées. »

(1) On sent bien que dans ce morceau, tiré d'un vieux trouvère, il n'est, ni ne peut être question que des descriptions *détaillées* que quelques personnes ont absolument voulu donner d'une chose sur laquelle il vaut mieux s'en rapporter à la divine sagesse. C'est ici seulement un poëte qui critique d'autres poëtes.

CHANT TRENTE-CINQUIÈME.

Foi d'Astolphe. — Le paradis de Mahomet, et l'autre. — Combat de Renaud et de Roger. — Fantôme de Rodomont. — Grande et décisive bataille. — Désastre d'Agramant.

Charmante Églé, qui voudra, dans la lune,
Ou seulement devers le paradis (1),
M'aller chercher ma raison importune,
Qu'avec transport je te livrai jadis?
Tu le sais trop, je suis fou de tes charmes,
De tes cheveux, de ton teint si parfait,
De ce parler à qui je rends les armes,
De ce regard à qui tout les rendrait,
De cette bouche où la rose respire,
De ce beau sein par l'amour modelé :
Tu le sais bien : plein d'un tendre délire,
Ton jeune amant est fou de toute Églé.
Pour me guérir, il n'est pas nécessaire
De voyager aux confins de la terre.
Mon paradis, moins haut, plus gracieux,
Est sur ton sein, brille en ces mêmes yeux
Où j'ai puisé cet amour qui m'obsède.
Ah ! calme enfin ta trop longue rigueur,
Et laisse-moi, dans l'excès du bonheur,
Où gît le mal, obtenir le remède.
Je le promets : hâtant ma guérison,
Si tu deviens pour moi plus favorable,
Auprès de toi, pour prix de ma raison,
Je ne serai jamais trop raisonnable.

Lorsque l'Anglais fut près de s'éloigner
Du paradis que la terre recèle,
Le bon saint Jean voulut bien lui donner
Certaine plante inconnue et nouvelle.
Par cette plante, aux secours tout-puissants,
Il fut fameux dans la Nubie entière.
A son cousin il portait le bon sens ;
Au prêtre Jean il rendit la lumière.
Cet empereur, guéri de tous ses maux,

(1) Chi salirà per me, madonna, in cielo
A riportarne il mio perduto ingegno?
Che, poi ch' uscì da bei vostri occhi in telo
Che 'l cor mi fisse, ognior perdendo vegno..
Nè di tanta jattura mi querelo,
Pur che non cresca, ma stia a questo segno,
Ch' io dubito, se più si va scemando,
Di venir tal, qual ho descritto Orlando.

Per riaver l'ingegno mio m'è aviso
Che non bisogna che per l'aria io poggi
Nel cerchio della luna o in paradiso ;
Che 'l mio non credo che tanto alto alloggi.
Ne' bei vostri occhi e nel sereno viso,
Nel sen d'avorio o alabastrini poggi
Se ne va errando ; ed io con queste labbia
Lo corrò, se vi par ch' io lo riabbia.

Orlando Furioso, c. 35, oc. 1, 2.

Lui fit offrir des trésors, des royaumes.
Il ne prit rien, trouvant plus à propos
De demander un prêt de cent mille hommes.
Il les obtint, mais n'eut point de chevaux;
On en manquait dans toute la contrée.
Il prévoyait, mais il ne craignait pas,
Grace à saint Jean, ce nouvel embarras,
Et sur sa foi son ame est rassurée.
Il a d'abord assemblé ses soldats,
Adresse à Dieu sa fervente prière,
Monte un rocher que couvrait mainte pierre,
Et croit si bien, dans ses transports dévots,
Que ces cailloux deviendront des chevaux,
Que, par la foi qui porte une montagne,
Tous ces cailloux, roulant dans la campagne,
Par les soldats, saisis, montés, gardés,
Sont des chevaux tout sellés, tout bridés.
Il ne faut pas cependant que l'on compte
Sur ce moyen de faire une remonte.

Astolphe alors, dirigeant les soldats,
Crut que le vent, l'affreux vent de l'Afrique,
Dans son chemin ne le troublerait pas;
Et le *simoun* resta très pacifique.
L'Anglais franchit le désert du Sara,
Avec les siens voit la mer, et déjà
Conçoit l'espoir de voir bientôt Biserte
Dont en son ame il a juré la perte.
Or Agramant, qui n'imaginait pas
Qu'en son pays quelqu'un pût le surprendre,
N'avait laissé personne en ses états,
Personne au moins qui pût bien les défendre.
Le plus vaillant, le roi Brinteau surpris,
Trahi des siens, fut par Astolphe pris.
Heureusement, par un cas très étrange,
On put offrir à l'Anglais un échange:
Le fils d'Ogier, Dudon, très grand marin,
Long-temps suivi d'une escadre légère,
Avait troublé le parti sarrasin :
Mais récemment trahi par le destin,
Et par la mer dont l'humeur est chanceuse,
Environné d'une flotte nombreuse,
Dudon avait, ne s'épargnant en rien,
A ces vaisseaux sacrifié le sien;
Il avait su les soustraire à leur perte;
Mais il vivait prisonnier à Biserte.
On l'échangea d'abord avec Brinteau.
L'Anglais, charmé de cet appui nouveau,
Forme un projet qu'à peine on imagine.
Bien qu'il n'eût pas seulement un bateau,
Voilà qu'il veut avoir une marine.
Comment fait-il? Astolphe, sur les flots,
Un beau matin jette feuilles de chêne,

Croit fermement, que sans beaucoup de peine,
Ces feuilles-là deviendront des vaisseaux :
Et les voilà qui, sur l'humide plaine,
Croissant un peu, croissant, croissant encor,
Sont en effet des vaisseaux de haut bord.
Pour les monter, plein d'une ardeur divine,
Il croit avoir des soldats de marine;
Il en obtient, que justement, je croi,
L'on peut nommer les soldats de la foi.
La flotte étant assez bien équipée,
Dudon en est proclamé l'amiral.
Dudon voudrait, aux Sarrasins fatal,
Contre eux bien vite aller tirer l'épée :
Tandis qu'au port, sous un ciel inégal,
Ce preux attend que la mer soit ouverte;
Par terre, Astolphe, en vaillant général,
A su déjà percer jusqu'à Biserte.
Là, réunis, les plus fiers des païens
Ont rassemblé tous leurs divers moyens,
Remparts nombreux, garnison innombrable.
Biserte a droit de se croire imprenable.
L'Anglais pensait avoir un sûr recours,
Et dans sa foi se confiait toujours.
Ce paladin crut qu'il prendrait Biserte,
Mais, en voyant ses tours et ses fossés,
Apparemment ne le crut pas assez,
Et fut des murs repoussé, non sans perte.

Ne riez point. Même jusqu'à nos jours
Un tel prestige est prouvé dans l'histoire.
Le vainqueur est, fut, et sera toujours
Celui qui croit le plus à la victoire.

Vous concevez qu'Astolphe alors ait eu
L'humeur qu'on a lorsque l'on est battu.
Il hésitait sur ce qu'il devait faire,
Quand Olivier, Sansonnet, Brandimart,
Le lendemain de cette triste affaire,
Fort à propos consolent son regard.
Ces preux chrétiens, que le droit de la guerre
A Rodomont avait livrés naguère,
Et qu'en Afrique on envoyait par mer,
Ayant été ballottés par l'orage
Et n'ayant pu gagner le port d'Alger,
Avaient été conduits sur cette plage,
Leurs conducteurs n'imaginant jamais
Que dans l'Afrique il fût un port français.
O pour Dudon quel brillant avantage!
Il avait pu délivrer d'esclavage
Ces paladins, et de leurs conducteurs
Avait déjà fait d'excellens rameurs.
De ces héros on connaît la vaillance
Et les exploits. Leur utile présence

Remet Astolphe un peu déconcerté ;
Et ce guerrier, qui doutait de sa cause,
En attendant qu'il prenne la cité,
Reprend l'espoir : c'est toujours quelque chose.

Et cependant un navire léger,
Vers Agramant, près de la cité d'Arles,
Court de Biserte apprendre le danger.
Déjà pressé par les guerriers de Charles,
Ce prince aurait succombé sans Roger.
Montrant lui-même une valeur très haute,
Il ranimait ses païens abattus.
Que Mandricart, Gradasse lui font faute,
Et Rodomont, et non moins Ferragus !
Le diable, alors, qui se trouble et s'agite,
Des Sarrasins justement inquiet,
Pour ranimer leur armée interdite,
Certaine nuit, en transporte l'élite
Au paradis qu'inventa Mahomet ;
Et, recueillant deux héros, dans sa route,
Il prend Roger, musulman dont il doute,
Et Ferragus, chrétien dont on doutait.
Ferragus, moine, et digne des apôtres,
Dans le voyage, à cet esprit malin,
Disait d'abord : « Je ne suis pas des vôtres ; »
Il le lui dit encor, lorsque soudain
Il se trouva dans des lieux magnifiques
Ornés au loin de mille aspects magiques :
Mais il se tut en voyant des houris,
Au regard vif, au gracieux souris,
Et qui semblaient tout à fait engageantes.
Turcs et païens, à cet aspect si doux,
De s'élancer sur ces beautés piquantes ;
Et Ferragus est le plus turc de tous.
Tous ces plaisirs, je ne puis vous le taire,
Passaient beaucoup les plaisirs de la terre.
Heureux celui dont la bouche a des droits
Sur les baisers de ces enchanteresses,
Vierges toujours, quoique toujours maîtresses.
Leur créateur (Mahomet, que je crois),
Les affranchit de beaucoup d'autres lois
Dont ici-bas les humains sont esclaves ;
Et tout leur corps exhalait à la fois
Mille parfums voluptueux, suaves.
Les Sarrasins toujours plus enchantés,
Couraient, brûlans, de Beautés en Beautés,
Sans qu'une seule à leurs vœux fût contraire.
Participant des droits de ce séjour,
Ils se trouvaient un talent peu vulgaire,
Et répétaient force sermens d'amour.
Mais, comme il faut qu'en tout on se modère,
On n'y pouvait vaquer au doux mystère
Plus de vingt fois, soit par nuit, soit par jour.

Roger lui seul, dans cette foule ardente,
Disait, glacé : « Ce n'est point Bradamante. »
Mais tout le reste, affermi dans sa foi,
Disait tout haut : « Quel plaisir nous enivre !
O Mahomet ! oui, nous mourrons pour toi,
Dès lors qu'ainsi tu nous feras revivre ! »

Vraiment ravi de leur ravissement,
Le diable adroit ramenait au plus vite
Ces Sarrasins vers leur chef Agramant.
Quand Gabriel, archange qu'il évite,
Voit son cortége, en approche, et, sans plus,
Retient Roger et retient Ferragus.
Sans nul effort, Roger suivait l'archange ;
Mais Ferragus, encore palpitant,
Disait : « Seigneur, je suis mahométan.
— N'importe, ami : d'avis parfois on change,
Dit Gabriel. Au moins faudra-t-il bien
Que vous voyiez le paradis chrétien.
Vous choisirez après. » Il les emmène,
Et leur présente une nouvelle scène :

Loin des humains, par delà tous les cieux,
Dans les torrens d'une lumière pure,
Par leurs concerts mille esprits glorieux,
Et des élus l'accord harmonieux,
Remerciaient l'auteur de la nature.
Ils rendaient grace à ses divins secours.
Les voix changeaient ; mais l'hymne était toujours.
Et qui d'entr'eux peut ne pas reconnaître
Avec transport les bontés d'un tel maître !
Dieu, si l'on croit maint docteur trop subtil,
Veut qu'à le voir l'éternité se passe.
Mais Ferragus trop promptement s'en lasse.
A demi-voix : « Seigneur ange, dit-il,
Après l'avoir regardé face à face,
Le pourrait-on regarder de profil ? »
On le pouvait ; et sa toute clémence
A notre humeur voulait bien se prêter.
Pour ses élus le droit de le quitter
Doublait encor l'attrait de sa présence.
Libres d'aller plus loin s'entretenir,
Là les amis, charmés de l'avenir,
Du temps passé rappelaient la mémoire.
Le paradis est ce qui fait plaisir :
L'amour en est, comme vous pouvez croire.
Celui qui plut, celle que l'on chérit,
S'embellissant d'une grace idéale,
Ont retrouvé beauté, jeunesse, esprit,
Et désormais bravent la main fatale
Du froid vieillard devant qui tout périt.
On peut sentir une tendresse extrême,
Et se le dire, et se le prouver même :

Mais ce n'est pas, comme chez Mahomet,
Un vrai sérail de beautés complaisantes,
Pour chaque amant d'abord obéissantes ;
Ici l'on n'est heureux que lorsqu'on plaît.
Il faut des soins, et le plus beau soupire.
On vous dit non, et c'est assez cruel ;
Mais, en retour, dans un tendre délire,
Quand on dit oui, c'est le ciel dans le ciel.
On goûte peu, là, les vertus factices,
Les jeûnes vains et les vains sacrifices.
Une nonain, qui fut sage toujours,
Voit faiblement accueillir son hommage ;
Une Beauté qui fêta les amours,
A cet aspect, dit : « Je fus bien plus sage. »

Roger, surpris, dit lors à Gabriel :
« Il me semblait, seigneur, que votre ciel
Était plus grave et beaucoup plus austère.
— Oui, répond-il, il fut ainsi d'abord ;
Mais nous avons reconnu notre tort,
Et nous l'avons rapproché de la terre. »

En ce moment, Roger, dans ces beaux lieux,
Voit Bradamante apparaître à ses yeux.
Oui, c'est bien là cette femme adorable.
Portrait vivant, c'est son air, son maintien ;
Ce n'est pas mieux (Bradamante est si bien !),
Mais il offrait son charme inexprimable.
Il n'était pas d'ailleurs aérien.
Ce n'était point un fantôme impalpable.
Aussi la dame au sein du paradis,
Fut indulgente, encore que modeste,
Et le paya, dans ce séjour céleste,
Par un baiser qui tenait du pays.

Mais Ferragus, il faut bien vous le dire,
En ce pays se laissait moins séduire :
D'autres Beautés, que ses désirs émus
Voulaient traiter trop à la Ferragus,
Avaient reçu fort mal son brusque hommage.
L'autre séjour lui plaisait davantage.
C'est vainement qu'au paradis chrétien
Les arts divers, des mortels doux lien,
De leurs bienfaits présentaient l'avantage ;
Que la musique, au prestige touchant,
Offrait des sons, et, plus qu'il est, du chant ;
Que la peinture, en son brillant langage,
Savait charmer, non révolter, les yeux ;
Et qu'on pouvait ouïr en un bocage
De très bons vers, même pas ennuyeux :
Leur charme heureux et leur grace rivale
Qui de l'amour remplissaient l'intervalle,
Flattaient Roger, qui n'était qu'ignorant ;
Mais Ferragus, vrai barbare, en jurant,

De ce pays peu propice à ses flammes,
Blâmait les arts presque autant que les dames.
Tout paraissait insipide à ses yeux ;
Si que, déjà, de sa plaisanterie
Ayant très peu goûté la raillerie,
Le saint archange, envers lui furieux,
Parla de feux qu'on ne pourrait éteindre ;
Comme ces rois qui durs en dépit d'eux,
Ne se pouvant faire aimer, se font craindre.
Le Ferragus, inquiet par ces soins,
Resta dévot, pour quelque temps au moins,
Et, le matin, ramené sur la terre,
Prit le chemin de son saint monastère.
Quant à Roger, vous savez son avis :
De Mahomet le séjour fantastique
Lui plut bien moins que notre paradis.
Il veut se rendre à notre culte antique,
Sans toutefois penser qu'en ce moment
Il ait le droit de quitter Agramant.
Mais le démon ne perdit pas sa peine :
Les musulmans, qu'aux houris il amène,
Reviennent tous plus vaillans, plus épris
De mériter ce charmant paradis
En détruisant toute race chrétienne.
Pour bien des gens, ce bonheur et ce prix
Passe tous ceux que la sagesse fonde.
Le conquérant, inventeur des houris,
Méritait bien de conquérir le monde.

Or Agramant qui ne s'effrayait pas,
Avec Roger préparait des combats,
Quand il reçoit la nouvelle fatale
Du grand péril que court sa capitale,
Se repentant d'un trop vaste dessein,
Pour la défendre il veut partir soudain.
Mais son orgueil le retient : il diffère :
Dans son conseil il expose l'affaire.
Marsile sent qu'Agramant éloigné
Lui laisserait tout le poids de la France,
Et dit qu'on doit, sur la France acharné,
Jusqu'à la fin conserver l'espérance.
Sobrin, plus sage, ainsi qu'il est plus franc,
Veut secourir Biserte, et cependant
Sait réunir l'honneur et la prudence.
« Puisque le nombre et le sort en courroux
Cessent ici, dit-il, d'être pour nous,
Terminons vite une guerre fatale,
Et dans le choc rendons la lutte égale.
Notre Roger, aussi fort que vaillant,
Peut au combat braver même Roland :
Que sans retard notre empereur propose
Qu'un seul guerrier lutte pour chaque cause,
Et du vaincu le prince protecteur

CHANT TRENTE-CINQUIÈME.

Paira tribut au prince du vainqueur. »
On applaudit : Marsile même cède,
Et d'Agramant voit partir le héraut.
A ce défi Charles d'abord accède :
Pour son guerrier il a choisi Renaud.
Roger, choisi par l'empereur d'Afrique,
Fait sur lui-même un effort héroïque.
Quant à Renaud, Charles ne pouvait pas
Le flatter plus dans son ardeur vaillante.
Mais de Roger vous sentez l'embarras,
Et plus encor l'effroi de Bradamante.

Craignant la mort d'un frère ou d'un amant,
Dans le chagrin son ame était plongée.
Mélisse alors sut fort adroitement
De ce malheur sauver sa protégée,
Fit plus encore, et, pour nos bons aïeux,
Prit le détour qu'on employa contre eux.
Les deux rivaux se combattaient à peine,
Quand Agramant, qui redoute un affront,
Voit tout à coup accourir dans la plaine
Mélisse avec les traits de Rodomont.
« Eh quoi ! dit-il, seigneur, pouvez-vous croire
Qu'un jouvencel presque encore sans gloire
Puisse aujourd'hui combattre avec succès
Un paladin chéri de la victoire,
Après Roland le premier des Français !
Rompez, rompez un accord téméraire.
Votre serment n'est qu'une ombre légère,
Quand Rodomont, de votre honneur jaloux,
N'ayant d'ailleurs rien promis sur la guerre,
Consent enfin à combattre pour vous. »
Le fier sultan, de qui l'ame est charmée,
Croit recevoir le secours d'une armée,
Et du combat, en élevant la voix,
Il donne l'ordre et l'exemple à la fois.
De toutes parts, au cri qui les entraîne,
Les spectateurs descendent dans l'arène.
Les deux rivaux, surpris de ces fureurs,
Jurent tous deux, en remettant leur glaive,
D'abandonner celui des empereurs
Qui le premier aura rompu la trêve;
Et, jouissant d'avoir par son secours
De ces héros sauvé les nobles jours,
Mélisse part, aussi leste que fine,
Et dans l'instant, par son art sûr et prompt,
Elle a quitté les traits de Rodomont,
Qu'elle n'a pas tous pris, je m'imagine.

Ce tour, au fond, n'était pas très moral.
Dupe coupable, Agramant, peu loyal,
Des deux rivaux ayant troublé l'approche,
Son fol espoir lui réussit trop mal

Pour qu'on lui veuille adresser de reproche.
Il ne voit plus le vaillant Rodomont,
Et voit bientôt Marphise et Bradamante,
Semer au loin la mort et l'épouvante.
Tels deux torrens précipités d'un mont
Vont ravager la vallée inquiète.
De Rodomont cherchant en vain les traits,
Au premier rang Agramant, par ses faits,
A remplacé le héros qu'il regrette.
Mais, sans parler même du fils d'Aymon,
Chez les Français que de preux dont le nom,
Dans ce combat si digne de mémoire
Pourraient, couverts d'un immortel renom,
Briller inscrits sur mon livre de gloire !
Je veux citer entre eux le beau Gerbon,
Fils valeureux du lâche Ganelon;
Adolescent qui, portant dans son ame
De Ganelon maint trait perfide, infâme,
Par ses exploits voulait laver l'affront
Que cette tache imprimait sur son front.
De ce jeune homme, ah ! plaignons la misère.
Quelle douleur, quels horribles soucis
Pour le cœur noble et généreux d'un fils
Que le ciel force à rougir de son père !
Je ne sais rien de plus dur sur la terre,
Hors toutefois l'affreux chagrin d'un père
Que le ciel force à rougir de son fils.

Des musulmans les exploits admirables,
Et des chrétiens les efforts incroyables
Avaient laissé sans aucun résultat
Se prolonger cet horrible combat
Jusqu'à cette heure où la jeune coquette
En nos jardins paraît dans son éclat
Et du matin vient montrer la toilette.
De ce retard, Agramant indigné
Se livre alors à sa vaillante rage.
Parmi les rangs sa voix a résonné,
Son glaive au loin va semer le carnage.
Sur Bride-d'Or, cet empereur vaillant
Brille partout en ce péril insigne.
On peut monter le cheval de Roland,
Quand à ce point on sait s'en montrer digne.
Non : Agramant ne fut si grand jamais;
Mais que de preux arrêtent ses succès;
Charle un peu lourd, Turpin encore agile,
Guy de Bourgogne, Othon, et d'Origile
Heureux époux, l'excellent Salomon;
Guidon encore, Aquilant et Griffon
Qui des païens poursuivant les oreilles
Du temps perdu se vengeaient à merveilles;
Et Richardet. Et toi, vaillant Richard,
Duc et guerrier cher à la Normandie,

Toi qui n'eus pas une petite part
Aux faits brillans d'une guerre hardie,
Je le sais bien, et j'en fais l'humble aveu :
Ton nom par moi fut prononcé trop peu.
De maints oublis il faut que je réponde ;
Mais aux Français, alors comme aujourd'hui,
Tant de héros prodiguaient leur appui,
Qu'on ne peut pas parler de tout le monde.

Je serai juste, et je l'avoue ici :
Les Sarrasins ont des héros aussi.
Beaucoup l'étaient, et ceux-là le deviennent
Qui récemment du paradis reviennent.
Oui : des houris le souvenir flatteur
D'un feu terrible embrase leur valeur.
Heureusement pour Charle et pour la France,
Après maint choc terrible et destructeur,
Leur nombre était bien loin de leur vaillance.

Dans leur péril, qui sans cesse augmentait,
Les Sarrasins, pour aider leur faiblesse,
Invoquaient tous l'enchanteur Mahomet,
Mais par bonheur ignoraient son adresse.
Pour l'avertir, vers le séjour des cieux
Ils élevaient leurs voix, leurs bras, leurs yeux,
Ne sachant pas, en leur inconséquence,
Que dans l'enfer il a sa résidence ;
Dont il advint que ce sorcier puissant
Eut le malheur de ne pas les entendre,
Et qu'au milieu de leur danger pressant
Il ne vint pas à temps pour les défendre.
Les Africains, abandonnés par lui,
Dans leur audace ont encore un appui ;
Ils sentent bien qu'en cette lutte altière
Une défaite est pour eux la dernière ;
S'ils sont vaincus, qu'il faudra sans retour
Quitter la France et peut-être le jour.
Aussi jamais avec plus de courage,
Plus de fureur, plus de ténacité,
Des combattans d'un et d'autre côté
N'ont du combat disputé l'avantage.

Sur un plan lisse en gazon tapissé,
Rivaux ainsi pour une moindre gloire,
Quand deux enfans ont à la fois lancé
Le choc bruyant de deux boules d'ivoire
Souvent on voit ces globes belliqueux
Tous deux frapper et s'arrêtant tous deux
Tourner sans terme et lutter sans victoire,
Ainsi luttaient dans ces champs glorieux
Ces ennemis qu'on aurait cru tranquilles ;
Et d'autant plus ils chargeaient furieux,
D'autant de loin ils semblaient immobiles.

Qui sait ? Peut-être ils combattraient encor,
Tant était beau leur immortel essor ;
Et je ne vois dans cette horrible lice
Nulle raison pour que cela finisse ;
Mais un revers décisif, odieux,
Des Africains frappe et confond les yeux :
Depuis long-temps, dans la lutte animée
Des deux partis, Marsile, astucieux,
Avait toujours ménagé son armée :
C'est ce qu'il fit encore en ce moment,
S'étant alors retiré prudemment.
Ce dernier trait prononçant l'avantage
Ote aux païens tout leur dernier courage.
Des Africains les nombreux bataillons
Courent tremblans ou se rendent esclaves ;
Et désormais semblent les plus poltrons,
Eux qui souvent se dirent les plus braves.
Ils ont cédé la victoire aux chrétiens.
En maudissant Marsile et tous les siens.
Tandis qu'il va, par la route d'Espagne,
Se dérober au fer de Charlemagne,
Sur ses vaisseaux, Agramant, bien surpris,
De son armée assemble les débris.
Entre les temps, Dieu ! quelle différence :
Lui, qui jadis pensa prendre Paris,
Vogue aujourd'hui fugitif de la France ;
Et les trois quarts de tant de légions
Loin de leur chef dormaient dans nos sillons.
Navrés de peine, accablés de fatigue,
Ceux qui restaient, en secret, du destin
Sollicitaient la mort d'un souverain,
De tout leur sang cruellement prodigue.
Les plus hardis, ou les plus malheureux,
Se confiaient leurs regrets et leurs vœux ;
Tous lui cachaient leur colère et leur haine.
Même plusieurs, qui redoutaient la sienne,
L'osaient flatter, tant qu'Agramant, charmé
En écoutant leur discours peu sincère,
Aurait bien pu se croire encore aimé ;
Son cœur plus franc lui disait le contraire.

CHANT TRENTE-SIXIÈME.

Fuite d'Agramant. — Combat de Roger et de Dudon. — Naufrage. — Maugis aux Ardennes. — Renaud guéri d'Angélique. — La coupe enchantée. — Bon sens de Renaud. — Nouvelles et dernières folies de Roland.

O conquérans ! tâchez que la victoire
Jusqu'à la fin accompagne vos pas,
Et que toujours les lauriers de la gloire
De vos guerriers déguisent les trépas.
C'est bien : tout semble heureux tant que vous l'êtes,

CHANT TRENTE-SIXIÈME.

Et vous avez les hymnes, les poètes.
Mais redoutez que la fortune, un jour,
N'ait son caprice, et le sort son retour.
Alors, alors, plus d'hymnes, de poètes.
On vous verrait... ma foi, ce que vous êtes.
Vainqueur hier et poursuivi demain,
Sous l'or flétri, la pourpre déchirée,
Et sur les morts qui pavaient son chemin,
Apparaîtrait cette face abhorrée,
Qui regardait finir le genre humain;
Et vos amis en vain tendraient la main
A votre image enfin déshonorée.
Soyez vainqueur autant qu'il se pourra,
Et revenez briller à l'opéra.

Tel Agramant, long-temps si redoutable,
Maudit du peuple hier à ses genoux,
Perd sa grandeur proclamée indomptable,
Et sur les flots fuit la terre en courroux.
Mais ce soudan, d'humeur aventurière,
Voit, même là, le sort le décevoir.
A peine est-il parti, que, sur le soir,
Du fier Dudon la flotte singulière
Voguant par là, vient à l'apercevoir.
Or, Agramant était loin de prévoir
Qu'elle existât sur cette mer paisible;
L'Europe alors ayant peu de vaisseaux,
Et tous les siens le suivant sur les eaux,
Il aurait cru cette flotte impossible.
Il fut soudain de surprise abattu,
Quand il se vit attaqué, combattu.
Ce n'était rien encore : il fut vaincu.
Toute la nuit, au milieu du carnage,
Il déploya le plus noble courage;
Mais quand le jour, par les heures conduit,
Lui révéla les malheurs de la nuit,
Il sentit trop qu'une fuite bien prompte
Seule pouvait le sauver, ou des fers
A son orgueil faire éviter la honte.
Dans un esquif, sur l'abîme des mers,
Et Bride-d'Or, et des objets divers,
Sont transportés. Agramant, qui s'irrite,
Avec Sobrin les rejoint au plus vite.
Ce souverain qui, bravant les revers,
De sa grandeur remplissait l'univers,
Ne trouve plus de barque assez petite.

Aux bords français Roger était resté.
Il avait su, par un récit sincère,
Qu'Agramant seul, par sa fougue emporté,
Avait osé recommencer la guerre.
Roger en fut quelque temps courroucé :
Mais quand on dit à ce preux héroïque
Que ce soudan, de France repoussé,
Aurait grand'peine à sauver son Afrique,
« Non, non, dit-il, parmi tant de terreurs,
Il ne se peut que mon bras l'abandonne :
A tous ses torts il faut bien qu'on pardonne,
Puisqu'ils sont loin d'égaler ses malheurs.
L'honneur encor passe avant une amante.
Suivons l'honneur : l'amour m'excusera;
Et, du chagrin que Bradamante aura,
Mon cœur appelle au cœur de Bradamante. »

Roger a dit. Roger, amant, aimé,
A son devoir d'abord s'est conformé.
Cœur généreux! ame encore païenne,
Mais qui toujours, dans sa fidélité,
Par la vertu, la générosité,
Se ressentait de sa race chrétienne !
Un doux parfum, doucement retracé,
Survit parfois dans le désert du vase;
On sent long-temps où la rose a passé.
Tel est Roger, qu'un noble zèle embrase.
Ne cherchant plus désormais qu'un esquif
Pour aller joindre Agramant fugitif,
Avec Frontin il côtoyait la rive,
Lorsque Dudon, qui de Biserte arrive,
Fier d'un succès acquis si brillamment,
A ses regards, des sujets d'Agramant
Montre la foule accablée et plaintive.
A Charlemagne, il menait les vaincus,
Qui s'avançaient chargés de tristes chaînes,
Comme autrefois ces Germains abattus
Qui témoignaient des victoires romaines.
Roger entr'eux a reconnu sept rois,
Tous ses amis, ses compagnons d'exploits.
Il veut d'abord tenter leur délivrance;
Sur leurs gardiens le voilà qui s'élance.
Il en abat au moins quarante; mais
Il a brisé sa lance à ces hauts faits.
Dudon accourt, et, dans cette occurrence,
Pouvait, suivi de combattans nombreux,
Faire saisir ce rival dangereux;
Il aima mieux disputer de vaillance.
Il fait bien plus, et, désirant entre eux
Voir tout égal, il a jeté sa lance.
Roger, devant un trait si généreux,
Dit : « Les voilà, ces paladins de France! »

De son côté, quoiqu'en valeur Dudon
Ne vît personne effacer son renom,
Roger, plus fort dans les champs du carnage,
A ménagé Dudon qui le ménage.
Enfin Dudon, qui s'en est aperçu,
Baisse son arme, et dit : « Je suis vaincu.

Oui, les sept rois sont en votre puissance.
Brillant Roger, magnanime héros,
Sur le meilleur de leurs nombreux vaisseaux
Emmenez-les loin des rives de France. »
C'est ce qu'il fit; mais le sort fit bien voir
Jusqu'où s'étend quelquefois sa malice;
A ces sept rois Roger, sans le vouloir,
Se trouva rendre un très mauvais service.
Deux jours après, voilà qu'en pleine mer,
L'autan s'élève aux lueurs de l'éclair.
Je serai bref; car assez de poètes
Se sont noyés en peignant les tempêtes.
L'autan poussait le vaisseau contre un roc.
Bien assurés de périr dans le choc,
Les voyageurs, en trop nombreuse troupe,
Avaient cherché l'abri de la chaloupe.
Roger lui-même, en cet affreux danger,
L'avait gagnée en vêtement léger,
Et n'avait pu, dans ce moment d'alarmes,
Prendre avec lui son coursier ni ses armes,
Quand sous le poids la chaloupe fléchit.
De quels débris l'abime s'enrichit!
Infortunés voués au noir rivage,
Vous périssez dans l'onde et dans l'orage.
Seul, surmontant mille abîmes affreux,
Roger encore, avec ses bras nerveux,
Du roc lointain prétend gagner la plage.
Il y viendra : conservons-en l'espoir;
Mais admirez comme avec insolence
Le sort se rit de l'humaine prudence :
Dans le moment où, voulant trop prévoir,
Les voyageurs mouraient hors du navire,
Un autre autan, déployant son pouvoir,
Loin de l'écueil venait de le conduire.
C'est désolant pour les calculateurs.
Aussi, parmi notre aimable jeunesse,
Combien voit-on d'excellens raisonneurs
Qui semblent fous.... par excès de sagesse.

Renaud toujours, par excès de tendresse,
Était fou... presque à l'égal de Roland.
Par ses exploits, dès que ce preux vaillant
A des Français dissipé la détresse;
Dès qu'il a vu les Sarrasins détruits,
L'amour remplit son cœur moins héroïque.
Maugis en vain, confirmant tous les bruits,
Lui dit la honte et l'amour d'Angélique.
Le héros veut, constant dans son désir,
Voir cette Belle, au moins pour la punir.
Mais, déguisant le parti qu'il embrasse,
A Charlemagne il demande avec art
Permission d'aller chercher Gradasse,
Dont l'artifice a dérobé Bayard.

Tout à la fois, le héros, bon apôtre,
A sa maîtresse, à son rival songeait :
Renaud avait fait le double projet
De punir l'un, et de caresser l'autre.
Le vieux Maugis, surpris de tout cela,
Trouvait toujours chose trop peu sensée,
Qu'après Médor on suivît celle-là,
Qu'avant Médor on avait refusée.
Dans cet amour soupçonnant des secrets,
Il consulta l'un de ses farfadets,
Et sut de lui, bien tard, les deux fontaines
Dont le pouvoir illustrait les Ardennes.
Incontinent il court après Renaud.
Tout vieux qu'il est, il l'a rejoint bientôt,
Et, prétendant lui-même le conduire
Vers Angélique, adroitement l'attire
Aux bois épais pleins de glace et de feu,
D'où l'on sortait aimant trop ou trop peu.
Or, un souci l'inquiète et le gêne :
Il ne veut pas se tromper de fontaine.
Mais, avec soin regardant à l'entour,
Il s'est bientôt fixé sur l'une d'elles.
Ce n'est point là la fontaine d'amour;
Car il n'y voit moineaux, ni tourterelles.
Maugis, bien sûr de ne pas s'égarer,
Presse Renaud de s'y désaltérer.
Renaud en goûte, et voilà qu'en son ame
Ce paladin sent se glacer sa flamme...
« Pardieu! dit-il, après quelques momens,
Mon cher cousin, ma voix te le confesse,
Ne suis-je pas le plus sot des amans,
D'aller chercher une indigne maîtresse,
Laide d'ailleurs, et dont les sentimens
N'ont conservé nulle délicatesse? »
En souriant, Maugis convint du fait;
Et, quand il vit dans son ame hautaine
Bien établis le dédain et la haine,
De la fontaine il lui dit le secret.
Renaud rend grace au tour qu'on sut lui faire;
Mais ce héros de surprise est saisi,
Alors qu'il voit Maugis, sexagénaire,
Vouloir goûter de la fontaine aussi.
« J'ai mes raisons, dit Maugis; Angélique
D'amour aussi de temps en temps me pique.
Je me connais, je me crains; et je veux
Dans la fontaine éteindre aussi mes feux. »
Maugis a dit, et dans sa main tremblante
Boit un remède au feu qui le tourmente.
Le bon Renaud, souriant à son tour,
Ne déguisa sa gaîté qu'avec peine.
Dans une source on éteignait l'amour;
Pour l'amour-propre il n'est point de fontaine.

Dès que Renaud, d'Angélique guéri,
D'un fol amour a dissipé la trace,
Il court chercher Roland dès lors chéri,
Et, pour Bayard, court poursuivre Gradasse.
Dans ce chemin qu'il fait vers l'Orient,
Il met à fin plus d'un exploit brillant;
Mais je ne veux dire qu'une aventure
Qui sourit plus à l'humaine nature.
Il voyageait avec deux chevaliers,
Fiers compagnons de ses exploits guerriers.
Bien las un soir, le voilà qui s'approche
D'un beau château bâti sur une roche.
Le maître vint, et Renaud fut prié
De déclarer s'il était marié.
« Oui, répond-il, j'ai pris en mariage,
Depuis trois ans, femme jolie et sage,
Sage bien plus que ne l'est son époux.
Je la délaisse un peu trop, entre nous,
Et son hymen a tout l'air d'un veuvage.
Mais à propos, pourquoi la question?
—Seigneur, ma voix à souper vous convie,
Dit l'inconnu. Venez, je vous en prie,
Et vous verrez à quelle intention.
Renaud, courtois, à le suivre s'apprête;
Les chevaliers qui marchaient avec lui
Suivaient, croyant être invités aussi :
L'amphitryon poliment les arrête.
« Pardon, messieurs; j'estime infiniment,
Dit-il, l'honneur que vous voulez me faire;
D'hymen, tous deux vous suivez donc la loi?
—Ni l'un ni l'autre.—Alors, excusez-moi;
Je ne reçois aucun célibataire. »

Avec Renaud il entre en son logis,
Laissant dehors ces messieurs ébahis.
Renaud trouva bon foyer, grande flamme,
Très bon souper, mais pas l'ombre de femme.
« Seigneur, dit-il, tous ces mets sont très bons;
Mais ce souper aurait été peut-être
Tout aussi bien mangé par des garçons.
Expliquez-moi, de grâce, d'où peut naître
La préférence... » Une coupe soudain
Est apportée au milieu du festin.
Le châtelain l'emplit d'un vin qui fume,
Et, souriant, non pas sans amertume,
« Seigneur, dit-il, ce que je tiens ici
Est un chef-d'œuvre utile à tout mari.
Les uns, trompés sans crainte et sans scrupule,
Sont confians, jusques au ridicule.
Les autres sont prompts à se tourmenter:
Avec ma coupe on sait sur quoi compter.
Pour les amans cessant d'être farouche,
Si votre Yseult a fait choix d'un Tristan,

Cette liqueur, qui fuira votre bouche,
Va se verser du plus rapide élan;
Mais si, fidèle aux nœuds du mariage,
Comme je crois, elle fut toujours sage,
Vous jouirez du plus rare succès,
Et vous boirez le nectar et la paix.
Allons, seigneur, méritez cette gloire. »

A ce discours fini d'un air malin,
Sans hésiter, le brillant paladin
Saisit la coupe : il l'approche, il va boire,
Puis, demeuré pensif quelques instans,
L'a retirée alors qu'il était temps.
« Parbleu, dit-il, cela serait trop bête.
Encor que j'aie, au repos opposé,
Du droit d'absence en ménage abusé,
Je crois ma femme infiniment honnête.
Je ne puis pas, pour ses vertus, ses soins,
L'estimer plus : veux-je l'estimer moins!
Pourquoi sortir d'un état si tranquille?
Ma femme est femme, et son sexe est fragile;
Elle pourrait... Non, elle ne l'a pu.
Si je doutais, l'épreuve que j'évite
Me forcerait à croire à sa vertu;
J'aime bien mieux m'en garder le mérite.
Otez, ôtez cette coupe. » A ces mots,
Le châtelain éclate en longs sanglots.
« Ah! malheureux, dit-il dans sa tristesse,
Ah! que n'ai-je eu, seigneur, votre sagesse!
J'étais l'époux d'une jeune Beauté
Qui m'aimait bien, sage, douce, accomplie :
Enfin j'avais eu trop de félicité,
Sans le démon qu'on nomme jalousie.
Certaine fée, illustre en ces cantons,
M'avait promis de me faire deux dons.
Je demandai cette coupe enchantée.
Sans rien verser, je la bus tout d'un trait.
Jugez combien mon ame fut flattée.
Je devais être à jamais satisfait :
Non. Le plus beau des amans de ma femme
Dis-je à la fée, est un guerrier voisin.
Il espérait : mais il fallut enfin
Qu'il renonçât à voir payer sa flamme.
Trop fortuné par votre premier don,
Laissez-moi l'être encor par le second.
Accordez-moi, huit jours, la ressemblance
De ce rival qui n'avait pas déplu,
Et ses présens, joints à ma feinte absence,
Vont de ma femme éprouver la vertu,
Et lui donner sa dernière évidence.

La fée alors me dit : « Il est des fous
Qui sont liés, et sont moins fous que vous;

Mais il le faut : je vous tiens ma promesse. »
Sans l'écouter, je rentre en ma maison.
Sous d'autres traits je peins la même ivresse.
Tous mes sermens sont appuyés d'un don.
L'époux absent permettait la faiblesse.
J'étais parti, bien que je fusse là.
Sept jours en vain ma tendresse parla.
Enfin, seigneur, sur le soir du huitième,
Si vivement mon amour redoubla,
Qu'en rougissant on me dit : Je vous aime.
A cet aveu, qu'un doux baiser scella,
Je devais bien au moins en rester là :
Mais ; emporté par un charme suprême,
La laissant dire : « On ne fait point cela !»
Je chiffonnai fichus et falbala,
Et je me fis, hélas ! c... moi-même.
J'oubliais tout, hors les plus doux transports,
Quand je repris ma figure et mon corps.
A cet aspect, elle, jadis si sage,
Changeait aussi, presque autant, de visage.
Vous concevez les reproches, les pleurs.
La nuit survint : mais, ô justes douleurs !
Le lendemain, ma femme était partie,
Et m'écrivit bientôt qu'assurément
Je ne devais la revoir de sa vie.
Mais vous saurez, pour combler mon tourment,
Que ces adieux, peut-être nécessaires,
Étaient datés de chez l'heureux amant
De qui j'avais si bien fait les affaires.

« Depuis ce jour, je n'ai d'autre plaisir
Qu'à m'assurer de beaucoup de confrères.
J'en ai bon nombre, à ne vous point mentir.
En un moment par cette épreuve aisée
Les curieux sont d'abord satisfaits :
Si plusieurs l'ont tentée avec succès,
Vous seul encor, vous l'avez refusée.
Ah ! comme vous, pourquoi n'ai-je pas fait !
Vous n'auriez pas versé même une goutte ;
Mais à quoi bon s'exposer au regret ?
Pour s'éclaircir des malheurs qu'il redoute,
Plus d'un époux bien chèrement paierait :
Moi, de quel prix j'achèterais un doute ! »

Ainsi l'époux racontait son chagrin.
A son malheur le paladin sensible,
Le consola du mieux qu'il fut possible,
Et cependant il sentait dans son sein
Naître, augmenter des craintes peu sensées :
Vers cette coupe il avançait la main...
Il soupa mal, partit de grand matin,
Pour résister aux mauvaises pensées,
Et s'en alla dans un chétif logis

Raconter tout aux garçons éconduits,
Ses deux amis à l'histoire sourirent,
Et, plus encore, au conteur applaudirent.
Qui sait ! peut-être un des garçons avait
Par devers lui quelque motif secret
Pour applaudir à sa rare prudence,
Car les héros sont attrapés aussi,
Et, pour subir les revers d'un mari,
Semblent parfois avoir la préférence.

Tandis qu'au loin Renaud aventureux
Allait cherchant et Roland et Gradasse,
Contre Biserte, assiégeant malheureux,
Astolphe en vain déployait son audace.
Contre ses noirs enfin découragés,
Ses ennemis redoublaient de courage.
Du cor magique il pouvait faire usage :
Mais il savait qu'à la fuite engagés,
Les assiégeans, à cet affreux tapage,
Courraient d'abord comme les assiégés.
Puis, quand ceux-là n'eussent pas pris la fuite,
Il désirait, brave autant que sensé,
A sa victoire un peu plus de mérite.
Et puis, dit-on, depuis qu'au loin lancé,
Au paradis il a rendu visite,
Du cor fameux le charme est émoussé.
Astolphe était vraiment embarrassé.
Voilà qu'un jour, un matin, sur la rive
De Brandimart la tendre amante arrive.
Et Brandimart, qui ne l'attendait pas,
Avec transport la presse dans ses bras.
Dans Fleur-de-Lis, d'une amante fidèle,
L'aimable Astolphe, Olivier, Sansonnet,
Avec plaisir observaient le modèle,
Sachant surtout la rareté du fait.
A Brandimart Fleur-de-Lis réunie,
Par un effroi qu'on peut bien excuser,
Crut sans retard pouvoir lui proposer
D'aller revoir leur lointaine patrie.
Non, répond-il : mon temps encore est dû
A deux travaux dont rien ne me dispense.
Il faut, avant qu'à mon retour je pense,
Que Roland soit à la raison rendu,
Et que la paix soit rendue à la France.

Ce propos noble à peine était tenu,
Que dans le camp un bruit naît et s'augmente.
De ce côté maint héros survenu,
Et Fleur-de-Lis, interdite et tremblante,
Ont vu d'abord un seul homme tout nu,
Qui, sans effort, en renversait quarante.
Cet inconnu changeait en bouclier
Un lourd bâton qu'il faisait tournoyer ;

CHANT TRENTE-SIXIÈME.

Son corps souillé de boue et de poussière
Prenait encore une attitude fière ;
Sa barbe épaisse et ses épais cheveux
Interceptaient les éclairs de ses yeux.
Les paladins, en le voyant paraître,
Cherchaient en vain qui ce fou pouvait être.
Mais Fleur-de-Lis, dès le premier moment
Qu'elle le vit, s'écria : « C'est Roland !
O Brandimart, peux-tu le méconnaître !
— Ciel ! lui, Roland ! » D'abord on n'en croit rien,
Et l'on en rit presque avec amertume.
Mais Fleur-de-Lis le reconnaît très bien :
Elle l'a vu déjà sous ce costume.
Oui : c'est bien lui. Chacun le reconnaît.
Alors Astolphe, Olivier, Sansonnet
Et Brandimart, bravant tous sa colère,
A l'observer bornent leur ministère ;
Et chacun d'eux, pour lui mû de pitié,
Bravant ses coups et tout ce qu'il peut faire,
Attend en paix la raison, l'amitié.
C'est presque ainsi qu'un enfant faible et tendre,
Qui fut frappé par sa mère en courroux,
Ne s'en va point de son père jaloux
Solliciter qu'il veuille le défendre ;
Mais, dans un coin se tenant écarté,
Après l'humeur il attend la bonté ;
Et, l'œil en pleurs, dans sa douleur amère,
Contre sa mère il invoque sa mère.

Un peu battus, cependant ces héros,
Comme tel roi qui voulut trop bien faire,
Se sont enfin jugés trop libéraux.
Trop de douceur est souvent imprudence.
Prise à propos, la force est indulgence.
Avec Roland, ces sages paladins
Sentent qu'il faut user des grands moyens.
A le saisir voilà que l'on s'apprête,
Et ces amis, qu'il ne reconnaît pas,
L'ont entouré, criant : « Arrête, arrête. »
Mais si Roland a pu perdre la tête,
Il s'en faut bien qu'il ait perdu le bras.
Comme il se sert de son arme imparfaite !
Maint paladin du plus brillant renom
Reçut alors force coups de bâton.
Mais c'est Roland qui les leur administre,
Et le monarque ennoblit le ministre.
Roland, actif à ces nouveaux exploits,
Multipliait sa Durandal de bois.
Pauvre Olivier, sous un coup qu'il t'assène,
Assez long-temps tu restes sans haleine.
Enfin pourtant le bâton qu'il tenait
Se brise, atteint du fer de Sansonnet.
Lors Brandimart, guerrier des plus ingambes,

Saisit en flanc, retient Roland surpris,
Tandis qu'Astolphe et Sansonnet unis
Tout de leur mieux le tiraient par les jambes.
Hélas ! Roland, d'un effort vigoureux,
A douze pas les a lancés tous deux.
A Brandimart, qui le retient encore,
D'autres guerriers, d'efforts joignent leur part.
Mais l'enragé, qui lui-même s'ignore,
Pressé par eux, brave eux et Brandimart.
Tel un taureau, saisi dans la carrière,
Sait après lui traîner la meute entière.
Son poing le sert en fidèle allié.
Se distinguans (1) au sein de la mêlée,
Ses chers amis ont tous la joue enflée,
Et goûtent peu ces marques d'amitié.

Il redoublait ses efforts redoutables,
Quand Olivier, reprenant ses esprits,
Imagina de demander des câbles.
De nœuds coulans le fier Roland surpris,
Est assiégé par des mains qui conspirent.
S'y prenant mieux, d'un élan concerté,
Voilà soudain que ses amis le tirent
Tous à la fois, et du même côté.
Oh ! pour le coup il tombe. A l'instant même
Sur le héros on s'est précipité,
Et sous leurs mains, avec un zèle extrême,
De mille nœuds Roland est garrotté.
Il fallut bien qu'il demeurât tranquille.
Lors, vers la mer doucement entraîné,
Le fils de Berthe, à regret immobile,
Dans l'onde amère est douze fois baigné :
Ce soin n'était qu'onze fois inutile.
Puis, par une herbe appliquée à propos,
Ayant fermé la bouche du héros,
Le prince anglais, opérateur habile,
De son bon sens qu'un flacon renfermait
Lui porte au nez la liqueur très subtile.
Le paladin la respire d'un trait ;
Et tout à coup, ô prodige admirable !
Le paladin s'éveille raisonnable.
Mais, en dépit des liens les plus forts,
Comme il avait fait un grand haut-le-corps,
De la liqueur invisible et sacrée

(1) Je ne puis m'empêcher de signaler ici un exemple incontestable qui prouve combien ont raison les auteurs qui, comme moi, soutiennent qu'on peut, *ad libitum*, en poésie surtout, décliner ou ne pas décliner les participes, et que quelquefois cette liberté, cette licence si l'on veut, est indispensable pour se conformer à la première des lois dans l'art d'écrire : la clarté. Il est évident que si j'avais mis ici, comme beaucoup de gens le mettraient : *se distinguant*, on croirait, d'abord ou moins, que c'est Roland qui se distingue, tandis qu'au contraire ce sont ses amis qui se distinguent pour s'emparer de lui. En lisant *distinguans*, on ne pourra s'y tromper un moment.

Légère part s'était évaporée,
Et ce héros, qui n'extravaguait plus,
Sentait encore un nuage confus.
L'habile Astolphe avait prévu la chose;
Voici comment il sut la réparer :

Devant Roland, qu'elle veut honorer,
L'armée entière à marcher se dispose,
Et les tambours, musique des héros,
Rendent d'abord des accens *pianos*.
Roland s'étonne et son ame est émue :
Mais quels efforts plus prompts et plus touchans,
Quand il ouït les soldats approchans,
Redire en chœur sa chanson bien connue :

« Chantons le chef le plus vaillant
Qu'ait jamais chéri la victoire.
Soldats français, chantons Roland;
Il fera chanter notre gloire. »

Roland palpite : affranchi de ses nœuds,
Il s'est levé, saisi d'un trouble extrême.
L'armée avance, et l'Anglais généreux
Poursuit ainsi sur l'air que Roland aime :

« Il cherchait, esclave imprudent,
Une maîtresse trop chérie :
Mais son amour le plus ardent
Est désormais pour sa patrie. »

Heureuse idée! art adroit! le héros,
Avec transport, a répété ces mots.
Ces mots, ce chant, sont un trait de lumière;
Le grand Roland, au bruit de sa chanson,
A retrouvé sa raison tout entière.
D'un fol amour abjurant le poison,
Pour ses amis il garde sa tendresse.
Il reconnaît, entre ses bras il presse,
Le prince anglais, Sansonnet, Olivier,
Et Brandimart. O momens pleins de charmes!
Sentant en lui renaître un feu guerrier,
Roland revêt des habits et des armes.
Même on lui rend, ce qu'on avait trouvé
Et que pour lui l'on avait conservé,
Son cor fameux, de qui les sons agiles,
Lancés par lui, volaient jusqu'à six milles;
Cor qu'il avait dans un jour triomphal
Pris sur Almont ainsi que Durandal;
Cor qui gardait un peu de ressemblance
Avec celui qu'Astolphe obtint jadis;
Car, de Roland annonçant la présence,
Il faisait peur à tous ses ennemis.
Mais il brillait par cette différence
Qu'il embrasait d'ardeur tous ses amis.
Roland le voit, et sa force puissante

Y lance au loin sa voix retentissante;
Du paladin reconnaissant les sons,
L'armée éclate en acclamations,
En rendant grace au ciel qui le renvoie.
L'armée alors, fière d'un tel appui,
Dans les païens voit enfin une proie;
Et les soldats, défilant devant lui,
Chantent encor, pleins d'orgueil et de joie :

« Chantons le chef le plus vaillant
Qu'ait jamais chéri la victoire.
Soldats français, chantons Roland;
Il fera chanter notre gloire. »

CHANT TRENTE-SEPTIÈME.

Assaut de Biserte. — Défi d'Agramant. — Mauvaises pensées d'Origile. — Conférence entre Rodomont derviche et Ferragus moine.

Heureux celui qui, de sa main puissante,
Avec ardeur, au milieu des combats,
Va protéger la faiblesse innocente,
Et la beauté, ne le fût-elle pas!

Heureux celui qui, chef d'un beau royaume,
Aime son peuple, en mérite l'amour,
Et qui, tout bas, est béni sous le chaume,
Comme, tout haut, au milieu de sa cour!

Heureux celui qui n'a point d'autre empire
Que sa maison, dont le soin lui complaît,
Et qui, s'il voit qu'un étourdi conspire,
Embrasse un fils pour calmer un sujet!

Heureux qui, cher à son fils, à sa fille,
Tient de lui-même, ou du sort indulgent,
Assez de bien pour lui, pour sa famille,
Sans oublier la part de l'indigent!

Heureux celui qui, fuyant l'artifice,
Et repassant ses jours près de finir,
Dit : il n'est point d'être qui me haïsse,
Ou qui du moins ait droit de me haïr!

Heureux l'ami des filles de mémoire
Qui de la vie a cultivé les fleurs,
Et dans les arts cherche une douce gloire,
Qui, s'il l'obtient, n'a point coûté de pleurs!

Heureux qui sait des disgraces humaines
Par l'amitié tempérer la rigueur,
Et, se faisant un plaisir de ses peines,
Contre un ami peut reposer son cœur!

Jeunes objets, à la tendre faconde,
Au doux regard, au gracieux attrait,
Tout calculé, des heureux de ce monde
Le plus heureux est celui qui vous plaît.

Roland n'eut point un destin si prospère.
Sexe enchanteur, auprès de vos appas,
Ah! si des biens le plus grand est de plaire,
Le plus grand mal est de ne plaire pas.
Tel fut Roland : excusons sa folie.
Enfin pourtant le cours en est passé.
Il est guéri. Le voilà plus sensé
Qu'il ne le fut pendant toute sa vie.
Dès que, rentré dans son premier état,
Il dit le nom de chaque personnage,
Astolphe vient, et du généralat
Très franchement lui fait l'offre et l'hommage.
Héros modeste, à l'Anglais étonné,
Roland oppose un refus obstiné :
« Je combattrai, dit-il, sous ta bannière.
—Ainsi, répond Astolphe soupirant,
Auprès de toi j'ai perdu ma prière!
Mais, l'aurait-on fixée au dernier rang,
Roland, ta place est toujours la première. »

Or, les soldats, en qui l'espoir prévant,
Forment des vœux pour un nouvel assaut.
Le général leur donna l'assurance
Que cet assaut aurait lieu dans trois jours.
Pour obtenir le céleste secours,
Deux jours durant, chacun fit abstinence;
Et le troisième, attendu qu'ici-bas
De la vigueur sied bien dans les combats,
Comme on avait fait jeûne, on fit bombance.
Ces combattans, que la crainte avait fui,
S'attendrissaient, nonobstant leur courage,
Comme l'on voit s'embrasser aujourd'hui
Ceux qui demain feront un grand voyage.
Enfin du choc le jour terrible a lui.
Que de fureurs! et que d'armes cruelles!
Les assiégés, au haut de leurs remparts,
S'étaient munis de pierres et de dards;
Les assiégeans, de fascines, d'échelles.
Aux grands effets, aux belliqueux récits,
Je le sens bien, la carrière est ouverte;
J'userai peu de ce droit, mes amis :
J'ai tant parlé de l'assaut de Paris
Que je courrai sur celui de Biserte.
Mais qu'il fut beau! que de nobles fureurs!
Tels de nos jours, en un péril immense
Montrant peut-être encor plus de vaillance,
Aux mêmes bords brillaient nos défenseurs.
Par le désert séparés de la France,
Sûrs de mourir s'ils n'étaient pas vainqueurs,
Et n'ayant plus que leurs bras et leurs cœurs
Au dernier jour permis à l'espérance,
Nos combattans, au choc impétueux,
Ont par l'assaut conjuré leur ruine,
Et pour jamais, par un fait merveilleux,
Ont allié la France et Constantine.

Devant Biserte, entre les deux partis
L'assaut resta quelque temps indécis.
C'est ennuyeux pour Roland, qui s'en lasse,
Et qui, parmi les traits et les débris,
Des assiégeans vient réveiller l'audace.
Mais Brandimart, plus qu'un autre affermi,
Veut s'illustrer aux yeux d'un tel ami.
Il s'est saisi d'une échelle : il la place
Contre le mur, et monte le premier,
Suivi de près par plus d'un chevalier.
Malgré les traits dont l'orage terrible
De toutes parts fond sur son bouclier,
Brandimart fait ce qu'on crut impossible :
Sur les remparts il brave les païens,
Et s'y voyait bientôt suivi des siens;
Quand tout à coup l'échelle trop chargée,
Crie et se rompt sous un poids accablant.
De ce héros le cortége croulant
Le laisse en proie à la troupe assiégée;
Et sans espoir, ce noble Brandimart
Combat encore au sommet du rempart.
Heureusement Roland, dont le courage
Allait partout presser, encourager,
De son ami voit l'horrible danger,
Et pousse un cri de douleur et de rage.
D'une autre échelle incontinent armé,
Vers le rempart il gravit, il s'élance.
Point d'assiégeant dont le cœur animé
De Brandimart n'embrasse la défense!
Ce paladin, d'ennemis entouré,
Bravait la mort de toutes parts offerte,
Et soutenait le choc désespéré
Des Sarrasins acharnés à sa perte,
Lorsque Roland, qui le joint, rassuré,
En le sauvant vient détruire Biserte.
Tout fuit déjà devant ces deux héros.
En ce moment, par des exploits rivaux,
D'autres chrétiens secondaient leur courage.
Malgré l'ardeur des fils de Mahomet,
Gerbon, Astolphe, Olivier, Sansonnet,
Vers la cité se frayaient un passage.
Les assiégés, dont beaucoup étaient morts,
Ne peuvent plus soutenir tant d'efforts :
De la défaite ils subissent l'injure.
Combien d'entre eux qui n'y survivent pas!

Moins fortuné, leur chef dans ces combats,
Le roi Brinteau reçoit une blessure,
Pour un bon Turc pire que le trépas.
Les assiégeans précipitent leurs pas,
Et leur façon, partout, est peu civile.
Les femmes, las! s'en aperçoivent bien,
Et sont d'assaut prises comme leur ville.
Je ne dis pas que cela ne fût rien;
Mais que d'horreurs encore plus cruelles!
Partout le sang et la mort. Les vainqueurs,
Malgré leurs chefs moins exterminateurs,
Cherchent partout des vengeances nouvelles.
Déjà le feu, secondant leurs fureurs,
Va jusqu'au cieux porter des étincelles.
Comme le mal, le feu s'accroît bientôt;
La flamme gagne, et s'étend, et s'élance :
Biserte, à peine une heure après l'assaut,
Présente aux yeux un incendie immense;
Et justement l'empereur Agramant,
Fuyant après sa défaite fatale,
Sur un esquif arrive en ce moment
Pour voir brûler sa noble capitale.

Tel autrefois le vainqueur des Teutons,
Hôte échappé des marais de Minturne,
Aux mêmes lieux qu'ici nous observons,
Détruit comme eux, vint s'asseoir taciturne.
Biserte, après dix siècles révolus,
Montrait ses tours sur le même rivage;
Et le destin, vers cette autre Carthage,
Guidait alors un autre Marius.
Ce fut alors qu'Agramant solitaire,
Sur son esquif, en sa pâle fureur,
De son orgueil abaissant la hauteur,
Apprécia cette foule vulgaire,
Ce peuple vil qui faisait sa grandeur.
Qu'à la raison cet exemple rappelle
Les souverains les plus majestueux.
Puissans, vainqueurs par un peuple fidèle,
Dès qu'ils sont seuls, leur majesté chancelle;
Non, si les cœurs sont demeurés pour eux.

Mais Agramant, qui fit de l'Alexandre,
Sur ce point là ne peut pas se méprendre.
Il a toujours dédaigné des amis;
Les seuls combats par lui furent chéris :
La guerre enfin le punit de la guerre.
Plus détesté que par ses ennemis,
Par ses sujets, dont il dut être père,
Contraint à fuir, sans pouvoir, sans appui,
Trop convaincu de son délire extrême,
Si grand jadis, dans son revers, pour lui,
Ce souverain ne voit plus que lui-même.

Il veut, saisi d'un douloureux transport,
En s'immolant mourir avec sa gloire :
« Quoi! voulez-vous, seigneur, par votre mort,
Des ennemis compléter la victoire?
Lui dit Sobrin, opposant son effort;
Sachez encor disputer l'avantage :
Le vrai malheur prouve le vrai courage.
De Mahomet les amis pleins d'ardeur
De toutes parts vont doubler de valeur,
Et vous servir avec un zèle extrême. »
Sobrin ainsi consolait sa douleur
Par un espoir qu'il n'avait pas lui-même.
Déjà, plus calme, Agramant fugitif
Vers l'Orient dirigeait son esquif,
Quant tout à coup le pilote signale
Cette tempête à Roger si fatale.
« Ciel! sauvons-nous; ah! sauvons-nous, seigneur:
Le premier port est pour nous le meilleur. »
Et, sans attendre une réponse aisée,
Le nautonnier, qui tremblait, le mena,
Et bien à temps, droit à l'île posée
Entre l'Afrique et l'île de l'Etna.
De Lampedouse elle a le nom vulgaire.
Elle est stérile en produits nourriciers,
Et pour Cérès elle ne sait rien faire;
Mais elle abonde en myrtes et lauriers,
Des lieux déserts produits très poétiques,
Tristes buissons, arbustes indolens,
Et de Phébus favoris peu brillans.
Aussi, selon des gens mélancoliques,
Les champs féconds sont plats et prosaïques.
Quoi qu'il en soit, sur ce bord étranger,
Sans habitans, où de l'humide plaine
Venait parfois un pêcheur passager,
Sombre, rêveur, Agramant touche à peine,
Qu'au même port, fuyant un sûr trépas,
Arrive aussi quelqu'un qu'il n'attend pas :
Un autre esquif, que la tempête chasse,
Amène là, devinez qui : Gradasse.

Cet autre prince, après plus d'un écart,
Allait, avec Durandal et Bayard,
Moitié par terre, offrir à la Sérique
Ces monumens de son zèle héroïque,
Convenons-en : chevalier merveilleux,
Il méritait de les conquérir mieux.
Avec plaisir Agramant, dans cette île,
Vit arriver Gradasse, dont pourtant
Il fut quitté jadis trop brusquement,
Et de façon vraiment fort incivile.
Il s'offensa quand il était puissant :
Dans le malheur on n'est pas difficile.
Gradasse donc fut reçu tendrement.

CHANT TRENTE-SEPTIÉME.

Dès qu'il le voit, Agramant, qui l'embrasse,
Sent ranimer son espoir, son audace,
Croit que le sort, devenu son appui,
Veut réparer de longs torts envers lui.
Gradasse avait appris, le matin même,
La guérison de Roland redouté
Devant Biserte; et sa valeur suprême
Sans doute avait conquis cette cité :
« Je vais, dit-il, même avec confiance,
De ce Roland défier la vaillance,
Quand j'ai pour moi Bayard et Durandal,
De ce combat il doit se tirer mal.
Quant aux guerriers du prêtre Jean, je gage
Que mes guerriers, et dix peuples amis,
Sauront si bien ravager son pays,
Qu'ils quitteront bientôt votre rivage,
Et reviendront céder à la valeur
Des combattans, accourus sur le leur.
— Un tel projet me paraît grand et sage ;
Mais pardonnez, dit l'Africain vaillant,
C'est bien à moi de défier Roland :
Je ne vous puis céder cet avantage. »
Pour l'obliger, Gradasse lui répond :
« Avec Roland défions-en un autre.
Vous et Roland, vous aurez un second :
Avec plaisir, moi je serai le vôtre.
— Et moi, reprend Sobrin non sans humeur,
D'un tel combat serais-je spectateur ?
Ma force encor seconde ma vaillance :
Vous imiter est un droit qui m'est dû,
Et par les ans Sobrin a moins perdu
Qu'il n'a gagné par son expérience. »
Encor qu'il fût par le temps fatigué,
Il fait enfin adopter son système.
Dès que l'orage à ces mers prodigué
En d'autres mers porte sa rage extrême,
Un écuyer vers Biserte a vogué :
Roland se voit défier, lui troisième.

Le fier Roland au héraut sarrasin
Fit aussitôt un présent magnifique.
C'était l'usage ; et puis ce paladin
Est enchanté de trouver sous sa main
Sa Durandal, cette épée héroïque
Qu'il comptait bien chercher jusqu'en Sérique.
Il la pourra reprendre, et même encor
Sur Agramant reprendre Bride-d'Or.
De la bataille il accepte le gage,
Et, pour seconds, il nomme, sans retard,
Ses deux amis, Olivier, Brandimart.
Ce choix illustre enchante leur courage.
Mais ils étaient mal armés : Rodomont,
Les ayant su renverser de son pont,

A conservé leurs armures pour gage.
Roland choisit pour leurs bras valeureux
Ce que Biserte a conservé de mieux.
Lui-même, ayant jadis jeté ses armes,
Contre un tel choc était pourvu très mal ;
Et ses amis pensaient, non sans alarmes,
Qu'il combattrait Bayard et Durandal ;
Quand un vaisseau vint de l'humide plaine,
Près de Biserte, échouer sur l'arène.
On y voyait mâts, voiles, cabestans,
Rien n'y manquait, hormis des habitans.
Roland surpris, qui d'abord le remarque,
Vers le vaisseau vogue dans une barque.
Il n'y trouva de vivant que Frontin.
Le beau Roger, dans sa triste aventure,
En confiant à la mer son destin,
Avait laissé son cheval, son armure,
Et, ce qui vaut bien mieux que son cheval,
Sa Balisarde, égale à Durandal,
Si l'on peut l'être. Avec joie et surprise,
Roland, du sort admirant ce retour,
La reconnut, l'ayant jadis conquise
Chez Falerine. Ainsi lorsque l'amour
Livra naguère en vos bras une Belle
Qu'on vous ravit après par quelque tour,
Si le hasard vous la présente un jour,
Tout votre feu soudain se renouvelle,
Et vous voulez, vous rappelant au mieux
Ses qualités, ses attraits précieux,
Renouveler connaissance avec elle.

A ce combat, dont le jour approchait,
Des deux côtés comme on se préparait,
Bien loin de là, Bradamante, oppressée,
De son amant occupait sa pensée.
Ciel ! d'Agramant Roger suit les guerriers,
Plein de projets doublement infidèles !
De Bradamante ô souffrances cruelles !
Elle l'aurait détesté volontiers,
Mais veut, avant, avoir de ses nouvelles.

De son côté, pensant moins aux absens,
Devers Paris la trompeuse Origile
Très volontiers s'occupait de présens ;
Et, néanmoins, par son manége habile,
Tout fut secret : le bon duc Salomon
Ne voyait rien, et trouvait tout très bon.
Croyant alors contenter sa vengeance,
Elle accusa Griffon, stupéfié,
D'avoir voulu tromper son innocence.
Trop généreux, il garda le silence :
Près de son oncle il fut disgracié.
Lors Aquilant, cédant à la colère,

Près de son oncle a défendu son frère,
Et, d'Origile esquissant le portrait,
Sur elle il a révélé plus d'un fait.
A ce récit, je ne saurais vous dire
De Salomon tous les éclats de rire.
« Ma foi, dit-il, mon très cher Aquilant,
Votre récit est unique, excellent.
L'absurdité fait que je vous excuse.
Se peut-il bien qu'ainsi l'on vous abuse!
Contre Origile alors que vous criez,
C'est la vertu que vous calomniez,
La vertu même en personne. » Il le quitte
D'un air moqueur, et ce duc va bien vite
Près d'Origile en rire encor plus haut.
Riant bien moins, la dame, qui palpite,
Craint que, plus tard, et peut-être bientôt,
Son vieil époux n'apprenne sa conduite.
Dès ce moment elle ne comprit pas
Ce que faisait Salomon ici-bas,
Et d'autant plus que cet époux fidèle,
Avait légué ses biens à la donzelle.
Après avoir pris cet engagement,
De sa présence il faut qu'il la délivre;
Et, dès qu'il a fait un bon testament,
Un vieillard meurt, pour peu qu'il sache vivre.

Combien je hais ces sentimens pervers!
Ah! j'aime mieux, mille fois mieux encore,
Ce Ferragus, qu'un feu brûlant dévore,
Et qui voudrait violer l'univers.
Tout en blâmant ces indécentes flammes,
Je puis du moins en concevoir l'éclat :
Car la nature a dit : Aime les femmes,
Et n'a point dit : Sois vil, et sois ingrat.
Au demeurant, Ferragus, raisonnable
Depuis le jour du péril singulier
Dont il eut peine à sortir tout entier,
Presque toujours aux malices du diable,
Moine prudent, avait su résister,
Et, bien qu'encore il se laissât tenter,
Pour lui la femme était inviolable,
Quand, un matin, devers des bois touffus,
Qui le croirait? Rodomont, en derviche,
Est rencontré par l'abbé Ferragus!
L'abbé, malgré la ferveur qu'il affiche,
Est interdit quand il voit, nez à nez,
Un musulman des plus déterminés.
« Que vois-je! ô ciel! c'était donc véritable,
Dit Rodomont; il a fui notre autel,
Et Ferragus, apostat méprisable,
A déserté le culte paternel!
Lui, des chrétiens ennemi redoutable,
Qui si long-temps lutta pour Mahomet,

Il est chrétien, et moine, qui pis est!
— Qu'a donc cela qui te semble incroyable;
Je suis chrétien; oui, c'est la vérité,
Dit Ferragus. — Parbleu, c'est admirable!
Ainsi tu peux croire à la t......?
— *Assurément. Rien n'est plus raisonnable.*
Réfléchis donc. Il n'est rien de si clair :
Le monde est plein de t......, mon cher (1).
Pour ton salut, ainsi regarde, admire
Dans le soleil, brillante t......,

(1) Quelque éloignement que j'aie pour les notes qui interrompent un poète et ses lecteurs, je ne puis m'empêcher d'en faire une ici. Une fois pour toutes, je veux prouver que les choses les plus hardies que contient ce poème sont, comme dans les deux premiers, tirées et même adoucies des ouvrages du moyen âge. Ce passage, des plus singuliers, est tiré d'un livre qu'on peut voir à la bibliothèque de l'Institut, et qui porte au dos : *varia poemata*, poèmes divers, dont le premier, de quatre-vingt-seize pages et en sept livres ou chapitres, est intitulé : *Gesta Caroli magni, Francorum regis*. C'est le récit de l'expédition de Charlemagne en Espagne; et, comme tous ces ouvrages, il finit par la mort de Roland, qui y est appelé *Rotholandus*. Le détestable latin dans lequel est écrit ce poème très singulier vaut mille fois, au moins pour nous, le jargon barbare du siècle où il fut composé (le XII°, vraisemblablement). Ses premières parties sont en vers rimés; on jugera, par les huit premiers, le style et le sujet, et on pourra se convaincre aussi que l'excessive richesse de rimes n'est pas du tout une invention moderne.

Versibus exametris insignia facta virorum
Scribere proposui; validissima corpora quorum
Christus in Hispanis occumbere pertulit oris,
Quos illustravit divini fervor amoris.
Sed quod me reprimit operis sublime gravamen,
Implorare tuum compellor, Christe, juvamen.
Mellifluam mihi confer opem, promptoque favore
Perfice quod complere tuo delector amore.

C'est dans cet ouvrage plein de sentimens si religieux que j'ai trouvé, entre autres, le passage que j'ai traduit, passage qui pourrait paraître une plaisanterie amère s'il n'était en effet une naïveté très innocente. Je transcris ici quelques fragmens des vers originaux, et l'on pourra remarquer que j'ai fort adouci le tout, et que ce qui dans la bouche de Roland chrétien peut être regardé comme une profanation, au moins involontaire, n'est plus ici, dans la bouche de Ferragus, païen, à peine et très mal converti, qu'un déraisonnement sans conséquence, mais non sans gaîté. Au reste, la fameuse chronique de Turpin contient, en vile prose, à peu près le même raisonnement :

Contra paganus : recolo modo te, Rotholande,
Tres dix esse deos; nos unum credimus esse.
Nescio quid sit Pater, aut quid Filius, aut quid
Sanctus Spiritus est; hoc scimus quod unus deus.
Gui Rotholandus : eum nos affirmamus et unum
Et trinum........................
Et velut in cithara tria sunt, ars, corda, manusque,
Una tamen cithara, sic in sanctá deitate
Tres sunt personæ; tamen tres sunt deus unus.
Ecce videre potes quæ jam nux continet in se,
Testam cum nucleo, cum cortice; nux tamen una.
In radio solis tria sunt, lux, candor et ardor;
Sol tamen est unus; non plures credimus esse.
Sunt tria quæ plaustri rota continet, et tamen una
Est rota. Personæ tres sunt; deitas tribus una.
Sic mortalis homo tria continet, et tamen unus
Est homo; etc., etc., etc.

Tout à la fois, chaleur, blancheur, clarté.
La corde, et l'arc, et la main pour la lyre.
Et tiens, prenons un exemple commun :
Dans une noix tu verras, ce me semble,
Le brou, la coque, et le fruit tout ensemble.
Cela fait trois, et cela ne fait qu'un.
— Je ne puis dire à quel point tu m'étonnes.
— Comme l'a dit un docteur éloquent,
Chacun en nous nous comptons trois personnes,
L'esprit, le corps, le cœur; par conséquent....
— Quelles raisons, palsambleu, tu me donnes !
Allons, tu veux plaisanter sûrement.
Tiens, comme moi si quelque échec maussade
T'a, pour un temps, fait fuir, dans tes chagrins,
Non les combats, mais l'aspect des humains,
Que mon exemple aussi te persuade.
A Mahomet conservant tous tes soins,
Ne sois pas moine, et sois derviche, au moins.
Un tel état est beaucoup plus honnête.
Tu n'es pas fait pour trahir le prophète;
Tu n'es pas fait, crois-moi, pour partager
Les attentats de ce petit Roger,
Qui, partisan des croyances rebelles,
Près des chrétiens va, dit-on, se ranger,
Et quelque jour aura de mes nouvelles. »

Tous ces discours avaient fort peu de prix
Pour Ferragus, au Christ encor fidèle;
Mais par malheur Rodomont lui rappelle
Les doux attraits, les transports des houris.
De souvenir, Ferragus qui se pâme,
Pour ces objets sent renaître sa flamme.
Il veut gagner un paradis si cher,
Lui fallût-il passer par un enfer;
Et dans son ame attendrie et tremblante,
Du repentir naît l'atteinte poignante.
« Oui, répond-il, je suis un renégat,
Un malheureux, un indigne, un ingrat.
Mais Mahomet, excusant ma sottise,
A mon erreur par toi veut m'arracher.
Voilà, voilà que je me *démoinise*,
Et sur le champ je vais m'*enderviocher.*
— Bon; mais avant que Ferragus coupable
Puisse augmenter notre ordre respectable,
Dit Rodomont, je vais te fustiger.
Oui : sur ce point je m'en vais t'obliger. »
Très étonné, Ferragus dit : « Ah diable ! »
Un peu trop tard Ferragus averti,
Se repentait de s'être repenti.
Il n'est plus temps; et sans raison ni rime,
Voilà déjà Rodomont qui s'escrime,
Et, d'un bâton, lave tous les péchés
De Ferragus, pécheur des plus touchés.

Il lava tant, plein d'un zèle prodigue,
Que de ses soins Ferragus se fatigue.
De son cordon voilà qu'il s'est saisi :
« Parbleu, dit-il, toi, Rodomont aussi,
Tu ne peux pas être sans quelque faute :
Il faut aussi, mon cher, que je te l'ôte. »
Et pour cela, dans ses nerveux efforts,
Combien de coups il lui met sur le corps !
Le Rodomont, sujet à la furie,
Sent, et prend mal cette plaisanterie.
Le converti, par le convertisseur
Est bien rossé, le rosse avec ferveur;
Vous eussiez vu l'apostat et l'apôtre,
De coups pressés s'édifier l'un l'autre.
Fatale erreur ! infidèles liens !
Ce n'était pas des coups de poing chrétiens.

Mais cet assaut, qui de sang est avare,
Long-temps, hélas ! ne peut fixer mes yeux...
Je m'en détourne, et ma voix se prépare
Pour un assaut beaucoup plus sérieux,
Où, disputant de fureur et d'audace,
Vont agiter le glaive étincelant,
Le roi Sobrin, Agramant et Gradasse,
Contre Olivier, Brandimart et Roland.

CHANT TRENTE-HUITIÈME.

Combat de Lampedouse. — Trois héros contre trois héros. — Douleur de Fleur-de-Lis. — Miracles d'un ermite. — Conversions. — Promesse. — Origile punie par elle-même. — Alaciel reparaît. — Douleur et voyage de Roger. — Assaut de générosité. — Roger épouse Bradamante. — Combat de Rodomont et de Roger. — Nouvelles d'Angélique.

Lorsque l'on voit deux vaillans adversaires
Marcher sans trouble à leurs chocs nécessaires,
Et de sang-froid dire en se mesurant :
« Jouons la vie, et malheur au mourant :
De nous il faut tout au plus qu'un seul reste; »
A cet aspect imposant et funeste,
Silencieux, témoins et spectateurs,
Sont plus troublés, cent fois, que les acteurs;
Et l'intérêt de ces terribles scènes
Serre le cœur, court dans toutes les veines.
Mais quand, armés, six héros, dont trois rois,
Au jour marqué vont lutter trois à trois,
Et, resserrés dans une île déserte,
Y consommer leur victoire ou leur perte,
Quand ces héros, ces rois, ces empereurs,
Qui, de la guerre enflammant les fureurs,
Ont si souvent, sur les champs des batailles,
De tant d'humains sonné les funérailles,

Veulent avoir, dans un triple duel,
Avec la mort un combat personnel,
Et, descendus de leur haute puissance,
N'invoquent plus de rang que leur vaillance ;
Et lorsqu'enfin le sort de ce combat,
Aux nations promis avec éclat,
Va dénouer une longue querelle,
Et terminer la lutte universelle,
D'un tel assaut l'intérêt palpitant
Plus qu'aucun autre augmente et se redouble ;
Et votre cœur ressent presque le trouble
Que je ressens en vous le racontant.

A Lampedouse on jura de livrer
Au jour précis cette terrible joute.
Les six héros en ont trouvé la route ;
Et le ciel semble à regret éclairer
Les noirs apprêts d'un combat qu'il redoute.
Tous, animés des plus nobles ardeurs,
Se sont ornés des plus riches couleurs.
Seul, Brandimart, que le destin contraire
Tout récemment a privé de son père,
Sur son armure exprime ses douleurs.
Sa Fleur-de-Lis, palpitante, incertaine,
La veille encor, par des perles d'argent,
De ses habits ornait le fond d'ébène ;
Et, là, voyant un présage affligeant,
Resta long-temps sans voix et sans haleine.

Voilà l'instant dont frémit sa douleur,
Où vont s'ouvrir ces luttes animées.
Les voilà seuls, seuls avec leur valeur,
Les six héros, formant les deux armées.
Le premier choc, avec un long fracas,
A fait voler leurs lances en éclats.
Le roi des preux, Roland, ami sincère,
Avait prêté Frontin à Brandimart,
Et s'élançait sur un coursier vulgaire,
Qui, dans le choc, rencontré par Bayard,
Perdit la vie, et mesura la terre.
A cet aspect, Brandimart, dont la main
A fait vider les arçons à Sobrin,
Court se placer, déployant son audace,
Entre Roland et le Mars sarrasin :
Vous devinez qu'il s'agit de Gradasse.
Sobrin, rapide, et déjà relevé,
Sur Brandimart marchait le fer levé,
Quand, rassemblant sa force et sa vaillance,
Il voit Roland qui contre lui s'avance.
De Balisarde un coup impétueux
L'a fait soudain tomber sans connaissance :
Il périssait s'il en eût reçu deux ;
Mais par bonheur le destrier superbe
Qu'il abandonne, et qui vaguait sur l'herbe,
A de Roland attiré le regard.
Roland, à pied, du coursier suit la trace,
L'atteint, le monte ; et ce preux qui menace
Court dégager son ami Brandimart
Que pressait fort le terrible Gradasse.
Voilà luttans, sans fixer le destin,
Le Mars français et le Mars Sarrasin.
En ce moment, Sobrin, qui se ranime,
Et dont l'ardeur cherche quelque victime,
Regarde, et voit Olivier, Agramant,
Qui jusque-là luttaient également ;
Pour Agramant Sobrin voudrait tout faire,
Et, par un art qu'en ces chocs on tolère,
Il a passé sur le flanc d'Olivier,
Et de ce preux il perce le coursier.
Le coursier meurt ; et, dans cette occurrence,
Le preux français, qu'enchaîne un étrier,
Sous son cheval est tombé sans défense.
Très bien lui prit que, généreux encor,
Roland eût fait, de l'armure d'Hector
Pour un tel choc, couvrir son frère d'armes ;
Et cependant Agramant et Sobrin
Auraient bientôt pénétré dans son sein,
Quand Brandimart, plein de justes alarmes,
Laissant Gradasse à Roland opposé,
Vole au secours d'Olivier renversé.
Fort de l'ardeur de Frontin, il le lance
Contre Sobrin qu'il froisse sous ses pas ;
Et, d'Olivier ranimant l'espérance,
Il l'aide au moins à dégager son bras.
Lors Olivier si bien tourne l'épée,
Que de Sobrin qui tente un faible effort,
Et qui, mourant, cherche à donner la mort,
L'attaque faible est constamment trompée.
En ce conflit, Brandimart, de Sobrin
Aurait sans peine achevé le destin ;
Mais, détourné par un soin nécessaire,
Il s'occupait d'un plus rude adversaire,
Et sur Frontin signalait son essor
Contre Agramant monté sur Bride-d'Or.
Déjà blessé par le puissant Gradasse,
Par Agramant Brandimart l'est encor,
Mais il redouble et de force et d'audace.
Cet Agramant, acharné sur ses pas,
Sent, à son tour, sa lame meurtrière,
Et reçoit même une blessure au bras
Dont il cherchait à venger la première.

Mais ces combats bien qu'acharnés, affreux,
Disparaissaient devant le choc terrible
Que se livraient Gradasse aventureux,
Et son rival jusqu'alors invincible.

CHANT TRENTE-HUITIÈME.

Ces paladins faisaient aux vastes cieux
Monter le bruit de leurs armes frappées ;
Et les éclairs qui sortaient de leurs yeux
Étaient rivaux de ceux de leurs épées.
Roland n'a vu jamais, jusqu'aujourd'hui,
De musulman aussi digne de lui.
Tous deux voudraient, comblant leurs aventures,
Dompter le preux à leur courage offert ;
Tous deux, souvent restés à découvert,
Dans leur ardeur échangent des blessures.
Toujours plus fier, toujours plus irrité,
L'altier Gradasse est le plus maltraité :
Déjà trois fois, dans cette horrible étreinte,
De Balisarde il a senti l'atteinte.
Mais il médite un coup bien plus fatal,
Et, préparant l'effort de Durandal,
Du fier Roland, qu'il a l'art de surprendre,
Il a frappé la tête qu'il croit fendre.
Roland, du moins, en ce danger cruel,
Par Balisarde à temps interposée,
A su parer, un peu, ce coup mortel.
Bien que la force en restât émoussée,
Il fut encor si rude, que Roland
Resta d'abord étourdi, chancelant.
Il le faut bien avouer à l'histoire :
Si le païen eût été redoublant,
Pour lui, peut-être, il avait la victoire.
Mais, près de là, Gradasse, en ce moment,
Voit Brandimart qui, sûr de l'avantage,
Avait saisi par son casque Agramant,
Et vers son sein se frayait un passage.
De cet aspect Gradasse est indigné.
Sur Brandimart il accourt, il s'élance,
Et par un coup des deux bras asséné,
Vient accabler ce preux sans défiance.
Le cimier cède, et le casque est franchi :
Dieu des martyrs, acceptez celui-ci.
O Durandal ! comment te reconnaître !
Ta cruauté, de son meilleur ami
Vient de priver ton véritable maître.
Ce Brandimart, qui fut si valeureux,
De son coursier, à l'instant, tombe et roule,
Pâle, livide ; et son sang généreux,
En long ruisseau, sur l'arène s'écoule.

A ce fracas, Roland, hélas ! trop tard
Revient à lui. Dieu ! quel aspect le glace !
Il voit la mort aux yeux de Brandimart,
Et voit le coup dans les yeux de Gradasse.
Quel sentiment l'emporte dans son cœur,
De la colère, ou bien de la douleur ?
Tous deux, doublant sa force et sa vaillance,
Se sont déjà mêlés dans la vengeance.

Il part, il court, tout à ce sentiment.
Le sort d'abord lui présente Agramant.
L'infortuné, qui d'une mort certaine
Voyait l'instant, blessé, sanglant, hagard,
S'était sauvé des mains de Brandimart,
Sans bouclier, sans casque, et sans haleine :
Tel l'épervier à moitié déchiré,
Loin du vautour languissamment se traîne ;
Tel le taureau fuit le couteau sacré.
O Brandimart ! ton ombre magnanime
Accepte en lui sa première victime.
Bientôt Roland l'unit à ton destin :
Pour te venger à peine s'il s'arrête ;
De l'empereur du rivage africain
Il fait rouler, sur l'arène, la tête.
A ce succès le terrible vainqueur
D'un seul coup d'œil n'accorde pas l'honneur ;
Le voyez-vous qui vole vers Gradasse ?
Dieu ! celui-ci, voyant de tant de rois
Le roi tomber, pour la première fois
Sent dans son sein l'effroi prendre une place.
Un trouble vague, un noir pressentiment,
Crie à son cœur qu'il va suivre Agramant.
Déjà de près le vainqueur le menace.
Dans la fureur qui dirigeait son bras,
Roland, alors, eût écrasé l'Atlas :
Gradasse, aussi, succombe ; et Balisarde
Dans sa poitrine entre jusqu'à la garde.
Ce fut ainsi que le preux chevalier
Le plus fameux dans l'Europe héroïque,
Frappa de mort le plus fameux guerrier
Qu'eussent offert et l'Asie et l'Afrique.

Mais quelque éclat qu'elle ait sur lui jeté,
Cette victoire à son cœur est trop chère.
Vainqueur à peine, il s'est précipité
Sur Brandimart : « Je t'ai vengé, mon frère. »
Vivant encor, Brandimart tout sanglant,
A cette voix a rouvert la paupière.
« Adieu, dit-il, adieu, mon cher Roland.
Au ciel pour moi fais ouïr ta prière.
Reçois la mienne en ce triste moment :
Que Fleur-de-Lis.... » Son âme alors s'envole,
Et ce fut là sa dernière parole
Comme ce fut son dernier sentiment.
De purs esprits vers la céleste sphère
Venaient guider ce martyr glorieux.
Roland connut, aux sons mélodieux,
Qu'il jouissait déjà d'un sort prospère.
Faible plaisir dans un regret cruel !
En ces momens tous les concerts du ciel
Ne sèchent pas les larmes de la terre.

Mais d'un ami se sentant séparer,
Le paladin qui sut vaincre Gradasse
N'a même pas la douceur de pleurer ;
Car Olivier gît sur la même place.
D'un cœur serré, mais d'un bras affermi,
Roland dégage enfin cet autre ami,
De qui la jambe, en proie à vingt blessures,
Le déchirait par d'horribles tortures.
Roland aussi, vainqueur compatissant,
Ayant trouvé sur ce champ redoutable
Le vieux Sobrin qui perdait tout son sang,
De soins, d'estime, et d'amitiés l'accable.
Tel fut toujours, dans ces jours valeureux,
Ce paladin formidable et sensible :
Dans le combat nul ne fut plus terrible ;
Après le choc, nul aussi généreux.
Pour Agramant, pour Gradasse, funeste,
De leur dépouille il garda Bride-d'Or,
Le fier Bayard, et Durandal encor :
Leurs écuyers conservèrent le reste,
Avec leurs corps ; et, par eux, ces héros,
Dont j'ai dépeint la fureur vagabonde,
Près de Biserte obtinrent le repos
Qu'ils n'avaient su jamais laisser au monde.

Ce grand combat à peine finissait,
Que le vainqueur sur les humides plaines
Voit un vaisseau voguer à voiles pleines.
Le fils d'Aymon, que son ardeur pressait,
De ce combat instruit dans ses voyages,
Accourait là des plus lointaines plages,
Rempli d'espoir, et venait, mais trop tard,
Dans cet exploit réclamer une part.
C'est un honneur que le sort lui dénie ;
Quand il survient la bataille est finie.
Renaud, frappé de cet aspect sanglant,
Félicitait et consolait Roland ;
Et cependant, outre la peine extrême
Que ressentait ce noble chevalier
En regardant Brandimart, Olivier,
Il eût fallu le consoler lui-même.
Comme, affamé, le tardif voyageur,
Avec regret trouve la table vide,
Tels les dangers qu'espérait son grand cœur
Manquent alors à son courage avide.

Bientôt Astolphe et Sansonnet en pleurs
Vont, de leurs voix à regret indiscrètes,
A Fleur-de-Lis dire tous ses malheurs.
Convenons-en : de pareilles douleurs
Sont au dessus du pinceau des poètes.
On me dira : Monsieur, parlez pour vous.
Soit, pour moi seul. Du sort peignant les coups,

Tandis qu'Astolphe, orateur très habile,
A Fleur-de-Lis, qui pleure son époux,
Fait, dans Biserte, un discours inutile,
Roland, qui vogue au bord le plus prochain,
Et veut sauver Olivier et Sobrin,
Touche déjà la terre de Sicile.
Pour Brandimart, là, quel convoi pompeux !
Devant son corps, d'un œil respectueux,
Tous les guerriers ont abaissé leurs armes,
Et l'on voyait l'invincible Roland,
Dans ces adieux, à la douleur cédant,
Sur son ami verser de nobles larmes.
Payés par lui, des marbres précieux
Embelliront le tombeau somptueux.
Le juste éclat de la magnificence
Sur cette tombe aux regrets doit s'unir.
Le grand Roland sur ces bords la commence ;
Mais Fleur-de-Lis la vit seule finir.
A Brandimart cette amante si chère,
Là, de l'Afrique, apportant ses douleurs,
Vint à genoux consacrer, de ses pleurs,
De son amant la retraite dernière.
Elle sent bien qu'ils ne peuvent tarir,
Et près de lui dans une grotte austère
Veut s'enfermer avec son souvenir.
Saint dévoûment, qu'en vain Roland diffère !
Aux bords français la pressant de venir,
Pour elle il veut fonder un monastère ;
Et, bien plutôt, il veut que Fleur-de-Lis
Près de sa sœur vienne, sœur aussi chère.
Tous ces désirs ne furent point remplis.
Près du tombeau cette fidèle amante,
De Brandimart paraissait l'ombre errante.
Dieu, de sa vie arrêtant les ressorts,
Avec pitié vit de si pures flammes.
Bientôt la tombe unit ces nobles corps,
Qui furent beaux, mais moins beaux que leurs ames.

Avant ce temps, Roland, qui de Sobrin
Et d'Olivier voyait venir la fin,
Malgré les soins qu'on prodiguait sans cesse,
Crut le conseil d'un matelot pieux,
Qui lui conta, pour calmer sa tristesse,
Qu'en cette mer, sur un roc sourcilleux,
Convertissant et guérissant au mieux,
Certain ermite à l'humaine faiblesse
Prêtait souvent des secours merveilleux.
Les deux blessés sont mis dans une barque,
Et pour l'îlot voilà que l'on s'embarque.
Or, ce rocher sur l'humide élément,
Notez-en bien, s'il vous plaît, la remarque,
Ce rocher âpre était précisément
L'heureux asile où Roger, à la nage,

CHANT TRENTE-HUITIÈME.

Avait trouvé la vie en son naufrage.
Le saint ermite, en le convertissant
A Jésus-Christ, même en le baptisant,
De Bradamante avait fini l'ouvrage.
En ce saint homme ayant beaucoup de foi,
Le bon Roland invoqua son empire
Pour Olivier, que, pour la sainte loi,
En cet état l'on venait de réduire.
Le pauvre ermite, encor que maintes fois
A des humains il eût sauvé la vie,
Chez lui n'avait outils ni pharmacie;
Mais il a fait le signe de la croix,
Et d'Olivier la jambe est bien guérie.
Le roi Sobrin, convaincu par ce trait,
Incontinent abjure Mahomet,
Et l'homme saint, reprenant sa prière,
Au vieux Sobrin rend sa santé première.
Vous devinez l'universel plaisir.
Roland, charmé, de l'esquif fit venir
Provision très propre à les refaire.
Chacun goûta la volaille et le rôt.
Comme l'ermite était vraiment dévot,
De bonne grace il fit très bonne chère.

Dans le souper je ne sais pas quel trait
Fit en Roger voir ce qu'il devait être.
Sobrin d'abord l'avait su reconnaître,
Sans dire mot, vu qu'il était discret.
Roger chrétien, des paladins de France
Fut accueilli comme il le méritait.
Renaud surtout, rival qui l'estimait,
Se ressouvint que sa noble vaillance
Avait sauvé la vie à Richardet.
Entre eux déjà quelle amitié commence!
Le beau Roger à Renaud, sans détour,
Pour Bradamante avoua son amour.
Renaud, ému d'un plaisir qu'on devine,
Entend les vœux d'un guerrier si vaillant.
L'instant d'après, et Renaud et Roland
Lui promettaient leur sœur et leur cousine.
Ils étaient loin de penser tous les deux
Qu'aucun obstacle à ce héros pût nuire:
Mais ils lisaient dans leurs cœurs généreux.
L'esprit des cours est moins facile à lire.

Hélas! Renaud que son cœur égarait,
Se livrait trop à sa noble franchise.
Envers Roger tandis qu'il s'engageait,
Aux bords français sa sœur était promise.
Léon, le fils, et l'héritier brillant
De l'empereur de Grèce et d'Orient,
Sur une image et fidèle et charmante,
S'était, de loin, épris de Bradamante.

L'empereur grec avait fait demander
Pour son seul fils cette fille si belle;
Et, très flatté, d'une alliance telle,
Aymon venait presque de l'accorder.
Elle, pleurant, d'autre secours privée,
Pour gagner temps, prit un très bon moyen,
En déclarant que, pour un tel lien,
Avant qu'aux siens elle fût enlevée,
Assurément Renaud méritait bien
Qu'on attendit au moins son arrivée.

En l'attendant, un accident affreux
Remplit d'effroi la cour de Charlemagne:
Un certain jour, Aquilant, généreux,
Vint visiter Salomon de Bretagne.
« Tenez, dit-il, mon oncle Salomon,
Vous avez cru sur mon frère Griffon
Tous les rapports d'une femme infidèle:
Vous avez ri de mes rapports sur elle;
Or, à présent, vous saurez, sur ma foi,
Qui vous trompait, d'Origile ou de moi.
Me fallût-il braver votre colère,
Je dois ici justifier mon frère.
Je le pourrai, si je ne suis pas fou:
Sans Origile, on sait que, ce soir même,
Allant revoir votre vieil ami Nayme,
Vous coucherez chez ce preux, à Saint-Cloud:
Partez ce soir; mais revenez, de grace,
Secrètement: je vous guiderai bien;
Et, si la nuit ne vous découvre rien,
J'ai mérité toute votre disgrace. »
De ce discours Salomon est frappé:
Soit, répond-il: mais, quand ton cœur soupçonne
Tant de vertus, va, si l'on t'a trompé,
Ne pense pas que mon cœur te pardonne. »
Et dès le soir secondant son projet,
Ce duc, docile aux conseils qu'on lui donne,
Part avec bruit, et revient en secret;
Aquilant mène avec un soin extrême
Salomon.... où? Chez Salomon lui-même.
Mal assemblée, une simple cloison
Les séparait du boudoir d'Origile,
Qui d'oratoire avait alors le nom.
Assez long-temps tout demeura tranquille.
Mais, à la fin, quand la nuit s'avançait,
L'époux, sentant chanceler son courage,
Avec sa femme en ce réduit secret
Vit arriver Sylvain, son jeune page.
De tous les deux je dirai l'entretien,
Dont Salomon, certes, ne perdit rien:

« Non, laisse-moi: je suis indisposée,
Surtout depuis deux heures: et ce soir

Je comptais bien ne pas te recevoir.
—Madame, hélas! pourquoi cette pensée?
Ciel! est-ce assez de n'avoir qu'une fois
A ma tendresse accordé tous les droits!
Vous refusez l'amant qui vous adore!
—As-tu rempli mon ordre?—Pas encore.
—Ciel! et pourquoi? Qui peut donc t'alarmer?
—Je n'ose pas.—Je n'ose pas t'aimer.
Depuis deux jours n'as-tu pas ce breuvage,
Ce filtre heureux, dont le pouvoir vainqueur
De mon époux qui peut être volage,
A tout jamais doit m'assurer le cœur?
—Oui, je sais bien que son pouvoir suprême
Fixe dans l'ame une douce chaleur,
Et fait aimer cent fois plus ce qu'on aime.
—Eh bien! pourquoi, de m'obéir jaloux,
Ne l'as-tu pas fait boire à mon époux?—
J'ai fait bien mieux. - Comment ? - Femme charmante,
Tu me chéris, et je n'en puis douter :
Mais ta tendresse encor doit s'augmenter.
Ah! prends pitié du feu qui me tourmente,
Et daigne encor m'admettre dans tes bras.
Que tes transports.... — Non : je ne le veux pas.
Et puis, d'ailleurs, je suis vraiment souffrante.
Que sens-je donc?.... — C'est la fièvre d'amour.
— Comment?—Apprends mon innocent détour :
Voulant te voir doucement enchaînée,
A ton souper, ce soir, trompant tes yeux,
Je l'ai versé, ce filtre merveilleux,
Non à l'époux dont la foi s'est donnée,
Mais bien à toi, pour que tu m'aimes mieux.
—A moi, grand Dieu! je suis empoisonnée! »

A cet aveu, tombant en pâmoison,
L'infâme cède à l'effroi qui l'accable.
Sylvain frémit. « Quoi! femme abominable,
Ce filtre était, dit-il, un noir poison! »
Mais la voyant, quand il veut la confondre,
Évanouie, et ne pouvant répondre,
Il jette un cri; puis en jette un second,
Voyant paraître Aquilant, Salomon.
De Salomon que l'âme était navrée!
Aquilant même, effrayé de ses soins,
Disait : « Hélas! je croyais trouver moins. »
En ce moment, Origile abhorrée,
Ouvrant les yeux, interdite, égarée,
Avec horreur vit ces nouveaux témoins.
Le triste duc à l'affreuse victime
Dit seulement : « O vous que j'adorais !
La Providence à punir les forfaits
Met quelquefois une équité sublime. »
Près d'elle au reste appelant les secours,
Il s'efforça de prolonger ses jours;

Mais vainement. Cette femme cruelle,
Payant bien tard d'innombrables méfaits,
Vit avant elle expirer ses attraits,
Et fut affreuse autant qu'elle était belle.
Craignant la terre et le ciel à la fois,
Elle pensait à leurs terribles lois
Que sa fureur sut constamment enfreindre.
Au lit de mort, sans haleine, sans voix,
Le désespoir venait encor l'étreindre.
Terrible fin! trop juste toutefois;
Et je ne puis consentir à la plaindre.

Non, sexe aimé qui fais notre bonheur,
Et que le ciel créa si doux, si tendre,
Si tu descends parfois jusqu'à l'erreur,
Jusqu'au forfait tu ne dois pas descendre.
Loin, loin de vous, tous projets inhumains,
Femmes : au monde évitez ce scandale.
Suivez d'ailleurs vos désirs incertains,
Et, s'il le faut, soyez un peu c..... :
Pardonnez-moi ce fragment de morale.

Précisément une faveur du ciel
A ma leçon vient joindre ici l'exemple :
Vous souvient-il de cette Alaciel
Qui de l'amour fit prospérer le temple,
Et, fiancée à Garbe par Sobrin,
Amuse encor plus d'un conteur malin?
Ce qu'ils n'ont dit, ma voix va vous le dire :
Alaciel, dans son lointain empire,
Avait trop tard pu connaître et juger
De son mari le combat, le danger;
Mais, aussitôt qu'on le lui vient apprendre,
Quittant son trône et l'amant le plus tendre,
De Lampedouse elle a pris le chemin,
Et dans vingt ports par son zèle conduite,
Elle rejoint à Marseille Sobrin.
Bien à propos elle a fait sa visite;
Car, pour guérir Sobrin, le bon ermite
N'a pas, malgré tous ses efforts puissans,
Pu faire assez, ou pour assez long-temps.
Sobrin, du temps éprouvant les injures,
Venait de voir se r'ouvrir ses blessures;
Et ce vieux roi, quand sa femme arriva,
Allait un peu comme quand on s'en va.
Pour le guérir on trouvait trop d'obstacles;
On défiait même jusqu'aux miracles.
Alaciel pourtant fit celui-là.
Le jour, la nuit, sans retard, sans relâche,
Près de Sobrin Alaciel s'attache,
Et, le gardant en cette extrémité,
A le sauver met sa fidélité.
Non, ce n'est plus cette folle personne,

CHANT TRENTE-HUITIÈME.

Si voyageuse, hélas! et si friponne :
De ses efforts, de ses soins l'entourant,
C'est un génie, à côté d'un mourant.
En vain la mort lève sa faux puissante,
Jolie encore, et digne de tromper,
Alaciel, avec sa main charmante,
Ne laisse point de place pour frapper.
Lassée enfin de tant de résistance,
La mort s'éloigne, et bientôt respirant,
Le roi Sobrin revient à l'existence,
Aimant bien plus celle qui la lui rend.
A la Beauté que ce trait soit utile.
Qu'Alaciel console d'Origile.
Si quelquefois, dans ce vaste univers,
Des traits charmans cachent un cœur pervers,
Bien plus souvent, et surtout chez la femme,
Un doux regard est le portrait de l'âme;
Et dans leur cœur, si la fidélité
De temps en temps a droit qu'on la regrette,
On peut trouver chez la plus imparfaite
La bienfaisance et l'aimable bonté.
Un vieil époux, par le sort maltraité,
Devient d'abord plus qu'un amant pour elles :
Le saint honneur, la générosité,
Jamais en vain n'ont réclamé les Belles.

Alors qu'Astolphe, à Biserte banni,
Du grand Roland sut la gloire suprême,
Il jugea bien que tout était fini ;
Le bon saint Jean l'avait jugé de même.
Du fier Dudon d'abord que les héros
Eurent mis pied sur la terre africaine,
Leurs yeux ont vu leurs ci-devant vaisseaux
Redevenir d'humbles feuilles de chêne.
Quant aux chevaux issus d'humbles cailloux,
Ayant gagné la terre nubienne,
Voilà qu'un jour s'évanouissant tous,
Ils ont laissé leurs cavaliers ingambes,
Fort étonnés de tomber sur leurs jambes.
Partis à pied pour leur exploit heureux,
A pied de même ils rentrèrent chez eux :
Mais ces guerriers, craignant quelque reproche,
Emportaient tous leur cheval dans la poche.
Se trouvant bien, Astolphe désirait
Des Africains rester maître suprême :
Chez les Anglais, chez les plus légers même,
Vous le voyez, on va toujours au fait.
Mais, par raison, de l'Afrique sujette
A Charlemagne il remit la conquête.
Puis il brûlait de revoir ses amis,
Et sa patrie, où sa place était prête.
Sur l'Hippogriffe un jour il s'est remis,
Et fait si bien, dans sa vitesse extrême,
Que vers Marseille il arrive par l'air,
Cherchant Renaud et Roland, le jour même
Que ces héros y survenaient par mer.
De l'Hippogriffe alors payant les peines,
L'affranchissant et du frein et des rênes,
Il le laissa, lui faisant ses adieux,
A tout jamais se perdre dans les cieux.
Du cor fameux qui donnait des vertiges
Il négligea le pouvoir singulier,
Et ne fut plus, le laissant oublier,
Qu'un prince aimable, un vaillant chevalier :
Il faut un terme à tout, même aux prodiges.

Roland, Renaud, Olivier et Roger,
Un peu lassés de vaillantes merveilles,
Puis sans Sobrin ne voulant déloger,
Étaient restés quelque temps à Marseille.
Par tous les cinq enfin un jour est pris
Pour aller voir Charlemagne et Paris.
Au preux Roger, Roland, par courtoisie,
Avait rendu l'admirable Frontin,
Et même encor Balisarde chérie,
Bien que lui-même en un pays lointain,
Pour prix heureux d'une noble entreprise,
Chez Falerine autrefois l'eût conquise.
Sur Bride-d'Or bravant tous les combats,
Roland avait Durandal et son bras.
Au fils d'Aymon le bon Roland, de même,
Avait rendu son cheval, son ami,
Bayard. Voyant son empire affermi
Par ces héros et leur valeur suprême,
Avec sa cour, Charles, majestueux,
Voulut vers Arle aller au-devant d'eux.
Là, que d'honneurs! que d'hymnes! que de fêtes!
Des paladins on chantait les conquêtes,
Des Sarrasins on célébrait l'affront,
Et l'on vantait la maison de Clermont.
Astolphe aussi, fameux dans cette guerre,
Voyait vanter la maison d'Angleterre.
Sobrin, Roger, furent reçus des mieux.
En embrassant sa noble sœur, Marphise,
Roger peignit son ame au christ soumise,
Et cela fit un effet merveilleux.
De meilleur cœur, en son ardeur brûlante,
Il eût encore embrassé Bradamante;
Mais ces amans, après tant de hasards,
Ne se pouvaient parler que des regards.
Renaud alors, sans plus les faire attendre,
Au vieil Aymon a présenté pour gendre
Le beau Roger. Et Renaud et Roland
Ne doutaient pas qu'un héros si brillant
A ce parti n'eût le droit de prétendre.
Aymon fut loin d'un pareil sentiment,

Et plus encor sa femme Béatrice.
Pourquoi faut-il qu'aussi le cœur vieillisse !
Renaud, Roger, reçus très froidement,
De leurs rigueurs éprouvent l'injustice.
Roger n'a pas un comté seulement ;
Se peut-il bien qu'avec lui l'on s'unisse !
Aymon pouvait, accueillant cet amant,
Rendre sa fille heureuse assurément ;
Il aime mieux la faire impératrice.

Que je te hais, exécrable avarice !
Ton souffle impur, comme un indigne aimant,
Gagne les cœurs, et parfois ceux des femmes.
Telle vertu résistait comme un roc :
Un sot doré, souvent au premier choc,
A triomphé des plus constantes flammes.
J'en ai regret : dans ce monde exigeant,
Au fond de tout il est un peu d'argent.
Cupidité, qu'on déguise sans cesse
En dévoûment, en noble ambition,
Si tes venins vont jusqu'à la jeunesse,
Ils peuvent bien, à plus forte raison,
Envelopper la pesante vieillesse.
Et Béatrice, et le vieux duc Aymon,
Séduits par l'or de l'empereur de Grèce
Et par l'éclat qu'on promet à leur nom,
A Renaud, même à Roland, disent, non,
Et, de Roger dédaignant la tendresse,
Veulent donner Bradamante à Léon.
Lors Bradamante, éperdue, éplorée,
Court en secret, bravant tout leur courroux,
De Charlemagne embrasser les genoux.
« Grand empereur, dit sa voix égarée,
Si quelquefois mon bras sut vous servir,
De vos bontés j'ose un don requérir.
— Je te l'accorde : oui, foi de gentilhomme,
Dit l'empereur, ce don t'est octroyé,
Quand ce serait la moitié du royaume.
— A beaucoup moins, seigneur, votre pitié,
Dit Bradamante, envers moi vous engage.
Mon roi, mon oncle, hélas ! permettrez-vous
Que l'on m'oblige à choisir un époux
Qui ne soit pas mon égal en courage !
Oui, quelque amant qui de moi soit épris,
Qu'il soit forcé d'abord de me combattre,
Et coure ailleurs, si je le puis abattre,
Porter des vœux que paîrait mon mépris. »

De Bradamante admirant le courage,
Charles promit ce qu'elle désirait.
Mais, sur ce point gardant mal le secret,
Du vieil Aymon il excita la rage.
Aymon médite un plan qu'il croit heureux,

Et Bradamante, à Léon réservée,
Est de Paris un matin enlevée.
Elle aurait pu, de son bras valeureux,
Rompre, chasser sa garde téméraire :
Dans sa douleur elle est loin d'y songer :
Elle obéit, et peut tout pour son père,
Hors d'épouser un autre que Roger.

Roger alors transporté de colère
Dans l'Orient cherche son adversaire.
Mais, à Roland ayant su m'engager,
Je n'ose plus si loin suivre Roger.
Seul l'Arioste, ami qui nous enivre,
Le suit partout, et partout, se fait suivre.
Il mène au mieux des coursiers toujours frais,
Il va toujours ; mais moi je verserais.
Puis vous savez que Roger en furie
Vengea la mort d'un roi de Bulgarie ;
Comme il en fut nommé le successeur ;
Mais comme alors, surpris quoique vainqueur,
Aux mains des Grecs, en proie à leurs caprices,
Il attendait les plus affreux supplices ;
Et fut sauvé d'un si funeste sort
Par ce Léon dont il jura la mort.
Sous son nom feint voyant sa main puissante,
Léon alors invoqua son appui,
Et, se sentant moins fort que Bradamante,
Pria Roger de combattre pour lui.
Roger, d'abord, à l'amitié fidèle,
Sans se nommer alla lutter contre elle ;
D'un noble cœur incomparable effort !
Vous le savez ; Bradamante éperdue
Ne put le vaincre et demeura vaincue ;
Et, frémissant de l'horreur de son sort,
Roger pensait à se donner la mort ;
Mais il advint que la sage Mélisse,
Du beau Roger constante bienfaitrice,
Révéla tout à Léon amoureux
Qui voulut être encor plus généreux,
Et qui lui-même, et d'une voix touchante,
Vint présenter Roger à Bradamante.
Marphise émue, et Roland et Renaud
Pour ces amans parlaient encor plus haut.
En ce moment, d'Aymon, de Béatrice,
Il faut qu'enfin la fermeté fléchisse.
Tous deux encor ils résistaient pourtant :
Mais, à propos, voilà qu'en cet instant
Un député venu de Bulgarie,
Cherchant Roger chez les héros français,
Le voit, pour roi le reclame, et le prie
D'aller combler les vœux de ses sujets :
Le vieil Aymon, que l'avis intéresse,
Sent pour ce roi tout son cœur s'émouvoir,

CHANT TRENTE-HUITIÈME.

Et Béatrice, apprenant son pouvoir,
Fut beaucoup plus sensible à sa tendresse.

Il s'écoulait, le jour cher et sacré
De cet hymen si long-temps désiré.
A tout jamais Turpin, à Notre-Dame,
Des deux amans avait béni la flamme.
Hors de la ville, avec toute sa cour,
Charles-le-Grand, sous l'abri d'une tente,
Au bruit de chants et de guerre et d'amour,
Fêtait Roger et non moins Bradamante,
Quand, au milieu du festin conjugal,
Comme un orage, accouru de la plaine,
Un chevalier, en ces lieux trop fatal,
Vient déranger cette joyeuse scène.
Osant braver le rang impérial,
Sans saluer, sans quitter son cheval,
Devant la foule à bon droit étonnée,
Il dit ces mots d'une voix effrénée.
« Traître à ton prince, ô toi qu'avec horreur
Je vois assis parmi des gens d'honneur,
Roger, sujet et renégat impie,
Au choc à mort Rodomont te défie.
Je viens de loin, et viendrais des enfers,
Pour te flétrir aux yeux de l'univers.
Que tes amis s'unissent pour m'abattre :
Lâche, eux et toi, je prétends vous combattre. »

Roger ému, dit : « Rodomont, tu mens.
Quelques discours que ta fureur m'oppose,
Je défendais le chef des musulmans,
Lorsque déjà tu désertais leur cause.
Bravant pour lui, dans cette occasion,
Mes intérêts et mon opinion,
Je l'ai servi, ce soudan héroïque,
Long-temps après son départ pour l'Afrique.
Toujours loyal, de tous les gens de bien
Je fuis le blâme, et méprise le tien.
Traître, Roger, que l'honneur environne,
Pour te punir n'a besoin de personne ;
Et seul, Roger, avec un fer sanglant,
Va te prouver ton mensonge insolent. »

A ce discours, de la foule indignée
Sortent vingt preux, de combattre jaloux.
Aucun ne veut permettre qu'un époux
Brave la mort le jour de l'hyménée :
Roger s'irrite, et les refuse tous.
De Bradamante affrontant les alarmes,
Du grand Hector Roger revêt les armes.
Roland, Renaud, ces rois des chevaliers,
Lui font l'honneur d'être ses écuyers ;
Non sans regret servant sa noble envie,

Ces deux héros arment son bras vengeur.
En ce moment, Renaud, Roland ont peur,
Ce qu'ils n'avaient éprouvé de leur vie.
Quand tout est prêt, tous deux l'ont embrassé,
Et le combat a bientôt commencé.

Après celui qu'on vit à Lampedouse
Je ne saurais détailler celui-ci,
Où cependant maint preux fut obscurci,
Et mainte gloire eut droit d'être jalouse.
Par quels exploits Roger se signala !
Roger combat, et Bradamante est là.
De son côté Rodomont se surpasse ;
Feu Mandricart, devant ses coups, s'efface.
Mais sa fureur nuisait à sa fureur,
Et le sang-froid couronne la valeur.
Parant les coups du rival qui l'abhorre,
Roger le blesse, et puis le blesse encore.
Perdant son sang, le roi puissant d'Alger
Sent son péril, s'élance sur Roger.
Saisi, Roger saisit son adversaire,
Et tous les deux ont roulé sur la terre.
Mais, au genou blessé profondément,
Dans ce débat Rodomont écumant
A le dessous. Alors, de l'avantage,
Roger veut faire un généreux usage :
Roger tenant son rival abattu,
Le glaive en main, le presse de se rendre.
Par son orgueil Rodomont combattu
Jusqu'à la mort aime mieux se défendre.
Voyant qu'il veut en vain se dégager,
Tandis qu'à vivre on le veut engager,
Levant le bras pour une indigne feinte,
De son poignard il croit frapper Roger,
Qui sait encore éviter son atteinte.
Tout a son terme, et jusqu'à la pitié.
Le fer vengeur punit le fer coupable.
De son méfait Rodomont est payé,
Et, par Roger aux enfers envoyé,
Blasphème Dieu, même en allant au diable.

De toutes parts, avec quelle chaleur
On vient presser, applaudir le vainqueur !
En ce moment, Bradamante éplorée
Tremblait encor, quoique bien rassurée.
Charles, qu'avait effrayé ce danger,
Tout des premiers félicita Roger.
On reprenait la fête commencée :
Mais ce combat attristait la pensée ;
Quand, par bonheur, égayant les héros,
Dans cette fête un tout autre message
Vint, rappelant à de meilleurs propos,
Faire oublier les pensers de carnage.

Vers Charlemagne, un courrier vint de Tours
Dire une chose incroyable et certaine ;
C'est qu'Angélique, objet de tant d'amours,
Incognito traversait la Touraine.

CHANT TRENTE-NEUVIÈME.

Angélique au bal masqué.

Les anciens sont des gens respectables,
Vraiment diserts et vraiment admirables :
Pour excellens et parfaits je les tiens :
Mais ne peut-on, la chose convenue
Et pour toujours fixée et reconnue,
Moins fréquemment vanter les anciens?
Oui : pour changer faites-nous cette grace,
Grands du collége et censeurs du Parnasse.
Mais savez-vous quels doutes sont les miens :
Les anciens sont-ils les anciens?
Des gens venus dans l'enfance du monde
Ne sont-ils pas des enfans comme lui?
Ce que l'on voit, ce qu'on sait aujourd'hui,
Le savaient-ils, nonobstant leur faconde?
Dans ses chansons Anacréon fait voir
Un jeune Grec qui donnait de l'espoir.
Plus jeune encore, Hésiode, en ses pages,
A consacré beaucoup d'enfantillages.
C'est qu'il avait quelques mille ans au plus.
Nous en comptons trois mille par dessus.
De tous les temps nous avons la science,
Et c'est pour nous qu'on fit l'expérience.
Nous, héritiers de tant d'inventions,
Débris confus de tant de nations,
Malgré nos torts et notre air de jeunesse,
Du genre humain nous sommes la vieillesse.
Et remarquez que mon raisonnement
Vraiment sublime et qu'il faut qu'on retienne,
De la noblesse est le vrai fondement,
Que mon idée est tout à fait la sienne ;
Feu Cicéron fut *un homme nouveau*.
Et ses neveux, fussent-ils au berceau,
Certes, seraient d'une race ancienne.
Oui, je le dis en dépit des jaloux,
Tout bien compté, les anciens, c'est nous ;
Et nous avons, je ne puis pas le taire,
Droit aux respects de Virgile et d'Homère.
N'abusons pas de ce droit précieux :
Soyons discrets, malgré ce que nous sommes,
Et convenons que des enfans comme eux,
Même aujourd'hui, surpassent beaucoup d'hommes.

Mais je suis sûr que ces esprits brillans
Seraient sensés, et qu'à leur tour, sans peine,
Ils conviendraient des merveilleux talens
Qui depuis eux, pendant ces trois mille ans,
Ont fait honneur à la nature humaine.
Laissons les vers, ce sujet délicat
Qui parmi nous ne fut point sans éclat ;
Mais trouvez-moi dans les héros d'Homère
Un seul guerrier effaçant sur la terre
Ce fier Roland, si grand, si généreux,
Si justement nommé *le roi des preux*.
Renaud, Roger, par leur zèle héroïque
Ont droit encore à l'admiration,
Et par leurs faits battent la gloire antique.
Plus d'un aussi.... Mais parlons d'Angélique
Pour reposer de la perfection.

Cette princesse, en beauté très parfaite,
Mais plus parfaite encor comme coquette,
N'avait pas vu prospérer son dessein
De revenir dans son pays lointain.
Au sein d'un port très long-temps arrêtée,
Puis par les vents quelque temps ballottée,
Ces fiers autans accrus *ex abrupto*,
L'avaient enfin en France rejetée.
Ayant promis au ciel maint *ex voto*,
Et de la mer à jamais dégoûtée,
Elle aimait mieux, dût-elle être arrêtée,
Devers Paris passer incognito.
Je ne puis pas vous taire davantage
Que, dans l'Espagne, elle et son compagnon
Avaient appris la mort de Galafron,
Qui lui laissait la Chine en héritage ;
Et cette reine, après plus d'un orage,
Ne voulait plus, avec quelque raison,
Livrer aux vents l'espoir de son royaume.
Vous me direz qu'en un jour au Cathai,
Grace à l'anneau dont elle était maîtresse,
Elle pouvait revenir. Il est vrai ;
Mais il répugne à l'auguste princesse
De revenir sans l'époux de son choix,
Par son amour admis au rang des rois.
Elle voulait, du moins je l'imagine,
Faire avec lui son entrée à la Chine ;
Ou, la privant du plus beaux de ses droits,
L'anneau magique est perdu, que je pense,
Ou par l'usage a perdu sa puissance.
Vous voyez bien que voilà trois raisons :
Si vous pouvez, faites-en une bonne.
Quoi qu'il en soit, de vallons en vallons,
Cet astre errant, ravissante personne,
Dans notre France, avec le roi Médor,
Avait franchi Tours, Orléans encor,

Et, de son mieux se cachant à la vue,
S'applaudissait de n'être pas connue,
Quand un courrier, lui prouvant son erreur,
Vint de la part de Charles l'empereur
Lui demander un peu de ses nouvelles,
La supplier de passer par Paris
Sans dérober à tous les yeux ravis
Ces doux attraits enviés des mortelles,
Et l'assurer enfin que les Français,
Même privés du bonheur de la paix,
N'étaient jamais en guerre avec les Belles.

Bien qu'Angélique, en de nombreux climats,
Eût eu souvent de fâcheux embarras,
Elle n'en eut jamais un si pénible.
Ciel ! reparaître à cette même cour
Où maint amant pour elle fut sensible !
Y voir Renaud et Roland tour à tour !
Il est bien vrai : la dame a connaissance
Que dans leurs cœurs l'amour est effacé :
Mais Angélique, en songeant au passé,
Craint leur regard, et même leur silence.
Il faut céder toutefois. A Paris
On la reçut avec magnificence,
Et l'empereur qu'elle offensa jadis
Lui fit très bien les honneurs de la France.
Sans se troubler, l'épouse de Médor
Vit, salua ses anciennes conquêtes,
Qui sans l'aimer l'admirèrent encor;
Et, se rendant aux prières honnêtes
De Charlemagne, ardent à l'engager,
Elle resta, pour voir toutes les fêtes
Qu'on préparait pour l'hymen de Roger.
Or, un tournoi, dans cette cour guerrière,
Etait toujours des fêtes la première.
On combattit pendant plus de huit jours,
Et Ganelon fut abattu toujours.
De quoi Roland, présent à cette scène,
Rit chaque fois, et le noir Ganelon,
Qui des félons était le plus félon,
Contre Roland sentit doubler sa haine.
Ce traître avait, non sans beaucoup de peine,
Vu son beau-fils recouvrer la raison.
Plus que jamais il en jura la perte,
Et se promit qu'aucune occasion
Ne lui serait impunément offerte.
En attendant, Aquilant et Griffon,
Et Richardet, formant tous l'entreprise
D'avoir un prix, le gagnaient, et Guidon
Offrait le sien à la belle Marphise.
Renaud, Roger, et les pairs spectateurs,
Considéraient la chose en amateurs.
Plein d'une ardeur qui n'était pas de mise,

Le bon Turpin au tournoi combattit.
D'un coup Guidon à ses pieds l'étendit.
Le relevant d'une façon soumise,
Le beau Guidon lui dit d'un air malin :
« Seigneur prélat, à votre tour, demain,
Vous me verrez à vos pieds dans l'Eglise. »

Quand à ces soins long-temps on eut vaqué,
Charle, assemblant de nombreux personnages,
Donna ce bal, qui, dès-lors remarqué,
Et retrouvé dans la suite des âges,
Est de nos jours appelé bal masqué ;
D'esprits divers, assemblage fantasque,
Où la gaîté connaît fort peu d'égard !
Piquant mélange, où le visage en masque
Permet enfin la vérité sans fard !
Ruche bruyante où bourdonne à voix claire,
Et la raison qui s'exprime en fausset,
Et très souvent l'esprit que l'on veut faire,
Et rarement l'esprit qu'on a tout fait !
Réunion sans doute singulière,
Où la beauté cache tous ses appas
Pour trouver mieux le secret de nous plaire !
Bal où l'on sait qu'elle ne danse guère,
Bien que souvent elle y saute le pas !
Notez aussi que Charlemagne honnête
A, pour sept nuits, prolongé cette fête.
Dès la première, un fripon, dit l'Amour,
Ou bien plutôt un fou, dit le Caprice,
Sur Angélique essaya sa malice,
Et lui joua le plus perfide tour.

Vous apprendrez qu'Angélique entraînée
Vers un amant très follement chéri,
Avait subi l'effet de l'hyménée,
Et cet amant n'était plus qu'un mari.
Pour sa bonté, même pour sa tendresse,
Elle l'aimait, chérissait son lien,
Mais n'avait plus cette brûlante ivresse,
Qui fait du mal, mais qui fait tant de bien.
Or, dans le bal comme elle était errante,
Un domino portant un ruban bleu,
Vient l'accoster, cause, la complimente,
A tant d'esprit, et montre tant de feu,
Mêle si bien la grace avec l'éloge,
Qu'elle se sent bientôt intéresser,
Et sur ses pas monte en petite loge
Pour causer mieux, et pour se reposer.
Qui ne connaît ces commodes asiles
Où la vertu rend les derniers soupirs,
Du paradis ces voisins très faciles
Où l'on se damne en célestes plaisirs !
Dans ces boudoirs, retraite resserrée,

On se voit peu, mais on se sent très bien :
La salle alors étant mal éclairée,
J'ajouterai que l'on ne voyait rien.
La sœur d'Argail, à rire disposée,
Mais venant là sans mauvaise pensée,
Eut quelque effroi de cette obscurité.
Mais l'inconnu, tout en vantant ses charmes,
Promit respect, jura tranquillité,
Et sut enfin dissiper ses alarmes.
Il tint d'abord ce qu'il avait promis,
Fut réservé, respectueux, soumis :
Mais ses propos bientôt furent plus lestes ;
Transition pour de plus libres gestes.
Goûtant beaucoup l'esprit qu'il déployait,
De ses propos Angélique riait ;
Et les mamans ont bien raison de dire
Que sur ce point il ne faut jamais rire.
Renversant tout, un orage soudain
Vient quelquefois troubler un ciel serein.
Comme du ciel il en est de nos ames.
Il est des jours de danger pour les femmes.
Apparemment le sort avait marqué
Pour Angélique un jour de bal masqué.
Un trouble doux, une flamme connue,
Naît en ses sens, en son cœur s'insinue.
Qu'est devenu son ancien air hautain !
Sans s'offenser, Angélique, indulgente,
Laisse vaguer une indiscrète main
Sur les contours de sa taille élégante.
S'enhardissant alors, notre inconnu
Tente vers elle un assaut impromptu.
La dame en vain se plaint de son audace.
Mieux que César, qui du moins avait vu,
Guerrier rapide, il vient, il a vaincu ;
Et de Médor il occupe la place.

Quand Angélique a dompté le vainqueur,
Toute au plaisir dont l'excès la domine,
Elle lui dit : « Connais tout tout ton bonheur ;
Tu viens d'avoir la reine de la Chine.
Je t'ai donné ce que bien vainement
Voulut Renaud, et demanda Roland.
Mais, à ton tour, parle, et que je connaisse
Le paladin si cher à ma tendresse. »
Ce paladin, apprenti chevalier,
Du fils d'Aymon n'était qu'un écuyer.
Lui-même alors, perdant presque la tête,
Fut effrayé de sa rare conquête.
Dissimulant, il dit : « Une raison
Me force encore à vous cacher mon nom.
Vous le saurez, et vous serez contente ;
Mais dites-moi si je dois obtenir
Que vous daigniez demain ici venir ? »

Il faut qu'enfin Angélique y consente.
Il faut aussi sa parole tenir.
Elle revint le lendemain, et même,
Portant plus loin son indulgence extrême,
Elle avait pris sous son domino blanc
Ce vêtement dont jadis Cythérée
Pour Adonis souvent était parée,
Et qui tenait au seul nœud d'un ruban.
La revoilà dans sa petite loge
Avec l'amant qu'elle ne connaît point :
Le revoilà pressant au dernier point.
Elle sourit à ces droits qu'il s'arroge.
Un canapé placé là par égard
Devient un lit où, portée avec art,
La belle reine a fléchi sans colère ;
Et son ruban détaché par hasard
A l'inconnu la livre tout entière.
La dame habile avait pour sentiment,
Que du plaisir on ne sent bien l'ivresse
Que délivré du poids d'un vêtement,
Et quand, perdu dans son enchantement,
Tout un amant sent toute sa maîtresse.
Notre écuyer, faisant très bien sa cour,
Fit un instant de cette nuit prospère.
Oui, le désir est loin d'être l'amour ;
Mais quelquefois l'amour ne peut mieux faire.
Heureuse étreinte ! impétueux transports !
Donnés, rendus, que de baisers de flamme !
Ah ! si notre ame est la reine du corps,
Souvent le corps manquerait bien à l'ame.

Cet écuyer qu'Angélique accueillait
Sans l'avoir vu, d'une aimable figure
Était doué. Son bonheur le charmait.
Mais à Renaud, amant trop indiscret,
Il ne put pas cacher son aventure.
Il s'en fallut de très peu que Renaud
A ce récit ne tombât de son haut.
« Quoi ! lui dit-il, ta maîtresse inconnue,
C'est Angélique, et tu l'as obtenue !
Parbleu, mon cher, oui, tu vas dès ce jour
Me la laisser obtenir à mon tour.
— Comment ! seigneur, vous voulez que je blesse
L'honneur, l'amour, et la délicatesse ?
— Que dis-tu donc ! d'une femme d'honneur
Nul plus que moi n'excuse la faiblesse,
Et son secret est sacré dans mon cœur ;
Mais Angélique, une femme volage,
Qui préféra, par un indigne choix,
Un fantassin sans éclat, sans courage,
A des héros qui sont plus que des rois,
Une coquette ayant en espérance
Livré Paris au fer des musulmans,

CHANT TRENTE-NEUVIÈME.

Qui prétendait se jouer de la France,
Et qui joua long-temps tous ses amans,
C'est pain béni que d'en tirer vengeance,
Et tu peux mieux placer tes sentimens.
Mais, à propos, ce serait conscience
D'être le seul, mon cher, à se venger,
Et l'on pourrait... Oui, je veux y songer;
Mais c'est par moi qu'il faut que je commence.
— Seigneur, répond le vainqueur de Médor,
Fort inquiet de sa bonne fortune,
Le bal masqué dure six nuits encor :
J'espère au moins qu'il doit m'en rester une.
— Soit, dit Renaud, et tu l'auras, parbleu !
Je t'en réponds; mais je cours faire emplète
D'un domino, surtout d'un ruban bleu.
La ressemblance entre nous est complète,
Non pour les traits, mais pour la taille. Au bal,
Toutes les voix n'ont qu'un fausset banal :
Allons, je vais, près d'Angélique honnête,
Représenter mon écuyer vainqueur.
Grace à Maugis, mon cousin l'Enchanteur,
Je ne sens plus d'amour pour la coquette ;
Mais cependant je veux te faire honneur. »

La chose, ainsi qu'il le disait, fut faite.
Le fils d'Aymon, un peu tard, il est vrai,
Tint dans ses bras la reine du Cathaï,
Jadis suivie au plus lointain rivage.
Les voilà donc ces attraits enchanteurs
Qui de si loin attiraient tous les cœurs !
Ils méritaient la peine du voyage
Quand Angélique, et chaste et pure encor,
N'avait reçu les vœux d'aucun Médor.
Par la vertu la femme est embellie;
Et la pudeur, quelle coquetterie !
Pourtant, Renaud, de sa félicité
Fut satisfait, et fut même enchanté,
Comme Angélique, en proie à son délire,
N'eût contre lui trouvé rien à redire.
Multipliant les baisers, les exploits,
Il s'enivrait de sa douce fortune.
La caresser, la tromper à la fois,
Était pour lui deux voluptés pour une.
Ne prétendant économiser rien,
Dans cette nuit il fit beaucoup et bien,
Tant, qu'Angélique, avec ses douces graces,
Dit : « Tous les jours, mon cher, tu te surpasses. »
Il recommence, et, se calmant enfin,
En la quittant il lui dit : « A demain. »
Lors dans la salle il descend au plus vite,
Très occupé d'un beau plan qu'il médite.
A ce bal-là, Roland, présent encor,
Tranquillement causait avec Médor.

Renaud le voit, vers lui se précipite,
Et pour le jour qui commençait déjà,
A déjeuner lestement il l'invite.
Quant à Médor, point il ne l'invita.
Le bal finit, et chacun se sépare.
Roland, chez lui rentré de grand matin,
Par le sommeil quelque temps se répare
Et vers midi s'en va chez son cousin.
Il y trouva petite compagnie,
Mais agréable, et vraiment bien choisie;
D'abord Maugis, ce bon magicien,
Et puis Astolphe, Anglais-Athénien,
Puis Sacripant, le roi de Circassie.
Vous pourrez bien demander, mes amis,
Par quel hasard se retrouve à Paris
Ce Sacripant, que Rodomont, naguère,
D'un pont étroit jeta dans la rivière?
Ce roi, du sort était très mécontent;
Et n'ayant pu, par maint fait héroïque,
Ni s'assurer les bontés d'Angélique,
Ni soutenir la cause d'Agramant,
Avait jugé dès-lors très inutile
D'aller encor se battre pour Marsile :
Roi pacifique, en passant par Paris,
Vers son pays il hâtait son voyage,
Ne trouvant plus chez nous que des amis,
Anciens rivaux qui fêtaient son courage.
Les conviés étant tous réunis,
Renaud sourit, et leur tient ce langage :

« Roland, Maugis, Astolphe, Sacripant,
Braves amis dont le nom éclatant
Remplit l'Europe, et l'Asie, et l'Afrique,
Suivant parfois un parti différent,
Nous n'eûmes tous qu'un vœu pour Angélique.
Chacun de nous long-temps fut son amant.
Toi, tu l'aimas jusqu'à la frénésie,
Mon cher Roland : je l'aimais presqu'autant,
Et l'on nous vit deux fois publiquement
Sous ses regards luttant par jalousie.
Bien revenus de notre égarement,
D'heureux secours, un choix indigne d'elle
Nous avaient fait oublier cette Belle :
Mais le Destin, qui pense sagement,
N'a pas voulu qu'en son inconséquence
Elle nous ait joués impunément
Et nous permet une bonne vengeance,
Douce pourtant, sans humeur, sans courroux,
Et telle enfin qu'elle convient à nous.
C'est pour cela qu'ici je vous convie.
Si Ferragus se trouvait à Paris,
Ce libertin qui l'avait tant chérie
Déjeunerait avec nous, mes amis,

34

Et de plein droit serait de la partie.
Il nous pourrait gêner un peu d'ailleurs :
Tant mieux qu'il soit bien loin de ces contrées ;
Car le hasard au nombre des vengeurs
Daigne égaler le nombre des soirées. »

Alors Renaud, commençant son récit,
Leur raconta ce que je vous ai dit.
Il serait bien superflu de vous dire
Des auditeurs tous les éclats de rire.
Pauvre Angélique ! amant très indiscret,
Il détailla la moindre circonstance.
« Vous le voyez, poursuit-il, j'ai mon fait,
Et suis content de ma part de vengeance.
Chacun de vous à son tour va briller,
Grace à l'erreur où l'ingrate se plonge.
Vous êtes cinq, compris mon écuyer,
Et pour cinq nuits la fête se prolonge.
Des rangs le sort va juger aujourd'hui.
Allons, tirez : je tirerai pour lui.
— Soit, dit Astolphe, et toutefois je pense
Qu'il est décent qu'à Roland on dispense
Le premier tour : il l'a bien mérité. »
Le bon Roland en riant s'y refuse.
De commencer c'est en vain qu'il s'excuse ;
De ses rivaux c'était la volonté.
Après, le sort, prononçant la sentence,
Nomme Maugis, l'écuyer, Sacripant,
Astolphe enfin doit clore la séance.
« Bon ! dit Astolphe, et je veux faire honneur,
Dans mes adieux, aux paladins de France ;
Et ce n'est pas le dernier orateur
Qui montrera la plus faible éloquence. »

Chacun a ri. Chacun court se munir
D'un ruban bleu pour jouer cette frasque.
La nuit survient, et chacun de venir
Du bal masqué voir la fête fantasque.
D'un domino Roland sut se couvrir,
Il aimait mieux sa cuirasse et son casque.
Au ruban bleu se trompant tout à fait,
La sœur d'Argail, avec un air discret,
De son habit s'en vient tirer la basque.
Du paladin elle accepte le bras.
Les prétendans en souriant tout bas,
Et lui disaient : « Je te connais, beau masque. »

Imaginez, mes amis, s'il vous plaît,
Le grand Roland qui s'exprime en fausset.
Il le faut bien : trop connu d'Angélique,
Fort aisément on le reconnaîtrait ;
Prudemment même il est très laconique :
Mais quand près d'elle en loge il est assis,
Oh ! c'est alors que le héros s'explique.

Il ne dit mot, et pourtant est compris.
Entre les bras d'Angélique docile,
De ses attraits qu'il a tant respectés,
Le voilà donc le possesseur facile !
Il rend justice à ses rares beautés ;
Mais, quoiqu'il soit bien loin d'être tranquille,
Il en jouit, non avec cette ardeur
Qu'au muséum montre un artiste habile,
Mais tout au plus comme un simple amateur.
Et néanmoins, admirant sa valeur,
De ses transports la Belle fut charmée :
Qu'eût-il donc fait pour Angélique aimée ?
Il la quitta vers l'heure du matin,
Ayant au mieux abusé l'infidèle,
Content d'avoir si doucement enfin
Pu se venger de son Médor, et d'elle.

Le lendemain fut le tour de Maugis.
Il était vieux, fêta moins la princesse ;
Mais par leurs faits, ses précédens amis,
Faisaient d'un jour excuser la faiblesse.
Le lendemain, le roi circassien
Répara tout, et se conduisit bien.
Tous ces héros, pour une seule dame
Se fatiguaient ; car, quelque ardente flamme
Qui de nos cœurs chasse un lâche repos,
Les femmes sont, en amour, les héros.
De l'écuyer le tour revint ensuite.
De doux transports il remplit sa visite ;
Et celle-là que fit le prince anglais
Près d'Angélique eut un très grand succès.
Tous ces amans faisant si bien la veille,
N'avaient pas tous une taille pareille.
Le domino les servait à ravir.
Puis ils savaient s'abaisser, se grandir :
Cela se fait à la cour à merveille.

Un tel secret était très hasardé,
Et trop plaisant pour être bien gardé.
Les six amans en contèrent de bonnes,
N'en disant rien chacun qu'à cinq personnes.
Roland dit tout à Roger, et dit : « Mais
N'avez-vous pas des droits sur Angélique ?
— Non, répond-il : puis j'y renoncerais ;
Car Bradamante est mon amour unique. »
C'est le discours d'un mari tout nouveau.
C'est bien, très bien : je m'y devais attendre ;
Mais, pour trouver ce mot encor plus beau,
Six mois plus tard j'aurais voulu l'entendre.
Vieux marié, dans cette occasion,
Charles montra moins de discrétion.
Et quand Renaud lui raconta la chose,
Tout justement le dernier jour du bal,

« Parbleu, dit-il, ton oubli m'indispose,
Et c'est agir envers moi vraiment mal.
Pour avoir part à cette ruse unique,
Dès lors qu'il faut avoir été séduit
Par Angélique, eh! qui n'en est instruit?
J'avais aussi des droits sur Angélique;
Je l'aimai fort, et veux aussi ma nuit. »
Renaud répond : « Mais, seigneur, comment faire,
Quand cette nuit, des bals est la dernière?
—Oh! s'il ne tient qu'à cela, dit le roi,
Un bal de plus aura lieu, sur ma foi ! »
Et sans retard, charmant toutes les femmes,
Un héraut dit, au nom du souverain,
Qu'un bal de plus, la nuit du lendemain,
Sera donné pour amuser les dames.

Astolphe alors, par le plaisir conduit,
Près d'Angélique, en amant intrépide,
Était de jour, c'est-à-dire de nuit,
Et regrettait, en ce tendre déduit,
Que son bonheur s'écoulât trop rapide.
De l'empereur dès qu'il connut l'arrêt,
D'un tel édit il sentit l'importance,
Et se promit qu'il en profiterait;
Mais que devint sa fragile espérance,
Quand il apprit le rival qui s'offrait,
Qu'il s'agissait d'une haute conquête,
Et qu'Angélique irait à cette fête
Pour beaucoup plus : ce fut pour beaucoup moins.
Sans grand succès Charle épuisa ses soins.
Ce prince illustre, usé par les années,
Dit un seul mot, et puis plus rien ne dit.
Parfois, hélas! aux têtes couronnées
Le trône sied encor mieux que le lit.
Le roi qu'on prie et le Dieu qu'on encense,
Là, suspendu de sa toute-puissance,
Assez souvent n'est qu'un simple mortel.
Tel fut le fils du grand Charles-Martel.
Heureusement pour l'honneur de la France,
Comme il partait, sombre, et fort peu content
De son discours fait même en bégayant,
Renaud le voit, a deviné la chance :
Vers Angélique il court obligeamment.
Et, dans ses bras, punit encor l'offense
Qu'elle avait faite à tant de chevaliers :
Quelle est pourtant des femmes l'indulgence !
Telle, dit-on, victime volontiers,
Excuserait cet excès de vengeance.

Vous sentez bien qu'aucun jour n'avait fui,
Que, dans le bal revenant sans ennui,
La sœur d'Argail n'eût, et ne fît paraître
Un grand désir de connaître celui

Avec lequel elle avait l'honneur d'être.
Chacun avait éludé de son mieux
Ses questions, peur de quelque sottise.
Le dernier jour des rendez-vous joyeux,
Enfin Renaud de répondre s'avise.
« Auprès de toi, dit-il, jusqu'à ce jour,
J'ai, pour raison, conservé l'anonyme ;
Je puis enfin te prouver qu'à la cour
J'ai quelque rang, et même quelque estime.
Pour terminer, après son grand couvert,
Charles demain donne un très beau concert.
Tout courtisan aura soin de s'y rendre.
Aux premiers sons qui se feront entendre,
Là, bien placée, ainsi qu'on te le doit,
Regarde bien, dans la cour empressée,
Qui posera sur sa bouche le doigt :
C'est celui-là qui t'aura caressée.
Je te réponds, mon cœur, que ton amant
Te surprendra très agréablement.
Mais le jour vient, et veut que je te quitte. »
Il dit, l'embrasse, à ses divins attraits
Rend une douce et dernière visite,
Et sort. La dame, une heure encore après,
De son amant admirait le mérite.

Ce ne fut pas elle le lendemain
Qui se rendit au concert la dernière.
Le roi Médor la tenait par la main
En bon époux. Avec sa cour entière,
En grand éclat Charles paraît enfin.
Dans ce concours, que de grands personnages !
A cette fête on voit tous les visages.
Là, les Beautés brillent de toutes parts.
Toujours charmante et toujours distinguée,
Seule, Angélique attirait les regards,
Encor qu'elle eût l'air un peu fatiguée !
Comme d'abord les instrumens d'alors
Prenaient l'accord par des sons très discords,
Elle, voulant ne rien faire paraître,
Cherchait pourtant, d'un air très inquiet,
A deviner l'amant qu'elle ignorait,
Et qui s'allait enfin faire connaître.
Enfin voilà l'instant qu'elle attendait.
L'équivalent du premier coup d'archet
Vient la troubler à la fois et la touche ;
Elle regarde, entre les preux assis,
Quel chevalier a le doigt sur la bouche :
Elle en voit un : ciel, mais elle en voit six !
Au premier rang est Charles; au deuxième,
Avec Astolphe, est Renaud, est Roland,
Le vieux Maugis, le brave Sacripant;
Et l'écuyer est encore au troisième.
Les sept rivaux faisaient à qui mieux mieux

Leur geste gai d'un air très sérieux.
En ce moment la nombreuse assemblée,
Où tant de monde était dans le secret,
D'un rire fou pensa se voir troublée.
On rit tout bas : Médor s'en étonnait,
Et demandait tout haut ce que c'était.

Bien qu'elle aimât les concerts, Angélique
De celui-ci goûta peu la musique.
Dès qu'elle fut rentrée en son logis
Avec Médor, elle dit que Paris
Lui paraissait ennuyeux, insipide;
Que, sans retard, de le quitter avide,
Elle voulait au Cathai revenir.
Le bon Médor répondit : « Mais ma chère,
Vous me disiez ce matin le contraire.
Quoi qu'il en soit, si c'est votre désir,
Partons. » Tous deux, avant que le jour naisse,
Ils sont déjà loin des murs de Lutèce.
Cinq mois après, la reine, triste encor,
Dans le Cathai parut avec Médor,
Et, dissipant les factions rivales,
Gouverna bien son pays enrichi.
Elle est citée aux chinoises annales
Sous le doux nom de Fo-Kam-Koang-Schi.
Mais ce n'est pas sa beauté qu'on y vante.
Des nations l'idée est différente.
On s'étonnait dans ces pays lointains,
De son pouvoir sur les Européens.
Son pied, soutien d'une taille élégante,
Était petit; mais on l'apercevait.
Elle marchait, et même elle courait :
Fi donc ! Ses yeux, contre l'antique usage,
Étaient ouverts et grands : c'était dommage.
Ainsi le faux quelque part est le vrai.
Cette Beauté presque miraculeuse,
Que l'on trouvait peu jolie au Cathai,
Peut-être là passait pour vertueuse.

CHANT QUARANTIÈME.

Roland à Gavarnie. — Combat de Roland et de Ferragus. — Doralice et Fleur-d'Epine reparaissent. — La brèche de Roland. — Roland soumet le dernier ennemi de Charlemagne. — Roncevaux. — Vengeance. — Hymne.

Dieu fit la femme et la coquetterie;
Et la coquette aussi fait plus d'un tour.
Nous tolérons cette plaisanterie
Et pardonnons de tricher en amour;
Mais quand cela passe la raillerie,
Nous pouvons bien railler à notre tour.
A ce péril la coquette est soumise.
Quelque folie à sa grace est permise;
Mais il faut bien, et sans rémission,
Punir l'abus de la permission.

Assurément telle fut Angélique.
J'ai raconté son juste châtiment;
Et même on voit que, par ce tour unique,
On la punit encore doucement.
Les preux français ont plus sévèrement
Puni maints preux et d'Asie et d'Afrique;
Et Mandricart, et son père Agrican,
Gradasse encor, Rodomont, Agramant,
Dorment couchés dans leur lit héroïque.
De tant de chefs sur la France accourus,
Le roi Marsile et son fils Ferragus
Demeurent seuls, et Ferragus, encore,
Cache si bien son séjour qu'on l'ignore.
On ne sait où l'emporta son erreur.
Mais, roi félon, Marsile, en son Espagne
Reste présent au cœur de Charlemagne
Dont maintes fois il brava la fureur.
Charle eut mieux fait, sachant plus se contraindre,
De mépriser, de punir du dédain
Cet ennemi, ce maudit Sarrasin
Qu'il a fait fuir et ne pouvait plus craindre.
Il n'en fit rien, brûlant de se venger
Jusqu'à la fin, et pareil, en sa rage,
A ces auteurs qui, pour trop corriger,
Risquent parfois de gâter leur ouvrage.
Ce n'est pas moi qu'on en accusera;
J'ai des défauts, mais non point celui-là.
Charle eut ce tort. Il sait bien que Marsile
A vaincre encore est assez difficile.
Mais ce roi-là, coupable doublement,
Aida Gradasse, et le fier Agramant,
Et peut encor servir la fantaisie
Du premier prince ou d'Afrique ou d'Asie,
Qui prétendrait aux bords européens
Vaincre la France et dompter les chrétiens.
Cette pensée, irritant Charlemagne,
Le résolut à soumettre l'Espagne.
Pays bizarre ! on peut le conquérir;
Mais on ne peut guère entrer ni sortir.
Notez encor que dès long-temps Marsile,
Par mille forts entre les monts unis,
Longue barrière entre les deux pays,
Avait rendu tout chemin difficile.
Aussi, pour suivre un exploit si brillant,
Charle a fait choix de son neveu Roland.
Roland pouvait, après tant de conquêtes,
Trouver Paris un séjour assez doux ;
Et d'autant plus que deux nouveaux époux
Allaient encor en augmenter les fêtes;

CHANT QUARANTIÈME.

Changeant d'état et d'humeur et de ton,
L'auriez-vous cru? cette reine si fière,
Marphise, enfin vient d'épouser Guidon
Qui dès long-temps en secret sut lui plaire.
De Bradamante imitant la manière,
De son exemple elle suit la leçon.
Mais Roland part sans que rien le retarde.
Du vieux Pyrène il a gagné les monts,
Et, franchissant les hauteurs, les vallons,
De son armée est toujours l'avant-garde.

Il vit, un jour, un désert effrayant
Où cent débris, montagnes écroulées,
Formaient entr'eux de hideuses vallées
Que traversait un gave furibond.
A cet aspect, à la voix furibonde
Du flot qui court, et de l'écho qui gronde,
Ce lieu qu'on nomme encore *le Cahos*,
Quelques instans arrêta le héros.
Il observait, plein d'une horreur profonde.
Il suit sa route en ces rochers maudits,
Et voit bientôt encore mieux, ou pis :
Montant toujours, le héros qui s'avance
Se trouve alors au fond d'un cirque immense.
En demi-cercle, à mille pieds et plus,
Montaient à pic des rocs inattendus
Et couronnés de neiges éternelles.
Au dessus d'eux et loin au dessus d'elles,
Jusques aux cieux montaient de toutes parts
D'autres rochers faits comme des remparts.
On aurait dit qu'une main immortelle
En marbre avait construit ce mur sacré.
Et savez-vous comme encore on appelle
Ces longs rochers? *les Tours du Marboré*.
Le fonds du cirque où le regard s'étonne,
Par le soleil n'est jamais ranimé ;
Et sur un pont que la neige a formé,
Le Gave altier court, frémit, et bouillonne.
Ce pont de neige, immense, irrégulier,
Souvent ouvert et toujours singulier,
Peut retenir ; mais Roland l'abandonne.
Un autre objet l'occupe tout entier :
De ces sommets et presque de leur cime
Un large fleuve incliné sur l'abime
Tombait, et tombe après mille ans encor.
Vers la moitié de sa chûte effroyable,
Un roc épais en brisait tout l'essor.
Mais plus ardent, plus fier, plus indomptable,
Il retombait bientôt, précipité
Au fond du cirque au loin épouvanté.
J'en conviendrai : ces ondes écumantes
A leur sommet du moins pouvaient offrir
Quelques reflets, quelques couleurs brillantes :

Mais que l'horreur surpassait le plaisir,
Dans ce fracas de vagues mugissantes,
Parmi ces lieux de désolation
Et ces tableaux de la destruction !
Aussi Roland, aux beautés peu sensible,
Tout simplement dit : « Quel séjour horrible ! »
Soyez clémens, et daignez compatir
A ce propos de ce petit génie,
Vous qui venez palpiter de plaisir
En ce beau lieu qu'on nomme *Gavarnie*.
On n'avait pas encor, quand il vivait,
Imaginé le sublime du laid.

Roland aurait poursuivi son voyage ;
Mais il trouva qu'il avait faim et froid,
Et, découvrant un ermitage étroit,
Voulut goûter du vin de l'ermitage.
Vers cet asile il a monté tout droit.
Il a frappé ; long-temps on fait attendre.
On ouvre enfin, et Roland voit sur pié
Un grand derviche à l'air mortifié.
Mais sa surprise est facile à comprendre,
Quand sous ces traits, de lui jadis connus,
Il reconnaît enfin, qui? Ferragus.
« C'est toi, dit-il, sous cet habit postiche !
On t'a vu moine, et te voilà derviche !
Toi, dans ces lieux ! » Ferragus lui répond :
« Roland, crois-moi : mes vertus sont sincères ;
Je vis tout seul, et mes mœurs sont sévères ;
Mais, converti par frère Rodomont,
Je suis ici le culte de mes pères.
C'est le meilleur, et j'aurais grand plaisir
Si je pouvais, Roland, te convertir.
— Mais, dit Roland, quel est donc ce blasphème ?
Je veux plutôt te convertir toi-même.
— C'est Mahomet, Mahomet, sacrebleu !
Qu'il faut chérir. — C'est J....-C....., morbleu ! »
Sur ce ton-là quelques instans se mène
L'instruction musulmane et chrétienne.
Elle échauffait les deux prédicateurs,
Lorsque, derrière une alcôve enfoncée,
De Ferragus Roland voyant les mœurs,
Entend, découvre une femme cachée.

Or c'était toi, veuve de Mandricart.
Tout en riant, Roland vantait les charmes
De Doralice, alors que son regard
De Ferragus voit les ci-devant armes.
« Ah ! ah ! dit-il, tu conserves cela !
Ciel ! me trompé-je ! eh mais, que vois-je là !
Oui, dans ce coin je reconnais le casque
Que je perdis. Par quel destin fantasque
Est-il chez toi ? par quel événement ?

Quoi qu'il en soit, je m'en vais le reprendre.
Garde-t'en bien, dit l'autre l'arrêtant.
— Mais de quel droit?— Je ne veux pas le rendre:
On ne rend point ce qu'on prit à Roland.
— Çà, dit Roland, guerrier, moine, derviche,
On peut garder ce que loyalement
On sut gagner au jeu; mais, quand on triche?
Il faut, alors que c'est bien avéré,
Restituer ou de force, ou de gré.
— De gré, non pas; de force, moins encore:
Toi-même, en vain, tu l'attendrais de moi.
— Nous allons voir, dit Roland : arme-toi.
Sache, aussi bien, que, punissant le maure
De ses méfaits, Roland va de ce pas
Du roi ton père attaquer les états.
— Raison de plus, en effet, pour nous battre,
Dit Ferragus; oui, je lutte en ce lieu ;
C'est pour mon casque, et mon père, et mon dieu:
Ces trois raisons me dispensent de quatre. »
Et, sans délai, prompt à se dépouiller
Des vêtemens de derviche et d'apôtre,
Ce preux se met et se bat en guerrier :
Il faisait mieux ce métier-là que l'autre.

O nobles faits! ô combat de géans!
Onc il ne fut lutte plus acharnée...
Les deux héros dans leurs chocs effrayans
Avaient passé moitié de la journée,
Quand chacun d'eux, ni vaincu, ni vainqueur,
Sent que sa force est loin de sa fureur.
Trêve d'une heure : un repas les rassemble;
Repas d'ermite, et frugale et léger :
Rien n'est si beau que de dîner ensemble
En attendant qu'on s'aille entr'égorger.
Tout en dînant, le chrétien et le maure
Sur le vrai dieu se disputaient encore.
« Tiens, mon ami, dit enfin Ferragus,
Tous ces discours me semblent superflus :
Que du combat la vérité résulte.
Jusqu'à la mort nous luttons de valeur :
Çà, convenons qu'instruit par le malheur,
Le vaincu va renoncer à son culte :
Le meilleur dieu, c'est le dieu du vainqueur.
— Soit, dit Roland ferme dans sa croyance,
Mais non moins ferme en sa haute vaillance,
Le vrai dieu va m'aider plus que jamais :
C'est son affaire ici que mon succès. »
Et ces rivaux et de culte et de gloire
En se levant boivent à la victoire.
Nouvel assaut, plus long que le premier ;
Et le soleil se lassait de briller ;
Déjà bientôt régnait la nuit obscure,
Quand le héros à Gradasse fatal,

Rougit d'avoir si long-temps un rival.
Et, saisissant le défaut de l'armure,
Au sein du maure a plongé Durandal.
Sous un tel coup, Ferragus, qui succombe,
Veut résister en vain, chancelle, et tombe.
« Allons, je vois fort bien de quel côté,
Dit le mourant, était la vérité,
Et de ton dieu je sens tout le mérite ;
Je suis chrétien, baptise-moi bien vite.
— Quoi? Ferragus, ayant catéchisé,
Tu fus long-temps, te meurtrissant la joue,
Ermite, prêtre, et n'es pas baptisé?
— Non ; je l'avais oublié, je l'avoue. »
Vers un ruisseau Roland court tout d'abord!
Et, revenu, courant plus vite encor,
Vers le vaincu, l'asperge et le soulage.
Il eut raison de se presser si fort :
Il n'avait pas fini le passeport,
Que Ferragus commençait le voyage.

Lors Doralice, approchant de Roland,
Lui dit : « Guerrier généreux et vaillant,
Prenez pitié de mon sort déplorable.
Ah ! je sens trop combien je fus coupable,
Et par malheur je l'ai senti trop tard.
De Rodomont très follement chérie,
Je l'ai trahi pour suivre Mandricart.
Dès ce moment, méprisée, avilie,
Je me suis vue en ces lieux, sans égard,
Par Ferragus rencontrée, asservie.
Combien de fois, en proie à la douleur,
Je me suis dit : Hélas! trop de malheur
Punit souvent trop de coquetterie.
Puisse mon sort vous fléchir, vous toucher!
Noble guerrier, faites-moi reconduire
(Non chez mon père, il doit trop me maudire)
Dans quelque asile où je puisse cacher
Mon nom, mes jours, flétris par mon délire ;
Le plus obscur me sera le plus cher. »
De ces motifs sentant bien la justice,
Le bon Roland cherchait tout son mieux
A consoler la triste Doralice.
Quand Fleur-d'Épine arriva dans ces lieux.
Cette Beauté, de la part de son père,
Venait chercher et ramener son frère,
Pour le prier d'être encor le rempart
De son pays : elle venait trop tard.
Le bon Roland compatit à ses larmes,
Plaignit sa peine, adoucit ses alarmes,
Et la remit aux mains de Richardet,
Qu'envoyant là par un hasard propice,
Depuis long-temps le destin lui gardait.
Grace à Roland, tandis que Doralice

CHANT QUARANTIÈME.

S'en va cacher son nom et son supplice,
Par mille efforts, Richardet, généreux,
De Fleur-d'Épine adoucit la tristesse;
Et je vois bien que, toujours amoureux,
Pour femme un jour il prendra sa maîtresse.
Pour ces Beautés de différente humeur,
Du sort, je crois, l'équité fut parfaite;
Et puisqu'il faut, en ce monde trompeur,
Que sur quelqu'un son chagrin se rejette,
Ah! que toujours évitant sa rigueur,
La femme tendre obtienne le bonheur,
Dût-il souvent manquer à la coquette!

 Mais je reviens à Roland, au vainqueur.
Ferragus mort, il faut vaincre Marsile,
Et l'Empereur n'a plus un ennemi.
Franchir les monts est le plus difficile.
Roland le sait, mais n'en a point frémi.
Assez long-temps, toutefois, son courage
Cherche, en ces monts, cherche en vain un passage.
Partout il trouve ou la nature ou l'art
Pour opposer à ses vœux un rempart.
Un jour enfin, que ses troupes vaillantes
Du Marboré suivaient les tours brillantes,
Désespérant de pouvoir les franchir,
Le fier Roland aspire à les ouvrir.
Roland, déjà, gravit presque à leur cime.
Dieu! quel exploit illustre encor son nom:
Aux coups pressés de Durandal sublime,
Dans le rocher Roland ouvre un vallon.
Tous les Français, à la surprise en proie,
A cet aspect poussent des cris de joie.
Près de Roland tous bientôt rassemblés,
Du roi Marsile ils ont juré la perte,
Voyant la plaine, et voyant fuir troublés
Les défenseurs de l'Espagne entrouverte.

 De ce haut fait d'un héros si vaillant
Sur ces rochers vit la trace hardie;
Et l'on y voit *la brèche de Roland*
Qui comme lui s'est beaucoup agrandie.

 Après ce fait, que n'attendrait-on pas!
Aussi Roland, vainqueur dans deux combats,
Par un courrier instruisit Charlemagne
Que les Français pouvaient tout en Espagne.
Les Sarrasins vaincus, vaincus encor,
Prenaient la fuite au seul bruit de son cor.
Marsile enfin ne savait plus que faire,
Et demandait une paix nécessaire.
Charles, toujours entêté d'un félon,
Pour en traiter envoya Ganelon;
Et, trop jaloux encor de renommée,

Voulut, quand tout était presque fini,
Lui-même aller commander son armée.
De tous ses pairs le groupe l'a suivi.
Que d'autres preux servent son entreprise!
Mais à Paris Bradamante et Marphise
Restent en paix au sein de leurs maisons.
Si je n'ai pas des nouvelles bien fausses,
Elles avaient de très bonnes raisons
Pour demeurer : ces héros étaient grosses.
Puis toutes deux se l'avouaient tout bas:
Elles aimaient beaucoup moins les combats
Depuis les nœuds qu'on venait de conclure.
Leur sexe doux, long-temps avant ce jour,
Des champs de Mars aurait dû les exclure;
Ces deux Beautés le sentaient, et l'amour
Les avait fait rentrer dans leur nature.

 Roland, vers qui Ganelon s'est rendu,
En le voyant faire encor l'entendu,
N'a pu cacher son dédain qu'avec peine,
Et du perfide a redoublé la haine.
Le Maïençais, plein d'un affreux dessein,
Vers le roi maure a suivi son chemin.
Là de son maître il comble l'espérance.
Convenons-en : Marsile, humilié,
De ses états a cédé la moitié,
Et l'on n'a plus qu'à retourner en France.
Par Ganelon le chemin indiqué,
Pour le retour par Charles est marqué.
C'est le plus court, mais le plus difficile;
Puis le pays porte un peuple nombreux
De montagnards dévoués à Marsile.
Mais Ganelon dit qu'il ne craint rien d'eux.
Et toutefois, comme à tout il prend garde,
Il croit prudent que le fils de Milon
De sa présence arme l'arrière-garde.
« Les Sarrasins frémissent à son nom:
Ne craignez pas qu'aucun d'eux se hasarde
A l'attaquer. » Ainsi tout est réglé,
Et sur ce plan l'armée a défilé.

 Moi, grand ami des prés et des campagnes,
J'ai déjà peint en traits assez heurtés
Les froids transports, les hideuses beautés
Que l'on prétend trouver dans les montagnes.
Je ne veux point, sur ces tableaux connus
Trop revenir; mais, mes amis, de grace,
Rappelez-vous, tandis que Roland passe,
Ces pays-là, si vous les avez vus.
Autour de vous le torrent solitaire
Avec l'autan dispute de fureurs:
L'oiseau de proie, accouru de son aire,
Semble accuser vos pas usurpateurs.

Sur le tapis de la neige incertaine
Le pied tremblant ne se pose qu'à peine,
Ou le sentier, au regard attristé,
Offre l'ennui de son éternité.
Marchant parfois au dessus des tempêtes,
Vous mesurez vingt abîmes ouverts;
Ou, ne voyant que rochers sur vos têtes,
Vous vous croyez au fond de l'univers.
De Roncevaux telle était la vallée;
Et c'est ainsi qu'encor nous la voyons.
Roland, suivi des derniers bataillons,
En traversait la terre désolée,
Quand tout à coup, montrant leurs trahisons,
De Sarrasins une foule effroyable
Autour de lui couronne tous les monts.
O complot lâche, et pourtant redoutable!
On compterait les feuilles des forêts
Plus aisément que les gens de Marsile.
Pour écraser douze mille Français,
Les Sarrasins étaient deux fois cent mille.
Mais quoi! Roland est un de ces Français.
Il aurait pu, couronnant ses hauts faits,
Détruire encor ces hordes acharnées;
Mais les païens, pour leurs affreux projets,
S'étaient unis avec les Pyrénées.
O toi, Roland, qui ne trompas jamais,
Et ne connus, dans les champs du carnage,
Que le courage attaquant le courage,
De quelle horreur tes sens furent glacés,
Lorsque tu vis, redoutant tes approches,
Les Sarrasins par des débris de roches,
Frapper de loin tes guerriers terrassés!
Ce paladin, que l'honneur accompagne,
Tout en cherchant à redoubler d'exploits,
A fait au loin retentir la montagne;
Et de son cor la redoutable voix
A son secours appelle Charlemagne.
Le son connu va, d'échos en échos,
Jusques au roi déjà dans la campagne.
« Dieu! mes amis, dit ce prince aux héros
Qui sont partout son escorte fidèle,
De mon neveu n'entends-je pas le cor?
A son secours peut-être il nous appelle.
Oui, dit Renaud, oui, je l'entends encor :
Courons sauver des héros le modèle.
— Sire, répond Ganelon étonné,
Que voulez-vous qu'un tel guerrier redoute!
Si c'est le cor de Roland, c'est sans doute
Quelque succès que Roland a sonné. »
Charles le crut, et poursuivit sa route.

Tandis qu'il marche, au val de Roncevaux
Les traîtres sont les vainqueurs des héros;
Sous les rochers, les enfans de la France
Sont écrasés sans espoir de défense.
Mais, dans ce jour d'horreur et de pitié,
Un sentier seul, par Marsile oublié,
A quelques uns offre encore une voie
Pour se sauver, non à tous. Avec joie
Roland le voit, et là, sans nul retard,
De ses guerriers fait passer une part.
Nul ne voulait quitter son capitaine.
Roland l'ordonne, et l'obtient avec peine.
On veut alors le forcer de partir.
« Non : si je pars, aucun ne pourra fuir,
Dit-il ; plutôt protégeons la retraite
De nos amis ; par un dernier effort
Sauvons leur vie, et je bénis ma mort.
O mon pays, si ma flamme indiscrète
Eut trop de droits sur ce cœur insensé,
Que par mon sang mon tort soit effacé,
Et que ce jour paie envers toi ma dette! »
En ce moment il distingue Olivier.
« O ciel! dit-il, toi, mon vieux frère d'armes,
Fuis, je le veux : ah! fuis par ce sentier;
De ton ami dissipe les alarmes.
— Fuir! te quitter, lui répond Olivier!
Y penses-tu? Je suis ton frère d'armes. »
Ces paladins, pleins du plus noble feu,
Sans dire un mot, sans qu'une plainte sorte,
Se sont donné l'étreinte de l'adieu,
Et vont tous deux diriger leur cohorte.

Et cependant les rochers, en torrens,
Dans le vallon répandaient le ravage;
Et c'est parmi les Français expirans,
C'est sous le feu de ce terrible orage,
Que se sont faits ces adieux déchirans.
Bientôt Roland, prodiguant le courage,
Guide des siens la plus noble moitié
Pour sauver l'autre en cet étroit passage,
Marche en avant, sûr d'être foudroyé,
Et sur lui seul détourne le carnage.
De toutes parts, de toutes les hauteurs,
A ces tableaux étonnans et sublimes,
On se récrie, et les nombreux vainqueurs,
En les frappant, admirent leurs victimes.

Un chevalier, qui, terrible et vaillant,
Avait voulu rester près de Roland,
Voyait partout, dans cet affreux carnage,
Les rocs cruels respecter son passage.
J'ai déjà peint ce guerrier-là : Gerbon,
Dans plus d'un choc illustrant son courage,
Est, on le sait, le fils de Ganelon,
Et méritait un plus heureux partage.

CHANT QUARANTIÈME.

Or Ganelon, craignant qu'il ne tombât,
A Roncevaux, sous quelque trait funeste,
Avait voulu que ce fils au combat
Sur son armure eût une soubreveste,
Brillante au loin d'or et d'un incarnat
Dont aisément on distinguait l'éclat.
Gerbon, guerrier noble autant que sincère,
Ne voyait là qu'un don fait par un père.
Il ignorait que ce beau vêtement,
Porté naguère et donné par Marsile,
Était un ordre à tout bon musulman,
D'en épargner le possesseur présent.
Or, à cet ordre on était très docile,
Et des rochers l'orage s'arrêtait
Dans tous les lieux où Gerbon accourait.
A cet aspect, chacun croit reconnaître
La trahison, et Roland indigné,
Le rencontrant, ne lui dit qu'un mot « : Traître !
— Un traître, moi ! dit Gerbon étonné;
Je ne le fus jamais ; et, je le jure,
Roland aura regret à cette injure. »
Et, rejetant un don qui dans son cœur
Fait naître aussi des soupçons pleins d'horreur,
Gerbon se jette où les rochers terribles
Multipliaient leurs coups irrésistibles.
Par aucun signe il n'est plus protégé.
Déjà son sang l'a noblement vengé,
Hélas ! Roland, qui le voit reparaître,
Voudrait en vain lui prêter son appui ;
Et le jeune homme, en se traînant vers lui,
Sanglant, brisé, dit: « Roland, suis-je un traître? »
Il est tombé dans la nuit du trépas.

« Ah ! dit Roland le pressant dans ses bras,
Pardon, ami : t'ai-je pu méconnaître !... »
Dieu ! qui pourrait, en de si grands malheurs,
Trouver assez de regrets et de pleurs!
En ce moment il est atteint lui-même.
Il l'est trop peu: dans cette heure suprême,
Le cœur serré d'un douloureux transport,
Roland blessé relève Olivier mort.
« Eh quoi! dit-il, pas même de vengeance ! »
Ces derniers vœux, sa dernière espérance,
Par l'Éternel au moins sont entendus.
Par un bonheur qu'il était loin d'attendre,
Les Sarrasins enfin, ne voyant plus
Que des guerriers ou mourans, ou vaincus,
De leurs rochers n'ont plus craint de descendre.
Oh ! c'est alors que Roland consolé
Venge sur eux, dans sa fureur extrême,
Et ses guerriers, et son frère, et lui-même.
Par Durandal Marsile est immolé.
Sa mort du moins punit sa perfidie.

Roland encor perce Grandonio :
Il a vu fuir Bernard de Carpio,
Par qui la trame avec art fut ourdie.
Glacés d'effroi par ses coups destructeurs,
Les Sarrasins regagnent les hauteurs.
Roulant des rocs, ces vainqueurs pleins d'alarmes
Sont revenus à leurs premières armes;
Et chacun d'eux, du sommet d'un rocher,
Du paladin suit la trace sanglante.
Roland mourant les glace d'épouvante :
Ce n'est que mort qu'ils pourront l'approcher.

De plus d'un roc la poitrine frappée,
Le paladin, en ce moment fatal,
Regarde et serre encor sa Durandal.
« Non, non, dit-il, ma bonne et brave épée,
Je ne puis pas souffrir que de ma main
Ta lame passe au bras d'un Sarrasin,
Pour être un jour du sang chrétien trempée.
Assez d'exploits ont prouvé ta vertu :
A mon destin que ton destin s'unisse.
Avec Roland Durandal a vaincu,
Avec Roland que Durandal périsse. »
Roland a dit, et, d'un horrible choc,
De ses deux mains unissant la furie,
Ce paladin, prêt à finir sa vie,
A cru briser contre un immense roc
Sa Durandal : espérance abusée !
Le glaive existe, et la roche est brisée.
Il oubliait, des Francs l'illustre appui,
Que les rochers périssaient devant lui.
Hélas! par eux, Roland périt lui-même !
Sur d'autres rocs, dans sa douleur extrême,
Il porte en vain d'autres terribles coups.
Plus Durandal paraît indestructible,
Et plus Roland en ce moment terrible
A la briser montre un noble courroux.
Dans un espace où la roche est disjointe,
De son épée il enfonce la pointe,
Et, destructeur de ce qui lui fut cher,
Par un effort tristement mémorable,
En deux éclats le preux incomparable
A fait voler l'incomparable fer.
Près du torrent le tronçon lancé roule.
Mais le héros, dont tout le sang s'écoule,
Se sent fléchir. Lors, reprenant son cor,
Il veut au loin le faire entendre encor;
Et, ranimant sa force singulière,
A sa patrie envoyant ses adieux,
Il fait sonner cette trompe guerrière.
Ainsi, dit-on, le phénix radieux
S'anime et chante à son heure dernière.

Le noble son, par les échos rendu,
Par Charlemagne est encore entendu.
De Ganelon bravant alors l'instance,
Charles s'effraie, et dit : « O mes amis,
Vers mon neveu qu'à l'envi l'on s'élance! »
Renaud, Roger, étaient déjà partis.
Que de guerriers suivent la noble trace
De leurs coursiers qui dévorent l'espace!
De loin aussi les Sarrasins voyant
Ces paladins, leur cortége accourant,
Vers d'autres bords ont hâté leur retraite.
Roland se meurt : leur haine est satisfaite.
Les deux héros sur le bord du torrent
Trouvent leur frère encore respirant.
Il croit sentir ses esprits qui revivent
A leur aspect, et leur dit seulement,
Levant encor les mains : « Je meurs content,
L'ennemi fuit, et mes amis arrivent. »
A cet aspect, Renaud, quel désespoir
Serra ton cœur, en tes traits se fit voir!
Renaud d'abord a perdu la parole.
Ah! ce n'est plus ce preux souvent frivole,
Gai comme brave, et même un peu moqueur;
C'est un héros qui, frappé du malheur,
En boit la coupe inépuisable, amère.
« Roland, c'est toi, mon compagnon, mon frère,
Et mon rival, souvent victorieux!
Et tu sais bien que, malgré ma colère,
Je t'en prisais et t'en chérissais mieux.
Des mécréans attentat sacrilége!
O ciel! après tant d'exploits, de travaux!...
Le grand Roland défia mille assauts,
Et vient tomber dans un indigne piége!
O mon ami, des preux, toi, le meilleur,
Toi, des Français l'inépuisable honneur!...
Dieu tout-puissant, j'invoque ta justice :
Que Roland vive, et que Renaud périsse! »
Renaud a dit, et noyé de douleurs,
Sur son ami verse de nobles pleurs.
Roger aussi s'émeut et se désole.
C'est le mourant, hélas qui les console.
Roland disait à ces preux redoutés :
« Je puis partir, mes amis : vous restez. »

Mais son état, ses forces épuisées,
Tout le rappelle aux célestes pensées.
Renaud alors, précipitant ses pas,
De Durandal saisit les deux éclats,
Et les rapporte à Roland, qui les presse
Avec respect autant qu'avec tendresse.
En eux encor Roland trouve un appui.
Il les dispose, et non pour la victoire :
Mais cette épée, instrument de sa gloire,

Forme une croix qui prie encor pour lui.
Que dis-je, hélas! à son heure suprême,
Héros pieux, il l'invoque elle-même.
« Rends-toi justice, ami, lui dit Renaud.
Tu peux prier; mais réclame plutôt.
Vaillant martyr, que j'admire et j'envie,
Songe, en mourant, aux vertus de ta vie;
Songe à tes faits qui, te faisant bénir,
Chez les humains consacrent ta mémoire,
Et, de ton nom, dans l'immense avenir,
Font un fanal étincelant de gloire.
Songe aux chrétiens dont tu fus le rempart... »
Roland, qui jette une dernière flamme,
Sur ses amis lève un dernier regard,
Et dans leurs bras exhale sa grande ame.

Ah! désormais mon bras mal affermi
Ne soutient plus mon luth sans harmonie.
Comme Renaud j'ai perdu mon ami;
Avec Roland j'ai perdu mon génie.
Qu'un autre dise (il dira mieux que moi)
Comment on vit les Sarrasins sans roi,
A Charlemagne offrir tribut, hommage,
Sans qu'aucun d'eux, rentrant aux bords français,
Osât encore y troubler cette paix
Qui de Roland, surtout, était l'ouvrage;
Comment Renaud, Aquilant et Griffon,
S'étant juré de ne point faire grace,
Des Maïençais que guidait Ganelon
Qui des premiers paya sa trahison,
Dans un champ clos détruisirent la race;
Comment enfin Charlemagne, du sort
Envers Roland déplorant l'injustice,
Voulut, fondant un pieux édifice,
Qu'où le héros avait trouvé la mort
Le voyageur rencontrât un hospice;
Du grand Roland je n'entends plus le cor :
Adieu, combats; adieu, chevalerie.
Assez long-temps, soutenant mon essor,
J'ai des héros peint la valeur chérie.
Je me tais... non!... non, un moment encor :
Honneur aux preux tombés pour la patrie!

Héros couverts des plus justes honneurs,
Nobles guerriers, gardiens de nos murailles,
Vous que toujours, généreux défenseurs,
On vit briller et survivre aux batailles,
Assez de chants, illustrant vos vertus,
Célèbreront vos faits, votre génie :
Je me consacre aux preux qui ne sont plus.
Honneur aux preux tombés pour la patrie!

CHANT QUARANTIÈME.

O vous guerriers qu'aimera l'avenir,
Vous, des combats victimes révérées;
Ne croyez pas que notre souvenir
Soit infidèle à vos cendres sacrées.
D'autres héros naîtront de vos trépas
Toujours présens à notre ame attendrie.
Eût-on perdu le fruit de vos combats,
Honneur aux preux tombés pour la patrie !

Fils des hameaux, cœurs généreux et purs,
Vous qui mourez sans espérer la gloire,
Vos faits sont beaux, si vos noms sont obscurs,
Et nous gardons aussi votre mémoire.
Quand la vertu se joint à la valeur,
Le moins illustre a droit qu'on l'apprécie ;
Nous sommes tous frères au champ d'honneur.
Honneur aux preux tombés pour la patrie !

Au dernier jour du jugement fatal
Qui pèsera les vertus et les crimes,
Je vois, suivant Roland pour général,
Marcher vers Dieu tant de nobles victimes.
Le Tout-Puissant se lève à leur aspect,
Et tout mortel s'incline et se récrie ;
Et l'univers répète avec respect :
Honneur aux preux tombés pour la patrie !

Nous cependant, par nos justes regrets
Payons tribut à la reconnaissance ;
Couvrons de fleurs, hélas ! et de cyprès,
Ceux dont la mort sauva notre existence.
Gardons aussi qu'un orgueil décevant,
N'épuise un sang qu'au loin on nous envie ;
Et n'ayons pas à dire trop souvent :
Honneur aux preux tombés pour la patrie !

FIN DU QUARANTIÈME ET DERNIER CHANT.

ÉPILOGUE.

Paris, 1838.

L'épilogue qu'on va lire exige une explication plus longue que lui; les termes mêmes de cet épilogue m'obligent à avouer ici qu'en en écrivant le premier vers : *Je l'ai fini, ce grand ouvrage*, je n'ai pas entendu seulement désigner *la Chevalerie*, mais aussi un poème écrit avant elle, et où, dans des dimensions à peu près semblables, et avec plus de temps et de peines encore, j'ai fait sur *la fable* grecque le même travail qu'on vient de lire sur les fables chevaleresques. C'est, comme on voit, un grand et même un immense ouvrage : mais aussi c'est le travail de seize années, et la révision de toute ma vie, bien persuadé que j'étais que cette histoire, cette mise en présence des deux mythologies antique et moderne, valait le temps et la peine qu'elle me coûtait, et que, même traitée par un talent médiocre, mais courageux et patient, elle pouvait constituer un monument littéraire important et susceptible d'obtenir une véritable estime, dût-elle n'être que posthume. Quoi qu'il en soit, assez hardi pour entreprendre et mettre à fin un tel ouvrage, je ne le suis pas assez pour le publier entièrement ; et il sera posthume aussi, du moins dans sa première moitié. Il faut laisser plus de temps au public pour oublier l'ennui que lui a causé le bavardage mythologique qui a trop long-temps inondé notre poésie, et plusieurs autres, par des applications sans nombre et des fadeurs sans mesure; d'où il est résulté pour bien des personnes l'idée que la mythologie consistait dans les Jeux et les Ris, les Soupirs, les Désirs, les Plaisirs, etc. Quand on sera revenu de cette folie qui ne soutient pas un moment d'examen, on reconnaîtra que la mythologie ancienne, gracieuse sans doute, est souvent terrible, sublime; et même, aux personnes à qui cela pourrait être agréable, il sera possible de garantir que, loin d'être fade, elle va quelquefois jusqu'au hideux. C'est alors qu'on sentira la difficulté, l'impossibilité même, de frapper de dédain ou d'oubli les plus ingénieuses fictions de l'esprit humain; fictions qui, quoi qu'on fasse, resplendissent à jamais dans les chefs-d'œuvre de la peinture, de la sculpture et de la poésie, à commencer par ceux d'Homère et de Virgile. Alors, je l'espère, on sentira aussi quel avantage peut offrir, même poésie à part (ou, si l'on veut, malgré ma poésie), le premier ou plutôt le seul récit suivi et complet de ces fictions ravissantes. Ce n'est pas même, comme dans *la Chevalerie*, le recueil de trois poèmes analogues, mais divers; c'est un seul poème, un seul récit, qui commence à la guerre des Titans et finit avec *l'Odyssée*, après avoir hardiment et rapidement raconté *l'Iliade*, *l'Énéide*, *les Métamorphoses*, *Télémaque*, plusieurs tragédies grecques; en un mot, toute la mythologie en ce qu'elle offre d'heureux ou d'intéressant.

Et puisque pour faire bien comprendre l'épilogue qui termine LA CHEVALERIE, j'ai été obligé de parler du fond du poème de LA FABLE, il faut bien que, pour n'en pas donner une idée trop sèche et trop incomplète, j'en indique un peu la forme, qui est tant de chose en poésie. Ce qui me paraît le plus court et le plus simple pour cela, c'est d'en citer ici les cinquante premiers vers. Ils suffiront pour faire juger de la variété du style comme du sujet, et pour faire reconnaître d'abord une versification et une couleur toutes différentes de celles de *la Chevalerie*, mais toujours, et avant tout, dans ce système de clarté facile qui est le premier mérite de mon style poétique, s'il n'est pas le seul, et qui, tout modeste qu'il est, est si favorable aux vers, et encore plus aux lecteurs.

Des Grecs ingénieux Divinités affables,
Profondes vérités qu'on appelle des Fables,
Grands dieux, sur vos autels si long-temps maintenus,
Jupiter, Apollon, Minerve, et toi, Vénus,
Aucun poète encor, pour les races futures,
N'a d'une seule trame ourdi vos aventures :
Je vais tenter cette œuvre, et chanter en mes vers
Vous, vos fils les plus grands, vos amis les plus chers.
O vous qui, de ce monde abdiquant la tutelle,
Conservez loin de nous la jeunesse immortelle,
Et, d'un juste repos savourant les douceurs,
Regardez sans regret les dieux vos successeurs,
Quand pour votre poète ici j'ose m'inscrire,
Favorisez mes chants, excusez mon sourire :
Pardonnez tous les tons à qui peint tous vos faits.
Vous seriez moins goûtés si vous étiez parfaits.
O seuls dieux un peu gais qu'ait adorés la terre,
Vos défauts sont brillans, et vos torts savent plaire.
Ah ! si l'on a de vous abusé quelquefois,
La terre a trop d'esprit pour oublier vos droits.
Comme le vieil Homère, assemblant les hommages,
Lève sa noble tête à travers tous les âges,
Vous frapperez toujours les cœurs et les regards,
Impérissables dieux du plaisir et des arts.

Du Pinde et du soleil modérateur suprême,
De ton plus beau rayon colore mon poème,
Phœbus; sers mon ardeur : mon encens t'est promis.
Dieu, l'un de mes héros, sois l'un de mes amis.
Que les Muses, de fleurs composant leur ceinture,
Versent pour m'enivrer leur onde la plus pure,

ÉPILOGUE.

Et, du chantre des dieux animant les concerts,
Dansent près du Permesse aux accens de ses vers.
Mais vous, Graces surtout, puissances éternelles,
Invisibles souvent et pourtant si réelles,
Vous qui plaisez partout et sans qui rien ne plaît,
Sans qui même le beau n'a qu'un charme incomplet,
Prêtez-moi cette voix flexible et naturelle,
Qui, plus qu'un ton auguste, a de constans appas;
Et, dans ce long voyage où s'engagent mes pas,
Encouragez souvent celui qui vous appelle,
Mais qui pour le moment ne vous appelle pas.

Aux limites des temps, en ces jours où, du monde
Recule devant nous l'immensité profonde,
Ambassadeur admis au céleste séjour,
Un Titan, dont la voix passait tous les orages,
De Jupiter tranquille intimida la cour,
Et faisait fuir au loin la voûte de nuages.
Son front qui s'y perdait n'en était que plus fier. Etc.

En transcrivant ce début de *la Fable*, en déposant ici cette pierre d'attente d'un grand édifice, je sens très bien à quel point il est dangereux et presque ridicule de s'avouer pour l'auteur de tant de vers. Mais, grace à Dieu, je n'ai jamais fait des vers pour des vers; et ils n'ont été pour moi qu'un moyen, jamais un but. Quoi qu'il en soit, je me borne à cet aveu des témérités de ma jeunesse; et par plusieurs raisons, dont la première est mon âge actuel, mon intention n'est pas de publier *la Fable* de mon vivant. C'est bien assez de *la Chevalerie*, si ce n'est pas trop; mais il n'en est pas moins vrai que ces deux compositions forment un ensemble remarquable et se complètent l'une par l'autre. Si après moi on les réunit, les lecteurs pourront juger de tout ce qu'il a fallu de volonté à l'auteur de tous les deux. On peut déjà le pressentir par cet épilogue, destiné à être celui des deux ouvrages quand ils n'en feront qu'un seul : on peut y voir l'étendue de mon entreprise, et en même temps la modestie, ou du moins la patience de mes espérances :

JE L'AI FINI, ce grand ouvrage,
Où, de l'honneur et du courage
J'ai chanté les meilleurs exploits;
Où la Beauté, fleur de la vie,
Reine quelquefois asservie,
Donne et même accepte des lois.

Ma FABLE et ma CHEVALERIE
Ont, des dieux et de la féerie
Montré les prodiges divers;
Et, des temps vivante mémoire,
Mes contes, qui sont de l'histoire,
Récitent les deux univers.

De l'ancien et du moyen-âge
Mon double et fidèle voyage
Peut sourire aux moins indulgens;
La mythologie immortelle
Par moi s'allie à la nouvelle
Qui n'a pas plus de neuf cents ans.

Dans ma poétique retraite,
Je conviens qu'une voix secrète
M'a dit : « C'est bien », plus d'une fois.
Cependant il me reste un doute :
Comme assez souvent on s'écoute,
J'ai peut-être écouté ma voix.

Qu'Horace et le charmant Ovide,
Idoles d'une foule avide,
Se jurent l'immortalité :
Avec beaucoup moins d'apparence
J'en ai l'envie et l'espérance,
Mais non pas la sécurité.

Les vers ont terminé leur règne;
Et le public qui les dédaigne
Regarde peu ce qu'on lui sert.
Une abondance poétique
A lassé sa faim apathique;
Et nous n'arrivons qu'au dessert.

Et puis la foule est si pressée!
Pour une gloire intéressée
On voit tant de gens se mouvoir!
Et dans ce peuple de grands hommes
Que l'on admire, et que nous sommes,
Comment se faire apercevoir?

Quelquefois une jeune fille,
En ces concours où chacun brille
Et se coudoie avec ardeur,
Laissant lutter le flot qui roule,
Se tient à l'écart de la foule
Avec une noble pudeur;

Et, laissant des Belles plus belles,
Domptant ou flattant les rebelles,
Chercher ou payer du retour,
Hors de ce tumulte elle reste,
Et dit en sa fierté modeste :
Peut-être aussi j'aurai mon tour.

FIN.

TABLE DES CHANTS.

Chant Ier. Grand tournoi à Paris. Prodigieux succès d'Angélique. Trouble de Roland, Renaud, Ferragus, Astolphe, etc., etc. Maugis évoque un farfadet. Grand projet formé contre la France et Charlemagne par les plus puissans princes d'Asie et d'Afrique, Agrican, Gradasse, Agramant, Galafron, père d'Angélique. Mauvaise idée de Maugis. Combat d'Astolphe et d'Argail, d'Argail et de Ferragus. Refus d'Angélique. Combat décisif de Ferragus et d'Argail. 307

Chant II. La lance d'Argail est trouvée par Astolphe. Ferragus, Renaud et Roland courent après Angélique. Joutes. Succès variés d'Astolphe. Les deux fontaines. Angélique rencontre Renaud; Roland, Angélique. Combat de Renaud et de Ferragus. Arrivée de Fleur-d'Épine. 313

Chant III. Charlemagne envoie Renaud au secours de Marsile. Bataille entre Gradasse et Marsile. Défi entre Gradasse et Renaud. Maugis au Cathai commence à Angélique l'histoire des quatre fils Aymon. 319

Chant IV. Maugis continue l'histoire des quatre fils Aymon. Siège de Montauban. 324

Chant V. Maugis poursuit l'histoire des quatre fils Aymon et la sienne. Tours qu'il joue à Charlemagne. 328

Chant VI. Fin du siège de Montauban. Fin de la guerre. Maugis pape. Vaine tentative de Maugis auprès de Renaud. Renaud va combattre Gradasse. Illusion. 332

Chant VII. Marsile s'unit à Gradasse. Charlemagne vaincu et pris. Combat d'Astolphe et de Gradasse. Délivrance de Charlemagne. Berthe la filandière. Astolphe va chercher en Asie ses cousins Roland et Renaud. Huon de Bordeaux. Obéron. 340

Chant VIII. Brandimart et Fleur-de-Lis. Échec de Sacripant. Le fleuve de l'Oubli. *La fée au pont.* Mauvais accueil fait à Astolphe par Roland. Fleur-de-Lis rencontre Brandimart. Prasilde et Irolde. Renaud gagne Rabican en faisant serment de punir Trufaldin. Il perd Fleur-de-Lis. Astolphe va chercher Angélique auprès d'Agrican. Agrican, rebuté par elle, l'assiége dans Albraque avant d'aller en France. Astolphe, armé de la lance d'or, traverse le camp d'Agrican, et pénètre dans Albraque. 347

Chant IX. Astolphe donne à Angélique des détails sur Roland, et, par occasion, sur Ogier, Olivier, Fier-à-Bras, Turpin. 352

Chant X. Astolphe continue son récit. Le singe de Vienne. Olivier reconnaît ses deux fils. Singulière ambassade. Le roi Jonas et Renaud. Roland et Morgant. Morgant confesseur. Roland refuse d'être invulnérable. Le roi Hugon et sa fille. Miracle de Turpin. Miracle de Renaud. 356

Chant XI. Sortie malheureuse d'Astolphe. Sacripant, Torinde et Trufaldin viennent au secours d'Angélique. Ils pénètrent, malgré Agrican, dans la ville; mais Agrican les y suit, et reste maître de la ville. Ils se retirent dans la citadelle, où Angélique les laisse maîtres aussi; et elle va, graces à son anneau, chercher le secours de Roland. Elle l'amène vers Albraque. Perfidie de Trufaldin. Colère et engagement de Roland. Première entreprise de Mandricart. Nouvelle manière de mettre les armées en déroute. Galafron va au secours de sa fille. Renaud et Marphise. Brandimart et Fleur-de-Lis. Galafron battu par Agrican, Agrican par Roland. Renaud attaqué par Galafron, et défendu par Marphise. Tout le monde se bat, excepté Brandimart et Fleur-de-Lis. Combat décisif entre Roland et Agrican. 363

Chant XII. Le cerf et la levrette. Grande lutte pour Trufaldin. Ruse de guerre de Renaud. Avantage de Roland. Coup d'autorité d'Angélique. 371

Chant XIII. Conseil tenu par Agramant en Afrique. Début de Rodomont; de Brunel; d'Origile. Les amans au pain et à l'eau. Roland bien payé de sa confiance. Roland retrouve Origile, et perd Durandal et Bride-d'Or. Il attaque les jardins de Falerine, qui lui donne Balisarde; mais il n'y trouve pas la cousine qu'Angélique l'a envoyé chercher. Falerine le renvoie à la fée Morgane, dont, ainsi que la fée-au-pont, elle n'est qu'une suivante. Roland va chez Morgane, et roule avec un monstre dans un abime. 376

Chant XIV. L'occasion et le repentir. Roland retrouve Renaud, Brandimart, Astolphe, Aquilant et Griffon. Le roi sans nom. Dudon vient de France chercher tous ces paladins. Tous y retournent; mais Roland et Brandimart y vont par le Cathai. Le nain Brunel rencontre Angélique, Sacripant, Marphise et Roland. 383

Chant XV. Roland convertit Brandimart. Nouvelles perfidies d'Origile. Prodigieux combat de Renaud. La femme à quatre maris. Astolphe enlevé par Alcine. Roland sauvé par Brandimart. Brandimart et Fleur-de-Lis livrés aux bêtes. Exploit de Brandimart. Roland le sauve à son tour. Roland et Brandimart arrivent enfin chez Angélique. Angélique part avec Roland pour la France. 388

Chant XVI. Voyage de Roland avec Angélique. Roland manque l'heure du berger. L'émir qui daigne. Les paroles gelées. Le pauvre tyran. Roland absolutiste. Brunel est fait roi. Roger se joint à Agramant. Rodomont en Italie. Bradamante vient au secours de Didier, et Renaud au secours de Bradamante. Combat de Bayard et de Rodomont. Défi de Rodomont et de Renaud. 396

Chant XVII. Mandricart veut venger son père Agrican. Il part sans armes, trouve l'armure

TABLE DES CHANTS.

d'Hector, désenchante Gradasse. Rodomont aux Ardennes. Combat de Rodomont et de Ferragus. Ils apprennent l'invasion en France de Marsile, père de Ferragus et allié d'Agramant; ils partent pour la seconder. Renaud, arrivé aux Ardennes, n'y trouve pas Rodomont qu'il cherche, et y trouve ce qu'il ne cherchait pas. Il boit dans la fontaine de l'Amour, tandis qu'Angélique boit dans celle de la Haine. Combat de Roland et de Renaud. Angélique en charte privée. Tristan, Lancelot, Amadis et Galaor apparaissent à Roland et à Renaud. Batailles sur batailles. Enchantement de Roland. Horrible déroute des chrétiens. 401

CHANT XVIII. Exploits de Bradamante. Elle fait connaissance avec Roger. Elle est blessée. Querelle entre Roger, Mandricart et Gradasse. Désenchantement de Roland. Combat de Roland et de Mandricart. 408

CHANT XIX. Hommage à l'Arioste. Angélique se sauve; elle rencontre Renaud et Ferragus. Argail reparaît. Angélique se confie à Sacripant, et pense s'en repentir. Elle se croit mieux avec un ermite. Renaud envoyé en Angleterre. Ruse de Pinabel. l'Hippogriffe. 412

CHANT XX. Roger chez Alcine. Fleur-d'Épine et Bradamante, Fleur-d'Épine et Richardet. Mélisse protège Bradamante. Départ de Roger. Délivrance d'Astolphe. Fureur d'Alcine. 419

CHANT XXI. Renaud combat pour Genèvre. Zerbin regrette Isabelle. Roland sort de Paris pour chercher Angélique. 426

CHANT XXII. Angélique avec l'ermite. Roger avec Angélique. L'anneau. Nouvel enchantement d'Atlant. Olympe. 430

CHANT XXIII. Malice d'Angélique. Emma et Ferragus. Exploits de Roland. Chanson de Roland. Danger d'Isabelle. Roland et les bandits. Gabrine. 436

CHANT XXIV. Mandricart et Doralice. La fiancée du roi de Garbe. Le chant de Lutèce. Saint Michel, la Discorde et le Silence. Assaut de Paris. Prodiges de Rodomont. Secours de Renaud. Rodomont court après Doralice. Échec des Sarrasins. 441

CHANT XXV. Astolphe en Asie combat deux géans. Griffon à Damas. Griffon et Martan. Voyage dans une baleine. République de femmes. 446

CHANT XXVI. Marphise, Gabrine et Zerbin. La plus belle des batailles. Astolphe au château d'Atlant, Bradamante prêche Roger. Bradamante tue Pinabel et perd Roger. Délivrance de Zerbin. Malheurs de Gabrine. Diversion d'Ogier le Danois. 453

CHANT XXVII. Blessure de Médor. Pitié d'Angélique. Conversion de Ferragus. Sa rencontre avec Renaud. Leur querelle. Combat indécis de Renaud et de Mandricart. Emma, Éginard et Charlemagne. 458

CHANT XXVIII. Erreur de Fleur-d'Épine. Récit de Richardet. Danger de Maugis. Message à Roger. Découverte terrible pour Roland. Roland furieux. 463

CHANT XXIX. Manière de convertir les musulmanes. Mandricart s'empare de Durandal. Courage et malheur de Zerbin. Douleur d'Isabelle. Querelles croisées entre Rodomont, Mandricart, Roger et Marphise. Mauvaise idée de Maugis, qui les suspend. Échec de Charlemagne. 469

CHANT XXX. Colère de saint Michel. La Discorde fait des siennes. Les disputes entre les Sarrasins recommencent. D'autres s'élèvent entre Mandricart et Gradasse, entre Rodomont et Sacripant. Confusion dans le camp d'Agramant. Doralice sacrifie Rodomont à Mandricart. On veut empaler Ferragus. Renaud le sauve, et se querelle avec lui. Sermon de Ferragus. Terrible combat de Mandricart et de Roger. 474

CHANT XXXI. Rodomont à table d'hôte. Joconde. Défense des femmes. Rodomont et Isabelle. Danger et dévoûment d'Isabelle. 480

CHANT XXXII. Douleur et pont de Rodomont. Folies de Roland. Rechute de Ferragus. Bataille de nuit. Apparition décisive de Roland. Défaite d'Agramant, qui se retire à Arles. Défi entre Renaud et Gradasse. Gradasse maître de Bayard. Roland rencontre Angélique. Roland en Afrique. Astolphe au paradis terrestre. 485

CHANT XXXIII. Origile reparaît. Inquiétudes de Bradamante. Son double succès. Échec de Brandimart. Accident qui arrive à Brunel. Échec de Rodomont. Lutte de Marphise et de Bradamante. Mystère révélé. 491

CHANT XXXIV. Astolphe dans la lune. Essai du jugement dernier. 497

CHANT XXXV. Foi d'Astolphe. Le paradis de Mahomet et l'autre. Combat de Renaud et de Roger. Fantôme de Rodomont. Grande et décisive bataille. Désastre d'Agramant. 501

CHANT XXXVI. Fuite d'Agramant. Combat de Roger et de Dudon. Naufrage. Maugis aux Ardennes. Renaud guéri d'Angélique. La coupe enchantée. Bon sens de Renaud. Nouvelles et dernières folies de Roland. 506

CHANT XXXVII. Assaut de Biserte. Défi d'Agramant. Mauvaises pensées d'Origile. Conférence entre Rodomont derviche et Ferragus moine. 512

CHANT XXXVIII. Combat de Lampedouse. Trois héros contre trois héros. Douleur de Fleur-de-Lis. Miracles d'un ermite. Conversions. Promesse. Origile punie par elle-même. Alaciel reparaît. Douleur et voyage de Roger. Assaut de générosité. Roger épouse Bradamante. Combat de Rodomont et de Roger. Nouvelles d'Angélique. 517

CHANT XXXIX. Angélique au bal masqué. 526

CHANT LX. Roland à Gavarnie. Combat de Roland et de Ferragus. Doralice et Fleur-d'Épine reparaissent. La brèche de Roland. Roland soumet le dernier ennemi de Charlemagne. Roncevaux. Vengeance. Hymne. 532

ÉPILOGUE. 540

TABLE ANALYTIQUE
DES PERSONNAGES.

Dans cette table analytique de *Roland*, on n'a pas pu suivre toujours l'ordre *chronologique* des faits, parce qu'il fallait avant tout ici suivre *l'ordre des chants*; et l'on sait bien que dans les poèmes et romans, il y a presque toujours dans le récit principal quelque récit de faits antérieurs intercalé, et même que c'est un des droits du genre; mais ces faits antérieurs sont toujours ici indiqués *au passé*, tandis que tous les autres le sont *au présent*. Grace à cette précaution, commune aux tables de la *Table ronde* et d'*Amadis*, l'ordre chronologique sera toujours très facile à rétablir.

A.

ACHMÉ, sultane favorite de Gaudisse. — Accident qui lui est arrivé en dansant, 7.

ADMÉNAR, guerrier de Charlemagne, se signale dans le combat contre Marsile, 17.

AGOLANT a été tué par Roland, 5.

AGRAMANT, empereur d'Afrique, fils de Trojan, et jaloux de Charlemagne, 1. — Son dessein contre la France, 3. — Son père a été tué par Charlemagne. — Il est excité contre les chrétiens par Ferragus. — Assemble en conseil les rois d'Afrique. — Cherche à se procurer l'anneau d'Angélique et Roger, auxquels tient le succès de son entreprise. — Il promet un royaume à Brunel s'il lui rapporte cet anneau, 13. — Il fait roi Brunel et va avec ce nain et les autres princes africains à la découverte de Roger. — Il feint de se battre avec Sobrin pour attirer Roger qui l'attaque et le renverse.—Veut faire pendre Brunel.—S'excuse ensuite quand ce nain lui est présenté par Roger, 16. — Son armée débarque à Marseille. — Il joint les troupes de Marsile qui ont été battues et se signale par sa valeur contre l'armée de Charlemagne. — Il est victorieux, 17. — Il a confié à Brunel l'anneau d'Angélique pour ramener Roger, 19. — Il profite de l'absence de Renaud et de Roland pour donner un assaut à Paris. — Est assailli à son tour par les troupes qu'amène Renaud. — Attaque ce héros et a son cheval tué par le choc de Bayard. — Ses troupes sont vaincues et poursuivies par celles de Charlemagne, 24. — Il attaque Charles, le repousse et assiège de nouveau Paris, 29. — Il cherche à apaiser les querelles qui s'élèvent dans son camp. — Veut s'opposer à la vengeance de Marphise envers Brunel. — Est retenu par Sobrin. — Consent à ce que ce roi mette fin aux différends des amans de Doralice, qui s'en rapportent au choix de cette princesse. — Décide que les querelles de Roger, Mandricart et Gradasse se termineront par un seul combat. — Vient relever Roger blessé et vainqueur de Mandricart, et reçoit de lui Bride-d'Or, 30. — Il dispute la victoire aux troupes qui fuient, et se voit obligé de se retirer à Arles, 32. — Il ordonne de nouvelles levées de troupes dans ses états et y fait répandre des bruits de victoire. — Fait faire des offres à Rodomont qui l'a quitté et fait pendre Brunel, 33. — Il est pressé par Charlemagne et apprend l'attaque de Biserte. — Assemble son conseil et est de l'avis de Sobrin de terminer la guerre par un combat singulier. — Trompé par la fée Mélisse, qui lui apparaît sous les traits de Rodomont, il arrête la lutte de Roger et de Renaud, se signale dans le combat général qui s'engage, est abandonné par Marsile, et finit par être entièrement défait, 35. — Il quitte la France avec les débris de son armée. — Est rencontré par la flotte de Dudon. — Est de nouveau vaincu et fuit seul avec Sobrin sur un esquif, en emmenant toujours Bride-d'Or, 36. — Il arrive au moment où Biserte est brûlée par Astolphe et Roland. — Veut se tuer.—Est consolé par Sobrin, et touche avec lui l'île de Lampedouse, où il est joint par Gradasse. — Fait, avec Gradasse et Sobrin, défier Roland, 37. — Combat avec eux contre Roland, Olivier et Brandimart. — Est tué par Roland. — Son corps est apporté à Biserte, 38.

AGRICALTE, guerrier africain, 16.

AGRICAN, empereur de Tartarie. — Son dessein contre la France, 1. — Il est épris d'Angélique. — L'assiège dans Albraque et fait attaquer Galafron par Mandricart, son fils. 3. — Il continue le siège d'Albraque. — S'empare de Bayard. — Tombe sur Torindo, Sacripant et Trufaldin.—Blesse Sacripant. — Poursuit jusque dans Albraque les fuyards dont il fait un grand carnage. — Est obligé de reculer. — Est secouru par les siens, revient à la charge et reste maître de la ville sans pouvoir s'emparer de la citadelle. — Combat Roland qui veut entrer dans celle-ci. — Roule peu dignement du haut du rocher. — Est attaqué par Galafron. — Le bat. — Mais, attaqué aussi par Roland, Brandimart, Griffon et Aquilant, il est battu. — Défie Roland. — Est tué et honoré par lui, 11.

ALACIEL, fiancée de Sobrin, roi de Garbe. — Accidens qui lui sont arrivés avant son mariage, 24. — Elle rejoint à Marseille son mari, mourant de ses blessures, après le combat de Lampedouse, et, par ses soins touchans, lui rend la santé, 38.

ALARD, un des quatre fils d'Aymon, 1. — Il a quitté la cour de Charlemagne. — S'est joint à Richardet pour enlever son frère Guichard, grièvement blessé au siège de Montauban, 4. — Il a été renversé par Roland et forcé de se rendre à Pinabel. — A été près d'être pendu. — A été délivré à temps par ses frères. — A enlevé l'aigle d'or du pavillon de l'empereur, qu'il a brisé et a consenti avec peine à le rendre. — A proposé à ses frères de tuer Bayard pour s'en nourrir. — A voulu faire pendre Richard, prisonnier de son frère Renaud. — Accompagne Renaud en Espagne. — Il est désigné par son frère, prêt à combattre contre Gradasse, pour le remplacer comme chef, 6. — Il croit Renaud mort, et fait retraite vers la France. — Est tué sous les murs de Paris, 7.

ALBA, reine, et mère de Guidon-le-Sauvage, qu'elle a eu du comte Aymon, 25.

ALBAROSE, victime de Trufaldin, de qui Renaud jure de venger la mort en acceptant Rubican, 8.

ALCINE, magicienne, sœur de Morgane et de Logistille, et nièce d'Obéron, 7. — Elle fait enlever Astolphe, 15. — Elle l'a changé en myrte. — Elle a métamorphosé ses anciens amans en plantes et en animaux. — Elle se présente à Roger. — Son portrait en beau. — Elle accueille ce héros par des fêtes et des jeux, et le retient chez elle par des enchantemens,—Son portrait en laid. — Elle perd Roger et le poursuit. — Elle est vaincue par le pouvoir du bouclier d'Atlant, et est dépouillée de ses états, 20.

ALISE, fille de Margiste, a trompé le roi Pepin et a été brûlée toute vive avec sa mère, 7.

ALMANZOR, visir, tué par Griffon au tournoi donné par Noradin, roi de Damas, 25.

ALMONT, géant, à qui Roland a enlevé Durandal et son cor, 36.

ALTESIMAR, roi centenaire des Garamantes, combat l'avis de Rodomont dans le conseil d'Agramant. — Le sien étant repoussé, il désigne à l'empereur d'Afrique, Roger, comme étant le guerrier le plus nécessaire pour le succès de son entreprise, ainsi que l'anneau d'Angélique. — Il meurt, après cela, en présence des rois d'Afrique, 13.

AMADIS apparaît avec Galaor, Tristan et Lancelot, pour séparer Roland et Renaud, 17.

AMAURY, de Maïence, a accusé Huon, de Bordeaux, d'avoir assassiné Charlot, fils de Charlemagne, a été tué par Huon, 6.

ANGÉLIQUE, sœur d'Argaïl et fille de Galafron, roi du Cathaï, paraît au tournoi donné par Charlemagne. — Son portrait. — Promet de se rendre au chevalier vainqueur d'Argaïl. — Éveille l'amour de tous les chevaliers et de Charlemagne lui-même. — Va au bal avec son frère. — Est préservée par son anneau magique de la surprise de Maugis, qu'elle fait arrêter et conduire à Galafron. — Refuse d'épouser Ferragus et se sauve dans la forêt des Ardennes, 1. — Elle y boit dans la fontaine de l'amour et brûle pour Renaud, qui la fuit. — S'éloigne de Roland et de Ferragus, qui se battent pour elle, 2. — Elle arrive au Cathaï, délivre Maugis et lui demande l'histoire des quatre fils Aymon, 3. — Elle lui avoue son amour pour Renaud et le charge d'aller lui parler et de l'amener au Cathaï, 6. — Elle est dédaignée par Renaud, qu'elle sauve toutefois dans un grand péril. — Est aimée par Agrican, qu'elle refuse et qui l'assiége dans Albraque. — Appelle ses amans à son secours. — Accueille Astolphe et lui demande le récit des hauts faits de Roland, 8. — Après la prise d'Albraque par Agrican, elle remet la garde de la forteresse où elle se retire, à Trufaldin, Torinde et Sacripant. — Va chercher Roland et les autres preux captifs de la Fée au Pont. — Les désenchante, et, grace à son anneau, détruit toutes les œuvres magiques de la fée. — Rentre invisiblement dans le fort et se voit menacée par Trufaldin. — Veut accorder Trufaldin et les chevaliers qui viennent la défendre et à qui ce roi ferme l'entrée de la forteresse. — Fait consentir Roland à protéger Trufaldin, 9. — Elle craint Roland pour Renaud, et prie Roland de combattre Marphise. — Pour sauver Renaud, elle ordonne à Roland d'aller attaquer les jardins de Falerine pour délivrer une de ses parentes, 12. — Elle accueille Sacripant et donne des fêtes à Marphise. — Est volée par Brunel, qui lui emporte son anneau, 14. — Elle apprend de Roland, de retour de l'expédition qu'elle lui a commandée, que Renaud est arrivé en France. — Part pour ce royaume avec Roland et Brandimart, 15. — Elle a une velléité d'indulgence pour Roland, mais elle manque l'heure du berger. — Se repose chez un émir très fier. — Est témoin de la mystification de Roland par la voix d'Orgille qui se dégèle, 16. — Elle boit dans la fontaine de la haine, pendant que Renaud boit dans celle de l'amour. — Elle revoit avec horreur. — Le fuit de même pendant qu'il se bat avec Roland. — Envoie Olivier pour séparer les deux rivaux. — Est prisonnière de Charlemagne et remise entre les mains de Naymes pour être la récompense du preux le plus brave, 17. — Elle retrouve Renaud qu'elle fuit pendant qu'il se bat avec Ferragus. — Se confie à Sacripant. — Fuit encore pendant le combat de celui-ci et de Renaud. — Se sauve dans les bras d'un ermite, 19. — Cet ermite se trouve être un sorcier, et Angélique a beaucoup à souffrir pour sa pudeur. — Est enlevée par des mariniers et exposée dans l'île d'Ebude pour être dévorée par une orque. — Est délivrée par Roger qui l'enlève sur l'hippogriffe. — Court un grand danger avec lui. — Retrouve son anneau et disparaît, 21. — Elle dérobe l'habit d'une bergère. — Arrive au palais enchanté d'Atlant. — Se fait poursuivre par Roland, Ferragus et Sacripant. — Se joue d'eux. — Prend le casque de Roland, et, en fuyant, l'abandonne à Ferragus, 23. Elle rencontre Médor blessé. — En a pitié. — Prend soin de ses blessures. — L'aime. — En est aimée, et l'épouse. — Se dirige avec lui vers l'Asie, après avoir donné à son hôte le bracelet de diamans que Roland lui avait donné, 27. — Elle est pourtant rencontrée en Espagne avec Médor, par Roland furieux. — Se rend invisible et pense être brisée par lui, en tombant de cheval, 32. — Elle traverse la Touraine, 33. — Elle s'est décidée à retourner par terre dans le Cathaï, dont elle est devenue reine après la mort de Galafron, et voyage incognito, 37. — Elle prie pour Charlemagne de passer par Paris. — Assiste aux fêtes de l'hymen de Roger, et a, au bal masqué, une dernière et très singulière aventure. — Retourne au Cathaï avec Médor, 39.

AQUILANT-LE-NOIR, fils d'Olivier et frère de Griffon-le-Blanc. — Est prisonnier de la fée au pont, 8. — On raconte comment il a retrouvé son père et son frère. — Comment il a été un des ambassadeurs de Charlemagne chargés de défier le roi Jonas, 10. — Il chantait le ténor chez la fée au pont, quand il est désenchanté par Angélique. — Il la suit au siège d'Albraque. — Parvient par sa valeur jusqu'à la citadelle où Trufaldin refuse de le laisser entrer. — Entre avec Roland. — Se joint à ce héros et tombe sur Agrican. — Se retire devant les Persans et leur reine Marphise, 11. — Est requis par Trufaldin de le défendre contre Renaud, 12. — Il va à la recherche de Roland, et entend assurer qu'il est mort, ainsi que Renaud, 12. — Est condamné à périr et sauvé par Roland, 13. — Captif de Morgane, 14. — Il est encore délivré par Roland et l'accompagne chez le roi sans nom. — Il rencontre Dudon envoyé par Charlemagne, et revient en France, 14. — Il prêche Roger, amoureux d'Origile, 15. — Il est enchanté pour avoir voulu s'emparer de l'armure d'Hector. — Est désenchanté par Mandricart et va visiter Léon, fils de l'empereur grec, 18. — Il combat avec son frère le géant Orrile, et ils sont secourus par Astolphe. — Il visite Sansonnet et le tombeau du Christ. — Enchaîne et conduit à Damas Origile et Marian. — Part pour la France. — Est englouti avec ses compagnons dans le ventre d'une baleine. — Est sauvé de ce péril, et arrive dans une république de femmes, 25. — Grace à Marphise et à Astolphe, il revient en France, où il est indignement retenu par un félon. — Est délivré par Roger et Bradamante, 26. — Il rencontre Renaud et Guidon près de Paris, et se signale dans la déroute nocturne des Sarrasins, 32. — Il retrouve son père, et reconnaît Origile dans la femme de son oncle Salomon, 33. — Il se fait remarquer par sa bravoure dans la défaite des infidèles 35. — Il défend son frère Griffon et accuse la perfidie d'Origile sans pouvoir réussir, 38. — Il montre enfin à son oncle plus qu'il ne voulait, 39. — Il remporte un prix au tournoi donné pour les noces de Roger. — Il s'unit à Renaud et à Griffon, pour venger Roland et punir la perfidie de Ganelon et de ses Maïençais, 40.

ARGAÏL, frère d'Angélique et fils de Galafron, se présente au tournoi donné par Charlemagne. — Danse au bal avec sa sœur. — Effet terrible de sa lance. — Son cheval. — Il arrête Maugis qui va surprendre Angélique pendant son sommeil. — Renverse Astolphe et Ferragus. — Propose ce dernier pour époux à sa sœur, qui le refuse. — Se bat encore avec Ferragus, qui le tue, lui prend son casque, et, à sa prière, jette son corps dans la fontaine du perron de Merlin, 1. — Son ombre apparaît à Ferragus et lui reprend son casque, 19.

ARGANTE, géant renversé par Roland au siège d'Albraque, 11.

ARIODANT, frère de Lorrain et amant de Genèvre, a été trompé par Polinesse, croit sa maîtresse infidèle et s'éloigne. — Revient combattre son frère, et se fait reconnaître quand l'innocence de son amante est vengée. — Épouse Genèvre, 21. — Il se distingue au siège de Paris, 24.

ARTUS, roi d'Angleterre. — C'est pour lui que Merlin fit jaillir la fontaine de la haine dans la forêt des Ardennes, 2.

ASTOLPHO, roi de Lombardie et ami de Jocondo. — Son histoire, 31.

ASTOLPHE, fils d'Othon, roi d'Angleterre et cousin de Roland et de Renaud. — Est le premier que désigne le sort pour combattre Argaïl au tournoi donné par Charlemagne. — Est renversé et fait prisonnier, 1. — Après la mort d'Argaïl, il s'empare de sa lance d'or. — Apprend à Renaud et à Roland la fin d'Argaïl et la fuite d'Angélique. — Renverse Grandonio, d'autres Sarrasins et Ganelon. — Est trahi et renversé par Pinabel. — Veut se venger sur Ganelon. — Est mis en prison, 2. — Il est élu chef des Parisiens, qui le rendent à la liberté. — Fait défier Gradasse et le renverse. — Malmène Ganelon. — Va chercher Renaud et Roland. — Rencontre Huon, qui lui fait le récit de son voyage chez Gaudisse, 7. — Il se dirige vers Albraque. Joute avec Brandimart et le renverse. — Abat Sacripant qui veut lui enlever Bayard. — Va et pénètre chez la fée au pont. — Y est très mal accueilli par Roland, et sauvé par Bayard. — Traverse le camp de Tartarie. — Est accueilli par Angélique, qui lui demande des détails sur Roland et d'autres preux, 8. — Il commence son récit à cette princesse, 9. — Il le continue, et raconte, entre autres choses, qu'il a été un des douze ambassadeurs envoyés par Charlemagne pour défier Jonas, roi musulman de la Terre-Sainte, 10. — Il abat plusieurs Sarrasins au siège d'Albraque. — Est démonté par le géant Rhadamante qui l'emporte. — Perd Bayard ; mais dans la déroute des Tartares il retrouve sa lance, et rentre dans Albraque, 11. — Il apprend d'Origile la fausse nouvelle de la mort de Roland. — Annonce à Brandimart, Griffon et Aquilant l'aventure funeste de Renaud avec le géant Haridan, 12. — Est arrêté, conduit à la mort et sauvé par Roland, 13. — Il est une seconde fois délivré par Roland qui le trouve captif chez Morgane. — Il l'accompagne chez le roi sans nom. — Rencontre Dudon envoyé par Charlemagne, et reprend la route de France sur Rabican qu'il a reçu de Renaud, 14. — Il se trouve à un rendez-vous amoureux avec Renaud et Dudon. — Est enlevé par une baleine et transporté chez Alcine, 15. — Changé en myrte par cette magicienne, il donne de sages conseils à Roger. — Est délivré par Mélisse. — Reprend sa lance d'or, et, monté sur l'hippogriffe, il va avec cette fée chez Logistille, 20. — Monté sur Rabican, qu'Astolphe lui a laissé en s'envolant sur l'hippogriffe, il quitte Logistille, qui lui rend sa lance d'or et lui donne un livre et un cor merveilleux. — Il fait son valet d'un géant. — Combat le géant Orrile, qui se bat avec Aquilant et Griffon. — Tue ce géant. — Donne son valet à Sansonnet et va visiter le tombeau du Christ. — Assiste à la joute que donne Noradin à Damas, et part pour la France. — Est englouti avec ses compagnons dans le ventre d'une baleine, et les sauve tous en faisant bâiller l'animal. — Arrive dans une république de femmes. — Sauve encore ses compagnons avec son cor, 25. — Rencontre une bataille où tout le monde est mort, excepté un seul combattant qui se meurt. — Perd Rabican. — Arrive au château d'Atlant. — Y est poursuivi par ses habitans. — Détruit l'enchantement. — Retrouve Rabican et l'hippogriffe. — Remet à Bradamante sa lance d'or et Rabican, et va, monté sur

DES PERSONNAGES.

l'hyppogriffe, tenter une diversion en Afrique, 26. — Il franchit Biserte. — Vole en Éthiopie chez le prêtre Jean, qu'il délivre des harpies. — Va visiter le paradis terrestre, 32. — Il va avec saint Jean dans la lune, où il trouve la raison de Roland et une partie de la sienne et de celle de son conducteur. — Assiste secrètement à un essai du jugement dernier, 34. — Il reçoit de saint Jean une plante merveilleuse. — Rend la lumière au prêtre Jean, et en reçoit cent mille hommes. — Sa foi lui procure une cavalerie. — Il marche sur Biserte, et surprend le roi Brizeau, qu'il échange contre Dudon. — Sa foi lui procure encore une flotte. — Il est repoussé de Biserte; mais il est joint par Olivier, Sansonnet et Brandimart, 33. — Découragement de son armée devant Biserte. — Mais Roland arrive. — Astolphe aide ses amis à l'arrêter, et lui fait boire et recouvrer sa raison, 36. — Il offre le généralat à Roland, qui le refuse. — Contribue par ses exploits à la prise de Biserte, 37. — Il annonce à Fleur-de-Lis la mort de Brandimart. — Quitte l'Afrique et la remet à Charlemagne. — Il rejoint Renaud et Roland à Marseille. — Affranchit l'hippogriffe et est félicité par la cour de Charlemagne, 38. — Il a une bonne part dans l'aventure d'Angélique au bal masqué, 39.

ATLANT, magicien, protecteur de Roger, 7. — Il s'est chargé à la mort de Galaciel, de l'éducation de ses deux enfans. — Il a perdu Marphise, mais il s'occupe bea :coup de Roger, 13. — Il retient Roger loin des combats, mais ne peut vaincre l'ardeur de son élève pour la guerre. — Il le suit à regret près des guerriers qui viennent le chercher et feignent de se battre. — Perd Roger. — Puis, prend soin de sa blessure, 16. — Il le protège dans une lutte contre Roland, éloigne celui-ci et l'en hante, 17. — Il retient Roger et Gradasse dans un château enchanté. — Veut enlever Bradamante. — Est renversé par cette amazone, et obligé de rendre Roger et les autres preux qu'il a enchantés, 19. — Il enchante de nouveau Roger et d'autres preux dans un palais, 22. — Tous ses enchantemens sont détruits par Astolphe, 26. — Son ombre dévoile à Roger et à Marphise, qui se battent, le mystère de leur naissance, 33.

AYMON (le comte), prince des Ardennes, père de Renaud, d'Alard, de Richardet, de Guichard et de Bradamante. — Il a refusé de prendre le parti de l'empereur contre Beuves, son frère. — A été arrêté après la mort de Charlot, et obligé de combattre ses enfans. — A été sauvé par Renaud. — A trouvé et laissé ses enfans avec leur mère. — A amené cent cavaliers qu'il a en secret chargés de les défendre, 6. — Il arrête devant Montauban Marsile, qui marche contre Charlemagne, 18. — A eu de la reine Alba un autre fils, Guidon-le-Sauvage, qui se signale, 25. — Il promet Bradamante à Léon, fils de l'empereur grec. — Reçoit très froidement Renaud, et Roger qu'on lui présente pour gendre. — Fait enlever sa fille de Paris, et se décide enfin à la donner en mariage à Roger, quand celui-ci est proclamé roi de Bulgarie, 38.

B.

BALANT, amiral d'Orient, père de Fier-à-Bras. — A envoyé en France quinze rois pour traiter de la rançon de son fils. — Ils ont été battus par Roland et par les autres députés de Charlemagne. — Il a fait emprisonner ces ambassadeurs. — A été assailli par ses preux délivrés par Floris, sa fille. — A été attaqué par Charlemagne et tué par Roland, 9.

BAMBERA (le comte de). — Est légèrement traité par Rodomont dans un combat, 16.

BARDY, roi qui blesse Roger dans un combat simulé, et qui est tué par le jeune homme, 16.

BÉATRICE, femme du comte Aymon. — Sa tendresse et ses soins touchans pour ses quatre fils persécutés, 6. — Elle reçoit très froidement Renaud qui lui présente Roger pour gendre. — Destine sa fille à Léon, fils de l'empereur de Grèce, et consent enfin à préférer Roger proclamé roi de Bulgarie, 38.

BERNARD DE CARPIO, chevalier espagnol. — Est le sixième que le sort désigne pour combattre Argail, 1. — Est renversé par Ogier au tournoi donné par Charlemagne, 2. — Il signale sa valeur dans le combat entre Marsile et Charlemagne, 17. — Il est présent au siège de Paris, 24. — Il soutient le choc des guerriers de Renaud, 32. — Il est renversé par Bradamante, 33. — Il a imaginé l'embuscade de Roncevaux. — Il en sort en fuite par Roland, 40.

BERTHE-AU-LONG-PIED, ou la Filandière, mère de Charlemagne. — Comment elle fut trahie par Margiste et Alise, et comment elle retrouva le roi Pepin, 1.

BERTHE, sœur de Charlemagne et mère de Roland. — A été mise en prison par ordre de l'empereur, et délivrée par Milon, son amant. — A fui avec lui et donné le jour à Roland. — Est rentrée en grâce auprès de Charlemagne, qui a reconnu son fils. — A épousé en secondes noces Ganelon, 9.

BETFORT, guerrier amené d'Angleterre, par Renaud, au siège de Paris où il se signale, 24.

BEUVES, duc d'Aigremont, frère d'Aymon et père de Maugis, a refusé de rendre hommage à Charlemagne. — S'est opposé en vain à l'assassinat de Lothaire, fils de l'empereur, qui lui a déclaré la guerre, puis lui a pardonné. — A été assassiné par une trahison machinée par Charlot et Ganelon, 3.

BISÈRE, duc de Zélande, amant d'Olympe, est prisonnier de Cymmosque, roi des Frisons, et délivré par Roland, qui tue ce roi. — Abandonne Olympe dans une île pour épouser la fille de Cymmosque. — Est tué par Obert, roi des Irlandais, 22.

BRADAMANTE, sœur des quatre fils Aymon, 1. — Son amour pour ses frères qu'elle voulait déjà suivre aux combats, 3. — Elle vient, à la tête d'une armée française, au secours de Didier. — Est surprise par Rodomont et défendue par Renaud, 16. — Arrive d'Italie pour secourir Charlemagne menacé par Marphise et Agramant. — Rencontre dans la mêlée et renverse Rodomont, 17. — Après la déroute des chrétiens, Bradamante, sans se faire connaître, renverse Sacripant bien à propos pour Angélique, 18. — Elle rencontre encore Rodomont et se bat avec lui jusqu'à l'arrivée de Roger, qui fait cesser le combat. — Reste avec Roger, qui lui raconte ses malheurs et fait connaissance avec elle. — Est attaquée par Orphèse, roi sarrazin, qui la blesse. — Est défendue par Roger. — Tue Orphèse et perd Roger en se battant contre les Sarrazins, 19. — Elle sort du couvent où elle a guéri sa blessure. — Est indignement trompée par Pinabel. — Est sauvée par la fée Mélisse dans la grotte de Merlin, dont elle apprend le sort, et aussi l'avenir de l'histoire de France, et comment elle peut délivrer son amant avec l'anneau d'Angélique. — Prend cet anneau à Brunel et attache ce nain à un arbre. — Rencontre Atlant et l'oblige à rendre Roger et les autres preux qu'il tient enchantés. — Voit Roger emporté et enlevé par l'hippogriffe, 19. — Elle va sur Frontin, qu'elle garde à Roger, à Montauban, où elle soigne et guérit son frère Richard, blessé. — Est rencontrée par Fleur-d'Épine, qui la prend pour un guerrier, la conduit à son château, et éprouve un mécompte que Bradamante raconte à Richardet. — Bradamante remet à Mélisse l'anneau d'Angélique pour délivrer Roger chez Alcine, 20. — Elle est enchantée dans un palais d'Atlant, où elle entend sans cesse Roger sans pouvoir le trouver, 22. — Elle est enfin désenchantée par Astolphe. — Voit Roger qui l'est aussi. — Répond à son amour. — Va avec lui le faire baptiser à Vallombreuse. — Est trahie par Pinabel, qui veut lui faire ravir ses armes. — Reconnaît ce scélérat. — Le poursuit et le tue, mais ne trouve plus son amant. — Reçoit d'Astolphe sa lance d'or et Rabican, 26. — Elle arrive à Montauban. — Envoie Frontin à Roger et commence à être inquiète et jalouse, 28. — Elle entend parler du mariage prochain de Marphise et de Roger. — Part pour aller trouver celui-ci. — Est proclamée en route, la plus belle et la plus vaillante. — Renverse Rodomont et l'oblige à délivrer ses prisonniers. — Charge Fleur-de-Lis d'un défi pour Roger et de lui ramener Frontin. — Abat Serpentin, Isolier, Bernard de Carpio et Marphise. — Ne peut se résoudre à frapper Roger et tombe sur les païens. — S'emporte contre Marphise. — Voit avec transport Marphise luttant contre cette reine. — Reconnaît enfin Marphise pour la sœur de Roger, et lui jure une amitié de sœur, 33. — Elle apparaît à son amant dans le Paradis. — Craint pour lui quand il doit se battre avec Renaud pour terminer la guerre. — Se signale dans la défaite des Sarrazins, 35. — Elle a de nouvelles craintes sur son amant; est promise par Renaud et Roland à Roger, et, par son père, à Léon, fils de l'empereur grec. — Veut qu'on attende l'arrivée de Renaud pour confier son mariage avec Léon. — Implore Charlemagne pour qu'il lui soit permis de choisir pour époux le guerrier qui pourra l'abattre. — Elle est enlevée de Paris par ses parens. — Se bat avec Roger, qu'elle ne reconnaît pas. — Est généreusement cédée par Léon. — Voit le jour même de son mariage Roger combattre Rodomont, 38. — Fêtes célébrées pour son hyménée. — Elle est enceinte et renonce à être guerrière, 39.

BRANDIMART, amant de Fleur-de-Lis, joute avec Astolphe, qui le renverse et le traite avec générosité. — Va visiter la fée au Pont et la renverse. — Est abattu par Roland. — Est retenu par la fée et oublie sa maîtresse, 3. — Il est enchanté chez cette fée et fait la haute-contre dans un concert avec d'autres preux. — Il est désenchanté par Angélique. — Va la défendre à Albraque. — Se lie intimement avec Roland. — Parvient par sa valeur à la forteresse d'Albraque, où il entre avec Roland. — En sort avec ce héros et tombe sur Agrican. — Retrouve Fleur-de-Lis et l'accompagne dans un bois voisin, où il oublie un peu les batailles, 11. — Il est au moment d'être vaincu par Marfuste qui lui enlevait Fleur-de-Lis. — Est délivré par Roland et reçoit de lui le cheval et l'épée d'Agrican. — Veut secourir Roland qui combat deux taureaux appartenant à Morgane. — Revient avec sa maîtresse à Albraque. — Se bat contre Renaud et Marphise, de moitié avec Roland. — Lui remet Bayard, 12. — Il remet Bayard à Renaud. — Entend affirmer la mort de Renaud et celle de Roland. — Est arrêté, conduit au supplice, et délivré par Roland. — Est captif de Morgane. — Encore délivré par Roland. — Visite le roi sans nom. — Retourne avec Roland à Albraque où il a laissé Fleur-de-Lis, 14. — Il est converti et baptisé par Roland. — Est denoncé par Origile, qui le fait arrêter avec Roland. — Se dévoue pour son ami et le sauve. — Tue le lion qui va dévorer Fleur-de-Lis. — Est sauvé à son tour par Roland. — Est reconnu par son père Torinde. — Veut en vain épouser Fleur-de-Lis et l'emmène à Albraque avec Roland, 15. — Il suit Roland et Angélique en France. — Renverse le géant Varillard et s'expose pour Roland. — Se repose chez un émir qui le reçoit assez mal et qu'il secourt contre un géant. — Explique à Roland un phénomène extraordinaire de dégel, 16. — Il s'unit aux efforts de Roger pour séparer Mandricart et Gradasse, qui se battent. — Conduit ces héros vers Roland enchanté. — Suit Brunel, qui lui mène à une entreprise chevaleresque. — Reste témoin entre Roland et Mandricart, 18. — Il sort de Paris pour courir après Roland, qui court après Angélique, 21. — Il est retenu, dans un palais enchanté, par Atlant, 22. — Il est désenchanté par Astolphe, 26. — Il protège la retraite de Charlemagne vaincu par Agramant, 29. — Il ne seconde pas moins cet empereur dans la déroute des Sarrasins, 32. — Il est rejoint par Fleur-de-Lis, qui lui donne des nouvelles de Roland. — Va à la recherche de ce chevalier. — Arrive au pont de Rodomont. — Lutte avec lui et devient son prisonnier, 33. — Transporté en Afrique, il y est délivré par Dudon. — Se joint à Astolphe, qui assiège Biserte. — Retrouve Fleur-de-Lis. — Aide Astolphe, Olivier et Sansonnet à rendre la raison à Roland, 36. — Il s'expose sous les murs de Biserte. — Est sauvé par Roland et contribue par ses exploits à la prise de cette place. — Est désigné par Olivier par Roland pour combattre tous les trois, à Lampedouse, contre Agramant, Gradasse et Sobrin, 37. — Est tué par Gradasse et fait ses adieux à Roland. — Son corps est apporté en Sicile, où Roland lui fait élever un tombeau magnifique. — Est réuni aux cendres de Fleur-de-Lis, qui vient mourir sur sa tombe, 38.

BRINTEAU, roi barbare, fait prisonnier par Astolphe, et échangé contre Dudon, 36. — Il reçoit une blessure malheureuse au siège de Biserte, 38.

BRONTIN, Sarrasin, renversé par Astolphe, au siège d'Albraque, 11.

BRUNEL, nain, à qui Agramant promet un royaume s'il lui apporte l'anneau d'Angélique. — Ses essais devant les princes d'Afrique, 13. — S'habille en pèlerin et vole l'anneau promis. — Trompe Sacripant et lui vole Frontin son cheval. — Trompe aussi Marphise et lui dérobe insolemment son épée. — Est vainement poursuivi par cette princesse pendant dix jours. — Enlève Balisarde à Roland et disparaît. — Sa perversité n'est pas secondée par son courage, 14. — Il est fait roi de la Tingitane. — S'unit à Agramant pour chercher Roger, qu'il lui fait trouver, et propose un combat simulé pour attirer ce héros. — Remet des armes et Frontin à Roger. — Est sur le point d'être pendu par ordre d'Agramant. — Est délivré par Roger, 16. — Il se déguise en géant et se fait suivre par plusieurs chevaliers pour entreprendre une aventure héroïque, 18. — Il amène Roger et Gradasse dans un château, ouvrage d'Atlant. — A reçu d'Agramant l'anneau d'Angélique, qu'il lui a confié, pour lui ramener Roger. — Perd cet anneau que lui ravit Bradamante. — Est attaché par elle à un arbre, 19. — Il est reconnu par Marphise, dans le camp d'Agramant, et emporté par cette reine pour être puni, 30. — Il rentre en grâce auprès de Marphise. — Est pendu par ordre d'Agramant, 33.

C.

CHARLEMAGNE, roi de France, empereur d'Occident, fils de Pépin et de Berthe au long pied, prince qui a été vainqueur de Witikin, Logbrod, Léon et Trojan. — Donne un grand tournoi à Paris. — Devient amoureux d'Angélique, qui y arrive. — Est le onzième qui le sort désigne pour combattre Argail, 1. — Il fait mettre Astolphe en prison. — Il envoie Renaud en Espagne au secours de Marphise. — Maugis raconte à Angélique tous les rapports de Charlemagne avec les quatre fils Aymon. — Charlemagne a sommé Beuves, duc d'Aigremont et père d'Aymon, comte des Ardennes, de lui rendre hommage, et lui a envoyé comme ambassadeur son fils Lothaire, qui a été hautain, insultant, et assassiné. — Il a fait la guerre à Beuves, qui a demandé et obtenu merci. — Mais quand Beuves venait lui rendre hommage, il a été assassiné lui-même par Charlot, fils de Charlemagne. — Charlemagne a désavoué ce crime, mais ne l'a pas puni. — De là des reproches de Renaud, fils d'Aymon comte des Ardennes et frère de Beuves. — Une querelle est survenue entre Renaud et Charlot, qui a été jetée sans connaissance. — Alors le père de Charlemagne a fait arrêter Aymon et a déclaré la guerre à ses fils, qu'il a été assiéger dans Montfort et qu'il a poursuivis jusque dans les Ardennes, 3. — Il a envoyé sommer Nyon, roi d'Aquitaine, qui les a recueillis chez lui et à même récemment donné à Renaud sa sœur et le comté de Montauban, où le héros a construit un fort. — Nyon a refusé de livrer les quatre fils Aymon, et Charlemagne lui a déclaré la guerre. — Cet empereur voulant donner un très beau et excellent destrier à son neveu Roland, a proposé un prix et annonce une course solennelle à Paris. — Renaud y est venu déguisé, ainsi que Bayard, a remporté le prix et s'est échappé avec Bayard. — Charlemagne l'a suivi à Montauban, où s'est prolongé un siège célèbre, 4. — Il en voulait surtout à Maugis, cousin de Renaud et un peu sorcier, qui l'avait beaucoup servi. — Il en voulait aussi à Nyon, qu'il a cherché à faire enlever. — Devenu maître d'Alard, un des quatre fils Aymon, il a voulu le faire pendre. — Mais Renaud l'a délivré. — Charlemagne, dans un combat, a rencontré Renaud, qui lui a demandé la paix. — Charlemagne y a consenti à la seule condition qu'on lui livrerait Maugis. — Renaud s'y est refusé; et, le combat recommençant, Renaud a emporté Charlemagne, que Roland lui a fait abandonner. — Par suite le sorcier Maugis a été la nuit suivante braver Charlemagne jusque dans sa tente, et, pris un moment, s'est affranchi par son pouvoir magique en endormant tout le monde, et en emportant la couronne. — Charlemagne lui-même s'est trouvé emporté dans un coffre à Montauban, d'où les quatre fils Aymon l'ont renvoyé honorablement dans son camp avec tout ce que Maugis lui avait enlevé. — Il a écouté les mauvais conseils de Pinabel et de Ganelon. — A continué le siège de Montauban. — A réduit à la famine les quatre fils Aymon, et quand ceux-ci lui ont échappé il les a poursuivis en Gascogne. — Leur a encore refusé la paix quand ils ont pris et épargné un de ses douze pairs, Richard, duc de Normandie. — Mais il a été alors quitté par ses autres pairs et preux, excepté Roland, qui l'a fait consentir à pardonner à Renaud qui a remis Bayard et a été faire la guerre dans la Terre-Sainte. — Bientôt après, Charlot, l'auteur de tout le mal, a été tué par Huon, fils de Nyon, et Charlemagne n'a pardonné au meurtrier de son fils qu'à des conditions presque impossibles à remplir. — Maugis, devenu cardinal et même pape, a confessé Charlemagne et, en se faisant reconnaître, a obtenu le rappel de Renaud et le sien, 6. — Charlemagne est vaincu et pris par Gradasse. — Est délivré par Astolphe. — Donne des fêtes à Gradasse et même un bal masqué, 7. — Astolphe, comme Maugis, raconte à Angélique des aventures antérieures de Charlemagne et de Roland. — Charlemagne a fait arrêter sa sœur Berthe, qui a épousé Milon. — A été plus tard enchanté de la valeur du jeune Roland, et, enchanté qu'il fût son neveu, a pardonné en sa faveur à Berthe et à Milon. — En Espagne, il a fait arrêter au moment Roland pour insubordination, et bientôt après, aidé par ce héros, il est venu à bout de l'amiral Balant. — Grâce à un anneau, il a été longtemps épris d'une femme fort laide. — L'a aimée même après sa mort. — S'est ensuite épris presque de même pour l'archevêque Turpin, et enfin pour Aix-la-Chapelle. — Dans une autre et ancienne querelle de son méchant fils Chariot, il a voulu faire périr Ogier-le-Danois, et a fini par savoir gré à Turpin de l'avoir adroitement sauvé, 9. — Il a reçu un défi insolent de Jonas, roi musulman de la Terre-Sainte. — Il lui a envoyé en réponse une ambassade de paladins, et bientôt après est venu lui-même conquérir la Terre-Sainte. — En revenant incognito en France il s'est arrêté chez Hugon, roi de Mésopotamie. — Il s'y est permis, ainsi que les paladins, des gabs très singuliers que plusieurs ont réalisés, 10. — Il envoie Dudon chercher ses preux pour le défendre contre Agramant, 14. — Il se prépare à recevoir les Sarrasins. — Sépare Roland et Renaud qui se battent pour Angélique. — Confie cette princesse au vieux Naymes, pour être destinée au preux qui se battra le mieux contre les assassins. — Marche vers son camp et bat le roi Marsile. — Est attaqué par les troupes d'Agramant. — Se signale par plusieurs exploits et court les plus grands dangers. — Est défendu par ses preux. — Est renversé par Ferragus et sauvé par Renaud ; mais, par les efforts des innombrables Sarrasins et surtout par l'absence de Roland, qui, trompé par un enchantement, s'est éloigné de lui pour le secourir, il s'est vu armée en complète déroute, 17. — Il envoie Renaud chercher des renforts en Angleterre, 19. — Il est enfermé et assiégé dans Paris, 21. — Il applaudit aux exploits de Roland. — Invoque le ciel dans sa détresse et est écouté. — Repousse Agramant. — Court avec l'élite de son armée à Rodomont, qui incendie Paris, et il le force à sortir de ses murailles. — Poursuit les Sarrasins et les tient assiégés dans leurs retranchements, 24. — Il invite son secrétaire Eginhard à prendre des leçons de morale à sa fille Emma. — Aperçoit celui-là avec sa fille qui lui a donné un rendez-vous. — Pardonne à tous les deux. — Fait Eginhard comte et lui donne sa fille en mariage, 27. — Se plaint de l'absence de ses chevaliers. — Est attaqué, repoussé par Agramant et assiégé de nouveau dans Paris, 29. — A son tour, dans une bataille de nuit où Roland intervient, il met les Sarrasins en déroute, 32. — Il poursuit et presse Agramant sous les murs d'Arles. — Accepte son défi de terminer la guerre par un combat singulier. — Choisit Renaud pour son défenseur. — Remporte sur les Sarrasins une entière et décisive victoire, 35. — Il reçoit d'Astolphe l'Afrique conquise. — Va avec sa cour au devant de Roland, Renaud, Olivier, Roger, Sobrin et Astolphe. — Accorde à Bradamante de prendre pour époux le guerrier qui pourra la vaincre. — Assiste au mariage de Roger et de Bradamante. — Félicite Roger, vainqueur de Rodomont. —

DES PERSONNAGES.

Reçoit des nouvelles d'Angélique, 36. — Il donne des fêtes pour célébrer les noces de Roger. — Veut avoir part à l'aventure secrète d'Angélique au bal masqué et en profite avec modération, 39. — Il prétend achever cette longue guerre contre les Sarrasins en détruisant Marsile, et nomme Roland pour général. — Il envoie Ganelon traiter avec Marsile vaincu et va prendre lui-même le commandement de son armée. — Il se décide, sur l'avis de Ganelon, à faire revenir Roland par Roncevaux. —Croit encore ce traître, qui l'empêche d'aller au secours de son neveu. — Effrayé une seconde fois par le cor de Roland, il arrive trop tard. —Reste vainqueur des Sarrasins, qui lui offrent tribut et hommage. —Fait élever un hospice à la place où Roland est mort, 40.

CHARLOT, fils de Charlemagne, s'est joint à Ganelon pour faire assassiner Bouves. — A été frappé par Renaud d'un coup d'échiquier, 2. — Il a été tué par Huon, de Bordeaux, qu'il insultait, 6.

CLARICE, sœur de Nyon, roi d'Aquitaine, 1. — A épousé Renaud, 4. — Renaud, quoique plein de confiance en elle, ne veut pas boire dans la coupe enchantée, 35.

CLORIDAN, guerrier de Dardinel, va avec Médor pour ensevelir ce roi. —Il est tué, 27.

CYMOSQUE, roi des Frisons, a ravi les états d'Olympe, fille du roi de Hollande et fait prisonnier Birène, son amant. — Poursuit Olympe, qu'il aime. —Est défié par Roland, qu'il a pensé tuer; car il est l'inventeur du fusil, mais il n'avait peut être pas inventé la poudre. Du moins il manque ce héros, qui ne le manque pas. — Ses troupes sont défaites par les Zélandais et sa fille est prisonnière de Birène, qui l'épouse ensuite, 22.

D.

DALINDE, fille d'honneur de Genèvre et aimée de Polinesse. — A perdu sa maîtresse sans le vouloir. — Va périr par la trahison de son amant. — Est délivrée par Renaud, à qui elle fait connaître l'innocence de Genèvre, 21.

DAME-DU-LAC (la) a été aimée de l'enchanteur Merlin et le retient vivant dans un tombeau jusqu'au jugement dernier, 19.

DARDINEL, roi sarrasin, est renversé par Roger, 16. — Il est étourdi d'un coup que lui porte Renaud, 17. — Il se fait remarquer au siège de Paris. — Abat Lurcain. — Est tué par Renaud, 24. — Il est enseveli par Médor, 27.

DIABLE (le) conduit Roger, Ferragus et les Sarrasins au paradis de Mahomet, 35.

DIDIER, roi des Lombards, assiste au tournoi donné par Charlemagne, 1. — Il est attaqué et vaincu par Rodomont. — Reprend l'avantage avec le secours de Bradamante, de Renaud et de Dudon, 16.

DISCORDE (la) est chargée par saint Michel d'aller troubler le camp des Sarrasins et lui donne à ce saint des renseignements pour trouver le Silence. — Avertit Rodomont de l'enlèvement de Doralice, 24. —Elle est mal traitée par saint Michel qu'elle a mal servi, et va, par son ordre, porter le trouble et la confusion dans le camp des Sarrasins où elle fait naître querelle sur querelle, 30.

DOLIN DE MAÏENCE, chef de la maison de Pinabel et de Ganelon. — Est tué dans un combat par Rodomont, 17.

DORALICE, fille du roi de Grenade, est aimée de Rodomont et de Ferragus, qui se battent pour elle, 17. — Elle est conduite vers Rodomont par ordre de son père. — Est enlevée par Mandricart et amenée dans un hameau où cet empereur lui raconte les aventures de la fiancée du roi de Garbe et en a une très agréable avec elle, 24. — Elle suit Mandricart, 26. — Elle est reçue chez Ferragus, ermite. — Flatte son amour et le décide à aller rejoindre Agramant, 28. — Elle arrête, mais inutilement, le combat de Zerbin et de Mandricart. — Fait suspendre aussi la querelle de Mandricart et de Rodomont. — Est emportée par son cheval au camp des Sarrasins, 29. — Elle sacrifie Rodomont et Ferragus à Mandricart. — Perd et pleure son amant, 30. — Elle est trouvée par les Sarrasins chez Ferragus, derviche, à Gavarnie. — Demandée à Roland, après la mort de Ferragus, qu'elle finit ses jours dans l'obscurité, 40.

DUDON, fils d'Ogier-le-Danois est le quatrième désigné par le sort pour combattre Argail, 1. — Est renversé par Isolier dans le tournoi donné par Charlemagne, 2. — Avait d'abord servi contre cet empereur à la tête du géant Manfredon. — Il avait été emporté sous un des bras du géant Morgant. — Rentré en grâce, il avait été un des douze ambassadeurs envoyés par Charlemagne pour défier Jonas, 10. — Il joint enfin en Asie les preux de Charlemagne, qu'il avait ordre de rappeler, 14. — Il se trouve dans un rendez-vous amoureux avec Renaud et Astolphe. — S'unit en vain aux efforts de Renaud pour sauver Astolphe enlevé par Alcine, 15. — Il court défendre Charles, pressé par Rodomont, 18. — Il signale sa valeur au siège de Paris, 21. — Il est fait prisonnier en Afrique en se dévouant pour la flotte qu'il commande. — Est échangé contre le roi Brineau, 33. — Il est nommé amiral de la flotte singulière d'Astolphe, 33. — Il délivre Olivier, Sansonnet et Brandimart, prisonniers de Rodomont. — Rencontre Agramant, qui fuit avec les débris de son armée, l'attaque et le met en fuite, 35. — Revient victorieux, emmenant les captifs à Charlemagne. — Se bat avec Roger et lui remet généreusement sept rois alliés d'Agramant, 34. — Métamorphose de sa flotte, 38.

E.

ECUYER-DE-RENAUD (l') a une aventure singulière avec Angélique au bal masqué et en donne connaissance, et part, à son maître, 39.

EGINHARD, secrétaire de Charlemagne, est blessé en défendant son empereur, que veut prendre Rodomont, 17. — Il escorte Emma, fille de Charlemagne, qui tombe au pouvoir de Ferragus et qu'il lui enlève bientôt après avec adresse, 23. — Il est aimé d'Emma, à qui il donne des leçons. — En obtient un rendez-vous. — Est aperçu à son retour par Charlemagne. — En reçoit son pardon. —Est fait comte et épouse Emma, 27.

ÉLIE attend dans le paradis terrestre le jour du jugement dernier, 34.

EMMA, fille de Charlemagne, 1. — Elle tombe dans les mains de Ferragus, qui veut en faire sa maîtresse. — Est sauvée par Eginhard, 23. — Eginhard, de plus, lui apprend à lire, est bien traité par elle. — Rendez-vous dérangé par la neige. — Elle y remédie, mais elle est aperçue par son père, qui lui pardonne, et lui donne pour époux l'amant qu'elle s'est donné, 27.

ESCLARMONDE, fille de Gaudisse, fait singulièrement connaissance avec Huon de Bordeaux. — Devient sa femme sous une condition difficile à remplir. — Est sauvée par l'écuyer Nairac, 7. — Elle perd son mari, 29.

F.

FALERINE, magicienne, veut faire périr Prasilde et Fleur-de-Lis, 14. — Est attaquée par Roland qui détruit ses jardins. — Lui donne l'épée de Balisarde et lui enseigne comment il faut attaquer Morgane, dont elle n'est qu'une fée subalterne, 13.

FAUSTUS a été un célèbre enchanteur, 19.

FÉE AU PONT (la), fée subalterne de Morgane. — Retient les preux captifs au fleuve de l'Oubli. — Est attaquée par Astolphe et Brandimart et défendue par Roland, 3. — Elle voit ses prisonniers délivrés et toute sa magie s'évanouir devant celle d'Angélique, 11.

FERRAGUS, fils de Marsile roi d'Espagne, tombe amoureux d'Angélique. — Est le second qui doit combattre Argail au tournoi donné par Charlemagne. — Est renversé. — Combat de nouveau. — Demande en mariage Angélique, qui le refuse. — Détache Rabican. — Se bat avec Argail. — Le tue. — Lui promet de cacher son corps dans la fontaine du perron de Merlin. — Se réserve seulement de garder son casque jusqu'au moment où il pourra s'en procurer un autre, le sien ayant été brisé dans le combat, 1. —Il poursuit Angélique. — Se bat pour elle contre Roland. — Est rappelé par Fleur-d'Epine, sa sœur, et va au secours de son père, 2. — Il se signale contre Gradasse. — Il est fait prisonnier, 3. — Il se joint à Gradasse pour les Français sous les murs de Paris, 17. — Il va exciter Agramant à faire la guerre à Charlemagne, et scandalise l'Afrique même par l'indécence de ses amours, 13. — Il rencontre Rodomont. — Se bat avec lui pour Doralice. — Va rejoindre son père Marsile. — Est, dans une grande bataille, attaqué par Charlemagne et le renverse. — Poursuit les Français vaincus, 18. — Il perd son casque dans une source. — Voit Angélique. — Court après elle. — Se bat pour elle avec Renaud. — Prend ce héros en croupe pour rejoindre cette princesse qui les a fuis. — S'en va seul chercher son casque dans la fontaine et voit sortir l'ombre d'Argail, qui lui reproche de l'avoir gardé contre sa promesse. — Privé du casque d'Argail, il jure de n'en plus porter qu'il n'ait conquis celui de Roland, 19. — Il est enchanté dans le palais d'Atlant, 22. — Il en sort pour suivre Angélique. — Se bat avec Roland. — Poursuit Angélique et s'empare du casque de Roland, qu'elle avait enlevé. — Rencontre Emma et l'enlève. —Enlève la princesse et la perd, 23. — Il se fait ermite dans son désespoir. — Reçoit chez lui Renaud et se bat avec lui. — Reste seul avec Doralice. — Lui parle de son amour et retourne à Mahomet et aux combats pour plaire à cette princesse, 28. — Il s'unit à Agramant contre les chrétiens. — Armé Mandricart pour combattre Rodomont. — Veut apaiser la querelle de Gradasse et de Mandricart. — Se met en troisième prétendant à Doralice, qui le refuse, et quitte elle et Agramant. — Se conduit très mal à Orléans. — Va être empalé. — Est sauvé par Renaud et se fait moine. — Son sermon, 30. —Il est encore sauvé d'un plus grand malheur par Renaud, 32. —Il est conduit par le Diable dans le paradis de Mahomet, et par Gabriel dans celui des chrétiens, 35. — Il a une conférence avec Rodomont, qu'il convertit à Mahomet. — Le disciple est discipliné, 37. —Il se fait derviche et est retrouvé ainsi avec Doralice à Gavarnie, par Roland, à qui il refuse de rendre son casque. — Se bat avec ce héros, qui le tue et qui, heureusement avant sa mort, lui donne le baptême qu'il avait oublié de recevoir, 40.

FIER-A-BRAS, géant, fils de Baland, a défié les preux de Charlemagne. — A un baume exécrable, mais tout puissant pour les blessures. — A été vaincu par Olivier et s'est déclaré chrétien, 9.

FIRMIN, amant de Roselle, 31.

FLEUR-DE-LIS, amie de Brandimart, est au moment d'être perdue pour lui. — Va avec lui et Astolphe au fleuve de l'Oubli. — Quitte la Fée-au-Pont pour aller chercher un vengeur de son amant, prisonnier de cette fée. — Rencontre Renaud, qui lui raconte une de ses aventures. — Retourne avec lui chez la Fée-au-Pont. — Lui raconte l'histoire de Prasilde et d'Irolde. — Est enlevée par un Centaure et sur le point d'être noyée, 5. — Elle arrive chez Falerine, qui l'envoie à la mort. — Est sauvée par Irolde et Renaud. — Retourne au fleuve d'Oubli et va de là à Albraque. — Rencontre Marphise. — Retrouve Brandimart et oublie avec lui la grande bataille qui se livre, 11. — Elle est enlevée par le géant Marfuste et délivrée par Roland. — Elle détourne Brandimart d'aller chez Morgane et entre avec lui dans Albraque, 12. — Elle reste près d'Angélique, 14. — Enfin pourtant elle part pour rejoindre Brandimart. — Est au moment d'être livrée aux bêtes féroces. — Est sauvée par Roland. — Va chez Torinde avec Brandimart, qui se trouve être fils de ce roi, tandis qu'elle ne se trouve que fille d'un peintre. — Torinde la refuse pour bru et Brandimart part avec elle pour s'illustrer par de nouveaux exploits. — Tous deux suivent Roland vers Albraque, 15. — Bientôt après Fleur-de-Lis avec Brandimart prend la route de France avec Roland et Angélique. — Elle s'arrête chez un émir qui daigne mal la recevoir. — Elle assiste au dégel de plusieurs paroles gelées d'Origile, 16. — Elle désenchante Roland, 18. — Elle court après Brandimart, qui court après Roland, 21. — Elle arrive au pont de Rodomont. — Est témoin des folies de Roland et retourne à Paris donner des nouvelles de ce héros, 32. — Elle rejoint Brandimart et va avec lui à la recherche de Roland. — Sauve son amant en excitant la pitié de Rodomont. — Va chercher un héros pour le délivrer de ses fers. — Implore la vaillance de Bradamante. — Va trouver son amant en Afrique et se charge d'un message de Bradamante et de Frontin pour Roger, 33. — Trouve Brandimart. — Est la première qui reconnaît Roland méconnaissable, 36. — Elle tremble pour son amant qui va combattre à Lampedouse. — Apprend sa mort. — Vient en Sicile pleurer sur son tombeau. — Résiste aux prières de Roland qui vent l'emmener en France. — Meurt et est ensevelie dans le même tombeau avec son ami, 38.

FLEUR-D'ÉPINE, fille de Marsile et sœur de Ferragus, sépare son frère et Roland qui se battent pour Angélique.—Vient chercher Ferragus pour secourir leur père, captif de Gradasse, 2. — Rencontre Bradamante endormie. — La prend pour un guerrier et en devient amoureuse. — La reconnaît et l'emmène dans son château, 19. — Elle est trompée par Richardet qu'elle prend pour Bradamante, 23. — Elle vient à Gavarnie chercher son frère Ferragus pour aider Marsile contre Charlemagne. — Le trouve tué par Roland, qui la remet entre les mains de Richardet pour la consoler, 40.

FLORISMART, neveu d'Inna, a poursuivi les enfans d'Olivier et a voulu les faire périr pour régner à leur place. — A été trahi par un singe et brûlé avec Inna, 10.

FLOUS, fille de Baland, a aimé Guy de Bourgogne et l'a aidé à se sauver avec les autres ambassadeurs de Charlemagne, 9.

FOULK, guerrier sarrasin, présent au siège de Paris, 24.

FOULQUES, chef assiégeant de Montauban, a été tué par Renaud, 4.

FOURBERIE (la), indique à saint Michel la demeure du Silence en l'adressant au Sommeil, 24.

FRINGE, guerrier de Marsile, 17.

G.

GABRIEL (l'archange), conduit Roger et Ferragus au paradis des chrétiens, 3.

GABRINE, servante de voleurs, 22. — Elle est prise en croupe par Marphise. — Revêt les habits de la dame de Ganelon. — Zerbin, qui la rencontre et commençait à se moquer d'elle, est forcé par Marphise à l'escorter. — Elle le désole par ses propos sur Isabelle. — Vole les effets de Pinabel tué par Bradamante et accuse Zerbin d'assassinat. — Fuit et rencontre Mandricart qui enlève le mors de la jument qu'elle monte. — Est encore rencontrée par Zerbin qui l'épargne et le livre à Oderic pour la défendre. — Est pendue par celui-ci, 26.

GALACIEL, sœur de Trojan et mère de Roger, 13. — Elle a épousé Roger, prince de Rège, a été exposée sur la mer par ordre de Trojan, avec les deux enfans à qui elle a dû le jour de Roger. — A confié en mourant ses enfans à l'enchanteur Atlant, 13, 33.

GALAFRON, roi du Cathai, père d'Argail et d'Angélique, envoie ses enfans en France pour combattre les preux de ce royaume, 1. — Est assiégé dans Canton par Mandricart, 8.

— Il se sert d'un stratagème plaisant pour mettre les assiégeans en fuite. — Va attaquer Agrican à Albraque. — Fuit. — Est secouru par Roland. — Reconnaît Rabican, que monte Renaud. — Frappe celui-ci déloyalement. — Est renversé par Marphise. — Ses troupes sont défaites par les Persans. — Tout ce qu'il peut faire c'est de se réfugier dans Albraque, 12. — Il se réconcilie avec Mandricart, 18. — Il meurt et laisse ses états à Angélique et Médor, 40.

GALLOR apparaît avec Amadis, Tristan et Lancelot pour séparer Roland et Renaud qui se battent, 17.

GANELON, comte de Mayence, époux de Berthe veuve de Milon, défie Astolphe au tournoi donné par Charlemagne. — Est renversé. — Veut s'en venger déloyalement. — Est pris au collet par Astolphe, 2. — Il a machiné avec Charlot l'assassinat de Beuves. — Il a conseillé à Charlemagne de faire arrêter le comte Aymon, frère de Beuves, 3. — Il a continué à l'empoisonner de mauvais conseils, 4. — Il s'est excusé de conduire Alard au supplice qu'il approuve, 5. — Il s'efforce, ainsi que Pinabel, de perdre les quatre fils Aymon, et tous deux décident Charlemagne à laisser Richard, un de ses pairs, périr d'un vil supplice plutôt que d'accorder la paix. — Lors de cette paix il a conservé le crédit que Pinabel a perdu. — Il est nommé juge de Huon de Bordeaux, qui a tué Charlot, et lui a infligé des conditions presque impossibles. — Il a voulu noyer Bayard, que l'empereur lui avait confié, 6. — Il va chercher Bayard à Paris pour le remettre à Gradasse. — Est honteusement refusé par Astolphe, qui le comble de mépris, 7. — Il a voulu détourner Charlemagne d'aller assiéger les paladins très compromis chez l'amiral Baland, 9. — Il abandonne un poste important, fait perdre la bataille aux chrétiens, expose la vie et la liberté de Charlemagne, est blessé en fuyant et est sauvé par le Diable pour tout le mal qu'il devait faire, 17. — Il est contraint par Marphise de donner à Gabrine les habits de sa dame, 26. — Il jure la perte de Roland qui rit de ses échecs dans un tournoi donné par Charles, 39. — Il est envoyé pour traiter avec Marsile vaincu. — Donne un avis de traître pour faire périr Roland, et empêche Charlemagne de voler à son secours. — Se sert d'une ruse qui ne lui réussit pas pour sauver son fils à Roncevaux. — Est puni avec ses Mayençais de leur perfidie, par Renaud, Aquilant et Griffon, 40.

GAUDISSE, amiral sarrasin, père d'Esclarmonde, 6. — Il perd sa barbe et quatre de ses dents et est forcé de donner en mariage sa fille à Huon, 7.

GENÈVRE, fille du roi d'Écosse et sœur de Zerbin, est accusée par Lurcain, qui la croit coupable, et condamnée à périr. — Est défendue par Ariodant, et par Renaud, qui tue Polinesse, auteur de la calomnie. — Épouse Ariodant, 21.

GERDON, fils de Ganelon, se distingue par ses exploits dans la défaite des Sarrasins, 37. — Il se signale au siège de Biserte, 37. — Il est accusé de trahison à Roncevaux, par Roland. — Prouve le contraire et se fait tuer, 40.

GRADASSE, empereur de Séricane. — Fait Marsile prisonnier, 1. — Ses vues sur Bayard et Durandal. — Il défie Renaud, 2. — Il se lasse d'attendre Renaud qui croit courir après lui, 4. — Il s'unit à Marsile. — Poursuit Alard jusque sous Paris. — Bat les Français. — Prend Charlemagne. — Est renversé par Bayard. — Fait Ogier prisonnier, et offre de très bonnes conditions à Charlemagne. — Est défié et vaincu par Astolphe. — Reçoit de fêtes que lui donne Charles, et reprend la route de son pays, 7. — Il est enchanté pour avoir voulu s'emparer de l'armure d'Hector. — Il est désenchanté par Mandricart, et veut revenir en France. — Se bat avec lui pour Durandal. — Séparé par Roger et Brandimart, il va avec eux vers Roland enchanté aussi. — A une querelle avec ce héros. — Laisse Mandricart se battre avec lui, et suit Brunel et Roger pour une entreprise héroïque, 18. — Il est conduit par Brunel dans un château enchanté d'Atlant. — Est délivré par Bradamante, 19. — Il est encore retenu dans une autre palais fantastique d'Atlant, 22. — Il est délivré cette fois par Astolphe, 26. — Il rejoint alors le camp d'Agramant, 29. — En armant Mandricart, qui va combattre Rodomont, il reconnaît Durandal. — Réclame cette épée que Mandricart lui refuse. — Il va se battre avec lui; mais le sort décide qu'il ne le combattra qu'après Roger. — Mandricart est tué, et Gradasse hérite de Durandal, 30. — Il dispute la victoire aux guerriers de Renaud. — Perd sa jument Alfane. — Cherche à ranimer les Sarrasins défaits. — Rencontre un combat Renaud sur Bayard. — Lui reproche d'avoir manqué à leur rendez-vous. — Se bat avec lui pour lui gagner Bayard ou lui céder Durandal, et reste, par un incident singulier, possesseur de Bayard, 32. — Il rencontre à Lampedouse Agramant et Sobrin. — Leur fait part de ses projets de défier Roland, d'attaquer ensuite le prêtre Jean, et de dégager les états d'Agramant, 37. — Grand combat de Gradasse, Agramant et Sobrin, contre Roland, Brandimart et Olivier. — Gradasse tue Brandimart. — Est tué par Roland. — Son corps est apporté à Biserte, 38.

GRANDONIO, chevalier espagnol. — Est le cinquième désigné par le sort pour combattre Argail, 1. — Renverse Ogier dans le tournoi donné par Charlemagne, puis Guy de Bourgogne, Richard, Naymes et Turpin. — Est aussi vainqueur d'Olivier, qui l'a blessé. — Est renversé par Astolphe, 2. — Il signale sa valeur en Espagne, 3. — Il relève la vaillance d'Astolphe devant Gradasse, 7. — Il se distingue dans la bataille terrible engagée devant Montauban entre Marsile et Charlemagne, 17. — Il est présent au siége de Paris, 24. — Il dispute la victoire aux soldats de Renaud, 22. — Il est tué à Ronceveaux par Roland, 40.

GRIFFON-LE-BLANC, fils d'Olivier et frère d'Aquilant-le-Noir. — Se trouve avec lui prisonnier chez la fée au pont, 8. — Astolphe raconte à Angélique la manière singulière dont les deux frères et leur père se sont reconnus. — Il dit aussi que Griffon a été un des douze preux envoyés par Charlemagne au roi Jonas, 10. — Griffon est délivré et désenchanté par Angélique, qui l'emmène à Albraque — Il parvient à la citadelle où Trufaldin refuse de le laisser entrer. — Il entre avec Roland. — Sort avec ce héros, et tombe sur Agrican. — Se retire devant les Persans. — Est requis par Trufaldin de le défendre contre Renaud, 12. — Il cherche Roland. — Entend parler de la mort de Roland et de celle de Renaud. — Il est arrêté, conduit à la mort, et sauvé par Roland. — Se prend de goût pour Origile, 13. — Il est trouvé et délivré chez Morgane par Roland. — Il l'accompagne chez le roi sans nom. — Rencontre Dudon et part pour la France, 14. — Il devient l'amant très bien traité d'Origile, qui le trahit bientôt, 15. — Il est enchanté pour avoir voulu s'emparer de l'armure d'Hector. — Est désenchanté par Mandricart. — Va visiter Léon, fils de l'empereur grec, 17. — Il combat avec son frère le géant Orrile. — Est secouru par Astolphe. — Visite Sansonnet et le tombeau du Christ. — Quitte ses deux compagnons pour chercher Origile et son amant. — Il accompagne Origile à Damas, où Noradin donne un tournoi. — Honteux de la lâcheté de Martan, il entre dans la lice. — Tue le visir Almanzor. — Est vainqueur de tous les champions qui se présentent. — Se retire avec Origile et Martan, qui lui ravit ses armes. — Est accusé par celui-ci dont il a été obligé de revêtir les armes. — Il se voit exposé aux plus vils outrages. — Tombe sur les guerriers de Damas. — Est reconnu par Noradin qui venge son injure. — Obtient la liberté d'Origile. — Assiste à une joute donnée en son honneur. — Part pour la France. — Est englouti avec ses compagnons dans le ventre d'une baleine. — Arrive avec eux dans une république de femmes. — Est sauvé par Marphise et Astolphe, 25. — Il arrive en France, où un félon le retient et l'oblige à combattre pour lui. — Est délivré par Roger et Bradamante, 26. — Il rencontre Renaud et Guidon près de Paris, et se signale dans la déroute nocturne des Sarrasins, 32. — Il revoit son père Olivier, et reconnaît Origile, mariée à son oncle Salomon, 33. — Sa vaillance dans la défaite des Musulmans, 35. — Il est accusé par Origile et disgracié par son oncle Salomon, 38. — Il est vengé d'Origile plus qu'il n'aurait désiré, 39. — Il obtient un prix au tournoi célèbre pour les noces de Roger. — Se venge avec Aquilant et Renaud de la perfidie de Ganelon et de ses Maïençais, 40.

GUÉRIN, seigneur de Montglave. — A gagné aux échecs la France à Charlemagne, et n'a pas été payé. — Est tué avec ses enfans par Rodomont, 17.

GUICHARD, un des quatre fils Aymon, mort de ses blessures dans la guerre fameuse de ses quatre frères. — S'est échappé avec eux, sur Bayard, de la cour de Charlemagne; et, poursuivi, a, comme eux, vaillamment combattu, 2. — Il leur a proposé, alors que le dénuement où ils étaient réduits, d'aller visiter leur mère; et il s'en est félicité, 3. — Il a été victime d'une trahison devant Montauban. — A reçu d'épouvantables blessures. — A été emporté par deux de ses frères, et a combattu encore; ce qui étonne beaucoup Angélique lorsque Astolphe lui raconte cela, 4. — Réduit dans Montauban à la famine, il a consenti à ce qu'on épargnât Bayard.

GUIDON-LE-SAUVAGE, fils du comte Aymon et de la reine Alba. — Se trouve très considéré par ses jalens dans la république de femmes. — Il combat Marphise, et n'en est que mieux vu par elle, 25. — Il part pour la France. — Est quitté avec regret par Marphise. — Est retenu par un félon, qui le force de combattre pour lui. — Est délivré par Roger et Bradamante, 26. — Il rencontre Renaud, qui, à sa valeur, le reconnaît pour son frère. — Retrouve ses amis, et se distingue dans la bataille de nuit contre les Sarrasins, 32. — Il se fait remarquer par son courage dans la défaite des Païens, 35. — Il offre à Marphise le prix qu'il obtient au tournoi célébré aux noces de Roger. — Y renverse Turpin, 39. — Il épouse Marphise, qui n'est plus si guerrière, 40.

GUY, duc de Bourgogne. — Est le huitième que le sort désigne pour combattre Argail, 1. — Dans le tournoi donné par Charlemagne, il est renversé par Grandonio, 2. — Il a été un des députés envoyés à Baland. — A été aimé de Floris, fille de cet amiral, qui l'a aidé à se sauver avec les autres ambassadeurs prisonniers de Baland, 9. — Il vole à la défense de Charlemagne pressé par Rodomont. — Il est blessé, 7. — Il se fait remarquer dans la défaite des Sarrasins, 35.

H.

HARIDAN, géant, se bat avec Renaud pour défendre l'honneur de Morgane. — Est entraîné dans les flots par son adversaire. — Se bat avec Roland. — L'entraîne aussi dans les flots, 13. — Est tué par ce guerrier, 14.

HARPIES (les) viennent piller tous les mets du prêtre Jean pour le punir. — Sont renfermées dans l'enfer par Astolphe, 32.

HÉNOCH attend dans le paradis terrestre le jour du jugement dernier, 34.

HERSIER, fourbe qui a voulu livrer à Charlemagne les quatre fils Aymon. — Il a été pris et pendu aussitôt, 3.

HISPAL, chevalier qui a escorté Ataciel, fiancée du roi de Garbe, et a reçu d'elle le prix de sa générosité, 24.

HUGON, roi de Mésopotamie, a engagé Charlemagne et ses chevaliers à séjourner chez lui. — Les a fait espionner et lui a fait accomplir les gajs qu'ils ont énoncés dans le vin, et dans desquels sa fille était très compromise. — Hugon, stupéfait des prodiges des chrétiens, s'est converti, 10.

HUGUES a blessé dangereusement Guichard qui l'a tué, 4.

HUON, de Bordeaux, fils de Nyon duc d'Aquitaine, se joint à Renaud contre Charlemagne. — A tué Charlot, fils de l'empereur qui l'insultait, et Amaury de Maïence qui l'accusait à tort. — S'est remis entre les mains de Charles qui l'a fait juger par Ganelon. — Celui-ci l'a condamné à aller tenter une aventure à peu près impossible chez Gaudisse, amiral sarrasin, 6. — Il raconte à Astolphe son voyage chez Gaudisse. — Comme il a rencontré Oberon qui lui a remis un cor magique. — Comme, emprisonné par Gaudisse et sauvé par Esclarmonde, fille de l'amiral, il a accompli le message de Ganelon, et obtient Esclarmonde en mariage, sous une condition... qu'il ne tient pas. — Il en est puni, et périrait de la famine, sans Nairon, son écuyer, 7. — Il est tué dans la bataille devant Paris, 29.

I.

INEA, veuve du marquis de Vienne, a voulu faire périr les enfans d'Olivier pour faire régner son neveu Florimart, et a été brûlée toute vive avec celui-ci, 10.

IROLDE, mari de Thisbine. — Loyauté ultra-chevaleresque qu'il a montrée envers Prasilde, 8. — Il délivre avec Renaud son ami Prasilde, que Falerine va faire périr, 11.

ISABELLE, fille du roi de Galice et amante de Zerbin. — Est laissée à Compostelle et confiée par lui à Oderic, 21. — Elle est trahie par Oderic enlevée par des voleurs, et délivrée par Roland, 23. — Elle retrouve son amant qui va périr. — Est sauvée par Roland. — Demande à Zerbin la grace d'Oderic, 26. — Elle est convertie par Zerbin. — Elle le perd de la main de Mandricart et veut se donner la mort. — Elle est calmée et recueillie par un saint ermite, 29. — Elle accompagne les restes de son amant. — Rencontre Rodomont. — Est fort inquiète de ses intentions et ne lui échappe que par un dévouement sublime, 31. — Elle est ensevelie avec Zerbin par Rodomont, 32.

ISOLIER, frère de Ferragus, renverse Dudon au tournoi donné par Charlemagne. — Est renversé par Ogier-le-Danois, 2. — Sa valeur en Espagne, 3. — Il se fait remarquer dans le combat entre Marsile et Charlemagne, 17. — Il est présent au siége de Paris, 24. — Il dispute la victoire aux soldats de Renaud, qui ont surpris les mahométans, 32. — Il est renversé par Bradamante, 33.

IRÈNE, fille du marquis de Vienne, s'est mariée secrètement avec Olivier et en a eu deux enfans, Aquilant et Griffon, 10.

J.

JACQUELINE, fille du roi Hugon, accomplit avec Renaud le pari étrange que celui-ci a fait dans un excès de gaîté, 10.

JEAN (le prêtre), a été frappé d'aveuglement pour avoir voulu pénétrer dans le paradis terrestre qu'il a dans ses états. — Est délivré des harpies par Astolphe, 32. — Il est protégé par saint Jean l'Évangéliste, 34. — Il recouvre la lumière, grâce à Astolphe, à qui il fournit une armée de cent mille hommes, 35.

JEAN (saint) l'Évangéliste, protecteur du prêtre Jean, attend dans le paradis terrestre le jour du jugement dernier. — Y reçoit très bien Astolphe, l'accompagne dans la lune, lui donne en bouteille la raison de Roland et une partie de celle d'Astolphe. — Le fait assister secrètement à un essai du jugement dernier, 34. — Lui donne une plante merveilleuse pour guérir le prêtre Jean, 35.

JOCONDE, ses aventures, 31.

JONAS, émir des Musulmans et roi de la Terre-Sainte, envoie un défi insolent à Charlemagne. — Fait arrêter les ambassadeurs de ce prince et les remet sottement à la garde de

L.

Sansonnet, qui les aime et qui est aimé de sa fille. — Il est attaqué et vaincu par Charlemagne, 10.

LANCELOT apparaît avec Tristan, Amadis et Galaor pour séparer Roland et Renaud, 17.
LAURE, dame ou demoiselle d'Albraque, peu respectée à la prise de cette ville, 11.
LÉON, empereur de la Grèce, a été vaincu par Charlemagne, 4. — Il fait demander en mariage la main de Bradamante pour son fils, 38.
LÉON, fils de l'empereur grec, est visité par Aquilant et Griffon, 18. — Il est amoureux de Bradamante et la fait demander en mariage. — Lui est promise par le comte Aymon. — Sauve la vie à Roger, son prisonnier, et lui fait combattre Bradamante. — Apprend de Mélisse le secret de ces deux amans, et présente lui-même son rival à celle qu'il aime, 38.
LISE, dame d'Albraque, prise d'assaut comme cette ville. — Consolation qu'elle donne à son mari, 11.
LOGROID, général goth, a été vaincu par Charlemagne, 4.
LOGISTILLE, magicienne, sœur de Morgane et d'Alcine, 8. — Caractère estimable de cette fée. — Elle reçoit chez elle Roger, Astolphe et Mélisse, 20. — Elle fait des dons précieux à Astolphe, 21.
LOTHAIRE, fils très hautain de Charlemagne. — A été envoyé en ambassade auprès de Beuves. — A été assassiné, et a été la cause que Beuves l'ait été aussi, 3.
LURCAIN, frère d'Ariodant, a cru Genèvre coupable et l'a accusée pour venger son frère, amant de cette princesse et qu'il croyait noyé. — Combat son frère sans le connaître, 21. — Il vient avec Renaud au secours de Paris. — Se distingue, est tué par Dardinel, et vengé par Renaud, 24.
LURÇON, sarrasin abattu par Astolphe, au siège d'Albraque, 11.

M.

MAHOMET, son paradis, 35.
MAMBRIN, géant, à qui Renaud a enlevé son fameux armet, 10.
MANDRICART, fils et successeur d'Agrican, roi de Tartarie, assiége Galafron dans Canton, 9. — Son armée est mise en fuite par un singulier stratagème de Galafron, 11. — Il veut venger la mort de son père. — Va attaquer les états de Sacripant, 17. Il se rend aux raisons que lui donne celui-ci. — Va chercher Roland au Cathai. — Se réconcilie avec Galafron. — Trouve l'armure d'Hector. — Désenchante Gradasse, Aquilant et Griffon. — Jure de conquérir Durandal. — Se querelle avec Roger pour l'aigle troyenne. — Se bat avec Gradasse pour Durandal. — Se rend à l'avis de Brandimart qui se joint à Roger pour rétablir la paix, et marche vers Roland enchanté. — Rencontre Brunel, le bat et le quitte. — Se bat avec Roland qui l'épargne, 18. — En cherchant Roland, il rencontre Doralice. — Dissipe son escorte. — Emmène la princesse. — Lui raconte les aventures d'Alaciel, et ce à quoi de même genre avec elle. — Il se bat avec Roland. — Est emporté par son cheval dont le mors s'est brisé. — Est jeté dans un fossé. — Prend le mors de la jument de Gabrine, 26. — Il arrive avec Doralice chez Ferragus. — Y trouve Renaud et se bat avec lui, 27. — Il s'empare de Durandal. — Combat Zerbin qui veut la défendre et qu'il tue. — Se bat avec Rodomont pour Doralice. — Se saisit de Bride d'Or. — Soutient d'autres combats croisés contre Richardet, Maugis, Marphise et Roger. — Suit Doralice au camp d'Agramant, et contribue beaucoup à une défaite des chrétiens, 29. — Il recommence ses querelles avec Rodomont, Roger et Marphise. — Puis avec Gradasse au sujet de Durandal. — S'en rapporte, quant à ses débats avec Rodomont et Ferragus, à Doralice qui le préfère. — Doit terminer avec un seul ses querelles avec Roger et Gradasse. — Soutient un terrible combat avec Roger qu'il blessé grièvement, mais qui le tue, 30.
MANFREDON, roi, de qui Dudon a quelque temps servi la cause contre Charlemagne, 10.
MANTOUE (le marquis de) est fracassé dans le combat par Rodomont, 3.
MARFUSTE, géant, se bat avec Brandimart et veut enlever Fleur-de-Lis. — Il est tué par Roland, 12.
MARGISTE, mère d'Alise, a été brûlée toute vive avec sa fille, 7.
MARPHISE, reine de Perse, vient au secours d'Angélique et de Galafron. — Rencontre Fleur-de-Lis. — Se bat avec Renaud, puis le venge de la déloyauté de Galafron. — Est attaquée par les guerriers de celui-ci, et secourue par ses Persans, 11. — Se joint à Renaud contre Trufaldin. — Se bat avec Brandimart et Roland, 12. — Elle reçoit des fêtes chez Angélique. — Poursuit Brunel qui a dérobé l'anneau de cette princesse. — Est aussi trompée par ce nain qui lui vole son épée, 14. — Elle

accourt à Damas où Noradin donne un tournoi à Griffon. — Ravit l'armure ajoutée au prix du combat et qui lui avait été dérobée. — Est cause de la querelle qui s'élève. — Part pour venir au secours des Musulmans en France. — Est engloutie dans une baleine avec ses compagnons de voyage. — Arrive avec eux dans une république de femmes. — Est choisie par le sort pour y tenter deux épreuves difficiles. — Y rencontre Guidon. — Lui livre un combat indécis. — Arrive en France. — Quitte ses compagnons de voyage, et à regret Guidon, pour aller rejoindre Agramant. — Prend Gabrine en croupe. — Est persiflée par Gancion. — Le combat et l'oblige à céder les habits de sa dame à Gabrine. — Renverse Zerbin et lui fait accompagner Gabrine, 25. — Elle s'unit à l'entreprise de Roger et de Richardet pour enlever Maugis aux Mayençais, 26. — Cette guerrière est rencontrée déguisée en simple femme, et Mandricart veut s'emparer d'elle. — Mais elle lui résiste le sabre à la main. — Parmi des querelles croisées, elle défend Roger contre Mandricart. — Se bat encore avec ce dernier. — Court sur ses pas jusqu'au camp des Sarrasins, et prend une grande part à l'affaire où les chrétiens sont repoussés et assiégés de nouveau dans Paris, 29. — Sa querelle avec Mandricart recommence. — Elle apprend l'élévation de Brunel, le reconnaît, l'emporte malgré Agramant, en défiant tous ceux qui voudraient la défendre. — Elle offre ses secours à Agramant qui a été battu, et obligé de se retirer à Arles. — Elle accorde à Brunel un pardon qui ne lui réussit pas. — Elle est renversée deux fois par Bradamante. — Suit cette amazone dont elle excite la colère et la jalousie. — Se bat de nouveau avec elle. — Attaque Roger qui veut les séparer. — Apprend de l'ombre d'Atlant qu'elle est sœur de Roger. — Embrasse son frère. — Jure une amitié de sœur à Bradamante, veut combattre Agramant, et se décide pour le parti de Charlemagne, 33. — Elle se fait baptiser par Turpin, 34. — Elle se distingue par sa valeur dans la grande défaite des Sarrasins, 35. — Elle va avec la cour de Charlemagne, recevoir son frère Roger à Arles. — S'intéresse auprès du comte Aymon et de Béatrice pour le mariage de son frère et de Bradamante, 38. — Elle reçoit de Guidon le prix qu'il a remporté au tournoi donné aux noces de Roger, 39. — Epouse Guidon, et a des raisons pour quitter le métier des armes, 40.
MARSILE, roi musulman d'Espagne, est attaqué dans ses états par Gradasse et fait prisonnier, 1. — Il s'unit à Gradasse et rentre dans son pays après que celui-ci est vaincu, 7. — Il vient attaquer Charlemagne. — Est arrêté devant Montauban par le comte Aymon. — Est surpris par Charles. — Battu par Roland et Renaud. — Secouru par Agramant et avec lui reste victorieux, 18. — Les deux princes alliés se préparent à donner un assaut à Paris. — Ils obtiennent quelque succès ; mais ils finissent par être repoussés, et à leur tour assiégés par Charlemagne, 24. — Marsile veut faire périr Richardet qui a séduit sa fille, 26. — Il s'efforce d'apaiser les querelles nées dans le pavillon de Mandricart. — Assiste au combat de celui-ci et de Roger. — Relève Roger mourant, vainqueur de Mandricart mort, 30. — Il se signale contre les guerriers de Renaud, 32. — Il fait passer à ses peuples des nouvelles officielles de ses prétendues victoires, 33. — Il conseille à Agramant de continuer la guerre en France. — Se retire lâchement du combat et achève ainsi la défaite d'Agramant et des Sarrasins, 35. — Il est attaqué dans ses états par Roland. — Est vaincu et demande la paix. — Consent par un traité à céder la moitié de l'Espagne à Charlemagne. — Sa perfidie à Roncevaux réussit, mais il est tué par Roland, 40.
MARTAN, amant d'Origile, succède à Griffon, 15. — Il trompe Griffon. — Va avec lui et Origile à Damas. — Se présente au tournoi que donne Noradin. — Y est couvert de honte. — Revêt les armes de Griffon. — Se fait passer pour le vainqueur. — Reçoit le prix du tournoi. — Conseille de faire pendre Griffon. — Fuit avec Origile. — Est rencontré par Aquilant. — Enchaîné, conduit à Damas et pendu par ordre de Noradin, 25.
MAUGIS, fils de Beuves duc d'Aigremont, et cousin de Renaud, mais bien moins jeune. — Se défie des projets d'Angélique. — Use de son talent en magie pour les savoir. — N'écoute pas tout ce qu'on allait lui dire. — Veut tuer Angélique endormie. — A d'autres projets en la voyant si belle. — Fait un enchantement qui échoue contre son anneau. — Est saisi par Argail, envoyé par Angélique à Galafron, et placé sur un rocher au milieu de la mer, 1. — Délivré par Angélique, il lui raconte l'histoire de ses quatre fils Aymon et la sienne. — A été chargé par le comte Aymon de feindre avec cent chevaliers de les attaquer, et de se joindre à eux avec ce renfort, 3. — Il les a suivis en Gascogne. — Leur a élevé par son art et ses fardadets le fort de Montauban qui a été bientôt assiégé. — Il a accompagné Renaud et Bayard à son secours de chevaux à Paris, — De retour à Montauban. — Il est arrivé bien à temps avec une troupe de guerriers au secours de ses cousins trahis, 4. — Il est arrivé aussi à propos au secours de l'un d'eux, Alard, au moment d'être pendu. — Il est devenu l'objet de la haine particulière de Charlemagne qui, à tout prix, a voulu se le faire livrer. — Il a voulu se venger. — A paru, la nuit, dans la tente de l'empereur qui a appelé. — Maugis, surpris et saisi trop vite, s'est rendu à Olivier qui a refusé de le livrer à Charlemagne.

— Maugis s'est livré lui-même. — Il a endormi l'empereur, ses paladins et ses gardes. — Rentré à Montauban avec la couronne joyeuse, Durandal, etc., il y a attiré les paladins qu'il a rendus d'humeur très dansante. — Voyant que Charlemagne persiste à se le faire livrer, il a dit aux quatre fils Aymon qu'il vient d'être touché de Dieu et va se faire ermite. — Qu'on partant il les engage à faire sans lui la paix, si quelque bonne occasion se présente. — Alors il leur a fourni cette bonne occasion en leur livrant Charlemagne coffré, 5. — Quand il a fini l'histoire de cette guerre, il raconte à Angélique comment il est devenu cardinal, pape. — A confessé Charlemagne, et a complété la paix. — Angélique le délivre. — L'envoie à Renaud qu'il trouve très inflexible pour elle, et qu'il quitte très mécontent. — Il n'en est pas moins un peu plus tard envoyé par Angélique pour sauver d'un monstre Renaud qui vient de consentir à la mort plutôt que de répondre à son amour, 8. — Il est enlevé par les Maïençais et sauvé par Richardet, Marphise et Roger, 28. — Il veut défendre Marphise. — Est renversé par Mandricart. — A la mauvaise idée de suspendre les querelles croisées de Rodomont, Mandricart, Roger, Marphise et Roger. — Envoie un farfadet dans le ventre du cheval de Doralice, 29. — Il rejoint Renaud près de Paris, 30. — Il est accusé par Renaud d'avoir mis en fuite son cheval Bayard, 32. — Il guérit Renaud de son amour pour Angélique, et s'occupe de sa guérison dont il prétend avoir aussi grand besoin, 36. — Il est appelé avec d'autres à se venger d'Angélique et se venge assez mal, 40.

Médon, jeune guerrier de Dardinel, est renversé par Roger, dans un combat simulé, 16. — Il va avec Cloridan rendre les honneurs de la sépulture à son roi Dardinel. — Est surpris par les guerriers de Zerbin. — Est blessé. — Est rencontré par Angélique qui prend soin de sa blessure, devient éprise de lui, le traite très bien et l'épouse un peu trop tard. — Il se dispose à passer en Asie avec elle, 27. — Cependant il est rencontré en Espagne par Roland devenu fou. — Il est en défendant Angélique, et court le plus grand danger, 32. — Il vient avec Angélique à Paris où il éprouve un malheur, et même plusieurs malheurs, dont il ne se doute pas. — Angélique dégoûtée de Paris, l'emmène au Cathai pour régner avec elle, 39.

Mélisse, fée, sauve Bradamante, tombée dans la grotte de Merlin. — Lui fait connaître le secret de ce magicien et la perfidie de la Dame du Lac. — Lui enseigne comment elle pourra désenchanter Roger, retenu chez Atlant, que l'anneau qu'Angélique a ravi à Brunel lui est nécessaire pour cela ; et comment elle peut l'enlever à ce nain. — Elle emprunte cet anneau à Bradamante pour aller délivrer Roger. — Elle enlève ce héros à Alcine et se retrouve avec lui chez Logistille où elle s'est rendue sur l'hyppogriffe avec Astolphe, 20. — Indique à Bradamante, pour délivrer Roger d'un autre enchantement d'Atlant, un moyen dangereux dont Bradamante n'use pas, 26. — Elle prend les traits de Rodomont et trompe Agramant afin d'arrêter la lutte de Roger et de Renaud, 35.

Merlin, célèbre enchanteur, son perron près de Paris, 1. — Sa fontaine dans la forêt des Ardennes, 2. — Sa grotte en Gascogne. — Il a aimé la Dame du Lac qui le retient dans cette caverne où il prédit l'avenir, et montre à Bradamante l'avenir de la France et de la maison d'Est, 20.

Michel (Saint) est chargé d'envoyer la Discorde dans le camp des Sarrasins et de faire conduire Renaud à Paris par le Silence. — S'acquitte de cette mission, 24. — Il donne des soufflets et des coups de pied dans le ventre de la Discorde, qui l'a mal servi, et l'envoie porter le trouble dans le camp des Mahométans, 30.

Milon, père de Roland, a délivré Berthe, sa maîtresse, que Charlemagne a fait arrêter, et a fui avec elle. — Est rentré en grâce auprès de l'empereur, qui lui a donné le comté d'Angers, 9.

Montglave. Voyez Guerin.

Morgane, magicienne, sœur d'Alcine et de Logistille, 2. — Est nièce d'Oberon. — Règne dans l'île d'Or. — Est maîtresse de la levrette et du cerf au bois d'or. — Est dédaignée par Roland, 12. — Elle a sous ses ordres la fée au Pont et la fée Falérine. — Son caractère et son pouvoir. — Elle retient captifs Renaud, Astolphe, Brandimart, Aquilant et Griffon. — Est poursuivie par Roland, qui la saisit aux cheveux et lui fait délivrer tous ses prisonniers enchantés, 14. — Elle garde Ogier le Danois pendant deux cents ans, puis le laisse partir pour la France. — Elle y vient l'enlever au moment où ce héros va se marier et l'amène dans son palais sous la mer de Sicile, 26.

Morgant, géant qui s'est battu avec Roland, a été touché subitement de la grâce et s'est fait ermite. — A confessé et tué Parisatis, frère de Ganelon. — A suivi Roland aux combats. — A fait des prodiges de valeur. — Est mort de la piqûre d'un aspic, 10.

N.

Nairac, Gascon, écuyer de Huon de Bordeaux, a représenté à son maître le danger où il s'exposait auprès d'Esclarmonde. — En a été repoussé et l'a sauvé toutefois de la famine ainsi qu'Esclarmonde, 7.

Naymes, duc de Bavière, quoique âgé, s'enflamme pour Angélique et est le neuvième désigné par le sort pour combattre son père Argail, 1. — Dans le grand tournoi donné par Charlemagne, il est renversé par Grandonio. — Il prend le parti d'Astolphe contre Ganelon et Pinabel, 2. — Il a défendu auprès de Charlemagne le comte Aymon, accusé d'avoir donné et jeté des vivres à ses enfans assiégés dans Montauban, 6. — A été un des ambassadeurs envoyés à Balant. — A voulu modérer la valeur trop peu diplomatique de son collègue Roland. — A voulu venger sur Baland les injures que celui-ci disait de Charlemagne. — A été mis en prison et délivré par Charles. — A accompli le gab très extraordinaire qu'il a fait chez le roi Hugon, 10. — A été, à cause de son âge, chargé par Charlemagne de garder Angélique, et a prétendu n'être pas aussi sans conséquence qu'on le croyait. — Il court défendre Charlemagne, pressé par Rodomont, 17. — Il se distingue au siège de Paris, 24. — Il est blessé en combattant, 29.

Noradin, roi de Damas, donne un grand tournoi. — Est trompé par Martan, qui a pris les armes de Griffon. — Lui donne le prix du tournoi. — Reconnaît le vrai vainqueur qui résistait seul à ses guerriers. — Lui promet de le venger. — Fait pendre Martan, et donne une joûte en l'honneur de Griffon, 25.

Nyon, roi d'Aquitaine et père de Huon de Bordeaux, assiste au grand tournoi donné par Charlemagne, 1. — A été battu par un prince sarrasin et secouru par Renaud et ses frères. — A donné en mariage sa sœur Clarisse à Renaud et pour dot la ville et le comté de Montauban. — Plus tard il a traité avec Charlemagne pour les fils Aymon, qu'il trahissait, 4. — Il s'est jeté dans un couvent. — Y a été arrêté par Roland et emmené à Charlemagne, qui voulait le faire périr. — A été délivré par Renaud, 5. — Jouait aux échecs avec Richard quand on est venu prendre celui-ci pour le conduire au supplice, 6.

O.

Oberon, roi de féerie, époux de Titania, reine de Sylphirie, protège les chrétiens. — Remet un cor magique à Huon, qui va chez Gaudisse. — Fait consentir cet amiral à donner en mariage sa fille à Huon. — Se lasse de servir les chrétiens, 2. — Il a communiqué une partie de sa puissance à ses trois nièces Alcine, Morgane et Logistille. — N'est content que de la dernière, 7. — Pourquoi il excuse les torts d'Alcine et de Morgane, 29. — Il fait connaître à Morgane qu'elle doit consentir au départ d'Ogier le Danois, 26.

Obert, roi des Irlandais, vient attaquer les Ébudiens et rencontre chez eux Roland, qui délivre Olympe qu'ils ont exposée sur un rocher. — Il épouse cette princesse après avoir tué Birène, qui l'a indignement trahie, 22.

Oderic, ami de Zerbin, qui lui a confié pendant son absence son amante Isabelle, 21. — Il escortait Isabelle. — A voulu la séduire, même très brusquement. — A été mis en fuite par une bande de voleurs, 22. — Il est épargné par Zerbin, qui le charge de défendre Gabrine. — Il le promet et le pend le même jour à un chêne, 26.

Ogier le Danois, chevalier de France, mais illustré en Danemarck. — En revient pendant le grand tournoi donné par Charlemagne. — Renverse Isolier, Bernard del Carpio, etc. — Il est renversé par Grandonio, 2. — Il est envoyé contre les quatre fils Aymon. — Il a montré envers eux une générosité à laquelle Renaud a rendu hommage et à laquelle il a répondu, 4. — Il est pris par Gradasse, 7. — Il a été avec Roland, son ami, un des députés envoyés à l'amiral Boland. — A séjourné chez le roi Hugon. — A été défendu par Turpin contre le courroux de Charlemagne, dont il a insulté et menacé le fils Charlot, 9. — Il se distingue dans la grande bataille que Marsile et Agramant livrent à Charlemagne. — Il défend cet empereur contre Rodomont qui veut le percer, 17. — Après avoir dissipé en Tartarie l'armée que Mandricart y faisait rassembler contre la France, il rencontre Morgane qui le retient deux cents ans auprès d'elle. — Après quoi il revient à Paris. — Allait épouser une Montmorency, quand il est tout à coup enlevé par Morgane, avec laquelle il disparaît et qui le transporte dans un palais sous la mer de Sicile.

Olivier, marquis de Vienne et fils de Réguier, duc de Gênes et ami de Roland, arrive à Paris au milieu d'un grand tournoi donné par Charlemagne. — Y a de grands succès, mais est enfin renversé par Grandonio qu'il a blessé, 2. — Il assiste Maugis et défend noblement contre les guerriers de Charlemagne. — Il perd momentanément son épée haute-claire, 5. — S'est jeté, au refus de Roland, avec le géant Fier-à-Bras. — A été pris par les Sarrasins, 9. — A épousé Izène, dont il a eu Griffon et Aquilant. — Un singe, singulièrement dévoué, les a sauvés et les lui a fait reconnaître. — Il a été un des ambassadeurs envoyés chez le roi Hugon, 10. — Il rencontre Angélique, qui lui fait retrouver Roland et Renaud se battant pour elle. — Ne peut les séparer. — Se signale dans la bataille cutre Agramant et Charlemagne. — Défend vigoureusement son empereur, 17. — Il se fait remarquer dans la défense de Paris, 21 — Il contribue auprès de Charlemagne à la déroute nocturne des Sarrasins, 32. — Il retrouve Aquilant et Griffon. — Va chercher Roland. — Est fait prisonnier par Rodomont, 33. — Il est délivré en Afrique par Dudon. — Se joint à Astolphe qui assiége Biserte. — Unit ses efforts à ceux de Brandimart, d'Astolphe et de Sansonnet pour rendre la raison à Roland, 36. — Il signale sa vaillance à la prise de Biserte. — Est choisi avec Brandimart par Roland pour combattre, à Lampedouse, contre Agramant, Gradasse et Sobrin, 37. — Court les plus grands périls. — Est secouru par Brandimart et par Roland. — Il touche en Sicile avec ce héros. — De là est conduit chez un ermite qui le guérit de sa blessure et chez lequel il rencontre Roger. — Arrive à Marseille, part pour Paris avec Roland, Renaud et autres preux. — Est accueilli à Arles par Charles et sa cour, 38. — Il refuse à Roland de l'abandonner à Roncevaux. — Derniers adieux. — Il est tué à côté de Roland, 40.

OLYMPE, fille du roi de Hollande, est poursuivie par Cymosque qui lui a ravi ses états et a fait Birène, son amant, prisonnier. — Est délivrée par Roland. — Est trahie et abandonnée dans une île par Birène, livrée à une orque par les Ébudiens, et sauvée par Roland. — Elle épouse Obert, roi des Irlandais, 21.

ORIGILE, belle et perfide créature, délivrée par Roland de cinq guerriers chargés de la punir, est ramenée au pays d'Altin. — Trompe, quitte Roland et lui vole Bride-d'Or. — Répand la nouvelle de la mort de ce héros. — Est arrêtée, conduite à la mort et sauvée encore par Roland, qui lui pardonne. — Est aimée de Griffon. — Trompe de nouveau Roland et lui prend Durandal et Bride-d'Or, 13. — Elle fait arrêter Roland et Brandimart comme des bandits. — Rencontre Aquilant et Griffon. — Devient la maîtresse de celui-ci et lui fait succéder Martan, 15. — Aventure du dégel de ses paroles, 16. — Elle retrouve Griffon. — Le trompe. — Va avec lui à Damas. — Le trahit de concert avec Martan et fuit avec ce dernier. — Est rencontrée par Aquilant, enchaînée et reconduite à la ville où Griffon obtient pleine justice, 25. — Elle devient épouse de Salomon qui la présente à ses neveux Aquilant et Griffon, 33. — Elle accuse Griffon et le fait disgracier par son oncle. — Est accusée elle-même par Aquilant auprès de Salomon, qu'elle trompe, qui lui a donné ses biens et qui dès lors lui paraît inutile dans le monde, 37. — Aquilant revient contre elle à la charge. — Se trouve qu'en voulant empoisonner son mari elle a été empoisonnée par son amant, 38.

ORRISSE, roi sarrasin, favori d'Agramant, surprend Bradamante et la blesse. — Est renversé par Roger et tué par Bradamante, 18.

ORRILE, géant, dont la vie tient à un de ses cheveux, est attaqué par Aquilant et Griffon et tué par Astolphe, 25.

OTHON, roi d'Angleterre, père d'Astolphe et vassal de Charlemagne, 1.

OTHON, chevalier français, est blessé en combattant les Sarrasins devant Paris, 29. — Il signale sa bravoure dans la défaite décisive des infidèles, 35.

P.

PANDRAGON, est tué au siége d'Albraque par Roland, 11.
PARISATIS, frère de Ganelon, s'est confessé au géant Morgant, qui l'a trouvé tellement en état de grâce, qu'il l'a, par obligeance, immédiatement assommé, 10.
PÉPIN, père de Charlemagne, a été trompé par Margiste et Alise. — Puis a retrouvé Berthe, la filandière, 7.
PHILÈNE, amant trompé par Origile, est l'un des cinq guerriers chargés de la punir et qui sont vaincus par Roland, 13.
PINABEL, fils du comte de Sauterive et parent de Ganelon, a déloyalement renversé Astolphe dans un grand tournoi donné par Charlemagne, 2. — A fait prisonnier Alard, qui a été renversé par Roland. — A refusé de l'accompagner au supplice, 5. S'est uni à Ganelon pour conseiller à Charlemagne de faire périr les quatre fils Aymon. — A découvert à Charlemagne la ruse du comte Aymon pour nourrir ses enfans. — A insisté auprès de ce prince pour faire refuser la paix à Renaud. — A été exilé, 6. — Il néglige de défendre un poste abandonné par Ganelon et fait perdre la victoire à Charlemagne, qui court les plus grands dangers dans la bataille contre Marsile et Agramant, 17. — Il trompe indignement Bradamante, qu'il veut faire périr, 20. — Il retient captifs Aquilant, Griffon, Guidon et Sansonnet et les oblige à ravir l'armure des chevaliers qui se présentent. — Les fait battre contre Roger et Bradamante. — Est reconnu par celle-ci, qui le poursuit et le tue, 20.
POLINESSE, duc d'Albanie, s'est vengé par une perfidie de l'indifférence de Genèvre à son égard. — A voulu faire mourir Dalinde, fille d'honneur de cette princesse, qu'il a aimée et employée en supercherie dans sa vengeance. — Est accusé de calomnie par Renaud, qui le combat et le tue, 21.
PRASILDE est amoureux de Thisbine, femme d'Irolde. — Ne peut parvenir à faire écouter son amour. — Entreprend une expédition difficile pour obtenir celle qu'il aime. — Revient et rend avec générosité à Thisbine le serment qu'il avait reçu d'elle, 8. — Il est condamné par Falerine à être dévoré par un dragon. — Est sauvé par Irolde et Renaud, 11.

R.

RAIMBAUD, preux de Charlemagne, se fait distinguer par sa valeur dans la bataille contre Marsile et Agramant, 17.
RÉGNIER, duc de Gênes, père d'Ollivier, 1 et 10.
RENAUD, fils aîné du comte Aymon, et maître brillant du cheval Bayard et de l'armet de Mambrin, est enchanté de l'apparition d'Angélique. — Est le troisième que le sort désigne pour la disputer en combattant son frère Argail, 1. — Il apprend la mort de celui-ci, et court après Angélique. — Il arrive aux Ardennes. — Boit dans la fontaine de Merlin et prend en aversion Angélique, dans le moment où Angélique, grâce à une autre fontaine, le prenait en amour. — Il la reçoit très mal, la fuit et retourne à Paris, 2. — Il est envoyé en Espagne par Charlemagne au secours de Marsile contre Gradasse. — Fait des prodiges de valeur. — Est défié par Gradasse, et doit le lendemain se battre avec lui. — En attendant que le jour arrive, Maugis au Cathai raconte à Angélique l'histoire de ce célèbre Renaud et des trois autres fils Aymon : — Renaud a refusé de prendre part à la guerre entre son oncle Beuves et Charlemagne. — S'est plaint que l'assassinat de Beuves soit resté impuni. — A jeté un échiquier à la tête de Charlot, fils de Charlemagne. — Est sorti de Paris sur Bayard avec ses trois frères. — S'est retiré dans le château de Montfort, où il a été, bientôt après, assiégé par Charlemagne. — Trahi par Hernier, et sauvé par Bayard, il est sorti de Montfort détruit. — S'est retiré dans les Ardennes. — A sauvé la vie à son père. — A été près d'y mourir de faim. — A été, avec ses frères, chez sa mère, qui les a bien reçus sans les reconnaître, et encore mieux après les avoir reconnus. — A été moins bien accueilli par son père; mais a reçu ensuite de lui un secours ingénieux et inespéré, 3. — Est parti suivi de son cousin Maugis, qui commandait les troupes envoyées à lui par son père. — A secouru Nyon, roi d'Aquitaine. — En a épousé la sœur Clarice. — A reçu en dot Montauban. — Y a ajouté, en trois mois, un fort redoutable. — A été incognito à Paris avec Maugis. — A remporté le prix de la course des chevaux, s'est fait reconnaître et a disparu. — A soutenu le siége de Montauban. — A été trahi par Nyon. — A tué Foulques, chef des assaillans, qui l'a blessé. — A délivré son jeune frère Richardet, prisonnier. — A lutté de générosité avec Ogier, 4. — Il a délivré Nyon, enlevé par Roland. — A sauvé, avec ses frères, Alard près d'être pendu. — A demandé la paix à Charlemagne. — L'a refusée à la condition de livrer Maugis. — A renversé et emporte Charlemagne. — L'a été forcé par Roland de l'abandonner. — A accueilli les pairs de Charles que Maugis lui a livrés dansans. — A envoyé les députés pour solliciter encore la paix. — A retrouvé Charles dans un coffre magique, et le renvoie libre avec les trésors qui lui ont été enlevés par Maugis, 5. — Il s'est opposé à ce que Bayard soit tué pendant la famine de Montauban. — A été demander du pain à son père. — A obtenu mieux. — Est retombé dans la famine; mais par une issue secrète il s'est échappé. — S'est enfoncé en Gascogne. — A pris Richard. — A été le vouloir lui faire pendre. — Lui a proposé un traité pour Charles, qui l'a refusé. — Renaud a rendu alors la liberté à Richard. — A obtenu enfin la paix avec Charlemagne, en lui donnant Bayard et en allant en Asie combattre les infidèles. — Est revenu avec Maugis, qui a été le chercher en Orient. — Il est rentré en grâce auprès de Charlemagne et a retrouvé Bayard. — Angélique, charmée du récit de ses aventures, que lui fait Maugis, avoue à celui-ci qu'elle aime son cousin Renaud, et le charge de le lui dire et de l'amener vers elle. — Maugis ne doute pas du succès. — Est, par son livre et par sa magie, transporté soudain du fleuve Hoang aux rives de l'Èbre. — Y dit à Renaud son bonheur. — Le trouve plus que froid. — Est confondu et presque blessé de lui voir refuser les bontés d'Angélique, et le quitte très mécontent. — La nuit a suffi à tout ce récit et à tout ce voyage. — Dès le matin Renaud se rend sur le bord de la mer, au rendez-vous donné par Gradasse. — Est trompé par un fantôme qui prend les traits de Gradasse. — Est conduit en pleine mer, 6. — Il est transporté dans une île. — Y trouve Angélique et un monstre. — Aime mieux être dévoré par lui que sauvé par elle. — Est sauvé toutefois. — Raconte tout cela à Fleur-de-Lis, qu'il rencontre en Asie. — Va au secours de Roland chez la fée au Pont, accompagné de Fleur-de-Lis, qui lui raconte l'histoire de Prasilde et d'Irolde. — Il dort très sagement à côté d'elle. — Gagne Rabican en jurant de venger Albarose, et de punir Trufaldin. — Perd tout à coup Fleur-de-Lis. — La venge, mais la croit noyée. — Pendant ce temps Astolphe, dans Albraque, raconte à Angélique d'autres aventures de Renaud. — Dit que ce paladin a été un des douze preux qui, envoyés pour défier Jonas, ont été surpris et arrêtés; mais, délivré par Sansonnet, ont soutenu avec lui,

DES PERSONNAGES.

contre Jonas, un siége assez long pour donner à Charlemagne le temps de venir les dégager, et s'emparer de la Terre-Sainte. — Astolphe raconte aussi à Angélique qu'en revenant par la Mésopotamie, avec Charlemagne et Renaud, chez le roi Hugon, il a auprès de Jacqueline, fille de ce roi soutenu une gageure si brillante qu'elle est difficile à raconter à une femme, 10. — Il rencontre Irolde, et va avec lui chez Falerine au secours de Prasilde, qu'il sauve ainsi que Fleur-de-Lis. — Se rend avec celle-ci au fleuve d'Oubli croyant y délivrer Roland et Braudimart. — Va chercher Roland à Albraque, rencontre Marphise et se bat avec elle. — Est frappé par Galafron, qui le prend pour le meurtrier d'Argail. — Est vengé par Marphise. — Est attaqué par les guerriers de Galafron. — Est secouru par les Persans, et Marphise et lui battent complétement Galafron, 11. — Joint encore à Marphise, il fait défier Trufaldin. — Laisse Bayard à Roland, qui le remet à Brandimart. — Combat avec Marphise contre Aquilant et Griffon, et le lendemain contre Roland et Brandimart. — Punit Trufaldin par une manœuvre hardie. — Se bat avec Roland. — A quelque désavantage dans cette lutte, interrompue par Angélique, 12. — Il retrouve Bayard. — Combat Baridan. — Est précipité avec lui dans le fleuve. — Passe pour mort, 13. — Il est captif chez Morgane et délivré par Roland. — Veut emporter une statue d'or massif. — Passe chez le roi sans nom. — Rencontre Dudon. — Part avec lui pour la France. — A donné Rabican à Astolphe, 14. — Il se jette dans la gueule d'un monstre et en sort par le côté. — Il va en bonne fortune et rencontre au même rendez-vous Astolphe enlevé par Alcine, 15. — Arrive au secours de Didier, vaincu par Rodomont. — Défait ce dernier et défend sa sœur Bradamante. — Il assiste à une lutte entre Bayard et Rodomont. — Donne un rendez-vous à Rodomont. — Il dégage celui-ci, et lui donne un rendez-vous dans les Ardennes, 16. — Il y va en effet, y cherche Rodomont, et ne le trouve pas. — Boit dans la fontaine de l'Amour, et devient épris d'Angélique qui, dans le même moment, par le pouvoir d'une autre fontaine, perdait entièrement sa tendresse pour lui. — Il la rencontre, en est très mal reçu. — Ne s'en bat pas moins pour la disputer à Roland. — S'arrête par respect devant Charlemagne, qui les sépare. — Se bat de nouveau avec Roland. — Est interrompu par l'apparition d'Amadis et de Galaor, de Tristan et de Lancelot. — Bat, avec Roland, l'armée de Marsile. — Se signale par ses exploits à l'arrivée d'Agramant. — Vole au secours de Charlemagne. — Blesse plusieurs guerriers et sauve l'empereur, 17. — Il perd et cherche Bayard. — Rencontre Angélique. — Se bat pour elle contre Ferragus. — Emmène celui-ci en croupe, puis le quitte. — Poursuit Bayard qui veut le conduire vers Angélique. — Se bat avec Sacripant, qui accompagne cette princesse, et qui s'est emparé de Bayard. — Va, sur le faux avis d'un ermite, chercher Roland. — Arrive à Paris. — Est chargé par Charlemagne d'aller lui chercher du secours en Angleterre, 19. — Il est jeté, par l'orage, en Ecosse. — Apprend le sort réservé à Genèvre. — Sauve Dalinde, qui lui fait connaître l'innocence de Genèvre, révèle la calomnie du duc d'Albanie; le tue et délivre Genèvre. — Console Zerbin de l'absence de sa maîtresse, et vient en France avec lui, amenant des troupes d'Ecosse et d'Angleterre, 21. — Il arrive à propos au secours de Paris. — Se bat avec Agramant. — Tue Dardinel. — Décide la victoire, 24. — Il va chercher Angélique. — Arrive chez Ferragus, ermite. — Se bat avec lui. — Se querelle avec Mandricart et combat aussi avec lui, 27. — Il s'imagine qu'Angélique aime Roland, et continue sa poursuite. — Arrive à Orléans au moment où Ferragus va être empalé. — Le sauve. — Il se rend à Montauban, dans l'intention de délivrer Maugis. — Est froidement accueilli par Bradamante. — Emmène avec lui huit cents guerriers de Montauban. — Est joint près de Paris par Maugis et Richardet, 30. — Il rencontre et reconnaît Guidon, le sauvage. — Tire une seconde fois Ferragus d'un très mauvais pas. — Revoit Aquilant, Griffon et Sansonnet, et apprend des nouvelles de Roland. — Tombe sur les Musulmans avec ses guerriers, et achève la déroute d'Agramant. — Se bat avec Gradasse, et joue Bayard contre Durandal. — Perd Bayard par un incident singulier, et accuse Maugis de ce malheur, 32. — Il est choisi pour terminer la guerre en se battant avec le meilleur guerrier d'Agramant. — Commence avec Roger un combat interrompu par Agramant, 33. — Se remet à la poursuite d'Angélique. — Est guéri de son amour par Maugis. — Se dirige vers l'Orient pour chercher Roland, et surtout Gradasse, à qui il veut reprendre Bayard. — Refuse de boire dans la coupe enchantée, 36. — Il arrive trop tard pour prendre part au grand combat de Lampedouse. — Va avec Roland chez un ermite, y rencontre Roger, lui promet Bradamante en mariage. — Se rend à Marseille. — Part pour Paris. — Retrouve Bayard. — Plaide la cause de Roger devant son père Aymon. — Arme Roger qui va combattre Rodomont, 38. — Il a une des meilleures parts dans l'aventure singulière d'Angélique au bal masqué. — Suit Charlemagne en Espagne. — Arrive à Roncevaux pour recevoir le dernier soupir de Roland. — Il venge de Ganelon et des Maïencais, 40.

BRADAMANTE, géant, renverse Astolphe au siége d'Albraque. — Est abattu par Roland, 11.

RICHARD-SANS-PEUR, duc de Normandie, est le septième désigné par le sort pour disputer Angélique en combattant Argail, 1. — Est renversé par Grandonio, 2. — Dans la guerre des quatre fils Aymon, il s'est opposé à ce qu'aucun chevalier s'abaissât à escorter Alard au supplice odieux qu'on lui préparait. — Plus tard il a été pris à son tour. — A été aussi condamné au supplice. — A assommé les premiers estafiers qui ont voulu l'y conduire. — S'y est rendu de lui-même. — A refusé de croire que Renaud veuille sérieusement le lui faire subir. — A consenti, sur le désir de celui-ci, à transmettre à Charlemagne des propositions de paix avec les quatre fils Aymon. — Ces propositions de paix ayant été refusées, Richard, livré à toute la vengeance de Renaud, a immédiatement été mis par lui en liberté, 6. — A été un des ambassadeurs envoyés à Baland, 9. — A été aussi un des douze preux chargés d'aller défier Jonas, 10. — Il se signale dans la grande bataille contre Marsile et Agramant, 17. — Il ne se fait pas moins remarquer dans la bataille décisive que perd Agramant, 35.

RICHARDET, le plus jeune des quatre fils Aymon, brave comme un paladin, et long-temps joli comme une fille. — Accompagne son frère Renaud, chargé par Charlemagne d'aller en Espagne défendre Marsile contre Gradasse. — S'est déjà signalé dans la guerre des quatre fils Aymon. — S'est échappé de Paris, lui quatrième, sur Bayard, et a partagé dans les Ardennes toutes les fortunes de ses frères, 3. — Ne s'est pas moins illustré au siége de Montauban. — A été pris un moment, mais délivré par ses frères. — A emporté, avec Alard, Guichard dangereusement blessé, 4. — A contribué à sauver Alard du supplice, 5. — S'est opposé à l'avis d'Alard, qui proposait de tuer Bayard pour s'en nourrir, 6. — Envoyé, avec Renaud, en Espagne, et ne le voyant pas reparaître le jour du combat fixé avec Gradasse, l'a cru mort. — Il est pris par Gradasse, 7. — Plus tard il so fait remarquer dans le combat contre Marsile et Agramant. — Est blessé en défendant Charlemagne, 7. — Il se retire à Montauban. — Y est soigné par Bradamante et apprend d'elle l'amitié que lui a vouée Fleur-d'Epine, 20. — Il a plu à cette princesse. — Va être puni par Marsile. — Est délivré par Roger. — Se joint à lui et à Marphise pour délivrer Maugis. — Se sépare de Roger, 28. — Il rencontre et admire Marphise. — Il se bat avec Mandricart pour la défendre. — Vient au secours de Roger, qui l'a sauvé. — Lui donne le temps de revenir à lui, en résistant à Rodomont. — Lui rend Balisarde, qui lui était échappée. — Est obligé à son tour de résister à Rodomont, et inspire à son cousin Maugis des inquiétudes dont le résultat détruit tous les efforts de la Discorde contre les Sarrazins, et amène un échec très fâcheux pour Charlemagne, 29. — Il rejoint son frère Renaud près de Paris, 30. — Il se signale dans la défaite des Mahométans, 31. — Il remporte un prix au tournoi célébré pour les noces de Roger. — Arrive à Gavarnie, où Roland lui remet Fleur-d'Epine, 40.

RIPU s'est présenté pour accompagner Alard au supplice. — A été pendu à la place d'Alard, 5.

ROBERT-LE-DIABLE, l'un des aïeux de Richard de Normandie, 6.

RODOMONT, roi d'Alger, conseille à Agramant de porter la guerre en France. — Quitte fièrement cet empereur pour venir combattre pour son propre compte, 18. — Il fait naufrage sur les côtes de Gênes. — Attaque Didier et remporte une victoire éclatante. — Est vaincu à son tour par Didier, secouru par Bradamante, Renaud et Dudon. — Surprend Bradamante, qui est vengée par Renaud. — Rodomont se bat contre Bayard et donne à Renaud un rendez-vous dans les Ardennes, 16. — Il y cherche Renaud. — Trouve Ferragus. — Se bat avec lui pour Doralice. — Va se joindre à Marsile. — Signale sa bravoure. — Veut prendre Charlemagne. — Est renversé par Bradamante. — Tue bat avec Bradamante et la quitte en croyant lui faire grace, ainsi qu'à Roger, qui veut combattre pour elle, 18. — Il éprouve un grand malheur en son absence. — Sa bannière avec variation. — Il fait presser le siége de Paris. — Encourage cruellement ses soldats. — Pénètre tout seul dans cette ville. — Y apporte la flamme et le carnage. — Est attaqué par Charles et sa chevalerie. — Sort de Paris en faisant des prodiges de valeur. — Est averti par la Discorde de l'enlèvement de Doralice, sa prétendue. — Court chercher Mandricart pour se venger, 24. — Il s'empare de Frontin, 28. — Il se bat avec Mandricart. — Puis avec Roger. — Soutient une lutte croisée entre lui et ce héros, et Marphise et Richardet. — Poursuit Doralice et Mandricart au camp des Sarrazins. — Se bat contre les Chrétiens et se bat, 29. — Ses querelles recommencent avec Mandricart et Roger. — Une autre s'élève entre lui et Sacripant. — Il se calme devant Agramant, et se rapporte au choix de Doralice, 30. — Il est sacrifié par celle-ci et quitte le parti d'Agramant. — S'emporte contre les Chrétiens et contre son empereur. — Arrive dans une auberge sur la Saône, où il apprend les aventures de Joconde. — Impose silence à un vieillard qui fait l'apologie des femmes. — Rencontre Isabelle. — Devient amoureux d'elle. — Lance dans la mer l'ermite qui l'accompagne. — Veut s'emparer d'elle, et est dupe du piége sublime qu'elle lui tend, 31. — Pénétré de remords, il élève une église, où il fait déposer Isabelle et Zerbin. — Fait construire un pont où il attaque tous ceux qui se présentent. — Est jeté dans la rivière par Roland, 32. — Il lutte avec Brandimart, et le fait prisonnier. — Refuse de se rendre aux offres d'Agramant. — Est vaincu par Bradamante, et fait délivrer les prisonniers qu'il a en son pouvoir. — Abandonne ses armes et Frontin, et se retire dans un bois, 33. — Il se fait derviche. — A une conférence avec Ferragus, moine. — Le convertit à Mahomet. — Le discipline. — Est discipliné par lui, 37. — Vient insulter et défier Roger pendant le festin nuptial. — Se bat avec ce héros. — Est tué, 38.

ROGER, prince de Regge, père du célèbre Roger, 13. — Il a épousé Galaciel, sœur de Trojan. — Est mort dans le sac de de Regge surprise par Trojan, 18.

ROGER, fils de Roger prince de Regge, et de Galaciel. — Sa naissance. — A été élevé par l'enchanteur Atlant. — Ne peut être amené aux combats sans l'anneau d'Angélique, 13. — Il est retenu dans un château par Atlant qui veut le tenir écarté des combats. — Monte Frontin que lui remet Brunel avec des armes. — Se jette au milieu d'un combat, simulé exprès pour l'attirer. — Est blessé par le roi Bardi et le tue. — Est soigné par Atlant. — Délivre Brunel qu'on va pendre, et se fait reconnaître par Agramant, 15. — Il vient au secours de Marsile avec l'armée d'Agramant. — Se bat avec Roland. — Perd Frontin. — Est protégé par Atlant. — Poursuit l'armée de Charlemagne et individue beaucoup à sa défaite, 17. — Dans la poursuite, il reconnaît Frontin monté par Turpin. — Sauve cet archevêque et lui enlève Frontin. — Fait cesser le combat de Bradamante et de Rodomont. — Raconte ses malheurs à Bradamante et en devient amoureux. — Renverse le roi Orphèse qui a blessé son amante. — Se bat contre les Sarrasins qui défendent ce roi. — Né trouve plus Bradamante. — A une querelle avec Mandricart à l'occasion de l'aigle troyenne. — Se joint à Brandimart pour séparer Mandricart et Gradasse. — Va avec eux désenchanter Roland. — Suit Brunel, qui lui promet de le conduire à une entreprise héroïque, 18. — Est trouvé par Bradamante dans un château d'Atlant, où Brunel l'avait conduit, et où il était retenu. — Il se saisit de l'hippogriffe sur lequel Atlant était monté. — Monte ce coursier ailé, qui tout à coup s'élève et se perd avec lui dans la nue, 19. — Transporté chez Alcine, il y trouve Astolphe changé en myrte et en reçoit de sages avis. — A d'autres rencontres. — Devient amoureux d'Alcine. — Est accueilli par des fêtes et des jeux. — Séjourne chez cette fée. — Est tiré de cet enchantement par Mélisse. — Va chez Logistille, monté sur Rabican. — Est poursuivi par Alcine, 20. — Il cède Rabican à Astolphe. — Monte l'hippogriffe. — Arrive dans l'île d'Ebude. — Sauve Angélique exposée toute nue pour être dévorée par une orque. — L'enlève. — Oublie pour elle Bradamante. — Est au moment de l'oublier tout à fait. — Mais elle reconnaît au doigt de ce héros l'anneau qu'elle a perdu. — Le lui dérobe et disparaît, bien à propos pour elle. — Roger, stupéfait et désolé, perd aussi l'hippogriffe. — Court au secours de Bradamante qu'il croit voir enlevée par un géant, et se trouve dans un autre palais enchanté d'Atlant, 22. — Il est désenchanté par Astolphe. — Est converti par Bradamante, qui répond à son amour. — Va avec elle se faire baptiser à Vallombreuse. — Est trompé par Pinabel, qui le fait battre avec Griffon, Aquilant, Sansonnet et Guidon. — Brise par générosité le bouclier d'Atlant, mais perd tout à coup son amante, qui court après Pinabel, 26. — Il prend le chemin de Montauban. — Sauve Richardet. — Délivre avec lui et Marphise Maugis enlevé par les Maïençais. — Va rejoindre Agramant. — Apprend l'affront fait par Rodomont à Bradamante. — Quitte Richardet pour aller se venger, 28. — Il rencontre Mandricart et Rodomont. — Soutient un combat croisé avec eux. — Poursuit les guerriers jusque dans le camp d'Agramant, mais il se réunit alors à eux pour battre les Chrétiens, et y réussit, 29. — Ses querelles recommencent avec Mandricart et Rodomont. — Il est désigné par le sort pour combattre Mandricart. — Est dangereusement blessé, mais il tue son rival. — Offre Bride-d'Or à Agramant, qui le félicite, 30. — Il dispute la victoire aux guerriers de Renaud. — Ranime le courage des Musulmans, et protège la retraite d'Agramant vers Arles, 32. — Il éprouve pour Marphise une amitié que Bradamante prend pour de l'amour. — Elle le défie et se bat malgré lui avec elle. — Marphise survenant, Bradamante se tourne contre elle. — Roger veut séparer ces deux femmes. — Est alors attaqué par Marphise, au grand plaisir de Bradamante. — En résistant il frappe un cyprès, et apprend de l'ombre d'Atlant qu'il est frère de Marphise, 33. — Il est conduit par le Diable au paradis de Mahomet, et par Gabriel au paradis des Chrétiens, où Bradamante lui apparaît. — Il est choisi pour terminer la guerre en se battant avec le guerrier le plus vaillant de Charlemagne. — Commence avec Renaud. — Interrompu par Agramant, 39. — Touché des revers de ce prince, Roger, déjà séparé de son culte, reste fidèle à sa querelle, lutte de générosité avec Dudon, et en obtient la liberté de sept rois alliés d'Agramant. — Fait naufrage avec eux. — Perd ses armes et son coursier, 36. — Il arrive chez un ermite qui le baptise. — Y reçoit Roland, Renaud, Olivier et Sobrin. — Se lie avec Renaud. — Lui fait l'aveu de

son amour pour Bradamante. — Se rend à Marseille. — Part pour Paris. — Reçoit de Roland Balisarde et Frontin. — Est accueilli à Arles par Charlemagne. — Est présenté par Renaud au comte Aymon et à sa femme Béatrice, qui le refusent pour gendre. — Va en Grèce combattre Léon, son rival, qui lui sauve la vie. — Est obligé de combattre Bradamante. — Est présenté à celle-ci par Léon. — Est proclamé roi de Bulgarie. — Est enfin accepté pour gendre par le comte Aymon et sa femme. — Mais au festin même de noces, est insulté et défié par Rodomont. — Se bat avec lui et le tue, 38. — Fêtes pour son mariage. — En nouvel époux, il refuse de prendre sa part de la douce vengeance que prennent d'Angélique tous les paladins qui ont soupiré pour elle, 39. — Il accompagne Charlemagne à Roncevaux. — Assiste au dernier soupir de Roland, 40.

ROI-SANS-NOM (LE) est visité par Roland, Renaud, Astolphe, Brandimart, Aquilant et Griffon, 14.

ROLAND, fils de Milon et de Berthe, sœur de Charlemagne, tombe amoureux d'Angélique dès qu'il la voit arriver à la cour de ce prince. — A le regret de n'être pas le vingtième désigné par le sort pour la mériter plus tard par la main, 1. — Apprend la mort d'Argail et la fuite d'Angélique. — Court après elle, la trouve endormie. — Est dérangé par Ferragus. — Se bat avec lui. — La laisse partir pour l'Espagne avec sa sœur Fleur-d'Epine et marche vers le Cathai sur les traces d'Angélique, 2. — Obligé à regret de servir son oncle Charlemagne dans la guerre des quatre fils Aymon, ses cousins, il s'est signalé tellement que ce prince a donné un tournoi expressément pour lui donner un magnifique destrier, 4. — Pour le mériter encore mieux, Roland a enlevé le roi Nyon, a fait prisonnier Alard, qu'il a ensuite cherché à sauver, et a forcé Renaud d'abandonner Charlemagne qu'il emportait. — Il a ensuite applaudi à la générosité d'Olivier envers Maugis. — A été enchanté et endormi par ce dernier, qui lui a emporté Durandal, 5. — Il a pressé les quatre fils Aymon dans Montauban. — A défendu leur père, convaincu par Charlemagne de les avoir secourus de vivres dans ce fort. — Est resté seul avec Charlemagne, abandonné par ses pairs, et l'a enfin décidé à faire la paix, 6. — Cependant il est toujours en route dans l'Asie pour aller au Cathai chercher Angélique, mais il est arrêté et enchanté chez la Fée au Pont, et reçoit fort mal Astolphe et Brandimart qui viennent l'y troubler, 8. — Astolphe arrive au Cathai, raconte à Angélique les premières aventures de Roland. — Roland fut proscrit et même pauvre dans son enfance. — Ce fut pour l'habiller, qu'à Sienne, plusieurs de ses condisciples, enfants de marchands de drap, inventèrent le premier habit d'arlequin. — Bien jeune encore, il se distingua tellement contre les Saxons que, remarqué et reconnu par l'empereur, il obtint pardon pour sa mère, et pour son père Milon le comté d'Angers. — Ce fut alors qu'il se lia beaucoup avec Olivier, après s'être battu avec lui, mais son père Milon étant mort il eut le regret de voir sa mère, du consentement de Charlemagne, épouser le perfide Ganelon, comte de Mayence. — Ce fut dans un moment d'humeur qui lui en restait, qu'un jour, en Espagne, il refusa à Charlemagne de combattre le géant Fier-à-Bras fils de l'amiral sarrasin Baland, mais il s'en repentit bientôt et tomba vigoureusement sur les Sarrasins. — Il consentit même à faire partie de la députation envoyée à l'amiral Baland pour réclamer l'échange d'Olivier. — Il y montra des talents diplomatiques, mais il assomma quinze rois, autres ambassadeurs que Roland envoyait à Charlemagne, et, quoique arrêté au moment, finit par tuer Baland lui-même, 9. — Déjà avant cette époque et celle des quatre fils Aymon, il avait vaincu le terrible Almont et lui avait pris l'épée Durandal et son cor presque également fameux. — Il avait tué aussi en champ clos Agolant, qui avait surpris Regge sur un Roger, père d'un autre Roger, destiné à devenir encore plus célèbre. — Il se signala aussi pour son ami Olivier absent, en reconquérant pour lui et ses deux fils persécutés le marquisat de Vienne. — Il alla ensuite abattre deux géants et en convertir un troisième nommé Morgani, mais il le convertit presque trop et blâma la véhémence de son zèle. — Ce fut alors qu'il refusa être invulnérable pour ne pas perdre le mérite de son courage. — Il alla alors avec Charlemagne punir le roi Jonas, et, en revenant par la Mésopotamie il prit sa part des gabs présentés au roi Hugon, 10. — Angélique à qui Astolphe raconte le plus décemment qu'il peut toutes ces aventures de Roland et autres chevaliers, sent combien pourrait lui être utile un défenseur tel que Roland. — Elle le sent encore mieux quand Astolphe, après quelques succès, est surpris et prisonnier. — Elle apprend par son livre qu'il est chez la Fée au Pont. — Va l'y chercher. — Le désenchante. — L'engage à la défendre contre Agrican et le ramène vers la citadelle d'Albraque, mais pendant l'absence de cette princesse Trufaldin s'est emparé de tout le pouvoir, et Roland, ainsi que Brandimart, avec lequel il s'est lié beaucoup, ne peut entrer dans cette citadelle qu'après avoir juré de défendre Trufaldin envers et contre tous. — Furieux, il tue Pandragon et Rhadamante, qui renverso Roger et Agrican, mais malgré ce succès il est obligé, pour entrer dans la citadelle d'Albraque, de faire le serment qu'on exige. — Il sort bientôt du fort pour défendre Galafron et ses Chinois très pressés par Agrican. — Force cet empereur à plier, mais Agrican défie alors Roland à un combat singulier. — Tous deux entrent dans un bois, se battent long-temps, mais enfin Agrican tombe mort et est honoré et regretté de son vainqueur, 12. — Roland reprend Bayard. — Tue le géant Marfuste. — Délivre Brandimart et Fleur-de-Lis. — Donne à Brandimart *Batolde* et *Tranchère*. — Reçoit un cor magique et s'expose dans les terribles aventures qui sont la suite de ce don. — Rencontre un cerf et une levrette. — Refuse d'aller chez Morgane et dédaigne le prix de ses exploits. — Retourne à Albraque. — Y trouve Renaud. — En est jaloux. — Se bat avec lui. — Laisse à Brandimart Bayard qu'il trouve partial pour Renaud, combat encore celui-ci, et obéit à Angélique, qui lui ordonne d'aller attaquer les jardins de Falerine où une de ses parentes est retenue, 12. — Il délivre Origile. — Est trahi par elle et perd Bride-d'Or, qu'elle lui vole. — Il la rencontre près d'être conduite à la mort avec Brandimart, Aquilant, Griffon et Astolphe. — Les délivre tous. — Pardonne à Origile, qui le trompe encore et lui prend Durandal et Bride-d'Or. — Attaque et détruit les jardins de Falerine. — En reçoit Balisarde et en apprend comment il doit attaquer Morgane, qui retient la parente d'Angélique. — Déplore la perte de Renaud qu'il croit mort. — Combat contre le géant Haridan et tombe avec lui dans un abîme, 13. — Il trouve Morgane endormie. — Rencontre plus loin Renaud et d'autres preux captifs de cette fée. — Apprend qu'il devait saisir Morgane. — Il la poursuit et après d'incroyables fatigues la saisit enfin, et en exige la délivrance de tous ses prisonniers, parmi lesquels ne se trouve point de parente d'Angélique. — Sort avec ses amis de l'*île du Trésor*, non sans montrer un noble désintéressement. — Visite avec eux le *Roi sans nom*. — Rencontre Dudon, qui le rappelle en France. — N'y veut rentrer que par le Cathai. — Rencontre Brunel qui lui vole Balisarde, 14. — Il convertit et baptise Brandimart. — Retrouve Durandal, Bride-d'Or et Origile, à qui il pardonne encore et qu'il fait arrêter. — Est condamné aux bêtes et est sauvé par Brandimart. — Sauve à son tour son ami et Fleur-de-Lis. — Les accompagne chez Torinde et continue avec eux sa route vers Albraque. — Rencontre Sacripant. — Apprend les desseins de Mandricart sur Angélique. — Arrive chez elle et part avec elle pour la France, 15. — Il manque l'heure du berger. — Se repose chez un émir, qui le reçoit assez mal et qu'il défait d'un géant. — Retrouve des paroles gelées. — Protège un pauvre tyran et fait une diatribe contre l'abus de la parole, 16. — Il arrive aux Ardennes avec Angélique. — Se bat pour elle avec Renaud. — S'arrête par respect devant Charlemagne, qui les sépare. — Recommence le combat contre Renaud. — Se calme et se réconcilie avec lui à l'apparition de Tristan et de Lancelot, d'Amadis et de Galaor. — Bat avec Renaud l'armée de Marsile. — À l'arrivée des troupes d'Agramant fait nombre d'exploits. — Secourt Charlemagne frappé par Ferragus. — Se bat contre Roger. — Croit sauver Charlemagne. — Est trompé et enchanté par Allant, ce qui cause une déroute effroyable, 17. — Il est désenchanté par Fleur-de-Lis. — Se querelle avec Gradasse. — Suit Brunel, qui le mène à une entreprise héroïque. — Puis se bat avec Mandricart, qu'il épargne, 18. — Il sort de Paris pour courir après Angélique, 21. — S'embarque pour l'île d'Ebude. — Fait naufrage à Anvers. — Délivre les états et l'amant d'Olympe. — Pense être tué par Cymmosque et le tue. — Jette dans la mer la première arme à feu. — Prend l'orque d'Ebude. — Est attaqué par les Ebudiens. — Les disperse et retrouve Olympe qu'il vient de sauver, 12. — Il sort du palais enchanté d'Allant pour courir après Angélique. — Se bat avec Ferragus. — Perd son casque et accuse Sacripant. — Met en fuite, près de Paris, une armée de Sarrasins et perce de sa lance le roi de Trémizène. — Entend chanter *sa chanson*. — Rencontre Isabelle parmi les bandits. — La délivre et l'escorte, 23. — Il arrive à propos pour sauver Zerbin. — Lui remet Isabelle. — Est défié par Mandricart. — Combat ce héros que son cheval emporte. — Roland, défié par Mandricart, le poursuit, 26. — Il arrive dans une retraite champêtre. — Reconnaît la trace des amours d'Angélique et de Médor, et est pris de folie et d'une folie furieuse, 28. — Se dépouille au pont de Rodomont. — Lutte et se jette avec lui dans la rivière. — Apparaît dans un combat nocturne. — Tombe sur les Musulmans. — Est pris pour saint Christophe et contribue à la victoire des Chrétiens. — Rencontre en Espagne Angélique et Médor. — Tue le cheval de celui-ci et pense briser les deux amans qu'il ne reconnaît point. — Traîne la jument d'Angélique qu'il a crevée. — Renverse un villageois. — S'empare de son cheval et aborde seul en Afrique. — Y étouffe un lion et en boit le sang, 32. — Il arrive au camp d'Astolphe devant Biserte, et force à boire la raison qu'Astolphe lui a été chercher dans la lune. — Aux accens de sa chanson, achève de retrouver son bon sens et de renoncer à son amour, 36. — Il refuse d'accepter le généralat. — Au siége de Biserte, sauve la vie à Brandimart et décide par ses exploits la prise de cette ville. — Accepte un grand défi. — Retrouve Balisarde et Frontin, 37. — Il combat à Lampedouse avec Brandimart et Olivier, contre Agramant, Gradasse et Sobrin. — Tue Agramant et Gradasse. — Fait ses adieux à Brandimart, mourant. — Secourt Olivier et Sobrin, et console celui-ci. — Ne se réserve des dépouilles d'Agramant que Bride-d'Or, Durandal, et Bayard, qu'il rendra à Renaud. — Est félicité par celui-ci, qui arrive trop tard. — Se rend en Sicile avec Olivier et Sobrin. — Fait élever un magnifique tombeau à Brandimart et veut emmener Fleur-de-Lis en France. — Conduit Olivier et Sobrin chez un ermite qui les guérit. — Y trouve Roger et s'intéresse à son mariage avec sa cousine Bradamante. — Part de Marseille avec ses amis pour se rendre à Paris. — Remet à Roger Balisarde et Frontin, ainsi que Bayard à Renaud. — Est reçu à Arles et comblé d'honneurs par Charlemagne et sa cour. — Se joint à Renaud pour obtenir du comte Aymon et de sa femme leur consentement au mariage de Roger avec Bradamante. — Arme Roger, prêt à se battre contre Rodomont, 38. — Il se moque de Ganelon, toujours vaincu dans le tournoi. — Saisit une très douce occasion de se venger d'Angélique et, dans un bal masqué, parle en haute-contre et agit en basse-taille, 39. — Est chargé par Charlemagne d'aller punir Marsile. — Part et arrive à *Gavarnie*, qu'il admire peu. — Y trouve Ferragus derviche et recourre son casque. — Se bat avec ce païen. — Le tue et lui donne le baptême. — Console Doralice. — Remet Fleur-d'Épine à Richardet. — S'ouvre un passage dans les Pyrénées en y faisant une *brèche*. — Remporte deux victoires sur Marsile et le force à demander la paix. — Est trahi par Ganelon. — Surpris et accablé à Roncevaux. — Se dévoue pour ses soldats et pour Olivier, qu'il voudrait sauver. — Lui fait ses adieux. — Accuse Gerbon de trahison et le connaît ensuite mieux. — Il est blessé et relève Olivier, mort à son côté. — Fait des prodiges de valeur et remporte, en succombant, une dernière victoire. — Immole Marsile et Grandonio. — Met en fuite Bernard de Carpio. — Meurtri de blessures, il brise lui-même sa Durandal, fait sonner son cor en signe d'adieux à sa patrie. — Prie sur les débris de Durandal, dont il fait une croix, et expire entre les bras de Renaud et de Roger, 40.

ROSETTE, maîtresse de Firmin, trompe Astolphe et Joconde, 31.

S.

SACRIPANT, roi de Circassie, arme pour Angélique, qu'il aime. — Veut enlever Bayard, monté par Astolphe. — Il est renversé par ce prince, 8. — Il va sur Frontin attaquer Agrican, qui assiége Albraque. — Le blesse. — Est blessé. — Est sauvé par Torinde. — Se lève de son lit pour animer ses troupes contre Agrican, qui vient de pénétrer dans la ville d'Albraque. — Se retire avec Torinde et Trufaldin dans la citadelle. — Est arrêté par Trufaldin. — Est mis en liberté, grâce à Roland, 11. — Il refuse de secourir Trufaldin, attaqué par Renaud, 12. — Il est accueilli chez Angélique. — Est trompé par Brunel, qui lui vole Frontin, 14. — Il rencontre Roland et Brandimart et leur apprend les desseins de Mandricart sur Angélique. — Va demander des secours à Gradasse, 16. — Il fait entendre raison à Mandricart, qui vient l'inquiéter en Circassie, et lui propose d'entrer dans le plan général des Musulmans d'attaquer Paris. — Vient au secours de Marsile avec l'armée d'Agramant et poursuit les Chrétiens vaincus, 17. — Il rencontre Angélique, qui le prend pour son défenseur. — Ne s'acquitte pas bien de cette mission. — Est renversé par Bradamante. — Emmène paisiblement Angélique. — Rencontre Bayard et s'en empare. — Se bat avec Renaud. — Le quitte sur le faux avis d'un ermite, qui dit qu'Angélique fuit sur la route de Paris. — Est délivré par Bradamante d'un château enchanté où le retenait Atlant, 19. — Il est encore prisonnier d'Atlant, 22. — Il sort de ce palais pour courir après Angélique. — Se prit pour un larron par Ferragus et Ro land, 23. — Il se rend au camp des Sarrasins. — Arme Rodomont pour combattre Mandricart. — Reconnaît Frontin et se querelle avec Rodomont. — Défend sa cause devant Agramant et court après son adversaire, 30. — Il est renversé d'un pont par Rodomont, qui lui prend son armure, mais, comme Musulman, le laisse libre. — Il ne se soucie plus de reparaître à la cour d'Agramant, 33. — Il passe par Paris en se rendant dans ses états. — Est accueilli dans cette capitale. — Est mis dans le secret pour se venger d'Angélique au bal masqué, 39.

SALOMON, duc de Bretagne, est, tout sage qu'il est, amoureux d'Angélique. — Se fait inscrire pour l'enlever à son frère Argail. — N'a que le dixième numéro, 1. — Est un des députés envoyés par Charlemagne à l'amiral Baland, 9. — Il court défendre Charlemagne, pressé par Rodomont, 17. — Il présente à ses neveux Aquilant et Griffon sa femme Origile, 33. — Il contribue à la victoire décisive des chrétiens, 35. — Il disgracie Griffon, accusé par Origile. — A une aveugle confiance pour elle. — Est enfin éclairé par Aquilant sur le compte de cette méchante créature, 38.

SANSONNET, chevalier syrien, à la garde de douze preux envoyés à Jonas par Charlemagne. — Enlève la fille de Jonas et fait la guerre à ce roi avec les preux de Charlemagne qu'il a délivrés, 10. — Il commande à Jérusalem, au nom de Charlemagne. — Est visité par Astolphe, Griffon et Aquilant. — Reçoit d'Astolphe un géant que ce prince anglais a vaincu. —

Se rend à la joûte que Noradin fait donner à Damas. — Part pour la France. — Est englouti avec ses compagnons dans le ventre d'une baleine. — Arrive avec eux dans une république de femmes. — En sort grâce à Astolphe et à Marphise, 25. — Vient en France où il est indignement retenu par Pinabel. — Est délivré par Bradamante et Roger, 26. — Il rencontre Renaud et Guidon près de Paris. — Se signale dans la déroute nocturne des Sarrasins, 32. — A été renversé du pont de Rodomont, 12. — Est affranchi par Marphise de la loi imposée par Rodomont ; mais, déjà conduit en Afrique, il est délivré par Dudon. — Se joint à Astolphe, qui assiège Biserte. — Aide ce prince, Brandimart et Olivier à rendre la raison à Roland, 36. — Il se fait remarquer à la prise de Biserte, 37. — Il annonce avec Astolphe à Fleur-de-Lis la mort de Brandimart, 38.

SAUTRIVE (le comte de), père de Pinabel, veut venger la mort de son fils par celle de Zerbin, que Gabrine lui désigne comme en étant l'assassin, 26.

SÉLIM, guerrier, renversé par Roger, 16.

SERPENTIN, chevalier espagnol, est blessé par Renaud, 12. — Il attaque Bradamante. — Est renversé, 32.

SILENCE (le) est requis par saint Michel pour guider la marche de Renaud qui va au secours de Paris avec des troupes d'Angleterre, 24.

SOBRIN, roi de Garbe, conseille à Agramant de ne pas faire la guerre à Charlemagne, 13. — Il feint de se battre avec Agramant afin d'attirer Roger. — Est renversé par ce héros, 16. — Il est étourdi d'un coup que lui porte Renaud dans un combat, 17. — Histoire de sa fiancée Alaciel. — Il se fait remarquer au siège de Paris, 24. — Il arme Rodomont, qui va combattre Mandricart. — Veut calmer la querelle qui s'élève entre Rodomont et Sacripant. — Est insulté par le premier. — Conseille à Agramant de conserver le secours de Marphise et de faire punir Brunel. — L'engage à terminer les différends des amans de Doralice, en leur faisant promettre de s'en rapporter au choix de cette princesse, et négocie cette affaire, 30. — Il soutient le choc des Clermontois, dans la surprise de nuit des Musulmans, 32. — Il conseille à Agramant de secourir Biserte et de terminer la guerre en France par le combat singulier de deux guerriers choisis, 35. — Il empêche ce prince de se tuer en voyant brûler sa capitale, — En effet, uni avec Agramant et Gradasse, contre Roland, Olivier et Brandimart, il est grièvement blessé dans l'île de Lampedouse. — Est secouru par Roland. — Touché avec lui en Sicile. — Arrive chez un ermite qui le guérit et le convertit. — Y trouve Roger, et le reconnaît. — Il tombe très malade. — Est rejoint à Marseille par sa femme Alaciel, qui le sauve en lui prodiguant autant de soins qu'il elle lui eût été toujours fidèle. — Il part pour Paris. — Est accueilli à Arles par Charlemagne et sa cour, 38.

SOHÈNE, guerrier, renversé par Roger, 16.

SOMMEIL (le) indique à saint Michel la demeure de son ami, le Silence, 24.

SORDILLANOS, guerrier de Marsile, 17.

SYLVAIN, page de Salomon et amant d'Origile. — Est la cause involontaire de la mort de cette abominable créature, 38.

T.

THISBINE, femme d'Irolde, est aimée de Prasilde (Voyez PRASILDE), 8.

TITANIA, reine de Sylphirie et femme d'Oberon, roi de féerie, protège les Chrétiens, 2. — Elle a communiqué son pouvoir à ses nièces Alcine, Logistille et Morgane, 20.

TORINDE, roi de Carisménie, est amoureux d'Angélique. — Se rend au siège d'Albraque. — Attaque Agrican. — Sauve Sacripant blessé. — Se joint à ses soldats poursuivis par Agrican et marche avec eux contre cet empereur. — Est un des commandans à qui Angélique confie la défense de la forteresse d'Albraque. — Est arrêté par Trufaldin, et mis en liberté grâce à Roland. — Abandonne la défense d'Angélique, 11. — Il est visité par Roland, Fleur-de-Lis et Brandimart, qu'il reconnaît pour son fils. — Il refuse de consentir à son mariage avec Fleur-de-Lis, et ne peut le décider à l'abandonner pour lui, 15.

TRISTAN apparaît avec Lancelot, Amadis et Galaor, pour séparer Roland et Renaud, 17.

TROJAN, empereur d'Afrique, père d'Agramant, a été vaincu et tué par Charlemagne, 1. — Avait surpris Roger, prince de Regge et père du célèbre Roger, l'avait tué dans le sac de la ville. — Avait fait exposer sur la mer sa propre sœur Galaciel, avec les enfans qu'elle avait eus de Roger, 18.

TRONC-LE-NAIN, surnom d'Oberon, 7.

TRUFALDIN, roi du Zagathaï, meurtrier d'Albarose, 8. — Il est amoureux d'Angélique. — Vient au siège d'Albraque. — Attaque Agrican. — Se retire dans la citadelle de la place, où Angélique le laisse commander avec Torinde et Sacripant. — Il fait arrêter ses deux collègues et refuse de les délivrer. — Ne laisse entrer Roland dans la place qu'après la promesse qu'il lui fait de le défendre, 11. — Est défié par Renaud, qui doit venger Albarose. — Se conduit lâchement. — Est traîné par Renaud, qui l'attache aux pieds de Babican, 12.

TURPIN, archevêque de Rheims, grand guerrier, plus grand historien, est renversé par Grandonio dans le tournoi donné par Charlemagne. — Prend le parti d'Astolphe contre les perfides Ganelon et Pinabel, 2. — Il a refusé à Charlemagne d'accompagner Alard au supplice, 5. — A même abandonné cet empereur qui, malgré les soumissions, respects, traits généreux des quatre fils Aymon, refuse de leur accorder la paix, 6. — A guéri Charlemagne d'un goût bizarre pour une femme morte, et ayant pris l'anneau de cette femme est tout étonné et tout embarrassé des empressemens de Charlemagne, et pour s'en délivrer a jeté l'anneau dans un lac près, d'Aix-la-Chapelle. — Chargé par Charlemagne de faire mourir de faim Ogier-le-Danois, il sauve et même engraisse ce paladin en le mettant au quart de son régime, à lui, Turpin, 9. — Il accompagne ce prince chez Baland, ensuite chez Jonas, enfin chez Hugon, où, par une intrépidité rare, il gagne le fameux tonneau d'Heidelberg, 10. — Il se signale dans la grande et malheureuse bataille de Charlemagne contre Marsile et Agramant, 17. — Dans la déroute des Chrétiens il est poursuivi par Roger, qui a reconnu Frontin. — Tombe dans un étang. — Est sauvé par Roger, de qui il refuse d'accepter Frontin. — Démonte un Sarrasin vulgaire et rejoint Charlemagne, 18. — Il se distingue au siège de Paris, 24. — Il est blessé en combattant, 29. — Il baptise Marphise, 34. — Il se fait remarquer lors de la défaite des infidèles, 35. — Il bénit le mariage de Roger et de Bradamante, 38. — Il est renversé par Guidon au tournoi célébré pour les noces de Roger, 39.

TYRAN (le pauvre) est protégé par Roland contre les bavards qui l'oppriment, 16.

W.

WITIKIN, prince saxon, a été vaincu par Charlemagne, 2.

C.

ZÉNANTHE, Sarrasin, renversé par Astolphe au siège d'Albraque, 11.

ZERBIN, fils du roi d'Écosse et frère de Genèvre, est absent lorsque sa sœur est accusée par Lurcain. — Avoue à Renaud son amour pour Isabelle. — Part pour la France avec lui, 21. — Il se distingue au siège de Paris, 24. — Il est rencontré par Marphise, qui le renverse et lui fait accompagner Gabrine. — Apprend de tristes nouvelles d'Isabelle. — Trouve un chevalier mort dans un bois. — Est accusé par Gabrine. — Est sauvé par Roland de la vengeance du comte de Sauterive. — Retrouve Isabelle. — Épargne Oderic qui l'a trahi, et le charge d'escorter et de défendre Gabrine, 26. — Il surprend Cloridan et Médor qui vont ensevelir Dardinel. — Veut sauver Médor et poursuit le soldat écossais qui l'a blessé, 27. — Il convertit Médor à sa manière. — Il élève en trophée les armes de Roland. — Défend Durandal contre Mandricart et meurt des suites de ce combat, 29. — Ses restes sont ensevelis par Rodomont avec ceux d'Isabelle, 32.

FIN DE LA TABLE ANALYTIQUE DES PERSONNAGES.

ERRATA.

Page 128, 2ᵉ colonne, vers 4, *avez-vous cris*, mettez : *avez-vous pris*.
Page 149, 2ᵉ colonne, ligne 19, *de la vertu*, mettez : *sur la vertu*.
Page 244, 1ʳᵉ colonne, vers 8, *la poésie à tout âge a des ailes*, mettez : *en tout âge*.
Page 267, 2ᵉ colonne, vers 12, *Ah ! Turc, résiste*, mettez : *le Turc résiste*.
Page 278, 2ᵉ colonne, ligne 34, *Roselair*, mettez : *Rosiclair*.
Page 282, 1ʳᵉ colonne, ligne 2, *qui l'anime*, lisez : *qui l'animait*.
Page 284, 2ᵉ colonne, ligne 39, *Roger excepté*, ôtez ces deux mots.
Page idem, colonne idem, ligne 42, *Ferragus, etc.*, mettez : *Ferragus, Roger, etc.*
Page 289, 1ʳᵉ colonne, ligne 23, *Guinguené*, mettez : *Ginguené*.
Page 337, 1ʳᵉ colonne, vers 30, *mais en sait*, mettez : *mais on*.
Page 347, 1ʳᵉ colonne, ligne 3, *Phrasilde*, mettez : *Prasilde*.
Page idem, 1ʳᵉ colonne, ligne 5, *défendre Trufaldin*, mettez : *punir Trufaldin*.
Page 376, 2ᵉ colonne, vers 44, *que Pâris tremble*, mettez : *que Paris tremble*.
Page 388, 2ᵉ colonne, ligne 6, *part à*, mettez : *part avec*.
Page 348, 1ʳᵉ colonne, vers 13 et 14, *A Lampedouse*, etc., mettez :
    Voici l'instant de la terrible joûte
    Qu'à Lampedouse on jura de livrer.
Page 527, 2ᵉ colonne, ligne 26, *a pour sept nuits*, mettez : *a pour huit soirs*.

Changement important page 394, 2ᵉ colonne, vers 34.

Je ne le puis, elle n'est pas princesse.

Ajoutez après ce vers :

— Non ; ses parens, d'elle-même inconnus,
M'importent peu ; je connais ses vertus.
— Mon rang m'arrête, impérieux arbitre,
Pour t'épouser ton amante est sans titre.
— Mon père, elle a le titre le meilleur :
Vers sa beauté mon ame est entraînée.
Quand on respire une charmante fleur,
Demande-t-on sur quel sol elle est née ? »
Au roi Florinde, homme assez positif,
Cette raison semblait peu convaincante.
Le malheur veut qu'à ce père rétif
En ce moment un peintre se présente.
« Sire, dit-il, le plus profond chagrin
Depuis long-temps en mon cœur trouve place :
De tous côtés, depuis long-temps, en vain,
J'ai de ma nièce, hélas ! cherché la trace.
Douze ans passés, un bandit l'enleva,
Et loin de moi sans doute il l'éleva.
Devant mes yeux je la verrais paraître,
Je ne pourrais, hélas ! la reconnaître ;
Hors toutefois au signe singulier
Qu'en elle, enfant, j'ai vu jadis briller.
C'est une mûre artistement placée.
— Ciel ! interrompt Brandimart. — Elle doit
L'avoir toujours, si Dieu me l'a laissée.
— Serait-ce pas au dessous du sein droit ?
— Oui. — Fleur-de-Lys de la mûre est pourvue.
— Oh ! oh, seigneur, mais vous l'avez donc vue ?
— Oui, par hasard, tout en la respectant.
C'est mon amie, ensemble, et votre enfant. »
On s'éclaircit, et Fleur-de-Lis charmante,
D'un peintre obscur est la nièce brillante.

« Tu le vois bien, dit Torinde, mon fils,
Mon rang le nuit ; ma majesté m'entraîne ;

Je ne puis pas, docile à ton avis,
De ton amante ici faire une reine.
— Mon père, eh bien, répondit Brandimart,
C'est moi qui veux parer celle que j'aime.
La repousser, c'est m'écarter moi-même.
Veuillez dès lors excuser mon départ.
En refusant mon amante chérie,
Vous me forcez de quitter ce séjour :
Car c'est aussi de la chevalerie
Que de ne pas déserter son amour.
Mon cœur de fils vous aime et vous révère ;
Mais Fleur-de-Lis, tendre ensemble et sévère,
A des regards et des aveux si doux !
Ah ! permettez, vous, et son oncle encore,
Que quelque temps, sous ses yeux que j'adore,
Aux champs d'honneur je signale mes coups,
Et que, suivi d'une amante fidèle,
En m'illustrant je sois plus digne d'elle,
Et qu'elle soit plus digne aussi de vous,
Quelque royaume, acquis, fût-ce dans l'Inde,
Sera sa dot, digne d'un tel lien.
— C'est bien, mon fils, va, répondit Torinde. »
Et le vieil oncle a répondu : « C'est bien. »

Par son ami, Fleur-de-Lis excusée,
A ce plan-là ne s'est pas refusée.
Elle consent, et, prudente à demi,
Veut rester sage et suivre son ami.
Torinde veut quelque temps sur sa terre
Garder son fils, et lui, garder son père ;
Mais ils voulaient, sans l'arrêt du destin.
Un incident dérangea leur dessein :
Le grand Roland, etc.

Suivez page 395, colonne 1ʳᵉ, vers 13.

TABLE GÉNÉRALE DE LA CHEVALERIE.

	Pages.
INTRODUCTION.	V
Préface de la Table Ronde.	1
LA TABLE RONDE.	21
Article du chevalier de Boufflers.	129
Table des Chants.	134
Table analytique des Personnages.	135
Préface d'Amadis de Gaule.	143
AMADIS DE GAULE.	155
Table des Chants.	270
Table analytique des Personnages.	271
Préface de Roland.	283
ROLAND.	307
ÉPILOGUE.	540
Table des Chants.	543
Table analytique des Personnages.	545
Errata.	559

Texte détérioré — reliure défectueuse

NF Z 43-120-11

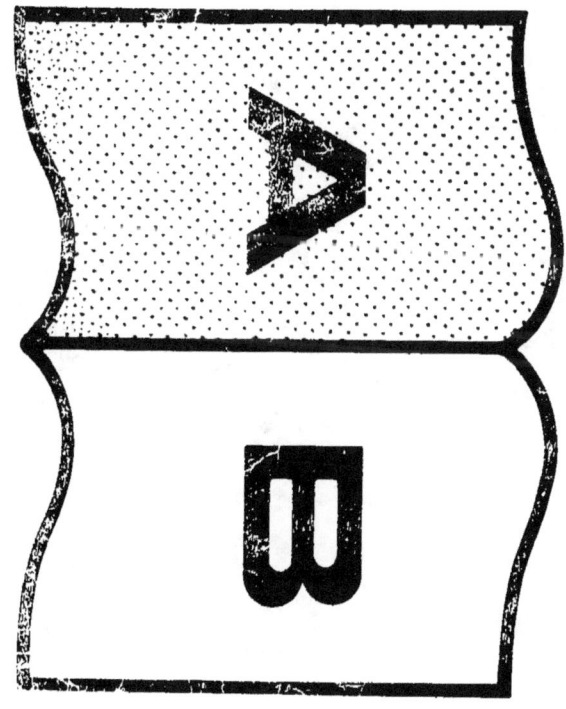

Contraste insuffisant
NF Z 43-120-14

www.ingramcontent.com/pod-product-compliance
Lightning Source LLC
Chambersburg PA
CBHW060506230426
43665CB00013B/1414